엑셀

매크로&VBA
바이블

with
ChatGPT

ChatGPT 활용 매크로&VBA 학습법 수록

EXCEL
BIBLE

실무에 최적화된 엑셀 사용서

최준선 지음

**모든 버전
사용 가능**

2010 2013 2016 2019 2021 Microsoft 365

I3 한빛미디어
Hanbit Media, Inc.

지은이 **최준선**

마이크로소프트의 엑셀 MVP로 엑셀 강의 및 기업 업무 컨설팅과 집필 활동을 활발히 하고 있습니다. 엑셀 유튜브 채널 〈엑셀 마스터(www.youtube.com/@excel.master)〉와 네이버 엑셀 대표 카페 〈엑셀.하루에 하나씩(cafe.naver.com/excelmaster)〉에서 체계적인 교육 프로그램인 '엑셀 마스터 과정'을 진행하며 독자와 소통하고 있습니다.

주요 저서

《엑셀 바이블(개정판)》
《엑셀 매크로&VBA 업무 공략집》
《엑셀 데이터 분석 바이블》
《엑셀 함수&수식 바이블》
《엑셀 업무 공략집》
《엑셀 매크로&VBA 바이블》
《엑셀 바이블》
《엑셀 2016 함수&수식 바이블》
《엑셀 피벗&파워 쿼리 바이블》
《엑셀 2016 매크로&VBA 바이블》
《엑셀 2016 바이블》
《엑셀 2013 바이블》
《회사에서 바로 통하는 엑셀 실무 데이터 분석》
《회사에서 바로 통하는 엑셀 2010 함수 이해&활용》

엑셀 매크로&VBA 바이블 – 모든 버전 사용 가능(개정판)

초판 1쇄 발행 2023년 05월 31일
초판 2쇄 발행 2024년 08월 12일

지은이 최준선 / **펴낸이** 전태호
펴낸곳 한빛미디어(주) / **주소** 서울특별시 서대문구 연희로2길 62 한빛미디어(주) IT출판1부
전화 02-325-5544 / **팩스** 02-336-7124
등록 1999년 6월 24일 제25100-2017-000058호 / **ISBN** ISBN 979-11-6921-099-7 13000

총괄 배윤미 / **책임편집** 장용희 / **기획·편집** 유희현 / **교정교열** 박지수 / **진행** 진명규
디자인 박정화 / **전산편집** 김보경
영업 김형진, 장경환, 조유미 / **마케팅** 박상용, 한종진, 이행은, 김선아, 고광일, 성화정, 김한솔 / **제작** 박성우, 김정우

이 책에 대한 의견이나 오탈자 및 잘못된 내용은 출판사 홈페이지나 아래 이메일로 알려주십시오.
파본은 구매처에서 교환하실 수 있습니다. 책값은 뒤표지에 표시되어 있습니다.
한빛미디어 홈페이지 www.hanbit.co.kr / **이메일** ask@hanbit.co.kr / **자료실** www.hanbit.co.kr/src/11099

지금 하지 않으면 할 수 없는 일이 있습니다.
책으로 펴내고 싶은 아이디어나 원고를 메일(**writer@hanbit.co.kr**)로 보내주세요.
한빛미디어(주)는 여러분의 소중한 경험과 지식을 기다리고 있습니다.

매크로(Macro)란?

매크로는 엑셀에서 제공되는 가장 강력한 자동화 기능으로, 사용자가 원하는 결과를 엑셀에서 자동으로 얻을 수 있도록 여러 처리 작업을 하나의 실행 단위로 묶어 한번에 실행할 수 있는 기능입니다.

매크로는 엑셀 또는 오피스에서만 제공되는 기능이 아니라 다른 응용 프로그램에서 스크립트, 오토메이트 등의 이름으로 제공되기도 합니다. 프로그램 제조사 입장에서는 모든 사용자가 원하는 기능을 프로그램에 추가할 수 없기 때문에 사용자가 스스로 업무에 필요한 자동화 작업을 개발할 수 있도록 매크로와 같은 기능을 추가한 것입니다.

매크로를 꼭 배워야 할까요?

많은 엑셀 사용자는 자신에게 매크로가 필요하지 않다고 이야기합니다. 물론 실무자들이 모두 엑셀을 많이 사용하는 것도 아니고, 엑셀을 사용하더라도 크게 불편하지 않다고 생각할 수도 있습니다. 대부분의 실무자는 늘 일정 주기로 비슷한 업무를 반복해서 수행하지만 반복 작업이 이미 익숙하다는 이유로 굳이 바꿀 필요를 못 느끼고 약간의 수고로움만 감내하면 된다고 생각합니다.

데이터(Data)는 점점 더 업무의 중심이 되고 있습니다. 더 많은 데이터를 효율적으로 요약하고 분석할 수 있는 능력이 필요한 것입니다. 하지만 회사의 데이터가 깔끔하게 정리된 경우도 많지 않고, 외부 데이터와의 연결이 필요할 때 데이터를 정규화할 수 있는 능력이 필요됩니다.

업무를 매번 수작업으로 처리하는 데는 한계가 있으므로 실무자는 자신이 수행하는 업무를 자동화할 필요가 있습니다. 이때문에 최근에는 초등학생을 필두로 한 코딩 교육, 직장인의 경우 RPA(Robotic Process Automation)와 같은 로보틱 처리 자동화 기술이나 파이썬을 활용한 엑셀 강의 등이 인기를 구가하고 있습니다.

엑셀 매크로 역시 최근 대두되는 ChatGPT와 같은 AI 챗봇 서비스와 결합하거나, Microsoft 365에서 도입되는 MS Copilot과 결합하면 좀 더 쉽게 매크로 코드를 개발할 수 있습니다. 이를 통해 엑셀 사용자의 매크로 도입 장벽을 낮추거나, 업무 개선 효과를 극대화할 수 있습니다.

매크로 공부는 언제 시작할까요?

아직 함수나 엑셀 기능에 익숙하지 않은데 매크로 공부를 시작할 수 있는지 걱정하는 사람들이 이런 질문을 합니다. 매크로는 엑셀의 함수나 기능에 익숙할 때 좀 더 쉽게 입문할 수 있지만, 그렇다고 해서 엑셀의 모든 기능에 익숙해야 배울 수 있는 것은 아닙니다.

매크로를 공부하려면 매크로 개발에 필요한 VBA(Visual Basic for Applications)를 배워야 하는데, 프로그래밍 언어를 경험해 보지 않은 사용자라면 입문에 다소 시간이 걸릴 수밖에 없습니다. 이는 엑셀에 익숙하든, 익숙하지 않든 공통적으로 겪는 문제입니다. 차라리 매도 빨리 맞는 게 낫다는 속담처럼 그냥 빨리 시작해야 원하는 결과를 빨리 얻을 수 있습니다.

매크로 공부는 어떻게 하는 것이 좋을까요?

매크로는 대부분 강의나 책으로 학습합니다. 강의는 책으로 공부를 쉽게 할 수 있도록 도와주는 역할이므로 일단 책으로 공부한다고 생각하는 것이 좋습니다. 책으로 공부할 때는 궁금한 부분을 해소하기가 어렵다는 단점이 있지만 필자가 운영하는 네이버 카페 〈엑셀..하루에 하나씩(cafe.naver.com/excelmaster)〉에 방문해 질문할 수 있습니다.

〈엑셀 마스터 유튜브 채널(www.youtube.com/@excel.master)〉도 운영하고 있으므로 공부에 추가로 참고할 수 있는 정보를 얻을 수도 있습니다.

엑셀..하루에 하나씩
(cafe.naver.com/excelmaster)

엑셀 마스터
(www.youtube.com/@excel.master)

책이 아무리 많은 정보를 담고 있다고 해도 지면의 한계나 시점의 한계가 있으므로 책에서 언급하지 못한 정보는 카페나 유튜브 채널에서 확인할 수 있으며 막히는 문제의 해결 방법이나 조언 등도 얻을 수 있습니다. 위 두 채널을 이용해 다양한 시점에서 공부할 수 있다면 좋은 결과를 얻을 수 있을 것입니다.

감사의 인사

이 책을 선택한 독자 여러분에게 먼저 고개 숙여 인사를 전합니다. 책이란 것은 발간되기까지 많은 분들이 함께 오랜 시간 노력을 기울입니다. 각 파트에서 최선을 다해준 한빛미디어 관계자분들과 그 외의 분들에게도 감사의 인사를 전합니다. 그리고 아내와 큰 딸, 그리고 늦둥이 두 아이들에게도 고마운 마음을 전하고 싶습니다.

최근에는 AI 등 세상이 정말 빠르게 변화하다 보니 필자를 포함해 이 책을 보는 많은 분들이 미래를 예측하기가 어려울 것 같습니다. 이때는 우직하게 자신이 믿는 방향으로 나아가는 것이 필요하다고 생각합니다. 이 책이 여러분에게 도움이 될 수 있길 희망합니다.

2023년 5월

최준선

Range 개체로 셀(또는 범위)을 참조하는 방법

예제 파일 PART 03 \ CHAPTER 11 \ (Range) Areas 속성.xlsm

SECTION

엑셀의 매크로와 VBA를 다룰 때 꼭 알고 있어야 할 기능과 코드를 모아 구성했습니다. 코드를 작성하는 데 필요한 구문과 활용 방법을 소개합니다.

한 셀만 참조

셀을 하나 참조할 때는 Range 개체 또는 Worksheet 개체의 Cells 속성을 사용합니다.

```
Range("A1")  ———————— ❶
Cells(1, 1)  ———————— ❷
Cells(1, "A") ——————— ❸
```

❶ Range 개체에 참조할 셀 주소를 전달해 셀을 참조합니다.

❷ Cells 속성은 행(RowIndex), 열 번호(ColumnIndex)를 받아 해당 위치의 Range 개체를 반환합니다. 구문은 다음과 같습니다.

```
Cells( RowIndex, ColumnIndex )
```

이와 같이 Cells 속성 앞에 아무 상위 개체를 지정하지 않으면 ActiveSheet가 생략된 것입니다. 그러므로 Cells(1, 1)는 현재 시트의 첫 번째 행과 첫 번째 열 위치인 [A1] 셀을 의미합니다. Cells 속성은 Range 개체의 하위 속성으로도 사용할 수 있습니다.

```
Range("C2:C10").Cells(1, 1)
```

이 코드는 [C2:C10] 범위의 첫 번째 행과 첫 번째 열 위치를 의미하므로, [C2] 셀을 의미합니다. Cells 속성을 사용할 때 열 인덱스 번호(ColumnIndex)는 생략하고 다음과 같이 사용할 수 있습니다. 이렇게 하면 [C2:C10] 범위 내의 첫 번째 셀인 [C2] 셀을 참조합니다.

```
Range("C2:C10").Cells(1)
```

❸ Cells 속성은 열 인덱스 번호(ColumnIndex)에 숫자 대신 열 주소에 해당하는 문자열을 사용할 수 있습니다. 그러므로 이 코드는 [A1] 셀을 참조합니다.

코드 이해하기

앞서 학습한 VBA 함수와 구문을 실무에서 어떻게 사용할 수 있는지 보여줍니다. 상세한 코드 설명으로 구문의 구성 원리까지 손쉽게 학습합니다.

TIP 코드를 직접 입력해보려면 직접 실행 창에서 Select 메서드를 이용해 이 코드 뒤에 **Range("A1").Select**와 같이 입력합니다.

Cells 속성은 행 번호와 열 번호를 숫자로 전달받을 수 있어 For… Next 순환문에서 자주 사용됩니다. 그 외에도 여러 가지 사용 방법이 있으므로 다른 예제를 통해 좀 더 자세히 알아보겠습니다.

TIP

이론 설명이나 실습 중 헷갈리기 쉬운 부분을 정리합니다. 참고하면 유용한 정보, 알고 넘어가면 좋을 참고 사항을 소개합니다.

🔍 더 알아보기 Empty, Null, "", Nothing 구분하기

- **Empty**

  Empty는 변수가 초기화되지 않은 상태를 의미합니다. 즉, 변수를 선언하고 값이 아직 저장되지 않은 상태를 Empty라고 합니다. 프로시저가 컴파일(Compile)될 경우(엑셀 매크로의 경우 실행할 때) 숫자 형식의 변수에는 0, 텍스트 형식의 변수에는 빈 문자("")가 저장됩니다.

- **Null**

  Null은 Variant 형식의 변수에 유효한 데이터가 없음을 의미하며, Empty와 의미가 다릅니다. 엑셀에서는 Null인 상태를 확인하기가 쉽지 않지만, Null을 강제로 저장할 수 있습니다. 보통 이런 상태는 다른 프로그램(주로 데이터베이스)과 연동해 작업할 때 자주 발생합니다. 다음은 Variant 형식 변수에 Null을 저장하는 코드입니다.

  ```
  Dim 변수 As Variant

  변수 = Null
  ```

- **빈 문자("")**

  텍스트(String) 형식의 변수를 선언하고, 매크로를 실행하면 String 변수에 다른 값이 저장될 때까지 해당 변수에는 빈 문자("")가 저장됩니다. 즉, String 형식 변수의 초깃값입니다.

- **Nothing**

  개체변수를 선언하고 아직 개체를 연결하지 않았다면 해당 변수는 어떤 개체와도 연관이 없음을 의미하는 Nothing 상태가 됩니다. 이 상태를 점검할 때는 등호를 사용하지 않고 Is 키워드를 사용해 다음과 같이 코드를 개발합니다.

  ```
  Dim 셀 As Range

  If 셀 Is Nothing Then
      Msgbox "변수에 아직 개체가 연결되지 않았습니다."
  End If
  ```

여기에서 사용한 예제와 같이 셀 값이 입력됐는지 여부는 빈 문자("")와 b
할 수도 있습니다.

```
If Range("A1") <> "" Then            ――――――――❶
```

❶ [A1] 셀의 값이 빈 문자("")가 아니면 입력된 값이 있다고 판단할 수 있습니다. 이 코드는 다음과

```
If Range("A1") <> Empty Then
```

더 알아보기

따라 하기 과정에 사용된 코드를 이해 하는 데 필요한 추가 설명뿐 아니라 매크로와 VBA를 학습할 때 꼭 알아야 할 관련 지식을 해당 부분에서 바로 확인할 수 있도록 정리했습니다.

LINK

본문을 학습할 때 추가로 학습해야 할 내용이 어느 페이지에 포함되어 있는지 표시합니다.

함수와 구문

책에서 처음 등장하는 매크로 함수와 구문의 구성을 상세히 설명합니다. 기본적인 코드 사용 형식을 꼼꼼하게 알려주어 함수와 구문을 좀 더 쉽게 공부할 수 있습니다.

---

10 / 08 변수에 저장된 데이터를 고치거나 지울 때 사용하는 Replace 함수

예제 파일 PART 02 \ CHAPTER 10 \ Replace 함수.xlsm

Replace 함수와 Range 개체의 Replace 메서드

값을 수정하고 싶을 때는 Replace 함수를 사용할 수 있습니다. 워크시트 함수인 SUBSTITUTE 함수와 유사한 함수이며 한 번에 하나의 값만 수정할 수 있습니다. 여러 범위의 값을 한번에 수정하려면 Range 개체의 Replace 메서드(바꾸기)를 사용합니다.

> **LINK** Replace 메서드를 이용해 값을 수정하는 방법은 SECTION 11-22를 참고합니다.

Replace 함수 구문

Replace 함수는 문자열에서 특정 문자(열)를 원하는 문자(열)로 변경하는 함수입니다. 구문은 다음과 같습니다.

Replace (❶expression, ❷find, ❸replace, ❹[start], ❺[count], ❻[compare])

❶ expression	전체 문자열
❷ find	찾을 문자열
❸ replace	대체할 문자열
❹ start	전체 문자열(expression)에서 찾을 문자열(find)을 찾기 시작할 위치입니다. 생략하면 1로 설정됩니다.
❺ count	찾을 문자열(find)이 여러 개 있을 때 몇 번째 문자열을 수정할지 여부를 결정합니다. 생략하면 −1로 설정되며 모든 find 값을 찾아 replace 값으로 수정합니다.
❻ compare	문자열(열)를 비교하는 방법을 지정합니다. 생략하면 Option Compare 문의 설정값에 따르지만 Option Compare 문 역시 지정되어 있지 않으면 Binary 방식으로 값을 비교합니다. compare 인수는 InStr, InStrRev 함수의 compare 인수와 동일하므로, 자세한 설명은 SECTION 10-06의 InStr 함수의 설명을 참고합니다.

Replace 함수는 다음과 같이 전체 텍스트에서 원하는 부분만 변경할 수 있습니다.

최준선 저자의 유튜브&카페 120% 활용하기

책을 읽다가 생기는 궁금한 점, 실습을 진행하며 막히는 부분은 저자의 카페 〈엑셀.. 하루에 하나씩〉과 유튜브 채널 〈엑셀 마스터〉를 통해 궁금증을 해결하고 막히는 부분에 대한 설명을 얻을 수 있습니다. 카페와 유튜브 채널을 활용하여 도서에 담긴 내용 이상으로 학습하면 여러분의 엑셀 실력을 더욱 향상시킬 수 있습니다.

1 〈엑셀.. 하루에 하나씩〉 카페
(cafe.naver.com/excelmaster)

《엑셀 바이블》로 학습하며 도서와 관련된 내용의 질의응답은 물론 엑셀을 사용해 작업하며 발생한 문제, 기능과 함수의 궁금한 점 등을 카페의 질의응답 게시판에서 해결할 수 있습니다. 책 내용 외의 다양한 강의와 엑셀 사용에 유용한 팁, 최신 버전 엑셀의 업데이트 정보, 최신 함수/기능에 대한 정보도 더욱 빨리 확인할 수 있어 업무에 활용하는 데 큰 도움이 될 것입니다.

2 〈엑셀 마스터 유튜브 채널〉
(www.youtube.com/@excel.master)

《엑셀 바이블》과 관련된 각종 엑셀 꿀팁은 물론, 다양한 엑셀 기능, 매크로와 VBA, 파워 쿼리, 함수식에 관한 강의 정보를 확인할 수 있습니다. 수시로 업데이트되는 강의 영상을 시청하면서 엑셀을 학습하고 배운 내용을 업무에 사용해보세요! 채널 구독 후에는 더욱 다양한 정보를 얻을 수 있습니다. 채널 화면에서 [재생목록]을 클릭하여 강의 커리큘럼을 확인하고 필요한 내용을 학습합니다.

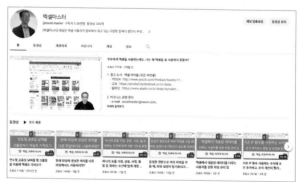

• 유튜브에서 **엑셀 마스터**로 검색해 채널에 접속할 수도 있습니다.

실습 예제 다운로드

이 책에 사용된 모든 실습 및 완성 예제 파일은 한빛미디어 홈페이지(www.hanbit.co.kr)에서 다운로드할 수 있습니다. 예제 파일은 따라 하기를 진행할 때마다 사용되므로 컴퓨터에 복사해두고 활용합니다.

1 한빛출판네트워크 홈페이지(www.hanbit. co.kr)로 접속합니다. 로그인 후 화면 오른쪽 아래에서 [자료실] 버튼을 클릭합니다.

· 이 책에 사용된 예제의 저작권은 저자에게 있습니다. 저자의 허락 없이 영리적 이용을 금하며 파일의 배포, 재판매 및 유료 콘텐츠의 예제로 사용할 시 법적 제재를 받을 수 있습니다.

2 자료실 도서 검색란에 도서명을 입력하고, 찾는 도서의 제목 부분을 클릭합니다.

3 선택한 도서 정보가 표시되면 오른쪽에 있는 [다운로드] 아이콘을 클릭합니다.

다운로드한 예제 파일은 일반적으로 [다운로드] 폴더에 저장되며, 사용하는 웹브라우저 설정에 따라 다를 수 있습니다.

CONTENTS

PART **02**

VBA 배우기

CONTENTS

CONTENTS

PART 03

엑셀 프로그램 주요 개체

CHAPTER 11　　**셀 또는 범위(Range) 개체**

CHAPTER **12** **시트 개체**

CONTENTS

CHAPTER **15**　이벤트(Event)

CHAPTER 16   사용자 정의 폼

CHAPTER 17 실무 활용 폼

CHAPTER **22** ADO

CHAPTER **23** ChatGPT를 활용한 매크로 개발

매크로 기초

CHAPTER

01

환경 설정 및
프로그래밍 기초 지식

CHAPTER 01에서는 엑셀 매크로와 VBA의 개념에 대해 명확하게 구분하고, 매크로 개발에 필요한 엑셀의 주요 환경 설정 방법에 대해 알아보겠습니다. 매크로 개발에 필요한 [개발 도구] 탭 표시 방법과 매크로가 포함된 엑셀 파일의 형식과 저장 방법, 매크로 보안 수준을 이해하고 신뢰할 수 있는 문서와 위치에 대해 자세히 알아봅니다. 이러한 내용을 학습해야만 자연스럽게 매크로 개발에 입문할 수 있습니다.

매크로와 VBA 이해하기

예제 파일 없음

매크로와 VBA

매크로(Macro)는 오피스 프로그램에서 사용자가 원하는 동작을 순서대로 실행시켜주는 명령이고, VBA(Visual Basic for Applications)는 매크로를 개발하는 데 사용되는 프로그래밍 언어입니다. 프로그래밍 언어는 컴퓨터가 사람의 지시대로 동작할 수 있도록 구조화된 언어로, 문법과 동작 원리만 이해할 수 있다면 사람이 하는 일을 컴퓨터가 대신 수행할 수 있도록 만들 수 있습니다.

매크로의 역사

매크로(Macro)는 1990년에 배포된 엑셀 3.0 버전부터 제공되었습니다. 이때는 VBA를 사용하지 않고 XLM이라는 매크로 함수를 이용해 개발했으며, 현재와 같이 복잡한 작업이 아닌 간단한 작업만 처리할 수 있었습니다. 이후 1993년에 배포된 엑셀 5.0 버전에 VBA가 포함되면서 매크로 기능은 크게 발전했습니다.

엑셀 버전이 지속적으로 업그레이드된 것처럼 VBA 역시 지속적으로 업그레이드되었습니다. 현재와 유사한 방식으로 개발할 수 있게 된 것은 1997년에 배포된 엑셀 97 버전으로, 이전 버전까지는 매크로 개발에 필요한 모듈 정도만 지원하다가 엑셀 97 버전부터 유저 폼과 클래스 모듈 등이 추가되어 현재와 동일한 개발 환경이 마련되었습니다.

VBA와 VSTO

VBA 이외에도 매크로 개발에 사용하는 언어가 존재합니다. 일부 사용자는 여러 이유로 VBA 외에도 다른 언어로의 교체 또는 추가를 바라고 있습니다. 현재 VBA 외에 매크로 개발에 사용할 수 있는 언어로는 VSTO가 있습니다.

VSTO(Visual Studio Tools for Office)는 오피스에 포함된 프로그래밍 언어가 아니라 마이크로소프트 사가 제공하는 프로그래밍 개발 툴인 Visual Studio에 포함된 기능입니다. Visual Studio에서 사용할 수 있는 다양한 프로그래밍 언어(Visual Basic .NET 또는 Visual C# .NET)를 이용해 오피스 프로그램을 제어합니다.

VSTO는 VBA가 제어할 수 없는 리본 메뉴 컨트롤, 작업 창 개발, COM 추가 기능 개발, 보안 설정 등을 변경할 수 있는 장점이 있습니다. 하지만 VSTO를 활용하기 위해서는 엑셀 이외에도 Visual Studio에 포함된 Visual Basic 또는 Visual C와 같은 별도의 언어를 학습해야 하는 단점도 존재합니다.

VBA는 VSTO보다 기능은 떨어지지만 상대적으로 학습 시간이 짧고, 공개된 다양한 코드를 활용해 업무를 자동화할 수 있습니다. 이전에 Visual Basic이나 Visual C 등의 언어를 학습한 사용자라면 VSTO가 좀 더 매력적일 수 있겠으나, 일반 사용자 입장에서는 VBA가 업무를 자동화해주는 도구로 여전히 매력적이라는 점은 부정할 수 없습니다.

파이썬(Python)과 자바 스크립트(Java Script)

VBA가 Visual Basic 6.0을 기반으로 탄생한 언어이다 보니 개발 환경에서는 아쉬운 점이 좀 있습니다. 최근에는 사용자 친화적인 파이썬이나 자바 스크립트 언어로 VBA를 대체하려는 움직임도 있습니다. 마이크로소프트사 역시 두 언어를 관심 있게 모니터링하고 있으며, 최근에는 자바 스크립트를 이용해 매크로를 만들 수 있도록 추가 기능을 지원하는 등의 변화를 주기도 했습니다.

파이썬이나 자바 스크립트는 VBA보다 더 효율적이지만, 별개의 언어이다 보니 엑셀을 완벽하게 제어하는 데 문제가 있는 것도 사실입니다. 마이크로소프트사가 두 언어 중 하나(또는 모두)를 오피스 프로그램의 VBA와 같은 지위로 내장한다면 모를까, 프로그래밍 언어를 다뤄보지 못한 엑셀 사용자라면 다양한 예시 코드가 이미 공개된 VBA를 이용해 작업하는 것이 더 효과적입니다.

매크로 사용 통합 문서로 저장

예제 파일 없음

매크로를 저장할 수 있는 파일 형식

엑셀은 2007 버전부터 파일을 저장하는 방식이 달라졌습니다. 엑셀 2003 버전까지는 xls 파일 형식 하나만 쓰였으나, 엑셀 2007 버전부터는 용도에 따라 여러 파일 형식을 사용합니다. 엑셀 2007 이상 버전에서는 'Excel 통합 문서'(xlsx)가 기본 파일 형식이지만, 이 파일 형식으로는 매크로를 저장할 수 없습니다. 엑셀 2007 이상 버전에서 매크로를 사용하려면 파일을 'Excel 매크로 사용 통합 문서'(xlsm) 파일 형식으로 저장해야 합니다.

또한 엑셀 2003 버전까지 사용하던 xls 파일 형식과 동일한 방식으로 저장하는 'Excel 바이너리 통합 문서'(xlsb)도 매크로를 포함해 저장할 수 있으므로, 엑셀 2007 이상 버전에서 매크로 기능을 이용하려는 사용자라면 'Excel 매크로 사용 통합 문서'(xlsm) 또는 'Excel 바이너리 통합 문서'(xlsb) 파일 형식으로 저장해야 합니다.

파일을 처음 저장하는 경우

파일을 저장할 때 제목 표시줄의 [저장🔲]을 클릭하거나 Ctrl + S 를 눌러 저장합니다.

Microsoft 365 버전

엑셀 Microsoft 365 버전의 경우 [이 파일 저장하기] 대화상자가 표시되며, 해당 대화상자에서 파일을 저장할 수 있습니다. 다음 화면을 참고합니다.

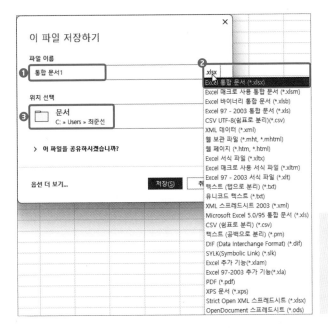

① 파일 이름을 입력합니다.
② 파일 형식 목록에서 다음 중 하나를 선택합니다.
  • Excel 매크로 통합 문서(*.xlsm)
  • Excel 바이너리 통합 문서(*.xlsb)
③ 클릭한 후 파일을 저장할 폴더를 선택합니다.

Microsoft 365를 제외한 엑셀 2021 이전 버전

연도로 표기된 버전의 경우는 조금 더 복잡한 과정을 거쳐야 합니다. 다음 순서를 참고합니다.

01 백스테이지 뷰의 [다른 이름으로 저장] 화면이 표시됩니다.

02 컴퓨터에 파일을 저장하려면 [이 PC]를 클릭하고 [찾아보기]를 클릭합니다.

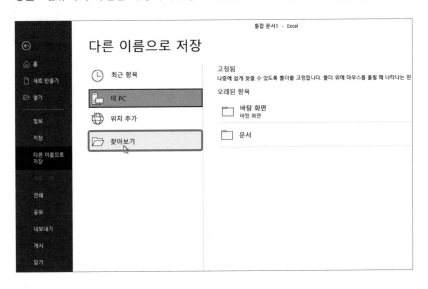

03 [다른 이름으로 저장] 대화상자가 표시됩니다.

TIP 파일을 처음 저장하면 [다른 이름으로 저장] 대화상자가 표시됩니다. 따라서 저장할 때 바로 F12 를 눌러 [다른 이름으로 저장] 대화상자를 열어도 됩니다.

04 [파일 형식]을 [Excel 매크로 사용 통합 문서]로 변경하고 [저장]을 클릭합니다.

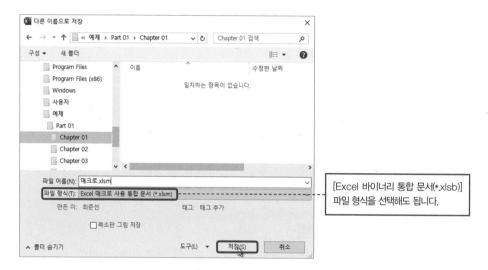

Excel 통합 문서(xlsx) 파일에 매크로 추가하여 저장

Excel 통합 문서 파일에 매크로를 추가하고 파일을 저장하면 다음과 같은 경고 메시지가 나타납니다.

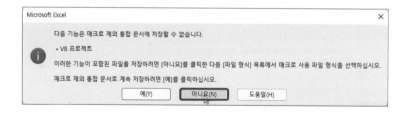

이 메시지는 Excel 통합 문서 파일에 매크로가 포함된 경우에 표시됩니다. 매크로를 파일에 저장하려면 [아니오]를 클릭하고 'Excel 매크로 사용 통합 문서'나 'Excel 바이너리 통합 문서' 파일 형식으로 저장해야 합니다.

윈도우 탐색기에서 파일 아이콘으로 파일 형식 구분

윈도우 탐색기는 기본적으로 파일 확장자가 표시되지는 않습니다. 이때 파일 형식을 구분하기 어렵다면 다음과 같이 아이콘으로 구분할 수 있습니다.

Excel 통합 문서(xlsx)	Excel 매크로 사용 통합 문서(xlsm)	Excel 바이너리 통합 문서(xlsb)

파일 아이콘에 느낌표(!) 모양이 표시되면 매크로가 포함된 파일입니다. 아이콘에 느낌표 모양이 표시되지 않는 바이너리 형식에서도 매크로를 저장하고 실행할 수 있습니다.

리본에 [개발 도구] 탭 표시

예제 파일 없음

[개발 도구] 탭

매크로 기록 및 개발에 필요한 명령과 기능은 리본 메뉴의 [개발 도구] 탭에서 제공됩니다.

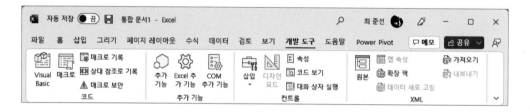

[개발 도구] 탭은 리본 메뉴에 기본으로 표시되지 않으므로 설정을 변경하여 [개발 도구] 탭을 따로 표시해야 합니다. [개발 도구] 탭은 엑셀 2007 버전부터 Microsoft 365 버전까지 달라진 점은 거의 없지만 엑셀 2010 버전부터 [추가 기능] 그룹이 추가로 제공됩니다. 참고로 엑셀 2007 버전의 경우 [추가 기능]은 [Excel 옵션] 대화상자에서 제공됩니다.

[개발 도구] 탭 표시 방법

[개발 도구] 탭을 표시하려면 다음 과정을 참고합니다.

01 리본 메뉴에서 [파일] 탭-[옵션] 메뉴를 선택합니다.

TIP 리본 메뉴의 아무 탭에서 마우스 오른쪽 버튼을 클릭한 후 [리본 메뉴 사용자 지정]을 선택해도 됩니다.

02 [Excel 옵션] 대화상자에서 [리본 사용자 지정] 범주를 선택합니다.

03 [리본 메뉴 사용자 지정] 목록에서 [개발 도구]에 체크하고 [확인]을 클릭합니다.

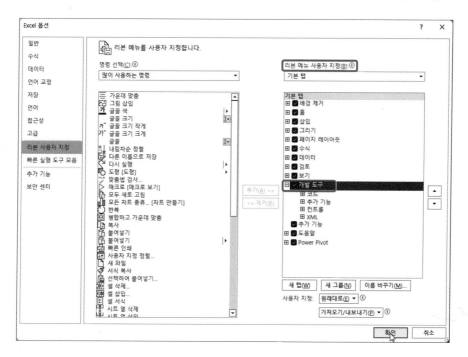

TIP 엑셀 2007 버전에서는 리본 메뉴의 [기본 설정] 범주 내 [리본 메뉴에 개발 도구 탭 표시]에 체크합니다.

보안 경고 메시지 줄과
신뢰할 수 있는 문서

예제 파일 PART 01 \ CHAPTER 01 \ 신뢰할 수 있는 문서.xlsm

보안 경고 메시지 줄

매크로가 포함된 파일을 처음 열면 아래 화면과 같은 보안 경고 메시지 줄이 표시될 수 있습니다.

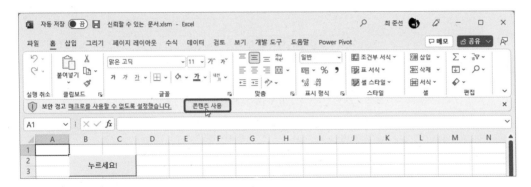

TIP 엑셀 2007 버전에서는 보안 경고 메시지 줄에 [콘텐츠 사용] 대신 [옵션]이 표시됩니다. [옵션]을 클릭한 후 표시되는 대화상자에서 [이 콘텐츠 사용] 옵션을 선택해야 합니다.

TIP Microsoft 365 버전에서는 [보안 위험] 메시지 줄이 표시될 수 있습니다. 이 경우 **SECTION 01-06** 내용을 먼저 참고합니다.

보안 경고 메시지 줄은 엑셀 파일에 매크로가 포함되어 있다는 사실을 사용자에게 알려주는 역할을 합니다. 그러므로 파일 내 매크로를 사용하려면 [콘텐츠 사용]을 클릭해 매크로를 사용할 수 있도록 허가해야 합니다. [콘텐츠 사용]을 클릭하면 현재 파일을 [신뢰할 수 있는 문서]로 구분하며, 다음에 파일을 열 때는 보안 경고 메시지 줄을 표시하지 않습니다.

만약 [콘텐츠 사용]을 클릭하지 않으면 매크로를 실행할 때 다음과 같은 경고 메시지 창이 표시되고 매크로가 실행되지 않습니다.

해당 메시지 창이 표시된 경우 파일을 다시 열지 않고 매크로를 실행하려면 다음 과정을 참고합니다.

01 리본 메뉴의 [파일] 탭-[정보] 메뉴를 선택합니다.

02 백스테이지 뷰의 [정보] 화면에서 [콘텐츠 사용]을 클릭하고 [콘텐츠 사용]을 선택합니다.

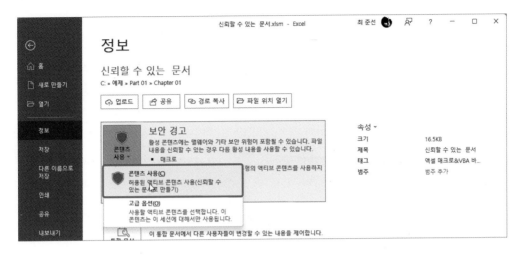

매크로 보안 설정

만약 매크로가 포함된 파일을 처음 열어도 보안 경고 메시지 줄이 표시되지 않는다면 사용자가 매크로 보안 설정을 사용자가 낮췄거나, [신뢰할 수 있는 위치]에 등록된 파일을 연 경우입니다. [신뢰할 수 있는 위치]를 사용하는 방법은 **SECTION 01-05**를 참고합니다. 매크로 보안 설정을 변경하는 방법은 다음 과정을 참고합니다.

01 리본 메뉴의 [개발 도구] 탭-[코드] 그룹-[매크로 보안⚠️]을 클릭합니다.

02 [보안 센터] 대화상자의 [매크로 설정] 범주에서 [매크로 설정]과 [개발자 매크로 설정] 그룹의 옵션을 확인합니다.

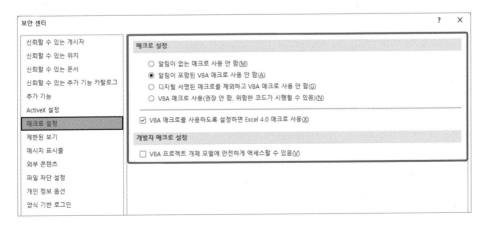

[보안 센터] 대화상자의 [매크로 설정] 그룹 옵션 중 [알림이 포함된 VBA 매크로 사용 안 함] 옵션이 엑셀 기본값입니다. 옵션 이름 중 '알림'은 보안 경고 메시지 줄을 표시하라는 의미입니다. 다른 옵션의 상세 설명은 다음 내용을 참고합니다.

매크로 설정 옵션

매크로가 포함된 파일의 매크로 사용 여부를 결정할 수 있는 옵션입니다.

매크로 설정	설명
알림이 없는 매크로 사용 안 함	• [신뢰할 수 있는 위치]에 등록된 폴더 내 파일을 제외한 모든 매크로가 실행되지 않도록 합니다. • 이 옵션은 엑셀 2019 버전까지는 [모든 매크로 제외 (알림 표시 없음)] 옵션 명으로 제공됩니다.
알림이 포함된 VBA 매크로 사용 안 함	• 매크로가 포함된 파일을 처음 열면 보안 경고 메시지 줄을 표시하고, [콘텐츠 사용]을 클릭할 경우에만 매크로를 사용할 수 있습니다. • 이 옵션은 엑셀 2019 버전까지는 [모든 매크로 제외 (알림 표시)] 옵션 명으로 제공됩니다.
디지털 서명된 매크로를 제외하고 VBA 매크로 사용 안 함	• [알림이 포함된 VBA 매크로 사용 안 함] 옵션과 동일하지만, 디지털 서명이 된 매크로는 실행할 수 있습니다. • 이 옵션은 엑셀 2019 버전까지는 [디지털 서명된 매크로만 포함] 옵션 명으로 제공됩니다.
VBA 매크로 사용(권장 안 함, 위험한 코드가 시행될 수 있음)	• 보안 경고 메시지 줄이 표시되지 않으며, 파일 내 모든 매크로를 사용할 수 있습니다. • 이 옵션은 엑셀 2019 버전까지는 [모든 매크로 포함] 옵션 명으로 제공됩니다.

기본값인 [알림이 포함된 VBA 매크로 사용 안 함]을 사용하는 것이 가장 좋습니다. 마지막 옵션인 [VBA 매크로 사용]은 보안 경고 메시지 줄 없이 모든 매크로를 사용할 수 있도록 해주지만, 매크로 바이러스나 보안 관련 이슈로 권장하지 않습니다.

Microsoft 365, 엑셀 2021 버전부터는 다음 옵션이 하나 더 추가되었습니다.

매크로 설정	설명
VBA 매크로를 사용하도록 설정하면 Excel 4.0 매크로 사용	이 옵션은 Excel 4.0 매크로 함수를 사용하는 파일의 경우에도 보안 경고 메시지 줄의 [콘텐츠 사용]을 클릭해야 해당 매크로 함수가 제대로 동작하도록 설정하는 옵션입니다. 해제하면 [콘텐츠 사용]을 클릭해도 매크로 함수가 동작하지 않습니다.

개발자 매크로 설정 옵션

VBA 개발에 익숙한 개발자를 위한 옵션으로 다음 설명을 참고합니다.

개발자 매크로 설정	설명
VBA 프로젝트 개체 모델에 안전하게 액세스할 수 있음	이 설정은 개발자가 VBA를 이용해 VBAProject 개체 모델에 접근할 수 있도록 합니다. 매크로를 이용해 VB 편집기를 원하는 방식으로 조작할 수 있습니다. 예를 들어 매크로를 이용해 새로운 매크로를 생성, 혹은 Module을 내보내거나 가져오는 것을 가능하게 만들 수 있습니다.

이 옵션은 능숙한 개발자를 위한 옵션이므로 초보자들에게 권장하지 않습니다.

신뢰할 수 있는 문서

이 기능은 엑셀 2010 버전부터 추가된 것으로, 엑셀 2007 버전에서는 파일을 열 때마다 매번 보안 경고 메시지 줄이 표시되기 때문에 매크로를 사용하는 데 불편한 경우가 많았습니다. 그래서 엑셀 2010 버전부터는 보안 경고 메시지 줄이 표시될 때 [콘텐츠 사용]을 클릭하면 해당 파일을 [신뢰할 수 있는 문서]로 분류하는 기능을 추가한 것입니다.

[신뢰할 수 있는 문서]란 사용자가 매크로 사용을 허가한 파일입니다. 이렇게 분류된 파일은 파일을 열 때 보안 경고 메시지 줄이 표시되지 않도록 처리하는 것입니다.

[신뢰할 수 있는 문서] 관련 설정은 다음 방법을 통해 확인할 수 있습니다.

01 리본 메뉴의 [개발 도구] 탭-[코드] 그룹-[매크로 보안 ⚠]을 클릭합니다.

02 [보안 센터] 대화상자에서 [신뢰할 수 있는 문서] 범주를 선택합니다.

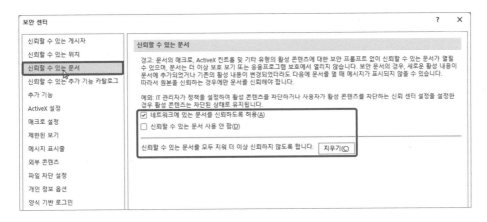

[신뢰할 수 있는 문서]에는 다음과 같은 옵션이 제공됩니다.

옵션	설명
네트워크에 있는 문서를 신뢰하도록 허용	네트워크 공유 폴더에 있는 파일도 신뢰할 수 있는 문서로 인식하도록 처리하는 옵션입니다. 내 PC에 있는 파일만 신뢰할 수 있는 문서로 분류하려면 이 옵션을 체크 해제합니다.
신뢰할 수 있는 문서 사용 안 함	옵션에 체크하면 신뢰할 수 있는 문서 기능을 사용하지 않습니다. 엑셀 2007 버전처럼 파일을 열 때마다 매번 보안 경고 메시지 줄이 표시됩니다.
지우기	기존에 신뢰할 수 있는 문서로 분류된 파일 리스트를 모두 삭제합니다. 이렇게 하면 신뢰할 수 있는 문서가 초기화되어 파일을 처음 열 때처럼 매크로가 포함된 모든 파일에 보안 경고 메시지 줄이 나타납니다.

주요 업무 폴더를
신뢰할 수 있는 위치로 등록

예제 파일 없음

신뢰할 수 있는 위치

매크로가 포함된 파일을 처음 열 때 표시되는 보안 경고 메시지 줄은 사용자에게 주의를 환기시키는 역할을 하지만 대부분의 사용자가 불편하게 여기는 것이 사실입니다. 마이크로소프트사도 이것을 알고 있기 때문에 엑셀 2010 버전부터 [신뢰할 수 있는 문서] 기능을 추가해 보안 경고 메시지 줄이 자주 표시되지 않도록 만들었습니다.

그럼에도 여전히 불편한 사용자를 위해 업무(작업) 폴더를 [신뢰할 수 있는 위치]에 등록해 사용할 수 있도록 지원합니다. [신뢰할 수 있는 위치]의 위치란 폴더의 위치를 의미합니다. 업무용 폴더를 등록할 경우 해당 폴더 내 파일을 열 때는 보안 경고 메시지 줄이 표시되지 않습니다.

따라서 보안 경고 메시지 줄이 계속해서 표시되는 엑셀 2007 버전이나, 보안 경고 메시지 줄 자체가 불편한 사용자는 [신뢰할 수 있는 위치] 기능을 이용해 보안 경고 메시지 줄이 표시되지 않도록 설정할 수 있습니다.

신뢰할 수 있는 위치에 폴더 등록

리본 메뉴의 [개발 도구] 탭-[코드] 그룹-[매크로 보안▲]을 클릭하고 [보안 센터] 대화상자에서 [신뢰할 수 있는 위치] 범주를 선택하면 다음과 같은 화면을 확인할 수 있습니다.

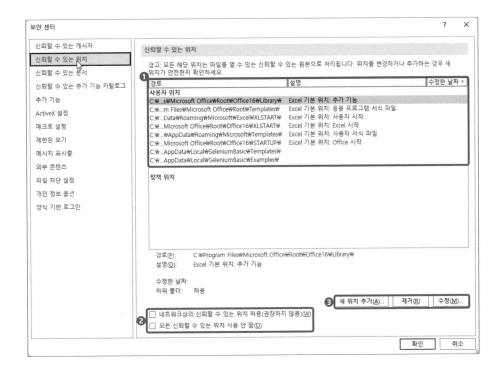

[신뢰할 수 있는 위치] 설정 방법

❶ 신뢰할 수 있는 위치

[신뢰할 수 있는 위치]에 등록된 폴더를 확인할 수 있으며, 처음에는 엑셀에서 사용하는 기본 폴더만 등록됩니다. 추후 사용하는 추가 프로그램에 따라 폴더가 자동으로 등록될 수 있습니다. 이러한 폴더는 삭제하면 프로그램 동작에 영향을 줄 수 있으므로 주의가 필요합니다.

❷ 옵션

다음 두 가지 옵션이 제공됩니다.

옵션	설명
네트워크상의 신뢰할 수 있는 위치 허용(권장하지 않음)	네트워크상의 공유 폴더를 신뢰할 수 있는 위치로 등록할 수 있도록 하는 옵션으로, 이 옵션에 체크하지 않으면 네트워크상의 공유 폴더를 신뢰할 수 있는 위치에 등록할 수 없습니다.
모든 신뢰할 수 있는 위치 사용 안 함	[신뢰할 수 있는 위치] 기능을 사용하지 않습니다.

❸ 명령 버튼

다음과 같은 세 개 버튼을 클릭할 수 있습니다.

버튼	설명
새 위치 추가	원하는 폴더를 [신뢰할 수 있는 위치]로 등록할 수 있습니다.
제거	기존에 등록된 [신뢰할 수 있는 위치]를 삭제합니다. [사용자 위치] 목록에서 삭제할 위치를 선택하고 클릭합니다.
수정	기존에 등록된 [신뢰할 수 있는 위치]를 다른 폴더로 변경합니다.

새 폴더를 등록하려면 [새 위치 추가]를 클릭하고 아래 화면의 대화상자에서 [찾아보기]를 클릭해 원하는 폴더를 선택한 후 [확인]을 클릭합니다. [이 위치의 하위 폴더도 신뢰할 수 있음] 옵션에 체크하고 [확인]을 클릭합니다.

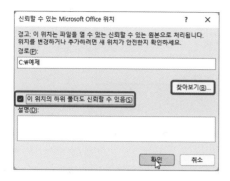

참고로 [이 위치의 하위 폴더도 신뢰할 수 있음]에 체크하면 등록할 폴더의 하위 폴더 내 파일을 열 때도 보안 경고 메시지 줄이 표시되지 않도록 설정할 수 있습니다.

01 / 06

보안 위험 메시지 줄의 의미와 표시 해결 방법

예제 파일 없음

보안 위험 메시지 줄

Microsoft 365 버전에서는 여러 보안 이슈로 인터넷에서 다운로드한 파일의 매크로를 사용할 수 없게 차단합니다. 이런 경우는 다음과 같은 경우 중 하나일 수 있습니다.

● 웹사이트에서 다운로드한 파일
● 드롭박스, 구글 드라이브, 원드라이브 등의 클라우드에서 다운로드한 파일
● 외부 메일에서 첨부된 파일

위 경우 중 하나라도 해당하는 파일을 열면 다음과 같은 [보안 위험] 메시지 줄이 표시될 수 있습니다.

이것은 기존의 [보안 경고] 메시지 줄과는 무관하며, 위 메시지 줄이 표시되는 경우에는 파일 내 매크로 기능을 활용할 수 없습니다.

다운로드한 파일의 매크로를 실행시킬 수 있는 방법

[보안 위험] 메시지 줄이 표시된 파일의 매크로를 사용하려면 다음과 같은 과정을 거쳐야 합니다.

01 파일을 닫습니다.

02 윈도우 탐색기에서 다운로드한 파일을 마우스 오른쪽 버튼으로 클릭하고 [속성]을 선택합니다.

03 [속성] 대화상자 하단의 [보안] 옵션-[차단 해제]에 체크하고 [확인]을 클릭합니다.

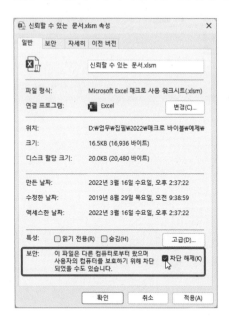

04 다시 파일을 열면 [보안 경고] 메시지 줄이 표시됩니다. [콘텐츠 사용]을 클릭해 파일 내 매크로를 사용할 수 있습니다.

CHAPTER
02

매크로 기록기

엑셀에서는 사용자의 동작을 기록해 매크로를 만들 수 있는 매크로 기록기를
제공합니다. 매크로 기록기는 VBA를 학습하지 않고도 원하는 매크로를 기록
해 사용할 수 있는 방법을 지원합니다. 기록된 매크로를 분석하면 엑셀의 다
양한 구성 요소를 어떻게 컨트롤하는지 배울 수 있으므로 매크로를 공부할 때
많은 도움이 됩니다. 이번 CHAPTER에서는 매크로 기록기를 활용하는 다양
한 방법에 대해 설명합니다.

매크로 기록기 사용 방법

예제 파일 PART 01 \ CHAPTER 02 \ 매크로 기록기.xlsm

매크로 기록기 사용 방법

매크로 기록기는 사용자가 엑셀로 업무를 진행하는 과정을 매크로로 기록하는 기능으로, 매크로 기록기를 이용하면 간단하고 반복적인 업무를 쉽게 자동화할 수 있습니다. 또한 매크로는 VBA 코드로 기록되기 때문에 이를 이해하고 수정할 수 있다면 원하는 매크로를 보다 쉽게 개발할 수 있습니다.

매크로 기록기는 녹음기와 유사하므로 기록하는 중간에 불필요하거나 잘못된 동작도 매크로로 기록됩니다. 따라서 매크로 기록기를 이용할 경우에는 천천히 정확한 작업으로 수행할 수 있도록 계획을 세우고 기록하는 것을 권합니다.

매크로 기록기를 이용하는 전체 과정은 다음과 같습니다.

1단계 : [개발 도구] 탭-[코드] 그룹-[매크로 기록] 클릭

매크로 기록	?	×

2단계 : [매크로 기록] 대화상자 설정

매크로 이름(M): ❶
매크로1

바로 가기 키(K): ❷
Ctrl+

매크로 저장 위치(I): ❸
현재 통합 문서

설명(D): ❹

확인 취소

기록할 동작 ──────── 3단계 : 기록하려는 동작 수행

4단계 : [개발 도구] 탭-[코드] 그룹-[기록 중지] 클릭

[매크로 기록] 대화상자

❶ 매크로 이름

매크로 이름을 입력합니다. 매크로 이름은 반드시 한글과 영어로 시작하며, 이름 중간에 띄어쓰기나 특수 문자의 사용이 제한됩니다. 단 밑줄(_)이나 마침표(.) 등은 사용할 수 있으므로 단어를 구분해 이름을 입력하고 싶은 경우에 사용하면 좋습니다.

❷ 바로 가기 키

단축키를 이용해 매크로를 실행하는 [바로 가기 키]를 지정합니다. 단축키는 Ctrl +영문자로 지정할 수 있으며 엑셀 기본 내장 단축키(예를 들어 Ctrl + S , Ctrl + P 등)와 동일한 단축키를 지정하면 해당 단축키는 무시되고, 매크로가 우선 실행되므로 주의합니다.

❸ 매크로 저장 위치

매크로 저장 위치를 지정합니다. 다음 세 가지 중의 하나를 선택할 수 있습니다.

구분	설명
현재 통합 문서	현재 파일에 매크로를 저장합니다.
새 통합 문서	새 파일을 만들고 해당 파일에 매크로를 저장합니다.
개인용 매크로 통합 문서	모든 파일에서 사용할 수 있는 매크로를 저장합니다. 개인용 매크로 통합 문서에 대한 자세한 사용 방법은 **SECTION 02-04**를 참고합니다.

❹ 설명

저장될 매크로에 대한 간략한 설명을 입력합니다. 입력된 내용은 [매크로] 대화상자에서 매크로를 실행할 때 확인할 수 있으며, VBA 코드 내 주석으로 기록됩니다.

매크로 기록

매크로 기록기는 항상 동일한 위치에 데이터가 존재하고 이를 반복적으로 처리하는 작업을 개발할 때 유용합니다. 다음 예제는 전산 시스템에서 내려 받은 데이터 중 잘못된 날짜 데이터를 올바른 날짜 데이터로 변환하는 작업을 매크로 기록기를 이용해 개발하는 과정입니다.

01 예제의 표에서 H열의 날짜 데이터를 올바른 날짜 형식(yyyy-mm-dd)으로 변환합니다.

	A	B	C	D	E	F	G	H	I
1									
2				판 매 대 장					
3									
5		거래번호	고객	제품	단가	수량	판매	주문일	
6		10521	S&C무역 ㈜	컬러레이저복사기 XI-3200	1,176,000	3	2,998,800	2023.01.01	
7		10522	드림씨푸드 ㈜	프리미엄복사지A4 2500매	17,800	9	160,200	2023.01.01	
8		10523	자이언트무역 ㈜	고급복사지A4 500매	3,500	2	7,000	2023.01.01	
9		10524	진왕통상 ㈜	잉크젯복합기 AP-3300	79,800	1	79,800	2023.01.02	
10		10525	삼양트레이드 ㈜	잉크젯복합기 AP-3200	79,500	2	159,000	2023.01.02	
11		10526	자이언트무역 ㈜	링제본기 ST-100	127,800	4	511,200	2023.01.05	
12		10527	동남무역 ㈜	흑백레이저복사기 TLE-5000	597,900	3	1,704,015	2023.01.05	
13		10528	한남상사 ㈜	프리미엄복사지A4 2500매	16,800	5	84,000	2023.01.05	
14		10529	금화트레이드 ㈜	링제본기 ST-100	161,900	9	1,384,245	2023.01.05	
15		10530	칠성무역 ㈜	바코드 BCD-200 Plus	96,900	6	581,400	2023.01.05	
16									

02 이런 날짜 변환 작업을 자주 반복한다면, 매크로 기록기로 날짜 형식 변환 과정을 기록합니다.

03 리본 메뉴의 [개발 도구] 탭-[코드] 그룹-[매크로 기록🔲]을 클릭합니다.

TIP 엑셀 창 하단의 상태 표시줄에서 [매크로 기록🔲]을 클릭해도 됩니다.

04 [매크로 기록] 대화상자에서 [매크로 이름]을 **날짜변환**으로 수정하고 [확인]을 클릭합니다.

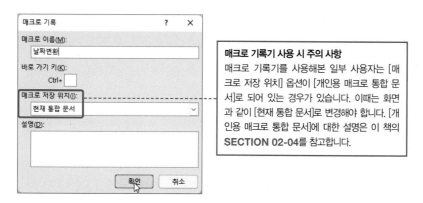

> **매크로 기록기 사용 시 주의 사항**
> 매크로 기록기를 사용해본 일부 사용자는 [매크로 저장 위치] 옵션이 [개인용 매크로 통합 문서]로 되어 있는 경우가 있습니다. 이때는 화면과 같이 [현재 통합 문서]로 변경해야 합니다. [개인용 매크로 통합 문서]에 대한 설명은 이 책의 **SECTION 02-04**를 참고합니다.

05 날짜 데이터가 입력되어 있는 H열 전체를 선택합니다.

TIP [H6:H15] 범위를 선택해도 되지만, 이 경우 범위가 다른 데이터는 매크로에서 처리하지 못합니다.

06 리본 메뉴의 [홈] 탭-[편집] 그룹-[찾기 및 선택🔍-]-[바꾸기]를 선택합니다.

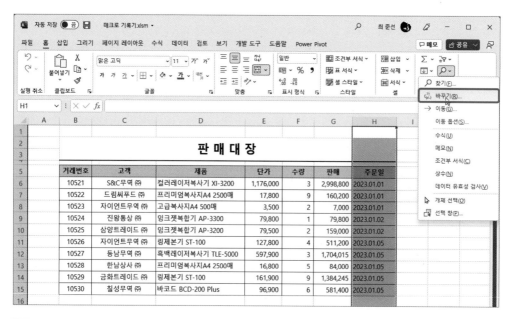

TIP 데이터 형식 변환 작업을 할 때는 [바꾸기]나 [텍스트 나누기] 명령을 이용할 수 있습니다.

07 [찾기 및 바꾸기] 대화상자를 다음과 같이 설정하고 [모두 바꾸기]를 클릭합니다.

- 찾을 내용 : . (마침표)
- 바꿀 내용 : - (하이픈)

08 그러면 H열의 날짜가 yyyy-mm-dd 형식으로 올바르게 변경됩니다.

09 메시지 창과 대화상자를 모두 닫습니다.

TIP 작업은 모두 끝났지만 이렇게 매크로를 종료하면 향후 매크로를 실행할 때 H열 전체가 항상 선택된 상태에서 종료됩니다. 이런 결과를 원하지 않는다면 [B6] 셀이나 [H6] 셀을 추가로 선택합니다.

10 리본 메뉴의 [개발 도구] 탭-[코드] 그룹-[기록 중지□]를 클릭합니다.

TIP 엑셀 창 하단의 상태 표시줄에서 [기록 중지□]를 클릭해도 됩니다.

11 **05-09** 과정이 [날짜변환] 매크로로 파일에 기록됩니다.

매크로 실행 및 관리

기록된 매크로를 실행하는 방법에는 여러 가지가 있지만 파일 내 매크로를 관리하려면 리본 메뉴의 [개발 도구] 탭-[코드] 그룹-[매크로📰] 기능(단축키 Alt + F8)을 이용합니다. 매크로 실행 및 관리 방법은 다음 과정을 참고합니다.

01 Ctrl + Z 를 눌러 날짜 데이터 변환 작업을 취소합니다.

02 리본 메뉴의 [개발 도구] 탭-[코드] 그룹-[매크로📰]를 클릭하거나 Alt + F8 을 누릅니다.

LINK 매크로를 실행하는 다양한 방법은 **SECTION 02-03, 04, 06, 07**을 참고합니다.

03 [매크로] 대화상자가 표시되면 [날짜변환] 매크로를 선택하고 [실행]을 클릭합니다.

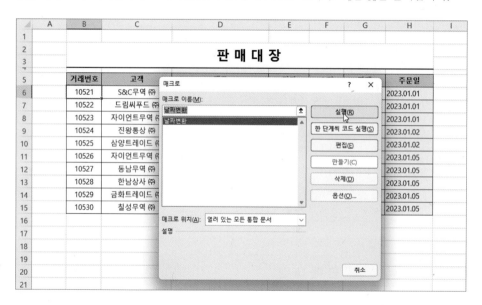

🔍 **더 알아보기**   **[매크로] 대화상자**

[매크로] 대화상자는 매크로를 실행하려는 목적보다는 기록된 매크로를 관리할 때 주로 사용합니다. [매크로] 대화상자에서 가장 많이 사용하는 기능은 다음 두 가지입니다.

버튼	설명
삭제	선택한 매크로를 파일에서 삭제합니다.
옵션	선택한 매크로에 할당된 단축키를 변경하거나 삭제할 수 있습니다.

기록된 매크로를 사용할 때 잘못 기록된 매크로나 제대로 동작하지 않는(또는 더 이상 사용하지 않는) 매크로는 그때그때 삭제하여 관리하는 것이 좋습니다.

기록된 코드를 효율적으로 수정하는 방법

예제 파일 PART 01 \ CHAPTER 02 \ 코드 수정.xlsm

매크로 기록

매크로 기록기는 사용자의 동작을 하나씩 VBA 언어로 번역해 별도의 모듈(Module)에 저장합니다. 다음 과정을 통해 매크로를 생성하고 기록된 코드를 확인합니다.

01 예제의 [C5:C7] 범위에 데이터를 입력하고 [F6:H6] 범위로 옮기는 매크로를 기록합니다.

02 리본 메뉴의 [개발 도구] 탭-[코드] 그룹-[매크로 기록📷]을 클릭합니다.

03 [매크로 기록] 대화상자에서 [매크로 이름]을 **데이터입력**으로 변경하고 [확인]을 클릭합니다.

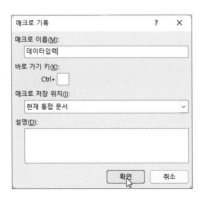

04 [C5:C7] 범위에 순서대로 임의의 데이터를 입력합니다.

	A	B	C	D	E	F	G	H	I
1									
2			입력				정리		
3									
5		사번	1			사번	이름	직위	
6		이름	최준선						
7		직위	대리						
8									
9									

> **TIP** 매크로를 기록할 때 [C5] 셀을 선택하는 동작부터 기록해야 합니다.

05 행 방향([C5:C7])으로 입력된 데이터를 열 방향([F6:H6])으로 옮기는 작업을 진행합니다.

> **TIP** 엑셀에서 행 방향 데이터를 열 방향으로 바꾸는 기능은 [선택하여 붙여넣기]의 [행/열 바꾸기]나 TRANSPOSE 함수를 사용합니다.

06 [C5:C7] 범위를 선택하고 복사(Ctrl + C)합니다.

07 [F6] 셀을 선택하고 리본 메뉴의 [홈] 탭-[클립보드] 그룹-[붙여넣기 📋]의 아래 화살표 ⌄를 클릭한 후 [행/열 바꿈 📋]을 클릭합니다.

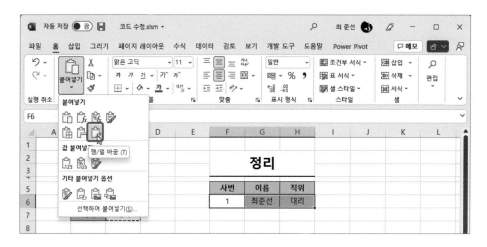

08 [C5:C7] 범위의 복사 모드를 해제하기 위해 Esc를 누릅니다.

> **TIP** 복사 모드는 셀(또는 범위)을 복사할 때 선택 범위의 테두리가 깜빡이는 상태를 의미하며, 이 상태에서 다른 위치에 붙여넣기 명령을 실행해 데이터를 복사할 수 있습니다.

09 매크로 기록을 중단합니다.

10 리본 메뉴의 [개발 도구] 탭-[코드] 그룹-[기록 중지 ☐]를 클릭합니다.

기록된 매크로 코드 확인

매크로는 워크시트가 아닌 별도의 모듈에 저장되며 VB 편집기 창에서 확인할 수 있습니다.

01 리본 메뉴의 [개발 도구] 탭-[코드] 그룹-[Visual Basic 🔤]을 클릭합니다.

TIP [Visual Basic 🔤]을 클릭하는 대신 Alt + F11 을 눌러도 됩니다.

02 VB 편집기 창의 프로젝트 탐색기 창에서 [모듈] 폴더를 확장하고 [Module1]을 더블클릭합니다.

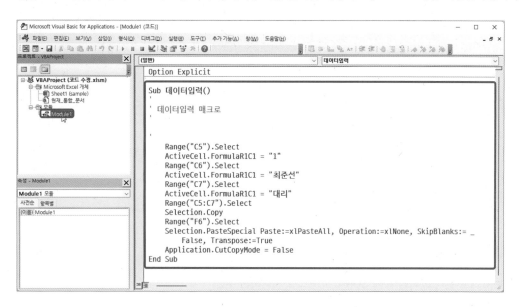

TIP 화면에서 보이는 코드 한 줄이 사용자의 동작 하나를 의미합니다.

```
Sub 데이터입력()  ──────────── ❶
'
' 데이터입력 매크로
'
'
    Range("C5").Select  ──────────── ❷
    ActiveCell.FormulaR1C1 = "1"  ──────────── ❸
    Range("C6").Select
    ActiveCell.FormulaR1C1 = "최준선"
    Range("C7").Select
    ActiveCell.FormulaR1C1 = "대리"
    Range("C5:C7").Select  ──────────── ❹
    Selection.Copy  ──────────── ❺
    Range("F6").Select  ──────────── ❻
    Selection.PasteSpecial Paste:=xlPasteAll, Operation:=xlNone, SkipBlanks:= _  ──── ❼
        False, Transpose:=True  ──────────── ❽
    Application.CutCopyMode = False  ──────────── ❾

End Sub
```

기록된 코드를 수정하는 몇 가지 방법

매크로 기록기는 사용자의 동작을 VBA 언어로 번역해 기록합니다. 이 과정에서 코드에 불필요하거나 비효율적인 코드도 기록됩니다. 어떤 부분이 불필요하고, 어떻게 고칠 수 있는지 알 수 있다면 매크로가 더 효율적으로 동작하도록 만들 수 있습니다.

매크로 기록기로 기록한 코드는 몇 가지 반복적인 패턴을 보입니다. 다음은 반복되는 코드를 수정하는 방법입니다.

첫째, Select로 끝나고 다음 줄에 Selection으로 시작하는 부분

```
대상.Select
Selection.명령
```

엑셀 사용자는 대부분 항상 작업할 셀(또는 범위)을 선택하고 명령을 실행합니다. 이 과정을 매크로 기록기로 기록하면 셀(또는 범위)을 선택하는 동작은 항상 Select로 끝나고, 선택한 셀(Selection)에 원하는 명령을 실행하는 방식으로 기록됩니다. 이번 예제에서 해당 부분을 표시하면 다음과 같습니다.

```
Range("C5:C7").Select
Selection.Copy
Range("F6").Select
Selection.PasteSpecial Paste:=xlPasteAll, Operation:=xlNone, SkipBlanks:= _
    False, Transpose:=True
```

VBA에서는 셀(또는 범위)을 선택하지 않고 바로 명령을 지시할 수 있기 때문에 Select로 끝나고 Selection으로 시작하는 두 줄은 Select, Selection을 없애고 다음과 같이 한 줄로 붙여서 사용할 수 있습니다.

```
대상.명령
```

위 설명대로 코드를 수정하면 다음과 같은 코드를 얻게 됩니다.

```
Range("C5:C7").Copy
Range("F6").PasteSpecial Paste:=xlPasteAll, Operation:=xlNone, SkipBlanks:= _
    False, Transpose:=True
```

TIP 기록된 코드를 직접 찾아 수정하는 작업을 진행해봅니다.

둘째, Select로 끝나고 다음 줄에 ActiveCell로 시작하는 부분

```
대상.Select
ActiveCell.명령
```

Selection은 선택된 셀(또는 범위)을 의미하지만, ActiveCell은 선택된 셀(또는 범위)에서 값이 입력될 셀을 의미합니다. 이 부분이 같진 않지만, 매크로 기록기로 기록하는 경우에는 대부분 Select, Selection과 마찬가지 방법으로 수정이 가능합니다.

```
Range("C5").Select
ActiveCell.FormulaR1C1 = "1"
Range("C6").Select
ActiveCell.FormulaR1C1 = "최준선"
Range("C7").Select
ActiveCell.FormulaR1C1 = "대리"
```

기록된 코드를 다음과 같이 수정할 수 있습니다.

```
Range("C5").FormulaR1C1 = "1"
Range("C6").FormulaR1C1 = "최준선"
Range("C7").FormulaR1C1 = "대리"
```

셋째, FormulaR1C1은 Value로 수정

FormulaR1C1 명령은 셀에 값(또는 수식)을 입력할 때 나타납니다. FormulaR1C1에서 R1C1은 Lotus 1-2-3 프로그램의 셀 주소 지정 방법입니다. FormulaR1C1 명령 역시 Lotus 1-2-3 프로그램과의 호환을 위해 제공되는 것으로 현재는 거의 사용되지 않습니다. 직접 코드를 개발할 때는 FormulaR1C1 대신 값을 입력하려면 Value를, 수식을 입력하려면 Formula를 사용합니다.

기록된 코드는 값을 입력하는 경우이므로 FormulaR1C1를 Value로 다음과 같이 수정합니다.

```
Range("C5").Value = "1"
Range("C6").Value = "최준선"
Range("C7").Value = "대리"
```

위 코드에서 Value를 생략하고 **Range("C5")**와 같이 입력해도 매크로는 정상적으로 동작합니다. VBA는 Range 개체만 사용해도 기본 속성인 Value가 생략된 것으로 이해하고 동작하기 때문입니다. 하지만 특정 코드에서는 Value를 생략했을 때 에러가 발생할 수 있기 때문에 Value는 습관적으로 붙여쓰는 것이 좋습니다.

수정한 코드는 다음과 같습니다.

```
Sub 데이터입력()
'
' 데이터입력 매크로
'

'
    Range("C5").Value = "1"
    Range("C6").Value = "최준선"
    Range("C7").Value = "대리"
    Range("C5:C7").Copy
    Range("F6").PasteSpecial Paste:=xlPasteAll, Operation:=xlNone, SkipBlanks:= _
        False, Transpose:=True
    Application.CutCopyMode = False

End Sub
```

TIP 원래 기록된 코드에 비해 훨씬 간결하고 이해하기 쉬운 코드로 수정되었습니다.

단축키를 이용해 매크로 실행

예제 파일 없음

매크로에 단축키 설정하는 방법

매크로를 기록할 때 [매크로 기록] 대화상자의 [바로 가기 키]에 영문자를 입력하면 Ctrl 과 영문자 조합의 단축키가 설정됩니다. 영어 소문자를 입력하면 Ctrl +영문자 단축키가 되며, 영어 대문자를 입력하면 Ctrl + Shift +영문자 단축키가 됩니다.

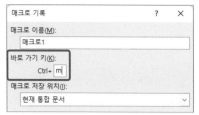 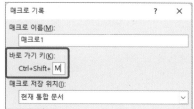

단축키를 설정할 때 엑셀의 내장 단축키와 중복되지 않도록 주의합니다. 설정한 단축키가 내장 단축키와 중복되면 내장 단축키는 동작하지 않고 매크로만 실행됩니다. 엑셀의 내장 단축키는 다음과 같습니다.

단축키	설명	단축키	설명
Ctrl + A	연속된 데이터 범위를 선택	Ctrl + O	[열기] 대화상자 호출
Ctrl + B	굵은 글꼴 서식을 적용	Ctrl + P	[인쇄] 대화상자를 호출
Ctrl + C	복사	Ctrl + R	오른쪽 채우기 명령 실행
Ctrl + D	아래로 채우기 명령 실행	Ctrl + S	저장
Ctrl + E	빠른 채우기 명령 실행(엑셀 2013 이상 버전)	Ctrl + T	[표 만들기] 대화상자 호출
Ctrl + F	[찾기] 대화상자 호출	Ctrl + U	밑줄 글꼴 서식 적용
Ctrl + G	[이동] 대화상자 호출	Ctrl + V	붙여넣기
Ctrl + H	[바꾸기] 대화상자 호출	Ctrl + W	현재 파일 창 닫기
Ctrl + I	기울임꼴 글꼴 서식 적용	Ctrl + X	잘라내기
Ctrl + K	[하이퍼링크] 대화상자 호출	Ctrl + Y	마지막 실행 명령 반복 실행
Ctrl + N	새 엑셀 파일을 생성	Ctrl + Z	실행 취소

TIP 내장 단축키에 할당되지 않은 영문자는 J, L, M, Q가 있습니다.

내장 단축키와 충돌

매크로에 할당할 수 있는 단축키는 Ctrl+영문자 조합입니다. 하지만 몇 개의 영문자를 제외하고는 모두 엑셀 내장 단축키로 사용되므로 매크로에 단축키를 설정하면 내장 단축키와 중복될 가능성이 높습니다.

만약 내장 단축키와 동일한 단축키를 매크로에 할당하면 해당 단축키를 누를 때 매크로만 실행되며, 내장 단축키는 동작하지 않습니다. 이런 점을 이용해 특정 단축키가 동작되지 않도록 무력화하는 것이 가능합니다. 다음 과정을 참고합니다.

01 리본 메뉴의 [개발 도구] 탭-[코드] 그룹-[매크로 기록📷]을 클릭합니다.

02 [매크로 기록] 대화상자가 표시되면 [바로 가기 키]에 무력화할 단축키를 설정합니다.

TIP 예를 들어 [바로 가기 키]에 영문자 C를 입력하면 Ctrl+C 단축키가 할당됩니다.

03 [확인]을 클릭해 매크로 기록을 시작합니다.

04 바로 리본 메뉴의 [개발 도구] 탭-[코드] 그룹-[기록 중지▢]를 클릭합니다.

위와 같이 작업하면 아무 동작도 하지 않는 매크로가 생성되며, 이 매크로에 단축키가 할당되어 **02** 과정에서 설정한 단축키를 눌러도 아무런 반응이 없습니다.

매크로에 단축키 할당 및 재설정

개발(또는 기록)된 매크로에 단축키를 새롭게 설정하거나 변경, 삭제할 수 있습니다. 다음 방법을 참고합니다.

01 리본 메뉴의 [개발 도구] 탭-[코드] 그룹-[매크로📷]를 클릭합니다.

02 [매크로] 대화상자에서 단축키를 지정할 매크로를 선택하고 [옵션]을 클릭합니다.

03 [매크로 옵션] 대화상자에서 [바로 가기 키]의 설정을 변경하고 [확인]을 클릭합니다.

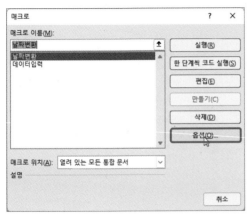

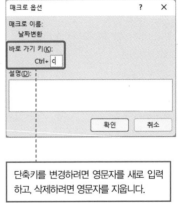

단축키를 변경하려면 영문자를 새로 입력하고, 삭제하려면 영문자를 지웁니다.

매크로를 여러 파일에서 사용하는 방법

예제 파일 없음

개인용 매크로 통합 문서와 추가 기능

매크로를 다른 사람 혹은 PC에 공유하려면 [개인용 매크로 통합 문서]와 [추가 기능] 중 하나를 사용할 수 있습니다. 매크로 기록기를 이용하거나 아직 매크로가 익숙하지 않다면 [개인용 매크로 통합 문서]가 편리하고, VBA에 익숙해지면 [추가 기능]을 사용하는 것이 편합니다.

두 방법 모두 엑셀을 실행할 때 백그라운드에 해당 파일을 열어놓고 작업하는 방법을 사용하므로 모든 파일에서 동일한 매크로를 사용할 수 있습니다.

참고로 [추가 기능]을 이용하는 방법은 **SECTION 08-08**을 참고하길 바라며, 여기에서는 [개인용 매크로 통합 문서]를 이용하는 방법에 대해 알아보겠습니다.

개인용 매크로 통합 문서 생성

개인용 매크로 통합 문서는 매크로 기록기를 이용할 때 생성할 수 있습니다. 방법은 리본 메뉴의 [개발 도구] 탭-[코드] 그룹-[매크로 기록 🔘]을 클릭하면 나타나는 [매크로 기록] 대화상자의 [매크로 저장 위치]를 [개인용 매크로 통합 문서]로 설정하고 매크로를 기록하면 됩니다. 기록된 매크로는 개인용 **매크로 통합 문서(Personal.xlsb)** 파일에 저장되며, 이때 파일이 생성됩니다.

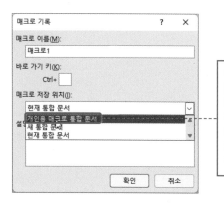

매크로 저장 위치
[매크로 저장 위치]를 변경하면 변경된 설정이 계속 기억되어 이후에 매크로를 기록할 때 마지막에 저장 위치가 가장 먼저 표시됩니다. 그러므로 매크로를 기록할 때 [매크로 저장 위치]가 원하는 곳에 설정되었는지 확인할 필요가 있습니다.

개인용 매크로 통합 문서는 백그라운드에서 생성, 실행되며 화면에 표시되지 않습니다. 따라서 개인용 매크로 통합 문서를 처음 생성한 경우, 엑셀을 종료할 때 다음과 같은 저장 메시지 창이 표시될 수 있습니다. 이때 [저장]을 클릭해야 개인용 매크로 통합 문서 생성이 완료됩니다.

TIP [저장 안 함]을 클릭하면 개인용 매크로 통합 문서가 저장되지 않아 기록된 매크로가 삭제되어 이후 사용할 수 없습니다.

개인용 매크로 통합 문서에 저장된 매크로 실행

리본 메뉴의 [개발 도구] 탭-[코드] 그룹-[매크로🔲]를 클릭하고 [매크로] 대화상자에 표시되는 개인용 매크로 통합 문서에 저장된 매크로를 선택한 후 [실행]을 클릭합니다.

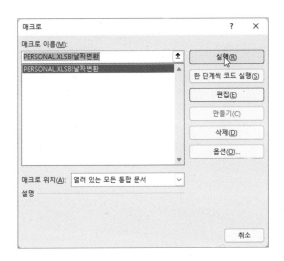

참고로 [매크로] 대화상자에서는 [개인용 매크로 통합 문서]나 [추가 기능] 파일의 매크로는 삭제할 수 없습니다. [개인용 매크로 통합 문서]나 [추가 기능]의 매크로는 VB 편집기 창에서 매크로 코드 부분을 직접 삭제해야 합니다.

개인용 매크로 통합 문서 삭제

예제 파일 없음

개인용 매크로 통합 문서 저장 위치

개인용 매크로 통합 문서를 사용하면 엑셀을 실행할 때마다 백그라운드에서 해당 파일이 열립니다. 개인용 매크로 통합 문서 파일을 더 이상 사용하지 않으려면 저장된 폴더로 이동해 해당 파일을 삭제합니다.

개인용 매크로 통합 문서 파일이 저장된 폴더는 숨겨져 있고, 사용자마다 파일의 저장 위치가 다를 수 있기 때문에 파일이 저장된 위치를 먼저 확인해야 합니다. 다음 과정을 참고합니다.

01 리본 메뉴의 [개발 도구] 탭-[코드] 그룹-[Visual Basic 圈]을 클릭합니다.

TIP 아무 파일에서 작업해도 동일한 결과를 얻을 수 있습니다.

02 VB 편집기 창의 [보기]-[직접 실행 창] 메뉴를 선택해 직접 실행 창을 표시합니다.

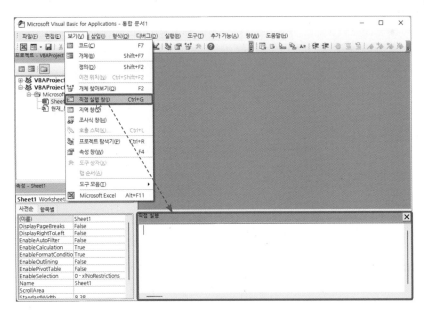

TIP 직접 실행 창의 표시 단
축키는 Ctrl + G 입니다.

03 직접 실행 창에 다음 코드를 입력하고 Enter 를 눌러 실행합니다.

```
Print Application.StartUpPath
```

TIP Print 뒤에 코드를 입력할 때는 Spacebar 를 눌러 한 칸 띄어쓰기해야 합니다.

04 반환된 폴더 경로를 드래그하고 복사(Ctrl + C)합니다.

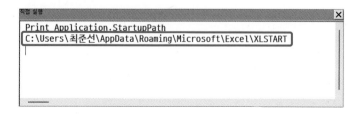

개인용 매크로 통합 문서 파일 삭제하기

01 엑셀을 종료합니다.

TIP 엑셀이 실행된 상태에서는 개인용 매크로 통합 문서가 백그라운드에 열려 있기 때문에 파일을 삭제할 수 없습니다.

02 윈도우 탐색기를 실행한 후 주소 표시줄에 Ctrl + V 를 눌러 복사된 경로를 붙여 넣습니다.

03 Enter 를 누르면 해당 위치로 이동합니다.

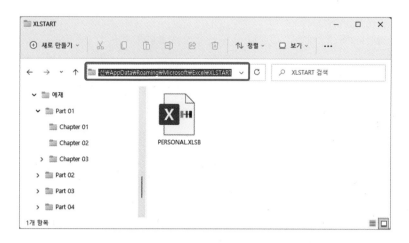

04 개인용 매크로 통합 문서 파일(PERSONAL.XLSB)을 선택하고 Delete 를 눌러 삭제합니다.

버튼 클릭해 매크로 실행

예제 파일 없음

양식 컨트롤을 이용해 매크로 실행

엑셀에는 시트를 자동화할 때 사용할 수 있는 양식 컨트롤이 제공됩니다. 양식 컨트롤을 사용하려면 리본 메뉴의 [개발 도구] 탭-[컨트롤] 그룹-[삽입📷]을 클릭한 후 [양식 컨트롤] 그룹 내에서 사용하려는 컨트롤을 선택합니다.

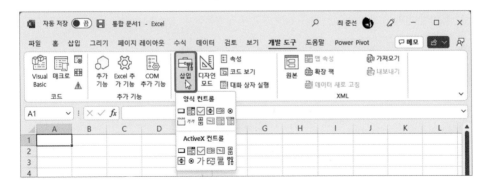

TIP 양식 컨트롤은 엑셀의 내장 컨트롤로 워크시트에서 주로 사용하며, ActiveX 컨트롤은 오피스 공용 컨트롤로 폼을 개발할 때 사용합니다.

양식 컨트롤은 다음과 같은 12개의 컨트롤로 구성됩니다.

양식 컨트롤의 개별 컨트롤에 대한 설명은 다음을 참고합니다.

아이콘	이름	설명
▢	단추	가장 많이 사용되는 컨트롤로 정식 명칭은 단추입니다. 일반적으로 버튼이라고 부르는 컨트롤이며 클릭해 매크로를 실행하려고 할 때 자주 사용됩니다.
▦	콤보 상자	텍스트 필드 컨트롤과 목록 상자 컨트롤이 결합된 형태로 아래 화살표를 클릭해 목록에서 값을 선택하거나 값을 직접 입력할 수 있습니다

아이콘	이름	설명
☑	확인란	특정 옵션을 사용할 지 여부를 확인하려고 할 때 사용합니다.
⊞	스핀 단추	셀 값을 증가시키거나 감소시킬 때 사용합니다.
⊟	목록 상자	목록 내 입력된 항목 중 하나(또는 여럿)를 선택할 수 있도록 할 때 사용합니다.
◉	옵션 단추	여러 선택 값 중 하나만 선택할 수 있도록 할 때 사용하며, 보통 그룹 상자 컨트롤과 함께 사용됩니다.
⌐	그룹 상자	서로 관련 있는 컨트롤을 하나로 묶어 표시할 때 사용합니다.
가가	레이블	읽기 전용 문자열을 입력하는 컨트롤로, 값을 입력하거나 고칠 수 있는 텍스트 필드와 달리 레이블에 입력된 문자열은 사용자가 고칠 수 없습니다.
⊟	스크롤 막대	스핀 단추 컨트롤보다 넓은 범위의 값을 조정하고자 할 때 사용합니다.
⊡	텍스트 필드	MS Excel 5.0 대화상자 시트에서 사용할 수 있는 컨트롤로 워크시트에서는 사용할 수 없습니다.
⊞	콤보 목록-편집	
⊞	콤보 드롭 다운-편집	

양식 컨트롤 중에서 매크로를 연결할 때 가장 많이 사용하는 컨트롤은 단추 컨트롤입니다. 단추 컨트롤을 선택해 워크시트에 삽입하면 [매크로 지정] 대화상자가 바로 표시됩니다. 단추 컨트롤에 연결할 매크로를 선택하고 [확인]을 클릭합니다.

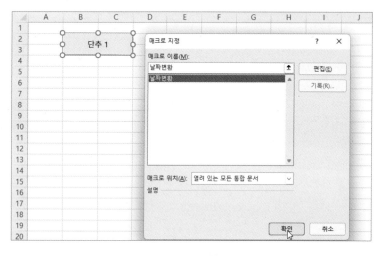

TIP 단추 컨트롤을 시트에 삽입할 때 [Alt]를 누른 상태에서 드래그하면 셀 크기에 맞춰 크기가 조정됩니다.

단추 레이블의 '문자열(단추 1)'을 원하는 이름으로 변경하고 빈 셀을 클릭하면 설정이 완료됩니다. 이제 단추를 클릭해 매크로를 실행할 수 있습니다.

도형을 이용해 매크로 실행

엑셀에는 시트에 삽입할 수 있는 다양한 도형이 제공
됩니다. 이때 매크로를 실행하기 위해서 도형을 이용
할 수 있습니다. 도형을 삽입하려면 리본 메뉴의 [삽
입] 탭-[일러스트레이션] 그룹-[도형 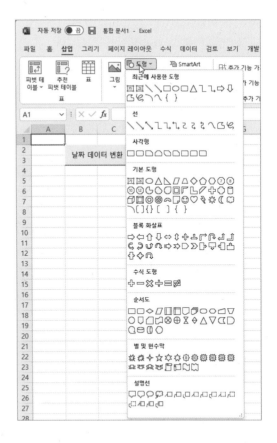]을 클릭하
고 원하는 도형을 선택합니다.

도형을 삽입한 후 원하는 서식 효과를 적용합니다. 리본 메뉴의 [도형 서식]-[도형 스타일] 그룹-[도형 효
과]를 이용하면 3차원 효과를 쉽게 적용할 수 있습니다.

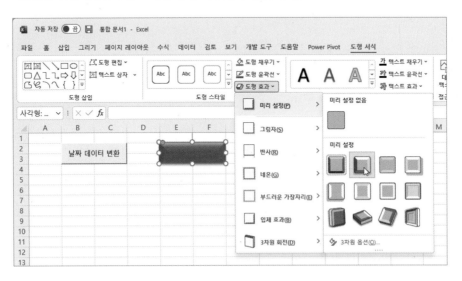

원하는 도형을 삽입하고 서식을 적용했다면 도형을 마우스 오른쪽 버튼으로 클릭한 후 단축 메뉴에서 [매크로 지정]을 선택합니다. 그러면 양식 컨트롤을 사용했을 때와 마찬가지로 [매크로 지정] 대화상자가 나타나고 연결할 매크로를 선택할 수 있습니다.

매크로를 연결하는 방법이나 실행하는 방법은 단추 컨트롤의 사용법과 동일합니다.

리본 메뉴에 매크로 등록하는 방법

예제 파일 없음

리본 메뉴에 매크로 등록할 때 장점

엑셀 2010 버전부터는 리본 메뉴와 빠른 실행 도구 모음에 매크로를 개별적으로 등록해 사용할 수 있습니다. 모든 파일에서 동일한 매크로를 사용하려면 개인용 매크로 통합 문서나 추가 기능을 사용해야 합니다. 이 경우에는 매번 양식 컨트롤이나 도형에 매크로를 연결해 사용하는 것은 비효율적이므로 리본 메뉴나 빠른 실행 도구 모음에 매크로를 등록해 사용하는 것이 좋습니다.

다만 Microsoft 365 버전의 인터페이스가 변경되면서 빠른 실행 도구 모음이 기본적으로 비활성화됩니다. 이후 업데이트될 버전에도 지속적으로 적용될 부분이므로, 앞으로 작업에 활용하려면 리본 메뉴를 이용하는 방법을 사용하길 권합니다.

참고로 개인용 매크로 통합 문서에 매크로를 등록하는 방법은 **SECTION 02-01**을, 추가 기능에 매크로를 등록하는 방법은 **SECTION 08-08**을 참고합니다.

리본 메뉴에 매크로를 등록하는 방법

리본 메뉴와 빠른 실행 도구 모음에 매크로를 등록하는 방법은 유사합니다. 이 책에서는 리본 메뉴에 매크로를 등록하는 방법에 대해 설명합니다.

01 리본 메뉴의 [파일] 탭-[옵션]을 클릭합니다.

02 [Excel 옵션] 대화상자에서 [리본 사용자 지정] 범주를 선택합니다.

03 [명령 선택]에서 [매크로]를 선택합니다.

04 하위 리스트에 현재 사용 가능한 모든 매크로가 표시됩니다.

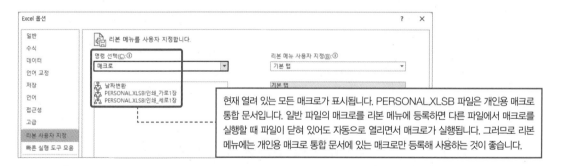

현재 열려 있는 모든 매크로가 표시됩니다. PERSONAL.XLSB 파일은 개인용 매크로 통합 문서입니다. 일반 파일의 매크로를 리본 메뉴에 등록하면 다른 파일에서 매크로를 실행할 때 파일이 닫혀 있어도 자동으로 열리면서 매크로가 실행됩니다. 그러므로 리본 메뉴에는 개인용 매크로 통합 문서에 있는 매크로만 등록해 사용하는 것이 좋습니다.

05 매크로를 등록할 새로운 리본 탭을 리본 메뉴의 [개발 도구]와 [도움말] 탭 사이에 추가합니다.

06 [기본 탭] 리스트에서 [개발 도구]를 선택하고 [새 탭]을 클릭합니다.

탭 위치 조정
삽입된 탭 위치가 잘
못됐다면 해당 탭을
선택하고 리스트 오
른쪽에 있는 위, 아래
방향 버튼을 클릭해
위치를 조정합니다.

TIP [새 탭]을 클릭할 때 추가되는 탭은 선택된 탭 아래쪽에 위치합니다.

🔍 더 알아보기　　**리본 메뉴의 기존 탭에 매크로 등록**

새 탭을 추가하지 않고 기존 리본 메뉴 탭에 매크로를 등록할 수도 있습니다. 기존 리본 메뉴에 매크로를 등록하려면 **06** 과정을 생략하고 오른쪽 기본 탭 리스트에서 등록할 리본 탭의 확장⊞ 단추를 클릭합니다. 그리고 새로운 그룹을 추가하려면 아래 [새 그룹]을 클릭합니다. 기존 그룹에 매크로를 등록하려면 원하는 그룹을 선택한 후 **08** 과정을 진행합니다.

07 [새 탭]을 클릭하면 [새 탭]과 [새 그룹]이 리본 메뉴 목록에 추가됩니다.

08 왼쪽의 매크로 목록에서 등록할 매크로를 선택하고 [추가]를 클릭합니다.

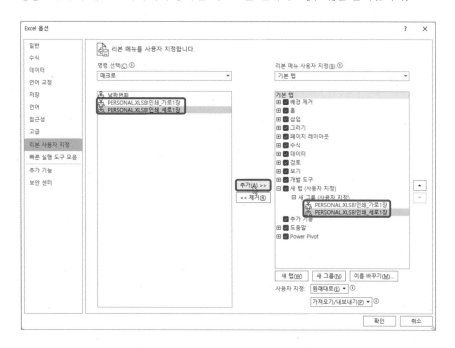

09 새로 추가된 리본 메뉴 탭 이름을 수정합니다.

10 [새 탭 (사용자 지정)]을 선택하고 [이름 바꾸기]를 클릭합니다.

11 [이름 바꾸기] 대화상자에 원하는 이름을 입력하고 [확인]을 클릭합니다.

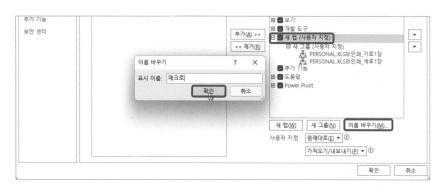

TIP 예제에서는 탭 이름을 **매크로**로 변경합니다.

12 그룹명을 변경합니다.

13 [새 그룹 (사용자 지정)]을 선택하고 [이름 바꾸기]를 클릭합니다.

14 이번에는 명령 아이콘도 선택할 수 있는 [이름 바꾸기] 대화상자가 표시됩니다.

15 원하는 그룹 아이콘을 선택하고 그룹 이름을 수정한 후 [확인]을 클릭합니다.

> **TIP** 예제에서는 그룹 이름을 **인쇄**로 변경합니다.

16 등록된 매크로 명령의 설정을 변경합니다.

17 추가된 매크로를 선택하고 [이름 바꾸기]를 클릭합니다.

18 [이름 바꾸기] 대화상자에서 원하는 명령 아이콘과 리본 메뉴에 표시될 이름을 입력한 후 [확인]을 클릭합니다.

19 매크로 설정 작업을 마치면 [확인]을 클릭해 작업을 종료합니다.

🔍 **더 알아보기**　　**리본 메뉴 초기화**

리본 메뉴에 추가된 탭이나 그룹을 원래대로 초기화하려면 [원래대로]를 클릭하고 하위 메뉴 중 하나를 선택/실행합니다.

● **선택한 리본 메뉴 탭만 다시 설정**

　기존 리본 메뉴 탭을 수정한 경우 해당 메뉴 탭만 선택하고 이 메뉴를 선택합니다.

● **모든 사용자 지정 다시 설정**

　리본 메뉴 전체에서 사용자가 수정한 모든 설정이 다시 초기화하려면 이 메뉴를 선택합니다.

위 메뉴를 선택하고 실행해도 상단에 새로 추가된 탭이 그대로 보일 수 있습니다. 이때는 [확인]을 클릭하고 [Excel 옵션] 대화상자를 닫으면 추가된 탭이 삭제됩니다.

---

20 리본 메뉴에 새로운 [매크로] 탭이 표시됩니다. 탭을 클릭하면 등록된 매크로를 확인할 수 있습니다.

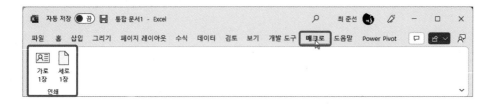

Visual Basic
편집기

엑셀에서 매크로를 개발할 때 Visual Basic Editor를 사용합니다. Visual Basic Editor는 VB 편집기 또는 VBE라고도 하는데, 이 책에서는 VB 편집기라고 부르겠습니다. VB 편집기를 이용하면 매크로 개발에 도움이 되는 모듈, 폼, 클래스 모듈 등의 다양한 추가 개체를 사용할 수 있고, 매크로 개발을 도와주는 다양한 기능을 활용할 수 있습니다.

VB 편집기 창의 구성과
창 도킹 방법

예제 파일 없음

VB 편집기의 구성

매크로를 개발할 때 사용하는 VB 편집기는 여러 개의 창으로 구성되어 있으며, 각각의 역할이 정해져 있습니다. VB 편집기 창을 열려면 리본 메뉴의 [개발 도구] 탭-[코드] 그룹-[Visual Basic 📧]을 클릭하거나 단축키 Alt + F11 을 누릅니다.

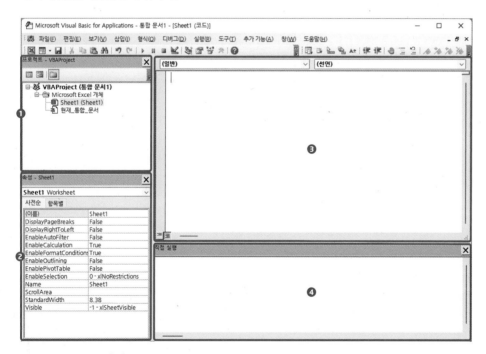

TIP VB 편집기 창을 처음 실행한 경우에는 이 화면에서 ❸, ❹ 영역의 창이 나타나지 않습니다.

각 창의 역할에 대한 간단한 설명은 다음을 참고합니다.

❶ **프로젝트 탐색기 창**
  프로젝트(Project)는 프로그래밍 언어에서 하나의 작업 단위를 가리키는 용어입니다. 엑셀과 같은 응용 프로그램에서는 작업 단위를 파

일로 관리하므로 엑셀에서 프로젝트는 파일과 동일하게 이해합니다. 프로젝트 탐색기 창은 엑셀 파일에서 사용되는 여러 개체를 폴더 방식으로 표시하는 창입니다. 이 창이 표시되지 않으면 [보기] 탭-[프로젝트 탐색기] 메뉴를 선택합니다.

❷ 속성 창

프로젝트 탐색기 창에서 선택한 개체의 주요 속성(정보)을 표시하거나 수정할 수 있습니다. 속성 창이 표시되지 않으면 [보기]-[속성 창] 메뉴를 선택합니다.

❸ 코드 창

프로젝트 탐색기 창에서 표시되는 개체는 모두 개별 코드 창을 갖고 있으며, 코드 창은 VBA 언어를 이용해 코드를 개발할 수 있는 편집기 창입니다. 프로젝트 탐색기 창의 개체를 더블클릭하여 해당 개체의 코드 창을 표시합니다.

❹ 직접 실행 창

VBA 언어로 작성된 한 줄의 코드를 입력해 실행하거나 여러 정보를 확인할 때 사용하는 창으로, 매크로를 개발할 때 상당히 유용합니다. 이 창이 표시되지 않으면 [보기] 탭-[직접 실행 창] 메뉴를 선택합니다.

TIP Alt + F11 단축키

Alt + F11 은 VB 편집기 토글 단축키로, 어디에서 누르는지에 따라 실행 결과가 달라집니다. 엑셀 창에서 누르면 VB 편집기 창이 열리고, VB 편집기 창에서 누르면 엑셀 창으로 화면이 전환됩니다.

VB 편집기 내의 창 결합(도킹)

VB 편집기 창은 기본적으로 여러 개의 창이 결합(도킹)된 상태로 표시되며, 환경에 따라 다음과 같이 창이 분리되어 표시되는 경우가 있습니다.

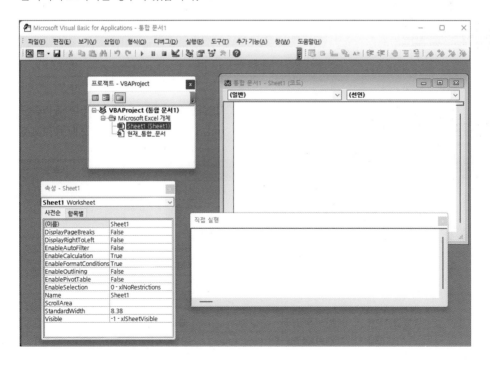

분리된 창을 다시 결합하려면 창을 원래 위치로 드래그합니다. 예를 들어, 프로젝트 탐색기 창을 VB 편집기 창의 왼쪽 테두리 방향으로 드래그하면 투명한 음영이 표시됩니다. 이때 해당 위치에 드롭하면 프로젝트 탐색기 창이 왼쪽에 결합됩니다.

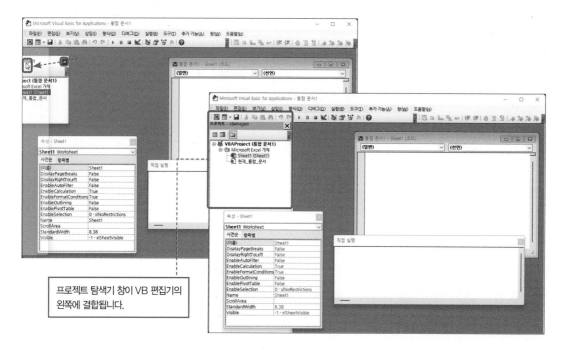

프로젝트 탐색기 창이 VB 편집기의 왼쪽에 결합됩니다.

만약 위와 같이 작업해도 창이 결합되지 않는다면 [도구]-[옵션] 메뉴를 선택하고 [옵션] 대화상자의 [도킹] 탭을 선택한 후 분리된 창의 항목에 체크합니다. [확인]을 클릭하고 다시 작업을 진행합니다.

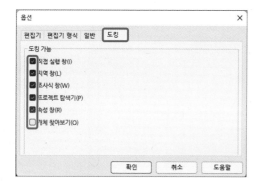

프로젝트 탐색기 창의 이해와 활용

예제 파일 없음

프로젝트 탐색기 창의 역할

프로젝트 탐색기 창은 윈도우 탐색기와 같은 역할을 하는 창으로, 열려 있는 모든 엑셀 파일의 구성 요소를 트리 형태로 표시해줍니다. 아래 두 화면에서 왼쪽 화면은 하나의 파일이 열려 있는 경우이며, 오른쪽 화면은 여러 개의 파일이 열려 있는 경우의 프로젝트 탐색기 창 화면입니다.

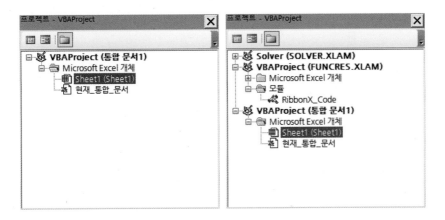

TIP 오른쪽 화면의 SOLVER.XLAM은 **해 찾기** 추가 기능 파일이고, FUNCRES.XLAM은 **분석 도구** 추가 기능 파일입니다.

프로젝트 탐색기 창에 위치한 명령 아이콘의 역할은 다음과 같습니다.

명령 아이콘	이름	설명
	코드 보기	선택한 개체의 코드 창을 표시합니다.
	개체 보기	사용자 정의 폼 개체는 코드 창에 폼 화면과 VBA 코드를 표시할 수 있습니다. 이 명령을 클릭하면 코드 창에 폼 개체 화면을 표시합니다.
	폴더 설정/해제	프로젝트 탐색기 창의 동일 개체를 폴더 별로 묶어 표시할지 아니면 그냥 순서대로 나열할지 설정하는 옵션으로 기본값은 폴더별로 묶어 표시해줍니다.

LINK 개체는 엑셀의 구성 요소를 지칭하는 용어로 이 책의 **SECTION 04-01**에서 자세하게 설명합니다.

프로젝트 탐색기 창의 구성 요소

프로젝트 탐색기 창은 파일 내에서 사용되는 엑셀 개체(시트 등)와 VBA 개체(모듈, 폼, 클래스 모듈)를 폴더별로 구분해 표시해줍니다. 프로젝트 탐색기 창의 구성 요소는 다음과 같습니다.

- **Microsoft Excel 개체**
  엑셀에서 사용하는 시트와 현재_통합_문서(엑셀 2007 버전까지는 ThisWorkbook) 개체를 표시합니다.
- **사용자 정의 폼**
  대화상자 개발에 사용되는 개체입니다. 사용자 정의 폼을 추가하려면 [삽입]-[사용자 정의 폼] 메뉴를 선택합니다.
- **모듈**
  표준 모듈이라고도 하며 엑셀 내에서 사용할 수 있는 매크로 코드를 저장합니다. 엑셀 창에서는 워크시트가 데이터를 저장하는 필수 개체이듯 VB 편집기 창에서는 모듈 개체가 매크로 코드를 저장하는 필수 개체입니다. 표준 모듈을 추가하려면 [삽입]-[모듈] 메뉴를 선택합니다.
- **클래스 모듈**
  엑셀에서 기본 제공되지 않는 기능을 추가로 개발하거나, 기능이 제한된 부분을 활성화하는 용도로 사용합니다. 클래스 모듈을 추가하려면 [삽입]-[클래스 모듈] 메뉴를 선택합니다.

VBA에서 사용할 수 있는 개체를 [삽입] 메뉴에서 하나씩 추가하면 다음과 같은 프로젝트 창 화면을 확인할 수 있습니다.

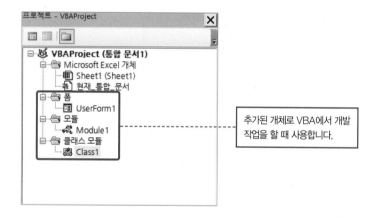

추가된 개체로 VBA에서 개발 작업을 할 때 사용합니다.

TIP 폼이나 모듈, 클래스 모듈은 엑셀 창의 시트처럼 필요한 만큼 추가해 사용할 수 있습니다.

개체 내보내기와 가져오기

예제 파일 없음

개체 내보내기

프로젝트 탐색기 창에 표시되는 개체(Excel, 폼, 모듈, 클래스 모듈)는 개별 파일로 내보내거나 저장된 파일을 가져와 추가할 수 있습니다. 내보낸 개체 파일에는 해당 개체의 코드 창에서 개발한 코드가 포함되므로 개발된 매크로를 백업하거나 다른 사용자에게 전달할 목적으로 사용할 수 있습니다.

01 프로젝트 탐색기 창에서 내보낼 개체를 선택합니다.

02 [파일]-[파일 내보내기] 메뉴를 선택하거나 Ctrl + E 를 누릅니다.

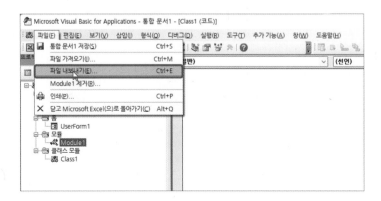

> **TIP** 추가된 개체를 삭제하려면 개체가 선택된 상태에서 [파일]-[개체명 제거] 메뉴를 선택합니다.

03 [파일 내보내기] 대화상자의 저장 위치에서 개체를 내보낼 폴더를 선택합니다.

04 [파일 이름]을 원하는 이름으로 변경한 후 [저장]을 클릭합니다.

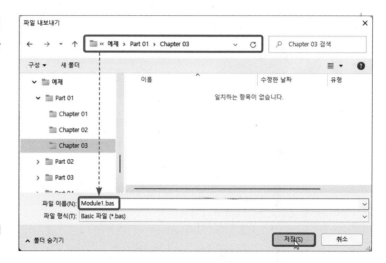

TIP 엑셀 2013 이하 버전에서는 [열기]를 클릭합니다.

05 윈도우 탐색기에서 파일을 저장한 폴더로 이동하면 다음과 같은 파일을 확인할 수 있습니다.

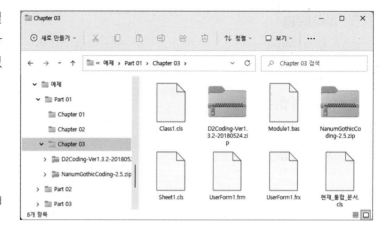

TIP 프로젝트 탐색기 창의 개체를 하나씩 선택해 모두 내보낸 화면입니다.

개체별로 저장되는 파일 형식을 살펴보면 다음과 같습니다.

폴더	개체	파일	비고
Microsoft Excel 개체	워크시트	개체명.cls	개체명.cls 파일에는 코드 창에 저장된 코드가 포함되어 있으며, 텍스트 에디터 프로그램을 이용해 파일 내 코드를 확인할 수 있습니다.
	현재_통합_문서		
폼	사용자 정의 폼	개체명.frm 개체명.frx	frm 파일은 폼 개체가 저장되는 파일이며 frx 파일은 Image 컨트롤과 같은 이진수로 값을 저장하는 컨트롤의 정보를 저장하는 파일입니다. 두 개의 파일이 하나의 폼 개체를 의미합니다.
모듈	모듈	개체명.bas	개체명.bas, 개체명.cls 모두 코드 창의 코드가 저장된 파일로 텍스트 에디터 프로그램을 이용해 코드를 확인할 수 있습니다.
클래스 모듈	클래스 모듈	개체명.cls	

TIP Microsoft Excel 개체와 클래스 모듈 개체는 확장자가 cls로 같습니다.

개체 가져오기

저장된 개체 파일을 다른 파일에서 가져와 사용하려면 해당 파일의 VB 편집기에서 [파일] 탭-[파일 가져오기] 메뉴 또는 Ctrl + M 을 누르고 [파일 가져오기] 대화상자에서 원하는 개체 파일을 선택한 후 [열기]를 클릭합니다.

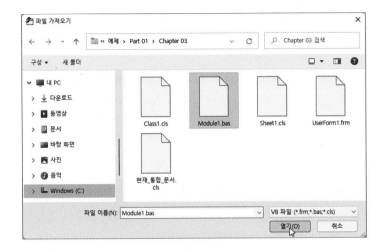

이런 가져오기 방법은 매크로가 포함된 엑셀 파일이 아닌 개발된 코드만 공유하고자 할 때 유용합니다. 또한 기존에 개발된 모듈의 코드를 업데이트하는 데도 사용할 수 있습니다.

모듈 업데이트 방법은 **SECTION 21-02**에서 자세하게 설명하고 있습니다.

속성 창의 이해와 활용

예제 파일 없음

속성 창

속성 창은 프로젝트 탐색기 창에서 선택한 개체(Microsoft Excel 개체, 폼, 모듈, 클래스 모듈)의 정보를 표시하는 창으로, 해당 개체의 정보를 확인하거나 변경할 수 있습니다. VBA에서는 개체의 정보를 속성이라고 하며, 개체의 속성이 표시되는 창이라는 의미로 속성 창이라고 합니다. 프로젝트 탐색기 창의 개체 중에서 모듈과 클래스 모듈은 순수하게 프로시저 개발에 사용되는 개체이므로 속성 창에 표시되는 정보가 적지만, 워크시트나 현재_통합_문서, 그리고 사용자 정의 폼은 다양한 정보가 표시됩니다.

TIP 프로시저는 매크로와 같은 하나의 개발 단위를 지칭하는 용어로 두 용어가 명확하게 구분되기 전까지 매크로와 동일한 용어로 이해해도 무방합니다.

워크시트의 Name과 (이름) 속성

다음은 프로젝트 탐색기 창에서 Sheet1 개체를 선택했을 때의 속성 창 화면입니다.

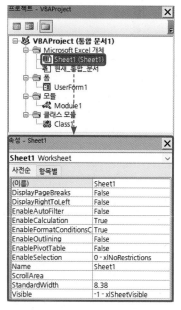

속성 창에는 다양한 항목이 표시되며 대부분 영어에 전산 용어가 많아 이름만으로는 어떤 정보가 제공되는지 이해하기 어려울 수 있습니다.

특히 표시되는 항목 중 '(이름)'과 'Name'의 두 속성에는 모두 'Sheet1'이 입력되어 있습니다. 이렇듯 번역이 어중간하게 되어 오히려 사용자를 헷갈리게 만들기도 합니다. 두 속성을 구분하려면 시트의 역할을 이해할 필요가 있습니다.

시트는 엑셀 창에서 주로 사용하지만 VB 편집기상에서도 제어하는 개체입니다. 시트를 엑셀 창에서 구분할 때는 사용자가 시트 탭을 이용해 이름을 변경하면 됩니다. 이렇게 사용자가 수정한 이름을 'Name' 속성에서 표시해주며 VBA에서 시트를 부르는 이름이 '(이름)' 속성에 표시됩니다.

그래서 처음에는 두 속성(Name과 (이름))이 동일하다가 시트 탭에서 사용자가 시트 이름을 변경하면 두 속성의 값이 달라집니다. '(이름)' 속성은 번역이 되어 더 애매한 것입니다. 번역이 되기 전 영문 이름은 'CodeName'입니다.

속성 창에서 'Name' 속성의 값을 **sample**로 변경하면 프로젝트 탐색기 창과 엑셀 창의 시트 탭 이름이 변경됩니다.

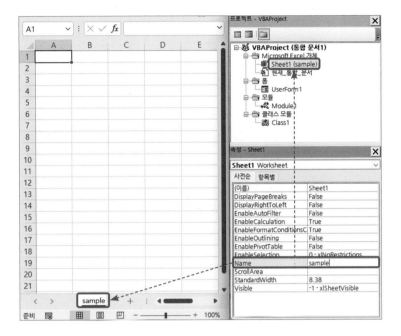

이렇게 속성 창은 개체의 정보를 표시해 주고 다른 값으로 변경도 가능합니다. 속성 창은 이렇게 활용이 가능하며 좀 더 다양한 활용 방법은 뒤에서 코드 개발 때 더 자세하게 알아보겠습니다.

워크시트의 Visible 속성

Sheet1 개체를 선택한 상태에서 속성 창의 마지막 항목을 보면 Visible 속성을 확인할 수 있습니다.

Visible 속성은 워크시트의 [숨기기] 명령에 따른 옵션을 표시해줍니다. Visible 속성 창의 값은 각각 다음과 같은 역할을 합니다.

선택 값	설명
xlSheetVisible	시트를 화면에 표시합니다.
xlSheetHidden	시트를 화면에서 숨깁니다.
xlSheetVeryHidden	시트를 화면에서 숨기고 [숨기기 취소] 명령을 사용할 수 없도록 합니다.

엑셀 2013 버전부터는 빈 통합 문서에서 워크시트를 하나만 제공합니다. 워크시트가 하나만 있는 경우에는 [숨기기] 명령을 사용할 수 없으므로 워크시트를 하나 더 삽입해 Visible 속성에 대해 이해해보겠습니다. Alt + F11 을 눌러 엑셀 창으로 화면을 전환하고 시트 탭에서 [새 시트 +]를 클릭해 빈 워크시트를 삽입합니다.

[sample] 시트 탭에서 마우스 오른쪽 버튼을 클릭한 후 [숨기기]를 선택하면 워크시트를 감출 수 있습니다. 이 상태에서 [Sheet2] 시트 탭을 마우스 오른쪽 버튼으로 클릭하면 [숨기기 취소]가 활성화되는 것을 확인할 수 있습니다.

TIP [숨기기 취소] 명령이 활성화되어 있는 것만 확인하고 클릭하지는 않습니다.

Alt + F11 을 눌러 VB 편집기 창으로 다시 전환하면 프로젝트 탐색기 창에서는 여전히 [Sheet1 (sample)] 시트를 확인할 수 있습니다. 여기에서 프로젝트 탐색기 창은 시트의 표시 여부와 무관하게 모든 개체가 표시되는 것을 확인할 수 있습니다. [Sheet1(sample)] 시트를 선택하고 속성 창에서 Visible 속성을 확인하면, 속성값이 xlSheetVisible에서 xlSheetHidden으로 변경된 것을 확인할 수 있습니다.

이 화면에서 Visible 속성값을 xlSheetVeryHidden으로 변경하고 Alt + F11 을 눌러 엑셀 창으로 전환한 후 [Sheet2] 시트 탭을 마우스 오른쪽 버튼으로 클릭해보면 [숨기기 취소]가 다음과 같이 비활성화됩니다. 이 동작을 통해 엑셀 창에서 제공되지 않는 다양한 설정이 있을 수도 있다는 합리적인 추론이 가능합니다.

기타 속성 창

그 외 **현재_통합_문서** 개체를 선택할 때의 속성 창은 왼쪽 화면에서, **폼** 개체를 선택했을 때의 속성 창은 가운데 화면에서, 마지막으로 **모듈** 개체를 선택했을 때의 속성 창은 오른쪽 화면에서 확인할 수 있습니다.

TIP 현재_통합_문서나 폼 개체의 속성 창에는 상당히 많은 속성이 표시되며, 이를 변경할 수 있습니다. 모듈(클래스 모듈) 개체는 '(이름)' 속성 정도만 변경할 수 있습니다.

코드 창의 이해와 활용

예제 파일 없음

코드 창 열기

코드 창은 프로젝트 탐색기 창의 개체별로 사용할 수 있는 코드 편집기 창입니다. 개체에 저장된 코드를 확인하거나 새로운 코드를 입력, 수정할 수 있습니다. 코드 창은 프로젝트 탐색기 창의 개체마다 제공되는데, 모듈 개체 이외의 코드 창에 매크로 코드를 저장한 경우에는 매크로가 제대로 동작하지 않을 수 있으므로 사용자의 목적에 맞게 개체의 코드 창을 선택/사용하는 것이 중요합니다. 다음은 가장 많이 사용되는 Module1 개체의 코드 창을 연 화면입니다.

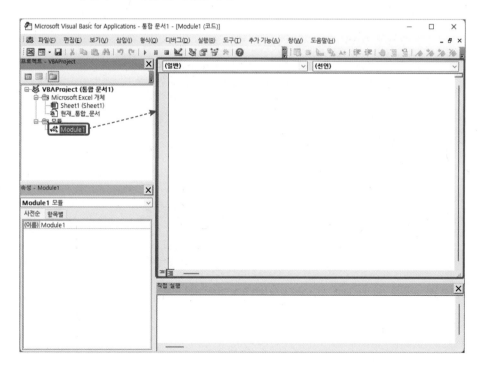

TIP 프로젝트 탐색기 창의 개체를 더블클릭하면 해당 개체의 코드 창이 오른쪽 화면에 표시됩니다.

모든 개체의 코드 창 구조는 동일하므로, 현재 코드 창이 어떤 개체의 코드 창인지를 확인하려면 VB 편집기 창의 제목 표시줄을 확인합니다. 위 화면의 제목 표시줄에는 다음과 같은 텍스트가 표시됩니다.

Microsoft Visual Basic for Applications – 통합 문서1 – [Module1 (코드)]

텍스트 내용 중 대괄호([ ]) 안의 내용을 살펴보면 어떤 개체의 코드 창인지 확인할 수 있습니다.

코드 창의 구성 및 역할

코드 창은 다음과 같은 네 개의 영역으로 나눠져 있습니다.

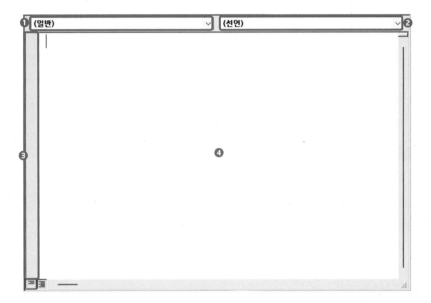

❶ 개체 목록
현재 코드 창에서 사용 가능한 개체를 선택할 수 있으며, 폼 개발이나 이벤트 개발에서 대상 개체를 선택할 때 사용합니다.

❷ 프로시저 목록
코드 창에 저장된 프로시저 또는 [개체 목록]에서 선택된 개체의 이벤트 프로시저를 선택할 때 사용합니다.

❸ 여백 표시줄
디버깅 모드일 때 현재 상황에 대한 정보를 표시하거나 설정할 수 있습니다. 다음은 VBA 개발자가 가장 빈번하게 활용하는 두 개의 아이콘에 대한 설명입니다.
- ●(중단점) : 프로시저 실행 시 코드 실행이 중단될 위치를 지정한 경우에 표시
- ➡(호출 스택 표식) : 프로시저 실행 시 에러가 발생한 경우 에러 발생 위치를 표시

❹ 코드
프로시저를 개발하는 편집기 영역입니다. 직접 VBA 코드를 입력하거나 공개된 다른 프로시저의 코드를 복사해 붙여 넣습니다.

03/06 직접 실행 창의 이해와 활용

예제 파일 없음

직접 실행 창 사용하기

직접 실행 창은 코드를 한 줄 단위로 실행해보거나, 개체의 속성 등을 확인하고 싶을 때 사용하는 창으로 활용 범위가 넓습니다. 처음부터 표시되지 않기 때문에 [삽입]-[직접 실행 창] 메뉴나 Ctrl + G 를 눌러 표시합니다.

한 줄의 명령 실행

직접 실행 창에 실행하려는 코드를 한 줄 입력하고 Enter 를 누르면 해당 결과를 바로 확인할 수 있습니다. 예를 들어 [A1:A10] 범위에 100을 입력하는 코드를 직접 실행 창에 다음과 같이 입력하고 Enter 를 누릅니다.

```
Range("A1:A10").Value = 100
```

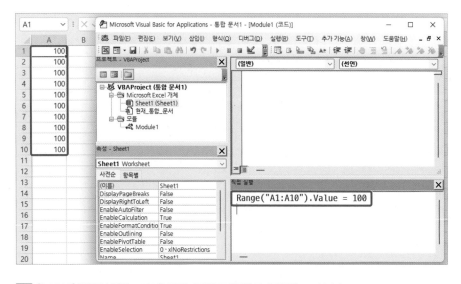

TIP [A1:A10] 범위를 선택하고 100을 Ctrl + Enter 로 입력한 것과 동일한 코드입니다.

이렇게 직접 실행 창에서는 매크로를 개발할 때 사용할 명령을 입력해 실행 결과를 미리 확인할 수 있어 편리합니다.

개체의 속성 확인

만약 특정 개체의 속성을 확인해보려면 코드 앞에 Print 명령이나 물음표(?)를 사용합니다. 물음표(?)는 Print 명령의 단축 명령으로, Print 명령을 사용하면 오른쪽 코드 실행 결과를 직접 실행 창에 출력하라는 의미입니다. 다음 코드를 입력하고 Enter 를 누릅니다.

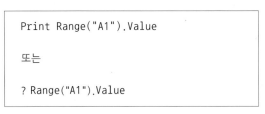
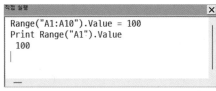

그러면 [A1] 셀의 값이 바로 직접 실행 창에 반환됩니다. 참고로 Print 명령을 사용할 때는 반드시 한 칸 띄어쓰기를 해야 하지만 물음표(?)를 사용할 때는 **?Range("A1").Value**와 같이 붙여서 입력해도 됩니다. 하지만 가급적 띄어쓰기를 하는 것이 좋습니다.

직접 실행 창 초기화

직접 실행 창은 최대 200줄까지 사용할 수 있지만 창 자체가 크지 않기 때문에 코드를 계속해서 입력한다면 기존 코드들이 그대로 남아 복잡합니다.

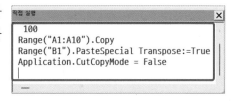

TIP 기존에 입력된 코드가 맨 위 줄부터 순서대로 표시되며, 파일을 닫으면 초기화됩니다.

그러므로 필요한 경우 기존에 입력된 코드를 다음과 같이 빠르게 지울 수 있습니다.

- **전체 삭제**
  Ctrl + A 로 입력된 전체 코드를 선택한 후 Delete 를 눌러 삭제
- **한 줄 삭제**
  삭제할 코드를 선택하고 Ctrl + Y 를 눌러 삭제

VB 편집기 옵션 설정 방법

예제 파일 없음

VB 편집기 옵션

VB 편집기는 VBA를 이용해 코드를 개발할 수 있도록 작업 환경을 구성해놓은 편집기 프로그램으로, 별도의 응용 프로그램이라고 보아도 무방합니다. 따라서 VB 편집기만의 다양한 옵션을 설정할 수 있는 부분이 존재합니다. VB 편집기 옵션 중 편집기 활용과 관련된 옵션은 매크로를 개발하고자 한다면 반드시 이해할 필요가 있습니다.

VB 편집기에서 [도구]–[옵션] 메뉴를 선택하고 [옵션] 대화상자의 [편집기] 탭을 살펴보면 오른쪽과 같은 화면을 확인할 수 있습니다. [편집기] 탭의 옵션 중에서도 [코드 설정] 그룹의 다섯 개 옵션을 이해하는 것이 중요합니다.

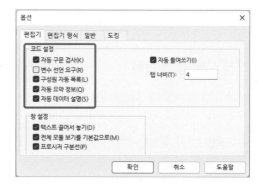

자동 구문 검사

코드 창에 입력하는 코드의 구문을 검사해 잘못된 부분이 있으면 바로 표시해주는 옵션으로 기본 설정되어 있습니다. 매크로 초보자라면 반드시 설정해놓고 사용하는 것이 좋습니다. 아래 화면은 [자동 구문 검사] 옵션이 설정된 상태에서 나타나는 메시지입니다.

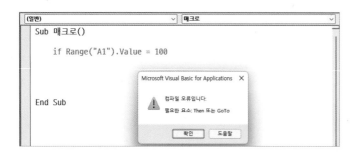

TIP If 문을 사용할 때는 조건 다음에 Then을 이용해서 마무리해야 하는데, 바로 Enter 를 눌러 줄을 바꾸면 작성한 코드에 문제가 있다는 사실을 에러 메시지 창으로 표시해줍니다.

변수 선언 요구

변수는 프로그래밍할 때 값을 저장해놓고 사용할 수 있는 메모리 공간을 의미하며, VBA뿐만 아니라 모든 프로그래밍에서 가장 중요한 도구 중 하나입니다. 대부분의 프로그래밍 언어에서는 변수를 사용하려면 변수를 선언하고 사용하지만 VBA와 같은 스크립트 언어에서는 변수를 선언하지 않고 사용할 수도 있습니다.

처음에는 이런 부분이 쉽게 느껴질 수 있습니다. 하지만 변수를 선언하지 않으면 코드의 가독성이 떨어져 에러가 발생한 경우 이를 해결하기가 매우 까다롭습니다. 그러므로 처음부터 제대로 된 습관을 들여 변수를 선언하고 사용하는 것이 좋습니다.

[변수 선언 요구] 옵션은 변수 선언을 강제하는 옵션으로 이 옵션에 체크하고 엑셀을 종료한 후 다시 실행해야 적용됩니다. 엑셀 재시작 후 개체의 코드 창을 처음 열면 상단에 Option Explicit 문이 자동으로 입력됩니다. 이 코드가 바로 변수 선언을 강제하는 명령으로, 개발하는 모든 매크로에 변수 선언을 하지 않으면 에러가 발생합니다.

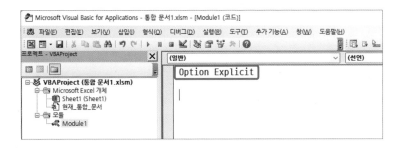

구성원 자동 목록

엑셀의 개체는 해당 개체의 정보를 담고 있는 속성(Property)과 개체가 처리할 수 있는 동작을 의미하는 메서드(Method)를 갖고 있습니다. 이런 속성과 메서드를 개체의 구성원이라고 합니다. 매크로 개발자는 VBA를 이용해 엑셀 프로그램을 조작해야 하므로, 엑셀 프로그램을 구성하는 개체의 구성원을 잘 이해해야 매크로를 보다 잘 개발할 수 있습니다. 이 옵션은 개체명 뒤에 마침표(.)를 입력하면 해당 개체에서 사용할 수 있는 구성원을 목록으로 표시해주어 손쉽게 사용할 수 있도록 도와줍니다.

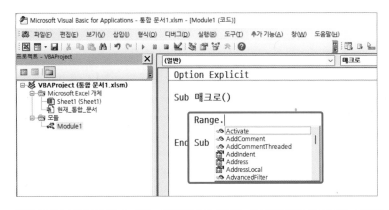

TIP 셀에서 수식을 작성할 때 **=S**라고 입력하면 S로 시작하는 함수명이 목록으로 표시되는 것과 동일한 역할의 옵션입니다.

자동 요약 정보

VBA 함수 또는 개체, 개체 구성원을 사용할 때 해당 명령을 어떻게 구성해야 하는지에 대한 구문을 풍선
도움말로 표시해줍니다.

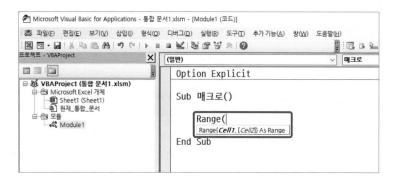

TIP 셀에서 수식 작성 시 함수의 인수가 풍선 도움말로 표시되는 것과 동일한 역할의 옵션입니다.

자동 데이터 설명

매크로를 사용하다 보면 예기치 못한 문제로 중간에 매크로가 멈추는 경우도 있습니다. 이때 코드 실행이
중단된 시점(디버깅 모드 혹은 중단 모드)에서 현재 변수에 저장된 값이나 개체의 속성값을 확인할 수 있으
면 문제를 파악하는 데 많은 도움을 얻을 수 있습니다. 이 옵션은 중단 모드 상태일 때 변수나 개체의 속성
위치에 마우스 포인터를 위치시키면 저장된 값을 풍선 도움말로 표시해줍니다.

```
(일반)                                          매크로

   Option Explicit

   Sub 매크로()

       Dim i As Integer

       For i = 1 To 100

           Range("A1").Value = Range("A1").Value + i
                           Range("A1").Value = 1275

       Next

   End Sub
```

03/08 VB 편집기와 코딩용 글꼴

예제 파일 PART 01 \ CHAPTER 03 \ D2Coding-Ver1.3.2-20180524.zip, NanumGothicCoding-2.5.zip

기본 글꼴과 코딩용 글꼴

엑셀의 기본 글꼴은 **맑은 고딕**이며 VB 편집기의 기본 글꼴은 **돋움**입니다. 엑셀은 셀마다(또는 셀의 일부분) 글꼴을 다르게 적용할 수 있어 다양한 표현이 가능합니다. VB 편집기는 기본 글꼴을 적용하면 해당 글꼴로 모든 코드를 표시합니다. VB 편집기의 기본 글꼴인 '돋움'은 글자를 표현하기에 나쁘지 않지만, 코드를 작성할 경우에는 유사한 문자의 구분이 어려워 오타로 인한 에러가 발생할 수 있습니다. 예를 들면 영문자 O와 숫자 0, 그리고 영어 대문자 I와 L의 소문자 l, 숫자 1 등은 구분이 어렵습니다. 이런 비슷한 문자의 차이를 확연하게 보이도록 제작된 글꼴이 코딩용 글꼴입니다. 그러므로 VB 편집기에서는 코딩용 글꼴을 사용하는 것이 좋습니다.

글꼴 설치 방법

VB 편집기의 글꼴을 코딩용 글꼴로 변경하려면 사용할 글꼴의 폰트 파일을 먼저 다운로드해야 합니다. 개발자들이 사용하는 코딩용 글꼴은 많지만, 국내 환경에 맞게 한글을 제대로 표현해주는 것은 많지 않습니다. 다행스럽게 네이버에서 다음과 같은 두 개의 코딩용 글꼴을 제작해 무료로 배포하고 있습니다.

- **나눔고딕 코딩**(https://github.com/naver/nanumfont)
- **D2 Coding**(https://github.com/naver/d2codingfont)

위 글꼴을 사용하려면 링크에서 글꼴을 다운로드하거나 예제로 제공된 파일을 이용해 글꼴을 설치합니다. 다음 과정을 참고합니다.

01 엑셀을 종료합니다.

02 압축 파일을 해제하고 해제된 폴더 내 TTF 파일을 아래 폴더로 복사합니다.

C:\Windows\Fonts

TIP 복사할 폰트 파일(예제 파일)

• 나눔고딕 코딩
  압축이 해제된 폴더 내 NanumGothicCoding.ttf
  　　　　　　　　　　NanumGothicCoding-Bold.ttf
• D2 Coding
  압축이 해제된 폴더 내 D2Coding\D2Coding-Ver1.3.2-20180524.ttf
  　　　　　　　　　　D2Coding\D2CodingBold-Ver1.3.2-20180524.ttf

03 엑셀을 실행하고 Alt + F11 을 눌러 VB 편집기 창을 엽니다.

04 [도구]-[옵션] 메뉴를 선택합니다.

05 [옵션] 대화상자의 [편집기 형식] 탭을 클릭합니다.

06 [글꼴]에서 원하는 코딩용 글꼴을 선택하고 [확인]
을 클릭합니다.

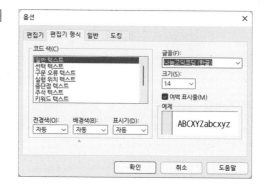

글꼴 선택하기

글꼴 선택에는 취향이 반영되므로 어떤 것이 더 낫다고 단언할 수 없습니다. 각각의 글꼴을 적용했을 때 코드가 어떻게 표시되는지 알아보겠습니다. 원하는 글꼴을 선택할 때 참고해보세요.

기본 글꼴(돋움)

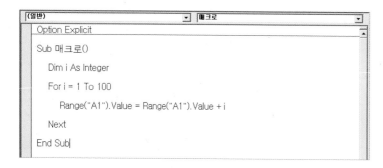

나눔 고딕 코딩

```
(일반)                              ∨  매크로                        ∨
Option Explicit

Sub 매크로()

    Dim i As Integer

    For i = 1 To 100

        Range("A1").Value = Range("A1").Value + i

    Next

End Sub
```

D2 Coding

```
(일반)                              ∨  매크로                        ∨
Option Explicit

Sub 매크로()

    Dim i As Integer

    For i = 1 To 100

        Range("A1").Value = Range("A1").Value + i

    Next

End Sub
```

참고로 D2 Coding 글꼴의 줄 간격이 가장 넓어 코드를 독해할 때 가장 유리합니다. 다만 줄 간격이 넓다는 의미는 한 화면에 표시되는 코드의 줄 수가 적다는 것을 의미하므로 한 화면에서 보다 많은 코드를 보고 싶다면 나눔 고딕 코딩 글꼴을 선택하는 것이 좋습니다.

VB 편집기의 주요 단축키

예제 파일 없음

VB 편집기에서 개별 창을 호출할 때 사용하는 단축키

모든 프로그램은 자주 사용하는 명령이 존재하고, 대부분 이런 명령은 단축키로 실행할 수 있습니다. VB 편집기 역시 자주 사용하는 명령에 단축키가 지정되어 있으므로 이런 단축키를 알아두면 개발할 때 더 편리합니다. VB 편집기에서 사용할 수 있는 단축키는 다음과 같습니다.

단축키	설명
Ctrl + R	프로젝트 탐색기 창을 표시합니다.
F4	속성 창을 표시합니다.
F7	선택된 개체의 코드 창을 표시합니다.
Shift + F7	코드 창에서 폼 개체를 표시합니다.
Ctrl + G	직접 실행 창을 표시합니다.
F2	개체 찾아보기 창을 표시합니다.

코드 창 및 직접 실행 창에서 사용하는 단축키

코드 창 및 직접 실행 창에서 사용할 수 있는 단축키는 다음과 같습니다.

단축키	설명
F1	현재 커서 위치의 개체 및 구성원에 대한 도움말을 표시합니다.
Ctrl + I	현재 커서 위치의 개체 및 구성원에 대한 풍선 도움말을 표시합니다.
Ctrl + Shift + I	현재 커서 위치의 항목에 대한 매개변수 정보를 표시합니다.
Ctrl + J	현재 커서 위치의 개체에 대한 구성원 목록을 표시합니다.
Ctrl + Shift + J	현재 커서 위치의 매개변수에 대한 상수 목록을 표시합니다.
Shift + F2	현재 커서 위치의 개체 및 구성원에 대한 개체 찾아보기 창을 엽니다.

단축키	설명
Ctrl + F	[찾기] 대화상자를 표시합니다.
Ctrl + H	[바꾸기] 대화상자를 표시합니다.
F3	다음 찾기
Shift + F3	이전 찾기
F5	현재 커서 위치의 프로시저를 실행합니다.
F8	현재 커서가 속한 프로시저를 한 줄씩 실행합니다.
Ctrl + F8	현재 커서가 속한 프로시저를 커서 위치까지 실행하고 중단합니다.
Shift + F8	프로시저 단위로 실행합니다.
F9	중단점을 설정하거나 해제합니다.
Ctrl + ↓	다음 프로시저로 이동합니다.
Ctrl + ↑	이전 프로시저로 이동합니다.
Ctrl + Y	커서 위치에서 한 행을 삭제합니다.
Ctrl + Delete	현재 위치에서 단어 끝까지 삭제합니다.
Ctrl + Break	코드 실행을 강제로 중단합니다.

VB 편집기에서
[편집] 도구 모음 활용 방법

예제 파일 없음

VB 편집기는 엑셀 2003 버전처럼 메뉴와 도구 모음을 제공하는 명령 인터페이스를 갖고 있습니다. 도구 모음은 [표준] 도구 모음을 기본으로 표시하지만 이것만으로 코드를 제어하기는 쉽지 않습니다. 따라서 다른 도구 모음을 추가로 사용하는 것을 권합니다. 추천하는 도구 모음은 [편집] 도구 모음입니다. [편집] 도구 모음을 표시하려면 상단 메뉴에서 [보기]–[도구 모음]–[편집]을 선택합니다. 그러면 다음과 같은 도구 모음이 화면에 표시됩니다.

TIP 처음 실행 시 [편집] 도구 모음은 어디에도 도킹되지 않고 VB 편집기에 떠 있는 상태로 표시됩니다.

[편집] 도구 모음의 명령 아이콘은 다음과 같은 역할을 수행합니다.

명령 아이콘	이름	설명
	속성/메서드 목록	마침표(.) 왼쪽의 개체에서 사용할 수 있는 구성원 목록을 표시합니다.
	상수 목록	현재 사용 중인 내장 상수를 포함한 전체 내장 상수 목록을 표시합니다.
	요약 정보	선택한 개체의 구성원 또는 함수의 인수에 대한 정보를 표시합니다.
	매개 변수 정보	선택한 함수의 인수에 대한 정보를 표시합니다.
	단어 채우기	선택한 개체, 구성원, 상수 이름을 자동 채우기 기능으로 완성합니다.
	들여쓰기	선택한 코드를 다음 탭 위치로 이동합니다.
	내어쓰기	선택한 코드를 이전 탭 위치로 이동합니다.
	중단점 설정/해제	현재 행에 중단점을 설정하거나 해제합니다.
	주석 블록 설정	선택한 라인에 주석 문자(')를 삽입합니다.
	주석 블록 해제	선택한 라인의 주석 문자(')를 제거합니다.
	책갈피 설정/해제	현재 행에 책갈피를 설정하거나 해제합니다.
	다음 책갈피	다음 책갈피로 이동합니다.
	이전 책갈피	이전 책갈피로 이동합니다.
	모든 책갈피 지우기	설정된 모든 책갈피를 삭제합니다.

[편집] 도구 모음은 쓰임새가 많으므로 [표준] 도구 모음 오른쪽에 도킹해 사용하는 것을 추천합니다. [편집] 도구 모음을 [표준] 도구 모음 오른쪽에 드래그하면 자동으로 도킹됩니다. 좌우 드래그를 통해 적정 위치를 찾아보세요.

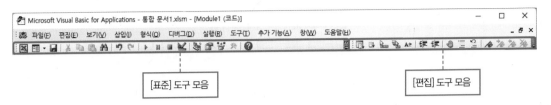

[표준] 도구 모음　　　　　　　　　　[편집] 도구 모음

03/11

암호를 이용해
매크로 코드 보호하는 방법

예제 파일 없음

프로젝트 보호

엑셀 파일에 암호를 설정하는 것은 파일을 열기 위한 권한과 관계 있습니다. 일단 파일을 열면 파일 내의 모든 데이터를 확인하고 편집할 수 있으며 해당 파일에서 개발된 모든 코드 역시 확인할 수 있습니다. 이때 필요한 경우 개발된 코드를 보호할 수 있도록 프로젝트 탐색기 창에서 프로젝트의 암호를 지정할 수 있습니다. 다음 과정을 참고합니다.

01 코드를 보호하려는 파일을 엽니다.

02 [Alt]+[F11]을 눌러 VB 편집기 창을 엽니다.

03 프로젝트 탐색기 창의 VBAProject 개체에서 마우스 오른쪽 버튼을 클릭합니다.

04 단축 메뉴에서 [VBAProject 속성]을 선택합니다.

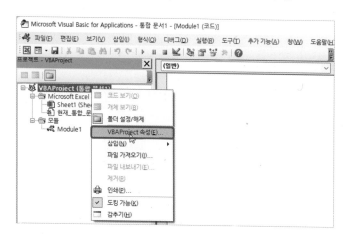

05 [VBAProject−프로젝트 속성] 대화상자가 나타나면 [보호] 탭을 클릭합니다.

06 [읽기 전용으로 프로젝트 잠금]에 체크합니다.

07 [암호]와 [암호 확인]에 동일한 암호를 입력하고 [확인]을 클릭합니다.

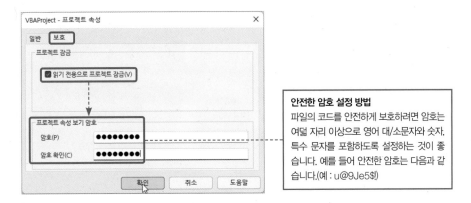

안전한 암호 설정 방법
파일의 코드를 안전하게 보호하려면 암호는 여덟 자리 이상으로 영어 대/소문자와 숫자, 특수 문자를 포함하도록 설정하는 것이 좋습니다. 예를 들어 안전한 암호는 다음과 같습니다.(예 : u@9Je5$!)

08 파일을 저장하고 닫습니다.

TIP 파일을 저장하고 닫아야 프로젝트가 암호로 보호됩니다.

참고로 암호를 잃어버리면 해제하기가 쉽지 않습니다. 프로젝트 창의 [개체]를 내보내기로 백업하거나, 암호가 설정되지 않은 통합 문서 파일을 백업해놓는 것이 좋습니다.

보호된 프로젝트 코드 확인

암호로 보호된 프로젝트의 경우 프로젝트 탐색기 창의 개체 목록이 표시되지 않습니다. 최상위 VBAProject 개체의 확장 단추⊞를 클릭하면 화면과 같이 암호를 묻는 창이 나타납니다. 암호를 입력하면 코드를 확인할 수 있습니다.

설정된 암호를 해제하려면 [VBAProject−프로젝트 속성] 대화상자에서 [읽기 전용으로 프로젝트 잠금] 옵션을 해제하고 입력한 암호를 지웁니다.

VBA 배우기

엑셀의 개체 모델

엑셀은 프로그램을 구성하는 다양한 요소로 이루어져 있으며, 이런 요소들을 개체(Object)라고 합니다. 프로그램은 하나의 유기체와 같고, 개체들은 서로 종속 관계로 연결되어 있습니다. 이렇게 연결된 개체 간의 관계를 설명하는 것이 바로 개체 모델입니다.

VBA는 프로그램이 사용자의 의도에 맞게 동작하는 매크로를 개발할 때 사용하므로, 프로그램을 구성하는 개체 모델을 이해할 수 있어야 매크로를 보다 쉽게 개발할 수 있습니다. CHAPTER 04에서는 엑셀의 개체 모델에 대해 알아보겠습니다.

04/01 엑셀의 개체 모델 이해

예제 파일 없음

엑셀의 개체 모델

엑셀은 다양한 개체(Object)로 이루어져 있습니다. 엑셀이란 프로그램(Application) 자체도 개체이며, 프로그램에서 사용할 수 있는 파일(Workbook), 워크시트(Worksheet), 셀(Range)도 모두 개체입니다. 이런 개체가 어떻게 서로 연관되어 있는지를 표시하는 것이 개체 모델(Object Model)입니다. 엑셀의 개체 모델에서 가장 중요한 핵심 부분은 다음과 같습니다.

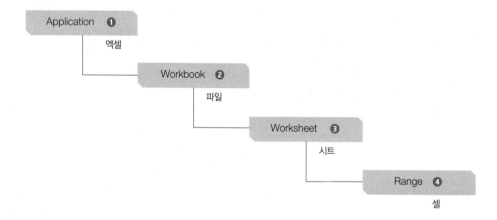

각 개체에 대한 설명은 다음을 참고합니다.

❶ Application

Application은 프로그램을 의미하는 개체로, 여기서는 엑셀 프로그램을 의미합니다. VBA는 Visual Basic for Applications의 약어이며, 여기서 Applications는 VBA를 사용해 제어할 수 있는 모든 프로그램(오피스)을 의미합니다. 그러므로 Application 개체는 항상 프로그램을 의미하는 최상위 개체입니다.

❷ Workbook

Workbook은 엑셀 파일을 의미합니다. 엑셀 파일의 공식 용어는 통합 문서인데, 이를 영어로 표현한 것이 바로 Workbook입니다. Workbook 개체(통합 문서)는 엑셀 프로그램에서만 사용할 수 있으므로, Workbook 개체는 Application 개체에 종속됩니다. 이런 관계를 부모-자식 간의 관계로 설명하기도 하는데, Application 개체가 부모이고 Workbook 개체가 자식입니다. 부모 자식 간의 관계를 개체 모델에서는 트리 구조로 표시합니다.

❸ Worksheet

Worksheet는 엑셀 파일의 워크시트를 의미합니다. 엑셀 파일은 셀을 갖고 있는 워크시트와 차트만 표시할 수 있는 차트시트를 사용할 수 있습니다. 그러므로 Worksheet 개체 외에도 차트시트를 의미하는 Chart 개체가 별도로 존재합니다. 일반적으로 워크시트가 가장 많이 사용되지만 Chart 개체도 사용할 수 있으므로 개체 모델에 추가하면 아래와 같이 표시할 수 있습니다. Workbook 개체가 부모라면 Worksheet와 Chart 개체가 자식의 관계입니다.

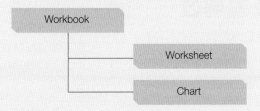

❹ Range

Range는 워크시트의 셀을 의미하는 개체로, Worksheet 개체는 셀 개체로 구성되어 있습니다. Range 개체는 **Range("A1")**이나 **Range("A1:A100")**와 같이 작업 대상 셀(또는 범위)을 참조할 수 있으며, Worksheet 개체에 종속됩니다.

Chart와 ChartObject 개체

차트는 차트시트보다 워크시트 내에 삽입하는 경우가 많습니다. Chart 개체는 차트시트를 의미하며, 시트 내 생성한 차트는 ChartObject 개체로 구분됩니다. 차트는 셀에 삽입되지 않고 시트에 삽입되는 것이므로 Worksheet 개체에 종속됩니다. 따라서 생성된 차트를 기존 개체 모델에 추가하면 다음과 같이 정리할 수 있습니다.

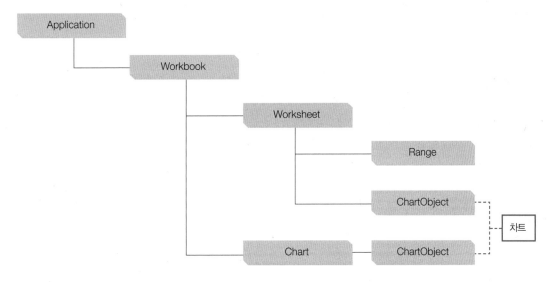

> **TIP** 엑셀의 개체 모델은 매우 복잡한 설계도와 마찬가지이므로 전체를 이해하는 것보다는 핵심적인 구조가 어떻게 구성되어 있는지 이해하는 것이 중요합니다.

개체와 컬렉션

예제 파일 없음

개체(Object)와 컬렉션(Collection)

프로그램 내에서 동일한 개체가 여러 개 존재할 수 있습니다. 예를 들어 워크시트를 의미하는 Worksheet 개체는 엑셀 파일이 허용하는 리소스만큼 필요에 따라 추가하거나 삭제할 수 있습니다. 이렇게 동일한 개체들의 집합을 컬렉션(Collection)이라고 합니다. 즉, 한 파일에 시트가 세 개 있다면 Worksheet 개체가 세 개 있는 것인데, 개체 이름이 동일하면 작업할 시트와 아닌 시트를 구분하기 어렵습니다. 그래서 파일 내 모든 시트들을 의미하는 컬렉션이란 개념이 생겨나게 되었습니다. 컬렉션을 이용해 여러 개체를 한번에 처리하기도 하고 컬렉션 내에 번호나 이름을 통해 개체를 구분하는 용도로 활용합니다.

컬렉션 이해와 활용

엑셀을 실행해 빈 엑셀 파일을 하나 열고 시트 탭 위치에서 [새 시트+]를 두 번 클릭하면 화면과 같이 총 세 개의 워크시트가 준비됩니다.

이와 같은 경우를 개체 모델로 보면 다음 그림과 같이 하나의 Workbook 개체에 세 개의 Worksheet 개체를 갖고 있는 구조로 볼 수 있습니다.

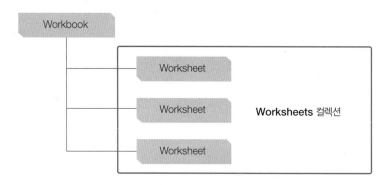

세 개의 시트는 모두 Worksheet 개체이므로, Worksheet 개체만으로는 세 개의 시트 중 하나를 특정하기 어렵습니다. 따라서 여러 개 시트 중 '누구'라는 방식을 이용해 특정 시트를 구분할 필요가 있습니다. 여기서 '여러 개 시트'에 해당하는 개념이 바로 컬렉션입니다.

컬렉션은 보통 개체명 뒤에 영어 소문자 s를 붙여 이름을 만듭니다. 즉, Worksheet 개체의 컬렉션은 Worksheets 컬렉션입니다.

대부분의 개체는 모두 컬렉션이 존재하지만 Application과 Range 개체는 예외입니다. Application 개체는 유일하며 컬렉션이 존재하지 않습니다. Range 개체는 범위를 지칭하는 용어로 이름 자체가 컬렉션입니다. Range 개체에 주소를 전달해 특정 셀(또는 범위)을 구분하므로 역할만 보면 컬렉션에 가깝지만, 그렇다고 셀을 따로 구분하는 개체가 존재하지는 않습니다. 그러므로 개체와 컬렉션의 구분은 명확하지 않으며 상황에 따라 개체와 컬렉션으로 구분해 사용합니다.

```
Range("A1")              ────────── ❶

Range("A1:A10")          ────────── ❷
```

❶ [A1] 셀이 대상이 됩니다.
❷ [A1:A10] 범위(10개의 셀)가 대상이 됩니다.

컬렉션에서 개체 구분 1 : Name

컬렉션을 이용해 개별 개체를 구분할 때 개체의 이름(Name)과 인덱스 번호(Index)를 사용합니다. Name은 사용자가 개체에 부여한 이름을 의미하며, Worksheet 개체의 경우는 시트 탭에 표시된 이름입니다. 그러므로 **sample**이라는 이름을 갖는 워크시트가 존재할 경우 Worksheets 컬렉션을 이용해 해당 워크시트 개체에 접근하려면 다음과 같은 코드를 사용합니다.

```
Worksheets("sample")
```

TIP 파일의 경우 확장자가 포함된 파일명(A.xlsx)이 Name 속성으로, **Workbooks("A.xlsx")**와 같은 코드를 사용합니다.

이 코드에서 확인할 수 있는 것처럼 컬렉션에 개체의 이름을 전달할 때는 큰따옴표(")로 묶어 전달해야 합니다. Alt + F11 을 눌러 VB 편집기 창을 호출합니다. 그런 다음 직접 실행 창에 다음 코드를 순서대로 입력해 결과를 확인합니다.

```
Worksheets("Sheet1").Name = "sample"              ────────── ❶
Worksheets("sample").Visible = xlSheetHidden      ────────── ❷
```

❶ [Sheet1] 시트의 이름을 **sample**로 변경합니다.

❷ [sample] 시트를 숨깁니다. 여기서 사용된 xlSheetHidden은 Visible에 적용할 수 있는 다음 세 개 명령 중 하나로 워크시트를 숨기는 역할을 합니다. 이 속성에 대한 설명은 **SECTION 03-04**에서 자세히 설명합니다.

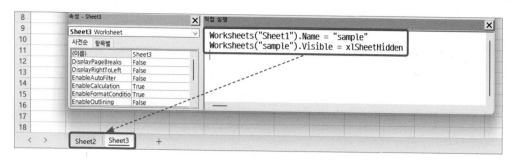

TIP VBA 코드는 대/소문자 구분 없이 입력할 수 있습니다.

Visible 속성은 엑셀의 [숨기기] 명령과 연관되어 있으며, Visible 속성값을 xlSheetHidden으로 지정하면 워크시트가 숨겨집니다. 다시 시트를 표시하려면 Visible 속성을 xlSheetVisible로 지정합니다.

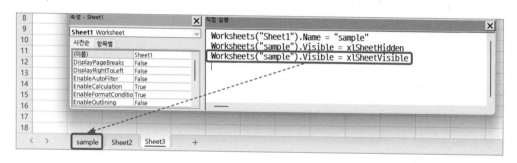

컬렉션으로 개체의 이름을 사용해 개별 개체에 접근하고 원하는 작업을 지시할 수 있습니다.

컬렉션에서 개체 구분 2 : Index

컬렉션에서 개체의 인덱스 번호를 사용해 작업 대상 개체를 특정할 수 있습니다. 인덱스 번호는 1, 2, 3과 같은 일련번호를 의미하며, Worksheet 개체는 시트 탭 왼쪽부터 오른쪽 방향으로 인덱스 번호가 부여됩니다. 그러므로 첫 번째 워크시트를 대상으로 작업하려면 다음과 같은 코드를 사용할 수 있습니다.

```
Worksheets(1)
```

TIP 파일의 경우 열린 순서대로 1, 2, 3과 같은 인덱스 번호가 부여되며, 첫 번째로 연 파일은 **Workbooks(1)** 코드를 사용합니다.

인덱스 번호를 사용해 시트를 숨기고, 표시하는 코드는 다음과 같습니다.

```
Worksheets(1).Visible = xlSheetHidden
Worksheets(1).Visible = xlSheetVisible
```

이 코드는 개체의 이름을 사용하는 코드와 동일합니다. Worksheet 개체에서 인덱스 번호를 사용할 때 주의해야 할 부분은 첫 번째 워크시트가 숨겨져서 시트 탭에 표시되지 않더라도 인덱스 번호는 1번이라는 점입니다. 인덱스 번호는 숨김 여부와 상관없이 시트 탭의 맨 왼쪽에 위치한 시트부터 순서대로 부여됩니다.

인덱스는 사용이 편리하고 처리 속도도 빠른 장점이 있지만, 코드만 보고 작업 대상을 바로 이해하기가 쉽지 않습니다. 반면 이름 사용은 직관적이고 이해하기 쉽지만, 사용자가 이름을 변경할 경우 제대로 동작하지 않을 수 있기 때문에 주의가 필요합니다.

컬렉션의 Count 속성

모든 컬렉션에는 개체의 구성원수를 확인하는 방법이 제공됩니다. 현재 사용 중인 워크시트의 수를 알기 위해 다음 코드를 VB 편집기의 직접 실행 창에 입력하고 [Enter]를 누릅니다.

```
? Worksheets.Count
```

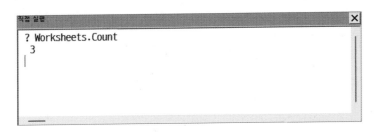

TIP Count 명령은 거의 모든 컬렉션에 제공되는 것으로, 현재 사용 중인 개체수를 반환합니다.

반환된 값은 개체의 구성원수를 가리키며, 이 화면에서 반환된 3은 현재 파일에서 사용 중인 Worksheet 개체가 세 개라는 것을 의미합니다.

04/03 개체에서 지원하는 명령어 확인 방법

예제 파일 없음

개체의 구성원

개체에는 각 개체를 제어할 수 있는 다양한 명령이 제공됩니다. 명령은 성격에 따라 속성(Property)과 메서드(Method)로 구분하며 개체의 정보를 담고 있는 명령을 속성, 개체가 처리할 수 있는 실행 명령을 메서드라고 합니다. 개체에는 속성과 메서드 이외의 개체의 동작을 감지할 때 사용하는 이벤트(Event)도 제공됩니다. 이렇게 개체에서 사용할 수 있는 모든 명령을 구성원(Member)이라고 합니다.

도움말을 이용한 개체 구성원 확인 방법

엑셀의 개체는 매우 방대하고 개체마다 적게는 수십 개의 구성원이 제공되므로 이것을 모두 외워 사용하기는 불가능합니다. 따라서 모든 개체의 구성원과 구성원에 대한 설명이 제공되는 도움말을 상시 확인하는 것이 좋습니다. 도움말은 버전별로 다르게 표시되므로 하단의 설명을 참고합니다.

버전	VBA 도움말
엑셀 2010 버전까지	프로그램을 설치할 때 제공되는 한글 VBA 도움말
엑셀 2013 버전부터	MSDN 사이트에서 영문 도움말을 제공하다가 MSDN 사이트가 Microsoft Docs 서비스로 통합되면서 2019년부터는 Microsoft Docs 사이트를 통해 도움말 정보를 제공합니다. Microsoft Docs는 최종 사용자를 위한 도움말 및 교육을 지원하는 마이크로소프트사의 서비스명입니다.

엑셀 2013 이상 버전에서 도움말을 이용해 개체의 구성원 정보를 파악하는 방법은 다음과 같습니다.

01 VB 편집기에서 [도움말] 탭-[Microsoft Visual Basic for Applications 도움말] 메뉴를 선택하거나 F1 을 누릅니다.

02 기본 웹 브라우저에서 Microsoft Docs 도움말 페이지가 표시됩니다.

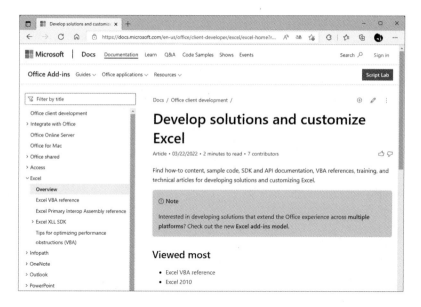

TIP Microsoft Docs 도움말은 한글 서비스를 지원하지 않습니다. 영어가 불편하다면 웹 번역 서비스 등을 이용합니다.

03 우측 상단의 검색 단추 🔍를 클릭한 후 [검색]에 다음과 같은 키워드로 검색합니다.

> Worksheet Members

04 검색 결과 중 [Worksheet Object (Excel)] 하이퍼링크를 클릭합니다.

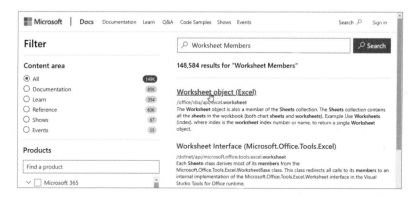

🔍 **더 알아보기**   **검색 키워드**

Microsoft Docs에서 개체 구성원을 확인하기 위한 검색 키워드는 다음과 같습니다.

개체 **Members**

그러므로 Range, Workbook, Application 개체의 구성원에 대한 도움말을 검색하려면 앞부분 키워드만 변경하고 검색합니다.

05 해당 개체에 대한 도움말 정보가 표시됩니다.

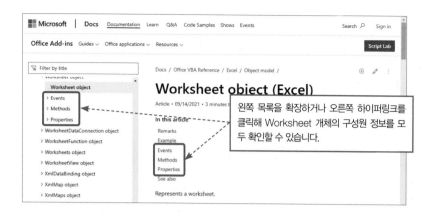

🔍 **더 알아보기**   **VBA 한글 도움말은?**

아쉽게도 VBA 한글 도움말은 현재 제공되지 않습니다. VBA 한글 도움말은 엑셀 2010 버전까지 제공됐으므로, 한글 도움말이 필요하다면 엑셀 2010 버전을 설치하고 엑셀 2010 버전의 VBA 도움말을 참고합니다.

개체 찾아보기 기능을 이용한 구성원 확인 방법

도움말로 전체 개체 구성원 정보와 상세 도움말을 한눈에 파악할 수 있지만, 정보를 찾을 수 있는 단계가 너무 복잡합니다. 매크로를 개발할 때 조작할 개체 정보를 확인하려면 개체 찾아보기 창을 사용하는 것이 좋습니다. 다음 과정을 참고합니다.

01 VB 편집기에서 [보기]-[개체 찾아보기] 메뉴를 선택하거나 F2 를 누릅니다.

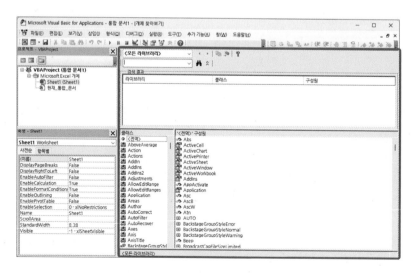

TIP 코드 창 영역에 개체 찾아보기 창이 표시됩니다.

02 개체 찾아보기 창에서 원하는 개체명을 입력하고 [Enter]를 누르거나 [검색 🔍]을 클릭합니다.

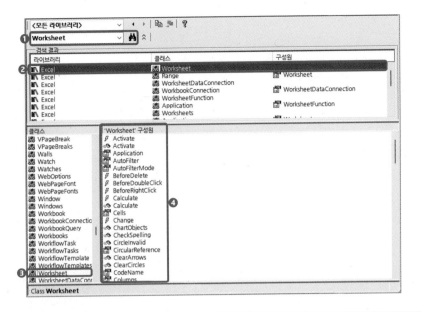

❶ 검색란

검색할 개체명을 입력합니다.

❷ 검색 결과

검색란에서 입력한 키워드에 해당하는 전체 개체 검색 결과를 표시합니다. 가장 유사한 것이 제일 상단에 표시되며, 상단에 표시된 개체가 자동으로 선택되지만 원하는 개체가 아니라면 사용자가 원하는 개체를 선택합니다.

❸ 클래스

검색 결과에서 선택된 개체가 표시됩니다.

❹ 구성원

클래스에서 선택된 개체의 구성원이 모두 표시됩니다. 구성원 이름 왼쪽 아이콘의 역할은 다음과 같습니다.

아이콘	이름	설명
🔧	이벤트	특정 개체(Workbook, Worksheet)는 해당 개체의 변화를 감지할 수 있습니다. 이렇게 감지된 동작을 이벤트라고 하며, 이벤트를 활용해 매크로를 개발하면 특정 시점에 자동으로 실행되도록 할 수 있습니다. 이벤트에 대한 자세한 설명은 **SECTION 15-01**을 참고합니다.
📷	속성	개체의 정보
🖱️	메서드	개체가 처리할 수 있는 동작

개체 구성원 사용 방법

개체의 구성원을 사용해 코드를 구성하는 방법은 다음과 같습니다.

> 개체.구성원

개체의 속성인 경우에는 속성값을 다음과 같은 방법으로 변경할 수 있습니다.

```
개체.속성 = 새 값
```

속성의 값을 확인하려면 속성값을 반환할 위치를 지정해야 합니다.

```
대상 = 개체.속성
```

대상에 개체의 속성값을 반환합니다.

개체의 속성을 사용하는 코드 작성 예는 다음과 같습니다.

```
Range("A1").Value = Worksheets(1).Name        ❶

또는

Print Range("A1").Value        ❷
```

❶ [A1] 셀에 첫 번째 시트의 이름을 입력합니다.
❷ Print 명령을 사용해 직접 실행 창에 [A1] 셀의 값을 입력합니다.

TIP 위 코드는 아무 파일의 직접 실행 창에 직접 입력하고 결과를 확인합니다.

메서드는 개체가 처리할 수 있는 일로 개체에서 어떤 동작이 실행되도록 지시하는 명령이라고 생각하면 됩니다. 보통 다음과 같은 두 가지 사용 방법이 있습니다.

```
개체.메서드

또는

개체.메서드 매개변수:=값
```

매개변수는 메서드를 실행했을 때 설정할 수 있는 옵션 항목으로 이해하면 좋습니다. 예를 들어 오른쪽 화면과 같이 셀을 삭제하면 삭제 후 작업을 지정하는 [삭제] 대화상자가 표시됩니다. [삭제] 대화상자에서 선택된 옵션이 매개변수에 전달되며, 해당 작업을 그대로 VBA 명령어로 입력하면 다음과 같습니다.

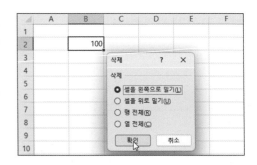

```
Range("B2").Delete Shift:=xlToLeft ———————————————— ❶
```

❶ [B2] 셀을 삭제하고 오른쪽 셀[C2] 셀이 [B2] 셀의 위치에 오도록 합니다. 이 코드에서 Shift는 매개변수이며, xlToLeft는 내장 상수로 [셀을 왼쪽으로 밀기] 옵션에 해당합니다.

이처럼 엑셀에서는 특정 명령을 실행할 때 대화상자가 표시되고, 대화상자에서 몇 가지 옵션을 선택할 수 있습니다. 따라서 매크로를 개발하려면 어떤 옵션을 선택해 명령을 실행할지를 결정해야 합니다. 이런 작업이 처음에 불편하고 어려울 수 있지만, [매크로 기록기]를 이용해 자주 사용하는 기능을 기록해 코드를 확인해보는 연습을 하는 것이 좋습니다. 참고로 매개변수 명은 순서만 맞다면 다음과 같이 매개변수 명이 생략될 수도 있습니다.

```
Range("B2").Delete xlToLeft
```

옵션 중 일부만 설정하려면 반드시 매개변수 명을 입력하고 옵션을 설정해야 합니다. 이때는 반드시 매개변수 명 뒤에 콜론(:)을 입력하고 등호를 입력해야 합니다. 예를 들어 찾기 명령(Ctrl + F)의 경우 옵션이 매우 다양합니다. 아래 화면과 같이 [찾기 및 바꾸기] 대화상자에서 설정한 두 개의 옵션을 VBA 코드로 구성하면 다음과 같습니다.

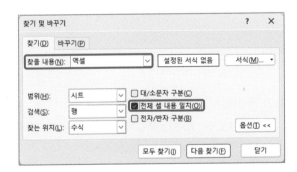

```
Range("A1:A100").Find(What:="엑셀", LookAt:=xlWhole) ———————— ❶
```

❶ What 매개변수는 [찾을 내용]을 의미하며, LookAt 매개변수는 [전체 셀 내용 일치] 옵션입니다.
이 코드를 직접 실행 창에 입력할 경우에는 명령 뒤에 Select 또는 Activate 메서드가 추가되어야 합니다. 즉, 다음과 같이 코드를 입력해야 합니다.

```
Range("A1:A100").Find(What:="엑셀", LookAt:=xlWhole).Select
```

Range 개체의 Find 메서드에 대한 자세한 설명은 **SECTION 11-20**을 참고합니다.

ThisWorkbook, ActiveSheet 는 뭘 의미할까?

예제 파일 PART 02 \ CHAPTER 04 \ 단축 접근자.xlsm

개체 모델에 의한 개체 조작

개체를 조작하려면 개체 모델의 종속 구조를 이용해야 합니다. 예를 들어 Range 개체를 조작해 [A1] 셀에 값을 입력하기 위해 엑셀의 개체 모델을 이용할 경우에는 다음과 같은 방법을 사용해야 합니다.

```
Application.Workbooks("통합 문서1").Worksheets("Sheet1").Range("A1").Value = "엑셀"

또는

Application.Workbooks(1).Worksheets(1).Range("A1").Value = "엑셀"
```

이렇게 코드를 구성해야 하는 이유는 한 파일에도 시트의 개수만큼 [A1] 셀이 존재하고, 파일을 여러 개 연 경우에도 [A1] 셀의 개수가 그에 비례해 늘어나므로 Range("A1")만으로는 작업 대상을 특정할 수 없기 때문입니다.

다만 이런 방법은 코드가 매우 길고 복잡하므로 효율이 떨어집니다. 그렇기 때문에 VBA에서는 개체 모델의 단계를 줄일 수 있는 몇 가지 방법을 제공하고 있습니다.

첫 번째로 매크로는 일반적으로 엑셀 프로그램 내에서만 실행되므로 개체 모델의 최상위 개체인 Application은 생략하는 경우가 많습니다.

```
Workbooks("통합 문서1").Worksheets("Sheet1").Range("A1").Value = "엑셀"
```

두 번째로 매크로를 현재 파일에서만 실행한다면 파일을 의미하는 Workbook 개체도 생략할 수 있습니다.

```
Worksheets("Sheet1").Range("A1").Value = "엑셀"
```

마지막으로 현재 시트에서만 매크로를 실행한다면 워크시트를 의미하는 Worksheet 개체도 생략할 수 있습니다.

```
Range("A1").Value = "엑셀"
```

단축 접근자

위에서 상위 개체를 생략할 수 있었던 것은 사실 다음과 같은 단축 접근자가 제공되기 때문입니다. 단축 접근자는 특정 개체를 의미하는 별명 정도로 생각해도 좋습니다. 참고로 단축 접근자는 Application 개체의 속성으로 제공되며 다음과 같습니다.

단축 접근자	설명	개체 형식
ThisWorkbook	코드가 저장된 파일	Workbook
ActiveWorkbook	현재 화면에 표시된 파일	Workbook
ActiveWindow	현재 화면에 표시된 창	Window
ActiveSheet	현재 화면에 표시된 시트	Worksheet
ActiveChart	활성화된 차트	Chart
ActiveCell	활성화된 셀	Range
Selection	선택된 개체	Object

TIP Active 접두어가 붙은 단축 접근자는 사용자가 키보드로 문자를 입력했을 때 입력을 받는 대상 개체를 의미합니다.

Range 개체만 사용된 다음 코드는 현재 시트만 대상으로 실행됩니다.

```
Range("A1").Value = "엑셀"
```

위 코드를 VBA에서는 다음과 같이 ActiveSheet가 생략된 것으로 처리합니다.

```
ActiveSheet.Range("A1").Value = "엑셀"
```

따라서 Range 개체만 사용하면 현재 시트를 대상으로 매크로가 동작합니다. 만약 다음과 같이 최상위 개체가 Worksheet면 ActiveWorkbook이 생략된 것으로 인식합니다.

```
ActiveWorkbook.Worksheets("Sheet1").Range("A1").Value = "엑셀"
```

즉, VBA에서는 개체 모델상의 상위 개체가 생략되면 Active 접두어가 붙은 이름의 단축 접근자가 생략된 것으로 인식합니다.

글로벌 개체

단축 접근자가 제공되는 것을 포함해 Application과 같은 최상위 개체를 생략할 수 있는 개체를 글로벌 개체라고 합니다. 다음은 상위 개체 없이 바로 입력이 가능한 글로벌 개체들입니다.

글로벌 개체	설명
Workbooks	사용 중인 파일의 집합인 Workbook 컬렉션 개체
Worksheets	사용 중인 워크시트의 집합인 Worksheet 컬렉션 개체
WorksheetFunction	VBA에서 사용할 수 있는 워크시트 함수 개체
Sheets	사용 중인 모든 시트(Worksheet, Chart)의 집합인 컬렉션 개체
Range	셀(또는 범위)을 의미하는 Range 개체
Cells	행 번호, 열 번호를 사용해 셀을 의미하는 Range 개체
Intersect	여러 범위가 겹치는 교집합 범위를 의미하는 Range 개체
Names	정의된 이름의 집합인 Name 컬렉션 개체
Charts	사용 중인 차트의 집합인 Chart 컬렉션 개체

단축 접근자의 활용 사례

단축 접근자는 자주 사용되므로 활용 방법을 제대로 이해해야 합니다. 다음 과정을 통해 단축 접근자의 개념을 파악해보겠습니다.

01 예제를 열고 [sample1] 시트의 [범위 선택] 단추를 클릭합니다.

TIP 보안 경고 메시지 줄이 표시되면 [콘텐츠 사용]을 클릭합니다.

02 그러면 [B5:K10] 범위가 선택됩니다.

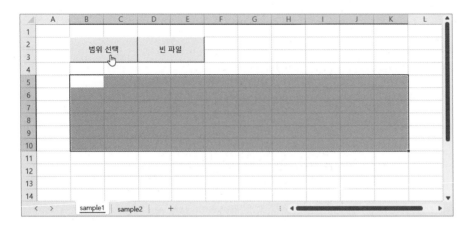

03 ⎡Alt⎤+⎡F11⎤을 누르고 VB 편집기 창의 직접 실행 창을 엽니다.

04 다음 코드를 순서대로 입력해 결과를 확인합니다.

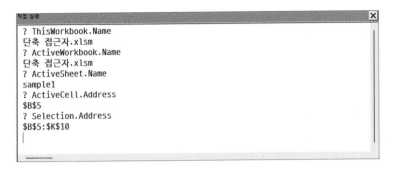

❶ ThisWorkbook은 VBA 코드가 저장된 파일로 예제 파일의 이름인 **단축 접근자.xlsm**이 반환됩니다.

❷ ActiveWorkbook은 현재 화면에 표시된 파일로 입력 대상이 되는 파일이므로 ThisWorkbook과 동일한 **단축 접근자.xlsm**이 반환됩니다.

❸ ActiveSheet는 현재 화면에 표시된 시트입니다. 화면에 표시된 시트는 [sample1] 시트이므로 **sample1**이 반환됩니다.

❹ ActiveCell은 화면에 표시된 셀 중 키보드로 입력할 때 값이 입력되는 셀을 의미합니다. 화면에는 [B5:K10] 범위가 선택되어 있고, 선택된 범위의 첫 번째 셀인 [B5] 셀의 색상만 다른 셀과 다르게 흰색으로 표시됩니다. 흰색 셀이 입력을 받는 셀로 활성 셀(ActiveCell)이라고 합니다. Range 개체의 Address 속성은 셀 주소를 반환하므로 직접 실행 창에 **$B$5**가 반환됩니다.

❺ Selection은 현재 선택된 개체인데, [범위 선택] 단추를 클릭해 [B5:K10] 범위를 선택했으므로 Selection 개체는 **Range("B5: K10")**와 동일합니다. 그러므로 Address 속성은 **$B$5:$K$10** 주소를 반환합니다.

05 ⎡Alt⎤+⎡F11⎤을 눌러 엑셀 창으로 전환합니다.

06 [D2:E3] 범위에 위치한 [빈 파일] 단추를 클릭하면 아래 화면과 같이 빈 파일이 하나 생성됩니다.

TIP 엑셀 2013 버전부터 빈 파일은 시트를 하나만 제공합니다. 파일 명(통합 문서1)과 시트 명(Sheet1), 그리고 [A1] 셀이 선택된 것을 기억해둡니다.

07 다시 Alt + F11 을 눌러 VB 편집기로 전환합니다.

08 프로젝트 탐색기 창에서 예제 파일인 [VBAProject (단축 접근자.xlsm)]을 선택합니다.

TIP 프로젝트 탐색기 창에서 파일을 선택하고 직접 실행 창에 코드를 입력하면 해당 파일에서 코드가 실행되는 것으로 인식합니다.

09 직접 실행 창에 **04** 과정에서 입력한 명령을 다시 한 번 순서대로 입력해 결과를 확인합니다.

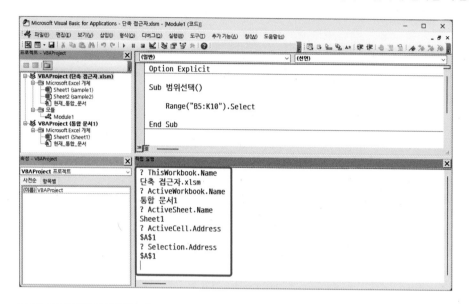

❶ ThisWorkbook은 VBA 코드가 저장된 파일을 의미하므로 **08** 과정에서 선택한 프로젝트 파일인 **단축 접근자.xlsm**이 반환됩니다.

❷ 새로 연 파일(통합 문서1)이 화면 전면에 표시되고 있으므로 ActiveWorkbook은 **통합 문서1**이 됩니다.

❸ ActiveSheet는 빈 통합 문서의 첫 번째 시트명인 **Sheet1**이 반환됩니다.

❹ ActiveCell은 빈 통합 문서에서 첫 번째 시트의 [A1] 셀이 됩니다. 그러므로 [Sheet1] 시트의 [A1] 셀 주소인 **$A$1**이 반환됩니다.

❺ Selection은 현재 선택된 개체로 **ActiveCell**과 동일합니다. 그러므로 셀 주소 역시 ❹와 동일합니다.

With 문 활용 방법

예제 파일 없음

매크로를 개발하다 보면 동일한 개체에 다음과 같이 여러 명령을 처리해야 하는 경우가 있습니다.

```
Sub 매크로샘플()
    Range("A1").Value = 1000 ─────────── ❶
    Range("A1").NumberFormat = "#,###" ─────────── ❷
End Sub
```

❶ [A1] 셀에 1000을 입력합니다.
❷ [A1] 셀의 표시 형식을 "#,###"로 지정해 천 단위 구분 기호를 표시합니다.

TIP 이 매크로를 테스트하려면 빈 엑셀 파일에서 Alt + F11 을 눌러 VB 편집기 창을 열고 [삽입]-[모듈] 메뉴를 선택한 후 코드 창에 해당 코드를 입력해 테스트합니다.

매크로는 한 줄씩 코드를 실행하므로, 동일한 개체(Range("A1"))를 대상으로 두 번 작업해야 합니다. 이 과정에서 [A1] 셀을 메모리에 로딩했다가 반환하는 과정이 반복되어 매크로가 비효율적으로 동작합니다. 또한 나중에 작업 대상 셀을 변경하려고 해도 셀 주소를 두 번 변경해야 하므로 코드를 관리하는 측면에서도 효과적이지 못합니다.

이때는 Range("A1") 개체에 여러 개의 명령을 한번에 전달하는 것이 좋습니다. 이런 경우 With 문을 사용할 수 있습니다. With 문의 구성은 다음과 같습니다.

```
With 개체
    .구성원
    .구성원
End With
```

앞 구문을 적용해 코드를 수정하면 다음과 같습니다.

```
Sub 매크로샘플()
    With Range("A1")                    ❶
        .Value = 1000                   ❷
        .NumberFormat = "#,###"         ❸
    End With                            ❹
End Sub
```

❶ With 문을 이용해 Range("A1") 개체를 메모리에 호출합니다.

❷ [A1] 셀의 값을 1000으로 입력합니다.

❸ [A1] 셀의 표시 형식을 "#,###"로 설정해 천 단위 구분 기호를 표시합니다.

❹ Range("A1") 개체에 할당된 메모리를 반환합니다.

With 문을 사용하면 With 문 안에서 개체의 구성원을 여러 개 사용할 수 있으므로 개체를 반복해서 호출하지 않아도 됩니다. 이 방법을 사용하면 코드가 효율적으로 동작하며 이해하기 쉽습니다. 또한 코드를 수정하는 작업도 쉬워집니다.

Sub 프로시저

엑셀에서 사용자가 만드는 별도의 실행 명령을 매크로라고 하며, VBA와 같은 프로그래밍 언어는 하나의 실행 명령을 프로시저(Procedure)라고 부릅니다. VBA에서 지칭하는 프로시저는 매크로보다 종류가 다양하므로 프로시저를 매크로보다 좀 더 상위 분류 개념으로 이해하는 것이 좋습니다. 프로시저는 목적에 따라 다양한 유형을 만들 수 있으며, 여기에서는 매크로를 만들때 사용하는 Sub 프로시저에 대해 우선 알아보겠습니다.

Sub 프로시저란?

예제 파일 없음

Sub 프로시저

Sub 프로시저는 사용자가 원하는 동작을 수행하는 프로시저로 매크로는 Sub 프로시저로 개발됩니다. Sub 프로시저는 하나 이상의 명령 줄로 구성되며, 순차적으로 명령을 실행하고 종료되는 단순한 구조를 가집니다. Sub 프로시저의 구문은 다음과 같습니다.

```
Sub 프로시저명(매개변수) ————————— ❶

    명령1 ————— ❷
    명령2
    명령3

End Sub ————— ❸
```

❶ Sub 프로시저는 Sub 문으로 시작하는 프로시저라는 의미로 프로시저 이름은 다음과 같은 규칙을 지켜 생성해야 합니다.

첫째, 프로시저 명은 한글 또는 영어 문자로 시작해야 하며, 숫자로 시작될 수 없습니다.

둘째, '재고 매크로'와 같이 단어와 단어 사이의 띄어쓰기를 지원하지 않습니다.

셋째, Range와 같이 프로그램에서 사용하는 이름을 사용할 수 없습니다.

LINK 프로시저 이름 뒤 괄호 안에 값이나 개체를 전달해 주는 매개변수를 사용할 수 있습니다. 매개변수를 사용하는 방법은 **CHAPTER 08**에서 자세하게 설명합니다.

❷ Sub 프로시저(매크로)에서 실행할 명령을 순서대로 입력합니다.

모든 명령을 실행하지 않고 중간에 코드 실행을 중단하려면 Exit Sub 문을 사용해 매크로를 종료할 수 있습니다.

❸ Sub 프로시저를 종료합니다. Sub 문으로 시작해서 End Sub으로 끝나는 부분까지를 Sub 프로시저라고 하며, 이렇게 하나의 문이 시작해서 끝나는 부분까지를 블록이라고 합니다.

Sub 프로시저를 이용한 매크로 개발

Sub 프로시저를 이용해 매크로를 개발하려면 다음 과정을 참고합니다.

01 엑셀을 실행하고 빈 통합 문서 파일을 하나 생성합니다.

02 매크로를 개발하기 위해 Alt+F11을 눌러 VB 편집기 창을 엽니다.

03 VB 편집기에서 [삽입]-[모듈] 메뉴를 선택해 새 Module 개체를 추가합니다.

04 [Module1] 개체의 코드 창에 다음 코드를 입력합니다.

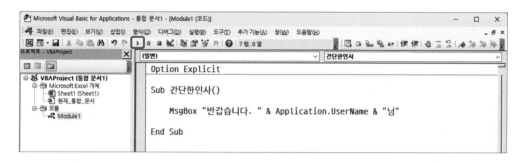

❶ Sub 문 다음에 매크로 이름을 입력하고 Enter를 누르면 End Sub 명령은 자동으로 입력됩니다.

❷ MsgBox 함수는 메시지 창을 표시할 때 사용하는 함수로 자세한 사용 방법은 **SECTION 10-01**을 참고합니다. Application. UserName은 오피스를 설치할 때 입력한 사용자 이름으로, 이 코드를 사용하면 "반갑습니다."로 시작하는 메시지 창이 화면에 표시됩니다.

05 표준 도구 모음의 [Sub/사용자 정의 폼 실행▶]을 클릭해 매크로를 실행합니다.

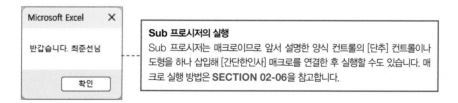

Sub 프로시저의 실행
Sub 프로시저는 매크로이므로 앞서 설명한 양식 컨트롤의 [단추] 컨트롤이나 도형을 하나 삽입해 [간단한인사] 매크로를 연결한 후 실행할 수도 있습니다. 매크로 실행 방법은 **SECTION 02-06**을 참고합니다.

TIP 코드 창에서 F5를 눌러 매크로를 실행할 수 있습니다.

Sub 프로시저의 종료

Sub 프로시저는 입력된 명령을 위에서부터 순서대로 실행합니다. 하지만 특정 상황에서는 명령 실행을 중단하도록 요청할 수도 있습니다. 이때는 Exit 명령을 사용합니다. Exit 명령은 뒤에 사용한 문의 블록을 빠져나가는 역할을 합니다. 다음과 같은 코드를 사용하면 Sub 프로시저 블록을 빠져나가 매크로가 종료됩니다.

```
Exit Sub
```

TIP Exit Sub 명령은 보통 If 문과 함께 쓰이며 사용자가 원하는 순간에 매크로를 종료합니다.

예를 들어 앞서 사용된 매크로 예제에서 주말(토, 일)에는 메시지가 표시되지 않도록 하려면 코드를 다음과 같이 구성할 수 있습니다.

```
Sub 간단한인사()

    If Weekday(Date, vbMonday) > 5 Then Exit Sub ──────────── ❶
    MsgBox "반갑습니다. " & Application.UserName & "님"

End Sub
```

❶ 이 코드를 이해하기 위해서는 다음 두 개의 함수를 이해해야 합니다.

- Weekday 함수는 워크시트 함수인 WEEKDAY 함수와 동일하며, 요일 인덱스 번호를 반환합니다. 두 번째 인수가 vbMonday이므로 월요일부터 일요일까지 1~7 사이의 값이 반환됩니다.
- Date 함수는 워크시트 함수인 TODAY 함수와 동일하게 오늘 날짜를 반환합니다.

그러므로 이 코드는 오늘 날짜의 요일 번호가 5를 초과(6, 7)하면 Exit Sub, 즉 Sub 프로시저를 종료하라는 의미입니다. Weekday 함수의 반환값이 6, 7인 경우는 토요일과 일요일이므로 주말에는 다음 줄의 코드가 실행되지 않고 Sub 프로시저(매크로)가 종료됩니다.

주석의 이해와 활용

예제 파일 PART 02 \ CHAPTER 05 \ 주석.xlsm

주석이란?

원하는 작업을 실행하는 매크로를 개발하면 Sub 프로시저 내에 다양한 명령 코드가 입력됩니다. 개발 당시에는 어떤 순서로 코드가 동작했는지 이해되겠지만, 시간이 지나감에 따라 코드를 구성과 사용 방법을 이해하지 못할 수 있습니다. 때문에 코드에 간단한 설명을 첨부하면 코드를 유지, 보수하는 데 도움을 얻을 수 있습니다. 이렇게 Sub 프로시저에서 코드 실행과 무관하게 작성된 설명 줄을 주석이라고 합니다.

주석은 실행할 코드에 대한 설명을 작성하거나 문제가 있어 보이는 특정 코드 줄이 잠시 실행되지 않도록 할 때 사용합니다.

주석 활용 1 : 코드 설명

프로시저 안에서 코드의 동작을 설명하는 문장을 추가할 때 주석을 사용합니다. 주석은 작은따옴표(')를 입력하고 작성된 줄을 의미하며 주석으로 인식되면 해당 줄은 녹색으로 표시됩니다.

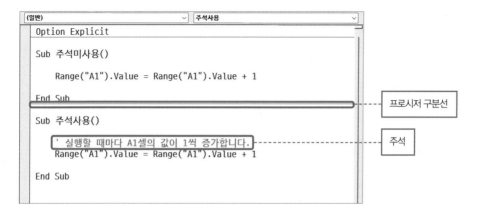

TIP 프로시저는 코드 창에서 여러 개를 생성할 수 있고, 각 프로시저는 구분선을 통해 구분됩니다.

줄마다 주석을 다는 것은 쉽지 않으므로, 전체 프로시저의 동작이나 작업별로 구분해 주석을 달아놓으면 전체 프로세스를 이해하는 데 많은 도움을 얻을 수 있습니다. 다음은 주석을 사용하는 올바른 사례입니다.

```
Sub 생산량예측()

    ' 설명 : 이 프로시저는 재고 계산을 통해 생산 예측 처리를 담당합니다. ————————— ❶
    ' 개발일 : 2023-01-01 ——————— ❷
    ' 수정 사항 : ——————— ❸
    ' * 2023-05-20 : 다음과 같은 사항이 수정되었습니다.
    '  - 속도 개선 및 몇 가지 버그를 수정했습니다.
    ' * 2023-02-01 : 다음과 같은 사항이 수정되었습니다.
    '  - 재고 계산과 관련한 버그가 수정되었습니다. (참고 문서 : 재고 계산.docx)


    ' 1단계 : 필요한 Raw 데이터를 [sample] 시트로 취합합니다. ——————— ❹


    ' 2단계 : 취합된 데이터를 요약해 재고를 계산합니다.


    ' 3단계 : 계산된 재고로 생산량을 회귀분석으로 예측된 결과를 반환합니다.


End Sub
```

❶ 전체 매크로 동작에 대한 설명을 입력합니다.

❷ 최초 개발일을 기록합니다.

❸ 수정 사항이 발생할 때마다 날짜와 처리 내역을 간단하게 추가합니다.

❹ 코드 한 줄마다 주석을 작성하는 것이 아니라 전체 작업 과정을 단계별로 구분한 후 주석을 입력합니다.

주석 활용 2 : 코드 무시

주석은 설명을 다는 용도 이외에도 특정 코드 줄을 잠시 실행하지 않을 때 사용할 수도 있습니다. 이 방법은 보통 프로시저를 완성하기 전후 특정 코드가 매크로 실행에 문제를 일으키는지 여부를 확인할 때 주로 사용합니다.

01 예제의 [셀 값 증가] 단추를 세 번 클릭하면 [B2:B7] 범위 내 값이 1씩 증가되어 3이 됩니다.

TIP 파일을 열 때 보안 경고 메시지 줄이 표시되면 [콘텐츠 사용]을 클릭해야 합니다.

02 매크로 코드를 확인하기 위해 Alt + F11 을 눌러 VB 편집기 창을 엽니다.

03 프로젝트 탐색기 창의 [Module1] 개체를 더블클릭해 코드 창에 입력된 코드를 확인합니다.

04 특정 줄의 코드가 잠시 실행되지 않도록 주석으로 변경합니다.

05 Range("B5").Value = … 부분부터 아래 세 줄의 코드를 드래그해 선택합니다.

06 [편집] 도구 모음의 [주석 블록 설정▤]을 클릭합니다.

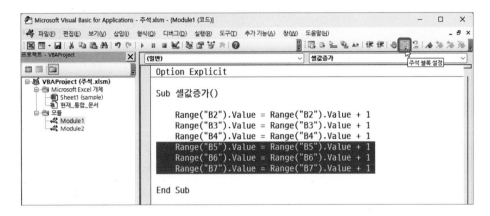

LINK [편집] 도구 모음이 표시되지 않았다면 **SECTION 03-10**을 먼저 참고합니다.

07 선택한 세 개의 코드 줄이 주석으로 변경됩니다.

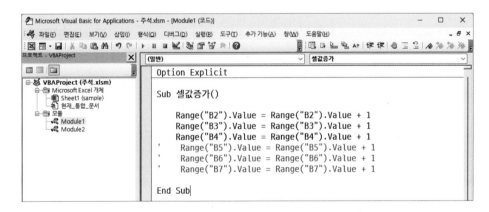

08 Alt + F11 을 눌러 엑셀 창으로 전환합니다.

09 [셀 값 증가] 단추를 다시 세 번 클릭합니다.

10 [B2:B4] 범위의 값은 1씩 증가합니다. 그러나 [B5:B7] 범위의 값은 증가하지 않습니다.

프로시저를 작업 단위별로 나누어 개발하기

예제 파일 없음

매크로를 개발하다 보면 코드가 너무 길어지는 경우가 종종 있습니다. 그러면 나중에 코드를 유지 보수하기가 쉽지 않습니다. 따라서 너무 긴 코드를 가지는 매크로는 작업 단위별로 나누어 여러 개의 매크로로 개발하고, 개발된 여러 매크로를 순서대로 호출해 실행하는 매크로를 별도로 생성하는 것이 관리 측면에서는 더욱 효율적입니다.

이때 다른 매크로를 호출할 때 사용할 수 있는 VBA 명령어가 바로 Call입니다. Call은 다른 프로시저를 호출해 실행할 수 있습니다. Call 문의 사용 예는 다음과 같습니다.

```
Sub 매크로1()
    Call 매크로2 ─────────── ❶
    MsgBox "모든 작업이 처리되었습니다."
End Sub

Sub 매크로2()
    Range("A1").Value = 1000
End Sub
```

❶ Call 문으로 [매크로2]를 호출해 실행합니다. [매크로2]가 실행된 후 다시 [매크로1]로 돌아오며 Call 아래 줄의 명령이 실행되고 종료됩니다. 참고로 Call 문은 생략할 수 있기 때문에 이번 줄을 다음과 같이 수정할 수 있습니다.

```
매크로2
```

SECTION 05-02에서 개발한 매크로를 서로 다른 두 개의 매크로로 분리하고 Call 문을 이용해 호출하는 방법으로 코드를 수정하면 다음과 같습니다.

```
Sub 셀값증가()                    ━━━━━━  ❶

    Call 첫번째범위               ━━━━━━  ❷
    Call 두번째범위               ━━━━━━  ❸
End Sub

Sub 첫번째범위()               ━━━━━━  ❹

    Range("B2").Value = Range("B2").Value + 1
    Range("B3").Value = Range("B3").Value + 1
    Range("B4").Value = Range("B4").Value + 1

End Sub

Sub 두번째범위()               ━━━━━━  ❺

    Range("B5").Value = Range("B5").Value + 1
    Range("B6").Value = Range("B6").Value + 1
    Range("B7").Value = Range("B7").Value + 1
End Sub
```

❶ [셀값증가] 매크로가 실행시킬 매크로입니다.
❷❹의 [첫번째범위] 매크로가 실행됩니다.
❸❺의 [두번째범위] 매크로가 실행됩니다.

이렇게 하면 매크로의 개수는 늘어나지만 [셀값증가] 매크로만 실행하면 이전과 동일한 결과를 얻을 수 있습니다.

만약 [B2:B4] 범위와 [B5:B7] 범위에서 처리할 동작이 달라지면 [첫번째범위]나 [두번째범위] 매크로만 수정하고, 둘 중 하나를 잠시 실행하지 않으려면 [셀값증가] 매크로에서 원하는 줄만 주석으로 만듭니다. 이렇게 프로시저를 나누어서 관리하면 좀 더 효율적으로 매크로를 개발할 수 있습니다.

변수의 이해와 활용

예제 파일 PART 02 \ CHAPTER 05 \ 변수.xlsm

변수란?

매크로 개발할 때 특정 계산 결과 또는 자주 사용하는 값을 보관하고 싶은 경우가 있습니다. 엑셀은 데이터를 기록할 때 셀을 이용하지만, VBA와 같은 프로그래밍 언어에서는 셀과 같은 기록 공간이 없으므로 메모리를 직접 사용합니다. 특정 데이터를 기록할 수 있도록 구성된 메모리 공간을 변수라고 합니다. 변수는 프로시저 개발에서 데이터를 보관하는 단순 역할뿐만 아니라 매크로 실행 속도를 개선하고 코드 관리를 쉽게 하는 등의 매우 중요한 역할을 수행합니다. 따라서 매크로를 직접 개발하려면 반드시 변수 활용 방법에 대해 이해하고 넘어가야 합니다.

변수 선언

변수를 사용하려면 변수를 사용하겠다고 컴퓨터에 얘기(선언)해야 합니다. 변수는 Dim 문을 사용해 선언하며, 선언된 변수에 값을 할당할 때는 Let 문(생략 가능)을 사용합니다. 다음은 변수 선언의 기본 구문입니다.

```
Dim 변수 명 As 데이터 형식 ───────── ①

Let 변수 명 = 값 ───────── ②
```

① Dim 문을 사용해 변수를 선언합니다. 선언된 변수는 특정 메모리 공간을 사용할 수 있으며, 해당 메모리 공간의 이름을 변수 명으로 부여합니다. 변수 명은 프로시저 명의 이름 규칙과 동일한 규칙이 적용됩니다. 참고로 변수 명은 한글과 영어로 주로 지정하며, 개발 초기에는 한글로 입력하는 것이 주석을 대체하는 효과가 있어 코드를 더 쉽게 이해할 수 있습니다.

'As 데이터 형식'은 변수에 저장할 값의 데이터 형식을 의미합니다. 숫자, 텍스트, 논리, 날짜 등의 형식을 사용할 수 있으며, 각 데이터 형식은 소모되는 메모리 크기가 다르므로 가급적 정확한 형식을 사용하도록 합니다. 변수의 데이터 형식은 다음 표와 같습니다.

구분	데이터 형식	메모리 크기	값 범위
숫자	Byte	1byte	0 ~ 255

구분	데이터 형식	메모리 크기	값 범위
숫자	Integer	2byte	-32,768 ~ 32,767
	Long	4byte	−2,147,483,648 ~ 2,147,483,647
	Single	4byte	음수 : −3.402823E38 ~ −1.401298E−45 양수 : 1.401298E−45 ~ 3.402823E38
	Double	8byte	음수 : −1.79769313486232E308 ~ −4.94065645841247E−324 양수 : 4.94065645841247E−324 ~ 1.79769313486232E308
	Currency	8byte	−922,337,203,685,477.5808 ~ 922,337,203,685,477.5807
	Decimal	14byte	정수 : +/−79,228,162,514,264,337,593,543,950,335 실수 : +/−7.9228162514264337593543950335
논리	Boolean	2byte	True, False
날짜/시간	Date	8byte	100년 1월 1일 ~ 9999년 12월 31일
텍스트	String	10byte 이상	가변 길이는 약 2조, 고정 길이는 65,400
공통	Variant	16byte 이상	숫자는 Double과 동일, 텍스트는 String과 동일

❷ 선언된 변수에 원하는 값을 할당합니다. 할당은 변수에 값을 대입하는 동작을 의미하며, 변수에 값을 저장한다고 생각하는 것이 쉽습니다. 참고로 변수에 값을 할당할 때 사용하는 Let 문은 보통 생략하며, 변수는 값을 저장하고 난 후에도 프로시저 내에서 다른 값으로 여러 번 변경할 수 있습니다.

변수의 데이터 형식

데이터 형식은 데이터를 저장하는 그릇의 종류라고 생각할 수 있습니다. 예를 들어 그릇에 비해 너무 많은 양을 담으면 넘치는 것처럼 작은 값만 저장할 수 있는 변수에 너무 큰 값을 전달하면 다음과 같은 오버플로 (OverFlow) 에러가 발생합니다.

변수의 데이터 형식은 다음과 같은 다이어그램을 참고해 선택하는 것이 좋습니다.

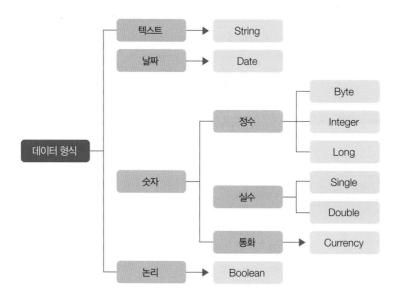

텍스트, 날짜, 논리는 데이터 형식이 하나이므로 쉽게 선택할 수 있지만, 숫자의 경우는 정수와 실수 구분에 따라 데이터 형식을 Byte, Integer, Long, Single, Double 중에서 선택해야 합니다. 언급한 순서로 점차 더 큰 데이터 값을 저장할 수 있으므로, 오버플로 에러가 발생하면 변수의 데이터 형식을 좀 더 큰 값을 저장할 수 있는 형식으로 변경해줍니다.

변수 선언 사례

다음은 간단한 변수의 선언 예입니다. 프로그램 이름을 저장할 변수를 선언하고 "엑셀"을 변수에 저장합니다.

```
Dim 프로그램 As String        ───────── ❶

프로그램 = "엑셀"        ───────── ❷
```

❶ 텍스트 값을 저장할 [프로그램] 변수를 String 형식으로 선언합니다.
❷ [프로그램] 변수에 "엑셀"을 저장합니다. 텍스트 값을 코드에서 사용할 때는 큰따옴표(")로 묶어 전달해야 합니다.

나이를 저장할 변수를 선언하고 자신의 나이를 저장합니다.

```
Dim 나이 As Byte        ───────── ❶

나이 = 30        ───────── ❷
```

❶ 정숫값을 저장할 [나이] 변수를 Byte 형식으로 선언합니다. 나이는 숫자 중에서도 정수이고, 제일 큰 값을 생각해도 200을 넘을 수 없으므로 Byte, Integer, Long 형식 중에서 Byte 형식으로 선언합니다.
❷ [나이] 변수에 자신의 나이를 저장합니다.

생년월일을 저장할 변수를 선언하고 자신의 나이를 저장합니다.

```
Dim 생년월일 As Date  ─────────────  ❶

생년월일 = #1/1/2000#  ─────────────  ❷
```

❶ 날짯값을 저장할 [생년월일] 변수를 Date 형식으로 선언합니다.

❷ [생년월일] 변수에 자신의 생일 날짜를 저장합니다. 날짜 데이터는 # 기호 안에 m/d/yyyy 형식으로 전달해야 하는데, yyyy-mm-dd와
같은 형식으로 입력해도 자동으로 변경됩니다. 함수를 이용하려는 경우에는 DateSerial 함수나 DateValue 함수를 많이 사용합니다.

```
생년월일 = DateSerial(2000, 1, 1)
또는
생년월일 = DateValue("2000-01-01")
```

LINK DateSerial 함수와 DateValue 함수는 **SECTION 10-14**를 참고합니다.

참고로 다음과 같이 여러 개의 변수를 한번에 같은 데이터 형식으로 선언할 수는 없습니다.

```
Dim 변수1, 변수2, 변수3 As Integer  ─────────────  ❶
```

❶ 변수를 선언할 때 쉼표(,) 구분자를 이용해 여러 개의 변수를 선언할 수는 있지만, 데이터 형식은 마지막 변수에만 적용됩니다. 이렇게 선
언하면 다음과 같이 선언한 것과 동일합니다.

```
Dim 변수1 As Variant
Dim 변수2 As Variant
Dim 변수3 As Integer
```

[변수1]과 [변수2]의 Variant 형식에는 모든 데이터 형식을 저장할 수 있는데, 메모리 사용량이 많아 꼭 필요한 경우 외에는 사용하지 않
는 것이 좋습니다. 그러므로 변수 세 개를 모두 Integer 형식으로 선언하려면 다음과 같이 코드를 구성합니다.

```
Dim 변수1 As Integer, 변수2 As Integer, 변수3 As Integer
```

01 예제를 열면 아래 화면과 같은 표를 확인할 수 있습니다.

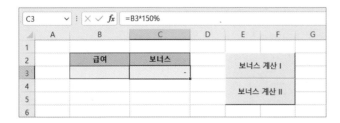

TIP [C3] 셀에는 [B3] 셀의 값에 150%를 곱한 금액이 반환되도록 수식이 입력되어 있습니다.

02 [보너스 계산 I] 단추를 클릭하면 다음과 같은 입력 창이 표시됩니다.

03 급여를 300만 원이라고 가정하고 정확하게 숫자를 입력한 후 [확인]을 클릭합니다.

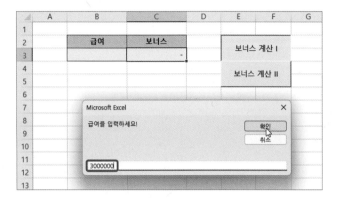

04 입력한 값이 [B3] 셀에, [C3] 셀의 보너스 금액이 메시지 창에 표시됩니다.

05 [확인]을 클릭해 메시지 창을 닫습니다.

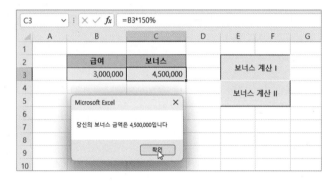

06 [보너스 계산 II] 단추를 클릭하면 **02** 과정과 동일한 입력 창이 표시됩니다.

07 이번에는 급여를 **4000000**으로 입력하고 [확인]을 클릭합니다.

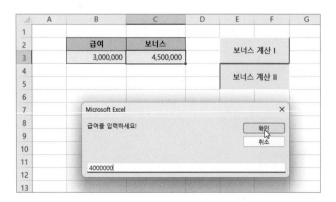

08 메시지 창에 400만 원의 1.5배인 600만 원이라는 결과가 표시됩니다.

09 [확인]을 클릭해 메시지 창을 닫습니다.

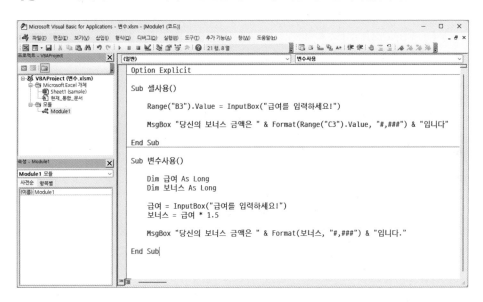

TIP [B3] 셀의 값은 변경되지 않습니다.

10 매크로 코드를 확인합니다.

11 리본 메뉴의 [개발 도구] 탭-[코드] 그룹-[Visual Basic 📖]을 클릭합니다.

TIP Alt + F11 을 눌러도 됩니다.

12 프로젝트 탐색기 창에서 [Module1] 개체를 더블클릭합니다.

13 코드 창에서 Sub 프로시저로 선언된 매크로 두 개를 확인할 수 있습니다.

```
Option Explicit

Sub 셀사용()

    Range("B3").Value = InputBox("급여를 입력하세요!")

    MsgBox "당신의 보너스 금액은 " & Format(Range("C3").Value, "#,###") & "입니다"

End Sub

Sub 변수사용()

    Dim 급여 As Long
    Dim 보너스 As Long

    급여 = InputBox("급여를 입력하세요!")
    보너스 = 급여 * 1.5

    MsgBox "당신의 보너스 금액은 " & Format(보너스, "#,###") & "입니다."

End Sub
```

TIP [셀사용] 매크로는 [보너스 계산 I] 단추에 연결되어 있고, [변수사용] 매크로는 [보너스 계산 II] 단추에 연결되어 있습니다.

```
Sub 셀사용()  ──────────  ❶

    Range("B3").Value = InputBox("급여를 입력하세요!")  ──────────  ❷

    MsgBox "당신의 보너스 금액은 " & Format(Range("C3").Value, "#,###") & "입니다."  ──────────  ❸

End Sub
─────────────────────────────────────────────
Sub 변수사용()  ──────────  ❹

    Dim 급여 As Long  ──────────  ❺
    Dim 보너스 As Long  ──────────  ❻

    급여 = InputBox("급여를 입력하세요!")  ──────────  ❼
    보너스 = 급여 * 1.5  ──────────  ❽

    MsgBox "당신의 보너스 금액은 " & Format(보너스, "#,###") & "입니다."  ──────────  ❾

End Sub
```

❶ [셀사용] 매크로를 선언합니다.
❷ [B3] 셀에 InputBox 함수를 통해 입력받은 값을 저장합니다.

> **LINK** InputBox 함수는 **SECTION 10-02**에서 자세하게 소개합니다.

❸ MsgBox 함수를 사용해 [C3] 셀의 값을 화면에 표시합니다.

> **LINK** MsgBox 함수는 **SECTION 10-01**에서 자세하게 소개합니다.
> **LINK** Format 함수는 **SECTION 10-12**에서 자세하게 소개합니다.

❹ [변수사용] 매크로를 선언합니다.
❺ 사용자의 급여를 저장할 [급여] 변수를 Long 형식으로 선언합니다.
❻ 계산된 보너스 금액을 저장할 [보너스] 변수를 Long 형식으로 선언합니다.
❼ InputBox 함수로 입력받은 값을 [급여] 변수에 저장합니다.
❽ [급여] 변수에 저장된 값을 1.5(150%)를 곱한 값을 [보너스] 변수에 저장합니다.
❾ MsgBox 함수를 사용해 [보너스] 변숫값을 화면에 표시합니다.

[셀사용] 매크로는 보너스 계산을 위해 [B3], [C3] 셀을 이용하지만, [변수사용] 매크로는 급여와 보너스 변수를 사용해 보너스 계산 작업을 진행합니다. 변수를 사용하면 코드는 길어지지만 셀을 거치지 않기 때문에 속도 면에서도 빠른 결과를 얻을 수 있으며, 코드의 가독성도 좋아집니다.

변수의 초깃값

변수는 선언과 동시에 특정 값이 저장됩니다. 이런 값을 변수의 초깃값이라고 합니다. 계산 가능한 형식인 날짜/시간, 숫자, 논리 형식은 변수 선언과 동시에 0 값이 저장됩니다. 그 외 텍스트나 Variant 타입의 변수는 값을 저장할 때까지 비어 있습니다. 데이터 형식에 따른 변수의 초깃값은 아래 표를 참고합니다.

구분	데이터 형식	초깃값
숫자	Byte, Integer, Long, Single, Double, Currency, Decimal	0
논리	Boolean	False
날짜/시간	Date	12:00:00 AM
텍스트	String	"" 또는 Char(0)
공통	Variant	Empty

상수의 이해와 활용

예제 파일 PART 02 \ CHAPTER 05 \ 상수.xlsm

상수란?

상수(常數)는 변수(變數)처럼 값을 저장할 수 있는 메모리 영역을 지칭하는 용어로, 변수와 다른 점은 한 번 저장된 값을 수정할 수 없다는 점입니다. 변수와 상수의 차이는 두 이름의 한자 표기로 이해할 수 있습니다. 변수에서 변(變)은 '변할 변'이고 상수의 상(常)은 '항상 상'입니다. 그러므로 변수는 저장된 값을 얼마든지 변경할 수 있는 특성을, 상수는 처음 저장된 값을 변경할 수 없는 특성을 갖는 메모리 영역으로 이해하면 됩니다.

상수의 선언

다음은 상수를 선언하는 구문입니다.

```
Const 상수명 As 데이터 형식 = 값 ────────────❶
```

❶ Const 문으로 상수를 선언하며, 선언과 동시에 값을 저장합니다.

실제 상수를 선언하는 사용 예는 다음과 같습니다.

```
Const 건강보험요율 As Single = 0.0323 ──────────❶
```

❶ 실숫값을 저장할 [건강보험요율] 상수를 Single 형식으로 선언하며, 3.23%를 저장합니다. VBA에서는 %를 사용해 값을 전달할 수 없으므로, 0.0323과 같이 입력합니다.

상수의 사용

상수는 선언과 동시에 값을 저장하므로, 값이 변경될 필요가 없는 경우에는 변수보다 유용합니다. 다만 상수가 변수에 비해 활용도가 떨어지는 이유는 값을 변경할 수 없는 특정 상황에서만 상수를 사용할 수 있기 때문입니다.

01 예제에서 [건강보험료 계산] 단추를 클릭하면 [D3] 셀의 건강보험료가 자동으로 계산됩니다.

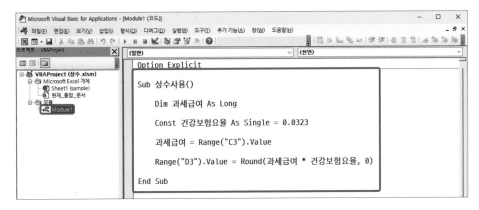

02 [건강보험료 계산] 단추에 연결된 매크로를 확인합니다.

03 Alt + F11 을 눌러 VB 편집기 창을 엽니다.

04 프로젝트 탐색기 창에서 [Module1] 개체를 더블클릭하면 VBA 코드를 확인할 수 있습니다.

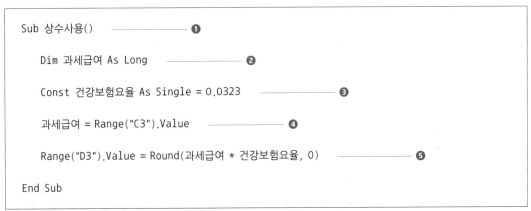

```
Sub 상수사용( )                           ❶

    Dim 과세급여 As Long                   ❷

    Const 건강보험요율 As Single = 0.0323              ❸

    과세급여 = Range("C3").Value            ❹

    Range("D3").Value = Round(과세급여 * 건강보험요율, 0)        ❺

End Sub
```

❶ [상수사용] 매크로를 선언합니다.
❷ [과세급여] 변수를 Long 형식으로 선언합니다.

❸ Single 형식의 [건강보험요율] 상수를 선언한 후 0.0323(3.23%) 값을 저장합니다. 상수로 선언하지 않고 변수로 선언하려면 다음과 같은 코드를 사용합니다.

```
Dim 건강보험요율 As Single

건강보험요율 = 0.0323
```

❹ [과세급여] 변수에 [C3] 셀의 과세급여를 저장합니다.

❺ [과세급여] 변수와 [건강보험요율] 상수의 값을 곱해 건강보험료를 계산하여 값을 [D3] 셀에 입력합니다. 이때 Round 함수를 사용해 소수점 이하 값을 반올림 처리합니다. Round 함수는 VBA 함수로, 워크시트 함수인 ROUND와 사용 방법이 동일합니다.

이 매크로처럼 상수는 수정할 수 없는 값을 메모리에 저장할 때 사용합니다. 변수와 상수는 코드 내에서 변수인지, 상수인지 구분하기 어려우므로 한글보다는 영어를 사용해 이름을 정의하는 경우가 많습니다. 예를 들어 변수명은 대/소문자를 섞어 사용(예 : Sales)하고, 상수명은 항상 대문자를 사용(예 : SALES)해 구분합니다.

개체변수의 이해와 활용

예제 파일 PART 02 \ CHAPTER 05 \ 개체변수.xlsm

개체변수란?

변수에 값만 저장할 수 있는 것은 아닙니다. 엑셀의 개체도 변수에 연결해 사용할 수 있습니다. 개체를 연결해 사용하는 변수를 개체변수라고 합니다. 개체변수에는 개체를 할당한다는 표현을 많이 사용하는데, 할당이라는 표현이 한자어라서 잘 이해되지 않을 수 있습니다. 이때는 개체변수에 개체를 연결한 후 개체변수로 개체를 조작한다고 이해하면 쉽습니다.

개체변수를 사용하면 특정 개체를 원하는 변수로 조작할 수 있으므로 코드를 이해하기 쉽게 구성할 수 있습니다. 또한 매크로가 실행되는 동안에도 개체는 메모리에 로딩된 상태이므로 프로시저의 처리 속도가 빨라지는 장점이 있습니다.

개체변수의 선언

개체변수를 선언하고 변수에 개체를 할당(연결)하는 구문은 다음과 같습니다.

```
Dim 변수명 As 개체 ──────── ❶

Set 변수명 = 개체 ──────── ❷
```

❶ Dim 문으로 변수를 선언하며, As 절 뒤에 데이터 형식 대신 할당할 개체 형식을 사용합니다.
❷ 변수에 개체를 연결할 때는 Set 문을 사용하며, Set 문은 생략할 수 없습니다.

다음은 엑셀 파일을 개체변수에 연결해 사용하는 코드의 예입니다.

```
Dim 작업파일 As Workbook ──────── ❶

Set 작업파일 = Workbooks("재고.xlsx") ──────── ❷
```

다음은 현재 파일의 시트 중 하나를 개체변수에 연결해 사용하는 코드의 예입니다.

```
Dim 근태 As Worksheet                         ❶

Set 근태 = ThisWorkbook.Worksheet("근태")          ❷
```

다음은 셀 범위를 개체변수에 연결해 사용하는 코드의 예입니다.

```
Dim 매출범위 As Range                       ❶

Set 매출범위 = Range("A1:A10")               ❷
```

개체변수의 초깃값

개체변수는 선언한 후 개체가 연결되기 전까지는 비워져 있는 상태입니다. 이 상태를 Nothing 키워드와 매칭해 확인하거나, Nothing 키워드를 개체변수에 할당해 연결된 개체를 해제할 수 있습니다.

예를 들어 개체변수가 개체와 연결되지 않은 상태인지 확인할 때 다음과 같은 코드를 사용합니다.

```
If 개체변수 Is Nothing Then
```

또는 연결된 개체를 해제할 때 다음과 같은 코드를 사용합니다.

```
Set 개체변수 = Nothing
```

개체변수의 사용

SECTION 05-05에서 사용된 **상수.xlsm** 예제의 매크로에서 개체변수를 사용하도록 코드를 수정하면 다음과 같습니다.

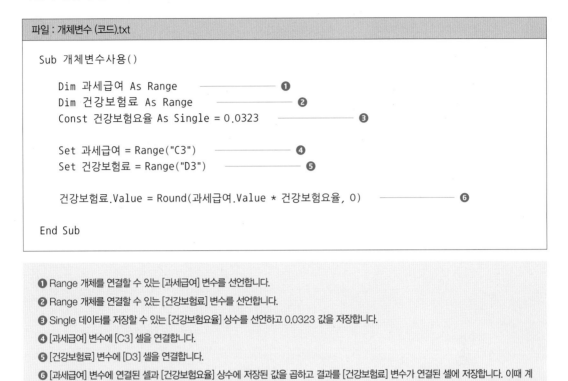

파일 : 개체변수 (코드).txt

```
Sub 개체변수사용()

    Dim 과세급여 As Range                    ①
    Dim 건강보험료 As Range                   ②
    Const 건강보험요율 As Single = 0.0323       ③

    Set 과세급여 = Range("C3")                ④
    Set 건강보험료 = Range("D3")              ⑤

    건강보험료.Value = Round(과세급여.Value * 건강보험요율, 0)    ⑥

End Sub
```

① Range 개체를 연결할 수 있는 [과세급여] 변수를 선언합니다.

② Range 개체를 연결할 수 있는 [건강보험료] 변수를 선언합니다.

③ Single 데이터를 저장할 수 있는 [건강보험요율] 상수를 선언하고 0.0323 값을 저장합니다.

④ [과세급여] 변수에 [C3] 셀을 연결합니다.

⑤ [건강보험료] 변수에 [D3] 셀을 연결합니다.

⑥ [과세급여] 변수에 연결된 셀과 [건강보험요율] 상수에 저장된 값을 곱하고 결과를 [건강보험료] 변수가 연결된 셀에 저장합니다. 이때 계산된 결과를 Round 함수를 이용해 소수점 위치에서 반올림합니다.

이 매크로는 예제에 포함되어 있으므로, 테스트하려면 다음 과정을 참고합니다.

01 예제를 열고 Alt + F11 을 눌러 VB 편집기 창을 엽니다.

02 프로젝트 탐색기 창에서 [Module1] 개체를 더블클릭해 코드를 확인합니다.

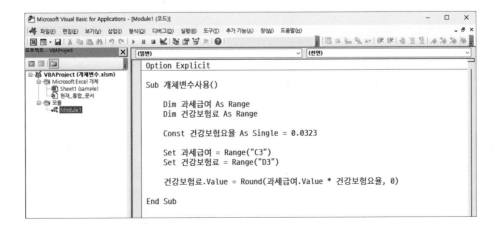

03 Alt + F11 을 눌러 엑셀 창으로 전환합니다.

04 [건강보험료 계산] 단추를 클릭해서 [D3] 셀의 건강보험료가 제대로 계산되는지 확인합니다.

	A	B	C	D	E	F	G	H
1								
2		이름	과세급여	건강보험료			건강보험료 계산	
3		박지훈	3,740,000	120,802				
4								
5								

배열변수의 이해와 활용

예제 파일 PART 02 \ CHAPTER 05 \ 배열변수.xlsm

변수와 배열변수

변수는 값을 저장할 수 있는 변수(보통 변수라면 이 변수를 의미하며 구분을 위해 데이터 변수라고도 합니다)와 개체를 연결할 수 있는 개체변수로 나눌 수 있습니다. 또한 변수는 하나의 값만 저장할 수 있으므로, 여러 개의 값을 저장하고 싶다면 배열변수를 이용해야 합니다.

배열변수 선언

배열변수는 다음과 같이 선언하고 사용합니다.

```
Dim 변수명(9) As 데이터 형식          ──────── ❶

또는

Dim 변수명(1 To 10) As 데이터 형식    ──────── ❷
```

❶ 10개의 값을 저장할 수 있는 배열변수를 선언합니다. 배열변수에는 괄호 안에 저장할 값의 마지막 인덱스 번호를 입력합니다. 다른 설정이 없다면 배열변수의 인덱스 번호는 0부터 시작하므로, 9라고 적으면 0~9 인덱스를 이용해 값을 저장할 수 있습니다. 즉, 총 10개의 값을 저장할 수 있습니다.

❷ 0부터 인덱스가 시작되는 것이 불편하다면 To 키워드를 이용해 인덱스 번호를 직접 설정할 수 있습니다. 1 To 10이면 1~10 인덱스를 사용한다는 의미이므로 [변수명(9)] 변수와 마찬가지로 총 10개의 값을 저장할 수 있습니다. 참고로 To 키워드를 사용하지 않고 무조건 1부터 인덱스 번호를 시작하게 하려면 코드 창 상단에 다음과 같이 **Option Base 1** 명령을 입력하고 배열변수를 선언합니다.

```
Option Base 1

Sub 매크로1()
    Dim 변수명(10) As 데이터 형식

End Sub
```

다음은 로또 당첨번호를 저장하는 배열변수를 선언하고 번호를 저장하는 코드 예입니다.

```
Dim로또(5) As Integer                    Dim로또(1 To 6) As Integer

로또(0) = 8                              로또(1) = 8
로또(1) = 21                             로또(2) = 21
로또(2) = 25                             로또(3) = 25
로또(3) = 39                             로또(4) = 39
로또(4) = 40                             로또(5) = 40
로또(5) = 44                             로또(6) = 44
```

[로또] 배열변수에 총 여섯 개의 숫잣값을 저장합니다. 배열변수에 숫자를 하나만 사용하면 해당 숫자는 열을 의미합니다. 즉 1×C 크기의 행렬에 값이 저장됩니다. 그러므로 [로또] 배열변수는 1×6 행렬(한 개의 행과 여섯 개의 열)에 여섯 개의 값이 저장됩니다.

[로또] 변수에 저장된 번호를 셀에 반환하려면 다음과 같은 코드를 사용합니다.

```
Range("A1:F1").Value =로또  ─────────────── ❶
```

❶ [A1:F1] 범위에 [로또] 배열변수의 값을 입력합니다. [로또] 배열변수는 1×6 행렬이고, [A1:F1] 범위도 행이 한 개, 열이 여섯 개인 1×6 행렬이므로 동일한 크기의 행렬에는 한번에 값을 전달할 수 있어 편리합니다.

만약 값을 입력할 범위가 [A1:A6]으로 6×1 행렬이라면 배열변수의 1×6 행렬을 6×1 행렬로 변환해야 합니다. 이때는 워크시트 함수인 TRANSPOSE 함수를 사용합니다. 열 방향(1×6 행렬)을 행 방향(6×1 행렬)으로 변환해 [A1:A6] 범위에 값을 입력하는 코드는 다음과 같습니다.

```
Range("A1:A6").Value = WorksheetFunction.Transpose(로또)
```

LINK WorksheetFunction 개체는 VBA에서 워크시트 함수를 사용하기 위한 개체로 **SECTION 10-23**에서 자세하게 설명합니다.

01 예제를 열고 [로또] 단추를 클릭하면 당첨번호를 확인할 수 있습니다.

⊿	A	B	C	D	E	F	G	H	I	J	K
1											
2				당첨번호					로또		
3		8	21	25	39	40	44				
4											

02 매크로 코드를 확인하기 위해 Alt + F11 을 눌러 VB 편집기 창을 엽니다.

03 프로젝트 탐색기 창에서 [Module1] 개체를 더블클릭해 코드 창을 확인합니다.

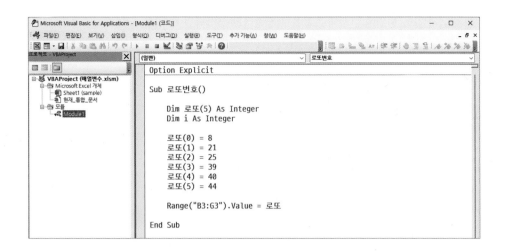

```
Microsoft Visual Basic for Applications - [Module1 (코드)]

파일(F)  편집(E)  보기(V)  삽입(I)  형식(O)  디버그(D)  실행(R)  도구(T)  추가 기능(A)  창(W)  도움말(H)

프로젝트 - VBAProject                          (일반)                                    로또번호

VBAProject (배열변수.xlsm)
  Microsoft Excel 개체          Option Explicit
    Sheet1 (sample)
    현재_통합_문서              Sub 로또번호()
  모듈
    Module1                          Dim 로또(5) As Integer
                                     Dim i As Integer

                                     로또(0) = 8
                                     로또(1) = 21
                                     로또(2) = 25
                                     로또(3) = 39
                                     로또(4) = 40
                                     로또(5) = 44

                                     Range("B3:G3").Value = 로또

                               End Sub
```

더 알아보기   코드 수정

책에 작성된 코드를 수정해 제대로 동작하는 코드 만들기를 연습해보세요. 아래 두 가지 내용을 수정하고 매크로를 실행해 결과가 제대로 표시되는지 확인합니다.

첫째, [로또] 배열변수를 To 키워드를 사용해 인덱스 번호가 1부터 시작하도록 코드를 수정해보세요.

둘째, [B3:G3] 범위가 아니라 [A1:A6] 범위에 로또 번호가 반환되도록 코드를 수정해보세요.

다차원 배열

배열변수는 기본적으로 1×C 행렬과 같이 열 방향으로 데이터를 저장하며, 이렇게 한 방향으로 저장할 수 있는 배열변수를 1차원 배열변수라고 합니다. VBA는 최대 60차원까지 배열변수를 선언하고 사용할 수 있는데, 60차원은 너무 복잡해 사용하기가 오히려 어렵습니다. 엑셀의 워크시트는 2차원 행렬(R×C 행렬) 구조이므로 배열변수 역시 2차원까지 사용하는 것이 일반적입니다.

1차원 배열변수는 다음과 같은 범위에 순서대로 값을 저장한다고 생각하면 됩니다.

1R x 6C							
	A	B	C	D	E	F	G	H
1								
2								
3								
4								

범위를 선택할 때 이름 상자를 살펴보면 1R×6C라는 표현이 나타나는데, 한 개의 행과 여섯개의 열을 사용하는 1×6 행렬을 의미하며, 배열변수로는 변수(5) 또는 변수(1 To 6)과 같습니다. 그러므로 1차원 배열변수는 다음과 같습니다.

변수명(c)

2차원 배열변수는 다음과 같은 범위에 순서대로 값을 저장한다고 생각하면 됩니다.

화면에 선택된 범위는 이름 상자에서 확인할 수 있는 것처럼 3×6 행렬입니다. 배열변수로는 변수(2, 5) 또는 변수(1 To 3, 1 To 6)과 같습니다. 2차원 배열변수는 다음과 같습니다.

```
변수명(r, c)
```

다음은 100개의 로또 당첨번호를 저장할 수 있도록 2차원 배열로 선언하고 사용하는 예입니다.

```
Dim 로또(1 To 100, 1 To 6) As 데이터 형식 ───────── ❶

로또(1, 1) = 8 ───────── ❷
로또(1, 2) = 21
…
로또(100, 6) = 43
```

❶ 변수 선언 방법은 동일하며 차원은 쉼표(,) 연산자로 구분해 선언합니다. 배열변수의 크기는 To 키워드를 사용하거나 저장할 개수에서 하나를 뺀 인덱스 번호를 입력합니다. 이번에 선언된 2차원 배열은 다음과 같은 구조(100×6 행렬)를 갖습니다.

			6			
8	21	…	…	…	…
	…	…	…	…	…	…
100						
	…	…	…	…	…	…
	…	…	…	…	…	43

❷ 변수에 값을 저장할 때 2차원 배열은 워크시트와 동일한 구조의 범위에 값을 저장한다고 생각하며 작업하는 것이 이해하기 쉽습니다.

동적 배열변수의 이해와 활용

예제 파일 PART 02 \ CHAPTER 05 \ 동적 배열변수.xlsm

동적 배열변수란?

배열변수는 선언할 때 저장할 값의 개수가 정해집니다. 하지만 데이터는 매크로를 실행할 때마다 달라질 수 있기 때문에 배열변수에 저장할 값의 개수가 일정하지 않은 경우가 훨씬 많습니다. 이때 사용할 수 있는 배열변수가 바로 동적 배열변수입니다. 동적 배열변수는 매크로가 실행되는 중간에 배열변수의 인덱스를 변경할 수 있어 데이터에 맞춰 원하는 수의 데이터를 저장할 수 있습니다.

동적 배열변수의 선언

동적 배열변수는 선언할 때 인덱스를 지정하지 않고 별도의 ReDim 문을 이용해 조정합니다. 다음 구문을 참고합니다.

```
Dim 변수명() As 데이터 형식 ──────── ❶

...

ReDim 변수명(1 To 10) ──────── ❷
```

❶ 동적 배열변수를 사용하려면 괄호 안의 인덱스 값을 생략해야 합니다.

❷ 배열변수에 저장할 인덱스를 조정하고 싶을 때 ReDim 문을 사용해 배열의 인덱스를 설정할 수 있습니다. 참고로 ReDim 문은 매크로 내에서 여러 번 사용이 가능합니다.

ReDim 문을 이용할 때 배열변수에 이미 저장된 값이 있다면 기존 값은 삭제되고 배열의 크기가 새롭게 설정됩니다. 기존에 저장된 값을 유지하면서 배열의 크기를 조정하려면 ReDim 문에 Preserve 키워드를 사용합니다.

```
Dim 변수명() As 데이터 형식

...

ReDim 변수명(1 To 10)

변수명(1) = 1 ───────── ❶

ReDim Preserve 변수명(1 To 100) ───────── ❷
```

❶ 10개의 값을 저장할 수 있는 배열변수의 첫 번째 요소에 1을 저장합니다.

❷ 변수에 저장할 개수를 10개에서 100개로 조정합니다. Preserve 키워드를 사용했으므로, ❶에서 저장한 값은 그대로 보존됩니다. 만약 Preserve 키워드를 생략하면 ❶에서 저장한 1은 삭제됩니다.

참고로 Preserve 키워드로 다차원 배열변수의 크기를 조정하는 경우에는 항상 마지막 차원(c)의 크기만 조정할 수 있습니다. 즉, 2차원 배열변수를 동적 배열변수로 선언하고 저장할 값의 개수를 조정할 때 Preserve 키워드를 사용하면 1차원(r)의 크기는 조정할 수 없으며, 2차원(c)의 크기만 조정할 수 있습니다.

```
Dim 변수명() As 데이터 형식

...

ReDim 변수명(1 To 10, 1 To 10) ───────── ❶

변수명(1, 1) = 1 ───────── ❷

ReDim Preserve 변수명(1 To 10, 1 To 100) ───────── ❸
```

❶ ReDim 문을 이용해 동적 배열변수를 10×10 행렬 크기로 설정합니다.

❷ 배열변수의 첫 번째 요소(첫 번째 행, 첫 번째 열)에 1을 저장합니다.

❸ ReDim 문을 이용해 동적 배열변수의 크기를 10×100 행렬로 변경합니다. 이때 Preserve 키워드를 사용했으므로, 첫 번째 요소(변수명(1, 1))에 저장된 값은 보존됩니다. Preserve 키워드를 사용해 다차원 배열의 크기를 변경할 때는 마지막 차원의 크기를 조정할 수 있지만, 낮은 차원의 크기는 변경할 수 없습니다. 즉, 다음과 같이 1차원의 크기를 변경하는 코드는 사용할 수 없습니다.

```
ReDim 변수명(1 To 100, 1 To 1)
```

참고로 ReDim 문으로 배열변수의 크기를 조정하지 않고 한번에 데이터를 넣는 방법을 사용할 수 있는데, 그러려면 동적 배열변수는 반드시 Variant 형식으로 선언되어야 합니다.

```
Dim Raw() As Variant ───────── ❶

Raw = Range("A1:A100") ───────── ❷
```

❶ Variant 형식의 Raw 동적 배열변수를 선언합니다. 괄호는 생략할 수 있습니다.

❷ [Raw] 변수에 [A1:A100] 범위의 값을 한번에 저장합니다. [A1:A100] 범위는 100×1 행렬이므로 다음과 같이 값을 저장할 개수를 조정한 것과 같습니다.

```
ReDim Raw(1 To 100, 1 To 1)
```

동적 배열변수에 몇 개의 값이 저장되어 있는지 알려면, 배열변수의 첫 번째와 마지막 인덱스 번호를 반환해주는 LBound 함수와 UBound 함수를 사용합니다. 다음 코드를 참고합니다.

```
Dim Raw As Variant                                          ❶
Dim 개수 As Integer                                          ❷

Raw = Range("A1:A100")                        ❸
개수 = UBound(Raw) - LBound(Raw) + 1                 ❹

MsgBox "동적 배열변수에 저장된 값의 개수는 " & 개수 & "입니다."                 ❺
```

❶ Variant 형식의 [Raw] 변수를 선언합니다.

❷ Integer 형식의 [개수] 변수를 선언합니다.

❸ [Raw] 변수에 [A1:A100] 범위의 값을 저장합니다. [Raw] 변수는 100×1 행렬의 크기의 값을 저장하는 배열변수가 됩니다.

❹ [Raw] 변수에 저장된 값의 개수를 계산해 [개수] 변수에 넣습니다. UBound 함수는 1차원 배열의 마지막 인덱스 번호를 반환하므로 100입니다. LBound 함수는 첫 번째 인덱스 번호를 반환하므로 1입니다. 100에서 1을 빼고 1을 더하면 100이 됩니다. 그러므로 100개의 값이 저장되어 있다는 것을 알 수 있습니다. 여기에서 'UBound 함수의 결과만 사용해도 되지 않나?'하고 생각할 수도 있습니다. ❸처럼 ReDim 문을 사용하지 않고 변수에 값을 저장하면 [Raw] 변수의 인덱스는 1부터 시작합니다. 이 경우에는 UBound 함수가 배열변수에 저장된 값의 개수를 반환하는 것이 맞지만, ReDim 문을 사용하는 경우에는 인덱스가 0부터 시작하기 때문에 UBound 함수만으로는 배열변수에 저장된 값의 개수를 알 수 없습니다. 따라서 이와 같은 계산 작업을 통해 배열변수에 저장된 값의 개수를 세는 것이 일반적입니다.

❺ MsgBox 함수를 사용해 [개수] 변수의 값을 메시지에 표시해줍니다.

동적 배열변수의 사용 예

01 예제의 [마지막 신청자는?] 단추를 클릭합니다.

02 메시지 창에는 B열의 마지막에 입력된 신청자 이름이 표시됩니다.

	A	B	C	D	E	F
1						
2		신청자			마지막 신청자는?	
3		박영재				
4		강다래				
5		안민주		Microsoft Excel		×
6		김상아				
7		서보석		마지막 신청자는 [정소라] 입니다.		
8		전술				
9		김민지			확인	
10		정소라				

TIP [B11] 셀에 자신의 이름을 입력하고 [마지막 신청자는?] 단추를 다시 클릭해 메시지 창을 확인합니다.

03 단추에 연결된 매크로를 확인하기 위해 [Alt]+[F11]을 눌러 VB 편집기 창을 엽니다.

04 프로젝트 탐색기 창에서 [Module1] 개체를 더블클릭합니다.

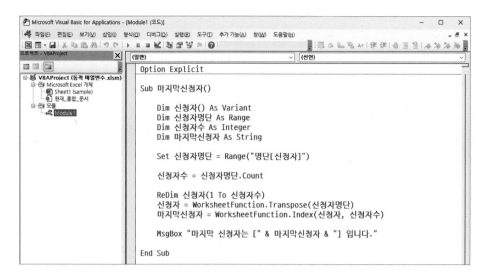

```
Sub 마지막신청자()

    Dim 신청자() As Variant          ————————①
    Dim 신청자명단 As Range          ————————②
    Dim 신청자수 As Integer          ————————③
    Dim 마지막신청자 As String       ————————④

    Set 신청자명단 = Range("명단[신청자]")     ————————⑤

    신청자수 = 신청자명단.Count       ————————⑥
    ReDim 신청자(1 To 신청자수)       ————————⑦
    신청자 = WorksheetFunction.Transpose(신청자명단)       ————————⑧
    마지막신청자 = WorksheetFunction.Index(신청자, 신청자수)       ————————⑨

    MsgBox "마지막 신청자는 [" & 마지막신청자 & "]입니다."       ————————⑩

End Sub
```

❶ Variant 형식의 [신청자] 변수를 선언합니다.

❷ Range 개체를 연결할 수 있는 [신청자명단] 변수를 선언합니다.

❸ Integer 형식의 [신청자수] 변수를 선언합니다.

❹ String 형식의 [마지막신청자] 변수를 선언합니다.

❺ [신청자명단] 개체변수에 '명단' 엑셀 표의 [신청자] 열 범위를 연결합니다.

❻ [신청자수] 변수에는 [신청자명단] 개체변수에 연결된 범위의 셀 개수를 저장합니다.

❼ ReDim 문을 사용해 [신청자] 변수의 크기를 1×신청자수 크기로 조정합니다.

❽ [신청자] 변수에 [신청자명단] 개체변수로 연결된 데이터 범위의 값을 바로 저장합니다. 데이터는 [B3:B10] 범위(8×1 행렬)에 있고, 동적 배열변수는 1×8 행렬이므로, 행과 열을 바꿔 저장하기 위해 워크시트 함수인 TRANSPOSE 함수를 사용합니다.

⑨ [마지막신청자] 변수에 워크시트 함수인 INDEX 함수의 결과를 저장합니다. INDEX 함수는 [신청자] 동적 배열변수에서 [신청자수] 변수에 저장된 n번째 값을 반환합니다. 즉, [신청자수] 변수에 8이 저장되어 있다면 [신청자] 변수의 여덟 번째 값이 반환됩니다.

⑩ MsgBox 함수를 사용해 [마지막신청자] 변수에 저장된 텍스트 값을 화면에 표시합니다.

TIP 이 코드는 동적 배열변수의 활용에 대한 예제입니다. 아직 학습하지 않은 부분이 있어 번거로운 방식으로 코드가 구성됐습니다. 동적 배열변수에 대한 감을 잡는 정도로만 이해하세요!

사용자 정의 데이터 형식의 이해와 활용

예제 파일 PART 02 \ CHAPTER 05 \ 사용자 정의 데이터 형식.xlsm

사용자 정의 데이터 형식

VBA에는 기본 데이터 형식 이외에 사용자가 자신이 원하는 방법으로 데이터 형식을 정의해 사용할 수 있는 방법을 제공합니다. 이를 사용자 정의 데이터 형식(User Defined Data Type)이라고 합니다. 사용자 정의 데이터 형식은 하나의 변수에 여러 개의 값을 저장할 수 있는 하위 변수를 추가할 수 있으며, Type 문을 이용해 선언합니다. 구문은 다음과 같습니다.

```
Type 사용자 정의 데이터 형식
    하위 속성 As 데이터 형식
    하위 속성 As 데이터 형식
End Type
```

TIP 사용자 정의 데이터 형식은 반드시 코드 창 상단에, 첫 번째 프로시저보다 먼저 선언되어야 합니다.

사용자 정의 데이터 형식의 활용 예

예제에서 확인할 수 있는 직원 데이터(B3:D11)를 하나의 변수에 저장합니다. 이런 작업에 배열변수를 사용할 수 있지만, 배열변수는 데이터를 저장한 다음 열이나 행으로 데이터를 구분해야 하므로 데이터 성격에 맞춰 데이터를 저장하는 용도로도 조금 아쉽습니다. 이렇게 데이터 형식이 다르고 성격도 다른 데이터는 사용자 정의 데이터 형식을 선언해 사용하는 것이 좋습니다. 화면 오른쪽 코드가 Type 문을 이용해 왼쪽 표의 데이터를 저장할 사용자 정의 데이터 형식을 생성하는 코드 예시입니다.

	A	B	C	D	E	F	G	H	I
1									
2		사번	이름	직위		사용자 정의 데이터 형식			
3		1	박지훈	부장					
4		2	유준혁	차장					
5		3	이서연	과장					
6		4	김민준	대리					
7		5	최서현	주임					
8		6	박현우	주임					
9		7	정시우	사원					
10		8	이은서	사원					
11		9	오서윤	사원					
12									

```
Type 직원표
    사번 As Integer
    이름 As String
    직위 As String
End Type
```

사용자 정의 데이터 형식을 사용하는 매크로는 예제를 열고 Module1 개체의 코드 창에서 확인할 수 있습니다. 다음 과정을 참고합니다.

01 파일 내 매크로를 확인하기 위해 Alt + F11 을 눌러 VB 편집기 창을 엽니다.

02 프로젝트 탐색기 창에서 [Module1] 개체를 더블클릭합니다.

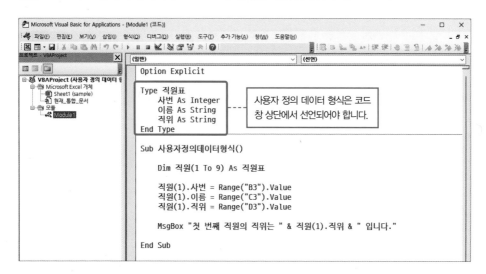

구성된 코드에 대한 설명은 아래를 참고합니다.

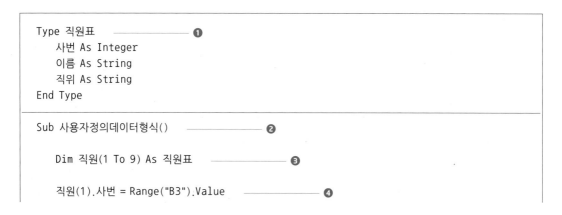

```
        직원(1).이름 = Range("C3").Value
        직원(1).직위 = Range("D3").Value

        MsgBox "첫 번째 직원의 직위는 " & 직원(1).직위 & "입니다." ────────── ⑤

End Sub
```

① Type 문을 이용해 [직원표] 데이터 형식을 선언합니다.

  [직원표] 데이터 형식은 다음과 같은 세 개의 하위 속성을 사용하도록 선언되어 있습니다..
    • [사번] : B열의 사번을 저장하기 위한 용도로 Integer 데이터 형식으로 선언합니다.
    • [이름] : C열의 이름을 저장하기 위한 용도로 String 데이터 형식으로 선언합니다.
    • [직위] : D열의 직위를 저장하기 위한 용도로 String 데이터 형식으로 선언합니다.

② [사용자정의데이터형식] 매크로를 선언합니다.

③ 아홉 개의 값을 저장할 수 있는 [직원] 배열변수를 [직원표] 사용자 정의 데이터 형식으로 선언합니다.

④ [직원] 배열변수에 값을 저장할 때 사번, 이름, 직위 하위 속성에 값을 하나씩 넣을 수 있습니다.

⑤ MsgBox 함수를 사용해 [직원] 배열변수의 첫 번째 인덱스 번호의 [직위] 속성값을 메시지 창에 표시합니다.

사용자 정의 데이터 형식을 이용하면 동일한 사용자 정의 데이터 형식을 사용하는 다른 변수에 여러 하위 속성값을 한번에 전달할 수 있습니다.

```
Dim 퇴사직원(1 To 100) As 직원표 ───────────── ①

    퇴사직원(1) = 직원(3) ───────────── ②
```

① 100개의 데이터를 저장할 수 있는 [퇴사직원] 배열변수를 [직원표] 형식으로 선언합니다.

② [퇴사직원] 사용자 정의 데이터 형식 배열변수의 첫 번째 위치에 [직원] 배열변수의 세 번째 값을 일괄 복사합니다. 만약 [직원] 배열변수에 [B3:D11] 범위 내 값이 모두 저장되어 있다면 [B5:D5] 범위의 직원 데이터가 [퇴사직원] 배열변수에 저장됩니다.

변수를 여러 매크로와 공유하는 방법

예제 파일 PART 02 \ CHAPTER 05 \전역변수.xlsm

지역변수와 전역변수

프로시저 내에서 선언된 변수는 프로시저를 종료하면 할당된 메모리를 반환하므로, 프로시저가 종료되면 변수도 더 이상 사용할 수 없습니다. 컴퓨터를 껐을 때 저장하지 않은 데이터가 보관되지 않는 것과 동일합니다. 이런 변수는 프로시저 범위 내에서만 사용할 수 있다고 해서 지역변수라고 부릅니다. 만일 여러 프로시저에서 같은 변수를 공유해서 사용해야 할 경우에는 코드 창 상단, 첫 번째 프로시저 위에 Private 문 또는 Public 문을 사용해 변수를 선언합니다. 이렇게 선언된 변수를 전역변수라고 합니다.

전역변수의 사용 예

01 예제를 열고 Alt + F11 을 눌러 VB 편집기 창을 엽니다.

02 프로젝트 탐색기 창의 [Module1] 개체를 더블클릭하고 코드 창을 확인합니다.

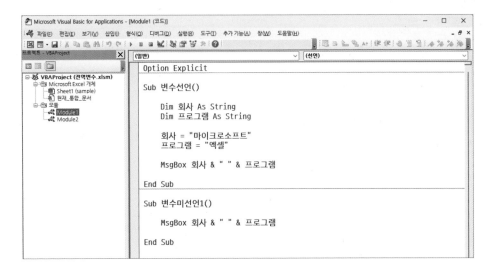

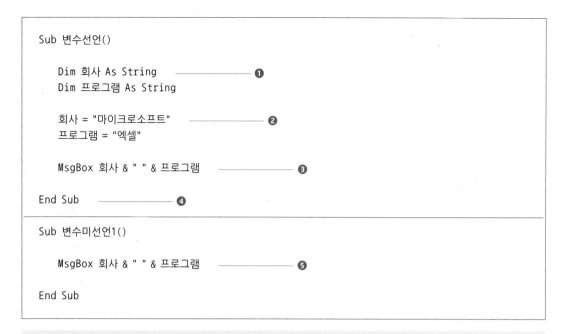

```
Sub 변수선언()

    Dim 회사 As String        ────────── ①
    Dim 프로그램 As String

    회사 = "마이크로소프트"      ────────── ②
    프로그램 = "엑셀"

    MsgBox 회사 & " " & 프로그램   ────────── ③

End Sub    ───── ④

Sub 변수미선언1()

    MsgBox 회사 & " " & 프로그램   ────────── ⑤

End Sub
```

① [변수선언] 매크로 내에서 String 형식의 [회사]와 [프로그램] 변수를 선언합니다.

　이렇게 선언된 변수는 [변수선언] 매크로가 실행된 경우에만 사용할 수 있습니다.

② [회사] 변수와 [프로그램] 변수에 각각 원하는 데이터를 저장합니다.

③ MsgBox 함수를 사용해 [회사] 변수와 [프로그램] 변수의 값을 표시합니다. [변수선언] 매크로 영역에서 F5 를 눌러 매크로를 실행하면 다음과 같은 메시지 창을 확인할 수 있습니다.

④ [변수선언] 매크로를 종료합니다.

⑤ [변수미선언1] 매크로에서 [회사]와 [프로그램] 변수의 값을 메시지 창에 표시합니다. [변수미선언1] 매크로 영역에서 F5 를 눌러 매크로를 실행하면 다음과 같은 에러 메시지가 표시됩니다.

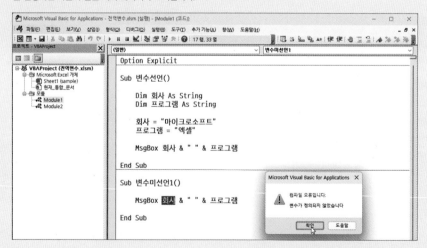

TIP [확인]을 클릭하면 디버깅 상태가 되므로 표준 도구 모음의 [재설정 ■]을 클릭해 디버깅 상태를 해제합니다.

[회사]와 [프로그램] 두 변수는 [변수선언] 매크로 내에서만 사용할 수 있는 지역변수로 [변수미선언1] 매크로에서 사용하려면 변수를 다시 선언하고 값을 저장한 후 사용해야 합니다.

03 두 매크로에서 [회사]와 [프로그램] 변수를 사용할 수 있도록 공유합니다.

04 [변수선언] 매크로 내 [회사]와 [프로그램] 변수 선언 부분을 삭제합니다.

05 코드 창 상단에서 Private 키워드를 사용해 [회사], [프로그램] 변수를 선언합니다.

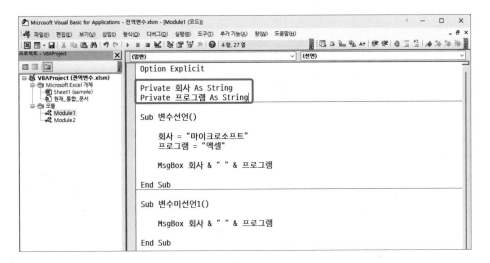

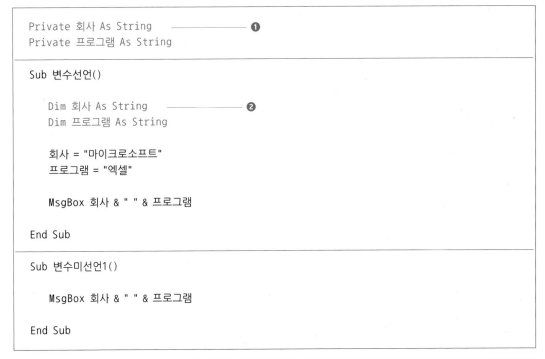

❶ 코드 창 상단에서 두 개의 변수를 Private 문으로 선언합니다. Private 문으로 선언된 변수는 같은 코드 창 내의 모든 프로시저에서 사용할 수 있습니다. 참고로 Private 문을 Dim 문으로 변경해도 동일한 결과를 얻을 수 있습니다.

❷ [변수선언] 매크로 내부에서 두 개의 변수 선언 코드를 삭제합니다. Private 키워드로 선언한 전역변수와 동일한 이름의 변수가 또 선언되면 에러가 발생하므로 두 변수의 선언 부분을 삭제합니다.

06 [변수선언]과 [변수미선언1] 매크로를 순서대로 실행해 에러가 발생하는지 확인합니다.

TIP [변수선언] 매크로에서 변수의 값을 저장하므로 [변수미선언1]보다 먼저 실행되어야 합니다.

07 프로젝트 탐색기 창에서 [Module2] 개체를 더블클릭합니다.

08 [변수미선언2] 매크로를 선택하고 F5 를 눌러 실행합니다.

09 변수가 정의되어 있지 않다는 에러 메시지 창이 표시됩니다.

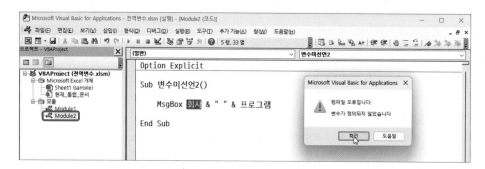

TIP [확인]을 클릭하면 디버깅 상태가 되므로, 표준 도구 모음의 [재설정■]을 클릭해 디버깅 상태를 해제합니다.

10 다시 [Module1] 개체를 더블클릭해 코드 창을 엽니다.

11 코드 창 상단의 Private 문으로 선언된 변수를 Public 문으로 수정합니다.

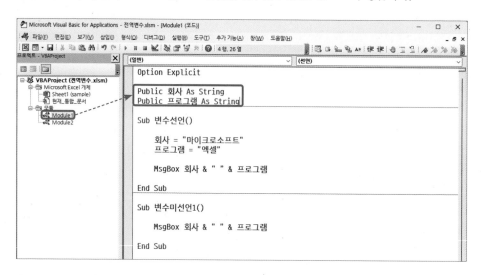

TIP Private 문은 Dim 문으로 수정이 가능하지만, Public 문은 반드시 정확하게 입력해야 합니다.

12 순서대로 [변수선언], [변수미선언1], [변수미선언2] 매크로를 실행합니다.

TIP [변수선언] 매크로는 반드시 먼저 실행되어야 하며, [변수미선언1]과 [변수미선언2] 매크로의 실행 순서는 상관없습니다.

매크로 실행 후에도 변수가 초기화되지 않도록 하려면?

예제 파일 PART 02 \ CHAPTER 05 \ 정적 변수.xlsm

정적변수

프로시저 내에서 선언된 변수를 프로시저가 끝나더라도 메모리를 반환하지 않고 그 값을 유지하도록 하려면 Static 문을 이용해 변수를 선언합니다. Static 문으로 선언된 변수를 정적변수라고 합니다. 이는 Private, Public 문을 이용해 선언하는 전역변수와는 다른 성격으로 지역변수만 정적변수로 선언할 수 있습니다. 따라서 다른 프로시저에서는 정적변수를 호출할 수 없습니다. 정적변수는 특정 프로시저 내에서만 동작하며, 프로시저가 종료되어도 파일을 닫을 때까지 변수에 할당된 메모리 공간이 유지되는 특징이 있습니다.

정적변수의 활용 예

정적변수는 Static 문으로 선언합니다.

```
Static 변수명 As 데이터 형식
```

정적변수를 이해하기 위해 다음 코드를 참고합니다.

```
Sub 정적변수테스트()

    Static 정적변수 As Integer ────────── ❶

    정적변수 = 정적변수 + 1 ────────── ❷

    MsgBox 정적변수 ────────── ❸

End Sub
```

❶ Integer 형식의 [정적변수] 변수를 선언합니다. 변수를 선언할 때 Static 문을 사용했으므로 매크로가 종료되어도 변수는 초기화되지 않고 메모리 공간이 유지됩니다. 선언된 변수는 숫자 형식이므로 변수의 초깃값은 0입니다.

❷ [정적변수] 변숫값을 1씩 증가시킵니다.

❸ MsgBox 함수를 사용해 [정적변수] 변숫값을 표시합니다.

예제를 열고 [정적변수 테스트] 단추를 여러 번 클릭하면 메시지 창의 결과가 1씩 증가합니다.

TIP 오른쪽은 [정적변수 테스트] 단추를 세 번 클릭한 후 표시된 메시지 창 화면입니다.

파일을 닫고 다시 열면 정적변숫값이 초기화되어 다시 1부터 메시지 창에 표시됩니다.

CHAPTER
06

판단문

프로시저는 입력된 코드를 위에서부터 아래로 순차 실행합니다. 이때 특정 코드는 실행 여부를 판단해 동작을 할 수 있습니다. 이때 사용하는 구문을 판단문(조건문)이라고 합니다. VBA에서는 If 문과 Select Case 문을 제공합니다. 프로그램에 제공되는 기능에는 사용자가 생략하는 많은 부분을 VBA가 자동으로 수집하고 판단하도록 되어 있습니다. 이 CHAPTER에서 설명하는 If 문과 Select Case 문의 사용 방법을 잘 숙지하면 사람의 일을 어떻게 기계로 대체할 수 있는지 잘 이해할 수 있습니다.

If 문 구성 및 활용 방법

예제 파일 PART 02 \ CHAPTER 06 \ If 문.xlsm

If 문의 구문

If 문은 사용자 조건을 판단해, 조건이 True 혹은 False일 때 해당하는 코드를 실행합니다.

```
If 조건 Then            ─────────────●
        '조건이 True인 경우에 처리할 명령
Else            ─────────────②
        '조건이 False인 경우에 처리할 명령
End If           ─────────────③
```

● [조건]은 True, False가 반환되는 조건식을 의미합니다. 예를 들면 [A1] 셀의 값이 '엑셀'인지 확인하고 싶을 때 다음과 같은 코드를 입력합니다.

```
If Range("A1").Value = "엑셀" Then
```

또는 [나이] 변수의 값이 30 이상이어야 한다면 다음과 같은 코드를 입력합니다.

```
If 나이 >= 30 Then
```

이렇게 원하는 조건을 구성했다면, 조건이 True일 때 실행할 코드를 아래에 입력하면 됩니다.
만약 [조건]이 True일 때 처리할 코드가 한 줄이면 ② – ③ 부분을 모두 생략하고 다음과 같이 구성할 수 있습니다.

```
If 조건 Then 처리 명령
```

② [조건]이 False인 경우에 처리할 명령을 아래 줄에 구성합니다. True인 경우에만 원하는 코드가 실행되길 원하면 Else 절은 다음과 같이 생략할 수 있습니다.

```
If 조건 Then
    명령1
    명령2
End If
```

❸ If 문을 종료합니다. If 문은 End If로 종료되며 하나의 블록입니다.

TIP 매크로에서는 With… End With, Sub… End Sub, 그리고 If… End If처럼 수많은 블록이 하나의 작업 단위를 구성합니다. End 문이 자동으로 입력되는 부분은 Sub 문과 같은 프로시저밖에 없습니다. 따라서 사용자가 조건문을 시작했다면 블록을 끝내는 명령을 반드시 입력하는 습관을 가져야 합니다.

If 문의 사용 예

If 문을 이용해 원하는 데이터만 처리하는 매크로를 만들어보겠습니다. 예제를 열어 다음과 같은 화면을 확인합니다.

	A	B	C	D	E	F	G	H	I	J
1										
2		품번	품명	공급업체	단가	재고량	품절여부		품절	
3		1	오피스 Z-05C	SPC ㈜	111,200	43				
4		2	컬러레이저복사기 XI-4400	선우테크 ㈜	1,767,000	8				
5		3	무한레이저복합기 L800C	가양무역 ㈜	568,800	12			품절 제품	
6		4	잉크젯팩시밀리 FX-2000	가양무역 ㈜	80,600	-				
7		5	바코드 BCD-200 Plus	경남교역 ㈜	91,000	2				
8		6	무한잉크젯복합기 AP-5500W	대양무역 ㈜	169,000	34				
9		7	레이저복합기 L350	대양무역 ㈜	244,200	20				
10		8	지문인식 FPIN-2000F	상진통상 ㈜	145,400	-				
11		9	복사지A4 5000매	상진통상 ㈜	29,400	52				
12		10	링제본기 ST-100	고려텍 ㈜	140,600	43				
13										

F열의 재고량이 0인 경우 G열에 품절을 표시하고, I열 하단에 품절된 제품명을 순서대로 정리하려고 합니다. 워크시트 함수인 IF 함수를 사용해 각 셀에 다음의 수식을 입력하고 마지막 셀까지 수식을 복사합니다.

- **[G3] 셀 : =IF(F3=0, "품절 ", "")**
- **[I6] 셀 : =IF(F3=0, C3, "")**

G열의 수식은 IF 함수로 그대로 처리할 수 있지만, I열에 입력된 수식은 품절된 제품명이 순서대로 반환되어야 합니다. 따라서 IF 함수를 사용한 수식만으로는 원하는 결과를 얻을 수 없습니다.

이 수식을 그대로 가져와 매크로로 구성하면 다음과 같습니다.

```
Sub 품절처리()

    If Range("F3").Value = 0 Then ─────────── ❶
        Range("G3").Value = "품절" ─────────── ❷
        Range("I6").Value = Range("C3").Value ─────────── ❸
    End If ───────── ❹

End Sub
```

❶ If 문을 이용해 [F3] 셀(Range("F3"))의 값(Value 속성)이 0인지 판단해 True인 경우에만 ❷ – ❸ 줄의 코드를 실행합니다.

❷ [G3] 셀의 값을 "품절"로 입력합니다. 셀에 텍스트 값을 입력하려면 큰따옴표(")로 묶어줍니다.

❸ [I6] 셀에 [C3] 셀의 값을 입력합니다.

❹ If 문을 종료합니다. 이 If 문에는 Else 절이 사용되지 않았습니다. 워크시트 함수인 IF 함수에서 조건이 거짓(False)인 경우에는 반드시 빈 문자("")가 반환되어야 빈 셀로 보이게 할 수 있습니다. 하지만 If 문은 빈 셀로 보이기 위해 아무것도 하지 않아도 되므로 Else 절을 생략하고 사용하지 않습니다. 만약 IF 함수를 If 문으로 동일하게 설정하려면 다음과 같은 코드가 입력되어야 합니다.

```
If Range("F3").Value = 0 Then
    Range("G3").Value = "품절"
Else
    Range("G3").Value = ""
End If
```

앞의 매크로에서 품절된 제품명을 [I6] 셀 아래에 순서대로 반환하도록 하려면 [I6] 셀의 행 번호(6) 부분을 변수에 저장해놓고 1씩 증가시키는 방법을 사용합니다.

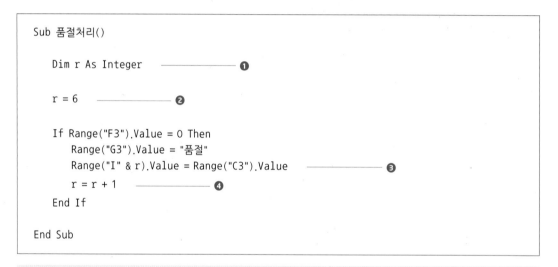

```
Sub 품절처리()

    Dim r As Integer ─────────── ❶

    r = 6 ─────── ❷

    If Range("F3").Value = 0 Then
        Range("G3").Value = "품절"
        Range("I" & r).Value = Range("C3").Value ─────────── ❸
        r = r + 1 ─────── ❹
    End If

End Sub
```

❶ 행 번호를 저장할 Integer 형식의 [r] 변수를 선언합니다.

❷ [r] 변수에 I열에 저장할 첫 번째 셀의 행 번호(6)를 저장합니다.

❸ 영어 대문자 "I"와 [r] 변수에 저장된 값을 연결해 셀 주소를 완성합니다. Range 개체를 이용해 해당 위치([I6] 셀)에 [C3] 셀의 값을 저장합니다. 이렇게 하면 [F3] 셀의 값이 0일 때 [I6] 셀에 [C3] 셀의 품명을 기록합니다.

❹ 다음 제품명은 [I7] 셀에 기록되어야 하므로 [r] 변수의 값을 1씩 증가시킵니다. VBA에서 등호(=)는 대입의 의미로도 사용됩니다. 등호(=) 오른쪽이 먼저 계산되고 왼쪽에 계산된 값이 입력됩니다.

수식을 사용하면 첫 번째 셀의 수식을 복사해 사용하면 되지만, 매크로에서는 특정 코드를 반복하려면 순환문(반복문)을 사용합니다. 다만 순환문은 아직 배우지 않았으므로, 코드를 복사해 셀 주소를 바꿔보면 다음과 같은 매크로가 완성됩니다.

```
Sub 품절처리()

    Dim r As Integer

    r = 6

    If Range("F3").Value = 0 Then ─────────── ❶
        Range("G3").Value = "품절"
        Range("I" & r).Value = Range("C3").Value
        r = r + 1
    End If

    If Range("F4").Value = 0 Then
        Range("G4").Value = "품절"
        Range("I" & r).Value = Range("C4").Value
        r = r + 1
    End If

    .................

    If Range("F12").Value = 0 Then
        Range("G12").Value = "품절"
        Range("I" & r).Value = Range("C12").Value
        r = r + 1
    End If

End Sub
```

❶ 해당 If 문 부분을 복사한 후 [F3], [G3], [C3] 셀의 주소를 다음 If 문에서 [F4], [G4], [C4] 셀로 변경합니다. 아래 줄의 코드 역시 복사해 셀 주소만 변경했습니다.

이 매크로가 제대로 동작하는지 확인하려면 예제를 열고 [품절] 단추를 클릭합니다. 매크로의 코드가 긴 단점은 있지만, 이런 방법으로 작업하면 간단한 IF 함수 수식을 매크로로 변경할 수 있습니다. 다만 이렇게 코드를 작성할 경우에는 입력하고 고치는 작업이 많아 효율적이지 못하기 때문에 **CHAPTER 07**에서 학습할 순환문을 이용하는 것이 좋습니다.

다중 조건 처리에 사용되는 And, Or, Not 연산자 사용 방법

예제 파일 없음

And 연산자

조건문에서 여러 조건이 모두 만족하는지 확인하려면 And 연산자를 사용합니다. And 연산자를 사용하는 방법은 다음과 같습니다.

```
If 조건1 And 조건2 Then ──────────── ❶
    ' [조건1]과 [조건2]가 True인 경우에 처리할 명령
End If
```

❶ [조건1]과 [조건2]를 모두 판단한 후 둘 다 True인 경우에 If 문 안의 명령을 실행합니다.

또 다른 조건을 추가하려면 And 연산자를 추가로 다음과 같이 사용할 수 있습니다.

```
If 조건1 And 조건2 And 조건3 And … Then
```

And 연산자는 사용하긴 쉽지만 사용자가 지정한 조건이 모두 True인지 확인해야 하므로 판단에 시간이 소요됩니다. 이런 부분 때문에 And 연산자를 사용하면 매크로 실행 속도가 저하될 수 있습니다. 좀 더 효율적인 방식으로 매크로를 동작시키려면 다음과 같이 If 문을 중첩 구성합니다.

```
If 조건1 Then
    If 조건2 Then
        ' [조건1]과 [조건2]가 True인 경우에 처리할 명령
    End If
End If
```

위와 같이 코드를 구성하면 비효율적인 것 같지만, [조건1]이 False면 [조건2]를 확인하지 않고 바로 코드가 종료되므로 And 연산자를 이용해 구성한 코드보다 처리 속도가 빠릅니다.

그러므로 여러 개의 조건을 And 연산자로 구성할 경우에는 If 문을 중첩하는 것이 더 효과적입니다. True가 적게 반환되는 조건을 [조건1]로, True가 많이 반환될 수 있는 조건을 [조건2]로 구성하는 것이 좋습니다.

Or 연산자

여러 개의 조건 중 하나라도 맞는 것이 있는지 확인하려면 Or 연산자를 사용합니다. Or 연산자를 사용하는 방법은 다음과 같습니다.

```
If 조건1 Or 조건2 Then
    ' [조건1]이나 [조건2]가 True인 경우에 처리할 명령
End If
```

Or 연산자는 And 연산자처럼 조건을 나눠 입력할 수 없으므로, 모든 조건을 확인한 후 명령을 실행합니다. 이 부분을 좀 더 빠르게 처리하려면 다음과 같이 변경할 수 있습니다.

```
If 조건1 + 조건2 Then
    ' [조건1]이나 [조건2]가 True인 경우에 처리할 명령
End If
```

[조건1]과 [조건2]의 결과를 덧셈 연산하면 −2, −1, 0 이렇게 세 개의 값이 반환됩니다. 이 중 0은 두 조건의 결과가 모두 False라는 것을 의미합니다. VBA에서 True는 −1, False는 0과 같습니다. 덧셈 연산의 모든 결과는 다음 표를 참고합니다.

조건1	조건2	덧셈 연산
True	True	−2
True	False	−1
False	True	−1
False	False	0

그러므로 [조건1]과 [조건2]를 덧셈 연산할 때 0이 아니면 조건 중 하나는 맞다고 판단할 수 있습니다. 다만 이 If 문에서는 덧셈 연산만 하고 0과 비교하지 않았는데, 기계적으로 0이면 False이고, 0이 아니면 True 로 처리하게 되어 있으므로 굳이 다음과 같이 비교하는 코드를 넣지 않은 것입니다.

```
If 조건1 + 조건2 <> 0 Then
```

Not 연산자

Not 연산자는 And, Or 연산자와는 달리 조건이 오른쪽에 하나만 사용되며, 해당 조건을 부정하는 역할을 합니다. 부정한다는 의미는 조건이 True면 False로 처리하고, 조건이 False인 경우에는 True로 처리한다는 것을 의미합니다. Not 연산자를 사용하는 방법은 다음과 같습니다.

```
If Not 조건 Then
    ' [조건]이 False인 경우에 처리할 명령
End If
```

Not 연산자는 [조건]이 False인 경우에만 If 문 내의 명령을 처리하므로 다음과 같이 [조건]이 False인 경우만 처리해야 하는 코드를 단순화할 때 주로 사용합니다.

```
If 조건 Then
Else
    ' [조건]이 False인 경우에 처리할 명령
End If
```

TIP 같다(=) 비교 연산자는 다르다(<>)는 부정 연산을 할 수 있기 때문에 굳이 Not 연산자를 사용할 이유를 찾기 어렵습니다. 하지만 VBA에서는 Is나 Like와 같은 비교 연산자가 추가로 제공되며, 이 연산자들은 따로 부정 연산자가 제공되지 않기 때문에 Not 연산자와 함께 사용하는 경우가 많습니다.

IIf 함수 활용 방법

예제 파일 PART 02 \ CHAPTER 06 \ IIf 함수.xlsm

IIf 함수의 구문

VBA 함수에도 워크시트 함수인 IF와 동일한 IIF함수가 제공됩니다. 함수 이름이 다른 것은, VBA에 IF문이 따로 제공되기 때문입니다.

IIf (❶ expr, ❷ truepart, ❸ falsepart)

❶ expr	논릿값이 반환되는 조건
❷ truepart	❶이 True일 때 반환할 값
❸ falsepart	❶이 False일 때 반환할 값

함수 구문에서 확인할 수 있는 것처럼 IIf 함수는 워크시트의 IF 함수와 완전히 동일합니다. 이 함수를 **SECTION 06-01**의 **If 문.xlsm** 예제에 적용하면 다음과 같은 코드로 변경할 수 있습니다.

```
Sub 품절처리()

    Dim r As Integer

    r = 6

    Range("G3").Value = IIf(Range("F3").Value = 0, "품절", "")
    Range("I" & r).Value = IIf(Range("F3").Value = 0, Range("C3").Value, "")
    r = r + 1

End Sub
```

IIf 함수를 사용할 때 유의할 점

IIf 함수는 워크시트 함수인 IF 함수와 동일하게 항상 두 번째, 세 번째 인수 부분을 검사하기 때문에 두 번째(또는 세 번째) 인수에서 문제가 나타나면 첫 번째 인수의 결과와 무관하게 에러가 발생합니다. 이 설명을 제대로 알아보기 위해 예제를 열어 아래 화면의 표를 확인합니다.

⟋	A	B	C	D	E	F	G	H
1								
2		총액	주문횟수	객단가			IIF 함수	
3		940,000	2					
4								

TIP [IIF 함수] 단추를 클릭하면 [D3] 셀에 객단가가 반환됩니다.

객단가는 총액을 주문횟수로 나눈 금액이므로, 객단가를 구하는 매크로 코드는 다음과 같습니다.

```
Sub 객단가()

    Range("D3").Value = Range("B3").Value / Range("C3").Value  ————————❶

End Sub
```

❶ [D3] 셀에는 [B3] 셀의 값을 [C3] 셀의 값으로 나눈 결과를 반환합니다.

만약 총액이 입력된 경우에만 객단가를 구하고자 한다면 다음과 같이 IIf 함수를 사용할 수 있습니다.

```
Sub 객단가()

    Range("D3").Value = IIf(Range("B3").Value >0,
                    _ Range("B3").Value / Range("C3").Value, "")  ————————❶

End Sub
```

❶ IIf 함수를 사용해 [B3] 셀의 값이 0보다 클 경우에만 계산된 결과를 반환하고 0보다 작을 경우에는 빈 문자("")를 반환합니다.

TIP 이 매크로는 예제에 포함되어 있으며 [IIF 함수] 단추에 연결되어 있습니다.

앞서 구성한 코드에는 문제가 없지만 IIf 함수의 세 번째 인수에 에러가 발생할 수 있는 코드를 다음과 같이 추가하면 [B3] 셀에 값이 입력된 경우에도 에러가 발생합니다.

```
Sub 객단가()

    Range("D3").Value = IIf(Range("B3").Value >0,
                           _ Range("B3").Value / Range("C3").Value, 1/0)  ─────────●

End Sub
```

TIP 예제의 매크로를 수정해 결과를 확인해보세요!

그러므로 간단한 작업을 처리할 때는 IIF 함수를 사용하더라도 가급적이면 If 문을 사용하는 코드를 구성하는 것이 더 좋습니다.

If 문에서 ElseIf 절
활용하는 방법

예제 파일 PART 02 \ CHAPTER 06 \ ElseIf 절.xlsm

ElseIf 절

한번에 여러 조건을 판단해야 하는 경우에는 And, Or 연산자만으로 충분하지만, 반환해야 할 값이 여러 개이거나 여러 상황에 맞는 코드를 실행해야 할 때는 If 문에 ElseIf 절의 문법을 추가해 사용합니다.

ElseIf 절은 IF 함수로 생각해보면 IF 함수의 중첩과 같은 상황이 발생할 때 사용할 수 있으며 ElseIf 절을 사용하는 If 문의 문법은 다음과 같습니다.

```
If 조건1 Then
    ' [조건1]이 True인 경우에 처리할 명령
ElseIf 조건2 Then
    ' [조건1]이 False이고, [조건2]가 True인 경우에 처리할 명령
Else
    ' [조건1]이 False이고, [조건2]가 False인 경우에 처리할 명령
End If
```

ElseIf 절은 If 문 내에서 여러 번 사용할 수 있지만 코드가 복잡해 보이기 때문에 두 번 이상 사용할 때는 If 문보다 뒤에서 설명할 Select Case 문을 이용하는 것이 훨씬 좋습니다.

ElseIf 절의 사용 예

ElseIf 절의 사용 예를 알아보기 위해 예제를 열어 다음 화면의 견적서를 확인합니다.

A	B	C	D	E	F	G	H	I	J	K	L	M	N	O	P	Q	R	S
1																		
2		**총 액**				**14,637,700**										Elself 절		
3		(공급가액 + 세액)																
4		번호	품명				수량	단가		할인	공급가액		세액					
5		1	컬러레이저복사기 XI-3200				5	1,176,000		0%	5,880,000		588,000					
6		2	잉크젯복합기 AP-3300				10	79,800		0%	798,000		79,800					
7		3	링제본기 ST-100				20	161,900		0%	3,238,000		323,800					
8		4	바코드 BCD-200 Plus				30	96,900		0%	2,907,000		290,700					
9		5	RF OA-200				10	48,400		0%	484,000		48,400					
10																		
11																		
12			계								13,307,000		1,330,700					
13																		

견적서에서 주문 수량에 따라 할인율을 차등 적용하려고 합니다. 할인율 조건은 다음과 같습니다.

조건	할인율
10개 미만	0%
10개~20개 미만	5%
20개~50개 미만	10%
50개 이상	15%

할인율을 자동으로 조정해주는 매크로는 다음과 같습니다.

```
Sub 할인율적용()

    If Range("H5").Value < 10 Then            ──── ❶
        Range("K5").Value = 0
    ElseIf Range("H5").Value < 20 Then        ──── ❷
        Range("K5").Value = 0.05
    ElseIf Range("H5").Value < 50 Then        ──── ❸
        Range("K5").Value = 0.1
    Else            ──── ❹
        Range("K5").Value = 0.15
    End If

End Sub
```

❶ If 문을 이용해 [H5] 셀의 값이 10 미만이면 [K5] 셀(할인율)에 0(0%)을 입력합니다.

❷ Elself 절을 이용해 [H5] 셀의 값이 20 미만(❶에서 10 미만을 처리했으므로 Elself 절에서는 무조건 10 이상의 값이 대상이 되므로, 이 조건은 10 이상 20 미만의 조건이 됩니다.)이면 [K5] 셀에 0.05(5%)를 입력합니다. 이번 조건은 And 연산자를 이용해 다음과 같이 구성할 수 있습니다.

```
ElseIf Range("H5").Value >= 10 And Range("H5").Value < 20 Then
```

TIP 원하는 조건에 따라 할인율이 차등 적용되도록 코드를 수정해보세요!

이 코드는 5행만 대상으로 하므로 복사한 후 9행까지 처리하도록 만들면 전체 할인율을 입력하는 매크로를 완성할 수 있습니다. 완성된 매크로를 테스트해보려면 예제 파일의 [ElseIf 절] 단추를 클릭합니다.

	번호	품명	수량	단가	할인	공급가액	세액
총 액 (공급가액 + 세액)			13,891,240				ElseIf 절
	1	컬러레이저복사기 XI-3200	5	1,176,000	0%	5,880,000	588,000
	2	잉크챗복합기 AP-3300	10	79,800	5%	758,100	75,810
	3	링제본기 ST-100	20	161,900	10%	2,914,200	291,420
	4	바코드 BCD-200 Plus	30	96,900	10%	2,616,300	261,630
	5	RF OA-200	10	48,400	5%	459,800	45,980
		계				12,628,400	1,262,840

원하는 조건에 맞게 할인율이 적용됐는지 확인합니다.

Switch 함수 활용 방법

예제 파일 PART 02 \ CHAPTER 06 \ Switch 함수.xlsm

Switch 함수의 구문

Switch 함수는 다양한 조건에 부합되는 결과를 반환할 때 사용하는 함수입니다. If 문을 IIf 함수로 대체할 수 있는 것처럼 ElseIf 절을 사용하는 If 문을 Switch 함수로 대체할 수 있습니다. Switch 함수의 구문은 다음과 같습니다.

Switch (❶ expr-1, ❷ value-1, expr-2, value-2, expr-3, value-3, ….)

❶ expr	논릿값을 반환하는 조건
❷ value	❶이 True일 때 반환할 값

참고로 Switch 함수 역시 IIf 함수처럼 인수로 전달된 모든 조건을 판단하므로 앞의 조건을 만족하더라도 뒤의 조건에서 문제가 있다면 에러가 발생합니다. 또한 Switch 함수는 ElseIf 절을 사용하는 If 문이나 뒤에서 배울 Select Case 문을 사용하는 것보다 간결하지만 If 문이나 Select Case 문을 사용하는 것보다는 처리 속도가 떨어집니다.

Switch 함수의 사용 예

Switch 함수를 **SECTION 06-04**의 **ElseIf 절.xlsm** 예제에 적용하면 다음과 같은 코드로 변경할 수 있습니다.

```
Sub 할인율입력()

    Range("K5").Value = Switch(Range("H5").Value < 10, 0, _ ───────── ❶
                        Range("H5").Value < 20, 0.05, _ ───────── ❷
                        Range("H5").Value < 50, 0.1, _ ───────── ❸
                        True, 0.15) ───────── ❹
End Sub
```

❶ [K5] 셀의 값에 Switch 함수의 반환값을 입력합니다.

　Switch 함수의 첫 번째 조건은 [H5] 셀(수량)의 값이 10 미만인 경우로, 이 경우에는 할인율이 0%입니다.

❷ Switch 함수의 두 번째 조건은 수량이 20 미만(❶에서 10개 미만이 빠졌으므로 10 이상 20 미만의 조건이 됩니다.)인 경우로 할인율 5%를 적용합니다.

❸ Switch 함수의 세 번째 조건은 수량이 50 미만(❷에서 20 미만이 빠졌으므로 20 이상 50 미만의 조건이 됩니다.)인 경우로 할인율 10%를 적용합니다.

❹ Switch 함수의 네 번째 조건은 True로 '앞의 모든 조건이 해당되지 않는다면'이라는 의미를 갖습니다. 여기에서는 정확하게 50개 이상인 경우를 의미합니다. 이 경우 15%를 적용합니다.

TIP 줄 연속 문자(_)

코드를 구성하다 보면 한 줄에 입력하기에 너무 긴 경우가 많은데, 이 경우 한 줄의 코드를 여러 줄에 나눠 입력할 수 있습니다. 코드를 입력하다 다음 줄에 계속해서 코드를 입력하고 싶으면 코드 마지막부분에서 Spacebar 를 눌러 한 칸 띄어쓰기한 후 줄 연속 문자(_)를 입력하고 Enter 를 눌러 다음 줄에 계속해서 코드를 입력합니다.

이렇게 수정된 매크로가 제대로 동작하는지 확인하려면 예제를 열고 [Switch 함수] 단추를 클릭합니다.
다음과 같은 결과를 확인할 수 있습니다.

번호	품명	수량	단가	할인	공급가액	세액	Switch 함수
	총 계 (공급가액 + 세액)		13,891,240				Switch 함수
1	컬러레이저복사기 XI-3200	5	1,176,000	0%	5,880,000	588,000	
2	잉크젯복합기 AP-3300	10	79,800	5%	758,100	75,810	
3	링제본기 ST-100	20	161,900	10%	2,914,200	291,420	
4	바코드 BCD-200 Plus	30	96,900	10%	2,616,300	261,630	
5	RF OA-200	10	48,400	5%	459,800	45,980	
	계				12,628,400	1,262,840	

TIP [Switch 함수] 단추에 연결된 매크로는 Alt + F11 을 누르고 Module1 개체의 코드 창에서 확인할 수 있습니다.

Select Case 문
구성 및 활용 방법

예제 파일 PART 02 \ CHAPTER 06 \ Select Case 문.xlsm

Select Case 문의 구문

If 문은 판단해야 할 조건이 늘어나면 ElseIf 절을 사용하지만, 조건이 많아질 경우 코드가 복잡해지고 관리가 어려워지는 단점이 있습니다. 이때는 Select Case 문을 사용하는 것이 좋습니다. Select Case 문은 If 문에 비하면 조건을 분기해 처리하는 방식이 효과적이기 때문에 ElseIf 절이나 Switch 함수를 대체하는 용도로 사용하면 좋습니다. Select Case 문의 구문은 다음과 같습니다.

```
Select Case 대상
    Case 값1
        ' [대상]의 값이 [값1]과 같을 때 실행할 코드
    Case 값2
        ' [대상]의 값이 [값2]와 같을 때 실행할 코드
    Case Else
        ' [대상]의 값이 [값1], [값2]가 아닐 때 실행할 코드
End Select
```

Select Case 문을 제대로 활용하려면 Case 절의 다양한 사용 방법을 숙지할 필요가 있습니다. 다음은 대상의 값이 특정 값 하나와 일치하는지 확인하고자 할 때 사용합니다.

```
Case 1 ─────────── ❶
Case "품절" ─────────── ❷
```

❶ Select Case 문의 [대상] 값이 1인 경우를 처리합니다.
❷ [대상] 값이 "품절"인 경우를 처리합니다.

여러 개의 값 중 하나인지 확인하려면 쉼표(,) 연산자를 이용해 다음과 같이 구성합니다.

```
Case 1, 2 ──────────── ❶
```

❶ [대상]의 값이 1 또는 2인 경우를 처리합니다. 이런 경우를 If 문으로 처리하려면 Or 연산자를 함께 사용해야 합니다.

```
If 대상 = 1 Or 대상 = 2 Then
```

일정 구간에 속한 값인지 확인하려면 To 키워드를 이용해 다음과 같이 구성합니다.

```
Case 1 To 10 ──────────── ❶
```

❶ [대상]의 값이 1부터 10 사이인 경우를 처리합니다. 이런 경우를 If 문으로 처리하려면 And 연산자를 함께 사용해야 합니다.

```
If 대상 >= 1 And 대상 <=10 Then
```

특정 조건과 비교하려면 비교 연산자와 Is 키워드를 이용해 다음과 같이 구성합니다.

```
Case Is > 5 ──────────── ❶
```

❶ [대상]의 값이 5보다 큰 경우를 처리하는데, Is 키워드를 사용하지 않고 Case > 5와 같이 입력해도 Is 키워드는 자동으로 입력됩니다.

여러 개의 조건을 쉼표(,) 연산자를 이용해 혼용하여 구성할 수도 있습니다.

```
Case 1 To 10, Is > 30 ──────────── ❶
```

❶ [대상]의 값이 1부터 10에 속할 때와 30을 초과하는 경우를 처리합니다. Case 절에서 쉼표(,) 연산자는 Or 조건과 동일합니다.

Select Case 문의 사용 예

SECTION 06-04의 **ElseIf 절.xlsm** 예제에서 할인율을 처리하는 코드를 Select Case문으로 구성하면 다음과 같습니다.

	A	B	C	D	E	F	G	H	I	J	K	L	M	N	O	P	Q	R	S
1																			
2			**총 액**					**14,637,700**									Select Case 문		
3			(공급가액 + 세액)																
4		번호		품명				수량	단가		할인	공급가액		세액					
5		1	컬러레이저복사기 XI-3200					5	1,176,000		0%	5,880,000		588,000					
6		2	잉크젯복합기 AP-3300					10	79,800			798,000		79,800					
7		3	링제본기 ST-100					20	161,900		0%	3,238,000		323,800					
8		4	바코드 BCD-200 Plus					30	96,900		0%	2,907,000		290,700					
9		5	RF OA-200					10	48,400		0%	484,000		48,400					
10																			
11																			
12				계								13,307,000		1,330,700					
13																			
14																			

```
Sub 할인율적용()

    Select Case Range("H5").Value ──────────── ❶
        Case Is < 10 ──────── ❷
            Range("K5").Value = 0
        Case Is < 20 ──────── ❸
            Range("K5").Value = 0.05
        Case Is < 50 ──────── ❹
            Range("K5").Value = 0.1
        Case Else ──────── ❺
            Range("K5").Value = 0.15
    End Select

End Sub
```

❶ Select Case 문으로 [H5] 셀의 값을 다양한 조건에 맞게 분기 처리합니다.

❷ [H5] 셀의 값이 10 미만이면 할인율은 0%를 입력합니다.

❸ [H5] 셀의 값이 20 미만이면 할인율은 5%를 입력합니다. Case 절을 다음과 같이 구성할 수 있습니다.

```
Case 10 To 19
```

❹ [H5] 셀의 값이 50 미만이면 할인율은 10%로 입력합니다. Case 절을 다음과 같이 구성할 수 있습니다.

```
Case 20 To 49
```

❺ 위의 Case 절의 모든 조건에 해당하지 않는 상황(50 이상)에서 할인율은 15%를 입력합니다.

Select Case 문을 사용하면 코드는 이해하기 쉽지만, 전체 코드 줄이 늘어난다는 단점이 있습니다. 줄 구분 문자(:)를 사용해 다음과 같이 코드를 구성할 수 있습니다.

```
Sub 할인율적용()

    Select Case Range("H5").Value
        Case Is < 10: Range("K5").Value = 0          ──────────── ❶
        Case Is < 20: Range("K5").Value = 0.05
        Case 20 To 49: Range("K5").Value = 0.1
        Case Else: Range("K5").Value = 0.15
    End Select

End Sub
```

❶ 여러 줄의 코드를 한 줄에 입력하려면 첫 번째 줄의 코드 뒤에 콜론(:)을 입력하고, 한 칸 띄어쓰기한 후 계속해서 다음 줄의 코드를 작성할 수 있습니다. 콜론(:)을 줄 구분 문자라고 하며 여러 줄의 짧은 코드를 한 줄에 입력할 때 사용합니다.

TIP 이 설명을 참고해 첨부된 예제 파일의 코드를 수정해보세요!

If 문에서 Like 비교 연산자 활용 방법

예제 파일 없음

Like 연산자

셀에서 수식을 사용할 때 사용할 수 있는 비교 연산자는 =, < >, >, >=, <, <=밖에 없지만, VBA에서는 Like, Is와 같은 비교 연산자를 추가로 제공합니다. 특히 Like 연산자는 대상의 값이 특정 패턴에 해당하는지를 판단할 수 있어 잘 이해할 수 있다면 If 문을 더 효율적으로 활용할 수 있습니다. Like 연산자를 사용하는 방법은 다음과 같습니다.

```
If 대상 Like 패턴 Then
```

와일드카드 문자(?, *)를 활용하는 패턴

Like 연산자는 와일드카드 문자를 사용할 수 있습니다. 와일드카드 문자는 다음과 같습니다.

와일드카드 문자	설명
?	패턴 내 물음표(?)는 어떤 문자이든 하나의 문자를 대체할 수 있습니다.
*	패턴 내 별표(*)는 어떤 문자이든 자릿수와 상관없이 대체할 수 있습니다.

만약 특정 코드가 S로 시작하고 P로 끝나는데, 전체 자릿수가 세 자리이고, 가운데 문자가 기억나지 않는다면 다음과 같은 코드를 사용할 수 있습니다.

```
If 코드 Like "S?P" Then ──────────── ❶
```

❶ Like 연산자를 사용해 "S?P"와 같은 패턴을 비교하면 ?는 어떤 문자이든 하나의 문자를 대체할 수 있으므로 S로 시작해서 P로 끝나는 세 자리 문자열은 모두 True가 됩니다. 이것을 기존 연산자로 비교하면 다음과 같은 코드를 사용해야 합니다.

```
If Left(코드, 1) = "S" And Right(코드, 1) = "P" And Len(코드) = 3 Then
```

만약 특정 문자로 시작하는 코드라면 다음과 같은 코드를 사용할 수 있습니다.

```
If 코드 Like "S*" Then ────────── ❶
```

❶ S로 시작하는 코드인지 비교하여 조건에 맞는 경우 True가 반환됩니다.

숫자(#) 패턴

숫자 패턴을 비교해야 하는 경우에는 샤프(#) 기호를 사용할 수 있습니다. 참고로 샤프(#)는 한 개의 숫자와 매칭할 수 있습니다. 예를 들어 핸드폰 번호가 맞는지 확인하려면 다음과 같은 코드를 사용할 수 있습니다.

```
If 전화번호 Like "010-####-####" Then ────────── ❶
```

❶ [전화번호]가 010으로 시작하며, 네 자리 국번과 네 자리 연결 번호를 갖고 있는지 판단해 조건에 맞으면 True가 반환됩니다. 010-1234-5678과 같은 번호라면 True가 반환됩니다. 하지만 010-123-4567이나 02-1234-5678과 같은 번호는 모두 False가 반환됩니다.

숫자와 관련한 여러 코드도 다음과 같은 패턴으로 비교할 수 있습니다.

- 사업자등록번호

```
If 사업자등록코드 Like "###-##-#####" Then
```

- 주민등록번호

```
If 주민등록번호 Like "######-#######" Then
```


연속 문자 패턴

Like 연산자는 대괄호([ ])를 이용해 연속된 문자를 보다 쉽게 매칭할 수 있습니다. 예를 들어 S로 시작하고 P로 끝나는데, 가운데 문자가 A, B, C 중 하나가 될 수 있다면 다음과 같은 비교 작업을 할 수 있습니다.

```
If 코드 Like "S[ABC]P" Then ────────── ❶
```

❶ [코드] 값 SAP, SBP, SCP는 모두 True로, 이외에는 False가 반환됩니다. 이렇게 영문자가 연속될 경우에는 가운데 하이픈(-)을 사용해 시작 문자와 끝 문자만 지정할 수 있습니다.

```
If 코드 Like "S[A-C]P" Then
```

영어 문자를 비교할 때는 소문자와 대문자가 다르게 처리된다는 점을 주의합니다. 즉, 예시 코드는 영어 대문자에만 유효하며 SaP, SbP와 같은 소문자가 입력된 패턴에는 False가 반환됩니다. 문자가 영어인지 여부만 판단하려면 다음과 같은 코드를 사용할 수 있습니다.

```
If 문자 Like "[A-Z]" Then          ─────────── ❶
```

❶ [문자]가 A부터 Z 사이의 문자인지 확인합니다. 이런 패턴은 몇 가지 변형이 가능합니다. 예를 들어 첫 번째 문자는 A부터 C까지이고, 두 번째 문자는 C부터 Z까지 나올 수 있는 문자열 패턴과 비교하려면 다음과 같은 코드를 사용할 수 있습니다.

```
If 문자열 Like "[A-CC-Z]" Then
```

연속 문자 패턴은 영어뿐만 아니라 한글이나 숫자에도 적용할 수 있습니다. 예를 들어 특정 문자가 한글인지 여부를 판단하고 싶은 경우에는 다음 코드를 사용합니다.

```
If 문자 Like "[가-힣]" Then          ─────────── ❶
```

❶ 모든 한글 문자는 글꼴에 등록되어 있으며, 시작 문자는 항상 "가"로 시작해서 마지막 문자는 "힣"으로 끝납니다. 그러므로 그 사이의 문자는 한글이라고 볼 수 있습니다.

숫자라면 다음 코드를 사용할 수 있습니다.

```
If 숫자 Like "[0-9]" Then          ─────────── ❶
```

❶ 모든 숫자는 0에서 9사이의 문자를 사용하므로, 이와 같이 코드를 작성하면 숫자인지 여부를 판정할 수 있습니다. 다만 숫자(#) 패턴을 비교하는 코드가 따로 제공되므로, 이 코드는 다음 코드와 동일합니다.

```
If 숫자 Like "#" Then
```

그러므로 [0-9]보다는 [0-5]와 같이 특정 범위 안에 있는 숫자와 매칭할 때 사용합니다.

Like 연산자의 부정

비교 연산자에는 다르다(< >) 연산자가 제공되지만, Like 연산자는 별도의 부정 연산자가 제공되지 않으므로 패턴과 매칭되지 않는 경우를 처리할 때는 Not 연산자와 함께 사용해야 합니다. 앞서 사용된 코드 중 전화번호가 특정 숫자 조합에 해당하지 않는 경우를 처리하려면 다음과 같이 코드를 구성합니다.

```
If Not 전화번호 Like "010-####-####" Then ————————————————— ❶
```

❶ [전화번호]가 010으로 시작하고 국번과 상세 번호가 네 자리로 구성되지 않은 경우에 True가 반환됩니다.

대괄호 안에 느낌표(!)를 사용하면 대괄호 안에 포함되지 않는 문자를 대상으로 매칭합니다. 즉, 코드 값이 A, B, C로 시작하지 않는 경우를 처리하려면 다음과 같이 코드를 구성합니다.

```
If 코드 Like "[!A-C]*" Then ————————————————— ❶
```

❶ 코드가 A, B, C로 시작하지 않는 모든 경우에만 True가 반환됩니다.

순환문

순환문은 특정 명령을 반복해서 실행하려고 할 때 사용하는 구문으로 반복문이라고도 합니다. 순환문은 반복 실행할 횟수를 지정해주거나 특정 조건을 판단해 반복하도록 구성하는 등의 방법으로 사용할 수 있습니다. VBA에서는 지정한 횟수만큼 반복 실행하고자 할 때 사용하는 For… Next 문, 지정한 조건을 판단해 반복 실행하고자 할 때 사용하는 Do… Loop 문, 컬렉션의 개체를 순환하거나 배열의 요소를 순환하면서 작업하고자 할 때 사용하는 For Each… Next 문 등 세 가지 순환문이 있습니다.

For⋯ Next 문
구성 및 활용 방법

예제 파일 PART 02 \ CHAPTER 07 \ For⋯ Next 문.xlsm

For⋯ Next 문

프로시저 내에서 특정 코드가 n번 반복해서 실행되도록 하려면 For⋯ Next 순환문을 사용합니다. For⋯ Next 문의 구문은 다음과 같습니다.

```
Dim 카운터 As 데이터 형식 ──────── ❶

For 카운터 = 시작번호 To 끝번호 ──────── ❷

    ' 실행 명령 ──────── ❸

Next 카운터 ──────── ❹
```

❶ [카운터] 변수는 For⋯ Next 순환문에서 반복 횟수를 지정하기 위해 사용하는 변수로, [데이터 형식]은 반드시 정수 형식(Byte, Integer, Long)이어야 합니다. [카운터] 변수명으로는 보통 소문자 i를 가장 많이 사용합니다.

❷ For 문 옆의 [카운터] 변수에 [시작번호]와 [끝번호]를 To 키워드를 사용해 연결합니다. 100번을 반복하려면 [시작번호]는 1, [끝번호]는 100이 됩니다.

❸ 반복할 코드를 순서대로 입력합니다. 만약 지정된 횟수를 채우지 않고 중간에 순환문을 빠져나가려면 Exit For 문을 사용합니다.

❹ Next 문은 [카운터] 변숫값을 1씩 증가시킵니다. 참고로 Next 다음의 [카운터] 변수는 생략해도 됩니다.

For⋯ Next 문의 사용 예

예제를 열면 화면과 같은 표를 확인할 수 있습니다. 이 예제는 **SECTION 06-01**의 예제와 동일하므로 해당 예제를 먼저 진행해보아야 다음 내용을 더 잘 이해할 수 있습니다.

	A	B	C	D	E	F	G	H	I	J
1										
2		품번	품명	공급업체	단가	재고량	품절여부		품절	
3		1	오피스 Z-05C	SPC ㈜	111,200	43				
4		2	컬러레이저복사기 XI-4400	선우테크 ㈜	1,767,000	8				
5		3	무한레이저복합기 L800C	가양무역 ㈜	568,800	12			품절 제품	
6		4	잉크젯팩시밀리 FX-2000	가양무역 ㈜	80,600	-				
7		5	바코드 BCD-200 Plus	경남교역 ㈜	91,000	2				
8		6	무한잉크젯복합기 AP-5500W	대양무역 ㈜	169,000	34				
9		7	레이저복합기 L350	대양무역 ㈜	244,200	20				
10		8	지문인식 FPIN-2000F	상진통상 ㈜	145,400	-				
11		9	복사지A4 5000매	상진통상 ㈜	29,400	52				
12		10	링제본기 ST-100	고려텍 ㈜	140,600	43				
13										

G열에 재고량이 0인 제품의 품절 여부를 표시하고, 품절된 제품명을 I열에 정리하는 코드를 For… Next 문을 이용해 구성하면 다음과 같이 매크로를 구성할 수 있습니다.

```
Sub 품절처리()

' 1단계 : 변수를 선언합니다.
    Dim i As Integer              ─────────── ❶
    Dim r As Integer

' 2단계 : 변수에 데이터를 저장할 첫 번째 행 값을 저장합니다.
    r = 6

' 3단계 : 3행부터 12행까지 순환하면서 F열의 값이 0일 때만 품철 처리와 값 복사 작업을 진행합니다.
    For i = 3 To 12              ─────────── ❷

        If Range("F" & i).Value = 0 Then        ─────────── ❸
            Range("G" & i).Value = "품절"        ─────────── ❹
            Range("I" & r).Value = Range("C" & i).Value        ─────────── ❺
            r = r + 1
        End If

    Next i

End Sub
```

❶ 순환문에서 [카운터] 변수로 활용할 Integer 형식의 [i] 변수를 선언합니다.

❷ For… Next 문에서 [i] 변숫값을 3부터 12까지 1씩 증가시키면서 순환합니다. 이렇게 하면 총 10회 반복해 실행하게 되는데, 3부터 시작하므로 몇 번 반복하는지 쉽게 계산되지 않을 수 있습니다. 사실 일반적인 경우에는 1부터 1씩 증가하는 다음과 같은 패턴을 많이 사용합니다.

```
For i = 1 To 10
```

다만 이번 예제에서는 [i] 변수로 반복 진행하는 횟수가 예제의 데이터 개수와 일치하므로 순환문 내에서 [i] 변수를 이용해 처리할 대상의 셀 주소를 완성하기 위한 용도로 사용하기 위해 1이 아니라 첫 번째 데이터의 행 번호인 3부터 시작하도록 구성했습니다.

❸ 처음 매크로를 개발할 때는 Range("F3")과 같이 첫 번째 작업 대상 셀을 정확하게 지정했지만, 수식이 복사될 때처럼 셀 주소가 자동으로 변경되도록 하기 위해 [i] 변수를 사용합니다. Range("F3")의 행 주소인 3이 순환할 때마다 1씩 증가되어야 하므로 **Range("F" & i)** 와 같이 변경합니다.

❹ ❸과 동일하므로 Range("G3") 역시 **Range("G" & i)**로 변경합니다.

❺ ❸-❹와 마찬가지로 Range("C3") 역시 **Range("C" & i)**로 변경합니다.

이렇게 완성된 매크로는 **SECTION 06-01** 예제와 비교했을 때 매우 효율적인 코드처럼 보입니다. 하지만 코드를 복사-붙여 넣었던 작업을 For… Next 문으로 변경해놓은 것에 불과하며, 개발자는 더 편하게 코드를 입력할 수 있어 편리하지만, 코드의 동작이 효율적으로 개선된 것은 아닙니다.

Step 키워드 활용 방법

예제 파일 PART 02 \ CHAPTER 07 \ Step 키워드.xlsm

Step 키워드

For… Next 순환문은 [카운터] 변수의 값을 1씩 증가시키면서 코드를 반복 실행하는데 1씩 증가되는 이유는 다음과 같은 부분이 생략되었기 때문입니다.

```
For i =1 To 10 Step 1
```

즉, Step 키워드 부분이 생략되면 1씩 증가하는 방식으로 순환문이 동작하고, Step 키워드를 이용하면 증분값을 2나 −1처럼 다르게 설정할 수 있습니다. Step 키워드를 이용한 For… Next 구문은 다음과 같습니다.

```
Dim 카운터 As 데이터 형식

For 카운터 = 시작번호 To 끝번호 Step 간격          ──────── ❶

   ' 실행 명령

Next 카운터
```

❶ 간격은 [카운터] 변수의 값을 증가 또는 감소시킬 증분값을 의미합니다. 예를 들어 다음은 [i] 변수를 2씩 증가시켜 1, 3, 5, …과 같이 증가합니다.

```
For i = 1 To 10 Step 2
```

Step 키워드의 값을 음수로 지정하면 값을 감소시킬 수 있습니다. 예를 들어 다음은 10, 9, 8, …과 같이 감소합니다.

```
For i = 10 To 1 Step −1
```

Step 키워드의 사용 예

예제를 열면 다음과 같은 표를 확인할 수 있습니다. [집계] 단추를 클릭하면 각 연도의 매출이 [I4:J4] 범위에 집계됩니다.

	A	B	C	D	E	F	G	H	I	J	K
1											
2		모델번호	구분	전년	금년		집계		매출		
3		MSS01A	판매수량	2,414	3,501				전년	금년	
4			매출	54,000	111,000						
5		MSS02B	판매수량	3,030	4,483						
6			매출	66,000	120,000						
7		MSS03A	판매수량	1,704	1,823						
8			매출	34,000	40,000						
9		MSS04B	판매수량	2,356	3,419						
10			매출	48,000	76,000						
11		MSS05A	판매수량	1,336	1,700						
12			매출	28,000	40,000						
13		MSS06B	판매수량	1,655	2,905						
14			매출	47,000	77,000						
15		MSS07C	판매수량	1,011	1,659						
16			매출	17,000	61,000						
17											

TIP 코드를 살펴보려면 Alt + F11 을 누르고 프로젝트 탐색기 창에서 Module1 개체의 코드 창을 확인합니다.

[집계] 단추에 연결된 매크로는 다음과 같은 코드로 구성되어 있습니다.

```
Sub 실적집계()

' 1단계 : 변수를 선언합니다.
    Dim i As Integer ───────── ①
    Dim 전년합계 As Long ───────── ②
    Dim 금년합계 As Long ───────── ③

' 2단계 : 4행부터 16행까지 2칸 간격으로 순환하면서 필요한 값을 합칩니다.
    For i = 4 To 16 Step 2 ───────── ④

        전년합계 = 전년합계 + Range("D" & i).Value ───────── ⑤
        금년합계 = 금년합계 + Range("E" & i).Value ───────── ⑥

    Next i

' 3단계 : 집계된 변숫값을 원하는 위치에 입력합니다.
    Range("I4").Value = 전년합계 ───────── ⑦
    Range("J4").Value = 금년합계 ───────── ⑧

End Sub
```

① Integer 형식의 [i] 변수를 선언합니다.

❷ Long 형식의 [전년합계] 변수를 선언합니다.
❸ Long 형식의 [금년합계] 변수를 선언합니다.
❹ For… Next 문을 이용해 [i] 변수가 4에서 2씩 증가(4, 6, 8, 10, …)되어 최대 16이 될 때까지 순환합니다.
❺ [전년합계] 변수에 Range("D" & i) 셀 값을 더해 [전년합계] 변수에 입력합니다. 이렇게 하면 [D4], [D6], …, [D16] 셀 값이 [전년합계] 변수에 누적 합산됩니다. VBA에서는 합계나 개수를 구하는 방법으로 이런 계산 방법을 사용합니다.
❻ [전년합계] 변수와 동일한 방법으로 [금년합계] 변수에 Range("E" & i) 셀 값을 누적 합산합니다.
❼ [I4] 셀에 [전년합계] 변숫값을 입력합니다.
❽ [J4] 셀에 [금년합계] 변숫값을 입력합니다.

참고로 [전년합계], [금년합계] 변수를 하나만 사용하려면 [합계] 배열변수를 선언해 다음과 같이 코드를 구성할 수 있습니다.

```
Sub 실적집계()

    Dim i As Integer
    Dim 합계(1) As Long          ❶

    For i = 4 To 16 Step 2

        합계(0) = 합계(0) + Range("D" & i).Value          ❷
        합계(1) = 합계(1) + Range("E" & i).Value

    Next i

    Range("I4:J4").Value = 합계          ❸

End Sub
```

❶ Long 형식의 [합계] 배열변수를 선언합니다. 괄호 안의 인덱스가 1이므로, 0과 첫 번째 위치에 각각 값을 저장할 수 있습니다.
❷ [합계] 배열변수의 0번 위치에 D열의 값을 누적해 합산하고, 1번 위치에 E열의 값을 누적해 합산합니다.
❸ [I4:J4] 범위(1×2 행렬)에 [합계] 배열변숫값을 저장합니다.

LINK 배열변수는 **SECTION 05-07**에 자세하게 설명되어 있으므로, 이 코드가 잘 이해되지 않으면 해당 부분을 다시 참고해주세요!

거꾸로(반대로) 순환하는 순환문 구성 사례

예제 파일 PART 02 \ CHAPTER 07 \ Step 키워드-삭제.xlsm

위에서 아래 방향으로 순환

예제를 열면 [sample1] 시트에서 아래 화면과 같은 표를 확인할 수 있습니다.

품번	품명	단가	재고	단종여부	단종 삭제 (위->아래)
1	잉크젯복합기 AP-3300	84,000	15		
2	레이저복합기 L200	145,000	16		
3	무한레이저복합기 L500C	324,000	5		
4	레이저복합기 L800	445,000	15		
5	흑백레이저복사기 TLE-5000	543,500	-	단종	
6	흑백레이저복사기 TLE-8100C	720,000	22		
7	컬러레이저복사기 XI-3200	1,200,000	5		
8	문서세단기 SCUT-1000	439,000	12		
9	잉크젯팩시밀리 FX-1050	51,000	-	단종	
10	잉크젯팩시밀리 FX-2000+	85,000	-	단종	
11	와이어제본기 WC-5100	83,000	20		
12	열제본기 TB-8200	152,000	14		
13	도트 TIC-7A	3,800	11		
14	RF OA-300	52,000	-	단종	
15	지문인식 FPIN-1000+	125,000	14		

TIP [sample1]과 [sample2] 시트에는 동일한 표가 존재합니다.

위 표에서 단종된 제품의 행을 삭제하는 매크로를 개발한다고 가정합니다. 이 작업을 순환문으로 처리할 때 주의할 사항은 워크시트에서 셀을 삭제하거나 삽입하면 셀 위치가 변경된다는 점입니다. 예를 들어 5행을 삭제하면 기존 6행은 5행이 됩니다. 반대로 5행에서 삽입하면 기존 6행은 7행이 됩니다. 그러므로 행을 삭제하거나 삽입하는 매크로를 순환문으로 개발하려면 위에서 아래 방향으로 순환해서는 안 됩니다.

매크로가 위에서 아래 방향으로 순환하면 안 되는 이유를 알아보기 위해 [sample1] 시트의 [단종 삭제] 단추에 연결된 매크로를 실행합니다. 화면과 같이 단종 제품이 삭제되었으나 품번이 10번인 제품은 삭제되지 않습니다. 품번 9번, 10번 제품이 모두 단종이므로, 9번 제품이 삭제되면 10번 제품 행이 위로 올라와서 순환문 내에서 해당 제품을 체크하지 않기 때문입니다.

◢	A	B	C	D	E	F	G	H	I	J
1										
2		품번	품명	단가	재고	단종여부			단종 삭제 (위->아래)	
3		1	잉크젯복합기 AP-3300	84,000	15					
4		2	레이저복합기 L200	145,000	16					
5		3	무한레이저복합기 L500C	324,000	5					
6		4	레이저복합기 L800	445,000	15					
7		6	흑백레이저복사기 TLE-8100C	720,000	22					
8		7	컬러레이저복사기 XI-3200	1,200,000	5					
9		8	문서세단기 SCUT-1000	439,000	12					
10		10	잉크젯팩시밀리 FX-2000+	85,000	-	단종				
11		11	와이어제본기 WC-5100	83,000	20					
12		12	열제본기 TB-8200	152,000	14					
13		13	도트 TIC-7A	3,800	11					
14		15	지문인식 FPIN-1000+	125,000	14					
15										

[단종 삭제] 단추에 연결된 매크로 코드는 다음과 같습니다.

```
Sub 단종삭제_위아래()

' 1단계 : 변수를 선언합니다.
  Dim i As Integer          ————————————— ❶

' 2단계 : 3행부터 17행까지 순환하면서 F열에 단종 값이 입력된 경우 행을 삭제합니다.
  For i = 3 To 17          ————————————— ❷

      If Range("F" & i).Value = "단종" Then          ————————— ❸

          Rows(i).Delete          ————————————— ❹

      End If

  Next i

End Sub
```

❶ Integer 형식의 [i] 변수를 선언합니다.

❷ 순환문 내에서 [i] 변수의 값을 3(행)에서 17(행)까지 1씩 증가시킵니다.

❸ If 문을 사용해 Range("F" & i) 셀 값이 "단종"인지 확인합니다.

❹ 단종인 경우 [i] 변수에 저장된 번호의 행을 Delete 메서드를 이용해 삭제합니다. Rows는 Worksheet 개체의 속성으로 행 범위를 의미하는 Range 개체를 반환합니다. 그러므로 Rows(i)는 현재 시트의 [i] 변수 위치 행 범위를 의미합니다.

TIP 이 코드는 예제에서 [Alt]+[F11]을 눌러 프로젝트 탐색기 창을 불러온 후 Module1 개체 코드 창의 [단종삭제_위아래] 매크로에서 확인할 수 있습니다.

아래에서 위 방향으로 순환

순환문 내에서 삭제나 삽입과 같이 셀 위치가 변경될 수 있는 코드를 사용한다면 순환문을 반대 방향(아래에서 위 방향, 오른쪽에서 왼쪽 방향)으로 순환시켜야 합니다. 수정된 매크로 코드는 다음과 같습니다.

```
Sub 단종삭제_아래위()

    Dim i As Integer

    ' 17행부터 3행까지 순환하면서 F열에 단종 값이 입력된 경우 행을 삭제합니다.
    For i = 17 To 3 Step -1 ————————— ❶

        If Range("F" & i).Value = "단종" Then

            Rows(i).Delete

        End If

    Next i

End Sub
```

❶ 순환문 내에서 [i] 변수의 값을 17(행)에서 3(행)까지 1씩 감소시킵니다. 순환문의 조건만 바꾸면 아래(17행)에서 위(3행)까지 거꾸로 순환하기 때문에 행을 삭제해도 아래쪽 행이 올라와 작업에 문제가 생기지 않습니다.

이 매크로의 실행 결과를 확인하려면 [sample2] 시트에서 [단종 삭제] 단추를 클릭해봅니다. 모든 단종 제품이 제대로 삭제되는 것을 확인할 수 있습니다.

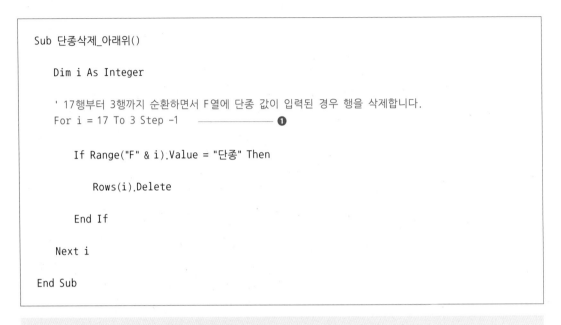

TIP 이 코드는 Module1 개체 코드 창의 [단종삭제_아래위] 매크로에서 확인합니다.

이렇게 행을 삭제(또는 삽입)하는 동작을 순환문으로 구성할 때는 셀 위치가 달라질 수 있으므로, 달라진 위치에 상관없이 코드가 실행될 수 있도록 아래에서 위 방향으로 순환하도록 해야 합니다. 참고로 열을 삭제(또는 삽입)하는 동작을 처리하려면 오른쪽에서 왼쪽 방향으로 순환하도록 합니다.

For… Next 문을 중첩하는 순환문 구성 사례

예제 파일 PART 02 \ CHAPTER 07 \ 중첩 For… Next 문.xlsm

2차원 행렬 범위 순환(행 먼저)

워크시트는 2차원 행렬의 행과 열 방향으로 데이터를 누적할 수 있습니다. 따라서 두 방향으로 누적된 데이터를 순환하면서 작업해야 하는 경우가 많습니다. 이때는 For… Next 문을 사용합니다. For… Next 문은 한 번에 하나의 [카운터] 변수만 사용할 수 있으므로, 열 주소와 행 주소를 모두 변경하려면 순환문을 중첩해 사용합니다.

다음과 같은 5×4 행렬 범위를 순환한다고 가정합니다.

A1	B1	C1	D1
A2	B2	C2	D2
		…	…
		…	…
A5	B5	C5	D5

이 표를 순환하는 For… Next 순환문의 구조는 다음과 같습니다.

```
Dim c As Integer ──────────── ❶
Dim r As Integer ──────────── ❷

For c = 1 To 4 ──────────── ❸

    For r = 1 To 5 ──────────── ❹

        Cells(r, c) ──────────── ❺

    Next r

Next c
```

❶ 열 주소 부분을 담당할 Integer 형식의 [c] 변수를 선언합니다. 엑셀의 열 주소는 A, B, C, …과 같이 영문 주소이지만, For… Next 순환문은 숫자만 증가(또는 감소)시킬 수 있습니다. 그렇기 때문에 [c] 변수를 정수 형식인 Integer 형식으로 선언한 것입니다.

❷ 행 주소 부분을 담당할 Integer 형식의 [r] 변수를 선언합니다.

❸ [c] 변수를 1에서 4까지 증가되도록 For… Next 순환문을 사용합니다. [c] 변수는 참조할 셀의 열 주소로 활용하는데, 순환할 열의 번호를 확인하려면 직접 실행 창에 다음 코드를 입력합니다.

```
? Range("Z1").Column
```

❹ [r] 변수가 1에서 5까지 증가하도록 For… Next 순환문을 사용합니다. 이번 순환문은 [c] 변수를 사용해 순환하는 For… Next 순환문 내에 있으므로, [c] 변수가 1일 때 [r] 변수는 1에서 5까지 순차적으로 증가합니다.

❺ Cells 속성에 [r], [c] 변수에 저장된 값을 전달해 다음 위치의 셀을 참조합니다.

r	c	Cells	셀 주소
1	1	Cells(1, 1)	A1
2	1	Cells(2, 1)	A2
3	1	Cells(3, 1)	A3
4	1	Cells(4, 1)	A4
5	1	Cells(5, 1)	A5
1	2	Cells(1, 2)	B1
2	2	Cells(2, 2)	B2
…	…	…	…
…	…	…	…
5	4	Cells(5, 4)	D5

TIP Cells 속성

Range 개체는 셀 주소만 사용해 셀(또는 범위)을 특정할 수 있습니다. 따라서 순환문 내에서 열의 위치를 변경하는 것은 어렵습니다. Worksheet 개체에서 제공하는 Cells 속성의 인수는 행, 열 주소를 숫자로 받아 지정된 위치의 Range 개체를 반환합니다.

즉, Cells(1, 1)은 Range("A1")과 같으며, 이런 특성 때문에 For… Next 순환문 내에서 Range 개체보다 더 자주 사용됩니다. Cells 속성에 관한 설명은 **SECTION 11-02**에 더 자세하게 설명되어 있으니 해당 부분을 추가로 확인합니다.

2차원 행렬 범위 순환(열 먼저)

2차원 행렬 범위를 다음과 같이 열 방향으로 순환해야 할 때도 For… Next 문을 중첩해야 합니다.

A1	B1	C1	D1
A2	B2	C2	D2
…	…	…	…
…	…	…	…
A5	B5	C5	D5

다만 행을 먼저 순환시키고 그 안에서 열을 순환시키는 방법을 사용해야 합니다. 다음 코드를 참고합니다.

```
Dim r As Integer
Dim c As Integer

For r = 1 To 5          ──────── ❶

    For c = 1 To 4      ──────── ❷

        Cells(r, c)     ──────── ❸

    Next c

Next r
```

❶ [r] 변수가 1에서 5까지 증가하도록 For… Next 순환문을 사용합니다.

❷ [c] 변수가 1(A열)에서 4(D열)까지 증가하도록 For… Next 순환문을 사용합니다. 이번 순환문은 [r] 변수를 사용해 순환하는 For… Next 순환문 내에 있으므로, [r] 변수가 1일 때 [c] 변수는 1에서 4까지 순차적으로 증가합니다.

❸ Cells 속성의 [r], [c] 변수 위치에 있는 셀을 참조합니다.

r	c	Cells	셀 주소
1	1	Cells(1, 1)	A1
1	2	Cells(1, 2)	B1
1	3	Cells(1, 3)	C1
1	4	Cells(1, 4)	D1
2	1	Cells(2, 1)	A2
2	2	Cells(2, 2)	B2
2	3	Cells(2, 3)	C2
…	…	…	…
…	…	…	…
5	4	Cells(5, 4)	D5

표 변환

표 범위를 순환하면서 동작하는 실제 매크로 사례를 예제를 통해 알아보겠습니다. 예제를 열어 다음과 같은 표를 확인합니다.

	A	B	C	D	E	F	G	H	I	J	K	L	M	N
1														
2		제품		택배 시간					표 변환		제품		발송시간	수량
3			9:00	11:00	15:00	17:00								
4		레이저복합기 L350		2	2									
5		컬러레이저복사기 XI-4400	4		1	1								
6		지문인식 FPIN-2000F		3										
7		잉크젯복합기 AP-3200	2		5	1								
8		컬러레이저복사기 XI-2000			1									
9														

예제의 왼쪽 표에서 지정된 택배 시간에 발송된 제품 내역을 오른쪽 표와 같이 세 개의 열을 갖는 테이블 구조로 변경하려고 합니다. 이때는 수량이 입력된 제품만 대상으로 하기 때문에 [C4:F8] 범위가 순환할 대상 범위가 됩니다.

표를 변환하려면 다음과 같은 매크로 코드가 필요합니다.

```
Sub 표변환()

' 1단계 : 변수를 선언하고, 변수의 초깃값을 설정합니다.
    Dim r As Integer ————————————①
    Dim c As Integer
    Dim 기록행 As Integer ————————②

    기록행 = 3

' 2단계 : 행과 열을 순환하면서 수량이 존재하는 경우 오른쪽 표에 기록합니다.
    For c = 3 To 6 ————————————③

        For r = 4 To 8 ————————————④

            If Cells(r, c).Value > 0 Then ————————⑤

                Cells(기록행, "K").Value = Cells(r, "B").Value ————————⑥

                With Cells(기록행, "L") ————————⑦
                    .Value = Cells(3, c).Value
                    .NumberFormat = "h:mm"
                End With

                Cells(기록행, "M").Value = Cells(r, c).Value ————————⑧

                기록행 = 기록행 + 1 ————————⑨

            End If

        Next r

    Next c

End Sub
```

① For… Next 순환문에서 사용할 Integer 형식의 [r], [c] 변수를 각각 선언합니다.

② Integer 형식의 [기록행] 변수를 선언하고 첫 번째 행 번호인 3을 저장합니다. 이 변수는 오른쪽 표에 데이터를 쓸 행 번호를 저장할 목적으로 사용됩니다.

③ For… Next 순환문을 사용해 [c] 변수를 3(C열)부터 6(F열)까지 순환합니다. 예제의 표는 제품이 택배 시간에 맞춰 발송된 내용을 기록한 표입니다. 제품순으로 나열되는 것보다는 시간순으로 나열되는 것이 중요하므로, 행 방향(세로 방향)으로 표를 읽어 들일 필요가 있습니다.

④ For… Next 순환문을 중첩해 [r] 변수를 4(4행)부터 8(8행)까지 순환합니다. [r] 변수를 중첩했으므로 [C4], [C5], [C6], …, [D4], [D5]

…, [F8] 셀과 같이 셀을 순환합니다.

⑤ 순환하는 셀의 값이 0보다 큰지 확인합니다. 즉, 발송된 수량이 있는지 확인합니다.

⑥ 오른쪽 표의 K열에는 B열의 제품명이 입력되어야 합니다. K열에는 수량이 있을 경우에만 기록되어야 하므로 [기록행] 변숫값을 이용해 행 위치를 계산합니다. B열은 현재 순환하고 있는 행과 동일한 행이어야 하므로 [r] 변숫값을 이용해 행 위치를 계산합니다.

⑦ L열에는 택배 발송시간이 기록되어야 합니다. 왼쪽 표에서 발송시간은 3행에 있고, 순환하는 위치의 열과 동일합니다. 값을 전달하고 셀 표시 형식을 '시간' 형식으로 설정합니다.

⑧ M열에는 수량을 기록해야 합니다. 수량은 현재 순환하는 범위 내 셀이 맞으므로 [r], [c] 변수 위치의 셀 값을 전달합니다.

⑨ 첫 번째 데이터를 기록했다면 아래 행에 계속해서 데이터를 기록해야 하므로 [기록행] 변숫값을 1씩 증가시킵니다.

매크로를 실행하려면 예제의 [표 변환] 단추를 클릭합니다.

	A	B	C	D	E	F	G	H	I	J	K	L	M	N
1														
2		제품	택배 시간					표 변환			제품	발송시간	수량	
3			9:00	11:00	15:00	17:00					컬러레이저복사기 XI-4400	9:00	4	
4		레이저복합기 L350		2	2						잉크젯복합기 AP-3200	9:00	2	
5		컬러레이저복사기 XI-4400	4		1	1					레이저복합기 L350	11:00	2	
6		지문인식 FPIN-2000F		3							지문인식 FPIN-2000F	11:00	3	
7		잉크젯복합기 AP-3200	2		5	1					레이저복합기 L350	15:00	2	
8		컬러레이저복사기 XI-2000			1						컬러레이저복사기 XI-4400	15:00	1	
9											잉크젯복합기 AP-3200	15:00	5	
10											컬러레이저복사기 XI-2000	15:00	1	
11											컬러레이저복사기 XI-4400	17:00	1	
12											잉크젯복합기 AP-3200	17:00	1	
13														

매크로를 실행하면 표가 제대로 변환됩니다. 파일 내 매크로 코드는 VB 편집기 창의 Module1 개체 코드 창에서 확인할 수 있습니다.

Do… Loop 문의
구문 및 활용 방법 이해

예제 파일 PART 02 \ CHAPTER 07 \ Do… Loop 문.xlsm

Do… Loop 문

For… Next 문은 몇 번 반복해야 하는지 순환 횟수를 알 때 사용할 수 있는 순환문이라면, Do… Loop 문은 조건을 설정해 해당 조건이 만족하는 동안(또는 만족하는 순간까지) 특정 코드를 반복 실행할 수 있는 순환문입니다. Do… Loop 문에서 조건은 Until과 While 두 가지 키워드를 사용해 설정할 수 있습니다. Until은 조건이 True가 될 때까지 반복 실행하고, While은 조건이 False가 될 때까지 반복해서 실행합니다. Do… Loop 순환문의 구문은 다음과 같습니다.

```
Do While 조건        ────── ❶
    ' 실행 코드
Loop        ────── ❷
```

❶ Do… Loop 문 내의 명령을 반복 실행합니다. While 키워드로 조건을 설정하면 [조건]이 True인 동안 반복해서 실행됩니다. 이 조건을 Until로 변경하면 [조건]이 True가 될 때까지 반복해서 실행됩니다.

```
Do Until 조건
```

❷ Loop는 Do… Loop 문의 마지막 문장으로 Do 문 옆에 조건을 설정하지 않고, 다음과 같이 Loop 문 옆에 조건을 설정할 수 있습니다.

```
Do
    ' 실행 코드
Loop While 조건
```

왼쪽과 같이 구성하면 Do 문에 조건이 없으므로 실행 코드가 한 번은 실행된 후 Loop 옆의 조건에 따라 실행 코드를 반복할 지 여부를 결정합니다.

Do… Loop 문의 사용 예

예제를 열면 다음 견적서를 확인할 수 있습니다.

A	B	C	D	E	F	G	H	I	J	K	L	M	N	O	P	Q	R	S
		총 액 (공급가액 + 세액)					14,637,700									1,500만원		
	번호	품명					수량	단가		할인	공급가액		세액					
	1	컬러레이저복사기 XI-3200					5	1,176,000		0%	5,880,000		588,000					
	2	잉크젯복합기 AP-3300					10	79,800		0%	798,000		79,800					
	3	링제본기 ST-100					20	161,900		0%	3,238,000		323,800					
	4	바코드 BCD-200 Plus					30	96,900		0%	2,907,000		290,700					
	5	RF OA-200					10	48,400		0%	484,000		48,400					
		계									13,307,000		1,330,700					

총 1,500만 원 예산으로 제품을 구입할 수 있다고 가정할 때 다섯 번째 RF OA-200 제품을 몇 개 더 살수 있는지 계산하는 매크로는 다음과 같이 구성할 수 있습니다.

```
Sub 추가구입()

' 1단계 : 필요한 변수를 선언합니다.
    Dim 예산 As Long                        ❶
    Dim 총액 As Range                       ❷
    Dim 단가 As Range
    Dim 수량 As Range

' 2단계 : 변수에 필요한 값과 개체를 할당합니다.
    예산 = 15000000                         ❸
    Set 총액 = Range("F2")                  ❹
    Set 단가 = Range("I9")
    Set 수량 = Range("H9")

' 3단계 : 총액에 단가를 더한 값이 예산을 넘지 않을 때까지 수량을 하나씩 증가시킵니다.
    Do While (총액.Value + 단가.Value) < 예산               ❺
        수량.Value = 수량.Value + 1                         ❻
    Loop

End Sub
```

❶ Long 형식의 [예산] 변수를 선언합니다.

❷ Range 개체 형식의 [총액], [단가], [수량] 변수를 선언합니다.

❸ [예산] 변수에 1,500만 원을 저장합니다.

❹ [총액], [단가], [수량] 개체변수에 각각 [F2], [I9], [H9] 셀을 할당합니다.

❺ Do… Loop 문을 사용해 [총액] 개체변수에 연결된 [F2] 셀과 [단가] 개체변수에 할당된 [I9] 셀의 값을 더한 값이 [예산] 변수에 저장된 1,500만 원을 넘지 않는 동안은 계속해서 순환합니다.

❻ [수량] 개체변수에 할당된 [H9] 셀의 값을 1씩 증가시킵니다.

TIP 매크로의 실행 결과를 확인하고 싶다면 예제 파일의 [1,500만원] 단추를 클릭합니다.

중첩된 For… Next 문을 한번에 빠져나갈 수 있는 실무 사례

예제 파일 PART 02 \ CHAPTER 07 \ 중첩 For… Next 문-Exit.xlsm

순환문의 종료

For… Next 문이나 Do… Loop 문 모두 Exit 문을 사용해 순환하는 동작을 멈출 수 있습니다. For… Next 문은 Exit For를, Do… Loop 문은 Exit Do를 각각 사용합니다. 이런 코드 구성은 기본 구성에 해당합니다. 다만, For… Next 문을 중첩한 경우에는 Exit For 만으로 중첩된 순환문을 모두 종료할 수 없습니다. Exit For는 코드가 포함된 For… Next 블록만 빠져 나가기 때문에 상위의 For… Next 문은 종료되지 않습니다. 따라서 For… Next 문을 중첩하고 있고, 중첩된 순환문을 모두 빠져나가길 원한다면 Do… Loop 순환문을 가장 상위의 순환문으로 설정하고 Exit Do를 사용해 전체 순환문 블록을 빠져 나가도록 구성해야 합니다.

중첩된 For… Next 문 Exit For로 종료

예제 파일을 열면 화면과 같은 표를 확인할 수 있습니다. 아래 표에서 [C3:N11] 범위를 순환하면서 작업할 때, 셀 값이 1,200이면 코드 실행을 중단하는 매크로를 개발합니다.

	A	B	C	D	E	F	G	H	I	J	K	L	M	N	O	P	Q	R
1																		
2		담당	1월	2월	3월	4월	5월	6월	7월	8월	9월	10월	11월	12월		중첩 순환문		
3		박지훈	410	104	550	430	372	494	482	394	641	1,594	221	22		(Exit For로 탈출)		
4		유준혁	887	291	614	686	496	1,119	761	734	742	738	205	36		중첩 순환문		
5		이서연	244	206	239	246	393	632	161	246	363	560	64	173		(Exit Do로 탈출)		
6		김민준	232	646	216	518	213	508	848	430	1,200	609	238	117				
7		최서현	377	150	188	451	274	251	344	276	345	10	247	123				
8		박현우	226	261	612	227	232	49	513	473	498	1,216	155	98				
9		정시우	294	98	93	280	222	107	311	297	454	341	8	165				
10		이은서	266	474	309	566	681	746	1,146	1,321	771	778	508	286				
11		오서윤	769	699	672	965	736	938	1,399	1,240	737	862	322	209				
12																		

참고로 [C3:N3] 범위는 모두 '박지훈' 직원의 데이터입니다. 매크로를 이용해 데이터 범위의 열 방향(오른쪽)으로 먼저 작업한 후 다음 행으로 내려가도록 처리하는 것이 좋습니다. 표 우측의 첫 번째 [중첩 순환문 (Exit For로 탈출)] 단추에 연결된 매크로는 다음의 코드로 구성되어 있습니다.

```
Sub Exit_For()

' 1단계 : 변수를 선언합니다.
  Dim r As Integer ─────────── ❶
  Dim c As Integer

' 2단계 : [C3:N11] 범위 내 셀 배경색을 투명하게합니다.
  Range("C3:N11").Interior.Color = xlNone ─────────── ❷

' 3단계 : [c] 변수와 [r] 변수를 사용해 열은 3열(C)부터 14열(N)까지, 행은 3행부터 11행까지 순환합니다.
  For r = 3 To 11 ─────────── ❸

      For c = 3 To 14 ─────────── ❹

          If Cells(r, c).Value = 1200 Then ─────────── ❺

              Exit For

          Else ─────────── ❻

              Cells(r, c).Interior.Color = RGB(255, 242, 204)

          End If

      Next c

  Next r

End Sub
```

❶ For… Next 문에서 사용할 Integer 형식의 [r], [c] 변수를 선언합니다.

❷ [C3:N11] 범위의 배경색을 [채우기 없음]으로 초기화합니다. 이 코드는 [C3:N11] 범위에 적용된 배경 색상을 모두 해제하는 역할을 하는데 이렇게 해야 ❻ 줄 하단의 색상을 변경하는 부분이 정확하게 반영됩니다.

❸ 중첩된 For… Next 문을 사용해 [r] 변수를 3(3행)에서 11(11행)까지 증가시킵니다. 이렇게 하면 중첩된 순환문 안에서 [C3], [C4], [C5], …, [D3], [D4], [D5], …과 같이 셀을 순환합니다.

❹ For… Next 문을 사용해 [c] 변수가 3(C열)에서 14(N열)까지 증가되도록 합니다. 열의 인덱스 번호를 확인하려면 직접 실행 창에 다음과 같은 명령을 입력합니다.

```
? Range("N1").Column
```

❺ Cells 속성에 [r], [c] 변수에 저장된 값을 전달해 지정된 셀 값이 1,200인지 판단합니다. 판단 결과가 True면 다음 줄의 Exit For 명령을 사용해 For… Next 문을 종료합니다.

❻ 셀 값이 1,200이 아니라면 셀의 배경색을 황금색으로 설정합니다. RGB 함수는 **SECTION 16-07** 코드 설명에 사용 방법이 자세하게 설명되어 있습니다.

[중첩 순환문 (Exit For로 탈출)] 단추를 클릭해 이 매크로를 실행하면 다음과 같은 결과를 얻을 수 있습니다.

담당	1월	2월	3월	4월	5월	6월	7월	8월	9월	10월	11월	12월
박지훈	410	104	550	430	372	494	482	394	641	1,594	221	223
유준혁	887	291	614	686	490	1,119	701	734	742	738	205	306
이서연	244	206	239	246	393	632	161	246	363	560	64	173
김민준	232	646	216	518	213	508	848	430	1,200	609	238	117
최서현	377	150	188	451	274	251	344	276	345	10	247	123
박현우	226	261	612	227	232	49	513	473	498	1,216	155	98
정시우	294	98	93	280	222	107	311	297	454	341	8	165
이은서	266	474	309	566	681	746	1,146	1,321	771	778	508	286
오서윤	769	699	672	965	736	938	1,399	1,240	737	862	322	209

중첩 순환문
(Exit For로 탈출)

중첩 순환문
(Exit Do로 탈출)

[K6:N6] 범위에만 배경색이 변경되지 않는데, 이것은 [K6] 셀의 값이 1,200이므로 Exit For 명령이 실행되면서 열(c 변수)을 순환하는 For… Next 문이 종료되었기 때문입니다. 하지만 행(r 변수)을 순환하는 상위 For… Next 순환문이 다시 동작하면서 [7:11] 행의 셀에는 배경색이 적용되었습니다.

이것으로 중첩된 For… Next 순환문에서 Exit For 명령을 사용해도 두 개의 For… Next 순환문을 모두 빠져나가지 않는 것을 알 수 있습니다.

🔍 더 알아보기   **Exit Sub**

이 작업에서 'Exit For 대신 Exit Sub 명령을 사용해 빠져나오면 되지 않나?'라고 생각했다면 잘 학습하고 있는 것입니다. Exit Sub을 사용하면 프로시저가 종료되므로, 순환문을 종료한 것과 동일합니다. 하지만 Exit Sub 명령은 For… Next 순환문이 종료된 후 처리할 후속 작업이 없는 경우에만 사용할 수 있습니다. For… Next 순환문을 종료하고 동작해야 하는 별도의 코드가 존재할 경우 Exit Sub는 프로시저 자체를 종료하므로 사용할 수 없습니다.

중첩된 For… Next 문 Exit Do로 종료

중첩된 For… Next 순환문을 Do… Loop 순환문 내에 구성하고 중첩된 순환문을 종료하고 싶을 때 Exit Do로 순환문을 종료하도록 구성할 수 있습니다. [중첩 순환문 (Exit Do로 탈출)] 단추에 연결된 매크로의 코드는 다음과 같습니다.

```
Sub Exit_Do()

    Dim r As Integer
    Dim c As Integer

    Range("C3:N11").Interior.Color = xlNone

    Do                        ①

        For r = 3 To 11

            For c = 3 To 14
```

```
                If Cells(r, c).Value = 1200 Then

                    Exit Do ──────────── ❷

                Else

                    Cells(r, c).Interior.Color = RGB(255, 242, 204)

                End If

            Next c

        Next r

    Loop Until True ──────────── ❸

End Sub
```

❶ Do… Loop 순환문 안에 중첩된 For… Next 순환문을 구성합니다.

❷ 셀 값이 1,200이면 중첩된 For… Next 순환문을 중단시키기 위해 Exit Do 명령을 사용합니다. Do… Loop 순환문은 중첩된 For… Next 순환문보다 상위이므로, Do… Loop 순환문을 빠져나가도록 구성하면 중첩된 For… Next 순환문을 빠져나가게 됩니다.

❸ Do… Loop 순환문의 종료 조건은 Until True로, 정상적으로 Loop 문까지 오면 Do… Loop 순환문은 무조건 종료됩니다.

[중첩 순환문 (Exit Do로 탈출)] 단추를 클릭해 실행하면 다음 결과를 얻습니다.

	A	B	C	D	E	F	G	H	I	J	K	L	M	N	O	P	Q	R
1																		
2		담당	1월	2월	3월	4월	5월	6월	7월	8월	9월	10월	11월	12월		중첩 순환문 (Exit For로 탈출)		
3		박지훈	410	104	550	430	372	494	482	394	641	1,594	221	223				
4		유준혁	887	291	614	686	490	1,119	701	734	742	738	205	306		중첩 순환문 (Exit Do로 탈출)		
5		이서연	244	206	239	246	393	632	161	246	363	560	64	173				
6		김민준	232	646	216	518	213	508	848	430	1,200	609	238	117				
7		최서현	377	150	188	451	274	251	344	276	345	10	247	123				
8		박현우	226	261	612	227	232	49	513	473	498	1,216	155	98				
9		정시우	294	98	93	280	222	107	311	297	454	341	8	165				
10		이은서	266	474	309	566	681	746	1,146	1,321	771	778	508	286				
11		오서윤	769	699	672	965	736	938	1,399	1,240	737	862	322	209				
12																		

여기에서 확인할 수 있는 것처럼 정확하게 [K6] 셀부터 더 이상 배경색이 적용되지 않습니다. 따라서 해당 위치에서 정상적으로 중첩된 For… Next 순환문이 종료되었다는 것을 이해할 수 있습니다.

For Each… Next 문의 구성 및 활용 방법

예제 파일 PART 02 \ CHAPTER 07 \ For Each… Next 문.xlsm

For Each… Next 순환문

For Each… Next 순환문은 For… Next 순환문과 유사하지만 동작 방법이 다릅니다. For Each… Next 문은 컬렉션 내 개체 또는 배열 내 요소를 순환할 때 사용합니다. For Each… Next 순환문은 컬렉션과 배열을 대상으로 하기 때문에 For… Next 순환문에 비해 빠른 처리 속도를 보여줍니다. 컬렉션을 순환하는 For Each… Next 순환문의 구문은 다음과 같습니다.

```
Dim 개체변수 As 개체 형식        ──────── ❶

For Each 개체변수 In 컬렉션      ──────── ❷

   ' 실행 명령

Next
```

❶ For Each… Next 순환문에서 순환할 [컬렉션]의 [개체 형식]에 해당하는 변수를 선언합니다. 예를 들어 셀을 대상으로 작업하려면 [개체 형식]은 Range, 시트를 대상으로 작업하려면 Worksheet가 됩니다.

❷ For Each… Next 순환문을 통해 반복 작업을 진행하는데, 한 번 순환할 때마다 선언된 [개체변수]에 [컬렉션] 내 개체를 하나씩 연결해줍니다. [개체변수]와 [컬렉션] 사이에는 In 키워드가 사용됩니다. 이 부분은 다음과 같은 코드를 살펴봅니다. 참고로 i는 1, 2, 3과 같은 인덱스 값이라고 생각합니다.

```
Set 개체변수 = 컬렉션(i)
```

For Each… Next 순환문의 사용 예

For Each… Next 순환문을 사용하기 위해 예제를 열어 [점수] 시트에서 다음과 같은 표를 확인합니다. 각 시트의 부서명과 점수를 표에 취합하는 코드를 개발합니다.

각 부서 시트를 선택하면 부서별 사원 점수와 평균 점수를 확인할 수 있습니다.

TIP 시트명은 시트 탭에 있고, 부서별 평균 점수는 모두 [D2] 셀에 입력되어 있습니다.

워크시트를 순환해 데이터를 취합하는 작업을 For Each… Next 순환문으로 구성하면 다음과 같습니다.

```
Sub 점수취합()

  ' 1단계 : 변수를 선언합니다.
    Dim 시트 As Worksheet ──────── ❶
    Dim 행 As Integer ──────── ❷

  ' 2단계 : [행] 변수의 초깃값을 저장합니다.
    행 = 6 ──────── ❸

  ' 3단계 : 현재 파일의 모든 워크시트를 순환하면서 부서명과 점수를 [B:C] 열에 정리합니다.
    For Each 시트 In ThisWorkbook.Worksheets ──────── ❹

        If 시트.Name <> "점수" Then ──────── ❺

            Range("B" & 행).Value = 시트.Name ──────── ❻
            Range("C" & 행).Value = 시트.Range("D2").Value ──────── ❼
```

```
            행 = 행 + 1  ————————————⑧

        End If

    Next

End Sub
```

❶ For Each… Next 문에서 사용할 Worksheet 형식의 [시트] 개체변수를 선언합니다.

❷ Integer 형식의 [행] 변수를 선언합니다. [점수] 시트에 취합된 데이터를 쓸 행 번호를 저장합니다.

❸ [행] 변수에 [점수] 시트에 기록할 표의 첫 번째 위치(B6) 행 주소를 저장합니다.

❹ For Each… Next 순환문을 사용해 현재 파일(ThisWorkbook)의 시트를 모두 순환하도록 구성합니다. 이 과정에서 [시트] 변수에 워크시트가 하나씩 연결됩니다.

❺ [시트] 변수에 연결된 Worksheet 개체의 이름(Name)이 "점수"가 아닌지 판단합니다. 이것은 [점수] 시트를 뺀 부서 시트만 대상으로 동작하도록 하기 위한 것입니다. 만약 시트명을 직접 입력하지 않고 현재 시트를 제외하려면 코드를 다음과 같이 구성합니다.

```
If 시트.Name <> ActiveSheet.Name Then
```

❻ "B"와 [행] 변숫값을 연결하면 셀 주소가 됩니다. 해당 위치에 [시트] 개체변수에 연결된 Worksheet 개체의 이름을 입력합니다. 코드에서 사용된 Range 개체를 Cells 속성으로 변경하려면 코드를 다음과 같이 수정할 수 있습니다.

```
Cells(행, "B").Value = 시트.Name
```

Cells 속성은 행, 열 번호를 받아 지정된 위치의 셀을 하나 참조합니다. 이때 열 번호는 열 주소를 영문으로 대신 사용할 수 있으며 이 경우 열 주소를 큰따옴표(") 안에 입력하면 됩니다.

❼ C열에는 [시트] 개체변수에 할당된 Worksheet 개체의 [D2] 셀(평균 점수)의 값을 입력합니다.

❽ 다음 부서는 아래 셀에 값이 입력되도록 [행] 변숫값을 1씩 증가시킵니다.

개발된 매크로를 테스트하려면 [점수] 시트에서 [점수 취합] 단추를 클릭합니다.

	A	B	C	D	E	F	G
1							
2			부서별 평가표				
3							
5		부서	점수		점수 취합		
6		인사부	78.2				
7		총무부	72.4				
8		영업부	67.4				
9		전산실	76.5				
10							
11							

배열을 순환하는 For… Next 문의 활용 사례

예제 파일 PART 02 \ CHAPTER 07 \For Each… Next 문-배열.xlsm

배열 순환

For Each… Next 문은 컬렉션의 개체를 순환하는 작업 이외에도 배열의 요소를 순환하면서 하나씩 처리할 수 있습니다. 배열을 대상으로 할 경우에는 보통 동적 배열변수와 같이 배열에 저장된 데이터 개수가 정확하지 않은 경우가 많습니다. 한 가지 주의할 점은 For Each… Next 문을 사용해 배열을 처리하려면 배열변수의 데이터 형식이 반드시 Variant여야 한다는 것입니다. 배열을 순환하는 For Each… Next 순환문의 구문은 다음과 같습니다.

```
Dim 요소 As Variant          ————————●

For Each 요소 In 배열         ————————❷

  ' 실행 명령

Next
```

❶ For Each… Next 순환문에서 사용할 [요소] 변수를 Variant 형식으로 선언합니다.
❷ [배열] 내 개별 요소를 하나씩 [요소] 변수에 저장하면서 순환합니다.

배열을 사용하는 For Each… Next 순환문의 사용 예

예제를 열어 다음 표를 확인합니다. [C2:H6] 범위의 번호 중 [C8:H8] 범위의 당첨번호에 맞는 번호가 있다면 빨간색으로 표시해보겠습니다.

	A	B	C	D	E	F	G	H	I	J	K	L
1												
2		번호 1	37	28	18	36	3	4				
3		번호 2	32	10	39	15	31	43		번호 확인		
4		번호 3	19	9	35	27	36	40				
5		번호 4	44	39	1	21	3	8				
6		번호 5	4	10	40	36	31	22				
7												
8		당첨번호	6	8	10	33	36	44				
9												
10												

[번호 확인] 단추에 연결된 매크로 코드는 다음과 같습니다.

```
Sub 번호확인()

' 1단계 : 변수를 선언합니다.
    Dim 당첨번호 As Variant          ──────────── ❶
    Dim 번호 As Variant             ──────── ❷
    Dim 내번호 As Range             ─────── ❸
    Dim 셀 As Range                ───── ❹

' 2단계 : 변수에 초깃값을 할당합니다.
    당첨번호 = Range("C8:H8").Value          ──────── ❺

    Set 내번호 = Range("C2:H6")          ──────── ❻

' 3단계 : For Each… Next 순환문을 중첩해 내 번호가 당첨번호에 있는지 확인합니다.
    For Each 셀 In 내번호           ────────── ❼

        For Each 번호 In 당첨번호           ──────────── ❽

            If 셀.Value = 번호 Then           ──────── ❾

                셀.Font.Color = RGB(255, 0, 0)          ──────────── ❿
                Exit For

            End If

        Next

    Next

End Sub
```

❶ Variant 형식의 [당첨번호] 변수를 선언합니다. 이 변수에는 [C8:H8] 범위의 당첨번호를 저장해놓고 사용합니다. Variant 형식으로 선언한 변수는 여러 데이터 형식을 저장할 수 있으며, 여러 개의 값도 저장할 수 있습니다. Variant 형식으로 선언된 변수를 동적 배열변수로 사용할 때는 변수 이름 뒤에 괄호를 입력하지 않아도 됩니다.

❷ Variant 형식의 [번호] 변수를 선언합니다. For Each… Next 순환문에서 사용합니다.

❸ Range 형식의 [내번호] 개체변수를 선언합니다. 로또 번호가 입력된 [C2:H6] 범위를 연결합니다.

❹ Range 형식의 [셀] 개체변수를 선언합니다. For Each… Next 순환문에서 사용합니다.

❺ [당첨번호] 변수에 [C8:H8] 범위의 값만 저장합니다. 이렇게 하면 [당첨번호] 변수는 1×6 행렬의 값을 갖는 배열변수가 됩니다.

❻ [내번호] 개체변수에 [C2:H6] 범위를 연결합니다. 개체변수에 개체를 연결하므로 반드시 Set 문을 사용해야 합니다.

❼ 내 번호가 당첨 번호와 맞는지 확인합니다. For Each… Next 순환문으로 [내번호] 개체변수에 연결된 범위(C2:H6) 내 셀을 하나씩 [셀] 변수에 연결합니다.

❽ 내 번호가 당첨번호와 매칭되는지 하나씩 확인합니다. 당첨번호가 저장된 [당첨번호] 변수를 For Each… Next 순환문으로 순환하면서 [번호] 변수에 값을 하나씩 저장합니다.

❾ [셀] 개체변수에 연결된 셀의 값이 [번호] 변수에 저장된 값과 같은지 확인합니다. 같다면 내 번호가 당첨번호 중 하나입니다.

❿ ❾ 줄의 조건이 True면 [셀] 개체변수에 연결된 셀의 글꼴색을 빨간색으로 설정하고, Exit For 명령을 사용해 중첩된 배열변수를 순환하는 For Each… Next 순환문을 빠져나갑니다. 이렇게 하는 이유는 내 번호가 당첨번호와 맞다면 다른 번호를 굳이 확인할 필요가 없기 때문입니다.

[번호 확인] 단추를 클릭하면 다음과 같은 결과를 얻습니다.

	A	B	C	D	E	F	G	H	I	J	K	L
1												
2		번호 1	37	28	18	36	3	4			번호 확인	
3		번호 2	32	10	39	15	31	43				
4		번호 3	19	9	35	27	36	40				
5		번호 4	44	39	1	21	3	8				
6		번호 5	4	10	40	36	31	22				
7												
8		당첨번호	6	8	10	33	36	44				
9												

순환문을 사용할 때 (응답없음) 문제 해결하는 방법

예제 파일 없음

Application 개체의 Wait 메서드 구문

For… Next, For Each… Next, Do… Loop와 같은 순환문을 사용할 때 '(응답 없음)' 상황이 발생할 수 있다는 점을 이해해야 합니다. 여러 이유로 '(응답 없음)' 상황이 발생하지만 가장 간단하면서 자주 발생하는 것은 바로 처리할 데이터가 많은 경우입니다. 그렇기 때문에 처리할 데이터가 많다면, 중간에 매크로 실행을 잠깐 멈추도록 구성하는 것이 좋습니다. 중간에 매크로 실행을 멈추려면 Application 개체의 Wait 메서드를 이용하면 됩니다. Wait 메서드의 구문은 다음과 같습니다.

```
Application.Wait(Time)  ————————— ❶
```

> Wait 메서드는 실행 중인 매크로를 지정된 Time 매개변수의 시간까지 일시 중지시킵니다.
> ❶ Time은 매크로를 다시 실행할 시간입니다.

Wait 메서드의 사용 예

[A1:A100000] 범위 내 셀에 1,000을 입력하는 순환문을 작성하려면 다음과 같은 코드를 사용합니다.

```
Sub Wait_테스트()

    Dim 셀 As Range  ————————— ❶

    For Each 셀 In Range("A1:A100000")  ————————— ❷

        With 셀  ————————— ❸
            .Value = 1000
            .NumberFormat = "#,###"
        End With
```

```
        Next

End Sub
```

이 순환문은 10만 개의 셀에 일일이 작업해야 하므로, '(응답 없음)' 현상이 나타날 가능성이 높습니다. 이런 현상이 나타나지 않도록 하려면 다음과 같이 Wait 메서드를 이용해 1,000번째 셀마다 1초간 매크로 실행을 중단하도록 코드를 구성합니다.

```
Sub Wait_테스트()

    Dim 셀 As Range
    Dim cnt As Long  ────────────── ❶

    For Each 셀 In Range("A1:A100000")

        With 셀
            .Value = 1000
            .NumberFormat = "#,###"
        End With

        cnt = cnt + 1  ──────── ❷
        If cnt Mod 1000 = 0 Then Application.Wait Now+TimeSerial(0, 0, 1)  ─────────── ❸

    Next

End Sub
```

❶ Long 형식의 [cnt] 변수를 선언합니다.

❷ 한 번 순환할 때마다 [cnt] 변숫값을 1씩 증가시킵니다.

❸ [cnt] 변수에 저장된 값을 1,000으로 나눈 나머지가 0이 될 때(1,000번째 동작)마다 1초간 매크로 실행을 중단합니다. Wait 메서드는 매크로 동작을 중지시키며, 매개변수에 지정된 **Now+TimeSerial(0, 0, 1)**는 현재시간(Now)으로부터 1초 뒤에 매크로 동작을 다시 실행하라는 의미합니다.

> TIP Mod 연산자는 나눗셈의 나머지를 반환하는 연산자로, 워크시트 함수인 MOD 함수와 동일한 동작을 수행합니다.

> TIP Now 함수는 워크시트 함수인 NOW와 동일한 함수로 오늘 날짜와 현재 시간을 반환해줍니다.

> TIP TimeSerial 함수는 워크시트 함수인 TIME과 동일한 함수로 시, 분, 초에 해당하는 숫자 값을 받아 시간 값을 반환하는 함수입니다. 구문은 다음과 같습니다.
>
> ```
> TimeSerial(시, 분, 초)
> ```

이렇게 n회마다 1초씩 매크로 실행을 중단하면 매크로 실행 시간은 좀 더 늘어나겠지만 '(응답 없음)' 상황을 겪지 않을 수 있습니다. 몇 회마다 매크로 실행을 중단해야 하는지는 정답이 없으며, 사용자의 PC 환경에 따라 차이가 발생할 수 있습니다. 따라서 쉬는 주기를 늘리거나 줄이는 작업을 통해 '(응답 없음)' 상황이 발생하지 않는 적당한 값을 찾아 나가는 것이 중요합니다.

Function 프로시저

Function 프로시저는 Sub 프로시저와는 달리 계산 결과를 반환하는 특징을 가지며, 보통 엑셀에 제공되지 않는 함수를 사용자가 만들어 사용하고자 할 때 사용합니다. 주로 긴 계산식이나 자주 사용하는 계산식을 Function 프로시저로 개발하며, 개발된 Function 프로시저는 여러 프로시저와 워크시트에서 사용할 수 있습니다. 참고로 Function 프로시저를 워크시트에서 사용하려면 반드시 Module 개체의 코드 창에서 개발해야 합니다.

엑셀에서 제공되지 않는 함수 혹은 상위 버전의 함수를 생성하는 방법

예제 파일 PART 02 \ CHAPTER 08 \ Function 프로시저.xlsm

Function 프로시저

워크시트 함수는 매우 다양하지만 사용자가 필요로 하는 모든 함수가 제공되는 것은 아닙니다. 이때 VBA에서 사용자가 원하는 함수를 직접 만들어 사용할 수 있습니다. 사용자가 직접 함수를 만들려면 Function 프로시저를 이용하면 됩니다. Function 프로시저의 구문은 다음과 같습니다.

```
Function 함수명(매개변수1 As 형식, 매개변수2 As 형식, …) As 데이터 형식 ————❶

    ' 실행 명령

    함수명 = 결과 값 ————❷

End Function
```

❶ Function 프로시저를 선언합니다. Function 프로시저는 Sub 프로시저와는 달리 매개변수를 이용해 필요한 값이나 개체를 전달받아 계산된 결과를 반환합니다. 또한 함수는 반환할 값의 데이터 형식을 지정할 수 있습니다. 함수명() 뒤에 **As 데이터 형식**과 같이 지정해주면 됩니다.

> **TIP** 매개변수
>
> 매개변수는 프로시저 이름 뒤 괄호 안에 선언된 변수로 프로시저 실행에 필요한 데이터나 개체 등을 전달하는 역할을 합니다. 우리가 VLOOKUP과 같은 함수를 사용하면 괄호 안에 여러 개의 데이터나 범위를 전달하게 되며, 이렇게 전달된 데이터(또는 개체)가 매개 변수에 할당되어 함수 계산에 사용됩니다. 참고로 매개변수는 Function 프로시저뿐만 아니라 Sub 프로시저에서도 사용할 수 있습니다.

❷ 함수 내에서 계산한 결과를 Function 프로시저로 반환하는 부분으로, Function 프로시저 내에서 이 코드는 반드시 프로시저가 종료(End Function)되기 전에 존재해야 합니다.

새로운 함수를 생성하는 개발 사례

엑셀에서 제공되지 않는 나이를 계산하는 사용자 정의 함수를 개발한다면 다음과 같은 Function 프로시저를 구성하면 됩니다.

```
Function GET_AGE( 생년월일 As Date ) As Integer ──────────────── ❶

    GET_AGE = Year(Date) - Year(생년월일) + 1 ──────────── ❷

End Function
```

❶ [GET_AGE] Function 프로시저를 선언합니다. [GET_AGE] 함수는 날짜를 저장할 수 있는 [생년월일] 매개변수가 선언되어 있으며, [생년월일] 매개변수에 저장된 날짜로 나이를 계산해 반환합니다. 나이는 숫자이면서 정수이므로 Byte, Integer, Long 중 가장 무난한 Integer 형식을 [GET_AGE] 함수에서 반환하도록 설정합니다.

❷ 나이를 계산하는 식은 **= 금년 − 출생연도 + 1**입니다. 이 계산 결과를 [GET_AGE] Function 프로시저에 반환합니다.

> **TIP** 함수 : Year
>
> 워크시트 함수인 Year 함수와 동일한 기능의 함수로 날짜 값을 인수로 받아 연도에 해당하는 정숫값을 반환합니다. 구문은 다음과 같습니다.
>
> Year(날짜)

> **TIP** 함수 : Date
>
> 워크시트 함수인 TODAY 함수와 동일한 기능의 함수로 오늘 날짜를 반환합니다.

01 함수를 사용해보기 위해 예제를 엽니다.

02 [F3] 셀을 선택하고 다음 수식을 입력한 후 [F3] 셀의 채우기 핸들⊞을 [F7] 셀까지 드래그합니다.

· **[F3] 셀 : =GET_AGE(E3)**

사번	이름	직위	생년월일	나이
1	박지훈	부장	1981-02-18	42
2	유준혁	차장	1985-03-03	38
3	이서연	과장	1988-12-07	35
4	김민준	대리	1992-08-29	31
5	최서현	주임	1996-09-18	27

> **TIP** 예제를 실행하는 날짜에 따라 나이는 다른 값이 반환될 수 있습니다.

03 [나이] 함수의 코드를 확인합니다.

04 Alt + F11 을 눌러 VB 편집기 창을 엽니다.

05 VB 편집기 창 내 프로젝트 탐색기 창에서 [Module1] 개체를 더블클릭해 코드 창을 확인합니다.

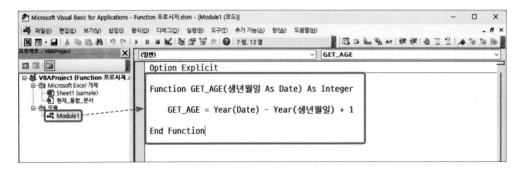

TIP 개발된 함수를 셀에서 사용하려면 반드시 모듈 개체의 코드 창에 개발해야 합니다.

함수를 만들 때 생략 가능한 인수를 구성하는 방법

예제 파일 PART 02 \ CHAPTER 08 \ Optional 키워드.xlsm

생략 가능한 인수란?

워크시트 함수를 사용해보면 생략할 수 있는 인수를 갖는 함수가 있습니다. 예를 들면 SUMIF 함수는 세 번째 인수인 Sum_range 인수를 생략할 수 있으며, VLOOKUP 함수는 네 번째 인수인 Range_lookup 인수를 생략할 수 있습니다. 이렇게 생략할 수 있는 인수가 존재하는 함수는 해당 인수가 생략됐을 때 동작하는 방식을 다르게 설계해 보다 편리하게 사용할 수 있도록 해줍니다. VBA의 Function 프로시저도 인수(매개변수)를 생략할 수 있도록 구성할 수 있으며, 생략 가능한 인수의 매개변수 명 앞에 Optional 키워드를 추가하면 됩니다. 이때 주의할 점은 인수가 여러 개인 함수를 개발할 때 생략 가능한 인수는 반드시 마지막 인수로 구성해야 합니다.

Optional 키워드 : 기본값 설정하지 않는 방식

Optional 키워드를 사용한 매개변수는 두 가지 중 하나를 선택할 수 있습니다. 바로 기본값을 설정하는 경우와 설정하지 않는 경우입니다. 먼저 설정하지 않는 경우는 인수를 생략한 경우와 생략하지 않은 경우 함수가 다르게 동작되도록 개발하고 싶은 경우입니다. 예를 들면 SUMIF 함수는 세 번째 인수인 Sum_range 인수가 생략될 때 첫 번째 범위인 Range 인수의 값을 더하는 방법으로 동작합니다. 이렇게 동작하는 함수를 만들고 싶을 때 기본값을 설정하지 않는데, 이때 매개변수의 형식은 반드시 Variant여야 합니다. 그리고 매개변수에 저장된 값이 있는지 여부(인수가 전달됐는지 여부)는 IsMissing 함수로 판단할 수 있습니다. 이런 Function 프로시저는 다음과 같이 구성됩니다.

```
Function 함수명 ( 매개변수1 As 형식, _
            Optional 매개변수2 As Variant) As 데이터형식 ─────── ❶

    If IsMissing(매개변수2) Then ─────── ❷

Else
```

```
    End If

    함수명 = 계산결과

End Function
```

Optional 키워드 : 기본값을 설정하는 방식

Optional 키워드로 생략할 수 있도록 선언된 매개변수의 기본값을 바로 설정할 수 있습니다. 이런 경우는
보통 VLOOKUP 함수의 마지막 인수인 Range_lookup 인수처럼 생략하면 기본값(True)이 존재하는
경우입니다. Optional 키워드를 사용한 매개변수에 기본값을 저장하려면 다음과 같은 방식으로 코드를
구성하면 됩니다. 이 경우 데이터 형식은 자유롭게 설정이 가능합니다.

```
Function 함수명 ( 매개변수1 As 형식, _
            Optional 매개변수2 As 데이터 형식 = 기본값) As 데이터형식 ───────────── ❶

    함수명 = 계산결과

End Function
```

생략 가능한 인수를 갖는 함수 개발 사례

예제에는 다음과 같은 견적서 표가 입력되어 있습니다. [F2] 병합 셀에 입력된 공급가액의 부가세를 계산
하는 함수를 개발합니다.

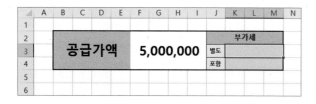

부가세 세율은 기본 10%이지만, 공급가액에 부가세가 포함되었거나 별도인 경우가 있을 수 있습니다. 이번 예제에서는 부가세 계산은 '별도'인 경우가 많아, 필요한 경우에만 '포함'으로 계산할 수 있도록 [부가세] 함수를 개발합니다. 코드는 다음과 같습니다.

```
Function GET_VAT(공급가액 As Long, _
            Optional 부가세계산방식 As String = "별도") As Double          ❶

    Select Case 부가세계산방식          ❷

        Case "포함"          ❸

            GET_VAT = 공급가액 / 11

        Case "별도"          ❹

            GET_VAT = 공급가액 * 0.1

        Case Else          ❺

            GET_VAT = 0

    End Select

End Function
```

❶ GET_VAT 함수의 Function 프로시저를 선언합니다. 매개변수는 Long 형식의 [공급가액]과 String 형식의 [부가세계산방식] 두 가지를 사용합니다. 계산된 GET_VAT 함수는 Double 형식의 실숫값을 반환합니다.

❷ Select Case 문을 사용해 [부가세계산방식] 변수의 값에 따라 부가세 계산을 다르게 처리합니다. 부가세의 계산 방법은 '포함'과 '별도' 밖에 없으므로 If 문을 사용해 다음과 같이 구성하는 것을 생각할 수 있습니다.

```
If 부가세계산방식 = "포함" Then

Else

End If
```

워크시트에서 IF 함수를 사용해 수식을 입력할 때는 둘 중 한 가지 조건만 판단하고 나머지 경우를 처리하는 경우가 많습니다. 하지만 이렇게 하면 '포함'이 아니면 모두 '별도'가 된다는 것이므로 오타가 발생한 경우를 처리할 수 없습니다. 보다 정확하게 하려면 '포함'과 '별도' 그리고 그 외의 경우를 모두 처리하도록 작업하는 것이 좋습니다.

❸ [부가세계산방식] 변수의 값이 "포함"이면 부가세는 [공급가액] 변수의 값을 11로 나눠 반환합니다.

❹ [부가세계산방식] 변수의 값이 "별도"이면 부가세는 [공급가액] 변수의 값에 0.1을 곱해 반환합니다.

❺ [부가세계산방식] 변수의 값이 "포함"이나 "별도"가 아니라면 부가세는 0을 반환합니다.

개발된 GET_VAT 함수가 제대로 동작하는지 확인하기 위해 [K3] 병합 셀에 다음 수식을 입력하고 채우기 핸들⊞을 [K4] 셀까지 드래그해서 수식을 복사합니다.

- **[K3] 병합 셀 : =GET_VAT($F$2, J3)**

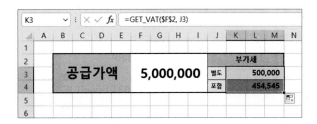

> **TIP** 부가세 함수의 첫 번째 인수(공급가액)에는 [F2] 셀의 값이, 두 번째 인수(부가세계산방식)에는 [J3] 셀의 값이 각각 전달돼 계산됩니다.

부가세 계산 방식을 "별도"로만 계산하려면 GET_VAT 함수의 두 번째 인수를 생략할 수 있습니다. [K3] 병합 셀의 수식을 다음과 같이 수정하고 채우기 핸들⊞을 [K4] 셀까지 드래그해 수식을 복사합니다.

- **[K3] 병합 셀 : =GET_VAT($F$2)**

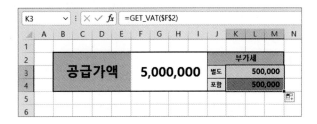

Optional 키워드를 여러 개 사용하려면?

함수를 만들 때 생략할 인수를 여러 개 구성하고 싶다면 Optional 키워드를 생략할 매개변수에 모두 설정하면 됩니다.

```
Function 함수명 (매개변수1 As 형식, _
           Optional 매개변수2 As Variant, _
           Optional 매개변수3 As Variant) As 데이터형식
```

> **TIP** Optional 키워드를 사용하는 매개변수는 반드시 뒤쪽에 위치해야 합니다.

이 경우 두 번째 매개변수에만 값을 생략하고 사용하려면 다음과 같이 수식을 입력합니다.

```
=함수명(5000000, , 0.1) ──────────── ❶
```

> ❶ 두 번째, 세 번째 매개변수가 모두 생략 가능할 때 두 번째 매개변수의 값을 생략하려면, 두 번째 인수를 생략하고 바로 세 번째 인수의 값을 전달하면 됩니다.

개발된 Function 프로시저를 셀이 아니라 다른 프로시저에서 사용한다면 다음과 같이 해당 매개변수 명을 직접 입력해 사용할 수 있습니다.

함수명(매개변수1:=5000000, 매개변수3:=0.1) ──────────── ❶

❶ 원하는 매개변수에 직접 값을 전달할 때 사용하는 구문으로 매개변수 명 뒤에 콜론(:) 연산자와 등호(=)를 입력하고 바로 값을 전달하면 됩니다.

매개변수:=값

생성할 함수의 여러 인수를
하나의 배열 변수에 저장하고
사용하는 방법

예제 파일 PART 02 \ CHAPTER 08 \ ParamArray 키워드.xlsm, ParamArray 키워드 (코드).txt

함수 인수의 최대 개수

워크시트 함수 중에 SUM 함수와 같은 것은 인수를 최대 255개까지 사용할 수 있으며, 필요한 개수만큼 인수를 사용하는 것이 가능합니다. 즉, **=SUM(1,2)** 이렇게 두 개만 사용할 수도 있고, **=SUM(1,2,3,…)**와 같이 더 많은 인수를 사용할 수도 있다는 것을 의미합니다.

이렇게 많은 인수를 갖는 함수를 Function 프로시저로 개발할 때 매개변수를 일일이 선언하는 것은 어렵습니다. 이런 경우에는 동적 배열로 매개변수를 선언해 무한대의 인수를 받을 수 있도록 할 수 있습니다.

ParamArray 키워드

매개변수를 동적 배열변수로 사용하려면 ParamArray 키워드를 매개변수 명 앞에 사용하면 됩니다. ParamArray 키워드를 사용한 매개변수는 반드시 Variant 형식으로 선언되어야 하며, 매개변수의 배열은 Option Base 문의 설정과 상관없이 항상 0부터 시작합니다. ParamArray 키워드를 사용하는 Function 프로시저의 구문은 다음과 같습니다.

```
Function 함수명 ( ParamArray 매개변수() As Variant ) As 데이터형식 ────────── ❶

    Dim 요소 As Variant

    For Each 요소 In 변수 ──────── ❷
       ' 처리할 작업
    Next

    함수명 = 반환값

End Function
```

TIP Option Base 문에 대한 자세한 설명은 141페이지의 코드 설명 부분을 참고합니다.

합계를 구하는 함수 개발 사례

예제의 표에서 C열과 E열의 숫자 합계를 구하는 사용자 정의 함수를 개발합니다.

	A	B	C	D	E	F
1						
2		총매출				
3						
4		담당	매출	담당	매출	
5		박지훈	2,151,000	박현우	5,456,000	
6		유준혁	2,581,000	정시우	2,578,000	
7		이서연	4,374,000	이은서	4,020,000	
8		김민준	5,229,000	오서윤	7,953,000	
9		최서현	6,663,000	강민영	3,176,000	
10						

Sum 함수를 대체할 수 있는 Function 프로시저는 다음과 같습니다.

```
Function GET_SUM(ParamArray 숫자() As Variant) As Double ──────── ❶

    Dim 값 As Variant ──────── ❷
    Dim 누계 As Double ──────── ❸

    For Each 값 In 숫자 ──────── ❹

        If IsNumeric(값) Then 누계 = 누계 + 값 ──────── ❺

    Next

    GET_SUM = 누계 ──────── ❻

End Function
```

❶ GET_SUM 함수를 Function 프로시저로 선언합니다. GET_SUM 함수는 인수로 전달된 모든 값을 Variant 형식의 [숫자] 배열변수에 저장하며, 계산된 결과를 Double 형식으로 반환합니다.

❷ For Each… Next 문에서 사용할 Variant 형식의 [값] 변수를 선언합니다. 동적 배열변수를 For Each… Next 순환문으로 순환해 처리할 것이기 때문에 데이터 형식은 반드시 Variant 형식이어야 합니다.

❸ [숫자] 배열변수로 전달된 값을 하나씩 더할 Double 형식의 [누계] 변수를 선언합니다.

❹ For Each… Next 문을 사용해 [숫자] 배열변수에 저장된 값을 하나씩 [값] 변수에 저장합니다.

❺ IsNumeric 함수를 사용해 [값] 변수로 저장된 값이 숫자인지 확인하고, 숫자인 경우에만 [누계] 변수에 [값] 변수의 값을 누적 합산합니다.

> **TIP** IsNumeric 함수
>
> 워크시트 함수인 IsNumber 함수와 동일한 함수로 인수로 전달된 값의 데이터 형식이 숫자인지 여부를 True, False로 반환합니다.

❻ GET_SUM 함수에 [누계] 변수의 값을 반환합니다.

개발된 GET_SUM 함수가 제대로 동작하는지 확인하기 위해 [D2] 병합 셀에 다음 수식을 입력합니다.

- **[D2] 병합 셀 : =GET_SUM(C5, C6, C7, C8, C9)**

D2		∨ : ✕ ✓ fx	=GET_SUM(C5, C6, C7, C8, C9)			
	A	B	C	D	E	F
1						
2		**총매출**		**20,998,000**		
3						
4		담당	매출	담당	매출	
5		박지훈	2,151,000	박현우	5,456,000	
6		유준혁	2,581,000	정시우	2,578,000	
7		이서연	4,374,000	이은서	4,020,000	
8		김민준	5,229,000	오서윤	7,953,000	
9		최서현	6,663,000	강민영	3,176,000	
10						

위 수식은 정상적으로 계산되지만 GET_SUM 함수는 워크시트의 SUM 함수와 달리 연속된 범위를 참조해 합계를 구할 수는 없습니다.

- **[D2] 병합 셀 : =GET_SUM(C5:C9)**

D2		∨ : ✕ ✓ fx	=GET_SUM(C5:C9)			
	A	B	C	D	E	F
1						
2		**총매출**		-		
3						
4		담당	매출	담당	매출	
5		박지훈	2,151,000	박현우	5,456,000	
6		유준혁	2,581,000	정시우	2,578,000	
7		이서연	4,374,000	이은서	4,020,000	
8		김민준	5,229,000	오서윤	7,953,000	
9		최서현	6,663,000	강민영	3,176,000	
10						

TIP 수식을 =SUM(C5:C9)와 같이 바꾸면 제대로 된 결과를 반환합니다.

위 수식이 계산되지 않는 이유는 인수가 [C5:C9] 범위 하나인데, GET_SUM 함수의 코드를 보면 배열 내 값을 하나 꺼내 숫자인 경우에만 [누계] 변수에 값을 더하도록 되어 있기 때문입니다.

```
If IsNumeric(값) Then 누계 = 누계 + 값
```

[C5:C9] 범위는 Range 개체이므로 Range 개체가 인수로 전달될 경우에는 범위 내 셀을 순환하면서 누계를 구하는 동작이 필요합니다. GET_SUM 함수의 코드를 고쳐 제대로 된 결과를 얻어보겠습니다.

Alt + F11 을 눌러 VB 편집기를 열고, 프로젝트 탐색기 창에서 [Module1] 개체를 더블클릭합니다. 코드 창의 GET_SUM 프로시저를 다음 설명을 참고해 수정합니다.

```
Function GET_SUM(ParamArray 숫자() As Variant) As Double

    Dim 값 As Variant
    Dim 누계 As Double
    Dim 셀 As Range ─────────── ❶

    For Each 값 In 숫자

        If TypeName(값) = "Range" Then ─────────── ❷

            For Each 셀 In 값 ─────────── ❸

                If IsNumeric(셀.Value) Then 누계 = 누계 + 셀.Value ─────────── ❹

            Next

        Else ─────────── ❺

            If IsNumeric(값) Then 누계 = 누계 + 값

        End If

    Next

    GET_SUM = 누계

End Function
```

❶ [숫자] 매개변수에 범위가 전달되면 범위 내 셀을 순환해야 합니다. For Each… Next 순환문에서 사용할 Range 형식의 [셀] 개체변수를 추가로 선언합니다.

❷ [값] 변수에 저장된 것이 범위(Range 개체)인지 확인하기 위해 TypeName 함수를 사용해 반환 값이 "Range"인지 확인합니다.

TIP TypeName 함수

인수로 전달된 데이터(또는 개체)의 변수 형식을 String 형식으로 반환하며, 반환된 값은 대/소문자를 구분하므로 주의합니다.

❸ ❷의 반환 값이 True면 셀(또는 범위)가 전달된 것이므로 해당 범위를 순환할 필요가 있습니다. For Each… Next 문을 사용해 [값] 변수에 연결된 범위 내 셀을 하나씩 [셀] 개체변수에 연결합니다.

❹ [셀] 개체변수에 연결된 셀의 값인 숫자인지 확인해 [누계] 변수에 누적 합산합니다. 이렇게 순환문을 구성하지 않고 다른 방법을 이용하려면 WorksheetFunction 개체를 이용해 SUM 함수를 호출해 다음과 같은 코드를 구성할 수 있습니다.

```
If TypeName(값) = "Range" Then

        누계 = 누계 + WorksheetFunction.Sum(값)

    Else

        If IsNumeric(값) Then 누계 = 누계 + 값

    End If
```

코드를 수정하고 GET_SUM 함수가 제대로 동작하는지 [D2] 병합 셀에 다음과 같은 수식을 입력합니다.

• [D2] 병합 셀 : =GET_SUM(C5:C9, E5:E9)

D2			f_x	=GET_SUM(C5:C9, E5:E9)		
	A	B	C	D	E	F
1						
2		**총매출**		**44,181,000**		
3						
4		담당	매출	담당	매출	
5		박지훈	2,151,000	박현우	5,456,000	
6		유준혁	2,581,000	정시우	2,578,000	
7		이서연	4,374,000	이은서	4,020,000	
8		김민준	5,229,000	오서윤	7,953,000	
9		최서현	6,663,000	강민영	3,176,000	
10						

생성할 함수가 반환할 에러를 정확하게 설정하는 방법

예제 파일 PART 02 \ CHAPTER 08 \ CVErr 함수.xlsm

수식 에러

엑셀 사용자라면 워크시트 함수를 사용할 때 함수나 수식 구성에 문제가 있는 경우 #N/A, #DIV/0!와 같은 에러가 발생합니다. Function 프로시저로 만든 사용자 정의 함수도 상황에 따라 적절한 에러를 반환하도록 구성할 수 있습니다. 에러의 의미를 이해하고 있다면 개발된 함수를 사용할 때 문제를 빠르게 이해하고 수정할 수 있습니다.

CVErr 함수

Function 프로시저에서 상황에 맞는 에러가 반환되도록 하려면 CVErr 함수를 사용합니다. 이 함수를 사용할 때 주의할 점은 Function 프로시저의 반환 형식이 반드시 Variant여야 한다는 점입니다. 수식 에러를 반환하도록 설정된 Function 프로시저는 다음과 같습니다.

```
Function 함수명( 인수 As 형식 ) As Variant          ①

    ' 실행 명령

    If 조건 Then
        함수명 = 반환 값
    Else
        함수명 = CVErr(에러 번호)          ②
    End If

End Function
```

❶ Function 프로시저를 선언할 때 반환할 데이터 형식을 Variant로 설정합니다. 사실 생략하면 Variant 형식으로 반환하므로 As 부분은 생략하고 다음과 같이 함수를 선언할 수 있습니다.

```
Function 함수명( 인수 As 형식 )
```

CVErr 함수는 인수로 전달된 에러 번호에 따른 수식 에러를 반환합니다. 에러 번호는 다음과 같은 내장 상수를 사용할 수 있습니다.

내장 상수	에러번호	반환될 에러	설명
xlErrBlocked	2047	#BLOCKED!	엑셀 2021, Microsoft 365 버전에서 여러 원인으로 엑셀 서비스에 연결할 수 없을 때 반환
xlErrCalc	2050	#CALC!	엑셀 2021, Microsoft 365 버전에서 배열 함수를 계산할 수 없을 때 반환
xlErrConnect	2046	#CONNECT!	외부 데이터와 연결할 수 없을 때 반환
xlErrDiv0	2007	#DIV/0!	나눗셈 연산에서 0으로 나눌 경우에 반환
xlErrField	2049	#FIELD!	엑셀 2021, Microsoft 365 버전에서 새로 지원된 데이터 형식을 사용할 때 참조할 필드가 존재하지 않거나 읽을 수 없을 때 반환
xlErrGettingData	2043	#GETTING_DATA	데이터 셋과 연결 중일 때 잠시 반환, 연결이 완료되면 사라집니다. 이 에러와 연관된 함수는 CUBEVALUE 등의 함수가 있습니다.
xlErrNA	2042	#N/A	지정된 범위에 찾는 값이 없는 경우에 반환
xlErrName	2029	#NAME!	함수에 전달된 이름의 개체가 존재하지 않을 때 반환
xlErrNull	2000	#NULL!	참조할 교집합 범위가 존재하지 않을 때 반환
xlErrNum	2036	#NUM!	반환할 숫자가 너무 크거나 작은 경우에 반환
xlErrRef	2023	#REF!	참조한 셀이 삭제된 경우에 반환
xlErrSpill	2045	#SPILL!	엑셀 2021, Microsoft 365 버전에서 배열 함수에서 반환할 범위 내 다른 데이터가 존재하는 경우에 반환
xlErrUnknown	2048	#UNKNOWN!	엑셀 2021, Microsoft 365 버전에 새로 지원된 데이터 형식을 하위 버전에서 사용하려는 경우에 반환
xlErrValue	2015	#VALUE!	매개변수로 전달된 값의 데이터 형식이 잘못된 경우에 반환

예를 들어 #N/A 에러를 반환하는 CVErr 함수의 사용 방법은 다음과 같습니다.

```
함수명 = CVErr(xlErrNA)

또는

함수명 = CVErr(2042)
```

정확한 에러를 반환하는 함수 개발 사례

예제를 열면 다음과 같은 표를 확인할 수 있습니다.

▲	A	B	C	D	E	F
1						
2		**이름**	**셀 위치**		**참가자**	
3		유준혁			박지훈	
4					유준혁	
5					이서연	
6					김민준	
7					최서현	
8					박현우	
9					정시우	
10					이은서	
11					오서윤	
12					강민영	
13						

[B3] 셀에 입력된 값을 [E3:E12] 범위에서 찾고, 찾은 셀의 주소를 반환하도록 해야 한다면 다음과 같은 Function 프로시저를 구성할 수 있습니다.

```
Function GET_CELL(이름 As String, 명단 As Range) As Variant ──────────── ❶

    Dim 셀 As Range ────────── ❷
    Dim 검색결과 As Variant ──────────── ❸

    검색결과 = CVErr(xlErrNA) ────────── ❹

    For Each 셀 In 명단 ────────── ❺

        If 셀.Value = 이름 Then ────────── ❻
            검색결과 = 셀.Address(False, False) ──────────── ❼
            Exit For ────────── ❽
        End If

    Next

    GET_CELL = 검색결과 ────────── ❾

End Function
```

❶ GET_CELL 함수를 Function 프로시저로 선언합니다. GET_CELL 함수는 String 형식의 [이름]과 Range 형식의 [명단] 매개변수 두 개를 사용하도록 구성합니다. 함수에서 반환하는 값은 Variant 형식이 되도록 구성합니다.

❷ For Each… Next 문에서 사용할 Range 형식의 [셀] 변수를 선언합니다.

❸ Variant 형식의 [검색결과] 변수를 선언합니다.

❹ [검색결과] 변수에 CVErr 함수를 사용해 #N/A 에러 값을 저장합니다. 이 코드는 값을 찾는 과정을 순환문으로 처리할 예정일 때, 순환문 에서는 값을 찾았는지 여부를 파악하기가 쉽지 않아 기본 에러를 저장하고 값을 찾은 경우에만 셀 주소를 [검색결과] 변수에 저장하기 위한 것입니다.

❺ For Each… Next 순환문을 사용해 [명단] 범위를 순환하면서 셀을 하나씩 [셀] 변수에 연결합니다.

❻ [셀] 변수에 저장된 값이 [이름] 변수에 저장된 값과 동일한지 판단합니다.

❼ **탐색 바 :** ❻의 판단 결과가 True면 [검색결과] 변수에 [셀] 변수에 연결된 셀의 주소(Address)를 저장합니다. Address 속성은 Range 개체의 셀 주소를 $A$1과 같은 절대참조 주소로 반환합니다. 절대참조 기호($)가 표시되지 않도록 하려면 Address 속성의 첫 번째와 두 번째 매개변수의 값을 False로 전달합니다.

절대참조 기호가 표시되도록 하려면 코드를 다음과 같이 구성합니다.

```
검색결과 = 셀.Address
```

❽ 찾았으면 Exit For 문을 사용해 순환문을 종료합니다.
❾ GET_CELL 함수에 [검색결과] 변수의 값을 반환합니다.

[찾기] 사용자 정의 함수를 테스트하기 위해 각 셀에 순서대로 수식 및 값을 입력합니다.

- **[C2] 셀 : =GET_CELL(B3, E3:E12)**
- **[B2] 셀 : 최준선**

그러면 각각 다음과 같은 결과를 확인할 수 있습니다.

08 / 05
내장 함수(SUM 등)와 사용자가 개발한 함수는 다르게 동작할까?

예제 파일 PART 02 \ CHAPTER 08 \ Volatile 속성.xlsm

수식의 재계산

셀에 입력된 모든 수식은 다음과 같은 경우에 재계산됩니다.

- 첫째, 참조하는 셀 값이 변경된 경우
- 둘째, 행/열 또는 셀을 삭제하거나 삽입해 셀의 위치가 조정되는 경우
- 셋째, 파일을 다시 연 경우
- 넷째, TODAY 함수 같이 인수가 없는 함수와 RANDBETWEEN 함수 같이 난수를 반환하는 함수는 파일 내 아무 셀 값이 변경되면 수식을 재계산합니다.

다만 Function 프로시저로 개발한 사용자 정의 함수는 위의 첫째와 둘째 상황에서만 재계산합니다. 따라서 엑셀의 함수와 동일한 시점에 항상 재계산되도록 하려면 나머지 상황에서도 사용자 정의 함수가 재계산되도록 해야 합니다.

이런 것들을 자세하게 구분하지 못한다고 하더라도 Function 프로시저로 만든 함수를 셀에서 사용한다면 재계산 시점을 맞춰야 다른 엑셀의 함수와 동일한 시점에서 재계산되도록 할 수 있습니다.

Application 개체의 Volatile 속성

워크시트 함수 중에는 현재 시간을 반환하는 함수가 제공되지는 않습니다. 하지만 다음과 같은 계산식을 사용하면 현재 시간을 확인할 수 있습니다.

```
=Now()-Today()

Or

=Mod(Now(), 1)
```

그에 반해 VBA에는 현재 시간을 반환해주는 Time 함수가 제공됩니다. 이 함수를 사용하는 사용자 정의 함수를 개발하면 다음과 같은 Function 프로시저를 구성할 수 있습니다.

```
Function GET_TIME() As Date                    ❶

    GET_TIME = Time                            ❷

End Function
```

❶ GET_TIME 함수를 Function 프로시저로 선언합니다. 매개변수는 없으며 반환값은 Date 형식입니다.
❷ GET_TIME 함수에 Time 함수(VBA 함수)의 결과를 반환합니다.

예제를 열고 [C3] 셀에 다음 수식을 입력하면 [B3] 셀의 시간과 동일한 결과를 반환 받을 수 있습니다.

· [C3] 셀 : =GET_TIME()

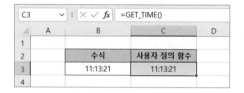

C3	⌄ : × ✓ fx	=GET_TIME()	
◢	A	B	C	D
1				
2		수식	사용자 정의 함수	
3		11:13:21	11:13:21	
4				

TIP [B3] 셀에는 **=NOW()-Today()** 수식이 입력되어 있습니다.

TIP 참고로 [C3] 셀에 반환된 시간이 [B3] 셀의 시간보다 1초 늦을 수도 있습니다. 이것은 Time 함수가 VBA에서 계산된 후 GET_TIME 함수로 반환될 때까지 약간의 시간 지연이 발생하기 때문입니다.

빈 셀에 임의의 값을 입력하면 [B3] 셀의 시간은 바뀌지만 [C3] 셀의 시간은 바뀌지 않습니다.

E3	⌄ : × ✓ fx	VBA			
◢	A	B	C	D	E	F
1						
2		수식	사용자 정의 함수			
3		11:14:29	11:13:21		VBA	
4						

TIP 값을 입력하기 귀찮다면 수식 재계산 단축키인 F9 를 눌러도 됩니다.

GET_TIME 함수가 워크시트 함수처럼 계산되도록 하려면 코드를 수정합니다. Alt + F11 을 누르고 프로젝트 탐색기 창에서 [Module1] 개체를 더블클릭합니다. 코드 창의 GET_TIME Function 프로시저에 다음 부분을 추가합니다.

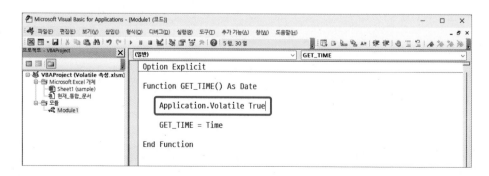

추가할 코드는 다음과 같습니다.

```
Function GET_TIME() As Date

    Application.Volatile True ──────────── ❶

    현재시간 = Time

End Function
```

❶ Application 개체의 Volatile 메서드는 Function 프로시저가 워크시트 함수처럼 계산되도록 설정합니다. 기본값은 True이므로 생략하고 Application.Volatile만 입력해도 됩니다.

코드 수정 작업을 마치고 Alt + F11 을 눌러 엑셀 창으로 전환합니다. 코드를 수정한 후 GET_TIME 함수를 사용하는 [C3] 셀의 계산식을 다시 입력해야 합니다. [C3] 셀에서 F2 를 누른 후 Enter 를 눌러 수식을 재입력합니다. 이런 과정을 거쳐야 수정된 코드의 GET_TIME 함수가 제대로 동작합니다.

아무 셀에 값을 입력해보면 [B3] 셀과 [C3] 셀의 시간이 동시에 변하는 것을 확인할 수 있습니다.

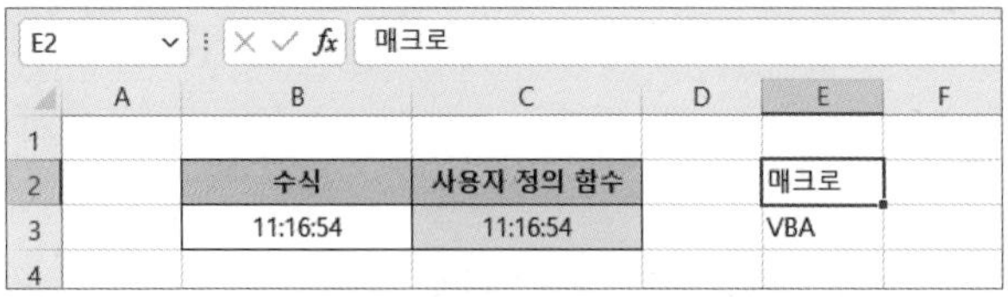

	A	B	C	D	E	F
1						
2		수식	사용자 정의 함수		매크로	
3		11:16:54	11:16:54		VBA	
4						

E2 셀 수식 입력줄: 매크로

ByRef, ByVal 키워드는 어떤 역할을 할까?

예제 파일 PART 02 \ CHAPTER 08 \ByRef, ByVal 키워드.xlsm

매개변수의 값 전달 방식의 차이

프로시저에 매개변수를 이용해 값을 전달받을 때, 값이 전달되는 방식이 아니라 매개변수의 주소가 전달됩니다. 이렇게 매개변수에서 값을 전달받는 방식을 결정하는 키워드가 바로 ByRef와 ByVal입니다. 매개변수 앞에 아무런 표시도 없으면 매개변수의 주소가 전달되므로 ByRef 키워드가 생략된 것으로 이해하면 됩니다.

```
Function 함수명(ByRef 매개변수 As 데이터형식)
```

매개변수의 주소를 전달받아 프로시저 내에서 매개변수에 저장된 값을 수정할 수 있고, 프로시저를 호출할 때 전달한 변수의 값이 고쳐지게 됩니다. 즉, Sub 프로시저에서 Function 프로시저를 호출할 때 Sub 프로시저 내 변수를 Function 프로시저의 매개변수에 전달했다는 것은 Function 프로시저 내에서 매개변수의 값을 고치면 Sub 프로시저 내 변수도 고쳐진다는 얘기입니다.

TIP Sub 프로시저의 변수와 Function 프로시저의 매개변수가 이름은 달라도 같은 변수로 처리됩니다.

만약 매개변수의 주소가 아니라 값만 전달받고 싶다면 ByRef 키워드 대신 ByVal 키워드를 사용하면 됩니다.

```
Function 함수명(ByVal 매개변수 As 데이터형식)
```

이렇게 하면 Function 프로시저 내에서 매개변수의 값을 수정해도 변수에 저장된 값은 수정되지 않습니다.

TIP Sub 프로시저의 변수와 Function 프로시저의 매개변수는 다른 것으로 처리됩니다.

ByRef, ByVal 키워드의 활용 예

두 키워드의 차이를 확인하기 위해 다음 코드를 먼저 확인합니다.

```
Sub By키워드()                        ──────── ①

    Dim 연도 As Integer         ──────── ②

    연도 = InputBox("당신의 출생연도를 YYYY 네자리 숫자로 입력해 주세요!")        ──────── ③

    Range("B4").Value = 연도        ──────── ④
    Range("C4").Value = GET_AGE(연도)        ──────── ⑤
    Range("D4").Value = 연도        ──────── ⑥

End Sub

Function GET_AGE(ByRef 출생연도 As Integer) As Integer        ──────── ⑦

    GET_AGE = Year(Date) - 출생연도 + 1        ──────── ⑧
    출생연도 = 0        ──────── ⑨

End Function
```

❶ [By키워드] 매크로를 Sub 프로시저로 선언합니다.

❷ Integer 형식의 [연도] 변수를 선언합니다.

❸ [연도] 변수에 InputBox 함수를 사용해 네 자리 출생연도(YYYY)를 입력받고 저장합니다.

❹ [B4] 셀에 [연도] 변수의 값을 입력합니다.

❺ GET_AGE 함수에 [연도] 변수의 값을 전달하고 계산된 반환값을 [C4] 셀에 입력합니다.

　참고로 GET_AGE 함수는 [출생연도] 매개변수가 인수이므로 [연도] 변수가 [출생연도]로 전달됩니다. [출생연도] 매개변수 앞에 ByRef 키워드를 사용했으므로, [연도] 변수의 값이 아니라 메모리 주소가 전달됩니다.

❻ [D4] 셀에 [연도] 변수의 값을 다시 저장합니다.

　참고로 [연도] 변수가 GET_AGE 함수의 매개변수에 전달됐으므로, GET_AGE 함수에서 매개변수의 값이 변경되면 변경된 값이 [연도] 변수에 저장됩니다.

❼ GET_AGE 함수를 Function 프로시저를 선언합니다.

　GET_AGE 함수는 [출생연도] 매개변수에 네 자리의 출생한 연도 값을 받아 나이를 계산한 후 Integer 데이터 형식으로 반환합니다.

❽ 금년(Year(Date))에서 [출생연도] 매개변수의 값을 뺀 후 1을 더한 값을 GET_AGE 함수로 반환합니다.

❾ [출생연도] 매개변수의 값을 0으로 변경합니다. [출생연도] 매개변수는 [연도] 변수의 주소를 전달받았으므로 이 작업을 하면 [연도] 변수의 값이 0으로 바뀌게 됩니다.

앞 매크로의 결과를 확인하기 위해 예제를 열고 [매개변수 전달] 단추를 클릭합니다. 입력 대화상자에서 **1990** 또는 자신의 출생연도를 입력하고 [확인]을 클릭합니다.

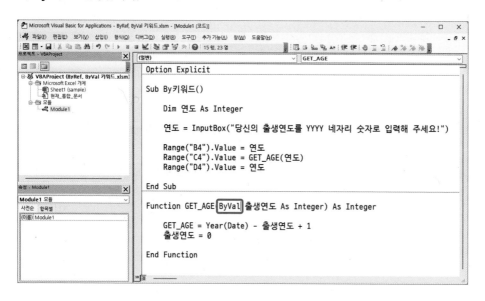

그러면 [B4] 셀에는 InputBox 대화상자에 입력한 출생연도가 나타나고, [C4] 셀에는 나이가 [D4] 셀에는 [연도] 변수의 값이 반환됩니다. [D4] 셀의 값이 0이므로, GET_AGE 함수에서 [출생연도] 매개변수의 결과를 변경한 부분이 [연도] 변수를 수정한 것과 동일하게 처리되는 것을 확인할 수 있습니다.

ByRef 키워드를 ByVal 키워드로 변경해 값이 변경되지 않는지 확인합니다. Alt + F11 을 눌러 VB 편집기의 [Module1] 개체를 더블클릭한 후 GET_AGE 프로시저의 [출생연도] 매개변수 키워드를 ByRef에서 **ByVal**로 변경합니다.

수정된 GET_AGE 함수의 코드는 다음과 같습니다.

```
Function GET_AGE(ByVal 출생연도 As Integer) As Integer ─────────── ❶

    GET_AGE = Year(Date) - 출생연도 + 1
    출생연도 = 0 ───────────── ❷

End Function
```

❶ [출생연도] 매개변수의 값을 전달받는 방식을 변경하기 위해 ByRef 키워드를 ByVal 키워드로 변경합니다. 이렇게 하면 [출생연도] 매개 변수에 값만 저장되어, [By키워드] 매크로의 [연도] 변수와는 별개의 변수로 관리됩니다.

❷ [출생연도] 매개변수의 값을 0으로 변경해도 [출생연도] 매개변수의 값만 변경됩니다. 당연히 Function 프로시저가 종료되면 [출생연도] 매개변수의 메모리도 반환되므로 이 작업으로 [By키워드] 매크로의 [연도] 변수에 영향을 주지 않습니다.

수정된 코드의 결과를 확인하려면 Alt + F11 을 누르고 [매개변수 전달] 단추를 다시 클릭합니다.

	A	B	C	D	E	F	G	H
1								
2		계산 전		계산 후		매개변수 전달		
3		연도	나이	연도				
4		1990	33	1990				
5								

TIP [B4:C4] 범위는 이전과 동일하지만, [D4] 셀의 값은 [B4] 셀의 값과 정확하게 일치합니다.

대부분의 프로시저에서 매개변수를 사용할 때 ByRef나 ByVal 키워드는 사용되지 않습니다. 기본값은 ByRef로 전달된 변수의 주소가 전달되는 방식이므로 매개변수를 통해 전달된 변수를 고칠 수 있습니다. 그러므로 전달된 변수의 값을 바꿀 수 없도록 하고 싶다면 매개변수로 ByVal 키워드를 사용하고 프로시저를 개발해야 합니다.

08/07

생성한 함수를
함수 마법사에 표시하려면?

예제 파일 PART 02 \ CHAPTER 08 \ Function 프로시저 – 분류.xlsm

함수 마법사에서 사용자 정의 함수 확인

Function 프로시저를 이용해 개발한 사용자 정의 함수는 [함수 마법사] 대화상자에서 확인할 수 있습니다. [함수 마법사]에서 개발된 사용자 정의 함수를 확인하려면 다음 과정을 참고합니다.

01 사용자 정의 함수가 포함된 파일을 열거나 예제를 엽니다.

02 [수식 입력줄] 왼쪽의 [함수 삽입 *fx*]을 클릭해 [함수 마법사] 대화상자를 엽니다.

03 [범주 선택]에서 [사용자 정의]를 선택합니다.

04 [함수 선택] 목록에서 개발한 사용자 정의 함수를 확인할 수 있습니다.

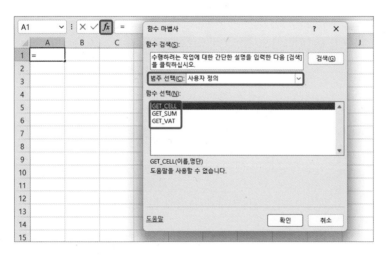

함수 카테고리 변경

Function 프로시저로 개발된 모든 사용자 정의 함수는 [사용자 정의] 범주에 표시되는 것이 기본이지만,

필요하다면 다른 범주에 속하도록 할 수 있습니다. 이때 Application 개체의 MacroOptions 메서드를 이용하며 코드는 다음과 같습니다.

```
Application.MacroOptions Macro:="프로시저명", Category:="범주명"
```

예를 들어 GET_SUM 사용자 정의 함수를 SUM 함수 위치인 [수학/삼각] 범주에 나타나도록 하려면 다음과 같은 매크로를 사용하면 됩니다.

```
Sub 함수분류()
Application.MacroOptions Macro:="GET_SUM", Category:="수학/삼각"
End Sub
```

TIP Sub 프로시저를 생성하지 않고 코드 부분만 직접 실행 창에서 실행해도 됩니다.

해당 매크로를 실행하고 [함수 마법사] 대화상자의 [범주 선택]에서 [수학/삼각]을 선택하면 GET_SUM 함수를 확인할 수 있습니다. 또한 별도의 범주를 생성해 분류할 수도 있습니다. 예를 들어 **바이블**과 같은 범주를 생성하려면 직접 Category 매개변수에 원하는 값을 입력하면 됩니다.

```
Application.MacroOptions Macro:="GET_SUM", Category:="바이블"
```

위 코드를 직접 실행 창에서 실행하면 [바이블] 범주에서 GET_SUM 함수를 확인할 수 있습니다.

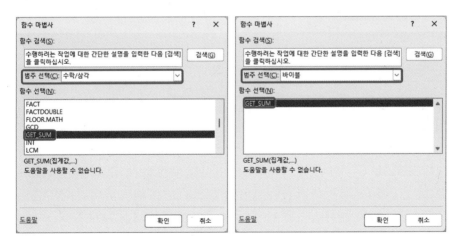

생성된 새로운 [바이블]과 같은 범주는 해당 범주 내 함수가 존재하는 경우에는 계속해서 표시됩니다. 생성된 범주를 더 이상 사용하지 않으려면 해당 분류 내 함수를 다른 분류로 옮기면 됩니다. 다음은 GET_SUM 함수를 원래 [사용자 정의] 범주로 옮기는 코드의 예입니다.

```
Application.MacroOptions Macro:="GET_SUM", Category:="사용자 정의"
```

앞 코드를 실행하면 생성된 [바이블] 범주는 삭제되고, GET_SUM 사용자 정의 함수는 다시 [사용자 정의] 범주에 나타나게 됩니다.

함수 약식 도움말 추가

[함수 마법사] 대화상자에 표시되는 사용자 정의 함수는 함수와 간단한 인수 구성 정보만 확인이 가능하며, 함수에 대한 도움말은 표시되지 않습니다. 함수의 약식 도움말을 표시하고 싶다면 MacroOptions 메서드 내 Description 매개변수를 설정하면 됩니다.

다음 코드는 [합계] 함수의 약식 도움말을 설정하는 코드 예시입니다.

```
Application.MacroOptions Macro:="GET_SUM", Description:="인수로 전달한 값(또는 범위)의 합
계를 구해 반환합니다."
```

위 코드를 직접 실행 창에서 실행하고, [함수 마법사] 대화상자에서 GET_SUM 함수를 선택하면 [함수 선택] 목록 하단에 함수에 대한 약식 도움말이 표시됩니다.

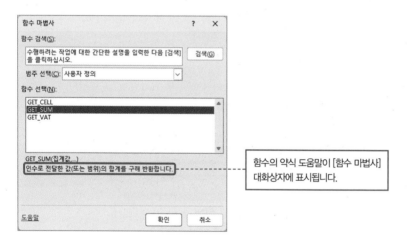

08/08 사용자가 생성한 함수를 모든 파일에서 사용하려면?

예제 파일 PART 02 \ CHAPTER 08 \ 추가 기능.xlsm

추가 기능 생성

Function 프로시저로 개발한 사용자 정의 함수 또는 Sub 프로시저로 개발한 매크로를 여러 파일에서 사용하거나 다른 사람에게 배포하려면, 프로시저가 저장된 파일을 추가 기능 파일로 만드는 것이 좋습니다. 추가 기능 파일을 만들어 배포하면 사용자가 필요에 따라 '추가 기능' 파일을 선택하는 것만으로 개발된 프로시저를 사용할 수 있어 편리합니다. 추가 기능을 생성하는 방법은 다음 과정을 참고합니다.

01 추가 기능으로 만들 파일을 생성하거나, 예제 파일을 엽니다.

TIP 예제 파일에는 GET_VAT, GET_CELL, GET_SUM 사용자 정의 함수가 포함되어 있습니다.

02 추가 기능의 이름과 약식 도움말을 설정합니다.

03 리본 메뉴의 [파일] 탭–[정보]를 클릭한 후 [속성]–[고급 속성]을 클릭합니다.

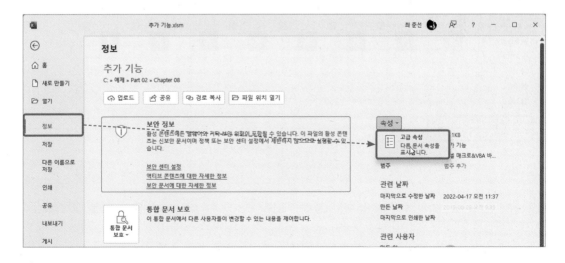

TIP 엑셀 2016 버전부터는 [문서 창 표시] 메뉴가 제거되어 [고급 속성] 메뉴를 사용합니다.

04 [추가 기능 속성] 대화 상자의 [제목]과 [메모] 항목에 필요한 값을 입력하고 [확인]을 클릭합니다.

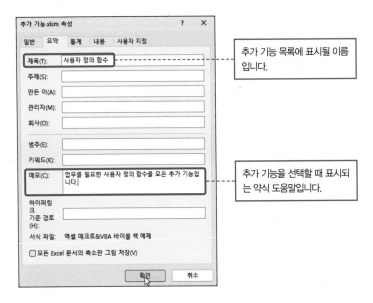

TIP [제목]은 추가 기능의 이름이 되며, [메모]는 약식 도움말로 표시가 됩니다.

05 추가 기능 파일로 저장합니다.

06 리본 메뉴의 [파일] 탭–[다른 이름으로 저장]을 클릭합니다.

07 [이 PC]를 선택하고 [찾아보기]를 클릭합니다.

08 [다른 이름으로 저장] 대화상자에서 [파일 형식]을 [Excel 추가 기능 (*.xlam)]으로 변경하고 [파일 이름]에 원하는 파일 명을 입력한 후 [저장]을 클릭합니다.

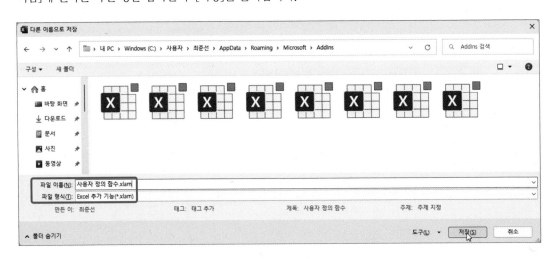

TIP [다른 이름으로 저장] 대화상자에서 [파일 형식]을 [Excel 추가 기능]으로 변경하면 저장 폴더 위치가 자동으로 변경됩니다. 이 경로는 추가 기능 파일의 기본 경로이므로 임의 변경하면 안 됩니다.

🔍 **더 알아보기** **추가 기능 파일을 배포할 때의 경로**

추가 기능 파일은 OS 버전에 따라 경로가 약간 다르게 나타나지만, 윈도우 7 이상 버전을 사용한다면 경로는 다음과 같습니다.

```
C:\Users\사용자명\AppData\Roaming\Microsoft\AddIns
```

그러므로 다른 사용자에게 추가 기능 파일을 배포하려면 추가 기능 파일을 위 경로에 복사/붙여 넣도록 안내하면 됩니다.

09 추가 기능 파일이 생성되면 엑셀 프로그램을 종료해 모든 파일을 닫습니다.

TIP 추가 기능 파일이 이미 저장되었기 때문에 예제 파일은 저장하지 않아도 상관은 없습니다.

추가 기능 설치

생성된 추가 기능을 사용하려면 [추가 기능] 대화상자에서 해당 추가 기능을 선택해야 합니다. 아래 방법을 참고합니다.

01 빈 통합문서 파일을 하나 엽니다.

02 리본 메뉴의 [개발 도구] 탭-[추가 기능] 그룹-[추가 기능⚙]을 클릭합니다.

03 [추가 기능] 대화상자에서 생성한 추가 기능에 체크하고 [확인]을 클릭합니다.

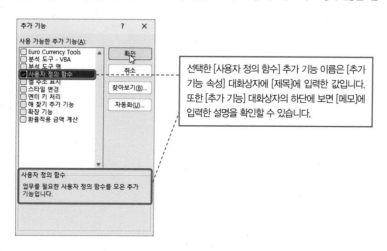

선택한 [사용자 정의 함수] 추가 기능 이름은 [추가 기능 속성] 대화상자에 [제목]에 입력한 값입니다. 또한 [추가 기능] 대화상자의 하단에 보면 [메모]에 입력한 설명을 확인할 수 있습니다.

04 이제 추가 기능에 포함된 사용자 정의 함수나 매크로를 이용할 수 있습니다.

05 사용자 정의 함수가 사용 가능한지 확인합니다.

06 [수식 입력줄] 왼쪽의 [함수 삽입 f_x]을 클릭해 [함수 마법사] 대화상자를 표시합니다.

07 [범주 선택]에서 [사용자 정의]를 선택하면 추가 기능의 사용자 정의 함수가 목록에 표시됩니다.

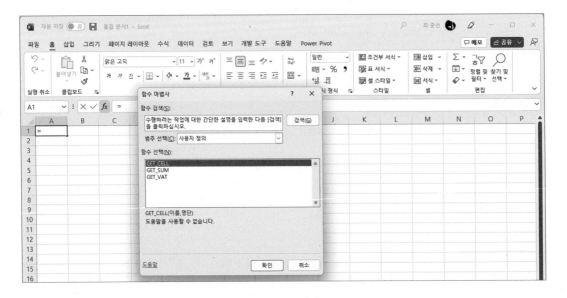

추가 기능 해제와 삭제 방법

예제 파일 없음

추가 기능 해제

추가 기능에는 새로운 함수나 매크로가 추가될 수 있고 필요하다면 기존 코드를 수정하는 작업이 필요합니다. 하지만 이런 작업을 할 때 [추가 기능]이 활성화되어 있으면 해당 파일이 백그라운드에서 열려 있는 상태이기 때문에 수정이 불가능합니다. 따라서 추가 기능 파일을 닫기 위해 추가 기능을 해제할 필요가 있습니다. 해제 방법은 다음 과정을 참고합니다.

01 리본 메뉴의 [개발 도구] 탭-[추가 기능] 그룹-[추가 기능⊙]을 클릭합니다.

02 [추가 기능] 대화상자에서 삭제할 추가 기능을 체크 해제하고 [확인]을 클릭합니다.

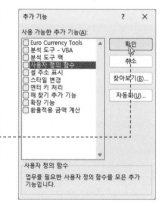

반드시 [확인]을 클릭해 대화상자를 닫아야 추가 기능 파일이 닫힙니다.

03 **SECTION 08-08**을 참고해 추가 기능을 수정한 후 다시 추가하면 됩니다.

> **TIP** 추가 기능을 기존 파일과 동일한 이름으로 생성하면 기능을 업데이트할 수 있습니다.

추가 기능 삭제

추가 기능을 더 이상 사용하지 않는다면 추가 기능 파일을 삭제하는 것이 좋습니다. 다음 과정을 참고합니다. 참고로 이 작업은 반드시 추가 기능 해제 작업을 선행하고 작업해야 합니다.

01 리본 메뉴의 [개발 도구] 탭-[추가 기능] 그룹-[추가 기능⚙]을 클릭합니다.

02 [추가 기능] 대화상자에서 [찾아보기]를 클릭합니다.

03 [찾아보기] 대화상자에서 삭제할 파일을 마우스 오른쪽 버튼으로 클릭하고 [삭제]를 클릭합니다.

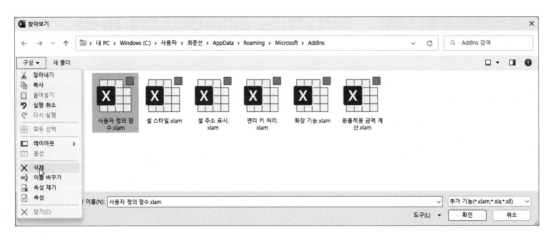

04 [찾아보기] 대화상자에서 [취소]를 클릭해 닫습니다.

05 [추가 기능] 대화상자에서 삭제한 추가 기능을 선택합니다.

TIP 파일을 삭제해도 [추가 기능] 목록에서 자동으로 삭제되지 않습니다.

06 목록에서 삭제할지를 묻는 메시지 창이 표시되면 [예]를 클릭합니다.

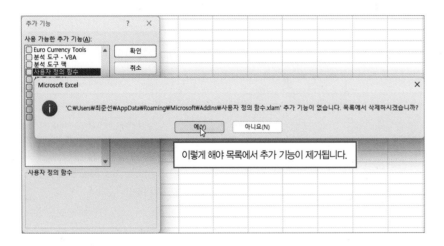

07 [추가 기능] 대화상자의 [확인]을 클릭해 대화상자를 닫습니다.

에러 처리와
실행 속도 향상 방법

프로그래밍은 사람이 하는 것이다 보니, 여러 가지 이유로 에러가 발생합니다. 에러가 발생하는 상황은 다양하기 때문에 대부분의 프로그래밍 언어에서는 에러를 제어할 수 있는 구문을 제공해 개발자가 에러 발생 상황을 관리할 수 있도록 도와줍니다. 에러 관리는 에러 발생 상황을 처리하기 위한 목적 이외에도 프로시저의 처리 속도를 높이는 용도로 쓰이며, 프로시저 개발에 매우 중요한 역할을 합니다. CHAPTER 09에서는 에러가 발생하는 상황을 통제하는 방법과 이를 이용한 속도 향상 방법을 알아보겠습니다.

에러 발생 상황과 대처 방법

예제 파일 PART 02 \ CHAPTER 09 \ 에러 발생.xlsm

에러의 이해

매크로를 개발한다는 것은 현재 상황에 맞도록 데이터를 처리하는 것을 의미하므로, 생각하지 못한 상황에서는 에러가 발생할 수 있습니다. 에러가 발생하지 않는 상황이 가장 좋지만 기왕 발생할 수밖에 없다면 매크로를 개발할 때 발생하는 것이 수정할 수 있는 시간을 가질 수 있다는 점에서 바람직합니다. 가장 나쁜 상황이 바로 사용자에게 매크로가 전달된 후 에러가 발생하는 경우입니다. 그러므로 되도록이면 매크로를 개발한 후 다양한 상황에 대해 테스트해보는 것이 좋습니다.

에러 발생과 대처

예제를 열고 [매크로 실행] 단추를 클릭하면 아래와 같은 에러 메시지가 나타납니다.

에러 메시지 창의 내용을 읽어도 무슨 에러인지 쉽게 파악할 수 없습니다. 메시지 창에서 [종료]를 클릭하면 매크로 실행이 중단되어 에러가 어디에서 발생했는지 확인하기 어려우므로, 반드시 [디버그]를 클릭해에러가 발생된 위치를 확인하는 것이 좋습니다. [디버그]를 클릭하면 VB 편집기 창이 열리면서 문제가 발생한 코드의 위치를 노란색 줄로 표시해줍니다.

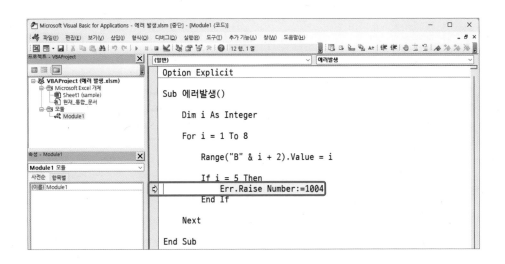

🔍 더 알아보기 **에러 발생 부분 이해하기**

이 프로시저에서 에러가 발생한 부분의 코드는 다음과 같습니다.

```
Err.Raise Number:=1004  ────────────── ❶
```

❶ Err 개체는 코드에서 발생하는 에러를 관리하는 개체로 Raise 메서드는 런타임 에러를 발생시킵니다. Raise 메서드의 Number 매개변수는 발생할 에러번호를 의미합니다.

이 코드는 1004 런타임 에러를 강제로 발생시키며, 에러 발생 상황 예시를 보여주기 위해 추가한 명령입니다.

참고로 [디버그]를 클릭할 때 표시되는 노란색 줄의 위치는 에러가 발생된 위치일 뿐, 에러의 원인이라고는 할 수 없습니다. VBA 코드는 다양한 명령어가 상호 작용하여 사용자가 입력한 데이터와 유기적으로 연관되어 동작하므로, 이전 줄의 코드에서 발생한 원인으로 인해 해당 줄에서 에러가 발생할 수도 있습니다. 따라서 에러의 원인을 파악하려면 노란색 줄 위치부터 상단에 위치한 코드를 모두 확인해볼 필요가 있습니다.

이와 같이 프로시저가 중단된 상태를 **중단** 상태라고 합니다. 이 상태를 해제하지 않으면 다른 매크로를 실행할 수 없습니다. 만약 중단 상태에서 다른 매크로를 실행하면 옆과 같은 에러 메시지 창이 나타납니다.

에러를 바로 해결할 수 있다면 다행이지만, 에러가 발생한 상태에서 다른 작업을 처리해야 한다면 중단 상태를 해제해야 합니다. 중단 상태를 해제하려면 VB 편집기 창의 표준 도구 모음에 있는 [재설정■]을 클릭하거나 [실행]-[재설정] 메뉴를 선택합니다.

09 / 02 에러는 언제 발생하고, 어떻게 해결할 수 있나

예제 파일 없음

에러 발생 상황

에러는 다양한 원인에 의해 발생하므로 모든 원인에 대해 설명할 수 없지만, 에러가 발생하는 시점은 몇 가지로 나눠 설명할 수 있습니다. 에러는 보통 코드를 개발하는 디자인 시점, VBA 코드를 컴퓨터가 이해할 수 있는 이진수로 번역하는 컴파일 시점, 그리고 매크로를 실행하는 시점에 발생할 수 있습니다. 각 단계에서 에러 발생 시점은 다음과 같습니다.

디자인 시점 → 컴파일 시점 → 실행 시점

매크로 실행 전 단계에서 에러를 발견하고 해결할 수 있다면 매크로를 실행할 때 에러가 발생하는 상황을 피할 수 있습니다. 가능하다면 매크로 실행 전 미리 에러를 확인하는 것이 좋습니다.

디자인 시점 에러

코드 창에서 코드를 작성하면 VB 편집기가 자동으로 구문을 검사합니다. 이때 문법에 맞지 않는 코드를 입력하면 자동으로 에러 메시지 창을 표시해줍니다. 간단히 확인해보기 위해 엑셀을 실행해 빈 파일을 엽니다. Alt + F11 을 눌러 VB 편집기 창을 엽니다. [삽입]-[모듈] 메뉴를 선택하고 코드 창에 다음과 같이 코드를 입력합니다.

```
Sub 디자인시점()

    If Range("A1").Value > 1 ─────────── ❶

End Sub
```

❶ 이 줄의 코드를 입력하고 Enter 를 누르면 에러가 발생합니다.

화면과 같이 에러 메시지 창이 나타나며, If 문의 끝에 Then 또는 GoTo 문이 추가되어야 함을 알려줍니다.

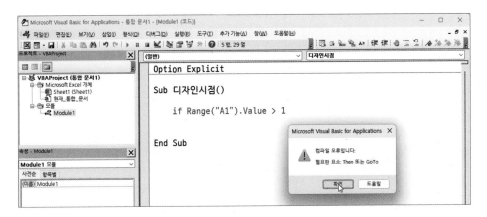

🔍 **더 알아보기**　　**자동 구문 검사 옵션**

VB 편집기가 사용자가 입력한 코드의 문법을 자동으로 검사하는 것은 [자동 구문 검사] 옵션이 설정되어 있기 때문입니다. 만약 에러 메시지 창이 표시되지 않는다면 다음 과정을 참고해 문제를 해결합니다.

01 VB 편집기의 [도구]–[옵션] 메뉴를 선택합니다.

02 [옵션] 대화상자의 [편집기] 탭을 클릭하고 [자동 구문 검사]이 체크되어 있는지 확인합니다.

코드를 입력할 때 구문을 검사해주기 때문에 초보자라면 VB 편집기의 [자동 구문 검사]를 활성화하고 코드를 개발하는 것이 좋습니다. 이렇게 코드를 입력하는 시점에 발생하는 에러를 디자인 시점 에러라고 합니다.

컴파일 시점 에러

프로그램을 만들 때 사용하는 프로그래밍 언어는 명령을 사용하는 사람도 어렵지만, 실행하는 컴퓨터가 이해하기도 어려운 언어입니다. 따라서 컴퓨터가 이해할 수 있는 기계어로 프로그래밍 언어를 번역하는 과정이 필요한데, 이런 번역 작업을 컴파일(Compile)이라고 합니다.

VB, C와 같은 프로그래밍 언어는 실행 전에 반드시 컴파일 과정이 필요하지만 VBA, Java, 파이썬과 같은 스크립트 언어는 컴파일 과정이 따로 필요하지 않습니다. 프로시저를 실행하는 순간 프로그램에 의해 자동으로 컴파일이 이뤄지기 때문입니다. 그러나 필요에 따라 VBA에서 수동으로 컴파일을 진행할 수 있습니다. 수동으로 컴파일을 하면 실행 전에 문법 에러를 확인할 수 있어 편리합니다. 다음 과정을 참고합니다.

01 VB 편집기의 코드 창에서 기존 코드는 모두 삭제하고, 다음 코드를 입력합니다.

```
Sub 컴파일시점()

    MsgBox Comment:=Range("A1").Value ──────────────❶

End Sub
```

❶ MsgBox 함수를 사용해 [A1] 셀의 값을 메시지 창에 표시합니다.

TIP 코드 작성 중에는 아무런 에러도 발생하지 않습니다.

02 실행 전에 컴파일 과정을 통해 에러 유무를 확인합니다.

03 [디버그] 탭-[VBAProject 컴파일] 메뉴를 선택하면 다음과 같은 에러 메시지 창이 표시됩니다.

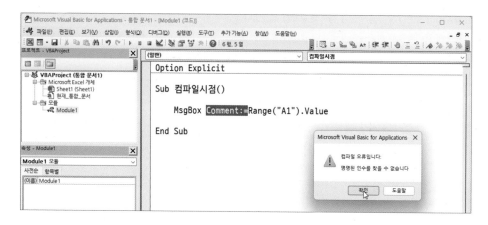

에러의 원인은 MsgBox 함수의 매개변수 명으로 사용된 Comment입니다. 올바른 매개변수 명은 Comment가 아니라 Prompt입니다. 에러를 해결하려면 코드를 다음과 같이 수정합니다.

```
MsgBox Prompt:=Range("A1").Value
```

LINK MsgBox 함수에 대한 자세한 설명은 **SECTION 10-01**을 참고합니다.

이렇게 매크로를 실행하기 전에 컴파일 과정을 거치면 문법적인 오류는 모두 해결할 수 있습니다.

실행 시점 에러

프로시저를 실행할 때 발생하는 에러를 모두 실행 시점 에러라고 하며 가장 흔한 에러입니다. 이 에러는 문법적인 오류보다 실행 프로세스의 논리적 모순에 의해 발생합니다. 실행 시점 에러를 확인하기 위해 다음 과정대로 진행합니다.

01 VB 편집기의 코드 창에서 기존 코드를 모두 삭제하고 다음 코드를 입력합니다.

```
Sub 실행시점()

    MsgBox Prompt:=Worksheets("sample").Range("A1").Value ─────────❶

End Sub
```

❶ MsgBox 함수를 사용해 [sample] 워크시트의 [A1] 셀의 값을 메시지 창에 표시합니다.

02 매크로를 실행하기 전 컴파일 과정을 통해 에러가 발생하는지 여부를 확인합니다.

03 VB 편집기의 [디버그]-[VBAProject 컴파일] 메뉴를 선택합니다.

04 에러가 발생하지 않으면 다음 세 가지 방법 중 하나를 선택해 매크로를 실행합니다.

- [F5]를 눌러 프로시저를 실행합니다.
- VB 편집기의 [실행]-[매크로 실행] 메뉴를 선택합니다.
- VB 편집기의 표준 도구 모음의 [Sub/사용자 정의 폼 실행▶]을 클릭합니다.

05 다음과 같은 에러 메시지 창이 표시됩니다.

06 [디버그]를 클릭하면 코드 실행 부분에 노란색 줄이 표시됩니다.

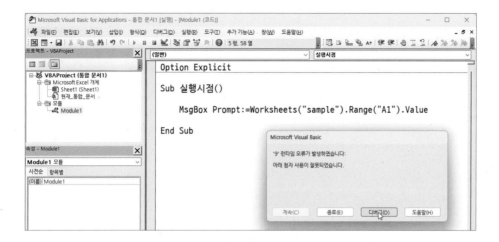

이 에러는 [sample] 워크시트가 존재하지 않기 때문에 발생하는 에러로 시트 탭의 이름을 **sample**로 수정하거나 코드를 다음과 같이 수정하면 해결할 수 있습니다.

```
MsgBox Worksheets("Sheet1").Range("A1").Value
```

에러는 디자인 시점 → 컴파일 시점 → 실행 시점에 각각 발생할 수 있습니다. 에러를 예방하기 위해서는 각 단계별로 에러 발생 여부를 꼼꼼하게 체크하는 것이 좋으며, 가급적 앞 단계에서 에러를 걸러내는 것이 중요합니다.

에러 해결을 위한 필수 도구

예제 파일 PART 02 \ CHAPTER 09 \ 단계별 실행.xlsm

에러 발생 및 코드 분석

에러가 발생하는 상황을 경험하고 코드를 분석하는 방법에 대해 확인합니다.

01 예제를 열고 [입력한 값을 거꾸로] 단추를 클릭하면 에러 메시지 창이 표시됩니다.

02 [디버그]를 클릭해 문제가 발생한 부분을 확인합니다.

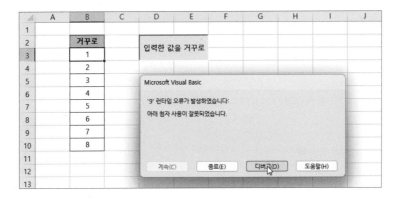

03 VB 편집기 창이 표시되면 에러 발생 위치를 확인합니다.

04 [중단] 상태를 해제하기 위해 [표준] 도구 모음의 [재설정 ■]을 클릭합니다.

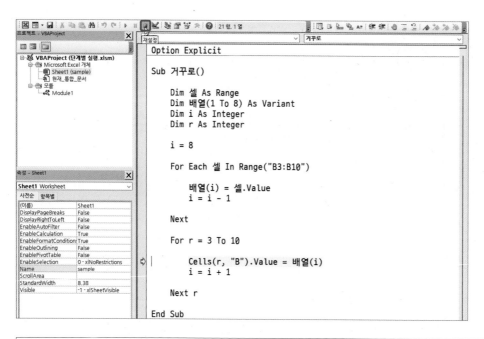

```
Sub 거꾸로()
' 설명 : [B3:B10] 범위의 값을 배열에 저장한 후 [B3:B10] 범위에 8, 7, 6, …과 같이 거꾸로 입력합니다.

' 1단계 : 변수를 선언하고 초깃값을 설정합니다.
    Dim 셀 As Range ————————— ❶
    Dim 배열(1 To 8) As Variant ——————— ❷
    Dim i As Integer —————— ❸
    Dim r As Integer —————— ❹

    i = 8 ———— ❺

' 2단계 : 범위를 순환하면서 셀 값을 배열에 역순으로 저장합니다.
    For Each 셀 In Range("B3:B10") —————————— ❻

        배열(i) = 셀.Value ——————— ❼
        i = i - 1

    Next

' 3단계 : 배열에 저장된 값을 하나씩 B열에 반환합니다.
    For r = 3 To 10 ———————— ❽

        Cells(r, "B").Value = 배열(i) ——————— ❾
        i = i + 1

    Next r

End Sub
```

❶ For Each… Next 순환문에서 사용할 Range 형식의 [셀] 개체변수를 선언합니다.

❷ [B3:B10] 범위의 값을 저장할 수 있는 Variant 형식의 [배열] 변수를 선언합니다. [배열] 변수는 인덱스 번호가 1부터 시작하도록 To 키

워드를 이용해 선언했습니다.

❸ Integer 형식의 [i] 변수를 선언합니다. 배열의 인덱스 번호를 관리합니다.

❹ For… Next 순환문에서 사용할 Integer 형식의 [r] 변수를 선언합니다.

❺ [B3:B10] 범위의 값을 배열에 거꾸로 저장하기 위해 [i] 변수에 [배열] 변수의 마지막 인덱스 번호를 저장합니다.

❻ For Each… Next 순환문을 사용해 [B3:B10] 범위를 순환합니다.

❼ [배열] 변수의 [i] 번째 요소에는 [셀] 변수에 연결된 셀 값을 저장하고 [i] 변수값을 1씩 감소시킵니다. 이렇게 하면 순환문이 반복 실행되면서 [B3], [B4], [B5], … 셀의 값이 배열(8), 배열(7), 배열(6), … 변수에 각각 저장됩니다.

❽ For… Next 순환문을 사용해 [r] 변수가 3(3행)부터 10(10행)까지 1씩 증가하도록 합니다. [B3:B10] 범위의 배열 내 값을 다시 입력하기 위한 순환문입니다.

❾ Cells 속성을 사용해 [B3], [B4], [B5], … 셀에 [배열] 변수의 [i] 번째 요소의 값을 순서대로 저장하고 [i] 변수는 1씩 증가시킵니다.

이 코드의 ❶ 줄 위치에서 에러가 발생하는데, 에러가 발생했을 때는 먼저 코드가 어떤 순서로 동작하는지 분석해야 합니다.

지역 창을 이용해 변숫값 확인하기

에러가 발생한 원인을 파악하기 위해서는 변숫값이 얼마인지 확인할 수 있는 방법이 필요합니다. 변수에는 코드 동작에 직접적으로 연관된 다양한 값이 저장되어 있지만, 눈으로는 파악하기는 쉽지 않습니다. 이때 VBA에서는 변숫값을 확인할 수 있는 지역 창을 활용하면 편리합니다.

앞의 **01-04** 과정을 다시 진행하되, **04** 과정의 [재설정▣]은 클릭하지 않은 상태에서 [보기]-[지역 창] 메뉴를 선택합니다. 지역 창이 표시되며 지역 창에는 현재 실행 중인 프로시저 내의 모든 변숫값이 표시됩니다.

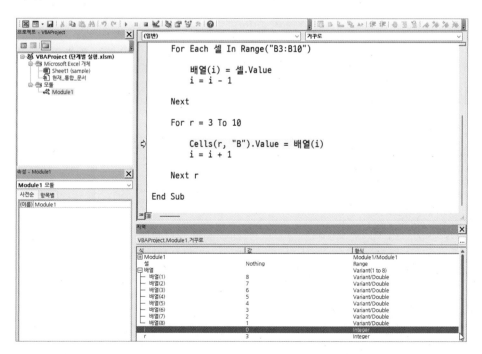

TIP 지역 창이 표시되는 위치는 사용자 환경에 따라 차이가 있을 수 있습니다.

지역 창을 보면 에러가 발생했을 때 [i] 변숫값이 0인 것을 확인할 수 있는데, [배열] 변수의 인덱스는 1번부터 8번의 번호를 사용하도록 선언했으므로 0번을 사용할 수 없습니다. 다음 코드 설명을 참고합니다.

```
Cells(r, "B").Value = 배열(i)  ────────  ❶
```

❶ 에러가 발생한 코드에서 사용된 변수는 [r]과 [i]입니다. 에러가 발생했을 때 지역 창의 [r] 변수에는 3이, [i] 변수에는 0이 각각 저장되었습니다. 그러므로 에러가 발생한 코드는 다음과 같습니다.

```
Cells(3, "B").Value = 배열(0)
```

이 코드는 [B3] 셀에 [배열] 변수의 0번째 요소를 입력하라는 의미인데, [배열] 변수는 다음과 같이 선언됐으므로 0번째 요소가 없습니다.

```
Dim 배열(1 To 8) As Variant
```

이렇게 지역 창을 사용하면 에러가 발생한 위치에서 모든 변숫값을 시각적으로 확인할 수 있어 편리합니다.

조사식 창을 이용해 변숫값 추적하기

지역 창 외에도 문제를 확인할 수 있는 다양한 방법이 있습니다. 조사식 창은 특정 변수만 추적할 수 있는 창으로, 에러의 원인이 될 수 있는 변숫값이 매크로 실행 중 어떻게 변하는지 확인할 수 있습니다. 다음 과정을 참고합니다.

01 지역 창을 닫고, 에러가 발생한 줄에서 [i] 변수 부분을 드래그해 선택합니다.

02 마우스 오른쪽 버튼을 클릭하고 [조사식 추가]를 선택합니다.

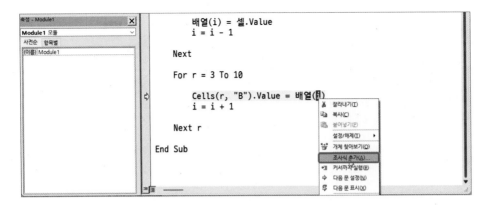

03 [조사식 추가] 대화상자의 [식] 입력상자에 선택한 [i] 변수가 표시됩니다.

04 [확인]을 클릭해 대화상자를 닫으면 조사식 창이 화면에 표시됩니다.

05 표준 도구 모음의 [재설정■]을 클릭해 중단 모드를 해제합니다.

06 [거꾸로] 매크로의 코드 부분이 선택된 상태에서 F8을 눌러 한 줄씩 명령을 실행합니다.

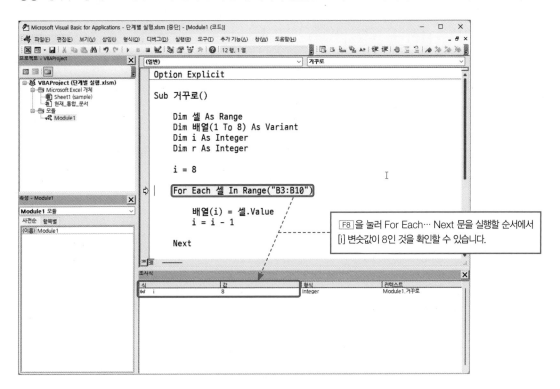

> **TIP** 한 줄씩 코드를 실행할 때 [조사식] 창에서 등록된 [i] 변숫값이 어떻게 변하는지 확인할 수 있습니다.

07 F8을 계속 눌러 에러가 발생했던 줄로 이동합니다.

08 조사식 창의 [i] 변숫값은 0이 됩니다.

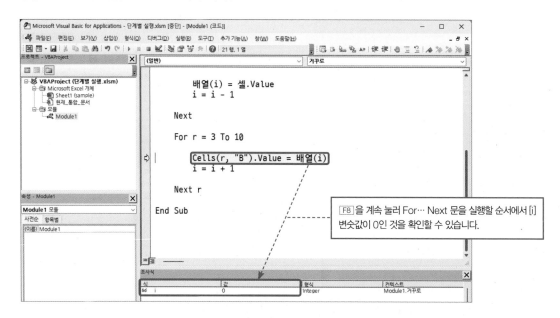

조사식 창에 확인하고 싶은 계산식이나 변수를 등록해놓고 F8 로 한 줄씩 코드를 실행해보면 해당 변숫값이 어떻게 바뀌는지 확인할 수 있기 때문에 매크로 실행 에러를 찾을 때 유용합니다.

코드 창에서 변숫값 확인하기

변숫값을 가장 쉽게 확인할 수 있습니다. 에러가 발생한 코드 줄에서 변수 위치에 마우스 포인터를 위치시키면 현재 변숫값을 풍선 도움말로 표시해줍니다.

```
(일반)                           거꾸로

        배열(i) = 셀.Value
        i = i - 1

    Next

    For r = 3 To 10

⇨       Cells(r, "B").Value = 배열(i)
        i = i + 1                i = 0

    Next r
End Sub
```

직접 실행 창에서 문제 확인하기

직접 실행 창을 이용해서 문제를 확인할 수도 있습니다. 직접 실행 창에 다음과 같은 코드를 입력하면 에러가 발생했을 때의 변숫값을 바로 확인할 수 있습니다.

```
? r, i
```

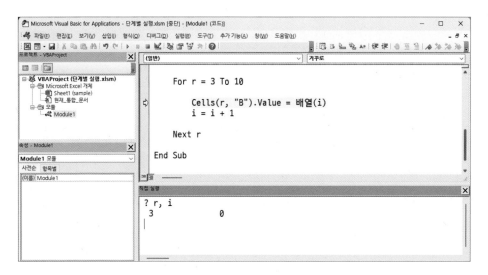

TIP 직접 실행 창을 보면 에러가 발생한 위치의 변수인 [r], [i]의 변숫값이 바로 출력됩니다.

문제 해결하기

앞서 여러 가지 도구를 이용해 에러가 발생한 원인을 파악했으므로, [i] 변숫값이 1부터 시작되도록 다음의 두 가지 해결 방법 중 한 가지 방법을 사용해 코드를 수정합니다.

해결 방법 1

```
i = 1 ─────────────❶

For r = 3 To 10

        Cells(r, "B").Value = 배열(i)
        i = i + 1

    Next r
```

❶ For… Next 순환문을 시작하기 전에 [i] 변숫값을 1로 초기화합니다.

해결 방법 2

```
For r = 3 To 10

      i = i + 1              ──────────────── ❶
      Cells(r, "B").Value = 배열(i)

   Next r
```

❶ For… Next 순환문 안에서 [i] 변숫값을 1씩 증가시키는 부분이 셀에 값을 입력하기 이전에 실행되도록 순서를 변경합니다.

매크로가 실행할 때 전체가 아니라 특정 라인까지만 실행되도록 하려면?

예제 파일 PART 02 \ CHAPTER 09 \ 중단점.xlsm

에러 발생 원인을 확인하기 위해 코드를 한 줄씩 실행하는 방법은 유용하지만, 코드가 많고 복잡한 경우라면 한 줄씩 실행하는 과정 자체가 매우 지루할 것입니다. 코드에서 에러가 발생하지 않는 부분은 넘기고 의심스러운 부분만 확인할 수 있다면 편리하므로 VB 편집기의 [중단점] 기능을 이용해 원하는 위치까지만 코드가 실행되도록 만들어보겠습니다.

프로시저에서 중단점을 설정하기 위해 코드 창에서 중단할 코드 줄의 여백 표시줄을 마우스 왼쪽 버튼으로 클릭합니다. 그러면 해당 줄이 붉은색으로 표시되고, 여백 표시줄에 중단점(●)이 나타납니다.

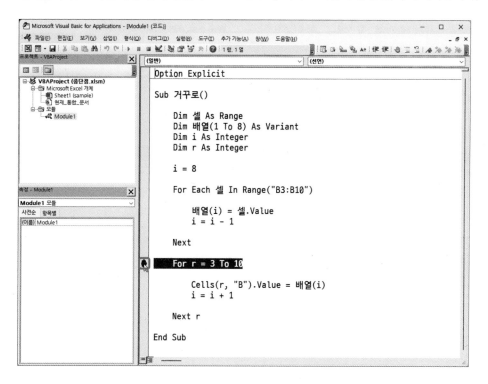

중단점이 설정된 프로시저를 F5 또는 [표준] 도구 모음의 [매크로 실행▶]을 클릭해 실행합니다. 중단점

위치에서 코드 실행이 중단되며, 중단 모드에 들어갑니다. 이 상태에서 F8 을 눌러 코드를 한 줄씩 단계별로 실행하고 문제 원인을 찾아 해결할 수 있습니다.

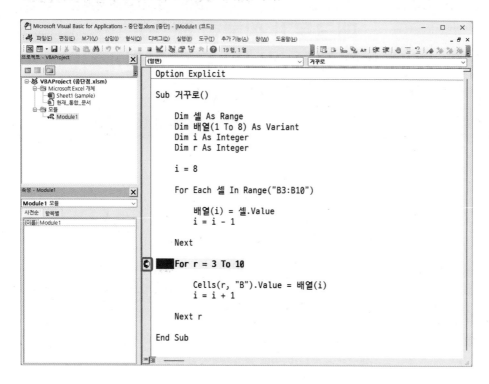

참고로 중단점은 프로시저 내의 여러 곳에 동시에 설정할 수 있으며, F5 를 눌러 프로시저를 실행할 때마다 다음 중단점 위치에서 실행을 멈추고 중단 모드에 들어갑니다.

설정된 중단점을 해제하려면 여백 표시줄의 중단점(●)을 다시 한 번 클릭합니다. 여러 개의 중단점을 한번에 해제하려면 [디버그]-[모든 중단점 지우기] 메뉴를 선택하거나 Ctrl + Shift + F9 를 누릅니다.

TIP 중단점 대신 코드를 이용하려면

중단점은 직관적이지만, 설정과 해제를 반복해야 합니다. 간단하게 코드 한 줄을 입력하고 싶다면 Stop 문을 이용하면 됩니다. 예를 들어 위 화면의 For... Next 문에서 실행을 중단하고 싶다면, 바로 위에 다음과 같이 코드를 구성해 주면 됩니다.

```
Stop

For r = 3 To 10
```

에러가 발생되는 상황을 제어하기 위한 On Error 문 활용 방법

예제 파일 PART 02 \ CHAPTER 09 \ On Error 문.xlsm

On Error 문

VBA에서는 에러가 발생하는 상황을 제어할 수 있는 On Error 문을 제공합니다. 프로시저에 On Error 문을 사용한 코드가 존재하지 않으면 에러가 발생할 때 에러 메시지가 표시되며, 프로시저 실행이 중단됩니다. 하지만 표시된 에러 메시지는 일반 사용자가 이해하기 어렵기 때문에 가능하다면 표준 에러 메시지보다 사용자가 좀 더 정확한 안내 메시지를 받을 수 있도록 설정하는 것이 좋습니다. On Error 문은 에러가 발생하는 상황을 제어할 수 있도록 다음 세 개의 구문을 주로 사용합니다.

On Error 문	설명
On Error Goto 레이블	에러가 발생하면 지정한 레이블 위치로 이동합니다.
On Error Resume Next	발생한 에러를 무시하고 바로 다음 줄의 명령을 실행합니다.
On Error Goto 0	기존 On Error 문에 설정된 에러 처리 방법을 해제하며, 이후 문장에서 에러가 발생하면 에러 메시지 창을 표시합니다.

On Error Goto 레이블

대표적인 On Error 문의 구성으로 전체 코드 중 어디에서 에러가 발생할지 모를 때 사용합니다. On Error Goto 레이블 코드를 사용한 매크로에서 에러가 발생하면 해당 레이블 위치로 실행 위치를 바로 변경해 에러 제어 명령을 처리할 수 있도록 해줍니다.

예제에서 에러가 발생하는 상황을 확인하고 제어해보겠습니다. [sample] 시트의 [C2], [C4], [C6] 셀에 각각 이름, 성별, 나이를 입력하고 [저장] 단추를 클릭하면 [data] 시트의 [B2:D2] 범위에 입력된 데이터가 저장됩니다.

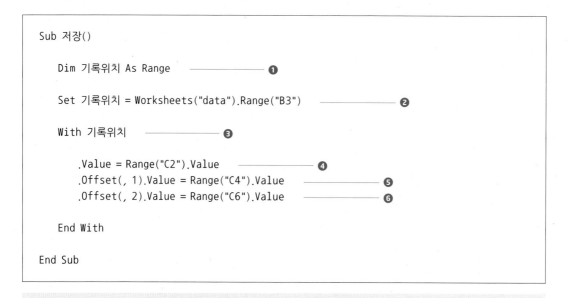

[sample] 시트의 [저장] 단추에는 다음의 매크로가 연결되어 있습니다.

```
Sub 저장()

    Dim 기록위치 As Range                                    ①

    Set 기록위치 = Worksheets("data").Range("B3")            ②

    With 기록위치                     ③

        .Value = Range("C2").Value               ④
        .Offset(, 1).Value = Range("C4").Value              ⑤
        .Offset(, 2).Value = Range("C6").Value              ⑥

    End With

End Sub
```

❶ Range 형식의 [기록위치] 개체변수를 선언합니다.

❷ [기록위치] 변수에는 [data] 시트의 [B3] 셀을 연결합니다.

❸ [기록위치] 변수를 여러 번 사용하기 위해 With 문을 사용합니다.

❹ [기록위치] 변수에 연결된 셀에 [C2] 셀의 값을 입력합니다.

❺ [기록위치] 변수의 오른쪽 셀에 [C4] 셀의 값을 입력합니다. Offset(row, column) 속성은 Range 개체의 속성으로 행(row)과 열 (column) 방향의 n번째 셀을 의미합니다. **.Offset(, 1)**은 **.Offset(0, 1)**과 동일하며, 행(row)은 0(이동하지 않음), 열(column)은 1(오른쪽으로 한 칸 이동)이므로 [data] 시트의 [C3] 셀을 의미합니다. Offset 속성에 대한 자세한 설명은 **SECTION 11-06**을 참고합니다.

❻ [기록위치] 변수의 오른쪽 두 번째 셀에 [C6] 셀의 값을 입력합니다.

매크로가 제대로 동작하는지 확인하기 위해 [sample] 시트의 [C2], [C4], [C6] 셀에 임의의 값을 입력하고 [저장] 단추를 클릭합니다. 그런 다음 [data] 시트로 이동해보면 입력된 값이 제대로 기록된 것을 확인할 수 있습니다.

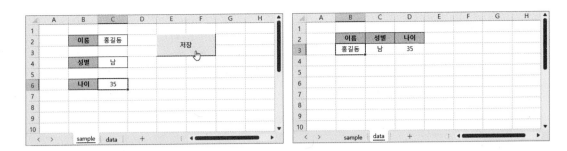

이제 에러를 발생시키기 위해 시트 탭에서 [data] 시트의 이름을 **raw**로 변경합니다. 그런 다음 [sample] 시트에서 [저장] 단추를 클릭하면 오른쪽 화면과 같은 에러 메시지 창이 표시됩니다. [종료]를 클릭해 메시지 창을 닫습니다.

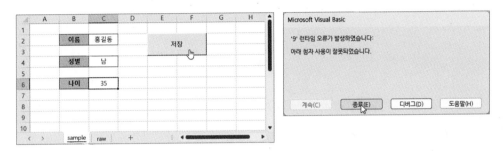

전체 코드 중 어디에서 에러가 발생할지 모른다고 가정하고 On Error Goto 레이블을 이용해 에러를 제어한다면 다음과 같은 방법으로 기존 코드를 수정할 수 있습니다.

파일 : On Error 문 (코드 I).txt

```
Sub 저장()

    Dim 기록위치 As Range

    On Error GoTo 에러제어 ─────────── ❶

        Set 기록위치 = Worksheets("data").Range("B3")

        With 기록위치

            .Value = Range("C2").Value
            .Offset(, 1).Value = Range("C4").Value
            .Offset(, 2).Value = Range("C6").Value

        End With

    Exit Sub ─────────── ❷

에러제어: ─────────── ❸
```

```
        MsgBox "알 수 없는 에러가 발생했습니다."  ──────────── ❹

End Sub
```

❶ On Error 문을 사용해 에러가 발생하면 [에러제어] 레이블 위치(❸)로 바로 이동하도록 설정합니다. 이때 [에러제어] 레이블 명은 사용자가 원하는 다른 이름을 사용할 수 있으며, 레이블 명을 수정하면 ❸의 레이블 명도 함께 수정해야 합니다.

❷ 전체 코드에서 에러가 발생하지 않았다면 Exit Sub 명령을 이용해 프로시저를 종료합니다. 레이블 명 상단에서 Exit Sub 명령을 통해 프로시저를 종료하지 않으면 코드가 정상 실행되어도 레이블 명 하단의 명령이 실행되므로 사용자는 에러가 발생했다고 착각할 수 있습니다.

❸ 에러가 발생할 때 이동할 위치입니다. 레이블 명 뒤에 반드시 콜론(:)을 입력해야 레이블로 인식합니다.

❹ 에러가 발생했을 때 처리할 작업으로 아래 메시지 창을 표시해 사용자에게 에러가 발생했음을 알립니다.

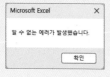

TIP 예제에서 Alt + F11 을 누르고 프로젝트 탐색기 창에서 [Module1]을 더블클릭한 후 코드를 직접 수정해보세요!

On Error Goto 레이블 코드는 에러가 어디에서 발생할지 모를 때 엑셀의 에러 메시지 창 대신 다른 메시지 창을 표시하거나 다른 동작으로 대체할 때 사용합니다. 에러를 제어하기 위해 가장 많이 사용하는 구문이기도 합니다.

On Error Resume Next와 On Error Goto 0

에러가 발생할 위치를 안다면 에러 메시지 창에 보다 정확한 내용을 전달하고 사용자가 문제를 해결하도록 유도할 수 있습니다. 그러기 위해서는 On Error Goto 레이블보다 On Error Resume Next가 더 적합합니다. On Error Resume Next는 보통 특정 줄에서 발생하는 에러를 제어하기 위한 것이므로 해당 명령이 끝나면 기존 On Error 문의 설정을 취소해야 합니다. 이때 On Error Goto 0을 함께 사용하는 경우가 많습니다.

앞서 사용한 매크로를 On Error Resume Next를 사용하도록 수정하면 다음과 같습니다.

파일 : On Error 문 (코드 II).txt

```
Sub 저장()

    Dim 기록위치 As Range

    On Error Resume Next  ──────────── ❶

        Set 기록위치 = Worksheets("data").Range("B3")  ──────────── ❷
        If Err.Number <> 0 Then  ──────────── ❸
```

```
        MsgBox "이 매크로는 [data] 시트가 필요합니다."    ────────── ❹
        Exit Sub    ──────── ❺

    End If

    On Error GoTo 0    ──────── ❻

  With 기록위치

      .Value = Range("C2").Value
      .Offset(, 1).Value = Range("C4").Value
      .Offset(, 2).Value = Range("C6").Value

  End With

End Sub
```

❶ On Error Resume Next 명령을 사용해 에러가 발생해도 코드 실행이 중단되지 않도록 설정합니다.

❷ [기록위치] 변수에 [data] 시트의 [B3] 셀을 연결합니다. 시트 이름을 변경하면 이 줄에서 에러가 발생합니다. 이런 에러가 발생되는 부분은 에러가 발생할 때 [디버그]를 클릭하면 확인할 수 있습니다.

❸ 위 줄에서 에러가 발생했는지 확인하려면 Err 개체의 에러번호(Number 속성)를 확인합니다. 모든 에러에는 에러번호가 존재하므로 0 이라면 에러가 발생하지 않은 것을, 0이 아니라면 에러가 발생한 것을 의미합니다. 이렇게 코드를 구성하면 에러가 발생했는지 여부를 확인할 수 있습니다.

❹ 에러가 발생할 경우 MsgBox 함수를 사용해 사용자에게 구체적인 에러 발생 내역을 전달합니다.

❺ 에러가 발생했으므로 프로시저를 종료합니다.

❻ On Error Resume Next는 에러가 발생해도 중단되지 않기 때문에 이 명령을 해제하지 않으면 ❻ 줄 아래 코드에서 에러가 발생해도 확인할 수 없습니다. 이 매크로에서 On Error Resume Next는 ❷ 줄의 코드에만 대응하도록 만든 것이므로, 해당 줄이 끝나면 On Error Goto 0을 사용해 On Error 문의 설정을 취소합니다.

TIP 기존 코드를 수정해 결과를 직접 확인해보세요!

On Error Resume Next와 On Error Goto 레이블

On Error Goto 레이블과 On Error Resume Next는 각각 제어해야 할 에러 상황이 분명합니다. On Error Reume Next는 에러가 발생할 위치를 알 때 사용하며, On Error Goto 레이블은 에러가 발생할 위치를 모를 때 사용합니다. 에러를 제어하기 위해 하나의 프로시저 내에서 이 두 명령을 함께 사용할 수 있습니다.

매크로에 두 명령을 모두 사용하는 예를 다음의 코드에서 확인할 수 있습니다.

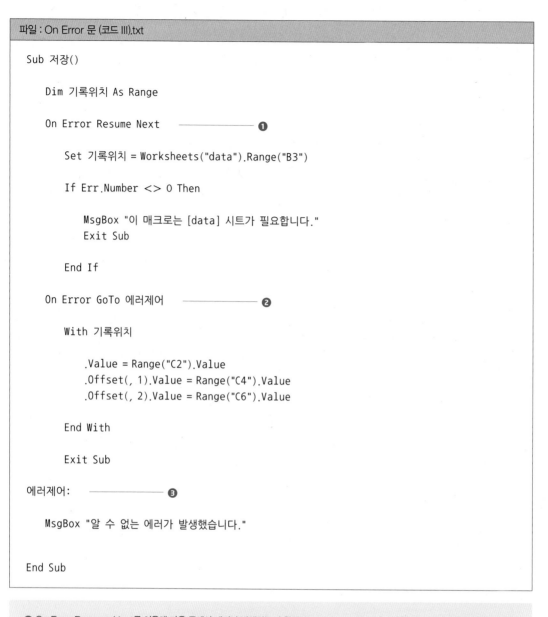

파일 : On Error 문 (코드 III).txt

```
Sub 저장()

    Dim 기록위치 As Range

    On Error Resume Next  ────────── ❶

        Set 기록위치 = Worksheets("data").Range("B3")

        If Err.Number <> 0 Then

            MsgBox "이 매크로는 [data] 시트가 필요합니다."
            Exit Sub

        End If

    On Error GoTo 에러제어  ────────── ❷

        With 기록위치

            .Value = Range("C2").Value
            .Offset(, 1).Value = Range("C4").Value
            .Offset(, 2).Value = Range("C6").Value

        End With

        Exit Sub

에러제어:  ──────── ❸

    MsgBox "알 수 없는 에러가 발생했습니다."


End Sub
```

❶ On Error Resume Next를 이용해 다음 줄에서 에러가 발생하는지 확인하고 에러가 발생하면 [data] 시트가 필요함을 사용자에게 알립니다.

❷ On Error Resume Next는 [기록위치] 변수에 셀을 연결하는 코드를 점검하기 위한 것입니다. 이 부분 외에도 코드가 존재하기 때문에 환경에 따라서는 생각지도 못한 에러가 발생할 수 있으므로, ❷ 줄 아래의 코드를 실행할 때 에러가 발생하면 ❸ 위치로 바로 이동해 에러 메시지 창을 표시합니다.

❸ ❷ 줄의 코드에서 가리키는 레이블 위치로 반드시 콜론(:)으로 끝나야 합니다.

TIP 기존 코드를 수정해 결과를 직접 확인해봅니다. 워크시트 명이 다른 경우에만 On Error Resume Next 명령에 의한 에러 메시지 창이 표시됩니다.

에러가 발생하는 상황을 이용한 코드 최적화 방법

예제 파일 없음

매크로를 개발하는 초기 단계에서는 순환문과 판단문을 이용하는 경우가 많습니다. 예를 들어 파일이 열려 있는지, 또는 작업할 대상 시트가 존재하는지 등을 확인하려면 컬렉션을 순환하면서 판단해야 합니다. 그러다 보면 처리해야 할 동작이 많아지므로 매크로 실행 속도가 떨어집니다. 이러한 문제는 개체변수를 선언하고 원하는 개체를 연결하는 방법으로 빠르게 처리할 수 있습니다. 물론 이 과정에서 개체가 존재하지 않으면 연결 동작에서 에러가 발생하겠지만, On Error 문으로 에러를 제어할 수 있으므로 좀 더 효과적인 코드 개발이 가능해집니다.

예를 들어 'A.xlsx'이라는 파일에 필요한 데이터가 있어 원하는 작업을 처리하기 전에 이 파일이 열려 있는지 여부를 먼저 확인하려고 합니다. 이때는 열려 있는 파일을 모두 순환하는 다음과 같은 매크로를 사용할 수 있습니다.

파일 : 코드 최적화 – On Error (코드 I).txt

```
Sub 파일확인()

    Dim 파일 As Workbook ————————————— ❶

    For Each 파일 In Workbooks ——————————— ❷

        If 파일.Name = "A.xlsx" Then ——————————— ❸
            MsgBox "파일이 열려 있습니다." ——————————— ❹
            Exit For ———————— ❺
        End If

    Next

End Sub
```

❶ Workbook 형식의 [파일] 개체변수를 선언합니다.

❷ For Each… Next 순환문을 이용해 Workbooks 컬렉션을 순환하면서 개체를 하나씩 [파일] 변수에 연결합니다. 이렇게 하면 한 번 순환할 때마다 열려 있는 파일이 하나씩 [파일] 변수에 연결됩니다.

이 코드는 정상적으로 동작하지만 열려 있는 모든 파일을 검사하므로 파일이 많이 열려 있다면 처리 속도가 늦어집니다. 이렇게 파일을 하나씩 확인하지 않고 변수에 파일을 바로 연결하는 방법으로 파일이 열려 있는지 여부를 판단할 수 있습니다.

파일 : 코드 최적화 – On Error (코드 II).txt

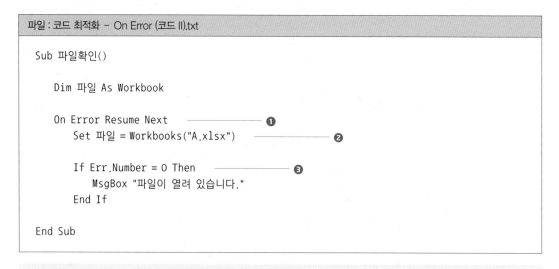

```
Sub 파일확인()

    Dim 파일 As Workbook

    On Error Resume Next                    ❶
        Set 파일 = Workbooks("A.xlsx")        ❷

        If Err.Number = 0 Then              ❸
            MsgBox "파일이 열려 있습니다."
        End If

End Sub
```

이와 같은 방법으로 코드를 구성하면 순환문을 이용하지 않고도 빠르게 특정 개체의 사용 여부를 확인할 수 있어 편리합니다.

이렇게 파일이 열려 있는지 확인하는 작업은 Sub 프로시저보다 Function 프로시저가 더 적합합니다. 파일이 열려 있는지 여부를 True, False로 되돌려주는 사용자 정의 함수를 개발하고자 한다면 다음과 같은 코드를 참고합니다.

파일 : 코드 최적화 – On Error (코드 III).txt

```
Function ISFILE(파일명 As String) As Boolean        ❶

    Dim 파일 As Workbook
    Dim 확인 As Boolean                    ❷
```

```
            확인 = False ─────────── ❸

        On Error Resume Next

            Set 파일 = Workbooks(파일명)

            If Err.Number = 0 Then 확인 = True ─────────── ❹


        ISFILE = 확인 ─────────── ❺

    End Function
```

❶ ISFILE 함수를 Function 프로시저로 선언합니다. ISFILE 함수는 String 형식의 [파일명] 매개변수에 파일 명을 전달받아 파일이 열려 있는지 확인한 후 결과를 True, False로 반환합니다.

❷ Boolean 형식의 [확인] 변수를 선언합니다. 이 변수에 파일이 열려 있는지 여부를 논릿값으로 저장합니다.

❸ [확인] 변수의 초깃값을 False로 저장합니다. 이 작업을 하지 않아도 ❷ 줄에서 선언과 동시에 False 값이 저장됩니다. 이 부분은 사용자의 이해를 돕기 위해 넣어둔 것이므로 생략해도 코드는 정상적으로 동작합니다.

❹ [파일명] 매개변수로 전달받은 파일 명과 동일한 파일을 [파일] 변수에 연결한 후 에러가 발생하지 않았다면(Err 개체의 Number 속성값이 0) [확인]의 변숫값을 True로 저장합니다. 이 부분은 다음과 같이 변경할 수 있습니다.

```
    확인 = (Err.Number = 0)
```

❺ ISFILE 사용자 정의 함수에 [확인] 변숫값을 반환합니다.

개발된 ISFILE 함수를 사용해 파일이 열려 있는지 여부를 확인할 수 있습니다.

```
    If ISFILE("A.xlsx") = True Then
        ' 파일이 열려 있을 때 처리할 명령
    Else
        ' 파일이 닫혀 있을 때 처리할 명령
    End If
```

TIP ISFILE 함수에서 True, False를 반환하므로 굳이 True와 비교하지 않고 다음과 같이 코드를 구성할 수 있습니다.

```
    If ISFILE("A.xlsx") Then
```

매크로 실행 속도를 높이려면 엑셀에서 제공하는 기능을 사용한다

예제 파일 PART 02 \ CHAPTER 09 \ 처리 속도 I (내장 기능).xlsm

순환문과 엑셀 기능을 이용한 매크로 비교

매크로 실행 속도를 빠르게 하려면 순환문보다 엑셀의 기능을 활용하는 코드를 사용하는 것이 좋습니다. 구체적인 비교를 위해 예제를 확인해보겠습니다.

예제를 열면 [sample1]과 [sample2] 시트에 동일한 표가 존재합니다. F열에서 **취소** 값이 입력된 행을 삭제하는 코드를 [sample1]에서는 순환문을 이용해 작성하고, [sample2] 시트에서는 자동 필터 기능을 이용해 작성했습니다. 두 시트에서 매크로 실행에 걸리는 시간을 비교하면 어떤 방법이 더 효율적인지 이해하기 쉽습니다.

	A	B	C	D	E	F	G	H	I	J	K
1											
2		주문번호	제품	수량	판매	취소여부		순환문			
3		10248	컬러레이저복사기 XI-3200	3	2,998,800	취소					
4		10249	바코드 Z-350	3	144,900						
5		10250	잉크젯팩시밀리 FX-1050	3	142,200						
6		10251	프리미엄복사지A4 2500매	9	160,200	취소					
7		10252	바코드 BCD-100 Plus	7	605,500						
8		10253	고급복사지A4 500매	2	7,000						
9		10254	바코드 Z-350	7	324,100	취소					
2094		12339	레이저복합기 L650	1	383,135	취소					
2095		12340	고급복사지A4 5000매	10	301,150						
2096		12341	컬러레이저복사기 XI-4400	4	6,324,000						
2097		12342	프리미엄복사지A4 2500매	5	99,275	취소					
2098		12343	레이저복합기 L800	4	1,640,460						
2099											
2100											

sample1   sample2   +

순환문을 이용한 매크로

먼저 [sample1] 시트의 [순환문] 단추에 연결된 매크로 코드는 다음과 같습니다.

```
Sub 프로시저_순환문()

' 설명 : 순환문을 사용해 F열에 취소가 입력된 행을 모두 삭제합니다.
' 1단계 : 변수를 선언합니다.
    Dim r As Integer ——————————————❶
    Dim 마지막행 As Integer ——————————❷
    Dim 시작시간 As Date ——————————————❸

' 2단계 : 시작 시간을 기록합니다.
    시작시간 = Timer ——————————————❹

' 3단계 : 데이터가 입력된 마지막 행을 확인합니다.
    마지막행 = Range("B2").End(xlDown).Row ——————————————❺

' 4단계 : 행을 거꾸로 순환하면서 F열의 값이 취소일 때 행을 삭제합니다.
    For r = 마지막행 To 3 Step -1 ——————————❻

        If Cells(r, "F").Value = "취소" Then ——————————❼
            Rows(r).Delete
        End If


    Next r

' 5단계 : 소요 시간을 메시지 창에 표시합니다.
    MsgBox "소요 시간 : " & Format(Timer - 시작시간, "0.000") & "초" ——————————❽

End Sub
```

❶ Integer 형식의 [r] 변수를 선언합니다. 이 변수는 ❻ 줄의 For… Next 문에서 사용합니다.

❷ 순환할 마지막 행 번호를 저장할 Integer 형식의 [마지막행] 변수를 선언합니다.

❸ 프로시저 실행 시간을 기록할 Date 형식의 [시작시간] 변수를 선언합니다.

❹ [시작시간] 변수에 현재 시간을 Timer 함수를 사용해 저장합니다. Timer 함수는 자정(12:00 AM) 이후 시간을 초 단위로 기록하므로, 소요된 시간을 계산할 때 자주 사용합니다. 해당 함수에 대한 자세한 설명은 **SECTION 10-18**을 참고합니다.

❺ [마지막행] 변수에는 B열에는 데이터가 입력된 마지막 셀(Range("B2").End(xlDown))의 행 번호(Row)를 저장합니다. 이 예제는 2,098행까지 데이터가 입력되어 있으므로, [마지막행] 변수에는 2098이 저장됩니다. End 속성에 대해서는 **SECTION 11-04**를 참고합니다.

❻ For… Next 순환문을 사용해 [r] 변숫값을 [마지막행] 변숫값부터 3(행)까지 1씩 감소시킵니다.

❼ F열의 [r] 변수에 저장된 행 위치의 셀(F2098) 값이 "취소"인지 판단해 "취소"면 행을 삭제합니다.

❽ Timer 함수의 반환값에서 [시작시간] 변숫값을 빼면 매크로가 동작한 시간을 알 수 있습니다. 이 값을 이해하기 쉽게 Format 함수를 사용해 1/1000초까지 표시되도록 설정하고 Msgbox 함수를 사용해 메시지 창에 반환합니다. 매크로를 실행하면 다음과 같은 메시지 창을 만날 수 있는데, 시간은 사용자의 컴퓨터 환경에 따라 다를 수 있습니다.

TIP 이 코드는 예제 파일의 VB 편집기 내에 있는 Module1 개체의 코드 창에서 확인할 수 있습니다.

엑셀의 내장 기능을 활용하는 방법

동일한 작업을 엑셀의 자동 필터를 이용해 처리하도록 개발하면 다음과 같은 코드가 완성됩니다. 완성된 매크로는 [sample2] 시트의 [자동 필터] 단추에 연결되어 있습니다.

```
Sub 프로시저_내장기능()

' 설명 : 자동 필터를 이용해 F열의 취소 값만 추출하고 화면에 표시된 행 삭제 후 필터를 해제합니다.

' 1단계 : 변수를 선언합니다.
        Dim 표 As Range        ———————————— ❶
        Dim 시작시간 As Date    ———————————— ❷

' 2단계 : 시작시간을 기록합니다.
        시작시간 = Timer

' 3단계 : 표 전체 범위에서 자동 필터를 이용해 취소 데이터만 추출합니다.
        Set 표 = Range("B2").CurrentRegion        ———————————— ❸
        표.AutoFilter Field:=5, Criteria1:="취소"      ———————————— ❹

' 4단계 : 표 범위에서 머리글을 제외한 데이터 범위만 참조합니다.
        With 표
            Set 표 = .Offset(1).Resize(.Rows.Count - 1, .Columns.Count)  ———————— ❺
        End With

' 5단계 : 표 데이터 범위에서 화면에서 보이는 셀만 모두 삭제합니다.
        On Error Resume Next      ———————————— ❻
            표.SpecialCells(xlCellTypeVisible).Delete Shift:=xlUp    ———————————— ❼
        On Error GoTo 0

' 6단계 : 표 범위를 다시 참조하고, 자동 필터를 해제합니다.
        Set 표 = Range("B2").CurrentRegion        ———————————— ❽
        표.AutoFilter        ———————————— ❾

' 7단계 : 소요 시간을 메시지 창에 표시합니다.
        MsgBox "소요 시간 : " & Format(Timer - 시작시간, "0.000") & "초"    ———————— ❿

End Sub
```

❶ 전체 표 범위를 할당할 Range 형식의 [표] 개체변수를 선언합니다.

❷ 시작 시간을 기록해놓을 Date 형식의 [시작시간] 변수를 선언하고 아래 줄에서 Timer 함수의 값을 저장해놓습니다.

❸ [표] 변수에 [B2] 셀부터 연속된 데이터 범위([B2] 셀에서 Ctrl + A 를 눌러 선택된 범위)를 연결합니다.

❹ [표] 변수에 연결된 범위에는 자동 필터를 설정하고, 5번째 열(F열)의 값이 "취소"인 것을 추출합니다.

❺ [표] 변수에 연결된 범위에서 머리글 범위(2행)을 제외한 데이터 범위를 조정합니다. Offset 속성과 Resize 속성을 사용하는 방법은 **SECTION 11-06**을 참고합니다.

❻ 에러가 발생해도 무시하도록 On Error Resume Next 명령을 사용합니다. 이 줄은 ❼ 줄 코드에 대응합니다.

❼ [표] 변수에 연결된 범위 중 화면에 표시된 데이터 범위만 삭제합니다. Delete 메서드의 Shift 매개변숫값을 xlUp으로 조정하는 것은 [삭제] 대화상자에서 [셀을 위로 밀기] 옵션을 선택하는 것과 동일합니다.

❽ 삭제된 데이터가 있다면 표 범위가 변경되었으므로 [표] 변수에 연결된 범위를 재설정합니다. CurrentRegion 속성을 사용하는 자세한 방법은 **SECTION 11-03**을 참고합니다.

❾ [표] 변수에 연결된 범위의 자동 필터를 해제합니다.

❿ 전체 소요 시간을 MsgBox 함수를 사용해 메시지 창으로 표시합니다. 이 매크로의 처리 소요 시간은 앞의 순환문을 사용한 코드보다 빠른 결과를 반환합니다.

TIP 이 코드는 예제 파일의 VB 편집기 내에 있는 Module1 개체의 코드 창에서 확인할 수 있습니다.

엑셀 설정을 변경해 매크로 실행 속도 높이는 방법

예제 파일 PART 02 \ CHAPTER 09 \ 처리 속도 II (내장 속성).xlsm

실행 속도에 영향을 끼치는 엑셀 옵션

엑셀 옵션 중에는 매크로 작업 중에도 동작하여 매크로 실행 속도에 영향을 주는 것이 있습니다. 옵션을 조정해 매크로가 동작할 때 불필요하게 발생하는 몇몇 작업을 처리하지 않도록 한다면 더 빠른 반응 속도를 얻을 수 있습니다. 엑셀의 [옵션] 대화상자 설정은 대부분 Application 개체의 속성으로 제공됩니다. 프로시저의 처리 속도와 가장 밀접한 연관을 갖는 속성은 다음 세 가지입니다.

속성	기본값	설명
Calculation	xlCalculationAutomatic	수식 재계산 여부를 결정
EnableEvents	True	이벤트 감시를 작동시킬지 중단시킬지 여부를 결정
ScreenUpdating	True	수정된 사항을 화면에 표시할지 여부를 결정

매크로 개발의 예

엑셀의 옵션을 이용하는 매크로를 개발하려면 다음과 같은 구조로 매크로를 개발합니다.

```
Sub 프로시저()

    ' 변수 선언 및 저장 ──────────── ❶

    With Application
        .Calculation = xlCalculationManual ──────────── ❷
        .EnableEvents = False ──────────── ❸
        .ScreenUpdating = False ──────────── ❹
    End With

    ' 실행 명령 ──────────── ❺
    With Application
        .Calculation = xlCalculationAutomatic ──────────── ❻
```

```
                .EnableEvents = True                    ────────── ❼
                .ScreenUpdating = True                  ────────── ❽
        End With

    End Sub
```

❶ 프로시저의 상단에서 변수를 선언하고 변수에 값을 저장하는 명령을 나열합니다.

❷ 엑셀의 수식 재계산 여부를 수동으로 변경합니다. 이 옵션은 리본 메뉴에서 [수식] 탭-[계산] 그룹-[계산 옵션▥]을 [수동]으로 변경하는 것과 동일합니다.

❸ 엑셀의 이벤트 감시(사용자 동작 모니터링)를 중단시킵니다. 이벤트는 엑셀에서 사용자의 작업을 모니터링하는 부분이라고 생각합니다. 이벤트는 매크로가 동작할 때도 동작하므로 이 동작을 중단시키면 더 빠른 실행 속도를 얻을 수 있습니다.

❹ 매크로 실행에 의해 변경된 부분을 화면에 바로 표시하지 않도록 설정합니다.

❺ 매크로에서 처리할 명령을 순서대로 나열합니다.

❻ 수식 재계산 여부를 자동으로 변경합니다. 여기부터 아랫부분은 변경된 옵션을 다시 원래대로 복원하는 코드입니다. 이렇게 하지 않으면 수식이 항상 수동으로 계산되므로 주의가 필요합니다.

❼ 이벤트 감시를 다시 시작합니다.

❽ 변경된 부분을 화면에 표시합니다.

이 속성은 프로시저를 처음 개발할 때부터 사용하지 말고, 프로시저의 개발이 모두 끝난 후 동작에 이상이 없는 것을 확인하고 추가해 사용하는 것이 좋습니다. 이 속성을 처음부터 사용하면 프로시저의 동작을 눈으로 확인할 수 없기 때문에 문제 발생 시 원인을 파악하기가 쉽지 않습니다.

이 속성을 적용한 결과를 확인하려면 예제 파일을 열고 [sample1] 시트에서 [순환문 (속성 적용)] 단추를 클릭한 후 소요 시간을 확인합니다.

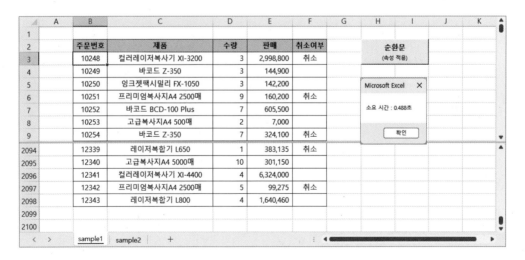

또한 [sample2] 시트의 [자동 필터 (속성 적용)] 단추도 클릭하고 소요 시간을 확인합니다.

	A	B	C	D	E	F	G	H	I	J	K
1											
2		주문번호	제품	수량	판매	취소여부		자동 필터			
3		10248	컬러레이저복사기 XI-3200	3	2,998,800	취소		(속성 적용)			
4		10249	바코드 Z-350	3	144,900						
5		10250	잉크젯팩시밀리 FX-1050	3	142,200						
6		10251	프리미엄복사지A4 2500매	9	160,200	취소					
7		10252	바코드 BCD-100 Plus	7	605,500						
8		10253	고급복사지A4 500매	2	7,000						
9		10254	바코드 Z-350	7	324,100	취소					
2094		12339	레이저복합기 L650	1	383,135	취소					
2095		12340	고급복사지A4 5000매	10	301,150						
2096		12341	컬러레이저복사기 XI-4400	4	6,324,000						
2097		12342	프리미엄복사지A4 2500매	5	99,275	취소					
2098		12343	레이저복합기 L800	4	1,640,460						
2099											
2100											

Microsoft Excel

소요 시간 : 0.316초

확인

sample1 sample2 +

이전에 실행했을 때보다 시간이 단축된 것을 확인할 수 있습니다. 수식이 많은 파일이나 셀 값을 변경하는 과정이 많다면 더 효율적인 결과를 얻을 수 있습니다. 코드 확인은 Alt + F11 을 누른 후 Module1 개체의 코드 창에서 확인할 수 있습니다.

VBA 내장 함수

엑셀에는 다양한 계산 작업을 도와주는 SUM, VLOOKUP 등의 함수가 제공
되며, 이렇게 셀에서 사용하는 함수를 워크시트 함수라고 합니다. 일부 함수
는 VBA에서 WorksheetFunction 개체를 이용해 사용할 수 있으나 VBA
에서도 다양한 함수가 따로 제공되므로, 매크로를 작성할 때는 VBA 내장 함
수를 사용하는 것이 효율적입니다. VBA 함수를 이해하면 코드를 좀 더 간결
하게 작성하는 데 도움이 됩니다. 워크시트 함수와 VBA 함수의 같은 점, 다
른 점은 무엇인지 이번 CHAPTER에서 알아보겠습니다.

원하는 순간에 필요한 메시지 창 표시하는 방법

예제 파일 없음

MsgBox 함수

매크로를 실행할 때 사용자에게 전달할 내용이 있거나 사용자와 의사소통이 필요한 경우에는 MsgBox 함수를 사용합니다. 이 함수는 다양한 인수 구성을 통해 여러 가지 메시지 창을 화면에 표시할 수 있어 매우 편리합니다. MsgBox 함수의 구문은 다음과 같습니다.

MsgBox (❶prompt, ❷[buttons], ❸[title])

❶ prompt	메시지 창에 표시될 내용으로 생략할 수 없습니다.
❷ buttons	생략 가능한 인수로 메시지 창의 아이콘 유형 및 버튼 구성을 설정할 수 있습니다.
❸ title	생략 가능한 인수로 메시지 창의 제목 표시줄에 표시되는 내용입니다.

MsgBox 함수 구문에서 대괄호 안의 인수는 생략할 수 있습니다. 이 책에서는 함수의 모든 인수가 아니라 가장 많이 사용하는 인수만 설명합니다. 참고로 모든 인수에 대해 확인하려면 직접 실행 창에서 MsgBox 를 입력하고 F1 을 누른 후 도움말을 표시합니다.

TIP 이 책에서는 함수 구문 중 생략 가능한 인수를 대괄호 안에 표시합니다.

buttons 인수 구성

MsgBox 함수의 buttons 인수에는 다음과 같은 다양한 내장 상수를 사용할 수 있습니다.

구분	설명	내장 상수	값	화면
아이콘	중대 메시지	vbCritical	16	MsgBox "메시지 내용", vbCritical, "제목"
	질문(물음표)	vbQuestion	32	MsgBox "메시지 내용", vbQuestion, "제목"
	경고 메시지	vbExclamation	48	MsgBox "메시지 내용", vbExclamation, "제목"
	정보(느낌표)	vbInformation	64	MsgBox "메시지 내용", vbInformation, "제목"
버튼	확인	vbOKOnly	0	MsgBox "메시지 내용", vbOKOnly, "제목"
	확인, 취소	vbOKCancel	1	MsgBox "메시지 내용", vbOKCancel, "제목"
	중단, 다시 시도, 무시	vbAbortRetryIgnore	2	MsgBox "메시지 내용", vbAbortRetryIgnore, "제목"

구분	설명	내장 상수	값	화면
버튼	예, 아니오, 취소	vbYesNoCancel	3	MsgBox "메시지 내용", vbYesNoCancel, "제목"
	예, 아니오	vbYesNo	4	MsgBox "메시지 내용", vbYesNo, "제목"
	다시 시도, 취소	vbRetryCancel	5	MsgBox "메시지 내용", vbRetryCancel, "제목"

사용자가 메시지 창에 표시된 버튼을 클릭하면 Msgbox 함수는 다음 값을 반환합니다.

동작	반환	
	내장 상수	값
[확인] 클릭	vbOK	1
[취소] 클릭	vbCancel	2
[중단] 클릭	vbAbort	3
[다시 시도] 클릭	vbRetry	4
[무시] 클릭	vbIgnore	5
[예] 클릭	vbYes	6
[아니오] 클릭	vbNo	7

MsgBox 함수의 buttons 인수에는 여러 개의 내장 상수를 함께 사용해 표시할 아이콘 유형과 버튼을 한번에 설정할 수 있습니다. 예를 들어 다음 코드는 경고 메시지 아이콘과 [예], [아니오] 버튼을 함께 표시합니다.

```
MsgBox "메시지 내용", vbExclamation + vbYesNo, "제목"
```

이 코드에서 사용된 vbExclamation과 vbYesNo 내장 상수는 48과 4의 값을 갖습니다. 그러므로 이 코드는 다음과 같이 수정해도 됩니다.

```
MsgBox "메시지 내용", 52, "제목"
```

보통 여러 개의 버튼이 표시될 경우에는 항상 첫 번째 버튼이 Enter 를 눌렀을 때 입력되는 기본 버튼입니다. 기본 버튼을 변경하려면 다음과 같은 내장 상수를 추가로 사용할 수 있습니다.

동작	반환	
	내장 상수	값
첫 번째 버튼이 기본	vbDefaultButton1	0
두 번째 버튼이 기본	vbDefaultButton2	256
세 번째 버튼이 기본	vbDefaultButton3	512
네 번째 버튼이 기본	vbDefaultButton4	768

예를 들어 이 코드에서 [아니오] 버튼을 기본 버튼으로 변경하려면 다음 코드를 사용합니다.

```
MsgBox "메시지 내용", vbExclamation + vbYesNo + vbDefaultButton2, "제목"
```

이 코드를 직접 실행 창에 입력해 결과를 확인해보세요!

Msgbox 함수를 사용한 매크로 개발 사례

메시지 창에 [예], [아니오] 버튼을 삽입하고, 해당 버튼을 클릭했을 때의 동작을 매크로로 작성한 코드는 다음과 같습니다.

```
파일 : MsgBox 함수 (코드).txt

Sub 성별확인()

    Dim 질문 As String ──────────── ①
    Dim 결과 As String ──────────── ②

    질문 = "당신은 남자입니까?" ──────── ③
    결과 = "당신의 성별 : " ────────── ④

    If MsgBox(질문, vbQuestion + vbYesNo, "성별 확인") = vbYes Then ────────── ⑤

        결과 = 결과 & "남성"

    Else ──────── ⑥
```

```
        결과 = 결과 & "여성"

    End If

    MsgBox 결과, vbInformation, "선택"  ————————— ❼

End Sub
```

❶ String 형식의 [질문] 변수를 선언합니다.
❷ String 형식의 [결과] 변수를 선언합니다.
❸ [질문] 변수에 MsgBox 함수에 표시할 내용을 입력합니다.
❹ [결과] 변수에 반환할 MsgBox 함수에 표시할 앞 문장을 저장합니다.
❺ MsgBox 함수를 사용해 [질문] 변수의 내용을 다음과 같이 표시합니다.

이 메시지 창에서 [예] 버튼을 클릭했는지 여부를 If 문을 통해 확인하며, [예] 버튼을 클릭했다면 [결과] 변수에 "남성" 단어를 연결합니다.
❻ 이 메시지 창에서 [아니오] 버튼을 클릭했다면 [결과] 변수에 "여성" 단어를 연결합니다.
❼ MsgBox 함수를 사용해 [결과] 변수의 내용을 다음과 같이 표시합니다.

참고로 이 화면은 ❺ 줄의 코드에서 [예] 버튼을 클릭했을 때의 결과입니다.

매크로 코드를 수정해 여자인지 여부를 묻고 처리하는 코드를 작성해보세요!

10 / 02

매크로 실행 중에 사용자가 원하는 값을 입력할 수 있도록 하려면?

예제 파일 PART 02 \ CHAPTER 10 \ InputBox 함수.xlsm

InputBox 함수

InputBox 함수를 사용하면 매크로 실행에 필요한 값이 매번 다를 때, 사용자가 특정 값을 입력해 동작하는 매크로로 구성할 수 있습니다. 물론 사용자 정의 폼을 개발할 수 있는 단계가 되면 폼 개체를 이용하는 것이 더 좋지만, 아직 VBA에 익숙하지 않을 때는 짧으면서 효율적인 매크로 코드를 구성하는 것이 더욱 편리합니다. InputBox 함수의 구문 중 자주 사용되는 인수는 다음과 같습니다.

InputBox (❶prompt, ❷[title], ❸[default], ❹[xpos], ❺[ypos])

❶ prompt	대화상자에 표시할 메시지로 생략할 수 없습니다.
❷ title	대화상자의 제목 표시줄에 표시할 내용입니다.
❸ default	대화상자의 입력란에 값을 입력하지 않았을 때 사용할 기본값입니다.
❹ xpos	대화상자의 표시 위치로 엑셀 창 왼쪽에서 대화상자 왼쪽 테두리까지의 간격을 의미합니다.
❺ ypos	대화상자의 표시 위치로 엑셀 창 맨 위에서 대화상자 상단 테두리까지의 간격을 의미합니다.

InputBox 함수는 다음과 같이 사용할 수 있으며, 입력된 값을 반환할 위치를 지정해야 합니다.

변수 = InputBox("당신의 이름을 입력해주세요!") ━━━━━━━━━ ❶

❶ InputBox 함수에 의해 다음 대화상자가 표시되며, 입력된 값은 [변수]에 저장됩니다.

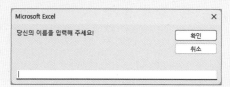

만약 [취소]를 클릭하거나 창 우측 상단의 창 닫기 버튼을 클릭하면 InputBox 함수는 빈 문자("")를 반환합니다. 그러므로 [변수]에 저장된 값이 빈 문자("")라면 사용자가 입력한 값이 없다는 것을 의미합니다.

InputBox 함수를 사용한 매크로 개발 사례 1 : 전화번호 입력

예제를 열고 [전화번호 입력] 단추를 클릭했을 때 전화번호를 입력받아 [B3] 셀에 입력하는 매크로를 개발한다고 가정합니다.

	A	B	C	D	E	F
1						
2		전화번호			전화번호 입력	
3						
4					암호 입력	
5						
6						

[전화번호 입력] 단추에 연결된 매크로의 코드는 다음과 같습니다.

```
Sub InputBox함수_예제1()

    Dim 전화번호 As String ──────── ❶
    Dim 메시지 As String ──────── ❷

    메시지 = "전화번호를 입력하세요!" ──────── ❸
    메시지 = 메시지 & vbCr & "전화번호 형식 (010-xxxx-xxxx)"

    전화번호 = InputBox(메시지) ──────── ❹

    If 전화번호 <> "" Then Range("B3").Value = 전화번호 ──────── ❺

End Sub
```

❶ String 형식의 [전화번호] 변수를 선언합니다.

❷ String 형식의 [메시지] 변수를 선언합니다.

❸ [메시지] 변수에 대화상자 본문에 표시될 문자열을 두 줄로 작성합니다. vbCr은 줄 바꿈 문자(Carriage Return)를 의미하는 내장 상수로, vbCr 내장상수를 이용하면 변수에 여러 줄로 구분된 문자열을 저장할 수 있습니다.

❹ InputBox 함수를 사용해 [메시지] 변수에 저장된 내용을 다음과 같이 표시합니다.

입력된 값은 [전화번호] 변수에 저장됩니다.

❺ [전화번호] 변수의 값을 If 문으로 판단해 저장된 값이 있으면 [B3] 셀에 입력합니다.

TIP 이 코드는 예제 파일의 VB 편집기 내에 있는 Module1 개체의 코드 창에서 확인할 수 있습니다.

InputBox 함수를 사용한 매크로 개발 사례 2 : 암호 입력

암호를 입력받는 작업 역시 InputBox 함수로 처리할 수 있습니다. 동일한 예제의 [암호 입력] 단추를 클릭했을 때 암호(설정 암호 1234)를 묻고, 암호를 입력하지 않거나 3회 입력까지 틀린 암호를 입력하면 자동으로 종료되는 매크로를 개발합니다. [암호 입력] 단추에 연결된 매크로 코드는 다음과 같습니다.

```
Sub InputBox함수_예제2()

' 1단계 : 변수를 선언하고, 변수의 초깃값을 저장합니다.
    Dim 암호 As String           ——————①
    Dim 메시지 As String          ——————②
    Dim i As Integer              ——————③

    메시지 = "암호를 입력하세요!"      ——————④

' 2단계 : InputBox 함수를 사용해 암호를 3회까지 입력받고 맞는지 확인합니다.
    Do        ——————⑤

        암호 = InputBox(메시지)        ——————⑥

        Select Case 암호               ——————⑦

            Case "1234"               ——————⑧

                MsgBox "암호가 일치합니다."
                Exit Sub

            Case ""        ——————⑨

                MsgBox "암호를 입력하지 않아 종료합니다."
                Exit Sub

            Case Else        ——————⑩

                i = i + 1

        End Select

    Loop Until i = 3        ——————⑪
' 3단계 : 암호가 맞지 않으면 메시지 창을 표시합니다.
    MsgBox "암호가 3회 일치하지 않아 종료합니다."        ——————⑫

End Sub
```

❶ String 형식의 [암호] 변수를 선언합니다.
❷ String 형식의 [메시지] 변수를 선언합니다.
❸ Integer 형식의 [i] 변수를 선언합니다.

❹ [메시지] 변수에 대화상자 본문에 표시할 내용을 저장합니다.

❺ Do… Loop 순환문을 사용해 암호 입력 작업을 반복하도록 설정합니다.

❻ InputBox 함수를 사용해 다음과 같은 대화상자를 표시하며, 입력한 값을 [암호] 변수에 저장합니다.

❼ [암호] 변수에 저장된 값에 따라 사용자의 동작을 유추할 수 있으므로, Select Case 문을 사용해 아래 세 가지 경우를 판단합니다.

❽ 암호가 일치하면 MsgBox 함수로 안내 메시지를 표시하고 Exit 문을 이용해 매크로를 종료합니다.

❾ [암호] 변수의 값이 빈 문자("")이면 [취소]를 클릭하거나 대화상자에서 값을 입력하지 않은 것이므로, MsgBox 함수로 안내 메시지를 표시하고 매크로를 종료합니다.

❿ 그 외에는 암호를 잘못 입력한 경우이므로 [i] 변수의 값을 1씩 증가시킵니다. 이렇게 하면 [i] 변숫값을 통해 암호 입력 횟수를 확인할 수 있습니다.

⓫ Do… Loop 순환문의 조건은 [i] 변수의 값이 3이 될 때까지이므로, 암호가 틀린 경우 3회 반복합니다.

⓬ 매크로가 앞부분에서 종료되지 않았다면 Do… Loop 순환문이 3회 순환했다는 것을 의미하므로, MsgBox 함수를 사용해 암호가 3회 일치하지 않았다는 내용을 메시지 창에 표시합니다.

TIP 이 코드는 예제 파일의 VB 편집기 내에 있는 Module1 개체의 코드 창에서 확인할 수 있습니다.

이 매크로는 정상 동작하지만, Do… Loop 순환문을 For… Next 순환문으로 수정할 수 있습니다. 코드를 수정하고 매크로가 정상 동작하는지 확인해보세요!

매크로 실행 중에 작업 범위를 선택할 수 있도록 하려면?

예제 파일 PART 02 \ CHAPTER 10 \ InputBox 메서드.xlsm

Application.InputBox 메서드

InputBox 함수는 유용하지만, 아쉬운 점도 있는 것이 사실입니다. 예를 들면 숫자만 입력 받을 수도 없으며 작업 대상 셀(또는 범위)을 선택할 수도 없습니다. 이런 단점은 Application 개체 구성원인 InputBox 메서드를 이용하면 해결할 수 있습니다. 다음은 Application 개체에서 제공되는 InputBox 메서드의 구문입니다.

Application.InputBox
(❶prompt, ❷[title], ❸[default], ❹[left], ❺[top], ❻[helpfile], ❼[helpcontextId], ❽[type])

❶ prompt	대화상자에 표시할 메시지로 생략할 수 없습니다.
❷ title	대화상자의 제목 표시줄에 표시할 내용입니다. 기본값은 "입력"입니다.
❸ default	대화상자의 입력란에 값을 입력하지 않았을 때 사용할 기본값입니다.
❹ left	대화상자의 표시 위치로 엑셀 창 왼쪽에서 대화상자 왼쪽 테두리까지의 간격을 의미합니다.
❺ top	대화상자의 표시 위치로 엑셀 창 맨 위에서 대화상자 상단 테두리까지의 간격을 의미합니다.
❻ helpfile	대화상자에서 F1 을 눌렀을 때 표시할 도움말 파일명을 전달합니다.
❼ helpcontextId	helpfile 인수를 사용하면 context 인수도 반드시 사용해야 하며, 도움말 파일의 항목 번호를 지정합니다.
❽ type	InputBox 대화상자에서 반환할 데이터 형식을 의미합니다. type은 다음과 같은 값을 사용하며, 둘 이상의 값을 동시에 사용할 수 있습니다. 예를 들어 1+4와 같이 설정하면 숫자와 논릿값만 입력받을 수 있습니다. | Type	데이터
0	수식
1	숫자
2	텍스트
4	논릿값(True, False)
8	셀 참조(A1, A1:A10)
16	수식 에러(예를 들면 #N/A)
64	배열	

InputBox 메서드는 다음과 같이 사용할 수 있으며, InputBox 함수처럼 입력받은 값을 반환할 위치에 전달합니다.

변수 = Application.InputBox(Prompt:="당신의 이름을 입력해주세요!", Type:=2) ────────── ❶

❶ 다음과 같은 대화상자가 표시되며, 입력된 값은 변수에 저장됩니다. 만약 [취소]를 클릭하거나 창 닫기 버튼을 클릭하면 InputBox 메서드는 False 값을 반환합니다.

작업 대상 범위를 선택하도록 하는 매크로 개발 사례

예를 들어 인쇄할 표 범위를 InputBox 메서드를 이용해 전달받아 인쇄 작업을 진행하려면 다음과 같이 프로시저를 구성합니다.

```
Sub Inputbox메서드_예제()

' 1단계 : 필요한 변수를 선언합니다.
    Dim 선택범위 As Range        ────────── ❶
    Dim 메시지 As String         ────────── ❷
    Dim 제목 As String           ────────── ❸

' 2단계 : 입력상자에 표시할 문자열을 변수에 저장합니다.
    메시지 = "인쇄할 범위를 선택하세요!"    ────────── ❹
    제목 = "인쇄"                 ────────── ❺

' 3단계 : 인쇄할 범위를 InputBox 메서드로 입력받아 미리 보기 창을 표시합니다.
    On Error Resume Next         ────────── ❻

        Set 선택범위 = Application.InputBox(Prompt:=메시지, Title:=제목, Type:=8)  ────── ❼

        If Err.Number <> 0 Then     ────────── ❽

            MsgBox "범위를 선택하지 않아, 종료합니다."

        Else        ────────── ❾

            선택범위.PrintOut Preview:=True

        End If

End Sub
```

❶ Range 형식의 [선택범위] 개체변수를 선언합니다.

❷ String 형식의 [메시지] 변수를 선언합니다.

❸ String 형식의 [제목] 변수를 선언합니다.

❹ [메시지] 변수에 대화상자의 본문에 표시할 문자열을 저장합니다.

❺ [제목] 변수에 대화상자의 제목에 표시할 문자열을 저장합니다.

❻ 대화상자에서 [취소]를 클릭했을 때 에러가 발생할 수 있으므로, On Error Resume Next 명령을 사용해 에러가 발생해도 멈추지 않고 다음 줄의 코드가 계속해서 진행되도록 합니다. 참고로 이 코드가 입력되지 않고, ❼ 줄 코드의 입력상자에서 [취소]를 클릭하면 다음 에러 메시지 창이 표시됩니다.

❼ Application 개체의 InputBox 메서드를 이용해 다음 대화상자를 화면에 표시합니다. 다음 대화상자의 입력상자에 인쇄할 범위의 주소를 직접 입력하거나 인쇄하려는 범위를 드래그해 범위를 선택합니다. 이렇게 선택된 범위는 [선택범위] 개체변수에 연결됩니다.

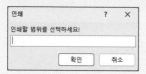

❽ Err 개체의 Number 속성값이 0이 아니면 에러가 발생한 것이므로, ❼ 줄의 코드에서 범위를 제대로 선택하지 않고 [취소]를 클릭한 것입니다. 이 경우 아래 줄에 MsgBox 함수를 사용해 안내 메시지를 출력합니다.

❾ 에러가 발생하지 않았다면 [선택범위] 변수에 인쇄할 범위가 연결된 것이므로, PrintOut 메서드를 이용해 선택된 범위를 인쇄합니다. 단, 예제에서는 Preview 매개변수의 값을 True로 할당했으므로 인쇄 미리 보기 화면이 표시됩니다. 바로 인쇄하려면 **Preview:=True**를 삭제합니다.

이 매크로를 테스트해보려면 예제를 열고 [범위 인쇄] 단추를 클릭합니다.

	A	B	C	D	E	F	G	H	I	J
1										
2			영업사원 실적 집계표							
4		영업사원	1사분기	2사분기	3사분기	4사분기		범위 인쇄		
5		박지훈	234,000	371,000	490,000	543,000				
6		유준혁	451,000	540,000	586,000	284,000				
7		이서연	246,000	276,000	230,000	291,000				
8		김민준	258,000	263,000	509,000	213,000				
9		최서현	252,000	240,000	221,000	279,000				
10		박현우	272,000	270,000	381,000	415,000				
11		정시우	247,000	250,000	342,000	238,000				
12		이은서	287,000	446,000	938,000	461,000				
13		오서윤	488,000	654,000	795,000	345,000				
14		총합계	2,735,000	3,310,000	4,492,000	3,069,000				
15										

MsgBox와 InputBox
대화상자의 크기 조정 방법

예제 파일 없음

MsgBox와 InputBox 함수의 대화상자

MsgBox와 InputBox 함수를 사용할 때 표시되는 메시지 창(대화상자)은 기본적으로 prompt 인수에 저장되는 메시지 내용의 문자 개수에 맞춰 표시됩니다. 그 외에는 메시지 창의 크기를 조정할 수 있는 인수가 따로 제공되지 않기 때문에 좀 더 큰 메시지 창을 표시하거나 일정한 크기로 창을 표시하기가 어렵습니다. 메시지 창의 크기를 조금 더 키우려면 prompt 인수에 눈에 보이지 않는 공백 문자를 추가합니다.

String 함수 구문

VBA 함수 중에는 특정 문자를 n회 반복해 반환하는 String 함수가 제공됩니다. 이 함수는 워크시트 함수인 REPT 함수와 동일하게 동작합니다. String 함수의 구문은 다음과 같습니다.

String (❶number, ❷character)

❶ number	문자를 반복할 횟수입니다.
❷ character	반복하려는 문자로 큰따옴표(")를 사용해 입력하거나 문자를 반환하는 계산식을 사용합니다.

예를 들어 변수에 "∗" 문자를 8회 입력하려면 다음 두 가지 방법을 사용할 수 있습니다.

```
변수 = "********"

변수 = String(8, "*")
```

MsgBox 대화상자의 크기 조정

다음은 기본 메시지 창을 표시하는 MsgBox 함수의 사용 코드입니다.

```
MsgBox Prompt:="안내 메시지입니다.", Title:="연습"                    ❶
```

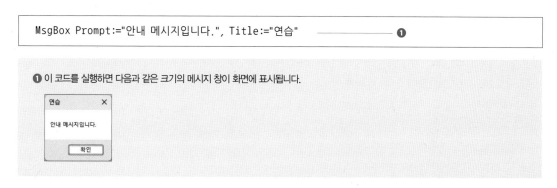

❶ 이 코드를 실행하면 다음과 같은 크기의 메시지 창이 화면에 표시됩니다.

메시지 창의 가로 너비를 넓히려면 prompt 인수에 전달되는 문자열의 우측에 String 함수를 사용해 다음과 같이 공백 문자를 추가합니다.

```
MsgBox Prompt:="안내 메시지입니다." & String(5, vbTab), Title:="연습"        ❶
```

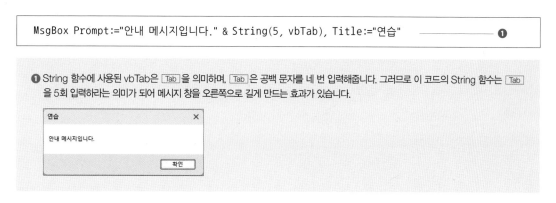

❶ String 함수에 사용된 vbTab은 [Tab]을 의미하며, [Tab]은 공백 문자를 네 번 입력해줍니다. 그러므로 이 코드의 String 함수는 [Tab]을 5회 입력하라는 의미가 되어 메시지 창을 오른쪽으로 길게 만드는 효과가 있습니다.

메시지 창의 세로 길이를 키우려면 줄 바꿈 문자(Carriage Return)를 prompt 인수에 추가해야 합니다. 참고로 줄 바꿈 문자의 내장 상수는 vbCr입니다.

```
MsgBox Prompt:="안내 메시지입니다." & String(5, vbCr), Title:="연습"        ❶
```

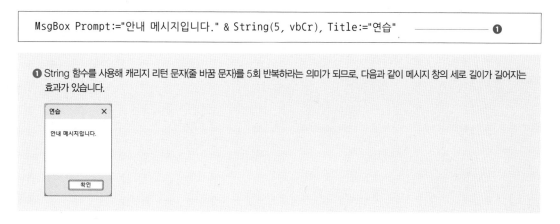

❶ String 함수를 사용해 캐리지 리턴 문자(줄 바꿈 문자)를 5회 반복하라는 의미가 되므로, 다음과 같이 메시지 창의 세로 길이가 길어지는 효과가 있습니다.

두 가지 효과를 모두 얻으려면 `Tab`과 줄 바꿈 문자를 동시에 연결합니다.

MsgBox Prompt:="안내 메시지입니다." & String(5, vbTab) & String(5, vbCr), Title:="연습"　— ❶

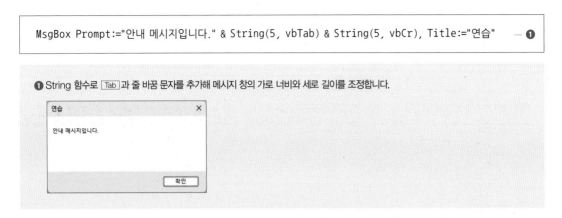

❶ String 함수로 `Tab`과 줄 바꿈 문자를 추가해 메시지 창의 가로 너비와 세로 길이를 조정합니다.

InputBox 함수와 Application 개체의 InputBox 메서드 역시 MsgBox 함수와 동일하게 prompt 인수 부분에 String 함수를 사용해 창 너비와 높이를 조정할 수 있습니다.

Left, Mid, Right 함수는 엑셀의 내장 함수와 어떤 부분이 다를까?

예제 파일 PART 02 \ CHAPTER 10 \ Left, Mid, Right 함수.xlsx

Left, Mid, Right 함수 구문

Left 함수는 문자열의 왼쪽부터 오른쪽 방향으로 지정된 문자 개수만큼 잘라내는 함수로 구문은 다음과 같습니다.

Left (❶string, ❷number)

❶ string	잘라낼 문자열입니다.
❷ number	string(문자열)의 왼쪽에서 잘라낼 문자 개수입니다.

Right 함수는 Left 함수와 인수 구성이 동일합니다. Left 함수가 문자열의 왼쪽(Left)에서부터 잘라낸다면 Right 함수는 문자열의 오른쪽(Right)에서부터 잘라냅니다.

Mid 함수는 문자열에서 시작 위치를 지정한 후 오른쪽 방향으로 지정된 문자의 개수만큼 잘라내는 함수로 구문은 다음과 같습니다.

Mid (❶string, ❷start, ❸[length])

❶ string	잘라낼 문자열입니다.
❷ start	string(문자열)에서 잘라낼 첫 번째 문자 위치를 의미합니다.
❸ length	string(문자열)의 start(시작 위치)에서부터 잘라낼 문자 개수를 의미합니다.

워크시트 함수와의 차이

Left, Mid, Right 함수는 워크시트 함수와 VBA 함수로 모두 제공됩니다. 인수 구성도 동일하므로 같은 함수라고 생각할 수 있지만 몇 가지 차이가 있습니다.

함수에서 반환하는 데이터 형식의 차이

VBA 함수인 Left, Mid, Right 함수가 워크시트 함수와 다른 점은 워크시트 함수의 반환값이 텍스트 형식인 반면, VBA 함수는 반환값이 Variant(가변형) 데이터 형식이라는 점입니다. 예를 들어 [B3] 셀에 입력된 주민등록 번호에서 워크시트 함수인 MID 함수로 여덟 번째 위치에서 한 개의 문자를 잘라 1과 비교하는 수식을 입력하면 반환값이 False가 됩니다.

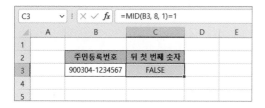

워크시트 함수인 LEFT, MID, RIGHT 함수는 모두 텍스트 형식으로 값을 반환하므로, 숫자 1과 MID 함수가 반환하는 텍스트 형식의 값인 "1"은 서로 다른 값으로 인식됩니다. 그러므로 이 수식을 True로 반환되도록 하려면 수식을 **=MID(B3, 8, 1)="1"**과 같이 수정해야 합니다.

하지만 다음과 같이 VBA 코드를 사용해 워크시트 함수와 동일하게 구성하면 True가 반환됩니다.

```
? Mid(Range("B3"), 8, 1) = 1
True
|
```

VBA 함수는 Left, Mid, Right 함수에서 잘라낸 값이 숫자일 때 숫자 데이터 형식의 값을 반환합니다.

Mid 함수의 length 인수

VBA의 Mid 함수의 경우 세 번째 문자 개수(length) 인수는 생략 가능한 인수입니다. 생략할 경우 시작 위치(start)에서부터 끝까지 잘라낸 문자열이 반환됩니다.

```
? Mid(Range("B3"), 8)
1234567
|
```

워크시트 함수인 MID 함수는 세 번째 인수를 생략할 수 없으며, 끝까지 잘라내려면 세 번째 인숫값을 다음과 같이 크게 지정하는 방법을 사용합니다.

	A	B	C	D	E
1					
2		주민등록번호	뒤 첫 번째 숫자		
3		900304-1234567	1234567		
4					
5					

C3 셀 수식: =MID(B3, 8, 100)

Find 함수와 동일한 InStr 함수 그리고 VBA에만 제공되는 InStrRev 함수

예제 파일 없음

InStr, InStrRev 함수

워크시트 함수로 문자열에서 특정 문자(열)의 위치를 찾을 때는 FIND 또는 SEARCH 함수를 사용합니다. VBA에도 비슷한 동작을 하는 함수로 InStr 함수가 제공됩니다. 이 함수는 문자열의 왼쪽에서부터 오른쪽으로 특정 문자(열)의 위치를 찾으며, 문자열의 오른쪽에서부터 왼쪽으로 특정 문자(열)의 위치를 찾는 InStrRev 함수도 제공됩니다.

InStr 함수는 문자열의 왼쪽부터 특정 문자(열)의 위치를 찾아주는 함수로 구문은 다음과 같습니다.

InStr (❶[start], ❷string1, ❸string2, ❹[compare])

❶ start	string1에서 string2를 찾기 시작할 위치를 의미합니다. 생략하면 문자열의 왼쪽부터 찾습니다.		
❷ string1	전체 문자열입니다.		
❸ string2	찾을 문자(열)입니다.		
❹ compare	문자(열)를 비교하는 방법을 지정합니다. 다음 내장 상수를 사용할 수 있습니다.		
	내장 상수	**값**	**설명**
	vbUseCompareOption	−1	Option Compare 문의 설정을 사용해 비교합니다.
	vbBinaryCompare	0	기본값으로, 이진 비교를 합니다. "a"와 "A"는 다릅니다.
	vbTextCompare	1	문자를 비교합니다. "a"와 "A"는 동일합니다.
	vbDatabaseCompare	2	액세스 전용, 데이터베이스 정보에 맞춰 비교합니다.

TIP 이진(바이너리) 비교는 사람이 이해하는 문자 대신 컴퓨터가 이해하는 0,1로 구성된 이진수로 비교한다는 의미합니다. a는 이진수로 01100001이고, A는 이진수로 01000001이므로 이진 비교를 하면 다른 값으로 인식합니다.

InStrRev 함수는 InStr 함수와 구문이 다르므로 주의합니다.

InStrRev (❶stringcheck, ❷stringmatch, ❸[start], ❹[compare])

❶ stringcheck	전체 문자열입니다.
❷ stringmatch	찾을 문자(열)입니다.
❸ start	stringcheck에서 stringmatch를 찾기 시작할 위치로 생략하면 문자열의 오른쪽부터 찾습니다.
❹ compare	문자(열)를 비교하는 방법을 지정합니다. 생략하면 Option Compare 문의 설정값에 따르지만 Option Compare 문 역시 지정되어 있지 않으면 Binary 방식으로 값을 비교합니다. compare 인수에 사용할 수 있는 내장 상수 설명은 InStr 함수의 내용을 참고합니다.

InStr 함수의 사용 예

InStr 함수는 전체 문자열에서 지정한 문자열의 위치를 찾아줍니다. 다음과 같은 코드를 VB 편집기의 직접 실행 창에 입력합니다.

```
직접 실행                                              ×
? InStr(1, "마이크로소프트 엑셀", "엑셀")
 9
|
```

TIP "마이크로소프트 엑셀" 문자열에서 "엑셀" 문자열은 아홉 번째 위치에 있음을 알려줍니다.

만약 세 번째 인수 string2의 값이 두 번째 인수 string1에 없다면 0이 반환됩니다.

```
직접 실행                                              ×
? InStr(1, "마이크로소프트 엑셀", "365")
 0
|
```

참고로 InStr 함수의 첫 번째 start 인수는 생략 가능하므로, 이 코드는 다음과 같이 수정할 수 있습니다.

```
? InStr("마이크로소프트 엑셀", "엑셀")

? InStr("마이크로소프트 엑셀", "365")
```

VBA 함수는 워크시트 함수와 달리 생략 가능한 인수가 앞에 나올 수 있으며, 생략하면 사용자가 입력한 값을 인식해 자동으로 인수 위치에 맞게 전달됩니다. 즉, 이 코드처럼 첫 번째 인수에 String 형식의 값이 전달되면 첫 번째 인수를 string1에, 두 번째 인수를 string2에 전달해 계산된 결과를 반환합니다.

InStrRev 함수의 사용 예

InStrRev 함수는 보통 찾을 문자(stringcheck)가 반복해서 나올 때 마지막에 있는 문자 위치를 찾아줍니다. 예를 들어 현재 파일의 전체 경로가 [파일] 변수에 저장되어 있다고 가정합니다.

```
파일 = "D:\업무 파일\금년\재무 회계\사업 계획\보고서.xlsx"
```

이 경로에서 파일 명을 제외한 경로 부분과 파일 명만 잘라내려면 다음과 같은 코드를 사용합니다.

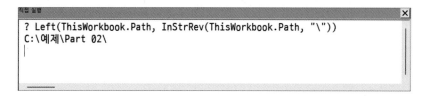

```
경로 = Left(파일, InStrRev(파일, "\"))        ―――――――――  ❶
파일명 = Mid(파일, InStrRev(파일, "\")+1)    ―――――――――  ❷
```

❶ [파일] 변수에서 "\" 문자가 마지막으로 나타난 위치까지 잘라낸 값을 [경로] 변수에 저장합니다. "D:\업무 파일\금년\재무 회계\사업 계획\" 문자열이 [경로] 변수에 저장됩니다.

❷ [파일] 변수에서 "\" 문자가 마지막으로 나타난 위치부터 끝까지 잘라낸 값을 [파일명] 변수에 저장합니다. "보고서.xlsx" 문자열이 [파일명] 변수에 저장됩니다.

예제 폴더 내 아무 파일이나 열고 VB 편집기의 직접 실행 창에 다음 코드를 입력하면 현재 파일의 상위 폴더의 경로를 확인할 수 있습니다.

```
직접 실행                                                              ☒
? Left(ThisWorkbook.Path, InStrRev(ThisWorkbook.Path, "\"))
C:\예제\Part 02\
|
```

TIP ₩ 문자가 백슬래시(\)로 표시되는 것은 VB 편집기에 설정된 글꼴의 영향입니다.

빈 셀인지 여부를 확인할 때는 IsEmpty나 Len 함수

예제 파일 없음

IsEmpty 함수

IsEmpty 함수는 인수로 받은 변수 또는 개체의 값이 비어 있는(Empty) 상태인지를 확인해 True, False 를 반환합니다.

IsEmpty (❶expression)

❶ expression	수식 또는 값이 저장된 변수 또는 개체

예를 들어 이 함수를 사용해 [A1] 셀에 값이 입력되어 있는지 확인하려면 다음 코드를 사용합니다.

```
If IsEmpty(Range("A1")) = False Then            ❶
```

❶ IsEmpty 함수는 [A1] 셀이 빈 셀인지 확인해 True, False를 반환합니다. False가 반환되면 [A1] 셀이 빈 셀이 아니며 데이터가 입력 되어 있다고 판단합니다.

워크시트 함수에서도 IS로 시작하는 여러 함수가 있는 것처럼 VBA 함수에서도 Is로 시작하는 몇 가지 함 수가 제공됩니다. 다음의 함수는 모두 특정한 판단 결과를 True, False로 반환합니다.

함수명	설명
IsArray	변수가 배열변수인지 여부를 판단합니다.
IsDate	계산식 또는 값이 날짜(또는 시간)로 변환 가능한지 여부를 판단합니다.
IsError	계산식에 에러가 발생하는지 여부를 판단합니다.
IsMissing	Variant 형식의 매개변수에 값이 전달됐는지 여부를 판단합니다.
IsNull	계산식이 유효한 데이터를 포함하는지 여부를 판단합니다.
IsNumeric	계산식이 숫잣값(또는 숫자로 변환이 가능한 값)인지 여부를 판단합니다.
IsObject	변수가 개체변수인지 여부를 판단합니다.

- **Empty**

  Empty는 변수가 초기화되지 않은 상태를 의미합니다. 즉, 변수를 선언하고 값이 아직 저장되지 않은 상태를 Empty라고 합니다. 프로시저가 컴파일(Compile)될 경우(엑셀 매크로의 경우 실행할 때) 숫자 형식의 변수에는 0, 텍스트 형식의 변수에는 빈 문자("")가 저장됩니다.

- **Null**

  Null은 Variant 형식의 변수에 유효한 데이터가 없음을 의미하며, Empty와 의미가 다릅니다. 엑셀에서는 Null인 상태를 확인하기가 쉽지 않지만, Null을 강제로 저장할 수 있습니다. 보통 이런 상태는 다른 프로그램(주로 데이터베이스)과 연동해 작업할 때 자주 발생합니다. 다음은 Variant 형식 변수에 Null을 저장하는 코드입니다.

  ```
  Dim 변수 As Variant

  변수 = Null
  ```

- **빈 문자("")**

  텍스트(String) 형식의 변수를 선언하고, 매크로를 실행하면 String 변수에 다른 값이 저장될 때까지 해당 변수에는 빈 문자("")가 저장됩니다. 즉, String 형식 변수의 초깃값입니다.

- **Nothing**

  개체변수를 선언하고 아직 개체를 연결하지 않았다면 해당 변수는 어떤 개체와도 연관이 없음을 의미하는 Nothing 상태가 됩니다. 이 상태를 점검할 때는 등호를 사용하지 않고 Is 키워드를 사용해 다음과 같이 코드를 개발합니다.

  ```
  Dim 셀 As Range

  If 셀 Is Nothing Then
      Msgbox "변수에 아직 개체가 연결되지 않았습니다."
  End If
  ```

여기에서 사용한 예제와 같이 셀 값이 입력됐는지 여부는 빈 문자("")와 비교하는 다음과 같은 코드를 사용할 수도 있습니다.

```
If Range("A1") <> "" Then ─────────── ❶
```

❶ [A1] 셀의 값이 빈 문자("")가 아니면 입력된 값이 있다고 판단할 수 있습니다. 이 코드는 다음과 같은 코드로 대체할 수 있습니다.

```
If Range("A1") <> Empty Then
```

Len 함수

Len 함수는 문자열의 문자 개수를 세어주는 함수로 구문은 다음과 같습니다.

Len (❶string)

❶ string	문자 개수를 셀 전체 문자열입니다.

Len 함수를 사용해 값이 입력됐는지 확인하려면 다음과 같은 코드를 작성할 수 있습니다.

```
If Len(Range("A1")) > 0 Then          ❶
```

❶ Len 함수로 [A1] 셀의 문자 개수를 세어 0보다 크면 입력된 값이 있다고 판단할 수 있습니다. 이 코드는 다음과 같이 비교 연산자 부분을 생략할 수 있습니다.

```
If Len(Range("A1")) Then
```

비교 연산자를 생략하면 Len 함수의 결과가 0이나 1 이상의 값이 반환됩니다. VBA에서 True는 -1로 False는 0으로 처리하지만, If 문에서 숫자를 판단할 경우 0은 False로 판단하고 그 외의 값은 True로 판단합니다. 이런 특성을 이해하고 있다면 If 문을 구성하는 데 도움이 됩니다.

Len 함수와 유사한 함수로 LenB 함수가 있습니다. 이 함수는 문자열 내의 문자수를 바이트(Byte)로 세어 줍니다. 즉, 영어와 숫자, 특수 문자는 1Byte씩, 한글, 한자 등의 문자는 2Byte로 셉니다. Len 함수보다 LenB 함수의 계산 속도가 더 빠르므로 값이 입력됐는지 여부만 판단할 경우에는 Len 함수 대신 LenB 함수를 사용하는 것이 좋습니다.

```
If LenB(Range("A1")) Then
```

변수에 저장된 데이터를 고치거나 지울 때 사용하는 Replace 함수

예제 파일 PART 02 \ CHAPTER 10 \ Replace 함수.xlsm

Replace 함수와 Range 개체의 Replace 메서드

값을 수정하고 싶을 때는 Replace 함수를 사용할 수 있습니다. 워크시트 함수인 SUBSTITUTE 함수와 유사한 함수이며 한 번에 하나의 값만 수정할 수 있습니다. 여러 범위의 값을 한번에 수정하려면 Range 개체의 Replace 메서드(바꾸기)를 사용합니다.

LINK Replace 메서드를 이용해 값을 수정하는 방법은 **SECTION 11-22**를 참고합니다.

Replace 함수 구문

Replace 함수는 문자열에서 특정 문자(열)를 원하는 문자(열)로 변경하는 함수입니다. 구문은 다음과 같습니다.

Replace (❶expression, ❷find, ❸replace, ❹[start], ❺[count], ❻[compare])

❶ expression	전체 문자열
❷ find	찾을 문자열
❸ replace	대체할 문자열
❹ start	전체 문자열(expression)에서 찾을 문자열(find)을 찾기 시작할 위치입니다. 생략하면 1로 설정됩니다.
❺ count	찾을 문자열(find)이 여러 개 있을 때 몇 번째 문자열을 수정할지 여부를 결정합니다. 생략하면 −1로 설정되며 모든 find 값을 찾아 replace 값으로 수정합니다.
❻ compare	문자(열)를 비교하는 방법을 지정합니다. 생략하면 Option Compare 문의 설정값에 따르지만 Option Compare 문 역시 지정되어 있지 않으면 Binary 방식으로 값을 비교합니다. compare 인수는 InStr, InStrRev 함수의 compare 인수와 동일하므로, 자세한 설명은 **SECTION 10-06**의 InStr 함수의 설명을 참고합니다.

Replace 함수는 다음과 같이 전체 텍스트에서 원하는 부분만 변경할 수 있습니다.

```
? Replace("마이크로소프트 엑셀 2021", "2021", "365")
마이크로소프트 엑셀 365
```

TIP VB 편집기의 직접 실행 창에 코드를 입력해보세요!

하이퍼링크의 주소 변경하는 매크로 개발 사례

Replace 함수를 사용한 매크로를 사용해보기 위해 예제를 열고 [sample] 시트의 [D3] 셀에서 원하는 시트를 선택합니다. [하이퍼링크 수정] 단추를 클릭한 후 [B3:B11] 범위의 하이퍼링크를 클릭해보세요!

	A	B	C	D	E	F	G	H	I
1									
2		하이퍼링크		선택					
3		박지훈		전년		하이퍼링크 수정			
4		유준혁		전년					
5		이서연		금년					
6		김민준							
7		최서현							
8		박현우							
9		정시우							
10		이은서							
11		오서윤							
12									
13									

sample 전년 금년 +

[D3] 셀에는 유효성 검사가 설정되어 있어 [전년]과 [금년]을 목록에서 선택할 수 있습니다. [B3:B11] 범위의 하이퍼링크는 [전년] 시트나 [금년] 시트로 이동하도록 되어 있는데, [D3] 셀에서 선택된 값에 따라 하이퍼링크에서 이동할 시트가 전년(또는 금년)으로 변경되도록 하는 매크로가 [하이퍼링크 수정] 단추에 연결되어 있습니다. [하이퍼링크 수정] 단추에 연결된 매크로는 다음과 같습니다.

```
Sub 하이퍼링크수정()

' 1단계 : 변수를 선언합니다.
    Dim 하이퍼링크 As Hyperlink         ————————— ❶
    Dim 주소 As String                  ————————— ❷
    Dim 선택 As String                  ————————— ❸
    Dim 찾을값 As String                ————————— ❹

' 2단계 : 변수에 초깃값을 저장합니다.
    선택 = Range("D3").Value            ————————— ❺

' 3단계 : [D3] 셀에서 선택한 값으로 하이퍼링크에서 이동할 시트의 이름을 변경합니다.
    If LenB(선택) Then                   ————————— ❻
```

```
            찾을값 = IIf(선택 = "금년", "전년", "금년")  ————————— ❼

        For Each 하이퍼링크 In ActiveSheet.Hyperlinks  ————————— ❽

            주소 = 하이퍼링크.SubAddress  ————————— ❾
            주소 = Replace(주소, 찾을값, 선택)  ————————— ❿
            하이퍼링크.SubAddress = 주소  ————————— ⓫

        Next

    End If

End Sub
```

❶ Hyperlink 개체 형식의 [하이퍼링크] 변수를 선언합니다.

❷ String 형식의 [주소] 변수를 선언합니다.

❸ String 형식의 [선택] 변수를 선언합니다.

❹ String 형식의 [찾을값] 변수를 선언합니다.

❺ [선택] 변수에 [D3] 셀의 값을 저장합니다. [D3] 셀에는 사용자가 선택한 시트 명이 존재하므로, [선택] 변수에 사용자가 선택한 시트 명이 저장됩니다.

❻ 하이퍼링크를 수정하기 위해서는 [선택] 변수에 저장된 값이 있어야 합니다. 그렇기 때문에 LenB 함수를 사용해 [선택] 변수에 저장된 값이 있는지 확인합니다.

❼ [찾을값] 변수에서 [선택] 변수의 값이 "금년"이면 "전년"을, "전년"이면 "금년"을 저장합니다.

❽ For Each… Next 순환문을 이용해 현재 시트(Activesheet)의 Hyperlink 컬렉션(Hyperlinks)을 순환하면서 [하이퍼링크] 변수에 하나씩 연결합니다.

❾ [하이퍼링크] 변수에 연결된 Hyperlink의 주소를 [주소] 변수에 저장합니다.

❿ Replace 함수를 사용해 [주소] 변수에 저장된 값에서 [찾을값] 변수의 값을 찾아 [선택] 변수의 값으로 변경하고 [주소] 변수에 다시 저장합니다. 이렇게 하면 [주소] 변수의 값에서 "금년", "전년" 부분만 수정됩니다.

⓫ [하이퍼링크] 변수에 연결된 Hyperlink의 주소를 [주소] 변수의 값으로 수정합니다. 이렇게 하면 하이퍼링크의 주소가 변경되어 선택된 시트로 이동할 수 있게 됩니다.

TIP 이 코드는 VB 편집기 내에 있는 Module1 개체의 코드 창에서 확인할 수 있습니다.

Asc, Chr 함수로
문자 코드를 이용하는 방법

예제 파일 PART 02 \ CHAPTER 10 \ Asc, Chr 함수.xlsm

Asc, Chr 함수

컴퓨터에서 사용하는 모든 문자는 숫자인 문자 코드가 할당되어 있습니다. 문자에 할당된 문자 코드를 확인하려면 Asc 함수를 사용합니다. Asc 함수의 구문은 다음과 같습니다.

Asc (❶string)

❶ string	문자 코드를 확인할 문자로 생략하면 런타임 오류가 발생합니다.

TIP 워크시트 함수 중에서는 CODE 함수가 동일한 역할을 합니다.

문자 코드를 알고 있을 때 해당 문자 코드의 문자를 반환받고 싶다면 Chr 함수를 사용합니다. Chr 함수의 구문은 다음과 같습니다.

Chr (❶charcode)

❶ charcode	변환하려는 문자 코드로 표준 범위는 0~255 사이의 값입니다.

TIP 워크시트 함수 중에서는 CHAR 함수가 동일한 역할을 합니다.

Asc, Chr 함수 예제 1

문자의 문자 코드를 확인하려면 간단하게 순환문을 구성하면 됩니다. 다음 코드를 참고합니다.

```
Sub 문자코드()

    Dim i As Long
```

```
    For i = 0 To 255

        Cells(i + 1, "A").Value = i
        Cells(i + 1, "B").Value = Chr(i)

    Next i

End Sub
```

위 매크로를 실행해보려면 예제를 열고 [문자 코드] 단추를 클릭합니다.

TIP 반환된 결과는 화면을 스크롤해서 모두 확인해봅니다. 128행 이후에 "?"만 출력되는 것은 정상입니다.

🔍 더 알아보기   **캐리지 리턴(Carrage Return)과 라인 피드(Line Feed)**

다음은 매크로에서 자주 사용되는 문자 코드로 그 용도를 기억해놓으면 좋습니다.

문자 코드	내장 상수	설명
Chr(10)	vbLf	Line Feed 문자로 커서를 한 줄 내리는 역할입니다.
Chr(13)	vbCr	Carrage Return 문자로 커서를 현재 줄의 첫 번째 위치로 이동시킵니다.
	vbNewLine 또는 vbCrLf	Carrage Return 문자와 Line Feed 문자가 결합된 것으로, 커서를 현재 줄의 첫 번째 위치로 이동시킨 후 한 줄 내립니다.

원래 줄을 다음 줄로 바꾸는 동작은 Carrage Return과 Line Feed 두 가지 동작이 결합된 것으로 타자기가 동작하는 방식을 그대로 컴퓨터로 도입했기 때문입니다. 하지만 컴퓨터만 사용해본 사용자의 경우 이를 구분하기는 쉽지 않습니다. 딱히 구분할 필요는 없지만, 운영체제나 프로그램마다 둘 중 하나만 또는 둘 다 사용하므로 이를 알고 있을 필요는 있습니다. 예를 들어 도스(DOS)는 줄 바꿈 동작을 Carrage Return만 사용했으며, 유닉스(Unix)는 Line Feed만 사용합니다. 윈도우(Windows)는 Carrage Return과 Line Feed를 모두 사용합니다. 참고로 엑셀의 경우는 셀에서 Alt + Enter 를 눌러 줄을 바꾸는 경우 Line Feed만 사용합니다.

Asc, Chr 함수 예제 2

[A1] 셀부터 [Z1] 셀까지 원하는 값을 입력하는 매크로를 다음과 같이 구성합니다.

```
Dim c As Integer                         ❶

For c = 1 To 26                  ❷
    Cells(1, c).Value = "원하는 값"              ❸
Next c
```

❶ Integer 형식의 [c] 변수를 선언합니다.

❷ For… Next 순환문을 사용해 [c] 변수의 값을 1에서 26까지 1씩 증가시키면서 순환합니다. 영문자는 A부터 Z까지 총 26개의 문자이므로, 이렇게 하면 A열부터 Z열까지 순환할 수 있습니다.

❸ Cells 속성을 사용해 [c] 변수의 값을 받아 첫 번째 열부터 26번째 열의 첫 번째 셀에 "원하는 값" 값을 저장합니다.

이 코드는 문제가 없지만 1~26과 같은 숫자로 입력하는 것보다는 A~Z와 같은 문자를 사용하는 것이 가독성이 더 좋습니다. 이 경우 코드를 다음과 같이 수정할 수 있습니다.

```
Dim c As Integer

For c = Asc("A") To Asc("Z")                ❶
    Cells(1, Chr(c)).Value = "원하는 값"           ❷
Next c
```

❶ For… Next 순환문을 사용해 [c] 변수의 값을 "A" 문자의 문자 코드 값부터 "Z" 문자의 문자 코드 값까지 1씩 증가시키면서 순환합니다. 문자 코드 값을 얻기 위해 Asc 함수를 사용합니다.

❷ Cells 속성을 사용해 지정된 셀에 원하는 값을 저장합니다. Cells 속성의 열 주소는 Chr 함수에 [c] 변수를 전달해 사용합니다.

TIP 자주 사용되는 방식은 아니지만, Asc 함수와 Chr 함수의 역할을 이해할 수 있습니다.

이 코드는 기존 코드보다 좀 더 복잡하지만 A부터 Z열로 변경된다는 사실을 쉽게 이해할 수 있습니다. 다만 열 주소는 Z열 다음부터는 AA열로 변경되므로 Z열을 넘어갈 경우 위에서 설명한 방법과 같은 코드를 사용할 수 없습니다. 이때는 열 번호를 반환하는 별도의 사용자 정의 함수를 만들어 사용하면 좋습니다. 다음 코드를 참고합니다.

파일 : GET_COL 사용자 정의 함수 (코드).txt

```
Function GET_COL(열문자 As String) As Integer            ❶

    GET_COL = Cells(1, 열문자).Column           ❷

End Function
```

이 사용자 정의 함수를 사용해 앞서 작성한 순환문을 구성하면 다음과 같습니다.

```
Dim c As Integer

For c = GET_COL("A") To GET_COL("AZ")  ─────────── ❶
    Cells(1, c).Value = "원하는 값"  ─────────── ❷
Next c
```

만약 반대로 열 번호(255)를 받아 열 주소를 반환해주는 함수가 필요하다면 다음과 같은 사용자 정의 함수를 사용합니다.

파일 : GET_COLCHAR 사용자 정의 함수 (코드).txt

```
Function GET_COLCHAR(열번호 As Integer) As String  ─────────── ❶

    Dim 임시셀주소 As String  ─────────── ❷

    임시셀주소 = Cells(1, 열번호).Address(False, False)  ─────────── ❸
    GET_COLCHAR = Replace(임시셀주소, "1", "")  ─────────── ❹

End Function
```

숫자와 텍스트 데이터 형식을 서로 변환하는 방법

예제 파일 없음

Val, Str 함수

숫자와 텍스트 형식의 문자가 혼합된 경우, 숫자 데이터만 얻으려면 Val 함수를 사용할 수 있습니다. 다만 Val 함수를 사용하기 위해서는 데이터가 숫자에 해당하는 0~9 사이의 문자로 시작하거나 숫자 앞에 공백 문자만 존재해야 합니다. Val 함수의 구문은 다음과 같습니다.

Val (❶string)	
❶ string	숫자(0~9) 또는 공백 문자로 시작하는 텍스트 데이터

Str 함수는 숫자를 텍스트 형식으로 변환해줍니다. 단, 앞에 공백 문자를 추가하는 방법을 사용하므로 이런 방법를 사용하고 싶지 않다면 String 변수에 숫자를 저장하거나, CStr 함수(**SECTION 10-11** 참고) 등을 사용하는 것이 좋습니다.

Str (❶number)	
❶ number	텍스트 형식으로 변환할 숫자

Val, Str 함수 예제

Val 함수는 숫자를 제외한 문자 중 소수점(.)만 숫자로 인식합니다. 엑셀 사용자가 흔하게 사용하는 천 단위 구분 기호(,)는 숫자로 인식하지 못합니다. 다음 코드를 직접 실행 창에 입력해보고 Val 함수의 동작을 정확하게 이해해보세요!

```
직접 실행                                                    ×
? Val("1234 EA")
 1234

? Val("1,234 EA")
 1

? Val("   12.34 EA")
 12.34

? Val("EA 1234")
 0 |
```

```
? Val("1234 EA")  —————————— ❶

? Val("1,234 EA")  —————————— ❷

? Val("   12.34 EA")  —————————— ❸

? Val("EA 1234")  —————————— ❹
```

❶ "1234 EA"에서 숫자 부분인 1234가 반환됩니다.

❷ "1,234 EA"에서 천 단위 구분 기호(,)는 숫자로 인식되지 않으므로 숫자 1과 234 중 첫 번째 부분이 반환됩니다. 만약 전체에 해당하는
값을 반환받고 싶다면 다음과 같이 Replace 함수를 사용합니다.

```
    ? Val(Replace("1,234 EA", ",", ""))
```

❸ "   12.34 EA"에서 공백 문자를 제외한 숫자와 소수점 기호(.)가 숫자로 인식되어 12.34가 반환됩니다.

❹ "EA 1234"와 같이 영문자가 먼저 있다면 Val 함수는 숫자에 해당하는 문자 찾기를 중단해 0이 반환됩니다.

Str 함수는 앞에서 언급한대로 숫자 앞에 공백 문자를 하나 입력해 숫자를 텍스트 형식으로 변경합니다. 다음 코드를 직접 실행 창에 입력해보고 결과를 확인합니다.

```
직접 실행                                                    ×
? Str(1234)
 1234

? WorksheetFunction.IsText(Str(1234))
True

? Len(Str(1234))
 5
|
```

```
? Str(1234)  —————————— ❶

? WorksheetFunction.IsText(Str(1234))  —————————— ❷

? Len(Str(1234))  —————————— ❸
```

❶ 1234 숫자를 텍스트 형식으로 반환합니다.

❷ 워크시트 함수인 ISTEXT 함수를 사용해 변환된 값의 데이터 형식을 확인합니다. True 값이 반환됐으므로 텍스트 형식입니다. VBA에도 데이터 형식을 확인할 수 있는 VarType 함수가 제공됩니다. 이 함수는 데이터 형식을 숫자로 반환하며, 텍스트 형식은 8입니다. 그러므로 이 코드는 다음과 같은 코드로 변경할 수 있습니다.

```
? VarType(Str(1234))
```

❸ Len 함수를 사용해 Str 함수로 변환된 값의 문자 개수를 세어보면 4가 아니라 5가 반환됩니다. 이것은 Str 함수가 1234 앞에 공백 문자를 삽입하는 방법으로 데이터 형식을 변환하기 때문입니다.

데이터 형식 변환 함수

예제 파일 없음

형식 변환 함수

VBA는 엑셀에 비해 데이터 형식을 더 세분화해서 관리합니다. 따라서 데이터 형식을 변환하는 함수도 다양하게 제공됩니다. VBA에서 제공하는 다양한 형식 변환 함수 중 대표적인 데이터 형식 변환 함수는 다음과 같습니다.

함수	설명
CBool	인수로 전달된 식(또는 값)을 판단해 0이 아닌 값은 True, 0이면 False를 반환
CDate	인수로 전달된 식(또는 값)을 Date 형식으로 변환
CByte	인수로 전달된 식(또는 값)을 Byte 형식으로 변환
CInt	인수로 전달된 식(또는 값)을 Integer 형식으로 변환, 소수점 이하는 반올림
CLng	인수로 전달된 식(또는 값)을 Long 형식으로 변환, 소수점 이하는 반올림
CLngLng	인수로 전달된 식(또는 값)을 −9,223,372,036,854,775,808에서 9,223,372,036,854,775,807 사이의 값으로 변환, 소수점 이하는 반올림되며 64비트 버전에서만 사용 가능
CLngPtr	인수로 전달된 식(또는 값)을 32비트 버전에서는 −2,147,483,648에서 2,147,483,647 사이, 64비트 버전에서는 −9,223,372,036,854,775,808에서 9,223,372,036,854,775,807 사이의 값으로 변환, 소수점 이하는 모두 반올림
CSng	인수로 전달된 식(또는 값)을 Single 형식으로 변환
CDbl	인수로 전달된 식(또는 값)을 Double 형식으로 변환
CCur	인수로 전달된 식(또는 값)을 Currency 형식으로 변환
CDec	인수로 전달된 식(또는 값)을 Decimal 형식으로 변환
CStr	인수로 전달된 식(또는 값)을 String 형식으로 변환
CVar	인수로 전달된 식(또는 값)을 Variant 형식으로 변환

LINK 데이터 형식의 값 범위는 이 책의 **SECTION 05-04**를 참고합니다.

C로 시작되는 함수의 구문은 모두 동일합니다. 대표적으로 CInt 함수의 구문은 다음과 같습니다.

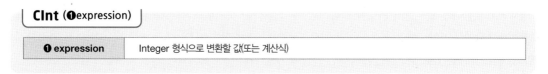

CInt (❶expression)	
❶ expression	Integer 형식으로 변환할 값(또는 계산식)

Int, Fix 함수 구문

형식 변환 함수 외에도 데이터 형식 변환에 자주 사용되는 함수에는 Int 함수와 Fix 함수가 있습니다. Int 함수는 숫자의 정숫값만 반환받고자 할 때 사용합니다. 구문은 다음과 같습니다.

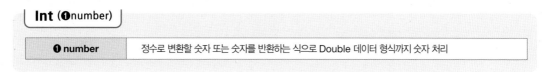

Int (❶number)	
❶ number	정수로 변환할 숫자 또는 숫자를 반환하는 식으로 Double 데이터 형식까지 숫자 처리

Fix 함수 역시 Int 함수와 동일하게 숫자의 정수 부분만 반환받을 때 사용합니다. 음수를 처리하는 방법만 Int 함수와 차이가 있습니다. 구문은 Int 함수와 동일합니다.

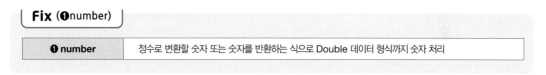

Fix (❶number)	
❶ number	정수로 변환할 숫자 또는 숫자를 반환하는 식으로 Double 데이터 형식까지 숫자 처리

Int 함수와 Fix 함수의 차이

Int 함수와 Fix 함수는 모두 숫자에서 정수 부분을 반환하지만, 음수를 처리하는 방식에는 차이가 있습니다. 소수점 이하의 값이 포함된 음수를 전달하면 Int 함수는 해당 값보다 작은 음수를 반환하며, Fix 함수는 소수점 이하의 값을 버린 결과를 반환합니다. 다음 직접 실행 창의 예제를 살펴보면 두 함수의 차이를 보다 분명하게 이해할 수 있습니다.

Int 함수와 CInt 함수의 차이

Int와 CInt 함수는 함수명이 비슷하여 유사한 동작을 하는 것처럼 보이지만 엄연히 다른 함수입니다. 두 함수는 변환할 수 있는 데이터 형식의 범위가 다릅니다. Int 함수는 Double 데이터 형식까지 처리할 수 있고, CInt 함수는 Integer 데이터 형식만 다룰 수 있습니다.

다음과 같이 두 가지 코드를 직접 실행 창에 입력해보면 두 함수의 차이를 이해할 수 있습니다.

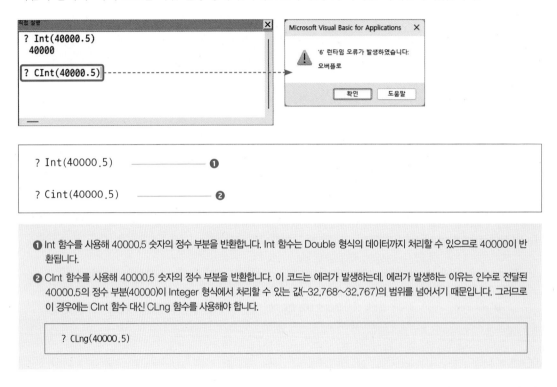

❶ Int 함수를 사용해 40000.5 숫자의 정수 부분을 반환합니다. Int 함수는 Double 형식의 데이터까지 처리할 수 있으므로 40000이 반환됩니다.

❷ CInt 함수를 사용해 40000.5 숫자의 정수 부분을 반환합니다. 이 코드는 에러가 발생하는데, 에러가 발생하는 이유는 인수로 전달된 40000.5의 정수 부분(40000)이 Integer 형식에서 처리할 수 있는 값(-32,768~32,767)의 범위를 넘어서기 때문입니다. 그러므로 이 경우에는 CInt 함수 대신 CLng 함수를 사용해야 합니다.

```
? CLng(40000.5)
```

CInt 함수는 Int 함수와는 달리 정숫값을 반환할 때 소수점 이하의 값이 0.5면 가장 가까운 짝수로 반올림하므로 주의가 필요합니다.

직접 실행 창의 CInt 함수에서 일의 자리 숫자 값을 주의 깊게 살펴보면 4인 경우에는 소수점 이하의 값을 버리지만, 5인 경우에는 6으로 반올림하는 것을 확인할 수 있습니다.

Format 함수

셀에 표시되는 값과 실제 저장된 값은 다를 수 있습니다. 셀에 저장된 값을 원하는 형태로 표시하기 위해서 [셀 서식] 대화상자의 표시 형식을 이용하는데, 표시 형식에서 선택한 형식은 엑셀에 설정된 서식 코드에 의해 값을 바꿉니다. 이 서식 코드를 이용해 값을 변환하려면 워크시트에서는 TEXT 함수를 사용하고, VBA에서는 Format 함수를 사용합니다. Format 함수의 구문은 다음과 같습니다.

Format (❶expression, ❷[format], ❸[firstdayofweek], ❹[firstweekofyear])

❶ expression	변환할 값(또는 값을 반환하는 식)		
❷ format	서식 코드로 큰따옴표(")를 사용해 묶어 전달		
❸ firstdayofweek	날짜값을 변환할 때 사용할 수 있는 인수로 한 주의 첫 날을 지정하는 상수		
	내장 상수	값	설명
	vbSunday	1	일요일(Default)
	vbMonday	2	월요일
	vbTuesday	3	화요일
	vbWednesday	4	수요일
	vbThursday	5	목요일
	vbFriday	6	금요일
	vbSaturday	7	토요일
❹ firstweekofyear	날짜값을 변환할 때 사용할 수 있는 인수로 한 해의 첫 주를 지정하는 상수		
	내장 상수	값	설명
	vbUseSystem	0	NLS API 설정 사용
	vbFirstJan1	1	1월 1일을 포함하는 주에서 시작하며, 기본값입니다.
	vbFirstFourDays	2	새해의 처음 4일을 포함하는 주에서 시작합니다.
	vbFirstFullWeek	3	처음 한 주(7일)를 포함하는 주에서 시작합니다.

숫잣값 변환

숫잣값을 원하는 형태로 변환하는 Format 함수의 사용 방법은 다음을 참고합니다.

```
직접 실행                                                                  ×
? Format(1234, "#,###")
1,234

? Format(0.123, "0.00%")
12.30%

? WorksheetFunction.Text(1234, "[DBNUM4]#")
일이삼사
```

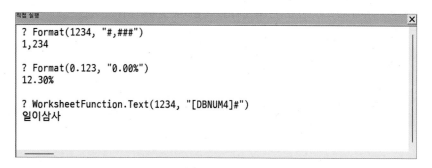

```
Format(1234, "#,###")  ─────────── ❶

Format(0.123, "0.00%")  ─────────── ❷

WorksheetFunction.Text(1234, "[DBNum4]#")  ─────────── ❸
```

❶ 1234 값에 천 단위 구분 기호(,)를 표시합니다.

❷ 0.123 값을 소수점 둘째 자리까지 백분율로 표시합니다. ❶에서 사용한 #이나 이번에 사용은 0은 모두 숫자에서 사용할 수 있는 서식 코드입니다. #은 자릿수에 존재하는 값만 표시하며, 0은 자릿수에 존재하지 않는 값을 0으로 표시합니다.

❸ 1234 값을 한글로 표시합니다. Format 함수는 숫자를 한글로 변환하는 작업을 처리하지 못하므로 WorksheetFunction 개체를 사용해 워크시트 함수인 TEXT 함수를 사용합니다.

> **TIP** 서식 코드의 [DBNum4] 부분을 [DBNum1]~[DBNum3]으로 변경해 결과를 확인합니다.

지정된 숫자 서식 코드 외에 다음과 같이 정의된 숫자 서식을 사용할 수 있습니다.

서식 이름	설명	Format(1234, "서식 이름") 반환
General Number	천 단위 구분 기호 없이 숫자를 표시	1234
Currency	통화 기호와 천 단위 구분 기호를 표시	₩ 1,234
Fixed	소수점 둘째 자리까지 표시	1234.00
Standard	천 단위 구분 기호와 소수점 둘째 자리까지 표시	1,234.00
Percent	백분율 스타일로 소수점 둘째 자리까지 표시	123400.00%
Scientific	지수 형식으로 표시	1.23E+03
Yes/No	0만 No, 나머지는 Yes	Yes
True/False	0만 False, 나머지는 True	True
On/Off	0만 Off, 나머지는 On	On

숫자 서식을 사용하는 몇 가지 예는 다음 화면에서 확인할 수 있습니다.

```
? Format(1234, "Currency")
\1,234

? Format(1234, "Standard")
1,234.00

? Format(1234, "Scientific")
1.23E+03
```

TIP Currency 서식을 이용할 때 통화 기호(₩)가 \로 나타나는 것은 VB 편집기에 설정된 글꼴의 영향입니다.

날짯값 변환

날짜/시간값을 원하는 형태로 변환하는 Format 함수의 사용 방법은 다음을 참고합니다.

```
? Format(Date, "yyyy-mm-dd")
2022-05-16

? Format(Date, "aaa")
월

? Format(Time, "h:mm AM/PM")
10:09 AM
```

```
? Format(Date, "yyyy-mm-dd")

? Format(Date, "aaa")

? Format(Time, "h:mm AM/PM")
```

❶ Date 함수는 오늘 날짜를 반환하는 함수이므로, 오늘 날짜를 yyyy-mm-dd 형식으로 변환합니다.

❷ "aaa"는 한글 요일을 의미하는 서식 코드로 월~일 값을 반환합니다.

❸ Time 함수는 현재 시간을 반환하는 함수로 h:mm AM/PM 형식으로 변환합니다.

지정된 날짜 서식 코드 외에 다음과 같이 정의된 날짜 서식을 사용할 수 있습니다.

서식 이름	설명	Format(Now, "서식 이름") 반환
General Date	날짜는 Short Date 형식으로, 시간은 Long Time 형식으로 반환	2020-01-01 오후 5:00:00
Long Date	yyyy년 mm월 dd일 aaaa 형식으로 반환	2020년 01월 01일 월요일
Medium Date	yy년 mm월 dd일 형식으로 반환	20년 01월 01일
Short Date	yyyy-mm-dd 형식으로 반환	2020-01-01
Long Time	AM/PM h:mm:ss 형식으로 반환	오후 5:00:00
Medium Time	AM/PM hh:mm 형식으로 반환	오후 05:00
Short Time	hh:mm 형식으로 반환	17:00

TIP 직접 실행 창에서 Format 함수에 서식 이름을 사용해 입력해보세요!

텍스트 값 변환

텍스트 값을 처리하는 Format 함수의 사용 방법은 다음을 참고합니다.

```
직접 실행                                                    ✕
? Format("Excel", "@")
Excel

? Format("Excel", ">")
EXCEL

? Format("Excel", "<")
excel
|
```

```
? Format("Excel", "@")  ───────── ❶

? Format("Excel", ">")  ───────── ❷

? Format("Excel", "<")  ───────── ❸
```

❶ 값을 데이터 형식에 맞게 그대로 반환합니다.
❷ 서식 코드를 ">"로 사용하면 영어 대문자로 변환한 값을 반환합니다.
❸ 서식 코드를 "<"로 사용하면 영어 소문자로 변환한 값을 반환합니다.

오늘 날짜와 현재 시간을 반환하는 함수

10 / 13

예제 파일 없음

함수 소개

워크시트 함수인 TODAY, NOW 함수와 유사한 함수가 VBA에도 제공됩니다. TODAY 함수는 Date 함수로, NOW 함수는 동일한 함수 명으로 제공됩니다. 특이한 점은 VBA에서는 현재 시간만 반환하는 Time 함수가 제공된다는 점입니다. Date, Time 함수는 워크시트 함수로도 제공되는데, 워크시트 함수에서는 전혀 다른 동작을 하므로 사용할 때 주의가 필요합니다.

VBA 함수	워크시트 함수	설명
Date	TODAY	오늘 날짜를 반환합니다.
Time	–	현재 시간을 반환합니다.
Now	NOW	오늘 날짜와 현재 시간을 반환합니다.

워크시트 함수와 차이점

첫째, VBA 함수를 사용할 때 인수가 없으면 함수 뒤의 괄호를 생략해도 됩니다.

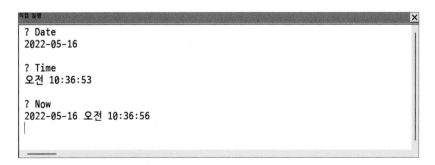

```
? Date
2022-05-16

? Time
오전 10:36:53

? Now
2022-05-16 오전 10:36:56
```

TIP 함수 반환값은 코드를 입력하는 시점에 따라 달라질 수 있습니다.

둘째, 워크시트 함수인 NOW 함수는 1/1000초까지 반환하지만, VBA 함수인 Time, Now 함수는 초까지 반환합니다.

? Format(Now, "h:m:s.000") ——————— ❶

=Text(Now(), "h:m:s.000") ——————— ❷

❶ Now 함수의 반환값을 Format 함수를 사용해 "h:m:s.000" 형식으로 변환한 결과를 반환합니다. 뒤의 000은 1/1000초까지 표시하라는 서식 코드인데, 직접 실행 창에서 확인할 수 있는 것처럼 VBA의 Now 함수를 사용할 때는 1/1000초의 결과가 나타나지 않습니다. Now 함수 대신 Time 함수를 사용해도 동일한 결과를 반환받을 수 있습니다. 참고로 분을 의미하는 서식 코드 m은 VBA에서 n으로 사용할 수 있으므로 다음과 같이 수정할 수 있습니다.

? Format(Now, "h:n:s.000")

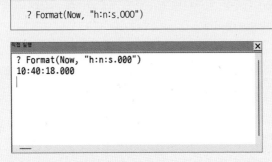

❷ 셀에서 Now 함수의 반환값을 Text 함수를 사용해 "h:m:s.000" 형식으로 변환한 결과를 반환합니다. 직접 실행 창의 결과와는 달리 1/1000초까지 결과가 나타납니다.

DateSerial과 DateValue 함수를 사용한 날짜 입력 및 계산 방법

예제 파일 없음

DateSerial, DateValue 함수

날짜는 연, 월, 일을 하이픈(−)이나 슬래시(/) 구분 문자로 연결해 구성합니다. 날짜는 잘못된 데이터 형식으로 입력하면 계산되지 않으므로, 제대로 된 형식으로 변환해주거나 날짜의 연, 월, 일을 계산해 필요한 날짜를 얻을 수 있어야 합니다. 이때 DateSerial과 DateValue 함수를 사용할 수 있습니다. 먼저 DateSerial 함수는 연, 월, 일 값을 받아 날짜를 반환하는 함수로 구문은 다음과 같습니다.

DateSerial (❶year, ❷month, ❸day)

❶ year	연도를 의미하는 1900~9999 사이의 값
❷ month	월을 의미하는 1~12 사이의 값
❸ day	일을 의미하는 1~31 사이의 값

TIP 워크시트 함수인 DATE 함수와 동일한 결과를 반환합니다.

DateValue 함수는 텍스트 형식의 날짜를 날짜 형식으로 변환하는 함수입니다. 구문은 다음과 같습니다.

DateValue (❶date)

❶ date	날짜값으로 변환하려는 텍스트 형식의 값

TIP 워크시트 함수인 DATEVALUE 함수와 동일한 결과를 반환합니다.

두 함수의 간단한 사용 방법은 다음 화면을 참고합니다.

```
? DateSerial(2023, 3, 1)
2023-03-01

? DateValue("2023-3-1")
2023-03-01
```

DateSerial 함수와 DateValue 함수의 차이

두 함수는 닮은 듯, 닮지 않은 부분이 있습니다. 두 함수의 차이는 다음 화면에서 확인할 수 있습니다.

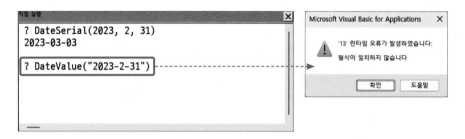

DateSerial 함수는 존재하지 않는 날짜가 인수로 전달되면(DateSerial(2023, 2, 31)) 날짜가 계속 이어
진다는 전제로 후속 날짜를 계산해 반환하지만, DateValue 함수에서는 '13' 런타임 오류가 발생합니다.
이런 특징을 이용해 DateSerial 함수로 다양한 날짜 계산 작업을 할 수 있습니다.

```
? Date
2022-05-16

? DateSerial(Year(Date)+1, Month(Date)+6, Day(Date))
2023-11-16
```

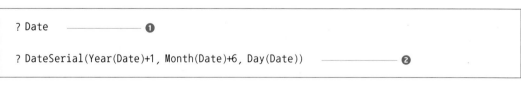

```
? Date ─────────── ❶

? DateSerial(Year(Date)+1, Month(Date)+6, Day(Date)) ─────── ❷
```

❶ Date 함수는 오늘 날짜를 반환합니다.
❷ DateSerial 함수에 다음 세 개의 인수를 전달해 원하는 날짜 계산 작업을 진행합니다.

- 연 : Date 함수와 같은 연도의 1년 뒤
- 월 : Date 함수와 같은 월의 6개월 뒤
- 일 : Date 함수와 같은 일

그러므로 Date 함수에서 반환된 날짜의 1년 6개월 뒤 날짜가 계산되어 반환됩니다.

DateSerial 함수의 버그

DateSerial 함수는 1900년 2월 29일을 제대로 인식하지 않습니다. 다음 화면을 살펴보면 워크시트의 DATE 함수는 1900년 2월 29일을 정상 날짜로 인식해 날짜를 반환하지만, DateSerial 함수는 1900년 3월 1일을 반환합니다.

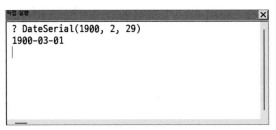

기준 시점에서 일정 기간 전후의 날짜/시간 계산

예제 파일 없음

DateAdd 함수

일정 기간 전후의 날짜를 계산하고 싶다면 DateAdd 함수를 사용합니다. 이 함수는 워크시트 함수인 EDATE 함수와 유사하지만 더 다양한 날짜/시간 단위를 사용해 원하는 날짜/시간을 계산해줍니다. DateAdd 함수의 구문은 다음과 같습니다.

DateAdd (❶interval, ❷number, ❸date)

	일정 기간을 의미하는 서식 코드	
	서식 코드	**설명**
	yyyy	연도
	q	분기
	m	월
❶ interval	y	일 일련번호로 1년 365일을 일련번호로 반환
	d	일
	w	요일
	ww	주 일련번호로 1년 53주를 일련번호로 반환
	h	시
	n	분
	s	초
❷ number	interval에서 고른 날짜 단위의 간격을 의미하는 숫자 값으로 양수면 이후 날짜를, 음수면 이전 날짜를 계산	
❸ date	기준일	

DateAdd 함수의 사용 방법은 다음 화면을 참고합니다.

```
직접 실행                                               ×
? DateAdd("yyyy", 1, #2023-3-1#)
2024-03-01

? DateAdd("q", 1, #2023-3-1#)
2023-06-01

? DateAdd("m", -2, #2023-3-1#)
2023-01-01

? DateAdd("n", 30, #9:00 AM#)
오전 9:30:00
```

```
? DateAdd("yyyy", 1, #2023-3-1#) ——————————— ❶

? DateAdd("q", 1, #2023-3-1#) ——————————— ❷

? DateAdd("m", -2, #2023-3-1#) ——————————— ❸

? DateAdd("n", 30, #9:00 AM#) ——————————— ❹
```

❶ 2023년 3월 1일부터 1년 후 날짜를 반환합니다. 날짜/시간 값은 # 문자로 묶어 입력합니다.

❷ 2023년 3월 1일부터 1분기 후 날짜를 반환합니다.

❸ 2023년 3월 1일부터 2개월 이전 날짜를 반환합니다.

❹ 오전 9시로부터 30분 후 시간을 반환합니다.

DateAdd와 DateSerial 함수의 날짜 계산 차이

DateAdd와 DateSerial 함수는 둘 다 원하는 날짜를 간단하게 계산할 수 있지만, 달의 마지막 일을 계산할 경우에는 차이가 있습니다. 다음 화면의 코드를 직접 실행 창에 넣고 결과를 확인해보세요!

```
직접 실행                                               ×
? DateAdd("m", 1, #2023-1-31#)
2023-02-28

? DateSerial(2023, 1+1, 31)
2023-03-03
|
```

```
? DateAdd("m", 1, #2023-1-31#) ——————————— ❶

? DateSerial(2023, 1+1, 31) ——————————— ❷
```

❶ 2023년 1월 31일부터 1개월 후 날짜를 반환합니다. 2월의 마지막 일인 2023년 2월 28일(윤년이 있는 해는 2월 29일)이 반환됩니다.

❷ 2023년 1월 31일부터 1개월 후 날짜를 반환합니다. DateSerial 함수는 DateAdd 함수와는 달리 2월의 마지막 일 대신 2023년 3월 3일이 반환됩니다. DateSerial 함수는 달력 방식으로 날짜를 계산하는 것이 아니라 날짜가 연속된다는 전제하에 날짜를 계산해주므로, 2020년 2월 31일 위치(2/28, 3/1, 2, 3일(2월 31일 위치))에 해당하는 3월 3일 날짜가 반환됩니다.

DatePart 함수로
날짜 상위 단위(년, 분기, 월 등)
반환 받는 방법

예제 파일 없음

DatePart 함수

날짜/시간값의 일부 또는 날짜의 상위 단위를 얻고 싶다면 DatePart 함수를 사용합니다. DatePart 함수는 날짜/시간값을 지정된 서식 코드에 맞는 단위의 값으로 반환합니다. 이 함수는 Format 함수를 사용해 날짜/시간값을 변환할 때와 유사한 결과를 얻을 수 있는데, 특히 Format 함수로는 얻을 수 없는 분기 및 다양한 날짜 옵션을 사용할 수 있습니다. DatePart 함수의 구문은 다음과 같습니다.

DatePart (❶interval, ❷date, ❸[firstdayofweek], ❹[firstweekofyear])

❶ interval	반환할 날짜 단위를 의미하는 서식 코드			
	서식 코드	**설명**	**서식 코드**	**설명**
	yyyy	연도	w	요일
	q	분기	ww	주 일련번호로 1년 53주를 일련번호로 반환
	m	월	h	시
	y	일 일련번호로 1년 365일을 일련번호로 반환	n	분
	d	일	s	초
❷ date	날짜 값			
❸ firstdayofweek	interval을 w(또는 ww)로 설정한 경우 한 주의 첫 날을 지정하는 상수			
	내장 상수	**값**	**설명**	
	vbSunday	1	일요일(Default)	
	vbMonday	2	월요일	
	vbTuesday	3	화요일	
	vbWednesday	4	수요일	
	vbThursday	5	목요일	
	vbFriday	6	금요일	
	vbSaturday	7	토요일	
❹ firstweekofyear	interval을 w(또는 ww)로 설정한 경우 한 해의 첫 주를 지정하는 상수			

DatePart 함수를 사용해 자주 사용하는 날짜 단위를 반환받는 방법은 다음과 같습니다.

```
직접 실행
? DatePart("yyyy", #2023-7-1#)
 2023

? DatePart("q", #2023-7-1#)
 3

? DatePart("m", #2023-7-1#)
 7

? DatePart("ww", #2023-7-1#)
 26

? DatePart("d", #2023-7-1#)
 1

? DatePart("w", #2023-7-1#)
 7
|
```

```
? DatePart("yyyy", #2023-7-1#) ————————— ❶

? DatePart("q", #2023-7-1#) ————————— ❷

? DatePart("m", #2023-7-1#) ————————— ❸

? DatePart("ww", #2023-7-1#) ————————— ❹

? DatePart("d", #2023-7-1#) ————————— ❺

? DatePart("w", #2023-7-1#) ————————— ❻
```

❶ 2023년 7월 1일의 연도에 해당하는 값(2023)을 반환합니다.
❷ 2023년 7월 1일의 분기에 해당하는 값(3)을 반환합니다.
❸ 2023년 7월 1일의 월에 해당하는 값(7)을 반환합니다.
❹ 2023년 7월 1일의 주 일련번호에 해당하는 값(28)을 반환합니다.
❺ 2023년 7월 1일의 일에 해당하는 값(1)을 반환합니다.
❻ 2023년 7월 1일의 요일 인덱스 값(7, 토요일)을 반환합니다.

일반적인 서식 코드를 사용하는 방법 외에 자주 사용하는 월의 주차를 반환받고 싶다면 다음과 같이 DatePart 함수를 구성합니다.

```
직접 실행
? Date
2022-05-16

? Date-Day(Date)+1
2022-05-01

? DatePart("ww", Date) - DatePart("ww", Date-Day(Date)+1) + 1
 3
|
```

```
? Date                                                              ①

? Date-Day(Date)+1                                    ②

? DatePart("ww", Date) - DatePart("ww", Date-Day(Date)+1) + 1            ③
```

❶ Date 함수로 오늘 날짜를 확인합니다. 이 날짜는 코드를 입력한 날짜에 따라 다르게 반환됩니다.

❷ Date 함수로 반환된 날짜에서 월의 시작일을 계산합니다. 화면의 경우 5월 16일에서 16을 빼고 1을 더해 계산합니다.

❸ DatePart 함수로 월의 주차를 계산합니다. **DatePart("ww", Date)**는 오늘 날짜의 주 일련번호를 반환하고, **DatePart("ww", Date-Day(Date)+1)**는 오늘 날짜가 속한 월에서 1일의 주 일련번호를 반환합니다. 따라서 이 코드는 오늘 날짜의 주 일련번호에서 해당 월 1일의 주 일련번호를 뺀 후 1을 더합니다. 이렇게 하면 월의 주차를 계산할 수 있습니다.

DatePart 함수와 Format 함수

날짜의 경우에는 DatePart 함수나 Year, Month, Day 함수를 사용해 Format 함수와 동일한 결과를 얻을 수 있습니다. 다음 코드를 참고합니다.

날짜/시간 단위	DatePart 함수	Format 및 기타 함수
연도	DatePart("yyyy", Date)	Format(Date, "yyyy")
		Year(Date)
분기	DatePart("q", Date)	Format(Date, "q")
월	DatePart("m", Date)	Format(Date, "m")
연의 주	DatePart("ww", Date)	Format(Date, "ww")
월의 주	DatePart("ww", Date) – DatePart("ww", Date-Day(Date)+1)+1	Format(Date, "ww") – Format(Date-Day(Date)+1, "ww")+1
일	DatePart("d", Date)	Format(Date, "d")
		Day(Date)
요일	DatePart("w", Date)	Format(Date, "w")
		Format(Date, "aaa")

TIP 서식 코드는 대/소문자를 구분하지 않습니다.

여기에서 주의할 점은 요일 인덱스 번호를 반환하는 "w" 서식 코드와 "aaa" 서식 코드의 역할을 정확하게 구분하는 것입니다. "w" 서식 코드는 1~7 사이의 요일을 의미하는 인덱스 번호를 반환하며, "aaa"는 월~일의 요일 이름을 반환합니다. 다만 "aaa" 서식 코드는 Format 함수에서만 사용할 수 있고, DatePart 함수에서는 사용할 수 없습니다.

예제 파일 PART 02 \ CHAPTER 10 \ DateDiff 함수.xlsm

DateDiff 함수

VBA에서 두 날짜의 차이를 계산하려면 DateDiff 함수를 사용합니다. 워크시트 함수인 DATEDIF 함수를 알고 있다면 DateDiff 함수가 DATEDIF 함수와 유사한 역할을 한다는 것을 짐작할 수 있습니다. 하지만 DateDiff 함수는 워크시트의 DATEDIF 함수와 계산 방법이 다르므로 사용에 주의가 필요합니다. DateDiff 함수의 구문은 다음과 같습니다.

DateDiff (❶interval, ❷date1, date2, ❸[firstdayofweek], ❹[firstweekofyear]

	날짜 차이를 구할 단위를 의미하는 서식 코드			
❶ interval	서식 코드	설명	서식 코드	설명
	yyyy	연도	w	요일
	q	분기	ww	주 일련번호로 1년 53주를 일련번호로 반환
	m	월	h	시
	y	일 일련번호로 1년 365일을 일련번호로 반환	n	분
	d	일	s	초
❷ date1, date2	날짜 계산에 사용하는 시작 날짜(date1)와 종료 날짜(date2) 값			
	interval을 w(또는 ww)로 설정한 경우 한 주의 첫 날을 지정하는 상수			
❸ firstdayofweek	내장 상수	값	설명	
	vbSunday	1	일요일(Default)	
	vbMonday	2	월요일	
	vbTuesday	3	화요일	
	vbWednesday	4	수요일	
	vbThursday	5	목요일	
	vbFriday	6	금요일	
	vbSaturday	7	토요일	

interval을 w(또는 ww)로 설정한 경우 한 해의 첫 주를 지정하는 상수			
❹ firstweekofyear	**내장 상수**	**값**	**설명**
	vbUseSystem	0	시스템 설정(Default)을 따릅니다.
	vbFirstJan1	1	1월 1일이 위치한 주를 첫 번째 주로 계산합니다.
	vbFirstFourDays	2	최소 4일 이상인 주를 첫 번째 주로 계산합니다.
	vbFirstFullWeek	3	주 날짜가 7일이 되는 주를 첫 번째 주로 계산합니다.

DateDiff 함수 예제

DateDiff 함수의 동작을 이해하기 위해 다음 코드를 직접 실행 창에 입력해 결과를 확인합니다.

```
직접 실행
? DateDiff("yyyy", #2022-12-1#, #2023-3-31#)
 1

? DateDiff("m", #2023-1-1#, #2023-3-31#)
 2

? DateDiff("h", #9:30#, #18:00#)
 9
|
```

```
? DateDiff("yyyy", #2022-12-1#, #2023-3-31#)  ————————  ❶

? DateDiff("m", #2023-1-1#, #2023-3-31#)  ————————  ❷

? DateDiff("h", #9:30#, #18:00#)  ————————  ❸
```

❶ 2022년 12월 1일부터 2023년 3월 31일 사이의 연도(yyyy) 차이를 구합니다. 이 두 날짜는 1년이 지나지 않았음에도 반환되는 값은 1입니다. 워크시트 함수인 DATEDIF 함수와 달리 DateDiff 함수는 첫 번째 interval 인수로 지정된 단위를 빼기 연산을 통해 구하므로, 2023에서 2022를 뺀 1이 반환됩니다.

❷ 2023년 1월 1일부터 2023년 3월 31일까지의 개월(m) 수 차이를 구합니다. 이 역시 연도 계산과 마찬가지로 두 날짜의 월인 3에서 1을 빼는 방법으로 계산하며 결과는 2가 반환됩니다.

❸ DateDiff 함수는 워크시트 함수인 DATEDIF 함수와 달리 시간의 차이를 구할 수 있습니다. 다만, 앞의 날짜 계산과 마찬가지로 interval 인수의 "h" 서식 코드에 맞게 18에서 9를 뺀 9가 반환됩니다.

코드 실행 결과에서 확인할 수 있는 것처럼 DateDiff 함수는 interval 인수의 값만 가지고 두 단위의 차이를 계산하므로 함수를 사용할 때 이 부분을 정확하게 이해해야 합니다.

DateDiff 함수의 firstdayofweek, firstweekofyear 인수 주의 사항

DateDiff 함수의 firstdayofweek 인수는 주의 시작 요일을 일요일(기본값)로 하거나 다른 요일로 변경하고 싶을 때 사용합니다. 예를 들어 다음 코드는 주의 차이가 1입니다.

```
DateDiff("ww", #2024-1-1#, #2024-1-7#)  ————————  ❶
```

❶ 2024년 1월 1일은 월요일이고, 1월 7일은 일요일입니다. 그러므로 firstdayofweek 인수가 설정되어 있지 않으면 1월 1일은 1주, 1월 7일은 2주가 되어 주의 차이는 1입니다.

TIP 직접 실행 창에서 ? 뒤에 이 코드를 입력한 후 결과를 확인해보세요!

하지만 다음 코드에서 주의 차이는 0입니다.

```
DateDiff("ww", #2024-1-1#, #2024-1-7#, vbMonday)  ————————  ❶
```

❶ 2024년 1월 1일은 월요일, 1월 7일은 일요일입니다. 월요일을 주의 시작 요일로 설정했으므로, 두 날짜는 모두 1주에 속합니다. 그러므로 주의 차이는 0입니다.

firstweekofyear 인수는 한 해의 첫 주를 어떻게 계산할지 여부를 결정하는 옵션인데, firstweekofyear 인수는 DateDiff 함수보다 DatePart 함수에서 더 중요하게 사용됩니다. 예를 들어 다음 코드에서 2024년 1월 1일의 주는 1주입니다.

```
DatePart("ww", #2024-1-1#)  ————————  ❶
```

❶ 2024년 1월 1일은 월요일이고 firstweekofyear 인수는 생략되어 있으므로, 1월 1일이 위치한 주가 1주입니다. 그러므로 1이 반환됩니다.

하지만 다음 코드에서는 53주가 됩니다.

```
DatePart("ww", #2024-1-1#, FirstWeekOfYear:=vbFirstFullWeek)  ————————  ❶
```

❶ firstdayofweek 인수는 설정되지 않았으므로, 주의 시작 요일은 일요일입니다. 2024년 1월 1일은 월요일이고 firstweekofyear 인수에 전달된 vbFirstFullWeek 옵션은 일~토요일까지 모든 날짜가 포함된 주를 1주로 봅니다. 따라서 2024년 1월 1일이 속한 주는 일요일이 없어 1주가 되지 못하고, 전년도의 마지막 53주로 계산됩니다.

근속기간을 계산해 주는 매크로 개발 사례

날짜 차이를 계산할 때 가장 많이 구하는 것이 근속기간입니다. 예제를 열고 표를 확인합니다.

	A	B	C	D	E	F	G	H	I	J	K
E6			fx	=DATEDIF(D6, J7+1, "y")							

근속기간 계산 표:

사번	이름	입사일	근속기간				근속 기간 계산
			년	개월	일		
1	박현우	2021-05-01	2	8	0		
							회계종료일 2023-12-31

이 표에서 [E6:G6] 범위에는 워크시트 함수인 DATEDIF 함수를 사용해 근속기간을 계산하는 수식이 입력되어 있습니다. [E7:G7] 범위에 VBA 함수인 DateDiff 함수로 근속기간을 계산해보겠습니다. 다음과 같은 매크로를 개발해 사용합니다.

```
Sub 근속기간()

' 1단계 : 변수를 선언하고, 근속기간을 계산할 시작일, 종료일을 저장합니다.
    Dim 입사일 As Date                    ❶
    Dim 기준일 As Date                    ❷
    Dim 연 As Integer, 개월 As Integer, 일 As Integer        ❸

    입사일 = Range("D6").Value            ❹
    기준일 = Range("J7").Value + 1        ❺

' 2단계 : 두 날짜에서 연의 차이를 구해 [연] 변수에 저장합니다.
    연 = DateDiff("yyyy", 입사일, 기준일)            ❻

        입사일 = DateSerial(Year(기준일), Month(입사일), Day(입사일))    ❼

        If 입사일 > 기준일 Then            ❽
            입사일 = DateAdd("yyyy", -1, 입사일)
            연 = 연 - 1
        End If

' 3단계 : 두 날짜에서 연의 차이를 구하고 남은 월의 차이를 구해 [개월] 변수에 저장합니다.
    개월 = DateDiff("m", 입사일, 기준일)            ❾

    입사일 = DateSerial(Year(기준일), Month(기준일), Day(입사일))        ❿

    If 입사일 > 기준일 Then            ⓫
        입사일 = DateAdd("m", -1, 입사일)
        개월 = 개월 - 1
    End If
```

```
' 4단계 : 두 날짜에서 연과 월의 차이를 구하고 남은 일의 차이를 구해 [일] 변수에 저장합니다.
 일 = Abs(DateDiff("d", 입사일, 기준일))  ─────────── ⑫

' 5단계 : 구한 값을 지정한 위치에 반환합니다.
 Range("E7").Value = 연  ─────────── ⑬
 Range("F7").Value = 개월
 Range("G7").Value = 일


End Sub
```

❶ 입사일 날짜를 저장할 Date 형식의 [입사일] 변수를 선언합니다.

❷ 기준일 날짜를 저장할 Date 형식의 [기준일] 변수를 선언합니다.

❸ 근속기간을 구할 Integer 형식의 [연], [개월], [일] 변수를 선언합니다.

❹ [입사일] 변수에 [D6] 셀 값을 저장합니다.

❺ [기준일] 변수에 [J7] 셀 값에 1을 더한 값을 저장합니다. DateDiff 함수는 빼기 연산을 하므로 작업 일수를 세기 위해서는 입사일에서 1을 빼거나 기준일에 1을 더해주어야 합니다. 만약 [J7] 셀에 입력된 값처럼 별도의 기준일이 없다면 오늘 날짜를 반환하는 Date 함수를 사용해 다음과 같이 수정합니다.

> 기준일 = Date + 1

❻ DateDiff 함수를 사용해 [입사일] 변수와 [기준일] 변수에 저장된 날짜의 연도 차이를 구해 [연] 변수에 저장합니다.

❼ DateDiff 함수는 연도 차이를 계산하는 방법이 DATEDIF 워크시트 함수와 다르므로, 확실하게 1년이 넘었는지 확인할 필요가 있습니다. 두 날짜를 비교하기 위해 [입사일] 변수에 저장된 날짜를 [기준일] 변수의 날짜와 동일한 연도의 날짜로 변경합니다.

❽ 조정된 [입사일] 변수의 값이 [기준일] 변수의 값보다 크면 1년이 넘지 않은 것으로 이해할 수 있습니다. 이 경우 개월 차이를 계산할 수 있도록 [입사일] 변수에 저장된 날짜를 DateAdd 함수를 사용해 1년 전 날짜로 조정하고 [연] 변수에 저장된 값에서 1을 뺍니다. 이렇게 하면 두 날짜의 연 차이를 제대로 계산할 수 있습니다.

❾ DateDiff 함수를 사용해 [입사일] 변수와 [기준일] 변수에 저장된 날짜의 개월 수 차이를 [개월] 변수에 저장합니다.

❿ 개월 차를 계산한 결과를 검증하기 위해 [입사일] 변수에 저장된 날짜를 [기준일] 변수의 날짜와 같은 연도, 같은 월로 조정합니다.

⓫ [입사일] 변수의 날짜가 [기준일] 변수의 날짓값보다 크다면 [개월] 변숫값에서 1을 더 빼야 합니다. 아래 두 줄의 코드를 통해 [입사일] 변수의 날짜를 1개월 이전으로 되돌리고, [개월] 변수의 값에서 1을 추가로 뺍니다.

⓬ DateDiff 함수를 사용해 [입사일] 변수와 [기준일] 변수에 저장된 날짜의 일 차이를 계산해 [일] 변수에 저장합니다. 이때 [입사일] 변수가 ⓫에서 조정됐으므로, 음수가 반환될 수 있습니다. 따라서 절댓값을 반환하는 Abs 함수를 사용해 반환값이 모두 양수로 반환되도록 조정합니다.

⓭ [E7:G7] 범위에 순서대로 [연], [개월], [일] 변수의 값을 입력합니다.

Timer 함수로
소요 시간 구하는 방법

예제 파일 PART 02 \ CHAPTER 10 \ Timer 함수.xlsm

특정 시점에서 흐른 시간이나 작업 소요 시간을 측정해 표시할 때는 현재 시간을 반환하는 Time 또는 Now 함수를 사용할 수 있습니다. 또한 자정 이후 시간을 초 단위로 반환하는 Timer 함수도 사용할 수 있습니다. Timer 함수는 여러 가지 시간을 측정하는 코드에서 자주 사용됩니다.

Timer 함수로 매크로의 처리 시간 측정

Timer 함수는 매크로가 모든 동작을 수행하는 데 걸리는 시간을 측정할 때도 자주 사용됩니다. 다음 매크로는 A열 전체 셀 값을 "check" 값으로 입력하는 동작을 하며, 실행하면 소요 시간을 반환합니다.

```
Sub 시간측정()

' 1단계 : 변수를 선언합니다.
   Dim 셀 As Range                        ❶
   Dim 시작시간 As Date, 종료시간 As Date        ❷

' 2단계 : 시작 시간을 기록합니다.
   시작시간 = Timer                        ❸

' 3단계 : A열의 모든 셀에 check 값을 입력합니다.
   For Each 셀 In Columns(1).Cells          ❹

       셀.Value = "check"                  ❺

   Next

' 4단계 : 종료 시간을 기록하고, 3단계의 진행 시간을 메시지 창에 표시합니다.
   종료시간 = Timer                        ❻
```

```
        MsgBox "작업 시간은 " & Format(종료시간 - 시작시간, "00.0") & "초 입니다.", _
            Title:="엑셀 바이블"  ─────────────── ❼

    ' 5단계 : 3단계에서 진행된 과정을 초기화합니다.
      Columns(1).ClearContents  ─────────── ❽

End Sub
```

❶ 순환문에서 사용할 Range 형식의 [셀] 변수를 선언합니다.

❷ Date 형식의 [시작시간] 변수와 [종료시간] 변수를 선언합니다.

❸ 순환문을 실행하기 전에 [시작시간] 변수에 Timer 함수의 값을 저장합니다.

❹ For Each… Next 순환문을 사용해 첫 번째 열(Columns(1))의 모든 셀을 순환하면서 [셀] 변수에 하나씩 연결합니다. 이렇게 하면 A열의 전체 셀이 하나씩 [셀] 변수에 연결됩니다.

❺ [셀] 개체변수에 연결된 셀의 값을 "check"로 입력합니다.

❻ 작업이 끝나면 [종료시간] 변수에 Timer 함수의 값을 저장합니다.

❼ MsgBox 함수를 사용해 작업 시간을 표시합니다. 작업 시간은 [종료시간] 변수에서 [시작시간] 변수의 값을 뺀 후 Format 함수를 사용해 "00.0" 형식으로 반환합니다. 이 코드가 실행되면 다음과 같은 메시지 창이 나타납니다.

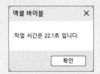

❽ 첫 번째 열(A열)의 값을 모두 지웁니다.

TIP 이 매크로는 예제 파일의 [열 전체 체크] 단추를 클릭해 테스트해볼 수 있습니다.

Timer 함수로 일정 시간을 지연시키는 방법

시간이 조금 오래 걸리는 작업에서 처리 시간 동안 대기하거나 일정 시간을 지연시킬 때도 Timer 함수를 사용할 수 있습니다. 다음 매크로는 [초] 매개변수에 지연할 초(second) 값을 입력받아 지정한 초 동안 시간을 지연시킵니다.

```
  Sub 지연(초 As Integer)  ─────────── ❶

      Dim 시작시간 As Date  ─────────── ❷

      시작시간 = Timer  ─────────── ❸

      Do  ─────── ❹
          DoEvents  ─────── ❺
      Loop Until Timer - 시작시간 > 초  ─────── ❻

  End Sub
```

❶ [지연] 매크로를 Sub 프로시저로 선언합니다. Function 프로시저가 아닌 이유는 초를 지연시키는 행위에 따라 반환할 값이 필요 없기 때문입니다. [지연] 매크로는 [초] 매개변수에 전달된 시간(초)만큼 시간을 지연시킵니다.

❷ Date 형식의 [시작시간] 변수를 선언합니다.

❸ [시작시간] 변수에 Timer 함수의 반환 값을 저장합니다.

❹ Do… Loop 순환문을 이용해 ❺ 줄의 코드를 반복 실행합니다.

❺ DoEvents 함수를 실행해 다른 프로세스가 동작할 수 있도록 허용합니다. VBA의 모든 프로시저는 실행될 때 모든 권한을 갖기 때문에 프로시저가 종료될 때까지 다른 프로세스를 실행하지 못합니다. 이런 문제 때문에 (응답 없음) 현상이 발생하거나 다른 이벤트가 정상 동작하지 못하는 경우가 발생합니다. 따라서 시간을 지연시키는 동안 다른 프로세스를 처리해야 한다면 정상 동작할 수 있도록 합니다.

❻ Timer 함수에서 [시작시간] 변숫값을 뺀 값이 [초] 매개변수에 전달된 값보다 크면 Do… Loop 순환문을 종료합니다.

TIP 이 매크로는 예제 파일의 VB 편집기 내에서 Module1 개체의 코드 창에서 확인할 수 있습니다.

이 매크로는 다른 매크로 내에서 다음과 같이 호출해 사용합니다.

```
Call 지연(3)  ────────────── ❶
```

❶ 3초만큼 실행을 중단합니다. Call 문을 이용해 [지연] 매크로를 호출했으므로 매개변수에 전달된 인숫값을 괄호 안에 입력합니다. 또는 다음과 같이 호출해도 됩니다.

```
지연 3
```

Array 함수를 사용해 배열로 값 전달하는 방법

예제 파일 PART 02 \ CHAPTER 10 \ Array 함수.xlsm

Array 함수

배열변수나 범위, 그리고 자동 필터와 같은 기능에서 동시에 여러 개 항목을 필터하려면 한번에 여러 개의 값을 전달해야 합니다. 이때는 Array 함수를 사용할 수 있습니다. Array 함수는 인수로 전달한 모든 값을 배열로 전달하므로 코드를 간결하게 구성할 때 자주 사용됩니다. Array 함수의 구문은 다음과 같습니다.

> **Array (❶arglist)**
>
> | ❶ arglist | Array 함수에서 반환할 값을 쉼표(,)로 구분해 값을 입력합니다. |
> |---|---|

원본 표에 데이터를 추가하는 매크로 개발 사례

예제의 표에서 [B10:F10] 범위에 새로운 직원 데이터를 입력해야 한다고 가정합니다.

▲	A	B	C	D	E	F	G	H	I	J
1										
2		사번	이름	직위	입사일	핸드폰		신입사원		
3		1	박지훈	부장	2010-05-13	010-7212-1234				
4		2	유준혁	차장	2014-10-16	010-5321-4225		과장, 대리		
5		3	이서연	과장	2019-04-30	010-4102-8345				
6		4	김민준	대리	2022-03-31	010-6844-2313				
7		5	최서현	주임	2022-05-02	010-3594-5034				
8		6	정시우	사원	2022-01-01	010-7237-1123				
9		7	오서윤	사원	2022-05-14	010-7253-9721				
10										
11										

데이터 입력 작업을 대신 수행하는 매크로를 만들 때 Array 함수를 사용하는 코드는 다음과 같습니다. 참고로 이 매크로는 [신입사원] 단추에 연결되어 있습니다.

```
Sub 신입사원()

    Dim 기록위치 As Range                    ━━━━ ❶
    Dim 새직원() As Variant                   ━━━━ ❷

    Set 기록위치 = Cells(Rows.Count, "B").End(xlUp).Offset(1)     ━━━━ ❸

    새직원 = Array(8, Application.UserName, "대리", Date, "010-5432-8765")     ━━━━ ❹

    기록위치.Resize(1, 5) = 새직원     ━━━━ ❺

End Sub
```

❶ 새로운 데이터를 입력할 첫 번째 셀에 연결할 Range 형식의 [기록위치] 개체변수를 선언합니다.

❷ 기록할 직원 데이터를 저장할 Variant 형식의 [새직원] 동적 배열변수를 선언합니다. 참고로 Array 함수의 결과를 저장하는 배열변수의 경우 반드시 Variant 형식으로 선언해야 합니다.

❸ [기록위치] 변수에 B열의 데이터가 입력된 마지막 위치(B9)의 한 칸 아래 셀(B10)을 연결합니다. 이런 셀 참조 방법(Offset 참조)은 **SECTION 11-06**에 자세하게 설명되어 있습니다.

❹ Array 함수를 사용해 입력할 값을 쉼표(,) 구분자로 구분한 후 [새직원] 변수에 저장합니다. 참고로 Array 함수의 두 번째 인수 Application.Username은 오피스 프로그램을 설치할 때 사용자 명을 반환하므로, 표의 [C10] 셀에는 오피스 프로그램의 사용자 명이 입력됩니다.

❺ [기록위치] 변수에 연결된 셀(B10)에서 1×5 행렬에 해당하는 범위(B10:F10)에 [새직원] 변수의 값을 입력합니다.

자동 필터에서 여러 항목을 한번에 필터링하는 매크로 개발 사례

표에 자동 필터를 설정해 대리, 과장 데이터만 추출할 때도 Array 함수를 이용해 작업할 수 있습니다. 다음 코드를 참고합니다.

```
Sub 필터()

    Dim 표 As Range                    ━━━━ ❶
    Dim 필터조건() As Variant           ━━━━ ❷

    Set 표 = Range("B2").CurrentRegion     ━━━━ ❸
    필터조건 = Array("대리", "과장")          ━━━━ ❹

    표.AutoFilter Field:=3, Criteria1:=필터조건, Operator:=xlFilterValues     ━━━━ ❺

End Sub
```

❶ Range 형식의 [표] 개체변수를 선언합니다.

❷ 추출할 조건을 저장할 Variant 형식의 [필터조건] 동적 배열변수를 선언합니다.

❸ [표] 개체변수에 [B2] 셀에서 상하좌우 연속된 범위(Ctrl+A)를 연결합니다. 이런 참조 방식(Current Region 참조)은 **SECTION 11-03**에서 자세하게 설명합니다.

❹ [필터조건] 변수에 Array 함수를 사용해 "대리", "과장" 문자열을 배열로 저장합니다.

❺ [표] 변수에 연결된 범위에 자동 필터를 설정하고, 세 번째 열(D열)에서 [필터조건] 변숫값만 필터합니다. 이 매크로의 실행 결과는 다음 화면에서 확인할 수 있습니다.

	A	B	C	D	E	F	G	H	I	J
1										
2		사번 ▾	이름 ▾	직위 ▾	입사일 ▾	핸드폰 ▾		신입사원		
5		3	이서연	과장	2019-04-30	010-4102-8345				
6		4	김민준	대리	2022-03-31	010-6844-2313				
10		8	최준선	대리	2022-05-16	010-5432-8765		과장, 대리		
11										
12										

데이터를 구분 문자로 분리해 배열에 저장하는 방법

예제 파일 PART 02 \ CHAPTER 10 \ Split 함수.xlsm

Split 함수 구문

전체 문자열을 특정 구분 문자로 분리해 사용하고 싶다면 Split 함수를 사용하면 됩니다. Split 함수는 구분한 값을 1차원 배열로 반환해줍니다. 구문은 다음과 같습니다.

> **Split (❶expression, ❷[delimiter], ❸[limit], ❹[compare])**

❶ expression	분리할 문자열을 갖는 식
❷ delimiter	문자열을 잘라낼 기준이 되는 구분 문자, 생략하면 공백 문자(" ")를 사용
❸ limit	구분된 단어 중 반환할 단어의 수를 설정할 수 있습니다. 보통 생략하며 생략하면 모든 단어를 반환
❹ compare	expression에서 delimiter를 찾을 때 문자열을 어떻게 비교할지 지정하는 옵션으로, 생략하면 Option Compare 문의 설정값이나, 바이너리 방식으로 비교합니다. 이 인수에 대한 자세한 설명은 **SECTION 11-06**에 있는 InStr 함수 설명을 참고합니다.

TIP Split 함수는 엑셀 기능 중 텍스트 나누기와 유사합니다.

TXTSPLIT 함수 개발 사례

워크시트 함수 중에서 VBA의 Split 함수와 같은 것이 제공되지 않았으나 Microsoft 365의 2203 빌드 버전부터 TEXTSPLIT 함수를 제공하고 있습니다. Microsoft 365 최신 버전 사용자는 예제를 열고 다음과 같은 수식을 이용해 원하는 결과를 얻을 수 있습니다.

```
=TEXTSPLIT(B3, " ")
```

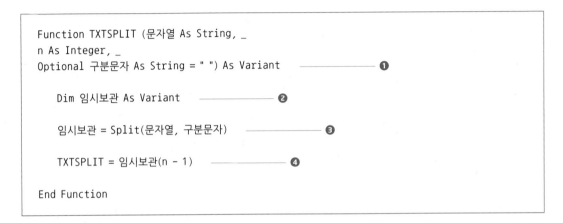

C3	✓ : × ✓ fx	=TEXTSPLIT(B3, " ")				

	A	B	C	D	E	F	G
1							
2		주소	시/도	구/군	도로명	번지	
3		서울특별시 서대문구 가좌로 16-5	서울특별시	서대문구	가좌로	16-5	
4		서울특별시 용산구 녹사평대로 168-8	서울특별시	용산구	녹사평대로	168-8	
5		부산광역시 동구 망양로 877-1	부산광역시	동구	망양로	877-1	
6		인천광역시 서구 크리스탈로 78	인천광역시	서구	크리스탈로	78	
7		서울특별시 마포구 고산11길 10-4	서울특별시	마포구	고산11길	10-4	
8		대구광역시 달서구 도원남로 5	대구광역시	달서구	도원남로	5	
9		경기도 남양주시 경강로 68-12	경기도	남양주시	경강로	68-12	
10							

그런데 하위 버전에서는 이런 함수를 사용할 수 없기 때문에 필요하다면 VBA의 Split 함수를 사용하는 TXTSPLIT 사용자 정의 함수를 개발해 사용할 수 있습니다.

```
Function TXTSPLIT (문자열 As String, _
n As Integer, _
Optional 구분문자 As String = " ") As Variant    ─────── ❶

    Dim 임시보관 As Variant    ─────── ❷

    임시보관 = Split(문자열, 구분문자)    ─────── ❸

    TXTSPLIT = 임시보관(n - 1)    ─────── ❹

End Function
```

❶ TXTSPLIT 함수를 Function 프로시저로 선언합니다.
  TXTSPLIT 함수는 [문자열], [n], [구분문자] 등 세 개의 매개변수에 인수를 받아 [문자열] 변수의 값을 [구분문자] 변수의 값으로 잘라낸 후 [n] 변수 n번째의 값을 반환합니다. 참고로 [구분문자] 변수는 생략하면 공백 문자(" ")를 구분 문자로 사용합니다.

❷ 잘라낸 값을 임시로 저장할 Variant 형식의 [임시보관] 변수를 선언합니다.

❸ Split 함수를 사용해 [문자열] 매개변수의 값을 [구분문자] 매개변수의 값으로 구분한 1차원 배열을 [임시보관] 변수에 저장합니다.

❹ TXTSPLIT 함수에 [임시보관] 변수의 [n] 매개변수 값보다 1 작은 값을 반환합니다. 배열은 0부터 인덱스 번호를 사용하므로 세 번째 값을 반환하도록 하려면 '3-1=2'인 인덱스 번호의 값을 반환해야 합니다.

참고로 TXTSPLIT 사용자 정의 함수에서 [임시보관] 변수를 사용하지 않고 다음과 같이 구성할 수 있습니다.

```
Function TXTSPLIT(문자열 As String, _
n As Integer, _
Optional 구분문자 As String = " ") As Variant

    TXTSPLIT = Split(문자열, 구분문자)(n - 1)    ─────── ❶

End Function
```

❶ Split 함수는 1차원 배열을 반환하므로 바로 뒤에 괄호를 사용해 반환할 인덱스 값을 지정하면 해당 인덱스 위치의 값이 반환됩니다. 참고로 이 함수를 셀에 사용한다면 **❶** 줄 위에 다음과 같은 코드를 추가할 필요가 있습니다.

```
Application.Volatile True
```

완성된 사용자 정의 함수를 사용하기 위해 예제를 열고 [C3] 셀에 다음 수식을 입력한 후 [C3] 셀의 채우기 핸들➕을 [F3] 셀까지 드래그한 후 9행까지 드래그합니다.

```
=TXTSPLIT($B3, COLUMN(A1))
```

TIP Column 함수는 워크시트 함수로 열 번호를 반환합니다. Column(A1) 수식을 오른쪽으로 복사하면 순서대로 1, 2, 3, …과 같은 일련번호를 반환합니다.

그러면 다음 화면과 같은 B열의 주소가 C:F열에 나눠 기록됩니다.

C3		f_x	=TXTSPLIT($B3, COLUMN(A1))				
	A		B	C	D	E	F	G
1								
2			주소	시/도	구/군	도로명	번지	
3			서울특별시 서대문구 가좌로 16-5	서울특별시	서대문구	가좌로	16-5	
4			서울특별시 용산구 녹사평대로 168-8	서울특별시	용산구	녹사평대로	168-8	
5			부산광역시 동구 망양로 877-1	부산광역시	동구	망양로	877-1	
6			인천광역시 서구 크리스탈로 78	인천광역시	서구	크리스탈로	78	
7			서울특별시 마포구 고산11길 10-4	서울특별시	마포구	고산11길	10-4	
8			대구광역시 달서구 도원남로 5	대구광역시	달서구	도원남로	5	
9			경기도 남양주시 경강로 68-12	경기도	남양주시	경강로	68-12	
10								

만약 구분 문자가 "/"라면 다음과 같이 수식을 수정합니다.

```
=TXTSPLIT($B2, COLUMN(A1), "/")
```

배열 내 값을 구분 기호로 연결해 반환하는 방법

예제 파일 PART 02 \ CHAPTER 10 \ Join 함수.xlsm

Join 함수

Split 함수와는 반대로 1차원 배열에 저장된 값을 지정된 구분 문자로 연결해 주는 Join 함수도 제공됩니다. Join 함수의 구문은 다음과 같습니다.

Join (❶sourcearray, ❷[delimiter])

❶ sourcearray	연결할 문자열 값을 갖고 있는 1차원 배열
❷ delimiter	문자열을 연결할 때 사용할 구분 문자로 생략하면 공백 문자(" ")가 사용됩니다.

엑셀 2019 이상 버전이나 Microsoft 365 버전을 사용하고 있다면, Join 함수와 유사한 TEXTJOIN 함수가 워크시트 함수로 제공됩니다. 다만 Join 함수와 TEXTJOIN 함수 모두 여러 개의 값을 연결할 수는 있지만 조건에 맞는 값만 연결하지는 못합니다.

TXTJOIN 함수 개발 사례

예제를 열면 화면과 같은 표를 확인할 수 있습니다. [B4:D13] 범위의 직원 표를 참고해 [G5:G9] 범위에 직위별 직원 이름을 "/" 구분문자를 사용해 정리해야 한다고 가정합니다.

	A	B	C	D	E	F	G
1							
2			직원명부				직위별 정리
3							
4		사번	이름	직위		직위	이름
5		1	박지훈	부장		부장	
6		2	유준혁	과장		과장	
7		3	이서연	대리		대리	
8		4	김민준	대리		주임	
9		5	최서현	주임		사원	
10		6	박현우	주임			
11		7	정시우	사원			
12		8	이은서	사원			
13		9	오서윤	사원			
14							

이 경우 직위에 해당하는 이름을 연결하기 위해 다음과 같은 사용자 정의 함수를 개발할 수 있습니다.

```
Function TXTJOIN(조건범위 As Range, _
                조건 As String, _
                연결범위 As Range, _
                Optional 구분문자 As String = "/")  ──────────── ❶

    Dim 셀 As Range  ──────── ❷
    Dim 연결() As Variant  ──────── ❸
    Dim i As Integer  ──── ❹
    Dim r As Integer  ──── ❺

    For Each 셀 In 조건범위  ──────── ❻

        r = r + 1  ──────── ❼

        If 셀.Value = 조건 Then  ──────── ❽
            ReDim Preserve 연결(i)
            연결(i) = 연결범위.Cells(r).Value
            i = i + 1
        End If

    Next

    TXTJOIN = Join(연결, 구분문자)  ──────── ❾

End Function
```

❶ TXTJOIN 함수를 Function 프로시저로 선언합니다.

　TXTJOIN 함수는 SUMIF 함수처럼 조건에 맞는 값만 처리할 수 있는 함수로 [조건범위], [조건], [연결범위], [구분문자] 와 같은 네 개의 매개변수에 인수를 받아 [조건범위] 내 [조건]을 충족하는 데이터 위치를 찾고 같은 위치에 있는 [연결범위] 내 값을 [구분문자]로 연결해 반환합니다.

❷ 순환문에서 사용할 Range 형식의 [셀] 개체변수를 선언합니다.

❸ 연결할 값을 저장해놓을 Variant 형식의 [연결] 동적 배열변수를 선언합니다.

❹ 배열 내 인덱스 번호를 관리할 Integer 형식의 [i] 변수를 선언합니다.

　[i] 변수는 숫자 변수이므로 선언과 동시에 0 값이 저장됩니다.

❺ 셀을 순환하는 횟수를 저장할 [r] 변수를 Integer 형식으로 선언합니다.

❻ For Each… Next 순환문을 이용해 [조건범위] 매개변수의 셀을 하나씩 [셀] 변수에 연결합니다.

❼ [r] 변수의 값을 1씩 증가시켜 순환하는 횟수를 저장합니다.

❽ [셀] 변수에 할당된 셀 값이 [조건] 매개변수의 값과 일치하는지 판단합니다. 일치하면 아래 동작을 순서대로 진행합니다.

　• [Redim 문을 사용해 [연결] 동적 배열변수에 저장할 값의 개수를 [i] 변수에 맞게 조정합니다. 이때 Preserve 키워드를 사용해 [연결] 동적 배열변수에 저장된 값을 그대로 보관합니다.

　• [연결] 동적 배열변수에 [연결범위] 변수에 연결된 범위 내 [r]번째 셀 값을 저장합니다. 이렇게 하면 조건에 맞는 동일한 위치의 값을 [연결범위] 변수에 연결된 범위에서 사용할 수 있습니다.

　• [i] 변수의 값을 1씩 증가시킵니다.

❾ VBA의 Join 함수를 사용해 [연결] 동적 배열변수에 저장된 값을 [구분문자] 변수로 구분해 연결합니다. 그리고 연결된 값을 TXTJOIN 함수로 반환합니다.

완성된 TXTJOIN 함수를 사용하려면 [G5] 셀에 다음 수식을 입력한 후 [G5] 셀의 채우기 핸들▩을 [G9] 셀까지 드래그해 수식을 복사합니다.

• [G5] 셀 : =TXTJOIN($D$5:$D$13, F5, $C$5:$C$13)

G5		× ✓ fx	=TXTJOIN($D$5:$D$13, F5, $C$5:$C$13)					
▲	A	B	C	D	E	F	G	H
1								
2			**직원명부**				**직위별 정리**	
4		사번	이름	직위		직위	이름	
5		1	박지훈	부장		부장	박지훈	
6		2	유준혁	과장		과장	유준혁	
7		3	이서연	대리		대리	이서연/김민준	
8		4	김민준	대리		주임	최서현/박현우	
9		5	최서현	주임		사원	정시우/이은서/오서윤	
10		6	박현우	주임				
11		7	정시우	사원				
12		8	이은서	사원				
13		9	오서윤	사원				
14								

만약 구분 문자를 쉼표(,)로 설정하고 싶다면 수식을 다음과 같이 수정합니다.

• [G5] 셀 : =TXTJOIN($D$5:$D$13, F5, $C$5:$C$13, ", ")

G5		× ✓ fx	=TXTJOIN($D$5:$D$13, F5, $C$5:$C$13, ", ")					
▲	A	B	C	D	E	F	G	H
1								
2			**직원명부**				**직위별 정리**	
4		사번	이름	직위		직위	이름	
5		1	박지훈	부장		부장	박지훈	
6		2	유준혁	과장		과장	유준혁	
7		3	이서연	대리		대리	이서연, 김민준	
8		4	김민준	대리		주임	최서현, 박현우	
9		5	최서현	주임		사원	정시우, 이은서, 오서윤	
10		6	박현우	주임				
11		7	정시우	사원				
12		8	이은서	사원				
13		9	오서윤	사원				
14								

셀(또는 범위)에 수식 입력하는 방법

예제 파일 PART 02 \ CHAPTER 10 \ WorksheetFunction 개체 I.xlsm

수식 입력

셀에 수식을 입력하려면 Range 개체의 Value 또는 Formula 속성을 이용해 작업합니다. 예를 들어 다음과 같은 표에서 [J3] 셀에 E열의 급여 총액을 구해야 한다고 가정합니다.

	A	B	C	D	E	F	G	H	I	J	K
1											
2		사번	이름	직위	급여		직위	인원수		급여총액	
3		1	박지훈	부장	5,720,000		부장				
4		2	유준혁	과장	4,520,000		과장				
5		3	이서연	대리	3,980,000		대리				
6		4	김민준	대리	3,870,000		주임			수식 자동 입력	
7		5	최서현	주임	3,590,000		사원				
8		6	박현우	주임	3,470,000						
9		7	정시우	사원	3,230,000						
10		8	이은서	사원	3,140,000						
11		9	오서윤	사원	3,260,000						
12											

[J3] 셀에 수식을 입력할 때는 다음과 같은 매크로를 사용할 수 있습니다.

```
Sub 수식입력()

    Range("J3").Formula = "=Sum(E3:E11)"  ──────── ❶

End Sub
```

❶ Range 개체의 Formula 속성은 수식을 입력할 때 사용합니다. [J3] 셀에 큰따옴표(") 안의 수식을 입력합니다.

수식 복사

[H3:H7] 범위에 직원별 인원수를 구해야 한다면 다음과 같은 매크로를 사용할 수 있습니다.

```
Sub 수식입력()

    Range("H3").Formula = "=Countif($D$3:$D$11, G3)"          ❶
    Range("H3").AutoFill Range("H3:H7")          ❷

End Sub
```

❶ [H3] 셀에 큰따옴표(") 안의 수식을 입력합니다. [H3] 셀의 수식을 복사해야 하므로, 셀에 수식을 입력할 때처럼 상대 참조와 절대 참조를 구분합니다.

❷ 자동 채우기(AutoFill) 기능을 이용해 [H3] 셀의 수식을 [H3:H7] 범위에 모두 채웁니다.

위 매크로가 제대로 동작하는지 테스트하려면 예제의 [수식 자동 입력] 단추를 클릭합니다.

H3		fx	=COUNTIF($D$3:$D$11, G3)							
	A	B	C	D	E	F	G	H	I	J	K
1											
2		사번	이름	직위	급여		직위	인원수		급여총액	
3		1	박지훈	부장	5,720,000		부장	1		34,780,000	
4		2	유준혁	과장	4,520,000		과장	1			
5		3	이서연	대리	3,980,000		대리	2			
6		4	김민준	대리	3,870,000		주임	2		수식 자동 입력	
7		5	최서현	주임	3,590,000		사원	3			
8		6	박현우	주임	3,470,000						
9		7	정시우	사원	3,230,000						
10		8	이은서	사원	3,140,000						
11		9	오서윤	사원	3,260,000						
12											

엑셀에서는 수식을 복사할 때 [자동 채우기] 기능을 이용하는 방법 외에 [H3:H7] 범위를 선택하고 Ctrl + Enter 로 수식을 한번에 입력하는 방법이 있습니다. 이 방법으로 기존 코드를 고치려면 다음과 같이 수정합니다.

```
Sub 수식입력()

    Range("H3:H7").Formula = "=Countif($D$3:$D$11, G3)"          ❶

End Sub
```

❶ [H3:H7] 범위에 큰따옴표(") 안의 수식을 한번에 입력합니다.

매크로에서 워크시트 함수를 사용하는 방법

예제 파일 PART 02 \ CHAPTER 10 \ WorksheetFunction 개체 II.xlsm

WorksheetFunction 개체 사용하기

VBA에서도 워크시트 함수를 사용할 수 있습니다. 워크시트 함수는 WorksheetFunction 개체를 통해 사용할 수 있는데, 모든 함수를 사용할 수 있는 것은 아니므로 필요한 함수를 사용할 수 있는지 확인할 필요가 있습니다. VBA에서 사용할 수 있는 워크시트 함수를 확인하려면 직접 실행 창 또는 코드 창에서 WorksheetFunction 개체명 뒤에 마침표(.)를 입력합니다. 그러면 다음 화면과 같이 VBA에서 사용할 수 있는 함수가 목록에 표시됩니다.

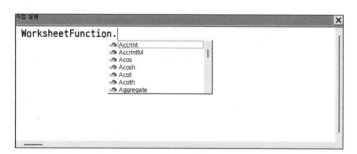

목록에 표시되는 함수는 ABC 순서로, 사용하려는 함수가 제공되는지 빠르게 확인하려면 사용할 함수명에 해당하는 앞의 몇 글자를 입력해봅니다. 참고로 VBA 전체 함수는 VBA 명령 뒤에 마침표(.)를 눌러 표시되는 함수 목록을 확인합니다.

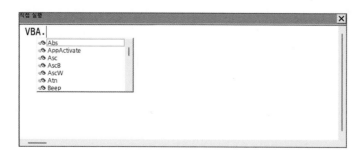

매크로에서는 VBA 함수를 우선 사용하는 것이 속도면에서 더 유리합니다. 그러므로 VBA 함수를 우선 사용하고, VBA에서 제공하지 않는 워크시트 함수만 WorksheetFunction 개체를 이용해 사용하는 것이 좋습니다.

매크로에서 워크시트 함수의 개발 결과를 반환

VBA에서 워크시트 함수를 사용할 때 주의할 점은 범위를 참조할 때 반드시 Range 개체를 이용해야 한다는 점입니다. 예제의 표에 워크시트 함수를 사용해 결과를 입력해야 한다고 가정합니다.

	A	B	C	D	E	F	G	H	I	J	K
1											
2		사번	이름	직위	급여		직위	인원수		급여총액	
3		1	박지훈	부장	5,720,000		부장				
4		2	유준혁	과장	4,520,000		과장				
5		3	이서연	대리	3,980,000		대리				
6		4	김민준	대리	3,870,000		주임			수식 자동 입력	
7		5	최서현	주임	3,590,000		사원				
8		6	박현우	주임	3,470,000						
9		7	정시우	사원	3,230,000						
10		8	이은서	사원	3,140,000						
11		9	오서윤	사원	3,260,000						
12											

[J3] 셀에 E열의 급여 총액을 입력할 때 SUM 함수를 사용해 처리하려면 다음과 같은 매크로를 사용합니다.

```
Sub 수식입력()

    Range("J3").Value = WorksheetFunction.Sum(Range("E3:E11"))        ─── ❶

End Sub
```

❶ VBA 함수에는 SUM 함수가 제공되지 않으므로, WorksheetFunction 개체를 이용해 SUM 함수를 사용합니다. 이렇게 하면 SUM 함수로 계산된 결괏값만 [J3] 셀에 입력됩니다. 즉, 수식이 입력되는 것이 아니고 계산된 결과만 셀에 저장됩니다. SUM 함수에서 범위를 설정할 때 **Range("E3:E11")**과 같이 Range 개체를 사용한 것처럼 WorksheetFunction 개체를 사용할 경우 반드시 엑셀의 개체 모델을 이용해야 합니다.
예를 들어 다른 시트(Sheet2)의 범위를 참조하려면 다음과 같이 범위를 참조합니다.

```
Range("J3").Value = WorksheetFunction.Sum(Worksheets("Sheet2").Range("E3:E11"))
```

수식 복사 방법

WorksheetFunction 개체를 이용해 워크시트 함수를 사용할 경우 수식을 복사하려면 순환문을 사용합니다. 앞선 예제에서 [H3:H7] 범위에 직위별 인원수를 구하는 매크로를 WorksheetFunction 개체를 이용해 COUNTIF 함수로 개발하면 다음과 같습니다.

```
Sub 수식입력()

    Dim i As Integer ─────────── ❶

    With WorksheetFunction ─────────── ❷
        For i = 0 To 4 ─────────── ❸

            Range("H3").Offset(i).Value = .CountIf(Range("D3:D11"), Range("G3").
Offset(i)) ─────────── ❹

        Next i

    End With

End Sub
```

❶ 순환문에서 사용할 Integer 형식의 [i] 변수를 선언합니다.

❷ ❶ 줄에서 코드 길이를 줄이기 위해 With 문을 사용합니다. 이 코드는 ❸, ❹ 줄 사이에 입력해도 됩니다.

❸ For… Next 순환문을 사용해 [i] 변수의 값을 0부터 4까지 순환합니다. 즉, 순환문 내 명령을 다섯 번 반복하도록 구성합니다. 참고로 [H3:H7] 범위의 셀이 다섯 개입니다.

❹ [H3] 셀에서 아래쪽으로 [i] 번째 위치한 셀에 오른쪽 계산식의 결과를 입력합니다.

    계산식은 워크시트 함수인 COUNTIF 함수를 사용합니다. COUNTIF 함수의 왼쪽에 마침표(.)가 있으므로 ❹ 줄의 Worksheet Function 개체의 함수입니다. COUNTIF 함수는 [D3:D11] 범위에서 [G3] 셀에서 아래쪽으로 [i] 번째 위치의 셀과 동일한 개수를 셉니다. 이 코드는 순환할 때마다 다음과 같은 결과를 셀에 반환합니다.

    • [H3] = COUNTIF(D3:D11, G3)
    • [H4] = COUNTIF(D3:D11, G4)
    • [H5] = COUNTIF(D3:D11, G5)
    …

완성된 매크로를 테스트하려면 예제에서 [수식 자동 입력] 단추를 클릭합니다. 그러면 Formula 속성을 사용할 때와 동일한 결과가 반환됩니다. [J3] 셀, [H3:H7] 범위 내 셀을 확인해보면 수식 없이 결괏값만 입력되어 있습니다.

J3		fx	34780000							
	A	B	C	D	E	F	G	H	I	J	K
1											
2		사번	이름	직위	급여		직위	인원수		급여총액	
3		1	박지훈	부장	5,720,000		부장	1		34,780,000	
4		2	유준혁	과장	4,520,000		과장	1			
5		3	이서연	대리	3,980,000		대리	2			
6		4	김민준	대리	3,870,000		주임	2		수식 자동 입력	
7		5	최서현	주임	3,590,000		사원	3			
8		6	박현우	주임	3,470,000						
9		7	정시우	사원	3,230,000						
10		8	이은서	사원	3,140,000						
11		9	오서윤	사원	3,260,000						
12											

만약 순환문을 사용하는 것이 불편하다면 Formula 속성을 사용해 수식을 쉽게 입력하고 바로 값으로 변환하는 방법을 사용해도 됩니다. 다음 코드를 참고합니다.

```
Sub 수식입력()

    Range("H3:H7").Formula = "=Countif($D$3:$D$11, G3)"  ──────── ❶
    Range("H3:H7").Value = Range("H3:H7").Value  ──────── ❷

End Sub
```

❶ [H3:H7] 범위에 COUNTIF 함수를 사용한 수식을 Ctrl + Enter 를 사용하는 방식으로 입력합니다.
❷ [H3:H7] 범위에 수식을 값으로 복사합니다.

이 매크로 코드가 더 간단하지만, 수식을 입력해야 할 셀이 많은 경우에는 수식을 계산하는 시간이 길어 더 불편합니다. 이 예제와 같이 간단한 표에서 순환문을 작성하고 싶지 않을 때만 간단히 사용합니다.

예제의 Module1에 있는 [수식입력] 매크로를 이 코드로 수정해 결과를 확인해보세요!

매크로에서 워크시트 함수를 사용할 때 발생하는 에러 해결 방법

예제 파일 PART 02 \ CHAPTER 10 \ WorksheetFunction 개체 III.xlsm

WorksheetFunction 개체를 사용할 때 에러 발생 상황 이해

WorksheetFunction 개체를 이용해 워크시트 함수를 사용할 때는 #N/A, #NAME?와 같이 수식 에러가 발생되는 상황을 주의해야 합니다. 이런 경우 매크로에서는 수식 에러가 반환되지 않고 바로 에러 메시지 창이 표시됩니다.

예제를 열면 다음 표를 확인할 수 있습니다. [H3] 셀에 [G3] 셀의 이름에 해당하는 직원의 입사일을 왼쪽 표에서 참조하는 매크로를 개발하고 싶다고 가정합니다.

	A	B	C	D	E	F	G	H	I
1									
2		사번	이름	직위	입사일		이름	입사일	
3		1	박지훈	부장	2009-05-13		최서현		
4		2	유준혁	차장	2013-10-16				
5		3	이서연	과장	2018-04-30			참조	
6		4	김민준	대리	2022-03-31				
7		5	최서현	주임	2021-05-02				
8		6	박현우	주임	2020-10-16				
9		7	정시우	사원	2022-01-01				
10		8	이은서	사원	2022-03-04				
11		9	오서윤	사원	2021-11-14				
12									

워크시트 함수인 VLOOKUP 함수를 사용하도록 코드를 구성하면 다음과 같습니다.

```
Sub 수식입력()

    Range("H3").Value = WorksheetFunction.VLookup(Range("G3"), Range("C3:E11"),
    3, False) ————————— ①

End Sub
```

① [H3] 셀에 WorksheetFunction 개체를 이용해 VLOOKUP 함수를 사용한 결과를 반환합니다. VLOOKUP 함수의 구성은 다음과 같습니다.

```
= VLOOKUP(G3, C3:E11, 3, False)
```

이 매크로는 예제의 [참조] 단추에 연결되어 있으므로 [참고] 단추를 클릭하면 제대로 된 입사일이 참조됩니다. 하지만 [G3] 셀의 이름을 표에 없는 이름으로 변경하고 [참조] 단추를 클릭하면 다음과 같은 에러 메시지 창이 표시됩니다.

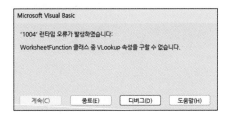

앞서 설명한 것처럼 #N/A 수식 에러가 발생한 상황입니다. 에러 메시지 창 대신 #N/A 에러가 표시되도록 하려면 코드를 다음과 같이 수정합니다.

```
Sub 수식입력()

    Range("H3").Value = Application.VLookup(Range("G3"), Range("C3:E11"), 3, False) ── ❶

End Sub
```

❶ WorksheetFunction 개체를 Application 개체로 수정합니다.

매크로를 수정하고 [참조] 단추를 다시 클릭하면 에러 메시지 창 대신 [H3] 셀에 #N/A 에러를 표시할수 있습니다.

	A	B	C	D	E	F	G	H	I
1									
2		사번	이름	직위	입사일		이름	입사일	
3		1	박지훈	부장	2009-05-13		최준선	#N/A	
4		2	유준혁	차장	2013-10-16				
5		3	이서연	과장	2018-04-30		참조		
6		4	김민준	대리	2022-03-31				
7		5	최서현	주임	2021-05-02				
8		6	박현우	주임	2020-10-16				
9		7	정시우	사원	2022-01-01				
10		8	이은서	사원	2022-03-04				
11		9	오서윤	사원	2021-11-14				
12									

TIP [G3] 셀의 이름이 왼쪽 표의 C열에 존재하지 않는 이름일 때 #N/A 에러가 표시됩니다.

Application 개체를 이용해 워크시트 함수 사용

워크시트 함수를 사용할 때 WorksheetFunction 개체와 Application 개체를 사용하는 것의 차이는 무엇일까요? WorksheetFunction 개체가 VBA 초기 버전부터 제공된 것은 아니기 때문에 초기에는 Application 개체를 이용해 워크시트 함수를 사용했습니다. 이 경우 셀에 해당 함수를 입력하는 방법을 사용하므로, 수식 에러가 발생하는 상황에는 셀에 해당 수식 에러를 반환합니다.

Worksheet Function 개체를 사용하는 경우 VBA 개체로 계산할 수 없는 상황이라면 1004 에러 메시지 창을 표시합니다. 즉, WorksheetFunction 개체를 사용하는 방법은 VBA의 방식에 가깝고 Application 개체를 사용하는 방법은 엑셀의 방식에 가깝습니다. 따라서 쉽고 간단하게 엑셀 함수를 사용하려면 Application 개체를 사용합니다. 다만 개발자라면 항상 에러 발생 상황을 효과적으로 제어해야 하므로 WorksheetFunction 개체를 이용하는 것이 좋습니다.

On Error 문을 활용해 에러 제어

만약 이전 매크로 코드에서 에러가 발생하는 상황을 제어하려면 On Error 문을 사용합니다. 다음은 On Error GoTo 레이블 명령을 사용해 #N/A 에러가 반환되도록 구성한 것입니다.

```
Sub 수식입력()

    On Error GoTo 에러제어                    ①

        Range("H3").Value = WorksheetFunction.VLookup(Range("G3"), _
                              Range("C3:E11"), 3, False)          ②

    Exit Sub                                  ③

에러제어:                                      ④

    Range("H3").Value = CVErr(xlErrNA)         ⑤

End Sub
```

① 다음 코드에서 에러가 발생하면 [에러제어] 레이블 위치로 이동하도록 설정합니다.
② [H3] 셀에 = VLOOKUP(G3, C3:E11, 3, Fasle) 수식의 결괏값을 WorksheetFunction 개체를 이용해 반환합니다.
③ 매크로를 종료합니다.
④ ② 줄에서 에러가 발생했다면 [에러제어] 레이블로 바로 이동합니다.
⑤ [H3] 셀에 CVErr 함수를 사용해 #N/A 수식 에러를 반환합니다. 이곳에 다른 값을 반환할 수도 있습니다.

On Error 문을 활용해 레이블 위치로 이동하거나 Resume Next 문을 이용해 에러를 제어할 수 있다면 더 다양한 방법으로 매크로가 원하는 동작을 수행하도록 설계할 수 있습니다.

워크시트 함수에서 날짜 데이터를 사용할 때 주의할 점

예제 파일 PART 02 \ CHAPTER 10 \ WorksheetFunction 개체 IV.xlsm

날짜 데이터 사용할 때 왜 주의가 필요할까?

워크시트 함수를 사용할 때 날짯값을 사용해야 한다면 주의할 점이 있습니다. 예를 들어, 예제에서 [H3] 셀의 날짜가 [E3:E11] 범위에서 몇 번째에 있는지 확인하려면 MATCH 함수를 사용할 수 있습니다.

· **[J3] 셀 : =MATCH(H3, E3:E11, 0)**

	A	B	C	D	E	F	G	H	I	J	K
1											
2		사번	이름	직위	입사일		이름	입사일			
3		1	박지훈	부장	2009-05-13		최서현	2021-05-02		5	
4		2	유준혁	차장	2013-10-16						
5		3	이서연	과장	2018-04-30						
6		4	김민준	대리	2022-03-31		참조				
7		5	최서현	주임	2021-05-02						
8		6	박현우	주임	2020-10-16						
9		7	정시우	사원	2022-01-01						
10		8	이은서	사원	2022-03-04						
11		9	오서윤	사원	2021-11-14						
12											

앞서 입력한 수식을 WorksheetFunction 개체를 사용해 직접 실행 창에 입력하면 5라는 값을 돌려받을 수 있습니다.

```
? WorksheetFunction.Match(Range("H3"), Range("E3:E11"), 0)
 5
```

하지만 MATCH 함수의 첫 번째 인수에 # 기호를 넣어 [H3] 셀의 값을 직접 입력하고 Enter 를 누르면 에러 메시지 창이 표시됩니다.

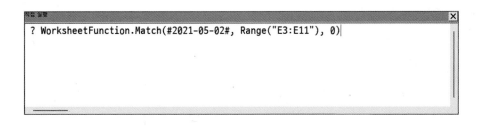

```
? WorksheetFunction.Match(#2021-05-02#, Range("E3:E11"), 0)
```
─────────────── **❶**

> **❶** 이 수식은 [H3] 셀의 값을 직접 입력한 것 외에는 별 문제가 없지만 코드를 입력했을 때 다음과 같은 에러 메시지 창이 표시됩니다.
>
>
>
> 참고로 **#2021-05-02#**을 DateSerial 함수나 DateValue 함수에 사용해도 동일한 에러가 발생합니다.
>
> ```
> ? WorksheetFunction.Match(DateSerial(2021, 5, 2), Range("E3:E11"), 0)
> ```

이런 에러가 발생하는 이유는 VBA에서 관리하는 데이터 형식이 엑셀보다 더 세밀하기 때문입니다. DateSerial이나 DateValue 등의 함수에서 반환하는 날짯값은 Date 형식의 데이터인데, VBA에서 반환하는 Date 형식은 시간까지 처리할 수 있는 Double 형식의 값(yyyy-mm-dd hh:nn:ss)입니다.

따라서 날짯값을 정확하게 사용하려면 다음과 같이 CLng 함수를 사용해 Double 형식을 Long 형식으로 변환해주어야 정확한 결과를 반환받을 수 있습니다.

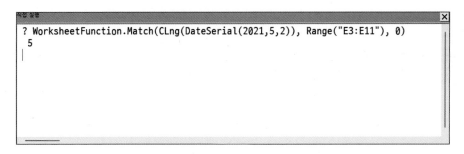

```
? WorksheetFunction.Match(CLng(DateSerial(2021, 5, 2)), Range("E3:E11"), 0)
```
─────────── **❶**

> **❶** CLng 함수는 인수로 전달된 값을 Long 형식의 값으로 변환해주는 함수입니다. 이 함수를 사용해 Date 형식의 값을 정확하게 Long 형식으로 변환해주면 시간 부분이 제외된 날짜 부분의 값만 얻을 수 있습니다.

엑셀 프로그램 주요 개체

셀 또는 범위 (Range) 개체

엑셀에서 가장 중요한 개체는 바로 워크시트를 구성하고 있는 셀 개체입니다. 엑셀 사용자가 모든 데이터를 보관하고 있는 기본 단위가 바로 셀이기 때문입니다. 엑셀은 셀을 Range라는 개체를 이용해 제어합니다. Range 개체에는 사용자가 셀에서 작업하는 모든 방법을 처리할 수 있는 명령이 구성원으로 제공됩니다. 이번 CHAPTER에서는 Range 개체를 이용해 셀을 제어하는 방법에 대해 소개합니다.

Range 개체의 주요 구성원 이해

예제 파일 없음

Range 개체의 주요 속성

Range 개체는 다른 개체와 달리 Range 개체에 전달하는 셀 주소에 따라 하나의 셀 개체를 의미하거나 여러 개의 셀 범위를 의미하는 컬렉션과 같은 역할도 합니다. 컬렉션과 개체의 특성을 모두 갖는 아주 독특한 개체라고 볼 수 있습니다. 모든 개체에는 해당 개체에서 사용할 수 있는 속성과 메서드 명령이 제공되며, 속성과 메서드를 합쳐 개체의 구성원이라고 합니다.

Range 개체 역시 개체의 정보를 갖고 있는 다양한 속성이 제공되며, 해당 속성 중에서 자주 사용되는 것은 다음 표에 정리해두었습니다.

구성원	설명	연관 기능
Address	셀(또는 범위)의 주소를 반환합니다.	ADDRESS 함수
Value	셀(또는 범위)의 값을 반환하거나 입력합니다.	
Formula	셀의 수식을 반환하거나 입력합니다.	
NumberFormat	셀의 표시 형식을 의미하는 서식 코드를 반환하거나 설정합니다.	셀 서식(圖)의 표시 형식
Columns	셀(또는 범위)의 n번째 열 범위를 반환합니다.	
Column	셀의 열 번호를 반환합니다.	COLUMN 함수
Rows	셀(또는 범위)의 n번째 열 범위를 반환합니다.	
Row	셀의 행 번호를 반환합니다.	ROW 함수
CurrentRegion	기준 위치에서 연속된 데이터의 범위를 반환합니다.	Ctrl + A
End	기준 위치에서 지정한 방향의 마지막 데이터 입력 위치를 반환합니다.	Ctrl + ↑, ↓, ←, →
EntireColumn	셀(또는 범위)이 속한 열 전체 범위를 반환합니다.	
EntireRow	셀(또는 범위)이 속한 행 전체 범위를 반환합니다.	
SpecialCells	범위 내의 특정 조건을 만족하는 셀(또는 범위)을 반환합니다.	이동(→)
Offset	셀(또는 범위)에서 행/열 방향으로 이동한 셀을 반환합니다.	OFFSET 함수
Resize	셀(또는 범위)에서 행/열 방향으로 크기를 조정한 범위를 반환합니다.	

Range 개체의 주요 메서드

메서드는 개체가 처리할 수 있는 실행 명령으로 Range 개체에서는 다음과 같은 주요 메서드가 지원됩니다.

구성원	설명	연관 기능
Activate	셀을 활성화합니다.	
Select	셀(또는 범위)을 선택합니다.	
AutoFit	셀의 열 너비(또는 행 높이)를 자동 조정합니다.	
Clear	셀(또는 범위)의 값과 셀 서식을 모두 지웁니다.	
ClearContents	셀(또는 범위)의 값만 지웁니다.	지우기([🧽])
ClearFormats	셀(또는 범위)의 서식만 지웁니다.	
Delete	셀(또는 범위)을 삭제합니다.	삭제([⊞])
Insert	셀(또는 범위)을 삽입합니다.	삽입([⊞])
Copy	셀(또는 범위)을 복사합니다.	복사([🗐])
Cut	셀(또는 범위)을 잘라냅니다.	잘라내기([✕])
PasteSpecial	복사된 셀(또는 범위)의 일부를 붙여 넣습니다.	선택하여 붙여넣기([📋])
Merge	셀(또는 범위)을 병합합니다.	병합([▦])
UnMerge	병합된 셀(또는 범위)을 병합 해제합니다.	
Find	조건을 만족하는 셀을 찾습니다.	
FindNext	찾은 셀과 동일한 조건의 다음 셀을 찾습니다.	찾기([🔍])
FindPrevious	찾은 셀과 동일한 조건의 이전 셀을 찾습니다.	
Replace	조건을 만족하는 셀의 값을 변경합니다.	바꾸기([🔁])
Count	선택한 범위의 개수를 반환합니다.	COUNTA 함수
PrintOut	선택한 범위를 인쇄합니다.	리본 메뉴 [파일] 탭-[인쇄]
PrintPreview	선택한 범위를 미리 보기합니다.	

Range 개체의 전체 구성원 파악하기

앞서 정리한 것 외에도 Range 개체에는 수많은 명령이 구성원으로 제공됩니다. 만약 특정 개체의 전체 구성원을 파악하려면 개체 찾아보기 창을 이용하는 것이 좋습니다. VB 편집기 창에서 [F2]를 누르거나 또는 [보기]-[개체 찾아보기] 메뉴를 선택하면 다음과 같은 개체 찾아보기 창이 표시됩니다.

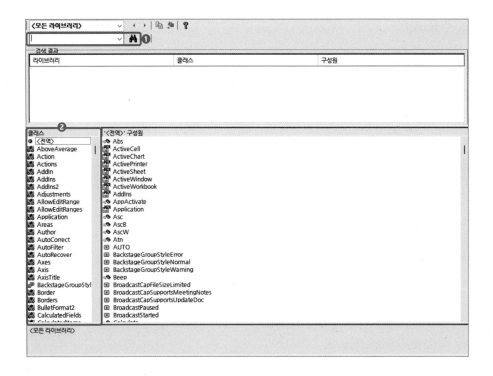

❶ 위치에서 개체 명을 입력하고 Enter 를 누른 후 하위 리스트 박스에서 원하는 개체를 선택하거나 ❷ 위치에서 개체 명을 찾아 클릭합니다. 그러면 해당 개체의 구성원이 다음과 같이 표시됩니다.

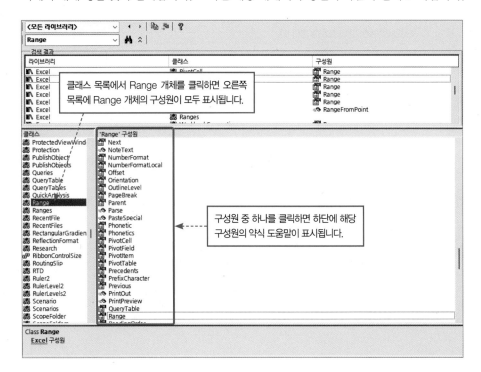

클래스 목록에서 Range 개체를 클릭하면 오른쪽 목록에 Range 개체의 구성원이 모두 표시됩니다.

구성원 중 하나를 클릭하면 하단에 해당 구성원의 약식 도움말이 표시됩니다.

Range 개체로 셀(또는 범위)을 참조하는 방법

예제 파일 PART 03 \ CHAPTER 11 \ (Range) Areas 속성.xlsm

한 셀만 참조

셀을 하나 참조할 때는 Range 개체 또는 Worksheet 개체의 Cells 속성을 사용합니다.

```
Range("A1")            ❶
Cells(1, 1)            ❷
Cells(1, "A")          ❸
```

❶ Range 개체에 참조할 셀 주소를 전달해 셀을 참조합니다.

❷ Cells 속성은 행(RowIndex), 열 번호(ColumnIndex)를 받아 해당 위치의 Range 개체를 반환합니다. 구문은 다음과 같습니다.

```
Cells( RowIndex, ColumnIndex )
```

이와 같이 Cells 속성 앞에 아무 상위 개체를 지정하지 않으면 ActiveSheet가 생략된 것입니다. 그러므로 Cells(1, 1)는 현재 시트의 첫 번째 행과 첫 번째 열 위치인 [A1] 셀을 의미합니다. Cells 속성은 Range 개체의 하위 속성으로도 사용할 수 있습니다.

```
Range("C2:C10").Cells(1, 1)
```

이 코드는 [C2:C10] 범위의 첫 번째 행과 첫 번째 열 위치를 의미하므로, [C2] 셀을 의미합니다. Cells 속성을 사용할 때 열 인덱스 번호(ColumnIndex)는 생략하고 다음과 같이 사용할 수 있습니다. 이렇게 하면 [C2:C10] 범위 내의 첫 번째 셀인 [C2] 셀을 참조합니다.

```
Range("C2:C10").Cells(1)
```

❸ Cells 속성은 열 인덱스 번호(ColumnIndex)에 숫자 대신 열 주소에 해당하는 문자열을 사용할 수 있습니다. 그러므로 이 코드는 [A1] 셀을 참조합니다.

> **TIP** 코드를 직접 입력해보려면 직접 실행 창에서 Select 메서드를 이용해 이 코드 뒤에 **Range("A1").Select**와 같이 입력합니다.

Cells 속성은 행 번호와 열 번호를 숫자로 전달받을 수 있어 For… Next 순환문에서 자주 사용됩니다. 그 외에도 여러 가지 사용 방법이 있으므로 다른 예제를 통해 좀 더 자세히 알아보겠습니다.

연속된 범위 참조

연속된 범위를 참조할 경우에는 주로 Range 개체를 활용합니다.

```
Range("A1:A10") ─────────────── ❶
Range("A1", "A10") ─────────── ❷
```

❶ [A1:A10] 범위를 참조합니다.

❷ Range 개체는 쉼표(,) 구분자를 사용해 두 개의 셀 주소를 전달할 수 있습니다. 이 경우 셀 주소는 시작 셀과 마지막 셀의 의미를 가지며, 시작 셀부터 마지막 셀까지 모두 참조합니다. 이 코드도 [A1:A10] 범위를 참조합니다. 이런 참조 방법은 VBA에서 자주 사용하는 방법으로, 수식에서 셀을 참조하는 방식과는 다르기 때문에 잘 이해할 필요가 있습니다.

떨어진 범위 참조

[A1:A10]과 [C1:C10] 범위처럼 떨어진 범위를 한번에 참조하려면 큰따옴표(") 안에 참조할 범위를 쉼표 (,) 구분자로 구분해 쓰거나 Application 개체의 Union 메서드를 이용합니다.

```
Range("A1:A10, C1:C10") ──────────── ❶
Union(Range("A1:A10"), Range("C1:C10")) ──────── ❷
```

❶ Range 개체에서 떨어진 범위를 참조하려면 큰따옴표(") 안에 참조할 범위를 쉼표(,) 구분자를 이용해 표시해줍니다. 만약 **Range ("A1:A10", "C1:C10")**와 같이 입력하면 [A1:C10]의 연속된 범위가 대상 범위가 됩니다.

❷ Application 개체의 Union 메서드는 인수로 전달된 여러 범위를 하나의 범위로 반환하므로, 떨어진 범위를 참조해야 하는 경우에 자주 사용합니다.

이렇게 떨어져 있는 다중 범위를 참조해 작업할 때 떨어진 범위를 하나씩 처리하려면 Areas 속성을 사용합니다. Areas 속성은 떨어진 범위 내 하나의 연속된 범위를 Area 개체에 반환합니다.

만약 사용자가 선택한 범위가 떨어진 범위인지, 연속된 범위인지 확인하려면 다음과 같은 코드로 매크로를 개발합니다. 다음 매크로는 사용자가 선택한 범위 내 주소를 메시지 창에 반환해줍니다.

```
Sub 선택확인()

' 1단계 : 변수를 선언합니다.
    Dim 선택범위 As Range ─────────── ❶
    Dim 주소() As Variant, i As Integer ──────── ❷
    Dim 메시지 As String ─────────── ❸

' 2단계 : 사용자가 선택한 범위를 인식해 선택된 범위의 주소를 메시지 변수에 기록합니다.
    If Selection.Areas.Count > 1 Then ──────── ❹

        For Each 선택범위 In Selection.Areas ──────── ❺
```

```
            ReDim Preserve 주소(i)          ———————————— ❻
            주소(i) = 선택범위.Address(False, False)  ———————————— ❼
            i = i + 1          ———————————— ❽
        Next

        메시지 = "다중 범위를 선택했습니다."    ———————————— ❾
        메시지 = 메시지 & vbCr & vbCr          ———————————— ❿
        메시지 = 메시지 & Join(주소, vbCr)

    Else      ———————————— ⓫

        If Selection.Count = 1 Then          ———————————— ⓬

            메시지 = "셀 하나를 선택했습니다."

        Else      ———————————— ⓭

            메시지 = "연속된 범위를 선택했습니다."

        End If

        메시지 = 메시지 & vbCr & vbCr
        메시지 = 메시지 & Selection.Address(False, False)  ———————————— ⓮

    End If

' 3단계 : 메시지 창을 이용해 선택 범위를 화면에 표시합니다.
    MsgBox 메시지      ———————————— ⓯

End Sub
```

❶ Range 형식의 [선택범위] 개체변수를 선언합니다.

❷ Variant 형식의 [주소] 동적 배열변수와 Integer 형식의 [i] 변수를 선언합니다.

❸ String 형식의 [메시지] 변수를 선언합니다.

❹ 특정 범위를 선택한 상태에서 매크로를 실행하면 Selection은 선택된 범위에 해당하는 Range 개체와 동일합니다. 이 범위의 선택 영역을 의미하는 Areas 컬렉션의 Count 속성을 이용하면 선택된 범위 내 영역이 몇 개인지 알 수 있습니다. 1보다 크다면 여러 떨어진 범위를 선택하고 있다는 것을 의미합니다.

❺ 떨어진 범위를 선택했다면 선택 범위 내 영역을 For Each… Next 순환문으로 순환하면서 개별 범위를 [선택범위] 변수에 연결합니다. 이렇게 하면 [A1:A10], [C1:C10] 범위가 선택되어 있을 때 [A1:A10] 범위와 [C1:C10] 범위가 순서대로 [선택범위] 변수에 연결됩니다.

❻ [주소] 동적 배열변수의 마지막 인덱스 값을 ReDim 문을 이용해 [i] 변수에 저장된 값으로 조정합니다. 이때 Preserve 키워드를 사용했으므로, 이전에 [주소] 변수에 저장된 값은 그대로 유지하면서 추가로 저장될 값의 개수만 하나씩 늘어납니다.

❼ 조정된 [주소] 변수의 [i] 번째 요소로 [선택범위] 변수에 연결된 범위의 주소(Address)를 저장합니다. 참고로 Address 속성은 절대 참조 방식($A$1)으로 셀 주소를 반환하므로 상대 참조 방식(A1)으로 주소가 저장되도록 첫 번째와 두 번째 인수를 모두 False로 설정합니다.

❽ [i] 변수의 값을 1씩 증가시킵니다.

❾ [메시지] 변수에 메시지 창에 표시할 문자열을 저장합니다.

❿ [메시지] 변수에 선택된 범위 주소를 추가합니다. 주소는 기존 문자열 두 줄 아래에 표시하기 위해 [메시지] 변수에 vbCr 내장 상수를 두 번 연속해 연결하며, 범위 주소는 [주소] 동적 배열변수의 값을 Join 함수를 사용해 한 줄씩 다음 줄에 쓰여지도록 연결합니다.

이 매크로를 테스트하기 위해 예제 파일을 열고 범위를 다음과 같이 선택한 후 [범위를 선택하고 눌러 보세요!] 단추를 클릭합니다. 셀 하나를 선택했는지, 연속된 범위를 선택했는지, 아니면 다중 범위를 선택했는지에 따라 적당한 메시지 창이 표시됩니다.

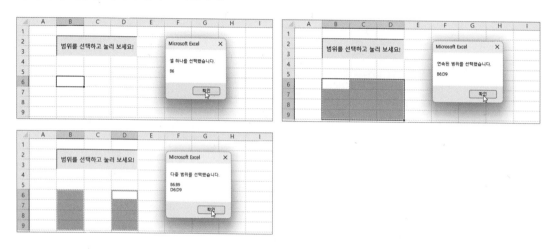

선택된 위치에 따라 메시지 창의 내용과 주소가 다르게 전달되는 것을 확인할 수 있습니다.

다른 워크시트의 범위 참조

코드를 입력할 때 Range 개체 왼쪽에 부모 개체를 따로 지정하지 않으면 ActiveSheet가 생략된 것으로 처리됩니다. 따라서 다른 워크시트의 범위를 참조하려면 해당 워크시트를 반드시 지정해주어야 합니다. 다음은 [Sheet1] 시트의 [A1:A10] 범위를 참조할 때 사용할 수 있는 몇 가지 코드 예입니다.

```
Worksheets("Sheet1").Range("A1:A10")  ─────────────────── ❶
Sheet1.Range("A1:A10")  ─────────────── ❷
Range("Sheet1!A1:A10")  ─────────────── ❸
```

Ctrl + A 로 연속된 범위를 참조하는 방법

예제 파일 PART 03 \ CHAPTER 11 \ (Range) CurrentRegion 속성.xlsm

CurrentRegion 속성으로 범위 참조

워크시트에서 표 범위를 선택할 때 Ctrl + A 를 누르면 연속된 범위가 자동으로 선택됩니다. 이 단축키와 동일한 동작을 수행하는 명령이 바로 CurrentRegion입니다. 이 명령을 잘 활용하면 데이터 범위가 계속해서 늘어나도 대상 범위를 항상 정확하게 참조할 수 있습니다.

예제를 열면 다음과 같은 표를 확인할 수 있습니다.

연도	박지훈	유준혁	이서연	김민준	최서현	박현우	정시우	이은서	오서윤
				영업 사원의 연간 실적					
2016년	290	630	480	580	250	130	300	490	320
2017년	810	1,000	490	350	540	360	290	460	430
2018년	420	750	260	1,010	190	590	220	1,220	470
2019년	920	670	490	430	370	590	230	1,090	480
2020년	790	1,170	220	530	480	970	200	570	490
2021년	500	1,300	790	890	450	160	330	1,540	500
2022년	1,100	1,430	520	1,470	780	900	860	2,030	910
2023년	1,130	590	320	550	10	890	290	500	430
합계	5,960	7,540	3,570	5,810	3,070	4,590	2,720	7,900	4,030

전체 표 범위를 선택하려면 다음 두 가지 코드를 사용할 수 있습니다.

```
Range("B5:K14")                         ①

Range("B5").CurrentRegion               ②
```

❶ [B5] 셀부터 [K14] 셀까지 표 전체 범위를 참조합니다. 다만 데이터가 추가되거나 삭제되면 범위의 주소(B5:K14)를 변경해야 합니다.

❷ [B5] 셀에서 Ctrl + A 를 누른 것과 동일한 범위(B5:K14)를 참조합니다. 코드가 실행될 때마다 범위를 새로 잡기 때문에 항상 전체 범위를 정확하게 인식할 수 있습니다.

> **TIP** 이 코드를 직접 실행 창에 입력할 때는 뒤에 .Select 명령을 추가해야 합니다.

정의된 이름을 사용해 옮겨진 표 위치 인식

Range("B5").CurrentRegion과 같은 코드는 기준 셀인 [B5] 셀 좌측(또는 상단)에 열(또는 행)을 새로 삽입했을 때 표 범위를 정확하게 인식할 수 없습니다. 이런 경우에는 왼쪽 상단 첫 번째 셀을 이름으로 정의해 코드에서 정의된 이름을 사용하는 것이 좋습니다.

예제의 경우 표 왼쪽 상단 첫 번째 셀은 [B5] 셀이므로, [B5] 셀을 선택하고 이름 상자에 원하는 이름을 다음과 같이 입력합니다.

그런 다음 Range 개체에 셀 주소 대신 정의된 이름을 사용합니다.

```
Range("start").CurrentRegion ──────────── ❶
```

❶ start로 정의된 셀(B5)에서 Ctrl + A 를 눌러 인식할 수 있는 전체 범위를 참조합니다.

[A1] 셀의 좌측(또는 상단)에 열(또는 행)을 삽입해도 항상 정확한 범위를 인식하도록 할 수 있습니다. 이렇게 표 전체 범위를 인식할 수 있다면 표의 특정 열(또는 행)도 빠르게 인식할 수 있으므로, 이때 열 범위를 참조하는 Columns나 행 범위를 참조하는 Rows 속성을 함께 사용하면 편리합니다. 다음 코드를 참고합니다.

```
Range("start").CurrentRegion.Rows(10) ──────── ❶

Range("start").CurrentRegion.Columns(2) ──────── ❷
```

❶ start로 이름 정의된 셀(B5)에서 연속된 범위(B5:K14) 내 10번째 행 범위(B14:K14)를 참조합니다. 항상 마지막 행을 참조하도록 하는 코드는 다음과 같이 작성할 수 있습니다.

```
Dim 표 As Range
Dim 합계행 As Range

Set 표 = Range("start").CurrentRegion
Set 합계행 = 표.Rows(표.Rows.Count)
```

Rows와 Columns, Cells는 모두 Range 개체를 반환하는 속성으로 Rows는 행 범위를, Columns는 열 범위를, Cells는 셀을 Range 개체보다 쉽게 참조할 수 있도록 도와줍니다.

Ctrl+방향키로
동적 범위 참조하는 방법

예제 파일 PART 03 \ CHAPTER 11 \ (Range) End 속성.xlsm

End 속성 구문

특정 셀에서 Ctrl+↑, ↓, ←, →를 누르면 해당 방향의 데이터가 입력된 마지막 셀 위치로 이동합니다. 이 동작을 그대로 구현한 것이 End 속성으로, ↑, ↓, ←, → 부분을 매개변수로 지정할 수 있습니다. 구문은 다음과 같습니다.

Range.End (❶direction)

	End 속성은 Direction 매개변수를 이용해 상하좌우로 이동합니다. Direction 매개변수에는 다음과 같은 네 개의 내장 상수를 사용할 수 있습니다.		

	Direction	값		방향
	xlUp	−4162	3	상
❶ direction	xlDown	−4121	4	하
	xlToLeft	−4159	1	좌
	xlToRight	−4161	2	우

Direction의 내장 상숫값이 두 종류인 것은 현재 사용하는 것과 VBA 초기 버전에서 설정된 값 이렇게 두 종류가 있기 때문입니다. 둘 중 하나를 사용해도 동작은 동일합니다.

End 속성 예제

예제를 열면 다음과 같은 표를 확인할 수 있습니다.

| A | B | C | D | E | F | G | H | I | J | K | L | M |

영업 사원의 연간 실적

구분	연도	박지훈	유준혁	이서연	김민준	최서현	박현우	정시우	이은서	오서윤
과거 5년	2016년	290	630	480	580	250	130	300	490	320
	2017년	810	1,000	490	350	540	360	290	460	430
	2018년	420	750	260	1,010	190	590	220	1,220	470
	2019년	920	670	490	430	370	590	230	1,090	480
	2020년	790	1,170	220	530	480	970	200	570	490
평균		646	844	388	580	366	528	248	766	438
최근 3년	2021년	500	1,300	790	890	450	160	330	1,540	500
	2022년	1,100	1,430	520	1,470	780	900	860	2,030	910
	2023년	1,130	590	320	550	10	890	290	500	430
평균		910	1,107	543	970	413	650	493	1,357	613

TIP 12행에 빈 행이 포함되어 있습니다.

CurrentRegion 속성을 사용하는 코드로는 표 전체 범위를 참조할 수 없습니다. 다음과 같은 코드를 직접 실행 창에서 입력해 결과를 확인합니다.

```
Range("B5").CurrentRegion.Select
```

| A | B | C | D | E | F | G | H | I | J | K | L | M |

영업 사원의 연간 실적

구분	연도	박지훈	유준혁	이서연	김민준	최서현	박현우	정시우	이은서	오서윤
과거 5년	2016년	290	630	480	580	250	130	300	490	320
	2017년	810	1,000	490	350	540	360	290	460	430
	2018년	420	750	260	1,010	190	590	220	1,220	470
	2019년	920	670	490	430	370	590	230	1,090	480
	2020년	790	1,170	220	530	480	970	200	570	490
평균		646	844	388	580	366	528	248	766	438
최근 3년	2021년	500	1,300	790	890	450	160	330	1,540	500
	2022년	1,100	1,430	520	1,470	780	900	860	2,030	910
	2023년	1,130	590	320	550	10	890	290	500	430
평균		910	1,107	543	970	413	650	493	1,357	613

TIP Ctrl+A 와 동일한 역할을 하는 CurrentRegion 속성만으로는 표 전체 범위를 선택할 수 없습니다.

이렇게 빈 행(또는 열)이 포함된 경우에는 End 속성을 사용해 표 전체 범위를 참조합니다.

```
Range("B5", Range("L1048576").End(xlUp))  ─────────── ❶

Range("B5", Cells(Rows.Count, "L").End(xlUp))  ─────────── ❷
```

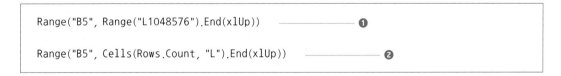

❶ [B5] 셀부터 [L1048576] 셀(L열의 마지막 셀)에서 Ctrl+↑를 눌러 이동한 셀(M열의 마지막 데이터 입력 위치이므로 [L16] 셀)까지의 범위(B5:L16)를 반환합니다.

❷ L열의 마지막 데이터 입력 위치를 표시하는 **Range("L1048576")** 를 대략 Range("L10000")와 같이 입력해도 결과는 동일합니다. 이렇게 셀 주소를 입력했을 때 xls 파일 형식에서는 65536이 마지막 행이므로 전자의 경우 에러가 발생하며, 후자의 경우 데이터가 1만 건을 넘어서면 제대로 동작하지 않습니다. 그러므로 코드를 사용해 정확하게 워크시트의 마지막 위치를 반환받아 사용하는 것이 좋습니다. Rows.Count는 현재 워크시트 내 행의 개수를 반환합니다. xlsx 형식의 파일은 1048576을, xls 형식의 파일은 65536을 반환합니다. 그러므로 이 예제에서 **Cells(Rows.Count, "L")** 는 Range("L1048576")와 동일한 셀입니다. 이러한 범위 참조 방법은 매크로를 개발할 때 공식과 같이 자주 사용되는 코드 작성 방법이므로 잘 기억해두면 좋습니다.

> **TIP** 직접 실행 창에서 **.Select** 명령을 뒤에 붙여 결과를 확인합니다.

End 속성은 표에 새롭게 추가될 열 또는 행의 위치를 계산할 경우에도 자주 사용됩니다. 예를 들어 표 하단에 데이터를 새로 입력할 위치는 다음과 같습니다.

```
Cells(Rows.Count, "B").End(xlUp).Offset(1)  ——————— ❶
```

❶ B열의 마지막 셀에서 Ctrl + ↑ 를 누른 위치의 셀(B16) 바로 아래 셀을 참조합니다.

표 우측에서 새로운 열을 추가할 위치는 다음과 같이 참조할 수 있습니다.

```
Cells(5, Columns.Count).End(xlToLeft).Offset(,1)  ——————— ❶
```

❶ 5행의 마지막 셀에서 Ctrl + ← 를 누른 위치의 셀(L5) 바로 우측 셀을 참조합니다.

End 속성은 xlUp, xlToLeft와 같은 내장 상수를 이용해 위치를 참조할 수 있으므로 코드가 직관적이나 길이를 줄이기 위해 다음과 같은 숫자를 사용하는 경우도 많습니다.

```
Cells(Rows.Count, "B").End(3)(2)  ——————— ❶
```

❶ End 속성에 사용된 3은 xlUp과 같습니다. 즉, End(3)과 End(xlUp)은 동일한 표현입니다. End 속성은 해당 위치의 Range 개체를 반환하는데, 뒤에 아무런 속성을 지정하지 않고 **Range("B16").(2)** 와 같이 사용하면 (2)는 범위 내 아이템을 반환하는 Item 속성에 전달된 값과 같으므로 **Range("B16").Item(2)** 로 이해해야 합니다. 그런데 Item 속성은 Cells와 구문과 동작이 모두 동일하므로 Item(2)는 열 인덱스 번호가 생략된 Item(2, 1)로 봐야 하며, Cells(2, 1)와 동일합니다. 즉, 다음 두 코드는 모두 동일합니다.

```
End(3).Cells(2, 1)
End(3).Item(2, 1)
```

End로 참조한 위치가 다음 위치라면 Cells나 Item 속성은 다음과 같은 위치를 참조합니다.

(0,0)	(0,1)	(0,2)
(1,0)	End Item(1,1)	(1,2)
(2,0)	(2,1)	(2,2)

이렇게 End 속성은 CurrentRegion 속성에 비해 좀 더 세밀한 방식으로 범위를 참조하고자 할 때 자주 사용됩니다. 주의할 점은 다른 시트를 참조해야 하는 경우로, 다음 코드는 잘못된 코드입니다.

```
Worksheets("sample").Range("L6", Cells(Rows.Count, "L").End(xlUp))
```

다음과 같이 범위가 잘못 지정됩니다.

```
Worksheets("sample").Range("L6", ActiveSheet.Cells(Rows.Count, "L").End(xlUp))
```

그러므로 End 속성을 이용할 때 다른 시트를 참조하고 싶다면 다음과 같이 구성해야 합니다.

```
Worksheets("sample").Range("L6", Worksheets("sample").Cells(Rows.Count, "L").End(xlUp))
```

이 코드를 간결하게 표시하고 싶다면 With 문이나 개체변수를 활용해야 합니다. With 문을 사용하는 코드는 다음과 같습니다.

```
With Worksheets("sample")
    .Range("L6", .Cells(Rows.Count, "L").End(xlUp))
End With
```

개체변수를 활용하는 코드는 다음과 같습니다.

```
Dim 시트 As Worksheet

Set 시트 = Worksheets("sample")

시트.Range("L6", 시트.Cells(Rows.Count, "L").End(xlUp))
```

11 / 05

전체 범위에서 원하는 조건에 맞는 범위 참조 방법

예제 파일 PART 03 \ CHAPTER 11 \ (Range) SpecialCells 속성.xlsm

SpecialCells 속성 구문

매크로를 개발할 때는 작업을 처리할 대상 범위를 선택하는 것이 중요합니다. `Ctrl`+`A`나 `Ctrl`+`↑`, `↓`, `←`, `→`를 누르는 방법 외에도 엑셀에는 특정 조건에 맞는 범위를 빠르게 선택하는 [이동] 기능이 제 공됩니다. [이동] 기능에 해당하는 속성은 SpecialCells입니다. SpecialCells 속성의 구문은 다음과 같습 니다.

Range.SpecialCells (❶type, ❷value)

SpecialCells 속성은 Type과 Value 두 가지 매개변수에 값을 받아 해당 조건에 맞는 데이터 범위를 반환합니다. 매개변수의 구성은 [이동] 기능-[이동 옵션] 대화상자의 옵션과 연동해 이해하는 것이 좋습니다.

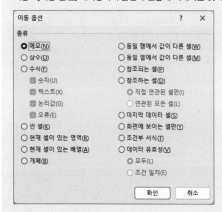

	[이동 옵션] 대화상자의 옵션 단추 컨트롤이 Type 매개변수입니다. 다음 내장 상수를 사용합니다.	
	내장 상수	**옵션**
❶ type	xlCellTypeComments	메모
	xlCellTypeConstants	상수
	xlCellTypeFormulas	수식
	xlCellTypeBlanks	빈 셀

	내장 상수	옵션
❶ type	xlCellTypeLastCell	마지막 데이터 셀
	xlCellTypeVisible	화면에 보이는 셀만
	xlCellTypeAllFormatConditions	조건부 서식(모두)
	xlCellTypeSameFormatConditions	조건부 서식(조건 일치)
	xlCellTypeAllValidation	데이터 유효성(모두)
	xlCellTypeSameValidation	데이터 유효성(조건 일치)
❷ value	[이동 옵션] 대화상자의 확인란 컨트롤이 Value 매개변수입니다. 다음 내장 상수를 사용합니다.	

내장 상수	옵션
xlNumbers	숫자
xlTextValues	텍스트
xlLogical	논릿값
xlErrors	오류

SpecialCells 속성 예제

예제 파일을 열면 화면과 같은 표를 확인할 수 있습니다.

K6   fx   =SUM(C6:J6)

영업사원 실적

분류	박지훈	유준혁	이서연	김민준	최서현	박현우	정시우	이은서	총합계
복합기	24		51	15	21		36		147
팩스	4	6		22	10	9		23	74
바코드스캐너	45	145	51	110		15	95	58	519
문서세단기		116	192	19	117	1	30	108	583
출퇴근기록기	70	51		65	21			15	222
복사기	96	103	75	156	75	5	48	95	653
제본기	30	70	24	66		60		102	352
복사용지	12	132	85	120		40	85	84	558
총합계	281	623	478	573	244	130	294	485	3,108

빈 셀을 0으로   수식을 값으로

빈 셀에 한번에 0을 입력해주는 VBA 코드 개발 사례

표의 빈 셀에 0 값을 채우려면 다음과 같은 코드를 구성합니다.

```
Range("B5").CurrentRegion.SpecialCells(Type:=xlCellTypeBlanks).Value = 0  ────── ❶
```

> ❶ [B5] 셀부터 연속된 전체 범위(B5:K14) 내에서 SpecialCells 속성을 사용해 빈 셀만 참조한 후 해당 셀에 0을 입력합니다.

TIP 이 코드는 예제의 [빈 셀을 0으로] 단추에 연결된 매크로에 포함되어 있습니다.

수식을 값으로 변환하는 매크로 개발 사례

표의 수식을 값으로 변환하는 매크로를 사용하려면 다음과 같은 매크로를 사용합니다.

```
Sub 수식을값으로()

    Dim 수식범위 As Range      ────────── ❶
    Dim 셀 As Range      ───────── ❷

    Set 수식범위 = Range("B5").CurrentRegion.SpecialCells(Type:=xlCellTypeFormulas)
                                      ────────── ❸

    For Each 셀 In 수식범위      ───────── ❹

        셀.Value = 셀.Value      ───────── ❺

    Next

End Sub
```

> ❶ Range 형식의 [수식범위] 개체변수를 선언합니다.
> ❷ 순환문에서 사용할 Range 형식의 [셀] 개체변수를 선언합니다.
> ❸ 이번 코드는 다음 두 부분으로 나눠 이해해야 쉽습니다.
>   즉, **Range("B5").CurrentRegion**으로 [B5] 셀부터 연속된 범위를 참조(B5:K14)하고,
>   **SpecialCells(Type:=xlCellTypeFormulas)**로 수식이 입력된 범위를 참조(B14:K14, K6:K13)합니다.
>   이렇게 참조된 범위를 [수식범위] 개체변수에 연결합니다.
> ❹ 순환문을 사용해 [수식범위] 변수에 연결된 범위 내 셀을 하나씩 [셀] 변수에 연결합니다.
> ❺ [셀] 개체변수에 연결된 셀 값(Value)만 셀에 저장합니다. 이런 코드 작성 방식이 아직 낯설어도 매크로에 등호(=)가 있다면 오른쪽 명령
>   이 왼쪽에 적용된다고 이해합니다. Value 속성에 대한 좀 더 자세한 설명은 **SECTION 11-07**을 참고합니다.

TIP 이 매크로는 예제의 [수식을 값으로] 단추에 연결되어 있습니다.

Offset, Resize로
참조 범위 조정하는 방법

예제 파일 PART 03 \ CHAPTER 11 \ (Range) Offset, Resize 속성.xlsm

Offset, Resize 구문

참조한 셀(또는 범위)에서 위치를 이동하거나 참조할 범위를 조정할 필요가 있다면 Offset이나 Resize 속성을 이용합니다. Offset 속성은 참조 범위를 행 방향이나 열 방향으로 이동할 때 사용하며 구문은 다음과 같습니다.

Range.Offset (❶rowoffset, ❷columnoffset)

❶ rowoffset	행 방향으로 이동할 셀 개수. 양수면 아래쪽 방향으로, 음수면 위쪽 방향으로 이동
❷ columnoffset	열 방향으로 이동할 셀 개수. 양수면 오른쪽 방향으로, 음수면 왼쪽 방향으로 이동

TIP Offset 속성은 워크시트 함수인 OFFSET 함수의 2, 3번째 인수와 사용 방법이 동일합니다.

Resize 속성은 참조한 범위의 행과 열 방향 셀 개수를 조정합니다. Resize 속성의 구문은 다음과 같습니다.

Range.Resize (❶rowsize, ❷columnsize)

❶ rowsize	행 방향으로 확장할 셀 개수. 생략하면 원 범위의 행수를 그대로 유지
❷ columnsize	열 방향으로 확장할 셀 개수. 생략하면 원 범위의 열수를 그대로 유지

TIP Resize 속성은 워크시트 함수인 OFFSET 함수의 4, 5번째 인수와 사용 방법이 동일합니다.

Offset, Resize 예제

예제 파일을 열면 다음과 같은 표를 확인할 수 있습니다.

	A	B	C	D	E	F	G	H	I	J	K
1											
2		사번	이름	직위	주민등록번호	입사일	호봉			호봉 조정	
3		1	박지훈	부장	800219-1234567	2009-05-13	3				
4		2	유준혁	차장	870304-1234567	2013-10-16	1				
5		3	이서연	과장	891208-2134567	2018-04-30	3				
6		4	김민준	대리	920830-1234567	2022-03-31	2		호봉을 조정하고, 그에 맞게		
7		5	최서현	주임	950919-2134567	2021-05-02	3		직위도 변경합니다.		
8		6	박현우	주임	930702-1234567	2020-10-16	3				
9		7	정시우	사원	970529-1234567	2022-01-01	4				
10		8	이은서	사원	990109-2134567	2022-03-04	1				
11		9	오서윤	사원	980127-2134567	2021-11-14	2				
12											

표에서 G열에 있는 호봉이 1년에 한 번씩 올라가고, 사원의 최고 호봉은 4이며, 사원 4호봉은 자동으로 주임 1호봉으로 직위가 상승한다고 가정합니다. 해당 작업을 처리하는 매크로를 개발하면 다음과 같은 코드를 완성할 수 있습니다.

```
Sub 호봉조정()

' 1단계 : 변수를 선언합니다. ──────────●①
    Dim 표 As Range
    Dim 호봉 As Range, 셀 As Range

' 2단계 : 변수의 초깃값을 설정합니다. ──────────●②
    Set 표 = Range("B2").CurrentRegion
    Set 호봉 = 표.Columns(6)

' 3단계 : 호봉 변수의 범위를 머리글을 제외한 범위로 재조정합니다. ──────────●③
    With 호봉
        Set 호봉 = .Offset(1).Resize(.Rows.Count - 1)
    End With

' 4단계 : 범위를 순환하면서 조건에 부합하면 데이터를 수정합니다.
    For Each 셀 In 호봉.Cells ──────────●④

        If 셀.Value = 4 And 셀.Offset(, -3).Value = "사원" Then ──────────●⑤
            셀.Value = 1
            셀.Offset(, -3).Value = "주임"
        Else ──────────●⑥
            셀.Value = 셀.Value + 1
        End If

    Next

End Sub
```

❶ Range 개체 형식의 [표], [호봉], [셀] 변수를 각각 선언합니다.

❷ [표] 개체변수에 [B2] 셀부터 연속된 범위를 연결하고, [호봉] 개체변수는 [표] 변수에 연결된 범위의 여섯 번째 열(G열) 범위만 연결합니다.

❸ [호봉] 개체변수에는 [G2:G11] 범위가 연결되었습니다. 호봉을 확인할 때 머리글은 필요하지 않으므로 실제로 필요한 범위는 [G3:G11] 범위입니다. [호봉] 개체변수에 연결된 범위에서 머리글 셀을 제외하기 위해 Offset 속성을 이용해 행 방향으로 한 칸 아래 (G3:G12)로 이동한 후 Resize 속성을 이용해 참조할 행 방향 셀 개수를 하나 줄입니다. 이렇게 하면 [호봉] 개체변수에 연결된 범위를 조정할 수 있습니다.

❹ 순환문을 이용해 [호봉] 개체변수에 연결된 범위 내 셀을 하나씩 [셀] 개체변수에 연결합니다. 이때 [호봉] 개체변수에는 Columns 속성을 이용해 열 범위를 통째로 참조하도록 되어 있으므로, 열 범위 내 셀을 하나씩 순환하도록 하려면 [호봉] 변수의 Cells 속성을 적용해야 합니다. 이렇게 Rows나 Columns 속성을 이용해 범위를 참조하면 순환할 때는 반드시 Cells 속성을 함께 사용해야 합니다.

❺ [셀] 변수에 연결된 셀의 값이 4면서 왼쪽으로 세 칸 떨어진 위치(직위)의 값이 "사원"인지 판단합니다. 두 조건을 모두 만족하면 셀 값(호봉)은 1로, 직위는 "주임"으로 변경합니다.

❻ ❺ 줄에서 판단한 조건이 맞지 않으면 [셀] 변수에 연결된 셀 값(호봉)만 1씩 증가시킵니다.

개발된 매크로의 동작을 확인하기 위해 [I2:J3] 범위의 [호봉 조정] 단추를 클릭하면 [G9] 셀의 호봉이 1로 바뀌고, [D9] 셀의 직위가 주임으로 변경됩니다.

	A	B	C	D	E	F	G	H	I	J	K
1											
2		사번	이름	직위	주민등록번호	입사일	호봉		호봉 조정		
3		1	박지훈	부장	800219-1234567	2009-05-13	4				
4		2	유준혁	차장	870304-1234567	2013-10-16	2				
5		3	이서연	과장	891208-2134567	2018-04-30	4				
6		4	김민준	대리	920830-1234567	2022-03-31	3				
7		5	최서현	주임	950919-2134567	2021-05-02	4				
8		6	박현우	주임	930702-1234567	2020-10-16	4				
9		7	정시우	주임	970529-1234567	2022-01-01	1				
10		8	이은서	사원	990109-2134567	2022-03-04	2				
11		9	오서윤	사원	980127-2134567	2021-11-14	3				
12											

Value, Value2, Text, Formula 속성의 차이와 사용 방법

예제 파일 PART 03 \ CHAPTER 11 \ (Range) Value, Text, Formula 속성.xlsm

Value, Value2, Text, Formula 속성의 차이

Range 개체에 제공되는 Value와 Text, Formula 속성을 혼동하는 경우가 많습니다. Value 속성은 말 그대로 셀에 저장된 값을 의미하며, Text 속성은 셀에 표시된 값, Formula 속성은 셀에 입력된 수식을 의미합니다. Range 개체에는 Value2 속성도 있습니다. 자세한 설명은 다음 표를 참고합니다.

속성	설명
Value	Range 개체의 기본 속성으로 셀에 저장될 값을 반환하거나 변경할 수 있습니다.
Value2	Value 속성과 유사하지만, Date와 Currency 형식을 사용할 수 없어 날짜 데이터가 있는 Range 개체에서 사용하면 날짜 일련번호가 반환됩니다.
Text	Range 개체의 화면에 표시된 값을 반환합니다.
Formula	Range 개체의 수식을 반환하거나 변경할 수 있습니다. 수식을 반환할 때 수식이 입력되지 않은 경우라면 개체의 값(Value)을 반환하며, 값이 입력되지 않은 경우라면 빈 문자("")를 반환합니다.

예제를 열면 다음 표의 [B3] 셀에는 **=TODAY( )** 수식이 입력되어 있으며, 셀 서식을 이용해 요일까지 표시되도록 표시 형식을 설정해두었습니다.

B3	∨	:	× ✓ fx	=TODAY()		
▲	A		B		C	D
1						
2			샘플			
3			2022년 5월 25일 수요일			
4						
5						

Value, Value2, Text, Formula 속성의 차이를 이해하기 위해 직접 실행 창에 다음 코드를 입력하고 결과를 확인합니다.

```
직접 실행                                                              ✕
? Range("B3").Value
2022-05-25

? Range("B3").Value2
 44706

? Range("B3").Text
2022년 5월 25일 수요일

? Range("B3").Formula
=TODAY()
|
```

```
   ? Range("B3").Value  ─────────── ❶

   ? Range("B3").Value2 ─────────── ❷

   ? Range("B3").Text  ─────────── ❸

   ? Range("B3").Formula ─────────── ❹
```

❶ [B3] 셀의 저장된 값을 날짜 형식으로 반환합니다.
❷ [B3] 셀의 저장된 값을 날짜 일련번호로 반환합니다.
❸ [B3] 셀에 표시된 값을 반환합니다.
❹ [B3] 셀의 수식을 반환합니다.

11 / 08 셀에 수식 혹은 배열 수식을 입력하는 방법

예제 파일 PART 03 \ CHAPTER 11 \ (Range) Formula, FormulaArray 속성.xlsm

Formula, FormulaArray 속성

셀(또는 범위)에 입력된 수식을 확인하거나 수식을 코드로 입력해야 할 때는 Formula 속성을 사용합니다. 단, 일반 수식이 아닌 배열 수식을 사용하고 싶다면 Formula 속성 대신 FormulaArray 속성을 사용합니다.

Formula 속성의 사용 방법은 다음과 같습니다.

```
Range("B1").Formula = "=SUM(A1:A10)"                    ❶
```

❶ [B1] 셀에 **=SUM(A1:A10)** 수식을 입력합니다. 수식은 등호(=)로 시작해야 하므로 큰따옴표(") 안에 등호로 시작하는 계산식을 입력합니다.

FormulaArray 속성은 배열 수식을 반환하거나 입력할 때 사용하며, 배열 수식은 최대 255자 이내로 작성해야 합니다. 사용 방법은 다음과 같습니다.

```
Range("C1").FormulaArray = "=MAX(IF(A1:A10=" 엑셀 ", B1:B10))"           ❶
```

❶ [C1] 셀에 **=MAX(IF(A1:A10="엑셀", B1:B10))** 배열 수식을 입력합니다. 셀에 배열 수식을 입력할 때는 Ctrl + Shift + Enter 를 이용하지만 VBA에서는 FormulaArray 속성을 사용합니다.

수식이나 배열수식 입력하는 매크로 개발 사례

예제 파일을 열면 화면과 같은 표를 확인할 수 있습니다.

▲	A	B	C	D	E	F	G	H	I	J
1										
2		사번	이름	직위	성별	근속년수		성별	근속년수	
3		1	박지훈	부장	남	13		남		
4		2	유준혁	차장	남	9		여		
5		3	이서연	과장	여	4		평균		
6		4	김민준	대리	남	0				
7		5	최서현	주임	여	3		수식 자동 입력		
8		6	박현우	주임	남	4				
9		7	정시우	사원	남	1				
10		8	이은서	사원	여	0				
11		9	오서윤	사원	여	1				
12										

[I3:I5] 범위에 성별에 따른 최대 근속년수와 평균 근속년수를 구하는 코드는 다음과 같습니다.

```
Sub 수식입력()

' 1단계 : 변수를 선언합니다.
    Dim 성별범위 As String ──────────── ❶
    Dim 근속범위 As String ──────────── ❷
    Dim 성별 As String ──────────── ❸
    Dim 수식범위 As Range, 셀 As Range ──────── ❹

' 2단계 : 변수의 초깃값을 설정합니다.
    With Range("E3", Range("E3").End(xlDown)) ──────── ❺
        성별범위 = .Address
        근속범위 = .Offset(0, 1).Address
    End With

    Set 수식범위 = Range("I3:I5") ──────── ❻

' 3단계 : [I3:I5] 범위를 순환하면서 수식을 입력합니다.
    For Each 셀 In 수식범위 ──────── ❼

        If 셀.Offset(, -1).Value = "평균" Then ──────── ❽

            셀.Formula = "=AVERAGE(" & 근속범위 & ")"

        Else ──────── ❾

            성별 = 셀.Offset(, -1).Address
            셀.FormulaArray = "=MAX(IF(" & 성별범위 & "=" & 성별 & ", " & 근속범위 & "))"

        End If

    Next

End Sub
```

❶ 표의 성별 범위 주소를 저장할 String 형식의 [성별범위] 변수를 선언합니다.

❷ 표의 근속년수 범위 주소를 저장할 String 형식의 [근속범위] 변수를 선언합니다.

❸ 조건에 해당하는 값을 저장할 String 형식의 [성별] 변수를 선언합니다.

❹ 순환문에서 사용할 Range 형식의 [수식범위]와 [셀] 개체변수를 선언합니다.

❺ E열의 성별 범위를 End 속성을 이용해 [E3] 셀부터 E열의 데이터가 입력된 마지막 셀인 [E11] 셀까지 With 문으로 참조하고, [성별범위] 변수에는 해당 범위의 주소(E3:E11)를 저장합니다. [근속범위] 변수에는 해당 범위의 오른쪽 열 주소(F3:F11)를 저장합니다.

❻ [수식범위] 개체변수에 수식을 입력할 [I3:I5] 범위를 연결합니다.

❼ 순환문을 이용해 [수식범위] 개체변수에 연결된 범위 내 셀을 하나씩 [셀] 개체변수에 연결합니다.

❽ [셀] 개체변수에 연결된 셀의 왼쪽 셀(Offset(, -1)) 값이 [평균]이면 마지막 [I5] 셀입니다. [I5] 셀에는 Formula 속성을 이용해 =AVERAGE($F$3:$F$11) 수식을 입력합니다.

❾ ❽ 조건이 False라면 [I3:I4] 범위 내 셀이므로, 성별에 따른 최대 근속년수를 산정합니다. 먼저 [성별] 변수에 [셀] 개체변수에 연결된 셀의 왼쪽 셀 주소(H3)를 저장합니다. 그런 다음 셀에 FormulaArray 속성을 이용해 =MAX(IF($E$3:$E$11=$H$3, $F$3:$F$11)) 배열 수식을 입력합니다.

엑셀 2019 이상 버전이거나 Microsoft 365 버전이라면 배열 수식 외에 MAXIFS 함수를 사용하는 일반 수식을 입력해도 됩니다. 이 경우 코드는 다음과 같이 수정합니다.

```
셀.Formula = "=MAXIFS(" & 근속범위 & ", " & 성별범위 & ", " & 성별 & ")"
```

이 매크로를 테스트하려면 [수식 자동 입력] 단추를 클릭하고 [I3:I5] 범위의 수식을 확인합니다.

	A	B	C	D	E	F	G	H	I	J
1										
2		사번	이름	직위	성별	근속년수		성별	근속년수	
3		1	박지훈	부장	남	13		남	13	
4		2	유준혁	차장	남	9		여	4	
5		3	이서연	과장	여	4		평균	3.9	
6		4	김민준	대리	남	0				
7		5	최서현	주임	여	3		수식 자동 입력		
8		6	박현우	주임	남	4				
9		7	정시우	사원	남	1				
10		8	이은서	사원	여	0				
11		9	오서윤	사원	여	1				
12										

I3 = {=MAX(IF($E$3:$E$11=$H$3, $F$3:$F$11))}

숫자 서식 코드를 이용해 셀 표시 형식 변경하는 방법

예제 파일 없음

숫자 표시 형식 예제

엑셀은 셀에 저장된 값을 원하는 방식으로 표시할 수 있도록 표시 형식 기능을 제공합니다. 표시 형식을 변경하려면 Range 개체의 NumberFormat 속성을 이용합니다. NumberFormat 속성은 서식 코드를 이용하기 때문에 서식 코드에 대한 이해가 필요합니다. 다음은 숫자 데이터에 적용 가능한 표시 형식을 사용하는 코드 예입니다.

```
Range("A1").NumberFormat = "#,###"              ❶

Range("A1").NumberFormat = "0.00"              ❷

Range("A1").NumberFormat = "0.0%"              ❸
```

❶ [A1] 셀의 숫자 값에 천 단위 구분 기호(,)를 넣어 표시합니다. 예를 들어 [A1] 셀에 1234 값이 있으면 1,234 값이 표시됩니다.

❷ [A1] 셀의 숫자 값을 소수점 둘째 자리까지 표시합니다. 예를 들어 [A1] 셀에 12.345 값이 있으면 12.35 값이 표시됩니다.

❸ [A1] 셀의 숫자 값을 소수점 첫째 자리까지 백분율 스타일로 표시합니다. 예를 들어 0.2345 값이 있으면 23.5% 값이 표시됩니다.

표시 형식을 사용할 때 표시되지 않는 부분은 모두 반올림된 값으로 화면에 표시합니다. 이 값은 실제 셀에 저장된 값과 차이가 있으므로 주의합니다.

날짜/시간 표시 형식 예제

다음은 날짜/시간 데이터에 적용 가능한 표시 형식을 사용하는 코드 예입니다.

```
Range("A1").NumberFormat = "yyyy-mm-dd"     ❶

Range("A1").NumberFormat = "aaa"            ❷

Range("A1").NumberFormat = "m월"            ❸

Range("A1").NumberFormat = "h:mm am/pm"     ❹
```

❶ [A1] 셀의 날짜값을 yyyy-mm-dd 형식으로 표시합니다.
❷ [A1] 셀의 날짜값을 월~일까지의 요일값으로 표시합니다.
❸ [A1] 셀의 날짜값을 m월과 같이 표시합니다. 예를 들어 [A1] 셀의 값이 2020-1-1이면 **1월**이 표시됩니다.
❹ [A1] 셀의 시간값을 지정한 시간 형식으로 표시합니다. 예를 들어 [A1] 셀의 값이 오후 6시이면 **6:00 pm**으로 표시합니다.

텍스트 표시 형식 예제

다음은 텍스트 데이터에 적용 가능한 표시 형식을 사용하는 코드 예입니다.

```
Range("A1").NumberFormat = "■ @"     ❶

Columns(1).NumberFormat = "@"        ❷
```

❶ [A1] 셀의 텍스트 값 앞에 ■ 머리글 기호를 모두 넣어 표시합니다.
❷ A열을 모두 텍스트 형식으로 지정합니다. 이후 입력되는 값은 모두 텍스트 값으로 인식됩니다. 예를 들어 이 코드를 입력하고 A열에
001이나 **1-1**과 같은 값을 입력해도 그대로 화면에 표시됩니다.

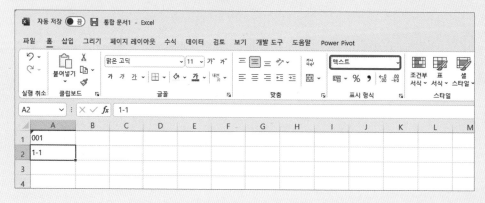

사용자 지정 숫자 서식 예제

다음은 사용자 지정 숫자 서식을 이용해 표시 형식을 변경하는 코드 예입니다.

```
Range("A1").NumberFormat = "[빨강][>0]#,###;[파랑][<0]-#,###"  ────────── ❶

Range("A1").NumberFormat = "#,###;-#,###;;@"  ────────── ❷
```

❶ [A1] 셀의 숫잣값이 0보다 크면 천 단위 구분 기호(,)를 표시하며, 글꼴색은 빨간색으로 표시합니다. 0보다 작으면 음수 기호(-)와 천 단위
구분 기호(,)를 표시하며, 글꼴색은 파란색으로 표시합니다.

❷ [A1] 셀의 값이 양수면 천 단위 구분 기호(,)를 표시합니다. 음수면 음수 기호(-)와 천 단위 구분 기호(,)를 표시하고, 0은 표시하지 않으며,
텍스트 값은 그대로 표시합니다.

복사, 잘라내기, 붙여넣기를 이용하는 방법

예제 파일 PART 03 \ CHAPTER 11 \ (Range) Copy, Cut, Paste 메서드.xlsm

Copy, Cut 메서드 구문

셀을 복사하거나 잘라내려면 Range 개체의 Copy, Cut 메서드를 이용합니다. 두 메서드는 구문이 동일합니다. 다음 구문 설명을 참고합니다.

```
Range.Copy( Destination )  ──────────  ❶
```

❶ Copy(또는 Cut)는 Destination 매개변수를 사용합니다. Destination이 생략되면 클립보드로 개체를 복사(또는 잘라내기)합니다.

다음은 [B2] 셀을 [D2] 셀로 복사하는 간단한 코드입니다.

```
Range("B2").Copy Destination:=Range("D2")  ──────────  ❶

Range("B2").Cut Destination:=Range("D2")  ──────────  ❷
```

❶ [B2] 셀을 복사해서 [D2] 셀에 붙여 넣습니다.
❷ [B2] 셀을 잘라내서 [D2] 셀에 붙여 넣습니다.

Paste 메서드

Destination 매개변수에 복사할 셀(또는 범위)을 생략하면 클립보드에 복사되며, 복사 모드 상태가 됩니다. 복사 모드란 오른쪽과 같이 복사된 셀(또는 범위)의 테두리가 굵은 점선으로 깜빡이는 상태를 의미합니다. 이 상태일 때만 원하는 위치에 붙여 넣을 수 있습니다.

	A	B	C	D	E
1					
2		사번	이름	직위	
3		1	박지훈	부장	
4		2	유준혁	과장	
5		3	이서연	사원	
6		4	김민준	대리	
7		5	최서현	사원	

복사 모드 상태에서 다른 위치로 여러 번 복사하고자 할 때는 Worksheet 개체의 Paste 메서드를 이용해야 합니다. Paste 메서드의 구문은 다음과 같습니다.

```
Worksheet.Paste( Destination, Link )  ————————————— ❶
```

❶ 클립보드의 내용을 시트에 붙여 넣습니다. Destination 매개변수는 붙여 넣을 위치를 가리키는 Range 개체를 지정합니다. Link 매개변수는 수식으로 참조된 결과를 반환할지 여부를 결정하는 옵션으로 True, False 값을 설정할 수 있으며, 기본값은 False입니다. 참고로 Link 매개변수를 True로 설정하면 Destination 매개변수를 사용할 수 없습니다.

다음은 Paste 메서드를 사용하는 코드 예입니다.

```
Range("B3:D3").Copy  ———————————— ❶
ActiveSheet.Paste Destination:=Range("I3")  ——————————— ❷
Application.CutCopyMode = False  ———————————— ❸
```

❶ [B3:D3] 범위를 복사합니다. 이때 복사 모드가 설정됩니다.
❷ 클립보드에 복사된 데이터를 현재 워크시트의 [I3] 셀에 붙여 넣습니다.
❸ 복사 모드를 해제합니다. 이 코드를 넣지 않으면 코드가 정상 동작해도 [B3:D3] 범위의 테두리가 계속해서 깜빡입니다.

참고로 Range 개체에는 [선택하여 붙여넣기] 기능을 의미하는 PasteSpecial 메서드만 제공됩니다.

원하는 조건의 데이터만 복사하는 매크로 개발 사례

예제를 열면 다음 표를 확인할 수 있습니다.

	A	B	C	D	E	F	G	H	I	J	K	L
1												
2		사번	이름	직위		사원만 복사			사번	이름	직위	
3		1	박지훈	부장								
4		2	유준혁	과장								
5		3	이서연	사원								
6		4	김민준	대리								
7		5	최서현	사원								
8		6	박현우	대리								
9		7	정시우	사원								
10		8	이은서	사원								
11		9	오서윤	사원								
12												

왼쪽 표의 직위가 **사원**인 데이터만 오른쪽으로 복사하는 매크로는 다음 코드로 구성할 수 있습니다.

```
Sub 사원데이터복사()

' 1단계 : 변수를 선언하고, 변수의 초깃값을 설정합니다.
    Dim 직위 As Range              ──────────❶
    Dim 셀 As Range               ──────────❷
    Dim 복사위치 As Range          ──────────❸

    Set 직위 = Range("D3", Cells(Rows.Count, "D").End(xlUp))     ──────────❹

' 2단계 : 범위를 순환하면서 사원 데이터를 필요한 위치에 복사합니다.
    For Each 셀 In 직위           ──────────❺

        If 셀.Value = "사원" Then      ──────────❻

            Set 복사위치 = Cells(Rows.Count, "I").End(xlUp).Offset(1)     ──────────❼

            Range(셀.Offset(, -2), 셀).Copy 복사위치      ──────────❽

        End If

    Next

End Sub
```

❶ Range 형식의 [직위] 개체변수를 선언합니다.

❷ 순환문에서 사용할 Range 형식의 [셀] 개체변수를 선언합니다.

❸ 붙여넣기할 셀 위치를 연결할 Range 형식의 [복사위치] 변수를 선언합니다.

❹ [직위] 변수에 [D3] 셀부터 D열의 마지막 셀(D11)까지 범위(D3:D11)를 할당합니다.

❺ 순환문을 사용해 [직위] 변수 내 셀을 하나씩 [셀] 변수에 연결합니다.

❻ [셀] 변수에 연결된 셀 값이 "사원"인지 판단합니다. "사원"이면 아래 두 줄의 코드를 실행합니다.

❼ [복사위치] 변수에 I열에서 데이터가 입력된 마지막 셀(I2)의 바로 아래 셀(I3)을 연결합니다. 순환문 내에서 연결했으므로, 다음 반복할 때는 [I4] 셀, 그 다음은 [I5] 셀 이렇게 연결됩니다.

❽ [셀] 변수의 왼쪽 두 번째 셀(B3)부터 [셀] 변수 위치까지의 범위를 [복사위치] 변수에 연결된 위치로 복사합니다. 복사할 범위는 Resize 속성을 이용해 다음과 같이 참조할 수도 있습니다.

```
셀.Offset(, -2).Resize(1, 3).Copy 복사위치
```

TIP 이 매크로는 예제 파일의 [사원만 복사] 단추에 연결되어 있습니다.

11 / 11 선택하여 붙여넣기를 이용해 셀의 일부분만 복사해 붙여 넣는 방법

예제 파일 PART 03 \ CHAPTER 11 \ (Range) PasteSpecial 메서드 I.xlsm

[선택하여 붙여넣기] 명령은 매우 빈번하게 쓰이며, 클립보드로 복사된 내용 중 일부만 원하는 위치에 붙여 넣고자 할 때 사용합니다. [선택하여 붙여넣기] 명령은 값(또는 수식)만 복사하거나 서식만 복사하려는 경우에 자주 사용하며, 간단한 연산을 통해 특정 셀 값을 붙여 넣는 등의 작업도 할 수 있습니다. [선택하여 붙여넣기] 명령을 처리하는 PasteSpecial 메서드는 이 명령을 자주 사용하는 사용자라면 반드시 이해하고 있어야 합니다.

PasteSpecial 메서드 구문

PasteSpecial 메서드의 구문은 다음과 같습니다.

Range.PasteSpecial (❶Paste, ❷Operation, ❸SkipBlanks, ❹Transpose)

PasteSpecial 메서드는 네 개의 매개변수를 사용하는데, 다음과 같은 [선택하여 붙여넣기] 대화상자와 연동해 이해하는 것이 쉽습니다.

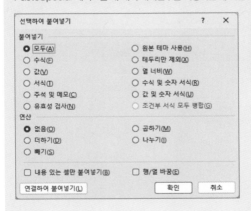

왼쪽의 [선택하여 붙여넣기] 대화상자를 보면 [붙여넣기], [연산]의 두 개 그룹과 하단에 두 개의 확인란이 있습니다. PasteSpecial 메서드의 매개변수는 다음과 같이 설정할 수 있습니다.

설명	매개변수
붙여넣기	Paste
연산	Operation
내용 있는 셀만 붙여넣기	SkipBlanks
행/열 바꿈	Transpose

	[선택하여 붙여넣기] 대화상자에서 [붙여넣기] 그룹의 옵션으로 다음 내장 상수를 사용합니다.	
	내장 상수	**옵션**
	xlPasteAll	모두
	xlPasteAllExceptBorders	테두리만 제외
	xlPasteAllMergingConditionalFormats	조건부 서식 모두 병합
	xlPasteAllUsingSourceTheme	원본 테마 사용
❶ Paste	xlPasteColumnWidths	열 너비
	xlPasteComments	메모
	xlPasteFormats	서식
	xlPasteFormulas	수식
	xlPasteFormulasAndNumberFormats	수식 및 숫자 서식
	xlPasteValidation	유효성 검사
	xlPasteValues	값
	xlPasteValuesAndNumberFormats	값 및 숫자 서식

	[선택하여 붙여넣기] 대화상자에서 [연산] 그룹의 옵션으로 다음 내장 상수를 사용합니다.	
	내장 상수	**옵션**
	xlPasteSpecialOperationAdd	더하기
❷ Operation	xlPasteSpecialOperationDivide	나누기
	xlPasteSpecialOperationMultiply	곱하기
	xlPasteSpecialOperationNone	없음
	xlPasteSpecialOperationSubtract	빼기

	[선택하여 붙여넣기] 대화상자의 [내용 있는 셀만 붙여넣기] 옵션입니다.	
	내장 상수	**옵션**
❸ SkipBlanks	True	체크
	False	체크 해제

	[선택하여 붙여넣기] 대화상자의 [행/열 바꿈] 옵션입니다.	
	내장 상수	**옵션**
❹ Transpose	True	체크
	False	체크 해제

텍스트형 숫자를 숫자로 변환하는 매크로 개발 사례

PasteSpecial 메서드는 클립보드에 있는 내용 중 일부를 붙여 넣을 수 있으므로 반드시 복사 모드로 사용합니다. PasteSpecial 메서드를 사용하기 위해 예제에서 다음과 같은 표를 확인합니다.

	A	B	C	D	E	F	G	H	I	J	K	L
	G3		: × ✓ fx	=AVERAGE(E3:E11)								

Toolbar formula: `G3` `=AVERAGE(E3:E11)`

	A	B	C	D	E	F	G	H	I	J	K	L
1												
2		사번	이름	직위	나이		나이		올바른 데이터 형식으로 변환			
3		1	박지훈	부장	45	⚠	#DIV/0!					
4		2	유준혁	차장	38							
5		3	이서연	과장	36							
6		4	김민준	대리	33							
7		5	최서현	주임	30							
8		6	박현우	주임	32							
9		7	정시우	사원	28							
10		8	이은서	사원	26							
11		9	오서윤	사원	27							
12												

E열 나이의 평균을 [G3] 셀에서 구했습니다. 그런데 참조한 [E3:E11] 범위 내 값은 숫자가 아니라 텍스트 형식의 숫자라서 계산 결과가 제대로 반환되지 않았습니다. PasteSpecial 메서드로 [E3:E11] 범위의 값을 올바른 숫자로 변경해보겠습니다. 다음과 같은 코드를 구성해 처리합니다.

```
Sub 숫자변환()

' 1단계 : 변수를 선언하고, 변수의 초깃값을 설정합니다.
    Dim 나이 As Range ─────────────── ❶
    Dim 임시 As Range ─────────────── ❷

    Set 나이 = Range("E3", Range("E3").End(xlDown)) ──────────── ❸
    Set 임시 = Range("G5") ──────────── ❹

' 2단계 : 텍스트형 숫자를 숫자로 변환하는 작업을 진행합니다.
    임시.Value = 1 ──────────── ❺
    임시.Copy ──────────── ❻
    나이.PasteSpecial Paste:=xlPasteValues, _
                    Operation:=xlPasteSpecialOperationMultiply ──────────── ❼

' 3단계 : 매크로로 변경된 부분을 초기화합니다. ──────────── ❽
    Application.CutCopyMode = False
    임시.ClearContents

End Sub
```

❶ 나이가 입력된 범위를 연결할 Range 형식의 [나이] 개체변수를 선언합니다.
❷ Range 형식의 [임시] 개체변수를 선언합니다.
❸ [나이] 개체변수에 [E3] 셀부터 E열의 마지막 데이터가 입력된 위치(E11)까지의 범위를 연결합니다.
❹ [임시] 개체변수에 [G5] 셀을 연결합니다. 여기서 [G5] 셀은 빈 셀로, 빈 셀이면 어디라도 상관없습니다.
❺ [임시] 개체변수에 연결된 셀에 숫자 1을 저장합니다.
❻ [임시] 개체변수에 연결된 셀을 복사합니다.
❼ 복사된 셀을 [나이] 변수에 연결된 범위에 선택하여 붙여 넣습니다. 옵션은 [값], [곱하기] 옵션을 사용해 복사된 셀의 값만 [나이] 변수에 연결된 범위에 곱합니다. 텍스트형 숫자가 숫자형으로 변환됩니다.
❽ 복사 모드를 해제하고 [임시] 개체변수에 연결된 셀의 값을 지웁니다.

매크로를 테스트해보기 위해 [I2:K3] 범위의 [올바른 데이터 형식으로 변환] 단추를 클릭합니다. 그러면 E열의 나이가 올바른 숫자 데이터로 변환되면서 [G3] 셀의 에러가 사라지고 올바른 계산 결과를 반환합니다.

	A	B	C	D	E	F	G	H	I	J	K	L
1												
2		사번	이름	직위	나이		나이		올바른 데이터 형식으로 변환			
3		1	박지훈	부장	45		33					
4		2	유준혁	차장	38							
5		3	이서연	과장	36							
6		4	김민준	대리	33							
7		5	최서현	주임	30							
8		6	박현우	주임	32							
9		7	정시우	사원	28							
10		8	이은서	사원	26							
11		9	오서윤	사원	27							
12												

🔍 더 알아보기   **텍스트형 숫자와 숫자 연산**

텍스트형 숫자란 셀에 입력된 숫자 값의 데이터 형식이 텍스트로 인식된 것을 의미합니다. 이런 값을 올바른 숫자로 변경하는 가장 쉬운 방법은 텍스트형 숫자를 다른 숫자와 연산(사칙연산)하는 것입니다. 앞서 다룬 매크로는 1을 곱하는 연산을 통해 텍스트형 숫자를 올바른 숫자로 변환합니다.

Transpose 함수와 행/열 바꿈

예제 파일 PART 03 \ CHAPTER 11 \ (Range) PasteSpecial 메서드 II.xlsm

행/열 바꿈

데이터를 옮기다 보면 행 방향 데이터를 열 방향으로 입력해야 하거나 또는 그 반대로 작업해야 하는 경우가 있습니다. 보통 이런 작업은 [선택하여 붙여넣기](PasteSpecial) 명령의 행/열 바꿈(Transpose 매개변수) 옵션을 이용하거나 워크시트 함수인 TRANSPOSE 함수를 사용합니다.

예제의 [sample] 시트는 데이터를 행 방향(아래쪽)으로 입력하도록 구성되어 있고, [data] 시트는 직원 데이터를 열 방향(오른쪽)으로 입력하도록 구성되어 있습니다.

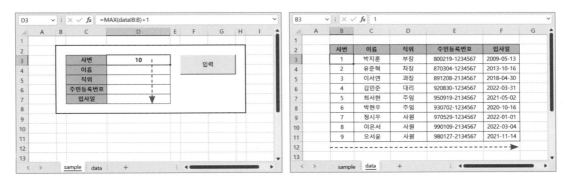

TIP [sample] 시트의 [D3] 셀에는 사번을 자동 계산하기 위해 **=Max(data!B:B)+1** 수식이 입력되어 있습니다.

행/열 바꿈 : [선택하여 붙여넣기] 기능

[sample] 시트의 [입력] 단추에 연결할 매크로(Sub 프로시저)를 개발해보겠습니다. 먼저 [선택하여 붙여넣기] 명령을 사용해 [sample] 시트에 입력된 값을 [data] 시트에 기록하는 매크로를 개발합니다.

```vba
Sub 입력_선택하여붙여넣기()

' 1단계 : 변수를 선언하고, 변수의 초깃값을 설정합니다.

    Dim 입력범위 As Range            ──────────❶
    Dim 추가위치 As Range            ──────────❷
    Set 입력범위 = Range("D3:D7")    ──────────❸

' 2단계 : 데이터 입력을 확인하고, 입력된 데이터를 [data] 시트에 붙여 넣습니다.
    If WorksheetFunction.CountA(입력범위) = 5 Then    ──────────❹

        Set 추가위치 = Worksheets("data").Cells(Rows.Count, "B").End(xlUp).Offset(1)
                                                                          ──────❺
        입력범위.Copy        ──────❻

        With 추가위치        ──────❼
            .PasteSpecial Paste:=xlPasteValuesAndNumberFormats, Transpose:=True
                                                                          ──────❽
            .Offset(-1).Resize(, 5).Copy        ──────❾
            .PasteSpecial Paste:=xlPasteFormats    ──────❿
        End With

        Application.CutCopyMode = False    ──────⓫

        입력범위.Offset(1).Resize(입력범위.Rows.Count - 1).ClearContents    ──────⓬

    Else    ──────⓭

        MsgBox "모든 값이 입력되지 않았습니다."

    End If

End Sub
```

❶ Range 형식의 [입력범위] 개체변수를 선언합니다.

❷ Range 형식의 [추가위치] 개체변수를 선언합니다.

❸ [입력범위] 개체변수에 현재 시트의 [D3:D7] 범위를 연결합니다. 이 매크로는 [입력] 단추에 연결할 것이므로 현재 시트는 [sample] 시트가 됩니다.

❹ [입력범위] 개체변수에 연결된 범위(D3:D7)의 모든 셀에 값이 입력됐는지 확인하기 위해 워크시트 함수인 COUNTA 함수로 입력된 값이 5인지 판단합니다. True면 ❺-⓬ 줄까지의 코드를 실행합니다.

❺ [추가위치] 개체변수에 [data] 시트의 B열의 마지막 데이터 입력 위치(Cells(Rows.Count, "B").End(xlUp))에서 한 칸 아래 셀(Offset(1))을 연결합니다. 이렇게 하면 [추가위치] 변수에는 항상 데이터를 입력할 첫 번째 셀(현재로서는 [data] 시트의 [B12] 셀)이 연결됩니다.

❻ [입력범위] 변수의 범위를 Copy 메서드를 이용해 복사합니다.

❼ [추가위치] 변수의 범위에 With… End With 문을 사용해 ❽-❿ 줄의 코드를 실행합니다.

❽ 복사된 [입력범위] 변수의 범위를 [추가범위] 개체변수의 범위에 PasteSpecial 메서드를 이용해 [값 및 숫자 서식] 그리고 [행/열 바꿈] 옵션을 적용하여 붙여 넣습니다.

❾ 데이터를 복사한 후 표 서식을 일정하게 관리하기 위해 상단의 표 서식을 복사합니다. [추가범위] 변수의 범위에서 바로 위쪽 행을 **.Offset(-1)**로 참조하고, **.Resize(, 5)**로 열 방향 다섯 개의 셀을 포함하도록 범위(B11:F11)를 조정합니다. 그런 다음 Copy 메서드

를 사용해 복사합니다.

❿ 클립보드에 복사된 내용 중에서 [서식] 옵션만 적용해 [추가범위] 변수 범위에 붙여 넣어 표 서식을 유지합니다.

⓫ 복사 모드를 해제합니다.

⓬ [입력범위] 변수의 범위에서 수식이 입력된 [D3] 셀을 제외한 나머지 범위를 선택해 지웁니다. 이 코드는 다음과 같이 간단하게 구성해도 됩니다.

```
Range("D4:D7").ClearContents
```

⓭ ❹ 줄에서 판단한 결과가 False면 입력하지 않은 값이 있다는 의미이므로 MsgBox 함수를 사용해 사용자에게 안내 메시지를 전달하고 종료합니다.

TIP 이 매크로는 [sample] 시트의 [입력] 단추에 연결되어 있습니다.

행/열 바꿈 : TRANSPOSE 함수

행/열을 바꿔 데이터를 전송할 때 워크시트 함수인 TRANSPOSE 함수를 이용할 수 있습니다. 다음 코드는 앞서 개발한 [입력_선택하여붙여넣기] 매크로와 대부분 동일하며, 차이가 있는 부분은 파란색으로 표시했습니다. 해당 부분의 설명을 참고합니다.

```
Sub 입력_Transpose()

    Dim 입력범위 As Range
    Dim 추가범위 As Range

    Set 입력범위 = Range("D3:D7")

    If WorksheetFunction.CountA(입력범위) = 5 Then

        Set 추가범위 = Worksheets("data").Cells(Rows.Count, "B").End(xlUp).Offset(1)

        With 추가범위 ───────────── ❶
            .Offset(-1).Resize(, 5).Copy ──────────── ❷
            With .Resize(, 5) ──────── ❸
                .PasteSpecial Paste:=xlPasteFormats ──────── ❹
                .PasteSpecial Paste:=xlPasteValuesAndNumberFormats ───────── ❺
                .Value = WorksheetFunction.Transpose(입력범위) ──────── ❻
            End With
        End With

        Application.CutCopyMode = False

        입력범위.Offset(1).Resize(입력범위.Rows.Count - 1).ClearContents

    Else

        MsgBox "모든 값이 입력되지 않았습니다."
```

```
    End If

End Sub
```

❶ [추가범위] 변수의 범위에 여러 개의 명령을 사용하기 위해 With… End With 문을 사용합니다.

❷ 표의 서식을 지정하기 위해 [추가범위] 변수의 범위 바로 위쪽 행의 데이터 범위를 복사합니다.

❸ [추가범위] 변수에는 [data] 시트의 B열에 해당하는 셀 하나만 연결되어 있으므로, Resize 속성을 이용해 오른쪽 다섯 개 셀을 모두 포함하도록 Resize를 사용해 범위를 조정합니다. 아래 ❹–❻ 줄 코드를 변경된 범위에 모두 적용하기 위해 With 문을 중첩해 사용합니다.

❹ PasteSpecial 메서드를 이용해 클립보드에 복사된 내용 중에서 [서식] 옵션만 적용해 붙여 넣습니다. 이렇게 하면 데이터를 새로 추가하기 전 위쪽 행의 테두리와 배경색 등을 복사해 동일한 서식을 적용합니다.

❺ PasteSpecial 메서드를 이용해 클립보드에 복사된 내용 중 [값 및 숫자 서식] 옵션만 적용해 붙여 넣습니다. 이렇게 하면 값 및 숫자 서식(날짜 값 포함)이 모두 동일하게 적용됩니다.

❻ TRANSPOSE 워크시트 함수를 사용해 [입력범위] 변수의 범위 내 값의 행/열을 전환해 입력합니다.

TIP 이 매크로도 예제에 포함되어 있으므로, [sample] 시트의 [입력] 단추에 연결해 실행합니다.

11/13 범위를 그림으로 복사해 붙여 넣는 방법

예제 파일 PART 03 \ CHAPTER 11 \ (Range) CopyPicture 메서드 I.xlsm

CopyPicture 메서드 구문

엑셀에서는 그림으로 복사해서 붙여 넣는 방법을 제공합니다. 이 방법을 이용하면 열 너비가 다른 여러 개의 표를 하나의 워크시트에 표시할 수 있습니다. 그림으로 복사하는 작업을 매크로에서 처리하려면 Range 개체의 CopyPicture 메서드를 이용합니다. CopyPicture 메서드의 구문은 다음과 같습니다.

Range.CopyPicture (❶appearance, ❷format)

선택한 범위를 그림으로 복사하는 CopyPicture 메서드는 두 개의 매개변수를 사용합니다. [그림 복사] 대화상자와 연계해 이해하는 것이 쉽습니다.

❶ appearance	[그림 복사] 대화상자의 [모양] 옵션에 해당하며, 다음 내장 상수를 사용합니다.	
	내장 상수	설명
	xlScreen	화면에 표시된 대로
	xlPrinter	미리 보기에 표시된 대로

❷ format	[그림 복사] 대화상자의 [형식] 옵션에 해당하며, 다음 내장 상수를 사용합니다.	
	내장 상수	설명
	xlPicture	그림(벡터 형식의 PNG, WMF)
	xlBitmap	비트맵(BMP, JPG, GIF)

CopyPicture 메서드 예제

예제 파일의 [견적서] 시트에서 다음과 같은 표를 확인할 수 있습니다.

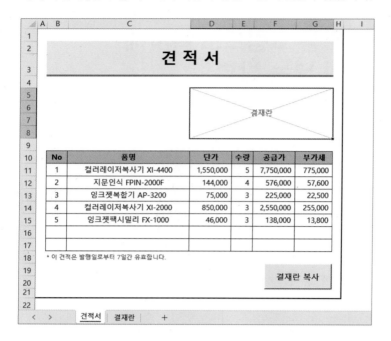

[결재란] 시트에서 다음과 같은 표를 확인할 수 있습니다.

두 시트는 열 너비가 각각 다르므로, [결재란] 시트의 표를 [견적서] 시트로 옮기기 위해서는 먼저 그림으로 복사해야 합니다. [결재란] 시트의 표를 복사하여 [견적서] 시트의 [D5] 병합 셀 위치에 그림으로 붙여 넣는 매크로는 다음과 같습니다.

```
Sub 그림복사()

    ' 1단계 : 변수를 선언하고, 변수의 초깃값을 설정합니다.
        Dim 결재란 As Range                              ─────── ❶
        Dim 붙여넣을위치 As Range                         ─────── ❷

        Set 결재란 = Worksheets("결재란").Range("B2:E5")      ─────── ❸
        Set 붙여넣을위치 = Range("D5")                     ─────── ❹
```

```
    ' 2단계 : 기존 결재란이 존재할 경우 삭제합니다. ——————— ❺
        On Error Resume Next
            ActiveSheet.Pictures(1).Delete
        On Error GoTo 0


    ' 3단계 : 결재란을 다시 그림으로 붙여 넣고, 결재란 위치와 크기를 [D5] 병합 셀에 맞춥니다.
        결재란.CopyPicture Appearance:=xlScreen, Format:=xlBitmap ——————— ❻
        ActiveSheet.Paste Destination:=붙여넣을위치 ——————— ❼


        With Selection ——————— ❽


            With .ShapeRange ——————— ❾
                .LockAspectRatio = msoFalse
                .Line.Visible = True
            End With


            .Width = 붙여넣을위치.MergeArea.Width ——————— ❿
            .Height = 붙여넣을위치.MergeArea.Height ——————— ⓫


        End With


    End Sub
```

❶ Range 형식의 [결재란] 개체변수를 선언합니다.

❷ Range 형식의 [붙여넣을위치] 개체변수를 선언합니다.

❸ [결재란] 개체변수에 [결재란] 시트의 [B2:E5] 범위를 연결합니다.

❹ [붙여넣을위치] 개체변수에 현재 시트의 [D5] 셀을 연결합니다.

❺ 기존 결재란 그림이 존재하면 삭제해야 새로 매크로를 실행해도 그림이 겹치지 않습니다. 현재 시트의 첫 번째 그림을 삭제합니다. 만약 삭제할 그림이 없다면 에러가 발생하므로 에러가 발생해도 코드가 계속 진행되도록 바로 위 줄에 On Error Resume Next 명령과 아래 줄에 On Error Goto 0 명령을 사용합니다.

❻ [결재란] 개체변수의 범위를 CopyPicture 메서드를 사용해 그림으로 복사합니다.

❼ 복사된 그림을 [붙여넣을위치] 개체변수의 셀(D5)에 붙여 넣습니다.

❽ 그림을 복사하면 해당 그림이 선택되므로, 그림에 With 문을 사용해 몇 가지 설정 작업을 진행합니다.

❾ 그림의 도형 서식은 ShapeRange 속성으로 처리할 수 있습니다. 해당 속성을 With 문으로 설정하고 복사된 그림을 [D5] 병합 셀에 맞추기 위해 [가로/세로 비율 고정] 옵션(LockAspectRatio)을 해제하고, 그림 테두리 선(Line)을 표시합니다.

❿ 그림의 가로 너비를 [붙여넣을위치] 개체변수의 셀 너비에 맞춥니다. 참고로 [D5] 셀은 병합된 셀이므로, MergeArea 속성을 사용해야 합니다.

⓫ 그림의 세로 길이를 [붙여넣을위치] 개체변수의 셀 길이에 맞춥니다.

TIP 이 매크로는 [견적서] 시트의 [결재란 복사] 단추에 연결되어 있습니다.

표를 이미지 파일로
저장하는 방법

예제 파일 PART 03 \ CHAPTER 11 \ (Range) CopyPicture 메서드 II.xlsm

Kill 함수

이미지 파일처럼 외부 파일을 생성하는 매크로를 사용할 때 저장할 폴더에 이름이 동일한 파일이 있다면 기존 파일을 삭제하거나 파일명을 수정할 수 있어야 합니다. 기존 파일을 삭제하려면 VBA 함수 중에서 Kill 함수를 사용합니다. 구문은 다음과 같습니다.

Kill (❶pathname)	
❶ pathname	삭제할 파일의 Fullname(경로+파일+확장자)으로 와일드카드 문자(*, ?)를 사용할 수 있습니다.

TIP 파일만 삭제할 수 있으며, 폴더를 삭제하려면 RmDir 함수를 사용합니다.

Kill 함수는 닫혀 있는 파일만 삭제할 수 있으며, 열려 있는 파일을 삭제하려면 에러가 발생합니다.

화면 캡처

그림 복사, 붙여넣기 기능으로 선택한 범위를 그림으로 복사할 수 있습니다. 이 방법을 이용하면 특정 범위를 이미지 파일로 저장할 수도 있습니다. 이미지 파일로 저장할 때는 차트를 이용합니다. 외부 그림 파일로 저장하는 기능은 차트에만 포함되어 있기 때문입니다.

예제에서 다음 표를 확인합니다. 급여대장의 특정 부분을 별도의 이미지 파일로 저장하고 싶을 때는 CopyPicture 메서드를 사용할 수 있습니다.

표는 [그룹] 기능을 이용해 접혀 있습니다.

이름	직위	호봉	기본급	급여총액	공제총액	실급여액
박지훈	부장	2호봉	5,584,000	6,928,000	718,094	6,209,000
유준혁	차장	1호봉	4,814,640	5,552,640	465,791	5,086,000
이서연	과장	1호봉	4,298,480	4,764,480	349,343	4,415,000
김민준	대리	3호봉	3,783,600	3,913,600	194,080	3,719,000
최서현	주임	1호봉	3,118,320	3,248,320	232,895	3,015,000
박현우	주임	2호봉	3,198,960	3,416,960	213,487	3,203,000
정시우	사원	2호봉	2,498,960	2,716,960	213,487	2,503,000

급 여 대 장

화면 캡처

TIP 리본 메뉴의 [데이터] 탭-[개요] 그룹-[그룹 ▦] 명령을 이용하면 표가 길 때 표를 접어서 볼 수 있습니다.

원하는 범위를 선택하고 선택된 범위를 이미지 파일로 저장하려면 다음 매크로를 개발합니다.

```
Sub 스크린캡쳐()

' 1단계 : 변수를 선언합니다.
    Dim 선택범위 As Range                              ❶
    Dim 차트 As ChartObject                            ❷
    Dim 경로 As String                                 ❸
    Dim 파일 As String                                 ❹

' 2단계 : 기존 이미지 파일이 있으면 삭제합니다.
    Application.ScreenUpdating = False                 ❺

        경로 = ThisWorkbook.Path & "\"                 ❻
        파일 = "ScreenCapture.jpg"                     ❼

        If Dir(경로 & 파일) <> "" Then Kill 경로 & 파일  ❽

' 3단계 : 선택된 범위를 그림으로 복사합니다.
        Set 선택범위 = Selection                        ❾

    선택범위.CopyPicture Appearance:=xlScreen, Format:=xlPicture  ❿

' 4단계 : 차트를 생성하고, 차트에 데이터를 붙여 넣은 후 이미지 파일로 저장합니다.
        Set 차트 = ActiveSheet.ChartObjects.Add(Left:=0, Top:=0, _
                Width:=선택범위.Width, Height:=선택범위.Height)   ⓫

    With 차트                                          ⓬

        .ShapeRange.Line.Visible = msoFalse            ⓭
        .Select                                        ⓮

        With .Chart                                    ⓯
```

```
              .Paste              ─────────────⑯
              .Export Filename:=경로 & 파일      ─────────────⑰
          End With
          .Delete      ─────────────⑱


      End With

      Application.ScreenUpdating = True    ─────────────⑲


End Sub
```

❶ Range 형식의 [선택범위] 개체변수를 선언합니다.

❷ ChartObject 형식의 [차트] 개체변수를 선언합니다. ChartObject 개체는 차트를 의미합니다.

❸ String 형식의 [경로] 변수를 선언합니다.

❹ String 형식의 [파일] 변수를 선언합니다.

❺ ❻ 줄 아래에서 진행되는 과정(차트 생성, 삭제 등)을 화면에 표시하지 않도록 화면 업데이트 옵션을 끕니다. 이렇게 하면 매크로 진행 상황이 화면에 표시되지 않습니다.

❻ 캡처된 이미지 파일의 저장 경로를 현재 파일의 경로로 설정하기 위해 현재 파일(ThisWorkbook)의 전체 경로를 경로 구분 문자(\)와 함께 [경로] 변수에 저장합니다. 만약 다른 경로에 저장하려면 [경로] 변수에 다른 경로를 다음과 같이 저장합니다.

```
경로 = "C:\작업\캡처\"
```

❼ [파일] 변수에 생성할 이미지 파일명을 저장합니다.

❽ Dir 함수를 사용해 저장할 이미지 파일이 있는지 확인하고, 있으면 Kill 함수를 사용해 파일을 삭제합니다.

❾ 사용자가 선택한 범위(Selection)를 [선택범위] 개체변수에 연결합니다.

❿ [선택범위] 개체변수의 범위를 그림으로 복사합니다.

⓫ 빈 차트를 하나 생성합니다. 차트를 생성할 때 너비와 길이를 [선택범위] 개체변수의 범위와 동일하게 설정합니다.

⓬ [차트] 개체변수의 차트에 여러 작업을 처리하기 위해 With 문을 설정합니다.

⓭ [차트] 개체변수의 차트 테두리 선을 표시하지 않습니다.

⓮ 차트에 그림을 붙여넣기 전에 선택합니다. 엑셀 2013 이전 버전에서는 선택하지 않아도 붙여 넣을 때 문제가 발생하지 않지만, 엑셀 2016 이상 버전에서는 미리 범위를 선택하지 않으면 그림이 제대로 붙여 넣어지지 않습니다.

⓯ [차트] 개체변수 내 차트(Chart 속성)에 여러 작업을 처리하기 위해 With 문을 설정합니다. 참고로 ChartObject 개체는 차트를 담고 있는 도형 개체를 의미하고, Chart 개체는 도형 내부의 차트를 의미합니다.

⓰ Chart 개체에 복사된 그림을 붙여 넣습니다.

⓱ Chart 개체 파일을 지정된 [경로]와 [파일] 변수의 이름으로 내보냅니다.

⓲ [차트] 개체변수에 연결된 차트를 삭제합니다.

⓳ ❺ 줄의 코드에서 해제한 화면 업데이트 옵션을 다시 켭니다.

개발된 매크로를 테스트하려면 다음과 같이 이미지 파일로 저장할 범위(B5:P9)를 선택하고 [화면 캡쳐] 단추를 클릭합니다.

	A	B	C	D	E	J	O	P	Q	R	S	T
1												
2						급 여 대 장						
3												
5		이름	직위	호봉	기본급	급여총액	공제총액	실급여액				
6		박지훈	부장	2호봉	5,584,000	6,928,000	718,094	6,209,000		화면 캡쳐		
7		유준혁	차장	1호봉	4,814,640	5,552,640	465,791	5,086,000				
8		이서연	과장	1호봉	4,298,480	4,764,480	349,343	4,415,000				
9		김민준	대리	3호봉	3,783,600	3,913,600	194,080	3,719,000				
10		최서현	주임	1호봉	3,118,320	3,248,320	232,895	3,015,000				
11		박현우	주임	2호봉	3,198,960	3,416,960	213,487	3,203,000				
12		정시우	사원	2호봉	2,498,960	2,716,960	213,487	2,503,000				
13												

TIP 범위는 반드시 연속된 범위를 선택해야 합니다. 떨어진 범위를 선택하려면 중간 범위는 [숨기기] 명령을 이용해 숨기고 작업하세요!

윈도우 탐색기로 예제 파일의 경로를 살펴보면 캡처한 이미지 파일을 확인할 수 있습니다.

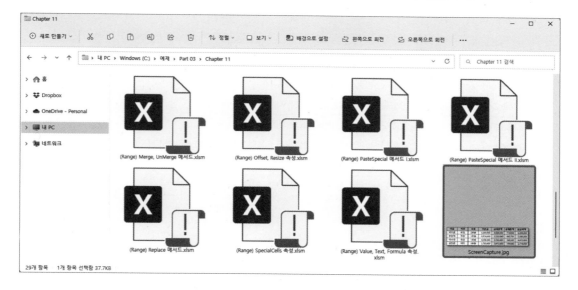

셀 지우기와 셀 삭제 방법의 차이

예제 파일 PART 03 \ CHAPTER 11 \ (Range) Clear, Delete 메서드.xlsm

Clear 메서드 종류

VBA에서는 다양한 Clear 메서드가 지원되어 원하는 구성원만 선택해 지우거나 모두 지울 수 있습니다.

메서드	설명
Clear	셀(또는 범위)의 값, 수식, 셀 서식을 모두 지웁니다.
ClearComments	셀(또는 범위)의 메모를 모두 지웁니다.
ClearContents	셀(또는 범위)의 값, 수식을 모두 지웁니다.
ClearFormats	셀(또는 범위)의 셀 서식을 모두 지웁니다.
ClearHyperlinks	셀(또는 범위)의 하이퍼링크를 모두 지웁니다. 엑셀 2010 버전부터 제공됩니다.
ClearNotes	셀(또는 범위)의 메모 및 소리 메모를 모두 지웁니다.
ClearOutline	셀(또는 범위)의 윤곽선(테두리)을 모두 지웁니다.

Delete 메서드 구문

Delete 메서드는 리본 메뉴의 [홈] 탭-[셀] 그룹-[삭제▦]-[셀 삭제] 메뉴를 선택한 것과 동일하며, 셀 자체를 삭제하므로 삭제된 셀을 다른 셀로 대체할 수 있는 옵션을 지정할 수 있습니다. 다음은 Delete 메서드의 구문 설명입니다.

Range.Delete (❶shift)

❶ shift	삭제된 셀을 대체할 방법을 의미하는 옵션으로 다음 내장 상수를 사용합니다.	
	내장 상수	**설명**
	xlShiftToLeft	셀을 왼쪽으로 밀기
	xlShiftUp	셀을 위로 밀기

다음은 [셀 삭제] 명령을 이용할 때 나타나는 대화상자입니다. 해당 명령을 클릭할 때의 코드는 다음과 같습니다.

[A1] 셀을 삭제한다고 할 때 왼쪽의 대화상자의 옵션은 다음 코드와 동일합니다.

- 셀을 왼쪽으로 밀기 : `Range("A1").Delete(Shift:=xlShiftToLeft)`
- 셀을 위로 밀기 : `Range("A1").Delete(Shift:=xlShiftUp)`
- 행 전체 : `Range("A1").EntireRow.Delete`
- 열 전체 : `Range("A1").EntireColumn.Delete`

삭제

- ○ 셀을 왼쪽으로 밀기(L)
- ● 셀을 위로 밀기(U)
- ○ 행 전체(R)
- ○ 열 전체(C)

[확인] [취소]

Clear와 Delete 메서드의 차이

Clear 메서드와 Delete 메서드의 차이를 확실하게 구분하기 위해 예제를 열고 다음 명령을 직접 실행 창에 입력해 결과를 확인합니다.

```
Range("C7:H7").Delete Shift:=xlShiftUp ──────── ❶
```

❶ [C7:H7] 범위를 삭제합니다. 삭제된 범위는 아래쪽 셀을 위쪽으로 끌어올려 대체합니다.

Delete 메서드는 셀 자체를 삭제하므로, 표의 일부만 삭제할 경우에는 표의 서식이 깨지는 단점이 있습니다. 따라서 Delete 메서드를 이용할 때 주변에 다른 표가 없다면 다음과 같이 표의 행(또는 열) 전체를 삭제하는 것이 좋습니다.

```
Rows(7).Delete Shift:=xlShiftUp ──────── ❶
```

❶ 7행을 삭제합니다.

다음 명령을 이용해 [B7] 셀을 마저 삭제합니다.

```
Range("B7").Delete Shift:=xlShiftUp ————————— ①
```

① [B7] 셀을 삭제합니다.

	A	B	C	D	E	F	G	H	I
1									
2				재 고 관 리 표					
3									
5		분류	제품			구분			
6				이월	입고	출고	손실	재고	
7			프리미엄복사지A4 5000매	69	40	41	4	64	
8		복사용지	복사지A4 2500매	42	30	16	4	52	
9			고급복사지A4 1000매	17	40	42	3	12	
10		복합기	무한레이저복합기 L800C	14	30	23	5	16	
11			무한잉크젯복합기 AP-3300W	24	40	58	1	5	
12		제본기	와이어제본기 WC-5500	15	20	15	2	18	
13		출퇴근기록기	도트 TIC-10A	31	50	68	4	9	
14		팩스	잉크젯팩시밀리 FX-2000	62	50	52	3	57	
15									
16									
17									

Clear 메서드는 셀의 구성원을 지웁니다.

```
Range("D7:H7").ClearContents ————————— ①
```

① [D7:H7] 범위의 값만 지웁니다.

	A	B	C	D	E	F	G	H	I
1									
2				재 고 관 리 표					
3									
5		분류	제품			구분			
6				이월	입고	출고	손실	재고	
7			프리미엄복사지A4 5000매						
8		복사용지	복사지A4 2500매	42	30	16	4	52	
9			고급복사지A4 1000매	17	40	42	3	12	
10		복합기	무한레이저복합기 L800C	14	30	23	5	16	
11			무한잉크젯복합기 AP-3300W	24	40	58	1	5	
12		제본기	와이어제본기 WC-5500	15	20	15	2	18	
13		출퇴근기록기	도트 TIC-10A	31	50	68	4	9	
14		팩스	잉크젯팩시밀리 FX-2000	62	50	52	3	57	
15									
16									
17									

Clear 명령은 셀은 그대로 두고 구성원만 지우므로 표의 구조를 유지하면서 셀 구성원 중 일부를 지울 때 유용하게 사용합니다. 다음 두 개의 명령도 마저 입력해 ClearContents 메서드와 어떤 차이가 있는지 분명하게 이해합니다.

```
Range("D8:H8").ClearFormats    ──────────── ❶
```

❶ [D8:H8] 범위에 적용된 셀 서식을 모두 지웁니다.

	A	B	C	D	E	F	G	H	I
1									
2				재 고 관 리 표					
3									
4									
5		분류	제품	구분					
6				이월	입고	출고	손실	재고	
7			프리미엄복사지A4 5000매						
8		복사용지	복사지A4 2500매	42	30	16	4	52	
9			고급복사지A4 1000매	17	40	42	3	12	
10		복합기	무한레이저복합기 L800C	14	30	23	5	16	
11			무한잉크젯복합기 AP-3300W	24	40	58	1	5	
12		제본기	와이어제본기 WC-5500	15	20	15	2	18	
13	출퇴근기록기		도트 TIC-10A	31	50	68	4	9	
14		팩스	잉크젯팩시밀리 FX-2000	62	50	52	3	57	
15									
16									
17									

```
Range("D9:H9").Clear    ──────────── ❶
```

❶ [D9:H9] 범위의 값과 셀 서식을 모두 지웁니다.

	A	B	C	D	E	F	G	H	I
1									
2				재 고 관 리 표					
3									
4									
5		분류	제품	구분					
6				이월	입고	출고	손실	재고	
7			프리미엄복사지A4 5000매						
8		복사용지	복사지A4 2500매	42	30	16	4	52	
9			고급복사지A4 1000매						
10		복합기	무한레이저복합기 L800C	14	30	23	5	16	
11			무한잉크젯복합기 AP-3300W	24	40	58	1	5	
12		제본기	와이어제본기 WC-5500	15	20	15	2	18	
13	출퇴근기록기		도트 TIC-10A	31	50	68	4	9	
14		팩스	잉크젯팩시밀리 FX-2000	62	50	52	3	57	
15									
16									
17									

사용하지 않는 빈 열(또는 행) 삭제하는 방법

예제 파일 PART 03 \ CHAPTER 11 \ 사용하지 않는 범위 삭제 (코드).txt

엑셀 파일을 오래 사용하다 보면 삭제하여 더 이상 사용하지 않는 범위를 사용 중으로 잘못 인식하는 경우가 종종 있습니다. 이 경우 불필요하게 파일 용량이 늘어나거나 계산 속도를 떨어뜨려 효율을 낮추므로 잘못 인식되는 범위는 모두 삭제하는 것이 좋습니다.

사용하지 않는 범위를 찾으려면 워크시트에서 Ctrl + End 를 누릅니다. 눌렀을 때 커서가 이동한 위치가 해당 시트에서 데이터가 입력된 마지막 위치와 다르다면 해당 시트의 범위가 엑셀에서 잘못 인식되고 있다는 의미입니다. 사용하지 않는 빈 열과 빈 행을 매크로로 삭제하려면 다음과 같은 방식으로 매크로를 개발합니다.

파일 : 사용하지 않는 범위 삭제 (코드).txt

```
Sub 사용하지않는범위삭제()

' 1단계 : 변수를 선언하고, 변수의 초깃값을 설정합니다.
    Dim 사용범위 As Range                            ❶
    Dim 삭제열 As Long, 삭제행 As Long                ❷
    Dim c As Long, r As Long                         ❸

    Set 사용범위 = ActiveSheet.UsedRange             ❹

' 2단계 : 불필요한 열을 확인해 삭제합니다.
    For c = 사용범위.Columns.Count To 1 Step -1       ❺

        If WorksheetFunction.CountA(사용범위.Columns(c).EntireColumn) = 0 Then    ❻

            사용범위.Columns(c).EntireColumn.Delete
            삭제열 = 삭제열 + 1

        Else                            ❼

            Exit For

        End If
```

```
        Next c


' 3단계 : 불필요한 행을 확인해 삭제합니다. ─────────── ❽
  For r = 사용범위.Rows.Count To 1 Step -1

      If WorksheetFunction.CountA(사용범위.Rows(r).EntireRow) = 0 Then

          사용범위.Rows(r).EntireRow.Delete
          삭제행 = 삭제행 + 1

      Else

          Exit For

      End If

    Next r

' 4단계 : 작업 결과를 메시지 창에 표시합니다.
  If 삭제열 + 삭제행 > 0 Then ─────────── ❾

      MsgBox "다음과 같이 삭제했습니다." & vbCr & vbCr & _
              "* 삭제된 열 수 : " & 삭제열 & " 열" & vbCr & _
              "* 삭제된 행 수 : " & 삭제행 & " 행"

    Else ─────────── ❿

      MsgBox "삭제할 행(또는 열)이 존재하지 않습니다."

    End If

End Sub
```

❶ Range 형식의 [사용범위] 개체변수를 선언합니다.

❷ Long 형식의 [삭제열], [삭제행] 변수를 선언합니다.

❸ 순환문에서 [카운터] 변수로 사용할 Long 형식의 [c], [r] 변수를 선언합니다.

❹ [사용범위] 개체변수에 현재 시트의 전체 사용 범위(Activesheet.UsedRange)를 연결합니다.

❺ 순환문을 사용해 [사용범위] 변수의 범위 중 열을 오른쪽에서 왼쪽 방향으로 순환합니다.

❻ 워크시트 함수인 COUNTA 함수를 사용해 해당 열에 데이터가 입력되어 있는지 확인하고, 없다면 해당 열을 삭제합니다. 그런 다음 [삭제열] 변수의 값을 1씩 증가시킵니다.

❼ 데이터가 입력되어 있다면 이번 열이 데이터가 입력된 마지막 열 위치가 됩니다. 순환문을 종료합니다.

❽ ❺-❼ 과정과 동일하게 [사용범위] 변수의 범위 중 행을 아래쪽에서 위쪽 방향으로 순환합니다. 해당 행에 데이터가 입력되지 않았다면 행을 삭제하고, 데이터가 입력되어 있다면 데이터가 입력된 마지막 행이므로 순환문을 종료합니다.

❾ [삭제열] 변수와 [삭제행] 변수에 저장한 값을 더해 0보다 크면 삭제한 열(또는 행)이 존재한다는 것이므로 몇 개의 열(또는 행)을 삭제했는지 메시지 창에 표시합니다.

❿ 삭제한 열 또는 행이 없다면 그에 맞는 메시지 창을 표시합니다.

원하는 위치에 행(또는 열) 삽입하는 방법

예제 파일 PART 03 \ CHAPTER 11 \ (Range) Insert 메서드.xlsm

Insert 메서드 구문

Delete 메서드가 Range 개체를 삭제한다면 Insert 메서드는 Range 개체를 새로 삽입합니다. Insert 메서드의 구문은 다음과 같습니다.

Range.Insert (❶shift, ❷copyorigin)

	셀을 삽입할 때 기존 셀을 옮길 방향을 지정하며, 다음 내장 상수를 사용합니다.	
❶ shift	내장 상수	설명
	xlShiftToRight	셀을 오른쪽으로 밀기
	xlShiftDown	셀을 아래로 밀기
❷ copyorigin	매개변수는 [복사한 셀 삽입] 명령을 의미하며, True, False 값을 사용합니다. 이 매개변수를 True로 설정하면 삽입과 동시에 클립보드 내용을 붙여 넣습니다.	

Insert 메서드 예제 : 복사한 셀 삽입

예제 파일을 열면 화면과 같은 표를 확인할 수 있습니다.

	A	B	C	D	E	F	G	H	I	J	K	L
1												
2		신청 회사	참석인원	이름	부서	직위	연락처		인원 수만큼 행 삽입			
3		크리스탈교역 ㈜	3									
4		진주 ㈜	4									
5		필드유통 ㈜	1									
6		미래백화점 ㈜	3									
7		대림인터내셔널 ㈜	2									
8												

C열의 참석자수만큼 행을 반복해서 삽입할 때 기존 데이터 행을 복사해서 셀을 삽입하려면 다음과 같은 매크로를 사용합니다.

```vba
Sub 행삽입_인원()

' 1단계 : 변수를 선언하고, 변수의 초깃값을 설정합니다.
    Dim r As Integer                              ❶
    Dim 마지막행 As Integer                        ❷
    Dim 참석인원 As Integer, 반복 As Integer        ❸

    마지막행 = Cells(Rows.Count, "C").End(xlUp).Row    ❹

' 2단계 : 마지막 행부터 2행까지 거꾸로 순환하면서 참석인원수만큼 행을 삽입합니다.
    For r = 마지막행 To 3 Step -1                   ❺

        참석인원 = Cells(r, "C").Value              ❻

        If 참석인원 > 1 Then                        ❼

            For 반복 = 1 To 참석인원 - 1            ❽

                Cells(r, "B").Resize(, 6).Copy      ❾
                Cells(r, "B").Offset(1).Resize(, 6).Insert Shift:=xlShiftDown, _
                                    CopyOrigin:=True    ❿

            Next

            Application.DisplayAlerts = False       ⓫

                Cells(r, "B").Resize(참석인원).Merge    ⓬
                Cells(r, "C").Resize(참석인원).Merge

            Application.DisplayAlerts = True        ⓭

        End If

    Next

' 3단계 : 매크로 동작을 마무리합니다.
    Application.CutCopyMode = False                ⓮

End Sub
```

❶ 순환문에서 사용할 Integer 형식의 [r] 변수를 선언합니다. [r] 변수는 순환할 범위 내 행 번호를 관리할 때 사용합니다.

❷ Integer 형식의 [마지막행] 변수를 선언합니다.

❸ Integer 형식의 [참석인원] 변수와 [반복] 변수를 선언합니다.

❹ [마지막행] 변수에 C열의 데이터가 입력된 마지막 셀의 행 번호를 저장합니다.

❺ For… Next 문을 사용해 [r] 변숫값을 [마지막행] 변수의 값부터 3까지 1씩 감소시키면서 순환합니다. 참고로 3은 데이터가 입력된 첫 번째 행 번호입니다. 이렇게 순환하면 아래에서 위 방향으로 순환합니다. 행을 삽입하면 현재 행의 아래에 새 행이 삽입되므로 위에서 아래로 순환하면 삽입한 행이 순환 범위에 포함되어 마지막 행의 위치가 계속해서 달라지게 됩니다. 그러므로 셀을 삽입(또는 삭제)하는 작업과 같이 셀 위치에 영향을 줄 경우에는 거꾸로 순환해야 합니다.

❻ 참석인원에 맞춰 행을 삽입하기 위해 [참석인원] 변수에 C열의 참석인원수를 저장합니다.

❼ 참석인원이 둘 이상인 경우에 행을 삽입해야 하므로, [참석인원] 변수의 값이 2 이상인지 판단합니다.

❽ For… Next 순환문을 중첩해 [반복] 변수의 값이 1부터 참석인원수보다 1 적은 수만큼 순환합니다. 그 이유는 인원이 3명이면 2행을 새로 삽입해야 하기 때문입니다.

❾ Resize 속성을 이용해 B열부터 열 방향으로 여섯 개의 셀을 포함하도록 하면 표의 행 범위를 대상으로 작업할 수 있습니다. 행 범위를 복사합니다.

❿ 현재 위치에서 한 칸(Offset(1)) 아래에 행을 삽입하고, 복사한 현재 행을 붙여 넣습니다. CopyOrigin 옵션은 [복사된 셀 삽입] 명령을 사용하는 것과 동일합니다. 복사하지 않고 행만 삽입하려면 CopyOrigin 매개변수 부분을 삭제합니다.

⓫ 엑셀 프로그램의 경고 메시지 창 표시 옵션을 False로 해제합니다. 이렇게 하면 ⓬ 줄의 코드를 실행할 때 다음과 같은 경고 메시지 창이 표시되지 않습니다. 이 부분이 잘 이해되지 않으면 ⓫, ⓭ 줄의 코드를 주석으로 만들어놓고 매크로를 실행해보세요!

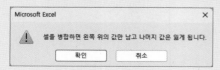

⓬ 순환문을 마치면 행이 모두 삽입됩니다. B열과 C열의 [신청 회사], [참석인원]에서 동일한 회사 이름을 갖는 셀을 하나로 병합합니다. 셀 병합과 해제 방법은 이 책의 **SECTION 11-19**를 참고합니다.

⓭ 엑셀이 다시 정상적으로 경고 메시지 창을 표시할 수 있도록 해제된 옵션을 True로 변경합니다.

⓮ ❾ 줄의 코드는 복사 모드를 활성화하므로 설정된 복사 모드를 해제합니다.

이 매크로가 연결된 [인원 수만큼 행 삽입] 단추를 클릭하면 다음의 결과를 얻을 수 있습니다.

	A	B	C	D	E	F	G	H	I	J	K	L
1												
2		신청 회사	참석인원	이름	부서	직위	연락처		인원 수만큼 행 삽입			
3												
4		크리스탈교역 ㈜	3									
5												
6												
7		진주 ㈜	4									
8												
9												
10		월드유통 ㈜	1									
11												
12		미래백화점 ㈜	3									
13												
14		대림인터내셔널 ㈜	2									
15												
16												

시트 내 하이퍼링크 모두 해제

예제 파일 PART 03 \ CHAPTER 11 \ (Range) ClearHyperlinks 메서드.xlsm

ClearHyperlinks 메서드

시트 내 하이퍼링크를 모두 해제해야 한다면 Range 개체의 ClearHyperlinks 메서드를 이용합니다. ClearHyperlinks 메서드는 엑셀 2010 버전부터 추가된 메서드로, 엑셀 2007 버전을 포함한 하위 버전에서는 해당 메서드를 사용할 수 없습니다. ClearHyperlinks 메서드를 이용하는 방법은 다음과 같습니다.

```
Range.ClearHyperlinks ─────────── ❶
```

❶ Range 개체에서 참조한 범위의 하이퍼링크를 모두 해제합니다. 다음과 같이 하이퍼링크가 포함된 범위에 ClearHyperlinks 메서드를 사용합니다.

```
Range("A2:A11").ClearHyperlinks
```

만약 하이퍼링크가 어느 범위에 설정됐는지 확인하지 않고, 워크시트 전체 범위 내 하이퍼링크를 모두 해제하려면 다음과 같은 코드를 사용합니다.

```
Cells.ClearHyperlinks
```

이 코드와 같이 Cells 속성에 행 번호와 열 번호를 지정하지 않으면 셀 전체를 의미하는 Range 개체가 반환됩니다. 그러므로 이 코드는 전체 셀에서 하이퍼링크를 해제하라는 의미입니다. 참고로 ClearHyperlinks 메서드는 리본 메뉴의 [홈] 탭-[편집] 그룹-[지우기 ✐]-[하이퍼링크 제거] 명령에 해당합니다.

하이퍼링크 해제

예제에서 다음 표를 확인합니다.

	A	B	C	D	E	F	G	H	I	J	K	L
1												
2		종목명	현재가	시가총액	상장주식수	외국인비율	PER	ROE		하이퍼링크 삭제		
3		삼성전자	66,900	3,993,785	5,969,783	50.69	10.5	13.92				
4		LG에너지솔루션	425,000	994,500	234,000	3.21	135.44	10.68				
5		SK하이닉스	108,500	789,883	728,002	49.58	7.46	16.84				
6		삼성바이오로직스	831,000	591,456	71,174	10.36	116.03	8.21				
7		삼성전자우	59,800	492,086	822,887	72.31	9.38					
8		NAVER	267,000	438,011	164,049	53.61	32.46	106.72				
9		삼성SDI	591,000	406,398	68,765	43.12	29.88	8.45				
10		현대차	184,500	394,218	213,668	26.79	9.83	6.84				
11		LG화학	537,000	379,081	70,592	48.01	13.78	18.47				
12		카카오	81,700	362,820	444,088	28.5	14.72	17.1				
13												

표에 적용된 하이퍼링크를 모두 해제하려면 다음과 같은 매크로를 사용합니다. 이 매크로는 사용자의 엑셀 버전을 참고해 서로 다른 코드가 실행됩니다.

```
Sub 하이퍼링크삭제()

    If Val(Application.Version) >= 14 Then ─────────────── ❶

        Cells.ClearHyperlinks

    Else ───────────── ❷

        Cells.Hyperlinks.Delete

    End If

End Sub
```

❶ 엑셀 2010 이상 버전인지 확인하기 위해 Application 개체의 Version 속성을 확인합니다. Version 속성은 "14.0"과 같은 String 형식의 값을 반환하므로, 숫자로 변환하기 위해 Val 함수를 사용합니다. 14 이상인지 판단한 후 ClearHyperlinks 메서드를 사용해 하이퍼링크를 해제합니다. 다음은 각 엑셀 버전의 반환값을 정리한 표입니다.

엑셀 버전	Version 속성의 반환값
엑셀 2003	11.0
엑셀 2007	12.0
엑셀 2010	14.0
엑셀 2013	15.0
엑셀 2016 이상(2016, 2019, 2021, 365)	16.0

❷ 엑셀 버전의 반환값이 14.0 이상이 아니면 엑셀 2007 이하 버전에서 실행되는 것이므로 ClearHyperlinks 메서드를 사용하지 못합니다. Hyperlinks 속성을 이용해 전체 하이퍼링크 컬렉션을 반환받은 다음 Delete 메서드로 해제합니다.

하이퍼링크 주소를 반환하는 사용자 정의 함수

하이퍼링크가 걸린 셀을 참조하면 셀에 표시된 텍스트 값이 반환됩니다. 하이퍼링크로 연결된 주소를 반환받고 싶다면 다음과 같은 사용자 정의 함수를 사용합니다.

```
Function GET_HYPERLINK( 셀 As Range ) As String ─────────────── ❶
    If 셀.Hyperlinks.Count > 0 Then ─────────────── ❷
        GET_HYPERLINK = 셀.Hyperlinks(1).Address ─────────────── ❸
    End If
End Function
```

❶ GET_HYPERLINK 함수를 Function 프로시저로 선언합니다. GET_HYPERLINK 함수는 Range 형식의 [셀] 매개변수를 받아서 해당 셀의 하이퍼링크 주소를 String 형식으로 반환합니다.

❷ [셀] 매개변수에 연결된 셀(또는 범위)의 하이퍼링크가 존재하는지 확인하기 위해 하이퍼링크 개수를 세고 하나 이상인지 판단합니다.

❸ [셀] 변수에 연결된 첫 번째 하이퍼링크의 주소를 GET_HYPERLINK 함수에 반환합니다.

이 함수를 사용하려면 예제의 빈 셀에 다음 수식을 입력합니다. 여기에서는 [B14] 셀을 선택했습니다.

• **[B14] 셀 : =GET_HYPERLINK(B3)**

B14	⌄	× ✓ fx	=GET_HYPERLINK(B3)					
◢	A	B	C	D	E	F	G	H	I
1									
2		종목명	현재가	시가총액	상장주식수	외국인비율	PER	ROE	
3		삼성전자	66,900	3,993,785	5,969,783	50.69	10.5	13.92	
4		LG에너지솔루션	425,000	994,500	234,000	3.21	135.44	10.68	
5		SK하이닉스	108,500	789,883	728,002	49.58	7.46	16.84	
6		삼성바이오로직스	831,000	591,456	71,174	10.36	116.03	8.21	
7		삼성전자우	59,800	492,086	822,887	72.31	9.38		
8		NAVER	267,000	438,011	164,049	53.61	32.46	106.72	
9		삼성SDI	591,000	406,398	68,765	43.12	29.88	8.45	
10		현대차	184,500	394,218	213,668	26.79	9.83	6.84	
11		LG화학	537,000	379,081	70,592	48.01	13.78	18.47	
12		카카오	81,700	362,820	444,088	28.5	14.72	17.1	
13									
14		https://finance.naver.com/item/main.naver?code=005930							
15									

선택 범위의 빈 셀 인식해 자동으로 셀 병합하기

예제 파일 PART 03 \ CHAPTER 11 \ (Range) Merge, UnMerge 메서드.xlsm

병합과 관련된 Range 개체의 구성원

엑셀에서 사용하는 [병합하고 가운데 맞춤圖] 명령은 VBA에서는 다음과 같은 Range 개체의 하위 메서드로 구분해 사용합니다.

구성원	구분	설명
Merge	메서드	참조 범위를 병합합니다.
UnMerge	메서드	참조 범위의 병합을 해제합니다.
MergeArea	속성	참조 셀(또는 범위)이 포함된 병합 범위를 반환합니다.
MergeCells	속성	참조 범위에 병합된 셀이 포함되어 있는지 여부를 True, False로 반환합니다.

Merge 메서드를 사용할 경우 Across 매개변수를 사용하는 방법을 이해해두면 좋습니다.

```
Range.Merge( Across )          ❶
```

❶ Range 개체에서 참조한 범위를 병합합니다.
 Across 매개변수는 행 별로 병합 여부를 설정하며 기본값은 False입니다. 일반적으로 Across 매개변수는 생략하고 사용하는 것이 일반적이며, Range 개체에서 참조한 모든 범위를 하나의 셀로 병합합니다. 하지만 Across 매개변수를 다음과 같이 True로 설정하면 병합이 행 별로 진행됩니다.

```
Range("A1:C5").Merge True
```

결과 화면은 오른쪽과 같습니다.
참고로 Across 매개변수를 사용하는 명령은 리본 메뉴의 [홈] 탭-[맞춤] 그룹-[병합하고 가운데 맞춤圖] 명령의 [전체 병합] 메뉴로 제공됩니다.

빈 셀을 자동으로 인식해 병합해 주는 매크로 개발 사례

예제를 열면 화면과 같은 표를 확인할 수 있습니다.

	A	B	C	D	E	F	G	H	I	J	K	L	M
1													
2		연	분기	월	복사기	복합기	재본기	스캐너	합계		선택 범위 병합		
3		2022년	1사분기	1월	50	176	203	43	472				
4				2월	94	192	73	379	738				
5				3월	137	255	202	151	745				
6			2사분기	4월	248	143	212	18	621				
7				5월	237	318	145	26	726				
8				6월	319	536	340	306	1,501				
9			3사분기	7월	230	304	64	305	903				
10				8월	36	168	117	417	738				
11				9월	151	275	75	288	789				
12			4사분기	10월	468	152	248	68	936				
13				11월	221	205	64	238	728				
14				12월	223	306	173	117	819				
15													

상단 수식 입력줄: B3 | =YEAR(TODAY()) & "년"

TIP [B3] 셀에는 **=YEAR(TODAY( )) & "년"** 수식이 입력되어 있어 예제를 연 날짜의 연도가 표시됩니다.

위 표의 [A:B] 열과 같이 빈 셀이 포함된 범위를 선택했을 때 빈 셀을 자동으로 인식해 자동으로 셀을 병합해주는 매크로를 개발하고 싶다면 아래와 같은 코드를 참고합니다.

```
Sub 선택범위병합()

' 1단계 : 변수를 선언합니다.
    Dim Sel As Range
    Dim 빈셀범위 As Range
    Dim 병합범위 As Range
    Dim i As Integer, 열수 As Integer

' 2단계 : 병합을 할 대상 범위를 선택합니다.
    On Error Resume Next  ─────────── ❶

      Set Sel = Application.InputBox("병합할 범위를 선택하세요!", _
                         Title:="엑셀 매크로&VBA 바이블", _
                         Type:=8)  ─────────── ❷

      If Err.Number <> 0 Then  ─────────── ❸

          Err.Clear
          Exit Sub

      End If

    On Error GoTo 0  ─────────── ❹
```

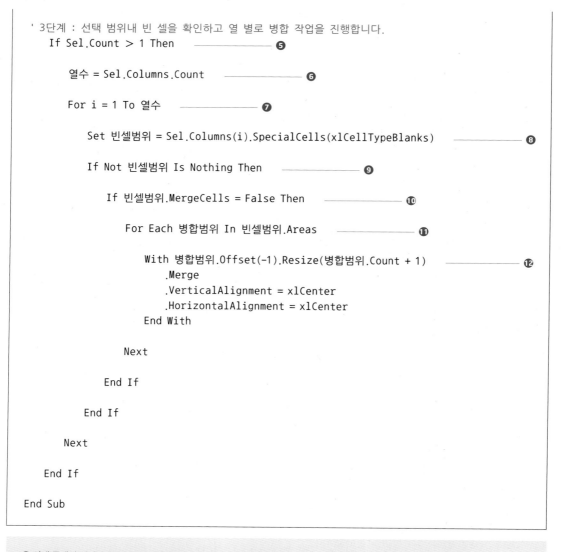

```
' 3단계 : 선택 범위내 빈 셀을 확인하고 열 별로 병합 작업을 진행합니다.
        If Sel.Count > 1 Then                              ─────────── ❺

            열수 = Sel.Columns.Count                      ─────────── ❻

            For i = 1 To 열수                            ───────── ❼

                Set 빈셀범위 = Sel.Columns(i).SpecialCells(xlCellTypeBlanks)    ─────── ❽

                If Not 빈셀범위 Is Nothing Then           ─────────── ❾

                    If 빈셀범위.MergeCells = False Then    ─────────── ❿

                        For Each 병합범위 In 빈셀범위.Areas    ─────────── ⓫

                            With 병합범위.Offset(-1).Resize(병합범위.Count + 1)    ─────── ⓬
                                .Merge
                                .VerticalAlignment = xlCenter
                                .HorizontalAlignment = xlCenter
                            End With

                        Next

                    End If

                End If

            Next

        End If

End Sub
```

❶ 아래 줄에서 에러가 발생하면 실행을 중단하지 않고 다음 줄을 계속해서 실행되도록 설정합니다.

❷ InputBox 메서드를 이용해 다음과 같은 입력상자를 호출합니다.

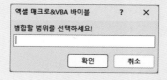

위 대화상자에서 참조한 범위를 Sel 개체변수에 연결합니다. 단, [취소]를 클릭하면 InputBox 메서드는 False를 반환하므로 Sel 개체 변수에 연결되지 못해 에러가 발생합니다.

❸ Err 개체의 Number 속성이 0이 아니면 에러가 발생한 것이므로 에러를 초기화(Err.Clear)하고 매크로를 종료합니다.

❹ ❶ 줄의 On Error 문의 설정을 해제합니다. 즉, 아래 줄에서 에러가 발생하면 매크로 실행이 중단되고 에러 메시지가 표시됩니다.

❺ 병합을 하기 위해서는 셀이 둘 이상 선택되어야 하므로, 선택된 범위의 셀 개수가 한 개를 초과하는지 확인합니다.

❻ [열수] 변수에 선택한 범위의 열 개수를 저장합니다. 이것은 열 단위로 병합을 하기 위한 것입니다.

❼ For… Next 순환문을 사용해 [i] 변수의 값을 1부터 [열수] 변수의 값만큼 순환합니다. 이렇게 하면 [i] 변수를 이용해 선택 범위의 열을 하나씩 순환하면서 작업할 수 있습니다.

❽ [빈셀범위] 변수에 선택 범위 내 [i] 번째 열의 빈 셀 범위만 연결합니다. 이 작업은 선택 범위에서 [이동 옵션] 명령을 실행하고 [빈 셀] 옵션을 선택한 것과 동일합니다.

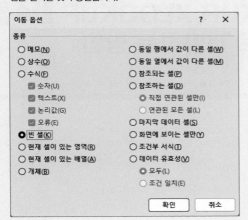

❾ [빈셀범위] 변수에 빈 셀이 포함된 범위가 존재해야 병합 작업을 진행합니다.

❿ [빈셀범위] 변수에 병합된 셀이 있는지 MergeCells 속성값을 확인합니다. 병합된 셀이 없는 경우(False)에만 병합 작업을 진행합니다.

⓫ [빈셀범위] 변수에 연결된 범위는 연속된 범위는 물론 떨어진 여러 위치가 될 수 있으므로 For Each… Next 순환문을 이용해 [빈셀범위] 변수의 범위를 하나씩 [병합범위] 변수에 연결하면서 작업합니다.

⓬ [병합범위] 변수에 연결된 범위가 바로 위 셀을 포함하도록 범위를 조정하고, 조정된 범위를 병합한 후 가로/세로를 모두 가운데로 맞춥니다.

위 매크로는 예제 파일의 [선택 범위 병합] 단추에 연결되어 있습니다. 단추를 클릭하고 입력상자가 나타나면 병합할 데이터가 포함된 범위(예를 들어, [B3:B14] 또는 [B3:C14] 범위)를 마우스로 드래그해 선택한 후 [확인]을 클릭합니다.

VLOOKUP, XLOOKUP 함수를 매크로로 개발하는 방법

예제 파일 PART 03 \ CHAPTER 11 \ (Range) Find 메서드 I.xlsm

Find 메서드 구문

MATCH 함수나 VLOOKUP, XLOOKUP 함수(엑셀 2021, Microsoft 365 버전)는 지정된 범위에서 특정 값의 위치를 찾는 방법으로 동작합니다. VBA에서 원하는 값의 위치로 이동하려면 엑셀 기능 중 [찾기]를 이용하면 됩니다. [찾기]는 Range 개체의 Find 메서드로 제공되며, Find 메서드의 구문은 다음과 같습니다.

Range.Find (❶what, ❷after, ❸lookIn, ❹lookat, ❺searchorder, ❻searchdirection, ❼matchcase, ❽matchbyte, ❾searchformat)

Find 메서드는 다양한 매개변수를 사용할 수 있습니다. 다음과 같은 [찾기 및 바꾸기] 대화상자의 [옵션]을 클릭했을 때 표시되는 다양한 옵션과 연결시켜 이해하는 것이 좋습니다.

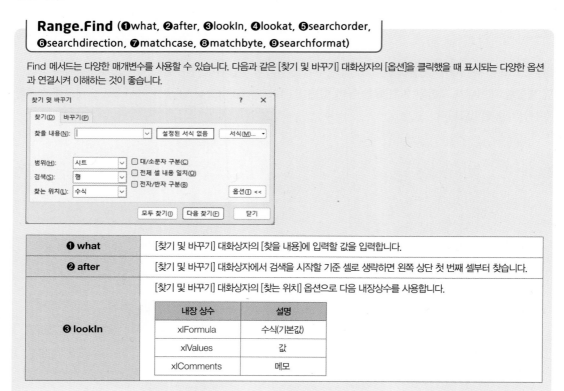

❶ what	[찾기 및 바꾸기] 대화상자의 [찾을 내용]에 입력할 값을 입력합니다.
❷ after	[찾기 및 바꾸기] 대화상자에서 검색을 시작할 기준 셀로 생략하면 왼쪽 상단 첫 번째 셀부터 찾습니다.
❸ lookIn	[찾기 및 바꾸기] 대화상자의 [찾는 위치] 옵션으로 다음 내장상수를 사용합니다.

내장 상수	설명
xlFormula	수식(기본값)
xlValues	값
xlComments	메모

❹ lookat	[찾기 및 바꾸기] 대화상자의 [전체 셀 내용 일치] 옵션으로 다음 내장상수를 사용합니다.	

내장 상수	설명
xlWhole	체크
xlPart	체크 해제(기본값)

❺ searchorder	[찾기 및 바꾸기] 대화상자의 [검색] 옵션으로 다음 내장상수를 사용합니다.

내장 상수	설명
xlByRows	행(기본값)
xlByColumns	열

❻ searchdirection	[찾기 및 바꾸기] 대화상자의 [검색 방향] 옵션으로 다음 내장상수를 사용합니다.

내장 상수	설명
xlNext	다음(기본값)
xlPrevious	이전

❼ matchcase	[찾기 및 바꾸기] 대화상자의 [대/소문자 구분] 옵션으로 다음 내장상수를 사용합니다.

내장 상수	설명
True	체크
False	체크 해제(기본값)

❽ matchbyte	[찾기 및 바꾸기] 대화상자의 [전자/반자 구분] 옵션으로 다음 내장상수를 사용합니다.

내장 상수	설명
True	체크
False	체크 해제(기본값)

❾ searchformat	[찾기 및 바꾸기] 대화상자의 [찾을 내용] 오른쪽에 있는 [서식]을 클릭하고 지정하는 서식입니다.

FindNext, FindPrevious 메서드 구문

[찾기] 명령은 하나이지만, Range 개체에 제공되는 메서드는 Find, FindNext, FindPrevious와 같이 세 개입니다. FindNext와 FindPrevious는 찾는 값의 다음 Range 개체를 찾거나, 이전 Range 개체를 찾으며, FindNext와 FindPrevious 메서드의 구문은 동일합니다.

Range.FindNext (❶after)

❶ after	FindNext 메서드는 Find 메서드로 찾은 조건과 동일한 다음 셀을 찾을 때 사용하며 After 매개변수는 Find 메서드로 찾은 셀을 의미하는 Range 개체를 지정하면 됩니다.

VLOOKUP, XLOOKUP 함수를 대체하는 매크로 개발 사례

예제 파일을 열면 다음과 같은 표를 확인할 수 있습니다.

번호	품명	수량	단가	판매		제품	단가	단가조정
1	컬러레이저복사기 XI-4400	2		-		문서세단기 SCUT-1500B	582,000	5월
2	잉크젯복합기 AP-3200	3		-		바코드 BCD-300 Plus	102,800	5월
3	흑백레이저복사기 TLE-9000	2		-		컬러레이저복사기 XI-4400	1,550,000	5월
4	문서세단기 SCUT-1500B	2		-		흑백레이저복사기 TLE-8100C	720,000	5월
5	고급복사지A4 5000매	10		-		흑백레이저복사기 TLE-9000	896,500	5월
						고급복사지A4 5000매	29,670	5월
						잉크젯복합기 AP-3300	84,000	5월
						레이저복합기 L800	445,000	5월
						잉크젯복합기 AP-3200	75,000	5월
						지문인식 FPIN-1000+	125,000	5월
						문서세단기 SCUT-1500B	605,000	6월
						바코드 BCD-300 Plus	105,000	6월
						컬러레이저복사기 XI-4400	1,504,000	6월
						흑백레이저복사기 TLE-8100C	763,000	6월
						흑백레이저복사기 TLE-9000	924,000	6월
						고급복사지A4 5000매	30,000	6월
						잉크젯복합기 AP-3300	76,000	6월
						레이저복합기 L800	463,000	6월
						잉크젯복합기 AP-3200	79,000	6월
						지문인식 FPIN-1000+	124,000	6월

VLOOKUP
XLOOKUP

왼쪽 표의 C열의 제품을 K열에서 찾아 L열의 단가를 참조해 오는 작업을 VLOOKUP 함수와 동일하게 동작하도록 하려면 다음과 같은 코드를 개발할 수 있습니다.

```
Sub 단가참조_VLOOKUP()

' 1단계 : 변수를 선언합니다.
    Dim 단가범위 As Range                                           ❶
    Dim 셀 As Range
    Dim 찾을범위 As Range
    Dim 찾은셀 As Range

' 2단계 : 동작에 필요한 범위를 개체변수에 연결합니다.
    Set 단가범위 = Range("E3", Cells(Rows.Count, "D").End(xlUp).Offset(, 1))   ❷
    Set 찾을범위 = Range("K2", Cells(Rows.Count, "K").End(xlUp))        ❸

' 3단계 : 오른쪽 표의 위에서 아래 방향으로 제품을 찾아 단가를 참조합니다.
    For Each 셀 In 단가범위                          ❹

        Set 찾은셀 = 찾을범위.Find(What:=셀.Offset(, -2))          ❺

        If Not 찾은셀 Is Nothing Then                   ❻

            셀.Value = 찾은셀.Offset(, 1).Value              ❼

        End If

    Next

End Sub
```

❶ 매크로에서 사용할 범위를 연결할 Range 형식의 [단가범위], [셀], [찾을범위], [찾은셀] 변수를 선언합니다.

❷ [단가범위] 변수에 [E3] 셀부터 D열의 마지막 데이터 입력 위치의 오른쪽 셀까지의 범위를 연결합니다. E열은 단가가 입력될 열인데 아직 입력된 값이 없으므로, D열의 마지막 데이터 입력 위치([D7]셀)를 참조한 다음 오른쪽 셀([E7] 셀)을 마지막 위치로 참조합니다.

❸ [찾을범위] 변수에 [K2] 셀부터 K열의 마지막 데이터 입력 위치까지의 범위를 연결합니다. [찾기] 명령은 기본적으로 선택된 범위의 다음 셀부터 찾으므로, [K3] 셀이 가장 먼저 찾아지도록 하려면 [K2] 셀부터 범위를 선택해야 합니다.

❹ 순환문을 이용해 [단가범위]에 연결된 범위 내 셀을 하나씩 [셀] 변수에 연결하면서 작업합니다.

❺ [찾을범위] 변수의 범위에서 [셀] 변수의 셀의 왼쪽 두 번째 셀(C열의 품명)의 값을 찾아 [찾은셀]에 연결합니다.

❻ [찾은셀] 변수에 연결된 셀이 있는지 확인해 있다면 아래 줄의 코드를 실행합니다.

❼ [찾은셀] 변수의 셀의 오른쪽 셀(=M열의 단가)에 입력된 값을 [셀] 변수의 셀에 입력합니다.

이 매크로는 [VLOOKUP] 단추에 연결되어 있습니다. 단추를 클릭하면 위에서 아래 방향으로 값을 찾으므로 5월의 단가가 [E3:E7] 범위에 입력됩니다.

	번호	품명	수량	단가	판매					제품	단가	단가조정
	1	컬러레이저복사기 XI-4400	2	1,550,000	3,100,000		VLOOKUP			문서세단기 SCUT-1500B	582,000	5월
	2	잉크젯복합기 AP-3200	3	75,000	225,000					바코드 BCD-300 Plus	102,800	5월
	3	흑백레이저복사기 TLE-9000	2	896,500	1,793,000		XLOOKUP			컬러레이저복사기 XI-4400	1,550,000	5월
	4	문서세단기 SCUT-1500B	2	582,000	1,164,000					흑백레이저복사기 TLE-8100C	720,000	5월
	5	고급복사지A4 5000매	10	29,670	296,700					흑백레이저복사기 TLE-9000	896,500	5월
										고급복사지A4 5000매	29,670	5월
										잉크젯복합기 AP-3300	84,000	5월
										레이저복합기 L800	445,000	5월
										잉크젯복합기 AP-3200	75,000	5월
										지문인식 FPIN-1000+	125,000	5월
										문서세단기 SCUT-1500B	605,000	6월
										바코드 BCD-300 Plus	105,000	6월
										컬러레이저복사기 XI-4400	1,504,000	6월
										흑백레이저복사기 TLE-8100C	763,000	6월
										흑백레이저복사기 TLE-9000	924,000	6월
										고급복사지A4 5000매	30,000	6월
										잉크젯복합기 AP-3300	76,000	6월
										레이저복합기 L800	463,000	6월
										잉크젯복합기 AP-3200	79,000	6월
										지문인식 FPIN-1000+	124,000	6월

만약 최근 단가를 참조하려면 아래에서 위 방향으로 거꾸로 값을 찾아야 합니다. 이런 방법은 Microsoft 365, 엑셀 2021 버전부터 사용할 수 있는 XLOOUP 함수를 사용하면 됩니다. 이때 매크로로 처리하려면 FIND 메서드의 구성을 다음과 같이 변경해야 합니다.

```
Sub 단가참조_XLOOKUP()

' 1단계 : 변수를 선언합니다.
    Dim 단가범위 As Range
    Dim 셀 As Range
    Dim 찾을범위 As Range, 마지막셀 As Range        ❶
    Dim 찾은셀 As Range

' 2단계 : 동작에 필요한 범위를 개체변수에 연결합니다.
    Set 단가범위 = Range("E3", Cells(Rows.Count, "D").End(xlUp).Offset(, 1))
```

```vba
        Set 마지막셀 = Cells(Rows.Count, "K").End(xlUp)                    ❷
        Set 찾을범위 = Range("K3", 마지막셀.Offset(1))                      ❸

' 3단계 : 오른쪽 표의 위에서 아래 방향으로 제품을 찾아 단가를 참조합니다.
    For Each 셀 In 단가범위

        Set 찾은셀 = 찾을범위.Find(What:=셀.Offset(, -2), _
                            After:=마지막셀.Offset(1), _
                            SearchDirection:=xlPrevious)               ❹

        If Not 찾은셀 Is Nothing Then

            셀.Value = 찾은셀.Offset(, 1).Value

        End If

    Next

End Sub
```

❶ [마지막셀] 개체변수를 추가로 선언합니다.

❷ [마지막셀] 개체변수에 K열에서 데이터가 입력된 마지막 셀을 연결합니다.

❸ [찾을범위] 개체변수에 [K3] 셀부터 [마지막셀] 개체변수에 연결된 셀의 바로 아래 셀까지의 범위(K3:K23)를 연결합니다. 거꾸로 찾으려 면 [K23] 셀부터 찾아야 [K22] 셀이 처음부터 찾아지게 됩니다.

❹ [찾을범위]에서 품명을 [마지막셀] 개체변수에 연결된 셀의 바로 아래에서부터 거꾸로(xlPrevious) 찾아, [찾은셀] 변수에 연결합니다.

이 매크로는 [XLOOKUP] 단추에 연결되어 있습니다. 해당 단추를 클릭하면 다음과 같이 아래에서 위로 찾아진 6월의 단가가 입력되는 것을 확인할 수 있습니다.

	번호	품명	수량	단가	판매		VLOOKUP			제품	단가	단가조정
	1	컬러레이저복사기 XI-4400	2	1,504,000	3,008,000					문서세단기 SCUT-1500B	582,000	5월
	2	잉크젯복합기 AP-3200	3	79,000	237,000					바코드 BCD-300 Plus	102,800	5월
	3	흑백레이저복사기 TLE-9000	2	924,000	1,848,000		XLOOKUP			컬러레이저복사기 XI-4400	1,550,000	5월
	4	문서세단기 SCUT-1500B	2	605,000	1,210,000					흑백레이저복사기 TLE-8100C	720,000	5월
	5	고급복사지A4 5000매	10	30,000	300,000					흑백레이저복사기 TLE-9000	896,500	5월
										고급복사지A4 5000매	29,670	5월
										잉크젯복합기 AP-3300	84,000	5월
										레이저복합기 L800	445,000	5월
										잉크젯복합기 AP-3200	75,000	5월
										지문인식 FPIN-1000+	125,000	5월
										문서세단기 SCUT-1500B	605,000	6월
										바코드 BCD-300 Plus	105,000	6월
										컬러레이저복사기 XI-4400	1,504,000	6월
										흑백레이저복사기 TLE-8100C	763,000	6월
										흑백레이저복사기 TLE-9000	924,000	6월
										고급복사지A4 5000매	30,000	6월
										잉크젯복합기 AP-3300	76,000	6월
										레이저복합기 L800	463,000	6월
										잉크젯복합기 AP-3200	79,000	6월
										지문인식 FPIN-1000+	124,000	6월

Find 메서드로 값을 찾을 때 여러 조건을 모두 만족하는 위치 찾는 방법

예제 파일 PART 03 \ CHAPTER 11 \ (Range) Find 메서드 II.xlsm

Find 메서드는 한 번에 하나의 값만 찾을 수 있습니다. 만약 여러 개의 값을 동시에 찾고 싶다면 Find 메서드를 이용해 첫 번째 값의 위치를 찾은 후 찾은 위치의 좌우에 위치한 값이 두 번째 값과 동일한지 확인합니다. 이 방법을 사용하려면 동일한 값이 여러 개 존재할 때 찾는 값과 동일한 위치의 값을 모두 찾을 수 있어야 합니다. 그러기 위해서는 찾기 작업을 반복해야 합니다. [찾기] 명령은 Do… Loop 순환문을 사용해 반복하는 것이 가장 효율적입니다.

예제의 [전년]과 [금년] 시트에서 다음과 같은 표를 확인합니다.

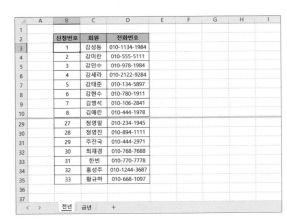

[금년] 시트의 신청자가 [전년] 시트의 신청자와 중복되는지, 정확히 이름과 전화번호가 모두 같은지 확인해 **중복**을 표시하는 매크로를 개발하면 다음과 같습니다.

```
Sub 중복확인()

' 1단계 : 변수를 선언합니다.
    Dim 전년 As Range ─────────── ❶
    Dim 금년 As Range, 셀 As Range ─────────── ❷
    Dim 찾은셀 As Range, 첫번째셀주소 As String ─────────── ❸
```

```
' 2단계 : 순환할 전체 범위와 값을 찾을 범위를 변수에 할당합니다.
    With Worksheets("전년")
        Set 전년 = .Range("C3", .Cells(Rows.Count, "C").End(xlUp))  ────────── ❹
    End With

    Set 금년 = Range("C3", Cells(Rows.Count, "C").End(xlUp))  ────────── ❺

' 3단계 : 금년 신청자 명단을 하나씩 전년 신청자 명단에서 찾고, 전화번호가 같은 경우 중복 표기합니다.
    For Each 셀 In 금년  ──────────── ❻

        Set 찾은셀 = 전년.Find(what:=셀.Value)  ────────── ❼

        If Not 찾은셀 Is Nothing Then  ────────── ❽

            첫번째셀주소 = 찾은셀.Address  ────────── ❾

            Do  ──────── ❿

                If 찾은셀.Offset(, 1).Value = 셀.Offset(, 1).Value Then  ────────── ⓫

                    셀.Offset(, 2).Value = "중복"
                    Exit Do

                Else  ──────── ⓬

                    Set 찾은셀 = 전년.FindNext(After:=찾은셀)

                End If

            Loop Until 찾은셀.Address = 첫번째셀주소

        End If

    Next

End Sub
```

❶ Range 형식의 [전년] 개체변수를 선언합니다.

❷ Range 형식의 [금년], [셀] 개체변수를 선언합니다.

❸ Range 형식의 [찾은셀] 개체변수와 String 형식의 [첫번째셀주소] 변수를 선언합니다.

❹ [전년] 변수에 [전년] 시트의 [C3] 셀부터 C열의 마지막 데이터 입력 위치까지의 범위를 연결합니다.

❺ [금년] 변수에 현재 워크시트의 [C3] 셀부터 C열의 마지막 데이터 입력 위치까지의 범위를 연결합니다.

❻ 순환문을 사용해 [금년] 변수의 범위 내 셀을 하나씩 [셀] 변수에 연결하면서 순환합니다.

❼ [전년] 변수의 범위에서 [셀] 변수의 셀 값을 찾아 [찾은셀] 개체변수에 연결합니다. [금년] 시트의 신청자와 동일한 이름이 입력된 셀이 [찾은셀] 개체변수에 연결됩니다.

❽ [찾은셀] 변수에 연결된 셀이 있는 경우에만 다음 코드를 실행합니다.

❾ [찾기] 명령으로 첫 번째 찾은 셀 주소를 [첫번째셀주소] 변수에 저장합니다.

⑩ Do… Loop 문을 이용해 찾는 작업을 반복합니다. Do… Loop 문의 조건은 Loop 문 오른쪽에 Until 키워드를 사용해 지정하며, [찾은 셀] 변수의 셀 주소와 [첫번째셀주소] 변수의 값이 같을 때 반복 작업을 종료합니다. [찾기] 명령은 특정 값을 찾을 때 위에서 아래 방향으로 찾으며, 찾는 작업이 끝나면 다시 처음부터 찾기 시작합니다. 그러므로 찾는 이름이 여러 개가 있을 때 다음 찾은 위치가 첫 번째로 찾은 셀 주소와 동일하면 모두 찾은 것으로 보아야 합니다.

⑪ If 문을 사용해 [찾은셀] 변수의 셀(전년 신청자 이름)에서 오른쪽 셀(전화번호)의 값과 [셀] 변수의 셀(금년 신청자 이름)에서 오른쪽 셀(전화번호)의 값이 같은지 판단합니다. 같으면 [셀] 변수의 셀에서 오른쪽 두 번째 셀(E열)에 "중복"을 입력하고 Do… Loop 문을 빠져나갑니다.

⑫ 전화번호가 틀리면 동일한 이름이 다른 위치에 있는지 FindNext 메서드를 이용해 찾은 후 [찾은셀] 개체변수에 다시 연결하고, Do… Loop 순환문의 조건에 따라 반복해서 명령을 실행합니다.

TIP 이 매크로는 [금년] 시트의 [중복 신청자 확인] 단추에 연결되어 있습니다.

유령 문자를 삭제하는 방법

예제 파일 PART 03 \ CHAPTER 11 \ (Range) Replace 메서드.xlsm

Replace 메서드 구문

특정 시트 또는 전체 파일에서 특정 값을 수정하거나 삭제하려면 [바꾸기] 기능을 이용할 수 있습니다. [바꾸기]는 Range 개체의 Replace 메서드로 제공됩니다. Replace 메서드의 구문은 다음과 같습니다.

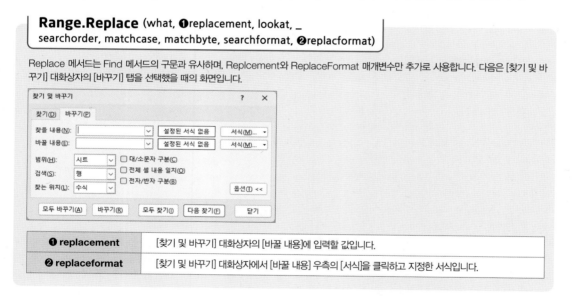

Range.Replace (what, ❶replacement, lookat, _
searchorder, matchcase, matchbyte, searchformat, ❷replacformat)

Replace 메서드는 Find 메서드의 구문과 유사하며, Replcement와 ReplaceFormat 매개변수만 추가로 사용합니다. 다음은 [찾기 및 바꾸기] 대화상자의 [바꾸기] 탭을 선택했을 때의 화면입니다.

❶ replacement	[찾기 및 바꾸기] 대화상자의 [바꿀 내용]에 입력할 값입니다.
❷ replaceformat	[찾기 및 바꾸기] 대화상자에서 [바꿀 내용] 우측의 [서식]을 클릭하고 지정한 서식입니다.

유령 문자를 삭제하는 매크로 개발 사례

예제에서 다음 표를 확인합니다.

	A	B	C	D	E	F	G	H	I	J	K	L
1												
2		거래번호	고객	분류	제품	단가	수량	판매		유령 문자 삭제		
3		10248	S&C무역 ㈜	복사기	컬러레이저복사기 XI-3200	1,176,000	3	3,528,000				
4		10248	S&C무역 ㈜	바코드스캐너	바코드 Z-350	48,300	3	144,900				
5		10248	S&C무역 ㈜	팩스	잉크젯팩시밀리 FX-1050	47,400	3	142,200				
6		10249	드림씨푸드 ㈜	복사용지	프리미엄복사지A4 2500매	17,800	9	160,200				
7		10249	드림씨푸드 ㈜	바코드스캐너	바코드 BCD-100 Plus	86,500	7	605,500				
8		10250	자이언트무역 ㈜	복사용지	고급복사지A4 500매	3,500	2	7,000				
9		10250	자이언트무역 ㈜	바코드스캐너	바코드 Z-350	46,300	7	324,100				
10		10250	자이언트무역 ㈜	바코드스캐너	바코드 BCD-100 Plus	104,500	8	836,000				
11		10251	진왕통상 ㈜	복합기	잉크젯복합기 AP-3300	79,800	1	79,800				
12								₩ -				
13												

TIP [H12] 셀에는 **=SUM(H3:H11)** 수식이 입력되어 있습니다. 결과가 반환되지 않는 것으로 보아 H열의 데이터는 제대로 된 숫잣값이 아니라는 것을 알 수 있습니다.

전체 표 범위에서 불필요한 문자를 삭제하려면 다음과 같은 매크로를 사용할 수 있습니다.

```
Sub 유령문자삭제()

' 1단계 : 변수를 선언합니다.
    Dim 작업범위 As Range ─────────────❶
    Dim 유령문자 As Variant ───────────❷
    Dim 문자 As Variant ──────────────❸

' 2단계 : 변수에 작업할 범위와 삭제할 문자를 저장합니다.
    Set 작업범위 = ActiveSheet.UsedRange ─────────❹

    유령문자 = Array(ChrW(10), ChrW(13), ChrW(160)) ──────❺

' 3단계 : 삭제할 문자를 하나씩 찾아 삭제합니다.
    For Each 문자 In 유령문자 ─────────❻

        작업범위.Replace What:=문자, Replacement:="" ──────❼

    Next

End Sub
```

❶ Range 형식의 [작업범위] 변수를 선언합니다.

❷ 삭제할 유령 문자를 저장할 Variant 형식의 [유령문자] 변수를 선언합니다. 이 변수를 Variant 형식으로 선언한 것은 값을 저장할 때 ❺의 Array 함수와 ❻의 For Each… Next 순환문을 사용하기 위한 것입니다.

❸ 순환문에서 사용할 Variant 형식의 [문자] 변수를 선언합니다.

❹ [작업범위] 변수에 현재 시트의 전체 사용 범위를 연결합니다.

❺ [유령문자] 변수에 Array 함수를 사용해 다음 값을 배열로 저장합니다.

　• ChrW(10) : 10은 라인피드 문자의 Ascii 번호입니다. ChrW 함수는 지정된 Ascii 번호의 문자를 반환하는 Chr 함수와 동일하지만 유니코드 문자 셋을 사용한다는 차이가 있습니다.

　• ChrW(13) : 13은 캐리지 리턴 문자를 의미합니다.

　• ChrW(160) : 160은 대표적인 유령 문자로 눈에 보이지 않습니다.

만약 자신의 표에서 Alt + Enter 를 누르고 줄을 바꿔 입력한 값이 존재한다면 이 코드는 해당 줄 바꿈 문자를 모두 삭제해 값을 한 줄로 표시합니다. 이런 결과를 원하지 않는다면 ❺ 줄 코드에서 ChrW(10)과 ChrW(13) 부분을 삭제합니다.

❻ For Each… Next 문을 사용해 [유령문자] 변수 내 문자를 [문자] 변수에 하나씩 저장하면서 순환합니다.

❼ [바꾸기] 명령을 이용해 [작업범위] 변수의 범위에서 [문자] 변수의 값을 찾아 지웁니다.

TIP 이 매크로는 예제 파일의 [유령 문자 삭제] 단추에 연결되어 있습니다.

Interior 속성을 이용해 부분합 행에 글꼴과 배경 서식 적용하는 방법

예제 파일 PART 03 \ CHAPTER 11 \ (Range) Interior, Font 속성.xlsm

VBA로 원하는 위치에 글꼴 및 배경 서식을 적용해야 하는 경우에는 서식 적용 범위를 정확히 참조한 후 Font와 Interior 속성을 이용해 글꼴 및 배경 서식을 설정합니다. 글꼴 서식 설정 방법은 전체 엑셀 버전에서 동일하지만, 색상 서식 설정은 엑셀 2007 버전부터 엑셀 자체에서 다룰 수 있는 색상이 많아지면서 좀 더 다양한 방법으로 제공됩니다.

예제에서 다음 표를 확인합니다. 이 표에서 5, 8, 11, 15, 16행은 부분합 행으로 매크로를 이용해 원하는 배경색과 글꼴 서식을 적용하고 싶다고 가정합니다.

	A	B	C	D	E	F	G	H	I	J
1										
2		분기	부서	판매수량	매출	평균할인율		표 서식		
3		1사분기	영업1부	4,616	98,779,250	4.50%				
4			영업2부	5,511	134,223,200	6.00%				
5		합계		10,127	233,002,450	5.25%				
6		2사분기	영업1부	6,044	150,024,400	6.30%				
7			영업2부	6,782	160,537,150	6.00%				
8		합계		12,826	310,561,550	6.15%				
9		3사분기	영업1부	7,974	215,645,850	5.40%				
10			영업2부	9,093	223,026,450	5.70%				
11		합계		17,067	438,672,300	5.55%				
12		4사분기	영업1부	6,256	170,006,500	5.80%				
13			영업2부	4,120	97,766,200	4.60%				
14			영업3부	2,450	58,137,600	4.70%				
15		합계		12,826	325,910,300	5.03%				
16		전체 합계		52,846	1,308,146,600	5.50%				
17										

부분합 서식을 적용하기 위해서는 먼저 서식을 적용할 범위를 정확히 설정합니다. 다음과 같은 코드를 개발해 작업할 수 있습니다.

```
Sub 표부분합서식()

' 1단계 : 변수를 선언하고, 변수에 작업 범위를 연결합니다.
    Dim 행머리글 As Range, 셀 As Range ─────────────── ❶
```

```
        Set 행머리글 = Range("B3", Cells(Rows.Count, "B").End(xlUp)          ❷

' 2단계 : 표 범위의 첫 번째 열을 순환하면서 부분합 행에 원하는 서식을 지정합니다.

    For Each 셀 In 행머리글          ❸

        If InStr(1, 셀.Value, "합계") > 0 Then          ❹

            With 셀.MergeArea          ❺

                With .Interior          ❻
                    .ThemeColor = xlThemeColorDark1
                    .TintAndShade = -0.05
                End With

                .Font.Bold = True          ❼

            End With

            With 셀.Offset(, 1).Resize(, 3).Interior          ❽
                .ThemeColor = xlThemeColorAccent2
                .TintAndShade = 0.8
            End With

        End If
    Next

End Sub
```

❶ Range 형식의 [행머리글] 개체변수와 [셀] 개체변수를 선언합니다.

❷ [행머리글] 개체변수에 [B3] 셀부터 B열의 마지막 데이터 입력 위치까지의 범위를 연결합니다.

❸ 순환문을 사용해 [행머리글] 변수의 셀을 하나씩 [셀] 변수에 연결하면서 순환합니다.

❹ InStr 함수를 사용해 [셀] 변수의 셀 값에 "합계" 문자열이 포함되어 있는지 판단합니다. "합계"가 포함되어 있다면 요약 행입니다.

❺ [셀] 변수의 셀에 MergeArea 속성을 사용해 병합된 셀을 작업 대상으로 설정합니다.

❻ Interior 속성을 이용해 서식을 지정합니다. Interior 속성은 Interior 개체를 반환하며, Interior 개체는 [셀 서식] 대화상자의 [채우기] 탭에서 설정 작업을 할 때 사용합니다. Interior 속성을 이용해 배경색을 지정하기 위해 ThemeColor 속성과 TintAndShade 속성을 이용합니다.

  • ThemeColor 속성은 다음 색상표에서 첫 번째 줄의 색상을 의미하는 내장 상수를 사용합니다.

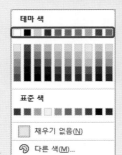

왼쪽 색상부터 다음과 같은 내장 상수를 사용합니다.
  • xlThemeColorDark1
  • xlThemeColorLight1
  • xlThemeColorDark2
  • xlThemeColorLight2
  • xlThemeColorAccent1~xlThemeColorAccent6

- TintAndShade 속성은 셀에 적용된 색상을 밝게 또는 어둡게 설정합니다. 색상표의 색상 위에 마우스 포인터를 가져가면 풍선 도움말이 표시되는데, [5% 더 어둡게]와 같은 값을 실숫값으로 입력합니다. 어둡게는 음수(−)로 밝게는 양수(+)로 각각 설정합니다.

TIP 화면과 같은 경우는 −0.05가 TintAndShade 값이 됩니다.

만약 ThemeColor 속성과 TintAndShade 속성을 사용하지 않고 적용할 색상의 RGB 값을 알 때는 Color 속성을 이용해 다음과 같이 코드를 구성할 수 있습니다.

```
.Interior.Color = RGB(242, 242, 242)
```

❼ Font 속성은 Range 개체의 글꼴 개체인 Font 개체를 반환합니다. Bold 속성은 [굵게 ㄱ] 명령을 의미하므로 이 속성값을 True로 지정하면 글꼴이 굵게 표시됩니다.

❽ 요약 행의 숫잣값이 있는 부분([D:F] 열)에 별도의 서식을 지정하기 위해 Offset 속성과 Resize 속성을 사용해 범위를 조정합니다. 이때 주의할 점은 **Offset(, 1)** 부분입니다. 열 방향으로 한 칸 이동하라는 의미인데, B, C열이 병합된 셀이므로 오른쪽으로 한 칸 이동한 셀은 C열이 아니라 D열의 셀이 됩니다. 그런 다음 Resize 속성을 사용해 1×3 행렬 범위를 참조하고, 해당 범위에 Interior 속성을 이용해 배경과 글꼴을 설정합니다. 이번에도 ThemeColor와 TintAndShade 속성을 사용하지 않고 Color 속성을 이용하도록 코드를 수정하면 다음과 같습니다.

```
.Interior.Color = RGB(242, 220, 219)
```

매크로 실행 결과를 직접 확인하려면 예제의 [표 서식] 단추를 클릭합니다. 다음의 결과가 반환됩니다.

	A	B	C	D	E	F	G	H	I	J
1										
2		분기	부서	판매수량	매출	평균할인율		표 서식		
3		1사분기	영업1부	4,616	98,779,250	4.50%				
4			영업2부	5,511	134,223,200	6.00%				
5		합계		10,127	233,002,450	5.25%				
6		2사분기	영업1부	6,044	150,024,400	6.30%				
7			영업2부	6,782	160,537,150	6.00%				
8		합계		12,826	310,561,550	6.15%				
9		3사분기	영업1부	7,974	215,645,850	5.40%				
10			영업2부	9,093	223,026,450	5.70%				
11		합계		17,067	438,672,300	5.55%				
12		4사분기	영업1부	6,256	170,006,500	5.80%				
13			영업2부	4,120	97,766,200	4.60%				
14			영업3부	2,450	58,137,600	4.70%				
15		합계		12,826	325,910,300	5.03%				
16		전체 합계		52,846	1,308,146,600	5.50%				
17										

Border 속성을 이용해 원하는 테두리 서식 설정하는 방법

예제 파일 PART 03 \ CHAPTER 11 \ (Range) Borders, BorderAround.xlsm

Borders 속성 구문

셀(또는 범위)에 원하는 테두리 서식을 설정하려면 Range 개체의 Borders 속성을 이용합니다. Borders 속성은 셀(또는 범위)의 테두리 선 스타일을 지정할 때 사용합니다. Borders 속성의 구문은 다음과 같습니다.

Range.Borders (❶index)

	셀에서 지정할 테두리 위치를 의미하며, 다음 내장 상수를 사용합니다.	
	내장 상수	**설명**
	xlEdgeTop	위쪽 테두리
	xlEdgeBottom	아래쪽 테두리
	xlEdgeLeft	왼쪽 테두리
❶ index	xlEdgeRight	오른쪽 테두리
	xlDiagonalDown	왼쪽 상단에서 오른쪽 하단으로 이어지는 사선
	xlDiagonalUp	왼쪽 하단에서 오른쪽 상단으로 이어지는 사선
	xlInsideHorizontal	범위 내 모든 가로 테두리
	xlInsideVertical	범위 내 모든 세로 테두리

BorderAround 메서드 구문

BorderAround 메서드는 Range 개체의 외곽 테두리를 설정할 때 사용하며 구문은 다음과 같습니다.

Range.BorderAround (❶linestyle, ❷weight, ❸colorIndex, ❹color, ❺themecolor)

	테두리 선 스타일을 지정하며, 다음 내장 상수를 사용합니다.	
	내장 상수	**설명**
❶ linestyle	xlContinuous	실선

	내장 상수	설명
❶ linestyle	xlDash	파선
	xlDashDot	파선과 점선이 교대로 나타나는 형태
	xlDashDotDot	파선과 두 개의 점선이 교대로 나타나는 형태
	xlDot	점선
	xlDouble	이중선
	xlLineStyleNone	선 없음
	xlSlantDashDot	기울어진 파선

❷ weight	테두리 선 두께를 지정하며, 다음 내장 상수를 사용합니다.	

내장 상수	설명
xlHairline	가장 가는 실선
xlMedium	보통
xlThick	굵은 실선
xlThin	가는 실선

❸ colorIndex	테두리 선 색을 색 번호로 지정하거나 또는 다음 내장 상수를 사용합니다.	

내장 상수	설명
xlColorIndexAutomatic	자동
xlColorIndexNone	색 없음

❹ color	테두리 선 색상을 RGB 값으로 지정합니다.
❺ themecolor	테두리 선 색상을 색 테마의 색으로 지정합니다. Interior 속성의 ThemeColor 속성과 동일하므로 해당 속성의 내용을 참고합니다.

Borders, BorderAround 예제

예제에서 다음 표를 확인합니다.

▲	A	B	C	D	E	F	G
1							
2		모든 테두리		이중 실선		굵은 테두리	
3							
4							

전체 테두리를 설정하려면 직접 실행 창에 다음과 같은 명령을 입력합니다.

```
Range("B3").Borders.LineStyle=xlContinuous  ───────────── ❶
```

❶ Borders 속성을 이용해 [B3] 셀에 [모든 테두리]를 설정합니다. Borders 속성에 Index 매개변수를 사용하지 않았으므로 상하좌우 테두리의 LineStyle(선 스타일)이 [실선]으로 설정됩니다.

BorderAround 속성을 이용해 [B3] 셀의 테두리를 설정하려면 다음 코드를 순서대로 입력합니다.

```
Range("B3").Borders.LineStyle = xlNone
Range("B3").BorderAround LineStyle:=xlContinuous
```

첫 줄의 코드는 기존 테두리의 설정을 지우는 역할을 하며, 두 번째 줄의 코드가 BorderAround 메서드를 이용해 테두리 설정을 진행합니다. BorderAround 메서드는 LineStyle 매개변수를 사용해 실선으로 설정합니다.

전체 테두리에 설정을 하지 않고 일부분만 설정하려면 BorderAround 메서드는 사용할 수 없습니다. Borders 속성을 이용합니다.

```
Range("D3").Borders(Index:=xlEdgeBottom).LineStyle=xlDouble ──────── ❶
```

❶ 셀 테두리 일부만 설정하려면 BoderAround 메서드는 사용할 수 없으므로 Borders 속성을 사용해야 합니다. Index 매개변수의 값을 아래쪽 테두리를 의미하는 xlEdgeBottom으로 설정한 후 LineStyle 속성을 [이중 실선](xlDouble)으로 설정합니다. 이 코드를 입력하면 이와 같은 결과를 얻을 수 있습니다.

테두리 전체에 서식을 지정하면서 선 스타일이나 두께 등을 한번에 설정해야 한다면 BorderAround 메서드를 이용하는 것이 편리합니다. 다음 코드를 직접 실행 창에 입력하고 결과를 확인해보세요!

```
Range("F3").BorderAround LineStyle:=xlContinuous, Weight:=xlThick ─────── ❶
```

❶ BoderAround 메서드를 사용해 [F3] 셀의 테두리를 [굵은 실선]으로 설정합니다. 여러 가지를 한번에 설정할 때는 BorderAround 메서드를 이용하는 것이 좋습니다. 이 코드를 실행하면 이와 같은 결과를 얻을 수 있습니다.

이 코드를 Borders 속성을 이용해 작업하려면 다음과 같은 두 줄의 코드를 입력해야 합니다.

```
Range("F3").Borders.LineStyle=xlContinuous
Range("F3").Borders.Weight=xlThick
```

11 / 25 엑셀 표(ListObject) 등록 방법

예제 파일 PART 03 \ CHAPTER 11 \ (ListObjects) Add 메서드.xlsm

ListObjects.Add 메서드 구문

엑셀 2003 버전부터 워크시트 내 특정 표 범위를 별도로 관리할 수 있는 [표] 기능이 추가되었습니다. 이 기능을 엑셀 표라고 합니다. 엑셀 표는 특정 범위 내에 존재하지만, Range 개체와 별도로 ListObject 개체를 통해 관리됩니다. 특정 표 범위를 엑셀 표로 등록할 때는 ListObjects 컬렉션의 Add 메서드를 이용하며, 다음과 같은 구문을 사용합니다.

> **Worksheet.ListObjects.Add (❶sourcetype, ❷source, ❸linksource, ❹xllistobjecthasheaders, ❺destination, ❻tablestylename)**

Add 메서드는 대부분의 컬렉션에서 개체를 새로 추가하는데 사용하는 메서드로, ListObjects 컬렉션에서 사용될 때는 다음과 같은 여섯 개의 매개변수를 사용할 수 있습니다.

❶ sourcetype	엑셀 표의 원본 타입을 의미하며, 다음과 같은 내장 상수를 사용합니다.	
	내장 상수	**설명**
	xlSrcExternal	외부 데이터 원본
	xlSrcRange	내부 범위
	xlSrcXml	XML
	xlSrcQuery	쿼리
	xlSrcModel	데이터 모델 (2013 이상 버전)
❷ replaceformat	원본 범위입니다. SourceType 매개변수의 값이 xlSrcRange이면 원본 표 범위를 Range 개체로 지정합니다.	
❸ linksource	외부 데이터와 연결되어 있는지 여부를 True, False로 지정합니다.	
❹ xllistobjecthasheaders	열 머리글 인식 여부를 의미하며, 다음과 같은 내장 상수를 사용합니다.	
	내장 상수	**설명**
	xlGuess	열 머리글 여부를 자동으로 인식
	xlYes	열 머리글 포함
	xlNo	열 머리글 미포함
❺ destination	외부 데이터를 연결할 때 ListObjects를 삽입할 왼쪽 상단 첫 번째 셀 위치를 지정합니다.	
❻ tablestylename	표 스타일 이름을 지정합니다.	

엑셀 표 등록하는 매크로 개발 사례

예제에서 다음 표를 확인합니다. 이 표를 엑셀 표로 등록한다고 가정합니다.

	A	B	C	D	E	F	G	H	I	J	K
1											
2		사번	이름	직위	성별	나이	근속기간			엑셀 표로 변환	
3		1	박지훈	부장	남	45	13년 9개월				
4		2	유준혁	차장	남	38	9년 4개월				
5		3	이서연	과장	여	36	4년 9개월				
6		4	김민준	대리	남	33	0년 10개월				
7		5	최서현	주임	여	30	1년 9개월				
8		6	박현우	주임	남	32	2년 4개월				
9		7	정시우	사원	남	28	1년 1개월				
10		8	이은서	사원	여	26	0년 11개월				
11		9	오서윤	사원	여	27	1년 3개월				
12											

엑셀 표로 등록할 경우에는 다음과 같은 매크로를 사용합니다.

```
Sub 표변환()

' 1단계 : 변수를 선언하고, 표 범위를 변수에 연결합니다.
    Dim 표 As Range                    ──────────────❶
    Dim 엑셀표 As ListObject            ──────────────❷

    Set 표 = Range("B2").CurrentRegion  ──────────────❸

' 2단계 : 표 서식을 초기화합니다.
    With 표                             ─────❹
        .Interior.ColorIndex = xlColorIndexNone
        .Borders.LineStyle = xlLineStyleNone
    End With

' 3단계 : 표를 엑셀 표로 등록합니다.
    Set 엑셀표 = ActiveSheet.ListObjects.Add(SourceType:=xlSrcRange, _
                                Source:=표, _
                                XlListObjectHasHeaders:=xlYes)   ──────────────❺

' 4단계 : 엑셀 표의 설정을 변경합니다.
    With 엑셀표                         ─────❻
        .Name = "직원명부"
        .TableStyle = "TableStyleMedium6"
        With .HeaderRowRange           ──────────────❼
            .Style = "표준"
            .HorizontalAlignment = xlCenter
        End With
    End With

End Sub
```

❶ Range 형식의 [표] 개체변수를 선언합니다.

❷ ListObject 형식의 [엑셀표] 개체변수를 선언합니다.

❸ [표] 개체변수에 [B2] 셀부터 연속된 데이터 범위를 연결합니다. 빈 행이나 빈 열이 없으므로, 예제에서는 [B2:G11] 범위가 연결됩니다.

❹ [표] 변수의 범위에 적용된 서식을 초기화하기 위해 배경색(.Interior.ColorIndex)을 [채우기 없음]으로 설정하고, 테두리 선 스타일 (.Borders.LineStyle)을 [선 없음]으로 설정합니다. 이 작업을 하지 않으면 표 등록 후 기존 표의 서식과 엑셀 표 스타일이 중첩되어 보기가 좋지 않습니다.

❺ [표] 변수의 범위를 엑셀 표로 등록합니다. 표를 등록할 때 XlListObjectHasHeaders 매개변수의 값을 xlYes로 설정했으므로 첫 번째 행 범위를 머리글로 설정합니다. 이후 처리 작업을 변수로 컨트롤하기 위해 등록된 엑셀 표를 [엑셀표] 개체변수에 연결합니다.

❻ [엑셀표] 변수의 엑셀 표 이름을 "직원명부"로 변경하고, 표 스타일을 [표 스타일 보통 6]으로 설정합니다. 표 스타일을 의미하는 TableStyleMedium6과 같은 값은 어떤 스타일인지 알기 어려우므로, 매크로 기록기를 이용해 원하는 표 스타일로 변경하는 작업을 기록하고 코드 창에 기록된 코드에서 가져다 사용하는 것이 좋습니다.

❼ 엑셀 표의 머리글 범위(HeaderRowRange)에 다음 서식을 설정합니다. 셀 스타일을 "표준"으로 변경하고, 머리글을 셀 가운데로 맞춰 표시합니다. "표준"으로 변경하지 않으면 글꼴 색이 검은색으로 통일되어 변경되며, "표준"으로 변경하면 머리글이 데이터 형식에 맞춰 왼쪽에 표시되므로 셀 가운데로 맞춤하는 작업이 필요합니다. 이 동작이 어렵다면 이 부분을 모두 주석으로 처리한 후 매크로로 실행해 보기 바랍니다.

TIP 이 매크로는 예제의 [엑셀 표로 변환] 단추에 연결되어 있습니다.

매크로를 실행하면 다음과 같이 표가 등록됩니다.

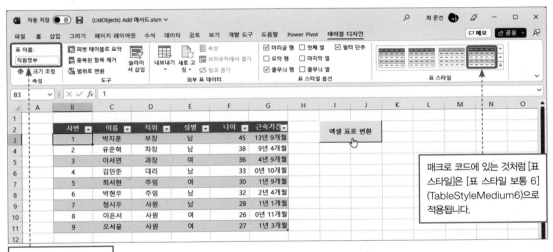

[표 이름]이 [직원명부]로 변경됩니다.

매크로 코드에 있는 것처럼 [표 스타일]은 [표 스타일 보통 6] (TableStyleMedium6)으로 적용됩니다.

엑셀 표 범위 참조 방법

예제 파일 PART 03 \ CHAPTER 11 \ (ListObject) 범위 참조.xlsm

ListObject 개체를 이용

엑셀 표는 구조적 참조 문법을 사용해 표 범위 전체 또는 일부를 참조할 수 있습니다. 따라서 엑셀 표로 등록된 표 범위를 참조할 때는 셀 주소 이외에도 구조적 참조 구문을 사용합니다.

예제에서 다음 표를 확인합니다. 표 이름은 [직원명부]이며, 리본 메뉴의 [표도구]-[디자인] 탭-[속성] 그룹-[표 이름]에서 확인할 수 있습니다.

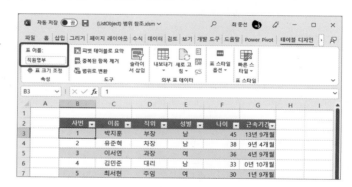

엑셀 표는 ListObject 개체이므로, ListObject 개체의 다양한 구성원을 통해 표 범위를 참조할 수 있습니다. 다음 코드를 VB 편집기 창의 직접 실행 창에 입력해 엑셀 표의 어느 범위가 선택되는지 확인해봅니다.

```
ActiveSheet.ListObjects("직원명부").Range.Select ──────── ❶
```

❶ [직원명부] 엑셀 표의 전체 범위(B2:G11)가 선택됩니다.

```
ActiveSheet.ListObjects("직원명부").HeaderRowRange.Select ──────── ❶
```

❶ [직원명부] 엑셀 표의 머리글 범위(B2:G2)가 선택됩니다.

```
ActiveSheet.ListObjects("직원명부").DataBodyRange.Select ————————————— ❶
```

❶ [직원명부] 엑셀 표의 본문 범위(B3:G11)가 선택됩니다.

```
ActiveSheet.ListObjects("직원명부").ListColumns(4).Range.Select ————————————— ❶
```

❶ [직원명부] 엑셀 표의 네 번째 열 범위(E2:E11)가 선택됩니다.

```
ActiveSheet.ListObjects("직원명부").ListRows(3).Range.Select ————————————— ❶
```

❶ [직원명부] 엑셀 표의 세 번째 행 범위(B5:G5)가 선택됩니다. 머리글 범위는 행 범위로 취급하지 않으며, 행 범위는 HeaderRow Range라는 속성을 이용해 참조한다는 점에 유의합니다.

Range 개체를 이용

엑셀 표도 Range 개체의 일부이므로, Range 개체를 이용해 범위를 참조할 수 있습니다. 이때 셀 주소를 사용할 수도 있지만, 구조적 참조 구문을 이해하고 있다면 구조적 참조 구문을 이용해 범위를 참조하는 방법이 더 효과적입니다.

다음 코드를 직접 실행 창에 입력해 결과를 확인합니다.

```
Range("직원명부").Select ————————————— ❶
```

❶ [직원명부] 엑셀 표 범위에서 머리글 범위를 제외한 본문 범위(B2:G11)가 선택됩니다. 이 명령은 ActiveSheet.ListObjects("직원명부").DataBodyRange.Select와 동일합니다.

```
Range("직원명부[#All]").Select ————————————— ❶
```

❶ [직원명부] 엑셀 표의 머리글 범위를 포함한 모든 범위(B2:G11)가 선택됩니다. 이 명령은 ActiveSheet.ListObjects("직원명부"). Range.Select와 동일합니다.

```
Range("직원명부[입사일]").Select ————————————— ❶
```

❶ [직원명부] 엑셀 표의 네 번째 열 범위(E3:E11)가 선택됩니다. 앞서 사용했던 Activesheet.ListObjects("직원명부").ListColumns (4).Range.Select와 다른 점은 머리글 범위(E2)가 제외된다는 점입니다.

엑셀 표에 새 데이터를 입력하는 매크로를 개발할 때 주의할 점

예제 파일 PART 03 \ CHAPTER 11 \ (ListObject) 데이터 추가.xlsm

데이터가 입력된 엑셀 표에 새 데이터를 추가하는 경우

예제의 [sample1] 시트에서 다음과 같은 엑셀 표를 확인합니다.

	A	B	C	D	E	F	G	H	I	J
1										
2		사번 ▾	이름 ▾	직위 ▾	성별 ▾	나이 ▾		데이터 입력		
3		1	박지훈	부장	남	45				
4		2	유준혁	차장	남	38				
5		3	이서연	과장	여	36				
6		4	김민준	대리	남	33				
7		5	최서현	주임	여	30				
8		6	박현우	주임	남	32				
9		7	정시우	사원	남	28				
10		8	이은서	사원	여	26				
11		9	오서윤	사원	여	27				
12										
13										

sample1   sample2   sample3   +

기본 엑셀 표에 새 데이터를 입력하는 작업은 일반 표와 크게 다르지 않습니다. 다음과 같은 코드를 구성해 사용합니다.

```
Sub 데이터입력_사례1()

    Dim 입력위치 As Range                                    ❶

    Set 입력위치 = Cells(Rows.Count, "B").End(xlUp).Offset(1)        ❷

    입력위치.Resize(, 5) = Array(10, "홍길동", "사원", "남", 28)        ❸

End Sub
```

❶ Range 형식의 [입력위치] 개체변수를 선언합니다.

❷ [입력위치] 개체변수에 B열의 마지막 데이터 입력 셀(B11)의 바로 아래 셀(B12)을 연결합니다.

❸ [입력위치] 변수의 셀 위치에서 오른쪽 다섯 개 셀을 포함하는 범위(B12:F12)로 조정한 후 Array 함수의 값을 입력합니다.

데이터가 없는 엑셀 표에 새 데이터 입력하는 경우

계속해서 [sample2] 시트를 선택하면 데이터가 하나도 없는 엑셀 표를 확인할 수 있습니다.

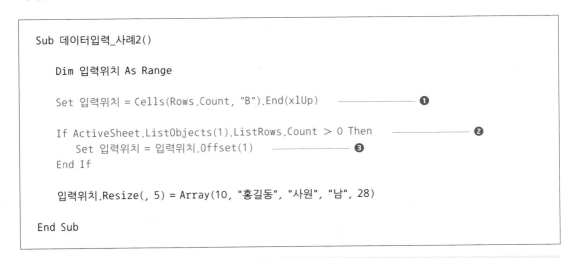

TIP 데이터가 입력되지 않은 엑셀 표는 빈 행을 하나 가지고 있으며, 이 행에 데이터를 입력해야 합니다.

이렇게 빈 엑셀 표에 새 데이터를 추가하려면 데이터 입력 위치를 다음과 같이 참조하고 데이터를 입력합니다.

```
Sub 데이터입력_사례2()

    Dim 입력위치 As Range

    Set 입력위치 = Cells(Rows.Count, "B").End(xlUp)                    ❶

    If ActiveSheet.ListObjects(1).ListRows.Count > 0 Then             ❷
        Set 입력위치 = 입력위치.Offset(1)            ❸
    End If

    입력위치.Resize(, 5) = Array(10, "홍길동", "사원", "남", 28)

End Sub
```

❶ [입력위치] 개체변수에 B열의 마지막 입력 셀(B3)을 연결합니다.

❷ 표에 데이터가 입력되어 있는지 여부를 확인하기 위해 현재 워크시트에서 첫 번째 엑셀 표의 행 개수(ListRows.Count)를 세고 0보다 큰지 확인합니다. 데이터가 입력된 경우에는 1, 2, 3, …과 같은 데이터 행수가 반환되므로, 0을 초과하면 입력된 데이터가 있다는 의미 입니다.

❸❷ 코드의 판단 결과가 True면 데이터가 입력되어 있는 것이므로 [입력위치] 개체변수에 연결된 셀을 아래로 한 칸 내립니다.

요약 행이 존재하는 엑셀 표에 새 데이터 추가하는 경우

마지막으로 [sample3] 시트를 선택하면 요약 행이 표시되는 엑셀 표를 확인할 수 있습니다.

	A	B	C	D	E	F	G	H	I	J
1										
2		사번	이름	직위	성별	나이		데이터 입력		
3		1	박지훈	부장	남	45				
4		2	유준혁	차장	남	38				
5		3	이서연	과장	여	36				
6		4	김민준	대리	남	33				
7		5	최서현	주임	여	30				
8		6	박현우	주임	남	32				
9		7	정시우	사원	남	28				
10		8	이은서	사원	여	26				
11		9	오서윤	사원	여	27				
12		요약				33				
13										

sample1 | sample2 | sample3 | +

TIP 요약 행은 엑셀 표에서 자동으로 특정 열의 합계, 평균, 개수 등을 확인할 수 있는 기능입니다.

요약 행이 있는 엑셀 표에 새 데이터를 추가하려면 좀 더 복잡한 코드를 사용합니다. 다음과 같은 방식으로 매크로 코드를 구성합니다.

```
Sub 데이터입력_사례3()

    Dim 입력위치 As Range

    Set 입력위치 = Cells(Rows.Count, "B").End(xlUp)

    If ActiveSheet.ListObjects(1).ShowTotals = True Then  ─────────── ❶

        입력위치.EntireRow.Insert Shift:=xlShiftDown
        Set 입력위치 = 입력위치.Offset(-1)

    Else  ───── ❷

        Set 입력위치 = 입력위치.Offset(1)

    End If

    입력위치.Resize(, 5) = Array(10, "홍길동", "사원", "남", 28)

End Sub
```

❶ 현재 워크시트의 첫 번째 엑셀 표에 요약 행이 있는지 여부를 ShowTotals 속성을 이용해 판단합니다. 요약 행이 있다면 [입력위치] 개체변수에 연결된 셀이 요약 행이므로 상단에 빈 행이 하나 삽입되도록 작업한 후 [입력위치] 개체변수에 연결된 셀을 위 방향으로 한 칸 이동합니다.

❷ 요약 행이 없다면 [입력위치] 개체변수에 연결된 셀을 아래 방향으로 한 칸 이동합니다.

CHAPTER
12

시트 개체

엑셀 시트(Sheet) 개체를 이해하기 위해서는 Sheets 컬렉션과 Worksheet, Chart 개체에 대한 명확한 구분이 필요합니다. Worksheet 개체는 셀로 구성된 시트를 의미하며, Chart 개체는 차트로만 구성된 시트를 의미합니다. 시트 개체는 이외에도 다양한 개체와 그에 맞는 컬렉션을 사용해야 제대로 작동합니다. 이번 CHAPTER에서는 시트 개체를 컨트롤할 수 있는 다양한 방법에 대해 알아보겠습니다.

Worksheet 개체의 주요 구성원 이해

예제 파일 없음

Sheets, Worksheets, Charts 컬렉션 구성원

엑셀 시트를 대상으로 하는 컬렉션은 Sheets, Worksheets, Charts입니다. 다음은 세 개의 컬렉션에서 공통으로 사용할 수 있는 명령어를 설명합니다.

구성원	설명	연관 기능
Add	컬렉션에 새 개체를 추가합니다(Sheets는 사용 불가).	새 시트
Delete	컬렉션 내의 모든 개체를 삭제합니다.	
Copy	컬렉션 내의 모든 개체를 다른 위치로 복사합니다.	이동/복사
Move	컬렉션 내의 모든 개체를 다른 위치로 이동합니다.	이동/복사
PrintOut	컬렉션 내의 모든 개체를 인쇄합니다.	리본 메뉴 [파일] 탭-[인쇄]
PrintPreview	컬렉션 내의 모든 개체의 인쇄 결과를 인쇄 미리보기 창으로 확인합니다.	리본 메뉴 [파일] 탭-[인쇄]
Select	컬렉션 내의 모든 개체를 선택합니다.	
Count	컬렉션 내의 개체 수를 확인하거나 반환합니다.	
Visible	컬렉션 내의 개체 표시 여부를 반환하거나 설정합니다.	숨기기

Worksheet 개체 구성원

시트 중에서 가장 많이 사용되는 Worksheet 개체의 구성원은 다음과 같습니다.

구성원	설명	연관 기능
Activate	워크시트를 화면에 표시합니다.	
Name	워크시트의 이름을 반환하거나 설정합니다.	
Copy	워크시트를 다른 위치로 복사합니다.	이동/복사
Move	워크시트를 다른 위치로 이동합니다.	이동/복사
Delete	워크시트를 삭제합니다.	리본 메뉴 [홈] 탭-[셀] 그룹-[삭제]-[시트 삭제]
PrintOut	워크시트를 인쇄합니다.	리본 메뉴 [파일] 탭-[인쇄]

구성원	설명	연관 기능
PrintPreview	워크시트의 인쇄 결과를 인쇄 미리 보기 창으로 확인합니다.	리본 메뉴 [파일] 탭-[인쇄]
Protect	워크시트를 암호로 보호합니다.	리본 메뉴 [검토] 탭-[보호] 그룹-[시트 보호]
UnProtect	워크시트의 암호를 해제합니다.	리본 메뉴 [검토] 탭-[보호] 그룹-[시트 보호 해제]
Next	다음 워크시트 개체를 반환합니다.	
Previous	이전 워크시트 개체를 반환합니다.	
UsedRange	워크시트에서 사용된 범위를 Range 개체로 반환합니다.	
Visible	워크시트의 표시 여부를 반환하거나 설정합니다.	숨기기/숨기기 취소

참고로 컬렉션과 개체의 구성원에는 동일한 구성원(명령)이 존재하는 경우가 있습니다. 이는 해당 명령을 처리할 대상이 하나의 개체인지, 아니면 컬렉션 내 모든 개체인지에 따른 차이입니다.

Activate와 Select 메서드의 차이 이해

예제 파일 PART 03 \ CHAPTER 12 \ (Worksheet) Activate, Select 메서드.xlsm

파일 내 특정 시트를 화면에 표시하고 싶을 때 Activate 또는 Select 메서드를 사용합니다. Select 메서드는 명령어 그대로 선택하는 동작이므로 하나 또는 여러 개의 개체를 선택할 수 있습니다. Activate 메서드는 여러 개체 중 하나를 활성화시킵니다. 활성화한다는 의미는 키보드 입력을 받을 수 있도록 전면에 표시한다는 의미를 가지며, 활성화된 시트를 ActiveSheet라고 합니다.

예제에서 다음 코드를 순서대로 VB 편집기의 직접 실행 창에 한 줄씩 입력한 후 시트 탭을 확인해 어떤 워크시트가 선택되는지 확인해보세요!

```
Worksheets("Sheet2").Actviate ─────────── ❶

Worksheets("Sheet3").Select ─────────── ❷
```

❶ [Sheet2] 시트가 화면에 표시됩니다. [Sheet2] 시트에 입력을 받으려면 화면에 표시되어야 합니다. 이 과정에서 시트가 선택되므로 이 코드는 다음과 동일한 결과를 얻습니다.

```
Worksheets("Sheet2").Select
```

이 코드의 Worksheets 컬렉션을 Sheets 컬렉션으로 변경해도 됩니다.

```
Sheets("Sheet2").Activate
```

❷ [Sheet3] 시트를 선택합니다. 시트를 선택하면 선택된 시트가 활성화됩니다.

이 코드만으로는 Activate와 Select 메서드의 차이를 이해하기가 쉽지 않습니다. 둘의 차이를 보다 명확하게 하기 위해 다음 코드를 연속해서 직접 실행 창에 입력해보세요!

```
Worksheets(Array("Sheet1", "Sheet2")).Select ─────────── ❶

Worksheets("Sheet2").Activate ─────────── ❷
```

❶ [Sheet1], [Sheet2] 시트를 모두 선택합니다. 아래 화면에서 확인할 수 있는 것처럼 두 시트가 동시에 그룹으로 선택됩니다. Select 메서드는 동시에 여러 개의 시트를 선택할 수 있는데, 이때 시트 이름은 Array 함수를 사용해 전달합니다.

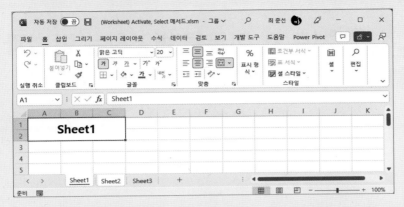

이 화면에서 구분하기가 쉽지는 않겠지만 여러 개 시트를 선택해도 한 번에 화면에 표시되는 시트는 하나밖에 없으며, 항상 첫 번째 시트(예제에서는 [Sheet1] 시트)가 활성화됩니다.

❷ 앞의 코드로 [Sheet1]과 [Sheet2] 시트가 그룹으로 선택되는데, Activate 메서드를 이용하면 화면에 표시되는 시트를 변경할 수 있습니다. [Sheet2] 시트를 활성화하도록 명령을 실행하면 그룹이 해제되지 않으면서 화면에 표시되는 시트가 [Sheet1]에서 [Sheet2] 시트로 변경됩니다.

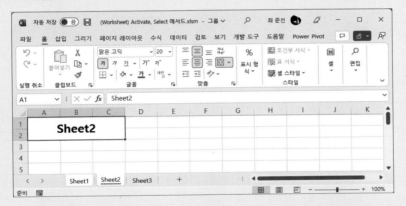

그룹을 해제하고 싶다면 그룹으로 선택된 시트 내 특정 시트, 또는 그룹으로 설정되지 않은 다른 시트를 Select합니다.

```
Worksheets("Sheet3").Select
```

참고로 두 시트를 모두 활성화하려고 하면 에러가 발생합니다.

```
Worksheets(Array("Sheet1", "Sheet2")).Activate
```

두 명령의 차이를 제대로 이해하고 있다면 위 코드에서 왜 에러가 발생되는지 이해할 수 있어야 합니다.

시트 탭 이름을 변경하는 방법과 주의할 점

예제 파일 PART 03 \ CHAPTER 12 \ (Worksheet) Name 속성.xlsm

Name 속성의 사용 예

시트의 이름은 VBA에서 부르는 CodeName과 시트 탭에서 사용자가 변경할 수 있는 Name이 있습니다.
시트 탭의 이름을 변경할 때는 Name 속성을 이용해 다음과 같이 변경합니다.

```
Worksheets("Sheet1").Name = "1월"                    ❶
```

❶ [Sheet1] 시트의 이름을 **1월**로 변경합니다. 또는 간단하게 Sheets 컬렉션을 이용할 수도 있습니다.

```
Sheets("Sheet1").Name = "1월"
```

위 코드를 실행할 때 [1월] 시트가 있는 상황이라면 동일한 시트 이름은 사용할 수 없으므로 에러가 발생합니다.

ISSHEET 사용자 정의 함수

시트 탭 이름을 변경하려면 변경하려는 이름과 같은 시트가 존재하면 안됩니다. 그러므로 특정 이름을 사용하는 시트가 있는지 확인할 필요가 있지만 별도의 함수가 제공되진 않습니다. 따라서 다음과 같은 사용자 정의 함수를 만들어 사용하는 것이 편리합니다.

```
Function IsSheet( 시트명 As String ) As Boolean       ❶

    Dim 시트 As Worksheet       ❷

    On Error Resume Next       ❸
```

```
        Set 시트 = Worksheets(시트명)  ──────────── ④

        IsSheet = (Err.Number = 0)  ──────────── ⑤

End Function
```

① [IsSheet] 사용자 정의 함수를 Function 프로시저로 선언합니다. [IsSheet] 함수는 특정 이름을 사용하는 시트가 존재하는지 확인해 논릿값으로 결과를 반환합니다. 확인할 시트명을 [시트명] 매개변수에 받아서 확인합니다.

② Worksheet 형식의 [시트] 개체변수를 선언합니다.

③ On Error 문을 사용해 ④ 코드에서 에러가 발생해도 중단하지 않고, 다음 줄의 코드가 실행되도록 설정합니다.

④ [시트] 개체변수에 [시트명] 매개변수에 저장된 이름의 시트를 연결합니다.

⑤ ④ 코드에서 에러가 발생하지 않으면 해당 시트가 존재한다는 의미입니다. 에러 발생 여부는 Err 개체의 Number 속성값을 확인하면 되는데, 이 값이 0이면 에러가 발생하지 않았다는 의미입니다. 오른쪽 계산식의 결과를 [IsSheet] 함수에 반환합니다.

시트 이름을 변경하는 매크로 개발 사례

현재 시트명을 이번 달 이름(M월)으로 변경하는 매크로는 다음과 같은 코드로 구성할 수 있습니다.

```
Sub 시트명변경()

' 1단계 : 변수를 선언하고 초깃값을 저장합니다.
    Dim 시트이름 As String  ──────────── ①

    시트이름 = Format(Date, "M월")  ──────────── ②

' 2단계 : 원하는 이름의 시트가 존재하는지 확인하고, 존재하지 않으면 시트를 새로 추가합니다.
    If IsSheet(시트이름) = True Then  ──────────── ③

        MsgBox "[" & 시트이름 & "] 시트가 이미 존재합니다."

    Else  ──────────── ④

        ActiveSheet.Name = 시트이름

    End If

End Sub
```

① String 형식의 [시트이름] 변수를 선언합니다.

② [시트이름] 변수에 이번 달을 "M월" 형식으로 저장합니다. Date 함수는 워크시트 함수인 TODAY( )와 동일하므로 오늘 날짜를 반환합니다. Format 함수를 사용해 "M월"과 같은 형식의 값이 반환되도록 하면 항상 이번 달(예를 들면 7월)이 변수에 저장됩니다.

③ [IsSheet] 사용자 정의 함수를 사용해 [시트이름] 변수에 저장된 값과 동일한 워크시트가 있는지 판단합니다. True면 시트가 존재하는 것이니 해당 내용을 MsgBox 함수를 사용해 메시지 창에 표시합니다.

④ ③ 코드의 판단 결과가 False면 해당 이름의 시트가 존재하지 않으므로, 현재 시트의 이름을 [시트이름] 변숫값으로 변경합니다.

이 매크로는 예제의 [이번 달 이름으로 시트명 변경] 단추에 연결되어 있습니다. 한 번 클릭하면 시트명이 자동으로 변경되며, 한 번 더 클릭하면 해당 이름의 시트가 존재한다는 메시지 창이 표시됩니다.

TIP 변경되는 시트 이름은 매크로를 실행하는 시점의 해당 월입니다.

12 / 04 빈 워크시트를 추가하는 방법

예제 파일 PART 03 \ CHAPTER 12 \ (Worksheets) Add 메서드.xlsm

Add 메서드 구문

모든 컬렉션에는 새로운 개체를 추가할 수 있는 Add 메서드가 제공됩니다. 워크시트 역시 새로운 시트를 생성하려면 컬렉션에 Add 메서드를 이용합니다. Worksheets 컬렉션의 Add 메서드 구문은 다음과 같습니다.

Worksheets.Add (❶before, ❷after, ❸count, ❹type)

❶ before	이 매개변수에 지정된 시트 바로 앞에 시트를 추가합니다.
❷ after	이 매개변수에 지정된 시트 바로 뒤에 시트를 추가합니다.
❸ count	추가할 시트수입니다. 생략하면 1로, 하나의 시트만 추가합니다.
❹ type	시트 형식을 지정합니다. 단, Worksheets 컬렉션의 경우 자동으로 xlWorksheet 내장 상수를 사용해 워크시트를 추가하며, Charts 컬렉션의 경우 xlChart 내장 상수를 사용해 차트 시트를 추가합니다. Type 매개변수를 이용해 여러 종류의 차트를 추가하려면 Sheets 컬렉션을 이용해야 합니다.

내장 상수	설명
xlWorksheet	워크시트
xlChart	차트시트
xlDialogSheet	MS Excel 5.0 Dialog 시트
xlExcel4MacroSheet	MS Excel 4.0 Macro 시트
xlExcel4IntlMacroSheet	MS Excel 4.0 Macro 시트(국제)

Add 메서드의 사용 예

시트 탭의 제일 마지막 위치로 워크시트를 삽입할 때는 다음과 같은 코드를 사용합니다.

```
Worksheets.Add After:=Worksheets(Worksheets.Count)            ❶
```

❶ Add 메서드를 이용해 새 워크시트를 삽입하는데, After 매개변수에 마지막 워크시트 개체를 설정합니다. Worksheets.Count는 현재 워크시트수를 의미하므로 세 개가 존재할 경우 After 매개변수에는 Worksheets(3)가 전달되는 것과 같습니다. 그러므로 이 코드는 항상 마지막 워크시트 뒤에 새 워크시트를 삽입합니다. 이 코드는 Sheets 컬렉션을 이용한 후 다음 코드처럼 단순화할 수 있습니다.

```
Sheets.Add After:=Sheets(Sheets.Count)
```

반대로 항상 맨 앞에 워크시트를 추가하려면 다음과 같은 코드를 사용합니다.

```
Worksheets.Add Before:=Worksheets(1)
```

다만 Before, After를 사용하지 않으면 항상 첫 번째 시트 탭 위치로 시트를 생성해주므로, 이 코드는 다음과 같습니다.

```
Worksheets.Add
```

삽입한 워크시트는 항상 화면에 표시되며, Sheet2, Sheet3,…과 같은 이름을 가지므로 이름을 변경하려면 ActiveSheet를 이용합니다.

```
Worksheets.Add                    ──────── ❶
ActiveSheet.Name = "sample"        ──────── ❷
```

❶ 빈 워크시트를 하나 추가합니다.
❷ 현재 워크시트의 이름을 "sample"로 변경합니다.

워크시트 삽입과 동시에 원하는 이름을 설정하려면 다음과 같은 코드를 사용할 수 있습니다.

```
Wosksheets.Add.Name = "sample"     ──────── ❶
```

❶ Worksheets.Add 메서드를 사용하면 새로운 Worksheet 개체가 반환되므로 바로 Name 속성을 이용해 원하는 이름으로 수정할 수 있습니다.

월 시트를 생성해주는 매크로 개발 사례

매크로를 실행할 때마다 시트 탭의 오른쪽으로 1월부터 순서대로 12월까지의 시트를 하나씩 추가하는 매크로를 사용하려면 다음 코드를 참고합니다.

```
Sub 월시트생성()

' 1단계 : 변수를 선언합니다.
    Dim 현재시트 As Worksheet ──────────❶
    Dim 마지막시트 As Worksheet ──────────❷
    Dim 마지막월 As Integer ──────────❸

' 2단계 : 현재 시트와 시트 탭의 맨 오른쪽 시트를 변수에 할당합니다.
    Set 현재시트 = ActiveSheet ──────────❹
    Set 마지막시트 = Worksheets(Worksheets.Count) ──────────❺

' 3단계 : 기존 월 시트가 있으면 다음 월 시트를 추가하고, 없으면 1월부터 시트를 추가합니다.
    If Right(마지막시트.Name, 1) = "월" Then ──────────❻

        마지막월 = Replace(마지막시트.Name, "월", "")

        If 마지막월 < 12 Then ──────────❼

            Worksheets.Add After:=Sheets(Sheets.Count)
            ActiveSheet.Name = 마지막월 + 1 & "월"

        End If

    Else ──────────❽

        Worksheets.Add(After:=Sheets(Sheets.Count)).Name = "1월"

    End If

' 4단계 : 시트를 추가한 후 현재 시트를 다시 화면에 표시합니다.
    현재시트.Activate ──────────❾

End Sub
```

❶ Worksheet 형식의 [현재시트] 개체변수를 선언합니다.

❷ Worksheet 형식의 [마지막시트] 개체변수를 선언합니다.

❸ 현재 파일의 마지막 월 값을 저장할 Integer 형식의 [마지막월] 변수를 선언합니다.

❹ [현재시트] 개체변수에 ActiveSheet 단축 접근자를 사용해 현재 화면의 시트(sample)를 연결합니다. 이렇게 변수에 연결해야 원하는 시트를 생성한 후 현재 시트로 다시 복귀하기 쉽습니다.

❺ [마지막시트] 개체변수에 Worksheets 컬렉션의 마지막(Worksheets.Count) 시트를 연결합니다.

❻ [마지막시트] 개체변수에 연결된 시트가 "월"시트인지 확인하기 위해 시트명의 마지막 글자가 "월"인지 판단합니다. "월"이 맞으면 [마지막월] 변수에 해당 시트 이름에서 "월" 문자를 삭제한 숫자를 저장합니다.

❼ [마지막월] 변수에 저장된 값이 12(월) 미만인 경우에만 시트를 새로 추가(Worksheets.Add After:=Sheets(Sheets.Count))하고, 해당 시트 이름을 다음 달(마지막월+1)로 수정합니다. 여기에서 워크시트를 새로 추가할 때 **After:=Sheets(Sheets.Count)**라고 쓴 이유는 파일에 차트시트가 존재해도 항상 마지막 위치(오른쪽 끝)에 워크시트를 삽입해야 하기 때문입니다.

❽ ❻번 줄의 코드에서 [마지막시트] 개체변수에 할당된 시트 이름이 "월"로 끝나지 않으면 월 시트가 존재하지 않는 것이므로, 새 워크시트를 삽입하고 "1월"로 이름을 수정합니다.

❾ [현재시트] 개체변수에 할당된 시트를 화면에 표시합니다. 이렇게 해야 시트를 추가 후 추가한 시트가 아니라 매크로를 실행한 시트를 계속 표시할 수 있습니다.

TIP 이 매크로는 [월 시트 생성] 단추에 연결되어 있습니다.

예제에서 [월 시트 생성] 단추를 클릭할 때마다 월 시트가 순서대로 생성됩니다. 다음 화면은 [월 시트 생성] 단추를 세 번 클릭한 결과입니다.

사용하지 않는 시트 삭제 방법

예제 파일 없음

Delete 메서드의 이해

시트를 삭제할 때는 Worksheet 개체의 Delete 메서드를 사용합니다. 다음은 [Sheet1] 시트를 삭제하는 코드입니다.

```
Worksheets("Sheet1").Delete    ———————————— ❶
```

❶ "Sheet1" 이름의 시트를 삭제합니다. 이 코드는 다음과 같이 변경할 수 있습니다.

```
Sheets("Sheet1").Delete
```

파일 내 모든 워크시트를 한번에 삭제하려면 워크시트 컬렉션에 Delete 메서드를 이용합니다.

```
Worksheets.Delete    ———————————— ❶
```

❶ 현재 파일 내 모든 워크시트를 삭제합니다. 다만 엑셀 파일에는 최소 한 개의 시트가 존재해야 하므로, 이 코드가 에러 없이 동작하려면 파일에 워크시트 외에 차트시트와 같은 것이 하나라도 존재해야 합니다. 만약 워크시트만 존재하는 파일에서 이 코드를 실행하면 다음과 같은 경고 메시지 창이 표시됩니다.

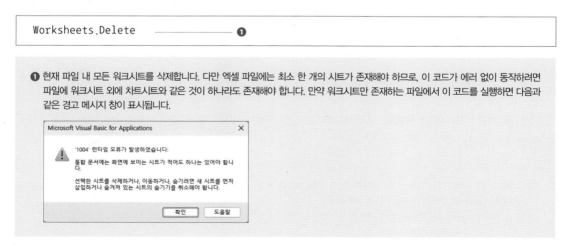

Delete 메서드와 경고 메시지 창

Delete 메서드는 사용자가 엑셀 창에서 시트를 삭제하는 동작에 해당하므로, 시트를 삭제하면 다음과 같은 경고 메시지 창이 표시됩니다.

매크로 실행 중에 메시지 창을 표시하지 않기 위해서 Delete 메서드를 사용한 코드 줄 앞뒤로 Application 개체의 DisplayAlerts 속성을 이용해 경고 메시지 창이 표시되지 않도록 합니다. 다음 코드를 참고합니다.

```
Application.DisplayAlerts = False          ❶
    Worksheets("Sheet1").Delete
Application.DisplayAlerts = True           ❷
```

❶ Application 개체의 DisplayAlerts 속성은 경고 메시지 창의 표시 여부를 결정하는 속성으로, 논릿값을 사용합니다. 이 속성값을 False로 설정하면 경고 메시지 창이 표시되지 않습니다. 참고로 경고 메시지 창이 표시되지 않을 때 메시지 창의 기본 선택 버튼이 자동으로 실행됩니다. Delete 메서드를 사용할 때 표시되는 경고 메시지 창의 기본 선택 버튼은 [삭제]이므로, 이 버튼을 클릭한 것과 동일합니다.

❷ DisplayAlerts 속성을 변경하면 엑셀의 옵션을 변경한 것과 동일하기 때문에 매크로가 실행된 다음 엑셀 창에서 사용자가 수동으로 워크시트를 삭제해도 경고 메시지 창이 표시되지 않습니다. 따라서 매크로에서 이런 속성값을 고치면 반드시 원래대로 돌려놓을 필요가 있습니다. 경고 메시지 창은 표시되는 것이 기본 옵션이므로 DisplayAlerts 속성을 이용할 경우에는 Delete 메서드를 사용하는 코드 앞뒤의 속성을 변경하고 다시 원래대로 복구하는 코드가 필요합니다.

이와 같이 구성하면 경고 메시지 창이 표시되지 않고 시트가 삭제됩니다. 하지만 삭제할 시트(Sheet1)가 존재하지 않을 경우에는 Delete 메서드 자체가 동작하지 못하므로 다음과 같은 에러가 발생합니다.

시트가 존재하는 경우에만 시트를 삭제하도록 코드를 수정하려면 다음과 같이 On Error Resume Next 문을 함께 사용합니다.

```
On Error Resume Next          ❶
    Application.DisplayAlerts = False
        Worksheets("Sheet1").Delete
    Application.DisplayAlerts = True
On Error Goto 0               ❷
```

❶ On Error Resume Next를 사용해 다음 Delete 메서드를 이용하는 코드에서 에러가 발생해도 매크로가 에러 메시지 창 표시 없이 계속 실행하도록 합니다.

❷ On Error Resume Next를 사용하면 다음 줄의 모든 코드에서 에러가 발생해도 그냥 무시합니다. 그러므로 Delete 메서드가 실행된 후에도 에러를 무시하도록 하면 매크로가 제대로 동작하지 않을 수 있습니다. On Error Goto 0 명령을 사용해 앞서 설정한 On Error 문의 설정을 취소합니다. 이후 코드에서 에러가 발생하면 에러 메시지 창이 표시됩니다.

전체 시트로 이동할 수 있는 목차 시트 만드는 방법

예제 파일 PART 03 \ CHAPTER 12 \ (Worksheets) Add, Delete 메서드.xlsm

파일에 시트가 많을 때는 시트 탭의 첫 번째 시트로 빠르게 이동할 수 있는 목차(인덱스) 시트를 만들어놓으면 편리합니다. 목차 시트를 엑셀의 [하이퍼링크] 기능이나 HYPERLINK 함수 등을 사용해 만들 수도 있지만, 시트가 새로 추가되거나 삭제되는 경우가 있으면 다시 고쳐야 하므로 매크로를 이용해 생성하는 것이 좋습니다. 예제 파일처럼 다음과 같은 목차 시트를 만들고 싶다고 가정합니다.

예제 파일에는 목차 시트는 존재하지 않으며, 매크로를 이용해 생성됩니다. 파일을 열고 Alt + F8 을 누른 후 [매크로] 대화상자에서 [목차시트] 매크로를 실행해보세요.

```
Sub 목차시트()

    ' 1단계 : 변수를 선언합니다.
        Dim i As Long                  ❶
        Dim r As Long                  ❷
        Dim 목차범위 As Range            ❸

    ' 2단계 : 기존 목차시트를 삭제합니다.        ❹
        On Error Resume Next

            Application.DisplayAlerts = False
                Worksheets("목차").Delete
            Application.DisplayAlerts = True
```

```
    On Error GoTo O

' 3단계 : 새 워크시트를 맨 처음 위치에 삽입하고 목차시트로 명명합니다. ———————— ❺
    Worksheets.Add Before:=Worksheets(1)
        ActiveSheet.Name = "목차"

' 4단계 : 전체 시트를 순환하면서 목차를 만듭니다.
    For i = 1 To Sheets.Count ———————— ❻

        r = i + 1 ———————— ❼
        Set 목차범위 = Cells(r, "B").Resize(, 3) ———————— ❽

        Cells(r, "B").Value = Sheets(i).Name ———————— ❾

        If i = 1 Then ———————— ❿

            목차범위.Borders(xlEdgeBottom).LineStyle = xlDouble

        Else ———————— ⓫

            Cells(r, "C").Value = "———————"
            ActiveSheet.Hyperlinks.Add Anchor:=Cells(r, "D"), _
                                     Address:="", _
                                     SubAddress:="[" & Sheets(i).Name & "[!A1", _
                                     TextToDisplay:="클릭"

        End If

        With 목차범위 ———————— ⓬
            .HorizontalAlignment = xlCenter
            .Interior.ThemeColor = xlThemeColorDark1
            .Interior.TintAndShade = -0.05
        End With

    Next i

End Sub
```

❶ Long 형식의 [i] 변수를 선언합니다. 이 변수는 For… Next 순환문에서 사용할 카운터 변수입니다.

❷ Long 형식의 [r] 변수를 선언합니다.

❸ Range 형식의 [목차범위] 개체변수를 선언합니다.

❹ 기존 목차시트가 존재하면 이를 삭제합니다. 시트를 삭제하는 코드에 대한 구체적인 설명은 이 책의 **SECTION 12-05**를 참고합니다.

❺ 새 시트를 시트 탭 첫 번째 위치에 하나 삽입하고 "목차"라고 명명합니다. 시트를 삽입하는 코드에 대한 구체적인 설명은 이 책의 **SECTION 12-04**를 참고합니다.

❻ For… Next 순환문을 사용해 [i] 변숫값을 1부터 시트 수(Sheets.Count)만큼 순환합니다.

❼ 이 매크로에서는 [r] 변수에 목차를 기록할 셀의 행 주소를 기록합니다. [r] 변수에는 [i] 변숫값에 1을 더한 값을 저장합니다. 참고로 목차는 2행([B2] 셀)부터 데이터를 기록할 예정입니다.

❽ [목차범위] 개체변수에 B열에서 [r] 행 위치의 셀([B2] 셀부터 [B3], [B4], …)을 포함해 오른쪽 방향의 세 개 셀을 포함한 범위([B2:D2] 범위부터 [B3:D3], [B4:D4], …)를 연결합니다.

⑨ B열에서 [r] 행 위치의 셀에 Sheets 컬렉션의 [i] 번째 시트 이름을 저장합니다.

⑩ 목차의 첫 번째 행과 두 번째 이후 행의 서식을 다르게 지정하기 위해 [i] 변숫값이 1인지 판단합니다. 1이면 첫 번째 행을 의미하므로, [목차범위] 개체변수에 할당된 범위의 테두리 중 아래 테두리를 이중 실선으로 설정합니다.

⑪ ⑩번 줄에서 판단한 결과가 False면 두 번째 행 이후를 의미합니다. 그러면 C열에서 [r] 행 위치의 셀에는 하이픈(-)을 넣어 삽입하고, D열에서 [r] 행 위치의 셀에는 하이퍼링크를 추가합니다. **ActiveSheet.Hyperlinks.Add** 코드는 하이퍼링크를 추가하는 구문으로 정확한 구문은 다음을 참고합니다.

```
Hyperlinks.Add( Anchor, Address, SubAddress, ScreenTip, TextToDisplay )
```

- Anchor : 하이퍼링크를 삽입할 위치로 Range 또는 Shape 개체입니다.
- Address : 하이퍼링크의 주소로 웹이나 이메일 주소 등을 문자열로 전달합니다.
- SubAddress : 하이퍼링크의 하위 주소로 파일 등을 참조 위치를 문자열로 전달합니다.
- ScreenTip : 마우스 포인터를 하이퍼링크 위에 가져갈 때 표시될 스크린 팁 텍스트입니다.
- TextToDisplay : 하이퍼링크로 표시될 텍스트입니다. 이 값이 셀에 표시됩니다.

⑫ [목차범위] 개체변수에 연결된 범위에는 [가운데 맞춤] 정렬하며, 배경색을 색상표의 1열 2행 위치의 색으로 지정합니다. 배경색을 지정하는 자세한 방법은 **SECTION 11-23**의 코드 설명을 참고합니다.

12 / 07 시트 탭 위치를 옮기거나 다른 파일로 복사(또는 이동)하는 방법

예제 파일 없음

Copy, Move 메서드 구문

현재 시트의 복사본을 만들거나 다른 파일로 옮기거나, 혹은 시트 탭의 순서를 조정하려면 Worksheet 개체의 Copy 또는 Move 메서드를 이용합니다. Copy 메서드는 워크시트를 복사하며, Move 메서드는 워크시트의 위치를 옮깁니다. 두 메서드는 기본 동작에는 차이가 있지만 구문은 동일합니다.

Worksheet.Copy (❶before, ❷after)

❶ before	이 매개변수에 지정한 워크시트 앞에 워크시트 복사본을 생성합니다.
❷ after	이 매개변수에 지정한 워크시트 뒤에 워크시트 복사본을 생성합니다.

TIP Move 메서드를 사용하면 워크시트를 해당 위치로 이동합니다.

Copy, Move 메서드의 사용 예

다음은 [Sheet1] 시트의 오른쪽에 새 복사본을 만드는 코드의 예입니다.

```
Worksheets("Sheet1").Copy After:=Worksheets("Sheet1")        ❶
```

❶ Copy 메서드로 [Sheet1] 시트를 [Sheet1] 시트의 오른쪽에 복사합니다. 다음과 같이 [Sheet1] 시트의 복사본이 시트 탭의 오른쪽에 표시됩니다.

[Sheet1] 시트가 화면에 표시되어 있다면 ActiveSheet를 이용해 코드를 입력해도 됩니다.

```
Activesheet.Copy After:=Activesheet
```

빈 파일을 하나 열어놓고 VB 편집기의 직접 실행 창에 이 코드를 입력한 후 결과를 확인해보세요!

다음은 첫 번째 시트를 시트 탭의 마지막 위치로 옮기는 코드의 예입니다.

```
Worksheets(1).Move After:=Worksheets(Worksheets.Count)  ────────── ❶
```

❶ 첫 번째 워크시트를 현재 파일의 마지막 워크시트 오른쪽으로 옮깁니다. Worksheets.Count는 현재 파일의 워크시트 개수로, 워크시트 세 개가 있다면 Worksheets(3)은 마지막 워크시트를 의미합니다.

파일 내에 차트 시트도 존재하거나 워크시트만 있는데 코드 길이를 줄이고 싶다면 다음과 같이 Sheets 컬렉션을 이용해도 됩니다.

```
Sheets(1).Move After:=Sheets(Sheets.Count)
```

다른 파일로 복사본을 만들 수 있는데, 이 경우 인수를 생략하거나 지정할 수 있습니다. 다음은 인수를 생략해 새 파일에 [Sheet1] 시트의 복사본을 만드는 코드의 예입니다.

```
Worksheets("Sheet1").Copy  ─────────── ❶
```

❶ [Sheet1] 시트를 복사합니다. 복사할 위치를 지정하지 않으면 새 파일로 시트를 복사합니다.

다음은 지정된 파일의 첫 번째 위치로 특정 시트의 복사본을 만드는 코드의 예입니다.

```
Worksheets("Sheet1 (2)").Copy Before:=Workbooks("통합 문서2").Worksheets(1)
```
❶

❶ [Sheet 1(2)] 시트를 **통합 문서2** 파일의 첫 번째 워크시트 앞에 복사합니다.

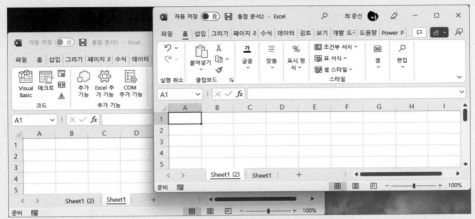

참고로 **통합 문서2** 파일은 **Worksheets("Sheet1").Copy** 코드로 생성된 파일로, 아직 저장하지 않은 파일 이름입니다. 만약 파일을 저장했다면 다음과 같이 확장자가 포함되어야 합니다.

```
Worksheets("Sheet1 (2)").Copy Before:=Workbooks("통합 문서2.xlsx").Worksheets(1)
```

시트 탭을 원하는 순서로 정렬하는 방법

예제 파일 PART 03 \ CHAPTER 12 \ (Worksheet) Move 메서드.xlsm

시트 탭의 순서를 이름으로 정렬해주는 기능은 따로 없으므로, 필요하다면 이를 매크로로 개발할 수 있습니다. 예제에서 다음과 같은 여러 개의 시트를 확인합니다.

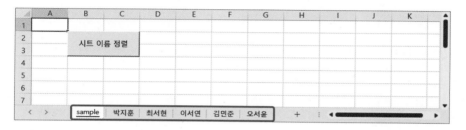

시트 탭의 순서를 오름차순(가나다순)으로 정렬하려면 다음 매크로를 사용합니다.

```
Sub 시트정렬()

' 1단계 : 변수를 선언하고,변수의 초깃값을 설정합니다.
    Dim i As Integer, j As Integer          ❶
    Dim 시트수 As Integer          ❷
    Dim 현재시트 As Worksheet          ❸

    Set 현재시트 = ActiveSheet          ❹
    시트수 = Sheets.Count          ❺

' 2단계 : 시트를 순환하면서 이름순으로 정렬합니다.
    For i = 2 To 시트수          ❻

        For j = 1 To i - 1          ❼

            If UCase(Sheets(j).Name) > UCase(Sheets(i).Name) Then          ❽

                Sheets(i).Move Before:=Sheets(j)
```

```
            End If

        Next j

    Next i

' 3단계 : 매크로를 실행한 시트(sample)를 다시 화면에 표시합니다.
    현재시트.Activate

End Sub
```

❶ 순환문에서 사용할 Integer 형식의 [i], [j] 변수를 선언합니다.

❷ Integer 형식의 [시트수] 변수를 선언합니다.

❸ Worksheet 형식의 [현재시트] 개체변수를 선언합니다.

❹ [현재시트] 변수에 현재 화면에 표시된 시트를 연결합니다. 시트 탭을 정렬하고 원래 시트로 복귀해야 하기 때문입니다.

❺ [시트수] 변수에 현재 파일의 전체 시트수를 저장합니다.

❻ For… Next 순환문을 사용해 [i] 변숫값을 2부터 [시트수] 변숫값만큼 순환합니다. 이 순환문으로 두 번째 시트부터 마지막 시트까지 순환할 수 있습니다. 즉, [i] 변수는 정렬할 시트의 인덱스 번호 역할을 합니다.

❼ 중첩된 For… Next 순환문을 사용해 [j] 변숫값을 1부터 [i] 변숫값보다 1작은 수만큼 순환합니다. 이 순환문으로 첫 번째 시트부터 ❻ 줄의 순환문에서 순환하는 바로 이전(왼쪽) 시트까지 순환할 수 있습니다.

❽ [j] 번째 시트 이름이 [i] 번째 시트 이름보다 크면 [i] 번째 시트를 [j] 번째 시트 왼쪽으로 옮깁니다. 이 판단문으로 이름이 작은 시트가 시트 왼쪽에 위치하게 됩니다. 오름차순 정렬은 작은 값부터 표시하는 방식이므로, 이름을 비교해 작은 값이 왼쪽으로 표시되도록 하면 가나다순으로 정렬됩니다. 이 과정에서 UCase 함수를 사용했는데, UCase 함수는 영문자를 모두 대문자로 변경해주는 함수입니다. 시트 탭의 이름에 영어가 사용되었을 때 처리 가능합니다. 컴퓨터에서는 영어 대문자가 소문자보다 큰 값이므로, 이 함수를 사용하지 않으면 대문자로 명명된 시트가 오른쪽에 정렬됩니다. 대/소문자를 구분하지 않기 위해서 UCase 함수를 사용해 모두 대문자로 변경한 후 비교하는 것입니다.

TIP 이 매크로는 예제 파일의 VB 편집기 창 내에 있는 Module1 개체의 코드 창에서 확인할 수 있습니다.

개발된 매크로를 테스트해보기 위해 [시트 이름 정렬] 단추를 클릭하면 시트 탭 순서가 가나다순으로 정렬됩니다.

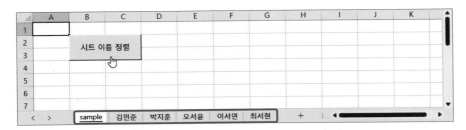

12 / 09 시트를 숨기거나 취소하는 방법

예제 파일 PART 03 \ CHAPTER 12 \ (Worksheet) Visible 속성.xlsm

Visible 속성

시트가 화면에 표시되는지, 숨겨져 있는지 여부를 저장해놓는 속성이 바로 Visible입니다. 엑셀 창 내에서는 시트를 숨기거나 표시하는 작업만 할 수 있습니다. Visible 속성에는 [숨기기 취소] 명령이 표시되지 않도록 숨기는 옵션이 하나 더 제공됩니다. 시트 개체의 표시 여부를 결정하는 Visible 속성은 다음과 같은 구문을 사용합니다.

```
Worksheets("Sheet1").Visible = xlSheetHidden ————————— ❶
```

❶ [Sheet1] 시트의 표시 여부를 결정합니다. Visible 속성에는 다음 내장 상수를 사용할 수 있습니다.

내장 상수	값	설명
xlSheetVisible	−1	워크시트를 화면에 표시합니다.
xlSheetHidden	0	워크시트를 숨깁니다. 이 상수는 [숨기기 취소] 명령을 활성화합니다.
xlSheetVeryHidden	2	워크시트를 숨깁니다. 이 상수는 [숨기기 취소] 명령을 비활성화합니다.

참고로 파일 내 시트가 하나인 경우에는 시트를 숨길 수 없습니다. 엑셀 파일에는 시트가 반드시 하나는 표시되어야 합니다.

xlSheetVisible 대신 True 값을 지정할 수 있으며, xlSheetHidden 대신 False 값을 지정할 수 있습니다.

```
Sheets("Sheet1").Visible = True —————————— ❶
```

❶ "Sheet1" 이름의 시트를 화면에 표시합니다.

참고로 True, False는 워크시트 내 셀에서 1, 0과 동일하며, VBA에서는 −1, 0과 동일하므로 이와 같은 코드를 구성할 수 있습니다. 내장 상수의 값을 확인하고 싶다면 직접 실행 창에 다음과 같이 입력합니다.

```
? True
? xlSheetVisible
```

숨겨진 시트를 모두 표시하는 매크로 개발 사례

다음은 현재 파일 내 숨겨진 모든 시트를 화면에 표시하는 매크로의 예입니다.

```
Sub 시트표시()

    Dim 시트 As Worksheet —————————— ❶

    For Each 시트 In ThisWorkbook.Worksheets —————————— ❷

        시트.Visible = xlSheetVisible —————————— ❸

    Next

End Sub
```

❶ 순환문에서 사용할 Worksheet 형식의 [시트] 변수를 선언합니다.
❷ For Each… Next 순환문을 사용해 현재 파일(ThisWorkbook)의 워크시트를 하나씩 [시트] 변수에 연결합니다. 만약 현재 파일이 아니라 화면에 표시된 파일을 대상으로 하려면 ThisWorkbook 대신 ActiveWorkbook으로 변경하거나 혹은 생략합니다.

```
ActiveWorkbook.Worksheets

또는

Worksheets
```

❸ [시트] 변수에 연결된 워크시트의 Visible 속성을 xlSheetVisible로 설정합니다. 이렇게 하면 모든 워크시트가 화면에 표시됩니다.

TIP 이 매크로는 예제 파일의 [숨겨진 워크시트 모두 표시하기] 단추에 연결되어 있습니다.

매크로를 실행해 결과를 확인해보고, 매크로 실행 후 [sample] 시트만 화면에 표시되도록 코드를 수정해보세요!

12 / 10 시트를 보호하거나 해제하는 방법

예제 파일 PART 03 \ CHAPTER 12 \(Worksheet) Protect, Unprotect 메서드.xlsm

Protect, Unprotect 메서드 구문

워크시트를 보호하려면 Worksheet 개체의 Protect 메서드를 사용합니다. Protect 메서드는 다양한 매개변수를 이용해 옵션을 설정할 수 있는데, 자세한 설명은 아래를 참고합니다.

Worksheet.Protect (❶password, ❷drawingobjects, ❸contents, ❹scenarios,
❺userInterfaceonly, ❻allowformattingcells, ❼allowformattingcolumns, ❽allowformattingrows,
❾allowInsertingcolumns, ❿allowInsertingrows, ⓫allowInsertinghyperlinks, ⓬allowdeletingcolumns,
⓭allowdeletingrows, ⓮allowsorting, ⓯allowfiltering, ⓰allowusingpivottables)

❶ password	워크시트를 보호할 때 사용할 암호입니다.
❷ drawingobjects	개체 편집 여부로, True면 보호됩니다. 기본값은 True입니다.
❸ contents	잠긴 셀의 보호 여부로, True면 보호됩니다. 기본값은 True입니다.
❹ scenarios	시나리오 편집 여부로, True면 보호됩니다. 기본값은 True입니다.
❺ userInterfaceonly	보호할 행위를 구분하는 옵션으로, True면 사용자가 직접 수정하는 행위만 보호합니다. False면 사용자와 매크로에 의한 수정 행위를 모두 보호합니다. 기본값은 False입니다.
❻ allowformattingcells	셀 서식 허용 여부로, True면 변경할 수 있습니다. 기본값은 False입니다.
❼ allowformattingcolumns	열 서식 허용 여부로, True면 변경할 수 있습니다. 기본값은 False입니다.
❽ allowformattingrows	행 서식 허용 여부로, True면 변경할 수 있습니다. 기본값은 False입니다.
❾ allowInsertingcolumns	열 삽입 여부로, True면 삽입할 수 있습니다. 기본값은 False입니다.
❿ allowInsertingrows	행 삽입 여부로, True면 삽입할 수 있습니다. 기본값은 False입니다.
⓫ allowInsertinghyperlinks	하이퍼링크 삽입 여부로, True면 삽입할 수 있습니다. 기본값은 False입니다.
⓬ allowdeletingcolumns	열 삭제 여부로, True면 삭제할 수 있습니다. 기본값은 False입니다.
⓭ allowdeletingrows	행 삭제 여부로, True면 삭제할 수 있습니다. 기본값은 False입니다.
⓮ allowsorting	정렬 기능의 사용 여부로, True면 사용할 수 있습니다. 기본값은 False입니다.
⓯ allowfiltering	필터 설정 여부로, True면 사용할 수 있습니다. 기본값은 False입니다.
⓰ allowusingpivottables	피벗 테이블 사용 여부로, True면 사용할 수 있습니다. 기본값은 False입니다.

시트 보호를 해제하는 Unprotect 메서드의 구문은 다음과 같습니다.

Worksheet.Unprotect (❶password)

❶ password	워크시트를 보호 해제할 때 사용할 암호입니다.

보호된 시트의 셀 값을 수정하는 매크로 개발 사례

Protect, Unprotect 메서드의 사용 방법을 익히기 위해 몇 개의 코드를 예로 들어보겠습니다. 먼저 예제에서 다음 화면을 확인합니다.

시트를 암호로 보호합니다. 매크로로 셀 값을 수정할 수 있지만 사용자는 셀 값을 직접 수정할 수 없도록 다음과 같은 매크로를 개발합니다.

```
Sub 시트보호_매크로허용()

    ActiveSheet.Protect Password:="1234", UserInterfaceOnly:=True ───────── ❶

End Sub
```

❶ 현재 시트를 보호합니다. 암호는 "1234"로 설정하고 UserInterfaceOnly 매개변숫값을 True로 설정해 매크로로 값을 수정할 수 있도록 설정합니다.

TIP 이 매크로는 [시트 보호 (UserInterfaceOnly)] 단추에 연결되어 있습니다.

예제에서 [시트 보호 (UserInterfaceOnly)] 단추(❶)를 클릭한 후 [G4] 셀의 값을 직접 다른 값으로 수정해봅니다. 다음과 같은 메시지 창이 표시됩니다.

Microsoft Excel ✕

⚠ 변경하려는 셀 또는 차트가 보호된 시트에 있습니다. 변경하려면 시트의 보호를 해제하세요. 암호를 입력해야 할 수도 있습니다.

확인

시트를 보호하면 직접 셀 값을 수정할 수 없습니다. 다만 시트를 보호할 때 UserInterfaceOnly 매개변수를 True로 설정했으므로, 셀 값을 고치는 매크로는 사용할 수 있습니다. 다음과 같은 매크로로 셀 값을 수정해봅니다.

```
Sub 값증가()

    Range("G4").Value = Range("G4").Value + 10 ─────────── ①

End Sub
```

① [G4] 셀의 값을 10 증가시킵니다.

TIP 이 매크로는 [G4셀 값 10씩 증가] 단추에 연결되어 있습니다.

예제에서 [G4셀 값 10씩 증가] 단추(❸)를 클릭하면 [G4:H6] 병합 셀의 값이 10씩 증가하는 것을 확인할 수 있습니다.

UserInterfaceOnly 매개변수를 사용하면 설정한 후 파일을 닫을 때까지 설정이 유지되지만 파일을 닫고 다시 열면 설정이 초기화(False)되어 값을 고칠 수 없습니다. 예제 파일을 저장하고 닫은 후 다시 엽니다. [G4셀 값 10씩 증가] 단추를 클릭하면 다음과 같은 메시지 창이 표시됩니다.

UserInterfaceOnly 매개변수는 파일을 닫고 다시 열면 초기화된다는 사실을 확인했습니다. 그러므로 UserInterfaceOnly 매개변수를 사용하는 방법보다 다음과 같이 매크로를 구성하는 것을 권장합니다.

```
Sub 시트보호_값증가 ()

    ActiveSheet.Unprotect Password:="1234"              ❶

        Range("G4").Value = Range("G4").Value + 10      ❷

    ActiveSheet.Protect Password:="1234"                ❸

End Sub
```

❶ 현재 시트의 보호를 해제합니다.
❷ [G4] 셀의 값에서 10을 더한 값을 [G4] 셀에 저장합니다.
❸ 현재 시트의 보호를 설정합니다.

TIP 이 매크로는 [시트 보호 (UnProtect-Protect)] 단추에 연결되어 있습니다.

예제에서 [시트 보호 (UnProtect-Protect)] 단추를 클릭하면 에러 메시지 창 없이 [G4:H6] 병합 셀의 값이 10씩 증가하는 것을 확인할 수 있습니다. 시트 보호를 해제하려면 [시트 보호 해제 (UnProtect)] 단추를 클릭합니다.

시트에서 사용 중인 전체 범위를 반환해 주는 UsedRange 속성 사용 방법

예제 파일 PART 03 \ CHAPTER 12 \ (Worksheet) UsedRange 속성.xlsm

Worksheet 개체에는 워크시트에서 사용 중인 전체 범위를 반환하는 UsedRange 속성이 있습니다. 이 속성을 이용하면 워크시트에서 사용중인 범위를 빠르게 확인할 수 있어 편리합니다. 예제에서 화면과 같은 두 개의 표를 확인할 수 있습니다.

	직원 명부						직원 실적		
사번	이름	직위	입사일	근속년수		담당	판매수량	매출
1	박지훈	부장	2010-05-13	13년		박지훈	394	164,810,450
2	유준혁	차장	2014-10-16	9년		유준혁	301	125,908,491
3	이서연	과장	2019-04-30	4년		이서연	235	98,300,649
4	김민준	대리	2023-03-31	0년		김민준	285	119,215,681
5	최서현	주임	2022-05-02	1년		최서현	202	84,496,728
6	박현우	주임	2021-10-16	2년		박현우	104	43,503,266
7	정시우	사원	2023-01-01	1년		정시우	78	32,627,449
8	이은서	사원	2023-03-04	0년		이은서	83	34,718,953
9	오서윤	사원	2022-11-14	1년		오서윤	57	23,843,136
						총합계	1,739	727,424,803

왼쪽의 직원 명부 표 범위를 선택하려면 다음과 같은 코드를 사용합니다.

```
Range("B4").CurrentRegion.Select          ❶
```

❶ [B4] 셀에서 연속된 데이터 범위(Ctrl + A 을 눌렀을 때 선택되는 [B4:F13] 범위)를 선택합니다.

	직원 명부						직원 실적		
사번	이름	직위	입사일	근속년수		담당	판매수량	매출
1	박지훈	부장	2010-05-13	13년		박지훈	394	164,810,450
2	유준혁	차장	2014-10-16	9년		유준혁	301	125,908,491
3	이서연	과장	2019-04-30	4년		이서연	235	98,300,649
4	김민준	대리	2023-03-31	0년		김민준	285	119,215,681
5	최서현	주임	2022-05-02	1년		최서현	202	84,496,728
6	박현우	주임	2021-10-16	2년		박현우	104	43,503,266
7	정시우	사원	2023-01-01	1년		정시우	78	32,627,449
8	이은서	사원	2023-03-04	0년		이은서	83	34,718,953
9	오서윤	사원	2022-11-14	1년		오서윤	57	23,843,136
						총합계	1,739	727,424,803

사용된 전체 범위를 선택하려면 다음과 같은 코드를 구성합니다.

```
ActiveSheet.UsedRange.Select ─────────── ❶
```

❶ 현재 시트의 사용된 범위(B2:J14)를 모두 선택합니다.

참고로 UsedRange 속성은 그림이나 도형이 위치한 영역을 사용 범위로 인식하지 않으며, 파일에 문제가 있는 경우에는 사용하지 않는 빈 영역이 포함될 수 있습니다. 그러므로 정확하게 표 범위를 선택하고자 할 경우에는 Range 개체의 CurrentRegion이나 End 속성을 이용해 표 범위를 설정하는 방법이 좋습니다.

Worksheet 개체의 UsedRange 속성은 한 시트에 여러 개의 표가 존재하고, 표 범위에서 특정 조건에 맞는 범위만 빠르게 선택하고자 할 때 사용합니다. 예를 들어 예제의 표에서 수식이 사용된 범위만 선택하려면 다음과 같은 코드를 사용합니다.

```
Activesheet.UsedRange.SpecialCells(xlCellTypeFormulas).Select ─────────── ❶
```

❶ 현재 시트 내 수식이 입력된 범위만 모두 선택됩니다.

시트에 입력된 수식을 한번에 숨기는 방법

예제 파일 PART 03 \ CHAPTER 12 \ (Worksheet) Protect, FormulaHidden.xlsm

셀에 입력된 수식을 숨기고 싶다면 수식이 입력된 셀에서 [셀 서식] 대화상자의 [보호] 탭–[숨김] 속성에 체크하고 시트를 보호합니다.

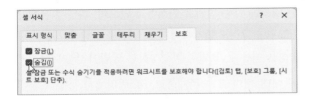

[셀 서식] 대화상자의 [숨김] 속성은 Range 개체의 FormulaHidden 속성이고, 시트 보호는 Worksheet 개체의 Protect 메서드를 사용합니다. 참고로 시트를 보호하면 셀 값을 수정하지 못하므로 수식만 감추고 싶다면 셀의 [잠금] 속성을 체크 해제하고, [숨김] 속성만 체크한 후 시트를 보호합니다.

예제의 [F3] 셀을 클릭하면 수식 입력줄에서 해당 셀에 사용된 수식을 확인할 수 있습니다.

F3		: × ✓ fx	=DATEDIF(E3, DATE(2024, 3, 1), "Y") & "년"						
▲	A	B	C	D	E	F	G	H	I	J
1										
2		사번	이름	직위	입사일	근속년수		수식 숨기기		
3		1	박지훈	부장	2010-05-13	13년				
4		2	유준혁	차장	2014-10-16	9년				
5		3	이서연	과장	2019-04-30	4년				
6		4	김민준	대리	2023-03-31	0년				
7		5	최서현	주임	2022-05-02	1년				
8		6	박현우	주임	2021-10-16	2년				
9		7	정시우	사원	2023-01-01	1년				
10		8	이은서	사원	2023-03-04	0년				
11		9	오서윤	사원	2022-11-14	1년				
12										

TIP 표의 [B3:B11] 범위와 [F3:F11] 범위에는 수식이 입력되어 있습니다.

수식을 다른 사람이 확인하지 못하도록 숨기고 싶다면 다음과 같은 매크로를 사용합니다.

```
Sub 수식숨기기()

' 1단계 : 변수를 선언합니다.
    Dim 수식범위 As Range          ————————————❶
    Dim 암호 As String             ————————————❷

' 2단계 : 변수의 초깃값을 설정하고, 연결이 됐는지 확인합니다.
    암호 = "1234"                  ————————————❸

    On Error Resume Next          ————————————❹

        Set 수식범위 = ActiveSheet.UsedRange.SpecialCells(Type:=xlCellTypeFormulas)  —❺

        If Not 수식범위 Is Nothing Then      ————————————❻

' 3단계 : 전체 워크시트 설정을 초기화합니다.
            With ActiveSheet      ————————————❼

                .Unprotect Password:=암호
                .Cells.Locked = False
                .Cells.FormulaHidden = False

            End With

' 4단계 : 셀 숨김 속성을 켜고 시트를 보호합니다.
            수식범위.FormulaHidden = True      ————————————❽
                    ActiveSheet.Protect Password:=암호      ————————————❾

        End If

End Sub
```

❶ Range 형식의 [수식범위] 개체변수를 선언합니다.

❷ String 형식의 [암호] 변수를 선언합니다.

❸ [암호] 변수에 시트 보호 때 사용할 암호를 저장합니다.

❹ On Error 문을 사용해 에러가 발생해도 중단되지 않도록 설정합니다. 참고로 ❺ 줄 코드에서 수식을 사용한 셀(또는 범위)이 없을 때 에러가 발생할 수 있습니다.

❺ [수식범위] 개체변수에는 현재 시트의 전체 사용 범위(UsedRange)에서 수식을 사용한 범위만 연결합니다. SpecialCells에 대한 설명은 **SECTION 11-05**를 참고합니다.

❻ [수식범위] 변수에 연결된 범위가 있을 경우에만 아래 작업을 진행합니다.

❼ 현재 시트(Activesheet)를 대상으로 다음 세 개의 작업을 진행합니다.

- 시트 보호가 되어 있으면 시트 보호를 해제(Unprotect)합니다.
- 셀 속성 중 잠금 속성(Locked)을 해제합니다. 이렇게 해야 시트 보호를 해도 셀 값을 수정할 수 있습니다. 셀 값도 변경하지 못하게 하려면 이 줄의 코드를 삭제합니다.
- 셀 속성 중 숨김 속성(FormulaHidden)을 해제합니다.

❽ [수식범위] 변수의 범위에서 셀 숨김 속성을 설정(True)합니다. 이 속성을 변경하고 시트를 보호하면 수식이 입력된 셀의 수식이 수식 입력줄에서 나타나지 않습니다.

❾ 현재 시트를 시트 보호합니다.

TIP 이 매크로는 예제의 [수식 숨기기] 단추에 연결되어 있습니다.

예제의 [수식 숨기기] 단추를 클릭하면 수식이 입력된 셀을 선택해도 수식 입력줄에 수식이 나타나지 않습니다.

	A	B	C	D	E	F	G	H	I	J
1										
2		사번	이름	직위	입사일	근속년수		수식 숨기기		
3		1	박지훈	부장	2010-05-13	13년				
4		2	유준혁	차장	2014-10-16	9년				
5		3	이서연	과장	2019-04-30	4년				
6		4	김민준	대리	2023-03-31	0년				
7		5	최서현	주임	2022-05-02	1년				
8		6	박현우	주임	2021-10-16	2년				
9		7	정시우	사원	2023-01-01	1년				
10		8	이은서	사원	2023-03-04	0년				
11		9	오서윤	사원	2022-11-14	1년				
12										

다시 수식을 표시하려면 다음 코드를 사용하는 프로시저를 하나 만들어서 실행하거나 리본 메뉴의 [검토] 탭-[보호] 그룹-[시트 보호 해제▣]를 클릭하고 암호를 **1234**로 입력합니다.

```
ActiveSheet.Unprotect Password:="1234" ———————— ❶
```

❶ 현재 시트에 설정된 시트 보호 명령을 해제합니다.

시트에서 선택할 수 있는 범위를 제한하는 방법

예제 파일 PART 03 \ CHAPTER 12 \ (Worksheet) ScrollArea 속성.xlsm

특정 양식에서 일부 범위에만 값을 입력받고 나머지 범위는 읽기 전용으로 표시하려면 Worksheet 개체의 ScrollArea 속성에 값을 입력받을 범위 주소만 설정합니다. ScrollArea 속성을 이용하면 파일을 닫고 다시 열 때 ScrollArea 속성에 설정된 범위가 해제된다는 단점이 있습니다. 그러므로 ScrollArea 속성을 설정하는 작업은 Workbook_Open 이벤트 또는 Auto_Open 매크로를 사용해 개발하는 것이 좋습니다.

다음은 ScrollArea 속성의 사용 예입니다.

```
Worksheets("Sheet1").ScrollArea = "A1:C10"          ①
Worksheets("Sheet1").ScrollArea = ""                ②
```

① [Sheet1] 시트에서 [A1:C10] 범위만 선택할 수 있도록 제한합니다.
② [Sheet1] 시트의 모든 셀을 선택할 수 있습니다.

예제에서 다음의 표를 확인합니다. [C2] 셀에만 사용자가 이름을 입력할 수 있고, 나머지 부분은 선택하지 못하게 설정하고 싶다고 가정합니다.

	A	B	C	D	E	F	G	H	I	J
1										
2		이름			입사일	근속기간		C2셀만 선택		
3										
4								모든 셀 선택		
5		사번	이름	직위	입사일	근속기간				
6		1	박지훈	부장	2010-05-13	13년 9개월				
7		2	유준혁	차장	2014-10-16	9년 4개월				
8		3	이서연	과장	2019-04-30	4년 9개월				
9		4	김민준	대리	2023-03-31	0년 10개월				
10		5	최서현	주임	2022-05-02	1년 9개월				
11		6	박현우	주임	2021-10-16	2년 4개월				
12		7	정시우	사원	2023-01-01	1년 1개월				
13		8	이은서	사원	2023-03-04	0년 11개월				
14		9	오서윤	사원	2022-11-14	1년 3개월				

TIP [C2] 셀에 [C6:C14] 범위의 이름 중 하나를 입력하면 [E3:F3] 범위에 해당 직원의 입사일과 근속기간이 표시됩니다.

사용자가 [C2] 셀만 사용할 수 있도록 하려면 다음과 같은 매크로를 사용합니다.

```
Sub 특정셀()  ─────────────── ❶

    ActiveSheet.ScrollArea = Range("C2").Address  ─────────── ❷

End Sub
```

❶ [특정셀] 매크로를 Sub 프로시저로 선언합니다. 앞서 설명했듯 매크로 내에 ScrollArea 속성을 사용할 경우 파일을 닫고 다시 열면 해당 설정이 초기화되어 전체 셀을 선택할 수 있습니다. 따라서 파일이 열릴 때마다 실행되도록 하려면 프로시저명을 다음과 같이 수정합니다.

```
Sub Auto_Open()
```

참고로 Auto_Open을 Sub 프로시저 이름으로 수정하면 파일을 열 때 해당 매크로가 자동으로 실행됩니다. Sub 프로시저 이름을 바꾸지 않은 상태에서, 매크로를 실행한 후 파일을 저장하고 닫은 후 다시 파일을 열고 ScrollArea 속성이 해제되는지 확인해봅니다. 그런 다음 Auto_Open으로 이름을 바꾸고 동일한 테스트를 진행해보면 ScrollArea 속성을 사용하는 매크로를 어떻게 관리해야 하는지 이해할 수 있습니다.

❷ 현재 시트의 ScrollArea 속성에 [C2] 셀의 주소를 전달해 사용자가 선택할 수 있는 부분을 제한합니다. 참고로 [sample] 시트의 사용범위 외 다른 부분을 선택하지 못하게 하려면 다음과 같이 코드를 수정합니다.

```
Sub Auto_Open()
    Worksheets("sample").ScrollArea = Worksheets("sample").UsedRange.Address
End Sub
```

예제 파일의 [C2셀만 선택] 단추를 클릭해보면 [C2] 셀 이외의 다른 셀은 선택할 수 없습니다. 다시 모든 셀을 선택할 수 있게 하려면 다음과 같은 매크로를 사용합니다.

```
Sub 모든셀()

    ActiveSheet.ScrollArea = " "  ─────────── ❶

End Sub
```

❶ 현재 시트의 ScrollArea 속성을 해제합니다.

TIP 이 매크로는 예제 파일의 [모든 셀 선택] 단추에 연결되어 있습니다.

원하는 시트만 인쇄하는 방법

예제 파일 PART 03 \ CHAPTER 12 \ (Worksheet) PrintOut, PrintPreview 메서드 (코드).txt

PrintOut, PrintPreview 메서드의 구문

시트를 인쇄하는 명령은 PrintOut 메서드로 구문은 다음과 같습니다.

Worksheet.PrintOut (❶from, ❷to, ❸copies, ❹preview, ❺activeprinter, ❻printtofile, ❼collate, ❽prtofilename, ❾ignoreprintareas)

❶ from	인쇄할 시작 페이지 번호로 생략하면 1페이지부터 인쇄합니다.
❷ to	인쇄할 마지막 페이지 번호로 생략하면 마지막 페이지까지 인쇄합니다.
❸ copies	인쇄 매수로 생략하면 한 부씩 인쇄합니다.
❹ preview	미리 보기 화면을 표시할지 여부를 설정하는 옵션으로 True로 설정하면 인쇄하지 않고 미리 보기 창을 표시합니다. False이거나 생략하면 바로 인쇄합니다.
❺ activeprinter	인쇄할 기본 프린터로 생략하면 컴퓨터에 연결된 기본 프린터에 인쇄합니다.
❻ printtofile	파일로 인쇄할지 여부를 설정하는 옵션으로, True면 파일로 인쇄합니다.
❼ collate	매개변수의 인쇄 매수가 여러 부일 때 이 옵션을 True로 설정하면 한 부를 모두 인쇄하고 다음 부의 첫 페이지를 인쇄합니다.
❽ prtofilename	매개변수의 옵션이 True일 때 사용하며 저장할 파일 이름을 설정합니다.
❾ ignoreprintareas	True면 인쇄 영역을 무시하고 전체 페이지를 인쇄합니다.

인쇄 미리 보기에 해당하는 PrintPreview 메서드의 구문은 다음과 같습니다.

Worksheet.PrintPreview (❶enablechanges)

❶ enablechanges	페이지 설정 옵션을 변경할 수 있는지 여부를 설정하는 옵션입니다. True면 변경할 수 있고, False 이거나 생략하면 변경할 수 없습니다.

PrintOut, PrintPreview 메서드의 사용 예

다음은 워크시트를 인쇄하는 간단한 코드 예입니다.

```
Worksheets("Sheet1").PrintOut                          ❶

Worksheets("Sheet1").PrintOut From:=1, To:=3           ❷

Worksheets("Sheet1").PrintOut Copies:=2                ❸
```

❶ [Sheet1] 시트를 인쇄합니다.
❷ [Sheet1] 시트의 인쇄 페이지 중 1페이지부터 3페이지까지만 인쇄합니다.
❸ [Sheet1] 시트를 2부씩 인쇄합니다.

여러 시트를 한번에 인쇄하려면 Array 함수를 사용합니다.

```
Worksheets(Array("Sheet1", "Sheet3")).PrintOut         ❶
```

❶ [Sheet1], [Sheet3] 시트를 인쇄합니다.

인쇄할 워크시트가 화면에 표시되는 문제 해결

워크시트를 인쇄하는 동작은 버전별로 차이가 있습니다. 엑셀 2013 버전부터는 인쇄할 워크시트가 화면에 표시되지 않지만, 엑셀 2010 이전 버전은 워크시트를 인쇄했을 때 인쇄 전 해당 시트가 활성화(Activate)되어 화면에 표시됩니다. 따라서 엑셀 2010 이전 버전 사용자를 고려해 매크로를 개발하려면 PrintOut 메서드를 이용하기 전 Application 개체의 ScreenUpdating 메서드를 이용해 화면을 새로 고친 후 워크시트를 화면에 표시하고 인쇄하도록 코드를 구성합니다. 다음은 [sample] 시트를 인쇄하는 매크로의 구성 예입니다.

```
Application.ScreenUpdating = False                     ❶

    Worksheets("sample").PrintOut

Application.ScreenUpdating = True                      ❷
```

❶ 인쇄할 때 화면에 [sample] 시트가 표시되지 않게 하기 위해 ScreenUpdating 속성을 False로 변경합니다.
❷ ScreenUpdating 속성을 True로 변경해 화면을 새로 고칩니다.

숨겨진 시트를 인쇄하지 못하는 문제 해결

엑셀은 숨겨진 워크시트를 인쇄할 수 없으며, 숨겨진 워크시트를 인쇄할 경우 다음과 같은 에러 메시지 창을 표시합니다.

따라서 숨겨진 워크시트를 인쇄하려면 먼저 Visible 속성을 변경해 화면에 표시한 후 인쇄하고, 다시 원래대로 숨겨놓는 방법을 사용합니다. 다음은 현재 파일에서 숨겨진 모든 워크시트를 인쇄하는 매크로입니다.

파일 : (Worksheet) PrintOut, PrintPreview 메서드 (코드).txt

```
Sub 숨긴시트인쇄()

    Dim 시트 As Worksheet                          ❶
    Dim 이전설정 As Integer                         ❷

    Application.ScreenUpdating = False              ❸

        For Each 시트 In ThisWorkbook.Worksheets    ❹

            With 시트                                ❺

                If .Visible <> True Then             ❻
                    이전설정 = .Visible               ❼
                    .Visible = True                  ❽
                    .PrintOut                        ❾
                    .Visible = 이전설정               ❿
                End If

            End With

        Next

    Application.ScreenUpdating = True                ⓫

End Sub
```

---

❶ Worksheet 형식의 [시트] 개체변수를 선언합니다.

❷ Integer 형식의 [이전설정] 변수를 선언합니다.

❸ 매크로 진행 상태를 표시하지 않기 위해 ScreenUpdating 속성을 해제합니다. 이 속성을 해제하지 않으면 매크로가 실행될 때 숨겨진 시트를 화면에 표시하는 동작이 그대로 표시됩니다.

❹ For Each… Next 순환문을 이용해 현재 파일(ThisWorkbook)의 시트를 [시트] 변수에 하나씩 연결합니다.

❺ [시트] 변수에 연결된 워크시트에 작업할 내용이 많으므로 With 문을 사용합니다.

❻ 시트가 숨겨져 있는지 확인하기 위해 Visible 속성값이 True가 아닌지 확인합니다. True가 아니면 시트가 숨겨져 있는 것입니다.

❼ 시트를 숨기는 방법에는 xlSheetHidden과 xlSheetVeryHidden 두 가지 방법이 있으므로, 인쇄 후 다시 이전 설정으로 되돌리기 위해 현재 Visible 속성값을 [이전설정] 변수에 저장해놓습니다.

❽ 시트 숨기기 속성을 해제합니다.

❾ 시트를 인쇄합니다.

❿ 시트의 숨김 속성을 [이전설정] 변수에 저장된 값으로 변경합니다.

⓫ 엑셀 프로그램의 화면 갱신 속성을 다시 True로 변경합니다.

예제 파일 PART 03 \ CHAPTER 12 \ (Range) PrintOut, PrintPreview 메서드.xlsm

전체 워크시트를 인쇄하는 것이 아니라 특정 표 범위만 인쇄하려면 Range 개체의 PrintOut 메서드를 이용하면 됩니다. PrintOut, PrintPreview 메서드는 Workbook, Worksheet, Range 개체에 각각 제공되며 어느 개체에서 사용하는지에 따라 인쇄 범위가 달라집니다. 예제에서 다음 표를 확인합니다.

▲	A	B	C	D	E	F	G	H	I	J
1										
2		품번	품명	분류	단가	재고량		분류별 인쇄		
3		1	레이저복합기 L350	복합기	220,000	32				
4		2	컬러레이저복사기 XI-4400	복사기	1,550,000	3				
5		3	지문인식 FPIN-2000F	출퇴근기록기	144,000	49				
6		4	잉크젯복합기 AP-3200	복합기	75,000	5				
7		5	컬러레이저복사기 XI-2000	복사기	850,000	6				
8		6	잉크젯팩시밀리 FX-1000	팩스	46,000	9				
9		7	와이어제본기 WC-5500	제본기	98,000	16				
10		8	링제본기 ST-100	제본기	142,000	42				
11		9	링제본기 ST-200X	제본기	189,000	49				
12		10	바코드 Z-750	바코드스캐너	54,500	46				
13		11	고급복사지A4 2500매	복사용지	15,530	46				
14		12	잉크젯복합기 AP-4900	복합기	94,500	50				
15		13	무한잉크젯복합기 AP-5500W	복합기	155,000	40				
16		14	무한레이저복합기 L800C	복합기	482,000	11				
17		15	오피스 Z-03	문서세단기	82,000	3				

< > sample +

위 표의 D열에는 분류가 입력되어 있습니다. 이때 분류 별로 데이터를 따로 인쇄하려면 다음과 같은 매크로를 개발해야 합니다.

```
Sub 항목별인쇄()

' 1단계 : 변수를 선언합니다.
    Dim 표 As Range
    Dim 분류 As Range, 셀 As Range
    Dim 목록 As New Collection, 고유분류 As Variant ————————❶
```

```
  ' 2단계 : 변수의 초기값을 설정합니다.
     Set 표 = Range("B2").CurrentRegion ─────────── ❷
     Set 분류 = Range("D3", Cells(Rows.Count, "D").End(xlUp)) ─────────── ❸

  ' 3단계 : D열의 분류 열에서 고유한 항목만 [목록] 개체변수에 등록합니다.
     On Error Resume Next ─────────── ❹

         For Each 셀 In 분류 ─────────── ❺

             목록.Add Item:=셀.Value, Key:=셀.Value ─────────── ❻

         Next

     On Error GoTo 0 ─────────── ❼

  ' 4단계 : [목록] 개체변수에 저장된 값을 이용해 항목별로 필터링하고 표를 인쇄합니다.
     For Each 고유분류 In 목록 ─────────── ❽

         표.AutoFilter Field:=3, Criteria1:=고유분류 ─────────── ❾
         표.PrintPreview ─────────── ❿

     Next

     표.AutoFilter ─────────── ⓫

End Sub
```

❶ 새 Collection 개체를 생성해서 [목록] 변수에 연결하고 Variant 형식의 [고유분류] 변수를 선언합니다.

   이 변수들은 Collection 개체를 이용하기 위해 생성한 것으로 VBA에서 데이터 범위 내 중복이 있을 때 고유한 값을 얻기 위해 주로 사용합니다.

❷ [표] 개체변수에 [B2] 셀부터 연속된 전체 데이터 범위(B2:F79)를 연결합니다.

❸ [분류] 개체변수에 [D3]셀부터 D열에 데이터가 입력된 범위까지 연결합니다.

❹ 아래 For Each… Next 순환문을 사용할 때 발생할 수 있는 에러를 무시합니다.

❺ For Each… Next 문을 사용해 [분류] 개체변수의 셀을 하나씩 [셀] 개체 변수에 연결하는 방법으로 전체 범위를 순환합니다.

❻ [목록] Collection에 [셀] 개체변수의 값을 하나씩 추가합니다. 이때 Collection 개체의 Key 매개변수는 중복될 수 없으므로 중복된 데이터를 연결할 때 에러가 발생합니다. 하지만 ❹ 줄의 On Error 문 설정으로 에러는 모두 무시됩니다. 이렇게 하면 [목록]의 Collection 개체에 고유한 분류 항목만 저장됩니다.

❼ ❹ 줄의 On Error 문 설정을 해제합니다. 이후 코드에서 에러가 발생하면 매크로 실행이 중단됩니다.

❽ For Each… Next 순환문을 사용해 [목록] Collection 내의 값을 하나씩 [고유분류] 변수에 저장하면서 순환합니다.

❾ [표] 변수의 범위에 자동 필터를 설정하고 세 번째 열(분류 열)에 [셀] 변수의 셀 값을 조건으로 필터링합니다.

❿ [표] 변수의 범위를 PrintPreview 메서드를 이용해 인쇄 미리 보기 창을 표시합니다. ❾ 줄에서 자동 필터를 이용해 데이터를 추출했으므로 추출된 데이터만 인쇄 미리 보기 창에 나타납니다. 인쇄 미리 보기 대신 인쇄 작업을 하려면 PrintPreview 메서드를 PrintOut 메서드로 변경합니다.

```
   표.PrintOut
```

⓫ 모두 인쇄했다면 자동 필터를 해제합니다.

개발된 매크로를 테스트해보려면 예제의 [분류별 인쇄] 버튼을 클릭합니다. 그러면 아래와 같은 인쇄 미리 보기 창이 분류 항목 별로 표시됩니다.

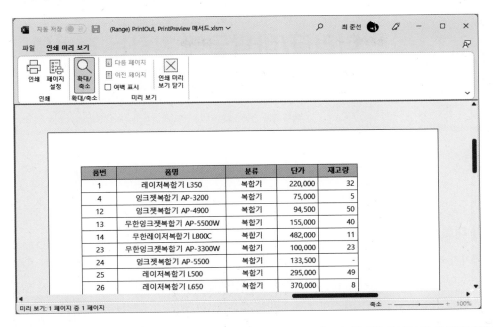

TIP 리본 메뉴의 [인쇄 미리 보기] 탭-[미리 보기] 그룹-[인쇄 미리 보기 닫기]를 클릭해 창을 닫으면 분류 개수만큼 창이 반복해서 표시됩니다.

머리글/바닥글에 원하는 정보를 표시해 인쇄하는 방법

예제 파일 PART 03 \ CHAPTER 12 \ (Worksheet) PageSetup 속성 I.xlsm

[페이지 설정] 대화상자 이해하기

리본 메뉴의 [페이지 레이아웃] 탭-[페이지 설정] 그룹에서 대화상자 표시 아이콘🗔을 클릭하면 [페이지 설정] 대화상자가 표시됩니다. 이 대화상자를 이용해 인쇄할 페이지에 다양한 옵션을 설정할 수 있습니다. [머리글/바닥글] 탭에서는 페이지 상단(또는 하단)에 원하는 정보를 삽입할 수 있습니다.

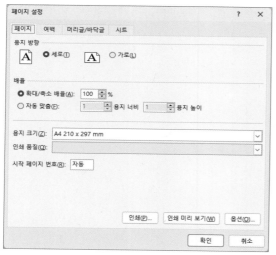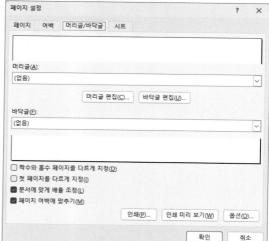

머리글/바닥글 설정 예

[페이지 설정] 대화상자에서 설정할 수 있는 모든 것은 Worksheet 개체의 PageSetup 속성을 이용해 설정할 수 있습니다. 예를 들어 머리글 상단에 파일명을 삽입하려면 다음과 같은 코드를 사용합니다.

```
Worksheets(1).PageSetup.CenterHeader = "&F"          ❶
```

❶ 첫 번째 워크시트의 [페이지 설정] 대화상자의 머리글 가운데에 파일명을 표시합니다. "&F"는 서식 코드입니다. 이 명령을 실행하고, 인쇄 미리 보기 명령을 실행하면 다음과 같은 화면을 확인할 수 있습니다.

```
Worksheets(1).PrintPreview
```

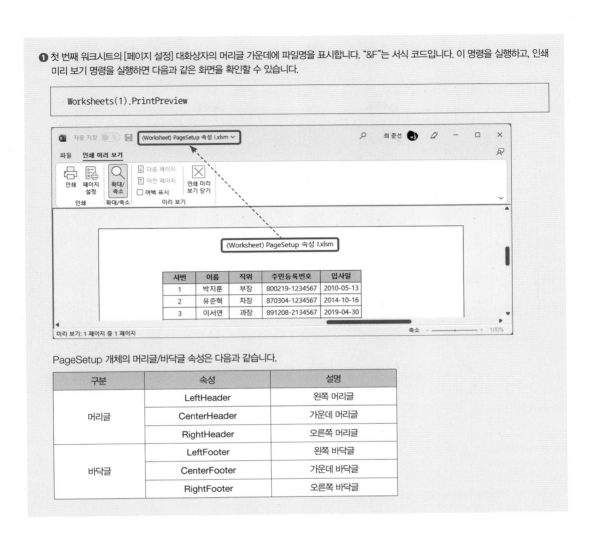

PageSetup 개체의 머리글/바닥글 속성은 다음과 같습니다.

구분	속성	설명
머리글	LeftHeader	왼쪽 머리글
	CenterHeader	가운데 머리글
	RightHeader	오른쪽 머리글
바닥글	LeftFooter	왼쪽 바닥글
	CenterFooter	가운데 바닥글
	RightFooter	오른쪽 바닥글

머리글/바닥글에 표시할 수 있는 서식 코드는 다음과 같습니다.

서식 코드	설명
&F	현재 파일명을 반환합니다.
&A	현재 시트명을 반환합니다.
&D	오늘 날짜를 반환합니다.
&T	현재 시간을 반환합니다.
&P	현재 페이지 번호를 반환합니다.
&N	전체 페이지 번호를 반환합니다.
&&	& 문자를 반환합니다.

이 코드를 조합해 페이지 오른쪽 하단에 1/n과 같은 페이지 번호를 표시하려면 다음과 같은 코드를 사용합니다.

```
Worksheets(1).PageSetup.RightFooter = "&P" & "/" & "&N"
```
❶

❶ 첫 번째 워크시트의 페이지 설정에서 우측 하단에 1/n 형식으로 페이지 번호를 표시합니다.

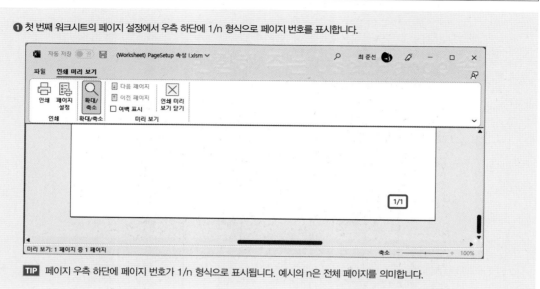

TIP 페이지 우측 하단에 페이지 번호가 1/n 형식으로 표시됩니다. 예시의 n은 전체 페이지를 의미합니다.

또는 날짜와 시간을 페이지 왼쪽 하단에, 날짜는 상단에, 시간은 하단에 표시하려면 다음과 같은 코드를 사용합니다.

```
Worksheets(1).PageSetup.LeftFooter = "&D"&vbCr&"&T"
```
❶

❶ 첫 번째 워크시트의 페이지 설정에서 좌측 하단에 날짜와 시간을 두 줄로 표시합니다.

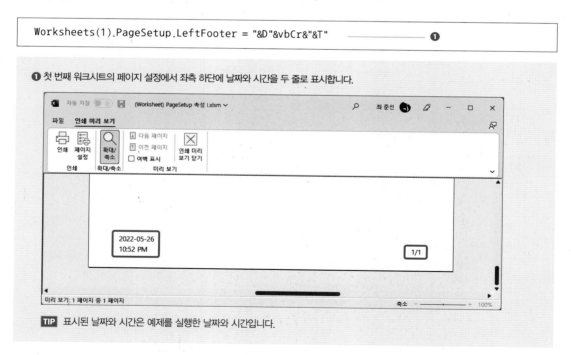

TIP 표시된 날짜와 시간은 예제를 실행한 날짜와 시간입니다.

설정된 머리글/바닥글을 모두 삭제(초기화)하려면 다음과 같은 매크로를 사용합니다.

```
Sub 머리글바닥글_초기화()

    With ActiveSheet

        With .PageSetup ─────────────❶
            .LeftHeader = ""
            .CenterHeader = ""
            .RightHeader = ""
            .LeftFooter = ""
            .CenterFooter = ""
            .RightFooter = ""

        End With

        .PrintPreview

    End With

End Sub
```

❶ 첫 번째 워크시트의 페이지 설정에서 각 머리글, 바닥글 속성을 모두 빈 문자("")로 대체합니다. 이렇게 하면 머리글/바닥글이 초기화됩니다.

설명된 모든 매크로를 테스트하려면 예제를 열고 아래 단추를 순서대로 클릭해보세요!

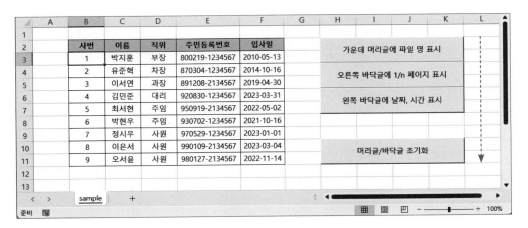

12/17 페이지 가로 너비를 맞추고 제목 행을 반복 출력하는 방법

예제 파일 PART 03 \ CHAPTER 12 \ (Worksheet) PageSetup 속성 II.xlsm

엑셀의 워크시트는 한 장에 맞춰 인쇄하기가 쉽지 않으며, 긴 표는 머리글이 반복해서 표시되지 않아 불편할 때가 있습니다. VBA 코드를 사용해 인쇄할 워크시트를 인쇄 용지에 맞게 자동으로 축소 인쇄하고, 특정 행을 반복해서 페이지마다 출력해보겠습니다.

예제 파일을 열고 리본 메뉴의 [보기] 탭−[통합 문서 보기] 그룹−[페이지 레이아웃▦] 명령을 클릭합니다. 이 시트는 2페이지에 걸쳐 인쇄됩니다.

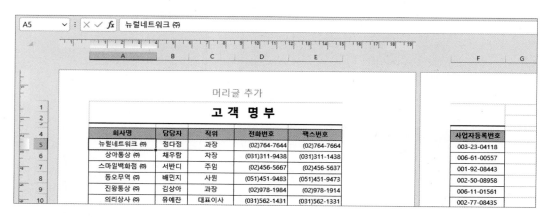

TIP 사업자등록번호 열이 두 번째 페이지에 출력됩니다.

표는 페이지 너비에 맞게 한 페이지에 맞추고, 두 번째 페이지부터 4행의 열 머리글이 반복해서 표시되도록 하려면 다음과 같은 매크로를 사용합니다.

```
Sub 한장에맞춰인쇄_첫페이지고정()

    With ActiveSheet          ─────── ❶

        With .PageSetup       ─────── ❷
```

```
        .Zoom = False ─────────── ❸
        .FitToPagesWide = 1 ────────────── ❹
        .PrintTitleRows = "$4:$4" ──────────── ❺


      End With
      .PrintPreview ─────────── ❻


    End With


  End Sub
```

❶ With 문을 이용해 현재 워크시트에 여러 명령을 한번에 처리합니다.

❷ With 문을 중첩해서 페이지 설정 옵션을 여러 개 조정합니다.

❸ 확대/축소 배율을 설정하는 Zoom 속성을 False로 설정합니다. Zoom 속성이 True로 설정되면 ❹ 줄의 페이지 너비를 자동으로 설정할 수 없으므로, 이 설정은 반드시 선행되어야 합니다.

❹ 인쇄할 표를 인쇄할 용지의 가로 너비에 맞추도록 FitPagesWide 속성을 1페이지에 맞춥니다. 만약 한 장에 모두 인쇄되게 하려면 세로 길이에 맞추도록 다음 코드를 한 줄 더 추가합니다.

```
    .FitToPagesTall = 1
```

❺ 페이지마다 반복해서 인쇄할 행 주소(PrintTitleRows)를 4행으로 설정합니다.

❻ 인쇄 미리 보기 창을 이용해 결과를 표시합니다. 인쇄하려면 PrintPreview 메서드를 PrintOut 메서드로 변경합니다.

이 매크로의 실행 결과를 확인하려면 예제를 열고 [A4 한 장에 맞춰 인쇄] 단추를 클릭합니다. 아래 화면과 같이 1페이지 너비에 맞춰 인쇄되며, 2페이지에도 열 머리글이 나타나는 것을 확인할 수 있습니다.

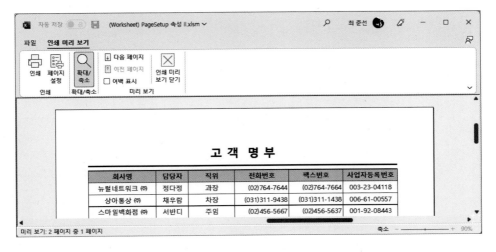

TIP 1페이지에는 인쇄할 표의 가로 너비가 인쇄 용지에 맞춰져 있는 것을 확인할 수 있습니다.

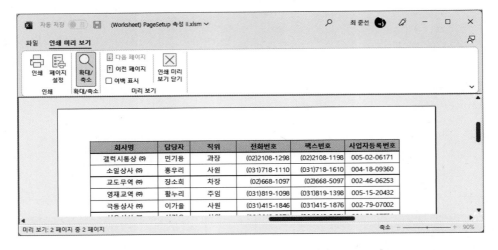

TIP 2페이지에서는 첫 번째 페이지의 머리글 행(4행)이 반복해서 나타나는 것을 확인할 수 있습니다.

파일(Workbook)
개체

엑셀 프로그램에서 이루어지는 모든 작업은 파일 단위로 저장되므로, 여러 파일의 데이터를 처리하려면 엑셀 파일을 의미하는 Workbook 개체와 Workbooks 컬렉션을 잘 이해해야 합니다. 앞서 배운 것과 이번 CHAPTER에서 배울 내용을 잘 응용한다면 엑셀 파일을 조작하는 매크로를 보다 쉽게 개발할 수 있습니다. Workbook 개체와 Workbooks 컬렉션을 이용해 작업 대상 파일을 지정하고, 파일 간 데이터를 주고받는 매크로 개발 방법에 대해 알아보겠습니다.

Workbook 개체의
주요 구성원 이해

예제 파일 없음

Workbooks 컬렉션의 주요 구성원

엑셀 파일을 의미하는 Workbook 개체의 컬렉션인 Workbooks 컬렉션은 새로운 개체를 추가하거나 열려 있는 전체 파일을 대상으로 작업을 처리합니다. Workbooks 컬렉션에서 공통적으로 사용할 수 있는 구성원은 다음과 같습니다.

구성원	설명	연관 기능
Add	새 파일을 하나 생성합니다.	리본 메뉴 [파일] 탭-[새로 만들기]
Open	기존 파일을 엽니다.	리본 메뉴 [파일] 탭-[열기]
OpenText	텍스트 파일을 엽니다.	리본 메뉴 [파일] 탭-[열기]
Close	열려 있는 모든 파일을 닫습니다.	리본 메뉴 [파일] 탭-[닫기]
Count	열려 있는 파일의 수를 반환합니다.	

Workbook 개체의 주요 구성원

개별 파일을 의미하는 Workbook 개체의 주요 구성원은 다음과 같습니다.

구성원	설명	연관 기능
Activate	파일을 화면에 표시합니다.	리본 메뉴 [보기] 탭-[창] 그룹-[창 전환]
Close	파일을 닫습니다.	리본 메뉴 [파일] 탭-[닫기]
PrintOut	파일 전체를 인쇄합니다.	리본 메뉴 [파일] 탭-[인쇄]
PrintPreview	파일 전체의 인쇄 내용을 인쇄 미리 보기 창을 이용해 파악합니다.	
Save	파일을 저장합니다.	리본 메뉴 [파일] 탭-[저장]
SaveAs	파일을 다른 이름으로 저장합니다.	리본 메뉴 [파일] 탭-[다른 이름으로 저장]
Saved	저장이 완료됐는지 여부를 True, False로 반환합니다.	

구성원	설명	연관 기능
BreakLink	연결된 파일을 끊어 수식을 값으로 변경합니다.	리본 메뉴 [데이터] 탭–[연결] 그룹–[연결 편집]
ChangeLink	연결된 파일의 위치를 변경합니다.	
FollowHyperlink	하이퍼링크를 연결합니다.	
HasVBProject	파일에 매크로가 포함되었는지 여부를 True, False로 반환합니다.	
FullName	파일의 전체 경로와 파일 명을 반환합니다.	리본 메뉴 [파일] 탭–[정보]
Name	확장자가 포함된 파일 명을 반환합니다.	
Path	파일의 경로를 반환합니다.	

13 / 02 엑셀 파일을 여는 방법과 주의할 점

예제 파일 PART 03 \ CHAPTER 13 \ (Workbooks) Open 메서드.xlsm

Open 메서드의 구문

다른 파일을 열려면 Workbooks 컬렉션의 Open 메서드를 이용합니다. Open 메서드를 이용해 파일을 열 때 파일이 존재하지 않거나 동일한 이름의 파일이 열려 있다면 에러가 발생할 수 있습니다. 파일을 열 때 사용하는 Workbooks 컬렉션의 Open 메서드 구문은 다음과 같습니다.

Workbooks.Open (❶filename, ❷updatelinks, ❸readonly, ❹format, ❺password, ❻writerespassword, ❼ignorereadonlyrecommended, ❽origin, ❾delimiter, editable, notify, converter, addtomru, local, corruptload)

❶ filename	열기 원하는 파일의 경로 및 파일 명입니다.
❷ updatelinks	연결된 파일의 수식을 업데이트하는 인수를 설정합니다. <table><tr><th>값</th><th>설명</th></tr><tr><td>0</td><td>업데이트하지 않고 메시지 창을 표시합니다.</td></tr><tr><td>3</td><td>자동으로 업데이트합니다.</td></tr></table>
❸ readonly	읽기 전용으로 파일을 엽니다.
❹ format	텍스트 파일을 열 때 구분 문자를 의미하는 옵션으로, 아래 값 중 하나를 사용합니다 <table><tr><th>값</th><th>설명</th><th>값</th><th>설명</th></tr><tr><td>1</td><td>탭</td><td>4</td><td>세미콜론</td></tr><tr><td>2</td><td>쉼표</td><td>5</td><td>없음</td></tr><tr><td>3</td><td>공백</td><td>6</td><td>사용자 지정 문자</td></tr></table>
❺ password	보호된 파일을 열 때 필요한 암호입니다.
❻ writerespassword	쓰기 암호가 설정된 파일을 열 때 필요한 암호입니다.
❼ ignorereadonly recommended	True면 읽기 전용으로 열기를 권하는 안내 메시지 창이 표시됩니다.
❽ origin	텍스트 파일의 개행 문자를 다루는 옵션을 설정하며, 생략하면 현재 운영 체제가 선택됩니다.
❾ delimiter	텍스트 파일을 열 때 Format 매개변숫값이 6인 경우의 구분 문자입니다.

Open 메서드의 사용 예

다음은 가장 간단한 파일 열기 코드의 사용 예입니다.

```
Workbooks.Open FileName:="C:\작업폴더\Sample.xlsx"  ──────── ❶
```

❶ C 드라이브 [작업 폴더] 하위의 Sample.xlsx 파일을 엽니다.

열 파일이 존재하는지 확인

이 코드는 파일이 존재하면 정상적으로 동작하지만, 파일이 없으면 다음과 같은 에러 메시지 창이 표시됩니다.

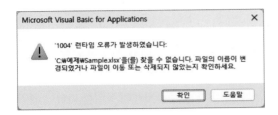

파일을 열기 전에 파일이 존재하는지 여부를 먼저 판단하려면 Dir 함수를 사용합니다. Dir 함수는 인수로 전달된 위치의 파일 명이나 폴더 명을 반환하는 함수로, Dir 함수의 구문은 다음과 같습니다.

Dir (❶pathname, ❷attributes)

❶ pathname	파일 명이나 폴더 명	
❷ attributes	pathname에서 지정한 파일(또는 폴더)의 속성 설정	
	내장 상수	**설명**
	vbNormal	일반 파일
	vbReadOnly	읽기 전용 속성 파일
	vbHidden	숨김 속성 파일
	vbSystem	시스템 속성 파일
	vbVolume	볼륨 레이블
	vbDirectory	디렉토리(폴더)

TIP Dir 함수는 반환할 값이 없다면 빈 문자("")를 반환합니다.

Dir 함수를 사용해 파일이 존재하는지 여부를 판단하려면 다음과 같은 사용자 정의 함수를 만들어 사용하는 것이 좋습니다.

```
Function IsFileExist(파일 As String) As Boolean ─────────── ❶

    IsFileExist = (Dir(파일) <> "") ─────────── ❷

End Function
```

❶ [IsFileExist] 사용자 정의 함수를 Function 프로시저로 선언합니다. 이 함수는 String 형식의 [파일] 변수에 확인하려는 파일의 전체
   파일 경로("C:\폴더\파일명.xlsx")를 받아 파일이 존재하는지 여부를 논릿값(True, False)으로 반환합니다.

❷ Dir 함수로 [파일] 변숫값을 전달해 Dir 함수에서 반환하는 값이 빈 문자("")가 아닌지 판단한 결과를 [IsFileExist] 함수에 반환합니다.
   Dir 함수에서 반환된 값이 빈 문자("")가 아니면 파일이 존재하는 것이므로 [IsFileExist] 함수에 True 값이 반환됩니다.

TIP Function 프로시저는 반드시 모듈 개체의 코드 창에 넣고 사용해야 합니다.

파일이 열려 있는지 확인

[IsFileExist] 사용자 정의 함수를 사용하면 열려고 하는 파일이 있는지 먼저 확인한 후 파일을 열 수 있습니다. 하지만 파일이 있어도 동일한 이름의 파일이 이미 열려 있다면 버전에 따라서 파일을 동시에 열 수 없다는 에러 메시지 창이 표시됩니다. 이때는 다음과 같은 사용자 정의 함수를 사용해 동일한 파일이 열려 있는지 여부를 확인할 수 있습니다.

```
Function IsFileOpen(파일 As String) As Boolean ─────────── ❶

    Dim 열린파일 As Workbook ─────────── ❷

    On Error Resume Next ─────────── ❸

        Set 열린파일 = Workbooks(Dir(파일)) ─────────── ❹
        IsFileOpen = (Err.Number = 0) ─────────── ❺

End Function
```

❶ [IsFileOpen] 사용자 정의 함수를 Function 프로시저로 선언합니다. 이 함수는 String 형식의 [파일] 변수에 파일의 FullName을 전
   달받아 해당 파일이 열려 있는지 여부를 논릿값(True, False)으로 반환합니다.

❷ Workbook 형식의 [열린파일] 개체변수를 선언합니다.

❸ 에러가 발생해도 코드 실행이 중단되지 않고, 다음 줄이 실행되도록 On Error 문을 설정합니다.

❹ [파일] 변숫값을 Dir 함수에 전달한 후 반환값을 Workbooks 컬렉션에 전달합니다. 해당 파일이 열려 있으면 [열린파일] 변수에 연결되
   고, 열려 있지 않으면 에러가 발생합니다.

❺ [IsFileOpen] 함수에 Err 개체의 Number 속성값이 0인지 여부를 판단한 결과를 반환합니다. Err 개체의 Number 속성값이 0이면
   에러가 발생하지 않은 것으로, ❹ 줄 코드에 문제가 없다는 것을 의미하며 파일이 열려 있다는 뜻입니다.

파일을 열려면 이 두 개의 사용자 정의 함수를 사용해 다음과 같이 코드를 구성하는 것이 좋습니다.

```
Sub 파일열기()

    ' 1단계 : 변수를 선언합니다.
        Dim 파일 As String ─────────── ❶

        파일 = Range("B4").Value ─────── ❷

    ' 2단계 : 파일이 존재하는지 확인합니다.
        If IsFileExist(파일) = False Then ─────── ❸

            MsgBox "파일이 존재하지 않습니다."
            Exit Sub

        End If

    ' 3단계 : 파일이 열려 있는지 확인합니다.
        If IsFileOpen(파일) = True Then ─────── ❹

            MsgBox "파일이 이미 열려 있습니다."
            Exit Sub

        End If

    ' 4단계 : 파일을 엽니다.
        Workbooks.Open Filename:=파일 ─────── ❺

End Sub
```

❶ String 형식의 [파일] 변수를 선언합니다.
❷ [파일] 변수에 [B4] 셀의 입력된 전체 파일 경로와 파일 명을 저장합니다.
❸ [IsFileExist] 함수에 [파일] 변수값을 전달해 반환값이 False인지 확인합니다. False면 파일이 존재하지 않으므로, 아래 MsgBox 함수를 사용해 메시지 창을 표시하고 Sub 프로시저를 종료합니다.
❹ [IsFileOpen] 함수에 [파일] 변수값을 전달해 반환값이 True인지 확인합니다. True면 파일이 열려 있는 것이므로, 아래 MsgBox 함수를 사용해 메시지 창을 표시하고 매크로를 종료합니다.
❺ [파일] 변수에 저장된 파일을 엽니다.

이 매크로를 테스트하기 위해 예제를 엽니다. 그러면 같은 폴더 내 예제 중 하나의 전체 경로와 파일 명이 [B4] 셀에 자동으로 입력됩니다. [파일 열기] 단추를 클릭하면 해당 예제 파일을 열 수 있습니다.

	A	B	C	D	E	F
1						
2			파일 열기			
3						
4		C:\예제\Part 03\Chapter 13\(Workbooks) Add 메서드.xlsm				
5						

TIP [B4] 셀에 표시되는 파일 명은 사용자가 저장한 예제 폴더 경로에 따라 달라질 수 있습니다.

한 번 클릭하면 해당 파일이 열리지만, 한 번 더 클릭하면 파일이 열려 있다는 메시지 창이 표시됩니다.

13 / 03

작업할 파일을 선택해 여는 방법

예제 파일 PART 03 \ CHAPTER 13 \ (Application) GetOpenFilename 메서드 I.xlsm

GetOpenFilename 메서드 구문

열 파일이 정해져 있는 것이 아니라면 [열기] 대화상자를 이용해 선택한 파일을 열 수 있습니다. [열기] 대화상자를 이용하려면 Application 개체의 GetOpenFilename 메서드를 이용합니다. 다만 주의할 점은 GetOpenFilename 메서드가 파일을 여는 것이 아니라 선택한 파일의 전체 경로 및 파일 명을 반환해준다는 것입니다. 이 값을 반환받은 후 Workbooks 컬렉션의 Open 메서드를 이용해 파일 열기를 따로 진행해야 합니다.

다음은 표준 [열기] 대화상자를 사용할 수 있는 Application 개체의 GetOpenFilename 메서드의 구문 설명입니다.

Application.GetOpenFilename (❶filefilter, ❷filterindex, ❸title, ❹buttontext, ❺multiselect)

❶ filefilter	[열기] 대화상자에서 표시할 파일의 필터 조건을 의미하는 텍스트 값으로, 구성 예는 다음과 같습니다. 여러 개를 순서대로 나열해 사용할 수도 있습니다.

filefilter 구성 예	대상
모든 파일 (*.*), *.*	모든 파일
엑셀 파일 (*.xls*), *.xls*	엑셀 파일
텍스트 파일 (*.txt; *.csv), *.txt; *.csv	텍스트 파일
추가 기능 파일 (*.xla*), *.xla*	추가 기능 파일
모듈 파일 (*.bas; *.frm), *.bas; *.frm	모듈 파일
엑셀 파일 (*.xls*), *.xls*, 텍스트 파일 (*.csv), *.csv	엑셀 파일, CSV 파일

❷ filterindex	FileFilter에서 구성한 필터 조건 목록을 여러 개 지정했을 때 우선할 인덱스 번호입니다.
❸ title	[열기] 대화상자의 제목 표시줄에 표시할 텍스트 값입니다.
❹ buttontext	MacOS에서 사용할 수 있는 옵션으로 윈도우에서는 사용할 수 없습니다.
❺ multiselect	True면 파일을 여러 개 선택할 수 있으며, 여러 개 선택하면 선택한 파일을 1차원 배열로 반환합니다.

GetOpenFilename 메서드의 사용 예

다음은 GetOpenFilename 메서드의 구성 예입니다.

```
Application.GetOpenFilename ( FileFilter:="엑셀 파일 (*.xls*), *.xls*",
                           _ Title:="작업 파일 선택" )  ──────────── ①
```

❶ 표준 [열기] 대화상자를 화면에 표시하는 파일 형식은 엑셀 파일(확장자가 xls로 구성)로 제한합니다. 이 명령은 다음과 같은 대화상자를 화면에 표시합니다.

파일을 선택하고 [열기]를 클릭하면 GetOpenFilename 메서드는 선택한 파일의 경로와 파일 명을 반환합니다. 선택하지 않은 경우에는 False 값이 반환됩니다.

표준 [열기] 대화상자를 이용해 파일을 선택하고 여는 매크로를 사용하려면 다음과 같이 코드를 구성합니다.

```
Sub 파일선택()

' 1단계 : 변수를 선언하고 변수 초깃값을 설정합니다.
    Dim 선택파일 As Variant  ──────────── ①
    Dim 파일형식 As String  ──────────── ②

    파일형식 = "엑셀 파일 (*.xls*), *.xls*"  ──────────── ③

' 2단계 : 표준 [열기] 대화상자를 열고 파일을 선택합니다.
    선택파일 = Application.GetOpenFilename(FileFilter:=파일형식, Title:="작업 파일 선택")
                                                                    ──────────── ④

' 3단계 : 파일을 선택했다면 파일을 엽니다.
    If 선택파일 <> False Then  ──────────── ⑤

        Workbooks.Open Filename:=선택파일
```

```
    Else ───────────⑥

        MsgBox "파일을 선택하지 않았습니다."

    End If

End Sub
```

❶ Variant 형식의 [선택파일] 변수를 선언합니다. [선택파일] 변수에는 GetOpenFilename 메서드의 결과를 저장합니다. [열기] 대화상자
에서 파일을 선택하면 전체 경로와 파일 명이 String 형식으로 반환됩니다. 파일 선택을 하지 않으면 False 값이 반환되며, String 형식
의 파일 명과 Boolean 형식의 False 값을 모두 저장할 수 있어야 하므로 Variant 형식으로 선언합니다.

❷ String 형식의 [파일형식] 변수를 선언합니다.

❸ [파일형식] 변수에 GetOpenFilename 메서드의 FileFilter 매개변수에 전달할 파일 형식값을 저장합니다.

❹ [선택파일] 변수에 GetOpenFilename 메서드의 반환값을 저장합니다.

❺ [선택파일] 변수에 저장된 값이 False가 아닌지 판단합니다. False가 아니면 선택한 파일이 있다는 것을 의미하므로, Workbooks.
Open 메서드를 이용해 해당 파일을 엽니다.

❻ 파일을 선택하지 않았다면 MsgBox 함수를 사용해 안내 메시지를 표시합니다.

이 매크로를 실행해보려면 예제 파일을 열고 [작업할 파일을 선택하세요!] 단추를 클릭합니다.

작업할 여러 파일을 한번에 여는 방법

예제 파일 PART 03 \ CHAPTER 13 \ (Application) GetOpenFilename 메서드 II.xlsm

파일을 여러 개 선택해 작업하고 싶다면 GetOpenFilename 메서드의 MultiSelect 매개변수를 True로 설정합니다. [열기] 대화상자에서 선택한 모든 파일 이름이 저장된 배열이 반환됩니다. 표준 [열기] 대화상자를 이용해 파일을 여러 개 선택해 여는 매크로를 개발하려면 다음과 같은 코드를 구성할 수 있습니다.

```
Sub 파일다중선택()

    Dim 선택파일 As Variant, 파일 As Variant ─────────── ❶
    Dim 파일형식 As String

    파일형식 = "엑셀 파일 (*.xls*), *.xls*"

    선택파일 = Application.GetOpenFilename(FileFilter:=파일형식, _
                                Title:="작업 파일 선택", _
                                MultiSelect:=True) ─────── ❷

    If IsArray(선택파일) = True Then ─────────── ❸

        For Each 파일 In 선택파일 ─────────── ❹

            Workbooks.Open Filename:=파일 ─────────── ❺

        Next

    Else

        MsgBox "파일을 선택하지 않았습니다."

    End If

End Sub
```

❶ Variant 형식의 [선택파일] 변수와 순환문에서 사용할 [파일] 변수를 선언합니다. [선택파일] 변수에는 GetOpenFilename 메서드의 반환값을 저장하는데, 여러 개의 파일을 선택하도록 하면 배열이 반환되므로 [선택파일] 변수는 반드시 Variant 형식으로 선언되어야 합니다.

❷ GetOpenFilename 메서드로 호출된 표준 [열기] 대화상자의 선택된 파일 이름을 [선택파일] 변수에 저장합니다. MultiSelect 매개변숫값을 True로 설정해 파일을 동시에 여러 개 선택할 수 있습니다.

❸ MultiSelect 매개변수를 True로 설정하고 파일을 하나라도 선택하면 무조건 배열 값이 반환됩니다. 파일이 선택되었는지 확인하기 위해 IsArray 함수를 사용해 [선택파일] 변수에 저장된 값이 배열인지 확인합니다.

❹❸ 줄 코드의 판단 결과가 True면 파일을 선택한 것이므로, For Each… Next 순환문을 사용해 [선택파일] 변숫값을 하나씩 [파일] 변수에 저장합니다.

❺ [파일] 변수에 저장된 값을 참고해 Workbooks.Open 메서드로 파일을 엽니다.

TIP 이 매크로는 **SECTION 13-03** 예제의 코드를 수정한 것이므로, 해당 코드 설명을 먼저 참고하세요!

이 매크로의 결과를 확인하려면 예제에서 [작업할 파일을 선택하세요!] 단추를 클릭한 후 파일을 여러 개 선택하고 [열기]를 클릭하거나 아무 파일도 선택하지 않은 채 [취소]를 클릭해 동작을 확인합니다.

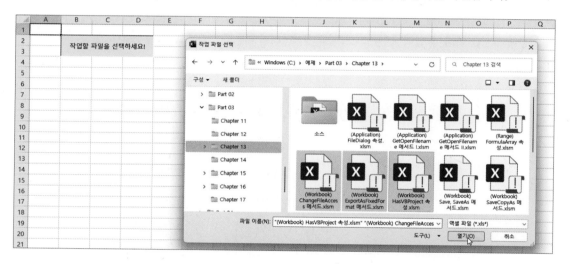

선택된 파일은 모두 열려야 하며, [취소]를 클릭했을 때는 파일을 선택하지 않았다는 메시지 창이 표시되어야 합니다.

GetOpenFilename 메서드를 이용해 [열기] 대화상자를 열 때 기본 폴더 설정하는 방법

예제 파일 PART 03 \ CHAPTER 13 \ ChDrive, ChDir 함수 (코드).txt

필요한 함수

현재 폴더의 경로를 반환해주는 CurDir 문의 구문은 다음과 같습니다.

CurDir (❶drive)	
❶ drive	지정한 드라이브 위치로 현재 폴더 경로를 반환합니다. 생략하면 현재 드라이브의 경로를 반환합니다.

드라이브를 변경할 수 있는 ChDrive 문의 구문은 다음과 같습니다.

ChDrive (❶drive)	
❶ drive	변경할 드라이브 명으로 현재 폴더의 경로를 변경합니다.

폴더를 변경할 수 있는 ChDir 문의 구문은 다음과 같습니다.

ChDir (❶path)	
❶ path	변경할 전체 경로로 현재 폴더의 경로를 변경합니다.

표준 [열기] 대화상자의 폴더 설정

GetOpenFilename 메서드를 이용해 표준 [열기] 대화상자를 열면 기본 문서 폴더가 표시되며, 다음부터는 항상 마지막으로 선택한 폴더가 표시됩니다. 그러므로 파일을 열 폴더로 먼저 이동하는 작업이 필요합니다. 표준 [열기] 대화상자가 열릴 때 원하는 폴더를 표시하려면 GetOpenFilename 메서드를 사용하기 전에 현재 폴더를 원하는 폴더로 변경해줍니다. 표준 [열기] 대화상자의 기본 폴더를 변경하는 매크로로는 다음과 같이 구성합니다.

파일 : ChDrive, ChDir 함수 (코드).txt

```
Sub 파일선택()

' 1단계 : 변수를 선언하고 변수 초깃값을 설정합니다.
    Dim 현재폴더 As String          ───────── ❶
    Dim 선택폴더 As String          ───────── ❷
    Dim 선택파일 As Variant
    Dim 파일형식 As String


    현재폴더 = CurDir                ───────── ❸
    선택폴더 = "C:\작업 폴더\"        ───────── ❹
    파일형식 = "엑셀 파일 (*.xls*), *.xls*"

' 2단계 : 현재 폴더를 변경합니다.
    ChDrive 선택폴더                 ───────── ❺
    ChDir 선택폴더                   ───────── ❻

' 3단계 : 표준 [열기] 대화상자를 표시하고 파일을 선택합니다.
    선택파일 = Application.GetOpenFilename(FileFilter:=파일형식, Title:="작업 파일 선택")

    If 선택파일 <> False Then

        Workbooks.Open Filename:=선택파일

    Else

        MsgBox "파일을 선택하지 않았습니다."

    End If

' 4단계 : 표준 [열기] 대화상자가 닫히면 현재 폴더를 다시 이전 폴더로 되돌립니다.
    ChDrive 현재폴더                 ───────── ❼
    ChDir 현재폴더                   ───────── ❽

End Sub
```

❶ String 형식의 [현재폴더] 변수를 선언합니다.

❷ String 형식의 [선택폴더] 변수를 선언합니다.

❸ [현재폴더] 변수에 CurDir 함수의 반환값인 현재 폴더 경로를 저장합니다. 이 작업은 표준 [열기] 대화상자를 닫은 후 다시 원래 폴더로 변경하기 위해 현재 폴더를 기록해놓은 것입니다.

❹ [선택폴더] 변수에 원하는 폴더 경로를 저장합니다. 이 경로를 현재 파일의 경로로 변경하려면 코드를 다음과 같이 수정합니다.

```
선택폴더 = ThisWorkbook.Path & "\"
```

❺ ChDrive 문을 사용해 [선택폴더] 변수에 저장된 경로의 드라이브로 변경합니다. ChDir 문은 다른 드라이브의 폴더로 변경할 수 없으므로 반드시 ChDrive 문을 사용해 드라이브를 먼저 변경해야 합니다. ChDrive 문은 다음과 같이 드라이브 문자만 지정해 사용할 수 있습니다.

```
ChDrive "D"
```

❻ ChDir 문을 사용해 [선택폴더] 변수에 저장된 경로의 폴더로 변경합니다.

❼ 작업이 끝난 다음 현재 폴더를 이전 설정 값으로 복원합니다. ChDrive 문으로 [현재폴더] 변수에 저장된 경로의 드라이브로 변경합니다.

❽ ChDir 문으로 [현재폴더] 변수에 저장된 폴더로 현재 폴더를 변경합니다.

특정 폴더 내 파일을
하나로 합치는 방법

예제 파일 PART 03 \ CHAPTER 13 \ Dir함수 (통합).xlsm, 소스 \ 통합 샘플 1.xlsx~통합 샘플 3.xlsx

Close 메서드 구문

폴더 내 파일 데이터에 접근하려면 파일을 열고 닫을 수 있어야 합니다. 여는 작업은 Open 메서드로 처리하고, 닫는 작업은 Close 메서드로 처리합니다. 구문은 다음과 같습니다.

Workbook.Close (❶savechanges, ❷filename, ❸routeworkbook)

❶ savechanges	파일을 닫을 때 파일을 저장할 지 여부를 True, False로 설정합니다.
❷ filename	수정된 사항을 저장할 때 사용할 파일 이름으로, 생략하면 현재 파일로 저장합니다.
❸ routeworkbook	이메일로 파일을 첨부한 경우 여러 명의 받는 사람에게 회람되도록 설정되어 있다면 이 옵션에 따라 다음 사람에게 파일을 보낼지 여부를 판단합니다. True면 보내고, False면 보내지 않습니다.

Dir 함수로 폴더 순환하기

특정 폴더 내 파일을 모두 열어 작업하려면 GetOpenFilename 메서드보다 Dir 함수를 사용해 폴더 내 파일을 모두 반환받는 방법을 사용하는 것이 좋습니다. Dir 함수에 작업할 폴더 경로만 전달하면 해당 폴더 내 파일을 하나씩 반환해줍니다. 이런 특성을 이용해 특정 폴더 내 파일을 하나씩 열면서 작업하는 매크로를 만들 수 있습니다.

예제 폴더 하위의 [소스] 폴더를 탐색기로 살펴보면 다음과 같은 세 개의 파일을 확인할 수 있습니다.

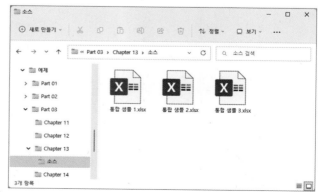

해당 위치의 파일을 하나씩 열어보면 다음과 같은 데이터를 첫 번째 시트에서 확인할 수 있습니다.

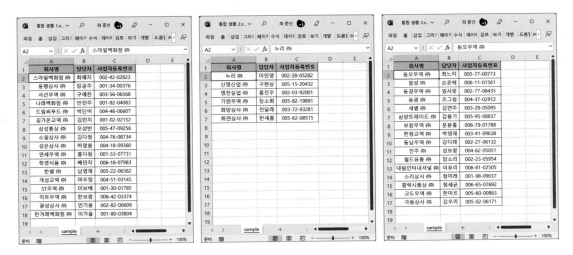

이러한 데이터를 예제 파일의 B열 아래에 모두 통합한다고 가정합니다.

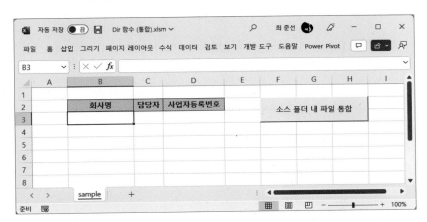

모든 파일을 열고 데이터를 복사해오는 매크로를 개발하려면 다음 코드를 참고합니다.

```
Sub 파일통합()

' 1단계 : 변수를 선언하고 변수 초깃값을 설정합니다.
    Dim 대상폴더 As String
    Dim 파일 As String
    Dim 통합시트 As Worksheet
    Dim 통합표 As Range
    Dim 작업파일 As Workbook
    Dim 복사범위 As Range
    Dim 복사위치 As Range


    대상폴더 = ThisWorkbook.Path & "\소스\"        ───────── ❶
    파일 = Dir(대상폴더 & "*.xls*")        ───────── ❷
```

```
' 2단계 : 이전 통합 데이터가 존재하면 삭제합니다.
      Application.ScreenUpdating = False ————————————— ❸

         Set 통합시트 = ActiveSheet ————————————— ❹
         Set 통합표 = Range("B2").CurrentRegion —————————— ❺
         With 통합표
            If .Rows.Count > 1 Then ————————————— ❻
                .Offset(1).Resize(.Rows.Count - 1).Delete Shift:=xlUp
            End If
         End With

' 3단계 : 소스 폴더 내 파일을 하나씩 열어 데이터를 통합합니다.
         Do While 파일 <> "" ————————————— ❼

            Set 작업파일 = Workbooks.Open(Filename:=대상폴더& 파일) ————— ❽
            Set 복사범위 = 작업파일.Worksheets(1).UsedRange —————————— ❾

            With 복사범위
               Set 복사범위 = .Offset(1).Resize(.Rows.Count - 1) —————— ❿
            End With

            Set 복사위치 = 통합시트.Cells(Rows.Count, "B").End(xlUp).Offset(1)
                                                          ⓫

            복사범위.Copy 복사위치 ————————————— ⓬

            작업파일.CloseSaveChanges:=False ————————————— ⓭

            파일 = Dir ————————————— ⓮

         Loop

      Application.ScreenUpdating = True ————————————— ⓯

End Sub
```

❶ [대상폴더] 변수에 현재 파일의 경로(ThisWorkbook.Path)와 "\소스\" 문자열을 연결한 값을 저장합니다. 이렇게 하면 현재 파일이 저장된 경로의 [소스] 하위 폴더 경로를 [대상폴더] 변수에 저장할 수 있습니다.

❷ [파일] 변수에 Dir 함수를 사용해 [대상폴더] 변수에 저장된 경로에 있는 파일 확장자가 xls로 시작하는 첫 번째 파일 명을 저장합니다.

❸ 이후 처리 과정이 화면에 표시되지 않도록 ScreenUpdating 속성을 False로 해제합니다. 이 작업은 파일을 열고 닫는 행위이므로 진행 과정이 화면에 표시되면 화면 전환이 여러 번 반복되어 불편합니다.

❹ [통합시트] 개체변수에 현재 시트를 연결합니다. 다른 파일을 열면 ActiveWorkbook과 ActiveSheet가 모두 열린 파일을 기준으로 변경되므로, 데이터를 붙여 넣을 위치를 판단하기 위해 현재 시트를 컨트롤할 수 있도록 변수를 이용하는 것이 좋습니다.

❺ 현재 파일에 기존 통합 데이터가 존재하는지 확인하기 위해 [통합표] 개체변수에 현재 시트의 [B2] 셀부터 연속된 데이터 범위를 모두 연결합니다.

❻ [통합표] 변수의 범위 행이 한 개를 초과하는지 판단합니다. 행이 두 개 이상이면 머리글 행 이외에 이전에 통합된 데이터가 있다는 것이므로, 머리글 행을 제외한 데이터 범위를 삭제합니다.

❼ Do… Loop 순환문을 사용해 폴더 내 모든 파일을 순환하면서 작업합니다. Do 문 옆에 While 키워드를 사용해 [파일] 변숫값이 빈 문자("")가 아닌 경우 계속해서 순환하도록 합니다. Dir 함수의 반환 값이 빈 문자("")가 되면 더 이상 작업할 파일이 없다는 것을 의미합니다.

❽ [작업파일] 개체변수에는 [대상폴더]와 [파일] 변숫값에 연결한 파일을 열어 연결합니다.

❾ [복사범위] 개체변수에 [작업파일] 변수 내 파일의 첫 번째 시트에서 사용된 전체 범위를 연결합니다.

❿ [복사범위] 변수의 범위를 첫 번째 행을 제외한 데이터 범위로 변경합니다.

.Offset(1)는 기존 범위를 한 행 아래로 내리는데, 이렇게 하면 머리글 행은 범위에서 제외되지만 아래에 불필요한 행이 하나 더 잡힙니다. 그러므로 **.Resize(.Rows.Count, − 1)** 명령으로 전체 범위에서 기존 행 개수보다 한 개 적은 범위로 재설정합니다. 그러면 항상 머리글 행 범위를 제외한 데이터 범위만 설정할 수 있습니다.

⓫ [복사위치] 개체변수에는 [통합시트] 변수에 연결된 시트의 B열 마지막 셀에서 Ctrl + ↑를 누른 셀의 바로 아래 셀을 연결합니다. 연결된 위치는 데이터가 새로 기록되어야 할 첫 번째 셀입니다.

⓬ [복사범위] 변수에는 연결된 범위를 복사해 [복사위치] 변수에 연결된 셀에 붙여 넣습니다.

⓭ [작업파일] 변수에 연결된 파일을 닫습니다. 이때 변경된 부분이 있어도 저장하지 않고 닫습니다.

⓮ [파일] 변수에 다음에 작업할 엑셀 파일 명을 저장합니다. Dir 함수는 지정된 폴더에 찾은 파일이 여러 개이면 순서대로 파일 명을 전달해 주므로, 이렇게 순환문 내에서 별도의 인수 없이 사용하면 폴더 내 파일 명을 하나씩 [파일] 변수에 저장해줍니다.

⓯ 모든 작업이 끝났다면 화면을 새로 고쳐 변경된 결과를 화면에 표시합니다.

예제 파일의 [소스 폴더 내 파일 통합] 단추를 클릭하면 앞서 설명한 매크로가 동작하면서 [소스] 폴더 내 모든 파일의 첫 번째 시트 데이터를 통합합니다.

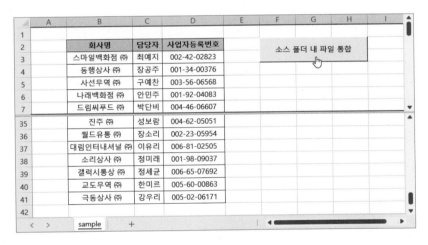

결과를 확인했다면 A열에 파일명이 함께 반환되도록 매크로 코드를 수정해보세요!

13 / 07

파일을 열지 않고
데이터를 참조하는 방법

예제 파일 PART 03 \ CHAPTER 13 \ (Range) FormulaArray 속성.xlsm, 소스 \ 통합 샘플 1.xlsx ～ 통합 샘플 3.xlsx

다른 파일의 데이터를 처리하는 매크로를 만들려면 파일을 여는 행위가 필수입니다. 다만 여는 행위를 하지 않고 데이터를 가져다 사용하려면 두 가지 방법이 있습니다. 하나는 이번에 소개하는 Range 개체의 FormulaArray 속성을 이용하는 방법이고, 다른 하나는 ADO를 이용하는 방법이 있습니다. ADO는 이 책의 CHAPTER 22에서 소개하므로 참고합니다. 이번에는 Range 개체의 FormulaArray 속성을 이용하는 방법에 대해 소개합니다.

FormulaArray 속성은 배열 수식을 입력할 때 사용하는 속성인데, 이 속성을 이용하면 파일을 열지 않고 데이터를 가져올 수 있습니다. 단, FormulaArray 속성은 기본적으로 수식을 사용하기 때문에 닫힌 파일에서 데이터를 가져올 시트와 데이터 범위가 명확하게 설정되어야 합니다. 또한 수식으로 데이터를 가져오므로, 데이터를 가져온 다음에는 수식을 다시 값으로 변환하는 과정이 필요합니다.

예제 파일을 열면 다음과 같은 표를 확인할 수 있습니다.

	A	B	C	D	E	F	G	H	I
1									
2		회사명	담당자	사업자등록번호			소스 폴더 내 파일 통합		
3									
4									
5									
6									
7									

TIP 이 예제는 **SECTION 13-06** 예제와 동일합니다.

파일을 열지 않고 데이터를 가져오려면 다음과 같은 매크로를 개발해 사용합니다.

```
Sub 파일통합()

    Dim 대상폴더 As String
    Dim 파일 As String
    Dim 통합표 As Range
    Dim 참조수식 As String                    ①
```

```
    Dim 복사위치 As Range

    대상폴더 = ThisWorkbook.Path & "\소스\"
    파일 = Dir(대상폴더 & "*.xls*")

    Set 통합표 = Range("B2").CurrentRegion
    With 통합표
        If .Rows.Count > 1 Then
                .Offset(1).Resize(.Rows.Count - 1).Delete Shift:=xlUp
        End If
    End With

    Do While 파일 <> ""

        참조수식 = "'" & 대상폴더 & "[" & 파일 & "]sample'!A2:C100" ————— ❷

        Set 복사위치 = Cells(Rows.Count, "B").End(xlUp).Offset(1)

        With 복사위치.Resize(99, 3) ————— ❸
            .FormulaArray = "=IF(" & 참조수식 & "="""", """"," & 참조수식 & ")" —— ❹
            .Value = .Value ————— ❺
        End With

        파일 = Dir

    Loop

End Sub
```

❶ String 형식의 [참조수식] 변수를 선언합니다.

❷ [참조수식] 변수에 배열 수식으로 참조해올 주소를 다음 형식으로 저장합니다.

> [전체경로 \ [파일명.xlsx] 시트명] ! 주소

이번 예제의 경우 **통합 샘플 1.xlsx~통합 샘플 2.xlsx** 파일의 시트 명이 모두 sample이므로 시트 명은 sample로 고정하고, 대상 범위도 일정하지 않지만 100행을 넘지 않으므로 주소를 [A2:C100] 범위로 한정했습니다. 파일이 닫힌 상태에서는 데이터가 몇 행인지 확인할 수 없으므로 좀 더 큰 범위를 설정해 데이터 값을 가져옵니다.

❸ [복사위치] 변수에 할당된 셀은 데이터가 입력될 위치입니다. 이 위치를 ❷ 줄의 데이터 범위에 맞게 크기를 조정합니다. [A2:C100] 범위의 행은 99개, 열은 세 개이므로, Resize 속성을 이용해 동일한 크기로 조정합니다.

❹ FormulaArray 속성을 이용해 다음과 같은 방식으로 수식을 구성합니다.

=IF(참조수식="", "", 참조수식)

즉, 값이 있으면 참조해오고 값이 없으면 빈 문자("")가 반환되도록 합니다. ❷ 줄에서 가져올 범위를 크게 설정했으므로, 이렇게 데이터를 가져오는 것이 좋습니다.

❺ 수식을 값으로 변경합니다.

TIP 이 매크로는 **SECTION 13-06**의 예제와 유사하므로 이전 코드와 다른 부분만 설명했습니다.

13 / 08 작업 폴더를 직접 선택하는 방법

예제 파일 PART 03 \ CHAPTER 13 \ (Application) FileDialog 속성.xlsm

작업할 대상 폴더를 코드에 직접 입력하지 않고 대화상자에서 선택하고 싶다면 Application 개체의 Dialog 속성을 이용합니다. Dialog 속성을 이용하면 엑셀에서 사용할 수 있는 다양한 기본 대화상자를 화면에 표시할 수 있습니다. 폴더를 선택할 때 사용하는 표준 대화상자를 화면에 호출하여 폴더를 선택하는 방법을 알아보겠습니다.

다음은 FileDialog 속성으로 표준 폴더 선택 대화상자의 사용 방법을 구현한 매크로입니다.

```
Sub 폴더선택()

' 1단계 : 변수를 선언하고, 초깃값을 설정합니다.
    Dim 대화상자 As FileDialog                              ①
    Dim 선택폴더 As String                                  ②

    Set 대화상자 = Application.FileDialog(msoFileDialogFolderPicker)        ③

' 2단계 : 폴더 선택 대화상자를 구성하고, 화면에 표시한 후 사용자 선택에 따라 동작합니다.
    With 대화상자
        .Title = "작업할 폴더를 선택하세요!"                  ④
        .AllowMultiSelect = False                          ⑤
        .InitialFileName = "C:\"                            ⑥
        Select Case .Show                                  ⑦
            Case -1                          ⑧
                선택폴더 = 대화상자.SelectedItems(1)
                MsgBox "선택한 폴더는 다음과 같습니다." & vbCr & 선택폴더
            Case 0                           ⑨
                MsgBox "폴더를 선택하지 않았습니다."
        End Select

    End With

End Sub
```

❶ FileDialog 형식의 [대화상자] 개체변수를 선언합니다.

❷ String 형식의 [선택폴더] 변수를 선언합니다.

❸ [대화상자] 개체변수에 Application 개체의 FileDialog 속성을 이용해 표준 폴더 선택 대화상자를 연결합니다. 이 작업은 표준 대화상자 설정을 좀 더 쉽게 하기 위해 변수를 사용한 것으로 생략하고 바로 아래 With 문을 다음과 같이 변경해도 됩니다.

```
With Application.FileDialog(msoFileDialogFolderPicker)
```

이외에도 FileDialog 속성에서 자주 사용되는 내장 상수는 다음과 같습니다.

내장 상수	설명
msoFileDialogFilePicker	[찾아보기] 대화상자가 표시됩니다.
msoFileDialogOpen	[열기] 대화상자가 표시됩니다.
msoFileDialogSaveAs	[다른 이름으로 저장] 대화상자가 표시됩니다.

❹ 대화상자의 제목 표시줄에 원하는 문자열을 저장합니다.

❺ 대화상자에서 폴더를 하나만 선택할 수 있도록 설정합니다.

❻ InitialFileName 속성을 이용해 대화상자의 기본 경로를 설정합니다. 이 부분을 현재 파일 폴더로 변경하려면 다음 코드로 수정합니다.

```
.InitialFileName = ThisWorkbook.Path
```

❼ Show 메서드를 이용해 대화상자를 다음과 같이 화면에 표시합니다.

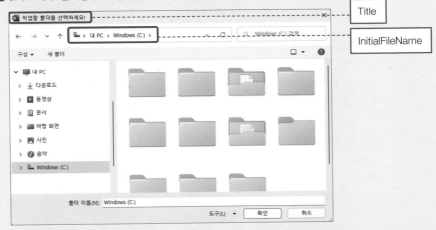

❽ 표시된 대화상자에서 폴더를 선택하고 [확인]을 클릭하면 −1 값이 반환됩니다. 이 경우 MsgBox 함수를 사용해 메시지 창에 선택된 폴더명을 전달합니다.

❾ 폴더 선택 대화상자에서 [취소]를 클릭하면 0 값이 반환됩니다. 이 경우 안내 메시지를 표시합니다.

이 매크로를 테스트해보려면 예제를 열고 [작업할 폴더를 선택하세요!] 단추를 클릭해보세요.

13 / 09 빈 통합 문서 파일을 새로 만드는 방법

예제 파일 PART 03 \ CHAPTER 13 \ (Workbooks) Add 메서드.xlsm

Add 메서드 구문

엑셀 파일을 새로 만들기 위해서는 Workbooks 컬렉션의 Add 메서드를 이용합니다. Add 메서드를 컬렉션에서 사용하면 컬렉션의 새 개체를 추가하는 명령이 됩니다. Workbooks 컬렉션에서 사용하면 빈 파일이 하나 생성되고, Worksheets 컬렉션에서 사용하면 빈 워크시트가 생성됩니다. 다음은 새 파일을 생성할 때 사용하는 Workbooks 컬렉션의 Add 메서드의 구문입니다.

Workbooks.Add (❶template)

	새 파일의 문서 유형을 지정합니다.	
	내장 상수	설명
❶ template	xlWBATChart	차트
	xlWBATWorksheet	워크시트
	xlWBATExcel4MacroSheet	엑셀 4 버전의 매크로 시트
	xlWBATExcel4IntlMacroSheet	엑셀 4 버전의 국제 매크로 시트
	이와 같이 문서 유형을 지정하면 새 파일이 만들어질 때 해당 시트를 하나 갖는 파일이 생성됩니다. 문서 유형을 생략하면 기본 엑셀 파일이 만들어집니다.	

Add 메서드의 사용 예

다음은 빈 통합 문서 파일을 하나 생성하는 코드의 예입니다.

```
Workbooks.Add
```

엑셀을 실행하고 새 통합 문서를 만들면 **통합 문서1** 파일이 자동으로 생성됩니다. 이 상태에서 VB 편집기의 직접 실행 창에 위 코드를 입력하면 다음과 같이 **통합 문서2** 파일이 하나 더 생성됩니다.

코드가 실행되면 **통합 문서2** 파일이 엑셀 전면에 표시됩니다. Workbooks.Add 코드를 실행하기 전 **통합 문서1**은 ThisWorkbook이면서 ActiveWorkbook이었지만, 실행하고 난 후에는 **통합 문서1**은 여전히 코드를 실행한 파일, 즉 **ThisWorkbook**입니다. 그러나 화면 전면에 표시되지는 않으므로 **통합 문서2**가 **ActiveWorkbook**이 됩니다.

엑셀 2013 버전부터 통합 문서에 워크시트가 하나씩 제공됩니다. 엑셀 2010 버전까지는 총 세 개의 워크시트가 제공되었습니다. 기본 워크시트의 수는 Application 개체의 SheetsInNewWorkbook 속성에 저장되므로 해당 속성값을 변경해 조정합니다.

SheetsInNewWorkbook 속성은 [Excel 옵션] 대화상자의 다음 부분에 해당합니다.

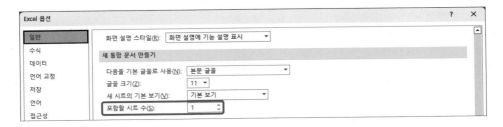

매크로를 이용해 SheetsInNewWorkbook 속성값을 변경한다면 매크로가 종료되기 전에 속성값을 다시 원래대로 복원합니다. 다음은 빈 파일을 하나 만들고, 1월부터 12월까지의 월별 시트를 생성하는 매크로의 구성 예입니다.

```
Sub 연간보고서()

' 1단계 : 변수를 선언합니다.
    Dim 현재설정 As Integer  ————————— ❶
    Dim 시트 As Worksheet   ————————— ❷
    Dim i As Integer        ————————— ❸
```

```
    ' 2단계 : 변수의 초깃값을 설정하고, 엑셀 설정을 변경합니다.
        현재설정 = Application.SheetsInNewWorkbook          ──────── ❹
        Application.SheetsInNewWorkbook = 12          ──────── ❺

    ' 3단계 : 빈 파일을 새로 만들고, 워크시트 이름을 변경합니다.
        Workbooks.Add          ──────── ❻

        For Each 시트 In ActiveWorkbook.Worksheets          ──────── ❼

            i = i + 1          ──────── ❽
            시트.Name = i& "월"          ──────── ❾

        Next

    ' 4단계 : 이전 설정을 복원합니다.
        Application.SheetsInNewWorkbook = 현재설정          ──────── ❿

End Sub
```

❶ Integer 형식의 [현재설정] 변수를 선언합니다.

❷ Worksheet 형식의 [시트] 개체변수를 선언합니다.

❸ Integer 형식의 [i] 변수를 선언합니다.

❹ [현재설정] 변수에 Application 개체의 SheetsInNewWorkbook 속성값을 저장합니다. 이 속성값은 빈 파일을 만들 때 생성될 워크시트수이므로, 매크로 내에서만 원하는 시트수를 갖도록 하고 엑셀 프로그램의 기본 설정 값은 변경하지 않기 위해 [현재설정] 변수에 저장해놓습니다.

❺ Application 개체의 SheetsInNewWorkbook 속성값을 12로 변경합니다. 그러면 빈 파일을 만들 때 워크시트가 12개 생성됩니다.

❻ 빈 파일을 생성합니다.

❼ For Each… Next 순환문을 사용해 생성된 파일의 Worksheets 컬렉션을 순환해 [시트] 개체변수에 하나씩 연결합니다.

❽ [i] 변숫값을 1씩 증가시킵니다. [i] 변수는 Integer 형식의 숫자 변수이므로 선언과 동시에 0 값이 저장되며, 순환문에서 1씩 증가시키면 1, 2, 3, …과 같은 일련번호가 저장됩니다.

❾ [시트] 개체변수에 연결된 시트의 이름을 [i] 변숫값과 "월" 문자를 연결한 것으로 변경합니다. 이렇게 하면 1월~12월까지 워크시트 이름으로 변경됩니다.

❿ 매크로를 종료하기 전 Application 개체의 SheetsInNewWorkbook 속성값을 복원합니다.

이 매크로를 테스트하려면 예제를 열고 [월 시트를 모두 갖는 새 파일 만들기] 단추를 클릭합니다. 그러면 다음과 같이 12개의 월 시트를 갖는 새로운 파일이 자동으로 생성됩니다.

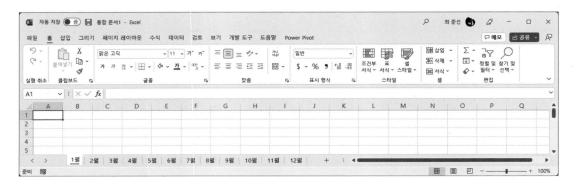

13/10 작업한 파일을 저장하는 방법

예제 파일 PART 03 \ CHAPTER 13 \ (Workbook) Save, SaveAs 메서드.xlsm

Save, SaveAs 메서드 구문

파일을 저장할 때 사용하는 Save와 SaveAs 메서드는 각각 [저장]과 [다른 이름으로 저장] 명령을 의미합니다. [저장] 명령은 저장된 파일에서 수정된 내용을 덮어씌우는 것을 의미하며, [다른 이름으로 저장] 명령은 한 번도 저장하지 않은 파일을 저장하거나 파일의 복사본을 생성할 때 사용하는 명령입니다. 파일을 저장하는 Save 메서드는 별도의 구문이 없으며, 파일을 다른 이름으로 저장하는 SaveAs 메서드의 구문은 다음과 같습니다.

Workbook.SaveAs (❶filename, ❷fileformat, ❸password, ❹writerespassword, ❺readonly recommended, ❻createbackup, ❼addtomru, ❽textcodepage, ❾textvisuallayout, ❿local)

❶ filename	저장할 파일이 속할 폴더와 파일 명을 표시합니다.
❷ fileformat	파일을 저장할 때 사용할 파일 형식으로, 다음과 같은 내장 상수를 사용합니다.

내장 상수	설명	확장자
xlOpenXMLWorkbook	Excel 통합 문서	xlsx
xlOpenXMLWorkbookMacroEnabled	Excel 매크로 사용 통합 문서	xlsm
xlExcel8	Excel 파일	xls
xlCSV	CSV 파일	csv

❸ password	파일 열기 암호를 설정합니다.
❹ writerespassword	파일 쓰기 암호를 설정합니다.
❺ readonly recommended	파일을 열 때 읽기 전용으로 열기를 권장하는 메시지의 표시 여부로 True면 표시하고, False면 표시하지 않습니다.
❻ createbackup	백업 파일 생성 여부로 True면 백업 파일을 생성하고, False면 생성하지 않습니다.
❼ addtomru	최근 사용 목록에 문서를 추가할지 여부입니다. True면 문서를 추가하고, False(기본값)면 추가하지 않습니다.
❽ textcodepage	FileFormat 매개변수에서 CSV, 텍스트 파일로 저장할 때 코드 페이지를 설정할 수 있습니다.
❾ textvisuallayout	FileFormat 매개변수에서 CSV, 텍스트 파일로 저장할 때 논리적 레이아웃을 설정합니다.
❿ local	파일을 저장할 때 로컬 설정 옵션입니다. True면 제어판의 설정을 따르고, False(기본값)면 VBA 언어로 파일을 저장합니다.

다른 파일을 모두 저장하고 닫는 매크로 개발 사례

Workbook 개체의 Save 메서드는 별도의 매개변수 없이 사용되며, 사용과 동시에 파일을 저장합니다. 다음은 열려 있는 파일 중에서 현재 파일을 제외하고 모두 저장한 후 닫는 매크로의 예입니다.

```
Sub 모든파일닫기()

    Dim 파일 As Workbook            ————————————●

    For Each 파일 In Workbooks      ————————————②

        If 파일.Name<>ThisWorkbook.Name Then    ————————————③

            파일.Save
            파일.Close

        End If

    Next

End Sub
```

❶ Workbook 형식의 [파일] 개체변수를 선언합니다.

❷ For Each… Next 순환문을 사용해 열려 있는 파일을 순환하면서 하나씩 [파일] 개체변수에 연결합니다.

❸ [파일] 변수에 연결된 파일의 이름과 현재 파일(ThisWorkbook)의 이름이 다르면 파일을 저장하고 닫습니다. 저장하고 닫는 동작을 하나의 코드로 처리하려면 다음과 같습니다.

```
파일.Close SaveChanges:=True
```

Close 메서드의 경우 변경된 파일을 저장하므로, Save 메서드를 사용하지 않고 파일을 저장할 수 있습니다.

이 매크로는 예제의 [다른 파일 모두 닫기] 단추에 연결되어 있습니다. 몇 개의 파일을 열고 수정한 후 이 파일의 [다른 파일 모두 닫기] 단추를 클릭해 동작을 확인해보세요!

	A	B	C	D	E	F	G	H
1								
2		이름	직위	입사일			다른 파일 모두 닫기	
3		박지훈	부장	2010-05-13				
4		유준혁	차장	2014-10-16			CSV 파일 만들기	
5		이서연	과장	2019-04-30				
6		김민준	대리	2023-03-31				
7		최서현	주임	2022-05-02				
8		박현우	주임	2021-10-16				
9		정시우	사원	2023-01-01				
10		이은서	사원	2023-03-04				
11		오서윤	사원	2022-11-14				
12								

현재 파일의 표를 CSV 파일로 저장하는 매크로 개발 사례

다음은 현재 파일의 표를 CSV 파일로 저장하는 매크로의 예입니다.

```
Sub CSV파일만들기()

    ' 1단계 : 변수를 선언합니다. —————————— ❶
    Dim 표 As Range
    Dim CSV As Workbook
    Dim 새이름 As String

    ' 2단계 : 변수 초깃값을 설정합니다.
    Set 표 = Range("B2").CurrentRegion ——————————— ❷
    새이름 = ThisWorkbook.Path & "\" & ActiveSheet.Name & ".csv" ————————— ❸

    ' 3단계 : 빈 파일을 하나 만들고, 표 데이터를 복사한 후 CSV 파일로 저장합니다.
    Application.ScreenUpdating = False ——————————— ❹

        Set CSV = Workbooks.Add ———————— ❺

        With CSV

            표.Copy .Worksheets(1).Range("A1") ——————————— ❻

            .SaveAs Filename:=새이름, FileFormat:=xlCSV, Local:=True ——————————— ❼
            .Close SaveChanges:=False ——————————— ❽

        End With

    Application.ScreenUpdating = True ——————————— ❾

End Sub
```

❶ Range 형식의 [표] 개체변수와 Workbook 형식의 [CSV] 개체변수, String 형식의 [새이름] 변수를 선언합니다.

❷ [표] 개체변수에 [B2] 셀부터 연속(Ctrl + A)된 데이터 범위(예제에서는 [B2:D11] 범위)를 연결합니다.

❸ [새이름] 변수에 파일을 저장할 파일 명을 현재 폴더의 경로와 함께 저장합니다.

```
현재 파일의 경로 \ 시트명.csv
```

❹ ScreenUpdating 속성을 False로 설정해 이후 진행되는 과정을 화면에 표시하지 않습니다. 이렇게 설정한 것은 파일을 새로 만들고 데이터를 복사하는 일련의 과정을 표시하는 것이 불필요하기 때문입니다.

❺ 빈 통합 문서를 하나 만들어 [CSV] 개체변수에 연결합니다. 이 과정이 필요한 이유는 파일을 새로 만들어 저장해야 현재 파일에 영향 없이 csv 파일을 생성할 수 있기 때문입니다.

❻ [표] 변수의 범위를 복사한 후 [CSV] 변수의 파일 내 첫 번째 시트의 [A1] 셀에 붙여 넣습니다.

❼ [CSV] 변수의 파일을 csv 파일로 저장합니다. 이때 Local 매개변숫값을 True로 설정합니다. D열의 입사일이 mm/dd/yyyy 형식으로 저장될 수 있으므로 제어판의 국가 설정에 따라 현재 형식으로 저장해야 합니다.

❽ [CSV] 변수의 파일을 저장하지 않고 닫습니다. 새로 만든 파일은 닫히고, csv 파일만 남습니다.

❾ ScreenUpdating 속성을 True로 변경해 화면을 새로 고칩니다.

이 매크로를 테스트해보려면 예제 파일의 [CSV 파일 만들기] 단추를 클릭합니다. 예제 폴더에 **sample. csv** 파일이 새로 생성됩니다.

일별 백업 파일 생성하는 방법

예제 파일 PART 03 \ CHAPTER 13 \ (Workbook) SaveCopyAs메서드.xlsm

SaveCopyAs 메서드 구문

중요한 파일의 경우 자동으로 백업 파일을 생성해주면 매우 편리합니다. 백업 파일을 생성할 때는 현재 파일과 무관하게 저장되어야 하므로, SaveAs 메서드를 이용하기 어렵습니다. Workbook 개체에는 SaveCopyAs 메서드가 제공되어 백업 파일을 생성할 수 있습니다. 파일의 복사본을 저장해주는 SaveCopyAs 메서드의 구문은 다음과 같습니다.

> **Workbook.SaveCopyAs (❶filename)**

❶ filename	복사본의 파일 이름을 지정합니다.

일별 백업 파일을 생성하는 매크로 개발 사례

SaveCopyAs 메서드를 이용해 매일 파일을 백업하려면 다음 매크로를 사용하세요!

```
Sub 백업파일만들기()

' 1단계 : 변수를 선언합니다.                        ❶
    Dim 새이름 As String
    Dim 경로 As String
    Dim 파일이름 As String
    Dim 백업일 As String

' 2단계 : 변수의 초깃값을 설정합니다.
    경로 = ThisWorkbook.Path & "\"              ❷
    파일이름 = ThisWorkbook.Name                 ❸

' 3단계 : 백업 파일 이름을 기존파일명 - yyyymmdd.xlsm로 설정합니다.
    파일이름 = Left(파일이름, InStrRev(파일이름, ".") - 1)      ❹
```

```
        백업일 = Format(Date, "yymmdd")          ─────────── ❺
        새이름 = 파일이름 & " - " & 백업일 & ".xlsm"   ─────────── ❻


    ' 4단계 : 파일을 백업합니다.
        ThisWorkbook.Save          ─────────── ❼
        ThisWorkbook.SaveCopyAsFilename:=경로 & 새이름          ─────────── ❽


        MsgBox "백업 파일을 정상적으로 생성했습니다."          ─────────── ❾


    End Sub
```

❶ 매크로 동작에 필요한 String 형식의 [새이름], [경로], [파일이름], [백업일] 변수를 선언합니다.

❷ [경로] 변수에 현재 파일의 경로에 경로 구분 문자(\)를 연결해 저장합니다.

❸ [파일이름] 변수에 현재 파일의 이름을 저장합니다.

❹ [파일이름] 변수에 저장된 값에서 마지막 마침표(.)가 있는 왼쪽 문자열을 [파일이름] 변수에 다시 저장합니다. ❸ 줄에서 Name 속성은 **파일명.확장자** 값을 반환하므로, 백업 파일을 저장할 때 뒤에 날짜를 붙이려면 확장자 왼쪽의 문자열만 필요합니다. 이번에 사용한 InStrRev 함수는 **SECTION 10-06**에 자세하게 소개되어 있습니다.

❺ [백업일] 변수에 오늘 날짜를 yyyymmdd 형식으로 저장합니다.

❻ [새이름] 변수에 [파일이름] 변숫값에 하이픈("-")과 [백업일] 변숫값을 연결하고 마지막에 확장자(".xlsm")를 연결한 값을 저장합니다.

❼ 현재 파일을 저장합니다. 파일을 저장하는 이유는 SaveCopyAs 메서드를 사용하면 현재 작업 내용까지 백업 파일에 저장되지만 현재 파일에는 저장되지 않기 때문입니다.

❽ SaveCopyAs 메서드를 이용해 현재 파일의 백업 파일을 지정된 경로와 이름으로 생성합니다.

❾ 메시지 창을 이용해 작업이 종료됐음을 표시합니다.

이 매크로를 테스트해보려면 예제를 열고 [백업 파일 만들기] 단추를 클릭합니다. 예제 폴더에 예제 파일명과 동일하지만 뒤에 날짜가 붙은 백업 파일이 생성됩니다.

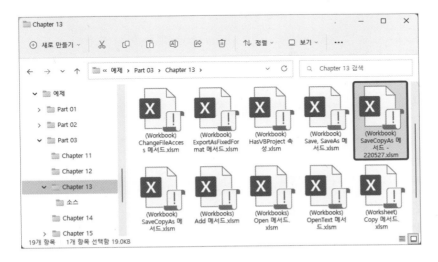

TIP 파일 명 뒤의 날짜는 매크로를 실행한 날짜로 표시됩니다.

xls 형식 파일을 엑셀 2007 이후 버전의 파일 형식(xlsx, xlsm)으로 자동 저장하는 방법

예제 파일 PART 03 \ CHAPTER 13 \ (Workbook)HasVBProject 속성.xlsm

아직도 여러 전산 프로그램에서 엑셀 파일로 데이터를 다운로드하면 xls 파일 형식인 경우가 있습니다. xls 파일 형식은 엑셀 2003 이전 버전까지 사용하던 파일 형식으로 엑셀 2007 이후 버전의 엑셀 프로그램 기능을 활용할 때 문제가 발생할 수 있습니다. 따라서 xls 파일 형식으로 다운로드하더라도 xlsx나 xlsm 파일 형식으로 변환할 필요가 있습니다. xlsx와 xlsm 파일 형식은 매크로 사용 여부에 따라 선택해야 합니다. 이런 부분은 헷갈릴 수 있으므로 자동으로 파일 형식을 변환해주는 매크로가 필요할 수 있습니다.

Workbook 개체의 HasVBProject 속성은 파일 내의 VBA가 사용됐는지 여부를 True, False 값으로 반환해주는 속성입니다. 이 속성값을 확인하면 파일을 기본 형식(xlsx)으로 저장해야 하는지, 아니면 매크로 사용 통합 문서 형식(xlsm)으로 저장해야 하는지 알 수 있습니다.

이 속성을 사용해 특정 폴더 내 xls 파일을 자동으로 엑셀 2007 버전 이상 형식으로 변환하는 작업을 하려면 다음과 같은 매크로를 사용합니다.

```
Sub XLS업데이트()

' 1단계 : 변수를 선언합니다. ─────────── ❶
  Dim 경로 As String
  Dim 파일 As String
  Dim 파일이름 As String
  Dim 새이름 As String

' 2단계 :변수의 초깃값을 설정합니다.
  경로 = ThisWorkbook.Path & "\" ─────── ❷
  파일 = Dir(경로 & "*.xls") ──────── ❸

' 3단계 :지정된 경로의 xls 파일을 찾아 매크로 사용 유무에 따라 xlsm, xlsx 파일로 각각 저장합니다.
  Application.ScreenUpdating = False ─────── ❹

      Do While 파일 <> "" ─────── ❺

          If LCase(Right(파일, 4)) = ".xls" Then ─────── ❻
```

```
            With Workbooks.Open(경로 & 파일)  ──────────── ❼

        파일이름 = Left(파일, InStrRev(파일, ".") - 1)  ──────────── ❽
        If .HasVBProject Then  ──────── ❾

                새이름 = 경로 & 파일이름 & ".xlsm"
                .SaveAs Filename:=새이름, FileFormat:=52

        Else  ──────── ❿

            새이름 = 경로 & 파일이름 & ".xlsx"
            .SaveAs Filename:=새이름, FileFormat:=51

        End If

        .Close SaveChanges:=False  ──────────── ⓫

    End With

  End If

  파일 = Dir  ──────── ⓬

 Loop

 Application.ScreenUpdating = True  ──────────── ⓭

End Sub
```

❶ 매크로 동작에 필요한 String 형식의 [경로], [파일], [파일이름], [새이름] 변수를 선언합니다.

❷ [경로] 변수에 현재 파일의 경로에 경로 구분 문자(\)를 연결해 저장합니다.

❸ [파일] 변수에 Dir 함수를 사용해 해당 경로의 첫 번째 xls 형식의 파일 명을 저장합니다.

❹ 아래 동작을 진행하기 화면을 갱신하지 않도록 설정합니다.

❺ Do… Loop 순환문을 이용해 해당 경로의 모든 xls 파일을 xlsx나 xlsm 형식으로 변환합니다. 순환 조건은 [파일] 변숫값이 빈 문자("")
가 아닌 동안 계속해서 반복합니다.

❻ [파일] 변수에 저장된 값의 오른쪽 네 자리 문자열을 잘라낸 후 LCase 함수로 잘라낸 부분을 소문자로 변환하고 ".xls" 문자열과 동일한
지 판단합니다. ❸ 과정에서 xls뿐만 아니라 xlsx, xlsm 파일도 함께 검색되므로, [파일] 변수에 저장된 값에서 뒤 네 자리를 확인할 필요
가 있습니다. LCase 함수는 문자열을 소문자로 변환해주는데, 확장자가 xls와 XLS로 되어 있을 때 값을 비교하면 대/소문자가 구분되
므로 모두 소문자로 구분해 비교합니다. 이 부분은 UCase 함수를 사용해 대문자로 변환 후 다음과 같이 코드를 구성해도 됩니다.

```
    If UCase(Right(파일, 4)) = ".XLS" Then
```

❼ 파일을 엽니다. 파일을 열고 확인해야 할 작업이 많으므로 With 문으로 선언합니다.

❽ [파일이름] 변수에 확장자(xls)를 뺀 앞 문자열을 저장합니다. 이 부분은 다음과 같이 변경해도 됩니다.

```
    파일이름 = Left(파일, Len(파일)-4)
```

❾ 열린 파일에 매크로가 사용되었는지 여부를 HasVBProject 속성으로 확인합니다. 이 속성값이 True면 매크로가 사용되고 있다고 판단
할 수 있습니다. 이 코드는 다음과 동일합니다.

```
If .VBProject = True Then
```

매크로가 포함되어 있다면 [새이름] 변수에 [경로] 변수와 [파일이름] 변숫값을 연결한 후 ".xlsm" 문자열을 연결한 값을 저장하고
SaveAs 메서드를 이용해 파일을 새로 저장합니다.

❿ HasVBProject 속성값이 False면 매크로가 사용되지 않았다는 것이므로 [새이름] 변수에 [경로] 변수와 [파일이름] 변숫값을 연결한 후
".xlsx" 문자열을 연결한 값을 저장합니다. 그런 다음 SaveAs 메서드를 이용해 파일을 새로 저장합니다.

⓫ 파일을 저장했으므로, 열린 파일은 저장하지 않고 닫습니다.

⓬ [파일] 변수에는 검색한 폴더의 다음 파일 이름을 저장한 후 순환합니다.

⓭ 모든 작업이 끝나면 화면을 다시 갱신합니다.

13 / 13

각 시트를
개별 파일로 저장하는 방법

예제 파일 PART 03 \ CHAPTER 13 \ (Worksheet) Copy 메서드.xlsm

특정 시트를 파일로 생성

워크시트를 파일로 저장하려면 워크시트 복사 명령을 사용하는 것이 가장 편리합니다. 워크시트를 파일로 저장하는 작업은 특정 시트의 복사본을 만들 때 주로 발생하는데, 하나의 시트만 새 파일로 만들거나 여러 개의 시트를 동시에 생성하는 두 가지 경우가 있습니다.

하나의 시트를 파일로 생성할 때는 워크시트를 복사하고 파일을 저장하는 프로세스로 진행합니다. 예제를 열면 아래 화면과 같은 표를 확인할 수 있습니다.

분류	1사분기		2사분기		3사분기		4사분기	
	판매량	매출	판매량	매출	판매량	매출	판매량	매출
복합기	457	14,555,700	905	30,234,350	810	24,895,100	773	29,142,050
팩스	831	17,586,000	1,047	21,272,450	1,586	31,997,550	962	20,494,700
바코드스캐너	1,558	36,944,700	1,830	34,374,800	3,168	63,575,300	1,191	29,920,650
문서세단기	1,911	48,457,300	2,734	64,055,900	2,960	72,094,000	2,297	62,325,300
출퇴근기록기	747	31,019,250	1,332	46,294,150	1,228	48,296,450	764	33,572,300
복사기	1,573	30,029,900	1,979	54,797,100	3,118	120,967,850	1,853	46,298,650
제본기	1,111	19,139,100	1,236	28,734,150	1,752	34,997,750	1,120	23,197,550
복사용지	1,939	35,270,500	1,763	30,798,650	2,445	41,848,300	1,416	22,821,500
총합계	10,127	233,002,450	12,826	310,561,550	17,067	438,672,300	10,376	267,772,700

제품 분류별 실적 보고서 (2023년)

파일로 저장 / 파일로 저장 (모든 시트)

2023년 2022년 2021년

다음 매크로는 현재 시트(Activesheet) 이름으로 새 파일을 생성하는 매크로입니다.

```
Sub 파일로저장()

' 1단계 : 변수를 선언합니다. ─────── ❶
  Dim 경로 As String
```

```
    Dim 파일 As String

' 2단계 : 변수의 초깃값을 저장합니다.
    경로 = ThisWorkbook.Path & "\"                    ——— ❷
    파일 = ActiveSheet.Name & ".xlsx"                 ——— ❸

' 3단계 : 동일한 이름을 갖는 파일이 있다면 삭제합니다.
    If Dir(경로 & 파일) <> "" Then Kill 경로 & 파일       ——— ❹

' 4단계 : 워크시트를 복사하고 삽입된 단추 컨트롤을 삭제합니다.
    Application.ScreenUpdating = False                ——— ❺

    ActiveSheet.Copy                  ——— ❻
    ActiveSheet.Buttons.Delete             ——— ❼

' 5단계 : 파일을 새로 저장합니다.
    ActiveWorkbook.SaveAsFilename:=경로 & 파일        ——— ❽
    ActiveWorkbook.Close                  ——— ❾

    Application.ScreenUpdating = True           ——— ❿

End Sub
```

❶ 매크로 동작에 필요한 String 형식의 [경로]와 [파일] 변수를 선언합니다.

❷ [경로] 변수에 현재 파일의 경로와 경로 구분자(\)를 연결한 값을 저장합니다.

❸ [파일] 변수에 현재 워크시트 이름과 ".xlsx" 문자열을 연결한 값을 저장합니다.

❹ [경로] 변수와 [파일] 변수를 연결한 값(저장할 파일의 Fullname)을 Dir 함수에 전달해 반환값이 빈 문자("")가 아닌지 판단합니다. 빈 문자가 아니면 해당 경로에 파일이 존재한다는 의미이므로 Kill 함수를 사용해 파일을 삭제합니다.

❺ ScreenUpdating 속성을 이용해 화면 갱신을 중단합니다.

❻ 현재 시트(2023년)를 복사합니다. 시트를 복사할 때 Before, After 매개변수를 지정하지 않으면 빈 파일을 하나 만들고 해당 파일에 시트를 복사합니다. 그러므로 이 명령으로 현재 시트를 새 파일에 복사합니다.

❼ 이번 코드의 Activesheet와 ❻ 줄의 Activesheet는 서로 다릅니다. ❻ 줄은 예제의 [2023년] 시트이고, 이 코드의 Activesheet는 새로 생성된 파일에 복사된 [2023년] 시트입니다. Buttons 컬렉션은 예제 파일의 [단추] 컨트롤을 의미하는 컬렉션으로, Delete 메서드를 사용하면 삽입된 두 개의 단추를 삭제합니다.

❽ 새로 생성된 파일을 SaveAs 메서드를 이용해 저장합니다.

❾ 파일을 저장했으므로 닫습니다.

❿ 화면을 새롭게 고칩니다. ❻-❾ 줄의 코드는 화면에 표시되지 않습니다.

이 매크로가 연결된 [파일로 저장] 단추를 클릭하면 예제 폴더에 **2023년.xlsx** 파일이 생성됩니다.

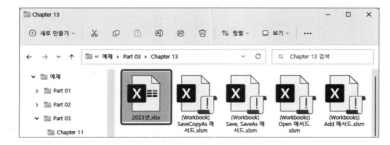

모든 시트를 개별 파일로 생성

파일에 있는 모든 시트를 개별 파일로 생성하려면 시트를 순환하면서 시트를 복사해 파일로 저장합니다.
전체 매크로 코드는 다음과 같습니다. 앞선 매크로와 차이가 나는 부분을 비교해보면서 코드를 확인해보
세요!

```
Sub 파일로저장_모든시트()

    Dim 시트 As Worksheet              ────────────── ❶
    Dim 경로 As String
    Dim 파일 As String

    경로 = ThisWorkbook.Path& "\"

    Application.ScreenUpdating = False

    For Each 시트 In ThisWorkbook.Worksheets        ────────── ❷

        파일 = 시트.Name& ".xlsx"

        If Dir(경로 & 파일) <> "" Then Kill 경로 & 파일

        시트.Copy
        If ActiveSheet.Buttons.Count> 0 Then ActiveSheet.Buttons.Delete        ────── ❸

        ActiveWorkbook.SaveAsFilename:=경로 & 파일
        ActiveWorkbook.Close

    Next

    Application.ScreenUpdating = True

End Sub
```

❶ Worksheet 형식의 [시트] 개체변수를 선언합니다. 이 변수는 순환문에서 사용합니다.
❷ For Each… Next 순환문을 사용해 현재 파일의 모든 워크시트를 순환하면서 [시트] 변수에 하나씩 연결합니다.
❸ 복사된 시트의 [단추] 컨트롤이 존재하는지 확인한 후 존재하면 [단추] 컨트롤을 모두 삭제합니다.

이 매크로는 예제의 [파일로 저장 (모든 시트)] 단추에 연결되어 있으므로, 해당 단추를 클릭한 후 탐색기로
예제 폴더를 확인하면 2021년~2023년까지의 파일이 세 개 생성된 것을 확인할 수 있습니다.

13 / 14

현재 시트를
PDF 파일로 저장하는 방법

예제 파일 PART 03 \ CHAPTER 13 \ (Workbook) ExportAsFixedFormat 메서드.xlsm

GetSaveAsFilename 메서드 구문

파일을 저장할 때 파일 명을 사용자가 입력하도록 하고 싶다면 표준 파일 저장 대화상자를 표시해 주는 Application 개체의 GetSaveAsFilename 메서드를 사용하면 됩니다. GetSaveAsFilename 메서드는 GetOpenFilename 메서드의 사용 방법과 유사하며 구문은 다음과 같습니다.

Application.GetSaveAsFilename
(❶initialfilename, ❷filefilter, ❸filterindex, ❹title, ❺buttontext)

GetSaveAsFilename 메서드는 다른 이름으로 저장 대화상자를 표시하며, [파일 이름]에 사용자가 입력한 값을 반환합니다.

❶ initialfilename	파일을 저장하려고 하는 기본 파일 명입니다.
❷ filefilter	다른 이름으로 저장 대화상자에서 파일 형식을 의미하는 텍스트 값입니다.
❸ filterindex	filefilter 에서 여러 개 파일 형식을 지정했을 때, 우선 표시할 filter의 인덱스 번호입니다.
❹ title	다른 이름으로 저장 대화상자의 제목 표시줄에 표시할 텍스트 값입니다.
❺ buttontext	버튼의 텍스트 레이블을 원하는 명칭으로 변경할 수 있지만, 이 매개변수는 MacOS용 오피스에서만 사용할 수 있습니다.

ExportAsFixedFormat 메서드 구문

파일을 전자 문서(PDF나 XPS) 형식으로 저장하려면 Workbook 개체의 ExportAsFixedFormat 메서드를 사용하면 됩니다. 구문은 다음과 같습니다.

Workbook.ExportAsFixedFormat (❶type, ❷filename, ❸quality, ❹includedocproperties, ❺ignoreprintarea, ❻from, ❼to, ❽openafterpublish, fixedformatextclassptr)

❶ type	저장할 파일 형식을 의미하며 다음과 같은 내장 상수를 사용합니다.

내장 상수	설명
xlTypePDF	PDF 파일
xlTypeXPS	XPS 파일

❷ filename	저장할 파일 이름을 의미하는 텍스트 값입니다.
❸ quality	Type에서 지정한 파일 형식의 최적화 옵션으로 다음과 같은 내장 상수를 사용합니다.

내장 상수	설명
xlQualityStandard	인쇄 용도 및 온라인 게시
xlQualityMinimum	온라인 게시

❹ includedocproperties	True 이면 문서 속성을 포함해 저장합니다.
❺ ignoreprintareas	True 이면 인쇄 영역 설정이 무시되며, False 이면 인쇄 영역만 저장됩니다.
❻ from	저장할 시작 페이지 번호입니다.
❼ to	저장할 마지막 페이지 번호입니다.
❽ openafterpublish	True 이면 파일을 저장한 후 기본 뷰어로 저장된 파일을 표시합니다.

현재 시트를 PDF 파일로 저장하는 매크로 개발 사례

현재 파일을 PDF 파일로 저장하려면 다음과 같은 매크로를 사용하면 됩니다.

```
Sub PDF저장_현재시트만()

' 1단계 : 변수를 선언합니다.              ❶
    Dim 파일 As Variant
    Dim 파일형식 As String

' 2단계 : 변수의 초기 값을 설정합니다.
    파일형식 = "PDF 파일 (*.pdf), *.pdf,XPS 파일 (*.xps), *.xps"      ❷

' 3단계 : 다른 이름으로 저장 대화상자를 열어 저장할 파일 명을 입력 받습니다.
    파일 = Application.GetSaveAsFilename(FileFilter:=파일형식, _
                        Title:="PDF 파일로 저장")              ❸

' 4단계 : 파일을 PDF로 저장합니다.
    If 파일 <> False Then              ❹

        On Error Resume Next              ❺

            ActiveSheet.Copy              ❻
```

```
            With ActiveWorkbook ─────────────── ❼

                .ExportAsFixedFormat Type:=xlTypePDF, _
                            Filename:=파일 ─────────────── ❽

                .Close False ─────────── ❾

            End With

            If Err.Number = 0 Then ─────────────── ❿

                MsgBox "파일을 저장했습니다." & vbCr & vbCr & 파일, _
                    Title:="엑셀 매크로&VBA 바이블"

            End If

        End If

End Sub
```

❶ 매크로에서 사용할 Variant 형식의 [파일] 변수와 String 형식의 [파일형식] 변수를 선언합니다.

　[파일] 변수는 GetSaveAsFilename 메서드에서 반환할 값을 저장합니다. [다른 이름으로 저장] 대화상자에서 입력한 파일 명은
String 형식이지만, [취소] 버튼을 눌렀을 때는 False 값을 반환하므로 반드시 Variant 형식이어야 합니다.

❷ [파일형식] 변수에 [다른 이름으로 저장] 대화상자의 [파일 형식]에 표시될 문자열을 저장합니다.

❸ GetSaveAsFilename 메서드를 이용해 [다른 이름으로 저장] 대화상자를 표시한 후 사용자가 입력한 파일 명을 경로와 함께 [파일] 변
수에 저장합니다.

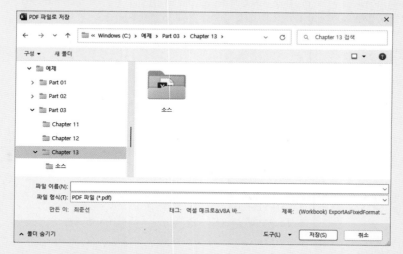

❹ [파일] 변수의 값이 False 가 아닌 경우에만 아래 작업을 합니다. False 값은 대화상자에서 [취소] 버튼을 누를 때 저장되는 값이므로 이
경우에는 저장하지 않고 그냥 매크로가 종료됩니다.

❺ 파일이 제대로 저장됐는지 확인하기 위해, 에러가 발생해도 멈추지 않고 다음 줄이 계속해서 실행되도록 합니다.

❻ 현재 시트를 복사합니다. PDF로 저장하는 방법은 파일(Workbook)만 지원하므로, 현재 시트를 복사해 빈 통합 문서를 하나 만들어 저
장하기 위한 것입니다. 만약 여기서 원하는 시트가 따로 있다면 다음과 같은 코드로 변경이 가능합니다.

```
    Sheets("시트명").Copy
```

❼ 새로 생성된 파일을 대상으로 여러 작업을 하기 위해 ActiveWorkbook을 With 문으로 컨트롤합니다.

❽ 생성된 파일을 ExportAsFixedFormat 메서드를 이용해 PDF 파일로 저장합니다. ExportAsFixedFormat 메서드의 매개변수에 대한 설명은 앞에서 설명한 구문 설명을 참고합니다.

❾ 생성된 파일을 저장하지 않고 닫습니다.

❿ **❽** 줄의 코드가 실행될 때 에러가 발생했는지 확인하기 위해 Err 개체의 Number 속성값을 확인합니다. 0이면 에러가 발생하지 않은 것이므로, 파일이 제대로 저장된 것을 알 수 있습니다. 파일이 제대로 저장됐다면 저장된 결과를 메시지 창에 표시합니다.

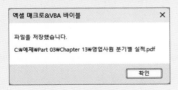

앞 매크로를 테스트해보려면 예제를 열고 [PDF로 저장] 버튼을 클릭합니다.

	영업사원	Q1	Q2	Q3	Q4		
			영업사원별 분기별 실적				
	영업사원	Q1	Q2	Q3	Q4		PDF로 저장
	박지훈	159,866,100	164,810,450	176,347,200	190,455,000		
	유준혁	167,317,700	185,908,500	154,304,100	129,615,400		
	이서연	81,522,300	74,111,200	60,030,100	63,031,600		
	김민준	121,683,200	124,166,550	130,374,900	146,019,900		
	최서현	75,800,900	68,909,900	66,842,600	62,163,600		
	박현우	100,108,500	123,590,750	134,713,900	137,408,200		
	정시우	84,480,800	77,505,350	93,006,400	80,915,600		
	이은서	178,669,700	203,033,700	174,609,000	207,784,700		
	오서윤	253,049,600	227,972,600	221,133,400	223,344,700		
	총합계	1,222,498,800	1,250,009,000	1,211,361,600	1,240,738,700		

13/15

텍스트 파일을 엑셀 파일로 변환하는 방법

예제 파일 PART 03 \ CHAPTER 13 \ (Workbooks) OpenText 메서드.xlsm

OpenText 메서드 구문

엑셀에서는 텍스트 파일도 바로 열어 작업할 수 있습니다. 텍스트 파일을 열 때 사용하는 명령이 Workbooks 컬렉션의 OpenText 메서드입니다. OpenText 메서드는 엑셀의 기능 중 [텍스트 마법사]와 유사합니다. OpenText 메서드의 구문은 다음과 같습니다.

Workbooks.OpenText (❶filename, ❷origin, ❸startrow, ❹datatype, ❺textqualifier, ❻consecutivedelimiter, ❼tab, ❽semicolon, ❾comma, ❿space, ⓫other, ⓬otherchar, fieldInfo, textvisuallayout, decimalseparator, thousandsseparator, trailingminusnumbers, loca)

❶ filename	텍스트 파일의 전체 경로와 파일 이름입니다.
❷ origin	텍스트 파일의 코드 페이지로 생략하면 이전 기본 설정이 적용됩니다.
❸ startrow	텍스트 파일에서 가져올 시작 행 번호이며, 기본값은 1입니다.
❹ datatype	텍스트 파일의 열 구분 방식을 설정합니다. **내장 상수** / **설명** xlDelimited / 구분 문자를 사용해 열을 구분합니다. xlFixedWidth / 일정한 너비로 열을 구분합니다.
❺ textqualifier	가져올 데이터 중 텍스트를 지정하는 구분 기호를 의미합니다. **내장 상수** / **설명** xlTextQualifierDoubleQuote / 큰따옴표(") xlTextQualifierSingleQuote / 작은따옴표(') xlTextQualifierNone / 없습니다.
❻ consecutivedelimiter	True면 연속된 구분 기호를 하나로 처리합니다. 기본값은 False입니다.
❼ tab	True면 탭 문자가 열을 구분하는 문자가 됩니다.
❽ semicolon	True면 세미콜론 문자(;)가 열을 구분하는 문자가 됩니다.
❾ comma	True면 쉼표 문자(,)가 열을 구분하는 문자가 됩니다.
❿ space	True면 공백 문자(" ")가 열을 구분하는 문자가 됩니다.

⑪ Other	True면 OtherChar 매개변수에 지정한 문자가 열을 구분하는 문자가 됩니다.
⑫ OtherChar	Other 매개변수가 True일 때 열을 구분할 문자를 지정합니다.

예제 파일 중에서 **텍스트 파일.txt** 파일을 열면 다음과 같은 데이터를 확인할 수 있습니다.

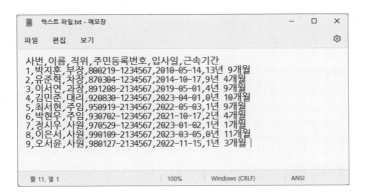

이 텍스트 파일을 엑셀에서 열고 엑셀 파일로 저장하는 매크로는 다음과 같습니다.

```
Sub TextToExcel()

' 1단계 : 변수를 선언합니다. ————————— ❶
    Dim 경로 As String
    Dim 파일 As String

' 2단계 : 변수의 초깃값을 설정합니다.
    경로 = ThisWorkbook.Path & "\" ——————— ❷
    파일 = "텍스트 파일.txt" ————— ❸

' 3단계 : 텍스트 파일을 엽니다.
    Application.ScreenUpdating = False ——————— ❹

        Workbooks.OpenText Filename:=경로 & 파일, _
                        DataType:=xlDelimited, _
                        Comma:=True ———————— ❺

' 4단계 : 텍스트 파일을 엑셀 파일로 저장합니다.
            ActiveSheet.Columns.AutoFit ——————— ❻

        파일 = Left(파일, InStrRev(파일, ".") - 1) ————— ❼

        Application.DisplayAlerts = False ————— ❽

            ActiveWorkbook.SaveAs Filename:=경로 & 파일 & ".xlsx", _
                        FileFormat:=51 ——————— ❾

        Application.DisplayAlerts = True ————— ❿
```

```
    ' 5단계 : 텍스트 파일은 저장하지 않고 닫습니다.
            ActiveWorkbook.Close SaveChanges:=False ————————— ⑪

        Application.ScreenUpdating = True ——————— ⑫

End Sub
```

❶ 매크로 실행에 필요한 String 형식의 [경로]와 [파일] 변수를 선언합니다.

❷ [경로] 변수에 현재 파일의 경로를 저장합니다.

❸ [파일] 변수에 열 텍스트 파일의 이름을 확장자를 포함해 문자열로 저장합니다.

❹ 텍스트 파일을 여는 과정을 화면에 표시하지 않기 위해 화면 갱신(ScreenUpdating) 옵션을 끕니다.

❺ Workbooks 컬렉션의 OpenText 메서드를 사용해 [경로]와 [파일] 변수에 저장된 텍스트 파일을 엽니다. 텍스트 파일을 열 때 [구분 문자로 구분됨] 옵션(xlDelimited)을 사용하며, 구분 문자는 콤마(Comma)를 사용합니다.

❻ 현재 시트의 모든 열의 너비를 자동으로 조정합니다. 반드시 필요한 작업은 아니지만, 텍스트 파일을 열었을 때 열 너비가 자동으로 조정되지 않으므로 진행하면 좋습니다.

❼ [파일] 변수에 저장된 값에서 확장자(.txt)를 제외한 문자열만 잘라내 다시 [파일] 변수에 저장합니다.

❽❾ 줄의 코드를 실행할 때 표시될 수 있는 경고 메시지 창이 표시되지 않도록 옵션을 해제합니다.

❾ 화면에 표시된 파일을 SaveAs 메서드를 이용해 엑셀 파일로 저장합니다. FileFormat 매개변수에 전달된 51은 xlOpenXML Workbook 내장 상숫값으로, 파일을 [Excel 통합 문서] 파일로 저장한다는 의미입니다.

❿ 경고 메시지 창이 다시 정상 표시되도록 옵션을 켭니다.

⑪ 화면에 표시된 파일을 닫습니다.

⑫ ❹ 줄에서 해제한 화면 갱신 옵션을 다시 켭니다. 이렇게 해야 ❺-⑪ 과정의 변경 사항이 화면에 표시됩니다.

이 매크로를 테스트하려면 예제 중 엑셀 파일을 열고 [텍스트 파일 열어 저장] 단추를 클릭합니다. 윈도우 탐색기로 예제 폴더를 확인하면 **텍스트 파일.xlsx** 파일이 새로 생성되어 있습니다.

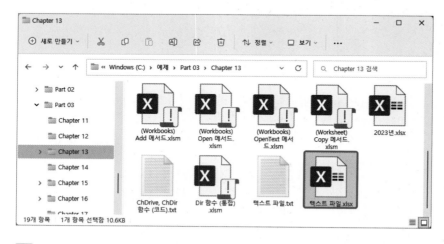

TIP 텍스트 파일.xlsx 파일을 열어보면 **텍스트 파일.txt** 파일의 데이터를 그대로 확인할 수 있습니다.

파일의 유효 기간이 끝나면 파일이 자동 삭제되도록 설정하는 방법

예제 파일 PART 03 \ CHAPTER 13 \ (Workbook) ChangeFileAccess 메서드.xlsm

파일이 외부로 유출되어 열리는 것을 방지해야 한다면 특정 조건을 지정해 해당 조건에 맞지 않을 때 파일이 스스로 삭제되도록 구성합니다. 이런 매크로는 사용자가 실행하지 않아도 스스로 동작할 수 있어야 하므로 프로시저명을 Auto_Open으로 구성하거나 Workbook_Open 이벤트를 이용합니다.

다음은 2030년 12월 31일까지만 유효하고, 그 이후에 파일을 열면 파일이 자동 삭제되도록 구성하는 코드의 사용 예입니다.

```
Sub Auto_Open()                          ❶

' 1단계 : 파일을 사용할 마지막 일 조건을 설정합니다.
    If Date >DateSerial(2030, 12, 31) Then          ❷

' 2단계 : 파일을 읽기 모드로 전환합니다.
        With ThisWorkbook          ❸

            If .Saved = False Then .Save          ❹
            .ChangeFileAccess Mode:=xlReadOnly          ❺

' 3단계 : 파일을 삭제합니다.
            Kill .FullName          ❻

            .Close SaveChanges:=False          ❼

        End With

    End If

End Sub
```

❶ Sub 프로시저명을 [Auto_Open]으로 구성해 파일이 열릴 때 자동으로 실행되도록 설정합니다.

❷ Date 함수는 오늘 날짜를 반환하고 DateSerial 함수는 인수로 전달된 연, 월, 일 날짜값을 반환하므로, Date 함수가 DateSerial 함수의 반환값보다 크다면 PC의 날짜가 지정된 날짜(DateSerial)를 지난 것을 의미합니다. 즉, 2031년 1월 1일 이후에 다음의 코드가 실행됩니다.

❸ With 문을 사용해 현재 파일을 대상으로 여러 명령을 한번에 처리합니다.

❹ 현재 파일에서 저장되지 않은 부분이 있다면 파일을 저장합니다.

❺ ChangeFileAccess 메서드를 이용해 현재 파일의 속성을 [읽기 전용]으로 변경합니다. 읽기/쓰기 모드가 파일의 기본 상태인데, 이 상태에서는 열린 파일을 삭제하지 못합니다. 파일을 삭제하려면 반드시 읽기 모드로 전환할 필요가 있습니다.

❻ Kill 함수를 사용해 현재 파일을 삭제합니다. 이 과정으로 저장된 파일은 삭제됩니다.

❼ 파일은 삭제됐지만, 화면에는 파일이 표시됩니다. 이 파일은 처음 파일을 열었을 때 메모리에 로딩된 파일입니다. 이 파일을 저장하지 않고 닫습니다. 파일 삭제 작업이 완료됩니다.

이 매크로를 실행해보려면 예제를 열고 Alt + F11 을 누릅니다. 이 매크로의 ❷ 줄 코드의 날짜를 어제 날짜로 변경합니다. 파일을 저장한 후 닫고 다시 열어봅니다.

```
If Date > (Date-1) Then

또는

If Date > DateSerial(연, 월, 일) Then
```

TIP 연, 월, 일에는 원하는 날짜의 연, 월, 일 값을 직접 입력합니다.

엑셀 프로그램 (Application)

엑셀 프로그램은 엑셀 개체 모델 내 최상위 Application 개체입니다. 엑셀의 다양한 옵션이나 엑셀 전반에 적용되는 작업은 모두 Application 개체의 구성원을 이용해 제어할 수 있습니다. 예를 들어 엑셀의 자동 고침 기능에 대한 설정이나 수식 계산 방법을 지정하는 설정 작업 등은 모두 Application 개체에서 처리합니다. 이번 CHAPTER에서는 Application 개체의 구성원을 이용한 매크로 작성 방법 및 엑셀 프로그램을 조작하는 데 사용되는 리본 메뉴를 제어하는 몇 가지 방법을 소개하겠습니다.

Application 개체의
주요 구성원

예제 파일 없음

VBA에서 제어하는 프로그램의 최상위 개체는 항상 Application입니다. Application 개체는 매크로가 실행될 모체가 되는 프로그램으로, 엑셀의 Application 개체는 엑셀 프로그램을 의미합니다. Application 개체에는 엑셀 프로그램을 제어하는 다양한 명령어가 구성원으로 제공됩니다. 다음은 Application 개체의 주요 구성원입니다.

구성원	설명	연관 기능
ActivePrinter	PC에 연결된 기본 프린터 정보를 반환하거나 설정합니다.	
Calculation	수식 계산 모드를 반환하거나 설정합니다.	
Caller	프로시저를 호출한 개체를 반환합니다.	
CommandBar	도구 모음 개체를 반환합니다.	
CutCopyMode	복사 모드 상태를 반환하거나 설정합니다.	
Dialogs	엑셀의 내장 대화상자를 호출합니다.	
EnableEvents	이벤트 동작 감지 여부를 반환하거나 설정합니다.	
Evaluate	계산식의 계산된 결과를 반환합니다.	
GetOpenFilename	표준 [열기] 대화상자를 호출하며, 선택된 파일의 이름을 반환합니다.	열기
GetSaveAsFilename	표준 [다른 이름으로 저장] 대화상자를 호출하며, 사용자가 선택(또는 입력)한 파일 이름을 반환합니다.	다른 이름으로 저장
Goto	파일 내 지정한 위치나 프로시저로 바로 이동합니다.	
Intersect	인수로 전달된 범위 내 교집합 범위를 반환합니다.	
LanguageSettings	엑셀의 언어 설정을 반환합니다.	
OnKey	프로시저를 실행할 단축키를 연결합니다.	
OnTime	프로시저를 원하는 시간에 실행할 수 있도록 예약합니다.	
RecentFiles	[열기] 명령에 제공되는 최근에 사용한 통합 문서 목록을 반환합니다.	열기
Repeat	마지막 사용자 작업을 반복합니다.	다시 실행
Run	프로시저(매크로 또는 사용자 정의 함수)를 실행합니다.	
Quit	엑셀 프로그램을 종료합니다.	닫기

구성원	설명	연관 기능
ScreenUpdating	화면 갱신 여부를 반환하거나 설정합니다.	
StatusBar	상태 표시줄의 내용을 반환하거나 설정합니다.	
SendKeys	키 입력 작업을 메서드로 대신합니다.	
Undo	마지막 사용자 작업을 취소합니다.	실행 취소
Union	인수로 전달된 범위의 합집합 범위를 반환합니다.	
Version	엑셀 프로그램 버전 값을 다음과 같이 반환합니다. | 버전	엑셀 버전
---	---
12.0	엑셀 2007
14.0	엑셀 2010
15.0	엑셀 2013
16.0	엑셀 2016 이상 (2016, 2019, 2021, 365)		
Wait	지정한 시간까지 매크로를 일시 중단합니다.	

계산기 앱을 이용해
엑셀의 계산 결과 검증하는 방법

예제 파일 PART 03 \ CHAPTER 14 \ (Application) SendKeys 메서드.xlsm

SendKeys 메서드 구문

Application 개체에는 사용자의 키 입력을 대신해주는 SendKeys 메서드가 제공됩니다. 이 메서드를 이용하면 엑셀뿐만 아니라 다른 프로그램에도 키 입력을 대신할 수 있어 데이터를 옮기거나 해당 프로그램을 조작하는 등의 작업을 편리하게 진행할 수 있습니다. Application 개체의 SendKeys 메서드의 구문은 다음과 같습니다.

Application.SendKeys (❶keys, ❷wait)

	입력할 키(또는 키 조합)를 전달합니다. 영어+숫자+특수문자를 제외한 특수키는 다음과 같은 값을 사용합니다.			
	키 종류	Keys	키 종류	Keys
	Backspace	BS	↑	UP
	Delete	DEL	↓	DOWN
	ESC	ESC	←	LEFT
❶ keys	Enter	~	→	RIGHT
	Alt	%	Page Up	PGUP
	Ctrl	^	Page Down	PGDN
	Shift	+	Tab	TAB
	Fn (펑션키)	F1 ~ F15		
❷ wait	True면 키가 처리될 때까지 매크로 실행을 잠시 중단합니다.			

Shell 함수 구문

외부 프로그램을 실행할 수 있는 Shell 함수는 인수로 전달된 프로그램을 실행하고, 실행된 프로그램의 ID 값을 반환합니다. Shell 함수의 구문은 다음과 같습니다.

SHELL (❶pathname, ❷windowstyle)

❶ pathname	실행할 프로그램의 경로와 실행 파일 명입니다.	
❷ windowstyle	프로그램이 실행된 후 창 스타일을 설정하며, 다음 내장 상수를 사용합니다.	
	내장 상수	**설명**
	vbHide	프로그램은 실행하지만, 창은 숨깁니다.
	vbNormalFocus	프로그램을 기본 창 크기로 실행합니다.
	vbMinimizedFocus	프로그램 창을 최소화 상태로 표시합니다.
	vbMaximizedFocus	프로그램 창을 최대화 상태로 표시합니다.
	vbNormalNoFocus	프로그램 창을 기본 창 크기로 실행하지만, 활성 창은 바뀌지 않습니다.
	vbMinimizedNoFocus	프로그램 창을 최소화 상태로 표시하며, 활성 창은 바뀌지 않습니다.

AppActivate 문 구문

실행되고 있는 프로그램 중에서 인수로 전달된 응용 프로그램 창을 화면에 표시합니다. 구문은 다음과 같습니다.

AppActivate (❶title, ❷wait)

❶ title	프로그램 창의 제목 표시줄 제목(또는 Shell 함수에서 반환한 프로그램 ID)의 값입니다.
❷ wait	False면 프로그램이 포커스를 갖지 않아도 프로그램을 즉시 화면에 표시합니다.

계산기 앱 제어하는 매크로 개발 사례

엑셀에 입력된 숫자 값을 계산기 프로그램에서 계산하고 결과를 화면에 표시합니다. 예제를 열고 다음과 같은 화면을 확인합니다.

표의 [B3:B11] 범위에서 숫잣값의 합계를 구한 [B12] 셀의 수식 결과가 올바른지 확인하기 위해 윈도우의 계산기 프로그램을 이용해 검증하는 매크로를 다음과 같이 개발합니다.

```
Sub 계산기검증()

' 1단계 : 변수를 선언하고 초깃값을 설정합니다. ─────── ❶
    Dim 계산범위 As Range
    Dim 셀 As Range
    Dim 프로그램ID As Double

    Set 계산범위 = Range("B3:B11") ─────── ❷

' 2단계 : 계산기를 화면에 표시하거나 실행합니다.
    On Error Resume Next ─────── ❸

        AppActivate "계산기" ─────── ❹

        If Err.Number <> 0 Then ─────── ❺

            Err.Clear
            프로그램ID = Shell(pathname:="Calc.exe", windowstyle:=vbNormalFocus)

            If Err.Number <> 0 Then ─────── ❻

                MsgBox "계산기 프로그램을 실행할 수 없습니다."
                Exit Sub

            End If

        End If

    On Error GoTo 0 ─────── ❼

' 3단계 : 계산기 프로그램을 초기화하거나 잠시 대기합니다.
    If 프로그램ID > 0 Then ─────── ❽

        Application.Wait Now + TimeSerial(0, 0, 3)

    Else ─────── ❾

        Application.SendKeys "{ESC}"

    End If

' 4단계 : 계산 범위 내 셀 값을 계산기를 이용해 더합니다.
    For Each 셀 In 계산범위 ─────── ❿

        Application.SendKeys 셀.Value & "{+}", True ─────── ⓫
```

```
        Next

End Sub
```

① 매크로 동작에 필요한 Range 형식의 [계산범위], [셀] 개체변수와 Double 형식의 [프로그램ID] 변수를 선언합니다.

② [계산범위] 개체변수에 계산할 숫잣값이 입력되어 있는 [B3:B11] 범위를 연결합니다.

③ 2단계 전체 부분을 처리할 때 에러가 발생해도 무시하도록 On Error 문을 설정합니다.

④ 계산기 앱이 실행되어 있다면 AppActivate 문을 사용해 화면에 표시합니다. 이 코드는 계산기 앱이 실행되어 있을 때 다시 계산기 앱을 실행하지 않고 실행되어 있는 앱을 사용하기 위한 부분입니다.

⑤ ④ 줄 코드를 실행할 때 에러가 발생했다면(Err 개체의 Number 속성값이 0이 아니면) 계산기 앱이 실행되어 있지 않은 것입니다. 에러를 초기화하고 Shell 함수를 이용해 계산기 앱(Calc.exe)을 실행한 후 Shell 함수에서 반환된 프로그램 ID 값은 [프로그램ID] 변수에 저장합니다.

⑥ ⑤ 줄 코드에서 에러가 발생했다면 계산기 앱을 실행할 수 없는 것이므로 에러 메시지 내용을 화면에 표시하고 매크로를 종료합니다.

⑦ On Error 문의 설정을 취소해 하단의 코드를 실행할 때 에러가 발생하면 매크로 실행을 중단합니다.

⑧ [프로그램ID] 변수에 0보다 큰 값이 저장됐다면 Shell 함수를 사용해 앱을 실행한 것이므로, 3초간 매크로 실행을 지연시킵니다. 앱을 실행하는 시간을 대기한다고 생각합니다.

⑨ [프로그램ID] 변숫값이 0이면 기존에 실행된 계산기 앱이 존재한다는 것이므로, 기존 계산 결과를 지우도록 SendKeys 메서드를 이용해 Esc 를 누릅니다. 이렇게 하면 계산기 앱에서 [C] 버튼을 클릭한 것처럼 기존 계산기 결과가 초기화됩니다.

⑩ For Each… Next 문을 사용해 [계산범위] 변수 범위 내 셀을 하나씩 [셀] 변수에 연결하면서 순환합니다.

⑪ SendKeys 메서드를 사용해 계산기 앱에 [셀] 변수 내 셀의 값과 더하기(+)를 입력합니다. 계산기 프로그램에서 숫잣값과 [+] 버튼을 클릭한 것과 같습니다.

이 매크로를 실행해보려면 예제의 [계산기 검증] 단추를 클릭합니다. 그러면 다음과 같은 계산기 프로그램이 실행되면서 계산 결과가 자동으로 나타납니다.

윈도우 디펜더를 포함한 일부 백신 프로그램을 사용할 경우, 매크로 실행할 때 [계산기] 프로그램이 동작하지 않을 수 있습니다. 이때 바이러스 실시간 보호를 해제하고 매크로를 실행해야 합니다.

계산식 문자열의 계산 결과를 반환하는 방법

예제 파일 PART 03 \ CHAPTER 14 \ (Application) Evaluate 메서드.xlsm

Evaluate 메서드 구문

엑셀에서 계산식은 반드시 등호(=)로 시작해야 합니다. 하지만 등호로 시작하지 않는 계산식을 계산하려면 Application 개체의 Evaluate 메서드를 사용합니다. Evaluate 메서드는 인수로 전달된 개체 이름을 참조로 바꾸거나 문자열로 된 계산식을 계산할 때 사용합니다. 구문은 다음과 같습니다.

Application.Evaluate (❶name)

❶ name	엑셀의 이름 정의 규칙에 따르는 개체 이름으로, 셀(또는 범위) 주소, 정의된 이름, 계산식 등을 사용할 수 있습니다.

인터넷에 공개된 코드에는 **A1**과 같이 Range 개체명을 생략하고 셀(또는 범위)을 참조하는 경우가 있습니다. 이는 Evaluate 메서드를 생략한 것으로, 다음과 같이 코드는 대괄호 안의 주소가 Evaluate 메서드에 전달되어 **Range("A1:A10")**과 동일한 결과를 반환합니다.

```
[A1:A10]
```

대괄호([ ])를 사용해 셀(또는 범위)을 참조하는 방법은 모두 Evaluate 메서드를 생략한 것이라고 생각해야 합니다. 이런 표기 방법은 코드를 짧게 줄여 쓸 수 있어 편리하지만 Range("A1:A10")과 같이 코드를 구성하는 것이 가독성과 속도 측면에서 훨씬 더 좋습니다.

GET_EVALUATE 함수 개발 사례

예제를 열고 다음과 같은 표를 확인합니다. B열의 계산식은 수식으로 입력된 것이 아니므로 계산 결과를 얻기에 적합하지 않습니다. Evaluate 메서드를 사용해 계산 결과를 반환받아보겠습니다.

	A	B	C	D
1				
2		계산식 예	결과	
3		15000원 x 12시간		
4		(100*(25+5))		
5		(1.5+2.5+3.5)x80%		

이런 작업은 매크로를 만드는 것보다 계산식을 받아 계산 결과를 반환하는 사용자 정의 함수로 구성하는 것이 좋습니다.

```
Function GET_EVALUATE(계산식 As String) As Variant ————————————— ❶

' 1단계 : 변수를 선언합니다. ————————— ❷
    Dim i As Integer
    Dim 연산가능문자 As String
    Dim 수정계산식 As String

' 2단계 : 셀에서 사용할 때 재계산 시점을 다른 함수와 동일하게 합니다.
    Application.Volatile ——————————— ❸

' 3단계 : 계산식에서 계산이 가능하지 않은 부분을 모두 제거합니다.
    For i = 1 To Len(계산식) ——————————— ❹

        연산가능문자 = Mid(계산식, i, 1) ——————————— ❺

        Select Case 연산가능문자 ——————————— ❻

            Case 0 To 9, "+", "-", "*", "/", "(", ")", ".", "%" ——————————— ❼

                수정계산식 = 수정계산식 & 연산가능문자

            Case "x" ——————————— ❽

                수정계산식 = 수정계산식 & "*"

        End Select

    Next

' 4단계 : 수정된 계산식을 계산해 결과를 반환합니다.
    If Len(수정계산식) > 0 Then ——————————— ❾

        GET_EVALUATE = Application.Evaluate(수정계산식)

    Else ——————————— ❿

        GET_EVALUATE = ""

    End If

End Function
```

❶ GET_EVALUATE 사용자 정의 함수를 Function 프로시저로 선언합니다. GET_EVALUATE 함수는 String 형식의 [계산식] 변수에 저장된 계산식을 계산한 결과를 Variant 형식의 값으로 반환합니다.

❷ 계산에 필요한 Integer 형식의 [i] 변수와 String 형식의 [연산가능문자]와 [수정계산식] 변수를 각각 선언합니다.

❸ Application 개체의 Volatile 메서드를 사용해 사용자 정의 함수의 재계산 방법을 셀의 재계산 시점에 맞춥니다. 보통 이 메서드를 사용하지 않으면 매개변숫값이 변경될 때만 재계산됩니다. 이 코드는 True 값이 생략된 것으로, 생략하지 않고 전체 코드를 입력하면 다음과 같습니다.

```
Application.Volatile True
```

❹ For… Next 문을 사용해 [i] 변수를 1부터 [계산식] 변수의 문자 개수까지 1씩 증가하면서 반복합니다.

❺ Mid 함수를 사용해 [계산식] 변수의 문자를 하나씩 [연산가능문자] 변수에 저장합니다.

❻ Select Case 문을 사용해 [연산가능문자] 변수에 저장된 문자를 구분합니다.

❼ [연산가능문자] 변수에 저장된 문자가 숫자(0 To 9)이거나 연산자(+, −, *, / 등)인 경우에만 [수정계산식] 변수에 순서대로 연결해 저장합니다. 이렇게 하면 숫자와 연산자를 제외한 나머지 문자는 자동으로 빠집니다.

❽ [연산가능문자] 변수에 저장된 값이 "x"인 경우에는 곱하기 연산자인 "*"로 대체합니다.

❾ [수정계산식] 변수에 저장된 문자가 있는지 Len 함수를 사용해 확인합니다. 만약 Len 함수의 결과가 0보다 크다면 계산식이 저장된 것이므로 Application 개체의 Evaluate 메서드를 이용해 계산한 후 GET_EVALUATE 함수에 반환합니다.

❿ ❾ 줄의 판단 결과가 False면 GET_EVALUATE 함수에 빈 문자("")를 반환합니다.

완성된 GET_EVALUATE 함수를 사용해보려면 예제 파일의 [C3] 셀에 다음과 같은 수식을 입력한 후 [C3] 셀의 채우기 핸들🔽을 [C5] 셀까지 드래그해 복사합니다.

· [C3] 셀 : =GET_EVALUATE(B3)

	A	B	C	D	E
1					
2		계산식 예	결과		
3		15000원 x 12시간	180,000		
4		(100*(25+5))	3,000		
5		(1.5+2.5+3.5)x80%	6		
6					
7					

Intersect, Union 메서드를 활용한 교집합, 합집합 범위 구하는 방법

예제 파일 없음

Intersect/Union 메서드 구문

매개변수로 전달된 모든 범위의 교집합 범위를 반환하는 Application 개체의 Intersect 메서드 구문은 다음과 같습니다.

Application.Intersect (❶arg1, arg2, ···, arg30)

❶ arg	교집합을 구할 범위를 지정하는 Range 개체로, 최소 Arg1과 Arg2 두 개의 매개변수에 범위가 전달되어야 합니다.

TIP Application 개체명은 생략하고 Intersect 메서드만 바로 사용할 수 있습니다.

Intersect 메서드는 활용도가 크지 않을 것 같지만, 프로시저(매크로, 사용자 정의 함수, 이벤트)를 개발할 때는 선택하거나 값을 고친 셀(또는 범위)이 특정 범위에 속해 있는지 확인해야 하는 경우가 종종 있습니다. 이 경우 Intersect 메서드를 사용하면 여러 범위의 교집합 범위만 반환해주므로 특정 범위 내 셀(또는 범위)이 포함됐는지 여부를 쉽게 판단할 수 있습니다.

Intersect 메서드가 교집합을 반환한다면 Union 메서드는 합집합을 반환합니다. Union 메서드 역시 Application 개체의 메서드로 Intersect 메서드와 구문은 동일하지만, 매개변수로 전달된 모든 범위의 합집합을 반환해줍니다.

Intersect/Union 메서드의 사용 예

먼저 두 범위를 모두 참조할 수 있는 Union 메서드의 동작을 확인하기 위해 직접 실행 창에 다음 코드를 입력합니다.

```
Application.Union(Range("B2:H4"), Range("B7:H10")).Select ──────── ❶
```

① [B2:H4] 범위와 [B7:H10] 범위가 모두 선택됩니다.

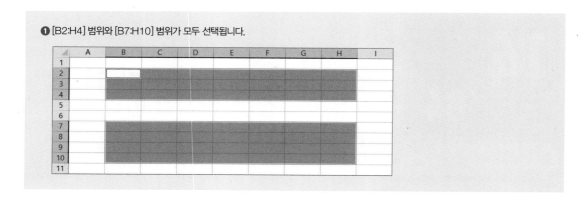

이번에는 Intersect 메서드를 사용해 보기 위해 다음과 같은 코드를 입력합니다.

```
Application.Intersect(Range("B4:H5"), Range("D2:F7")).Select ──────── ①
```

① [B4:H5] 범위와 [D2:F7] 범위의 교집합 범위([D4:F5] 범위)가 선택됩니다.

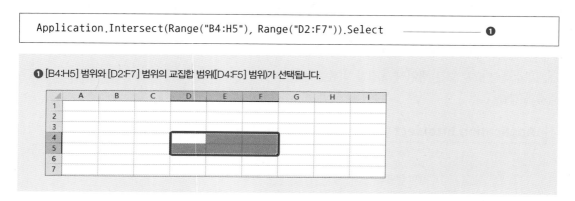

만약 Intersect 메서드로 반환할 교집합 범위가 존재하지 않으면 Intersect 메서드는 Nothing을 반환합니다.

```
Application.Intersect(Range("B2:H3"), Range("B6:H7")).Select ──────── ①
```

① [B2:H3] 범위와 [B6:H7] 범위의 교집합을 선택합니다. 두 범위 내 교집합 범위가 없으므로 다음 에러가 발생합니다.

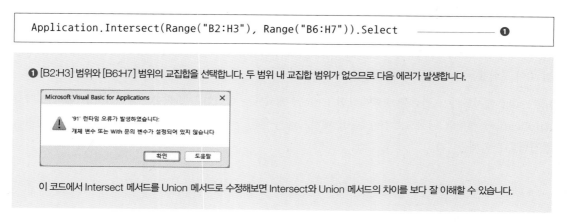

이 코드에서 Intersect 메서드를 Union 메서드로 수정해보면 Intersect와 Union 메서드의 차이를 보다 잘 이해할 수 있습니다.

Intersect 메서드를 사용할 때는 교집합 범위가 존재하는지 여부를 판단할 수 있어야 하는데, 이때 Is 키워드를 사용해 Nothing인지 여부를 다음과 같이 판단합니다.

```
? Application.Intersect(Range("B2:H3"), Range("B6:H7")) Is Nothing ──────── ①
```

이 코드를 If 문과 결합해 구성하면 다음과 같은 코드가 됩니다.

```
If Application.Intersect(Range("B2:H3"), Range("B6:H7")) Is Nothing Then
    ' 교집합이 없는 경우에 처리할 코드
Else
    ' 교집합이 존재하는 경우에 처리할 코드
End If
```

이와 같이 구성하면 교집합이 존재할 때와 존재하지 않을 때를 구분할 수 있습니다. Else 절에 코드를 넣어 교집합을 처리하는 코드 구성은 조금 불편하므로, 이때는 부정 연산자인 Not 연산자를 사용합니다. Not 연산자는 부정의 의미로 연산자 뒤의 조건식에서 True를 반환하면 False를, False를 반환하면 True를 반환합니다. 그러므로 교집합이 존재할 때만 처리하는 코드는 다음과 같이 코드를 구성합니다.

```
If Not Application.Intersect(Range("B2:H3"), Range("B6:H7")) Is Nothing Then
    ' 교집합이 존재하는 경우에 처리할 코드
End If
```

이런 코드 구성 방법은 굉장히 자주 사용되는 패턴이므로 반드시 기억해둘 필요가 있습니다.

Selection 속성을 이용해 사용자가 선택한 개체가 무엇인지 확인하는 방법

예제 파일 PART 03 \ CHAPTER 14 \ (Application) Selection 속성.xlsm

Selection 개체의 형식

Application 개체에서 제공되는 Selection 속성은 용어 그대로 사용자가 선택한 개체를 의미합니다. 그러므로 셀을 선택하면 Range 개체, 도형을 선택하면 Shape 개체를 반환해줍니다. Selection 속성을 이용해 코드를 개발하려면 Selection 개체가 반환하는 개체 형식이 무엇인지 구별할 수 있어야 합니다. Selection 속성이 반환하는 개체가 어떤 것인지 알려면 다음 두 가지 방법 중 하나를 사용합니다.

- TypeName 함수
- TypeOf 절

TypeName 함수 구문

TypeName 함수는 Variant 형식 변수에 저장된 데이터 형식을 반환하거나 Selection 또는 Control 등의 개체 형식을 텍스트 값으로 반환합니다. 구문은 다음과 같습니다.

TYPENAME (❶varname)

❶ varname	저장된 데이터(또는 개체) 형식을 반환할 Variant 형식의 변수입니다.

다음은 TypeName 함수에서 반환하는 값을 표로 정리해놓은 것입니다.

데이터 형식	설명	데이터 형식	설명
Integer	정수	Decimal	십진수
Long		Date	날짜/시간
Single	실수	String	문자열
Double		Boolean	논릿값
Currency	통화		

개체 형식	설명
Object	Range, Shape 등의 개체 형식을 반환
Error	에러
Unknown	형식이 알려지지 않은 개체
Nothing	빈 개체

TypeOf 절 구문

TypeOf 절은 TypeName 함수와 유사하지만 데이터 형식은 확인할 수 없고, 개체 형식만 확인할 수 있습니다. 구문은 다음과 같습니다.

```
TypeOf objectname Is objecttype        ──────── ❶
```

❶ 개체의 형식이 맞는지 여부를 확인할 때 사용하는 구문입니다. 예를 들어 선택된 개체가 Range 형식인지 확인하려면 다음과 같은 코드를 구성합니다.

```
If TypeOf Selection Is Range Then
```

참고로 TypeOf 절은 If 문에서만 사용할 수 있으며, Select Case 문에서는 사용할 수 없습니다.

선택한 개체를 확인하는 매크로 개발 사례

예제 파일을 열면 화면과 같은 표와 차트를 확인할 수 있습니다.

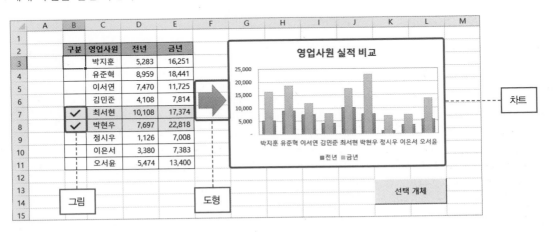

워크시트 내 표나 도형, 차트 등을 선택하고 매크로를 실행할 때 사용자가 어떤 것을 선택했는지 확인해보려면 다음과 같은 매크로를 구성합니다.

```
Sub TypeName이용()

' 1단계 : 변수를 선언합니다.
    Dim 선택개체 As String            ①

' 2단계 : Selection 개체의 형식을 구분합니다.
    Select Case TypeName(Selection)            ②

        Case "Range": 선택개체 = "셀(또는 범위)"            ③
        Case "Rectangle": 선택개체 = "도형"            ④
        Case "Picture": 선택개체 = "그림"            ⑤

        Case Else            ⑥

            If TypeName(Selection.Parent) = "Chart" Then            ⑦

                선택개체 = "차트"

            Else            ⑧

                선택개체 = TypeName(Selection)

            End If

    End Select

' 3단계 : 선택된 개체의 형식을 메시지 창에 표시합니다.
    MsgBox 선택개체 & "를 선택했습니다."            ⑨

End Sub
```

❶ String 형식의 [선택개체] 변수를 선언합니다.

❷ Selection의 개체 형식을 분류하기 위해 TypeName 함수의 반환값을 Select Case 문으로 처리합니다.

❸ TypeName 함수에서 반환된 값이 "Range"이면 Range 개체가 선택된 것이므로 [선택개체] 변수에 "셀(또는 범위)" 문자열을 저장합니다.

❹ TypeName 함수에서 반환된 값이 "Rectangle"이면 [선택개체] 변수에 "도형"을 저장합니다.

❺ TypeName 함수에서 반환된 값이 "Picture"이면 [선택개체] 변수에 "그림"을 저장합니다.

❻ TypeName 함수에서 반환된 값이 위에서 구분되지 않으면 아래 줄의 코드를 실행합니다.

❼ 차트는 여러 도형이 하나로 모여 만들어진 개체이므로 선택 위치에 따라 서로 다른 도형 이름이 반환됩니다. 따라서 차트를 선택했는지 알려면 선택된 개체의 부모 개체가 Chart인지 확인하는 방법이 가장 좋습니다. Parent 속성은 개체의 부모 개체를 반환하므로, Selection.Parent 속성의 반환 값이 "Chart"인 경우에는 차트 개체를 선택한 것으로 볼 수 있습니다. [선택개체] 변수에 "차트"를 저장합니다.

❽ ❼의 경우도 아니라면 TypeName 함수의 반환값을 그대로 [선택개체] 변수에 저장합니다.

❾ MsgBox 함수를 사용해 [선택개체] 변숫값을 화면에 출력합니다. 예를 들어 차트를 선택하고 [선택 개체] 단추를 클릭하면 차트를 선택했다는 메시지 창이 화면에 표시됩니다.

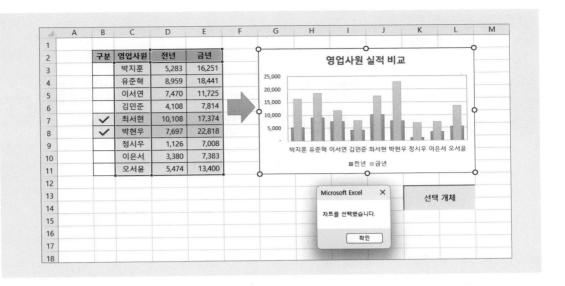

구분	영업사원	전년	금년
	박지훈	5,283	16,251
	유준혁	8,959	18,441
	이서연	7,470	11,725
	김민준	4,108	7,814
✓	최서현	10,108	17,374
✓	박현우	7,697	22,818
	정시우	1,126	7,008
	이은서	3,380	7,383
	오서윤	5,474	13,400

영업사원 실적 비교

박지훈 유준혁 이서연 김민준 최서현 박현우 정시우 이은서 오서윤

■전년 ■금년

Microsoft Excel

차트를 선택했습니다.

확인

선택 개체

매크로를 호출한 대상 개체를 확인하는 방법

예제 파일 PART 03 \ CHAPTER 14 \ (Application) Caller 메서드.xlsm

Selection 속성은 사용자가 선택한 개체를 반환하지만, Caller 속성은 프로시저를 호출한 개체의 정보를 반환합니다. 프로시저를 호출한 개체 정보를 알 수 있다면 여러 개 단추에 하나의 매크로를 연결해 사용할 수도 있어 편리합니다.

예제 파일을 열면 화면과 같은 표를 확인할 수 있습니다.

	A	B	C	D	E	F
1						
2		Caller 메서드				
3		B8:E9	C6:D11	교집합	합집합	
4						
5						

예제에서 네 개의 단추 중 하나를 클릭했을 때 어떤 단추를 클릭했는지 알고 싶다면 다음과 같은 매크로를 구성할 수 있습니다.

```
Sub 버튼선택()

    MsgBox Application.Caller  ─────────────── ❶

End Sub
```

❶ 이 매크로를 예제의 모든 단추에 연결하고 실행하면 다음과 같은 결과를 메시지 창에 반환합니다.

단추를 클릭하면 해당 컨트롤의 이름이 반환됩니다. 프로시저를 호출한 대상 개체가 Range인 경우를 제외하면 대부분 프로시저를 호출한 개체의 이름이 반환됩니다.

TIP 예제의 [단추] 컨트롤에는 [버튼선택] 매크로가 연결되어 있지 않으므로, 이 작업을 하려면 예제의 [단추] 컨트롤에 연결된 매크로를 모두 [버튼선택] 매크로로 변경합니다.

Caller 속성을 이용해 프로시저를 호출한 개체를 확인해 개체에 쓰여진 레이블의 동작을 처리하려면 다음과 같은 방식으로 매크로를 개발합니다.

```
Sub 범위선택()

' 1단계 : 변수를 선언합니다. ────────────── ❶
  Dim 버튼 As Button
  Dim 주소1 As String
  Dim 주소2 As String

' 2단계 : 프로시저를 호출한 단추 컨트롤을 확인합니다.
  Set 버튼 = ActiveSheet.Buttons(Application.Caller) ──────── ❷

' 3단계 : 프로시저를 호출한 단추를 구분해 필요한 동작을 진행합니다.
  Select Case 버튼.Text ────────── ❸

' 3-1단계 : 교집합 단추를 클릭하면 첫 번째, 두 번째 단추에 입력된 범위의 교집합을 선택합니다.
      Case "교집합" ────────── ❹

          주소1 = ActiveSheet.Buttons(1).Text ────────── ❺
          주소2 = ActiveSheet.Buttons(2).Text

          On Error Resume Next ────────── ❻

              Intersect(Range(주소1), Range(주소2)).Select ────────── ❼

              If Err.Number <> 0 Then ────────── ❽

                  MsgBox "교집합이 없습니다."

              End If

' 3-2단계 : 합집합 단추를 클릭하면 첫 번째, 두 번째 단추에 입력된 범위의 합집합을 선택합니다.
      Case "합집합" ────────── ❾

          주소1 = ActiveSheet.Buttons(1).Text
          주소2 = ActiveSheet.Buttons(2).Text

          Union(Range(주소1), Range(주소2)).Select

' 3-3단계 : 그 외 단추를 클릭하면 해당 단추에 입력된 범위를 선택합니다.
      Case Else ────────── ❿

          Range(버튼.Text).Select

  End Select

End Sub
```

개발된 매크로를 테스트해보려면 예제 파일의 [B8:E9]나 [C6:D11] 단추를 각각 클릭합니다. 다음과 같은 결과를 확인할 수 있습니다.

TIP 첫 번째, 두 번째 단추 컨트롤의 주소를 변경한 후 단추를 클릭하면 변경된 주소의 범위가 선택됩니다.

[교집합], [합집합] 단추를 클릭하면 왼쪽 두 개 단추 범위의 교집합과 합집합 범위가 각각 선택되는 것을 확인할 수 있습니다.

화면에 표시되지 않는 시트 내 셀 선택하는 방법

예제 파일 PART 03 \ CHAPTER 14 \ (Application) Goto 메서드.xlsm

VBA 코드를 개발하면서 작업 위치로 이동해야 할 때는 Range 개체의 Select 메서드나 Activate 메서드를 이용하는데, Select 메서드나 Activate 메서드는 다른 시트의 위치로 한 번에 이동하지 못합니다. 한 번에 이동하려면 Application 개체의 Goto 메서드를 이용합니다. Goto 메서드는 이동한 셀을 화면 왼쪽 상단에 표시할 수 있어 이동 작업이 많은 사용자에게 매우 유용합니다.

Goto 메서드 구문

파일 내 다른 셀 위치(또는 프로시저)로 이동할 때 사용할 수 있는 Application.Goto 메서드의 구문은 다음과 같습니다.

Application.Goto (❶reference, ❷scroll)

| ❶ reference | 이동할 대상을 지정합니다. 셀 참조 또는 프로시저명입니다. |
| ❷ scroll | True면 창을 이동해 창 왼쪽 모서리에 이동 위치가 나타납니다. |

Goto 메서드로 다른 시트 선택하기

[Sheet1] 시트에서 [Sheet2] 시트의 [A1] 셀을 선택할 때 다음과 같은 코드로 구성된 매크로에서는 에러가 발생합니다.

```
Sub 매크로1()

    Worksheets("Sheet2").Range("A1").Select  ─────────── ❶

End Sub
```

❶ [Sheet2] 시트의 [A1] 셀을 선택합니다. 구문상 문제가 없지만 셀 선택은 화면에 표시된 워크시트에서만 가능하므로, 오른쪽과 같은 에러 메시지 창이 표시됩니다.

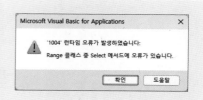

발생한 에러를 해결하려면 다음과 같은 코드로 구성된 매크로를 사용합니다.

```
Sub 매크로2()

    Worksheets("Sheet2").Activate ──────── ❶
    Range("A1").Select ──────── ❷

End Sub
```

❶ [Sheet2] 시트를 화면에 표시합니다.
❷ [A1] 셀을 선택합니다.

이렇게 여러 줄로 코드를 구성하지 않고, 한 줄로 처리하려면 다음과 같이 Goto 메서드로 구성된 매크로를 개발합니다.

```
Sub 매크로3()

    Application.Goto Reference:=Worksheets("Sheet2").Range("A1") ──────── ❶

End Sub
```

❶ Application 개체의 Goto 메서드를 이용해 [Sheet2] 시트의 [A1] 셀로 바로 이동합니다.

Goto 메서드로 이동한 위치를 제일 상단에 표시하기

현재 위치에서 멀리 떨어진 위치로 이동하기 위해 다음과 같은 매크로를 사용합니다.

```
Sub 매크로4()

    Range("A100").Select ──────── ❶

End Sub
```

❶ [A100] 셀을 선택합니다. 선택된 셀은 창 가운데에 표시됩니다.

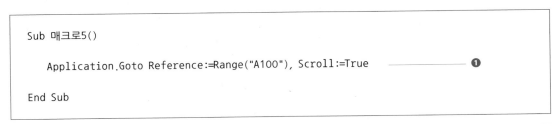

선택된 셀이 왼쪽 상단 모서리에 나타나도록 하려면 Goto 메서드로 작성한 동일한 매크로를 사용합니다.

```
Sub 매크로5()

    Application.Goto Reference:=Range("A100"), Scroll:=True ——————— ❶

End Sub
```

❶ [A100] 셀로 이동할 때 [A100] 셀이 왼쪽 상단 모서리쪽에 표시되도록 합니다.

설명된 모든 매크로를 테스트해보려면 예제를 열고 다음 화면을 참고해 작업합니다.

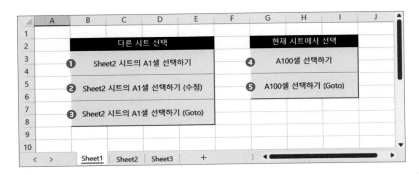

❶ [매크로1]이 연결되어 있습니다. 에러가 발생합니다.

❷ [매크로2]가 연결되어 있습니다. [Sheet2] 시트의 [A1] 셀이 선택됩니다.

❸ [매크로3]이 연결되어 있습니다. [Sheet2] 시트의 [A1] 셀이 선택됩니다.

❹ [매크로4]가 연결되어 있습니다. [A100] 셀이 선택됩니다.

❺ [매크로5]가 연결되어 있습니다. [A100] 셀이 선택됩니다.

14 / 08

다른 파일의 매크로를 실행하는 방법

예제 파일 PART 03 \ CHAPTER 14 \ (Application) Run 메서드.xlsm

Run 메서드의 구문

Application 개체의 Run 메서드는 프로시저(매크로 또는 사용자 정의 함수)를 Call 문처럼 호출해 사용할 수 있습니다. Call 문은 현재 파일 내의 프로시저만 호출할 수 있고, Run 메서드는 다른 파일의 프로시저도 호출할 수 있습니다. 다만, 프로시저를 호출하기 전에 해당 프로시저가 포함된 파일이 먼저 열려 있어야 합니다. 보통 추가 기능 내 프로시저를 실행하는 용도로 Run 메서드를 활용합니다. Run 메서드의 구문은 다음과 같습니다.

Application.Run (❶macro, ❷arg1, arg2, …, arg30)

❶ macro	실행할 매크로(또는 사용자 정의 함수)입니다. 같은 파일 내에서는 프로시저 명만 입력하면 되는데, 다른 파일에 있는 프로시저를 실행하려면 프로시저명 앞에 파일 명을 다음과 같이 입력합니다. 참고로 파일은 열려 있어야 합니다. 파일명!프로시저명 참고로 파일 명에 띄어쓰기나 특수 문자가 사용된 경우에는 작은따옴표(')로 파일명을 묶어줍니다. '파일명'!프로시저명
❷ arg	프로시저에 전달한 매개변수가 존재하면 Arg 매개변수에 순서대로 입력합니다.

다른 파일의 매크로를 실행하는 매크로 개발 사례

예제를 열고 다음과 같은 표를 확인합니다. **SECTION 14-03**에서 개발한 [GET_EVALUATE] 함수를 호출해 [B4] 병합 셀의 계산식을 계산하고 결과를 [E4] 병합 셀에 반환해보겠습니다.

◢	A	B	C	D	E	F	G
1							
2			GET_EVALUATE 함수 호출해, 계산				
3							
4		150,000원 x 20일					
5							

Run 메서드를 사용해 GET_EVALUATE 함수를 호출해 사용하는 매크로는 다음과 같습니다.

```
Sub 프로시저호출()

' 1단계 : 변수를 선언합니다.                        ①
  Dim 경로 As String
  Dim 파일 As String
  Dim 계산식 As String
  Dim 결과 As Range
  Dim 매크로파일 As Workbook

' 2단계 : 변수에 초깃값을 설정합니다.
  경로 = ThisWorkbook.Path & "\"                    ②
  파일 = "(Application) Evaluate 메서드.xlsm"        ③
  계산식 = Range("B4").Value                         ④
  Set 결과 = Range("E4")                             ⑤

' 3단계 : 파일을 열고 프로시저를 호출한 후 파일을 닫습니다.
  Application.ScreenUpdating = False                ⑥

        Set 매크로파일 = Workbooks.Open(Filename:=경로 & 파일)           ⑦
        결과.Value = Application.Run("'" & 매크로파일.Name & "'!GET_EVALUATE", 계산식)
                                                                        ⑧

        매크로파일.Close SaveChanges:=False             ⑨

    Application.ScreenUpdating = True               ⑩

End Sub
```

① 매크로 동작에 필요한 String 형식의 [경로], [파일], [계산식] 변수와 Range 형식의 [결과] 개체변수, 그리고 Wrokbook 형식의 [매크로파일] 개체변수를 선언합니다.

② [경로] 변수에 현재 파일의 경로와 경로 구분 문자(\)를 연결해 저장합니다.

③ [파일] 변수에 GET_EVALUATE 사용자 정의 함수가 저장된 예제 파일 명을 저장합니다.

④ [계산식] 변수에 [B4] 셀([B4:D4] 병합 셀)의 값을 저장합니다.

⑤ [결과] 변수에 [E4] 셀을 연결합니다. 참고로 [E4] 셀([E4:F4] 병합 셀)은 수식 결과를 반환할 셀입니다.

⑥ Application 개체의 ScreenUpdating 속성을 False로 설정해 ⑦-⑨ 줄의 코드 실행 결과가 화면에 표시되지 않도록 합니다.

⑦ [경로]와 [파일] 변숫값을 연결한 파일을 열고 [매크로파일] 변수에 연결합니다.

⑧ Application 개체의 Run 메서드를 이용해 파일을 열고 GET_EVALUATE 함수에 [계산식] 변수를 인수로 전달해 계산한 값은 [결과] 변수에 할당된 [E4] 셀에 반환합니다.

⑨ [매크로파일] 변수에 연결된 파일(GET_EVALUATE 함수가 저장된 파일)을 저장하지 않고 닫습니다.

⑩ 화면을 새로 고치면 계산된 결과가 화면에 표시됩니다.

이 매크로를 테스트하려면 예제 파일의 [GET_EVALUATE 함수 호출해 계산] 단추를 클릭합니다.

매크로에서 엑셀 기본 대화상자 호출해 사용하는 방법

예제 파일 PART 03 \ CHAPTER 14 \ (Application) Dialogs 속성.xlsm

Dialogs 속성 구문

엑셀에는 [셀 서식], [열기], [다른 이름으로 저장]과 같은 다양한 대화상자가 제공됩니다. VBA로 원하는 대화상자를 호출하려면 Application 개체의 Dialogs 속성을 사용합니다. Dialogs 속성은 Dialogs 컬렉션을 반환합니다. 해당 컬렉션을 사용해 대화상자를 표시하는 방법은 다음을 참고합니다.

```
Application.Dialogs( Index ).Show( Arg1, Arg2, …, Arg30 )    ────────── ❶
```

❶ 내장 대화상자를 호출하는 Dialogs 속성을 이용해 대화상자를 호출하려면 Index 매개변수에 해당 대화상자의 내장 상숫값을 지정해 사용합니다. 예를 들어 [열기] 대화상자를 호출하는 코드는 다음과 같습니다.

```
Application.Dialogs(xlDialogOpen).Show
```

Index 매개변수에 전달할 수 있는 내장 상수 중 자주 사용되는 것은 아래 표에 정리해두었습니다.

내장 상수	대화상자	내장 상수	대화상자
xlDialogAutoCorrect	자동 고침	xlDialogPrint	인쇄
xlDialogImportTextFile	텍스트 파일 가져오기	xlDialogPrintPreview	인쇄 미리 보기
xlDialogInsertHyperlink	하이퍼링크 삽입	xlDialogSaveAs	다른 이름으로 저장
xlDialogNameManager	이름 관리자	xlDialogSendMail	메일 보내기
xlDialogOpen	열기	xlDialogSort	정렬
xlDialogPageSetup	페이지 설정	xlDialogTextToColumns	텍스트 나누기
xlDialogPasteSpecial	선택하여 붙여넣기	xlDialogZoom	확대/축소

사용할 수 있는 모든 내장 상수는 Dialogs 컬렉션의 개체 도움말에 잘 설명되어 있으므로 도움말을 참고합니다. 참고로 내장 대화상자를 화면에 표시하는 Show 메서드는 Arg1부터 Arg30 매개변수를 사용할 수 있습니다. 해당 매개변수는 대화상자의 개별 옵션을 전달할 때 사용합니다.

엑셀 기본 대화상자 컨트롤하는 매크로 개발 사례

다음은 [인쇄] 대화상자를 호출하는 코드의 구성 예입니다.

```
Sub 인쇄()

    Application.Dialogs(xlDialogPrint).Show ————————————— ❶

End Sub
```

❶ [인쇄] 대화상자를 표시합니다.

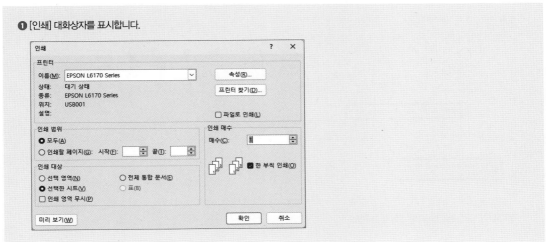

[인쇄] 대화상자를 호출할 때 몇 가지 옵션을 설정한 상태로 작업하려면 다음과 같이 코드를 구성합니다.

```
Sub 인쇄_설정()

    Application.Dialogs(xlDialogPrint).Show Arg1:=2, Arg2:=1, Arg3:=2, Arg4:=5 ———— ❶

End Sub
```

❶ Arg1~Arg4까지 옵션을 설정하면 다음과 같이 옵션이 설정된 [인쇄] 대화상자가 표시됩니다.

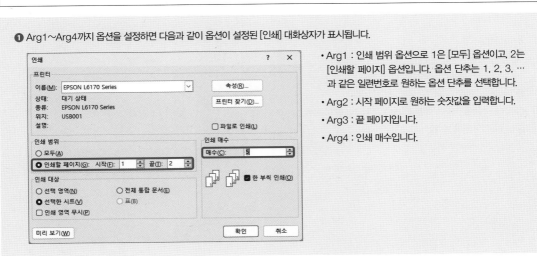

- Arg1 : 인쇄 범위 옵션으로 1은 [모두] 옵션이고, 2는 [인쇄할 페이지] 옵션입니다. 옵션 단추는 1, 2, 3, … 과 같은 일련번호로 원하는 옵션 단추를 선택합니다.
- Arg2 : 시작 페이지로 원하는 숫잣값을 입력합니다.
- Arg3 : 끝 페이지입니다.
- Arg4 : 인쇄 매수입니다.

현재 엑셀 파일을 첨부 파일로 메일을 발송하려면 다음과 같은 코드를 사용할 수 있습니다.

```
Sub 이메일()

    Application.Dialogs(xlDialogSendMail).Show arg1:="excelmaster@naver.com", arg2: ="제목"   ❶

End Sub
```

❶ 아웃룩을 이용해 현재 파일을 첨부 파일로 발송합니다. arg1은 [받는 사람], arg2는 [제목]을 의미합니다.

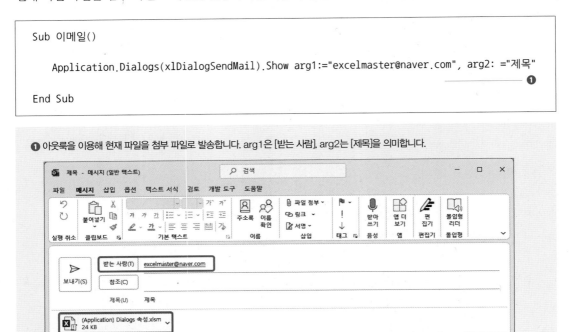

참고로 [참조]와 [본문]은 따로 설정할 수 없습니다.

동시에 여러 명에게 메일을 보내려면 Array 함수를 사용해야 합니다.

```
Sub 이메일_여러명()

    Dim 이메일 As Variant   ───────── ❶

    이메일 = Array("excelmaster@naver.com", "abc@excel.com")   ───────── ❷

    Application.Dialogs(xlDialogSendMail).Show arg1:=이메일, arg2:="제목"   ───────── ❸

End Sub
```

❶ Variant 형식의 [이메일] 변수를 선언합니다.
❷ Array 함수를 사용해 메일을 보낼 이메일 주소를 [이메일] 변수에 저장합니다.
❸ 아웃룩을 이용해 발송합니다.

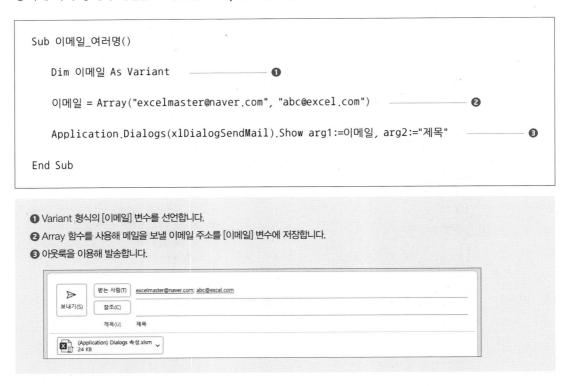

모든 시트가 아니라 현재 시트만 첨부 파일로 보내려면 시트를 복사한 후 메일을 발송합니다.

```
Sub 이메일_현재시트만()

    ActiveSheet.Copy                        ❶

    Application.Dialogs(xlDialogSendMail).Show arg1:="excelmaster@naver.com",
                                               arg2:="제목"                      ❷

    ActiveWorkbook.Close False        ❸

End Sub
```

❶ 현재 시트를 빈 통합 문서로 복사합니다.

❷ 아웃룩을 이용해 현재 파일을 첨부 파일로 메일을 발송합니다.

❸ 현재 파일을 저장하지 않고 닫습니다.

매크로를 테스트하려면 예제를 열고 다음 설명을 참고해 단추를 클릭합니다.

	A	B	C	D	E	F
1						
2			Dialog 속성			
3		❶ 인쇄		❸ 메일		
4						
5		❷ 인쇄 (설정)		❹ 여러 명	❺ 현재 시트	
6						
7						

❶ [인쇄] 매크로가 연결되어 있으며, [인쇄] 대화상자가 표시됩니다.

❷ [인쇄_설정] 매크로가 연결되어 있으며, [인쇄] 대화상자가 설정되어 표시됩니다.

❸ [이메일] 매크로가 연결되어 있으며, 현재 파일을 첨부해 이메일을 발송할 수 있습니다.

❹ [이메일_여러명] 매크로가 연결되어 있으며, 동시에 여러 명에게 이메일을 발송할 수 있습니다.

❺ [이메일_현재시트만] 매크로가 연결되어 있으며, 현재 시트만 첨부 파일로 이메일을 발송할 수 있습니다.

원하는 프린터를 선택해
인쇄하는 방법

예제 파일 PART 03 \ CHAPTER 14 \ (Application) ActivePrinter 속성.xlsm

ActivePrinter 속성 구문

매크로로 인쇄할 때는 항상 컴퓨터의 기본 프린터를 이용합니다. 특정 프린터를 지정하려면 Application 개체의 ActivePrinter 속성을 이용합니다. Application 개체의 ActivePrinter 속성은 기본 프린터로 연결된 프린터 이름을 반환하거나 변경할 때 사용할 수 있습니다.

```
Application.ActivePrinter ──────────── ❶
```

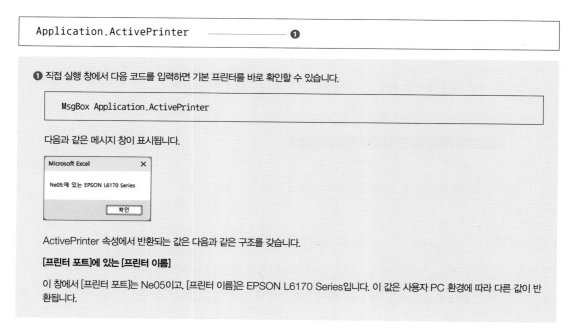

❶ 직접 실행 창에서 다음 코드를 입력하면 기본 프린터를 바로 확인할 수 있습니다.

```
MsgBox Application.ActivePrinter
```

다음과 같은 메시지 창이 표시됩니다.

> Microsoft Excel
>
> Ne05:에 있는 EPSON L6170 Series
>
> 확인

ActivePrinter 속성에서 반환되는 값은 다음과 같은 구조를 갖습니다.

[프린터 포트]에 있는 [프린터 이름]

이 창에서 [프린터 포트]는 Ne05이고, [프린터 이름]은 EPSON L6170 Series입니다. 이 값은 사용자 PC 환경에 따라 다른 값이 반환됩니다.

프린터 선택해 인쇄하는 매크로 개발 사례

만약 프린터를 대화상자에서 선택해 작업하려면 다음과 같이 코드를 개발합니다.

```
Sub 프린터선택인쇄()

    Dim 프린터선택 As Boolean         ──────────── ❶
    Dim 기본프린터 As String          ──────────── ❷

    기본프린터 = ActivePrinter         ──────────── ❸
    프린터선택 = Application.Dialogs(xlDialogPrinterSetup).Show  ──────────── ❹

    If 프린터선택 = True Then          ──────────── ❺

        ActiveSheet.PrintOut          ──────────── ❻
        ActivePrinter = 기본프린터     ──────────── ❼

    End If

End Sub
```

❶ Boolean 형식의 [프린터선택] 변수를 선언합니다.

❷ String 형식의 [기본프린터] 변수를 선언합니다.

❸ [기본프린터] 변수에 Application 개체의 ActivePrinter 속성값을 저장합니다. 이 부분은 기본 프린터를 변경해 인쇄한 후 다시 원래대로 복원할 기본 프린터 정보를 보관하는 용도입니다.

❹ Application 개체의 Dialogs 속성을 이용해 다음 화면과 같은 [프린터 설정] 대화상자를 호출합니다.

이 대화상자에서 프린터를 선택하고 [확인]을 클릭하면 True, [취소]를 클릭하면 False 값이 반환되며, 이 값을 [프린터선택] 변수에 저장합니다. 참고로 [프린터 설정] 대화상자에서 프린터를 선택하고 [확인]을 클릭하면 선택한 프린터가 기본 프린터가 됩니다.

❺ [프린터선택] 변숫값이 True일 때만 ❻–❼ 과정을 진행합니다.

❻ 현재 시트를 인쇄합니다.

❼ Application 개체의 ActivePrinter 속성값을 [기본프린터] 변숫값으로 복원합니다.

TIP 이 매크로는 예제의 [인쇄] 단추에 연결되어 있습니다.

매크로 진행 상황을 상태 표시줄에 표시하는 방법

예제 파일 PART 03 \ CHAPTER 14 \ (Application) StatusBar 속성.xlsm

작업 대상 셀 주소를 표시

매크로를 실행할 때 다음과 같이 작업 처리 중인 셀 주소를 표시하고 싶다고 가정합니다.

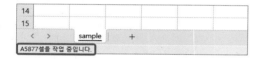

매크로가 실행될 때는 어디까지 처리되었는지 확인하기 어렵습니다. 간단히 정보를 확인하려면 상태 표시줄을 이용합니다. Application 개체의 StatusBar 속성을 이용하면 상태 표시줄에 원하는 내용을 표시할 수 있으므로 편리합니다.

상태 표시줄을 이용하는 매크로 코드는 다음과 같이 구성합니다.

```
Sub 셀주소()

' 1단계 : 변수를 선언합니다. ———————————— ❶
    Dim 현재설정 As Boolean
    Dim r As Integer

' 2단계 : 상태 표시줄을 표시합니다.
    현재설정 = Application.DisplayStatusBar ————————— ❷
    Application.DisplayStatusBar = True ————————— ❸

' 3단계 : 순환문을 이용해 만 번의 작업을 처리하며, 상태 표시줄에 작업 위치를 표시합니다.
    For r = 1 To 10000 ——————————— ❹

        Debug.Print Cells(r, "A").Value ————————— ❺
        Application.StatusBar = "A" & r & "셀을 작업 중입니다." ———————— ❻

    Next
```

```
    ' 4단계 : 매크로 종료 여부를 표시하고, 상태 표시줄 설정을 초기화합니다.
        MsgBox "작업이 완료되었습니다."  ─────────────── ❼
        Application.StatusBar = False  ─────────────── ❽
        Application.DisplayStatusBar = 현재설정  ─────────── ❾

End Sub
```

❶ 매크로 동작에 필요한 Boolean 형식의 [현재설정] 변수와 Integer 형식의 [r] 변수를 선언합니다.

❷ [현재설정] 변수에 Application 개체의 DisplayStatusBar 속성값을 저장합니다. 사용자의 상태 표시줄의 표시 설정을 기록해두었다가 매크로 종료 전에 다시 원래대로 복원하기 위해 사용합니다.

❸ Application 개체의 DisplayStatusBar 속성값을 True로 지정해 상태 표시줄을 표시합니다. 이 코드는 상태 표시줄을 숨겨놓는 경우에 상태 표시줄이 화면에 표시되도록 하는 역할입니다.

❹ For… Next 순환문을 이용해 [r] 변숫값을 1부터 10000까지 순환하면서 작업합니다.

❺ Cells 속성을 사용해 [A1]~[A10000] 셀까지의 셀 값을 직접 실행 창에 출력합니다.

❻ Application 개체의 StatusBar 속성에 작업 중인 셀 주소를 표시합니다.

❼ 작업이 모두 종료되면 MsgBox 함수를 사용해 사용자에게 알립니다.

❽ Application 개체의 StatusBar 속성값을 False로 지정해 ❻ 줄에서 표시하는 셀 주소를 삭제합니다.

❾ Application 개체의 DisplayStatusBar 속성값을 [현재설정] 변숫값으로 복원합니다. 매크로 실행 전 사용자가 설정해놓은 상태 표시줄의 표시 방법으로 복원됩니다.

진행 상황을 백분율로 표시

셀 주소 대신 진행 상황을 퍼센트로 표시할 수도 있습니다.

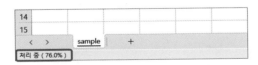

다음은 상태 표시줄에 퍼센트로 진행 상태를 표시하는 매크로 예제입니다.

```
Sub 퍼센트()

    Dim 현재설정 As Boolean
    Dim r As Integer
    Dim 퍼센트 As String  ─────────── ❶

    현재설정 = Application.DisplayStatusBar
    Application.DisplayStatusBar = True

    For r = 1 To 10000

        Debug.Print Cells(r, "A").Value
```

```
            퍼센트 = Format(r / 10000, "0.0%")                    ②
            Application.StatusBar = "처리 중 ( " & 퍼센트 & " )"              ③

        Next

        MsgBox "작업이 완료되었습니다."
        Application.StatusBar = False
        Application.DisplayStatusBar = 현재설정

    End Sub
```

❶ String 형식의 [퍼센트] 변수를 선언합니다.

❷ [r] 변숫값을 10000으로 나눈 후 Format 함수를 사용해 이 값을 0.0% 형식으로 변환한 값을 [퍼센트] 변수에 저장합니다. [r] 변수는 1에서 10000까지 1씩 증가하므로, 진행 비율이 백분율 값으로 [퍼센트] 변수에 저장됩니다.

❸ Application 개체의 StatusBar 속성을 이용해 상태 표시줄에 [퍼센트] 변숫값을 표시합니다.

백분율과 막대 그래프로 표시

퍼센트만 나타나는 것이 부족하다면 간단한 막대 그래프를 함께 표시할 수도 있습니다.

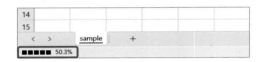

다음은 상태 표시줄에 막대 그래프를 표시하는 매크로 구성 예입니다.

```
    Sub 막대_퍼센트()

        Dim 현재설정 As Boolean
        Dim r As Integer
        Dim 퍼센트 As String
        Dim 개수 As Integer              ❶
        Dim 막대 As String               ❷

        현재설정 = Application.DisplayStatusBar
        Application.DisplayStatusBar = True

        For r = 1 To 10000

            Debug.Print Cells(r, "A").Value

            개수 = Int(r / 1000)              ❸
            막대 = IIf(개수 > 0, String(개수, "■"), "")              ❹
```

```
        퍼센트 = Format(r / 10000, "0.0%")

        Application.StatusBar = 막대 & "  " & 퍼센트  ─────────── ❺

    Next

    MsgBox "작업이 완료되었습니다."

    Application.StatusBar = False
    Application.DisplayStatusBar = 현재설정

End Sub
```

❶ Integer 형식의 [개수] 변수를 선언합니다.

❷ String 형식의 [막대] 변수를 선언합니다.

❸ [개수] 변수에 [r] 변숫값을 1000으로 나눈 정숫값을 저장합니다. 이렇게 되면 [r] 변수는 10000 값까지 변화하므로, 0에서 10 사이의 값이 저장됩니다.

❹ [막대] 변수에 "▪" 문자를 [개수] 변숫값 개수만큼 저장합니다. String 함수에 대해서는 **SECTION 10-04**를 참고합니다.

❺ StatusBar 속성을 이용해 상태 표시줄에 [막대] 변수와 [퍼센트] 변숫값을 표시합니다.

개발된 매크로를 모두 테스트하려면 예제를 열고 아래 세 개 단추를 클릭해보세요.

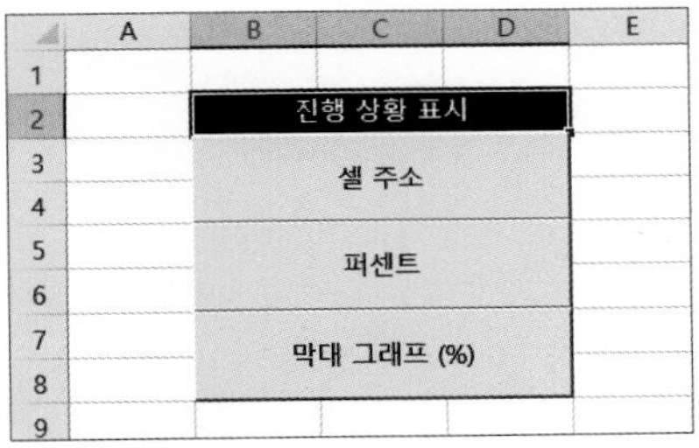

14 / 12

매크로 실행을
중간에 취소하는 방법

예제 파일 PART 03 \ CHAPTER 14 \ (Application) EnableCancelKey 속성.xlsm

EnableCancelKey 속성 구문

매크로 실행을 중간에 취소하려면 [Esc](또는 [Ctrl]+[Break])를 누릅니다. 이때 [코드 실행] 중단을 알리는
창이 열리는데, 별도의 안내 메시지만 표시하려면 Application 개체의 EnableCancelKey 속성을 이용
해 코드를 작성합니다. Application 개체의 EnableCancelKey 속성의 구문은 다음과 같습니다.

```
Application.EnableCancelKey = xlEnableCancelKey ─────────── ❶
```

❶ xlEnableCancelKey는 사용자의 취소 동작 처리 여부를 결정하는 옵션으로, 다음과 같은 내장 상수를 사용할 수 있습니다.

내장 상수	설명
xlDisabled	취소([Esc], [Ctrl]+[Break]) 키를 사용할 수 없도록 합니다.
xlErrorHandler	에러번호가 18인 에러를 발생시킵니다.
xlInterrupt	기본값으로 코드 실행을 중단하고 디버그 창을 표시합니다.

매크로 실행을 중간에 취소하는 매크로 개발 사례

매크로를 실행한 후 [Esc](또는 [Ctrl]+[Break])를 누르면 다음과 같은 디버그 창이 표시됩니다.

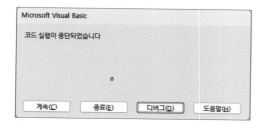

디버그 창을 표시하지 않고 사용자에게 종료 여부를 묻는 대화상자를 표시해 작업하려면 다음과 같이 코드를 구성합니다.

```
Sub 매크로취소()

' 1단계 : 변수를 선언합니다.
    Dim i As Long ───────────── ❶

' 2단계 : 매크로 취소 키 설정을 변경합니다.
    Application.EnableCancelKey = xlErrorHandler ───────── ❷

    On Error GoTo Err_Handler ───────── ❸

' 3단계 : 원하는 작업을 진행합니다.
        For i = 1 To 50000 ───────── ❹

            Range("B3").Value = i

    Next

    Exit Sub ───────── ❺

' 4단계 : 취소 키를 눌렀을 때의 처리할 동작을 지정합니다.
Err_Handler: ───────── ❻

    If Err.Number = 18 Then ───────── ❼

        If MsgBox("실행을 종료할까요?", vbYesNo) = vbNo Then ───────── ❽

        Resume ───────── ❾

        End If

    Else ───────── ❿

        MsgBox "에러가 발생했습니다."

    End If

End Sub
```

❶ Long 형식의 [i] 변수를 선언합니다.
❷ Application 개체의 EnableCancelKey 속성값을 xlErrorHandler 내장 상숫값으로 설정해 매크로 실행 중 취소 키를 누르면 18번 에러가 발생합니다.
❸ On Error 문을 사용해 에러가 발생할 경우 ❻ 줄의 Err_Handler 레이블 위치로 이동합니다.
❹ For… Next 문을 사용해 [i] 변숫값을 1에서 50000까지 증가시키면서 [C5] 셀에 [i] 변숫값을 저장합니다.
❺ 순환문이 정상적으로 종료되면 취소 키를 누르지 않은 것이므로 매크로를 종료합니다.

⑥ Err_Handler 레이블 위치로, 위에서 에러가 발생하면 이 레이블 아래 코드를 실행합니다.

⑦ 발생한 에러의 번호가 18인지 판단해 맞다면 ⑧ 줄의 코드를 실행합니다.

⑧ MsgBox 함수를 사용해 실행을 종료할지 여부를 물어 [아니오]를 클릭했는지 확인합니다. [예]를 클릭하면 정상적으로 매크로를 종료합니다.

⑨ [아니오]를 클릭했다면 Resume 문을 사용해 코드 실행이 중단된 부분부터 다시 코드를 정상적으로 실행합니다.

⑩ ⑦ 줄에서 발생한 에러번호가 18번이 아니라면 MsgBox 함수를 사용해 메시지 창을 표시하고 매크로를 종료합니다.

이 매크로를 실행하려면 예제 파일을 열고 [ESC 키를 눌러 중단] 단추를 클릭합니다.

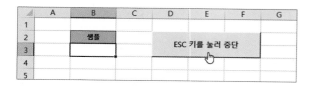

[B3] 셀의 값이 1부터 계속해서 증가하게 되는데, Esc (또는 Ctrl + Break)를 누르면 종료 여부를 묻는 메시지 창이 나타납니다.

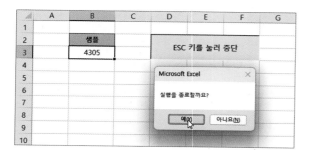

참고로 [예]를 클릭하면 매크로가 종료되지만, [아니오]를 클릭하면 매크로가 계속해서 실행됩니다.

14 / 13 엑셀 설정을 기본 설정으로 초기화하는 방법

예제 파일 PART 03 \ CHAPTER 14 \ (Application) 기본 설정.xlsm

매크로를 사용하다 보면 중간에 코드가 멈춰서 엑셀 설정이 변경되는 경우가 종종 있습니다. 경험이 많은 사용자는 문제의 원인을 찾아 해결할 수 있겠지만, 대부분은 문제 발생 원인을 알아내기가 쉽지 않습니다. 엑셀 설정이 정상적이지 않다면 매크로를 개발할 때 자주 변경하는 몇 가지 설정을 기본값으로 초기화하는 것이 좋습니다. 매크로에서 자주 변경하는 설정을 초기화해주는 매크로는 다음과 같습니다.

```
Sub 기본설정()

    With Application
        .Calculation = xlCalculationAutomatic            ❶
        .Cursor = xlDefault            ❷
        .DisplayAlerts = True            ❸
        .DisplayFormulaBar = True            ❹
        .DisplayScrollBars = True            ❺
        .DisplayStatusBar = True            ❻
        .EnableEvents = True            ❼
        .FixedDecimal = False            ❽
        .ReferenceStyle = xlA1            ❾
        .StatusBar = False            ❿
    End With

End Sub
```

❶ 수식의 계산 옵션을 [자동]으로 설정합니다. 이 옵션은 수식이 자동으로 계산되지 않는 문제를 해결합니다.

❷ 마우스 포인터 옵션을 기본으로 설정합니다.

❸ 경고 메시지 창을 정상적으로 표시합니다.

❹ 수식 입력줄을 표시합니다.

❺ 가로, 세로 스크롤 막대를 표시합니다.

❻ 상태 표시줄을 표시합니다.

❼ 이벤트 감시를 활성화합니다.

❽ 고정 소수점(소수점 자동 삽입) 기능을 해제합니다.

❾ 셀 참조 방식과 열 머리글을 A1 참조 스타일로 설정합니다. 이 옵션은 열 머리글이 1, 2, 3, …으로 표시되는 문제를 해결하고, R1C1과 같은 방식으로 표시되는 셀 참조 주소를 변경합니다.

❿ 상태 표시줄을 초기화합니다.

이 매크로는 사용자가 엑셀 동작에 문제가 있다고 느낄 때 실행하면 효과적입니다. 예제를 열고 [기본 설정으로 복원] 단추를 클릭하면 바로 적용됩니다.

14 / 14 리본 메뉴에서 원하는 탭을 매크로로 표시하는 방법

예제 파일 PART 03 \ CHAPTER 14 \ (Ribbon) 리본 탭.xlsm

VBA에서는 리본 메뉴를 컨트롤할 수 있는 개체를 지원하지 않으므로 매크로를 이용해 리본 메뉴를 컨트롤할 수 없습니다. 이는 리본 메뉴를 원하는 방식으로 편집하기가 쉽지 않다는 것을 의미합니다. 리본 메뉴의 특정 탭을 화면에 표시하는 매크로를 개발하려면 다음 예제를 참고합니다. 예제에는 다음과 같은 리본 메뉴와 리본 메뉴의 탭에 해당하는 단추가 삽입되어 있습니다.

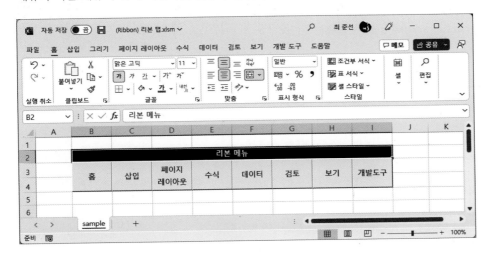

각 단추에 표시된 리본 메뉴의 탭 단추를 클릭하면 해당 리본 메뉴 탭이 화면에 표시되도록 다음 매크로를 사용합니다.

```
Sub 리본탭()

' 1단계 : 변수를 선언합니다.
    Dim 버튼 As Button          ———————①
    Dim 단축키 As String         ———————②

' 2단계 : 버튼 변수에 매크로를 실행한 단추 컨트롤을 할당합니다.
    Set 버튼 = ActiveSheet.Buttons(Application.Caller)   ———————③
```

```
' 3단계 : 매크로를 실행한 단추 컨트롤의 레이블에 따라 단축키를 저장합니다.
    Select Case 버튼.Text ─────────────────❹
        Case "홈"
            단축키 = "h"
        Case "삽입"
            단축키 = "n"
        Case "페이지 레이아웃"
            단축키 = "p"
        Case "수식"
            단축키 = "m"
        Case "데이터"
            단축키 = "a"
        Case "검토"
            단축키 = "r"
        Case "보기"
            단축키 = "w"
        Case "개발도구"
            단축키 = "l"
    End Select

' 4단계 : 단축키를 눌러 리본 메뉴의 탭을 선택합니다.
    Application.ScreenUpdating = False ───────────❺

        Application.SendKeys "%" & 단축키 & "{F6}" ──────────❻

    Application.ScreenUpdating = True

End Sub
```

❶ Button(양식 컨트롤 중 [단추] 컨트롤) 형식의 [버튼] 개체변수를 선언합니다.

❷ String 형식의 [단축키] 변수를 선언합니다.

❸ 매크로를 실행한 [단추] 컨트롤을 [버튼] 개체변수에 연결합니다. 예제에서 여덟 개의 단추 컨트롤에는 이 매크로를 연결해 실행하기 위해 Caller 속성을 사용합니다.

❹ [버튼] 개체변수에 할당된 [단추] 컨트롤에 표시된 값(Text)을 Select Case 문으로 구분해 [단축키] 변수에 각 리본 탭을 호출할 단축키의 영문자를 저장합니다. 참고로 각 리본 탭을 활성화하는 단축키는 다음과 같습니다.

리본 탭	단축키
홈	Alt + H
삽입	Alt + N
페이지 레이아웃	Alt + P
수식	Alt + M
데이터	Alt + A
검토	Alt + R
보기	Alt + W
개발 도구	Alt + L

❺ 리본 메뉴 탭이 표시되는 과정을 화면에 표시하지 않습니다. 이렇게 하지 않으면 리본 메뉴가 화면에 표시되고 F6 을 누르기 전 풍선 도움말이 화면에 잠시 표시됩니다. 이 설명이 잘 이해되지 않으면 이번 줄을 주석으로 처리하고 매크로를 실행해 차이를 확인해보세요!

⑥ SendKeys 메서드를 이용해 Alt (%)와 [단축키] 변수에 저장된 값을 연결한 단축키를 누르고 바로 F6 을 누릅니다. F6 을 누르는 이유는 엑셀 창에서 리본 메뉴의 탭을 표시하는 단축키를 눌렀을 때 다음 화면과 같이 단축키가 추가로 풍선 도움말에 표시되기 때문입니다. F6 을 누르면 풍선 도움말이 제거됩니다.

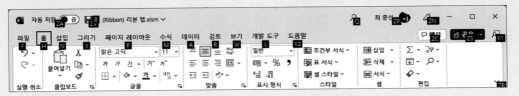

버전에 따라 리본 메뉴에 [그리기]와 [도움말]이 나타날 수 있습니다. 특히 [도움말]의 단축키는 엑셀 2019 이전 버전까지는 Y 지만, 엑셀 Microsoft 365 및 2021 버전에서는 Y2 입니다. 자신의 버전에 맞게 코드를 추가해보세요!

리본 메뉴를
숨기거나 표시하는 방법

예제 파일 PART 03 \ CHAPTER 14 \ (Ribbon) 리본 숨기기.xlsm

리본 메뉴 축소

리본 메뉴를 표시하고 싶지 않다면 리본 메뉴의 탭만 표시되도록 할 수 있습니다. 다음 매크로를 참고합니다.

```
Sub 리본축소확장()
    Application.SendKeys "^{F1}"　　　　　　━━━━━ ❶
End Sub
```

❶ SendKeys 메서드를 이용해 Ctrl + F1 을 누릅니다. 그러면 아래 화면과 같이 리본 탭만 표시되고 명령 아이콘은 숨겨집니다.

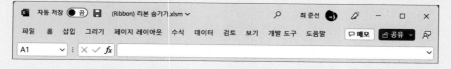

원상 복구하려면 다시 이 코드를 실행합니다. Ctrl + F1 은 토글키로 한 번 누르면 리본 메뉴를 숨기고, 다시 한 번 누르면 원래대로 복원합니다.

ExecuteExcel4Macro 메서드 구문

리본 메뉴를 축소했을 때 표시되는 탭도 숨기고 싶다면 Excel 4.0 매크로 함수 중에서 Show.ToolBar 함수를 사용합니다. Excel 4.0 매크로 함수를 실행하려면 Application 개체의 Execute Excel4Macro 메서드를 사용합니다. 다음은 ExecuteExcel4Macro 메서드의 구문 설명입니다.

```
Application.ExecuteExcel4Macro ( string )　　━━━━━ ❶
```

❶ string은 Excel 4.0 매크로 함수를 등호(=) 없이 문자열로 구성해 전달합니다.

리본 메뉴 숨기는 매크로 개발 사례

다음은 ExecuteExcel4Macro 메서드를 이용해 리본 메뉴를 숨기는 매크로 코드의 예입니다.

```
Sub 리본숨기기()
    Application.ExecuteExcel4Macro "Show.ToolBar(""Ribbon"", False)"          ❶
End Sub
```

❶ ExecuteExcel4Macro 메서드를 이용해 Show.ToolBar 매크로 함수를 실행합니다. Show.ToolBar 매크로 함수는 도구 모음을 표
시하거나 숨길 때 사용하는 함수로 구문은 다음과 같습니다.

Show.ToolBar (❶bar_id, ❷visible)

❶ bar_id : 도구 모음의 ID 번호 또는 이름
❷ visible : True면 도구 모음을 표시하고, False면 숨깁니다.

이번 코드에서는 bar_id 매개변수에 "Riboon" 문자열을 큰따옴표(")를 두 번 입력해 전달했는데, 이것은 Show.ToolBar 매크로 함수
가 큰따옴표(")로 묶여 전달되고, 그 안에서 다시 "Ribbon" 문자열을 사용하기 위한 것입니다. 즉 큰따옴표(") 안에서 큰따옴표(")를 사용
하려면 두 번 연속해 입력합니다.

Show.Toolbar 매크로 함수의 visible 매개변숫값을 False로 지정해 리본 메뉴를 숨기면 다음과 같은 결과를 얻을 수 있습니다.

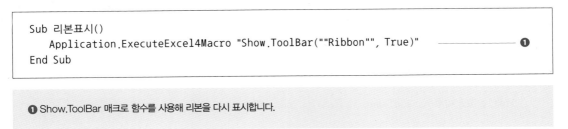

리본 메뉴를 다시 표시하고 싶다면 Show.ToolBar 매크로 함수의 visible 매개변숫값을 True로 설정합
니다.

```
Sub 리본표시()
    Application.ExecuteExcel4Macro "Show.ToolBar(""Ribbon"", True)"          ❶
End Sub
```

❶ Show.ToolBar 매크로 함수를 사용해 리본을 다시 표시합니다.

앞서 사용된 매크로는 리본 메뉴의 상태를 확인해 작업할 수 없으며, 숨기거나 표시할지 여부에 따라 매크
로를 선택해야 하므로 불편합니다. 매크로를 실행할 단추와 연계해 리본 메뉴를 숨기거나 표시하려면 다음
과 같은 매크로를 사용합니다.

```
Sub 리본토글()

' 1단계 : 변수를 선언하고 초깃값을 설정합니다.
    Dim 버튼 As Button          ❶
    Dim 표시여부 As Boolean          ❷
```

```
        Set 버튼 = ActiveSheet.Buttons(Application.Caller)  ──────────── ❸

    ' 2단계 : 버튼 개체변수에 할당된 단추 컨트롤의 레이블에 따라 필요한 값을 변수에 저장합니다.
        Select Case 버튼.Text  ───────────── ❹
            Case "표시"  ───────────── ❺
                표시여부 = True
                버튼.Text = "숨기기"
            Case "숨기기"  ───────────── ❻
                표시여부 = False
                버튼.Text = "표시"
        End Select

    ' 3단계 : 리본 메뉴를 숨기거나 표시합니다.
        Application.ExecuteExcel4Macro "Show.ToolBar(""Ribbon"", " & 표시여부 & ")"  ──────── ❼

End Sub
```

❶ Button 형식의 [버튼] 개체변수를 선언합니다.

❷ Boolean 형식의 [표시여부] 변수를 선언합니다. 이 변수에는 매크로를 실행한 [단추] 컨트롤의 레이블에 따라 리본 메뉴를 표시할지 또는 숨길지 여부를 저장합니다.

❸ [버튼] 개체변수에 매크로를 실행할 때 클릭할 [단추] 컨트롤을 연결합니다.

❹ [버튼] 개체변수에 연결된 [단추] 컨트롤의 레이블을 Select Case 문으로 구분해 작업합니다.

❺ [단추] 컨트롤의 레이블이 "표시"라면 [표시여부] 변숫값을 True로 저장하고, [단추] 컨트롤의 레이블을 "숨기기"로 변경합니다.

❻ [단추] 컨트롤의 레이블이 "숨기기"라면 [표시여부] 변숫값을 False로 저장하고, [단추] 컨트롤의 레이블을 "표시"로 변경합니다.

❼ ExecuteExcel4Macro 메서드를 사용해 Show.ToolBar 매크로 함수를 실행해 리본 메뉴를 숨기거나 표시합니다.

[단추] 컨트롤의 레이블로 리본 메뉴를 표시하거나 숨기지 않고, Static 변수를 선언해 리본 메뉴를 숨기거나 표시할 수 있습니다.

```
Sub 리본토글_Static()

    Static 표시여부 As Boolean  ───────────── ❶

    Application.ExecuteExcel4Macro "Show.ToolBar(""Ribbon"", " & 표시여부 & ")"
                                                                    ──────── ❷

    표시여부 = Not 표시여부  ───────────── ❸

End Sub
```

❶ Boolean 형식의 [표시여부] 변수를 Static 문으로 선언합니다. Static 문으로 변수를 선언하면 정적 변수로 선언되어 매크로가 실행된 다음에도 변수 내 값을 계속해서 유지하게 되므로, 이와 같이 클릭할 때마다 다른 동작을 처리하도록 할 때 유용하게 사용할 수 있습니다.

❷ ExecuteExcel4Macro 함수를 사용해 리본 메뉴를 숨기거나 표시합니다. Boolean 형식의 변수를 선언하면 초깃값이 False입니다. 그러므로 이번 매크로를 처음 실행하면 리본 메뉴가 숨겨집니다.

❸ [표시여부] 변수를 Not 키워드를 사용해 반대의 값으로 변경한 후 다시 저장합니다. 기본값은 False이므로 이 명령을 통해 [표시여부] 변수는 True로 변경되며, 다음에 다시 실행하면 False로 변경됩니다.

매크로를 모두 테스트해보려면 예제를 열고 아래 단추를 클릭해 결과를 화면으로 확인합니다.

❶ [리본축소확장] 매크로가 연결되어 있으며, 클릭하면 Ctrl + F1 을 누른 것과 동일합니다.

❷ [리본숨기기] 매크로가 연결되어 있으며, 클릭하면 리본 메뉴가 숨겨집니다.

❸ [리본표시] 매크로가 연결되어 있으며, 클릭하면 리본 메뉴가 표시됩니다.

❹ [리본토글] 매크로가 연결되어 있으며, 클릭할 때마다 리본 메뉴가 숨겨졌다가 표시됩니다.

❺ [리본토글_Static] 매크로가 연결되어 있으며, ❹와 동일하게 동작합니다.

리본 메뉴의 명령을 매크로로 제어하는 방법

예제 파일 PART 03 \ CHAPTER 14 \ (Ribbon) CommandBars 컬렉션.xlsm

CommandBars 컬렉션의 주요 구성원

리본 메뉴의 명령 상태를 확인하거나 실행하려면 CommandBars 컬렉션을 이용합니다. CommandBars 컬렉션의 구성원 중 리본 메뉴를 제어하는 것은 다음과 같습니다.

구성원	설명
ExecuteMso	리본 메뉴의 명령을 실행합니다.
GetEnabledMso	리본 메뉴의 명령이 사용 가능한지(활성화되어 있는지) 여부를 논릿값(True, False)으로 반환합니다.
GetImageMso	리본 메뉴의 명령 이미지를 반환합니다.
GetLabelMso	리본 메뉴의 명령 레이블을 반환합니다.
GetPressedMso	리본 메뉴의 명령을 클릭했는지 여부를 논릿값으로 반환합니다. 예를 들어 필터 명령을 클릭했는지 여부를 판단해 자동 필터가 적용됐는지 여부도 판단할 수 있습니다.
GetScreentipMso	리본 메뉴의 명령에 표시되는 풍선 도움말을 반환합니다.
GetSupertipMso	리본 메뉴의 명령에 표시되는 상세 도움말을 반환합니다.

리본 메뉴의 명령을 매크로로 실행하는 매크로 개발 사례

예제를 열고 다음과 같은 구성을 확인합니다.

[복사] 단추를 클릭했을 때 [B2:D6] 범위의 결재란을 그림으로 복사해 [H2] 셀에 붙여 넣는 작업을 리본 메뉴의 [그림으로 복사] 명령을 이용해 처리하는 매크로는 다음 코드를 참고해 개발합니다.

```
Sub 결재란복사()

    Range("B2:D6").Select ─────────── ❶
    Application.CommandBars.ExecuteMso "CopyAsPicture" ─────── ❷
    Range("H2").Select ──── ❸
    Application.CommandBars.ExecuteMso "Paste" ──── ❹

End Sub
```

❶ [B2:D6] 범위를 선택합니다.

❷ CommandBars 컬렉션의 ExecuteMso 메서드를 이용해 CopyAsPicture 명령을 실행합니다. CopyAsPicture 명령은 리본 메뉴의 [홈] 탭-[클립보드] 그룹-[복사 🗐]-[그림 복사]입니다. 이번 줄의 코드가 실행되면 아래 화면과 같은 대화상자가 표시됩니다. 원하는 옵션을 선택하거나 잘 모르면 기본 옵션을 그대로 두고 [확인]을 클릭합니다.

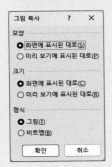

❸ [H2] 셀을 선택합니다. [H2] 셀은 그림으로 붙여 넣을 위치입니다.

❹ Paste 명령을 실행합니다. Paste 명령은 리본 메뉴의 [홈] 탭-[클립보드] 그룹-[붙여넣기 🗐]입니다. 이 명령이 실행되면 다음 화면과 같이 그림으로 붙여 넣어집니다.

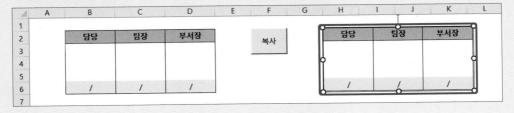

🔍 더 알아보기   **리본 메뉴의 영어 명령어 확인하기**

이 프로시저에서 ExecuteMso 메서드를 사용할 때 리본 메뉴의 명령은 영어 명령으로 지정한다는 것을 확인했습니다. 리본 메뉴 명령의 영어 명령어를 확인하려면 다음과 같은 방법을 사용합니다.

01 리본 메뉴의 [파일] 탭-[옵션] 메뉴를 선택합니다.

02 [Excel 옵션] 대화상자의 [리본 사용자 지정] 범주를 선택합니다.

03 [명령 선택]에서 [기본 탭] 항목을 선택합니다.

04 하위 리스트에서 확인할 명령 위로 마우스 포인터를 위치하면 풍선 도움말이 표시됩니다.

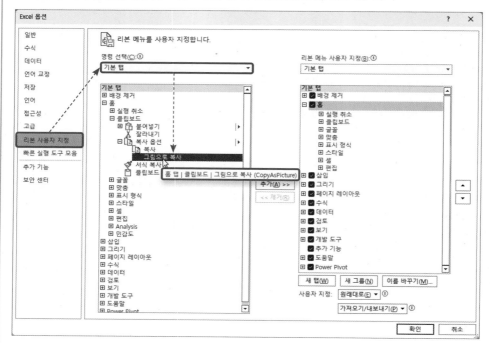

풍선 도움말 끝부분의 괄호 안에 표시된 영어(CopyAsPicture)가 바로 해당 명령의 영어 명령입니다. 참고로 이 방법은 엑셀 2010 이상 버전에서만 사용할 수 있습니다.

단축 메뉴에
원하는 명령을 추가하는 방법

예제 파일 PART 03 \ CHAPTER 14 \ (Ribbon) CommandBar 개체.xlsm

CommandBar 개체는 메뉴와 도구 모음, 단축 메뉴를 의미하는 개체입니다. 하지만 엑셀 2007 버전부터 인터페이스가 리본 메뉴로 바뀌면서 기존 메뉴와 도구 모음을 제어할 필요가 줄어들었습니다. 따라서 엑셀 2007 버전부터는 단축 메뉴를 제어하는 용도로 주로 사용합니다.

다음은 셀을 선택하고 마우스 오른쪽 버튼을 클릭할 때 표시되는 단축 메뉴입니다.

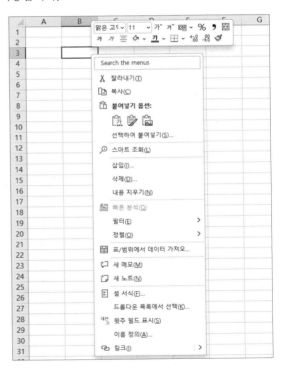

[복사] 메뉴 아래에 단축 메뉴에 나타나지 않는 [그림으로 복사] 명령을 추가해보겠습니다. 셀 단축 메뉴의 CommandBar 개체를 컨트롤하는 매크로를 개발합니다.

다음 매크로는 셀 단축 메뉴에 [그림으로 복사] 명령을 추가합니다.

```
Sub 명령추가()                              ❶

' 1단계 : 변수를 선언합니다.
    Dim 단축메뉴 As CommandBar              ❷
    Dim 새명령 As CommandBarControl         ❸

' 2단계 : 단축 메뉴를 초기화합니다.
    On Error Resume Next                    ❹

        Set 단축메뉴 = Application.CommandBars("Cell")    ❺
        단축메뉴.Reset                        ❻

' 3단계 : 단축 메뉴에 그림 복사 명령을 추가합니다.
        Set 새명령 = 단축메뉴.Controls.Add(Type:=msoControlButton, Before:=3)    ❼

        With 새명령
            .Caption = "그림으로 복사(&P)..."     ❽
            .OnAction = "그림복사"               ❾
            .Style = msoButtonCaption           ❿
        End With

End Sub
```

❶ [명령추가] 매크로를 Sub 프로시저로 선언합니다. 이 매크로를 파일을 열 때 자동으로 실행하려면 매크로 이름을 Auto_Open으로 변경합니다.

❷ CommandBar 형식의 [단축메뉴] 개체변수를 선언합니다.

❸ CommandBarControl 형식의 [새명령] 개체변수를 선언합니다.

❹ ❺~❿ 줄의 코드에서 에러가 발생해도 멈추지 않고 다음 줄의 코드를 계속해서 실행합니다.

❺ [단축메뉴] 개체변수에 "Cell" 이름을 사용하는 CommandBar 개체를 연결합니다. 이렇게 하면 셀에서 마우스 오른쪽 버튼을 클릭할 때 표시되는 단축 메뉴가 [단축메뉴] 개체변수에 연결됩니다.

❻ [단축메뉴] 변수에 연결된 단축 메뉴를 초기화합니다. 이전에 추가된 [그림으로 복사] 명령이 있다면 중복되지 않도록 초기화하는 부분입니다.

❼ [단축메뉴] 변수에 연결된 단축 메뉴에 새로운 Button 형식의 Control을 추가한 후 이 Control을 [새명령] 개체변수에 연결합니다. 참고로 Add 메서드의 Before 매개변숫값이 3인 것은 단축 메뉴의 세 번째 명령 위에 Control을 추가하라는 의미입니다.

❽ 새로 추가된 명령의 레이블은 "그림으로 복사(&P)…"로 설정합니다. 이것은 명령 레이블이 리본 메뉴의 [홈] 탭-[클립보드] 그룹-[복사 🗐]-[그림으로 복사] 명령과 동일하게 표시되도록 하기 위해서입니다. 괄호 안의 &P는 단축키를 설정하기 위해 사용했습니다. 나중에 단축 메뉴에 표시된 명령을 보면 &는 없어지고 P 영문자 밑에 밑줄이 표시됩니다. 이는 단축 메뉴에서 P를 눌러 추가된 명령을 실행할 수 있다는 의미입니다.

❾ 명령을 클릭할 때 실행할 명령을 OnAction 메서드로 설정하며, [그림복사] 매크로를 실행합니다. 이 매크로는 다음 페이지에서 설명합니다.

❿ 단축 메뉴에 추가된 Control은 버튼과 레이블만 표시되는 형식으로 지정합니다.

이 매크로의 ❺ 줄 코드에서는 단축 메뉴 이름을 영문 이름으로 사용하는데, 단축 메뉴의 영문 이름을 확인하려면 다음과 같은 매크로를 실행하고 직접 실행 창에서 확인해봅니다.

```
Sub 단축메뉴이름()

    Dim 단축메뉴 As CommandBar ──────────── ❶

    For Each 단축메뉴 In Application.CommandBars ──────── ❷

        If 단축메뉴.Type = msoBarTypePopup Then ──────── ❸
            Debug.Print 단축메뉴.Name, 단축메뉴.Index ──────── ❹
        End If

    Next

End Sub
```

❶ CommandBar 형식의 [단축메뉴] 개체변수를 선언합니다.

❷ For Each… Next 순환문을 사용해 모든 CommandBar 개체를 순환합니다. 한 번 순환할 때마다 CommandBars 컬렉션의 개체를 하나씩 [단축메뉴] 변수에 연결합니다.

❸ [단축메뉴] 변수에 연결된 CommandBar 개체의 Type 속성값이 msoBarTypePopup(단축 메뉴)인지 판단합니다. 참고로 Type 속성은 다음과 같은 값을 반환합니다.

내장 상수	설명
msoBarTypeNormal	도구 모음
msoBarTypeMenuBar	메뉴
msoBarTypePopup	단축 메뉴

❹ 단축 메뉴가 맞다면 Debug.Print 명령을 이용해 [단축메뉴] 변수에 할당된 개체의 이름과 인덱스 번호를 직접 실행 창에 반환합니다.

TIP 예제의 [단축메뉴] 시트에서 모든 단축 메뉴의 영어 이름과 인덱스 번호를 확인할 수 있습니다.

[그림으로 복사] 명령을 실행할 매크로는 다음과 같습니다.

```
Sub 그림복사()

    Application.CommandBars.ExecuteMso "CopyAsPicture" ──────── ❶

End Sub
```

❶ CommandBars 컬렉션의 ExecuteMso 메서드를 이용해 [그림으로 복사] 명령을 실행합니다. [그림으로 복사] 명령의 영어 명칭을 확인하는 방법은 **SECTION 14-16**의 [더 알아보기]를 참고하세요!

셀 단축 메뉴에 추가된 명령을 제거하려면 다음과 같은 매크로를 사용합니다.

```
Sub 초기화()  ─────────────── ❶

    Application.CommandBars("Cell").Reset  ──────────── ❷

End Sub
```

❶ [초기화] 매크로를 선언합니다. 파일이 닫힐 때 자동으로 실행되도록 하려면 매크로 이름을 **Auto_Close**로 변경합니다.

❷ "Cell" 이름을 갖는 CommandBar 개체를 초기화합니다. Reset 메서드는 기본 제공되는 명령 외에 추가된 명령을 모두 삭제합니다.

개발된 매크로를 테스트하려면 예제 파일을 열고 단추를 클릭합니다. 각각의 단추 설명을 참고합니다.

❶ [명령추가] 매크로가 연결되어 있으며, 이 단추를 클릭하고 셀에서 마우스 오른쪽 버튼을 클릭하면 [그림으로 복사] 명령이 단축 메뉴에 표시됩니다.

❷ [초기화] 매크로가 연결되어 있으며, 이 단추를 클릭하면 단축 메뉴에 추가된 [그림으로 복사] 명령이 제거됩니다.

추가 기능 탭
매크로로 제거하는 방법

예제 파일 PART 03 \ CHAPTER 14 \ (Ribbon) 추가기능 탭.xlsm

CommandBar 개체를 이용해 새로운 메뉴(또는 도구 모음)를 생성할 때 엑셀 2007 이상 버전이라면 리본 메뉴에 [추가 기능] 탭을 이용해 표시합니다. 이렇게 추가된 [추가 기능] 탭은 해당 CommandBar 개체를 삭제하지 않으면 계속해서 화면에 표시됩니다. 웹상에서 다운로드한 파일을 연 후 이런 탭이 계속해서 나타나고, 생성된 [추가 기능] 탭을 삭제하고 싶다면 다음 과정을 참고합니다.

예제를 열고 [추가] 단추를 클릭하면 아래 화면과 같이 리본 메뉴에 [추가 기능] 탭이 생성됩니다.

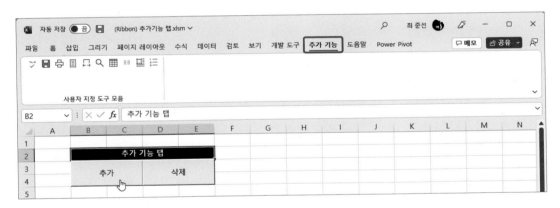

예제 파일을 닫고 다른 파일을 열거나 빈 통합 문서 파일을 표시해도 [추가 기능] 탭은 삭제되지 않습니다. 아래 화면은 예제를 닫고 빈 통합 문서 파일을 연 상태입니다. [추가 기능] 탭이 여전히 나타나는 것을 확인할 수 있습니다.

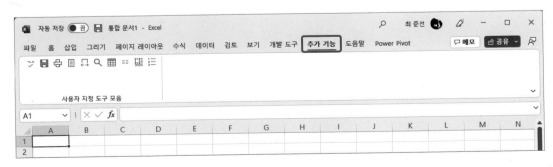

[추가 기능] 탭이 계속해서 표시되는 이유는 예제에서 새로 생성한 CommandBar 개체가 삭제되지 않았기 때문입니다. [추가 기능] 탭이 더 이상 나타나지 않도록 하려면 다음과 같은 매크로를 사용합니다.

```
Sub 추가기능탭삭제()

    Dim 메뉴 As CommandBar ─────────● ①

    For Each 메뉴 In Application.CommandBars ─────● ②

        If 메뉴.BuiltIn = False Then 메뉴.Delete ────● ③

    Next

End Sub
```

① CommandBar 형식의 [메뉴] 개체변수를 선언합니다.

② For Each… Next 순환문을 사용해 모든 CommandBar 개체를 CommandBars 컬렉션을 순환하면서 확인합니다. 순환할 때마다 [메뉴] 개체변수에 CommandBar 개체가 하나씩 연결됩니다.

③ [메뉴] 개체변수에 연결된 CommandBar 개체의 BuiltIn 속성을 확인해 False면 해당 개체를 삭제합니다. BuiltIn 속성은 해당 CommandBar 개체가 엑셀에서 제공되는 것인지 여부를 True, False 값으로 반환합니다. False면 사용자가 추가한 CommandBar 개체라는 것을 의미합니다.

TIP 이 매크로는 예제의 [삭제] 단추에 연결되어 있습니다.

이벤트(Event)

VBA에서는 이벤트를 사용해 원하는 시점에 매크로를 자동으로 실행할 수 있습니다. 이벤트는 Sub 프로시저로 생성되며 Worksheet, Workbook 등의 개체에서 엑셀이 감지할 수 있는 몇몇 상황에 자동으로 실행됩니다. 따라서 사용자가 해당 상황을 잘 이용하고 활용할 수 있다면 매우 편리하게 업무를 처리할 수 있습니다. 이번 CHAPTER에서는 이벤트 이용 방법을 자세히 알아보겠습니다.

이벤트 생성 방법

예제 파일 없음

이벤트 생성

매크로를 개발할 때 사용한 Sub 프로시저는 모두 모듈(Module) 개체의 코드 창에서 개발하는데, 이벤트는 워크시트(Sheet)와 파일(Workbook) 개체의 코드 창에서 개발합니다. 이벤트는 매크로와 달리 사용자가 원하는 것을 생성하는 것이 아니라, 프로그램 차원에서 지원하는 이벤트를 선택해 해당 이벤트 때 처리할 코드를 입력하는 방법으로 개발합니다.

01 빈 엑셀 파일을 하나 생성하고 Alt + F11 을 눌러 VB 편집기 창을 엽니다.

02 프로젝트 탐색기 창에서 [Microsoft Excel 개체] 폴더의 하위 개체가 이벤트 개발에 사용됩니다.

> 🔍 **더 알아보기**　　**Sheet1과 현재_통합_문서 개체 이해하기**
>
> **Sheet1**은 현재 파일에서 사용 중인 Worksheet 개체로 사용자의 파일 구성에 따라 더 많은 Worksheet 개체가 표시될 수 있습니다. **현재_통합_문서**는 현재 파일을 의미하는 Workbook 개체입니다. 이벤트는 [Microsoft Excel 개체] 폴더 하위에 있는 이 두 개체 모듈의 코드 창에서 개발이 진행됩니다.

03 [Sheet1] 개체를 더블클릭하면 우측에 코드 창이 표시됩니다.

04 코드 창 상단의 왼쪽 콤보 상자를 클릭하고 [Worksheet] 개체를 선택합니다.

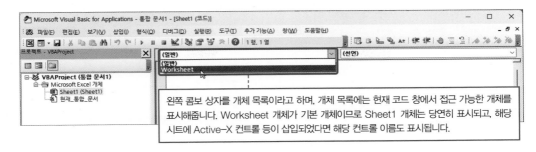

왼쪽 콤보 상자를 개체 목록이라고 하며, 개체 목록에는 현재 코드 창에서 접근 가능한 개체를 표시해줍니다. Worksheet 개체가 기본 개체이므로 Sheet1 개체는 당연히 표시되고, 해당 시트에 Active-X 컨트롤 등이 삽입되었다면 해당 컨트롤 이름도 표시됩니다.

05 코드 창에 Private Sub로 시작하는 이벤트가 자동으로 선언됩니다.

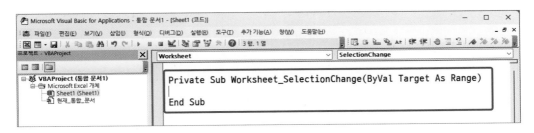

🔍 **더 알아보기**　　**자주 활용하는 개체의 기본 이벤트**

개체를 선택할 때 자동으로 코드 창에 선언되는 이벤트를 기본 이벤트 프로시저라고 합니다. 기본 이벤트는 변경할 수 없습니다. 다음은 개체별 기본 이벤트를 정리해놓은 표입니다.

구분	개체	이벤트	설명
엑셀 개체	Worksheet	SelectionChange	워크시트에서 셀을 선택할 때 발생합니다.
	Workbook	Open	파일을 열 때 발생합니다.
Active-X	CheckBox	Click	컨트롤을 클릭할 때 발생합니다.
	CommandButton		
	ListBox		
	OptionButton		
	Image		
	Label		
	ToggleButton		
	ComboBox	Change	컨트롤의 값을 변경할 때 발생합니다.
	TextBox		
	ScrollBar		
	SpinButton		

06 코드 창 상단의 오른쪽 콤보 상자를 클릭하면 목록에 이벤트 이름이 표시됩니다.

07 목록에서 [Change] 이벤트를 선택합니다.

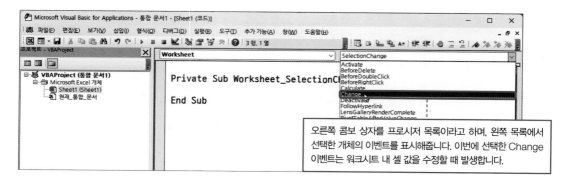

오른쪽 콤보 상자를 프로시저 목록이라고 하며, 왼쪽 목록에서 선택한 개체의 이벤트를 표시해줍니다. 이번에 선택한 Change 이벤트는 워크시트 내 셀 값을 수정할 때 발생합니다.

08 코드 창에 Worksheet_Change 이벤트가 추가됩니다.

09 사용하지 않을 Worksheet_SelectionChange 이벤트는 코드 범위를 드래그한 후 Delete 를 눌러 삭제합니다.

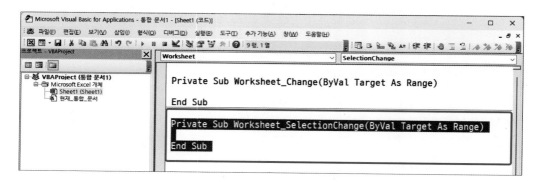

10 제어할 이벤트 내에 실행될 VBA 코드를 입력하거나 Call 문을 사용해 다른 매크로를 호출합니다.

이벤트의 구성 방법

이벤트는 다음과 같은 구문으로 구성됩니다.

```
Private Sub 개체명_이벤트명(매개변수)

End Sub
```

참고로 매개변수는 해당 이벤트가 발생한 대상을 의미하며, Change 이벤트에서 Target에는 값이 수정된 Range 개체가 저장됩니다. 이벤트를 생성하는 과정을 정리하면 다음과 같습니다.

1단계	프로젝트 탐색기 창에서 이벤트를 생성할 개체를 더블클릭해 해당 개체의 코드 창을 엽니다.
2단계	코드 창 상단의 개체 목록에서 선택한 개체의 형식을 선택합니다.
3단계	코드 창 상단의 프로시저 목록에서 해당 개체에서 사용할 수 있는 이벤트를 선택합니다.
4단계	기본 이벤트를 사용하지 않는다면 코드 창에서 선택해 삭제합니다.
5단계	이벤트에서 실행할 VBA 코드를 구성합니다.

15 / 02

Worksheet 개체의
주요 이벤트 이해

예제 파일 없음

Worksheet 개체 이벤트

Worksheet 개체는 셀로 구성되어 있기 때문에 Worksheet 개체에서 발생하는 대부분의 이벤트는 셀과 연관되어 있습니다. 모든 데이터는 워크시트 내 셀에 보관되며 매크로는 이 데이터를 주로 처리하므로, 사용자 입장에서는 Worksheet 개체에서 제공되는 이벤트가 매우 중요합니다. Worksheet 개체의 주요 이벤트는 다음과 같습니다.

이벤트	설명
Activate	워크시트가 화면에 표시될 때 발생합니다.
BeforeDoubleClick	셀을 마우스로 더블클릭할 때 발생합니다.
BeforeRightClick	셀에서 마우스 오른쪽 버튼을 클릭할 때 발생합니다.
Calculate	셀의 수식이 재계산될 때 발생합니다.
Change	셀 값을 변경할 때 발생합니다.
DeActivate	다른 시트로 이동할 때 발생합니다.
FollowHyperlink	하이퍼링크를 클릭할 때 발생합니다.
SelectionChange	셀 선택 위치가 변경될 때 발생합니다.

Target 매개변수

Worksheet 개체의 이벤트 중 Activate처럼 워크시트 개체와 직접적으로 연관이 있는 이벤트 외에는 Change나 SelectionChange와 같이 Range 개체와 연관된 이벤트가 대부분입니다. 이들은 공통적으로 Target이라는 Range 형식의 매개변수가 사용됩니다.

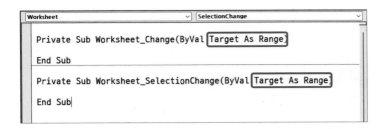

Target 매개변수는 해당 이벤트를 발생시킨 대상 범위를 의미합니다. 구체적으로 Change 이벤트에서는 값을 고친 셀(또는 범위)을 의미하며, SelectionChange 이벤트에서는 사용자가 선택한 셀(또는 범위)을 의미합니다. 그러므로 사용자는 Target 매개변수가 포함된 이벤트가 발생할 때 수정한 또는 선택된 셀(또는 범위)을 대상으로 원하는 결과를 얻으려면 Target 매개변수를 이용해 코드를 개발합니다.

ByVal 키워드에 대한 설명은 **SECTION 08-06**을 참고합니다.

Cancel 매개변수

BeforeDoubleClick 이벤트나 BeforeRightClick과 같이 이벤트 발생 후 추가 동작이 발생하는 이벤트에는 Boolean 형식의 Cancel 매개변수가 사용됩니다.

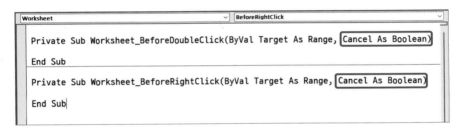

Cancel 매개변수는 발생한 이벤트 동작의 취소 여부를 결정하는 변수입니다. 예를 들어 BeforeRightClick 이벤트는 마우스 오른쪽 버튼을 클릭할 때 발생하며, 이름 그대로 Right Click한 후 단축 메뉴를 표시하기 전(Before)에 해당하므로 Cancel 매개변수를 이용해 단축 메뉴가 표시되는 것을 취소할 수 있습니다. 취소하려면 이벤트 내에서 Cancel 매개변숫값을 True로 설정합니다.

```
Cancel = True
```

파일내 어떤 시트로 몇 번 이동하면서 작업하는지 현황을 파악하는 방법

예제 파일 PART 03 \ CHAPTER 15 \ (Worksheet) Activate, Deactivate 이벤트.xlsm

시트 탭에서 특정 시트를 선택하면 해당 워크시트가 화면에 표시됩니다. 이 순간 화면에 표시된 워크시트에는 Activate 이벤트가 발생하며, 화면에 표시된 시트를 선택하기 전 시트에서는 Deactivate 이벤트가 발생합니다. Deactivate 이벤트가 먼저 발생하고 Activate 이벤트가 나중에 발생합니다. 두 이벤트를 활용해 특정 시트를 방문한 횟수를 집계하려면 다음 과정을 참고합니다.

01 예제 파일을 열면 다음 표를 확인할 수 있습니다.

	A	B	C	D	E	F	G	H	I	J
1										
2		**직원 명부**					**단순 통계**			
3										
4										
5		사번	이름	직위		현재시트		이동	회수	
6		1	박지훈	부장				Sheet1		
7		2	유준혁	차장				Sheet2		
8		3	이서연	과장						
9		4	김민준	대리						
10		5	최서현	주임						
11		6	박현우	주임						
12		7	정시우	사원						
13		8	이은서	사원						
14		9	오서윤	사원						
15										

< > | sample | Sheet1 | Sheet2 | +

02 [sample] 시트에서 다른 시트로 이동할 때마다 우측 표에 이동 횟수가 집계되도록 작업합니다.

03 [sample] 시트 탭에서 마우스 오른쪽 버튼을 클릭하고 [코드 보기]를 선택합니다.

04 [sample] 시트의 코드 창에서 Activate 이벤트를 생성한 후 다음 코드를 입력합니다.

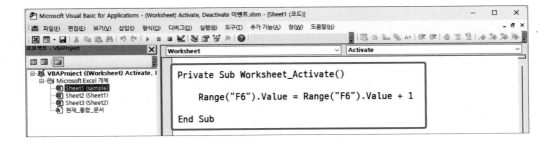

이벤트의 코드는 다음과 같습니다.

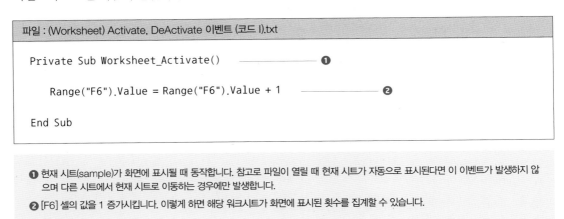

파일 : (Worksheet) Activate, DeActivate 이벤트 (코드 I).txt

```
Private Sub Worksheet_Activate()              ❶

    Range("F6").Value = Range("F6").Value + 1      ❷

End Sub
```

❶ 현재 시트(sample)가 화면에 표시될 때 동작합니다. 참고로 파일이 열릴 때 현재 시트가 자동으로 표시된다면 이 이벤트가 발생하지 않으며 다른 시트에서 현재 시트로 이동하는 경우에만 발생합니다.

❷ [F6] 셀의 값을 1 증가시킵니다. 이렇게 하면 해당 워크시트가 화면에 표시된 횟수를 집계할 수 있습니다.

05 코드 창에서 Deactivate 이벤트를 생성하고, 다음 코드를 입력합니다.

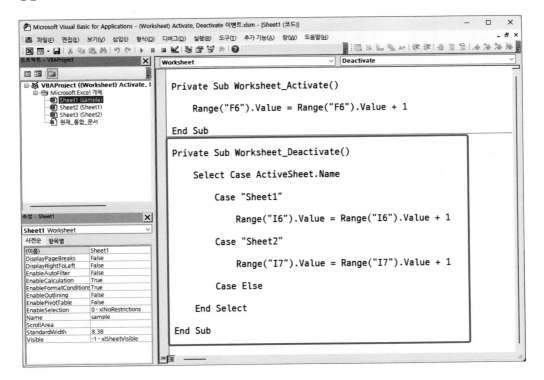

이벤트의 코드는 다음과 같습니다.

파일 : (Worksheet) Activate, Deactivate 이벤트 (코드 II).txt

```
Private Sub Worksheet_Deactivate()                    ❶

    Select Case ActiveSheet.Name                      ❷

        Case "Sheet1"                ❸

            Range("I6").Value = Range("I6").Value + 1

        Case "Sheet2"                ❹

            Range("I7").Value = Range("I7").Value + 1

        Case Else                ❺

    End Select

End Sub
```

❶ 현재 시트(sample)가 화면에 표시되지 않을 때 자동으로 실행됩니다.

❷ 화면에 표시된 시트의 이름을 Select Case 문으로 구분해 원하는 동작을 지시합니다.

❸ ActiveSheet의 이름이 "Sheet1"이면 [Sheet1] 시트를 선택한 것이므로, [I6] 셀의 값을 1 증가시킵니다. 여기서 Range("I6")는 ActiveSheet.Range("I6")가 아니고, **Worksheets("sample").Range("I6")**입니다. 현재 코드가 [sample] 시트의 코드 창에서 입력되고 있다는 것을 생각하면 당연한 일이지만, 이벤트를 처음 개발하는 경우에는 개념이 헷갈릴 수 있습니다. Module 개체의 코드 창에서 Range("I6")는 항상 ActiveSheet.Range("I6")이지만, 특정 시트의 코드 창에서 Range("I6")는 해당 시트의 Range("I6")를 의미한다는 것을 기억합니다.

❹ ActiveSheet의 이름이 "Sheet2"이면 [Sheet2] 시트를 선택한 것이므로, [I7] 셀의 값을 1 증가시킵니다.

❺ Sheet1이나 Sheet2가 아니면 아무 동작도 하지 않습니다.

06 VB 편집기 창을 닫거나 Alt + F11 을 눌러 엑셀 창으로 전환합니다.

07 [Sheet2] 시트 탭을 선택해 시트를 이동한 후 다시 [sample] 시트로 이동합니다.

	A	B	C	D	E	F	G	H	I	J
1										
2			직원 명부				단순 통계			
3										
5		사번	이름	직위		현재시트		이동	회수	
6		1	박지훈	부장		1		Sheet1		
7		2	유준혁	차장				Sheet2	1	
8		3	이서연	과장						
9		4	김민준	대리						
10		5	최서현	주임						
11		6	박현우	주임						
12		7	정시우	사원						
13		8	이은서	사원						
14		9	오서윤	사원						
15										
16										

< > | sample | Sheet1 | Sheet2 | +

TIP [sample] 시트에서 [Sheet2] 시트로 이동했을 때 [I7] 셀의 값이 1 증가하며, 다시 [Sheet2] 시트에서 [sample] 시트로 이동할 때 [F6] 셀의 값이 1 증가합니다.

08 다시 [Sheet1] 시트 탭을 선택해 시트를 이동하고 다시 [sample] 시트로 이동합니다.

TIP [sample] 시트에서 [Sheet1] 시트로 이동했을 때 [I6] 셀의 값이 1 증가하며, 다시 [Sheet1] 시트에서 [sample] 시트로 이동할 때 [F6] 셀의 값이 1 증가합니다. 그러므로 [F6] 셀의 값은 2가 되고, [I6] 셀의 값은 1이 됩니다.

15 / 04 선택한 데이터를 원하는 위치로 옮겨 기록하는 방법

예제 파일 PART 03 \ CHAPTER 15 \ (Worksheet) SelectionChange 이벤트 I.xlsm

셀(또는 범위)을 선택하면 SelectionChange 이벤트가 발생합니다. SelectionChange 이벤트는 Worksheet 개체의 기본 이벤트로, Target 매개변수에 사용자가 선택한 셀(또는 범위)을 연결해줍니다. 따라서 특정 셀을 선택했을 때 원하는 매크로가 자동으로 실행되도록 만들 때 사용하면 좋습니다. SelectionChange 이벤트를 이용하는 방법은 다음 과정을 참고합니다.

01 예제에서 다음과 같은 표를 확인할 수 있습니다.

	A	B	C	D	E	F	G
1							
2		신청자		참석자			
3		민기용	→				
4		김은혜					
5		현주원					
6		김은하					
7		전다정					
8		김민지					
9		박민					
10		채우람					
11		최영원					
12		손은혜					
13		정세균					
14		이민영					
15		박영재					
16							
17							

< > sample +

02 [B3:B15] 범위 내 선택한 신청자 이름을 [D3] 셀부터 순서대로 기록합니다.

03 이벤트를 활용하기 위해, 시트 탭에서 마우스 오른쪽 버튼을 클릭하고 [코드 보기]를 선택합니다.

04 Worksheet 개체의 SelectionChange 이벤트를 생성하고 다음 코드를 입력합니다.

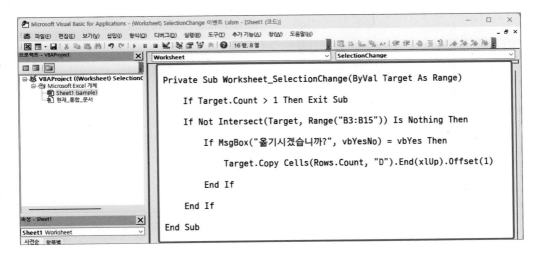

SelectionChange 이벤트의 코드는 다음과 같습니다.

파일 : (Worksheet) SelectionChange 이벤트 ㅣ (코드).txt

```
Private Sub Worksheet_SelectionChange(ByVal Target As Range)                    ❶

' 1단계 : 셀을 하나만 선택했을 때만 동작합니다.
  If Target.Count > 1 Then Exit Sub                        ❷

' 2단계 : 신청자 범위 내 셀을 선택하면 셀을 옮길지 여부를 묻고 복사합니다.
  If Not Intersect(Target, Range("B3:B15")) Is Nothing Then            ❸

     If MsgBox("옮기시겠습니까?", vbYesNo) = vbYes Then             ❹

        Target.Copy Cells(Rows.Count, "D").End(xlUp).Offset(1)       ❺

     End If

   End If

End Sub
```

---

❶ SelectionChange 이벤트를 선언합니다. Target 매개변수는 선택된 셀(또는 범위)을 의미합니다.

❷ Target 매개변수에 연결된 셀 개수가 하나를 초과하면 이벤트를 종료합니다. 즉, 범위를 선택하면 동작하지 않고 셀을 하나만 선택했을 때 아래 코드가 동작하도록 합니다.

❸ Intersect 메서드는 두 범위의 교집합 범위를 Range 개체로 반환하는 Application 개체의 메서드입니다. Intersect 메서드는 Target 매개변수에 할당된 셀과 [B3:B15] 범위의 교집합을 반환하고, 반환된 범위가 Is Nothing인지 판단합니다. 반환된 범위가 Is Nothing이라는 것은 교집합이 없다는 것을 의미하는데, Intersect 메서드 앞에 Not 키워드를 사용했으므로 교집합이 있다는 판단 조건으로 변경됩니다. 그러므로 교집합이 존재할 때, 즉 [B3:B15] 범위 내 셀을 수정했을 때만 ❹-❺ 줄의 코드를 실행합니다.

❹ MsgBox 함수를 사용해 사용자에게 옮길지 여부를 묻고 [예]를 클릭했을 때만 ❺ 줄의 코드를 실행합니다.

❺ Target 매개변수에 할당된 셀을 복사해 D열의 마지막으로 데이터가 입력된 셀 바로 아래에 붙여 넣습니다.

05 ⌊Alt⌋+⌊F11⌋을 눌러 엑셀 창으로 전환합니다.

06 [B3:B15] 범위 내 셀을 하나 선택하면 다음과 같은 메시지 창이 나타납니다.

07 [예]를 클릭하면 D열에 선택한 이름이 복사됩니다.

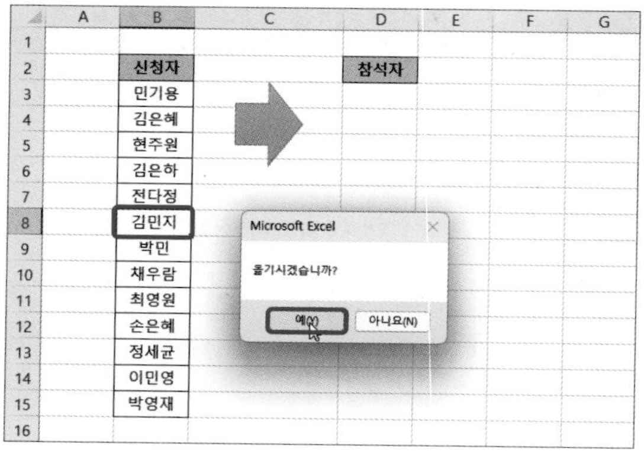

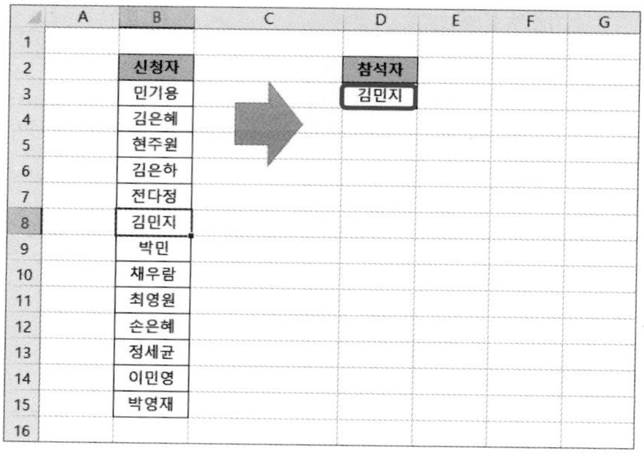

08 개발된 이벤트는 동일한 셀을 두 번 선택하게 되면 중복 데이터가 D열에 입력됩니다.

TIP [B8] 셀 이외의 다른 셀을 선택했다가 [B8] 셀을 선택해보세요!

09 중복된 데이터가 입력되지 않도록 SelectionChange 이벤트를 수정합니다.

10 ⌊Alt⌋+⌊F11⌋을 누르고 VB 편집기에서 SelectionChange 이벤트를 다음과 같이 수정합니다.

```
Private Sub Worksheet_SelectionChange(ByVal Target As Range)

    If Target.Count > 1 Then Exit Sub

    If Not Intersect(Target, Range("B3:B15")) Is Nothing Then

        If Range("D2").CurrentRegion.Find(Target.Value) Is Nothing Then        ─── ❶

            If MsgBox("옮기시겠습니까?", vbYesNo) = vbYes Then

                Target.Copy Cells(Rows.Count, "D").End(xlUp).Offset(1)

            End If

        End If

    End If

End Sub
```

❶ [D2] 셀에서 연속된 범위에서 Target.Value 값을 찾아 없는 경우에만 메시지 창이 나타나도록 합니다. D열에 등록된 신청자를 다시 선택하면 메시지 창이 열리지 않고 그대로 종료됩니다.

11 ⌈Alt⌉+⌈F11⌉을 눌러 엑셀 창으로 전환한 후 다시 테스트합니다.

TIP D열에 입력된 셀을 선택할 경우에는 메시지 창이 아예 표시되지 않습니다.

유효성 검사가 설정된 범위로 복사 제한하는 방법

예제 파일 PART 03 \ CHAPTER 15 \ (Worksheet) SelectionChange 이벤트 II.xlsm

특정 범위에 다른 데이터를 복사하지 못하게 제한하고 싶은 경우가 있습니다. 특히 유효성 검사와 같이 특정 조건에 해당하는 데이터만 입력되도록 설정해둔 셀(또는 범위)에 다른 셀을 복사하면 조건에 맞지 않는 값이 입력될 수 있기 때문에 복사를 제한해야 합니다. 복사하려면 대상 셀(또는 범위)을 선택해야 하므로 SelectionChange 이벤트를 사용할 수 있습니다. 다음 과정을 참고합니다.

01 예제의 [E2:E11] 범위에는 10만 원~100만 원 사이의 숫자만 입력할 수 있도록 유효성 검사가 설정되어 있습니다.

	A	B	C	D	E	F	G
1	품번	분류	품명	공급업체	단가		
2	1	복합기	레이저복합기 L350	SPC ㈜	220,000		
3	2	제본기	와이어제본기 WC-5500	경남교역 ㈜	108,000		
4	3	제본기	링제본기 ST-100	경남교역 ㈜	142,000		
5	4	복합기	무한잉크젯복합기 AP-5500W	고려택 ㈜	155,000		
6	5	제본기	열제본기 TB-8200	리오산업 ㈜	152,000		
7	6	복합기	무한잉크젯복합기 AP-3300W	리오산업 ㈜	100,000		
8	7	출퇴근기록기	지문인식 FPIN-1000+	상진통상 ㈜	125,000		
9	8	바코드스캐너	바코드 BCD-300 Plus	양일산업 ㈜	102,800		
10	9	복사기	흑백레이저복사기 TLE-5000	열린교역 ㈜	543,500		
11	10	복사기	흑백레이저복사기 TLE-8100C	원일 ㈜	720,000		
12					엑셀 매크로&VBA 바이블		
13					10만원에서 100만원 사이의 값만 허용		
14							
15							

02 유효성 검사가 설정된 범위에 다른 셀을 복사할 수 없도록 이벤트를 이용합니다.

03 시트 탭에서 마우스 오른쪽 버튼을 클릭하고 [코드 보기]를 선택합니다.

04 코드 창에서 Worksheet_SelectionChange 이벤트를 생성하고 다음과 같이 구성합니다.

```
파일 : (Worksheet) SelectionChange 이벤트 II (코드).txt
```

```vba
Private Sub Worksheet_SelectionChange(ByVal Target As Range)

' 1단계 : 변수를 선언합니다.
    Dim 유효성검사 As Range              ─────────────── ❶

' 2단계 : 유효성 검사가 설정된 범위가 존재하는지 확인한 후 실행합니다.
    Application.EnableEvents = False     ─────────── ❷

        With ActiveSheet.UsedRange       ─────────── ❸

            Set 유효성검사 = .SpecialCells(Type:=xlCellTypeAllValidation)   ─────────── ❹

        End With

    Application.EnableEvents = True       ─────────── ❺

    If 유효성검사 Is Nothing Then Exit Sub   ─────────── ❻

' 3단계 : 유효성 검사가 설정된 범위를 선택했을 때 복사할 수 있으면 복사 작업을 취소합니다.
    If Not Intersect(Target, 유효성검사) Is Nothing Then   ─────────── ❼

        If Application.CutCopyMode <> False Then       ─────────── ❽

            Application.CutCopyMode = False            ─────────── ❾

        End If

    End If

End Sub
```

❶ Range 형식의 [유효성검사] 개체변수를 선언합니다.

❷ 아래 코드에 의해 이벤트가 발생되지 않도록 감지 설정을 해제합니다. 이 코드는 ❹ 줄의 SpecialCells 속성 때문입니다. SpecialCells 속성은 [이동] 명령이고, [이동]은 조건에 맞는 범위를 선택하게 되므로 이 과정에서 SelectionChange 이벤트를 발생시킵니다. 그러므로 이벤트를 사용할 때는 사용 중인 코드에서 다른 이벤트를 발생시킬 수 있는지 확인하고 이를 이용할지, 안 할지를 잘 결정해야 합니다.

❸ 현재 시트의 사용 범위(UsedRange)를 With 문으로 설정합니다. ❹ 줄의 코드를 줄이기 위해서 With 문을 사용했습니다. With 문은 변수를 선언하지 않고 코드를 줄이려고 할 때 자주 사용되는 코딩 방식입니다.

❹ [유효성검사] 개체변수에 현재 시트의 사용 범위에서 유효성 검사가 설정된 범위만 연결합니다. 유효성 검사가 설정되지 않은 워크시트에서 이 코드는 에러가 발생합니다. 그러므로 유효성 검사가 설정되지 않은 워크시트라면 이 코드 전에 On Error Resume Next 문을 사용해 에러가 발생해도 코드가 중단되지 않도록 설정합니다.

❺ 이벤트 발생을 감지하도록 합니다.

❻ [유효성검사] 변수에 연결된 범위가 없다면 이벤트를 종료합니다.

❼ Intersect 메서드를 사용해 [유효성검사] 변수 범위 내 셀을 선택했는지 확인합니다. 이 경우에만 ❽-❾ 줄의 코드가 실행됩니다.

❽ Application 개체의 CutCopyMode 속성은 다음과 같은 세 개의 상탯값을 반환합니다.

반환 값	값	의미
False	0	복사(또는 잘라내기) 모드가 아닙니다.
xlCopy	1	복사 모드입니다.
xlCut	2	잘라내기 모드입니다.

그러므로 CutCopyMode 속성값이 False가 아니라면 셀을 선택하기 전 복사 또는 잘라내기 상태라는 것을 의미합니다. 이 경우 **❾** 줄의 코드를 실행합니다.

❾ CutCopyMode 속성값을 False로 지정해 복사 모드를 해제합니다.

05 이벤트가 제대로 동작하는지 확인하기 위해 Alt + F11 을 눌러 엑셀 창으로 전환합니다.

06 [A2] 셀을 선택하고 복사(Ctrl + C)한 후 [E2:E11] 범위 내 셀을 클릭하면 복사 모드가 해제됩니다.

	A	B	C	D	E
1	품번	분류	품명	공급업체	단가
2	1	복합기	레이저복합기 L350	SPC ㈜	220,000
3	2	제본기	와이어제본기 WC-5500	경남교역 ㈜	108,000
4	3	제본기	링제본기 ST-100	경남교역 ㈜	142,000
5	4	복합기	무한잉크젯복합기 AP-5500W	고려택 ㈜	155,000
6	5	제본기	열제본기 TB-8200	리오산업 ㈜	152,000
7	6	복합기	무한잉크젯복합기 AP-3300W	리오산업 ㈜	100,000
8	7	출퇴근기록기	지문인식 FPIN-1000+	상진통상 ㈜	125,000
9	8	바코드스캐너	바코드 BCD-300 Plus	양일산업 ㈜	102,800
10	9	복사기	흑백레이저복사기 TLE-5000	열린교역 ㈜	543,500
11	10	복사기	흑백레이저복사기 TLE-8100C	원일 ㈜	720,000
12					

	A	B	C	D	E	F	G
1	품번	분류	품명	공급업체	단가		
2	1	복합기	레이저복합기 L350	SPC ㈜	220,000		
3	2	제본기	와이어제본기 WC-5500	경남교역 ㈜	108	엑셀 매크로&VBA 바이블 10만원에서 100만원 사이의 값만 허용	
4	3	제본기	링제본기 ST-100	경남교역 ㈜	142		
5	4	복합기	무한잉크젯복합기 AP-5500W	고려택 ㈜	155		
6	5	제본기	열제본기 TB-8200	리오산업 ㈜	152,000		
7	6	복합기	무한잉크젯복합기 AP-3300W	리오산업 ㈜	100,000		
8	7	출퇴근기록기	지문인식 FPIN-1000+	상진통상 ㈜	125,000		
9	8	바코드스캐너	바코드 BCD-300 Plus	양일산업 ㈜	102,800		
10	9	복사기	흑백레이저복사기 TLE-5000	열린교역 ㈜	543,500		
11	10	복사기	흑백레이저복사기 TLE-8100C	원일 ㈜	720,000		
12							

셀을 복사한 후 유효성 검사가 설정된 범위만 제외하면 어디든 데이터를 붙여 넣을 수 있습니다. [A2] 셀을 복사하고 [E2:E11] 범위를 제외한 다른 셀에 데이터를 붙여 넣어보세요.

15/06 유효성 검사 목록에서 이미 선택된 항목은 더 이상 표시되지 않도록 설정하는 방법

예제 파일 PART 03 \ CHAPTER 15 \ (Worksheet) SelectionChange 이벤트 III.xlsm

유효성 검사의 목록 기능은 콤보 상자 컨트롤과 유사하므로 자주 사용됩니다. 목록에는 동일한 항목이 항상 표시되므로 중복 데이터가 입력될 수 있습니다. 선택한 항목을 더 이상 목록에 표시하지 않는 옵션은 제공되지 않으므로, 필요하다면 SelectionChange 이벤트를 이용해 처리합니다. 다음 과정을 참고합니다.

01 예제의 [C6:C15] 범위에는 유효성 검사의 목록 기능이 적용되어 있습니다.

02 목록에는 [E6:E15] 범위의 값이 표시됩니다. 하지만 특정 항목을 선택해도 동일한 항목이 목록에 계속 표시되어 중복 입력의 우려가 있습니다.

	A	B	C	D	E	F	G
1							
2		**참석자 명단**					
3							
4							
5		번호	이름		신청자		
6		1			민기용		
7		2	민기용		김은혜		
8		3	김은혜 현주원		현주원		
9		4	김은하 전다정		김은하		
10		5	김민지 박민		전다정		
11		6	채우람		김민지		
12		7			박민		
13		8			채우람		
14		9			최영원		
15		10			손은혜		
16							

03 이 문제를 해결하려면 셀을 선택했을 때 유효성 검사의 목록이 자동으로 변경되도록 합니다.

04 시트 탭에서 마우스 오른쪽 버튼을 클릭한 후 [코드 보기]를 선택합니다.

05 먼저 목록에 표시할 신청자 명단을 반환하는 Function 프로시저를 생성합니다.

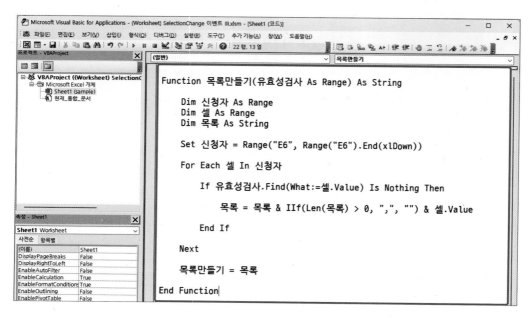

TIP 이벤트의 코드 길이를 줄이기 위해 Function 프로시저를 이용해 사용자 정의 함수를 개발합니다.

파일 : (Worksheet) SelectionChange 이벤트 III (코드 I).txt

```
Function 목록만들기(유효성검사 As Range) As String ─────────────❶

' 1단계 : 변수를 선언합니다. ─────────────❷
  Dim 신청자 As Range
  Dim 셀 As Range
  Dim 목록 As String

' 2단계 : 신청자 명단 범위를 순환하면서 선택하지 않은 신청자를 목록에 추가합니다.
  Set 신청자 = Range("E6", Range("E6").End(xlDown)) ─────────────❸

  For Each 셀 In 신청자 ─────────────❹

      If 유효성검사.Find(What:=셀.Value) Is Nothing Then ─────────────❺

          목록 = 목록 & IIf(Len(목록) > 0, ",", "") & 셀.Value ─────────────❻

      End If

  Next

' 3단계 : 함수에 목록을 반환합니다.
    목록만들기 = 목록 ─────────────❼

End Function
```

❶ [목록만들기] 사용자 정의 함수를 Function 프로시저로 선언합니다. [목록만들기] 함수는 유효성 검사가 설정된 범위를 [유효성검사] 매개변수로 받아 이미 선택한 항목은 제외하고 나머지 값만 쉼표(,) 연산자로 연결한 결과를 반환합니다.

❷ Range 형식의 [신청자], [셀] 개체변수와 String 형식의 [목록] 변수를 선언합니다.

❸ [신청자] 개체변수에 [E6] 셀부터 행 방향(아래쪽)으로 마지막 데이터 입력 셀(E15)까지의 범위를 연결합니다.

❹ For Each… Next 순환문을 사용해 [신청자] 변수 내 범위의 셀을 하나씩 [셀] 개체변수에 연결합니다.

❺ [유효성검사] 매개변수에 전달된 범위에서 [셀] 개체변수에 연결된 셀 값을 찾아 없는 경우에만 ❻ 줄의 코드를 실행합니다.

❻ [목록] 변수에 값이 입력된 경우에만 쉼표(,) 구분 문자와 [셀] 셀숫값을 연결하고, 값이 입력되지 않은 경우에는 [셀] 변숫값만 연결해 저장합니다. 이렇게 하면 [목록] 변수에 신청자 이름이 다음과 같이 연결됩니다.

민기용, 김은혜, 현주원, 김은하, 전다정, 김민지, 박민, 채우람, 최영원, 손은혜

---

❼ [목록만들기] 함수에 [목록] 변숫값을 반환하도록 합니다.

TIP 특정 시트의 코드 창에 입력된 Function 프로시저는 해당 시트에서만 정상 동작합니다.

06 바로 SelectionChange 이벤트를 생성하고 다음 코드를 입력합니다.

파일 : (Worksheet) SelectionChange 이벤트 III (코드 II).txt

```
Private Sub Worksheet_SelectionChange(ByVal Target As Range)

' 1단계 : 변수를 선언합니다.
    Dim 유효성검사 As Range          ———— ❶
    Dim 목록 As String              ———— ❷

' 2단계 : 선택된 셀이 둘 이상이면 이벤트를 종료합니다.
    If Target.Count > 1 Then Exit Sub

' 3단계 : 유효성 검사가 설정된 범위를 선택했는지 확인한 후 유효성 검사를 새로 설정합니다.
    Set 유효성검사 = Range("C6", Cells(Rows.Count, "B").End(xlUp).Offset(, 1))   ———— ❸

    If Not Intersect(Target, 유효성검사) Is Nothing Then   ———— ❹

        목록 = 목록만들기(유효성검사)   ———— ❺

        With Target.Validation   ———— ❻

           .Delete   ———— ❼

           If Len(목록) > 0 Then   ———— ❽

              .Add Type:=xlValidateList, Formula1:=목록   ———— ❾

           End If

        End With
```

```
    End If

End Sub
```

❶ Range 형식의 [유효성검사] 개체변수를 선언합니다.

❷ String 형식의 [목록] 변수를 선언합니다.

❸ [유효성검사] 개체변수에 [C6] 셀부터 B열의 마지막 데이터 입력 위치(B15)의 오른쪽 셀(C15)까지 범위를 연결합니다.

❹ 선택한 셀(Target 매개변수)이 [유효성검사] 개체변수의 범위 내라면 ❺-❾ 줄의 코드를 실행합니다.

❺ [목록만들기] 함수에 [유효성검사] 개체변수를 인수로 전달하고, 반환값을 [목록] 변수에 저장합니다.

❻ 선택한 셀(Target 매개변수)의 유효성 검사(Validation) 개체를 With 문으로 설정합니다.

❼ 현재 설정된 유효성 검사 설정을 삭제합니다. 새롭게 유효성 검사를 설정하기 위해서는 기존 설정을 반드시 삭제해야 합니다.

❽ [목록] 변수에 저장된 값이 있는지 확인해 ❾ 줄의 코드 실행 여부를 결정합니다.

❾ 유효성 검사를 추가하는데, [제한 대상](Type)은 [목록]으로 설정하고 [원본](Formula1)에는 [목록] 변숫값을 전달합니다.

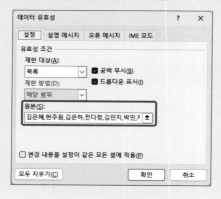

07 [Alt] + [F11]을 눌러 엑셀 창으로 전환합니다.

08 [C6] 셀에 임의의 신청자를 선택하고 [C7] 셀의 목록을 확인하면 [C6] 셀의 신청자가 목록에 표시되지 않습니다.

	A	B	C	D	E	F	G
1							
2		**참석자 명단**					
3							
4							
5		번호	이름		신청자		
6		1	민기용		민기용		
7		2			김은혜		
8		3	김은혜		현주원		
9		4	현주원 김은하 전다정		김은하		
10		5	김민지		전다정		
11		6	박민 채우람		김민지		
12		7	최영원		박민		
13		8			채우람		
14		9			최영원		
15		10			손은혜		
16							

[C6] 셀에서 선택한 '민기용'
이라는 이름이 더 이상 목록에
나타나지 않습니다. 계속해서
신청자를 선택하면 목록에 더
적은 수의 사람만 표시됩니다.

예제 파일 PART 03 \ CHAPTER 15 \ (Worksheet) Change 이벤트 I.xlsm

작업 이해

유효성 검사의 목록을 둘 이상 서로 연동해 작업하는 방법을 연결 목록(또는 이중 유효성 검사)이라고 합니다. 이 방법의 단점은 상위 목록을 수정할 때 하위 목록의 값이 초기화되지 않는다는 점입니다. 이 문제를 해결하려면 상위 목록 값을 수정할 때 발생하는 Worksheet 개체의 Change 이벤트를 이용해 하위 목록의 선택 값을 지워줍니다.

예제의 견적서에서 분류 항목을 선택하면 해당 분류에 맞는 하위 제품만 선택할 수 있습니다. 참고로 전체 제품 목록은 [list] 시트에서 확인할 수 있습니다.

	A	B	C	D	E	F	G	H	I	J	K	L	M	N	O	P	Q
1																	
2				**총 액**													
3				(공급가액 + 세액)													
4		번호	분류		품명					수량	단가		공급가액		세액		
5		1	복합기														
6		2		레이저복합기 L350													
7		3		잉크젯복합기 AP-3200													
				잉크젯복합기 AP-4900													
8		4		무한잉크젯복합기 AP-5500W													
				무한레이저복합기 L800C													
9		5															
10		6															
11		7															
12					합계									-		-	
13																	

견적서에서 분류를 선택하고 품명을 선택하면 문제없습니다. 하지만 품명이 선택된 상태에서 분류를 수정하면 품명은 다른 분류의 품명이 그대로 유지되므로 데이터를 잘못 입력할 가능성이 있습니다.

	A	B	C	D	E	F	G	H	I	J	K	L	M	N	O	P	Q
1																	
2				**총 액**													
3				(공급가액 + 세액)													
4		번호	분류		품명					수량	단가		공급가액		세액		
5		1	문서세단기		레이저복합기 L350												
6		2															
7		3															
8		4															

그러므로 상위 목록의 값을 변경하면 하위 목록의 값을 지워 다시 선택해야 할 필요가 있습니다. 다음 과정을 참고합니다.

01 [sample] 시트 탭에서 마우스 오른쪽 버튼을 클릭하고 [코드 보기]를 선택합니다.

02 [sample] 시트의 코드 창에서 Change 이벤트를 생성하고 다음 코드를 입력합니다.

파일 : (Worksheet) Change 이벤트 I (코드).txt

```
Private Sub Worksheet_Change(ByVal Target As Range)                    ❶

' 1단계 : 필요한 변수를 선언합니다.                    ❷
    Dim 분류 As Range, 셀 As Range
    Dim 제품 As Range

' 2단계 : 분류 범위 내 값을 수정했다면 선택된 제품을 초기화합니다.
    Set 분류 = Intersect(Target, Range("C5:C11"))         ❸

    If Not 분류 Is Nothing Then                    ❹

        For Each 셀 In 분류                    ❺

            Set 제품 = 셀.Offset(, 1)            ❻

            If Len(제품.Value) > 0 Then            ❼

                제품.MergeArea.ClearContents        ❽

            End If

        Next

    End If

End Sub
```

---

❶ 셀 값을 고칠 때 동작하는 Change 이벤트를 생성합니다. Change 이벤트의 Target 매개변수는 값을 고친 셀(또는 범위)을 의미합니다.

❷ 이벤트에서 사용할 Range 형식의 [분류], [셀], [제품] 개체변수를 선언합니다.

❸ [분류] 개체변수에 [C5:C11] 범위와 Target 매개변수에 전달된 범위의 교집합 범위를 연결합니다. 이렇게 하면 [C5:C11] 범위 내 값을 고친 셀(또는 범위)이 [분류] 개체변수에 연결됩니다.

❹ [분류] 변수에 연결된 범위가 존재하면, 즉 [C5:C11] 범위 내 값을 고친 셀이 있다면 ❺-❽ 줄의 코드를 실행합니다.

❺ For Each… Next 순환문을 사용해 [분류] 변수의 범위 내 셀을 하나씩 [셀] 변수에 연결합니다.

❻ [제품] 변수에 [셀] 변수에 연결된 셀의 오른쪽 셀을 연결합니다. 참고로 [셀] 변수에는 [C5:C11] 범위 내 셀이 연결되는데, Offset 속성을 사용해 오른쪽 셀을 [제품] 개체변수에 연결하면 [D5:D11] 범위 내 셀이 아니라 [E5:E11] 범위 내 셀이 연결됩니다. C열은 D열과 병합되어 있으므로, 오른쪽 셀은 D열이 아니라 E열이 되기 때문입니다.

❼ [제품] 변수에 연결된 셀 값이 입력됐다면 ❽ 줄의 코드를 실행합니다.

❽ [제품] 변수에 연결된 셀이 포함된 병합 셀(MergeArea)의 값을 지웁니다. 병합된 셀의 값을 지울 때는 반드시 병합된 셀 전체를 대상으로 작업해야 합니다.

03 개발된 Change 이벤트가 제대로 동작하는지 확인합니다.

04 예제의 견적서 서식을 여러 항목을 입력합니다.

05 분류 값을 하나 선택하고 Delete 를 눌러 셀 값을 지우면 품명도 함께 지워집니다.

번호	분류	품명	수량	단가	공급가액	세액
		총 액				
		(공급가액 + 세액)				
1	복합기	레이저복합기 L350				
2						
3	제본기	링제본기 ST-200X				
4						
5						
6						
7						
		합계			-	-

TIP [C6] 병합 셀의 값을 지우면 [E6] 병합 셀의 값이 함께 지워집니다.

06 분류 항목을 여러 개 선택해 삭제하면 품명도 동시에 함께 지워집니다.

번호	분류	품명	수량	단가	공급가액	세액
		총 액				
		(공급가액 + 세액)				
1						
2						
3						
4						
5						
6						
7						
		합계			-	-

TIP [C5:D7] 병합 셀의 값을 지우면 [E5:I7] 병합 셀의 값이 함께 지워집니다.

시트 보호 없이 특정 범위 내 데이터를 수정할 수 없도록 만드는 방법

예제 파일 PART 03 \ CHAPTER 15 \ (Worksheet) Change 이벤트 II.xlsm

원하는 범위만 보호

셀 값을 수정하지 못하도록 해야 하는 경우에는 시트 보호 기능을 이용할 수 있지만, 시트 보호 기능은 사용상의 제한이 너무 많아 불편한 부분이 있습니다. 특정 범위 내 셀 값을 임의로 수정하지 못하도록 Change 이벤트를 이용해 작업합니다. 다음 과정을 참고합니다.

01 예제의 표에서 머리글을 제외한 [C3:H11] 범위 내 값을 지우거나 고치지 못하게 합니다.

	A	B	C	D	E	F	G	H	I
1									
2		담당	1월	2월	3월	4월	5월	6월	
3		박지훈	6,000	2,000	12,000	15,000	8,000	14,000	
4		유준혁	24,000	8,000	13,000	16,000	14,000	31,000	
5		이서연	5,000	5,000	5,000	6,000	12,000	9,000	
6		김민준	5,000	13,000	7,000	12,000	7,000	8,000	
7		최서현	8,000	4,000	3,000	9,000	5,000	10,000	
8		박현우	5,000	7,000	16,000	3,000	11,000	1,000	
9		정시우	4,000	1,000	9,000	6,000	7,000	2,000	
10		이은서	5,000	8,000	5,000	11,000	18,000	15,000	
11		오서윤	18,000	19,000	14,000	22,000	21,000	19,000	
12									

02 값을 수정하는 동작은 Change 이벤트로 제어할 수 있습니다.

03 [sample] 시트 탭에서 마우스 오른쪽 버튼을 클릭한 후 [코드 보기]를 선택합니다.

04 [sample] 시트의 코드 창에서 Change 이벤트를 생성하고 다음 코드를 입력합니다.

파일 : (Worksheet) Change 이벤트 II (코드 I).txt

```
Private Sub Worksheet_Change(ByVal Target As Range)

    Dim 보호 As Range                    ①
```

```
        On Error GoTo Err_Handler          ─────────── ❷

        Set 보호 = Range("C3", Range("C3").End(xlDown).End(xlToRight))   ─────────── ❸

        If Not Intersect(Target, 보호) Is Nothing Then    ─────── ❹

            Application.EnableEvents = False    ─────── ❺

            Application.Undo    ─────── ❻

        End If

    Err_Handler:    ─────── ❼

        Application.EnableEvents = True    ─────── ❽

    End Sub
```

❶ Range 형식의 [보호] 개체변수를 선언합니다.

❷ 에러가 발생하면 Err_Handler 레이블 위치로 이동하도록 설정합니다. 에러가 발생할 가능성이 있는 위치는 ❻ 줄로 취소할 동작이 없는 경우에는 에러가 발생합니다. 에러가 발생하면 이벤트 감지(EnableEvents) 설정이 해제(False)된 상태(❺ 줄)에서 프로시저가 종료되므로, 에러가 발생한 경우에도 이벤트 감지가 다시 정상적으로 동작하도록 합니다.

❸ [보호] 개체변수에는 [C3] 셀부터 아래쪽으로 데이터가 입력된 마지막 위치(C11)로 이동한 후 다시 오른쪽으로 데이터가 입력된 마지막 위치(H11)까지의 범위를 연결합니다. 그러면 [보호] 변수에는 [C3:H11] 범위가 연결됩니다. 범위를 참조하는 방법은 여러 가지이므로 코드를 다음과 같이 수정해도 됩니다.

```
    Set 보호 = Range("C3", Cells(Rows.Count, "H").End(xlUp))
```

❹ 수정된 셀(또는 범위)이 [보호] 변수의 범위 내에 있다면 ❺ 줄 아래 코드를 실행합니다.

❺ 이벤트 감지(EnableEvents) 설정을 해제합니다. 이 코드는 ❻ 줄의 코드 때문으로 실행 취소할 때 Change 이벤트가 다시 실행될 수 있으므로, ❻ 줄 코드 이전에 반드시 이벤트 감지 설정을 해제해야 제대로 동작합니다.

❻ 마지막 실행 명령을 취소합니다. 이 코드 때문에 [C3:H11] 범위 내 셀 값을 수정하는 동작이 취소됩니다.

❼ 에러가 발생했을 때 이동할 Err_Handler 레이블 위치입니다. 단, 레이블 위에 Exit Sub 명령이 없으므로 정상적으로 프로시저가 실행된 경우와 에러가 발생한 경우 모두 ❽ 줄의 코드가 실행됩니다.

❽ 이벤트 감지 설정을 다시 활성화합니다.

05 Alt + F11 을 눌러 엑셀 창으로 전환한 후 다음 작업을 진행해보세요!

• [C3:H11] 범위 내 아무 셀이나 값을 수정하고 Enter 를 눌러보세요!

• [C3:H11] 범위 내 아무 셀이나 선택하고 Delete 를 눌러 셀 값을 지워보세요!

조건에 부합하는 데이터만 보호

앞선 이벤트처럼 원하는 범위를 보호하지 않고 특정 조건에 부합하는 데이터만 보호할 수 있습니다. 예를 들어 숫자가 입력된 셀만 보호하도록 할 수 있습니다. 다음 과정을 참고합니다.

01 ⎡Alt⎤＋⎡F11⎤을 눌러 VB 편집기 창을 엽니다.

02 [삽입]-[모듈] 메뉴를 선택해 새 모듈 개체를 하나 생성합니다.

03 모듈 개체의 코드 창에 다음과 같은 전역변수를 선언합니다.

```
Public IsUndo As Boolean ──────── ❶
```

❶ 원하는 조건에 부합하는 셀을 보호하려면 선택된 셀이 원하는 조건에 맞는 셀인지 확인해야 합니다. 이때 SelectionChange 이벤트를 사용하고, 값을 수정했는지 여부는 Change 이벤트를 통해 알 수 있습니다. 두 이벤트에서 서로 정보를 주고 받을 수 있도록 전역변수가 하나 필요합니다. 셀을 보호하는 행위는 실행 취소로 처리하면 되므로, 직전 작업을 취소할 지 여부를 저장해놓을 Boolean 형식의 IsUndo 변수를 전역변수로 선언한 것입니다. 참고로 이 변수의 값이 True면 직전 작업을 취소하도록 처리하겠습니다.

04 프로젝트 탐색기 창에서 [Sheet1]을 더블클릭하고 SelectionChange 이벤트를 생성합니다.

파일 : (Worksheet) Change 이벤트 II (코드 II).txt

```
Private Sub Worksheet_SelectionChange(ByVal Target As Range)

    Dim 숫자범위 As Range ────────── ❶

    Set 숫자범위 = ActiveSheet.UsedRange.SpecialCells(xlCellTypeConstants, xlNumbers)
                                                            ──────── ❷
    IsUndo = Not Intersect(Target, 숫자범위) Is Nothing ──── ❸

End Sub
```

❶ Range 형식의 [숫자범위] 변수를 선언합니다.
❷ [숫자범위] 변수에는 현재 시트에 사용된 범위 중 숫자가 입력된 범위만 연결합니다. SpecialCells 속성은 [이동] 기능이고 xlCellType Constants는 [상수] 옵션, xlNumbers는 [숫자] 옵션입니다.

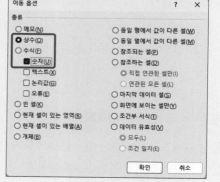

❸ 선택한 범위(Target)와 [숫자범위] 변수의 범위가 겹치는 부분이 있다면 [IsUndo] 변숫값을 True로, 아니면 False로 변경합니다. 이 부분이 잘 이해되지 않으면 다음 코드를 참고합니다.

```
If Intersect(Target, 숫자범위) Is Nothing Then
    IsUndo = False
Else
    IsUndo = True
End If
```

05 바로 Change 이벤트를 수정합니다.

```
Private Sub Worksheet_Change(ByVal Target As Range)

    If IsUndo Then            ──────────────● ❶

        Application.EnableEvents = False

            Application.Undo

        Application.EnableEvents = True

    End If

End Sub
```

❶ [IsUndo] 변수가 True인 경우에만 셀 값을 수정하지 못하도록 설정합니다. 아래 코드 부분은 이전 코드 설명을 참고합니다.

이런 방식으로 이벤트를 활용하면 보호할 범위를 따로 설정하지 않아도 항상 숫자가 입력된 셀의 값을 고치거나 삭제할 수 없습니다. 첨부된 파일을 통해 확인해보세요.

입력한 값을 누적 합산하고 입력된 값의 내역을 기록하는 방법

예제 파일 PART 03 \ CHAPTER 15 \ (Worksheet) Change 이벤트 III.xlsm

입력된 값을 특정 셀에 계속해서 누적하려면 값을 입력할 때 발생하는 Change 이벤트로 제어합니다. 다만 이벤트 프로시저 내에서 누계를 계산하면 다시 Change 이벤트가 발생합니다. 따라서 누계를 계산할때는 Change 이벤트가 다시 발생되지 않도록 설정을 하는 방법을 이해해야 합니다. 다음 과정을 참고합니다.

01 예제는 [B3] 셀에 입력된 숫자를 [C3] 셀에 계속해서 누적 합산합니다.

▲	A	B	C	D	E	F	G	H	I
1			*						
2		입력	누계		취소		히스토리	시간	
3									
4									
5									

단, 입력된 값은 G열에 10개까지 보관하며, 보관된 내용을 바탕으로 누적 합산된 값을 취소할 수 있도록 기능을 개발합니다.

02 [sample] 시트 탭을 마우스 오른쪽 버튼을 클릭하고 [코드 보기]를 선택합니다.

03 [sample] 시트의 코드 창에 Change 이벤트를 생성하고 다음 코드를 입력합니다.

파일 : (Worksheet) Change 이벤트 III (코드 I).txt

```
Private Sub Worksheet_Change(ByVal Target As Range)

' 1단계 : 변수를 선언합니다.  ──────── ❶
    Dim 입력 As Range
    Dim 누계 As Range
    Dim 히스토리 As Range
```

```
' 2단계 : 변수에 작업할 대상 셀을 연결합니다. ────────── ❷
   Set 입력 = Range("B3")
   Set 누계 = Range("C3")

' 3단계 : [B3] 셀에 숫자를 입력하면 [C3] 셀에 값을 누계해 입력하고, [B3] 셀의 값을 지웁니다.
      If Not Intersect(Target, 입력) Is Nothing Then ────────── ❸

         If Len(입력.Value) = 0 Then Exit Sub ────────── ❹

         If IsNumeric(입력.Value) Then ────────── ❺

            Application.EnableEvents = False ────────── ❻

               누계.Value = 누계.Value + 입력.Value ────────── ❼
               입력.ClearContents ────────── ❽

            Application.EnableEvents = True ────────── ❾

         End If

      End If

End Sub
```

❶ Range 형식의 [입력], [누계], [히스토리] 개체변수를 선언합니다.

❷ [입력] 개체변수에는 [B3] 셀, [누계] 개체변수에는 [C3] 셀을 연결합니다.

❸ [B3] 셀이 수정된 경우에 ❹−❾ 줄의 코드를 실행합니다.

❹ [입력] 변수에 연결된 [B3] 셀에 값이 입력되어 있지 않으면 이벤트를 종료합니다. [B3] 셀의 값을 지울 때 동작하지 않도록 한 것입니다.

❺ [입력] 변수에 연결된 [B3] 셀의 값이 숫자인 경우에만 ❻−❾ 줄의 코드를 실행합니다.

❻ 이벤트 감지를 중단합니다. ❼, ❽ 줄의 코드가 모두 Change 이벤트를 다시 발생시키므로, 이벤트가 발생하지 못하도록 처리한 것입니다.

❼ [누계] 변수에 연결된 [C3] 셀에 [입력] 변수의 셀 값을 더합니다.

❽ [입력] 변수에 연결된 [B3] 셀의 값을 지웁니다.

❾ 이벤트 감지를 다시 활성화합니다.

04 Alt + F11 을 눌러 엑셀 창으로 전환한 후 [B3] 셀에 순서대로 **1, 2, 3** 값을 입력합니다.

▲	A	B	C	D	E	F	G	H	I
1									
2		입력	누계		취소		히스토리	시간	
3			6						
4									
5									

입력된 값은 그때그때 삭제되며 입력된 값의 누계는 [C3] 셀에서 확인할 수 있습니다.

05 [B3] 셀에 입력된 값을 10개까지 히스토리로 남길 수 있도록 합니다.

06 [Alt]+[F11]을 누르고 [sample] 시트의 코드 창에 다음 매크로 코드를 입력합니다.

파일 : (Worksheet) Change 이벤트 III (코드 II).txt

```
Sub 누계히스토리(값 As Double) ————————————————❶

' 1단계 : 변수를 선언합니다.
    Dim 기록위치 As Range ——————————————❷

' 2단계 : 인수로 전달된 값을 G열에 기록합니다.
    Set 기록위치 = Cells(Rows.Count, "G").End(xlUp).Offset(1) ————————❸

    With 기록위치 ————————❹
        .Value = 값 ————————❺
        .Offset(, 1).Value = Now ————————❻
        .Resize(, 2).BorderAround LineStyle:=xlContinuous ————————❼
    End With

' 3단계 : 기록한 개수가 10개를 넘었다면 가장 예전에 기록된 값을 하나 삭제합니다.
    If 기록위치.CurrentRegion.Rows.Count > 11 Then ————————❽

        기록위치.End(xlUp).Offset(1).Resize(, 2).Delete Shift:=xlUp ————————❾

    End If

End Sub
```

❶ [누계히스토리] 매크로를 Sub 프로시저로 선언합니다. [누계히스토리] 매크로는 Double 형식의 [값] 매개변수에 값을 전달받아 지정된 위치에 시간과 함께 기록합니다. 이 프로시저는 [sample] 시트의 코드 창에서 개발되지만 만약 다른 시트에 값을 기록하려면 Module 개체의 코드 창에서 개발해야 합니다.

❷ Range 형식의 [기록위치] 개체변수를 선언합니다.

❸ [기록위치] 개체변수에는 G열의 마지막 데이터 입력 위치의 바로 아래 셀을 연결합니다.

❹ [기록위치] 변수에 연결된 셀에서 여러 작업을 진행하기 위해 With 문으로 설정합니다.

❺ [기록위치] 변수에 연결된 셀 값에는 [값] 매개변수에 저장된 값을 입력합니다.

❻ [기록위치] 변수에 연결된 셀의 오른쪽 셀에 Now 함수의 반환값을 입력합니다.

❼ [기록위치] 변수에 연결된 셀을 포함해 오른쪽으로 두 개의 셀 범위에는 테두리 선을 실선으로 설정합니다.

❽ [기록위치] 변수에 연결된 셀에서 연속된 범위의 행수가 11개를 초과하면 ❾ 줄의 코드를 실행합니다. 이 코드는 히스토리를 10개까지만 기록합니다. 머리글(G2:H2) 범위를 포함해 총 11개의 행이 되면 데이터가 10개까지 기록된 것입니다.

❾ [기록위치] 변수에 연결된 셀에서 [Ctrl]+[↑]를 누른 위치(머리글)에서 행 방향으로 한 칸 아래로 내려간 후 오른쪽으로 두 개의 셀 범위를 선택하면 항상 [G3:H3] 범위가 됩니다. 이렇게 선택된 범위를 삭제합니다. 이때 항상 먼저 기록된 데이터가 삭제됩니다. 이 코드를 간단하게 표현하면 다음과 같습니다.

```
Range("G3:H3").Delete Shift:=xlUp
```

07 개발된 [누계히스토리] 매크로를 Change 이벤트와 연결해 사용합니다.

08 Change 이벤트에 다음 부분을 추가합니다.

```
Private Sub Worksheet_Change(ByVal Target As Range)

    Dim 입력 As Range
    Dim 누계 As Range
    Dim 히스토리 As Range

    Set 입력 = Range("B3")
    Set 누계 = Range("C3")

    If Not Intersect(Target, 입력) Is Nothing Then

        If Len(입력.Value) = 0 Then Exit Sub

        If IsNumeric(입력.Value) Then

            Application.EnableEvents = False

            누계.Value = 누계.Value + 입력.Value

            Call 누계히스토리(입력.Value)          ──────── ❶

            입력.ClearContents

            Application.EnableEvents = True

        End If

    End If

End Sub
```

❶ [누계히스토리] 프로시저를 호출해 사용합니다. [누계히스토리] 프로시저에 [입력] 개체변숫값을 전달합니다.

09 Alt + F11 을 눌러 엑셀 창을 표시하고, [B3] 셀에 **4**부터 **13**까지의 값을 순서대로 입력합니다.

▲	A	B	C	D	E	F	G	H	I
1									
2		입력	누계		취소		히스토리	시간	
3			91				4	2022-06-08 18:41	
4							5	2022-06-08 18:41	
5							6	2022-06-08 18:41	
6							7	2022-06-08 18:41	
7							8	2022-06-08 18:41	
8							9	2022-06-08 18:41	
9							10	2022-06-08 18:41	
10							11	2022-06-08 18:41	
11							12	2022-06-08 18:41	
12							13	2022-06-08 18:41	
13									

10 G열에 최근 10개만 기록되는지 확인하기 위해 [B3] 셀에 **14**를 입력합니다.

11 [C3] 셀에는 누계가 제대로 계산되며, [G12] 셀에는 마지막 입력된 14가 표시됩니다. 히스토리의 개수는 10개로 직전에 기록된 히스토리가 하나 삭제됩니다.

	A	B	C	D	E	F	G	H	I
1									
2		입력	누계		취소		히스토리	시간	
3			105				5	2022-06-08 18:41	
4							6	2022-06-08 18:41	
5							7	2022-06-08 18:41	
6							8	2022-06-08 18:41	
7							9	2022-06-08 18:41	
8							10	2022-06-08 18:41	
9							11	2022-06-08 18:41	
10							12	2022-06-08 18:41	
11							13	2022-06-08 18:41	
12							14	2022-06-08 18:42	
13									

12 히스토리를 참고해 직전 누곗값으로 되돌리는 기능을 개발합니다.

13 Alt + F11 을 누르고, [sample] 시트의 코드 창에 다음 코드를 입력합니다.

파일 : (Worksheet) Change 이벤트 III (코드 III).txt

```
Sub 마지막작업취소()

' 1단계 : 변수를 선언합니다.  ──────────── ❶
    Dim 마지막값 As Range
    Dim 누계 As Range

' 2단계 : 변수에 초깃값을 설정합니다.
    Set 마지막값 = Cells(Rows.Count, "G").End(xlUp)  ──────── ❷
    Set 누계 = Range("C3")  ──────── ❸

' 3단계 : 히스토리로 기록된 값이 존재하면 값을 복원하고 기록된 히스토리를 삭제합니다.
    If 마지막값.CurrentRegion.Rows.Count > 1 Then  ──────── ❹

        누계.Value = 누계.Value - 마지막값.Value  ──────── ❺
        마지막값.Resize(1, 2).Delete Shift:=xlUp  ──────── ❻

    Else  ──────── ❼

        MsgBox "이전 값이 존재하지 않습니다."

    End If

End Sub
```

❶ Range 형식의 [마지막값]과 [누계] 개체변수를 선언합니다.

❷ [마지막값] 개체변수에 G열의 마지막 데이터 입력 셀을 연결합니다. G열은 히스토리 값이 기록된 위치로, 이 셀의 값으로 취소 작업을 진행합니다.

❸ [누계] 개체변수에 [C3] 셀을 연결합니다.

❹ [마지막값] 개체변수에 연결된 셀에서 연속된 데이터 범위를 잡고, 행수가 1을 초과하는 경우에만 ❺-❻ 줄의 코드를 실행합니다. 행수가 1을 초과해야 머리글 행을 포함한 데이터 행이 하나라도 존재하는 것으로 이해할 수 있습니다. 이 경우에만 누겟값을 이전으로 되돌릴 수 있습니다.

❺ [누계] 변수에 연결된 셀에 [마지막값] 변수에 연결된 셀 값을 뺍니다.

❻ [마지막값] 변수에 연결된 셀과 오른쪽 셀 범위를 삭제합니다.

❼ ❹ 줄의 판단 결과가 False면 메시지 창을 표시합니다.

14 개발된 매크로를 [E2:E3] 범위의 단추 컨트롤에 연결합니다.

15 [단추] 컨트롤을 마우스 오른쪽 버튼으로 클릭하고 단축 메뉴에서 [매크로 지정]을 선택합니다.

16 [매크로 지정] 대화상자에서 [마지막작업취소] 매크로를 연결합니다.

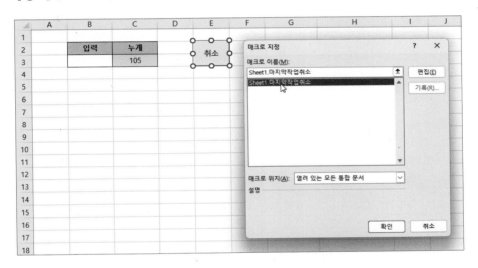

17 [B3] 셀을 클릭하고, [취소] 단추를 세 번 클릭한 후 결과를 확인합니다.

[C3] 셀의 값이 이전 누겟값으로 복원되며, [G:H] 열에 기록된 히스토리에서도 취소된 부분이 하나씩 삭제됩니다.

더블클릭한 셀이 포함된 열을 정렬하는 방법

예제 파일 PART 03 \ CHAPTER 15 \ (Worksheet) BeforeDoubleClick 이벤트.xlsm

셀을 더블클릭하는 동작은 이벤트에서 감지할 수 있으며, BeforeDoubleClick 이벤트로 제어할 수 있습니다. 셀을 더블클릭할 때 매크로를 동작시키려면 이 이벤트를 사용합니다. 셀을 더블클릭할 경우에는 편집 모드가 되지만, 이벤트명의 Before가 의미하듯 더블클릭 후 편집 모드로 들어가기 전에 원하는 동작을 처리할 수 있습니다. 이 이벤트를 이용해 표를 자동 정렬하는 이벤트를 만드는 방법은 다음 과정을 참고합니다.

01 예제의 표에서 아무 셀이나 더블클릭하면 해당 열을 오름차순으로 정렬합니다.

	사번	이름	직위	주민등록번호	나이	입사일
	1	박지훈	부장	800219-1234567	45	2010-05-13
	2	유준혁	차장	870304-1234567	38	2014-10-16
	3	이서연	과장	891208-2134567	36	2019-04-30
	4	김민준	대리	920830-1234567	33	2023-03-31
	5	최서현	주임	950919-2134567	30	2022-05-02
	6	박현우	주임	930702-1234567	32	2021-10-16
	7	정시우	사원	970529-1234567	28	2023-01-01
	8	이은서	사원	990109-2134567	26	2023-03-04
	9	오서윤	사원	980127-2134567	27	2022-11-14

02 [sample] 시트 탭을 마우스 오른쪽 버튼으로 클릭하고 [코드 보기]를 선택합니다.

03 코드 창에서 BeforeDoubleClick 이벤트를 생성하고 다음 코드를 입력합니다.

파일 : (Worksheet) BeforeDoubleClick 이벤트 (코드 I).txt

```
Private Sub Worksheet_BeforeDoubleClick(ByVal Target As Range, Cancel As Boolean)
                                                                              ❶

' 1단계 : 변수를 선언합니다.        ❷
    Dim 표 As Range
```

```
    Dim 머리글 As Range

' 2단계 : 값이 입력된 셀을 더블클릭할 때만 이벤트가 동작하도록 합니다.
    If IsEmpty(Target) Then Exit Sub ─────────── ❸

' 3단계 : 데이터가 한 행이라도 있을 경우에만 이벤트가 동작하도록 합니다.
    Set 표 = Target.CurrentRegion ─────────── ❹

        If 표.Rows.Count = 1 Then Exit Sub ─────────── ❺

' 4단계 : 표를 정렬합니다.
    Set 머리글 = Cells(표.Cells(1).Row, Target.Column) ─────────── ❻

        표.Sort Key1:=머리글, Order1:=xlAscending, Header:=xlYes ─────────── ❼

' 5단계 : 편집 모드는 취소합니다.
    Cancel = True ─────────── ❽

End Sub
```

❶ BeforeDoubleClick 이벤트는 사용자가 셀을 더블클릭할 때 발생합니다.
  BeforeDoubleClick 이벤트는 Range 형식의 Target과 Boolean 형식의 [Cancel] 매개변수를 사용하는데, Target 매개변수는 더블클릭한 셀이 연결되며 [Cancel] 매개변수는 더블클릭한 동작의 취소 여부를 지정할 수 있습니다.

❷ Range 형식의 [표], [머리글] 개체변수를 선언합니다.

❸ Target 매개변수에 연결된 셀이 비어 있다면 이벤트를 종료합니다. 도형이나 그림을 더블클릭하지 않고 셀을 더블클릭할 때만 동작하도록 하는 것입니다.

❹ [표] 개체변수에는 Target 변수의 셀에서 연속된 범위를 연결합니다. 이렇게 하면 더블클릭한 셀이 포함된 표 범위 전체가 [표] 변수에 연결됩니다.

❺ [표] 변수 범위의 행수가 1이면 머리글은 입력되어 있지만 데이터가 없는 경우이므로 이벤트를 종료합니다.

❻ Cells 속성에 [표] 변수 범위 첫 번째 셀의 행 번호와 Target 변수 셀의 열 번호를 전달해 해당 위치의 셀을 [머리글] 개체변수에 연결합니다. 이렇게 하면 [머리글] 변수에 더블클릭한 셀이 포함된 열의 머리글 셀이 연결됩니다.

❼ [표] 변수 범위를 Sort 메서드를 이용해 정렬합니다. 정렬할 기준 열은 [머리글] 변수에 연결된 셀 위치입니다. 정렬 방법은 오름차순(xlAscending)을 사용하고, 표에 머리글이 포함(Header:=xlYes)된 방법으로 정렬합니다. 이 코드는 다음과 같은 [정렬] 대화상자를 참고하면 쉽게 이해할 수 있습니다.

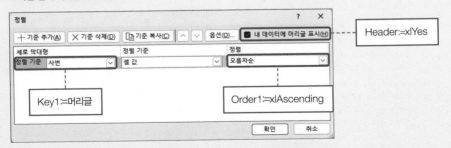

❽ 셀을 더블클릭하면 셀이 편집 모드로 바뀝니다. 더블클릭을 정렬 작업에 할당했으므로 편집 모드로 들어가지 않도록 더블클릭 동작은 취소합니다.

04 Alt + F11 을 눌러 엑셀 창으로 전환합니다.

05 [B2:G11] 범위 내 아무 셀이나 더블클릭해보면 해당 열이 오름차순으로 정렬됩니다.

	A	B	C	D	E	F	G	H
1								
2		사번	이름	직위	주민등록번호	나이	입사일	
3		4	김민준	대리	920830-1234567	33	2023-03-31	
4		1	박지훈	부장	800219-1234567	45	2010-05-13	
5		6	박현우	주임	930702-1234567	32	2021-10-16	
6		9	오서윤	사원	980127-2134567	27	2022-11-14	
7		2	유준혁	차장	870304-1234567	38	2014-10-16	
8		3	이서연	과장	891208-2134567	36	2019-04-30	
9		8	이은서	사원	990109-2134567	26	2023-03-04	
10		7	정시우	사원	970529-1234567	28	2023-01-01	
11		5	최서현	주임	950919-2134567	30	2022-05-02	
12								

TIP 화면은 [C3] 셀을 더블클릭해 이름순으로 정렬한 결과입니다.

06 열의 데이터 형식을 인식해 숫자나 날짜값을 갖고 있는 열은 내림차순으로 정렬되도록 기능을 수정합니다.

07 Alt + F11 을 누르고 BeforeDoubleClick 이벤트를 다음과 같이 수정합니다.

파일 : (Worksheet) BeforeDoubleClick 이벤트 (코드 II).txt

```
Private Sub Worksheet_BeforeDoubleClick(ByVal Target As Range, Cancel As Boolean)

    Dim 표 As Range
    Dim 머리글 As Range
    Dim 정렬방법 As Integer          ──────────── ❶

    If IsEmpty(Target) Then Exit Sub

    Set 표 = Target.CurrentRegion

        If 표.Rows.Count = 1 Then Exit Sub

    Set 머리글 = Cells(표.Cells(1).Row, Target.Column)

    Select Case True          ──────────── ❷

        Case IsNumeric(머리글.Offset(1)), IsDate(머리글.Offset(1))  ──────────── ❸

            정렬방법 = xlDescending

        Case Else          ──────────── ❹

            정렬방법 = xlAscending

    End Select

    표.Sort Key1:=머리글, Order1:=정렬방법, Header:=xlYes  ──────────── ❺
```

```
    Cancel = True

End Sub
```

❶ Integer 형식의 [정렬방법] 변수를 선언합니다.

❷ Select Case 문을 사용합니다. Case 절에서 조건을 하나씩 판단하기 위해 Select Case 문에는 True 조건을 설정합니다.

❸ [머리글] 개체변수에 연결된 셀의 바로 아래 셀 값이 숫자이거나 날짜인 경우 [정렬방법] 변수에 내장 상수 xlDescending(내림차순) 값을 저장합니다.

❹ ❸이 아닌 경우이므로 [머리글] 개체변수에 할당된 셀의 바로 아래 셀 값은 숫자나 날짜가 아닙니다. 이때는 [정렬방법] 변수에 내장 상수 xlAscending(오름차순) 값을 저장합니다.

❺ [표] 변수 내 범위를 Sort 메서드를 이용해 정렬합니다. 이때 Order1 매개변숫값을 [정렬방법] 변숫값으로 정렬합니다.

TIP 파란색 줄의 코드가 새로 추가되거나 수정된 부분입니다.

08 Alt + F11 을 누르고 숫잣값이 입력된 F열이나 G열의 셀을 더블클릭해보세요.

Workbook 개체의 이벤트 이해

예제 파일 없음

Workbook 개체의 주요 이벤트

Workbook 개체는 엑셀 파일이며 파일 단위에서 발생하는 동작을 이벤트로 감지할 수 있습니다. Workbook 개체의 이벤트는 프로젝트 탐색기 창의 **현재_통합_문서** 개체의 코드 창에서 생성할 수 있습니다. 데, 현재_통합_문서는 엑셀 2007 버전까지는 ThisWorkbook으로 표시되다가 엑셀 2010 버전부터 한글로 명칭이 변경됐습니다. 다음은 Workbook 개체의 주요 이벤트입니다.

이벤트	설명
Activate	해당 파일이 화면에 표시될 때 발생합니다.
DeActivate	해당 파일이 비활성화될 때 발생합니다.
Open	파일을 열 때 발생합니다.
BeforeClose	파일을 닫기 전에 발생합니다.
BeforePrint	파일을 인쇄하기 전에 발생합니다.
BeforeSave	파일을 저장하기 전에 발생합니다.
NewChart	파일에 새 차트를 만들 때 발생합니다.
NewSheet	파일에 새 시트를 만들 때 발생합니다.
SheetActivate	Worksheet 대상 이벤트인데, Worksheet의 이벤트가 해당 시트에만 적용된다면 Workbook 개체에서 Sheet로 시작되는 이벤트는 전체 워크시트를 대상으로 동작합니다.
SheetDeactivate	
SheetBeforeDoubleClick	
SheetBeforeRightClick	
SheetCalculate	
SheetChange	
SheetSelectionChange	

Workbook 개체의 이벤트 생성 방법

Workbook 개체의 이벤트는 다음과 같이 ❶ **현재_통합_문서** 개체 코드 창에서 생성하며, ❷ 개체 목록에서 [Workbook]을 선택하고, ❸ 프로시저 목록에서 원하는 이벤트를 선택합니다.

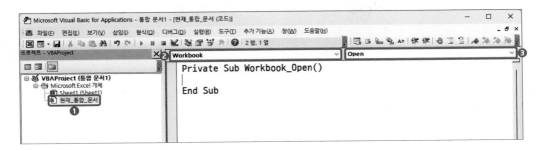

참고로 Workbook 개체의 기본 이벤트는 Open 이벤트입니다. 개체 목록에서 Workbook 개체만 선택해도 자동으로 생성됩니다. 기본 이벤트는 Worksheet 개체와 마찬가지로 다른 이벤트로 변경할 수 없습니다.

전체 워크시트를 대상으로 하는 Sheet 이벤트

Workbook 개체의 이벤트 중에서 Sheet로 시작되는 이벤트명은 Worksheet를 대상으로 하는 이벤트이며, 개별 시트가 아니라 파일 내 모든 시트가 대상입니다. 예를 들어 SheetActivate 이벤트를 하나 생성해보면 다음과 같습니다.

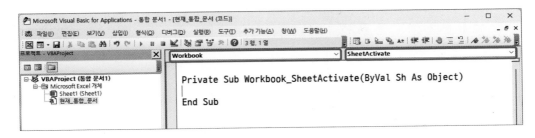

생성된 이벤트는 다음과 같은 코드 구성을 갖습니다.

```
Private Sub Workbook_SheetActivate(ByVal Sh As Object) ————————❶

End Sub
```

❶ Workbook_SheetActivate 이벤트는 모든 시트가 화면에 표시될 때 발생합니다. Object 형식의 [Sh] 매개변수에는 화면에 표시된 현재 시트가 연결됩니다. [Sh] 매개변수의 형식이 Object인 것은 Worksheet 개체뿐만이 아니라 차트시트가 화면에 표시되는 등 다양한 개체가 매개변수에 연결될 수 있기 때문입니다. 따라서 Worksheet 형식이 아니라 여러 개체를 모두 연결할 수 있는 Object 형식으로 선언했습니다.

개별 Worksheet의 코드 창에서 하나씩 이벤트를 만들지 않고 모든 시트를 대상으로 하는 이벤트를 만들려면 현재_통합_문서 개체의 코드 창에서 Sheet로 시작하는 이벤트를 생성해 개발합니다. 참고로 다음 SheetActivate 이벤트는 화면에 표시된 시트의 이름에 따라 원하는 동작을 처리하도록 구성된 코드의 예입니다.

```
Private Sub Workbook_SheetActivate(ByVal Sh As Object)

    Select Case Sh.Name ─────────────── ❶
        Case "피벗" ─────────────── ❷
            Sh.PivotTables(1).PivotCache.Refresh

        Case "목차" ─────────────── ❸
            Call 목차만들기

        Case Else

    End Select

End Sub
```

❶ 화면에 표시된 시트의 이름을 Select Case 문으로 구분해 원하는 동작을 처리합니다.

❷ 시트의 이름이 "피벗"인 경우에 해당 시트의 피벗 테이블 보고서를 새로 고칩니다.

❸ 시트의 이름이 "목차"인 경우에 Call 문을 사용해 [목차만들기] 프로시저를 호출합니다. 목차 만드는 방법과 관련한 코드는 **SECTION 12-06**에서 확인할 수 있습니다.

Workbook_Open 이벤트와 Auto_Open 매크로의 차이

예제 파일 PART 03 \ CHAPTER 15 \ (Workbook) Open 이벤트 I.xlsm, (Workbook) Open 이벤트 II.xlsm

Workbook_Open 이벤트와 Auto_Open 매크로

엑셀 파일을 열면 Workbook 개체의 Open 이벤트가 발생합니다. Auto_Open 매크로 역시 파일을 열 때 자동으로 실행되는 특징을 갖고 있는데, Workbook_Open 이벤트와 Auto_Open 매크로는 동일한 듯 하지만, 실행 순서와 사용 방법에 몇 가지 차이가 있습니다. 필요에 따라 선택해 사용합니다.

Auto_Open 매크로 이해하기

CHAPTER 15에서 설명하는 대부분의 이벤트는 엑셀 97 버전부터 제공된 것으로, 이전 버전에서는 지원되지 않았습니다. 엑셀 95 버전까지는 이벤트가 없었기 때문에 매크로 이름을 Auto_Open으로 변경하면 엑셀이 실행된 후 자동으로 해당 매크로를 실행해주었습니다. 이렇게 자동으로 실행되는 매크로를 **자동 실행 매크로**라고 합니다. 자동 실행 매크로는 여러 개가 제공되나 아직도 사용하는 것은 Auto_Open과 Auto_Close 매크로(파일을 닫을 때 자동 실행)입니다.

자동 실행 매크로는 과거 버전과 호환성 때문에 유지되고 있으며, 모듈 개체에서 이벤트와 매크로를 동시에 관리하고 싶은 경우나 문서 보안 프로그램 때문에 Workbook_Open과 같은 이벤트가 제대로 동작하지 않을 때 대안으로 사용됩니다.

실행 순서 이해하기

한 파일에 Workbook_Open 이벤트와 Auto_Open 매크로가 동시에 존재하는 경우에는 Workbook_Open 이벤트가 먼저 실행된 후 Auto_Open 매크로가 실행됩니다. 이 순서는 파일을 닫을 때 사용하는 BeforeClose 이벤트와 Auto_Close 매크로에도 동일하게 적용됩니다. BeforeClose 이벤트가 먼저 실행되고 Auto_Close 매크로가 마지막으로 실행됩니다.

파일을 열 때		파일을 닫을 때	
Workbook_Open	Auto_Open	Workbook_BeforeClose	Auto_Close

두 프로시저가 동작하는 방식을 이해하려면 예제 파일 중 **(Workbook) Open 이벤트 I.xlsm** 파일을 열어봅니다. 다음 순서로 메시지 창이 표시되는 것을 확인할 수 있습니다.

파일을 닫으면 다음 순서로 메시지 창이 표시됩니다.

Workbook_Open과 Auto_Open의 차이

Workbook_Open 이벤트와 Auto_Open 매크로는 다음과 같은 차이가 있습니다.

구분	Workbook_Open	Auto_Open
개발 위치	현재_통합_문서 개체의 코드 창	Module 개체의 코드 창
실행 방법	• 사용자가 파일을 열 때 동작 • Workbooks.Open 메서드를 이용해 파일을 열 때 동작	사용자가 파일을 열 때만 동작

매크로로 파일을 열 때 Workbook_Open 이벤트와 Auto_Open 매크로의 동작 차이를 확인하기 위해 다음 매크로를 사용해 **(Workbook) Open 이벤트 I.xlsm** 파일을 열면 Auto_Open은 동작하지 않고, Workbook_Open 이벤트만 동작하는 것을 확인할 수 있습니다.

```
Sub 파일열기()

' 1단계 : 변수를 선언합니다.
    Dim 경로 As String
    Dim 파일 As String

' 2단계 : 변수에 파일을 열 때 필요한 경로와 파일명을 저장합니다.
    경로 = ThisWorkbook.Path & "\"
    파일 = "(Workbook) Open 이벤트 I.xlsm"
```

```
' 3단계 : 변수에 저장된 파일을 엽니다.
   Workbooks.Open Filename:=경로 & 파일 ────────────── ❶

End Sub
```

> ❶ 이 코드가 실행되면 연 파일의 Workbook_Open 이벤트가 동작합니다. 하지만 Auto_Open 매크로는 동작하지 않습니다.

Auto_Open 매크로가 파일을 열 때 자동으로 실행되도록 하려면 다음과 같이 직접 해당 매크로를 실행하도록 코드를 구성합니다.

```
Sub 파일열기_AutoOpen()

    Dim 경로 As String
    Dim 파일 As String

    경로 = ThisWorkbook.Path & "\"
    파일 = "(Workbook) Open 이벤트 I.xlsm"

    Workbooks.Open Filename:=경로 & 파일

    ActiveWorkbook.RunAutoMacros Which:=xlAutoOpen ───────────── ❶

End Sub
```

> ❶ 열린 파일에서 RunAutoMacros 메서드를 이용해 Auto_Open 매크로를 동작시킵니다.

작성된 매크로를 확인하려면 예제 파일 중 **(Workbook) Open 이벤트 I.xlsm** 파일이 닫혀 있는 상태에서 **(Workbook) Open 이벤트 II.xlsm** 파일을 열어봅니다.

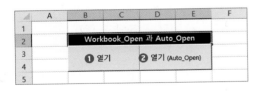

❶ [열기] 단추에는 [파일열기] 매크로가 연결되어 있으며, 클릭하면 **(Workbook) Open 이벤트 I.xlsm** 파일이 열리면서 Workbook_Open 이벤트가 동작합니다.

❷ [열기 (Auto_Open)] 단추에는 [파일열기_AutoOpen] 매크로가 연결되어 있으며, 클릭하면 **(Workbook) Open 이벤트 I.xlsm** 파일이 열리면서 Workbook_Open 이벤트가 동작한 후 Auto_Open 매크로가 순서대로 실행됩니다.

파일을 닫을 때 발생하는 Before_Close 이벤트 활용 방법

예제 파일 PART 03 \ CHAPTER 15 \ (Workbook) BeforeClose 이벤트 I.xlsm

파일을 닫으면 파일이 닫히기 전에 BeforeClose 이벤트가 발생합니다. 다음은 간단하게 파일을 닫을 때, 파일을 자동으로 저장해주는 BeforeClose 이벤트의 구성 예입니다.

```
Private Sub Workbook_BeforeClose(Cancel As Boolean)                    ❶

    If ThisWorkbook.Saved = False Then ThisWorkbook.Save               ❷

End Sub
```

❶ 파일을 닫기 전에 발생하는 BeforeClose 이벤트를 선언합니다. BeforeClose 이벤트는 [Cancel] 매개변수만 사용합니다. 이 매개변
 숫값을 True로 설정하면 [닫기] 명령을 취소할 수 있습니다.
❷ 현재 파일의 저장 완료 여부를 반환하는 Saved 속성을 확인해 이 값이 False라면 아직 저장되지 않은 부분이 있다는 의미이므로, 파일
 을 저장합니다.

다음은 파일을 저장하지 않으면 파일을 닫을 수 없도록 [닫기] 명령을 취소하는 BeforeClose 이벤트의 구
성 예입니다.

```
Private Sub Workbook_BeforeClose(Cancel As Boolean)

    If ThisWorkbook.Saved = False Then Cancel = True                   ❶

End Sub
```

❶ Saved 속성이 False라면 Cancel 매개변숫값을 True로 지정해 [닫기] 명령을 취소합니다. 이렇게 하면 파일을 저장하기 전까지는 파
 일이 닫히지 않습니다.

해당 이벤트가 제대로 동작하는지 예제를 통해 확인해보겠습니다. 예제를 열고 다음 표에 값을 수정하거나 새 값을 입력한 후 파일을 닫으면 저장 여부를 확인하지 않고 파일이 바로 닫힙니다. 그런 다음 다시 파일을 열어보면 이전에 수정한 값이 그대로 저장되어 있는 것을 확인할 수 있습니다.

▲	A	B	C	D	E	F
1						
2		업체명	담당자	직위	사업자등록번호	
3		태성 ㈜	박민	과장	003-35-06128	
4		고려텍 ㈜	김민주	과장	004-57-03033	
5		하나무역 ㈜	이달래	사원	006-36-07516	
6		선우테크 ㈜	황옥	과장	001-45-03254	
7		㈜ 스마트	장나리	차장	005-83-08318	
8						
9						

TIP 작성된 이벤트는 VB 편집기 내에 있는 현재_통합_문서 개체의 코드 창에서 확인할 수 있습니다.

특정 작업을 처리할 때까지
파일을 닫지 못하게 설정하는 방법

예제 파일 PART 03 \ CHAPTER 15 \ (Workbook) BeforeClose 이벤트 II.xlsm

BeforeClose 이벤트는 파일을 닫기 전에 발생합니다. 사용자가 원하는 작업이 종료되지 않은 상태에서 파일을 닫지 못하게 설정하려면 BeforeClose 이벤트를 활용합니다. 다음 예제를 참고합니다.

01 예제의 표에 데이터를 입력하지 않고 파일을 닫으려고 하면 파일이 닫히지 않도록 합니다.

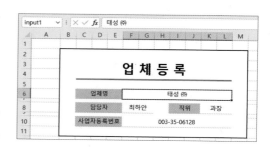

TIP [F6], [F8], [K8], [F10] 병합 셀은 값을 입력해야 하는 위치로 각각 input1, input2, input3, input4로 이름 정의되어 있습니다.

02 Alt + F11 을 누르고 프로젝트 탐색기 창에서 [현재_통합_문서] 개체를 더블클릭합니다.

03 코드 창에 Workbook_BeforeClose 이벤트를 생성하고 다음 코드를 입력합니다.

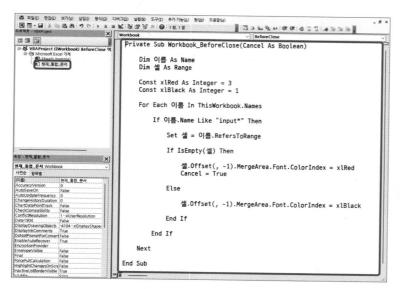

```vb
Private Sub Workbook_BeforeClose(Cancel As Boolean)

    Dim 이름 As Name
    Dim 셀 As Range

    Const xlRed As Integer = 3
    Const xlBlack As Integer = 1

    For Each 이름 In ThisWorkbook.Names

        If 이름.Name Like "input*" Then

            Set 셀 = 이름.RefersToRange

            If IsEmpty(셀) Then

                셀.Offset(, -1).MergeArea.Font.ColorIndex = xlRed
                Cancel = True

            Else

                셀.Offset(, -1).MergeArea.Font.ColorIndex = xlBlack

            End If

        End If

    Next

End Sub
```

파일 : (Workbook) BeforeClose 이벤트 II (코드).txt

```
Private Sub Workbook_BeforeClose(Cancel As Boolean)

' 1단계 : 변수를 선언합니다. ─────────────── ❶
    Dim 이름 As Name
    Dim 셀 As Range

    Const xlRed As Integer = 3
    Const xlBlack As Integer = 1

' 2단계 : 이름에서 참조한 셀이 빈 셀이면 머리글을 빨간색으로 표시하고 닫기 작업을 취소합니다.
    For Each 이름 In ThisWorkbook.Names ───────── ❷

        If 이름.Name Like "input*" Then ────────── ❸

            Set 셀 = 이름.RefersToRange ────────── ❹

            If IsEmpty(셀) Then ─────────── ❺

                셀.Offset(, -1).MergeArea.Font.ColorIndex = xlRed ─────── ❻
                Cancel = True ─────────── ❼

            Else ─────── ❽

                셀.Offset(, -1).MergeArea.Font.ColorIndex = xlBlack ─────── ❾

            End If

        End If

    Next

End Sub
```

❶ 이벤트에서 사용할 변수와 상수를 선언합니다. 순환문에서 사용할 Name 형식의 [이름] 개체변수와 Range 형식의 [셀] 변수를 선언하고, Integer 형식의 [xlRed]와 [xlBlack] 상수를 선언합니다. [xlRed] 상수에는 3 값을 [xlBlack] 상수에는 1 값을 각각 저장해놓습니다.

❷ 순환문을 사용해 현재 파일에 정의된 이름을 순환하면서 하나씩 [이름] 개체변수에 연결합니다.

❸ [이름] 변수에 연결된 이름 중에서 명명된 이름이 "input"으로 시작되는 경우만 ❶ 줄 아래의 코드를 실행합니다.

❹ [셀] 개체변수에 [이름] 변수에 연결된 이름에서 참조한 셀을 연결합니다. 이렇게 하면 정의된 이름에서 참조하고 있는 셀이 [셀] 개체변수에 연결됩니다.

❺ [셀] 변수에 연결된 셀이 빈 셀인 경우에 ❻-❼ 코드를 실행합니다.

❻ [셀] 변수에 연결된 셀의 왼쪽 셀은 머리글 셀입니다. 모두 병합되어 있으므로 병합 셀 범위의 글꼴 색을 xlRed(빨강)로 변경합니다.

❼ BeforeClose 이벤트의 [Cancel] 매개변숫값을 True로 지정해 닫기 동작을 취소합니다.

❽ ❺번 줄의 코드가 False라면 [셀] 변수에 연결된 셀에 값이 입력된 경우입니다. 이 경우 ❾ 줄의 코드를 실행합니다.

❾ [셀] 변수에 연결된 셀의 왼쪽 병합 셀 범위의 글꼴색을 xlBlack(검정)으로 변경합니다.

04 이벤트 동작을 확인하기 위해 Alt + F11 을 눌러 엑셀 창으로 전환합니다.

05 [K8] 병합 셀을 선택하고 Delete 를 눌러 셀 값을 지웁니다.

06 엑셀 창 우측 상단의 [창 닫기]를 클릭해 파일을 닫습니다.

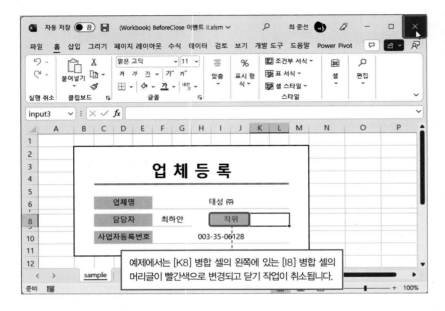

예제에서는 [K8] 병합 셀의 왼쪽에 있는 [I8] 병합 셀의
머리글이 빨간색으로 변경되고 닫기 작업이 취소됩니다.

15 / 15 파일을 저장할 때마다 백업 파일을 자동 생성하는 방법

예제 파일 PART 03 \ CHAPTER 15 \ (Workbook) BeforeSave 이벤트.xlsm

파일을 저장하면 BeforeSave 이벤트가 발생합니다. 파일을 저장할 때마다 백업본을 만들려면 다음 과정을 참고합니다.

01 예제 파일을 저장할 때마다 자동으로 백업 파일을 생성합니다.

	A	B	C	D	E	J	O	P	Q
1									
2		이름	직위	호봉	기본급	급여총액	공제총액	실급여액	
3		박지훈	부장	2호봉	5,372,400	6,716,400	497,650	6,218,750	
4		유준혁	차장	1호봉	3,484,800	4,122,800	322,800	3,800,000	
5		이서연	과장	1호봉	2,613,600	2,979,600	242,100	2,737,500	
6		김민준	대리	3호봉	2,090,880	2,170,880	134,500	2,036,380	
7		최서현	주임	1호봉	2,509,056	2,589,056	161,400	2,427,656	
8		박현우	주임	2호봉	2,299,968	2,467,968	147,950	2,320,018	
9		정시우	사원	2호봉	2,299,968	2,467,968	147,950	2,320,018	
10		이은서	사원	2호봉	3,194,400	3,544,400	295,900	3,248,500	
11		오서윤	사원	1호봉	2,613,600	2,763,600	242,100	2,521,500	
12									

B3   박지훈

02 Alt + F11 을 눌러 VB 편집기 창을 엽니다.

03 프로젝트 탐색기 창에서 현재_통합_문서 개체를 더블클릭해 코드 창을 엽니다.

04 BeforeSave 이벤트를 생성하고 다음 코드를 입력합니다.

파일 : (Workbook) BeforeSave 이벤트 (코드).txt

```
Private Sub Workbook_BeforeSave(ByVal SaveAsUI As Boolean, Cancel As Boolean)    ①

    Dim 새이름 As String
    Dim 경로 As String
```

```
    Dim 파일이름 As String
    Dim 확장자 As String          ─────────────── ❷
    Dim 백업일 As String

    경로 = ThisWorkbook.Path & "\"
    파일이름 = ThisWorkbook.Name

    확장자 = Mid(파일이름, InStrRev(파일이름, "."))          ─────── ❸
    파일이름 = Left(파일이름, InStrRev(파일이름, ".") - 1)

    백업일 = Format(Now, "yymmddhhnnss")          ─────── ❹

    새이름 = 파일이름 & " - " & 백업일 & 확장자

    ThisWorkbook.SaveCopyAs Filename:=경로 & 새이름

End Sub
```

❶ BeforeSave 이벤트는 사용자가 [저장] 명령을 클릭하는 동작을 감지해 자동으로 실행됩니다. BeforeSave 이벤트는 [SaveAsUI]라는 Boolean 형식의 매개변수를 사용합니다. 이 매개변숫값을 True로 설정하면 [다른 이름으로 저장] 대화상자가 표시됩니다. [Cancel] 매개변수는 BeforeClose 이벤트와 마찬가지로 이벤트를 발생시킨 동작을 취소하므로, 이 이벤트에서는 [저장] 명령을 취소합니다.

❷ String 형식의 [확장자] 변수를 선언합니다.

❸ [확장자] 변수에는 [파일이름] 변수에 저장된 텍스트 값에서 마침표(.) 뒷부분을 잘라 저장합니다. 만약 확장자를 동일하게 하지 않고, bak와 같은 확장자를 사용하려면 이 부분을 다음과 같이 수정합니다.

```
    확장자 = ".bak"
```

❹ [백업일] 변수에 Now 함수의 반환값을 Format 함수로 연월일시분초 형식으로 변환해 저장합니다. 이때 분을 의미하는 서식 코드로 n을 사용하는 것을 확인할 수 있는데, 이를 m으로 변경해도 동일한 반환값을 얻을 수 있습니다. 즉, 서식 코드에서 m은 월이나 분을 의미하는데, VBA에서는 분을 의미하는 서식 코드 n을 별도로 제공한다는 점을 이해할 수 있습니다.

TIP 이 코드는 기본적으로 **SECTION 13-11**과 유사합니다. 자세한 코드 설명은 해당 부분을 참고합니다.

05 개발된 BeforeSave 이벤트가 제대로 동작하는지 확인합니다.

06 VB편집기 창을 닫고 빠른 실행 도구 모음에 있는 [저장🖫]을 클릭합니다.

07 윈도우 탐색기를 이용해 예제 파일이 있는 폴더를 확인합니다.

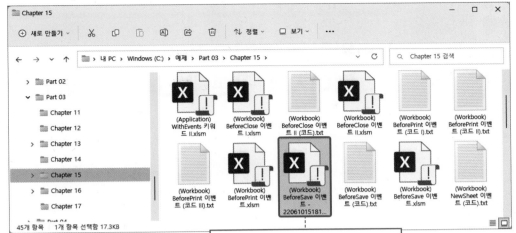

예제 파일 이름과 동일하지만 뒤에 날짜/시간이
포함된 파일의 백업을 확인할 수 있습니다.

원하는 조건으로 페이지를 구분해 인쇄하는 방법

예제 파일 PART 03 \ CHAPTER 15 \ (Workbook) BeforePrint 이벤트.xlsm

파일에서 인쇄할 때는 BeforePrint 이벤트가 발생합니다. 인쇄 작업할 때 표의 특정 조건에 따라 인쇄할 페이지를 구분하고 싶다면 BeforePrint 이벤트에 페이지 구분선을 설정하는 코드를 삽입하면 됩니다.

제공된 예제를 열고 리본 메뉴의 [파일] 탭-[인쇄]를 클릭하면 다음과 같은 미리보기 화면을 확인할 수 있습니다. 왼쪽이 1페이지, 오른쪽이 2페이지 화면입니다.

연간 실적 보고서

분류/상품	Q1	Q2	Q3	Q4	총합계
문서세단기					200,391
문서세단기 SCUT-1000	13,572	14,244	22,276	15,105	65,197
문서세단기 SCUT-1500B	8,913	13,015	21,314	34,674	77,916
오피스 Z-01	1,359	2,585	3,857	4,034	11,834
오피스 Z-03	2,471	4,112	2,171	4,186	13,140
오피스 Z-05C	5,199	5,068	8,742	13,294	32,304
바코드스캐너					101,246
바코드 BCD-100 Plus	6,629	7,514	5,393	7,321	26,956
바코드 BCD-200 Plus	4,675	4,185	7,798	10,801	27,454
바코드 BCD-300 Plus	3,562	4,501	4,661	10,418	23,142
바코드 Z-350	2,795	3,147	2,778	2,696	11,416
바코드 Z-750	1,433	1,752	5,108	4,090	12,378
복사기					605,530
컬러레이저복사기 XI-2000	22,644	22,966	21,069	34,152	100,831
컬러레이저복사기 XI-3200	30,346	26,444	27,280	40,324	124,393
컬러레이저복사기 XI-4400	18,498	15,942	40,072	96,731	171,242
흑백레이저복사기 TLE-5000	13,440	12,667	9,885	18,291	54,284
흑백레이저복사기 TLE-8100C	7,462	10,539	28,552	27,867	74,420
흑백레이저복사기 TLE-9000	18,046	18,984	19,035	24,296	80,360
팩사용지					56,495
고급복사지A4 1000매	381	359	580	792	2,112
고급복사지A4 2500매	992	1,812	954	2,587	6,345
고급복사지A4 5000매	1,277	2,283	2,181	4,881	10,621
고급복사지A4 500매	238	132	397	682	1,449
복사지A4 1000매	818	521	809	784	2,932
복사지A4 2500매	798	1,032	1,478	2,661	5,958
복사지A4 5000매	1,553	1,515	3,356	2,895	9,319
복사지A4 500매	292	257	267	396	1,212
프리미엄복사지A4 2500매	1,257	815	1,652	3,948	7,673
프리미엄복사지A4 5000매	982	1,730	2,572	3,591	8,874

연간 실적 보고서

분류/상품	Q1	Q2	Q3	Q4	총합계
복합기					514,529
레이저복합기 L200	5,387	9,963	7,230	12,200	34,780
레이저복합기 L350	5,668	8,251	2,591	14,884	31,395
레이저복합기 L500	9,372	6,284	11,082	16,376	43,115
레이저복합기 L650	5,791	9,405	10,232	7,320	32,746
레이저복합기 L800	7,825	9,111	15,515	12,451	44,402
레이저복합기 L950	14,892	11,193	14,721	24,853	65,659
무한레이저복합기 L500C	1,087	3,712	14,432	20,021	39,201
무한레이저복합기 L800C	14,855	10,091	19,550	35,147	79,643
무한잉크젯복합기 AP-3300W	1,025	6,837	6,161	8,576	22,600
무한잉크젯복합기 AP-5500W	996	5,964	6,532	13,055	26,547
잉크젯복합기 AP-5200	4,149	6,498	5,732	3,789	20,168
잉크젯복합기 AP-3300	3,586	4,251	6,249	5,003	19,088
잉크젯복합기 AP-4900	3,402	2,610	10,446	8,837	25,295
잉크젯복합기 AP-5500	5,993	7,217	8,617	8,063	29,890
제본기					116,846
링제본기 ST-100	7,042	4,963	7,757	6,206	25,968
링제본기 ST-200X	216	6,142	6,821	9,002	22,180
열제본기 TB-8200	3,049	4,004	8,490	8,200	23,743
와이어제본기 WC-5100	2,068	4,713	5,164	9,235	21,180
와이어제본기 WC-5500	1,406	6,083	8,540	7,747	23,775
출퇴근기록기					106,545
RF OA-200	1,971	1,129	2,839	2,113	8,052
RF OA-300	2,188	4,061	2,815	3,852	12,916
RF OA-400	3,574	5,506	2,296	4,178	15,553
도트 TIC-10A	130	233	276	367	1,006
도트 TIC-1A	151	181	316	327	975
도트 TIC-7A	145	259	363	469	1,237
지문인식 FPIN-1000+	6,927	8,238	6,916	10,113	32,196
지문인식 FPIN-2000F	9,009	8,186	4,958	12,457	34,609

위 화면과 같이 인쇄하지 않고, 분류를 두 개씩 묶어 한 페이지로 인쇄하고 싶다고 가정해보겠습니다. 이렇게 하기 위해서는 정확하게 두 번째 분류가 끝나는 위치에 페이지 구분선을 추가해야 합니다. 다음 과정을 참고합니다.

01 Alt + F11 을 눌러 VB 편집기 창을 엽니다.

02 [프로젝트 탐색기] 창에서 [현재_통합_문서] 개체를 더블클릭해 코드 창을 엽니다.

03 BeforePrint 이벤트를 생성하고 다음 코드를 입력합니다.

파일 : (Workbook) BeforePrint 이벤트 (코드).txt

```
Private Sub Workbook_BeforePrint(Cancel As Boolean)  ──────────❶

    Dim r As Long
    Dim 마지막행 As Long

    If MsgBox("분류를 2개씩 묶어 인쇄할까요?", _
            Buttons:=vbYesNo, _
            Title:="엑셀 매크로&VBA 바이블") = vbYes Then  ──────❷

        With ActiveSheet  ──────────❸

            .ResetAllPageBreaks  ──────────❹

            마지막행 = Cells(Rows.Count, "A").End(xlUp).Row  ──────❺

            For r = 8 To 마지막행  ──────────❻

                If Cells(r, "B").Value = Empty Then  ──────────❼

                    cnt = cnt + 1  ──────────❽

                    If cnt Mod 2 = 0 Then  ──────────❾

                        .HPageBreaks.Add Before:=Cells(r, "A")

                    End If

                End If

            Next

        End With

    Else  ──────────❿

        ActiveSheet.ResetAllPageBreaks

    End If

End Sub
```

---

❶ 인쇄 명령을 실행하면 발생하는 BeforePrint 이벤트는 Cancel 매개변수를 하나 사용합니다. Cancel 매개변숫값을 True로 설정하면 사용자가 지정한 인쇄 명령이 취소됩니다.

❷ MsgBox 함수를 사용해 인쇄 방법을 사용자에게 문의한 후 [예] 버튼을 클릭한 경우에만 분류를 두 개씩 묶어 인쇄합니다.

❸ 인쇄는 현재 시트를 대상으로 합니다.

06 개발된 BeforePrint 이벤트 동작을 확인합니다. VB 편집기 창을 닫습니다.

07 리본 [파일] 탭-[인쇄]를 클릭하고 백스테이지뷰에서 [인쇄]를 클릭합니다.

TIP 인쇄를 해야 BeforePrint 이벤트가 발생합니다.

08 그러면 다음과 같은 메시지 창이 표시됩니다. [예] 또는 [아니오] 버튼을 클릭합니다.

09 [예] 버튼을 클릭한 경우 다음과 같이 분류가 두 개씩 묶여 인쇄됩니다.

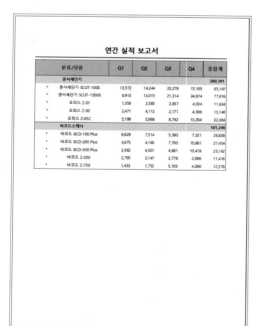

새 시트 삽입할 때
빈 양식 자동으로 생성하는 방법

예제 파일 PART 03 \ CHAPTER 15 \ (Workbook) NewSheet 이벤트.xlsm

파일에 새 시트를 삽입하면 NewSheet 이벤트가 발생합니다. 새로운 시트를 삽입할 때 왼쪽 시트의 양식을 그대로 복사해오려면 다음 과정을 참고합니다.

01 예제에서 빈 시트를 삽입할 때 [sample] 시트의 견적서 양식을 복사해 사용합니다.

견 적 서			

이 부분은 항상 새로 데이터를 기록해야 하는 부분입니다.

02 Alt + F11 을 눌러 VB 편집기 창을 엽니다.

03 프로젝트 탐색기 창에서 [현재_통합_문서] 개체를 더블클릭해 코드 창을 엽니다.

04 NewSheet 이벤트 프로시저를 생성하고 다음 코드를 입력합니다.

파일 : (Workbook) NewSheet 이벤트 (코드).txt

```
Private Sub Workbook_NewSheet(ByVal Sh As Object)          ①

' 1단계 : 변수를 선언합니다.          ②
  Dim 이전시트 As Worksheet
```

```
    Dim i As Integer

' 2단계 : 추가된 시트의 위치를 맨 마지막으로 옮깁니다.
    Sh.Move after:=Sheets(Sheets.Count)

' 3단계 : 이전 서식을 그대로 복사합니다.
    Set 이전시트 = Sh.Previous ──────────── ❸

    이전시트.Cells.Copy Sh.Cells(1) ──────────── ❹

' 4단계 : 서식에 입력된 값을 초기화합니다.
    Range("B8:K13").ClearContents ──────────── ❺

' 5단계 : 서식의 이름을 규칙에 맞게 설정합니다.
    If InStr(1, 이전시트.Name, "_") > 0 Then ──────────── ❻

        i = Mid(이전시트.Name, InStrRev(이전시트.Name, "_") + 1) + 1

    Else ──────── ❼

        i = 1

    End If

    Sh.Name = "견적서_" & "_" & i ──────────── ❽

End Sub
```

❶ 새 시트를 추가할 때 자동으로 실행되는 NewSheet 이벤트를 선언합니다. NewSheet 이벤트는 Object 형식의 [Sh] 개체변수를 매
  개변수로 사용합니다. [Sh] 매개변수에는 삽입된 시트가 연결되어 있습니다.

❷ Worksheet 형식의 [이전시트] 개체변수와 Integer 형식의 [i] 변수를 선언합니다.

❸ [이전시트] 개체변수에는 [Sh] 매개변수에 연결된 시트의 왼쪽 시트를 연결합니다. 만약 특정 시트의 양식을 복사하려면 이 코드를 다음
  과 같이 수정합니다.

┌──┐
│   Set 이전시트 = Worksheets("시트명")   │
└──┘

❹ [이전시트] 변수에 연결된 시트의 전체 셀을 복사해 [Sh] 매개변수에 연결된 시트(새로 만든 시트)의 [A1] 셀에 붙여 넣습니다. 이렇게 셀
  전체를 복사해야 서식의 행 높이와 열 너비가 동일하게 복사됩니다.

❺ 빈 양식을 만들기 위해 [B8:K13] 범위에 입력된 값을 지웁니다.

❻ [이전시트] 변수에 연결된 시트 이름에 밑줄("_")이 포함되어 있다면 [i] 변숫값을 [이전시트] 변수에 연결된 시트의 마지막 번호에 1을 더
  한 값으로 저장합니다.

❼ 밑줄("_")이 포함되어 있지 않은 경우에는 [i] 변수에 1을 저장합니다.

❽ 새로 추가된 시트의 이름을 "견적서_i" 형식으로 변경합니다.

05 VB 편집기 창을 닫고 새 시트를 삽입합니다.

06 시트 탭의 [새 시트 ⊞]를 여러 번 클릭하면 그때마다 빈 견적서 양식이 삽입됩니다.

🔍 **더 알아보기**　　**기타 유용한 NewSheet 이벤트 활용 방법**

현재 파일에 새 시트를 삽입할 수 없게 하려면 NewSheet 이벤트를 다음과 같이 이용합니다.

```
Private Sub Workbook_NewSheet(ByVal Sh As Object)

    Application.DisplayAlerts = False
        Sh.Delete ──────────────── ❶
    Application.DisplayAlerts = True

End Sub
```

❶ 새로 추가된 시트를 삭제합니다. 이렇게 하면 시트가 새로 추가될 때 바로 삭제되기 때문에 시트를 삽입할 수 없습니다.

새 시트를 삽입할 때 항상 시트 탭의 첫 번째 위치로 옮겨야 한다면 NewSheet 이벤트를 다음과 같이 이용합니다.

```
Private Sub Workbook_NewSheet(ByVal Sh As Object)

    Sh.Move Before:=Sheets(1) ──────────── ❶

End Sub
```

❶ 삽입한 시트를 첫 번째 시트의 왼쪽으로 옮깁니다. 이렇게 하면 시트가 삽입된 후에는 항상 시트 탭 왼쪽 첫 번째 탭에 위치합니다.

두 시트의 표시 위치를 동기화하는 방법

예제 파일 PART 03 \ CHAPTER 15 \ (Workbook) SheetDeactivate 이벤트.xlsm

여러 개의 시트에서 동일한 양식을 사용하고, 항상 같은 위치의 항목을 비교해야 한다면 Workbook 개체의 SheetDeactivate 이벤트를 이용합니다. 다음 과정을 참고합니다.

01 예제에는 [1월], [2월] 시트에 두 개의 동일한 양식의 표가 존재합니다.

	지역 별 판 매 현 황 (1월)			
분류	제품	서울	경기	인천
문서세단기	문서세단기 SCUT-1000	8,403	4,664	1,176
	문서세단기 SCUT-1500B	2,903	3,442	6,670
	오피스 Z-01	1,877	386	38
	오피스 Z-03	3,024	1,089	
	오피스 Z-05C	1,944	1,691	830
	문서세단기 요약	18,151	11,272	8,714
바코드스캐너	바코드 BCD-100 Plus	2,657	2,343	557
	바코드 BCD-200 Plus	1,461	1,138	1,159
	바코드 BCD-300 Plus	2,215	1,184	770
	바코드 Z-350	189	1,393	1,102
	바코드 Z-750	1,461	421	169
	바코드스캐너 요약	7,983	6,179	3,757
	컬러레이저복사기 XI-2000	11,837	7,936	1,692

	지역 별 판 매 현 황 (2월)			
분류	제품	서울	경기	인천
문서세단기	문서세단기 SCUT-1000	10,751	5,797	4,565
	문서세단기 SCUT-1500B	8,820	9,972	2,522
	오피스 Z-01	1,513	1,014	689
	오피스 Z-03	1,534	472	71
	오피스 Z-05C	2,754	2,805	3,183
	문서세단기 요약	25,371	20,060	11,030
바코드스캐너	바코드 BCD-100 Plus	2,458	1,949	987
	바코드 BCD-200 Plus	1,820	3,431	1,787
	바코드 BCD-300 Plus	2,432	860	1,370
	바코드 Z-350	1,228	992	424
	바코드 Z-750	1,709	2,087	930
	바코드스캐너 요약	9,647	9,318	5,497
	컬러레이저복사기 XI-2000	6,797	4,990	6,506

02 두 시트를 이동할 때 항상 동일한 위치가 표시되도록 이벤트를 이용해 개발합니다.

🔍 더 알아보기 **어떤 이벤트를 선택해야 할까?**

시트를 이동하면 직전 시트에 Deactivate 이벤트가 발생하고, 새 시트에 Activate 이벤트가 발생합니다. 이 작업은 Deactivate 나 Activate 이벤트를 사용하면 되는데, Deactivate 이벤트에서는 이전 시트와 새 시트를 모두 알 수 있지만 Activate 이벤트는 이전 시트를 알 수 없습니다. 따라서 이 작업에는 Deactivate 이벤트를 사용하는 것이 좋습니다. 시트가 여러 개일 때는 개별 시트마다 Deactivate 이벤트를 생성해 동기화하는 것이 불편하므로 Workbook 개체의 SheetDeactivate 이벤트를 이용합니다.

03 Alt + F11 을 눌러 VB 편집기 창을 엽니다.

04 프로젝트 탐색기 창에서 [현재_통합_문서] 개체를 더블클릭해 코드 창을 엽니다.

05 SheetDeactivate 이벤트를 생성하고 다음 코드를 입력합니다.

파일 : (Workbook) SheetDeactivate 이벤트 (코드).txt

```
Private Sub Workbook_SheetDeactivate(ByVal Sh As Object)          ❶

' 1단계 : 변수를 선언합니다.          ❷
  Dim 새시트 As Worksheet
  Dim 이전시트 As Worksheet
  Dim 이전열위치 As Long
  Dim 이전행위치 As Long
  Dim 선택범위주소 As String

' 2단계 : 시트를 변수에 할당합니다.          ❸
  Set 새시트 = ActiveSheet
  Set 이전시트 = Sh

' 3단계 : 이벤트 동작을 위해 엑셀 옵션을 변경합니다.          ❹
  Application.ScreenUpdating = False
  Application.EnableEvents = False

' 4단계 : 이전 시트의 설정을 저장해놓습니다.
        이전시트.Activate          ❺

        With ActiveWindow          ❻

            이전열위치 = .ScrollColumn
            이전행위치 = .ScrollRow

        End With

        선택범위주소 = Selection.Address          ❼

' 5단계 : 새 시트에 설정을 동기화합니다.
        새시트.Activate          ❽

        With ActiveWindow          ❾

            .ScrollColumn = 이전열위치
            .ScrollRow = 이전행위치

        End With

        Range(선택범위주소).Select          ❿

' 6단계 : 이벤트 동작을 위해 변경한 엑셀 옵션을 다시 복원합니다.          ⓫
    Application.EnableEvents = True
    Application.ScreenUpdating = True

End Sub
```

❶ SheetDeactivate 이벤트를 생성합니다. SheetDeactivate 이벤트는 현재 파일에서 시트를 이동(A→B)할 때 발생하며, [Sh] 매개변수에는 이동하기 전 시트(A)가 연결됩니다. 그러므로 [Sh] 매개변수로 직전 시트를 알 수 있고, 현재 시트는 ActiveSheet로 구분할 수 있습니다.

❷ Worksheet 형식의 [새시트]와 [이전시트] 개체변수, Long 형식의 [이전열위치], [이전행위치] 변수, 그리고 String 형식의 [선택범위주소] 변수를 선언합니다.

❸ [새시트] 개체변수에는 ActiveSheet 개체(이동한 시트)를 연결하고, [이전시트] 개체변수에는 [Sh] 매개변수에 연결된 시트(이전 시트)를 다시 연결합니다. [이전시트] 변수 대신 [Sh] 매개변수를 사용해도 되지만, 코드를 더 쉽게 이해하기 위해서 변수를 선언해 사용합니다.

❹ 코드가 동작하는 과정을 화면에 표시하지 않고, 이벤트도 발생하지 않도록 화면 갱신(ScreenUpdating) 옵션과 이벤트 감지(EnableEvents) 옵션을 해제합니다.

❺ [이전시트] 변수에 연결된 시트를 화면에 표시합니다. 이 코드는 다시 원래 시트로 돌아오게 합니다.

❻ 현재 엑셀 창 위치를 변수에 저장하기 위해 With 문을 사용하며, [이전열위치] 변수에는 현재 창의 왼쪽 상단 첫 번째 셀의 열 번호를 저장합니다. [이전행위치] 변수에는 현재 창의 왼쪽 상단 첫 번째 셀의 행 번호를 저장합니다.

❼ [선택범위주소] 변수에는 현재 시트에서 선택된 셀(또는 범위)의 주소를 저장합니다.

❽ [새시트] 개체변수에 연결된 시트를 화면에 표시합니다. 이 코드로 사용자가 이동했던 시트가 다시 화면에 표시됩니다.

❾ 현재 엑셀 창 위치를 [이전열위치] 변수와 [이전행위치] 변숫값으로 변경합니다. 그러면 이전 시트의 표시 위치와 현재 시트의 표시 위치가 동일해집니다.

❿ Range 개체에 [선택범위주소] 변숫값을 전달하고 해당 위치를 선택합니다. 그러면 선택 위치도 이전 시트와 동일해집니다.

⓫ ❹ 줄 위치에서 해제한 화면 갱신 옵션과 이벤트 감지 옵션을 다시 원래대로 복원합니다.

06 개발된 SheetDeactivate 이벤트 동작을 확인합니다.

07 VB 편집기 창을 닫고 현재 시트에서 확인하고 싶은 부분을 클릭하거나 범위를 선택합니다.

08 다른 시트로 이동하면 동일한 위치와 제품이 선택되어 있습니다.

TIP 반대로 작업하는 것도 가능하므로 이동한 시트에서 다른 부분을 선택하고 원래 시트로 이동해보세요!

이벤트 우선 순위

예제 파일 없음

이벤트 우선순위

엑셀 프로그램은 사용자가 작업할 때마다 다양한 이벤트가 발생합니다. 이벤트를 이용한 코드를 개발할 때 반드시 알고 있어야 할 점은 특정 상황에서 한 개의 이벤트만 발생하는 것이 아니라 여러 개의 이벤트가 동시 다발적으로 발생한다는 것입니다. 따라서 특정 상황에 이벤트가 어떤 순서로 발생하는지 알고 있어야 합니다. 이런 이벤트 발생 순서를 이벤트 우선순위라고 합니다.

파일을 열 때 발생하는 이벤트 순서

파일 A가 열려 있는 상태에서 파일 B를 여는 경우에 발생하는 이벤트 순서입니다.

순서	이벤트	대상	구분
1	Workbook_Open	파일 B	이벤트
2	Workbook_WindowDeactivate	파일 A	
3	Workbook_Deactivate		
4	Workbook_Activate	파일 B	
5	Workbook_WindowActivate		
6	Auto_Open		프로시저

TIP 참고로 하나의 파일만 여는 경우라면 파일 A에 해당하는 2, 3번 이벤트는 발생하지 않습니다.

파일을 닫을 때 발생하는 이벤트 순서

파일 A를 닫을 경우에 발생하는 이벤트 순서입니다.

순서	이벤트	대상	구분
1	Workbook_BeforeClose		이벤트
2	Auto_Close		프로시저
3	Workbook_BeforeSave	파일 A	
4	Workbook_WindowDeactivate		이벤트
5	Workbook_Deactivate		

두 파일 사이에 전환이 있는 경우의 이벤트 순서

파일 A와 파일 B가 동시에 열려 있고, 파일 A에서 파일 B로 전환할 경우에 발생하는 이벤트 순서입니다.

순서	이벤트	대상	구분
1	Workbook_WindowDeactivate	파일 A	
2	Workbook_Deactivate		이벤트
3	Workbook_Activate	파일 B	
4	Workbook_WindowActivate		

두 시트 사이에 전환이 있는 경우 이벤트 순서

[시트 1] 시트와 [시트 2] 시트가 있을 때 [시트 1] 시트에서 [시트 2] 시트로 이동할 경우에 발생하는 이벤트 순서입니다.

순서	이벤트	대상	구분
1	Worksheet_Deactivate	[시트 1] 시트	
2	Workbook_SheetDeactivate		이벤트
3	Worksheet_Activate	[시트 2] 시트	
4	Wrokbook_SheetActivate		

전체 파일에 모두 적용되는 이벤트 활용 방법

예제 파일 PART 03 \ CHAPTER 15 \ (Application) WithEvents 키워드 I.xlsm

엑셀 프로그램 이벤트

이벤트를 개발할 때는 프로젝트 탐색기 창의 [Sheet] 개체나 [현재_통합_문서] 개체의 코드 창을 사용합니다. Sheet 개체에서는 셀과 워크시트 개체를 대상으로 하는 이벤트를, 현재_통합_문서 개체에서는 전체 워크시트와 파일을 대상으로 하는 이벤트를 개발합니다. 또 전체 파일이나 프로그램 대상의 이벤트는 현재_통합_문서 개체의 코드 창이나 클래스 모듈 개체의 코드 창에서 개발합니다.

WithEvents 키워드의 구문

[현재_통합_문서] 개체의 코드 창에서 Application 개체의 이벤트를 제어하려면 별도의 Application 형식의 개체변수를 선언해 사용합니다. 개체변수에 Application 개체의 이벤트를 연결하기 위해서는 WithEvents 키워드를 사용해 변수를 선언해야 하는데, WithEvents 키워드는 선언된 개체변수를 이용해 해당 개체의 이벤트를 제어할 수 있도록 해줍니다. 구문은 다음과 같습니다.

```
Dim WithEvents 변수명 As 개체형식
```

- Dim은 변수의 사용 범위에 맞게 Private, Public 등으로 변경할 수 있습니다.
- 개체형식은 **클래스명.개체명**과 같은 방식으로 지정해야 합니다.

현재_통합_문서 개체를 이용한 Application 이벤트 개발

[현재_통합_문서] 개체의 코드 창을 이용해 Application 개체의 이벤트를 제어하려면 다음과 같은 순서로 작업이 이뤄집니다.

- 1단계 : Application 형식의 개체변수를 WithEvents 키워드를 사용해 선언합니다.
- 2단계 : 선언된 개체변수를 Application 개체에 연결하고, 해제하는 동작을 개발합니다. 보통 연결은 Workbook_Open 이벤트를, 해제는 BeforeClose 이벤트를 활용합니다.
- 3단계 : 선언된 개체변수를 이용해 Application 개체의 이벤트를 개발합니다.

다음 과정을 참고합니다.

01 예제를 열고 엑셀 프로그램 창의 제목 표시줄을 보면 파일 명만 표시됩니다.

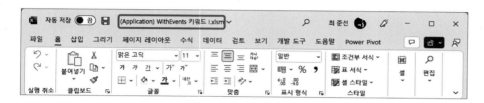

02 엑셀 파일을 열 때 제목 표시줄에 전체 경로가 표시되도록 이벤트를 개발합니다.

TIP 모든 파일에 적용 가능한 이벤트를 사용하려면 Application 개체의 이벤트를 이용해야 합니다.

03 Alt + F11 을 눌러 VB 편집기를 엽니다.

04 프로젝트 탐색기 창에서 [현재_통합_문서] 개체를 더블클릭해 코드 창을 엽니다.

05 코드 창에 Application 개체의 이벤트를 제어할 개체변수를 다음과 같이 입력해 선언합니다.

```
Public WithEvents xlApp As Excel.Application ──────── ❶
```

❶ 선언된 [xlApp] 개체변수를 파일 내 전체 코드 창에서 사용할 수 있도록 Public 문으로 선언합니다. WithEvents 키워드는 선언한 변수(xlApp)의 개체에서 제공하는 이벤트를 제어할 때 사용합니다. [xlApp] 개체변수는 Excel.Application 형식으로 선언했는데, 이는 Excel 프로그램의 최상위 Application 개체 형식을 의미합니다. 이렇게 선언하면 [xlApp] 개체변수를 이용해 Application 개체의 이벤트를 제어할 수 있습니다.

06 프로그램 연결을 위해 Workbook_Open 이벤트를 생성하고 다음 코드를 입력합니다.

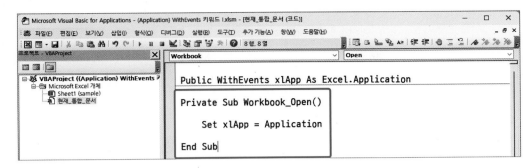

```
Private Sub Workbook_Open()            ─────────  ❶

    Set xlApp = Application            ─────────  ❷

End Sub
```

❶ 파일을 열 때 자동으로 실행합니다. Application 개체의 이벤트를 이용하기 위해서는 선언된 [xlApp] 개체변수에 Application 개체를
연결해야 합니다. 파일을 열 때 연결하면 이후 열리는 모든 파일은 [xlApp] 개체변수로 설정된 모든 이벤트의 영향을 받습니다.
❷ [xlApp] 개체변수에 Application 개체를 연결합니다.

TIP 파일을 열 때 [xlApp] 개체변수에 현재 프로그램(Application)을 연결합니다.

07 프로그램 연결 해제를 위해 BeforeClose 이벤트를 선언하고 다음 코드를 입력합니다.

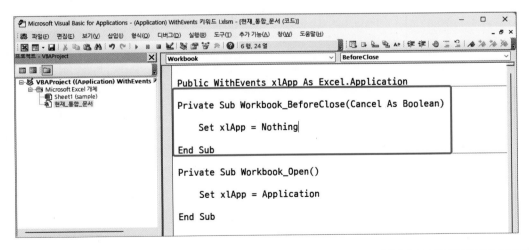

```
Private Sub Workbook_BeforeClose(Cancel As Boolean)    ─────────  ❶

    Set xlApp = Nothing                ─────────  ❷

End Sub
```

❶ 파일을 닫으면 더 이상 [xlApp] 개체변수로 제어할 이벤트가 동작하지 않도록 하기 위해 BeforeClose 이벤트를 이용합니다.

❷ [xlApp] 개체변수에 Nothing 키워드를 저장해 기존 연결된 개체(Application)와 연결을 해제합니다. 참고로 Nothing은 개체변수를 선언하고 아무것도 연결되지 않은 상태를 의미하며, 이렇게 개체변수를 초기화하거나 개체변수에 연결된 개체가 있는지 확인하고자 할 때 사용합니다.

TIP 파일을 닫을 때 [xlApp] 개체변수에 연결된 프로그램과 연결을 끊습니다.

08 이제 [xlApp] 개체변수를 이용해 Application 개체의 이벤트를 생성합니다.

09 [개체 목록]에서 [xlApp] 개체변수를, [프로시저 목록]에서 [WindowActivate] 이벤트를 선택합니다.

10 xlApp_WindowActivate 이벤트에 다음 코드를 입력합니다.

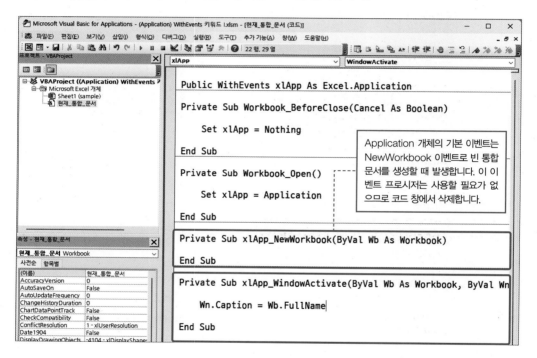

```
Private Sub xlApp_WindowActivate(ByVal Wb As Workbook, ByVal Wn As Window)    ❶

    Wn.Caption = Wb.FullName    ❷

End Sub
```

❶ [xlApp] 개체변수에 할당된 Application 개체의 이벤트 중에서 엑셀 창이 화면에 표시될 때 발생되는 WindowActivate 이벤트 프로시저를 생성합니다. 이 이벤트는 [Wb], [Wn] 매개변수를 사용하는데, [Wb] 매개변수는 화면에 표시된 파일을, [Wn] 매개변수는 화면에 표시된 엑셀 창 개체를 의미합니다.

❷ [Wn] 매개변수에 연결된 엑셀 창 개체의 제목(Caption) 속성값에, [Wb] 매개변수에 연결된 파일의 전체 경로와 파일 명을 전달해 엑셀 창에 파일의 전체 경로와 파일 명이 표시되도록 합니다.

Application 개체에서 사용할 수 있는 이벤트를 확인하려면 개체 목록에서 [xlApp] 개체변수를 선택하고 [프로시저 목록]을 살펴봅니다.

11 파일을 저장하고 닫고 다시 열어도 제목 표시줄에 파일의 경로가 표시되지 않습니다.

[xlApp] 개체변수는 파일이 열릴 때 Workbook_Open 이벤트에 의해 Application 개체에 연결되므로 그 이후에 파일을 여러 개 열어 창을 서로 전환해야 제목 표시줄에 전체 경로가 표시됩니다. 그러므로 파일을 열 때부터 전체 경로를 표시하려면 Workbook_Open 이벤트에 전체 경로를 표시하는 코드가 추가되어야 합니다.

12 현재_통합_문서 개체의 코드 창에서 Workbook_Open 이벤트를 다음과 같이 수정합니다.

```
Private Sub Workbook_Open()

    Set xlApp = Application
    ActiveWindow.Caption = ActiveWorkbook.FullName ─────────❶

End Sub
```

❶ 현재 엑셀 창의 제목에 화면에 표시된 파일의 전체 경로와 파일 명을 표시합니다.

13 VB 편집기 창을 닫고 엑셀 파일을 저장한 후 닫습니다.

14 다시 파일을 열면 다음과 같이 제목 표시줄에 파일의 전체 경로가 표시됩니다.

이 예제 파일을 열고 다른 파일을 열면 전체 경로가 표시되지만, 이 예제를 열지 않으면 전체 경로가 표시되지 않습니다. 모든 파일에서 전체 경로가 항상 표시되게 하려면 이 파일이 항상 열려 있어야 하므로 가장 좋은 방법은 이 파일을 추가 기능 파일로 만들어 사용하는 것입니다. 추가 기능 파일을 만들어 사용하는 방법은 이 책의 **SECTION 08-08**을 참고합니다.

클래스 모듈을 활용한 Application 개체 이벤트 활용 방법

예제 파일 PART 03 \ CHAPTER 15 \ (Application) WithEvents 키워드 II.xlsm

클래스 모듈을 이용해 Application 이벤트 개발하기

전체 파일에 적용 가능한 Application 개체의 이벤트는 클래스 모듈을 이용해 생성할 수 있습니다. 클래스 모듈을 이용하는 방법은 현재_통합_문서 개체를 이용한 방법과 절차상 차이는 있지만 Application 개체의 이벤트를 생성하고 제어할 수 있다는 점에서는 동일하므로, 두 가지 방법 중 사용자가 편한 방법을 이용해 필요한 이벤트를 생성하고 사용합니다.

01 엑셀 파일의 모든 시트의 화면 배율을 최소 120%로 맞춰주는 기능을 개발합니다.

TIP 모든 파일에서 이런 작업을 하려면 Application 개체의 이벤트를 활용합니다.

02 예제를 열고 Alt + F11 을 눌러 VB 편집기 창을 엽니다.

03 [삽입]-[클래스 모듈] 메뉴를 선택해 새 클래스 모듈 개체를 추가합니다.

04 삽입된 클래스 모듈 개체를 선택하고 속성 창의 (이름) 값을 **xlApp Events**로 변경합니다.

> 클래스 개체의 이름은 새로운 개체 형식으로 인식되므로, 다른 개체명과 동일하게 사용하면 안 됩니다.

05 Application 개체의 이벤트를 사용하기 위해 [xlApp] 개체변수를 선언합니다.

```
Private WithEvents xlApp As Excel.Application ──────── ❶
```

06 Class_Initialize 이벤트를 하나 생성하고 아래 코드를 입력합니다.

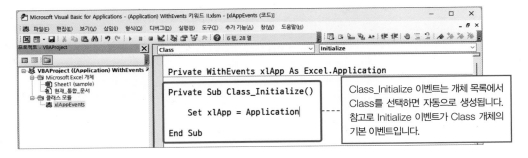

```
Private Sub Class_Initialize()          ❶

    Set xlApp = Application             ❷

End Sub
```

07 선언된 [xlApp] 개체변수를 사용해 이벤트를 생성합니다.

08 코드 창에서 xlApp_WindowActivate 이벤트를 생성하고 다음 코드를 입력합니다.

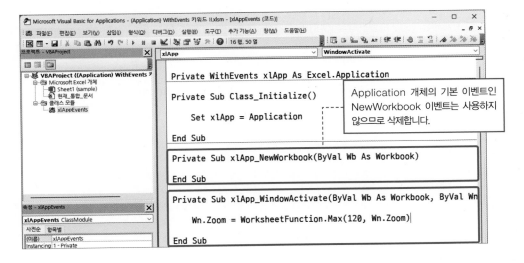

```
Private Sub xlApp_WindowActivate(ByVal Wb As Workbook, ByVal Wn As Window)      ———— ❶

    Wn.Zoom = WorksheetFunction.Max(120, Wn.Zoom)    ———————— ❷

End Sub
```

❶ 화면 배율을 자동으로 조정하려면 엑셀 창이 화면에 표시될 때나 시트가 화면에 표시될 때, 이렇게 두 개의 이벤트를 사용해야 합니다. 먼저 엑셀 창이 화면에 표시될 때 발생하는 WindowActivate 이벤트를 선언합니다.

❷ WindowActivate 이벤트의 [Wn] 매개변수는 현재 화면에 표시된 창을 의미합니다. 창의 배율(Zoom)을 최소 120%로 맞추는 작업을 위해 워크시트 함수인 Max 함수를 사용해 현재 배율(Wn.Zoom)과 120% 중에서 큰 값으로 결정합니다. 화면 배율이 120%를 초과할 경우에는 변화가 없지만, 120%보다 작을 때는 무조건 120%로 변경됩니다.

09 시트를 선택했을 때 발생하는 SheetActivate 이벤트를 생성하고 다음 코드를 입력합니다.

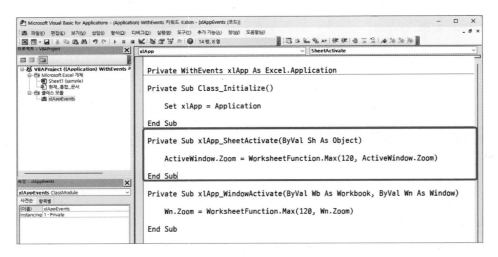

```
Private Sub xlApp_SheetActivate(ByVal Sh As Object)    ———————— ❶

    ActiveWindow.Zoom = WorksheetFunction.Max(120, ActiveWindow.Zoom)   ———— ❷

End Sub
```

❶ 시트가 화면에 표시될 때마다 화면 배율을 조정하기 위해 Application 개체의 SheetActivate 이벤트를 선언합니다. Application 개체의 SheetActivate 이벤트는 현재 프로그램 내 열려 있는 모든 파일의 시트에 적용됩니다.

❷ SheetActivate 이벤트는 WindowActivate와 달리 [Wn]과 같은 창 매개변수를 사용하지 않으므로, 현재 엑셀 창을 의미하는 ActiveWindow 속성을 이용해 엑셀 창의 배율을 WindowActivate 이벤트와 마찬가지 방법으로 조정합니다.

클래스 모듈 내 이벤트 사용하기

클래스 모듈에서 생성된 Application 개체 이벤트는 클래스 모듈이 사용될 때 활성화됩니다. 그러므로 파일을 열었을 때 클래스 모듈의 개체가 새로 사용되도록 작업합니다.

01 [현재_통합_문서] 개체를 더블클릭해 코드 창을 엽니다.

02 xlAppEvents 형식의 전역변수를 선언하고 Open 이벤트를 이용해 개체를 생성합니다.

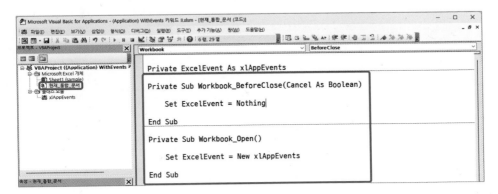

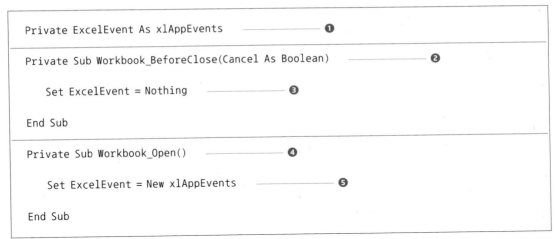

❶ xlAppEvents 클래스 형식의 [ExcelEvent] 개체변수를 선언합니다.

❷ 파일을 닫으면 Application 개체의 이벤트가 모두 해제되도록 BeforeClose 이벤트를 선언합니다.

❸ [ExcelEvent] 개체변수를 초기화해 Application 개체의 이벤트를 모두 해제합니다.

❹ 파일을 열 때 Application 개체의 이벤트를 활성화하기 위해 Open 이벤트를 선언합니다.

❺ xlAppEvents 클래스 모듈을 이용해 새 개체를 생성하고 이를 ExcelEvent 개체변수에 연결합니다. 이 과정에서 xlAppEvents 클래스 모듈에 있는 Application 개체의 이벤트가 모두 활성화됩니다.

03 Application 개체의 이벤트가 제대로 동작하는지 확인합니다.

04 VB 편집기 창을 닫고, 파일을 저장한 후 닫습니다.

05 다시 파일을 열면 화면 배율이 자동으로 120%로 맞춰집니다.

다른 파일을 열거나 새 시트를 추가해보면 모든 시트의 화면 배율이 자동으로 120%에 맞춰집니다. 화면 배율을 120%보다 크게 해둔 경우에는 바뀌지 않지만, 화면 배율을 120%보다 작게 하면 자동으로 120%로 맞춰집니다.

15/22 특정 시간에 매크로 실행을 예약하는 방법

예제 파일 PART 03 \ CHAPTER 15 \ (Application) OnTime 이벤트 I.xlsm

Application 개체의 이벤트 메서드

Application 개체의 이벤트는 WithEvents 키워드를 사용하는 방법 외에도 Application 개체의 메서드로 제공되는 것이 몇 가지 있습니다. 그중 가장 유용한 이벤트는 특정 시간에 원하는 매크로가 실행되도록 예약할 수 있는 OnTime 메서드입니다. OnTime 이벤트는 Workbook_Open 이벤트나 Auto_Open 매크로를 이용해 예약할 수 있습니다.

OnTime 메서드 구문

Application 개체의 OnTime 메서드는 다음 구문을 사용합니다.

Application.OnTime (❶earliesttime, ❷procedure, ❸lastesttime, ❹schedule)

❶ earliesttime	프로시저를 실행할 시작 시간을 지정합니다.
❷ procedure	실행할 프로시저 명으로, 반드시 큰따옴표(")로 묶어 전달해야 합니다.
❸ lastesttime	프로시저를 실행할 마지막 시간을 지정합니다. 이 매개변수는 생략할 수 있으며, 생략하면 프로그램을 종료하는 시간이 마지막 시간이 됩니다.
❹ schedule	실행 시간에 프로시저를 실행할지 여부를 지정합니다. True는 실행, False는 실행 취소입니다.

OnTime 메서드 사용 예

OnTime 메서드를 이용해 프로시저를 예약하는 방법은 다음과 같습니다.

```
Application.OnTime TimeSerial(18,0,0), "매크로1" ─────────────── ❶
Application.OnTime TimeSerial(9,0,0), "매크로2", TimeSerial(18,0,0) ─────── ❷
Application.OnTime Now+TimeSerial(1,0,0), "매크로3" ────────── ❸
```

❶ 오후 6시에 [매크로1] 매크로를 실행합니다.

❷ 오전 9시에 [매크로2] 매크로를 실행하며, 반복 실행될 경우 마지막 실행 시간은 오후 6시까지입니다.

❸ 현재 시간에서 1시간 뒤에 [매크로3] 매크로를 실행합니다.

다음 매크로는 OnTime 메서드를 이용하는 간단한 사용 방법의 예를 제공합니다.

```
Sub 매크로실행예약() ─────────── ❶

    Application.OnTime Now + TimeSerial(0, 1, 0), "안내메시지" ───────── ❷

End Sub

Sub 안내메시지() ─────────── ❸

    MsgBox "안내 메시지입니다.", Title:="엑셀 매크로&VBA 바이블" ────────── ❹

End Sub
```

❶ [매크로실행예약] 매크로를 모듈(Module) 개체의 코드 창에 선언합니다. 만약 파일을 열 때 자동으로 OnTime 메서드를 실행하려면 프로시저 명을 Auto_Open으로 변경하거나 Workbook_Open 이벤트를 사용합니다.

❷ OnTime 메서드를 이용해 [매크로실행예약] 매크로가 실행되고 1분 뒤에 [안내메시지] 매크로를 실행하도록 예약합니다.

❸ [안내메시지] 매크로를 선언합니다.

❹ MsgBox 함수를 사용해 간단한 메시지를 화면에 표시합니다.

TIP 이 매크로는 예제 파일의 VB 편집기 내에 있는 Module1 개체의 코드 창에 입력되어 있습니다.

이 매크로를 테스트하려면 예제 파일을 열고 [1분 뒤 메시지 창] 단추를 클릭합니다. 그러면 정확히 1분 뒤에 메시지 창이 표시됩니다.

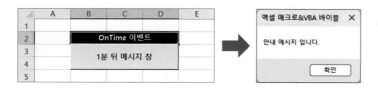

이 매크로의 단점은 실행 시간이 얼마나 남았는지 정확하게 모른다는 점인데, 이 문제를 해결하려면 상태 표시줄에 남은 시간을 표시합니다. [매크로실행예약] 매크로를 다음과 같이 수정합니다.

파일 : (Application) OnTime 이벤트 I (코드).txt

```
Sub 매크로실행예약()

' 1단계 : 변수를 선언합니다.
    Dim 예약시간 As Date                      ❶

' 2단계 : 매크로 실행을 예약합니다.
    예약시간 = Now + TimeSerial(0, 1, 0)        ❷

    Application.OnTime 예약시간, "안내메시지"      ❸

' 3단계 : 상태 표시줄에 남은 시간을 표시합니다.
    Do                    ❹

        Application.StatusBar = Format(예약시간 - Now, "hh:mm:ss")     ❺
        DoEvents            ❻

    Loop While Now < 예약시간           ❼

    Application.StatusBar = False        ❽

End Sub
```

❶ Date 형식의 [예약시간] 변수를 선언합니다.

❷ [예약시간] 변수에 매크로를 실행한 시간에서 1분 뒤 시간을 저장합니다. 이 코드는 다음과 같이 변경될 수 있습니다.

```
예약시간 = DateAdd("n", 1, Now)
```

LINK DateAdd 함수에 대해서는 이 책의 **SECTION 10-15**를 참고합니다.

❸ OnTime 메서드를 이용해 [예약시간] 변수에 저장된 시간에 [안내메시지] 매크로를 실행하도록 예약합니다.

❹ Do··· Loop 문을 이용해 [안내메시지] 매크로를 실행하기 전까지 ❺−❻ 줄의 코드를 반복해서 실행합니다.

❺ [예약시간] 변수에 저장된 시간에서 현재 시간(Now)을 뺀 값을 "hh:mm:ss" 형식으로 상태 표시줄에 나타냅니다. 실행 때까지 남은 시간이 상태 표시줄에 나타납니다. 서식 코드 중 "mm"은 "nn"으로 변경해도 됩니다. 참고로 "n" 서식 코드는 VBA에서만 사용할 수 있으며 분을 의미합니다.

❻ DoEvents 함수를 사용해 매크로가 실행되고 있어도 다른 작업이 처리될 수 있도록 설정합니다.

❼ Do··· Loop 순환문은 현재 시간이 [예약시간] 변수에 저장된 시간보다 적은 경우에만 반복합니다. 이렇게 해야 예약된 매크로가 실행될 때까지만 순환문이 반복합니다.

❽ 상태 표시줄을 초기화합니다. 상태 표시줄에 표시된 시간이 지워지고 원래 방식대로 동작합니다.

[매크로실행예약] 매크로 코드를 수정한 후 [1분 뒤 메시지 창] 단추를 클릭하면 상태 표시줄에 [안내메시지] 매크로 실행까지의 남은 시간이 표시됩니다.

일정 간격으로 특정 매크로를 반복 실행하는 방법

예제 파일 PART 03 \ CHAPTER 15 \ (Application) OnTime 이벤트 II.xlsm

OnTime 메서드를 이용하면 매크로를 예약할 때 한 번만 실행하는 것이 아니라 일정 간격으로 반복해서 매크로를 실행할 수 있습니다. 예약된 매크로에서 일정 시간 뒤에 다시 매크로가 실행되도록 예약합니다. 이렇게 하면 계속해서 매크로가 실행되므로 필요에 따라 예약된 매크로를 취소할 수 있도록 매크로 실행 시간을 Private 또는 Public 형식의 변수에 저장하는 것이 좋습니다. 다음은 일정 간격으로 특정 매크로를 반복 실행하도록 구성된 코드의 사용 예입니다.

```
Private 예약시간 As Date  ─────────── ❶

Sub 매크로실행예약()  ─────────── ❷

    예약시간 = Now + TimeSerial(0, 0, 10)  ─────────── ❸
    Application.OnTime 예약시간, "안내메시지"  ─────────── ❹

End Sub

Sub 안내메시지()  ─────────── ❺

    MsgBox "안내 메시지입니다.", Title:="엑셀 매크로&VBA 바이블"  ─────────── ❻
    Call 매크로실행예약  ─────────── ❼
End Sub

Sub 매크로예약취소()  ─────────── ❽

    Application.OnTime 예약시간, "안내메시지", , False  ─────────── ❾

End Sub
```

❶ Date 형식의 [예약시간] 변수를 전역변수로 선언합니다. 변수를 코드 창 상단에 Private 문으로 선언했으므로 동일한 코드 창에 있는 모든 프로시저에서 이 변수를 사용할 수 있습니다. 참고로 Private 문은 Dim 문으로 변경할 수 있습니다.

❷ [매크로실행예약] 매크로를 Sub 프로시저로 선언합니다. 파일을 열 때 바로 실행되게 하려면 프로시저명을 Auto_Open으로 변경하거나 Workbook_Open 이벤트에서 [매크로실행예약] 매크로를 호출하도록 설정합니다.

❸ [예약시간] 변수에 현재 시간(Now)에서 10초 뒤 시간을 저장합니다. 이 코드는 다음과 같이 변경될 수 있습니다.

```
예약시간 = DateAdd("s", 10, Now)
```

❹ OnTime 메서드를 이용해 [예약시간] 변수에 저장된 시간에 [안내메시지] 매크로를 실행하도록 예약합니다.

❺ [안내메시지] 매크로를 Sub 프로시저 형식으로 선언합니다.

❻ MsgBox 함수를 사용해 안내 메시지 창을 표시합니다.

❼ Call 문을 사용해 [매크로실행예약] 매크로를 호출합니다. 10초 뒤에 다시 [안내메시지] 매크로가 실행되며, 이 동작이 반복될 때마다 계속해서 [안내메시지] 매크로가 반복해서 실행됩니다.

❽ [매크로예약취소] 매크로를 Sub 프로시저 형식으로 선언합니다. 파일을 닫을 때 자동으로 예약된 프로시저를 취소하려면 프로시저 명을 Auto_Close으로 변경하거나 Workbook_BeforeClose 이벤트를 사용합니다.

❾ OnTime 메서드를 이용해 [예약시간] 변수의 저장된 시간에 예약된 [안내메시지] 매크로 실행을 취소합니다. 예제 코드에서는 매개변수 명을 생략해 네 번째 인수 값을 지정하기 위해 쉼표(,)를 중간에 두 번 입력했지만, 매개변수 명을 사용해 다음과 같이 코드를 구성해도 됩니다.

```
Application.OnTime EarliestTime:=예약시간, Procedure:="안내메시지", Schedule:=False
```

이 매크로를 테스트해보려면 제공된 예제를 열고 다음 화면을 참고해 단추를 클릭합니다.

❶ [매크로실행예약] 매크로가 연결되어 있으며, 클릭하면 10초 간격으로 메시지 창이 표시됩니다.

❷ [매크로예약취소] 매크로가 연결되어 있으며, 클릭하면 메시지 창이 더 이상 표시되지 않습니다.

특정 키 입력으로 원하는 매크로를 실행하는 방법

예제 파일 PART 03 \ CHAPTER 15 \ (Application) OnKey 이벤트.xlsm

단축키로 매크로 실행

Application 개체에는 OnTime 메서드 외에도 이벤트와 관련한 OnKey, OnRepeat, OnUndo와 같은 메서드를 제공합니다. OnKey 메서드는 사용자의 키 입력을 인식해 지정된 매크로를 실행할 때 사용할 수 있습니다. 즉, 매크로에 단축키를 설정할 수 있습니다. 사용자가 설정한 단축키가 엑셀의 내장 단축키와 동일할 때는 OnKey 메서드로 지정한 단축키 동작이 우선해서 실행되므로 주의가 필요합니다.

OnKey 메서드 구문

OnKey 메서드의 구문은 다음과 같습니다.

Application.OnKey (❶key, ❷procedure)

❶ key	사용자가 입력할 키(또는 키 조합)를 의미하는 문자열로 큰따옴표(")로 묶어 전달합니다.			
	키 종류	**Key**	**키 종류**	**Key**
	Backspace	BS	위 방향키(↑)	UP
	Delete	DEL	아래 방향키(↓)	DOWN
	Esc	ESC	왼쪽 방향키(←)	LEFT
	Enter	~	오른쪽 방향키(→)	RIGHT
	Alt	%	Page Up	PGUP
	Ctrl	^	Page Down	PGDN
	Shift	+	Tab	TAB
	영문자	입력	각 펑션키	F1~F15
❷ procudure	실행할 매크로 이름을 큰따옴표(")로 묶어 전달합니다. 이 매개변수에 아무 매크로도 연결하지 않으면 내장 단축키가 실행되며, 빈 문자("")를 전달하면 단축키를 눌렀을 때 아무런 동작도 실행되지 않도록 할 수 있습니다.			

OnKey 메서드는 앞서 설명한 키 문자열을 조합해 설정하며, 해당 키를 눌렀을 때 자동으로 동작합니다. 따라서 [Key] 매개변수에 정확한 키 문자열을 설정할 필요가 있습니다. 예를 들어 Ctrl + P 는 [Key] 매개변수에서 "^p"입니다. 이때 영문자는 대/소문자를 구분하며, "^P"와 같이 대문자로 설정하면 Ctrl + Shift + P 를 누른 것으로 인식되어 주의할 필요가 있습니다. 참고로 배열 수식을 사용할 때 입력하는 Ctrl + Shift + Enter 조합은 [Key] 매개변수에 "^+~"와 같이 설정됩니다.

OnKey 메서드 사용 예

OnKey 메서드를 이용해 Ctrl + P 에 원하는 매크로가 실행되도록 하거나 해제하는 방법, 또는 Ctrl + P 를 사용하지 못하도록 하는 방법은 다음 코드를 통해 확인할 수 있습니다.

```
Sub 단축키설정()                        ❶

    Application.OnKey "^p", "안내메시지"                ❷

End Sub

Sub 안내메시지()                        ❸

    MsgBox "인쇄 작업 대신 메시지 창이 표시됩니다.", Title:="엑셀 매크로&VBA 바이블"            ❹

End Sub

Sub 단축키초기화()                      ❺

    Application.OnKey "^p"                  ❻

End Sub

Sub 단축키불능()                        ❼

    Application.OnKey "^p", ""              ❽

End Sub
```

❶ [단축키설정] 매크로를 Sub 프로시저로 선언합니다. 파일을 열 때 자동으로 실행하려면 매크로명을 Auto_Open으로 수정하거나 Workbook_Open 이벤트를 사용합니다.

❷ OnKey 메서드를 이용해 Ctrl + P 를 눌렀을 때 [안내메시지] 매크로가 실행되도록 설정합니다.

❸ [안내메시지] 매크로를 선언합니다. 이 매크로가 단축키를 눌렀을 때 실행될 매크로입니다.

❹ MsgBox 함수를 사용해 메시지 창을 표시합니다.

❺ [단축키초기화] 매크로를 Sub 프로시저로 선언합니다. 이 매크로는 OnKey 메서드로 설정된 매크로를 해제하는 역할을 합니다.

❻ OnKey 메서드를 이용해 Ctrl + P 만 설정합니다. 실행될 매크로를 설정하지 않으면 Ctrl + P 를 누를 때 엑셀의 내장 명령(인쇄)이 실행됩니다.

❼ [단축키불능] 매크로를 선언합니다. 이 매크로는 Ctrl + P 를 눌렀을 때 아무 동작도 실행되지 않도록 합니다.

❽ OnKey 메서드를 이용해 Ctrl + P 를 눌렀을 때 실행할 매크로 이름을 빈 문자("")로 설정합니다. 이렇게 하면 실행할 매크로가 존재하지 않아 단축키를 눌렀을 때 아무 동작도 하지 않습니다.

OnKey 이벤트의 동작과 관련해서는 예제를 열고 다음 설명을 참고해 테스트해보세요!

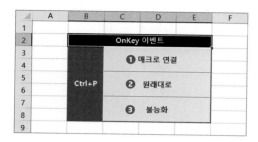

❶ [단축키설정] 매크로가 연결되어 있으며, 이 단추를 클릭하고 Ctrl + P 를 누르면 [안내메시지] 매크로가 실행됩니다.

❷ [단축키초기화] 매크로가 연결되어 있으며, 이 단추를 클릭하고 Ctrl + P 를 누르면 원래 동작인 리본 메뉴의 [파일] 탭-[인쇄] 메뉴를 선택한 것과 동일한 화면이 표시됩니다.

❸ [단축키불능] 매크로가 연결되어 있으며, 이 단추를 클릭하고 Ctrl + P 를 누르면 아무런 동작도 이뤄지지 않습니다.

🔍 **더 알아보기** **Ctrl 과 연결되지 않은 영문 단축키**

엑셀에서 제공되는 단축키 중에서 Ctrl 과 조합해 사용되지 않는 영문 단축키는 다음과 같습니다.

Ctrl + J , Ctrl + M , Ctrl + Q

참고로 위 단축키는 엑셀 2013 이상 버전에서 사용되지 않는 단축키입니다. 엑셀 2010 버전까지는 Ctrl + E 도 비워져 있었지만 엑셀 2013 버전에서 [빠른 채우기] 명령에 연결되어 사용됩니다.

사용자 정의 폼

앞서 개발한 다양한 프로시저(Sub, Function, Event)는 정해진 일을 처리하기는 편리하지만, 사용자와 커뮤니케이션하면서 동작하기는 어렵습니다. 이런 점을 보완하려면 폼 개체를 이용해 대화상자를 제공하는 것이 좋습니다. 대화상자에서는 사용자가 특정 값을 입력하거나 옵션을 선택할 수 있고, 그 값을 이용해 매크로를 실행할 수 있어 효율적입니다.

대화상자를 개발하는 폼 개체를 이용하려면 다양한 폼 컨트롤을 구성하는 방법과 폼 및 컨트롤을 조작하는 이벤트 제어 방법을 이해할 필요가 있습니다.

사용자 정의 폼(Userform) 이해

예제 파일 없음

Userform 개체 추가

대화상자 개발에 사용되는 사용자 정의 폼은 Userform 개체로, VB 편집기에서 추가할 수 있습니다. VBA에서는 Userform 개체에 추가할 수 있는 다양한 컨트롤을 제공하므로 사용자는 해당 컨트롤로 엑셀 프로그램에서 자주 사용하는 대화상자와 동일한 구성의 폼이나 자신만의 독특한 구성을 갖는 폼을 개발할 수 있습니다. 폼 개체를 파일에 추가하는 방법은 다음과 같습니다.

01 빈 엑셀 파일을 하나 생성합니다.

02 Alt + F11 을 눌러 VB 편집기 창을 실행합니다.

03 VB 편집기의 [삽입]-[사용자 정의 폼] 메뉴를 선택해 폼 개체를 하나 추가합니다.

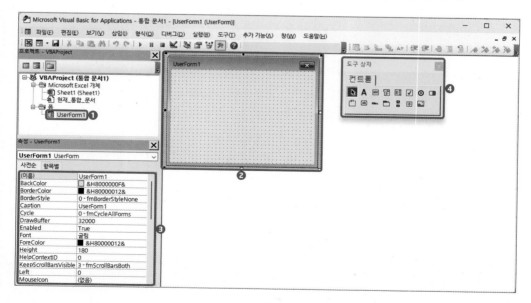

Userform 개체의 코드 창

VB 편집기에서 폼 개체가 표시되는 위치는 코드 창 영역으로, 이 위치에 코드 창과 폼 개체 레이아웃 창이 함께 표시됩니다. 코드 창으로 전환하려면 프로젝트 탐색기 창 상단의 [코드 보기▦]를 클릭합니다.

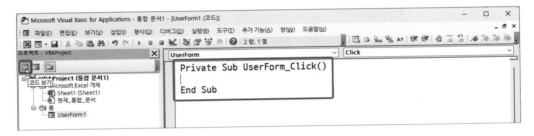

TIP 코드 창에는 폼 개체의 기본 이벤트인 Click 이벤트가 자동으로 생성될 수 있습니다. 필요하지 않으면 삭제합니다.

다시 폼 개체를 보려면 프로젝트 탐색기 창 상단의 [개체 보기▦]를 클릭합니다.

Userform 개체 이름 변경

Userform 개체는 여러 개 추가할 수 있으며, 추가된 순서로 Userform1, Userform2, …과 같은 개체 이름이 부여됩니다. Userform 개체의 이름을 변경하려면 Userform 개체를 선택하고 속성 창의 (이름) 속성값을 변경합니다. 다음 화면을 참고해 Userform1 개체의 이름을 **입력폼**으로 변경합니다.

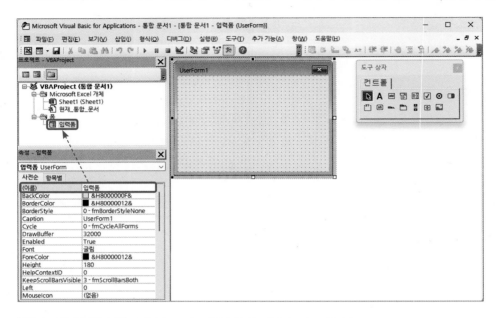

TIP 속성 창의 (이름) 속성을 변경하면 프로젝트 탐색기 창의 폼 개체 이름이 변경됩니다.

개발된 폼 실행 방법과 닫는 방법

예제 파일 PART 03 \ CHAPTER 16 \ (Userform) 폼 실행, 닫기.xlsm

Userform 개체를 엑셀 창에서 표시하려면 Userform 개체를 호출하는 별도의 매크로를 개발해야 합니다. 화면에 표시된 Userform 개체를 닫으려면 폼 우측 상단의 [닫기]를 이용하거나 별도의 [닫기] 또는 [취소] 단추를 Userform 개체에 추가해 해당 단추를 클릭할 때 폼이 닫히게 합니다. 다음 과정을 참고합니다.

01 예제 파일을 열고 `Alt`+`F11`을 눌러 VB 편집기 창을 엽니다.

TIP 프로젝트 탐색기 창의 [폼] 폴더에 추가된 입력폼을 엑셀 창에서 실행하고 닫을 수 있게 개발합니다.

02 [삽입]-[모듈] 메뉴를 선택해 Module1 개체를 추가합니다.

03 Module1 개체의 코드 창에 다음 매크로를 개발합니다.

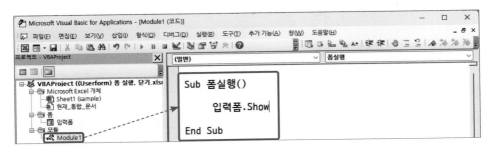

```
Sub 폼실행()

    입력폼.Show ──────────── ❶

End Sub
```

❶ Userform 개체(입력폼)를 화면에 표시하기 위해 Show 메서드를 사용합니다. 참고로 입력폼은 Userform 개체의 이름으로 폼 이름이 틀리면 폼이 실행되지 않습니다. 폼 이름을 나중에 수정하면 이 부분은 자동으로 변경되지 않으므로 항상 수정된 이름으로 고쳐야 합니다.

04 프로젝트 탐색기 창에서 입력폼 개체를 선택합니다.

05 프로젝트 탐색기 창 상단의 [코드 보기 📖]를 클릭해 폼 개체의 코드 창을 표시합니다.

06 코드 창에 Userform 개체의 Click 이벤트를 생성하고 다음 코드를 입력합니다.

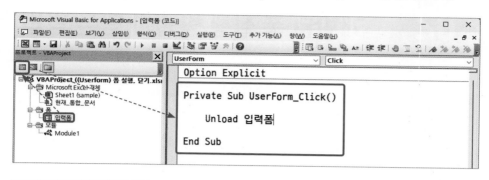

❶ UserForm_Click 이벤트는 폼을 클릭할 때 자동으로 실행됩니다. 코드 창 상단의 개체 보기 콤보 상자에서 [Userform] 개체를 선택하면 자동으로 생성됩니다.

❷ Unload 문은 Userform 개체를 메모리에서 제거하는 역할을 합니다. 이 동작으로 폼이 닫힙니다. Unload 문 다음에는 닫을 폼 이름이 입력되어야 하는데, 폼 이름 대신 현재 개체를 반환하는 Me 키워드를 다음과 같이 사용할 수 있습니다.

```
Unload Me
```

Me 키워드는 프로시저가 속한 개체를 반환하는데, 이번에는 Userform 개체의 코드 창에서 사용했으므로, Me 키워드는 입력폼 개체를 의미합니다.

07 폼을 실행하고 닫는 동작을 테스트하기 위해 VB 편집기 창을 닫습니다.

08 리본 메뉴의 [개발 도구] 탭–[컨트롤] 그룹–[삽입📰]–[양식 컨트롤]–[단추▢]를 클릭하고 [B2:C3] 범위에 추가합니다.

09 [매크로 지정] 대화상자가 표시되면 [폼실행] 매크로를 선택하고 [확인]을 클릭합니다.

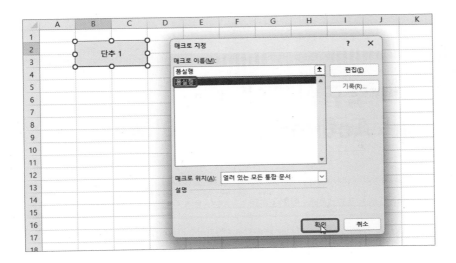

10 추가된 [단추 1] 단추를 클릭하면 폼이 화면에 표시됩니다.

11 폼의 빈 영역을 클릭하면 Userform_Click 이벤트가 동작하면서 폼이 닫힙니다.

16 / 03 도구 상자 내 Active-X 컨트롤 이해

예제 파일 없음

Userform 개체를 엑셀 창에서 표시하려면 Userform 개체를 호출하는 별도의 매크로를 개발해야 합니다. 화면에 표시된 Userform 개체를 닫는 작업은 폼 우측 상단의 [닫기⊠]를 이용할 수 있지만, 별도의 [닫기] 또는 [취소] 단추를 Userform 개체에 추가해 해당 단추를 클릭할 때 폼이 닫히게 할 수 있습니다. 다음 과정을 참고합니다.

[도구 상자] 창에 표시되는 컨트롤은 다음과 같습니다.

아이콘	컨트롤	역할
A	레이블(Label)	폼에 수정 불가능한 문자열을 표시할 때 사용합니다.
abl	텍스트 상자(TextBox)	폼에 값을 입력받고 싶을 때 사용합니다.
🔲	콤보 상자(ComboBox)	텍스트 상자와 목록 상자 컨트롤이 결합된 형태로 드롭다운 목록이라고도 합니다. 아래 화살표 단추(▼)를 클릭해 목록 내 항목을 하나 선택하거나 값을 입력받고 싶을 때 사용합니다.
🔲	목록 상자(ListBox)	여러 개 항목이 표시된 목록을 표시하며 이중 하나 또는 여러 개를 선택할 때 사용합니다.
☑	확인란(CheckBox)	폼에서 하나의 옵션에 대한 선택 여부를 결정할 때 사용합니다.
⊙	옵션 단추(OptionButton)	폼에서 여러 개의 옵션 중 하나를 선택하도록 할 때 사용합니다.
🔲	토글 단추(ToggleButton)	확인란 컨트롤과 유사한 단추 컨트롤입니다. 클릭하면 눌러진 상태로 표시되며, 다시 클릭하면 눌러진 상태가 해제됩니다.
🔲	프레임(Frame)	다른 컨트롤을 그룹으로 묶어 사용하고자 할 때 사용합니다. 주로 옵션 단추(또는 확인란)를 묶어 하나의 집합을 표시하고자 할 때 사용합니다.
🔲	명령 단추(CommandButton)	단추를 눌러 원하는 명령을 실행할 때 사용합니다.

아이콘	컨트롤	역할
	연속 탭(TabStrip)	다중 페이지 컨트롤과 유사한 컨트롤로, 폼에 탭을 사용해 여러 페이지를 삽입하고자 할 때 사용합니다. 연속 탭 컨트롤은 이전 버전과 호환성 때문에 제공됩니다. 탭을 사용하는 폼을 개발할 때는 연속 탭보다 다중 페이지 컨트롤을 이용하는 것이 좋습니다.
	다중 페이지(MultiPage)	여러 탭을 사용하는 대화상자를 만들려고 할 때 사용합니다. 마법사 폼 역시 다중 페이지 컨트롤을 사용해 구성합니다.
	스크롤 막대(ScrollBar)	텍스트 상자 컨트롤과 연계해 긴 구간의 값을 조정할 때 사용합니다. 스핀 단추 컨트롤과 유사합니다.
	스핀 단추(SpinButton)	텍스트 상자 컨트롤과 연계해 짧은 구간의 값을 조정할 때 사용합니다.
	이미지(Image)	폼에 그림(이미지)을 표시할 때 사용합니다.
	RefEdit	폼에서 워크시트 내 범위를 선택할 때 사용합니다. 대화상자에서 대화상자 축소 아이콘(⬆)이 있는 입력 상자의 역할과 동일합니다.

이 책에 나오는 컨트롤 이름은 컨트롤 종류에 따라 다음과 같은 약어를 붙여 사용할 예정입니다.

컨트롤	접두어	사용 예
Label	lbl	lbl이름
TextBox	txt	txt이름
ComboBox	cmb	cmb이름
ListBox	lst	lst이름
CheckBox	chk	chk이름
OptionButton	opt	opt이름
ToggleButton	tgl	tgl이름
Frame	fra	fra이름
CommandButton	btn	btn이름
TabStrip	tab	tab이름
MultiPage	mlt	mlt이름
ScrollBar	scr	scr이름
SpinButton	spn	spn이름
Image	img	img이름
RefEdit	ref	ref이름

TIP 이 책의 컨트롤을 좀 더 잘 구분하기 위해 사용하는 것일 뿐 규약은 아닙니다.

16 / 04 도구 상자 창 이용 방법

예제 파일 없음

도구 상자 창에 새 컨트롤 추가

[도구 상자] 창에 표시된 컨트롤 외에도 사용자 PC에 설치된 프로그램에 따라 좀 더 다양한 컨트롤을 폼에 추가해 사용할 수 있습니다. 이 책에서는 ListBox 컨트롤을 대체할 수 있는 ListView 컨트롤이나 원하는 항목을 트리 구조로 표시할 수 있는 TreeView 컨트롤, 달력을 사용할 수 있는 MonthView 컨트롤의 사용 방법을 설명합니다. 사용자가 원하는 컨트롤은 [도구 상자] 창에 추가해 사용할 수 있습니다. 다음 과정을 참고합니다.

01 [도구 상자] 창의 빈 영역에서 마우스 오른쪽 버튼을 클릭하고 [추가 컨트롤]을 클릭합니다.

02 원하는 컨트롤을 선택하고 [확인]을 클릭합니다.

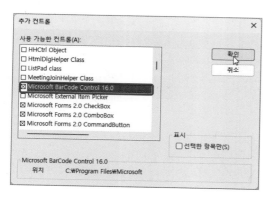

TIP 화면에서 선택한 컨트롤은 바코드 컨트롤입니다.

/ PART 03 | 엑셀 프로그램 주요 개체

03 선택한 컨트롤의 아이콘이 [도구 상자] 창에 나타납니다.

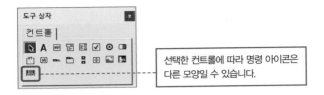

선택한 컨트롤에 따라 명령 아이콘은 다른 모양일 수 있습니다.

추가한 컨트롤 삭제

추가된 컨트롤을 삭제하려면 [도구 상자] 창에서 추가된 컨트롤 아이콘을 마우스 오른쪽 버튼으로 클릭한 후 [컨트롤 이름 삭제]를 선택합니다. 이때 기본 컨트롤을 삭제하면 따로 등록해야 하므로 주의가 필요합니다.

도구 상자 창에 새 탭 추가

[도구 상자] 창에서 기본 컨트롤 외 추가 컨트롤을 별도의 탭에 구분해 사용하려면 새 탭을 등록해 컨트롤을 추가합니다. 다음 과정을 참고합니다.

01 상단의 [컨트롤] 탭에서 마우스 오른쪽 버튼을 클릭하고 [새 페이지]를 선택합니다.

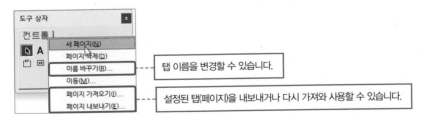

탭 이름을 변경할 수 있습니다.

설정된 탭(페이지)을 내보내거나 다시 가져와 사용할 수 있습니다.

TIP 추가한 탭을 삭제하려면 해당 탭을 선택하고 [페이지 삭제]를 선택합니다.

02 추가된 새 탭에서 마우스 오른쪽 버튼을 클릭한 후 [이름 바꾸기]를 선택합니다.

03 [이름 바꾸기] 대화상자에서 [캡션] 항목을 원하는 이름으로 수정합니다. 여기서는 **추가**를 입력했습니다.

04 컨트롤 추가 작업을 [추가] 탭에서 진행합니다.

도구 상자 창 표시하기

[도구 상자] 창을 닫고 다시 표시되지 않아 당혹스러울 수 있습니다. 이때는 VB 편집기 창에서 [보기]-[도구 상자] 메뉴를 선택하거나 VB 편집기 창의 [표준 도구] 모음 내 [도구 상자] 단추를 클릭합니다.

폼 컨트롤의 속성 및 이벤트 이해

예제 파일 PART 03 \ CHAPTER 16 \ (Userform) 폼 컨트롤.xlsm

컨트롤 속성 확인하기

[도구 상자] 창의 컨트롤을 Userform 개체에 추가한 후에는 컨트롤의 여러 속성을 변경하는 작업이 가장 먼저 선행되어야 합니다. 대표적으로는 삽입된 컨트롤의 이름을 변경할 수 있습니다. 컨트롤의 속성을 확인하고 변경하려면 다음 과정을 참고합니다.

01 예제를 열고 Alt + F11 을 눌러 VB 편집기 창을 엽니다.

02 [Userform1] 개체를 더블클릭하고 [이름] 오른쪽의 텍스트 상자 컨트롤을 클릭합니다.

03 속성 창을 보면 해당 컨트롤의 속성값이 표시됩니다.

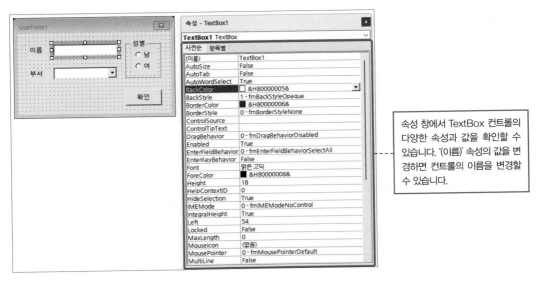

속성 창에서 TextBox 컨트롤의 다양한 속성과 값을 확인할 수 있습니다. '(이름)' 속성의 값을 변경하면 컨트롤의 이름을 변경할 수 있습니다.

TIP 각 속성에 대한 자세한 설명은 F1 을 눌러 도움말을 참고합니다.

컨트롤의 주요 속성

여러 컨트롤에서 공통적으로 사용할 수 있는 주요 속성은 다음과 같습니다.

속성	설명	
(이름)	컨트롤의 이름을 설정합니다. '(이름)' 속성은 번역문으로, 정확히 하면 Name 속성입니다.	
Caption	버튼이나 레이블, 옵션 단추 컨트롤 등에서 컨트롤에 표시될 문자열을 설정합니다.	
ControlTipText	컨트롤에 마우스 포인터를 옮겼을 때 화면에 표시할 풍선 도움말을 설정합니다.	
Enabled	사용자가 컨트롤을 조작할 수 있도록 할지 여부를 True, False로 설정합니다.	
Font	컨트롤의 기본 글꼴을 설정합니다.	
Left	컨트롤이 폼에 표시될 왼쪽 위치로, 폼 왼쪽 테두리부터의 거리입니다.	
Top	컨트롤이 폼에 표시될 상단 위치로, 폼 상단 테두리부터의 거리입니다.	
Height	컨트롤이 폼에 표시될 크기 중 세로 길이를 설정합니다.	
Width	컨트롤이 폼에 표시될 크기 중 가로 너비를 설정합니다.	
Tag	컨트롤에 별도의 태그를 입력해 관리할 수 있습니다.	
Visible	컨트롤을 폼에 표시할지 여부를 설정합니다.	
Value	컨트롤에 입력(또는 선택)된 값입니다.	

컨트롤의 주요 이벤트

모든 컨트롤은 사용자가 해당 컨트롤에서 처리하는 작업에 따라 이벤트가 발생합니다. 이벤트를 이용해 사용자의 동작에 따른 처리 동작을 개발합니다. 컨트롤의 주요 이벤트는 다음과 같습니다.

이벤트	설명
AfterUpdate	컨트롤 값이 완전히 변경된 이후에 발생하며 이후 Exit 이벤트가 발생합니다.
BeforeUpdate	컨트롤의 값이 변경되기 전에 발생합니다.
Change	컨트롤의 값이 하나라도 변경될 때 발생합니다.
DblClick	컨트롤을 마우스로 더블클릭할 때 발생합니다.
Enter	컨트롤이 포커스를 받기 바로 직전에 발생합니다. 포커스는 엑셀 개체의 Activate 이벤트와 유사하며 Visual Basic의 GotFocus 이벤트와 동일합니다.
Exit	컨트롤이 포커스를 잃기 직전에 발생합니다. Exit는 DeActivate 이벤트와 유사하며, Visual Basic의 LostFocus 이벤트와 동일합니다.
KeyDown	컨트롤에서 키보드의 키를 누를 때 발생합니다.
KeyUp	컨트롤에서 눌렀던 키를 놓을 때 발생합니다.
KeyPress	컨트롤에서 실제 문자가 입력되는 키(ANSI 키)를 눌렀을 때 발생합니다. 실제 입력되지 않는 문자는 Tab, Enter, 화살표 등의 키입니다. 참고로 문자를 삭제할 때 사용하는 Backspace 도 KeyPress 이벤트가 발생하나, Delete 로는 KeyPress 이벤트가 발생하지 않습니다.
MouseDown	컨트롤에서 마우스 버튼을 클릭할 때 발생합니다.
MouseUp	컨트롤에서 마우스 버튼을 놓을 때 발생합니다.
MouseMove	컨트롤에서 마우스를 이동하면 발생합니다.

이외에도 컨트롤마다 다양한 이벤트가 제공됩니다. 예를 들어 스핀 단추 컨트롤은 스핀 단추 컨트롤의 위 아래 버튼을 클릭할 때 발생하는 SpinUp과 SpinDown 이벤트를 제공합니다. 컨트롤별 전체 이벤트를 확인하려면 폼에 컨트롤을 추가하고 폼 개체의 코드 창 [개체 목록]에서 삽입한 컨트롤을 선택한 후 프로시저 목록을 살펴봅니다. 제공되는 이벤트를 확인할 수 있습니다.

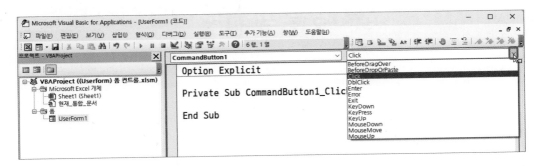

TIP 개체 목록에서 CommandBar1 컨트롤을 선택하고 프로시저 목록을 보면 전체 이벤트를 확인할 수 있습니다.

16 / 06 확인, 닫기, 취소 버튼 생성 방법

예제 파일 PART 03 \ CHAPTER 16 \ (Userform) CommandButton 컨트롤.xlsm

CommandButton 컨트롤 은 Userform 개체에서 빠질 수 없는 가장 중요한 컨트롤 중 하나로, 보통 **버튼**이라고 부르는 컨트롤입니다. 대화상자에는 여러 유형의 버튼이 제공되며, 가장 많이 보는 버튼에는 [확인], [취소], [닫기], [저장] 등이 있습니다. CommandButton 컨트롤을 추가하고 사용하는 방법은 다음 과정을 참고합니다.

01 예제를 열고 [폼 실행] 단추를 클릭하면 다음 폼이 실행됩니다.

02 대화상자에는 다음과 같은 CommandButton 컨트롤이 두 개 추가되어 있습니다.

컨트롤 이름	종류	Caption
btn실행		실행
btn닫기		닫기

TIP Caption은 컨트롤 외부에 표시되는 문자열을 의미합니다.

🔍 **더 알아보기**   **개발할 사항 이해하기**

- 폼을 실행할 때 [닫기] 버튼을 사용할 수 없도록 설정합니다.
- [실행] 버튼을 클릭하면 [닫기] 버튼을 사용할 수 있도록 설정합니다.
- [닫기] 버튼을 클릭하면 폼을 닫습니다.

03 폼 우측 상단의 [닫기⊠]를 클릭해 대화상자를 닫습니다.

04 Alt + F11 을 누르고 VB 편집기 창을 엽니다.

05 프로젝트 탐색기 창에서 [Userform1] 개체를 더블클릭해 선택합니다.

06 [닫기] 버튼(btn닫기 컨트롤)을 선택하고, 속성 창의 Enabled 속성을 **False**로 변경합니다.

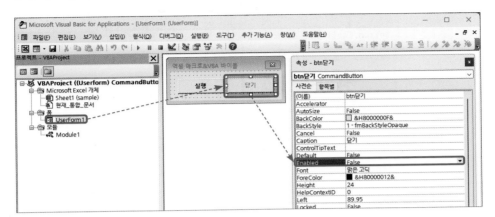

TIP 속성을 변경할 때 Enabled 속성을 선택한 후 오른쪽 True 값을 더블클릭하면 False로 변경됩니다.

07 [실행] 버튼(btn실행 컨트롤)을 더블클릭하면 코드 창에 btn실행_Click 이벤트가 자동으로 생성됩니다. 다음 코드를 입력합니다.

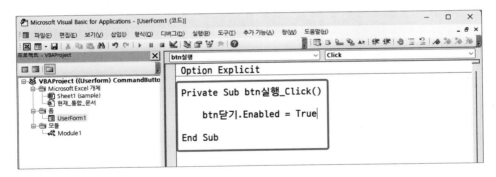

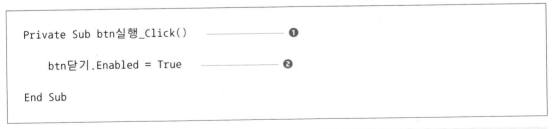

❶ btn실행_Click 이벤트는 [실행] 버튼을 클릭할 때 자동으로 실행됩니다.
❷ btn닫기 컨트롤의 Enabled 속성을 True로 설정합니다. 이렇게 하면 [실행] 버튼을 클릭할 때 [닫기] 버튼을 사용할 수 있습니다.

08 [닫기] 버튼을 클릭하면 폼이 닫히도록 기능을 개발합니다.

09 코드 창 상단의 [개체 목록]에서 [btn닫기] 개체를 선택하면 자동으로 btn닫기_Click 이벤트가 생성됩니다. 다음 코드를 입력합니다.

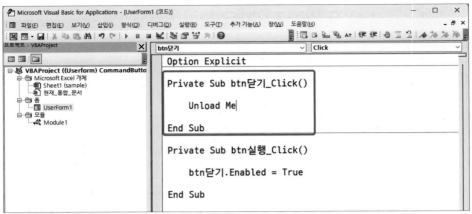

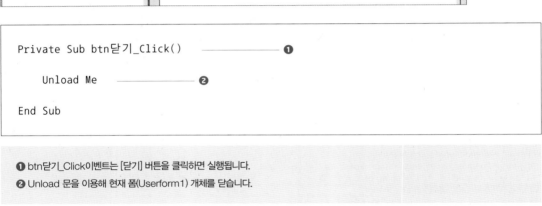

❶ btn닫기_Click이벤트는 [닫기] 버튼을 클릭하면 실행됩니다.
❷ Unload 문을 이용해 현재 폼(Userform1) 개체를 닫습니다.

10 VB 편집기 창을 닫고 [폼 실행] 단추를 클릭합니다.

11 폼이 화면에 표시되면 [닫기] 버튼은 비활성화되어 클릭할 수 없습니다.

12 [실행] 버튼을 클릭하면 [닫기] 버튼이 활성화됩니다.

13 [닫기] 버튼을 클릭하면 폼이 닫힙니다.

16 / 07 레이블 컨트롤을 이용해 하이퍼링크 설정하는 방법

예제 파일 PART 03 \ CHAPTER 16 \ (Userform) Label 컨트롤.xlsm, hand.cur

레이블 컨트롤 이해하기

레이블 컨트롤 A 은 대화상자에서 사용자가 수정할 수 없는 문자열 등을 표시할 때 사용합니다. 이해를 돕기 위해 예를 들면 [찾기 및 바꾸기] 대화상자(Ctrl + H)의 경우에는 아랫 부분을 레이블 컨트롤로 구현했습니다.

레이블 컨트롤로 하이퍼링크 설정하기

Userform 개체에 하이퍼링크를 설정하려면 어떻게 해야 할까요? 컨트롤에는 하이퍼링크를 사용할 수 있는 직접적인 방법이 존재하지 않습니다. 하지만 하이퍼링크를 폼에 사용하려면 약간의 트릭을 사용하면 됩니다. 다음 과정을 참고해 레이블 컨트롤로 하이퍼링크를 설정해보겠습니다.

01 예제 파일을 열고 [폼 실행] 단추를 클릭하면 아래 화면과 같은 폼이 표시됩니다.

TIP txtURL 컨트롤에 URL 주소를 입력하고 [하이퍼링크 만들기]를 클릭하면 lblHyperlink 컨트롤에 하이퍼링크가 설정되도록 개발합니다.

폼에는 다음과 같은 세 개의 컨트롤이 추가되어 있습니다.

컨트롤 이름	컨트롤 종류	Caption
txtURL	[abl]	
lblHyperlink	A	Label1
btnHyperlink	[ab]	하이퍼링크 만들기

02 열려 있는 폼은 우측 상단의 [닫기 ⊠]를 클릭해 닫습니다.

03 Alt + F11 을 누르고 VB 편집기 창을 엽니다.

04 프로젝트 탐색기 창에서 [Userform1] 개체를 더블클릭해 선택합니다.

05 [하이퍼링크 만들기]를 더블클릭합니다.

06 생성된 btnHyperlink_Click 이벤트에 다음 코드를 입력합니다.

예제 : (Userform) Label 컨트롤 (코드).txt

```
Private Sub btnHyperlink_Click()  ─────────────── ❶

    With lblHyperlink  ─────────── ❷
        .Caption = txtURL.Value  ─────────── ❸
        .TextAlign = fmTextAlignCenter  ─────────── ❹
        .ForeColor = RGB(0, 0, 255)  ─────────── ❺
        .Font.Underline = True  ─────────── ❻
        .MousePointer = fmMousePointerCustom  ─────────── ❼
        .MouseIcon = LoadPicture(ThisWorkbook.Path & "\Hand.cur")  ─────────── ❽
    End With

End Sub
```

❶ btnHyperlink_Click이벤트는 [하이퍼링크 만들기]를 클릭할 때 실행됩니다.

❷ lblHyperlink 컨트롤에 여러 설정을 변경하기 위해 With 문을 사용합니다.

❸ lblHyperlink 컨트롤에 txtURL 컨트롤의 값을 표시합니다.

❹ lblHyperlink 컨트롤의 TextAlign 속성을 변경해 표시되는 값을 가운데로 맞춥니다. Label 컨트롤에 표시될 값은 셀처럼 맞춤을 지정해 왼쪽, 가운데, 오른쪽에 각각 표시할 수 있습니다. 이때 TextAlign 속성을 사용합니다. 이 속성값을 fmTextAlignCenter로 지정하면 가운데에 맞춰집니다. TextAlign 속성에서 사용할 수 있는 내장 상수는 다음과 같습니다.

내장 상수	값	설명
fmTextAlignLeft	1	레이블 컨트롤 왼쪽에 문자열을 맞춰 표시합니다.
fmTextAlignCenter	2	레이블 컨트롤 가운데에 문자열을 맞춰 표시합니다.
fmTextAlignRight	3	레이블 컨트롤 오른쪽에 문자열을 맞춰 표시합니다.

❺ lblHyperlink 컨트롤의 글꼴색을 RGB 함수를 사용해 파란색(하이퍼링크의 색)으로 설정합니다. 엑셀에서 제공되는 색상표의 색을 RGB 함수의 색으로 확인하려면 셀에 원하는 색상을 적용한 후 색상표 하단의 [다른 색]을 선택하고 [색] 대화상자의 [사용자 지정] 탭에서 빨강, 녹색, 파랑 부분의 값을 그대로 RGB 함수에 전달합니다.

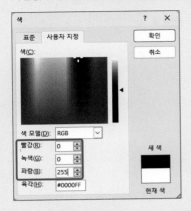

❻ lblHyperlink 컨트롤의 글꼴(Font) 설정 중 밑줄(Underline)을 설정합니다.

❼ lblHyperlink 컨트롤 위에 마우스 포인터를 갖다 놓을 때 포인터가 변경되도록 설정합니다. fmMousePointerCustome 내장 상수를 적용해 MouseIcon 속성에 적용된 아이콘을 표시합니다.

❽ lblHyperlink 컨트롤 위에 마우스 포인터를 갖다 놓을 때 표시할 마우스 포인터 아이콘 위치를 지정합니다. 마우스 포인터 아이콘은 LoadPicture 함수로 현재 파일과 같은 경로에 **Hand.cur** 파일의 아이콘을 사용합니다.

07 lblHyperlink 컨트롤을 클릭할 때 하이퍼링크를 클릭한 것과 같이 동작할 코드를 개발합니다.

08 코드 창 상단의 [개체 목록]에서 [lblHyperlink] 컨트롤을 선택합니다.

09 생성된 lblHyperlink_Click 이벤트에 다음 코드를 입력합니다.

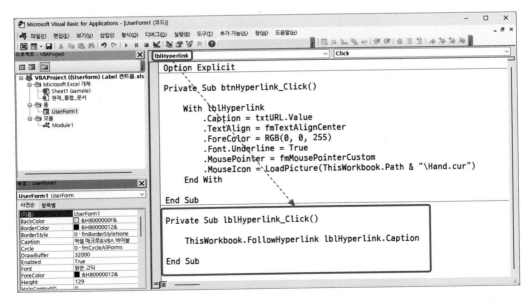

```
Private Sub lblHyperlink_Click()                    ●①

    ThisWorkbook.FollowHyperlink lblHyperlink.Caption        ●②

End Sub
```

● lblHyperlink_Click 이벤트는 Label 컨트롤을 클릭할 때 자동 실행됩니다.

❷ lblHyperlink 컨트롤의 표시 값을 현재 파일의 하이퍼링크에 연결해 실행합니다. 이 코드는 FollowHyperlink 메서드의 Address 속성을 사용한 것으로 매개변수를 정확하게 사용해 코드를 구성하면 다음과 같습니다.

```
ThisWorkbook.FollowHyperlink Address:=lblHyperlink.Caption
```

10 이제 VB 편집기 창을 닫고 [폼 실행] 단추를 클릭합니다.

11 xtURL 컨트롤에 원하는 웹 사이트 주소를 입력하고 [하이퍼링크 만들기]를 클릭합니다.

12 lblHyperlink 컨트롤에 하이퍼링크가 설정되며 클릭하면 해당 웹 페이지로 이동합니다.

TIP 저자가 운영중인 커뮤니티에 접속하는 하이퍼링크는 다음과 같습니다.
https://cafe.naver.com/excelmaster

TIP 저자 이메일 주소로 바로 메일을 보낼 수 있는 하이퍼링크는 다음과 같습니다.
mailto://excelmaster@naver.com

16 / 08

TextBox 컨트롤 사용하기

예제 파일 PART 03 \ CHAPTER 16 \ (Userform) TextBox 컨트롤 I.xlsm

폼 개체에서 가장 많이 사용하는 컨트롤은 바로 TextBox🔲 컨트롤입니다. TextBox 컨트롤은 값을 입력받거나 입력된 값을 편집할 목적으로 사용됩니다. 다음 과정을 참고합니다.

01 예제를 열고 [폼 실행] 단추를 클릭하면 아래 화면과 같은 폼이 표시됩니다.

TIP txt이름, txt직위 컨트롤에 이름과 직위를 입력하고 [입력] 버튼을 클릭하면 [B3] 셀부터 순서대로 입력되도록 개발합니다.

🔍 더 알아보기 폼에 추가된 컨트롤

폼에는 다음과 같은 다섯 개의 컨트롤이 추가되어 있습니다.

컨트롤 이름	컨트롤 종류	Caption
txt이름	🔲	
txt직위		
Label1	**A**	이름
Label2		직위
btn입력	🔲	입력

02 열려 있는 폼은 우측 상단의 [닫기⊠]를 클릭해 닫습니다.

03 Alt + F11 을 눌러 VB 편집기 창을 엽니다.

04 프로젝트 탐색기 창에서 [Userform1] 개체를 더블클릭해 선택합니다.

05 [입력] 버튼을 더블클릭합니다.

06 생성된 btn입력_Click 이벤트에 다음 코드를 입력합니다.

예제 : (Userform) TextBox 컨트롤 I (코드).txt

```
Private Sub btn입력_Click()                              ❶

 ' 1단계 : 변수를 선언합니다.
     Dim 입력위치 As Range                              ❷

 ' 2단계 : 입력 작업을 진행할지 여부를 판단합니다.
     If Len(txt이름.Value) > 0 Then                     ❸

         If Len(txt직위.Value) > 0 Then                 ❹

 ' 3단계 : TextBox컨트롤의 값을 지정된 위치에 기록합니다.
             Set 입력위치 = Cells(Rows.Count, "B").End(xlUp).Offset(1)    ❺

             With 입력위치                               ❻
             .Value = txt이름.Value                      ❼
             .Offset(, 1).Value = txt직위.Value          ❽
             End With

         End If

     End If

End Sub
```

❶ btn입력_Click 이벤트는 [입력] 버튼을 클릭할 때 자동 실행됩니다.

❷ Range 형식의 [입력위치] 개체변수를 선언합니다.

❸ txt이름 컨트롤에 입력된 값이 있는지 Len 함수를 이용해 판단합니다. Len 함수는 문자 개수를 반환하므로, txt이름 컨트롤에 입력된 값의 문자 개수가 0보다 크면 입력된 값이 존재한다는 것을 의미합니다.

❹ txt직위 컨트롤에 입력된 값이 있는지 확인합니다. 이름과 직위가 모두 입력된 경우에만 ❺ 줄 아래 코드가 실행됩니다.

❺ B열의 마지막 데이터 입력 위치([B2] 셀)의 바로 아래 셀을 [입력위치] 변수에 연결합니다.

❻ [입력위치] 변수에 연결된 셀에 여러 작업을 처리하기 위해 With 문을 사용합니다.

❼ [입력위치] 변수에 연결된 셀에 txt이름 컨트롤의 값을 입력합니다.

❽ [입력위치] 변수에 연결된 셀의 오른쪽 셀(.Offset(, 1))에 txt직위 컨트롤의 값을 저장합니다.

07 VB 편집기 창을 닫고 [폼 실행] 단추를 클릭합니다.

08 이름과 직위를 입력하고 [입력] 버튼을 클릭하면 입력한 값이 [B3:C3] 범위에 입력됩니다.

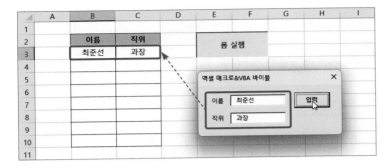

TextBox 컨트롤에 숫자 입력하는 방법

예제 파일 PART 03 \ CHAPTER 16 \ (Userform) TextBox 컨트롤 II.xlsm

TextBox 컨트롤[abl]에 입력된 모든 값은 텍스트 형식으로 인식됩니다. 따라서 숫자나 날짜 등의 데이터를 입력받아 처리하려면 별도의 변환 과정을 거쳐야 합니다. TextBox 컨트롤을 이용해 숫자 형식을 처리하는 방법은 다음 과정을 참고합니다.

01 예제를 열고 [폼 실행] 단추를 클릭하면 화면과 같은 폼이 표시됩니다.

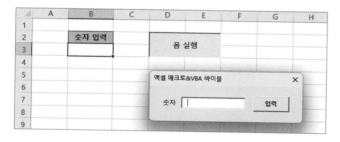

TIP txt숫자 컨트롤에 숫자만 입력하도록 설정하고 [입력] 버튼을 클릭하면 [B3] 셀에 입력하도록 개발합니다.

🔍 **더 알아보기**　　**폼에 삽입된 컨트롤**

폼에는 다음과 같은 세 개의 컨트롤이 추가되어 있습니다.

컨트롤 이름	컨트롤 종류	Caption
txt숫자	[abl]	
Label1	**A**	숫자
btn입력	[cb]	입력

02 폼은 우측 상단의 [닫기⊠]를 클릭해 닫습니다.

03 Alt + F11을 눌러 VB 편집기 창을 엽니다.

04 프로젝트 탐색기 창에서 [Userform1] 개체를 더블클릭해 선택합니다.

05 TextBox 컨트롤에 숫자를 입력하면 숫자처럼 보이도록 합니다. txt숫자 컨트롤을 더블클릭합니다.

TIP TextBox 컨트롤은 입력 값이 모두 텍스트이기 때문에 셀에 숫자를 입력해도 텍스트로 인식됩니다. 따라서 숫자 데이터를 입력했을 때처럼 컨트롤 오른쪽에 표시한 후 천 단위 구분 기호가 표시될 수 있도록 합니다.

06 생성된 txt숫자_Change 이벤트에 다음 코드를 입력합니다.

```
Private Sub txt숫자_Change()                          ❶

    With txt숫자                          ❷
        .Text = Format(.Value, "#,###")              ❸
        .TextAlign = fmTextAlignRight                ❹
    End With

End Sub
```

❶ txt숫자_Change 이벤트는 TextBox 컨트롤의 값을 수정할 때마다 자동 실행됩니다.

❷ txt숫자 컨트롤에 여러 설정 작업을 하기 위해 With 문을 사용합니다.

❸ Format 함수를 사용해 txt숫자 컨트롤의 값에 천 단위 구분 기호를 표시하고, txt숫자 컨트롤에 다시 입력합니다.

❹ txt숫자 컨트롤의 값이 오른쪽에 맞춰지도록 TextAlign 속성을 설정합니다.

TIP TextBox 컨트롤의 Text 속성과 Value 속성의 차이

TextBox 컨트롤의 기본 속성은 Value 속성으로 TextBox 컨트롤에 저장된 값을 반환하거나 설정할 때 사용합니다. Text 속성은 TextBox 컨트롤의 텍스트 값을 반환하거나 설정할 때 사용하는데, TextBox 컨트롤은 텍스트 값만 저장하므로 Text 속성과 Value 속성은 구분해 사용할 필요가 없습니다. 참고로 Text 속성에 설정한 값은 모두 Value 속성에 그대로 전달됩니다.

07 TextBox 컨트롤에는 키를 입력할 때 동작하는 KeyPress 이벤트가 존재합니다.

08 이 이벤트를 이용해 숫자에 해당하는 0~9 사이의 문자만 입력되도록 설정합니다.

09 코드 창 상단의 [개체 목록]에서 [txt숫자] 컨트롤을, [프로시저 목록]에서 [KeyPress] 이벤트를 선택합니다.

10 생성된 txt숫자_KeyPress 이벤트에 다음 코드를 입력합니다.

```
Private Sub txt숫자_KeyPress(ByVal KeyAscii As MSForms.ReturnInteger)      ❶

    If KeyAscii < Asc(0) Or KeyAscii > Asc(9) Then KeyAscii = 0           ❷

End Sub
```

11 txt숫자 컨트롤에 입력된 숫자를 [B3] 셀에 기록합니다.

12 코드 창 상단의 [개체 목록]에서 [btn입력] 컨트롤을 선택합니다.

13 생성된 btn입력_Click 이벤트에 다음 코드를 입력합니다.

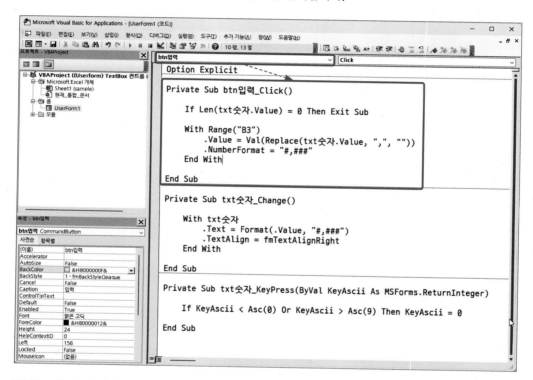

파일 : (Userform) TextBox 컨트롤 II (코드).txt

```
Private Sub btn입력_Click()                            ❶

' 1단계 : 입력 작업을 진행할지 여부를 판단합니다.
        If Len(txt숫자.Value) = 0 Then Exit Sub          ❷

' 2단계 : txt숫자 컨트롤의 값을 지정된 위치에 기록합니다.
        With Range("B3")                               ❸
            .Value = Val(Replace(txt숫자.Value, ",", ""))   ❹
            .NumberFormat = "#,###"          ❺
        End With

End Sub
```

① btn입력_Click 이벤트는 [입력] 버튼을 클릭할 때 자동 실행됩니다.

② txt숫자 컨트롤에서 값이 입력되지 않으면 Exit Sub 명령으로 이벤트를 종료합니다.

③ [B3] 셀에 여러 작업을 처리하기 위해 With 문을 사용합니다.

④ [B3] 셀에 txt숫자 컨트롤의 값을 저장합니다. txt숫자 컨트롤의 값 중 ","(천 단위 구분 기호 문자)를 Replace 함수로 삭제한 후 Val 함수를 사용해 숫자로 변환하고 저장합니다.

⑤ [B3] 셀의 숫자 서식을 "#,###"로 설정합니다. 참고로 0만 입력된 경우에 숫자 0을 표시하려면 숫자 서식을 "#,##0"으로 변경합니다.

14 VB 편집기 창을 닫고 [폼 실행] 단추를 클릭합니다.

15 txt숫자 컨트롤에 숫잣값을 입력하고 [입력] 버튼을 클릭하면 [B3] 셀에 입력됩니다.

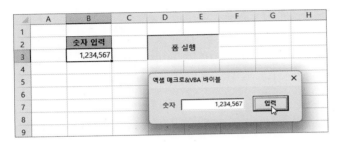

16 / 10 암호를 입력받는 TextBox 설정 방법

예제 파일 PART 03 \ CHAPTER 16 \ (Userform) TextBox 컨트롤 III.xlsm

인터넷 사이트에 로그인할 때나 다른 프로그램을 사용할 때 비밀번호를 입력하면 입력한 문자 대신 * 문자가 화면에 표시됩니다. TextBox 컨트롤로 같은 효과를 줄 수 있습니다. 다음 과정을 참고합니다.

01 예제를 열고 [폼 실행] 단추를 클릭하면 화면과 같은 폼이 표시됩니다.

TIP txt암호 컨트롤에 입력된 값 대신 "*" 문자가 표시되도록 하고, 암호는 최대 여덟 자리까지만 입력할 수 있도록 개발합니다.

🔍 **더 알아보기** **폼에 삽입된 컨트롤**

폼에는 다음과 같은 세 개의 컨트롤이 추가되어 있습니다.

컨트롤 이름	컨트롤 종류	Caption
Label1	abl	암호
txt암호	A	
btn로그인	ab	로그인

---

02 열려 있는 폼은 우측 상단의 [닫기 ✕]를 클릭해 닫습니다.

03 Alt + F11 을 눌러 VB 편집기 창을 엽니다.

04 프로젝트 탐색기 창에서 [Userform1] 개체를 더블클릭해 선택합니다.

05 txt암호 컨트롤을 선택하고 속성 창에서 다음 두 개의 속성을 각각 다음과 같이 수정합니다.

수정할 속성
• MaxLength : 8
• PasswordChar : *

🔍 **더 알아보기** **수정한 속성 이해하기**

TextBox 컨트롤의 수정된 속성에 대한 설명은 아래를 참고합니다.

속성	설명
MaxLength	텍스트 상자(또는 콤보 상자) 컨트롤에서 입력 가능한 최대 문자수를 설정합니다. 이 속성을 설정하면 이 값보다 더 많은 문자를 입력할 수 없습니다.
PasswordChar	텍스트 상자 컨트롤에 입력되는 문자 대신 표시할 대체 문자를 설정합니다.

06 [로그인] 버튼을 클릭했을 때 암호를 매칭하는 코드를 개발합니다.

07 Userform1 개체에서 [로그인] 버튼을 더블클릭합니다.

08 생성된 btn로그인_Click 이벤트에 다음 코드를 입력합니다.

파일 : (Userform) TextBox 컨트롤 III (코드).txt

```
Private Subbtn로그인_Click()                    ❶

    If txt암호.Value = "1234" Then              ❷

        MsgBox "암호가 일치입니다."              ❸
        Unload Me                  ❹

    Else                    ❺

        txt암호.Value = Empty              ❻
        txt암호.SetFocus                ❼

    End If

End Sub
```

❶ btn로그인_Click 이벤트는 [로그인] 버튼을 클릭할 때 자동 실행됩니다.

❷ txt암호 컨트롤의 값이 "1234"(암호)와 같은지 판단해 ❸-❹ 줄의 코드를 실행합니다.

❸ 암호가 같다면 MsgBox 함수를 사용해 안내 메시지를 화면에 표시합니다.

❹ 폼을 닫습니다.

❺ 암호가 다르다면 ❻-❼ 줄의 코드를 실행합니다.

❻ txt암호 컨트롤의 값을 지웁니다.

❼ 다시 암호를 입력할 수 있도록 txt암호 컨트롤로 커서를 옮깁니다.

09 VB 편집기 창을 닫고 [폼 실행] 단추를 클릭합니다.

10 암호를 입력하면 입력한 문자 대신 "*" 문자가 텍스트 상자에 나타납니다.

TIP 암호는 **1234**로 입력합니다.

11 [로그인] 버튼을 눌러 암호가 맞는지 확인합니다.

폼에 콤보상자 추가하는 방법

예제 파일 PART 03 \ CHAPTER 16 \ (Userform) ComboBox 컨트롤 I.xlsm

ComboBox 컨트롤📝은 TextBox 컨트롤🔲과 ListBox 컨트롤📋이 결합된 컨트롤로, 값을 입력하거나 목록에서 원하는 값을 선택할 수 있습니다. ComboBox 컨트롤을 사용하는 방법은 다음 과정을 참고합니다.

01 예제 파일을 열고 [폼 실행] 단추를 클릭하면 다음과 같은 폼이 표시됩니다.

	A	B	C	D	E	F	G	H	I	J
1										
2			사번	이름	직위			폼 실행		
3			1	박지훈	부장					
4			2	유준혁	차장					
5			3	이서연	과장					
6			4	김민준	대리					
7			5	최서현	주임					
8			6	박현우	주임					
9			7	정시우	사원					
10			8	이은서	사원					
11			9	오서윤	사원					
12										

UserForm1

이름 [   ]   직위 [▼]

[입력]

TIP cmb직위 컨트롤의 아래 화살표 단추▼를 클릭할 때 직원의 직위가 표시되도록 개발합니다.

🔍 **더 알아보기**   **폼에 삽입된 컨트롤**

폼에는 다음과 같은 다섯 개의 컨트롤이 추가되어 있습니다.

컨트롤 이름	컨트롤 종류	Caption
Label1	**A**	이름
Label2		직위
txt이름	abl	
cmb직위	📝	
btn입력	ab	입력

02 열려 있는 폼은 우측 상단의 [닫기☒]를 클릭해 닫습니다.

03 [Alt]+[F11]을 눌러 VB 편집기 창을 엽니다.

04 프로젝트 탐색기 창에서 [Userform1] 개체를 더블클릭해 선택합니다.

05 프로젝트 탐색기 창 상단의 [코드 보기▣]를 클릭해 코드 창을 표시합니다.

06 [개체 목록]에서 [UserForm] 개체를 선택하고, [프로시저 목록]에서 [Initialize] 이벤트를 선택합니다.

07 생성된 Userform_Initialize 이벤트에 다음 코드를 입력합니다.

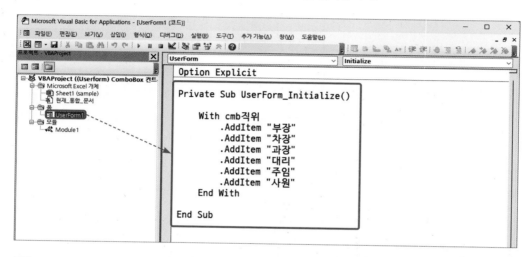

TIP UserForm 개체의 기본 이벤트인 Click 이벤트는 삭제합니다.

파일 : (Userform) ComboBox 컨트롤 I (코드).txt

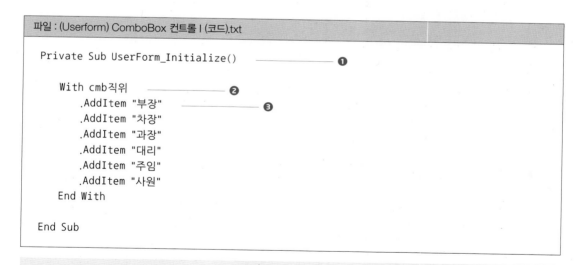

```
Private Sub UserForm_Initialize()                    ①

    With cmb직위                                      ②
        .AddItem "부장"                               ③
        .AddItem "차장"
        .AddItem "과장"
        .AddItem "대리"
        .AddItem "주임"
        .AddItem "사원"
    End With

End Sub
```

❶ UserForm_Initialize 이벤트는 폼 개체를 메모리에 로딩할 때 실행됩니다.

❷ cmb직위 컨트롤에 여러 명령을 적용하기 위해 With 문을 사용합니다.

❸ ComboBox 컨트롤의 AddItem 메서드를 이용해 목록에 표시될 값을 하나씩 추가합니다. AddItem 메서드는 이 코드에서 확인할 수 있는 것처럼 등호(=) 없이 오른쪽에 값을 입력해 항목을 추가합니다.

08 VB 편집기 창을 닫고 [폼 실행] 단추를 클릭합니다.

09 ComboBox 컨트롤의 아래 화살표 ☑ 단추를 클릭하면 직위 목록이 표시됩니다.

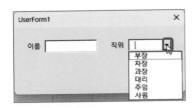

10 다음 두 가지 사항을 개선하기 위해 UserForm_Initialize 이벤트를 수정합니다.

🔍 **더 알아보기**　　**cmb직위 컨트롤의 수정 사항 이해하기**

첫째, ComboBox 컨트롤의 너비보다 목록 너비가 더 넓습니다.

둘째, ComboBox 컨트롤에 목록에 없는 값(이사)을 입력해도 되는데, 목록에 있는 값만 사용할 수 있도록 입력될 값을 제한할 필요가 있습니다.

11 [닫기 ☒]를 클릭해 폼을 닫고 다음 코드를 추가합니다.

```
Private Sub UserForm_Initialize()

' 1단계 : cmb직위 컨트롤의 목록에 항목을 추가합니다.
    With cmb직위
            .AddItem "부장"
            .AddItem "차장"
            .AddItem "과장"
            .AddItem "대리"
            .AddItem "주임"
            .AddItem "사원"

' 2단계 : cmb직위 컨트롤의 설정을 변경합니다.
            .MatchRequired = True            ─────── ❶
            .ColumnWidths = .Width           ─────── ❷
            .ListWidth = .Width              ─────── ❸
    End With

End Sub
```

❶ ComboBox 컨트롤의 MatchRequired 속성은 입력된 값이 목록에 있는지 확인하는 속성입니다. 이 속성을 True로 설정하면 목록에 없는 값을 입력할 수 없습니다.

❷ ComboBox 컨트롤의 ColumnWidths 속성은 목록 내 표시될 값의 열 너비를 의미합니다. 이 값을 ComboBox 컨트롤의 열 너비와 일치시킵니다. 이렇게 하면 목록에 표시될 긴 문자열이 있어도 너비가 넓어지지 않고, 스크롤 막대가 표시됩니다.

❸ ListWidth 속성은 아래 화살표를 눌렀을 때 표시되는 목록 자체의 너비를 의미하는데, 이 값을 ComboBox 컨트롤의 열 너비와 일치시킵니다. 이 부분은 목록 너비를 조정하는 부분으로 목록 너비를 ComboBox 컨트롤의 열 너비와 일치시켜 목록의 크기를 ComboBox 컨트롤에 맞춥니다.

12 VB 편집기 창을 닫고, [폼 실행] 단추를 클릭합니다.

13 ComboBox 컨트롤의 아래 화살표 ▼ 단추를 클릭해 목록 너비를 확인합니다.

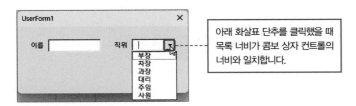

아래 화살표 단추를 클릭했을 때 목록 너비가 콤보 상자 컨트롤의 너비와 일치합니다.

14 콤보 상자 컨트롤에 목록에 없는 값(이사)을 입력하고 Enter 를 누르면 에러가 발생합니다.

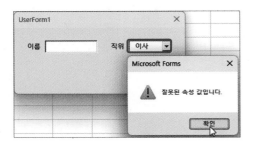

중복된 데이터에서 고유 항목만 콤보박스 컨트롤에 추가하는 방법

예제 파일 PART 03 \ CHAPTER 16 \ (Userform) ComboBox 컨트롤 II.xlsm

중복 제거 방법

ComboBox 컨트롤 목록에 등록할 항목을 특정 범위에서 읽어오면, 해당 범위 내 중복값이 존재할 때는 중복을 배제하고 고유 항목만 가져와야 합니다.

엑셀에서는 중복 제거 시 고급 필터나 중복된 항목 제거, 또는 피벗 테이블을 이용합니다. VBA에서 중복을 제거할 때는 크게 두 가지 방법을 사용합니다. 하나는 Collection 개체를 이용하는 방법이고, 다른 하나는 Dictionary 라이브러리를 이용하는 방법입니다. 전자는 간편하지만 제공되는 명령이 많지 않아 단순한 작업에서만 사용하는 것이 좋고, 후자는 상대적으로 보다 상세한 명령을 제공하기 때문에 여러 응용 작업에 활용할 수 있습니다.

Collection 개체를 이용하는 방법

Collection 개체를 이용해 중복을 배제하고 ComboBox 컨트롤에 고유 항목만 추가하는 방법을 이해하려면 다음 과정을 참고합니다.

01 예제를 열고 [폼 실행] 단추를 클릭하면 다음 화면을 확인할 수 있습니다.

	A	B	C	D	E	F	G	H	I	J
1										
2		사번	이름	직위			폼 실행			
3		1	박지훈	부장						
4		2	유준혁	차장						
5		3	이서연	과장			UserForm1		×	
6		4	김민준	대리						
7		5	최서현	주임			이름 [ ]	직위 [▼]		
8		6	박현우	주임						
9		7	정시우	사원				입력		
10		8	이은서	사원						
11		9	오서윤	사원						

TIP 표의 [D3:D11] 범위 내 고유 항목만 폼의 ComboBox 컨트롤에 추가하는 기능을 개발합니다.

02 열려 있는 폼은 우측 상단의 [닫기⊠]를 클릭해 닫습니다.

03 Alt + F11 을 눌러 VB 편집기 창을 엽니다.

04 프로젝트 탐색기 창에서 [Userform1] 개체를 더블클릭해 선택합니다.

05 프로젝트 탐색기 창 상단의 [코드 보기▣]를 클릭해 코드 창을 표시합니다.

06 [개체 목록]에서 [UserForm] 개체를 선택하고, [프로시저 목록]에서 [Initialize] 이벤트를 선택합니다.

07 생성된 Userform_Initialize 이벤트에 다음 코드를 추가합니다.

파일 : (Userform) ComboBox 컨트롤 II (코드 I).txt

```
Private Sub UserForm_Initialize()                     ❶

' 1단계 : 변수를 선언합니다.
  Dim 직위 As Range, 셀 As Range          ❷
  Dim 고유항목 As New Collection, 항목 As Variant          ❸

' 2단계 : 중복 값이 존재하는 전체 범위를 참조합니다.
  Set 직위 = Range("D3", Cells(Rows.Count, "D").End(xlUp))          ❹

' 3단계 : 지정된 범위 내 고유 항목만 Collection 개체에 추가합니다.
    On Error Resume Next          ❺

      For Each 셀 In 직위          ❻
          고유항목.Add Item:=셀.Value, Key:=셀.Value          ❼
      Next

    On Error GoTo 0          ❽

' 4단계 : cmb직위 컨트롤의 목록에 항목을 추가합니다.
    With cmb직위          ❾

        For Each 항목 In 고유항목          ❿
            .AddItem 항목          ⓫
      Next

' 5단계 : cmb직위 컨트롤의 설정을 변경합니다.
    .ColumnWidths = .Width          ⓬
    .ListWidth = .Width          ⓭

    End With

End Sub
```

---

❶ UserForm_Initialize 이벤트는 폼을 열 때 자동 실행됩니다.

❷ Range 형식의 [직위]와 [셀] 개체변수를 선언합니다.

❸ Collection 개체 형식 앞에 New 키워드를 사용하면 새로운 컬렉션 개체를 생성하고, 생성된 개체를 [고유항목] 개체변수에 연결합니다. 이 부분은 다음 두 줄의 코드로 나눠 입력해도 됩니다.

```
Dim 고유항목 As Collection

Set 고유항목 = New Collection
```

또한 Collection 개체에 등록된 값을 사용하기 위한 Variant 형식의 [항목] 변수도 선언합니다.

❹ [직위] 변수에 [D3] 셀부터 D열의 마지막 데이터 위치까지의 범위(D3:D11)를 연결합니다. 만약 같은 워크시트가 아니라 다른 워크시트의 범위를 연결하려면 다음과 같이 코드를 수정합니다.

```
With Worksheets("대상")
Set 직위 = .Range("D3", .Cells(Rows.Count, "D").End(xlUp))
End With
```

TIP With 문 내의 Range와 Cells 속성 앞에는 마침표(.)를 입력해야 합니다.

❺ On Error 문을 사용해 에러가 발생해도 다음 코드를 계속해서 진행하도록 설정합니다. 에러는 ❼ 줄의 코드 때문에 발생할 수 있습니다. Collection 개체에 새 구성원을 등록할 때 Key 매개변수 내 값이 동일하면 에러가 발생하기 때문에 이를 제어하기 위한 것입니다.

❻ For 순환문을 사용해 [직위] 변수에 연결된 범위 내 셀을 하나씩 [셀] 변수에 연결합니다. 이렇게 하면 [D3:D11] 범위 내 셀이 순환할 때마다 하나씩 [셀] 변수에 연결됩니다.

❼ [고유항목] 변수에 연결된 Collection 개체에 Add 메서드를 이용해 새 구성원을 추가합니다. Item 매개변수와 Key 매개변숫값을 각각 [셀] 변수에 연결된 셀 값으로 설정합니다. 이렇게 하면 [고유항목] 컬렉션에 직위가 하나씩 새로운 구성원으로 등록되는데, Key 매개변수에는 동일한 항목이 등록되지 못하므로 중복이 제거된 항목만 [고유항목] 변수에 등록됩니다.

❽ On Error Goto 0 명령을 이용해 ❺ 줄 코드에서 설정한 에러 처리 방식을 해제합니다. ❽ 줄 아래 코드에서 에러가 발생하면 코드 진행이 중단되고, 디버그 창이 표시됩니다.

❾ cmb직위 컨트롤에서 여러 설정 작업을 처리하기 위해 With 문을 사용합니다.

❿ For 순환문을 사용해 [고유항목] 변수에 연결된 Collection 개체에 저장된 구성원 값을 하나씩 [항목] 변수에 저장합니다.

⓫ cmb직위 컨트롤에 AddItem 메서드를 이용해 [항목] 변숫값을 추가합니다.

⓬ cmb직위 컨트롤의 열 너비(ColumnWidths)를 cmb직위 컨트롤의 너비에 맞춥니다.

⓭ cmb직위 컨트롤의 목록 너비(ListWidth)를 cmb직위 컨트롤의 너비에 맞춥니다.

08 VB 편집기 창을 닫고 [폼 실행] 단추를 클릭합니다.

09 콤보 상자 컨트롤의 아래 화살표▼를 클릭하면 직위가 표시됩니다.

[D3:D11] 범위 내 중복된 값이 없는 고유 항목만 콤보 상자 목록에 표시됩니다.

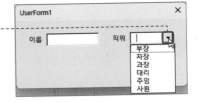

Dictionary 개체를 이용하는 방법

Collection 개체와 유사한 Dictionary 개체를 사용할 수도 있습니다. 다만 Dictionary 개체를 사용하려면 별도의 라이브러리를 참조해야 합니다. 라이브러리는 특정 프로그램을 제어할 수 있도록 프로그램 컬렉션, 개체 및 구성원을 제공합니다. 외부 프로그램의 라이브러리를 참조해 작업하는 방법은 두 가지인데, 매크로를 개발하기 전에 라이브러리를 먼저 참조하는 방식을 '초기 바인딩'이라고 하고, 매크로 내에서 코드를 사용해 원하는 라이브러리를 참조하는 방식을 '후기 바인딩'이라고 합니다. '후기 바인딩' 방식을 사용하려면 해당 라이브러리나 개체 모델에 대한 이해가 필요하지만, 사용자가 일일이 라이브러리를 참조할 필요가 없어 편리합니다.

다음 코드는 앞서 개발한 UserForm_Initialize 이벤트에서 Collection 개체 대신 Dictionary 개체를 이용하도록 수정했습니다. '후기 바인딩' 방식을 사용해 라이브러리를 참조합니다.

파일 : (Userform) ComboBox 컨트롤 II (코드 II).txt

```
Private Sub UserForm_Initialize()

' 1단계 : 변수를 선언합니다.
      Dim 직위 As Range, 셀 As Range
      Dim 고유항목 As Object, 키 As Variant           ─────────── ❶

' 2단계 : 변수의 초깃값을 설정합니다.
      Set 고유항목 = CreateObject("Scripting.Dictionary")   ─────────── ❷
      Set 직위 = Range("D3", Cells(Rows.Count, "D").End(xlUp))

' 3단계 : 지정된 범위 내 고유 항목만 Dictionary 개체에 추가합니다.
      For Each 셀 In 직위

          If Not 고유항목.Exists(셀.Value) Then         ─────────── ❸
              고유항목.Add Key:=셀.Value, Item:=1
          End If

          Next

' 4단계 : cmb직위 컨트롤의 목록에 항목을 추가합니다.
    With cmb직위

          For Each 키 In 고유항목.Keys          ─────────── ❹
              .AddItem 키
          Next

' 5단계 : cmb직위 컨트롤의 설정을 변경합니다.
          .ColumnWidths = .Width
          .ListWidth = .Width

      End With

' 6단계 : Dictionary 개체를 초기화합니다.
      Set 고유항목 = Nothing           ─────────── ❺

End Sub
```

❶ Object 형식의 [고유항목] 변수와 Variant 형식의 [키] 변수를 선언합니다. [고유항목] 개체변수는 Dictionary 개체를 연결해 작업하려고 하는데, Dictionary 개체를 사용할 수 있는 Microsoft Scripting Runtime 라이브러리를 따로 참조하지 않을 것이므로 Object 형식으로 선언되어야 합니다.

❷ CreateObject 함수를 사용해 Microsoft Scripting Runtime 라이브러리 내 Dictionary 개체를 새로 생성라고 [고유항목] 변수에 연결합니다.

❸ [고유항목] 변수에 연결된 Dictionary 개체의 Exists 속성을 이용하면 등록할 구성원이 이미 존재하는지 확인할 수 있습니다. Collection 개체는 이런 속성이 없기 때문에 On Error 문을 사용하지만 Dictionary 개체의 경우에는 보다 직관적인 코드 구성이 가능합니다. 그러므로 **Not 고유항목.Exists(셀.Value)**는 [고유항목] 변수에 연결된 Dictionary 개체에 [셀] 변수에 연결된 값이 구성원으로 등록되어 있지 않으면'이라는 의미입니다. 이 경우 Dictionary 개체에 따로 등록합니다.

❹ For 순환문을 사용해 [고유항목] 변수에 연결된 Dictionary 개체 내 키 값을 하나씩 [키] 변수에 저장합니다.

❺ [고유항목] 변수에 연결된 개체 연결을 해제합니다. 보통 VBA에서 자동으로 해제되어야 하는데, VBA의 효율이 낮으면 연결이 제대로 해제되지 않아 메모리 누수가 발생하는 경우도 있습니다. 따라서 외부 라이브러리를 참조해 코드를 개발한 경우에는 가급적 변수 연결 해제 부분을 입력해 사용하는 것이 좋습니다.

TIP 기존 UserForm_Initialize 이벤트와 유사하므로 중복된 코드의 설명은 생략했습니다.

참고로 CreateObject 함수는 라이브러리를 직접 참조하지 않고 프로그래밍 방식에서 참조할 때 사용되며, 구문은 다음과 같습니다.

CreateObject (❶class, ❷servername)

GetSaveAsFilename 메서드는 [다른 이름으로 저장] 대화상자를 표시하며, [파일 이름]에 사용자가 입력한 값을 반환합니다.

❶ class	참조할 응용 프로그램 이름과 개체 타입을 appname.objecttype 구문으로 전달합니다.
❷ servername	개체를 작성할 네트워크 서버의 이름입니다.

두 개의 콤보상자 컨트롤을 연동해 설정하는 방법

예제 파일 PART 03 \ CHAPTER 16 \ (Userform) ComboBox 컨트롤 III.xlsm

ComboBox 컨트롤을 여러 개 사용하면서 대분류/소분류와 같이 서로 연동되게 하려면 다음 과정을 참고합니다.

01 예제를 열고 [폼 실행] 단추를 클릭하면 아래 화면과 같은 폼이 표시됩니다.

	A	B	C	D	E	F	G	H	I	J
1										
2		사번	이름	부서	직위		폼 실행			
3		1	박지훈	영업부	부장					
4		2	유준혁	영업부	과장					
5		3	이서연	영업부	대리					
6		4	김민준	영업부	사원					
7		5	최서현	총무부	부장					
8		6	박현우	총무부	차장					
9		7	정시우	총무부	과장					
10		8	이은서	총무부	사원					
11		9	오서윤	총무부	사원					
12										

UserForm1
부서   직위

TIP [부서] 콤보 상자에서 부서를 선택하면 [직위] 콤보 상자에 해당 부서의 직위만 표시되도록 개발합니다. 이때 부서는 [D3:D11] 범위, 직위는 [E3:E11] 범위 내의 항목을 사용합니다.

🔍 **더 알아보기**   **폼에 삽입된 컨트롤**

폼에는 다음과 같은 네 개의 컨트롤이 추가되어 있습니다.

컨트롤 이름	컨트롤 종류	Caption
Label1	A	부서
Label2		직위
cmb부서	🔲	
cmb직위		

02 열려 있는 폼은 우측 상단의 [닫기⊠]를 클릭해 닫습니다.

03 Alt + F11 을 눌러 VB 편집기 창을 엽니다.

04 프로젝트 탐색기 창에서 [Userform1] 개체를 더블클릭해 선택합니다.

05 프로젝트 탐색기 창 상단의 [코드 보기▣]를 클릭해 코드 창을 표시합니다.

06 코드 창에 UserForm_Initialize 이벤트를 생성하고 아래 코드를 입력합니다.

파일 : (Userform) ComboBox 컨트롤 III (코드 I).txt

```
Private Sub UserForm_Initialize()  ───────────  ❶

' 1단계 : 변수를 선언합니다.
    Dim 부서 As Range, 셀 As Range
    Dim 고유항목 As New Collection, 항목 As Variant

' 2단계 : 중복 값이 존재하는 전체 범위를 참조합니다.
    Set 부서 = Range("D3", Cells(Rows.Count, "D").End(xlUp))

' 3단계 : 지정된 범위 내 고유 항목만 Collection 개체에 추가합니다.
    On Error Resume Next

        For Each 셀 In 부서
            고유항목.Add Item:=셀.Value, Key:=셀.Value
        Next

    On Error GoTo 0

' 4단계 : cmb부서 컨트롤의 목록에 항목을 추가합니다.
    With cmb부서

        For Each 항목 In 고유항목
            .AddItem 항목
        Next

' 5단계 : cmb부서 컨트롤의 설정을 변경합니다.
        .ColumnWidths = .Width
        .ListWidth = .Width

    End With

End Sub
```

---

❶ 이 이벤트 프로시저는 기본적으로 SECTION 16-12의 **07** 과정에서 사용한 코드와 동일하므로 코드의 설명은 해당 페이지를 참고합니다.

07 부서를 선택하면 해당 부서의 직위만 표시되도록 기능을 개발합니다.

08 코드 창의 [개체 목록]에서 [cmb부서] 컨트롤을 선택하고, [프로시저 목록]에서 [AfterUpdate] 이 벤트를 선택합니다.

TIP cmb부서 컨트롤에서 부서를 변경하면 AfterUpdate 이벤트가 발생합니다. 이때 cmb직위 컨트롤에 부서 내 직위만 중복 없이 입력되 도록 개발합니다.

09 cmb부서_AfterUpdate 이벤트에 다음 코드를 입력합니다.

파일 : (Userform) ComboBox 컨트롤 III (코드 II).txt

```
Private Sub cmb부서_AfterUpdate()                          ①

' 1단계 : 변수를 선언합니다.
    Dim 부서 As Range                                       ②
    Dim 찾은셀 As Range                                     ③
    Dim 첫번째셀주소 As String                              ④
    Dim 직위 As Range                                       ⑤
    Dim 고유항목 As New Collection, 항목 As Variant          ⑥

' 2단계 : cmb부서 컨트롤의 항목을 선택하면 해당 부서의 직위만 고유항목 Collection에 추가합니다.
    If Len(cmb부서.Value) > 0 Then                          ⑦

        Set 부서 = Range("D2", Cells(Rows.Count, "D").End(xlUp))    ⑧

        On Error Resume Next                               ⑨

            Set 찾은셀 = 부서.Find(What:=cmb부서.Value)      ⑩

            If Not 찾은셀 Is Nothing Then                   ⑪

                첫번째셀주소 = 찾은셀.Address               ⑫

                Do                                         ⑬

                    Set 직위 = 찾은셀.Offset(, 1)           ⑭

                    고유항목.Add Item:=직위.Value, Key:=직위.Value    ⑮

                    Set 찾은셀 = 부서.FindNext(찾은셀)       ⑯

                Loop Until 찾은셀.Address = 첫번째셀주소     ⑰

            End If

        On Error GoTo 0                                    ⑱

' 3단계 : cmb직위 컨트롤에 고유항목 Collection의 항목을 추가합니다.          ⑲
        With cmb직위

            For Each 항목 In 고유항목
```

```
                .AddItem 항목
            Next

   ' 4단계 : cmb직위 컨트롤의 설정을 변경합니다.  ─────────── ㉑
            .ColumnWidths = .Width
            .ListWidth = .Width

        End With

     End If

 End Sub
```

❶ cmb직위_AfterUpdate 이벤트는 [부서] 콤보 상자의 항목을 선택하면 자동 실행됩니다.

❷ Range 형식의 [부서] 개체변수를 선언합니다.

❸ Range 형식의 [찾은셀] 개체변수를 선언합니다.

❹ String 형식의 [첫번째셀주소] 변수를 선언합니다.

❺ Range 형식의 [직위] 개체변수를 선언합니다.

❻ Collection 형식의 [고유항목] 개체변수와 Variant 형식의 [항목] 변수를 선언합니다.

❼ cmb부서 컨트롤에서 선택한 항목이 있는 경우에만 아래 줄의 코드를 진행합니다.

❽ [부서] 변수에 [D2] 셀부터 D열의 마지막 데이터 입력 셀 위치까지의 범위를 연결합니다.

❾ On Error 문을 사용해 아래 줄에서 에러가 발생해도 코드 실행을 중단하지 않고 계속 실행되도록 합니다. 이 설정은 ⓯ 줄의 코드를 대상으로 합니다.

❿ [찾은셀] 변수에 [범위] 변수에 연결된 범위에서 cmb부서 컨트롤의 값을 찾아 해당하는 값을 갖는 셀을 연결합니다. ❿–⓱ 줄의 코드는 [찾기] 명령을 실행하는 과정을 코드로 구성한 것입니다.

⓫ [찾은셀] 변수에 연결된 개체가 있는 경우(부서를 찾은 경우)에만 ⓬–⓱ 줄의 코드를 실행합니다.

⓬ [첫번째셀주소] 변수에 [찾은셀] 변수에 연결된 셀 주소를 저장해놓습니다.

⓭ Do… Loop 순환문을 사용해 다음 찾기 작업을 계속 진행하도록 합니다. 순환문의 조건은 ⓱ 줄의 Loop 문 옆에 설정되어 있습니다.

⓮ [직위] 변수에 [찾은셀] 변수에 연결된 셀의 오른쪽 셀(직위)을 연결합니다.

⓯ [고유항목] 변수에 새 구성원을 추가하는데, [직위] 변수에 연결된 셀의 값을 추가합니다. 이 과정에서 중복된 직위는 모두 빠집니다.

⓰ [찾은셀] 변수에 다음 찾기로 찾은 셀을 연결합니다.

⓱ Do 순환문은 [찾은셀] 변수에 연결된 셀의 주소와 [첫번째셀주소] 변숫값이 같으면 종료합니다. 찾는 작업에서 첫 번째 찾은 셀의 위치로 돌아오는 것은 더 이상 찾을 것이 없다는 것을 의미합니다.

⓲ ❾ 줄의 On Error 문의 설정을 취소해 이후 아래 줄의 코드에서 에러가 발생하면 디버그 창이 나타납니다.

⓳–㉑ 이 부분 역시 703페이지의 ❾–⓭ 코드 설명을 참고합니다.

10 이제 VB 편집기 창을 닫고 [폼 실행] 단추를 클릭합니다.

11 [부서] 콤보 상자 컨트롤의 아래 화살표▼를 클릭하고 부서를 선택합니다.

12 바로 [직위] 콤보 상자 컨트롤을 클릭하면 해당 부서의 직위만 표시됩니다.

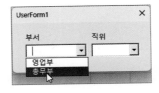
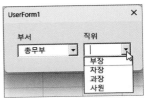

13 두 콤보 상자의 연동 문제를 확인하고 이를 개선합니다.

14 [부서] 콤보 상자의 값을 Delete 로 지워도 [직위] 콤보 상자의 값은 그대로 유지됩니다.

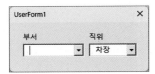

15 [부서] 콤보 상자의 값을 지우면 [직위] 콤보 상자의 값이 함께 삭제되도록 기능을 추가합니다.

16 Alt + F11 을 눌러 VB 편집기 창을 엽니다.

17 Userform 개체의 [cmb부서] 컨트롤을 더블클릭합니다.

> **TIP** 폼 코드 창이 열리고 Change 이벤트 프로시저가 바로 생성되지 않는다면, [프로시저 목록]에서 Change 이벤트를 선택해 cmb부서_Change 이벤트를 추가합니다.

18 생성된 cmb부서_Change 이벤트에 다음 코드를 추가합니다.

```
Private Sub cmb부서_Change()  ─────────── ❶

    With cmb직위  ─────── ❷
        .Value = Empty  ─────── ❸
        .Clear  ─────── ❹
    End With

End Sub
```

❶ cmb부서_Change 이벤트는 cmb부서 컨트롤의 값을 수정할 때 실행됩니다.
❷ cmb직위 컨트롤에서 여러 작업을 처리하기 위해 With 문을 사용합니다.
❸ cmb직위 컨트롤의 값을 지웁니다.
❹ cmb직위 컨트롤의 목록 값을 모두 제거합니다.

19 VB 편집기를 닫고 다시 [폼 실행] 단추를 클릭해 폼을 실행합니다.

20 12–15 과정을 참고해 폼이 제대로 동작되는지 확인합니다.

16 / 14 ListBox 컨트롤 사용 방법

예제 파일 PART 03 \ CHAPTER 16 \ (Userform) ListBox 컨트롤 I.xlsm

ListBox 컨트롤▣은 ComboBox 컨트롤▣과 유사하지만, 목록 내 값을 모두 표시해주는 특성을 갖습니다. 따라서 특정 데이터 전체를 컨트롤에 표시해 사용자가 전체 항목을 확인하고 그중 하나(또는 여러 개)를 선택할 수 있습니다. ListBox 컨트롤은 Userform 개체 중 가장 유용한 컨트롤이므로 사용 방법을 제대로 숙지하는 것이 좋습니다. 다음 과정을 참고합니다.

01 예제를 열고 [폼 실행] 단추를 클릭하면 아래 화면과 같은 폼이 표시됩니다.

TIP 폼의 ListBox 컨트롤에 왼쪽 표 데이터를 표시합니다. 사용자가 ListBox 컨트롤 내의 항목을 하나 선택하고 [선택] 버튼을 클릭하면 오른쪽 표에 선택한 데이터를 입력하도록 기능을 개발합니다.

🔍 **더 알아보기** **폼에 삽입된 컨트롤**

폼에는 다음과 같은 세 개의 컨트롤이 추가되어 있습니다.

컨트롤 이름	컨트롤 종류	Caption
Label1	A	직원 명부
lst직원	▣	
btn선택	ab	선택

02 열려 있는 폼은 우측 상단의 [닫기 ⌧]를 클릭해 닫습니다.

03 Alt + F11 을 눌러 VB 편집기 창을 엽니다.

04 프로젝트 탐색기 창에서 [Userform1] 개체를 더블클릭해 선택합니다.

05 프로젝트 탐색기 창 상단의 [코드 보기⬛]를 클릭해 코드 창을 표시합니다.

06 코드 창에서 Userform_Initialize 이벤트를 생성하고 다음 코드를 입력합니다.

파일 : (Userform) ListBox 컨트롤 I (코드 I).txt

```
Private Sub UserForm_Initialize()                    ❶

    Dim 표 As Range               ❷

    Set 표 = Range("B3", Cells(Rows.Count, "D").End(xlUp))        ❸

    With lst직원            ❹
        .ColumnCount = 3             ❺
        .ColumnHeads = True              ❻
        .ColumnWidths = "30;50;50"           ❼

        .RowSource = 표.Address          ❽
    End With

End Sub
```

❶ UserForm_Initialize 이벤트는 폼을 실행할 때 자동으로 실행됩니다.

❷ Range 형식의 [표] 개체변수를 선언합니다.

❸ [표] 변수에 [B3] 셀부터 D열의 마지막 데이터 입력 위치까지의 범위(B3:D11)를 연결합니다.

❹ lst직원 컨트롤에는 With 문을 사용해 여러 명령을 처리합니다.

❺ lst직원 컨트롤의 열을 세 개로 설정합니다.

❻ lst직원 컨트롤에 열 머리글이 표시되도록 설정합니다. ColumnHeads 속성을 사용하려면 ListBox 컨트롤에 데이터를 표시할 때 반 드시 ❽ 줄의 코드처럼 RowSource 속성을 사용해야 합니다.

❼ lst직원 컨트롤의 세 개 열 너비를 순서대로 30, 50, 50포인트로 설정합니다.

❽ lst직원 컨트롤의 RowSource 속성을 이용해 ListBox 컨트롤에 표시할 데이터가 위치한 범위 주소를 설정합니다. 이때 [표] 개체변수 에 연결된 범위 주소를 사용했는데, 이 주소에는 머리글이 위치한 [B2:D2] 범위가 포함되지 않아야 합니다.

---

07 VB 편집기 창을 닫고 [폼 실행] 단추를 클릭합니다.

08 ListBox(lst직원) 컨트롤에 직원 명부가 모두 제대로 표시됩니다.

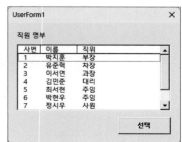

TIP lst직원 컨트롤에서 직원을 선택하고 [선택] 버튼을 클릭하면 선택된 직원 데이터를 [선택 직원] 표에 입력하도록 기능을 추가합니다.

09 Alt + F11 을 눌러 VB 편집기 창을 엽니다.

10 프로젝트 탐색기 창에서 [Userform1] 개체를 선택한 후 [선택] 버튼을 더블클릭합니다.

11 생성된 btn선택_Click 이벤트에 다음 코드를 입력합니다.

파일 : (Userform) ListBox 컨트롤 I (코드 II).txt

```
Private Sub btn선택_Click()                    ❶

' 1단계 : 필요한 변수를 선언합니다.            ❷
  Dim 선택항목 As Integer
  Dim 입력위치 As Range

' 2단계 : 선택된 항목을 오른쪽 표에 기록합니다.
  선택항목 = lst직원.ListIndex               ❸

  If 선택항목 > -1 Then                        ❹

        Set 입력위치 = Cells(Rows.Count, "I").End(xlUp).Offset(1)        ❺

        With 입력위치                          ❻
            .Value = lst직원.List(선택항목, 0)                ❼
            .Offset(, 1).Value = lst직원.List(선택항목, 1)      ❽
            .Offset(, 2).Value = lst직원.List(선택항목, 2)      ❾
        End With

        With 입력위치.Resize(1, 3)            ❿
            .HorizontalAlignment = xlCenter          ⓫
            .Borders.LineStyle = xlContinuous        ⓬
        End With

    End If

End Sub
```

❶ btn선택_Click 이벤트는 [선택] 버튼을 클릭할 때 실행됩니다.

❷ Integer 형식의 [선택항목] 변수와 Range 형식의 [입력위치] 개체변수를 선언합니다.

❸ [선택항목] 변수에 lst직원 컨트롤에서 선택한 행 번호(ListIndex)를 저장합니다. 만약 lst직원 컨트롤에서 선택한 항목이 없으면 -1이 저장됩니다.

❹ [선택항목] 변숫값이 -1보다 큰지 판단해 선택한 항목이 있을 경우에만 ❺-⓬ 줄의 코드를 실행합니다.

❺ [입력위치] 변수에 선택한 직원 데이터를 기록할 셀(I열에 마지막으로 데이터가 입력된 위치의 바로 아래 셀)을 연결합니다.

❻ [입력위치] 변수에 연결된 셀에 여러 작업을 처리하기 위해 With 문을 사용합니다.

❼ [입력위치] 변수에 연결된 셀에 lst직원 컨트롤에서 선택한 항목의 첫 번째 열(사번) 값을 저장합니다. 참고로 List 속성은 ListBox 컨트롤의 행, 열 번호를 List(행, 열)와 같이 받아 해당 위치의 값을 참조할 때 사용합니다. 단, List 속성의 행, 열 인덱스 번호는 0부터 시작한다는 점에 주의합니다.

❽ [입력위치] 변수에 연결된 셀의 오른쪽 셀(.Offset(, 1))에 lst직원 컨트롤에서 선택한 항목의 두 번째 열(이름) 값을 저장합니다.

❾ [입력위치] 변수에 연결된 셀의 오른쪽 두 번째 셀(.Offset(, 2))에 lst직원 컨트롤에서 선택한 항목의 세 번째 열(직위) 값을 저장합니다.

⑩ 데이터를 입력한 위치에 서식을 설정하기 위해 With 문을 사용합니다. 서식을 설정한 범위는 [입력위치] 변수에 연결된 셀의 크기를 1 × 3 행렬(값이 기록된 범위는 행이 한 개, 열이 세 개입니다.)로 조정합니다.

⑪ 조정된 범위의 셀 맞춤을 가운데 맞춤으로 설정합니다.

⑫ 조정된 범위의 테두리 선을 실선 테두리로 설정합니다.

12 VB 편집기 창을 닫고 [폼 실행] 단추를 클릭합니다.

13 폼의 ListBox 컨트롤에서 아무 직원이나 선택하고 [선택] 버튼을 클릭해 결과를 확인합니다.

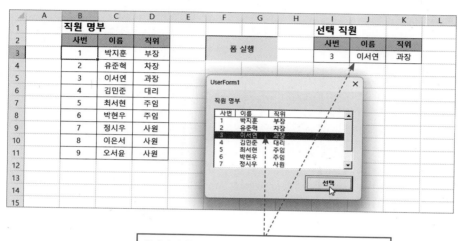

폼에서 선택한 직원 데이터가 [I3:K3] 범위에 기록되어야 합니다.

ListBox 항목을 다중 선택하는 방법

예제 파일 PART 03 \ CHAPTER 16 \ (Userform) ListBox 컨트롤 II.xlsm

ListBox 컨트롤 📧 에서는 표시된 항목을 동시에 여러 개 선택해 작업할 수 있습니다. 이 경우 코드는 좀 더 복잡해질 수 있지만 훨씬 유용하게 ListBox 컨트롤을 사용할 수 있습니다. 다음 과정을 참고합니다.

01 예제 파일을 열고 [폼 실행] 단추를 클릭하면 아래 화면과 같은 폼이 표시됩니다.

TIP 폼의 ListBox 컨트롤에 표시된 직원 중 여러 명을 선택하고 [선택] 버튼을 클릭하면 선택한 직원 데이터를 [I:K] 열의 표에 순서대로 입력합니다. [취소]를 클릭하면 선택된 항목이 모두 해제되도록 개발합니다.

02 열려 있는 폼은 우측 상단의 [닫기 ☒]를 클릭해 닫습니다.

03 Alt + F11 을 눌러 VB 편집기 창을 엽니다.

04 프로젝트 탐색기 창에서 [Userform1] 개체를 더블클릭해 선택합니다.

05 프로젝트 탐색기 창 상단의 [코드 보기 📃]를 클릭해 코드 창을 표시합니다.

06 코드 창에 삽입된 UserForm_Initialize 이벤트에 다음 두 줄의 코드를 추가합니다.

```
Private Sub UserForm_Initialize()

    Dim 표 As Range
    Set 표 = Range("B3", Cells(Rows.Count, "D").End(xlUp))

    With lst직원

        .ColumnCount = 3
        .ColumnHeads = True
        .ColumnWidths = "30;50;50"

        .RowSource = 표.Address

        .MultiSelect = fmMultiSelectMulti        ─────────────── ❶
        .ListStyle = fmListStyleOption           ─────────── ❷

    End With

End Sub
```

❶ lst직원 컨트롤의 MultiSelect 속성을 fmMultiSelectMulti로 설정하면 여러 개 항목을 동시에 선택할 수 있습니다. 참고로 MultiSelect 속성은 다음과 같은 내장 상수를 사용할 수 있습니다.

내장 상수	값	설명
fmMultiSelectSingle	0	기본값으로 ListBox 컨트롤의 항목을 하나만 선택할 수 있습니다.
fmMultiSelectMulti	1	ListBox 컨트롤의 항목을 여러 개 선택할 수 있습니다. 이 방법은 fmMultiSelect Extended로 설정한 후 Ctrl을 누른 상태에서 항목을 선택하는 것과 동일한 결과를 반환해줍니다.
fmMultiSelectExtended	2	ListBox 컨트롤의 항목을 여러 개 선택할 수 있습니다. 옵션 단추 컨트롤처럼 한 번에 하나씩만 선택할 수 있으며, 여러 개 항목을 선택하려면 Shift 나 Ctrl 을 함께 사용합니다. Shift 를 누른 상태에서 항목을 선택하면 연속된 범위의 항목을 모두 선택할 수 있고, Ctrl 을 누른 상태에서 항목을 선택하면 떨어진 항목을 선택할 수 있습니다.

❷ lst직원 컨트롤의 목록 스타일을 변경해 목록에 확인란이 나타나도록 설정합니다. LineStyle 속성을 지정하지 않거나 LineStyle 속성 값을 fmListStylePlain으로 설정하면 확인란이 표시되지 않습니다.

07 수정된 코드 결과를 확인하기 위해 코드 창에서 F5를 눌러 폼을 실행합니다.

TIP F5는 프로시저를 실행하거나 폼을 실행하는 VBA 단축키입니다.

08 ListBox 컨트롤에 확인란이 표시되며, 여러 명의 직원을 클릭 만으로 선택할 수 있습니다.

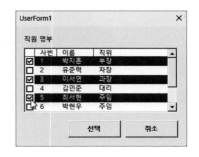

09 확인이 끝났다면 [닫기⊠]를 클릭해 닫습니다.

10 폼 개체 화면에서 [선택] 버튼을 더블클릭합니다.

11 생성된 btn선택_Click 이벤트에 다음 코드를 입력합니다.

파일 : (Userform) ListBox 컨트롤 II (코드 I).txt

```
Private Sub btn선택_Click()                    ❶

' 1단계 : 변수를 선언합니다.                    ❷
  Dim 입력위치 As Range
  Dim 행 As Integer, 열 As Integer

' 2단계 : lst직원 컨트롤에서 선택한 항목을 [I:K] 열에 데이터를 입력합니다.
  With lst직원                                 ❸

      For 행 = 0 To .ListCount - 1            ❹

          If .Selected(행) = True Then        ❺

              Set 입력위치 = Cells(Rows.Count, "I").End(xlUp).Offset(1)      ❻

              For 열 = 0 To .ColumnCount - 1      ❼
                  입력위치.Offset(, 열).Value = .Column(열, 행)      ❽
              Next

' 3단계 : [I:K] 열에 입력된 데이터의 서식을 지정합니다.        ❾
              With 입력위치.Resize(1, 3)
                  .HorizontalAlignment = xlCenter
                  .Borders.LineStyle = xlContinuous
              End With

          End If

      Next

  End With

End Sub
```

---

❶ btn선택_Click 이벤트는 [선택] 버튼을 클릭할 때 실행됩니다.

❷ Range 형식의 [입력위치] 개체변수와 ListBox 컨트롤의 값 위치를 지정할 Integer 형식의 [행], [열] 변수를 선언합니다.

❸ lst직원 컨트롤에는 여러 작업을 처리하기 위해 With 문을 사용합니다.

❹ For 순환문을 사용해 lst직원 컨트롤의 전체 행을 순환합니다. [행] 변수를 0에서 ListCount 속성값보다 1 작은 값까지 순환합니다. 참고로 ListCount 속성은 ListBox 컨트롤의 행수를 반환하는데, ListBox 컨트롤 내의 값을 참조할 때 사용하는 List나 Column 속성에서 행, 열 위치는 0부터 시작하므로, 0부터 ListCount 속성값보다 1 작은 값까지 순환해야 합니다.

❺ ListBox 컨트롤의 Selected 속성은 인수로 전달된 인덱스 번호의 행 데이터가 선택됐는지 여부를 알려줍니다. 그러므로 Seelcted 속성 값이 True면 해당 위치의 행 데이터가 선택되었다는 것을 의미합니다. 선택된 행에 ❻-❾ 줄의 코드를 실행합니다.

❻ [입력위치] 변수에 I열의 데이터가 기록된 마지막 셀의 바로 아래 셀을 연결합니다.

❼ lst직원 컨트롤의 선택된 행의 전체 열을 For 순환문을 사용해 순환하면서 작업합니다. For 순환문에서는 [열] 변숫값을 0부터 ColumnCount 속성값보다 1 작은 값까지 순환합니다. 참고로 ColumnCount 속성은 ListBox 컨트롤의 열수를 반환합니다. 앞에서 사용한 ListCount 속성과 매우 유사합니다.

❽ [입력위치] 변수에 연결된 셀에서 오른쪽으로 [열] 변숫값만큼 이동한 후 lst직원 컨트롤의 Column 속성을 이용해 선택된 행 데이터를 입력합니다. Column 속성 대신 List 속성을 이용해 다음과 같이 코드를 수정해도 됩니다.

```
입력위치.Offset(, 열).Value = .List(행, 열)
```

❾ [입력위치] 변수에 연결된 셀을 1×3 행렬 크기로 범위를 조정하고, [가운데 맞춤] 설정과 셀 테두리 선을 실선으로 설정합니다.

12 [취소]를 눌렀을 때 모든 선택 항목을 해제하는 코드를 계속해서 개발합니다.

13 코드 창의 [개체 목록]에서 [btn취소] 컨트롤을 선택합니다.

14 생성된 btn취소_Click 이벤트에 다음 코드를 입력합니다.

파일 : (Userform) ListBox 컨트롤 II (코드 II).txt

```
Private Sub btn취소_Click()              ──────────── ❶

    Dim i As Integer        ──────────── ❷

    For i = 0 To lst직원.ListCount - 1        ──────────── ❸

        lst직원.Selected(i) = False        ──────────── ❹

    Next

End Sub
```

---

❶ btn취소_Click 이벤트는 [취소]를 클릭할 때 실행됩니다.

❷ Integer 형식의 [i] 변수를 선언합니다.

❸ For 순환문을 사용해 [i] 변숫값을 0부터 lst직원 컨트롤의 행수(ListCount)보다 1 작은 수만큼 순환합니다.

❹ lst직원 컨트롤의 Selected 속성을 모두 False로 지정해 선택된 항목을 모두 취소합니다.

15 VB 편집기 창을 닫고 엑셀 창에서 [폼 실행] 단추를 클릭합니다.

16 몇 명의 직원을 리스트 박스 컨트롤에서 선택하고 [선택] 버튼을 클릭합니다.

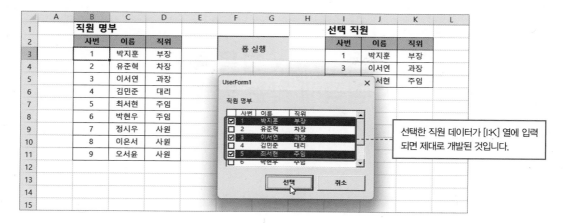

선택한 직원 데이터가 [I:K] 열에 입력되면 제대로 개발된 것입니다.

17 폼에서 [취소]를 클릭하면 아래와 같이 선택 항목이 모두 취소됩니다.

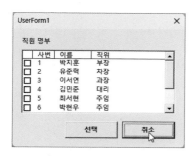

ListBox 항목을 검색해 찾는 방법

예제 파일 PART 03 \ CHAPTER 16 \ (Userform) ListBox 컨트롤 III.xlsm

ListBox 컨트롤 📖 에 표시될 항목에 검색 결과만 표시하고 싶다면 아래 과정을 참고합니다.

01 예제를 열고 [폼 실행] 단추를 클릭하면 아래 화면과 같은 폼이 표시됩니다.

⬜	A	B	C	D	E	F	G	H	I
1		**참석자명단**							
2		**이름**		폼 실행					
3		김보경							
4		강누리							
5		노이슬							
6		최예지							
7		박병호							
8		최소라							
9		강단비							
93		박동희							
94		한새롬							
95		박영광							
96		김사랑							
97		최은서							
98									

UserForm1
이름 검색

Label2

TIP 폼이 실행될 때 ListBox 컨트롤에 참석자 명단의 이름을 표시하고, TextBox 컨트롤에서 키워드를 입력하면 키워드와 일치하는 이름만 ListBox 컨트롤에 표시하도록 개발합니다.

🔍 더 알아보기   폼에 삽입된 컨트롤

폼에는 다음과 같은 네 개의 컨트롤이 추가되어 있습니다.

컨트롤 이름	컨트롤 종류	Caption
Label1	A	이름 검색
txt검색	abl	
lst명단	📖	
lbl결과	A	Label2

02 열려 있는 폼은 우측 상단의 [창 닫기⊠]를 클릭해 닫습니다.

03 Alt + F11 을 눌러 VB 편집기 창을 엽니다.

04 프로젝트 탐색기 창에서 [Userform1] 개체를 더블클릭해 선택합니다.

05 프로젝트 탐색기 창 상단의 [코드 보기▣]를 클릭해 코드 창을 표시합니다.

06 코드 창에 Userform_Initialize 이벤트를 생성하고 다음 코드를 입력합니다.

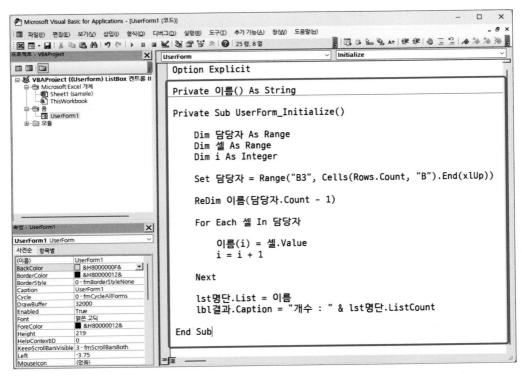

파일 : (Userform) ListBox 컨트롤 III (코드 I).txt

```
' 1단계 : 필요한 전역변수를 선언합니다.
Private 이름() As String                    ──────────── ❶


Private Sub UserForm_Initialize()           ──────────── ❷


' 2단계 : 프로시저 내에서 필요한 변수를 선언합니다.  ──────────── ❸
    Dim 담당자 As Range
    Dim 셀 As Range
    Dim i As Integer


' 3단계 : ListBox 컨트롤에 등록할 이름을 전역변수에 저장합니다.
    Set 담당자 = Range("B3", Cells(Rows.Count, "B").End(xlUp))  ──────────── ❹


    ReDim 이름(담당자.Count - 1)            ──────────── ❺
```

```
        For Each 셀 In 담당자 ————————— ❻

            이름(i) = 셀.Value ————————— ❼
            i = i + 1 ————————— ❽

        Next

    ' 4단계 : ListBox 컨트롤에 이름을 등록합니다.
        lst명단.List = 이름 ————————— ❾
        lbl결과.Caption = "개수 : " & lst명단.ListCount ————————— ❿

    End Sub
```

❶ 폼 개체의 모든 프로시저에서 사용 가능한 String 형식의 [이름] 동적 배열변수를 선언합니다. [이름] 동적 배열변수에는 참석자 명단을 모두 기록할 예정이며, 나중에 입력된 키워드에 맞는 이름을 추출하는 작업도 [이름] 동적 배열변수가 대상이므로 여러 프로시저에서 사용할 수 있도록 전역변수로 선언합니다.

❷ UserForm_Initialize 이벤트는 폼이 실행될 때 자동으로 실행됩니다.

❸ Range 형식의 [담당자]와 [셀] 개체변수를 선언하고, Integer 형식의 [i] 변수를 선언합니다.

❹ [담당자] 변수에 [B3] 셀부터 B열의 마지막 데이터 입력 위치까지 범위(B3:B97)를 연결합니다.

❺ ReDim 문을 사용해 [이름] 배열변수에 저장할 값의 개수를 [담당자] 변수에 연결된 셀 개수보다 하나 작은 수로 결정합니다. 배열변수는 항상 별도의 설정이 없으면 0부터 인덱스를 시작하므로, 저장할 값의 개수보다 하나 작은 수로 지정합니다.

❻ For 순환문을 사용해 [담당자] 변수에 연결된 범위를 순환하면서 [셀] 변수에 하나씩 연결합니다. 이렇게 하면 순환문 내에서 [셀] 변수에 [B3], [B4], [B5], …, [B97] 셀까지 하나씩 셀이 연결됩니다.

❼ [이름] 배열변수의 [i] 번째 위치에 [셀] 변수에 연결된 셀 값을 저장합니다.

❽ [i] 변숫값을 순환할 때마다 1씩 증가시킵니다.

❾ lst명단 컨트롤의 List 속성에 [이름] 배열변수를 전달합니다.

❿ lbl결과 컨트롤에 lst명단 컨트롤의 행수를 표시합니다. 참고로 이번 코드에서는 lst명단.ListCount 대신 [i] 변수를 사용하거나 **담당자. Count**와 같은 코드로 변경해도 동일한 결과를 얻을 수 있습니다.

07 TextBox 컨트롤에 키워드를 입력했을 때 검색 기능이 동작하도록 개발합니다.

08 코드 창 상단의 [개체 목록]에서 [txt검색] 컨트롤을 선택합니다.

09 생성된 txt검색_Change 이벤트 프로시저에 다음 코드를 입력합니다.

파일 : (Userform) ListBox 컨트롤 III (코드 II).txt

```
Private Sub txt검색_Change() ————————— ❶

    lst명단.List = Filter(이름, txt검색.Text, True) ————————— ❷
    lbl결과.Caption = "개수 : " & lst명단.ListCount ————————— ❸

End Sub
```

❶ txt검색_Change 이벤트는 txt검색 컨트롤의 값을 수정할 때마다 자동 실행됩니다.

참고로 Filter 함수의 구문은 다음과 같습니다.

Filter (❶sourcearray, ❷match, ❸include, ❹compare)

❶ sourcearray	String 형식의 1차원 배열로 원본 데이터입니다.
❷ match	찾을 문자열
❸ include	match 인수의 값을 포함하는지 또는 정확하게 일치하는지 여부를 결정. True면 포함하는 모든 값이 반환되며, False면 정확하게 일치하는 값만 반환됩니다.
❹ compare	문자열 비교 방법을 설정합니다.

10 VB 편집기 창을 닫고 [폼 실행] 단추를 클릭합니다.

11 폼이 실행되면 참석자 명단이 ListBox 컨트롤에 표시됩니다.

12 [이름 검색] TextBox 컨트롤에 원하는 키워드를 입력하고 ‾Enter‾를 눌러 결과를 확인합니다.

두 LIstBox 항목을
서로 전달하거나 가져오는 방법

예제 파일 PART 03 \ CHAPTER 16 \ (Userform) ListBox 컨트롤 IV.xlsm

[Excel 옵션] 대화상자의 [리본 사용자 지정] 범주나 [빠른 실행 도구 모음] 범주를 보면 두 개의 ListBox 컨트롤을 사용해 항목을 서로 주고받는 경우를 확인할 수 있습니다. 다음 과정을 참고합니다.

01 예제 파일을 열고 [폼 실행] 단추를 클릭하면 아래 화면과 같은 폼이 표시됩니다.

▲	A	B	C	D	E	F	G	H	I	J	K	L
1		**신청자명단**										
2		**이름**			**폼 실행**							
3		김보경										
4		강누리										
5		노이슬										
6		최예지										
7		박병호										
8		최소라										
9		강단비										
94		한새롬										
95		박영광										
96		김사랑										
97		최은서										

> **TIP** 폼이 실행될 때 왼쪽 ListBox 컨트롤에 신청자 명단(B열)의 이름을 표시한 후 가운데 CommandButton 컨트롤을 클릭할 때마다 선택된 신청자를 오른쪽 ListBox 컨트롤에 옮기는(또는 그 반대) 기능을 개발합니다.

🔍 더 알아보기   폼에 삽입된 컨트롤

폼에는 다음과 같은 10개의 컨트롤이 추가되어 있습니다.

컨트롤 이름	컨트롤 종류	Caption	컨트롤 이름	컨트롤 종류	Caption
Label1	**A**	신청자	btn취소	ab	<
lst신청자	abl		btn모두취소		<<
lbl신청자	**A**	Label2	Label3	**A**	참석자
btn참석	ab	>	lst참석자	abl	
btn모두참석		>>	lbl참석자	**A**	Label4

02 열려 있는 폼은 우측 상단의 [닫기⊠]를 클릭해 닫습니다.

03 Alt + F11 을 눌러 VB 편집기 창을 엽니다.

04 프로젝트 탐색기 창에서 [Userform1] 개체를 더블클릭해 선택합니다.

05 프로젝트 탐색기 창 상단의 [코드 보기🖼]를 클릭해 코드 창을 표시합니다.

06 코드 창에서 Userform_Initialize 이벤트를 생성하고 다음 코드를 입력합니다.

파일 : (Userform) ListBox 컨트롤 IV (코드 I).txt

```
Private Sub UserForm_Initialize()  ─────────────── ❶

' 1단계 : 변수를 선언합니다.
    Dim 신청자 As Range  ─────────── ❷

' 2단계 : lst신청자 컨트롤에 신청자 명단을 추가합니다.
    Set 신청자 = Range("B3", Cells(Rows.Count, "B").End(xlUp))  ─────────────── ❸

    With lst신청자  ─────────── ❹
        .List = 신청자.Value  ─────────── ❺

' 3단계 : ListBox 컨트롤과 Label 컨트롤의 설정 값을 조정합니다.
        .MultiSelect = fmMultiSelectMulti  ─────────── ❻

        lbl신청자.Caption = "개수 : " & .ListCount  ─────────── ❼
    End With

    lbl참석자.Caption = ""  ─────────── ❽
    lst참석자.MultiSelect = fmMultiSelectMulti  ─────────── ❾


End Sub
```

❶ UserForm_Initialize 이벤트는 폼을 실행할 때 자동으로 실행됩니다.

❷ Range 형식의 [신청자] 개체변수를 선언합니다.

❸ [신청자] 변수에 [B3] 셀부터 B열의 마지막 데이터 입력 위치까지의 범위를 연결합니다.

❹ lst신청자 컨트롤(왼쪽)에는 여러 설정을 적용하기 위해 With 문을 사용합니다.

❺ lst신청자 컨트롤의 List 속성에 [신청자] 변수에 연결된 범위의 값을 전달합니다.

❻ lst신청자 컨트롤의 항목을 동시에 여러 개 선택할 수 있도록 MultiSelect 속성을 설정합니다.

❼ lbl신청자 컨트롤에 lst신청자 컨트롤의 항목 개수를 표시합니다.

❽ lst참석자 컨트롤(오른쪽) 역시 여러 개 항목을 동시에 선택할 수 있도록 MultiSelect 속성을 설정합니다.

❾ lbl참석자 컨트롤은 아무 값도 표시되지 않도록 빈 문자("")를 저장합니다.

07 두 개의 ListBox 컨트롤 항목을 서로 교환하는 [목록이동] 매크로를 코드 창에 개발합니다.

파일 : (Userform) ListBox 컨트롤 IV (코드 II).txt

```
Sub 목록이동(원본목록 As MSForms.ListBox, _
            이동목록 As MSForms.ListBox, _
            Optional 전체이동 As Boolean = True)          ❶

' 1단계 : 변수를 선언합니다.          ❷
  Dim i As Integer
Dim 이동행() As Integer, 건수 As Integer

' 2단계 : 모든 항목을 다른 ListBox 컨트롤로 이동합니다.
  If 전체이동 = True Then          ❸

        For i = 0 To 원본목록.ListCount - 1          ❹
이동목록.AddItem 원본목록.List(i, 0)
        Next

원본목록.Clear          ❺

' 3단계 : 선택한 항목만 다른 ListBox 컨트롤로 이동합니다.
  Else          ❻

        For i = 0 To 원본목록.ListCount - 1          ❼

' 3-1단계 : 선택한 항목만 다른 ListBox 컨트롤로 이동한 후 이동한 행 번호를 저장해둡니다.
        If 원본목록.Selected(i) = True Then          ❽

                이동목록.AddItem 원본목록.List(i, 0)          ❾
                원본목록.Selected(i) = False          ❿
                ReDim Preserve 이동행(건수)          ⓫
                이동행(건수) = i          ⓬
                건수 = 건수 + 1          ⓭

        End If

        Next

' 3-2단계 : 이동한 항목을 ListBox 컨트롤에서 삭제합니다.
        If 건수 > 0 Then          ⓮

            For i = UBound(이동행) To 0 Step -1          ⓯
                원본목록.RemoveItem 이동행(i)
            Next

        End If

    End If

End Sub
```

❶ 두 개의 ListBox 컨트롤의 항목을 서로 교환하는 [목록이동] 매크로를 Sub 프로시저로 선언합니다. [목록이동] 프로시저는 다음과 같은 세 개의 인수를 매개변수로 받아 동작합니다.

- **원본목록** : 원본 항목을 갖고 있는 ListBox 컨트롤 형식의 개체변수로, ListBox 컨트롤은 Active-X 컨트롤로 엑셀의 외부 컨트롤이기 때문에 MSForms.ListBox 형식으로 선언됩니다.
- **이동목록** : 이동할 Listbox 컨트롤이 전달될 MSForms.ListBox 형식의 개체변수입니다.
- **전체이동** : 전체 항목을 모두 이동할지 여부를 결정하는 Boolean 형식의 변수입니다. Optional 키워드로 선언해 생략 가능하며, 생략하면 기본값은 True로 전체 항목을 이동하도록 설정합니다.

❷ Integer 형식의 [i] 변수와 Integer 형식의 [이동행] 동적 배열변수, [건수] 변수를 각각 선언합니다.

❸ [전체이동] 매개변숫값이 True면 전체 항목을 옮기기 위해 ❹-❺ 줄의 코드를 실행합니다.

❹ For 순환문을 사용해 [i] 변숫값을 0부터 [원본목록] 변수의 항목수보다 하나 작은 수만큼 순환하면서 [원본목록] 변수에 연결된 ListBox의 항목을 하나씩 [이동목록] 변수에 연결된 ListBox 컨트롤에 추가합니다.

❺ [이동목록] 변수에 연결된 ListBox 컨트롤의 Clear 메서드를 사용해 항목을 모두 삭제합니다.

❻ [전체이동] 변숫값이 False면 선택된 항목을 옮기기 위해 ❼-❻ 줄의 코드를 실행합니다.

❼ For 순환문을 사용해 [i] 변수를 0부터 [원본목록] 개체변수에 연결된 ListBox 컨트롤의 항목수보다 1 작은 수만큼 순환합니다.

❽ [원본목록] 변수에 연결된 ListBox 컨트롤에서 Selected 속성값을 확인해 선택된 항목인지 판단하고, 선택된 경우에만 ❾-❸ 줄의 코드를 실행합니다.

❾ 선택한 항목을 [이동목록] 변수에 연결된 ListBox 컨트롤에 추가합니다.

❿ [원본목록] 변수에 연결된 ListBox 컨트롤에서 추가한 항목의 선택을 해제합니다.

⓫ 이동한 항목은 나중에 삭제해야 하기 때문에 행 번호를 [이동행] 동적 배열변수에 저장합니다. [이동행] 동적 배열변수의 크기를 [건수] 변수에 맞게 조정합니다.

⓬ [이동행] 동적 배열변수에 [i] 변숫값을 저장합니다. [i] 변수에 저장된 값은 [원본목록] 개체변수에 연결된 ListBox 컨트롤에서 선택된 행과 동일합니다.

⓭ [건수] 변숫값을 1 증가시켜 저장합니다.

⓮ 이동한 항목이 있는지 [건수] 변숫값으로 확인하고 이동한 항목이 있다면 원본 리스트에서 삭제합니다.

⓯ For 순환문을 사용해 [i] 변숫값을 [이동행] 변수의 최대 인덱스 번호부터 0까지 1씩 감소시키면서 순환하고 [원본목록] 변수에 연결된 ListBox 컨트롤의 항목을 삭제합니다. 선택된 항목을 옮기는 작업과 삭제하는 작업을 두 번에 나눠 진행하는 것은 항목을 옮길 때는 위에서부터 순서대로 옮기지만, 삭제할 때는 아래부터 삭제하기 때문입니다. 삭제하는 작업을 아래부터 하는 이유는 행을 삭제하면 ListBox 컨트롤의 항목 위치가 변경되기 때문인데, 이 부분에 대한 설명은 **SECTION 07-03**을 참고합니다.

08 바로 중앙의 CommandButton 컨트롤을 클릭할 때 실행할 프로시저를 개발합니다.

09 코드 창 상단의 [개체 목록]에서 [btn참석]부터 [btn모두취소]까지 순서대로 선택합니다.

10 생성된 이벤트에 다음 코드를 입력합니다.

파일 : (Userform) ListBox 컨트롤 IV (코드 III).txt

```
Private Sub btn참석_Click()                              ❶

' 1단계 : Lst신청자 컨트롤에서 선택된 항목만 Lst참석자로 이동시킵니다.
  목록이동 Lst신청자, Lst참석자, 전체이동:=False        ❷

' 2단계 : 왼쪽, 오른쪽 ListBox 컨트롤의 항목수를 Label 컨트롤에 표시합니다.
  Lbl신청자.Caption = "개수 : " & Lst신청자.ListCount     ❸
  Lbl참석자.Caption = "개수 : " & Lst참석자.ListCount     ❹


End Sub
```

```
        Private Sub btn모두참석_Click()  ─────────── ❺

          If Lst신청자.ListCount > 0 Then  ─────────── ❻

              목록이동 Lst신청자, Lst참석자, 전체이동:=True

                Lbl신청자.Caption = "개수 : " & Lst신청자.ListCount
                Lbl참석자.Caption = "개수 : " & Lst참석자.ListCount

          End If

End Sub
```

```
Private Sub btn취소_Click()  ─────────── ❼

    목록이동 Lst참석자, Lst신청자, 전체이동:=False

      Lbl신청자.Caption = "개수 : " & Lst신청자.ListCount
      Lbl참석자.Caption = "개수 : " & Lst참석자.ListCount

End Sub
```

```
Private Sub btn모두취소_Click()  ─────────── ❽

    If Lst참석자.ListCount > 0 Then

        목록이동 Lst참석자, Lst신청자, 전체이동:=True

          Lbl신청자.Caption = "개수 : " & Lst신청자.ListCount
          Lbl참석자.Caption = "개수 : " & Lst참석자.ListCount

    End If

End Sub
```

❶ btn참석_Click 이벤트는 ▶ 버튼을 클릭할 때 실행됩니다.

❷ [목록이동] 매크로를 실행합니다. 인수는 순서대로 lst신청자, lst참석자이고, [전체이동] 매개변숫값은 False로 ▶ 버튼을 누를 때는 선택한 항목만 lst신청자 컨트롤에서 lst참석자 컨트롤로 이동합니다. 생략된 매개변수명을 모두 사용해 코드를 구성하면 다음과 같습니다.

> 목록이동 원본목록:=lst신청자, 이동목록:=lst참석자, 전체이동:=True

❸ lbl신청자 컨트롤에 lst신청자 컨트롤의 항목 개수를 표시합니다.

❹ lbl참석자 컨트롤에 lst참석자 컨트롤의 항목 개수를 표시합니다.

❺ btn모두참석_Click 이벤트는 ▶▶ 버튼을 클릭할 때 실행됩니다.

❻ lst신청자 컨트롤의 항목이 있는지 판단합니다. 항목이 있는 경우에는 [목록이동] 매크로를 이용해 lst신청자 컨트롤의 항목을 모두 lst참석자 컨트롤로 이동한 후 lbl신청자와 lbl참석자 컨트롤에 lst신청자와 lst참석자 컨트롤의 항목 개수를 표시합니다.

❼ btn취소_Click 이벤트는 ◀ 버튼을 클릭할 때 실행됩니다. 이 이벤트는 btn참석_Click 이벤트와 기본적으로 동일하며, lst참석자 컨트롤의 선택 항목만 lst신청자 컨트롤로 이동합니다.

11 VB 편집기 창을 닫고 [폼 실행] 단추를 클릭합니다.

12 신청자 명단이 왼쪽 ListBox 컨트롤에 표시됩니다.

13 원하는 신청자를 선택하고 [▶] 버튼을 클릭하면 선택된 신청자가 오른쪽 ListBox 컨트롤로 이동합니다.

14 다음 화면을 참고해 다양한 동작을 테스트해보세요.

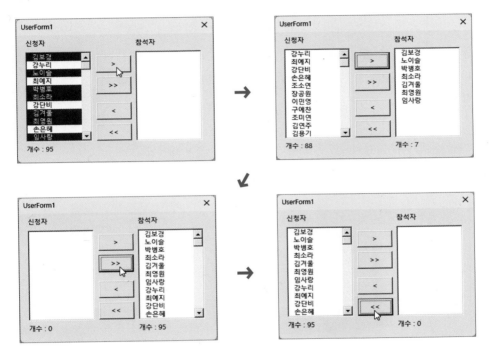

ListBox 항목을 정렬하는 방법

예제 파일 PART 03 \ CHAPTER 16 \ (Userform) ListBox 컨트롤 V.xlsm

ListBox 컨트롤 📧 의 항목은 ListBox 컨트롤에 등록된 순서대로 표시되며, 정렬할 수 있는 별도의 옵션은 제공되지 않습니다. 그러므로 ListBox 컨트롤 내 항목을 정렬하려면 별도의 정렬 방법을 적용해야 합니다. 다음 과정을 참고합니다.

01 예제를 열고 [폼 실행] 단추를 클릭하면 아래 화면과 같은 같은 폼이 표시됩니다.

TIP 폼의 ListBox 컨트롤에는 B열의 신청자 명단이 표시됩니다. 폼 하단의 [오름차순], [내림 차순] 버튼을 클릭할 때 ListBox 컨트롤의 항목 이 정렬되는 기능을 개발합니다.

🔍 더 알아보기   폼에 삽입된 컨트롤

폼에는 다음과 같은 네 개의 컨트롤이 추가되어 있습니다.

컨트롤 이름	컨트롤 종류	Caption
Label1	A	신청자
lst신청자	📧	
btn오름	ab	오름차순
btn내림		내림차순

02 열려 있는 폼은 우측 상단의 [닫기 ⊠]를 클릭해 닫습니다.

03 Alt + F11 을 눌러 VB 편집기 창을 엽니다.

04 프로젝트 탐색기 창에서 [Userform1] 개체를 더블클릭해 선택합니다.

05 [오름차순] 버튼을 더블클릭합니다.

06 코드 창에 생성된 btn오름_Click 이벤트에 다음 코드를 입력합니다.

파일 : (Userform) ListBox 컨트롤 V (코드 I).txt

```
Private Sub btn오름_Click()                          ❶

' 1단계 : 변수를 선언합니다.                         ❷
  Dim i As Long, j As Long
  Dim 임시 As Variant

' 2단계 : 지정된 ListBox 컨트롤을 오름차순으로 정렬합니다.
    With lst신청자                                  ❸

        For i = 0 To .ListCount - 2                 ❹

            For j = i + 1 To .ListCount - 1         ❺

                If .List(i) > .List(j) Then         ❻
                    임시 = .List(i)
                    .List(i) = .List(j)
                    .List(j) = 임시
                End If

            Next j

        Next i

    End With

End Sub
```

❶ btn오름_Click 이벤트는 [오름차순] 버튼을 클릭할 때 실행됩니다.

❷ 정렬 작업에 사용되는 integer 형식의 [i], [j] 변수와 Variant 형식의 [임시] 변수를 선언합니다.

❸ lst신청자 컨트롤에는 여러 작업을 처리하기 위해 With 문을 사용합니다.

❹ For 순환문을 사용해 [i] 변수를 0부터 lst신청자 컨트롤의 전체 항목수보다 하나 작은 위치까지 순환합니다.

❺ For 순환문을 중첩해 [j] 변수를 [i] 변수보다 1 큰 위치에서 lst신청자 컨트롤의 전체 항목수만큼 순환합니다. 이렇게 하면 오른쪽과 같은 방법으로 순환됩니다.

즉, [i] 변수는 lst신청자 컨트롤의 첫 번째 항목부터 마지막 항목을 제외한 범위를 순환하며, [j] 변수의 시작 위치는 [i] 변수의 바로 아래부터 마지막 항목까지 범위를 순환합니다.

⑥ lst신청자 컨트롤 내 [i] 번째 항목이 [j] 번째 항목보다 크다면, 즉 위의 항목이 아래보다 큰 값이라면 오름차순은 작은 값부터 나와야 하므로 위치를 변경해야 합니다. 위치를 바꾸는 방법은 다음과 같습니다.

[임시] 변수에 [i] 번째 항목을 기록해뒀다가 [i] 번째 항목에 [j] 번째 항목을 기록합니다. 마지막으로 [j] 번째 항목에 [임시] 변숫값을 기록하면 두 항목의 위치가 변경됩니다.

한글은 크기를 비교할 수 없다고 생각하겠지만, 모든 문자는 글꼴에 등록될 때 코드번호를 부여받습니다. 한글은 가, 나, 다, … 순서로 코드 값이 커지므로, 비교 연산자로 비교할 수 있습니다. 참고로 영어의 경우는 대/소문자가 구분되므로, 구분 없이 비교하려면 비교 조건을 다음과 같이 변경합니다.

```
If UCase(.List(i)) > UCase(.List(j)) Then
```

UCase 함수는 영어 문자를 모두 대문자로 변경해주는 함수로, 영어 문자를 대/소문자 없이 비교하려면 모두 대문자로 만들거나 소문자로 만든 다음 비교합니다.

07 바로 btn내림 컨트롤을 클릭했을 때 내림차순으로 정렬되는 기능을 개발합니다.

08 코드 창 상단의 [개체 보기]에서 [btn내림] 컨트롤을 선택합니다.

09 생성된 btn내림_Click 이벤트에 다음 코드를 입력합니다.

파일 : (Userform) ListBox 컨트롤 V (코드 II).txt

```
Private Sub btn내림_Click()

    Dim i As Long, j As Long
    Dim 임시 As Variant

    With lst신청자

        For i = 0 To .ListCount - 2

            For j = i + 1 To .ListCount - 1

                If .List(i) < .List(j) Then  ─────────── ❶
                    임시 = .List(i)
                    .List(i) = .List(j)
                    .List(j) = 임시
                End If

            Next j

        Next i

    End With

End Sub
```

❶ 이번 코드는 앞서 **06** 과정에서 설명한 코드와 동일합니다. 다른 점은 If 문에서 값을 비교할 때 사용된 연산자가 크다(>)가 아니라 작다

10 VB 편집기 창을 닫고 [폼 실행] 단추를 클릭합니다.

11 [오름차순] 버튼과 [내림차순] 버튼을 클릭하면 화면과 같이 항목 내 값이 정렬됩니다.

16/19

ListBox 항목 위치를 위/아래로 이동하는 방법

예제 파일 PART 03 \ CHAPTER 16 \ (Userform) ListBox 컨트롤 VI.xlsm

ListBox 컨트롤의 항목을 정렬하지 않고, 항목을 하나씩 선택한 후 사용자가 위아래 버튼을 클릭해 순서를 이동하고 싶다면 어떻게 해야 할까요? 쉬워 보이지만 ListBox 컨트롤에서 지원되지 않는 방법이므로, 항목을 새로 등록한 후 기존 항목을 삭제하는 방식을 사용해야 합니다. 위아래 버튼을 클릭할 때 ListBox 컨트롤의 항목 위치를 옮기는 방법을 알아보겠습니다.

01 예제 파일을 열고, [폼 실행] 단추를 클릭하면 아래 화면과 같은 폼이 표시됩니다.

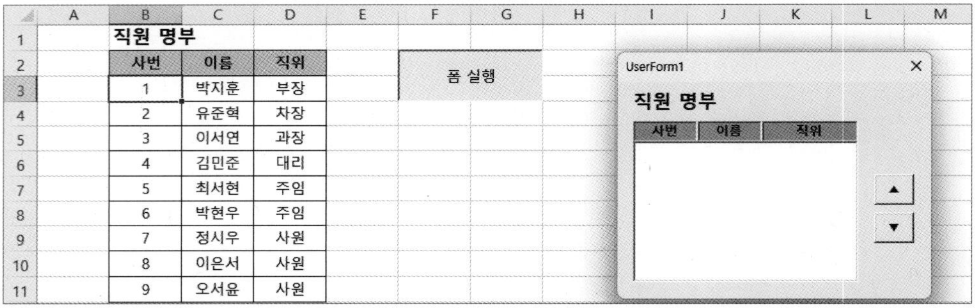

직원 명부
사번 이름 직위
1 박지훈 부장
2 유준혁 차장
3 이서연 과장
4 김민준 대리
5 최서현 주임
6 박현우 주임
7 정시우 사원
8 이은서 사원
9 오서윤 사원
폼 실행
UserForm1
직원 명부
사번 이름 직위

TIP ListBox 컨트롤에 [B:D] 열의 표 데이터를 추가한 후 추가된 항목을 선택하고 [▲], [▼] 버튼을 클릭하면 선택된 항목의 위치가 한 칸 위(또는 아래)로 이동하는 기능을 개발합니다.

더 알아보기 **폼에 삽입된 컨트롤**

폼에는 다음과 같은 일곱 개의 컨트롤이 추가되어 있으며, 다음과 같은 속성값이 적용되어 있습니다.

컨트롤 이름	컨트롤 종류	Caption	속성 변경
Label1	A	직원명부	• BackColor : 활성 테두리 • ForeColor : 단추 텍스트 • SpecialEffect : fmSpecialEffectSunken • TextAlign : fmTextAlignCenter
Label2		사번	
Label3		이름	
Label4		직위	

컨트롤 이름	컨트롤 종류	Caption	속성 변경
lst직원	🔲		
btn위	🔲	▲	
btn아래		▼	

Label2~Label4 컨트롤은 ListBox 컨트롤의 머리글을 대체하기 위해 삽입되어 있습니다.

02 열려 있는 폼은 우측 상단의 [닫기⊠]를 클릭해 닫습니다.

03 Alt + F11 을 눌러 VB 편집기 창을 엽니다.

04 프로젝트 탐색기 창에서 [Userform1] 개체를 더블클릭해 선택합니다.

05 프로젝트 탐색기 창 상단의 [코드 보기🔲]를 클릭해 코드 창을 표시합니다.

06 코드 창에서 Userform_Initialize 이벤트를 생성하고 다음 코드를 입력합니다.

파일 : (Userform) ListBox 컨트롤 VI (코드 I).txt

```
Private Sub UserForm_Initialize()  ──────────── ❶

' 1단계 : 필요한 변수를 선언하고, 변수의 초깃값을 저장합니다.  ──────────── ❷
  Dim 표 As Range

  Set 표 = Range("B3", Cells(Rows.Count, "D").End(xlUp))

' 2단계 : lst직원 컨트롤에 표 데이터를 추가합니다.
  With lst직원  ──────────── ❸

        .ColumnCount = 3  ──────────── ❹
        .ColumnWidths = "50;60;50"  ──────────── ❺

        .List = 표.Value  ──────────── ❻

  End With

End Sub
```

❶ UserForm_Initialize 이벤트는 폼을 실행할 때 자동으로 실행됩니다.

❷ ListBox 컨트롤에 추가할 데이터 범위는 Range 형식의 [표] 개체변수를 선언해 연결합니다. [표] 개체변수에는 [B3] 셀부터 D열의 마지막 데이터 입력 위치까지 범위를 연결합니다.

❸ lst직원 컨트롤에는 With 문을 설정해 여러 작업을 처리합니다.

❹ lst직원 컨트롤의 열은 세 개까지 사용합니다.

❺ lst직원 컨트롤의 열 너비는 50, 60, 50포인트로 설정합니다.

❻ lst직원 컨트롤의 List 속성을 이용해 [표] 개체변숫값을 한번에 전달합니다. ListBox 컨트롤에 값을 전달할 때는 AddItem이나 List, Column, RowSource 등을 사용할 수 있는데, 항목 순서를 조정할 때 RowSource 속성을 사용하면 항목 순서를 조정할 수 없으므로 주의합니다.

07 ListBox 컨트롤의 첫 번째 항목을 선택하면 [▲] 버튼이 비활성되고, 마지막 항목을 선택하면 [▼] 버튼이 비활성화되도록 기능을 개발합니다.

08 코드 창의 [개체 목록]에서 [lst직원] 컨트롤을 선택합니다.

09 생성된 lst직원_Click 이벤트에 다음 코드를 입력합니다.

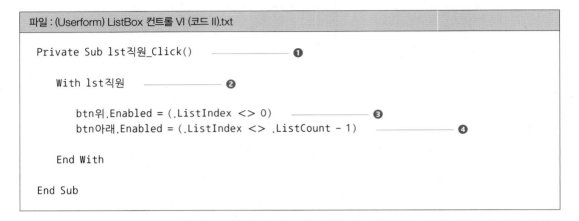

```
파일 : (Userform) ListBox 컨트롤 VI (코드 II).txt

Private Sub lst직원_Click()  ———————— ❶

    With lst직원  —————————— ❷

        btn위.Enabled = (.ListIndex <> 0)  ———————— ❸
        btn아래.Enabled = (.ListIndex <> .ListCount – 1)  ———————— ❹

    End With

End Sub
```

❶ lst직원_Click 이벤트는 ListBox 컨트롤 내의 항목을 클릭할 때 자동 실행됩니다.

❷ lst직원 컨트롤에는 여러 작업을 처리하기 위해 With 문을 사용합니다.

❸ btn위 컨트롤(▲)은 ListBox 컨트롤의 첫 번째 항목을 선택하면 비활성화되어야 하므로, ListBox 컨트롤의 ListIndex 값이 0이 아닌지 여부로 확인할 수 있습니다. lst직원 컨트롤의 선택 항목(ListIndex)이 0이 아니라면(True) 두 번째 이후 항목을 선택한 것입니다. 이 경우 Enabled 속성이 True가 되고, 0이라면(False) Enabled 속성이 False가 되어 명령 단추가 비활성화됩니다.

❹ btn아래 컨트롤(▼)은 ListBox 컨트롤의 마지막 항목을 선택하면 비활성화됩니다. 그러므로 선택한 항목 번호(ListIndex)의 전체 항목 수보다 1 작은 값과 다른지 여부로 결정합니다. ListIndex 번호는 0부터 시작하므로 ListCount에서 1 작은 값은 무조건 마지막 항목일 수밖에 없습니다.

10 코드 창에서 F5 를 눌러 폼을 바로 실행해 코드의 동작을 확인합니다.

11 ListBox 컨트롤에서 첫 번째와 마지막 항목을 각각 선택하고 명령 단추를 확인합니다.

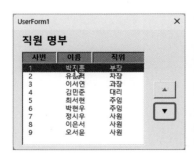
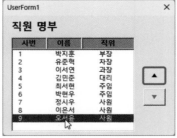

12 폼의 [닫기ⓧ]를 클릭해 폼을 닫은 후 [▲] 버튼을 더블클릭합니다.

13 생성된 btn위_Click 이벤트에 다음 코드를 입력합니다.

```
Private Sub btn위_Click()                        ❶

' 1단계 : 변수를 선언합니다.                        ❷
  Dim i As Integer
  Dim 선택행 As Integer

' 2단계 : lst직원 컨트롤의 선택 항목을 위로 이동시킵니다.
   With lst직원                        ❸

         선택행 = .ListIndex                        ❹

' 2-1단계 : 이동할 위치로 선택한 항목을 추가합니다.
         .AddItem .List(.ListIndex), 선택행-1                        ❺

         For i = 1 To .ColumnCount - 1                        ❻

              .List(선택행 - 1, i) = .List(.ListIndex, i)

         Next

' 2-2단계 : 선택한 항목을 삭제합니다.
         .RemoveItem .ListIndex                        ❼
         .ListIndex = 선택행 - 1                        ❽

      End With

End Sub
```

❶ btn위_Click 이벤트는 ⬆ 버튼을 클릭할 때 실행됩니다.

❷ 이벤트에서 사용할 Integer 형식의 [i] 변수와 [선택행] 변수를 각각 선언합니다.

❸ lst직원 컨트롤에는 여러 명령을 처리하기 위해 With 문을 사용합니다.

❹ [선택행] 변수에 lst직원 컨트롤의 선택된 행 번호를 반환하는 ListIndex 속성값을 저장합니다.

❺ lst직원 컨트롤에 선택한 행의 첫 번째 열 값(.List(선택행))을 새 항목으로 추가합니다. 이때 추가할 위치를 기존 [선택행] 변수의 위치보다 1 작은(한 칸 위) 위치로 지정합니다. 그러면 선택한 위치 위에 행이 삽입됩니다. 예를 들어 3행을 선택하고 ⬆ 버튼을 클릭하면 1행과 2행 사이에 행이 하나 추가되면서 선택한 항목의 첫 번째 열의 값이 저장됩니다.

| 1 |
| 2 |
| 3 |
| 4 |

❻ For 순환문을 사용해 [i] 변수를 1에서 lst직원 컨트롤의 열수(.ColumnCount) 보다 1 작은 값까지 순환합니다. 이렇게 하면 ListBox1 컨트롤의 두 번째, 세 번째 열의 값을 ❺번 줄에서 추가한 항목 위치에 추가할 수 있습니다.

참고로 [선택행] 변수에는 행이 삽입되기 이전 위치 값이 저장되어 있지만 .ListIndex 값은 ❺번 줄의 코드에서 행을 하나 더 삽입되었기 때문에 [선택행] 변숫값보다 1이 증가됩니다.

| 1 |
| 새로 삽입된 행 |
| 2 |
| 3 |
| 4 |

14 코드 창의 [개체 목록]에서 [btn아래] 컨트롤을 선택합니다.

15 생성된 btn아래_Click 이벤트에 다음 코드를 입력합니다.

파일 : (Userform) ListBox 컨트롤 VI (코드 IV).txt

```
Private Sub btn아래_Click()                        ──────── ①

' 1단계 : 변수를 선언합니다.
  Dim i As Integer
  Dim 선택행 As Integer

' 2단계 : lst직원 컨트롤의 선택 항목을 아래로 이동시킵니다.
  With lst직원

        선택행 = .ListIndex

' 2-1단계 : 이동할 위치로 선택한 항목을 추가합니다.
        .AddItem .List(.ListIndex), 선택행+2        ──────── ②

        For i = 1 To .ColumnCount - 1              ──── ③

            .List(선택행 + 2, i) = .List(.ListIndex, i)

        Next i

' 2-2단계 : 선택한 항목을 삭제합니다.
        .RemoveItem .ListIndex
        .ListIndex = 선택행 + 1                    ──── ④

    End With

End Sub
```

---

① btn아래_Click 이벤트는 ⊡ 버튼을 클릭했을 때 실행됩니다.

② lst직원 컨트롤에 선택한 행의 첫 번째 열 값(.List(.ListIndex))을 새 항목으로 추가합니다. 이때 추가할 위치는 기존 [선택행] 변수의 위치보다 2 큰(두 칸 아래) 위치로 지정합니다. 예를 들어 2행을 선택하고 ⊡ 버튼을 클릭하고 3행과 4행 사이에 행이 하나 추가되려면 4행 위치에 새 행을 추가해야 합니다.

1
2
3
4

❸ For 순환문을 사용해 [i] 변수를 1에서 ListBox1 컨트롤의 열수(.ColumnCount)보다 1 작은 값까지 순환합니다. ListBox1 컨트롤의 두 번째, 세 번째 열의 값을 ❷ 줄에서 추가한 항목 위치에 추가할 수 있습니다.

| 1 |
| 2 |
| 3 |
| 새로 추가된 행 |
| 4 |

참고로 아래에 행을 삽입할 때는 [선택행] 변숫값과 .ListIndex의 값이 동일합니다.

❹ lst직원 컨트롤에서 [선택행] 변수에 저장된 값보다 1 작은 위치의 행을 선택합니다. 다른 곳에서는 모두 2를 더했는데, 여기서 1만 더하는 이유는 바로 위 줄에서 선택된 행을 삭제해버려서 새로 추가한 행이 한 칸 위로 올라오기 때문입니다.

16 Alt + F11 을 눌러 엑셀 창으로 전환한 후 [폼 실행] 단추를 클릭합니다.

17 다음 화면을 참고해 선택한 직원을 위(또는 아래)로 이동해 결과를 확인합니다.

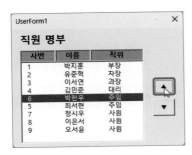 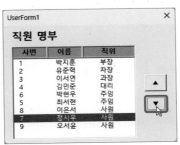

확인란(CheckBox) 컨트롤 사용 방법

예제 파일 PART 03 \ CHAPTER 16 \ (Userform) CheckBox 컨트롤.xlsm

CheckBox 컨트롤☑은 여러 옵션 중에서 사용자가 원하는 옵션을 선택할 때 유용하게 사용할 수 있습니다. CheckBox 컨트롤은 하나 또는 여러 개 컨트롤을 동시에 사용할 수 있으며 모두 개별적으로 선택하거나 선택 해제하는 것이 가능합니다. CheckBox 컨트롤을 사용하는 방법에 대해서는 다음 과정을 참고합니다.

01 예제 파일을 열고 [폼 실행] 단추를 클릭하면 아래 화면과 같은 폼이 표시됩니다.

	A	B	C	D	E	F	G	H	I
1									
2		폼 실행			엑셀	파워포인트	아웃룩	액세스	
3									
4									

UserForm1

원하는 프로그램을 선택하세요!

☐ 엑셀   ☐ 파워포인트
☐ 아웃룩   ☐ 액세스

선택

TIP 여러 개의 CheckBox 컨트롤 중에서 선택된 컨트롤의 값을 [E3:H3] 범위에서 "O" 문자로 표시하는 기능을 개발합니다.

🔍 더 알아보기 　　**폼에 삽입된 컨트롤**

폼에는 다음과 같은 여섯 개의 컨트롤이 추가되어 있습니다.

컨트롤 이름	컨트롤 종류	Caption
Label1	**A**	원하는 프로그램을 선택하세요!
chk엑셀		엑셀
chk파워포인트		파워포인트
chk아웃룩	☑	아웃룩
chk액세스		액세스
btn선택	🔳	선택

02 열려 있는 폼은 우측 상단의 [창 닫기 ×]를 클릭해 닫습니다.

03 Alt + F11 을 눌러 VB 편집기 창을 엽니다.

04 프로젝트 탐색기 창에서 [Userform1] 개체를 더블클릭해 선택합니다.

05 폼 개체 화면에서 [선택] 버튼을 더블클릭합니다.

06 코드 창에 btn선택_Click 이벤트가 생성되면 다음 코드를 입력합니다.

파일 : (Userform) CheckBox 컨트롤 (코드).txt

```
Private Sub btn선택_Click()                              ❶

' 1단계 : 변수를 선언합니다.
  Dim 컨트롤 As Control                              ❷
  Dim 머리글 As Range                                ❸

' 2단계 : 기존 입력 값을 지워 초기화합니다.
  Set 머리글 = Range("E2:H2")                        ❹

  머리글.Offset(1).ClearContents                     ❺

' 3단계 : 선택된 컨트롤을 찾아 "O" 문자를 입력합니다.
  For Each 컨트롤 In UserForm1.Controls              ❻

        If TypeName(컨트롤) = "CheckBox" Then        ❼

            If 컨트롤.Value = True Then              ❽

                머리글.Find(What:=컨트롤.Caption).Offset(1).Value = "O"    ❾

            End If

        End If

    Next

End Sub
```

---

❶ btn선택_Click 이벤트는 [선택] 버튼을 클릭할 때 실행됩니다.

❷ Control 형식의 [컨트롤] 개체변수를 선언합니다.

❸ Range 형식의 [머리글] 개체변수를 선언합니다.

❹ [머리글] 변수에 표 머리글이 입력되어 있는 [E2:H2] 범위를 연결합니다.

❺ [머리글] 변수에 연결된 범위의 바로 아래 행(Offset(1)) 값을 지웁니다. 이 동작은 기존에 입력된 "O" 문자가 있는 경우 삭제하는 역할을 합니다.

❻ For 순환문을 사용해 UserForm1 개체에 삽입된 모든 컨트롤(Controls 컬렉션)을 순환하면서 [컨트롤] 변수에 하나씩 연결합니다.

❼ TypeName 함수를 사용해 [컨트롤] 변수에 연결된 개체가 "CheckBox" 컨트롤인지 판단해 ❽-❾ 줄의 코드를 실행합니다.

❽ [컨트롤] 변수에 연결된 컨트롤 값이 True인지 판단해 ❾ 줄의 코드를 실행합니다. 참고로 CheckBox 컨트롤을 체크하면 True, 체크 해제하면 False 값을 갖습니다.

❾ [머리글] 변수에 연결된 범위에서 Find 메서드를 이용해 [컨트롤] 변수에 연결된 CheckBox 컨트롤의 레이블 위치를 찾아 바로 아래 셀에 "O" 문자를 입력합니다.

07 VB 편집기 창을 닫고 [폼 실행] 단추를 클릭합니다.

08 폼에서 프로그램을 몇 개 체크하고 [선택] 버튼을 클릭해 결과를 확인합니다.

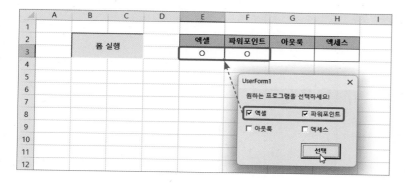

옵션단추(OptionButton)
컨트롤 사용 방법

예제 파일 PART 03 \ CHAPTER 16 \ (Userform) OptionButton 컨트롤.xlsm

CheckBox 컨트롤☑은 동일한 컨트롤을 여러 개 폼에 추가해 사용해도 모두 독자적으로 선택하거나 선택 해제할 수 있지만 OptionButton 컨트롤◉은 여러 개 컨트롤 중 하나만 선택할 수 있습니다. OptionButton 컨트롤을 이용하는 방법은 다음 과정을 참고합니다.

01 예제 파일을 열고 [폼 실행] 단추를 클릭하면 아래 화면과 같은 폼이 표시됩니다.

TIP 여러 개의 OptionButton 컨트롤 중 선택한 OptionButton 컨트롤의 값을 [선택] 버튼 클릭 시 [E3] 셀에 반환하는 기능을 개발합니다.

🔍 **더 알아보기**   **폼에 삽입된 컨트롤**

폼에는 다음과 같은 여섯 개의 컨트롤이 추가되어 있습니다.

컨트롤 이름	컨트롤 종류	Caption
Label1	A	연령대를 선택하세요!
opt20미만		20대 미만
opt20대		20대
opt30대	◉	30대
opt40이상		40대 이상
btn선택	⊞	선택

02 열려 있는 폼은 우측 상단의 [닫기 ⊠]를 클릭해 닫습니다.

03 Alt + F11 을 눌러 VB 편집기 창을 엽니다.

04 프로젝트 탐색기 창에서 [Userform1] 개체를 더블클릭해 선택합니다.

05 폼 개체 화면에서 [선택] 버튼을 더블클릭합니다.

06 코드 창에 btn선택_Click 이벤트가 생성되면 다음 코드를 입력합니다.

파일 : (Userform) OptionButton 컨트롤 (코드).txt

```
Private Sub btn선택_Click()                        ❶

' 1단계 : 변수를 선언합니다.
    Dim 컨트롤 As Control                          ❷
    Dim 연령대 As Range                            ❸

' 2단계 : 기존 입력 값을 초기화합니다.
    Set 연령대 = Range("E3")                        ❹

    연령대.ClearContents                           ❺

' 3단계 : 선택한 CheckBox 컨트롤 값을 [E3] 셀에 입력합니다.
    For Each 컨트롤 In UserForm1.Controls          ❻

        If TypeName(컨트롤) = "OptionButton" Then   ❼

            If 컨트롤.Value = True Then             ❽

                연령대.Value = 컨트롤.Caption        ❾
                Exit For                          ❿

            End If

        End If

    Next

End Sub
```

---

❶ btn선택_Click 이벤트는 [선택] 버튼을 클릭할 때 실행됩니다.

❷ Control 형식의 [컨트롤] 개체변수를 선언합니다.

❸ Range 형식의 [연령대] 개체변수를 선언합니다.

❹ [연령대] 변수에 폼에서 선택한 연령대를 입력할 [E3] 셀을 연결합니다.

❺ [연령대] 변수에 연결된 셀 값을 지웁니다.

❻ For 순환문을 사용해 UserForm1 개체의 컨트롤을 순환하면서 [컨트롤] 변수에 하나씩 연결합니다.

❼ [컨트롤] 변수에 연결된 개체 형식이 OptionButton 컨트롤인지 TypeName 함수를 사용해 확인합니다. 맞으면 ❽-❿ 줄 코드를 실행합니다.

❽ [컨트롤] 변수에 연결된 OptionButton 컨트롤의 값이 True인지 판단해 ❾-❿ 줄 코드를 실행합니다. OptionButton 컨트롤 역시 CheckBox 컨트롤과 동일하게 True, False 값으로 선택 여부를 확인할 수 있습니다.

❾ [연령대] 변수에 연결된 셀에 [컨트롤] 변수에 연결된 OptionButton 컨트롤의 레이블 값을 전달합니다.

❿ Exit For 문을 사용해 For 순환문을 종료합니다. OptionButton 컨트롤은 하나가 선택되면 나머지는 선택할 수 없기 때문에 순환문을 종료해야 합니다.

07 VB 편집기 창을 닫고 [폼 실행] 단추를 클릭합니다.

08 폼에서 자신의 연령대를 선택하고 [선택] 버튼을 클릭합니다.

옵션 단추를 그룹별로 묶어 관리하는 방법

예제 파일 PART 03 \ CHAPTER 16 \ (Userform) Frame 컨트롤.xlsm

여러 개의 OptionButton 컨트롤◉을 그룹별로 나눠 관리하려면 Frame 컨트롤▣ 안에 삽입해 사용합니다. OptionButton 컨트롤을 Frame 컨트롤 내 삽입해 사용하는 방법은 다음 과정을 참고합니다.

01 예제 파일을 열고 [폼 실행] 단추를 클릭하면 오른쪽 화면과 같은 폼이 표시됩니다.

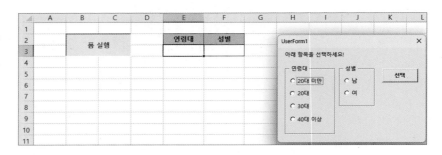

TIP 두 개의 Frame 컨트롤 안에 연령대와 성별을 의미하는 OptionButton 컨트롤이 추가되어 있으므로, 자신에게 맞는 OptionButton 컨트롤을 선택하고 [선택] 버튼을 클릭했을 때 [E3:F3] 범위에 선택된 옵션 단추의 레이블 값을 표시하도록 기능을 개발합니다.

🔍 **더 알아보기**   **폼에 삽입된 컨트롤**

폼에는 다음과 같은 열 개의 컨트롤이 추가되어 있습니다.

컨트롤 이름	컨트롤 종류	Caption	컨트롤 이름	컨트롤 종류	Caption
Label1	A	아래 항목을 선택하세요!			
fra연령	〔xʸ〕	연령대	opt20미만	◉	20대 미만
			opt20대		20대
			opt30대		30대
			opt40이상		40대 이상
fra성별		성별	opt남		남
			opt여		여
btn선택	ab	선택			

02 열려 있는 폼은 우측 상단의 [닫기 ⊠]를 클릭해 닫습니다.

03 폼에는 두 개의 Frame 컨트롤이 있으므로, Frame 컨트롤 안에서 선택한 OptionButton 컨트롤의 레이블 값을 지정된 위치에 반환하는 매크로를 만들어 사용합니다.

04 Alt + F11 을 눌러 VB 편집기 창을 엽니다.

05 프로젝트 탐색기 창에서 [Userform1] 개체를 더블클릭해 선택합니다.

06 프로젝트 탐색기 창 상단의 [코드 보기 📄]를 클릭해 코드 창을 표시합니다.

07 다음 [선택항목] 매크로를 코드 창에 입력합니다.

파일 : (Userform) Frame 컨트롤 (코드).txt

```
Sub 선택항목(프레임 As MSForms.Frame, 입력 As Range)              ──────────❶

' 1단계 : 변수를 선언합니다.
    Dim 컨트롤 As Control        ──────────❷

' 2단계 : 입력할 위치의 값을 지웁니다.
    입력.ClearContents           ──────────❸

' 3단계 : Frame 컨트롤 안의 선택된 OptionButton 컨트롤의 레이블 값을 지정된 위치에 입력합니다.
    For Each 컨트롤 In 프레임.Controls        ──────────❹

        If TypeName(컨트롤) = "OptionButton" Then        ──────────❺

            If 컨트롤.Value = True Then        ──────────❻

                입력.Value = 컨트롤.Caption        ──────────❼
                Exit For        ──────────❽

            End If

        End If

    Next

End Sub
```

---

❶ [선택항목] 매크로를 Sub 프로시저 형식으로 선언합니다. 이 매크로는 Frame 컨트롤 내 선택한 OptionButton 컨트롤의 레이블 값을 지정된 위치에 입력하는 동작을 하며, [선택항목] 매크로는 다음 두 개의 매개변수에 인수를 받아 동작합니다.

매개변수	설명
프레임	OptionButton 컨트롤이 삽입된 Frame 컨트롤을 저장할 Frame 컨트롤 형식의 개체변수
입력	OptionButton 컨트롤의 레이블을 입력할 위치를 저장할 Range 형식의 개체변수

❷ Control 형식의 [컨트롤] 개체변수를 선언합니다.

❸ [입력] 변수에 연결된 셀에 값을 지웁니다. 이 작업은 이전에 입력된 값을 지우는 동작입니다.

④ For 순환문을 사용해 [프레임] 변수에 연결된 Frame 컨트롤 내 하위 컨트롤을 순환하면서 [컨트롤] 변수에 하나씩 연결합니다.

⑤ TypeName 함수를 사용해 [컨트롤] 변수에 연결된 컨트롤이 OptionButton인지 판단해 **⑥**-**⑧** 줄의 코드를 실행합니다.

⑥ 선택된 OptionButton 컨트롤을 찾기 위해 [컨트롤] 변수에 연결된 OptionButton 컨트롤의 값이 True인지 판단해 **⑦**-**⑧** 줄의 코드를 실행합니다.

⑦ [입력] 변수에 연결된 셀에 [컨트롤] 변수에 연결된 OptionButton 컨트롤의 레이블 값을 입력합니다.

⑧ 선택한 OptionButton 컨트롤 값을 입력하면 다른 OptionButton 컨트롤은 더 확인할 필요가 없으므로 Exit For 명령을 이용해 순환문을 종료합니다.

08 개발한 [선택항목] 프로시저를 [선택] 버튼에 연결합니다.

09 코드 창 상단의 [개체 목록]에서 [btn선택] 컨트롤을 선택합니다.

10 생성된 btn선택_Click 이벤트에 다음 코드를 입력합니다.

```
Private Sub btn선택_Click()  ──────────── ❶

    선택항목 프레임:=fra연령, 입력:=Range("E3")  ──────── ❷
    선택항목 프레임:=fra성별, 입력:=Range("F3")  ──────── ❸

End Sub
```

❶ btn선택_Click 이벤트는 [선택] 버튼을 클릭했을 때 실행됩니다.

❷ [선택항목] 매크로를 호출하는데, [프레임] 매개변수에는 fra연령 컨트롤을 전달하고, [입력] 매개변수에는 [E3] 셀을 연결합니다. fra연령 컨트롤 내 선택된 OptionButton 컨트롤의 레이블이 [E3] 셀에 입력됩니다.

❸ [선택항목] 매크로를 호출해 fra성별 프레임 내 선택한 OptionButton 컨트롤의 레이블을 [F3] 셀에 입력합니다.

11 VB 편집기 창을 닫고 [폼 실행] 단추를 클릭합니다.

12 폼에서 원하는 연령대와 성별을 선택하고 [선택] 버튼을 클릭해 입력 결과를 확인합니다.

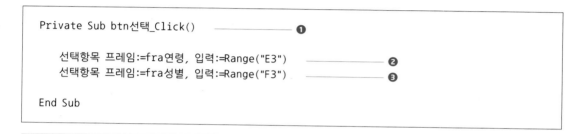

16/23 스크롤막대와 스핀단추 사용 방법

예제 파일 PART 03 \ CHAPTER 16 \ (Userform) ScrollBar, SpinButton 컨트롤.xlsm

TextBox 컨트롤📰에 숫자 값을 입력받을 때 ScrollBar📱와 SpinButton 컨트롤📰을 이용하면 사용자가 편리하게 숫자 값을 입력할 수 있습니다. 다음 과정을 참고합니다.

01 예제 파일을 열고 [폼 실행] 단추를 클릭하면 아래 화면과 같은 폼이 표시됩니다.

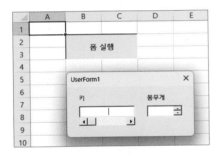

TIP 폼에는 키와 몸무게를 입력할 수 있는데, 키와 몸무게를 손쉽게 입력하기 위해 ScrollBar 컨트롤과 SpinButton 컨트롤이 삽입되어 있습니다. ScrollBar와 SpinButton 컨트롤을 조정해 키와 몸무게를 입력할 수 있도록 기능을 개발합니다.

🔍 **더 알아보기** **폼에 삽입된 컨트롤**

폼에는 다음과 같은 여섯 개의 컨트롤이 추가되어 있습니다.

컨트롤 이름	컨트롤 종류	Caption
Label1	**A**	키
Label2		몸무게
txt키	📰	
txt몸무게		
scr키	📱	
spn몸무게	📰	

참고로 spn몸무게 컨트롤은 txt몸무게 컨트롤의 우측 모서리에 입력되어 있습니다.

02 열려 있는 폼은 우측 상단의 [닫기 ☒]를 클릭해 닫습니다.

03 먼저 ScrollBar와 SpinButton 컨트롤의 초깃값을 설정합니다.

04 Alt + F11 을 눌러 VB 편집기 창을 엽니다.

05 프로젝트 탐색기 창에서 [Userform1] 개체를 더블클릭해 선택합니다.

06 프로젝트 탐색기 창 상단의 [코드 보기 ▤]를 클릭해 코드 창을 표시합니다.

07 UserForm_Initialize 이벤트가 생성되면 다음 코드를 입력합니다.

파일 : (Userform) ScrollBar, SpinButton 컨트롤 (코드).txt

```
Private Sub UserForm_Initialize()                    ❶

' 1단계 : ScrollBar 컨트롤의 설정을 변경합니다.
    With scr키                    ❷
        .Max = 240                ❸
        .Min = 120                ❹
        .LargeChange = 10         ❺
        .SmallChange = 1          ❻
    End With

' 2단계 : SpinButton 컨트롤의 설정을 변경합니다.
    With spn몸무게                 ❼
        .Max = 100
        .Min = 50
    End With

End Sub
```

---

❶ UserForm_Initialize 이벤트는 폼이 실행될 때 자동으로 실행됩니다. 이 코드는 폼에 삽입된 scr키와 spn몸무게 컨트롤의 초기 설정 작업을 하기 위한 것으로, 이벤트를 이용하지 않고 컨트롤을 선택한 후 속성 창에서 해당 속성값을 찾아 동일하게 설정합니다.

❷ scr키 컨트롤에 With 문을 사용해 여러 설정 작업을 진행합니다.

❸ scr키 컨트롤의 최댓값을 240으로 설정합니다. 참고로 Max 속성값은 scr키 컨트롤로 조정할 수 있는 최댓값으로, 키를 몇 cm까지 조정할 수 있는지 판단해 해당 값을 입력합니다.

❹ scr키 컨트롤의 최솟값을 120으로 설정합니다. 참고로 Min 속성값은 scr키 컨트롤로 조정할 수 있는 최솟값으로, 몇 cm부터 입력해야 하는지 판단해 해당 값을 입력합니다.

❺ scr키 컨트롤의 빈 영역을 클릭할 때 ScrollBar1 컨트롤의 값이 10씩 변경되도록 합니다.

❻ scr키 컨트롤의 좌, 우(또는 상, 하) 버튼을 클릭할 때 1씩 변경되도록 합니다.

❼ SpinButton1 컨트롤에 With 문을 사용하고 최댓값은 100, 최솟값은 50으로 설정합니다.

---

08 ScrollBar, SpinButton 컨트롤을 조정할 때 TextBox 컨트롤에 값이 입력되도록 합니다.

09 코드 창의 [개체 목록]에서 [scr키] 컨트롤과 [spn몸무게] 컨트롤을 각각 선택합니다.

10 생성된 scr키_Change와 spn몸무게_Change 이벤트에 다음 코드를 입력합니다.

```
Private Sub scr키_Change()  ————————— ❶

    txt키.Value = scr키.Value  ————————— ❷

End Sub

Private Sub spn몸무게_Change()  ————————— ❸

    txt몸무게.Value = spn몸무게.Value  ————————— ❹

End Sub
```

❶ scr키_Change 이벤트는 scr키 컨트롤을 조정할 때 실행됩니다.

❷ txt키 컨트롤에 scr키 컨트롤의 값을 입력합니다.

❸ spn몸무게_Change 이벤트는 spn몸무게 컨트롤을 조정할 때 실행됩니다.

❹ txt몸무게 컨트롤에 spn몸무게 컨트롤의 값을 입력합니다.

11 VB 편집기 창을 닫고 [폼 실행] 단추를 눌러 폼을 실행합니다.

12 txt키와 txt몸무게 컨트롤에 scr키와 spn몸무게 컨트롤의 Min 속성값이 표시됩니다.

13 ScrollBar 컨트롤의 빈 영역과 좌우 화살표를 클릭해 키를 변경합니다.

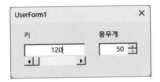 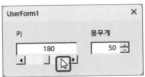 

14 SpinButton 컨트롤의 위아래 화살표를 클릭해 몸무게를 변경합니다.

16/24 폼에 이미지 추가하는 방법

예제 파일 PART 03 \ CHAPTER 16 \ (Userform) Image 컨트롤.xlsm, Image\1.jpg ~ 9.jpg, default.jpg

폼에 이미지를 삽입하려면 Image 컨트롤을 사용합니다. Image 컨트롤을 사용하는 방법은 다음 과정을 참고합니다.

01 예제 파일을 열고 [폼 실행] 단추를 클릭하면 아래 화면과 같은 폼이 표시됩니다.

	A	B	C	D	E	F	G	H	I
1									
2		사번	이름	직위		폼 실행			
3		1	박지훈	부장					
4		2	유준혁	차장					
5		3	이서연	과장					
6		4	김민준	대리					
7		5	최서현	주임					
8		6	박현우	주임					
9		7	정시우	사원					
10		8	이은서	사원					
11		9	오서윤	사원					
12									
13									
14									
15									
16									

TIP 왼쪽 ListBox 컨트롤에 [C3:C11] 범위의 직원 이름을 표시한 후 이름을 선택하면 해당 직원의 사진 이미지가 Image 컨트롤에 표시되도록 합니다.

🔍 **더 알아보기**   **폼에 삽입된 컨트롤**

폼에는 다음과 같은 다섯 개의 컨트롤이 추가되어 있습니다.

컨트롤 이름	컨트롤 종류	Caption
Label1	**A**	직원
Label2		사진
lst직원		
img사진		
btn선택해제		선택 해제

02 열려 있는 폼은 우측 상단의 [닫기⊠]를 클릭해 닫습니다.

03 윈도우 탐색기를 이용해 예제 폴더 하위의 Image 폴더를 선택해 다음 이미지를 확인합니다.

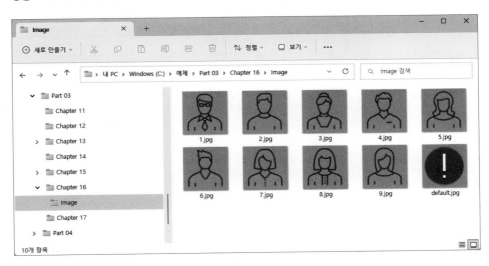

> **TIP** 이미지의 이름은 표의 B열 사번과 동일합니다. 이미지 파일 중 Default.jpg 파일은 사원의 이미지가 없거나 사원을 선택하지 않을 때 표시할 용도입니다.

04 다시 엑셀 파일로 창을 전환하고 ListBox 컨트롤에 사원 이름을 표시합니다.

05 Alt + F11 을 눌러 VB 편집기 창을 엽니다.

06 프로젝트 탐색기 창에서 [Userform1] 개체를 더블클릭해 선택합니다.

07 프로젝트 탐색기 창 상단의 [코드 보기▦]를 클릭해 코드 창을 표시합니다.

08 Userform_Initialize 이벤트를 생성하고 다음 코드를 입력합니다.

파일 : (Userform) Image 컨트롤 (코드 I).txt

```
Private Sub UserForm_Initialize()  ─────────────── ❶

    Dim 직원 As Range  ───────────── ❷

    Set 직원 = Range("C3", Cells(Rows.Count, "C").End(xlUp))  ─────────── ❸

    lst직원.List = 직원.Value  ───────── ❹
    img사진.SpecialEffect = fmSpecialEffectSunken  ─────────── ❺

End Sub
```

---

❶ UserForm_Initialize 이벤트는 폼이 실행될 때 자동으로 실행됩니다.
❷ Range 형식의 [직원] 개체변수를 선언합니다.
❸ [직원] 변수에 [C3] 셀부터 C열의 마지막 데이터 입력 위치까지의 범위(C3:C11)를 연결합니다.

④ lst직원 컨트롤의 List 속성에 [직원] 변수에 연결된 범위 내 값을 직접 전달합니다.

⑤ img사진 컨트롤의 표시 효과를 ListBox 컨트롤처럼 오목하게 표시합니다. SpecialEffect 속성에 지정하는 내장 상숫값에 따른 효과는 다음 표에서 확인할 수 있습니다.

내장 상수	값	컨트롤 모양
fmSpecialEffectFlat (기본값)	0	컨트롤 개체를 평면으로 표시합니다. 주변 테두리 실선이 나타나지 않는다면 BorderStyle 속성값을 fmBorderStyleSingle로 변경합니다.
fmSpecialEffectRaised	1	컨트롤 개체의 상단과 좌측은 반전되고, 하단과 우측은 그림자로 표시합니다. 이렇게 하면 볼록한 효과를 얻습니다.
fmSpecialEffectSunken	2	컨트롤 개체의 상단과 좌측은 그림자로 표시하고, 하단과 우측은 반전으로 표시합니다. 이렇게 하면 오목한 효과를 얻습니다.
fmSpecialEffectEtched	3	컨트롤 개체의 가장자리를 새겨 표시합니다.
fmSpecialEffectBump	6	컨트롤 개체의 상단과 좌측은 평면으로, 하단과 우측은 굴곡을 갖도록 표시합니다.

09 lst직원 컨트롤에서 직원을 선택하면 이미지가 표시되도록 기능을 개발합니다.

10 코드 창 상단의 [개체 목록]에서 [lst직원] 컨트롤을 선택합니다.

11 생성된 lst직원_Click 이벤트에 다음 코드를 입력합니다.

파일 : (Userform) Image 컨트롤 (코드 II).txt

```
Private Sub lst직원_Click()                          ❶

' 1단계 : 변수를 선언합니다.                          ❷
  Dim 직원 As Range
  Dim 사번 As String
  Dim 경로 As String
  Dim 파일 As String


' 2단계 : ListBox 컨트롤에서 선택한 사원의 사번을 확인합니다.
  Set 직원 = Range("C3", Cells(Rows.Count, "C").End(xlUp))        ❸
  사번 = 직원.Find(What:=lst직원.Value).Offset(, -1).Value        ❹

' 3단계 : 이미지 파일의 경로와 파일명을 변수에 저장합니다.
  경로 = ThisWorkbook.Path & "\Image\"             ❺
  파일 = 사번 & ".jpg"                              ❻

If Dir(경로 & 파일) = "" Then 파일 = "Default.jpg"              ❼

' 4단계 : 사원의 이미지를 표시합니다.
  With img사진                      ❽
        .Picture = LoadPicture(Filename:=경로 & 파일)          ❾
        .PictureAlignment = fmPictureAlignmentCenter           ❿
        .PictureSizeMode = fmPictureSizeModeZoom               ⓫
```

```
    End With

End Sub
```

❶ lst직원_Click 이벤트는 ListBox 컨트롤의 항목을 선택할 때 자동 실행됩니다.

❷ Range 형식의 [직원] 개체변수와 String 형식의 [사번], [경로], [파일] 변수를 선언합니다.

❸ [직원] 변수에 [C3] 셀부터 C열의 마지막 데이터 입력 위치까지의 범위(C3:C11)를 연결합니다.

❹ [직원] 변수에 연결된 범위에서 lst직원 컨트롤의 선택 값(이름)을 찾아서 찾은 위치의 왼쪽 셀(사번) 값을 [사번] 변수에 저장합니다.

❺ [경로] 변수에 현재 파일의 경로에 "\Image\" 문자열을 연결해 저장합니다. 현재 파일의 Image 하위 폴더 경로가 [경로] 변수에 저장됩니다.

❻ [파일] 변수에 [사번] 변수에 저장된 값에 ".jpg" 문자열을 연결해 저장합니다. **사번.jpg** 형식의 문자열이 파일 변수에 저장됩니다.

❼ [경로]와 [파일] 변수를 연결해 Dir 함수로 해당 파일이 존재하는지 확인해 파일이 없으면(빈 문자이면) [파일] 변수에 "Default.jpg" 문자열을 저장합니다. 사번.jpg 파일이 존재하지 않을 때 Default.jpg 파일이 img사진 컨트롤에 표시되도록 할 수 있습니다.

❽ img사진 컨트롤에는 여러 설정 작업을 위해 With 문을 사용합니다.

❾ img사진 컨트롤의 Picture 속성에 LoadPicture 함수를 사용해 지정된 [경로], [파일] 변수에 저장된 파일을 삽입합니다. lst직원 컨트롤에서 선택한 직원의 사번에 맞는 이미지가 img사진 컨트롤에 나타납니다.

❿ img사진 컨트롤의 PictureAlignment 속성을 이용해 이미지가 컨트롤의 가운데 나타나도록 설정합니다. 참고로 PictureAlignment 속성에 사용할 수 있는 내장 상수는 다음과 같습니다.

내장 상수	설명
fmPictureAlignmentBottomLeft	이미지를 좌측 하단에 맞춰 표시합니다.
fmPictureAlignmentBottomRight	이미지를 우측 하단에 맞춰 표시합니다.
fmPictureAlignmentCenter	이미지를 가운데에 맞춰 표시합니다.
fmPictureAlignmentTopLeft	이미지를 좌측 상단에 맞춰 표시합니다.
fmPictureAlignmentTopRight	이미지를 우측 상단에 맞춰 표시합니다.

⓫ img사진 컨트롤의 PictureSizeMode 속성을 이용해 이미지를 비율에 맞게 확대(또는 축소)해서 표시합니다. PictureSizeMode 속성에 사용할 수 있는 내장 상수는 다음과 같습니다.

내장 상수	설명
fmPictureSizeModeClip	이미지의 일부분이 컨트롤의 크기보다 크면 컨트롤의 크기에 맞춰 잘라냅니다.
fmPictureSizeModeStretch	이미지를 확대/축소해서 컨트롤의 크기에 딱 맞춥니다. 이 과정에서 이미지의 원래 비율이 왜곡될 수 있습니다.
fmPictureSizeModeZoom	이미지의 비율을 유지하면서 확대/축소해 표시합니다.

12 [선택 해제] 버튼을 클릭했을 때 기본 이미지를 표시하는 작업을 진행합니다.

13 코드 창의 [개체 목록]에서 [btn선택해제] 컨트롤을 선택합니다.

14 생성된 btn선택해제_Click 이벤트에 다음 코드를 입력합니다.

파일 : (Userform) Image 컨트롤 (코드 III).txt

```
Private Sub btn선택해제_Click()  ──────── ❶
```

```
' 1단계 : 변수를 선언합니다.
  Dim 경로 As String
  Dim 파일 As String

' 2단계 : 변수에 기본 이미지 파일의 경로와 파일명을 저장합니다.
  경로 = ThisWorkbook.Path & "\Image\"
  파일 = "Default.jpg"

' 3단계 : ListBox 컨트롤의 선택을 해제합니다. ──────────── ❷

  With lst직원
      .Selected(.ListIndex) = False
  End With

' 4단계 : Image 컨트롤에 기본 이미지(Default.jpg)를 표시합니다.
  img사진.Picture = LoadPicture(Filename:=경로 & 파일)

End Sub
```

❶ btn선택해제_Click 이벤트는 [선택 해제] 버튼을 클릭할 때 실행됩니다.

❷ lst직원 컨트롤의 ListIndex 속성은 선택한 항목의 인덱스 번호를 반환하며, Selected 속성은 인수로 전달된 인덱스 위치의 선택 여부를 True, False 값으로 반환합니다. 따라서 Selected 속성에 ListIndex 속성을 전달해 사용하면 선택한 항목의 선택 여부를 조정할 수 있습니다. 이 값을 False로 지정하면 사용자가 선택한 항목이 해제됩니다.

15 Alt + F11 을 눌러 엑셀 창으로 전환한 후 [폼 실행] 단추를 클릭합니다.

16 ListBox 컨트롤에서 직원을 선택하면 Image 폴더에 저장해놓은 이미지 파일이 표시됩니다.

17 [선택 해제] 버튼을 클릭하면 직원 선택이 해제되고 기본 이미지(Default.jpg)가 표시됩니다.

폼 실행

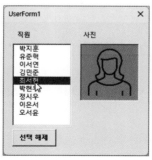

직원 선택

[선택 해제] 버튼 클릭

폼에서 범위 참조할 때 사용하는 RefEdit 컨트롤

예제 파일 PART 03 \ CHAPTER 16 \ (Userform) RefEdit 컨트롤.xlsm

폼에서 매크로가 동작할 대상 범위를 선택하려면 RefEdit 컨트롤 을 사용합니다. RefEdit 컨트롤은 TextBox 컨트롤에 대화상자 축소 단추 가 결합된 컨트롤로, 마우스로 작업 대상 범위를 드래그해 선택할 수 있어 편리합니다. 사용 방법은 다음 과정을 참고합니다.

01 예제 파일을 열고 [폼 실행] 단추를 클릭하면 아래 화면과 같은 폼을 확인할 수 있습니다.

	A	B	C	D	E	F	G	H	I	J	K	L
1												
2		담당	1사분기	2사분기	3사분기	4사분기		폼 실행				
3		박지훈	1,064	9,072	1,517	10,190						
4		유준혁	17,920	9,180	13,062	1,249						
5		이서연	6,890	5,084	3,850	7,173						
6		김민준	10,940	8,673	2,478	964						
7		최서현	715	2,928	4,825	3,040						
8		박현우	6,594	2,032	13,356	13,221						
9		정시우	2,910	3,045	7,434	4,112						
10		이은서	9,441	17,937	22,666	11,004						
11		오서윤	14,980	23,751	33,760	9,751						
12												

UserForm1
집계를 원하는 범위를 아래에서 선택하세요!

합계 :   자동 요약

TIP 폼의 RefEdit 컨트롤에서 원하는 대상 범위를 선택하고 [자동 요약] 버튼을 클릭하면 좌측 하단의 Label 컨트롤(합계 :)에 선택된 범위의 합계 값이 표시되는 기능을 개발합니다.

🔍 **더 알아보기**   **폼에 삽입된 컨트롤**

폼에는 다음과 같은 네 개의 컨트롤이 추가되어 있습니다.

컨트롤 이름	컨트롤 종류	Caption
Label1	**A**	집계를 원하는 범위를 아래에서 선택하세요!
lbl결과		합계 :
ref범위		
btn요약		자동 요약

02 열려 있는 폼은 우측 상단의 [닫기⊠]를 클릭해 닫습니다.

03 Alt + F11 을 눌러 VB 편집기 창을 엽니다.

04 프로젝트 탐색기 창에서 [Userform1] 개체를 더블클릭합니다.

05 [자동 요약] 버튼을 더블클릭해 btn요약_Click 이벤트를 생성하고 다음 코드를 입력합니다.

파일 : (Userform) RefEdit 컨트롤 (코드).txt

```
Private Sub btn요약_Click()                            ❶

' 1단계 : 변수를 선언합니다.
    Dim 선택범위 As Range                              ❷
    Dim 합계 As Double                                ❸

' 2단계 : RefEdit 컨트롤에서 제대로 된 범위를 선택했는지 판단합니다.
    On Error Resume Next                              ❹
        Set 선택범위 = Range(ref범위.Text)              ❺

        If Err.Number <> 0 Then Exit Sub              ❻
    On Error GoTo 0                                   ❼

' 3단계 : 선택한 범위의 합계를 Label 컨트롤에 표시합니다.
    합계 = WorksheetFunction.Sum(선택범위)             ❽

    lbl결과.Caption = "합계 : " & Format(합계, "#,###")  ❾

    ref범위.SetFocus                                  ❿

End Sub
```

---

❶ btn요약_Click 이벤트는 [자동 요약] 버튼을 클릭할 때 실행됩니다.

❷ Range 형식의 [선택범위] 개체변수를 선언합니다.

❸ Double 형식의 [합계] 변수를 선언합니다.

❹ On Error Resume Next 명령을 사용해 ❺ 코드에서 에러가 발생해도 코드 실행을 중단하지 않고, 다음 코드를 계속해서 실행하도록 설정합니다.

❺ [선택범위] 변수에 ref범위 컨트롤에서 선택한 주소에 해당하는 범위를 연결합니다. 만약 ref범위 컨트롤에 셀 주소 또는 이름 등이 입력되어 있지 않다면 에러가 발생합니다.

❻ 에러가 발생했는지 판단해 에러가 발생했으면 Exit Sub 명령을 사용해 이벤트를 종료합니다.

❼ ❹번 줄의 On Error 문 설정을 해제합니다. 이후 코드에서 에러가 발생하면 디버그 창이 표시되면서 코드 실행이 중단됩니다.

❽ [합계] 변수에 워크시트 함수인 SUM 함수를 사용해 [선택범위] 변수에 연결된 범위 내 숫자 값의 합계를 저장합니다.

❾ lbl결과 컨트롤에 "합계 : " 문자열과 [합계] 변숫값을 연결해 표시합니다. 이때 [합계] 변숫값은 Format 함수를 사용해 정수 부분만 천 단위 구분 기호를 넣어 표시합니다.

❿ 계속해서 다른 범위를 선택할 수 있도록 ref범위 컨트롤에 포커스를 설정합니다.

06 RefEdit 컨트롤을 선택할 때 Label2 컨트롤에서 "선택 중…"이라는 메시지를 표시합니다.

07 코드 창 상단의 [개체 목록]에서 [ref범위] 컨트롤을 선택하고 [프로시저 목록]에서 [Change] 이벤트를 선택합니다.

08 생성된 ref범위_Change 이벤트에 다음 코드를 입력합니다.

```
Private Sub ref범위_Change()                    ❶

    lbl결과.Caption = "선택 중..."              ❷

End Sub
```

❶ ref범위_Change 이벤트는 RefEdit 컨트롤의 값이 변경될 때 자동 실행됩니다.

❷ lbl결과 컨트롤에 "선택 중…" 문자열을 표시합니다.

09 Alt + F11 을 눌러 엑셀 창으로 전환한 후 [폼 실행] 단추를 클릭합니다.

10 RefEdit 컨트롤에서 원하는 범위를 선택하고 [자동 요약] 버튼을 클릭해 결과를 확인합니다.

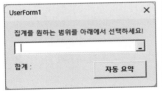  

TreeView 컨트롤 I
– 컨트롤 등록 및 폼 구성

예제 파일 PART 03 \ CHAPTER 16 \ (Userform) TreeView 컨트롤 I.xlsm

폼의 여러 항목을 트리 구조를 사용해 표시하려면 TreeView 컨트롤 을 사용합니다. TreeView 컨트롤은 기본 컨트롤이 아니므로 사용 전에 먼저 등록해야 하고, TreeView 컨트롤에 이미지를 사용하려면 ImageList 컨트롤 을 추가로 사용해야 합니다. TreeView 컨트롤과 ImageList 컨트롤을 사용하는 방법은 다음 과정을 참고합니다.

01 예제를 열면 왼쪽 화면과 같은 표를 확인할 수 있습니다. 예제의 표 데이터로 오른쪽 화면과 같은 폼을 개발합니다.

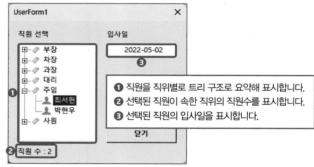

02 폼을 만들기 위해 Alt + F11 을 눌러 VB 편집기 창을 엽니다.

03 [삽입]–[사용자 정의 폼] 메뉴를 선택해 폼 개체를 하나 삽입합니다.

04 TreeView, ImageList 컨트롤을 [도구 상자] 창에 추가합니다.

05 [도구 상자] 창의 빈 영역에서 마우스 오른쪽 버튼을 클릭한 후 [추가 컨트롤] 메뉴를 선택합니다.

06 [추가 컨트롤] 대화상자가 표시되면 아래 두 개의 컨트롤을 목록에서 찾아 체크한 후 [확인]을 클릭합니다.

> • Microsoft ImageList Control, version 6.0
> • Microsoft TreeView Control, version 6.0

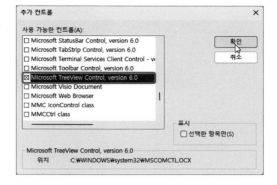

🔍 **더 알아보기**　　**ImageList와 TreeView 컨트롤이 나타나지 않는 경우**

ImageList와 TreeView 두 개 컨트롤은 외부 컨트롤로 MSCOMCTL.OCX 파일이 설치되어 있는 경우에 사용할 수 있습니다. 만약 목록에 두 개의 컨트롤이 없다면 오피스 전체가 설치되지 않은 것이므로 오피스를 다시 설치합니다.

07 [도구 상자] 창에 ImageList 컨트롤과 TreeView 컨트롤이 추가되면 다음과 같은 화면이 표시됩니다.

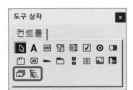

TIP **[도구 상자] 창 크기 조정하기**

컨트롤을 추가하면 [도구 상자] 창 크기가 모든 컨트롤을 표시하기에는 불편할 수 있습니다. 이때 [도구 상자] 창 크기를 조절하려면 [도구 상자] 창의 테두리 영역을 마우스로 드래그합니다.

08 화면을 참고해 폼 개체에 다음과 같은 컨트롤을 추가합니다.

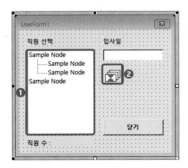

폼에 삽입된 컨트롤

폼에는 다음과 같은 일곱 개의 컨트롤이 추가되어 있습니다.

컨트롤 이름	컨트롤 종류	Caption
Label1		직원 선택
lbl직원수	**A**	직원 수 :
Label3		입사일
❶ tvw직원	▣	
txt입사일	▣	
❷ iml아이콘	▣	
btn닫기	▣	닫기

추가로 폼에 적용할 작업

• **txt입사일 컨트롤**

  속성 창에서 TextAlign 속성을 2-fmTextAlignCenter로 변경해 텍스트 값이 가운데 표시되도록 합니다.

• **btn닫기 컨트롤**

  속성 창에서 Font 속성에서 글꼴 이름을 선택하고, 대화상자 표시 단추▣를 클릭한 후 글꼴 스타일을 [굵게]로 설정합니다.

09 폼이 선택된 상태에서 F5 를 누르면 폼이 다음과 같이 실행됩니다.

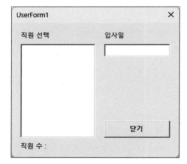

폼 이해하기

폼을 실행하면 화면에 ImageList 컨트롤이 나타나지 않습니다. ImageList 컨트롤은 여러 개의 이미지를 내장할 수 있는 컨트롤로, 폼 화면에는 표시되지 않습니다. 이 폼에서 추가된 ImageList 컨트롤은 TreeView 컨트롤에서 사용할 아이콘 이미지를 관리하기 위한 용도로 사용됩니다.

16/27

TreeView 컨트롤 II
– 컨트롤 설정

예제 파일 PART 03 \ CHAPTER 16 \ (Userform) TreeView 컨트롤 II.xlsm, tag-top.jpg, tag-sub.jpg

이 내용은 **SECTION 16-26**에서 이어집니다. 폼에 삽입된 ImageList 컨트롤에 TreeView 컨트롤에서 사용할 이미지를 등록하고, TreeView 컨트롤에 데이터를 추가한 후 두 컨트롤을 연동합니다. 다음 과정을 참고합니다.

01 예제를 열고 Alt + F11 을 눌러 VB 편집기 창을 엽니다.

02 프로젝트 탐색기 창에서 [Userform1] 개체를 더블클릭합니다.

03 프로젝트 탐색기 창 상단의 [코드 보기🗔]를 클릭합니다.

04 코드 창에서 UserForm_Initialize 이벤트를 생성하고 다음 코드를 입력합니다.

파일 : (Userform) TreeView 컨트롤 II (코드 I).txt

```
Private Sub UserForm_Initialize()  ──────────❶

' 1단계 : 이미지 파일 경로를 저장할 변수를 선언하고 이미지 파일 경로를 저장합니다.
    Dim 경로 As String  ──────────❷

    경로 = ThisWorkbook.Path  ──────────❸

' 2단계 : ImageList 컨트롤에 이미지를 추가합니다.
    With iml아이콘.ListImages  ──────────❹

        .Add Key:="Image1", Picture:=LoadPicture(Filename:=경로 & "\tag-top.jpg")
                                                                    ──────────❺
        .Add Key:="Image2", Picture:=LoadPicture(Filename:=경로 & "\tag-sub.jpg")
                                                                    ──────────❻

    End With

' 3단계 : TreeView 컨트롤을 설정하고 ImageList 컨트롤과 연결합니다.
    With tvw직원  ──────────❼
```

```
            .Indentation = 14                      ⑧
            .BorderStyle = ccFixedSingle                   ⑨
            .LineStyle = tvwRootLines                   ⑩

        Set .ImageList = iml아이콘                  ⑪

    End With

End Sub
```

❶ UserForm_Initialize 이벤트는 폼을 실행할 때 자동으로 실행됩니다.

❷ String 형식 [경로] 변수를 선언합니다.

❸ [경로] 변수에 현재 파일의 경로를 저장합니다.

❹ iml아이콘 컨트롤에 이미지를 추가하기 위해 ListImages 속성을 이용하며, 여러 이미지를 등록하기 위해 With 문을 사용합니다.

❺ Add 메서드를 이용해 첫 번째 이미지를 등록합니다. LoadPicture 함수를 사용해 현재 파일 경로의 tag-top.jpg 파일을 등록하며, Key 속성을 이용해 키 값을 "Image1"로 설정합니다. 이 이미지는 직위 옆에 표시합니다. 참고로 다른 이미지를 사용하려면 16×16 크기의 jpg 파일이나 gif 파일을 사용합니다.

❻ Add 메서드를 이용해 두 번째 이미지를 등록합니다. 이번에는 tag-sub.jpg 파일을 등록하며, 키 값은 "Image2"로 설정합니다. 이 이미지는 직원 이름 옆에 표시합니다.

❼ tvw직원 컨트롤의 초기 설정 작업을 위해 With 문을 사용합니다.

❽ TreeView 컨트롤에 표시되는 항목을 어느 정도 떨어뜨려서 표시할 것인지를 설정합니다. 다음은 구분을 위해 Indentation을 14로 설정했을 때와 20으로 설정했을 때의 차이를 화면으로 표시합니다.

Indentation 14   Indentation 20   **TIP** 두 화면의 점선이 Indentation 값이 클수록 길어집니다.

❾ tvw직원 컨트롤의 BorderStyle 속성을 이용해 컨트롤 주변에 실선 테두리를 표시합니다.

❿ tvw직원 컨트롤의 항목을 연결할 때 사용하는 선 스타일을 설정합니다. LineStyle 속성값은 tvwRootLines나 tvwTreeLines 중 하나를 설정할 수 있습니다. 두 설정 값의 차이는 다음과 같습니다.

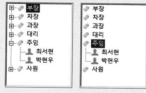

tvwRootLines   tvwTreeLines

⑪ tvw직원 컨트롤의 ImageList 속성에 iml아이콘 컨트롤을 연결합니다. 이렇게 하면 ImageList 컨트롤에 등록된 이미지를 TreeView 컨트롤에서 사용할 수 있습니다.

05 코드 입력을 마친 다음 F5 를 눌러 폼을 실행해 에러가 발생하는지 확인합니다.

TIP 만약 에러가 발생한다면 에러가 발생된 부분에 오타가 있거나 이미지가 잘못된 것은 아닌지 확인해 코드를 수정합니다.

06 TreeView 컨트롤에 직위와 직원 항목을 추가합니다.

07 UserForm_Initialize 이벤트를 다음과 같이 수정합니다.

파일 : (Userform) TreeView 컨트롤 II (코드 II).txt

```
Private Sub UserForm_Initialize()

 ' 1단계 : 변수를 선언합니다.
    Dim 경로 As String
    Dim 직원 As Range, 셀 As Range                          ❶

 ' 2단계 : 변수의 초깃값을 설정합니다.
    경로 = ThisWorkbook.Path
    Set 직원 = Range("C3", Cells(Rows.Count, "C").End(xlUp))              ❷

 ' 3단계 : ImageList 컨트롤에 이미지를 등록합니다.
    With iml아이콘.ListImages

        .Add Key:="Image1", Picture:=LoadPicture(Filename:=경로 & "\tag-top.jpg")
        .Add Key:="Image2", Picture:=LoadPicture(Filename:=경로 & "\tag-sub.jpg")

    End With

 ' 4단계 : TreeView 컨트롤을 설정하고 ImageList 컨트롤과 연결합니다.
    With tvw직원

        .Indentation = 14
        .BorderStyle = ccFixedSingle
        .LineStyle = tvwRootLines

        Set .ImageList = iml아이콘

    End With

 ' 5단계 : TreeView 컨트롤에 직위와 직원 데이터를 등록합니다.
    With tvw직원.Nodes                  ❸

        .Add Key:="부장", Text:="부장", Image:="Image1"              ❹
        .Add Key:="차장", Text:="차장", Image:="Image1"
        .Add Key:="과장", Text:="과장", Image:="Image1"
        .Add Key:="대리", Text:="대리", Image:="Image1"
        .Add Key:="주임", Text:="주임", Image:="Image1"
        .Add Key:="사원", Text:="사원", Image:="Image1"

        For Each 셀 In 직원               ❺

            .Add Relative:=셀.Offset(, 1).Value, _
                Relationship:=tvwChild, _
                Text:=셀.Value, _
                Image:="Image2"              ❻
```

```
        Next

    End With

End Sub
```

❶ Range 형식의 [직원] 개체변수와 [셀] 개체변수를 선언합니다.

❷ [직원] 변수에 직원 이름이 입력되어 있는 [C3] 셀부터 C열의 마지막 데이터 입력 위치까지의 범위를 연결합니다.

❸ tvw직원 컨트롤의 Nodes 속성을 이용해 항목을 추가하는데, 여러 항목을 추가하기 위해 With 문을 사용합니다.

❹ Add 메서드를 이용해 "부장"부터 "사원"까지 여섯 개의 직위를 등록합니다. Key 매개변수와 Text 매개변숫값은 동일하게 설정하고, Image 매개변수에는 "Image1"을 설정합니다. 참고로 Key 매개변수에는 중복 값을 입력할 수 없으며, Image 매개변수에서 사용한 Image1은 iml아이콘 컨트롤에 등록된 키 값으로 예제에서는 tag-top.jpg 파일의 이미지를 의미합니다.

❺ For 순환문을 사용해 [직원] 변수에 연결된 범위 내 셀을 하나씩 [셀] 변수에 연결합니다.

❻ tvw직원 컨트롤에 등록된 직위 항목 하위에 직원 이름을 등록합니다. Add 메서드에서 사용한 매개변수는 각각 다음과 같은 의미를 갖습니다.

　• Relative 매개변수 : 하위 항목을 추가할 때 사용하며, [셀] 변수에 연결된 셀의 오른쪽 셀은 직위이므로, ❹ 줄에서 먼저 등록된 직위 항목 하위에 새로운 값으로 등록합니다.

　• Relationship 매개변수 : 등록된 항목을 자식 항목으로 설정합니다.

　• Text 매개변수 : TreeVeiw 컨트롤에 표시할 항목은 [셀] 변수에 연결된 셀 값으로 표시합니다.

　• Image 매개변수 : iml아이콘 컨트롤의 키 값인 Image2로 설정해 tag-sub.jpg 파일의 이미지를 표시합니다.

TIP 파란색 코드 부분이 새로 추가된 부분입니다.

08　F5 를 눌러 다음과 같은 폼 화면이 에러 없이 정상적으로 표시되는지 확인합니다.

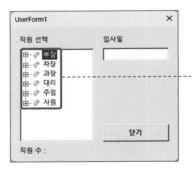

TreeView 컨트롤의 항목이 이미지와 함께 정확하게 표시되는지 확인하고, 직위 항목을 펼쳐 직원 이름이 제대로 표시되는지 확인합니다.

16 / 28
TreeView 컨트롤 III
– 다른 컨트롤과 연동하기

예제 파일 PART 03 \ CHAPTER 16 \ (Userform) TreeView 컨트롤 III.xlsm

이 내용은 **SECTION 16-27**에서 이어집니다. 직위(또는 직원)를 선택할 때 해당 직위의 직원이 몇 명 있는지 표시하고, 선택된 직원의 입사일을 TextBox 컨트롤에 표시하는 기능을 개발합니다. 다음 과정을 참고합니다.

01 예제를 열고 Alt + F11 을 눌러 VB 편집기 창을 엽니다.

02 프로젝트 탐색기 창에서 [Userform1] 개체를 더블클릭해 선택합니다.

03 프로젝트 탐색기 창 상단의 [코드 보기 🗐]를 클릭해 코드 창을 표시합니다.

04 폼이 화면에 표시될 때 lbl직원수 컨트롤에 선택한 직원수를 표시하는 기능을 개발합니다.

05 코드 창 상단의 [개체 목록]에서 [UserForm] 개체를 선택하고 [프로시저 목록]에서 [Activate] 이벤트를 선택합니다.

06 생성된 UserForm_Activate 이벤트에 다음 코드를 입력합니다.

파일 : (Userform) TreeView 컨트롤 III (코드 I).txt

```
Private Sub UserForm_Activate()  ───────── ❶

' 1단계 : 자식 항목을 선택했으면 부모의 자식수를 세어 직원수를 표시합니다.
    If Not tvw직원.SelectedItem.Parent Is Nothing Then  ───────── ❷

        lbl직원수.Caption = "직원 수 : " & tvw직원.SelectedItem.Parent.Children  ───────── ❸

    End If

' 2단계 : 부모 항목을 선택했으면 자식수를 세어 직원수를 표시합니다.
    If Not tvw직원.SelectedItem.Child Is Nothing Then  ───────── ❹

        lbl직원수.Caption = "직원 수 : " & tvw직원.SelectedItem.Children  ───────── ❺
```

```
          End If

  End Sub
```

07 TreeView 컨트롤 내의 항목을 클릭할 때 입사일과 직원수를 표시합니다.

08 코드 창 상단의 개체 목록에서 **tvw직원** 컨트롤을 선택하고 프로시저 목록에서 **NodeClick** 이벤트
를 선택합니다.

09 생성된 tvw직원_NodeClick 이벤트에 다음 코드를 입력합니다.

파일 : (Userform) TreeView 컨트롤 III (코드 II).txt

```
Private Sub tvw직원_NodeClick(ByVal Node As MSComctlLib.Node)                    ❶

  ' 1단계 : 변수를 선언합니다.
      Dim 직원 As Range              ❷

  ' 2단계 : 변수에 직원 데이터 범위를 연결합니다.
      Set 직원 = Range("C3", Cells(Rows.Count, "C").End(xlUp))              ❸

  ' 3단계 : 자식 항목을 선택했다면 직원의 입사일을 표시합니다.
      If Not Node.Parent Is Nothing Then              ❹

          txt입사일.Value = 직원.Find(What:=Node.Text).Offset(, 2).Value              ❺
          lbl직원수.Caption = "직원 수 : " & Node.Parent.Children              ❻

      End If

  ' 4단계 : 부모 항목을 선택했다면 입사일은 초기화합니다.
      If Not Node.Child Is Nothing Then              ❼

          txt입사일.Value = Empty              ❽
          lbl직원수.Caption = "직원 수 : " & Node.Children              ❾

      End If

  End Sub
```

❶ tvw직원_NodeClick 이벤트는 TreeView 컨트롤의 항목을 클릭할 때 자동 실행됩니다. 참고로 이벤트에 전달되는 Node 매개변수에는 사용자가 선택한 항목이 연결됩니다.

❷ Range 형식의 [직원] 개체변수를 선언합니다.

❸ [직원] 변수에 직원 이름이 입력된 [C3] 셀부터 C열의 마지막 데이터 입력 위치까지 범위를 연결합니다.

❹ Node 매개변수에 연결된 항목이 자식 항목인지를 확인하기 위해 부모 항목이 있는지 확인합니다. 자식 항목이라면 ❺-❻ 줄의 코드를 실행합니다.

❺ [직원] 변수에 연결된 범위에서 Node 매개변수의 텍스트 값을 찾아 오른쪽 두 번째 셀(입사일) 값을 txt입사일 컨트롤에 입력합니다.

❻ lbl직원수 컨트롤에 Node 매개변수에 연결된 선택된 항목의 부모 항목에 속한 자식 항목 개수를 표시합니다. 이 작업은 앞서 UserForm_Activate 이벤트에서 처리했는데, 해당 이벤트는 폼이 화면에 표시될 때만 동작하므로 항목을 선택할 때마다 폼에 현재 직위의 직원수를 다시 계산할 필요가 있습니다.

❼ Node 매개변수에 연결된 항목이 부모 항목인지 확인하기 위해 선택 항목의 자식 항목이 있는지 판단한 후 부모 항목이라면 ❽-❾ 줄의 코드를 실행합니다.

❽ 부모 항목은 직위이므로 입사일이 존재할 수 없습니다. txt입사일 컨트롤의 값을 지웁니다.

❾ lbl직원수 컨트롤에 Node 매개변수에 연결된 항목의 자식 항목 개수를 표시합니다.

10 [닫기]를 클릭했을 때 폼이 종료되도록 합니다.

11 코드 창 상단의 [개체 목록]에서 [btn닫기] 컨트롤을 선택합니다.

12 생성된 btn닫기_Click 이벤트에 다음 코드를 입력합니다.

```
Private Sub btn닫기_Click()  ——————— ❶

    Unload Me  ——————— ❷

End Sub
```

❶ btn닫기_Click 이벤트는 [닫기]를 클릭할 때 실행됩니다.

❷ Unload 명령을 이용해 자신을 닫습니다. 여기서 Me 키워드는 현재 코드 창의 개체인 UserForm1 개체를 가리킵니다. 이 명령은 다음과 같이 폼 이름을 직접 입력하는 방식과 동일합니다.

```
Unload UserForm1
```


13 폼 실행을 위한 매크로를 개발합니다.

14 VB 편집기 창에서 [삽입]–[모듈] 메뉴를 선택해 새 모듈 개체를 삽입합니다.

15 [Module1] 개체의 코드 창에 [폼실행] 매크로를 개발합니다.

```
Sub 폼실행()  ——————— ❶

    UserForm1.Show  ——————— ❷

End Sub
```

❶ 개발한 폼 개체를 실행할 [폼실행] 매크로를 선언합니다.

❷ UserForm1 개체를 실행합니다.

16 코드 창에서 F5 를 눌러 [폼실행] 매크로를 실행하면 폼이 화면에 표시됩니다.

17 직위(또는 직원 이름)를 선택하면 폼 좌측 하단 Label 컨트롤에 해당 직원수가 표시됩니다.

18 이름을 선택하면 해당 직원의 입사일이 TextBox 컨트롤에 표시됩니다.

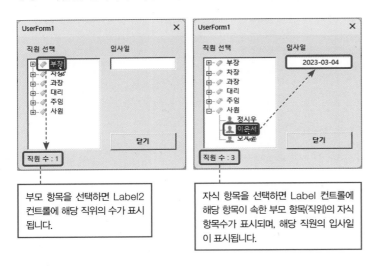

부모 항목을 선택하면 Label2 컨트롤에 해당 직위의 수가 표시됩니다.

자식 항목을 선택하면 Label 컨트롤에 해당 항목이 속한 부모 항목(직위)의 자식 항목수가 표시되며, 해당 직원의 입사일이 표시됩니다.

TreeView 컨트롤 IV
– 추가 속성 익히기

예제 파일 PART 03 \ CHAPTER 16 \ (Userform) TreeView 컨트롤 IV.xlsm

이 내용은 **SECTION 16-28**에서 이어집니다. TreeView 컨트롤의 항목을 삭제하는 방법을 알아보겠습니다. 다음 과정을 참고합니다.

01 예제를 열고 [폼 실행] 단추를 클릭하면 아래 화면과 같은 폼을 확인할 수 있습니다.

▲	A	B	C	D	E	F	G
1							
2		사번	이름	직위	입사일	퇴사일	
3		1	박지훈	부장	2010-05-13		
4		2	유준혁	차장	2014-10-16		
5		3	이서연	과장	2019-04-30		
6		4	김민준	대리	2023-03-31		
7		5	최서현	주임	2022-05-02		
8		6	박현우	주임	2021-10-16		
9		7	정시우	사원	2023-01-01		
10		8	이은서	사원	2023-03-04		
11		9	오서윤	사원	2022-11-14		
12							

TIP 이 폼은 이전까지 만들던 폼에 [퇴사 처리] 버튼이 추가된 것입니다. TreeView 컨트롤에서 직원을 선택하고 [퇴사 처리] 버튼을 클릭하면 해당 직원의 F열에 오늘 날짜를 입력하고, TreeView 컨트롤에서 삭제하는 기능을 추가로 개발합니다.

🔍 더 알아보기   폼에 삽입된 컨트롤

폼은 기존 폼에서 다음과 같은 한 개의 컨트롤이 추가되었습니다.

컨트롤 이름	컨트롤 종류	Caption
btn퇴사	ⓐⓑ	퇴사 처리

02 먼저 폼의 [닫기]를 클릭해 폼을 닫습니다.

03 Alt + F11 을 눌러 VB 편집기 창을 엽니다.

04 프로젝트 탐색기 창에서 [Userform1] 개체를 더블클릭해 선택합니다.

05 [퇴사 처리] 버튼을 더블클릭해 btn퇴사_Click 이벤트를 생성하고 다음 코드를 입력합니다.

파일 : (Userform) TreeView 컨트롤 IV (코드 I).txt

```
Private Sub btn퇴사_Click()                          ❶

' 1단계 : 변수를 선언합니다.
  Dim 직원 As Range                    ❷
  Dim 선택항목 As Node                  ❸

' 2단계 : 변수의 초깃값을 연결합니다.
  Set 직원 = Range("C3", Cells(Rows.Count, "C").End(xlUp))        ❹
  Set 선택항목 = tvw직원.SelectedItem            ❺

' 3단계 : 선택한 직원을 퇴사 처리합니다.
  If Not 선택항목.Parent Is Nothing Then            ❻

      If MsgBox("선택한 직원을 퇴사 처리할까요?", vbYesNo) = vbYes Then       ❼

         직원.Find(What:=선택항목.Text).Offset(, 3).Value = Date       ❽
         선택항목.Parent.Selected = True          ❾
         txt입사일.Value = Empty         ❿

         tvw직원.Nodes.Remove 선택항목.Index       ⓫

         lbl직원수.Caption = "직원 수 : " & tvw직원.SelectedItem.Children    ⓬

      End If

  End If

End Sub
```

❶ btn퇴사_Click 이벤트는 [퇴사 처리] 버튼을 클릭할 때 실행됩니다.

❷ Range 형식의 [직원] 개체변수를 선언합니다.

❸ TreeView 컨트롤의 개별 항목을 의미하는 Node 형식의 [선택항목] 개체변수를 선언합니다.

❹ [직원] 변수에 직원 이름이 입력되어 있는 [C3] 셀부터 C열의 마지막 데이터 입력 위치까지의 범위를 연결합니다.

❺ [선택항목] 변수에 tvw직원 컨트롤의 선택 항목(SelectedItem)을 연결합니다.

❻ [선택항목] 변수에 연결된 Node 개체가 자식 항목(직원)인 경우에만 퇴사 처리를 할 수 있도록 선택한 항목의 부모가 존재하는 경우에만
❼ 줄의 작업을 진행합니다.

❼ MsgBox 함수를 사용해 퇴사 처리 여부를 묻는 메시지 창에 [예], [아니오] 버튼을 넣어 표시한 후 [예] 버튼을 클릭한 경우에만 ❽~⓬
줄의 코드를 실행합니다.

❽ [직원] 변수에 연결된 범위에서 [선택항목] 변숫값(직원) 위치를 찾은 다음 오른쪽 세 번째 셀에 Date 함수를 사용해 오늘 날짜를 입력합
니다.

06 Alt + F11 을 눌러 엑셀 창으로 전환한 후 [폼 실행] 단추를 클릭해 폼을 실행합니다.

07 TreeView 컨트롤에서 [이은서] 사원을 선택하고 [퇴사 처리] 버튼을 클릭합니다.

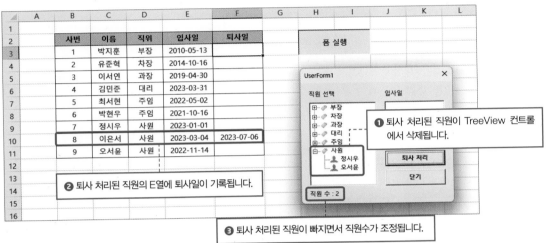

08 폼을 닫고 다시 열면 퇴사한 직원이 다시 표시됩니다.

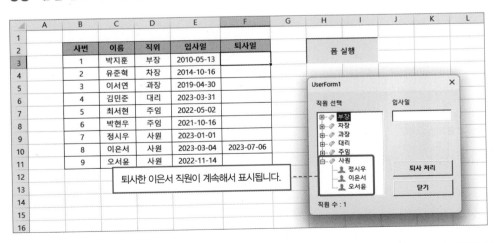

TIP 퇴사한 직원이 다시 나타나는 것은 폼이 실행될 때 직원 데이터를 다시 읽어 TreeView 컨트롤을 구성하기 때문입니다. 퇴사한 직원은 TreeView 컨트롤에 추가되지 않도록 코드를 수정해야 합니다.

09 이 문제를 해결하기 위해 [Alt]+[F11]을 눌러 VB 편집기 창을 엽니다.

10 프로젝트 탐색기 창에서 [Userform1] 폼 개체를 더블클릭해 선택합니다.

11 프로젝트 탐색기 창에서 [코드 보기] 명령을 클릭한 후 UserForm_Initialize 이벤트를 다음 코드를 참고해 수정합니다.

파일 : (Userform) TreeView 컨트롤 IV (코드 II).txt

```
Private Sub UserForm_Initialize()

' 1단계 : 변수를 선언합니다.
    ...
' 2단계 : 변수의 초깃값을 설정합니다.
    ...
' 3단계 : ImageList 컨트롤에 이미지를 등록합니다.
    ...
' 4단계 : TreeView 컨트롤을 설정하고 ImageList 컨트롤과 연결합니다. ──────────❶
    ...
' 5단계 : TreeView 컨트롤에 직위와 직원 데이터를 등록합니다.
    With tvw직원.Nodes

        .Add Key:="부장", Text:="부장", Image:="Image1"
        .Add Key:="차장", Text:="차장", Image:="Image1"
        .Add Key:="과장", Text:="과장", Image:="Image1"
        .Add Key:="대리", Text:="대리", Image:="Image1"
        .Add Key:="주임", Text:="주임", Image:="Image1"
        .Add Key:="사원", Text:="사원", Image:="Image1"

        For Each 셀 In 직원

            If 셀.Offset(, 3).Value = Empty Then ──────────❷

                .Add Relative:=셀.Offset(, 1).Value, _
                    Relationship:=tvwChild, _
                    Text:=셀.Value, _
                    Image:="Image2"

            End If

        Next

    End With

With tvw직원.Nodes("사원") ──────────❸
        .Selected = True ──────────❹
        .Expanded = True ──────────❺
    End With

End Sub
```

12 추가된 코드의 동작을 확인하기 위해 Alt + F11 을 눌러 엑셀 창으로 전환합니다.

13 [폼 실행] 단추를 클릭해 폼을 실행하면 바로 사원 항목이 선택되고 직원 이름이 표시됩니다.

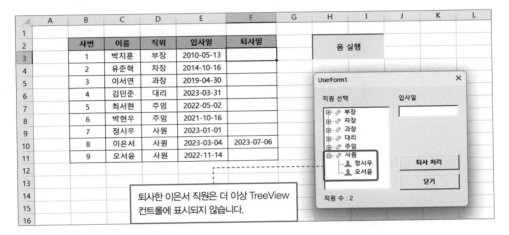

퇴사한 이은서 직원은 더 이상 TreeView 컨트롤에 표시되지 않습니다.

ListView 컨트롤 I
– 등록 및 폼 구성하기

예제 파일 PART 03 \ CHAPTER 16 \ (Userform) ListView 컨트롤 I.xlsm

ListBox 컨트롤▦은 머리글 사용이 불편하고, 정렬 검색 등의 추가 작업을 하기가 쉽지 않습니다. 이 문제를 해결하려면 ListView 컨트롤▦을 사용합니다. ListView 컨트롤을 사용하는 방법은 다음 과정을 참고합니다.

01 예제 파일을 열면 아래 화면과 같은 표를 확인할 수 있습니다.

	A	B	C	D	E	F
1						
2		사번	이름	직위	입사일	
3		1	박지훈	부장	2010-05-13	
4		2	유준혁	차장	2014-10-16	
5		3	이서연	과장	2019-04-30	
6		4	김민준	대리	2023-03-31	
7		5	최서현	주임	2022-05-02	
8		6	박현우	주임	2021-10-16	
9		7	정시우	사원	2023-01-01	
10		8	이은서	사원	2023-03-04	
11		9	오서윤	사원	2022-11-14	
12						

TIP 표를 ListView 컨트롤을 이용해 폼에 넣은 후 폼에서 자유롭게 정렬하고, 검색하는 기능을 갖도록 개발합니다.

02 개발 예정인 폼 화면을 미리 보면 다음과 같습니다.

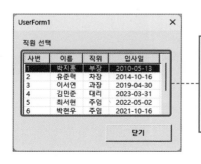

ListView 컨트롤의 모습입니다. ListView 컨트롤은 ListBox 컨트롤과 매우 유사하지만 열 머리글이 표시되는 영역이 ListBox 컨트롤과는 달리 ListView 컨트롤의 상단에 위치합니다. 상단의 머리글 부분을 클릭할 때 해당 열이 오름차순, 내림차순으로 자동으로 정렬되는 기능을 개발합니다.

03 폼을 구성하기 위해 Alt + F11 을 눌러 VB 편집기 창을 엽니다.

04 [삽입]-[사용자 정의 폼] 메뉴를 선택해 폼 개체를 하나 삽입합니다.

05 ListView 컨트롤을 [도구 상자] 창에 추가합니다.

06 [도구 상자] 창의 빈 영역을 마우스 오른쪽 버튼으로 클릭한 후 [추가 컨트롤] 메뉴를 선택합니다.

07 [추가 컨트롤] 대화상자가 표시되면 아래 컨트롤을 체크하고 [확인]을 클릭합니다.

• Microsoft ListView Control, version 6.0

---

08 [도구 상자] 창에 다음 아이콘이 표시됩니다. 이 컨트롤이 바로 ListView 컨트롤입니다.

09 폼 개체에 다음과 같은 컨트롤을 추가해 화면을 구성합니다.

🔍 **더 알아보기**   **폼에 삽입된 컨트롤**

폼에는 다음과 같은 세 개의 컨트롤이 추가되어 있습니다.

컨트롤 이름	컨트롤 종류	Caption
Label1	A	직원 선택
lvw직원	〼	
btn닫기	〼	닫기

ListView 컨트롤 II
– 컨트롤 설정하기

예제 파일 PART 03 \ CHAPTER 16 \ (Userform) ListView 컨트롤 II.xlsm

이 내용은 **SECTION 16-30**에서 이어집니다. ListView 컨트롤의 머리글을 설정하고 원하는 데이터를
추가합니다. 다음 과정을 참고합니다.

01 예제 파일을 열고 [Alt] + [F11]을 눌러 VB 편집기 창을 엽니다.

02 프로젝트 탐색기 창에서 [Userform1] 개체를 더블클릭해 선택합니다.

03 프로젝트 탐색기 창 상단의 [코드 보기📄]를 클릭해 코드 창을 엽니다.

04 코드 창에서 UserForm_Initialize 이벤트를 생성하고 다음 코드를 입력합니다.

파일 : (Userform) ListView 컨트롤 II (코드 I).txt

```
Private Sub UserForm_Initialize()            ❶

With lvw직원            ❷
        .View = lvwReport            ❸
.AllowColumnReorder = True            ❹
        .FullRowSelect = True            ❺
        .Gridlines = True            ❻
.HideSelection = False            ❼
        .LabelEdit = lvwManual            ❽
End With

End Sub
```

---

❶ UserForm_Initialize 이벤트는 폼을 실행할 때 자동으로 실행되며, 여기서는 ListView 컨트롤의 초기 설정 작업을 진행합니다.

❷ lvw직원 컨트롤에는 여러 설정 작업을 진행하기 위해 With 문을 사용합니다.

❸ ListView 컨트롤의 View 속성은 ListView 컨트롤의 표시 방법을 결정하는 옵션으로 다음과 같은 네 가지 내장 상숫값 중 하나를 선택
할 수 있습니다. 이 예제에서는 lvwReport로 설정해 워크시트의 표를 그대로 ListView 컨트롤에 표시합니다.

내장 상수	설명
lvwIcon	큰 아이콘을 이용해 항목을 표시하고, 아이콘은 ImageList 컨트롤을 사용해 표시합니다.
lvwList	하나의 열의 값만 표시할 때 사용합니다.
lvwReport	여러 개의 열을 머리글과 함께 표시할 때 사용합니다.
lvwSmallIcon	작은 아이콘을 이용해 항목 표시. 아이콘은 ImageList 컨트롤을 사용해 표시합니다.

❹ AllowColumnReorder 속성은 엑셀의 워크시트처럼 열 너비를 드래그해 조정할 수 있도록 할 것인지 여부를 결정하는 옵션으로, 이 예제에서는 True로 설정해 열 너비를 조정할 수 있도록 합니다.

❺ FullRowSelect 속성은 ListView 컨트롤에 여러 열이 존재할 때 항목 하나를 선택하면 행 전체가 선택되도록 하는 옵션입니다. True 로 설정해 행 전체가 선택되도록 합니다.

❻ Gridlines 속성은 눈금선을 표시할지 여부를 설정하는 속성으로 True로 설정해 눈금선이 표시되도록 합니다. 05 과정의 폼 화면을 참 고하면 이해하기 쉽습니다.

❼ HideSelection 속성은 다른 컨트롤로 포커스가 옮겨질 때 ListView 컨트롤의 선택 부분을 숨길 것인지 여부를 설정하는 옵션입니다. False로 설정해 선택 부분이 계속해서 표시되도록 합니다.

❽ LabelEdit 속성은 ListView 컨트롤의 항목 수정 방법을 설정하는 옵션으로 lvwManual 내장 상수를 사용하면 F2 와 같은 별도의 키 를 연결해 수정할 수 있으며, lvwAutomatic 내장 상수는 마우스로 항목을 클릭해 수정할 수 있습니다. 단, VBA에서는 lvwManual 내 장 상수를 설정해도 별도의 키를 연결할 수 없으므로, 마우스로 항목을 수정하지 못하게 할 때만 사용합니다. 여기에서도 lvwManual 내 장 상수를 사용해 마우스로 항목을 수정하지 못하도록 설정합니다.

05 코드 개발을 마친 후 F5 를 눌러 폼을 실행하면 다음과 같은 폼이 화면에 표시됩니다.

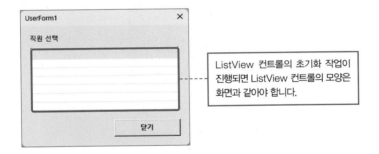

ListView 컨트롤의 초기화 작업이 진행되면 ListView 컨트롤의 모양은 화면과 같아야 합니다.

06 ListView 컨트롤에 표 데이터를 추가합니다.

07 UserForm_Initialize 이벤트를 다음과 같이 수정합니다.

파일 : (Userform) ListView 컨트롤 II (코드 II).txt

```
Private Sub UserForm_Initialize()

' 1단계 : 변수를 선언합니다.
    Dim 직원 As Range, 셀 As Range            ❶
    Dim c As Integer, r As Integer            ❷

' 2단계 : 변수의 초깃값을 설정합니다.
    Set 직원 = Range("C3", Cells(Rows.Count, "C").End(xlUp))     ❸
```

```vb
' 3단계 : ListView 컨트롤을 보기 좋게 설정합니다.

  With lvw직원
        .View = lvwReport
        .AllowColumnReorder = True
        .FullRowSelect = True
        .Gridlines = True
        .HideSelection = False
        .LabelEdit = lvwManual
  End With

' 4단계 : ListView 컨트롤의 머리글을 설정합니다.
  With lvw직원.ColumnHeaders ──────────── ❹
        .Add Key:="사번", Text:="사번", Width:=35, Alignment:=lvwColumnLeft ──────── ❺
        .Add Key:="이름", Text:="이름", Width:=45, Alignment:=lvwColumnCenter
        .Add Key:="직위", Text:="직위", Width:=35, Alignment:=lvwColumnCenter
        .Add Key:="입사일", Text:="입사일", Width:=70, Alignment:=lvwColumnCenter
  End With

' 5단계 : ListView 컨트롤의 본문 데이터를 추가합니다.
  With lvw직원 ───────── ❻

      For Each 셀 In 직원 ──────── ❼

        .ListItems.Add Text:=셀.Offset(, -1).Value ──────── ❽
        r = r + 1 ──────── ❾

        For c = 1 To 3 ──────── ❿
            .ListItems(r).SubItems(c) = 셀.Offset(, c - 1).Value ──────── ⓫
        Next

      Next

  End With

End Sub
```

❶ Range 형식의 [직원]과 [셀] 개체변수를 각각 선언합니다.

❷ 열과 행 번호를 저장하고 사용할 Integer 형식의 [c], [r] 변수를 각각 선언합니다.

❸ [직원] 변수에 직원 이름이 입력된 C열의 데이터 범위를 연결합니다.

❹ ListView 컨트롤에 열 머리글을 추가할 때 ColumnHeaders 속성을 사용합니다. 여러 개의 열 머리글을 추가하기 위해 With 문을 사용합니다.

❺ 열 머리글을 추가하기 위해 Add 메서드를 이용합니다. Add 메서드의 매개변수는 다음과 같습니다.

매개변수	설명	주의
Key	해당 열을 의미하는 키 값입니다.	키 값은 중복할 수 없습니다.
Text	열 머리글에 표시할 텍스트 값입니다.	
Width	열 너비를 의미합니다.	

매개변수	설명	주의
Alignment	열 머리글을 왼쪽, 가운데, 오른쪽에 맞춰 표시합니다.	첫 번째 열은 반드시 왼쪽 맞춤이어야 합니다.

Add 메서드를 네 번 사용해 네 개의 열 머리글을 추가한 후 폼을 실행하면 다음과 같은 화면을 확인할 수 있습니다.

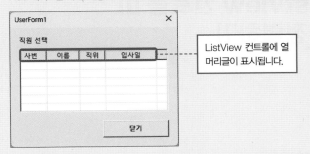

ListView 컨트롤에 열 머리글이 표시됩니다.

⑥ 각각의 열에 데이터를 입력하는 작업을 진행하기 위해 lvw직원 컨트롤에는 With 문을 사용합니다.

⑦ For 순환문을 사용해 [직원] 변수에 연결된 범위 내 셀을 하나씩 [셀] 개체변수에 연결합니다.

⑧ ListView 컨트롤에 데이터를 추가할 때는 먼저 기준이 되는 첫 번째 열의 항목을 추가한 후 다른 열은 첫 번째 열의 하위 항목으로 추가합니다. 먼저 기준 열(사번) 항목을 추가하기 위해 ListItems 속성의 Add 메서드를 사용해 [셀] 개체변수에 연결된 셀(이름)의 왼쪽 셀 값을 lvw직원 컨트롤에 추가합니다.

⑨ [r] 변수는 ListView 컨트롤의 행 번호를 저장하기 위한 용도로 선언되었습니다. 사번을 하나씩 등록할 때마다 1씩 증가시킵니다.

⑩ For 순환문을 중첩 사용해 [c] 변수를 1에서 3까지 증가시킵니다. 참고로 [c] 변수는 ListView 컨트롤의 열 번호를 설정하기 위한 용도로 선언된 것입니다. lvw직원 컨트롤의 열은 네 개이고 ⑧ 줄에서 첫 번째 열인 사번 열은 값을 입력했으므로, 오른쪽 세 개 열의 항목만 더 추가합니다. 이렇게 세 개 열의 데이터를 추가하기 위해 [c] 변수를 1부터 3까지 증가시킵니다.

⑪ lvw직원 컨트롤의 사번 옆에 하위 항목을 세 개 추가합니다. ListItems(r)은 ⑧ 줄에서 추가한 사번을 의미하며, SubItems(c) 속성을 이용해 순서대로 세 개의 하위 항목(이름, 직위, 입사일)을 추가합니다. 이 코드는 순환문을 사용하지 않으면 다음과 같은 코드로 대체할 수 있습니다.

```
.ListItems(r).SubItems(1) = "박지훈"
.ListItems(r).SubItems(2) = "부장"
.ListItems(r).SubItems(3) = "2010-05-13"
```

TIP 파란색 코드 부분만 추가하거나 첨부된 코드 파일로 코드를 대체합니다.

08 코드 입력을 마치고 F5 를 눌러 다음 폼이 에러 없이 정상적으로 표시되는지 확인합니다.

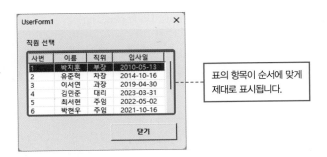

표의 항목이 순서에 맞게 제대로 표시됩니다.

ListView 컨트롤 III
– 정렬하기

예제 파일 PART 03 \ CHAPTER 16 \ (Userform) ListView 컨트롤 III.xlsm

이 내용은 **SECTION 16-31**에서 이어집니다. ListView 컨트롤의 머리글 영역을 클릭할 때 해당 열 데이터를 정렬합니다. 다음 과정을 참고합니다.

01 예제를 열고 Alt + F11 을 눌러 VB 편집기 창을 엽니다.

02 프로젝트 탐색기 창에서 [Userform1] 개체를 더블클릭해 선택합니다.

03 프로젝트 탐색기 창 상단의 [코드 보기▤]를 클릭해 코드 창을 표시합니다.

04 코드 창 상단의 [개체 목록]에서 [lvw직원] 컨트롤을 선택하고 [프로시저 목록]에서 [ColumnClick] 이벤트를 선택합니다.

05 생성된 lvw직원_ColumnClick 이벤트에 다음 코드를 입력합니다.

파일 : (Userform) ListView 컨트롤 III (코드).txt

```
Private Sub lvw직원_ColumnClick(ByVal ColumnHeader As MSComctlLib.ColumnHeader)        ━━ ❶

    With lvw직원 ━━━━━━ ❷
        .SortKey = ColumnHeader.Index - 1 ━━━━━━ ❸
        .SortOrder = IIf(.SortOrder = lvwAscending, lvwDescending, lvwAscending)
                                                                                  ━━ ❹
        .Sorted = True ━━━━━━ ❺
    End With

End Sub
```

❶ lvw직원_ColumnClick 이벤트는 ListView 컨트롤의 열 머리글 영역을 클릭할 때 자동 실행됩니다. 이 이벤트는 사용자가 클릭한 열 머리글이 ColumnHeader 매개변수를 통해 전달됩니다.

❷ lvw직원 컨트롤에는 여러 설정 작업을 하기 위해 With 문을 사용합니다.

❸ ListView 컨트롤의 SortKey 속성은 정렬할 열의 인덱스 번호를 의미합니다. 주의할 점은 ListView 컨트롤의 열 인덱스 번호는 왼쪽 첫 번째 열이 1번 열이지만, SortKey 속성의 열 인덱스 번호는 왼쪽 첫 번째 열이 0번 열이라는 점입니다. 따라서 매개변수로 전달된 ColumnHeader의 인덱스 값에서 1을 빼 클릭한 열을 정렬 대상 열로 지정합니다.

❹ SortOrder 속성은 정렬 방식을 설정합니다. 정렬 방식은 lvwAscending 내장 상수가 오름차순을 의미하며, lvwDescending 내장 상수가 내림차순을 의미합니다. 그러므로 열을 클릭할 때마다 정렬 방식이 오름차순, 내림차순으로 변경되도록 하기 위해 Iif 함수를 사용해 SortOrder 속성값을 확인하고 반대 방법으로 정렬되도록 설정합니다. SortOrder 속성의 기본값은 오름차순이기 때문에 열 머리글을 클릭하면 무조건 내림차순으로 정렬되며, 다음 번 클릭할 때 오름차순으로 정렬됩니다.

❺ Sorted 속성은 정렬 작업의 완료 여부를 의미하는 속성으로, 이 속성값을 True로 설정해야 정렬됩니다.

06 폼을 실행해 정렬이 제대로 되는지 확인하기 위해 F5 를 눌러 폼을 실행합니다.

07 ListView 컨트롤 내 아무 열 머리글이나 클릭해 정렬이 제대로 되는지 확인합니다.

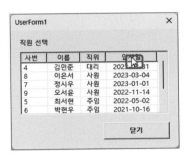

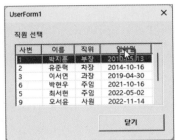

입사일 열 머리글을 클릭하면 최근 입사한 사람순(내림차순)으로 정렬합니다.

다시 한 번 더 입사일 열 머리글을 클릭하면 제일 오래 근속한 사람순(오름차순)으로 정렬합니다.

ListView 컨트롤 IV
– 검색하기

예제 파일 PART 03 \ CHAPTER 16 \ (Userform) ListView 컨트롤 IV.xlsm

이 내용은 **SECTION 16-32**에서 이어집니다. ListView 컨트롤의 항목을 검색하는 기능을 추가합니다. 다음 과정을 참고합니다.

01 예제를 열고 [폼 실행] 단추를 클릭하면 아래 화면과 같은 폼을 확인할 수 있습니다.

TIP 이 폼은 이전 폼에서 조회 기능을 추가해놓은 것입니다. txt키워드 컨트롤에 원하는 키워드를 입력하고 [조회] 버튼을 클릭하면 해당 직원 정보를 선택하도록 기능을 폼에 추가합니다.

🔍 **더 알아보기**　　**폼에 삽입된 컨트롤**

폼은 기존 폼에서 다음과 같은 네 개의 컨트롤이 추가되었습니다.

컨트롤 이름	컨트롤 종류	Caption
Frame1	🗂	
Label1	A	검색
txt키워드	🔤	
btn조회	🔘	조회

02 폼을 닫고, Alt + F11 을 눌러 VB 편집기 창을 엽니다.

03 프로젝트 탐색기 창에서 [Userform1] 개체를 더블클릭해 선택합니다.

04 [조회] 버튼을 더블클릭하고 다음 코드를 입력합니다.

파일 : (Userform) ListView 컨트롤 IV (코드).txt

```
Private Sub btn조회_Click()                        ─────── ❶

    Dim 검색항목 As ListItem        ─────── ❷

    If txt키워드.Value = "" Then                ─────── ❸

        txt키워드.SetFocus

    Else        ─────── ❹

        Set 검색항목 = lvw직원.FindItem(txt키워드.Value, 1)        ─────── ❺

        If 검색항목 Is Nothing Then        ─────── ❻

            lvw직원.SelectedItem.Selected = False
            txt키워드.Value = ""
            txt키워드.SetFocus

        Else        ─────── ❼

            With 검색항목        ─────── ❽
                .Selected = True
                .EnsureVisible
            End With

        End If

    End If

End Sub
```

❶ btn조회_Click 이벤트는 [조회] 버튼을 클릭할 때 실행됩니다.

❷ ListView 컨트롤의 항목을 의미하는 ListItem 형식의 [검색항목] 개체변수를 선언합니다.

❸ txt키워드 컨트롤에 값이 입력되지 않았다면 txt키워드 컨트롤에 커서를 위치시킵니다.

❹ txt키워드 컨트롤에 값이 입력된 경우에 항목을 찾는 작업을 ❺-❽ 줄에서 처리합니다.

❺ lvw직원 컨트롤의 하위 항목(이름, 직위, 입사일)에서 txt키워드 컨트롤의 값을 찾아 [검색항목] 변수에 연결합니다. FindItem 메서드에서 가장 많이 사용하는 구문은 다음과 같습니다.

> FindItem(찾을값, 찾을위치)

위 매개변수 중에서 [찾을위치]는 다음 두 개의 옵션을 사용할 수 있습니다.

옵션	설명
0	ListView 컨트롤의 첫 번째 열에서 찾습니다.
1	ListView 컨트롤의 하위 항목에서 검색합니다.

ListView 컨트롤은 첫 번째 열 값을 헤더로 등록하고, 나머지 열은 하위 항목으로 입력하므로 [찾을위치] 옵션을 1로 설정하면 첫 번째 열을 제외한 나머지 열에서 모두 찾습니다.

❻ [검색항목] 변수에 연결된 항목이 없다면 lvw직원 컨트롤의 선택된 항목을 해제하고 txt키워드 컨트롤에 입력된 값을 지우고 다시 키워드를 입력하도록 커서를 위치시킵니다.

❼ [검색항목] 변수에 연결된 항목이 있다면 ❽ 코드를 실행합니다.

❽ [검색항목] 변수에 연결된 항목을 선택(Selected 속성 부분)하고, 선택한 항목이 화면에 표시되지 않으면 스크롤 바를 조정해 선택된 항목을 화면에 표시(EnsureVisible 메서드)합니다.

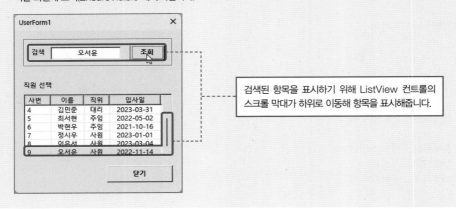

검색된 항목을 표시하기 위해 ListView 컨트롤의 스크롤 막대가 하위로 이동해 항목을 표시해줍니다.

05 개발이 완료됐으므로 VB 편집기 창을 닫고 엑셀 창에서 [폼 실행] 단추를 클릭합니다.

06 폼이 화면에 표시되면 다음 화면을 참고해 검색 기능의 동작을 확인합니다.

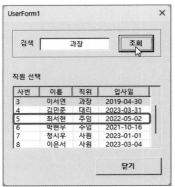
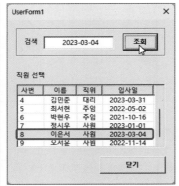

16/34 폼에 삽입된 여러 컨트롤 글꼴을 한번에 변경하는 방법

예제 파일 없음

폼 기본 글꼴 변경

사용자 정의 폼에서 기본 글꼴은 굴림입니다. 컨트롤은 폼에 삽입될 때 폼의 기본 글꼴과 동일하게 설정되므로 폼에 삽입되는 모든 컨트롤은 굴림으로 표시됩니다. 폼의 글꼴을 변경하려면 폼에 컨트롤을 추가하기 전 기본 글꼴을 변경하는 것이 좋습니다. 글꼴 변경 방법은 다음 과정을 참고합니다.

01 폼을 삽입하고 속성 창에서 Font 오른쪽의 글꼴을 선택한 후 대화상자 표시⬚를 클릭합니다.

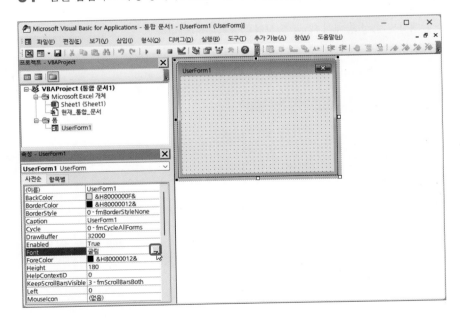

02 [글꼴] 대화상자가 표시되면 원하는 글꼴을 선택하고 [확인]을 클릭합니다.

TIP 예제에서는 [맑은 고딕]을 선택하고 글꼴 크기는 10으로 조정합니다.

03 원하는 컨트롤을 폼에 삽입하면 변경된 글꼴이 적용됩니다.

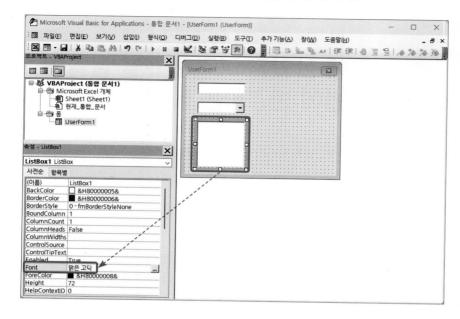

TIP 컨트롤을 추가하고 속성 창의 Font 속성을 확인하면 변경된 폼에 기본 글꼴이 적용됩니다.

폼 내 원하는 컨트롤만 글꼴 변경

글꼴을 변경할 컨트롤을 선택하고 속성 창에서 Font 속성의 글꼴을 변경합니다.

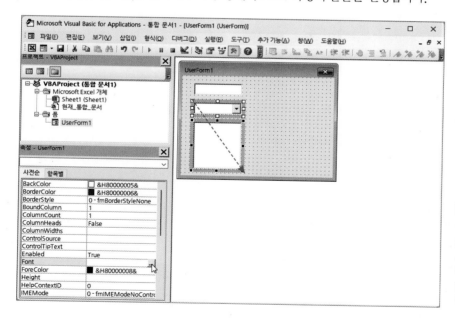

TIP 컨트롤 선택 방법

여러 개 컨트롤을 선택할 때는 마우스로 여러 개 컨트롤이 모두 포함되도록 드래그해 선택하거나 Shift 를 누른 채 컨트롤을 하나씩 클릭합니다.

이렇게 여러 개 컨트롤을 그룹으로 선택하면 속성 창에서 선택된 컨트롤의 공통 속성만 표시됩니다. 속성 창에서 Font 속성의 대화상자 표시 ■를 클릭해 글꼴을 변경하면 여러 개 컨트롤의 글꼴을 빠르게 변경할 수 있습니다.

기본 글꼴 변경한 폼 재활용 방법

매번 폼의 기본 글꼴을 변경하기는 어렵습니다. 다른 기본 글꼴을 사용하려면 글꼴을 변경한 폼을 파일로 저장해두었다가 필요할 때마다 불러 사용합니다.

01 폼의 기본 글꼴을 변경하고 [파일]-[파일 내보내기] 메뉴를 선택합니다.

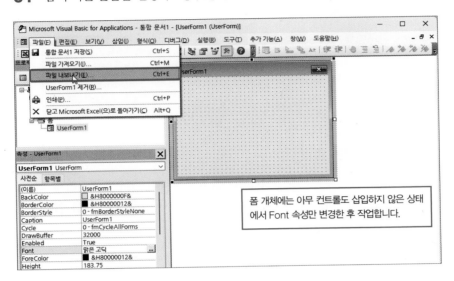

폼 개체에는 아무 컨트롤도 삽입하지 않은 상태에서 Font 속성만 변경한 후 작업합니다.

02 폼 [파일 내보내기] 대화상자에서 [파일 이름]에 원하는 이름을 입력하고 저장합니다.

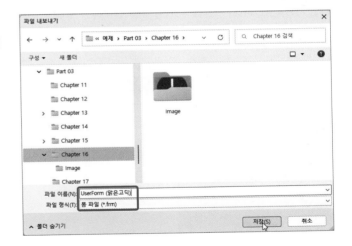

TIP 폼 개체 파일 이해하기

폼 개체를 저장하면 frm, frx 이렇게 두 개의 확장자를 갖는 파일이 생성됩니다. 각 파일에 대한 설명은 아래를 참고합니다.

- frm 파일 : 폼 개체 및 폼에 삽입된 컨트롤에 대한 설정을 포함한 파일
- frx 파일 : 폼에 존재하는 이진 데이터 파일(이미지, 아이콘) 등의 정보를 포함한 파일

03 저장한 폼을 사용하려면 VB 편집기에서 [파일]-[파일 가져오기] 메뉴를 선택합니다.

04 [파일 가져오기] 대화상자에서 저장해놓은 폼 파일을 선택한 후 [열기]를 클릭합니다.

여러 컨트롤 위치를 맞추는 방법

예제 파일 PART 03 \ CHAPTER 16 \ 폼 컨트롤 위치.xlsm

VB 편집기의 [형식] 메뉴를 이용하는 방법

폼에 컨트롤을 여러 개 삽입해 사용할 때는 컨트롤의 크기나 위치를 서로 맞춰야 합니다. 간단하게 보이지만 수정에는 생각 외로 많은 시간이 걸립니다. 이런 경우에는 VB 편집기에서 제공하는 컨트롤 위치 조정 명령을 사용하면 편리합니다.

01 예제를 열고 Alt + F11을 클릭해 VB 편집기 창을 엽니다.

02 [Userform1] 개체를 더블클릭해 선택하면 아래 화면과 같은 폼을 확인할 수 있습니다.

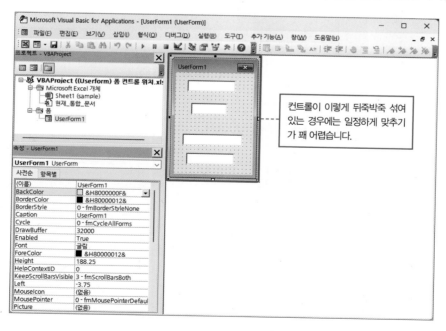

컨트롤이 이렇게 뒤죽박죽 섞여 있는 경우에는 일정하게 맞추기가 꽤 어렵습니다.

03 폼의 TextBox 컨트롤의 간격을 일정하게 조정하고 크기 역시 동일하게 설정합니다.

04 폼 내부에 있는 TextBox 컨트롤 네 개를 모두 선택합니다.

TIP 폼을 선택하고 [Ctrl]+[A]를 누르면 쉽게 선택할 수 있습니다.

05 다음 메뉴를 순서대로 한 번씩 클릭해 컨트롤을 정렬합니다.

● **[형식]–[같은 크기로]–[너비] 메뉴** : 선택된 컨트롤의 가로 너비를 동일하게 변경합니다.

● **[형식]–[수직 간격 조정]–[모두 같게] 메뉴** : 선택된 컨트롤의 세로 간격을 모두 동일하게 변경합니다.

● **[형식]–[맞춤]–[왼쪽] 메뉴** : 선택된 컨트롤에서 제일 왼쪽에 있는 컨트롤에 맞춰 표시됩니다.

06 다음과 같이 TextBox 컨트롤이 정렬됩니다.

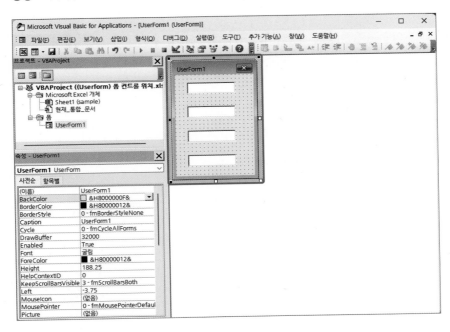

속성 창의 Left, Top 속성값을 조정하는 방법

[형식] 메뉴를 이용하는 방법은 컨트롤 위치와 크기를 쉽게 조정할 수 있지만 미세한 위치 조정이 필요한 경우에는 적합하지 않습니다. 조정할 컨트롤만 선택하고 속성 창에서 Left, Top 속성값을 변경합니다.

Left 속성은 컨트롤이 폼 왼쪽으로부터 얼마나 떨어져 있는지를 표시하는 속성으로 이 값이 클수록 컨트롤은 폼 좌측에서 멀어집니다. 또한 Top 속성은 컨트롤이 폼 상단으로부터 얼마나 떨어져 있는지를 표시하는 속성이므로, Left와 Top 속성값을 조정하면 컨트롤 위치를 미세하게 조정할 수 있습니다.

16 / 36 폼에서 Tab 을 눌러 이동하는 컨트롤 순서 조정하는 방법

예제 파일 PART 03 \ CHAPTER 16 \ 탭 순서.xlsm

탭 순서를 조정하는 방법

폼에 삽입된 컨트롤은 키보드의 Tab 을 이용해 이동할 수 있습니다. Tab 을 누를 때마다 컨트롤이 이동되는 순서를 탭 순서라고 합니다. 탭 순서는 폼에 삽입된 순서로 정해지지만, 필요하다면 사용자가 원하는 순서로 조정할 수 있습니다. 다음 과정을 참고합니다.

01 예제 파일을 열고 [폼 실행] 단추를 클릭하면 아래 화면과 같은 폼을 확인할 수 있습니다.

02 Tab 을 눌러 보면 다음 화살표의 순서대로 컨트롤 위치로 이동합니다.

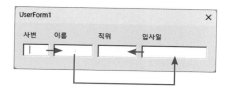

TIP Label 컨트롤은 Tab 으로 이동할 때 선택되지 않습니다.

🔍 더 알아보기　　폼에 삽입된 컨트롤

폼에는 다음과 같은 여덟 개의 컨트롤이 추가되어 있습니다.

컨트롤 이름	Caption	컨트롤 이름	Caption
Label1	사번	Label4	직위
txt사번		txt직위	
Label2	이름	Label3	입사일
txt이름		txt입사일	

03 폼을 닫고 Alt + F11 을 눌러 VB 편집기 창을 엽니다.

04 프로젝트 탐색기 창에서 [Userform1] 개체를 더블클릭해 선택합니다.

05 탭 순서를 확인하고 변경하기 위해 [보기]–[탭 순서] 메뉴를 선택합니다.

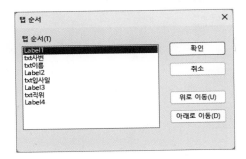

TIP Label 컨트롤(Label1~Label4)은 Tab 이나 마우스로 모두 선택할 수 없으므로 탭 순서를 조정할 때는 신경 쓰지 않아도 됩니다.

06 txt직위 컨트롤은 txt입사일 컨트롤보다 먼저 선택되도록 합니다.

07 [탭 순서] 리스트에서 **txt직위** 컨트롤을 선택하고 [위로 이동] 버튼을 2회 클릭합니다.

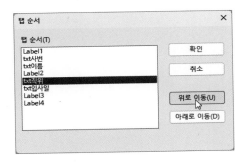

TIP **여러 개 컨트롤의 탭 순서를 한번에 조정하기**

탭 순서를 변경할 컨트롤을 선택할 때는 여러 개 컨트롤을 동시에 선택해 이동할 수 있습니다. Ctrl 또는 Shift 를 누른 상태에서 컨트롤을 선택해보세요!

08 [확인]을 눌러 [탭 순서] 대화상자를 닫습니다.

09 폼을 실행하고 Tab 을 눌러 사번→이름→직위→입사일 순서로 이동하는지 확인합니다.

Tab 을 눌렀을 때 특정 컨트롤을 건너뛰는 방법

만약 Tab 을 눌러 이동할 때 건너뛰었으면 하는 컨트롤이 있다면 해당 컨트롤을 선택하고 속성 창에서 TabStop 속성값을 False로 변경해줍니다. 테스트를 위해 txt직위 컨트롤을 선택하지 않도록 TabStop 속성값을 False로 변경합니다.

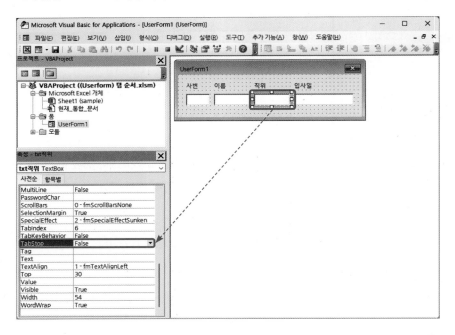

TIP 폼을 실행하고 Tab 을 눌러 직위 컨트롤(txt직위)을 건너뛰는지 확인해보세요!

CHAPTER 17

실무 활용 폼

CHAPTER 16에서 배운 내용을 통해 다양한 폼 개발 작업을 진행할 수 있더라도 개발 경험이 적은 사용자는 무엇을 만들 수 있는지, 어떻게 만들어야 하는지 고민이 될 것입니다. 여기에서는 앞서 배운 내용을 응용해 실무에서 가장 많이 사용하는 몇 가지 폼을 함께 개발해보겠습니다.

응용하는 단계에서부터는 비로서 창의적인 개발을 진행할 수 있습니다. 예제를 단순 복사하는 데 그치지 않고 원하는 폼으로 변형해 구성해본다면 폼 개발 방법에 대한 이해의 폭을 더 넓힐 수 있습니다.

입력 폼 I – 폼 구성

예제 파일 PART 03 \ CHAPTER 17 \ (Project) 입력 폼 I.xlsm

입력 폼 이해

폼 개체를 이용해 가장 많이 만드는 폼이 바로 데이터 입력에 사용하는 입력 폼입니다. 입력 폼은 구성된 컨트롤에 값을 입력하면 입력된 값을 검증해 문제가 없는지 확인하고, 없으면 표에 데이터를 추가하는 기능을 수행합니다. 표와 개발할 폼에 대해 알아봅니다.

01 예제를 열면 아래 화면과 같은 표를 확인할 수 있습니다.

사번	이름	직위	주민등록번호	생년월일	나이	성별
1	박지훈	부장	800219-1234567	1980-02-19	43	남
2	유준혁	차장	870304-1234567	1987-03-04	36	남
3	이서연	과장	891208-2134567	1989-12-08	34	여
4	김민준	대리	920830-1234567	1992-08-30	31	남
5	최서현	주임	950919-2134567	1995-09-19	28	여
6	박현우	주임	930702-1234567	1993-07-02	30	남
7	정시우	사원	970529-1234567	1997-05-29	26	남
8	이은서	사원	990109-2134567	1999-01-09	24	여
9	오서윤	사원	980127-2134567	1998-01-27	25	여

TIP 표에 새 직원 데이터를 입력할 수 있는 폼을 개발하며, B열 및 [F:H] 열에는 계산된 값이 입력되도록 합니다.

02 완성할 폼은 다음과 같습니다.

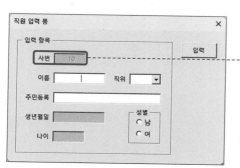

사번은 자동 계산되며, 사용자가 변경하지 못하도록 합니다.

TIP 폼에서 새 데이터를 입력하고 [입력] 버튼을 클릭하면 표 하단에 입력된 직원 데이터가 추가되고 폼은 초기화되도록 합니다.

입력 폼 레이아웃 구성

입력 폼 개발은 다음 과정을 참고합니다.

01 폼 개발을 위해 [Alt] + [F11]을 눌러 VB 편집기 창을 엽니다.

02 [삽입]-[사용자 정의 폼] 메뉴를 선택해 폼 개체를 하나 삽입합니다.

03 폼 우측 하단의 크기 조정 핸들을 드래그해 적당한 크기로 폼을 키웁니다.

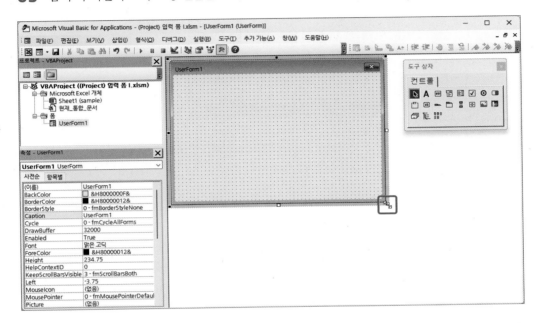

04 [도구 상자] 창에서 Frame 컨트롤과 Command Button 컨트롤을 화면과 같이 삽입합니다.

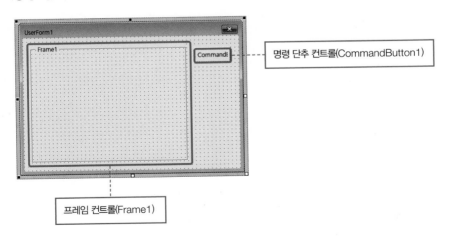

명령 단추 컨트롤(CommandButton1)

프레임 컨트롤(Frame1)

05 추가된 Frame1 컨트롤을 선택하고, 속성 창에서 다음 두 개 속성값을 변경합니다.

- **(이름) : fra입력**
- **Caption : 입력 항목**

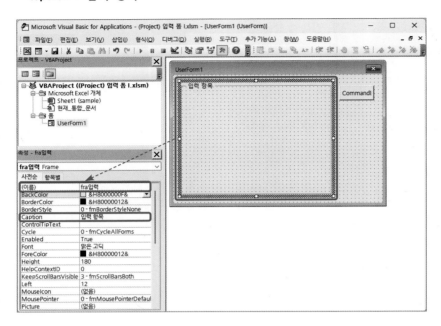

06 CommandButton1 컨트롤을 선택하고 속성 창에서 다음 두 개 속성값을 변경합니다.

- **(이름) : btn입력**
- **Caption : 입력**

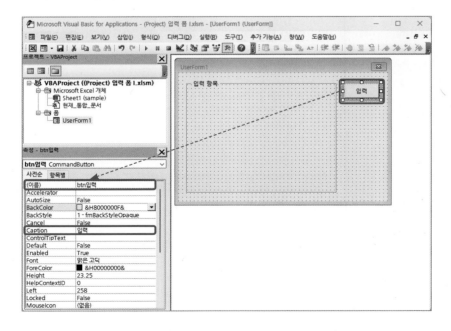

07 fra입력 컨트롤 내 화면을 참고해 컨트롤을 삽입하고, 다음 표를 참고해 속성을 변경합니다.

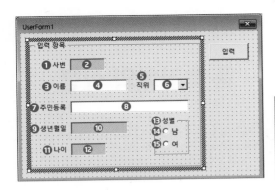 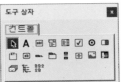

컨트롤 / 속성	(이름)	BackColor	Caption	TextAlign
❶ Label1			사번	
❷ TextBox1	txt사번	색상표의 1열 2행 (&H00E0E0E0&)		2–fmTextAlignCenter
❸ Label2			이름	
❹ TextBox2	txt이름			2–fmTextAlignCenter
❺ Label3			직위	
❻ ComboBox1	cmb직위			2–fmTextAlignCenter
❼ Label4			주민등록	
❽ TextBox3	txt주민등록			2–fmTextAlignCenter
❾ Label5			생년월일	
❿ TextBox4	txt생년월일	비활성 테두리		2–fmTextAlignCenter
⓫ Label6			나이	
⓬ TextBox5	txt나이	비활성 테두리		2–fmTextAlignCenter
⓭ Frame1	fra성별		성별	
⓮ OptionButton1	opt남			
⓯ OptionButton2	opt여			

TIP (이름)부터 TextAlign 속성은 속성 창에서 수정합니다.

08 fra입력 컨트롤 내 삽입된 컨트롤의 탭 순서를 조정합니다.

09 fra입력 컨트롤을 선택하고, VB 편집기 창의 [보기]–[탭 순서] 메뉴를 선택합니다.

10 txt사번 → txt이름 → cmb직위 → txt주민등록 → txt 생년월일 → txt나이 → txt성별 순서로 탭 순서를 조정하고 [확인]을 클릭합니다.

탭 순서

탭 순서(T)
txt사번
txt이름
cmb직위
txt주민등록
txt생년월일
txt나이
fra성별
Label1
Label4
Label6
Label5

확인
취소
위로 이동(U)
아래로 이동(D)

Label 컨트롤은 탭 순서와 무관하므로 탭 순서 어디에 위치해도 상관없습니다.

입력 폼 II – 폼 초기화와 실행

예제 파일 PART 03 \ CHAPTER 17 \ (Project) 입력 폼 II.xlsm

폼 초기 설정

이 내용은 **SECTION 17-01**에서 이어집니다. 입력 폼의 구성이 끝났다면 폼 실행할 준비와 폼이 실행될 때 초기 설정 작업을 진행합니다. 다음 과정을 참고합니다.

01 예제 파일을 열고 `Alt`+`F11`을 눌러 VB 편집기 창을 엽니다.

02 프로젝트 탐색기 창에서 [Userform1] 개체를 더블클릭해 선택합니다.

03 속성 창의 (이름) 속성값을 **frm입력**으로 변경합니다.

TIP 폼 이름을 변경하지 않고 코드를 개발하면 폼 이름을 변경한 후 대부분의 코드를 수정해야 하므로, 되도록이면 코드 개발 전에 폼 이름을 변경하는 것이 좋습니다.

04 폼이 실행될 때 자동으로 설정될 부분을 개발합니다.

TIP 폼 초기 설정 작업은 UserForm_Initialize 이벤트를 이용합니다.

05 프로젝트 탐색기 상단의 [코드 보기📧]를 클릭해 코드 창을 표시합니다.

06 [개체 목록]에서 [UserForm]을 선택하고 [프로시저 목록]에서 [Initialize] 이벤트를 선택합니다.

07 생성된 UserForm_Initialize 이벤트에 다음 코드를 입력합니다.

파일 : (Project) 입력 폼 II (코드).txt

```
Private Sub UserForm_Initialize()                    ❶

' 1단계 : 제목 표시줄에 원하는 제목을 설정합니다.
    Me.Caption = "직원 입력 폼"                        ❷
```

```
' 2단계 : 새 직원의 사번을 자동으로 계산합니다.
    With txt사번 ─────────── ❸

            .Value = Cells(Rows.Count, "B").End(xlUp).Value + 1 ─────────── ❹
            .Enabled = False ─────── ❺
    End With

' 3단계 : 직위 콤보 상자의 값을 등록합니다.
    With cmb직위 ─────────── ❻
            .AddItem "부장" ───────── ❼
            .AddItem " 차장 "
            .AddItem "과장"
            .AddItem "대리"
            .AddItem " 주임 "
            .AddItem "사원"

            .ColumnWidths = .Width ─────────── ❽
            .ListWidth = .Width
    End With

End Sub
```

❶ UserForm_Initialize 이벤트는 폼을 실행할 때 자동으로 실행됩니다.

❷ frm입력 폼의 제목 표시줄에 표시될 제목을 설정합니다.

❸ txt사번 컨트롤에는 여러 명령을 동시에 처리하기 위해 With 문을 사용합니다.

❹ txt사번 컨트롤의 값은 표에 입력된 마지막 사번 값에 1을 더해 계산합니다. B열의 마지막 입력 위치의 값에 1을 더한 값을 txt사번 컨트롤에 저장합니다.

❺ txt사번 컨트롤은 사용자가 직접 수정할 수 없도록 하기 위해 Enabled 속성을 False로 지정합니다.

❻ cmb직위 컨트롤에는 여러 직위를 등록하기 위해 With 문을 사용합니다.

❼ cmb직위 컨트롤에는 AddItem 메서드를 이용해 "부장"부터 "사원"까지 목록에 추가합니다. 표에서 직접 등록하려면 **SECTION 16-12**를 참고합니다.

❽ cmb직위 컨트롤의 목록 너비를 콤보 상자 컨트롤의 너비와 일치시키기 위해 열 너비와 목록 너비를 모두 콤보 상자 컨트롤의 너비와 일치시킵니다.

08 코드 창에서 [F5]를 눌러 폼을 실행한 후 코드가 제대로 동작하는지 확인합니다.

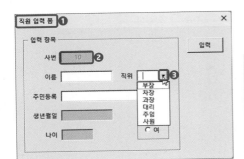

❶ 폼의 제목 표시줄에 지정한 "직원 입력 폼" 문자열이 나타나는지 확인합니다.

❷ txt사번 컨트롤에 사번이 자동으로 지정되고, 사용자가 수정할 수 없는지 확인합니다.

❸ cmb직위 컨트롤에 등록된 직위를 확인합니다.

09 폼 우측 상단의 [닫기⊠]를 클릭해 폼을 닫습니다.

10 이번에는 개발된 폼을 여는 매크로를 개발합니다.

11 VB 편집기 창의 [삽입]-[모듈] 메뉴를 선택해 Module 개체를 삽입합니다.

12 Module1 개체의 코드 창에 다음 코드를 입력합니다.

```
Sub 폼실행()  ──────────────① ❶

    frm입력.Show  ──────────② ❷

End Sub
```

❶ 개발된 폼을 실행하는 [폼실행] 매크로를 선언합니다.
❷ frm입력 폼 개체를 실행합니다.

13 개발한 매크로를 단추에 연결해 실행할 준비를 합니다.

14 [Alt]+[F11]을 눌러 엑셀 창으로 전환합니다.

15 리본 메뉴의 [개발 도구] 탭-[컨트롤] 그룹-[삽입🔣]을 클릭합니다.

16 [양식 컨트롤]-[단추□] 컨트롤을 [J2:K3] 범위에 삽입한 후 [폼실행] 매크로를 연결합니다.

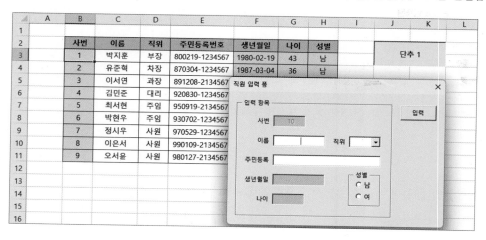

17 [단추 1] 버튼의 레이블 값을 **입력**으로 변경합니다.

18 빈 셀을 선택하고 [입력] 버튼을 클릭해 폼이 실행되는지 확인합니다.

17 / 03 입력 폼 III
– 입력 버튼 기능 개발

예제 파일 PART 03 \ CHAPTER 17 \ (Project) 입력 폼 III.xlsm

폼 기능 개발

이 내용은 **SECTION 17-02**에서 이어집니다. 폼의 기본적인 구성과 실행 준비가 모두 끝났다면 폼에서 실행할 전체 기능을 개발합니다. 다음 과정을 참고합니다.

01 예제 파일을 열고 폼의 모든 컨트롤 값이 입력됐는지 여부를 확인하는 함수를 개발합니다.

02 Alt + F11 을 눌러 VB 편집기 창을 엽니다.

03 프로젝트 탐색기 창의 Module1 개체의 코드 창을 열고 다음 코드를 입력합니다.

파일 : (Project) 입력 폼 III (코드 I).txt

```
Function 입력완료(폼 As MSForms.UserForm) As Boolean ──────────── ❶

' 1단계 : 변수를 선언하고, 변수의 초깃값을 설정합니다.
    Dim 컨트롤 As MSForms.Control ──────── ❷
    Dim 체크 As Boolean ──────── ❸

    체크 = True ──────── ❹

' 2단계 : 폼 컨트롤을 모두 확인하면서 입력이 완료됐는지 여부를 확인합니다.
    For Each 컨트롤 In 폼.Controls ──────────── ❺

        Select Case TypeName(컨트롤) ──────── ❻

        Case "TextBox", "ComboBox" ──────────── ❼

            If Len(컨트롤.Value) = 0 Then ──────── ❽
                체크 = False
                Exit For
            End If
```

```
            Case Else ─────────── ❾
        End Select

        Next

    ' 3단계 : 확인된 결과를 함수에 반환합니다.
        입력완료 = 체크 ─────────── ❿

End Function
```

❶ [입력완료] 함수를 Function 프로시저로 선언합니다. [입력완료] 함수는 매개변수로 전달된 [폼] 개체변수에 저장된 폼의 TextBox, ComboBox 컨트롤에 모두 값이 입력(또는 선택)되었는지 여부를 True, False로 반환합니다.

❷ 폼 Control 형식의 [컨트롤] 개체변수를 선언합니다.

❸ 입력이 완료됐는지 여부를 임시 저장할 Boolean 형식의 [체크] 변수를 선언합니다.

❹ [체크] 변수의 기본값을 True로 저장합니다. True 값은 모든 컨트롤의 값이 입력됐다는 것을 가정한 것으로, 값이 입력되지 않은 컨트롤을 확인할 때 [체크] 변숫값을 False로 변경해 [입력완료] 함수에 반환합니다.

❺ For 순환문을 사용해 [폼] 변수에 연결된 폼 내 컨트롤을 하나씩 [컨트롤] 변수에 연결합니다.

❻ [컨트롤] 변수에 연결된 컨트롤 형식을 확인하기 위해 TypeName 함수를 사용하며, 컨트롤 형식을 구분하기 위해 Select Case 문을 사용합니다.

❼ [컨트롤] 변수에 연결된 컨트롤 형식이 TextBox나 ComboBox 컨트롤일 때만 ❽ 줄의 코드를 실행합니다.

❽ [컨트롤] 변수에 연결된 컨트롤의 값을 Len 함수에 전달해 반환 값이 0인지 판단합니다. Len 함수의 반환 값이 0이라면 컨트롤에 입력(또는 선택)된 값이 없다는 것을 의미하므로, [체크] 변숫값을 False로 변경하고 Exit For 명령을 사용해 For 순환문을 빠져나갑니다.

❾ [컨트롤] 변수에 연결된 형식이 TextBox나 ComboBox 컨트롤이 아닌 경우에 처리할 명령을 등록할 수 있습니다. 이 폼은 TextBox, ComboBox 컨트롤 위주이므로 별다른 처리 명령이 필요하지 않으므로 생략합니다.

❿ [입력완료] 함수에는 [체크] 변수에 저장된 값을 반환합니다.

04 개발된 [입력완료] 함수의 동작을 확인하기 위해 폼의 [입력] 버튼에 연결해 사용합니다.

05 코드 창 상단의 개체 목록에서 [btn입력] 컨트롤을 선택합니다.

06 생성된 btn입력_Click 이벤트에 다음 코드를 입력합니다.

```
Private Sub btn입력_Click() ─────────── ❶

    MsgBox 입력완료(Me) ─────────── ❷

End Sub
```

❶ btn입력_Click 이벤트는 [입력] 버튼을 클릭할 때 실행됩니다.

❷ MsgBox 함수를 이용해 [입력완료] 함수의 반환 값을 메시지 창에 표시합니다. 참고로 [입력완료] 함수에 Me 키워드를 사용해 현재 폼 개체(frm입력)를 인수로 전달합니다.

07 테스트를 위해 코드 창에서 F5를 눌러 폼을 실행합니다.

08 값을 모두 입력하지 않은 상태에서 [입력] 버튼을 눌러보고, 값을 모두 입력한 후 [입력] 버튼을 눌러 반환값이 올바로 나타나는지 확인합니다.

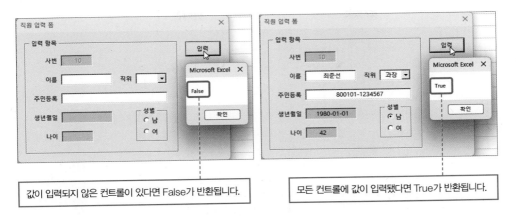

값이 입력되지 않은 컨트롤이 있다면 False가 반환됩니다.

모든 컨트롤에 값이 입력됐다면 True가 반환됩니다.

09 폼을 닫고 [입력] 버튼을 클릭했을 때의 처리 동작을 제대로 개발합니다.

10 코드 창에서 btn입력_Click 이벤트를 다음과 같이 수정합니다.

파일 : (Project) 입력 폼 III (코드 II).txt

```
Private Sub btn입력_Click()                       ❶

' 1단계 : 변수를 선언합니다.
    Dim 입력위치 As Range                         ❷

' 2단계 : 모든 컨트롤의 입력이 완료됐다면 컨트롤 내용을 표에 등록합니다.
    If 입력완료(Me) = True Then                    ❸

        Set 입력위치 = Cells(Rows.Count, "B").End(xlUp).Offset(1)   ❹

' 2-1단계 : 폼 컨트롤 내용을 표에 등록합니다.
        With 입력위치                             ❺

            .Offset(0, 0).Value = Int(txt사번.Value)
            .Offset(0, 1).Value = txt이름.Value
            .Offset(0, 2).Value = cmb직위.Value
            .Offset(0, 3).Value = txt주민등록.Value
            .Offset(0, 4).Value = DateValue(txt생년월일.Value)
            .Offset(0, 5).Value = Int(txt나이.Value)
            .Offset(0, 6).Value = IIf(opt남.Value, "남", "여")

' 2-2단계 : 표 서식을 위와 일치시킵니다.
            .Offset(-1).Resize(1, 7).Copy          ❻
            .Resize(1, 7).PasteSpecial xlPasteFormats   ❼
            .Select                               ❽
```

```
            Application.CutCopyMode = False ───────────── ❾
        End With

    End If

End Sub
```

❶ btn입력_Click 이벤트는 [입력] 버튼을 클릭할 때 실행됩니다.

❷ Range 형식의 [입력위치] 개체변수를 선언합니다.

❸ [입력완료] 함수의 반환 값이 True인 경우(모든 컨트롤에 데이터가 입력된 경우)에 ❺ ─ ❾ 줄의 코드를 실행합니다.

❹ [입력위치] 변수에 B열의 마지막 데이터가 입력된 셀의 아래 셀을 연결합니다. 참고로 이 위치가 폼에 입력된 값을 저장할 왼쪽 첫 번째 셀이 됩니다.

❺ [입력위치] 변수에 연결된 셀부터 열 방향(오른쪽)으로 폼에 입력된 값을 하나씩 입력하기 위해 With 문을 사용합니다. 순서대로 다음과 같은 값이 입력됩니다.

위치	저장할 값	설명
.Offset(0, 0)	사번	txt사번 컨트롤의 값을 Int 함수를 이용해 숫자로 변환해 저장합니다.
.Offset(0, 1)	이름	txt이름 컨트롤의 값을 저장합니다.
.Offset(0, 2)	직위	cmb직위 컨트롤의 값을 저장합니다.
.Offset(0, 3)	주민등록번호	txt주민등록 컨트롤의 값을 저장합니다.
.Offset(0, 4)	생년월일	txt생년월일 컨트롤의 값을 DateValue 함수를 이용해 날짜 값으로 변환해 저장합니다.
.Offset(0, 5)	나이	txt나이 컨트롤의 값을 Int 함수를 이용해 숫자로 변환해 저장합니다.
.Offset(0, 6)	성별	opt남 컨트롤의 값이 True면 '남'을, 아니면 '여'를 저장합니다.

❻ 표에 값을 추가하면 값만 입력되지 표의 상단 서식이 적용되지 않습니다. 그러므로 값을 입력한 바로 위쪽 행의 서식을 그대로 입력된 위치에 복사할 필요가 있습니다. [입력위치] 변수에 연결된 셀의 바로 위의 셀(Offset(-1))에서 Resize 속성으로 1행×7열로 범위(B:H)를 조정한 후 복사합니다.

❼ [입력위치] 변수에 연결된 셀에서 Resize 속성으로 1행×7열로 범위를 조정한 후 ❻ 줄에서 복사된 범위의 서식만 붙여 넣습니다.

❽ 복사-붙여넣기하면 붙여 넣어진 전체 범위가 선택되므로, 첫 번째 셀이 선택되도록 Select 메서드를 사용합니다.

❾ ❻번 줄의 명령으로 복사 모드가 활성화되었으므로 이를 해제합니다.

11 주민등록번호가 입력되면 생년월일, 나이, 성별이 자동으로 입력되도록 합니다.

12 코드 창 상단의 [개체 목록]에서 [txt주민등록] 컨트롤을 선택하고 [프로시저 목록]에서 [Exit] 이벤트를 선택한 후 아래 코드를 입력합니다.

파일 : (Project) 입력 폼 III (코드 III).txt

```
Private Sub txt주민등록_Exit(ByVal Cancel As MSForms.ReturnBoolean) ───────────── ❶

' 1단계 : 변수를 선언하고 초깃값을 저장합니다.
    Dim 주민번호 As String ───────── ❷
```

```
    Dim 연대 As String

        주민번호 = txt주민등록.Value ─────────────── ❸

' 2단계 : 주민등록번호가 올바로 입력되면 생년월일, 나이, 성별을 자동 계산해 넣습니다.
    If Len(주민번호) = 14 And Mid(주민번호, 7, 1) = "-" Then ─────────── ❹

        Select Case Mid(주민번호, 8, 1) ─────────── ❺
            Case 1, 2: 연대 = "19"
            Case 3, 4: 연대 = "20"
        End Select

        txt생년월일.Value = 연대 & Format(Left(주민번호, 6), "00-00-00")

        txt나이.Value = Year(Date) - Year(DateValue(txt생년월일.Value)) + 1 ──────── ❻

        If Mid(주민번호, 8, 1) Mod 2 Then ─────────── ❼
            opt남.Value = True
        Else
            opt여.Value = True
        End If

' 3단계 : 주민등록번호가 올바로 입력되지 않았다면 주민등록번호를 다시 입력하도록 초기화합니다.
    Else ─────────── ❽

        If Len(주민번호) > 0 Then ─────────── ❾

            txt주민등록.Value = vbNullString
            Cancel = True

        End If

    End If

End Sub
```

❶ txt주민등록_Exit 이벤트는 txt주민등록 컨트롤의 값을 입력하고, 다른 컨트롤로 포커스를 넘기기 바로 전에 실행됩니다. TextBox 컨트롤에 값을 입력하고 난 후 이벤트 순서는 BeforeUpdate(값을 업데이트하기 전) → AfterUpdate(값을 업데이트한 후) → Exit(다음 컨트롤로 이동하기 바로 전) 이벤트순으로 발생합니다.

❷ String 형식의 [주민번호]와 [연대] 변수를 선언합니다.

❸ [주민번호] 변수에 [txt주민등록] 컨트롤의 값을 저장합니다. 여러 계산에서 사용하려는 경우 컨트롤 값을 계속해서 읽는 것보다는 변수에 저장해놓고 사용하는 것이 좋습니다.

❹ 주민등록번호가 제대로 입력됐는지 확인하기 위해 주민등록번호가 14개 문자로 구성되어 있는지 여부와 주민등록번호의 7번째 문자가 "-"인지 확인해 제대로 입력됐다면 ❺~❼까지 코드를 실행합니다.

❺ 주민등록번호의 하이픈 뒤에 입력되는 첫 번째 숫자가 1 또는 2이면 [연대] 변수에 "19"를, 3 또는 4이면 "20"을 저장합니다. 주민등록번호의 앞 여섯 자리를 Format 함수로 00-00-00 형식으로 변환하고, [연대] 변수와 연결한 후 txt생년월일 컨트롤에 저장합니다.

❻ 나이를 계산하는 수식은 =올해연도-출생연도+1 입니다. 올해연도는 Year(Date) 부분이며, 출생연도는 txt생년월일 컨트롤의 값을 DateValue 함수로 날짜 값으로 변환한 후 Year 함수로 연도만 반환받아 사용합니다. 이렇게 계산된 값을 txt나이 컨트롤에 저장합니다.

❼ 주민등록번호의 하이픈 뒤 첫 번째 숫자를 2로 나눠 1(홀수)이면 opt남 컨트롤을, 0(짝수)이면 opt여 컨트롤을 선택합니다.

❽ ❹에서 판단된 결과가 False일 때(주민등록번호가 올바른 형식으로 입력되지 않았다면) 동작을 처리합니다.

❾ [주민번호] 변수에 저장된 문자가 있을 때에만 txt주민등록 컨트롤의 값을 비우고, Cancel 매개변수를 True로 설정해 Exit 이벤트를 취소합니다. 이렇게 하면 다른 컨트롤로 포커스가 이동되지 않으므로, 주민등록번호를 다시 입력하도록 할 수 있습니다.

13 제대로 개발됐는지 테스트하기 위해 F5를 눌러 폼을 실행한 후 값을 입력합니다.

14 주민등록번호를 입력하고 Tab을 누르면 생년월일, 나이, 성별이 자동으로 입력됩니다.

15 값을 모두 입력한 후 [입력] 버튼을 클릭하면 추가된 직원 데이터가 표에 입력됩니다.

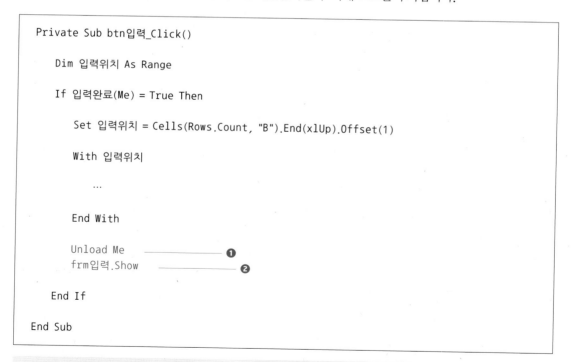

16 입력이 끝난 후 폼 컨트롤의 값을 모두 초기화합니다.

17 입력 폼을 닫고 폼 개체의 [입력] 버튼을 더블클릭한 후 아래 코드를 추가합니다.

```
Private Sub btn입력_Click()

    Dim 입력위치 As Range

    If 입력완료(Me) = True Then

        Set 입력위치 = Cells(Rows.Count, "B").End(xlUp).Offset(1)

        With 입력위치

            ...

        End With

        Unload Me          ❶
        frm입력.Show        ❷

    End If

End Sub
```

❶ 입력이 완료됐다면 현재 폼(Me)을 닫습니다. 그러면 모든 컨트롤의 값이 초기화되는 효과를 얻습니다.

❷ frm입력 폼을 다시 실행합니다. 현재 폼이 닫혀 있는 상태이므로 이 코드에서 frm입력 폼을 Me 키워드로 대체할 수 없습니다.

검색/편집 폼 I – 검색 폼 구성

예제 파일 PART 03 \ CHAPTER 17 \ (Project) 검색,편집 폼 I.xlsm

검색 폼 레이아웃

표에 입력된 데이터를 직접 수정하는 것은 매우 간단한 작업입니다. 하지만 폼을 이용해 수정하려면 먼저 검색 폼을 만들어 표에 입력된 데이터를 검색하고, 검색된 데이터를 폼에 모두 표시한 후 사용자가 수정된 내용을 표에 다시 반영하는 방식으로 개발해야 합니다. 검색 폼의 레이아웃을 구성하는 방법은 다음 과정을 참고합니다.

01 예제를 열면 아래 화면과 같은 표와 [편집] 버튼을 확인할 수 있습니다.

02 [편집] 버튼을 클릭하면 아직 개발되지 않은 폼이 표시됩니다.

	A	B	C	D	E	F	G	H	I	J	K	L
1												
2		사번	이름	직위	주민등록번호	생년월일	나이	성별		편집		
3		1	박지훈	부장	800219-1234567	1980-02-19	43	남				
4		2	유준혁	차장	870304-1234567	1987-03-04	36	남				
5		3	이서연	과장	891208-2134567	1989-12-0			UserForm2		×	
6		4	김민준	대리	920830-1234567	1992-08-30						
7		5	최서현	주임	950919-2134567	1995-09-19						
8		6	박현우	주임	930702-1234567	1993-07-0						
9		7	정시우	사원	970529-1234567	1997-05-29						
10		8	이은서	사원	990109-2134567	1999-01-09						
11		9	오서윤	사원	980127-2134567	1998-01-27						
12												
13												
14												

TIP 이 폼은 검색 폼으로 개발할 예정으로, 아직 구성되어 있지 않습니다.

03 폼을 닫고 Alt + F11 을 눌러 VB 편집기 창을 엽니다.

04 프로젝트 탐색기 창의 폼 폴더 하위의 [frm검색] 폼을 더블클릭합니다.

05 다음 화면을 참고해 컨트롤을 추가하고 속성을 변경합니다.

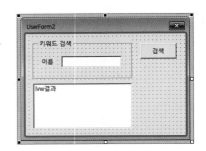

화면상의 폼 개체에 추가된 컨트롤은 다음과 같습니다.

컨트롤	컨트롤 이름	Caption	추가 작업
Frame	fra검색	키워드 검색	
Label		이름	Frame 컨트롤 안에 추가
TextBox	txt검색		
ListView	lvw결과		
CommandButton	btn검색	검색	

06 검색 폼 실행 방식을 변경하기 위해 폼을 실행하는 매크로를 수정합니다.

07 프로젝트 탐색기 창에서 [Module1] 개체를 더블클릭하고 [폼실행] 매크로 코드를 수정합니다.

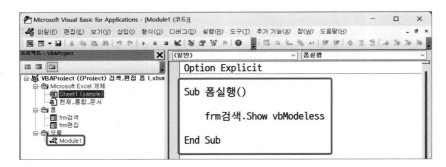

```
Sub 폼실행()　　　　　　　　●❶

    frm검색.Show vbModeless　　　　●❷

End Sub
```

❶ [폼실행] 매크로는 워크시트의 [편집] 버튼과 연결되어 있습니다.
❷ 폼을 실행하는 방법을 vbModeless 내장 상수를 사용해 변경합니다.

입력 폼과 편집 폼의 차이

이 예제에서 사용하는 편집 폼은 **SECTION 17-01~17-03**에서 생성한 입력 폼으로, 앞의 예제를 먼저 학습하는 것이 좋습니다. 입력 폼과 다른 부분에 대한 설명은 다음을 참고합니다.

01　프로젝트 탐색기 창에서 [frm편집] 폼 개체를 더블클릭합니다.

02　입력 폼에서 변화된 구성은 다음 화면의 설명 부분을 참고합니다.

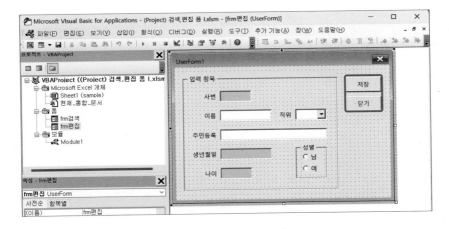

검색/편집 폼 II
– 검색 폼 기능 개발

예제 파일 PART 03 \ CHAPTER 17 \ (Project) 검색,편집 폼 II.xlsm

검색 폼의 초기 설정

검색 폼을 표시할 때 폼 이름을 설정하고 ListView 컨트롤을 기본 설정해야 합니다. 다음 과정을 참고합니다.

01 예제를 열고 Alt + F11 을 눌러 VB 편집기 창을 엽니다.

02 프로젝트 탐색기 창에서 [frm검색] 폼 개체를 더블클릭해 선택합니다.

03 프로젝트 탐색기 창 상단의 [코드 보기📧]를 클릭합니다.

04 코드 창 상단의 [개체 목록]에서 [UserForm]을 선택하고 [프로시저 목록]에서 [Initialize] 이벤트를 선택합니다.

05 생성된 UserForm_Initialize 이벤트에 다음 코드를 입력합니다.

파일 : (Project) 검색,편집 폼 II (코드 I).txt

```
Private Sub UserForm_Initialize()  ──────────── ❶

    Me.Caption = "검색 폼"  ───────── ❷

    With lvw결과  ────────── ❸
        .View = lvwReport
        .AllowColumnReorder = True
        .FullRowSelect = True
        .Gridlines = True
        .HideSelection = False
        .LabelEdit = lvwManual

        With .ColumnHeaders  ────────── ❹
            .Add Key:="사번", Text:="사번", Width:=35, Alignment:=lvwColumnLeft
            .Add Key:="이름", Text:="이름", Width:=65, Alignment:=lvwColumnCenter
            .Add Key:="직위", Text:="직위", Width:=45, Alignment:=lvwColumnCenter
        End With
```

```
    End With

End Sub
```

06 개발된 코드가 제대로 동작하는지 확인하기 위해 F5 를 눌러 폼을 실행합니다.

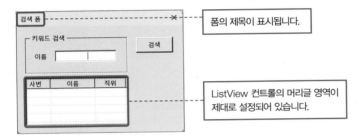

폼의 제목이 표시됩니다.

ListView 컨트롤의 머리글 영역이 제대로 설정되어 있습니다.

검색 기능과 편집 폼과의 연결

검색 폼이 제대로 동작하려면 원하는 이름을 입력하고 [검색] 버튼을 클릭할 때 ListView 컨트롤에 검색된 결과가 표시되어야 합니다. 다음 과정을 참고합니다.

01 열려 있는 폼은 [닫기 ✕]를 클릭해 닫습니다.

02 먼저 [검색] 버튼을 눌렀을 때 동작을 개발합니다.

03 폼 개체 화면에서 [검색] 버튼을 더블클릭합니다.

04 생성된 btn검색_Click 이벤트에 다음 코드를 입력합니다.

파일 : (Project) 검색.편집 폼 II (코드 II).txt

```
Private Sub btn검색_Click()          ❶

' 1단계 : 변수를 선언합니다.          ❷
  Dim 이름 As Range
  Dim 찾은이름 As Range
  Dim 직원레코드 As Range, 셀 As Range

   Dim r As Integer, c As Integer
```

```
    Dim 키워드 As String
    Dim 첫번째위치 As String

' 2단계 : 검색할 이름을 입력했는지 확인하고, 입력된 이름을 표에서 찾습니다.
    키워드 = txt검색.Value ─────────── ❸
    If Len(키워드) > 0 Then ───────── ❹

        Set 이름 = Range("B2").CurrentRegion.Columns(2) ─────── ❺
        Set 찾은이름 = 이름.Find(What:=키워드, LookAt:=xlPart) ─────── ❻

' 3단계 : 이름을 찾았다면 ListView 컨트롤에 표시하고, 그렇지 않으면 ListView 컨트롤을 초기화합니다.
        If Not 찾은이름 Is Nothing Then ─────────── ❼

            첫번째위치 = 찾은이름.Address ───────── ❽
            lvw결과.ListItems.Clear ───────── ❾

            Do ────────── ❿

                If 찾은이름.Row > 2 Then ───────── ⓫

                    With lvw결과 ─────────── ⓬

                        .ListItems.Add Text:=찾은이름.Offset(, -1).Value
                        r = r + 1

                        For c = 1 To 2
                            .ListItems(r).SubItems(c) = 찾은이름.Offset(, c - 1).Value
                        Next

                    End With

                End If

                Set 찾은이름 = 이름.FindNext(찾은이름) ───────── ⓭

            Loop Until 찾은이름.Address = 첫번째위치 ───────── ⓮

        Else ─────────── ⓯

            lvw결과.ListItems.Clear

        End If

    End If

End Sub
```

❶ btn검색_Click 이벤트는 [검색] 버튼을 클릭할 때 실행됩니다.

❷ 이번 프로시저에서 사용할 변수를 선언합니다.

변수명	형식	설명
이름	Range	워크시트의 표 범위에서 [이름] 열(C열) 범위를 연결합니다.
찾은이름	Range	[이름] 범위에서 키워드로 찾은 셀을 연결합니다.
직원레코드	Range	키워드 검색으로 찾은 직원 데이터 범위를 연결합니다.
셀	Range	For Each… Next 순환문에서 사용할 개체변수입니다.
r, c	Integer	ListView에 저장할 데이터 위치의 행(r)과 열 번호(c)를 저장합니다.
키워드	String	txt검색 컨트롤의 값을 저장합니다.
첫번째위치	String	키워드로 찾은 첫 번째 셀 주소를 저장합니다.

❸ [키워드] 변수에 txt검색 컨트롤의 값을 저장합니다. 컨트롤 값을 여러 번 사용할 때는 변수에 저장해놓고 사용하는 것이 좋습니다.

❹ [키워드] 변수에 저장된 값이 있는 경우에만 아래 코드를 실행합니다.

❺ [이름] 변수에는 [B2] 셀부터 연속된 표 범위의 두 번째 열(이름) 범위를 연결합니다. [찾기] 기능을 이용해 이름을 검색할 것이기 때문에 머리글 범위를 포함해 찾도록 해야 첫 번째 셀 위치를 찾을 수 있습니다. 참고로 엑셀의 [찾기] 기능은 [A1:A10] 범위가 선택된 경우라면 [A2] 셀의 위치부터 찾기 시작합니다.

❻ [이름] 변수에 연결된 범위에서 [키워드] 변숫값이 부분 일치하는 첫 번째 셀을 찾아 [찾은이름] 변수에 연결합니다.

❼ [찾은이름] 변수에 뭔가 연결되어 있다면(찾은 값이 존재한다면) ❽-❽ 사이의 코드를 실행합니다.

❽ [첫번째위치] 변수에는 [찾은이름] 변수에 연결된 셀 주소를 저장합니다. 이렇게 저장된 셀 주소는 Do… Loop 순환문을 멈추는 조건으로 사용됩니다. ❾ 줄을 참고합니다.

❾ lvw결과 컨트롤에 등록된 아이템(이전에 찾은 결과)을 모두 삭제합니다.

❿ Do… Loop 순환문을 사용해 [키워드] 변수에 저장된 값이 포함된 이름을 모두 찾습니다.

⓫ [찾은이름] 변수에 연결된 셀의 행 번호가 2를 초과한 경우에만 ListView 컨트롤에 결과를 등록합니다. 예제의 표는 2행부터 작성되어 있고 실제 데이터는 3행부터 존재하므로, 찾은 값 중 머리글 범위를 찾은 것을 제외하려면 반드시 행 주소가 3행 이상이어야 합니다. 이 코드의 숫자(2)를 표에서 읽어오려면 다음과 같이 코드를 수정할 수 있습니다.

```
If 찾은이름.Row > 이름.Cells(1).Row Then
```

⓬ lvw결과 컨트롤에는 검색된 직원의 데이터를 추가하기 위해 With 문을 사용합니다. 이 방법은 **SECTION 16-31** 두 번째 ❽-⓫ 코드 설명을 참고합니다.

⓭ [찾은이름] 변수에 [이름] 범위에서 키워드와 부분적으로 일치하는 다음 셀을 연결합니다.

⓮ Do… Loop 순환문이 중단될 조건을 Until 키워드를 이용해 설정합니다. [찾은이름] 변수에 연결된 셀의 주소가 [첫번째위치] 변수에 저장된 값과 동일하면 멈춥니다.

⓯ ❼ 줄의 판단이 False라면 키워드로 검색된 값이 없다는 것을 의미합니다. lvw결과 컨트롤에 등록된 값을 모두 삭제합니다.

05 개발된 코드가 제대로 실행되는지 확인하기 위해 F5 를 눌러 폼을 실행합니다.

06 txt검색 컨트롤에 **박**이란 키워드를 입력하고 [검색] 버튼을 클릭합니다.

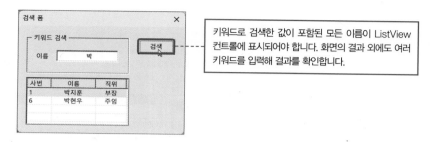

키워드로 검색한 값이 포함된 모든 이름이 ListView 컨트롤에 표시되어야 합니다. 화면의 결과 외에도 여러 키워드를 입력해 결과를 확인합니다.

07 폼을 닫고 개발 작업을 계속 진행합니다.

08 검색 결과가 표시되는 lvw결과 컨트롤에서 직원 데이터를 더블클릭하면 편집 폼을 호출하게 합니다.

09 프로젝트 탐색기 창의 [코드 보기] 명령을 클릭합니다.

10 [개체 목록]에서 [lvw결과] 컨트롤을, [프로시저 목록]에서 [DblClick] 이벤트를 선택합니다.

11 생성된 lvw결과_DblClick 이벤트에 다음 코드를 입력합니다.

파일 : (Project) 검색,편집 폼 II (코드 III).txt

```
Private Sub lvw결과_DblClick()                          ❶

' 1단계 : 변수를 선언합니다.                              ❷
  Dim 선택 As Integer
  Dim 사번 As Range
  Dim 직원레코드 As Range

' 2단계 : listView 컨트롤의 항목을 선택한 경우에 편집 폼을 호출합니다.
  If Not lvw결과.SelectedItem Is Nothing Then            ❸

      선택 = lvw결과.SelectedItem.Text                   ❹

      Set 사번 = Range("B2", Cells(Rows.Count, "B").End(xlUp))      ❺
      Set 직원레코드 = 사번.Find(What:=선택).Resize(1, 7)            ❻

      Me.Hide                                           ❼

      With frm편집                                       ❽

          .Show vbModeless                              ❾

          .txt사번.Value = 직원레코드(1)                  ❿
          .txt이름.Value = 직원레코드(2)
          .cmb직위.Value = 직원레코드(3)
          .txt주민등록.Value = 직원레코드(4)
          .txt생년월일.Value = 직원레코드(5)
          .txt나이.Value = 직원레코드(6)
```

```
        If 직원레코드(7) = "남" Then
            .opt남.Value = True
        Else
            .opt여.Value = True
        End If

    End With

    End If

End Sub
```

❶ lvw결과_DblClick 이벤트는 ListView 컨트롤을 더블클릭할 때 자동 실행됩니다.

❷ 프로시저에서 사용할 변수를 다음과 같이 선언합니다.

변수명	형식	설명
선택	Integer	ListView 컨트롤의 첫 번째 열(사번) 번호를 저장합니다.
사번	Range	워크시트의 표 범위에서 [사번] 열(B열) 범위를 연결합니다.
직원레코드	Range	사번과 일치하는 직원 데이터 범위를 연결합니다.

❸ lvw결과 컨트롤의 선택 항목(SelectedItem)이 있는지 확인해 ❹ 아래 코드를 실행합니다.

❹ [선택] 변수에 lvw결과 컨트롤의 첫 번째 열(사번) 값을 저장합니다.

❺ [사번] 변수에 [B2] 셀부터 연속된 범위의 첫 번째 열(B열의 사번) 범위를 연결합니다.

❻ [직원레코드] 변수에 [사번] 범위에서 [선택] 변숫값과 동일한 위치를 찾고 범위를 1×7 행렬 크기([B:H] 열 범위)로 조정합니다. 선택한 직원의 전체 데이터 범위가 [직원레코드] 변수에 연결됩니다.

❼ 현재 폼(frm검색)을 화면에서 숨깁니다.

❽ frm편집 폼에 여러 데이터를 전달하기 위해 With 문을 사용합니다.

❾ frm편집 폼 작업을 할 때 다른 작업도 가능하도록 모달리스 방식으로 실행합니다.

❿ frm편집 폼의 txt사번 컨트롤에 [직원레코드] 변수에 연결된 범위 내 첫 번째 셀 값(사번)을 입력합니다. 이 코드는 생략된 부분을 모두 표시하면 다음과 같습니다.

```
.txt사번.Value = 직원레코드.Cells(1)
```

다음은 모두 동일한 방식으로 구성된 코드입니다. 설명은 다음 표를 참고합니다.

컨트롤	입력 값	설명
txt이름	직원레코드(2)	[직원레코드] 변수에 연결된 두 번째 셀 값(이름)
cmb직위	직원레코드(3)	[직원레코드] 변수에 연결된 세 번째 셀 값(직위)
txt주민등록	직원레코드(4)	[직원레코드] 변수에 연결된 네 번째 셀 값(주민등록번호)
txt생년월일	직원레코드(5)	[직원레코드] 변수에 연결된 5번째 셀 값(생년월일)
txt나이	직원레코드(6)	[직원레코드] 변수에 연결된 6번째 셀 값(나이)
opt남	직원레코드(7)	[직원레코드] 변수에 연결된 7번째 값이 "남"이면 opt남 컨트롤 선택
opt여	직원레코드(7)	하고, 아니면 opt여 컨트롤 선택

12 개발된 결과를 확인하기 위해 다시 F5를 눌러 폼을 실행합니다.

13 키워드 **박**을 TextBox 컨트롤에 입력하고 [검색] 버튼을 클릭합니다.

14 검색된 결과 중에서 하나를 더블클릭하면 편집 폼에 선택한 직원 데이터가 표시됩니다.

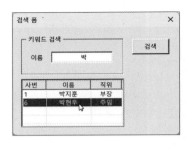 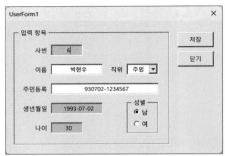

15 이제 편집 폼의 [닫기]를 눌러 폼을 닫습니다.

TIP [편집] 폼을 표시할 때 [검색] 폼을 숨겼으므로, [편집] 폼을 닫으면 [검색] 폼이 다시 표시되도록 해야 합니다. 참고로 엑셀 창의 [편집] 버튼을 클릭하면 [검색] 폼이 다시 표시됩니다. 우측 상단의 [닫기]를 클릭해 [검색] 폼을 닫습니다.

검색/편집 폼 III – 편집 폼 개발

예제 파일 PART 03 \ CHAPTER 17 \ (Project) 검색,편집 폼 III.xlsm

편집 폼 초기 설정

편집 폼을 화면에 띄울 때 몇 가지 컨트롤 설정 작업을 진행합니다. 다음 과정을 참고합니다.

01 예제를 열고 Alt + F11 을 눌러 VB 편집기 창을 엽니다.

02 프로젝트 탐색기 창에서 [frm편집] 폼 개체를 더블클릭해 선택합니다.

03 프로젝트 탐색기 창 상단의 [코드 보기■]를 클릭해 코드 창을 표시합니다.

04 코드 창 상단의 [개체 목록]에서 [UserForm] 개체, [프로시저 목록]에서 [Initialize] 이벤트를 선택합니다.

05 생성된 UserForm_Initialize 이벤트에 다음 코드를 입력합니다.

파일 : (Project) 검색,편집 폼 III (코드 I).txt

```
Private Sub UserForm_Initialize()                    ❶

' 1단계 : 폼의 제목을 설정합니다.
   Me.Caption = "직원 편집 폼"                        ❷

' 2단계 : 폼 컨트롤을 목적에 맞게 설정합니다.
   txt사번.Enabled = False                           ❸

     With cmb직위                                     ❹

       .AddItem "부장"                                ❺
       .AddItem "차장"
       .AddItem "과장"
       .AddItem "대리"
       .AddItem "주임"
       .AddItem "사원"

       .ColumnWidths = .Width                        ❻
```

```
        .ListWidth = .Width

    End With

End Sub
```

① UserForm_Initialize 이벤트는 frm편집 폼을 실행할 때 자동으로 실행됩니다.
② 폼의 제목 표시줄에 표시할 제목을 설정합니다.
③ txt사번 컨트롤의 값은 사번이므로 사용자가 수정할 수 없도록 설정합니다.
④ cmb직위 컨트롤에는 여러 작업을 처리하기 위해 With 문을 사용합니다.
⑤ cmb직위 컨트롤에 부장, 차장, 과장, 대리, 주임, 사원의 직위를 등록합니다.
⑥ cmb직위 컨트롤의 목록 상자 너비를 ComboBox 컨트롤의 너비와 일치시킵니다.

편집 폼 기능 개발

편집 폼에서 데이터를 수정하고 [저장]을 클릭하면 수정된 데이터를 표에 반영하도록 하고, 편집 폼을 닫을 때 숨겨놓은 검색 폼을 화면에 다시 표시합니다. 다음 과정을 참고합니다.

01 먼저 [저장]을 클릭했을 때 수정된 데이터를 원본 표에 쓰는 코드를 개발합니다.

02 [개체 목록]에서 [btn저장] 컨트롤을 선택합니다.

03 생성된 btn저장_Click 이벤트에 다음 코드를 입력합니다.

파일 : (Project) 검색,편집 폼 III (코드 II).txt

```
Private Sub btn저장_Click()  ──────── ①

' 1단계 :변수를 선언하고 초깃값을 설정합니다.
    Dim 사번 As Range  ──────── ②
    Dim 직원레코드 As Range

    Set 사번 = Range("B3", Cells(Rows.Count, "B").End(xlUp))  ──────── ③
    Set 직원레코드 = 사번.Find(What:=txt사번.Value).Resize(1, 7)  ──────── ④

' 2단계 : 수정된 내용을 표에 덮어씁니다.
    With 직원레코드  ──────── ⑤
        .Cells(1).Value = Int(txt사번.Value)
        .Cells(2).Value = txt이름.Value
        .Cells(3).Value = cmb직위.Value
        .Cells(4).Value = txt주민등록.Value
        .Cells(5).Value = DateValue(txt생년월일.Value)
        .Cells(6).Value = Int(txt나이.Value)
        .Cells(7).Value = IIf(opt남.Value = True, "남", "여")
    End With
```

```
' 3단계 : 수정이 완료된 다음 폼을 닫습니다.
    Unload Me                    ❻

End Sub
```

❶ btn저장_Click 이벤트는 [저장]을 클릭할 때 실행됩니다.

❷ Range 형식의 [사번]과 [직원레코드] 개체변수를 선언합니다.

❸ [사번] 변수에 [B3] 셀부터 B열의 마지막 데이터 위치까지의 범위를 연결합니다.

❹ [사번] 변수에 연결된 범위에서 txt사번 컨트롤의 값을 찾고 찾은 위치에서 1×7 행렬(B:H)로 조정한 범위를 [직원레코드] 변수에 연결합니다.

❺ [직원레코드] 변수에 연결된 범위 내 셀에 순서대로 편집 폼(frm편집)의 개별 컨트롤 값을 저장합니다. 이 방법은 입력 폼 예제를 진행할 때 모두 설명한 내용입니다.

❻ 현재 폼(frm편집)을 닫습니다.

04 이번에는 [닫기] 버튼을 눌렀을 때 실행할 코드를 개발합니다.

05 [개체 목록]에서 [btn닫기] 컨트롤을 선택합니다.

06 생성된 btn닫기_Click 이벤트에 다음 코드를 입력합니다.

```
Private Sub btn닫기_Click()          ❶

    Unload Me          ❷

End Sub
```

❶ btn닫기_Click 이벤트는 [닫기] 버튼을 클릭할 때 실행됩니다.

❷ Unload Me 명령을 이용해 현재 폼을 닫습니다.

07 편집 폼이 닫혔을 때 검색 폼을 다시 화면에 표시합니다.

08 [개체 목록]에서 [UserForm] 개체를, [프로시저 목록]에서 [Terminate] 이벤트를 선택합니다.

09 생성된 UserForm_Terminate 이벤트에 다음 코드를 입력합니다.

```
Private Sub UserForm_Terminate()          ❶

   frm검색.Show vbModeless          ❷

End Sub
```

❶ UserForm_Terminate 이벤트는 편집 폼이 완전히 닫히고 난 다음 실행됩니다.

❷ frm검색 폼을 다시 실행합니다. Hidden으로 숨긴 폼을 다시 표시할 때도 Show 메서드를 사용합니다. 이 동작을 이해하기 위해서는 VBA가 UserForm 개체를 어떻게 조작하고 있는지 정확하게 이해할 필요가 있으며, 이때 다음의 네 가지 명령이 사용됩니다.

명령	설명	사용 예
Load	폼을 메모리에 올리며, 화면에 표시하지는 않습니다.	Load UserForm1
Show	메모리에 올려진 폼을 화면에 표시합니다. 만약 폼이 메모리에 올려져 있지 않으면 자동으로 폼을 메모리에 올린 후 화면에 표시합니다.	UserForm1.Show
Hide	폼을 화면에서 숨깁니다.	UserForm1.Hide
Unload	폼을 메모리에서 내립니다. 이렇게 하면 폼이 닫힙니다.	Unload UserForm1

그러므로 원래 폼을 화면에 표시할 때는 다음 두 개의 명령이 순서대로 사용되어야 합니다.

```
Load UserForm1
UserForm1.Show
```

다만 Load 명령을 생략해도 Show 메서드가 Load 명령의 역할을 대신 수행해주기 때문에 지금까지 Show 메서드를 사용했습니다. Hide 메서드로 숨긴 폼을 화면에 다시 표시할 때도 Show 메서드를 사용했습니다.

10 개발이 모두 끝났으므로 테스트합니다.

11 Alt + F11 을 눌러 엑셀 창으로 전환한 후 [편집] 버튼을 클릭해 검색 폼을 호출합니다.

12 [이름] 텍스트 상자(txt검색)에 아무 이름이나 입력하고 [검색] 버튼을 클릭합니다.

13 검색된 결과에서 **박현우** 직원의 항목을 클릭하면 편집 폼이 호출됩니다.

14 직위를 **대리**로 수정하고 [저장]을 클릭합니다.

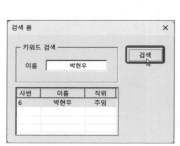
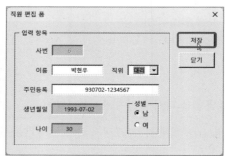

15 검색 폼을 닫고, 표를 확인합니다.

16 **박현우** 직원의 직위가 '주임'에서 '대리'로 변경된 것을 확인할 수 있습니다.

사번	이름	직위	주민등록번호	생년월일	나이	성별
1	박지훈	부장	800219-1234567	1980-02-19	43	남
2	유준혁	차장	870304-1234567	1987-03-04	36	남
3	이서연	과장	891208-2134567	1989-12-08	34	여
4	김민준	대리	920830-1234567	1992-08-30	31	남
5	최서현	주임	950919-2134567	1995-09-19	28	여
6	박현우	대리	930702-1234567	1993-07-02	30	남
7	정시우	사원	970529-1234567	1997-05-29	26	남
8	이은서	사원	990109-2134567	1999-01-09	24	여
9	오서윤	사원	980127-2134567	1998-01-27	25	여

🔍 **더 알아보기** | **편집 폼을 닫고 검색 폼으로 전환할 때 lvw결과 리스트를 자동으로 수정하는 방법**

예제를 따라 하면서 편집 폼을 닫은 후 수정된 결과가 검색 폼의 lvw결과 컨트롤에 반영되지 않는다는 것을 확인했을 것입니다.
이런 문제를 해결하려면 검색 폼의 Activate 이벤트에서 다음과 같은 코드를 입력합니다.

```
Private Sub UserForm_Activate()                         ❶

    If Len(txt검색.Value) > 0 Then btn검색_Click          ❷


End Sub
```

❶ UserForm_Activate 이벤트는 검색 폼이 활성화될 때 실행됩니다.
❷ txt검색 컨트롤에 입력된 값이 있다면 btn검색_Click 이벤트를 실행합니다. 이렇게 하면 편집 폼에서 검색 폼으로 넘어왔을 때 txt검색 컨트롤의 값으로 다시 검색된 결과가 lvw결과 컨트롤에 표시되며, 사용자가 수정한 결과가 그대로 나타납니다.

17/07 진행률(Label 컨트롤) 표시 폼 I – 폼 구성

예제 파일 PART 03 \ CHAPTER 17 \ (Project) 작업 진행 폼 I.xlsm

작업 이해

매크로가 실행되는 동안 진행 과정을 알고 싶다면 진행 상황을 표시하는 폼을 사용합니다. 진행 상황을 표시하는 방법에는 여러 가지가 있습니다. 우선 Label 컨트롤의 이용 방법을 알아보겠습니다. 이 예제에 대한 설명은 다음을 참고합니다.

01 예제를 열면 아래 화면과 같은 표를 확인할 수 있습니다.

02 표의 분류 열(C열) 값을 참고해 개별 워크시트로 데이터를 분리하는 매크로를 개발합니다.

	A	B	C	D	E	F	G
1							
2		품번	분류	품명	단가		
3		1	복합기	레이저복합기 L350	220,000		
4		2	복사기	컬러레이저복사기 XI-4400	1,550,000		
5		3	출퇴근기록기	지문인식 FPIN-2000F	144,000		
6		4	복합기	잉크젯복합기 AP-3200	75,000		
7		5	복사기	컬러레이저복사기 XI-2000	850,000		
8		6	팩스	잉크젯팩시밀리 FX-1000	46,000		
9		7	제본기	와이어제본기 WC-5500	98,000		
10		8	제본기	링제본기 ST-100	142,000		
53		51	제본기	열제본기 TB-8200	152,000		
54		52	출퇴근기록기	도트 TIC-7A	3,800		
55		53	출퇴근기록기	RF OA-300	52,000		
56		54	출퇴근기록기	지문인식 FPIN-1000+	125,000		
57		55	바코드스캐너	바코드 BCD-100 Plus	95,000		
58		56	바코드스캐너	바코드 BCD-300 Plus	102,800		
59		57	복사용지	복사지A4 500매	3,000		
60							

sample ⊕

03 매크로 실행 때 동작할 폼은 다음과 같습니다.

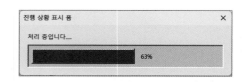

TIP 매크로가 진행되는 과정을 가로 막대와 백분율을 이용해 표시해줍니다.

폼 레이아웃 구성

진행 상황을 표시하는 폼 레이아웃 구성 방법은 다음 과정을 참고합니다.

01 폼 개발을 위해 Alt + F11 을 눌러 VB 편집기 창을 엽니다.

02 [삽입]-[사용자 정의 폼] 메뉴를 선택해 폼 개체를 하나 삽입합니다.

03 폼 개체의 우측 하단 크기 조정 핸들을 드래그해 다음과 같은 폼을 구성합니다.

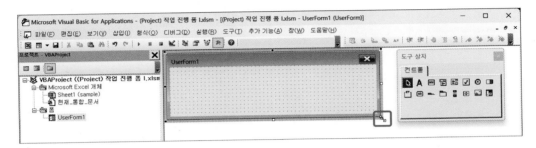

04 [도구 상자] 창에서 Label 컨트롤 두 개를 폼에 삽입하고 화면과 같이 구성합니다.

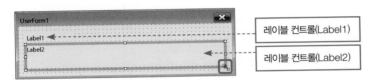

레이블 컨트롤(Label1)

레이블 컨트롤(Label2)

05 하단의 Label2 컨트롤은 진행 과정을 표시하는 부분의 배경 역할을 합니다.

06 Label2 컨트롤이 선택된 상태로 속성 창에서 BackColor 속성의 아래 화살표▼를 클릭한 후 [색상표] 탭에서 1열 2행의 색상을 선택합니다.

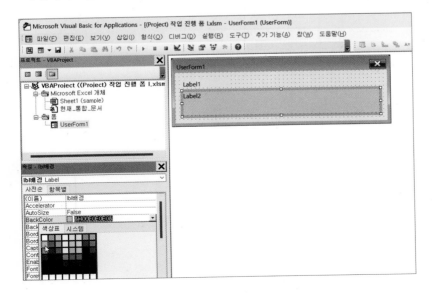

07 Label2 컨트롤을 오목하게 설정하기 위해 속성 창에서 SpecialEffect 속성값을 2-fmSpecial EffectSunken으로 설정합니다.

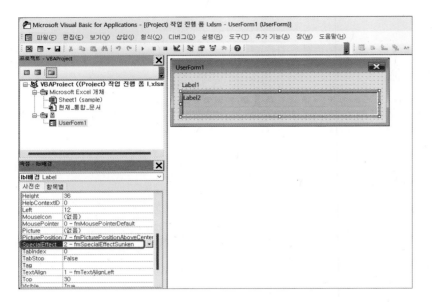

08 Label1, Label2 컨트롤의 문자열을 다음과 같이 변경합니다.

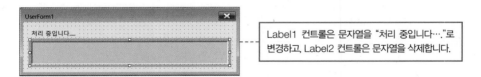

Label1 컨트롤은 문자열을 "처리 중입니다…"로 변경하고, Label2 컨트롤은 문자열을 삭제합니다.

09 두 개의 Label 컨트롤을 화면과 동일한 위치에 동일한 크기로 추가합니다.

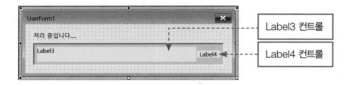

Label3 컨트롤

Label4 컨트롤

10 폼에 삽입된 네 개의 Label 컨트롤의 속성을 다음과 같이 변경합니다.

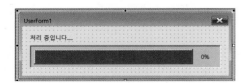

추가된 네 개의 컨트롤을 순서대로 다음과 같이 설정합니다.

컨트롤 ＼ 속성	(이름)	BackColor	Caption	SpecialEffect
Label1				
Label2	lbl배경			
Label3	lbl진행바	&H000000FF&		1 – fmSpecialEffectRaise
Label4	lbl백분율	&H00E0E0E0&	0%	

참고로 Label3 컨트롤의 BackColor 속성은 색상표의 5열 5행의 색이며, Label4 컨트롤의 색상은 Label2 컨트롤의 배경색과 동일합니다. 또한 Label3 컨트롤의 문자열은 표시하지 않으므로, Caption 속성값이 빈 문자열이 되도록 기존 Label3 문자열을 삭제합니다.

11 마지막으로 폼 이름을 변경하고 폼 레이아웃 구성을 마칩니다.

12 폼 개체를 선택하고 속성 창의 '(이름)' 입력란을 **frm진행상황**으로 변경합니다.

17 / 08 진행률(Label 컨트롤) 표시 폼 II – 매크로 개발

예제 파일 PART 03 \ CHAPTER 17 \ (Project) 작업 진행 폼 II.xlsm

시트 분할 매크로 개발

이번에 개발할 매크로는 [sample] 시트의 표에 있는 분류별 시트를 새로 생성하고, 해당 분류에 맞는 제품 데이터를 개별 시트로 복사해 입력합니다. 다음 과정을 참고합니다.

01 예제를 열고, 분류별 시트를 생성할 매크로를 개발합니다.

02 먼저 생성할 시트가 이미 존재하는지 여부를 판단하는 함수를 먼저 개발합니다.

03 Alt + F11 을 눌러 VB 편집기 창을 엽니다.

04 [삽입]-[모듈] 메뉴를 선택해 Module1 개체를 추가하고 코드 창에 다음 함수를 개발합니다.

파일 : (Project) 작업 진행 폼 II (코드 I).txt

```
Function IsSheet(시트명 As String) As Boolean          ━━━━━━━━ ❶

    Dim 시트 As Worksheet

    On Error Resume Next

        Set 시트 = Worksheets(시트명)

        IsSheet = (Err.Number = 0)

End Function
```

❶ 워크시트가 존재하는지 여부를 True, False로 반환해주는 IsSheet 함수는 **SECTION 12-03**에서 자세하게 설명하고 있으니 참고하세요!

05 메인 매크로를 개발합니다. 코드 창에 다음 매크로를 개발합니다.

파일 : (Project) 작업 진행 폼 II (코드 II).txt

```
Sub 분류별시트()

' 1단계 : 변수를 선언하고 초깃값을 설정합니다.
    Dim 현재시트 As Worksheet                    ❶
    Dim 분류 As Range, 셀 As Range
    Dim 제품레코드 As Range, 복사위치 As Range
    Dim 시트이름 As String

    Set 현재시트 = ActiveSheet                    ❷
    Set 분류 = Range("C3", Cells(Rows.Count, "C").End(xlUp))        ❸

' 2단계 : [분류] 열의 셀을 하나씩 순환하면서 해당 시트로 데이터를 옮깁니다.
    For Each 셀 In 분류                           ❹

            시트이름 = 셀.Value                    ❺

' 2-1단계 : 분류명에 맞는 시트가 없으면 새로 생성하고, 머리글을 복사해놓습니다.
            If Not IsSheet(시트이름) Then           ❻

                Worksheets.Add After:=Sheets(Sheets.Count)          ❼
                ActiveSheet.Name = 시트이름

                With 현재시트                      ❽

                    .Range("B2:E2").Copy            ❾
                    Range("B2").PasteSpecial xlPasteAll             ❿
                    Range("B2").PasteSpecial xlPasteColumnWidths

                    Range("B3").Select              ⓫

                    Application.CutCopyMode = False ⓬

                    .Activate                       ⓭

                End With

            End If

' 2-2단계 : 품번이 없는 제품만 해당 분류명 시트로 복사합니다.
            With Worksheets(시트이름)              ⓮

                If .Columns(2).Find(셀.Offset(0, -1)) Is Nothing Then     ⓯

                    Set 제품레코드 = 셀.Offset(0, -1).Resize(1, 4)        ⓰
                    Set 복사위치 = .Cells(Rows.Count, "B").End(xlUp).Offset(1)   ⓱

                    제품레코드.Copy 복사위치        ⓲
```

```
                End If

            End With

        Next

    End Sub
```

① 매크로 동작에 필요한 변수를 다음과 같이 선언합니다.

변수명	형식	설명	
현재시트	Worksheet	원본 데이터가 존재하는 시트를 연결합니다.	
분류	Range	워크시트의 표 범위에서 [분류] 열(C열) 범위를 연결합니다.	
셀	Range	For Each… Next 순환문에서 사용할 개체변수입니다.	
제품레코드	Range	워크시트의 표 범위에서 복사할 [B:E] 열의 한 개 행 범위를 연결합니다.	
복사위치	Range	복사할 새 시트의 복사할 데이터 범위를 연결합니다.	
시트이름	String	새로 생성할 시트 이름을 저장합니다.	

② [현재시트] 변수에 현재 화면의 시트(sample)를 연결합니다.

③ [분류] 변수에 [C3] 셀부터 C열의 마지막 데이터 입력 위치까지의 범위를 연결합니다.

④ For 순환문을 사용해 [분류] 변수에 연결된 범위 내 셀을 하나씩 [셀] 변수에 연결합니다.

⑤ [시트이름] 변수에 [셀] 변수에 연결된 셀의 값(분류명)을 저장합니다.

⑥ IsSheet 사용자 정의 함수를 사용해 [시트이름] 변수에 저장된 값과 동일한 시트가 존재하지 않는 경우에 **⑦**-**⑱** 줄의 시트를 새로 생성하는 코드로 실행합니다. 이번 줄의 코드는 Not 연산자를 사용하지 않고 다음과 같이 변경할 수 있습니다.

```
    If IsSheet(시트이름) = False Then
```

⑦ 워크시트를 시트 탭의 마지막 위치에 새로 생성합니다. 그러면 추가된 시트는 ActiveSheet가 되므로, ActiveSheet의 이름을 [시트이름] 변수에 저장된 값으로 변경합니다. 이 두 줄의 코드는 아래와 같이 한 줄로 변경할 수 있습니다.

```
    Worksheets.Add(After:=Sheets(Sheets.Count)).Name = 시트이름
```

⑧ [현재시트] 변수에는 연결된 시트에 여러 작업을 하기 위해 With 문을 사용합니다.

⑨ [sample] 시트의 [B2:E2] 범위의 머리글을 복사합니다.

⑩ 새로 추가된 시트의 [B2] 셀에 붙여넣기(xlPasteAll)하고, 열 너비(xlPasteColumnWidths)만 추가로 붙여 넣습니다.

⑪ 붙여넣기한 후 첫 번째 셀만 선택되도록 [B3] 셀을 선택합니다.

⑫ 복사 모드를 해제합니다.

⑬ [sample] 시트를 다시 활성화합니다.

⑭ 새로 추가된 시트에는 여러 작업을 하기 위해 With 문을 사용합니다.

⑮ 두 번째 열(B열)에서 [셀] 변수에 연결된 셀의 왼쪽 첫 번째 셀(품번)을 찾아 없는 경우에만 **⑯**-**⑱** 줄의 데이터 복사 코드를 실행합니다.

⑯ [셀] 변수에 연결된 셀의 왼쪽 첫 번째 셀부터 1×4 행렬(B:E)에 해당하는 범위를 [제품레코드] 변수에 연결합니다. 이렇게 하면 복사할 전체 행 데이터를 [제품레코드] 변수에 연결할 수 있습니다.

⑰ [복사위치] 변수에 새로 추가된 시트의 B열 마지막 데이터 입력 위치 바로 아래 셀을 연결합니다.

⑱ [제품레코드] 변수에 연결된 범위를 복사해 [복사위치] 변수에 연결된 셀에 붙여 넣습니다.

06 개발된 매크로가 정상 동작하는지 확인합니다.

07 VB 편집기 창을 닫고 개발된 매크로를 버튼에 연결합니다.

08 리본 메뉴에서 [개발 도구] 탭-[컨트롤] 그룹-[삽입📑]-[양식 컨트롤]-[단추▢] 컨트롤을 클릭해 [G2:H3] 범위에 삽입한 후 [분류별시트] 매크로를 연결합니다.

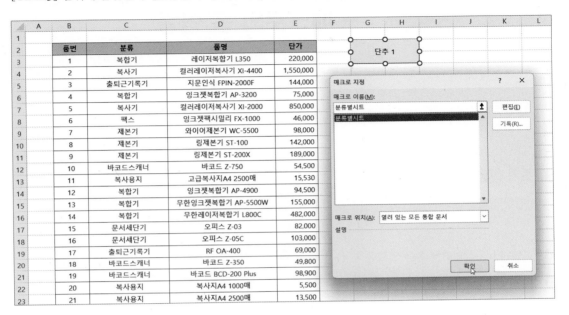

09 [단추] 컨트롤의 이름을 **분류별 시트**로 변경하고 해당 단추를 클릭해 매크로를 실행합니다.

	A	B	C	D	E	F	G	H	I
1									
2		품번	분류	품명	단가			분류별 시트	
3		1	복합기	레이저복합기 L350	220,000				
4		2	복사기	컬러레이저복사기 XI-4400	1,550,000				
5		3	출퇴근기록기	지문인식 FPIN-2000F	144,000				
6		4	복합기	잉크젯복합기 AP-3200	75,000				
7		5	복사기	컬러레이저복사기 XI-2000	850,000				
8		6	팩스	잉크젯팩시밀리 FX-1000	46,000				
9		7	제본기	와이어제본기 WC-5500	98,000				
10		8	제본기	링제본기 ST-100	142,000				
11		9	제본기	링제본기 ST-200X	189,000				
12		10	바코드스캐너	바코드 Z-750	54,500				
13		11	복사용지	고급복사지A4 2500매	15,530				
14		12	복합기	잉크젯복합기 AP-4900	94,500				
15		13	복합기	무한잉크젯복합기 AP-5500W	155,000				
16		14	복합기	무한레이저복합기 L800C	482,000				
17		15	문서세단기	오피스 Z-03	82,000				

sample | 복합기 | 복사기 | 출퇴근기록기 | 팩스 | 제본기 | 바코드스캐너 | 복사용지 | 문서세단기 | ⊕

TIP 분류별 시트가 모두 생성되며, 개별 워크시트를 선택해보면 [sample] 시트의 제품이 분류에 맞게 입력되어 있습니다.

진행률(Label 컨트롤) 표시 폼 III – 매크로와 폼 연동

예제 파일 PART 03 \ CHAPTER 17 \ (Project) 작업 진행 폼 III.xlsm

폼 초기 설정

작업 진행 상황을 표시할 폼을 초기 설정합니다. 다음 과정을 참고합니다.

01 먼저 frm작업진행 폼을 열렸을 때 폼 전체 구성을 초기화합니다.

02 예제를 열고 `Alt` + `F11` 을 눌러 VB 편집기 창을 엽니다.

03 프로젝트 탐색기 창에서 [frm작업진행] 폼을 더블클릭해 선택합니다.

04 프로젝트 탐색기 창 상단의 [코드 보기圖]를 클릭합니다.

05 [개체 목록]에서 [Userform] 개체를, [프로시저 목록]에서 [Initialize] 이벤트를 선택합니다.

06 생성된 UserForm_Initialize 이벤트에 다음 코드를 입력합니다.

파일 : (Project) 작업 진행 폼 III (코드 I).txt

```
Private Sub UserForm_Initialize()  ——————— ❶

    Me.Caption = "진행 상황 표시 폼"  ——————— ❷

    lbl진행바.Width = 0  ——————— ❸

    With lbl백분율  ——————— ❹
        .Left = lbl진행바.Left + lbl진행바.Width  ——————— ❺
        .Caption = "0%"  ——————— ❻
    End With

End Sub
```

---

❶ UserForm_Initialize 이벤트는 진행 상황 폼이 화면에 표시될 때 실행됩니다.

② 폼 개체의 제목 표시줄에 "진행 상황 표시 폼" 문자열을 표시합니다.

③ lbl진행바 컨트롤의 너비(Width)를 0으로 조정합니다. 이러면 lbl진행바 레이블 컨트롤이 화면에 표시되지 않는데, 이것은 이전에 실행
   되다가 에러로 종료가 되었을 때를 대비한 것입니다.

④ lbl백분율 컨트롤에는 With 문을 사용해 몇 가지 설정 작업을 진행합니다.

⑤ lbl백분율 컨트롤의 왼쪽 위치를 설정하기 위해 lbl진행바 컨트롤의 왼쪽 위치에서 너비를 더한 값 위치로 조정합니다. 이렇게 해야 lbl백
   분율 컨트롤 위치가 lbl진행바 컨트롤 오른쪽에 붙어서 표시됩니다.

⑥ lbl백분율 컨트롤에 "0%" 문자열을 표시합니다.

07 이번에는 자동으로 폼이 닫힐 수 있도록 폼을 닫는 매크로를 개발합니다.

> **TIP** 진행 상황을 표시하는 폼은 작업이 끝나면 자동으로 닫혀야 합니다.

08 프로젝트 탐색기 창에서 [Module1] 개체를 더블클릭하고 [폼닫기] 매크로를 개발합니다.

```
Sub 폼닫기()  ─────────── ❶

    Unload frm진행상황  ─────────── ❷

End Sub
```

❶ [폼닫기] 매크로를 선언합니다.
❷ Unload 명령을 이용해 frm진행상황 폼 개체를 닫습니다.

매크로에 진행률 표시 폼 연동

분류별로 시트를 생성하는 매크로에서 작업 진행 상황을 표시하는 폼을 호출해 표시하도록 합니다. 다음
과정을 참고합니다.

01 Module1 개체의 코드 창에서 [분류별시트] 매크로에 다음 코드를 추가합니다.

```
파일 : (Project) 작업 진행 폼 III (코드 II).txt

Sub 분류별시트()

' 1단계 : 변수를 선언하고 초깃값을 설정합니다.
  Dim 현재시트 As Worksheet
  Dim 분류 As Range, 셀 As Range
  Dim 제품레코드 As Range, 복사위치 As Range
  Dim 시트이름 As String
  Dim 전체건수 As Long  ─────────── ❶
```

```
        Dim 진행바너비 As Integer
        Dim 처리건수 As Long
        Dim 진행율 As Single

        Set 현재시트 = ActiveSheet
        Set 분류 = Range("E3", Cells(Rows.Count, "E").End(xlUp))

' 2단계 : 진행 상황을 표시하는 폼을 표시합니다.
        전체건수 = 분류.Count              ──────── ❷
        진행바너비 = 245               ──────── ❸

        frm진행상황.Show vbModeless        ──────── ❹

        Application.ScreenUpdating = False   ──────── ❺

' 3단계 : 분류 열의 셀을 하나씩 순환하면서 해당 시트로 데이터를 옮깁니다.
        For Each 셀 In 분류

            시트이름 = 셀.Value

' 3-1단계 : 분류명에 맞는 시트가 없으면 새로 생성하고, 머리글을 복사해놓습니다.
            If Not IsSheet(시트이름) Then

                ...

            End If

' 3-2단계 : 품번이 없는 제품만 해당 분류명 시트로 복사합니다.
            With Worksheets(시트이름)

                If .Columns(2).Find(셀.Offset(0, -3)) Is Nothing Then

                    Set 제품레코드 = 셀.Offset(0, -3).Resize(1, 4)
                    Set 복사위치 = .Cells(Rows.Count, "B").End(xlUp).Offset(1)

                    제품레코드.Copy 복사위치

                End If

            End With

' 3-3단계 : 진행 상황 폼에 현재 작업 진행 현황을 표시합니다.
                처리건수 = 처리건수 + 1           ──────── ❻
                진행율 = 처리건수 / 전체건수        ──────── ❼

                With frm진행상황          ──────── ❽

                    .lbl진행바.Width = 진행율 * (진행바너비)   ──────── ❾
                    .lbl백분율.Caption = Format(진행율, "0%")   ──────── ❿
                    .lbl백분율.Left = .lbl진행바.Left + .lbl진행바.Width   ──────── ⓫
```

```
        End With

        DoEvents ─────────────── ⑫

    Next

' 4단계 : 작업이 완료되면 1초 뒤 진행 상황 폼을 닫습니다.
    Application.ScreenUpdating = True ─────────── ⑬
    Application.OnTime Now + TimeSerial(0, 0, 1), "폼닫기" ──────── ⑭

End Sub
```

❶ 진행 상황을 표시하기 위해 필요한 네 개의 변수를 다음과 같이 추가로 선언합니다.

변수명	형식	설명
전체건수	Long	전체 작업 건수를 저장합니다.
진행바너비	Integer	lbl진행바 컨트롤의 전체 너비를 저장해놓습니다.
처리건수	Long	매크로로 처리된 건수를 저장합니다.
진행율	Single	매크로 진행 상황을 백분율로 계산한 결과를 저장합니다.

❷ [전체건수] 변수에 [분류] 열의 셀 개수를 저장합니다. 이 매크로는 [분류] 열의 값에 따라 시트를 생성해 저장하므로, [분류] 열의 셀 개수가 이 매크로에서 처리할 전체 작업 건수가 됩니다.

❸ [진행바너비] 변수에 245 값을 저장합니다. 245 값은 lbl진행바 컨트롤의 너비를 최대로 표시했을 때의 가로 너비 값으로, 이 값은 frm진행상황 폼에서 lbl진행바 컨트롤을 선택한 후 속성 창에서 Width 속성값에서 확인할 수 있습니다.

❹ frm진행상황 폼을 화면에서 모달리스 방식으로 표시합니다.

❺ 이후 매크로로 처리되는 작업이 화면에 표시되지 않도록 엑셀 프로그램의 ScreenUpdate 속성을 해제합니다.

❻ For 순환문 내에서 [처리건수] 변숫값을 1씩 증가시킵니다. 현재 매크로가 전체에서 몇 번째 작업을 처리하고 있는지 알 수 있습니다.

❼ [처리건수] 변숫값을 [전체건수] 변숫값으로 나눈 값을 [진행율] 변수에 저장합니다. 현재 매크로가 진행되고 있는 상태가 전체의 몇 %에 해당하는지 확인할 수 있습니다.

❽ frm진행상황 폼에는 여러 작업을 처리하기 위해 With 문을 사용합니다.

❾ lbl진행바 컨트롤의 너비를 [진행율] 변숫값과 [진행바너비] 변숫값을 곱한 값으로 설정합니다. [진행바너비] 변숫값에 [진행율] 변숫값을 곱하게 되므로 lbl진행바 컨트롤의 너비가 0에서 100%(245) 크기로 바뀝니다.

❿ lbl백분율 컨트롤에 [진행율] 변숫값을 Format 함수로 백분율로 변환해 표시합니다.

⓫ lbl백분율 컨트롤의 왼쪽 위치를 lbl진행바 컨트롤의 왼쪽 위치에 너비를 더한 값으로 조정합니다. lbl백분율 컨트롤의 위치가 항상 lbl진행바 컨트롤의 오른쪽에 붙어 표시됩니다.

⓬ VBA는 동시에 여러 작업을 처리할 수 없습니다. 예를 들어 매크로가 실행되면서 폼 개체를 조작하는 등의 작업을 처리할 수 없는데, DoEvents 명령을 사용해 매크로에 종속된 프로세스의 제어권을 시스템에게 넘겨 폼 개체의 작업을 처리합니다. 만약 DoEvents 명령을 사용하지 않으면 폼 개체의 lbl진행바 컨트롤의 너비가 바뀌는 것을 표시해주지 못합니다.

⓭ ❺ 줄에서 조정한 화면 갱신 속성(ScreenUpdating)을 다시 설정해 바뀌는 부분을 화면에 바로 표시합니다.

⓮ OnTime 메서드를 이용해 현재 시간(Now)으로부터 1초 뒤에 [폼닫기] 매크로를 실행해 진행 상태의 폼을 닫습니다.

02 개발이 모두 완료됐으므로 테스트를 위해 VB 편집기 창을 닫습니다.

03 워크시트의 [분류별 시트] 버튼을 클릭해 매크로를 실행합니다.

04 매크로가 실행되는 동안 상태 진행을 표시하는 폼이 화면에 표시됩니다.

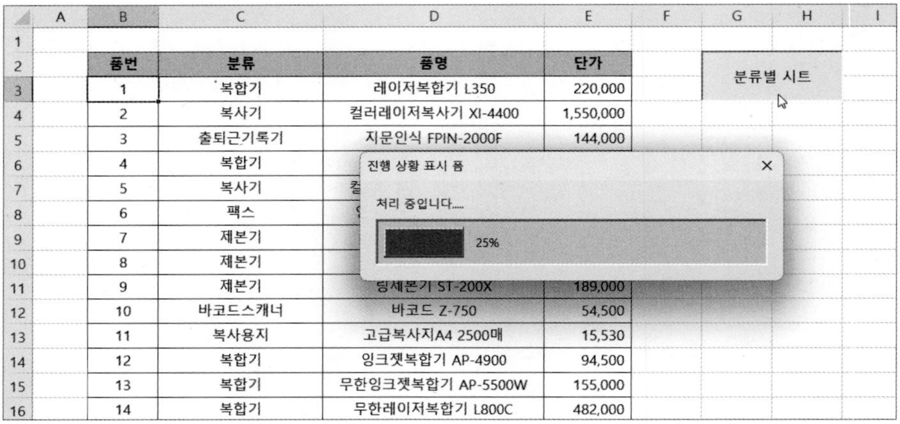

	품번	분류	품명	단가		분류별 시트
1						
2	품번	분류	품명	단가		분류별 시트
3	1	복합기	레이저복합기 L350	220,000		
4	2	복사기	컬러레이저복사기 XI-4400	1,550,000		
5	3	출퇴근기록기	지문인식 FPIN-2000F	144,000		
6	4	복합기				
7	5	복사기				
8	6	팩스				
9	7	제본기				
10	8	제본기				
11	9	제본기	딩새본기 ST-200X	189,000		
12	10	바코드스캐너	바코드 Z-750	54,500		
13	11	복사용지	고급복사지A4 2500매	15,530		
14	12	복합기	잉크젯복합기 AP-4900	94,500		
15	13	복합기	무한잉크젯복합기 AP-5500W	155,000		
16	14	복합기	무한레이저복합기 L800C	482,000		

진행 상황 표시 폼 ✕

처리 중입니다.....

25%

17 / 10

진행률(Progress 컨트롤)
표시 폼 I – 폼 구성

예제 파일 PART 03 \ CHAPTER 17 \ (Project) ProgressBar 컨트롤 I.xlsm

작업 이해

앞서 표의 분류를 이용해 시트를 분할했으므로 이를 통합하는 매크로를 만들어 사용합니다. [통합] 매크로의 진행 상황을 똑같이 폼으로 표시합니다. 다음을 참고합니다.

01 예제를 열면 아래 화면과 같은 표를 확인할 수 있습니다.

	A	B	C	D	E	F
1						
2		품번	분류	품명	단가	
3						
4						
5						
6						
7						
8						
9						
10						
11						
12						

sample | 복합기 | 복사기 | 출퇴근기록기 | 팩스 | 제본기 | 바코드스캐너 | 복사용지 | 문서세단

02 다른 시트에는 각 분류별 제품 데이터가 입력되어 있는데, 이를 [sample] 시트에 통합합니다.

	A	B	C	D	E	F
1						
2		품번	분류	품명	단가	
3		10	바코드스캐너	바코드 Z-750	54,500	
4		18	바코드스캐너	바코드 Z-350	49,800	
5		19	바코드스캐너	바코드 BCD-200 Plus	98,900	
6		55	바코드스캐너	바코드 BCD-100 Plus	95,000	
7		56	바코드스캐너	바코드 BCD-300 Plus	102,800	
8						
9						
10						
11						
12						

sample | 복합기 | 복사기 | 출퇴근기록기 | 팩스 | 제본기 | 바코드스캐너 | 복사용지 | 문서세단

03 이번에 개발할 매크로는 다음 폼처럼 ProgressBar 컨트롤로 진행 과정을 표시합니다.

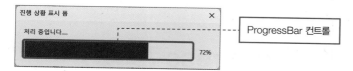

Progress 폼 레이아웃 구성

앞서 진행했던 레이블 컨트롤 이용 방법은 트릭에 가깝습니다. 진행 과정을 표시할 때는 ProgressBar 컨트롤이 따로 제공되므로, ProgressBar 컨트롤을 사용하는 폼 구성 방법은 다음 과정을 참고합니다.

01 예제를 열고 폼 개발을 위해 Alt + F11 을 눌러 VB 편집기 창을 엽니다.

02 [삽입]-[사용자 정의 폼] 메뉴를 선택해 폼 개체를 하나 삽입합니다.

03 폼 개체의 크기 조정 핸들을 드래그해 다음과 같이 가로로 길쭉한 폼을 구성합니다.

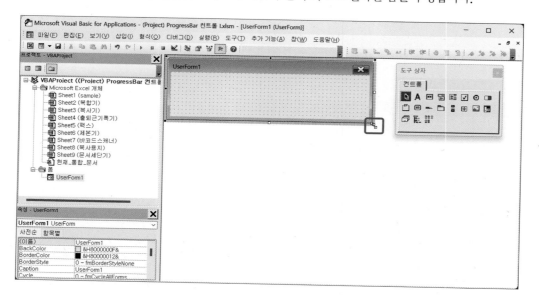

04 ProgressBar 컨트롤을 추가하기 위해 [도구 상자]에 추가합니다.

05 [도구 상자]의 빈 영역에서 마우스 오른쪽 버튼을 클릭하고 [추가 컨트롤]을 선택합니다.

06 [추가 컨트롤] 대화상자가 표시되면 아래 컨트롤을 체크하고 [확인]을 클릭합니다.

```
Microsoft ProgressBar Control, version 6.0
```

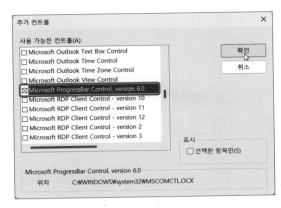

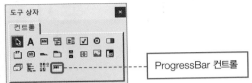

ProgressBar 컨트롤

07 폼 개체에 다음 화면을 참고해 컨트롤을 순서대로 추가합니다.

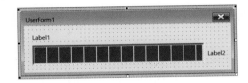

🔍 **더 알아보기** | **폼에 삽입된 컨트롤**

폼에는 다음과 같은 세 개 컨트롤이 추가되었습니다.

종류	컨트롤
레이블	Label1
ProgressBar	ProgressBar1
레이블	Label2

08 폼 개체에 다음 화면을 참고해 컨트롤을 순서대로 추가합니다.

🔍 **더 알아보기** | **변경할 컨트롤**

속성 창에서 다음 컨트롤의 속성을 변경합니다.

컨트롤 속성	(이름)	Caption	Scrolling
Label1		처리 중입니다…	
Label2	lbl백분율	0%	
ProgressBar1	pgb진행		1 – ccScrollingSmooth

진행률(Progress 컨트롤) 표시 폼 II – 매크로 개발

예제 파일 PART 03 \ CHAPTER 17 \ (Project) ProgressBar 컨트롤 II.xlsm

통합 매크로 개발

이번에 개발할 매크로는 여러 시트에 나뉘어 있는 데이터를 하나의 시트로 합쳐줍니다. 이전과 동일하게 품번을 기준으로 동일한 품번의 데이터는 제외하고, 새로운 품번 데이터만 통합하도록 개발합니다. 다음 과정을 참고합니다.

01 예제를 열고, Alt + F11 을 눌러 VB 편집기 창을 엽니다.

02 [삽입]-[모듈] 메뉴를 선택해 Module1 개체를 추가합니다.

03 Module1 개체의 코드 창에 다음 매크로를 개발합니다.

파일 : (Project) ProgressBar 컨트롤 II (코드).txt

```
Sub 통합()

' 1단계 : 변수를 선언합니다. ──────── ❶
    Dim 시트 As Worksheet
    Dim 품번 As Range, 셀 As Range
    Dim 제품레코드 As Range
    Dim 복사위치 As Range

' 2단계 : 모든 시트를 순환하면서 데이터를 모두 [sample] 시트로 취합합니다.
    For Each 시트 In Worksheets ──────── ❷

        If 시트.Name <> ActiveSheet.Name Then ──────── ❸

            Set 품번 = 시트.Range("B3", 시트.Cells(Rows.Count, "B").End(xlUp)) ──────── ❹

            For Each 셀 In 품번 ──────── ❺

                If Columns(2).Find(What:=셀.Value, LookAt:=xlWhole) Is Nothing Then
                                                                            ──────── ❻
```

```
                    Set 제품레코드 = 셀.Resize(1, 4) ──────────── ❼

                    Set 복사위치 = Cells(Rows.Count, "B").End(xlUp).Offset(1) ──────── ❽

                제품레코드.Copy 복사위치 ────────── ❾

            End If

          Next

        End If

      Next

  ' 3단계 : [sample] 시트의 표 범위는 품번을 오름차순으로 정렬해 표시합니다.
    Range("B2").CurrentRegion.Sort Key1:=Range("B3"), Order1:=xlAscending, Header:=xlYes
                                                                                    ❿

End Sub
```

❶ 매크로 동작에 필요한 변수를 다음과 같이 선언합니다.

변수명	형식	설명
시트	Worksheet	For Each⋯ Next 순환문에서 개별 시트를 연결할 개체변수입니다.
사번	Range	개별 시트의 표 범위에서 [사번] 열(B열) 범위를 연결합니다.
셀	Range	For Each⋯ Next 순환문에서 사번 열의 셀을 연결할 개체변수입니다.
제품레코드	Range	개별 시트의 표 범위에서 복사할 [B:E] 열의 한 개 행 범위를 연결합니다.
복사위치	Range	[sample] 시트에 데이터를 붙여 넣을 위치를 연결할 개체변수입니다.

❷ For 순환문으로 전체 시트를 순환하면서 하나씩 [시트] 개체변수에 연결합니다.

❸ [시트] 변수에 연결된 시트의 이름이 현재 시트와 다른 경우에만 ❹-❾ 줄의 통합 코드를 실행합니다.

❹ [품번] 변수에 [시트] 변수에 연결된 시트의 [B3] 셀부터 B열의 마지막 데이터 입력 위치까지 범위를 연결합니다. 이렇게 하면 [품번] 변수에 각 시트의 B열 데이터 범위가 연결됩니다.

❺ For 순환문을 사용해 [품번] 변수에 연결된 범위 내 셀을 하나씩 [셀] 변수에 연결합니다.

❻ 현재 시트(sample)의 B열에서 [셀] 변수에 연결된 셀 값(품번)을 찾고 찾는 값이 없는 경우에만 ❼-❾ 줄의 통합 코드를 실행합니다. 이 작업은 품번이 중복되지 않은 데이터만 가져오기 위한 것으로, 단순하게 합치는 작업만 하려면 ❹-❾ 줄의 코드를 다음과 같이 수정합니다.

```
Set 복사위치 = Cells(Rows.Count, "B").End(xlUp).Offset(1)

시트.Range("B3", 시트.Cells(Rows.Count, "E").End(xlUp)).Copy 복사위치
```

❼ [제품레코드] 변수에 [셀] 변수에 연결된 셀 위치에서 1×4 행렬 크기의 범위를 연결합니다. 이렇게 하면 [셀] 변수에 연결된 셀이 포함된 B, C, D, E열의 데이터 범위가 [제품레코드] 변수에 연결됩니다.

❽ [복사위치] 변수에 현재 시트(sample)의 B열의 마지막 데이터 입력 위치 바로 아래 셀을 연결합니다.

❾ [제품레코드] 변수에 연결된 범위를 복사해 [복사위치] 변수에 연결된 셀 위치에 붙여 넣습니다.

❿ 현재 시트(sample)의 [B2] 셀에서 연속된 전체 데이터 범위를 [B3] 셀(사번) 위치에서 오름차순으로 정렬합니다. 이번 코드에 대해서는 **SECTION 15-10 ❼**의 코드 설명을 참고하세요!

04 개발된 매크로를 테스트하기 위해 ⎡Alt⎤+⎡F11⎤을 눌러 엑셀 창으로 전환합니다.

05 리본 메뉴의 [개발 도구] 탭–[컨트롤] 그룹–[삽입🖼]을 클릭합니다.

06 [양식 컨트롤]–[단추☐] 컨트롤을 클릭한 후 [G2:H3] 범위 내에 드래그해 삽입합니다.

07 [매크로 지정] 대화상자가 표시되면 개발된 [통합] 매크로와 연결합니다.

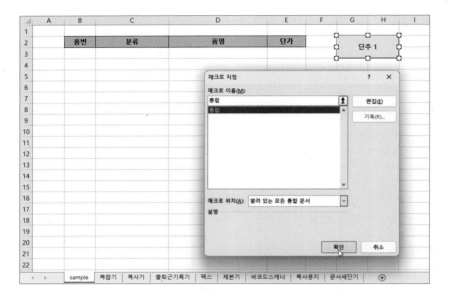

08 [단추] 컨트롤의 이름을 **통합**으로 변경한 후 빈 셀을 클릭합니다.

09 [통합] 단추를 클릭하면 [sample] 시트를 제외한 다른 시트의 데이터가 하나로 취합됩니다.

진행률(Progress 컨트롤) 표시 폼 III – 폼 연동

예제 파일 PART 03 \ CHAPTER 17 \ (Project) ProgressBar 컨트롤 III.xlsm

ProgressBar 폼 초기 설정

개발된 [통합] 매크로를 폼과 연결해 매크로 진행 상황을 표시합니다. 먼저 폼을 실행할 때 초기화하고 폼을 닫을 수 있는 매크로를 개발합니다. 다음 과정을 참고합니다.

01 예제를 열고 진행 상황을 표시할 폼을 호출했을 때의 동작을 개발합니다.

02 Alt + F11 을 눌러 VB 편집기 창을 엽니다.

03 프로젝트 탐색기 창에서 [frm진행상황] 폼을 선택하고, [코드 보기▦]를 클릭합니다.

04 코드 창의 [개체 목록]에서 [UserForm] 개체를, [프로시저 목록]에서 [Initialize] 이벤트를 선택합니다.

05 생성된 UserForm_Initialize 이벤트에 다음 코드를 입력합니다.

```
Private Sub UserForm_Initialize()              ❶

    Me.Caption = "진행 상황 표시 폼"              ❷

End Sub
```

❶ UserForm_Initialize 이벤트는 폼을 실행할 때 자동으로 실행됩니다.
❷ 폼의 제목 표시줄에 "진행 상황 표시 폼" 문자열을 표시합니다.

06 매크로가 종료될 때 폼을 종료할 매크로를 개발합니다.

07 프로젝트 탐색기 창의 [Module1]을 더블클릭하고 코드 창에 다음 매크로를 개발합니다.

```
Sub 폼닫기()

    Unload frm진행상황 ————————————— ❶

End Sub
```

❶ frm진행상황 폼을 닫습니다.

통합 매크로와 ProgressBar 폼 연동

개발된 [통합] 매크로에서 ProgressBar 폼을 호출해 진행 상황을 표시합니다. 다음 과정을 참고합니다.

01 Module1 개체의 코드 창에서 [통합] 매크로를 다음과 같이 수정합니다.

파일 : (Project) ProgressBar 컨트롤 III (코드).txt

```
Sub 통합()

' 1단계 : 변수를 선언합니다.
  Dim 시트 As Worksheet
  Dim 품번 As Range, 셀 As Range
  Dim 제품레코드 As Range
  Dim 복사위치 As Range
  Dim 전체건수 As Long ————————————— ❶
  Dim 처리건수 As Long
  Dim 진행율 As Single

' 2단계 : 매크로로 처리할 전체 데이터 건수를 셉니다.
  For Each 시트 In Worksheets ————————————— ❷

    If 시트.Name <> ActiveSheet.Name Then ————————————— ❸

      전체건수 = 전체건수 + 시트.Range("B2").CurrentRegion.Rows.Count - 1 ————————————— ❹

    End If

  Next

' 3단계 : 모든 시트의 데이터를 [sample] 시트로 취합합니다.

' 3-1단계 : 상태 진행 표시 폼을 화면에 표시합니다.
  frm진행상황.Show vbModeless ————————————— ❺

  For Each 시트 In Worksheets
```

```vba
            If 시트.Name <> ActiveSheet.Name Then

' 3-2단계 : 각 시트의 데이터 범위를 복사해 [sample] 시트에 붙여 넣습니다.
            Set 품번 = 시트.Range("B3", 시트.Cells(Rows.Count, "B").End(xlUp))

            For Each 셀 In 품번

                If Columns(2).Find(What:=셀.Value, LookAt:=xlWhole) Is Nothing Then

                    Set 제품레코드 = 셀.Resize(1, 4)
                    Set 복사위치 = Cells(Rows.Count, "B").End(xlUp).Offset(1)

                    제품레코드.Copy 복사위치

                End If

' 3-3단계 : 진행 상황 폼에 현재 작업 진행 상황을 표시합니다.
                처리건수 = 처리건수 + 1                    ——————— ❻
                진행율 = 처리건수 / 전체건수                ——————— ❼

                With frm진행상황      ——————— ❽
                    .pgb진행.Value = 진행율 * 100
                    .lbl백분율.Caption = Format(진행율, "0%")
                End With

                DoEvents      ——————— ❾

            Next

        End If

    Next

' 4단계 : 작업을 마무리하고 폼을 닫습니다.
    Range("B2").CurrentRegion.Sort Key1:=Range("B3"), Order1:=xlAscending, Header:=xlYes

    Application.OnTime Now + TimeSerial(0, 0, 1), "폼닫기"      ——————— ❿

End Sub
```

❶ 다음 변수를 추가합니다.

변수명	형식	설명
전체건수	Long	전체 작업 건수를 저장합니다.
처리건수	Long	매크로로 처리된 건수를 저장합니다.
진행율	Single	매크로 진행 상황을 백분율로 계산한 결과를 저장합니다.

❷ 처리할 전체 데이터 건수를 세기 위해 For Each… Next 순환문을 사용해 전체 시트를 순환하면서 하나씩 [시트] 변수에 연결합니다.

❸ 현재 시트는 제외하고 ❹ 줄의 코드가 실행되도록 합니다.

❹ [전체건수] 변수에 순환 중인 시트의 [B2] 셀의 연속된 범위 행수에서 한 개(머리글 행)를 뺀 수를 누적해서 더합니다.

❺ frm진행상황 폼을 모달리스 방식으로 화면에 표시합니다.

❻ [처리건수] 변숫값을 1씩 증가시켜 매크로에서 처리한 데이터 건수를 셉니다.

❼ [진행율] 변수에 [처리건수] 변숫값을 [전체건수] 변숫값으로 나눈 값을 저장합니다.

❽ frm진행상황 폼의 pgb진행 컨트롤의 값을 [진행율] 변숫값에 100을 곱해 전달하고, lbl백분율 컨트롤에 [진행율] 변숫값을 백분율 스타일을 적용해 표시합니다.

❾ 폼 개체의 진행 상황이 제대로 표시될 수 있도록 DoEvents 명령을 사용합니다.

❿ 모든 작업이 끝나고 1초 뒤에 [폼닫기] 매크로를 호출합니다.

TIP 파란색 코드가 새로 추가된 코드입니다.

TIP 이 작업은 SECTION 17-09의 코드와 유사하므로 해당 설명을 함께 참고하는 것이 좋습니다.

02 개발된 매크로가 폼과 제대로 연동되는지 확인합니다.

03 Alt + F11 을 눌러 엑셀 창으로 전환한 후 [통합] 단추를 클릭합니다.

04 매크로가 진행되면서 폼에 진행 상황이 다음과 같이 표시되는 것을 확인할 수 있습니다.

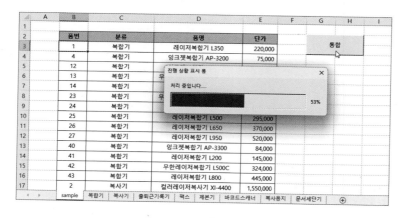

17 / 13 차트 표시 폼 I – 폼 구성

예제 파일 PART 03 \ CHAPTER 17 \ (Project) 차트 표시 폼 I.xlsm

작업 이해

폼에는 차트 개체를 지원하는 컨트롤이 따로 제공되지 않습니다. 폼에 차트를 표시하려면 시트에서 차트를 생성하고, 차트를 그림 파일로 저장한 후 Image 컨트롤을 이용해 표시합니다.

01 예제를 열면 다음과 같은 영업사원 실적 표를 확인할 수 있습니다.

월	박지훈	김민준	백현우	오서윤	유준혁	이서연	이은서	정시우	최서현
1월	6,800	3,400	4,800	3,200	3,800	4,800	-	2,400	4,200
2월	6,200	2,800	5,200	2,400	3,600	4,800	-	2,000	4,000
3월	6,800	2,600	5,000	2,800	3,800	6,800	-	1,800	5,000
4월	6,600	2,600	4,400	3,600	4,000	5,200	1,600	1,400	4,800
5월	8,800	3,400	4,600	4,000	3,600	5,600	1,800	1,600	5,200
6월	7,000	3,600	6,400	5,200	3,400	5,200	1,600	1,400	5,400
7월	5,600	4,400	7,600	3,800	4,600	4,600	1,800	1,600	5,800
8월	4,000	4,200	7,400	3,200	6,200	5,800	1,800	1,400	6,400
9월	5,200	4,000	6,200	3,600	6,200	5,600	2,000	2,600	5,400
10월	5,000	3,800	4,600	3,800	4,600	5,200	2,200	2,800	4,200
11월	5,400	3,800	4,400	4,400	3,400	5,400	2,000	3,600	3,000
12월	4,200	5,200	3,000	2,200	2,600	6,000	2,400	2,400	2,200

02 개발할 폼에서 직원을 선택하면 해당 실적이 하단에 차트로 표시되도록 합니다.

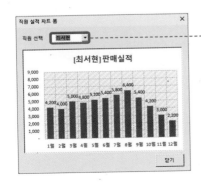

콤보 상자 컨트롤에서 차트를 표시할 직원을 선택하면 해당 직원의 실적이 차트로 표시됩니다.

차트 폼 레이아웃 구성

개발할 폼 레이아웃을 구성합니다. 다음 과정을 참고합니다.

01 ⌈Alt⌉+⌈F11⌉을 눌러 VB 편집기 창을 엽니다.

02 [삽입]-[사용자 정의 폼] 메뉴를 선택해 폼 개체를 하나 추가합니다.

03 폼 개체에 다음과 같은 컨트롤을 각각 삽입합니다.

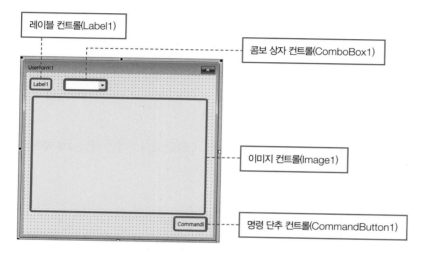

레이블 컨트롤(Label1)

콤보 상자 컨트롤(ComboBox1)

이미지 컨트롤(Image1)

명령 단추 컨트롤(CommandButton1)

🔍 **더 알아보기**   **컨트롤을 삽입할 때 주의할 점**

폼에 추가된 Image 컨트롤은 차트를 표시할 것이므로 가능하면 차트의 크기와 동일하게 설정할 필요가 있습니다. 이 예제에서는 차트의 크기를 가로 300, 세로 200으로 생성할 것이므로 Image 컨트롤의 크기도 동일하게 설정합니다. Image 컨트롤의 크기를 정확하게 설정하려면 속성 창을 이용하는 것이 편리합니다. Image 컨트롤을 선택하고 속성 창에서 다음 두 개 속성값을 조정해줍니다.

- Height : 200
- Width : 300

---

04 삽입된 컨트롤을 각각 선택하고 속성 창에서 아래 표의 속성을 변경합니다.

컨트롤 ＼ 속성	(이름)	Caption	SpecialEffect
Label1		직원 선택	
ComboBox1	cmb직원		
Image1	img차트		2-fmSpecialEffectSunken
CommandButton1	btn닫기	닫기	

05 설정이 완료되면 다음과 같은 폼 개체 화면을 확인할 수 있습니다.

06 폼 개체가 선택된 상태에서 속성 창의 (이름) 속성의 값을 **frm차트**로 변경합니다.

17 / 14

차트 표시 폼 II
– 폼 초기화 및 차트 생성

예제 파일 PART 03 \ CHAPTER 17 \ (Project) 차트 표시 폼 II.xlsm

폼 초기 설정

폼 레이아웃 구성이 끝났으면 폼이 실행될 때 초기화 설정 및 폼을 닫는 동작을 개발합니다. 다음 과정을 참고합니다.

01 예제를 열고 Alt + F11 을 눌러 VB 편집기 창을 엽니다.

02 프로젝트 탐색기 창에서 [Userform1] 폼 개체를 선택하고 [코드 보기▣]를 클릭합니다.

03 폼에 추가된 ComboBox 컨트롤에 직원 이름을 추가하고 폼 제목을 표시합니다.

04 코드 창의 [개체 목록]에서 [UserForm]를, [프로시저 목록]에서 [Initialize] 이벤트를 선택합니다.

05 생성된 UserForm_Initialize 이벤트에 다음 코드를 입력합니다.

```
Private Sub UserForm_Initialize()  ————————————— ❶

 ' 1단계 : 변수를 선언하고, 초깃값을 설정합니다.
   Dim 직원 As Range  ————————————— ❷

   Set 직원 = Range("C2", Range("C2").End(xlToRight))  ————————————— ❸

 ' 2단계 : 콤보 상자 컨트롤에 데이터를 추가합니다.
   cmb직원.Column = 직원.Value  ————————————— ❹

 ' 3단계 : 폼의 제목 표시줄을 설정합니다.
   Me.Caption = "직원 실적 차트 폼"  ————————————— ❺

End Sub
```

❶ UserForm_Initialize 이벤트는 폼이 실행될 때 자동으로 실행됩니다.

❷ Range 형식의 [직원] 개체변수를 선언합니다.

❸ [직원] 변수에 직원 이름이 입력되어 있는 [C2] 셀부터 2행의 오른쪽 마지막 데이터 입력 위치까지 범위(C2:K2)를 연결합니다. 만약 중간에 빈 셀이 포함될 수 있다면 코드를 다음과 같이 수정합니다.

```
Set 직원 = Range("C1", Cells(1, Columns.Count).End(xlToLeft))
```

❹ cmb직원 컨트롤의 Column 속성을 이용해 직원 데이터를 등록합니다. [직원] 변수에 연결된 범위가 열 방향으로 구성되어 있어 Column 속성을 이용했지만, 행 방향으로 구성된 경우라면 List 속성을 이용해 다음 코드를 입력합니다.

```
cmb직원.List = 직원.Value
```

❺ 현재 폼 개체의 제목 표시줄에 "직원 실적 차트 폼" 문자열을 표시합니다.

06 개발된 코드가 제대로 동작하는지 확인하기 위해 F5를 눌러 폼을 실행합니다.

07 ComboBox 컨트롤의 아래 화살표▼를 클릭하면 직원 이름이 표시됩니다.

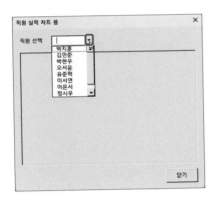

TIP 제목 표시줄 역시 코드에서 입력된 그대로 표시되는지 확인합니다.

08 결과를 확인했다면 폼을 닫고 폼의 [닫기]를 클릭했을 때 동작을 개발합니다.

09 폼 개체의 [닫기]를 더블클릭합니다.

10 생성된 btn닫기_Click 이벤트에 다음 코드를 입력합니다.

```
Private Sub btn닫기_Click()  ————————  ❶

    Unload Me  ————————  ❷

End Sub
```

❶ btn닫기_Click 이벤트는 폼의 [닫기]를 클릭할 때 실행됩니다.

❷ 현재 폼(Me)을 닫습니다.

차트 생성 매크로 개발

차트를 생성할 때 ComboBox 컨트롤에서 선택한 값에 따라 데이터 범위가 달라져야 합니다. 차트를 생성하는 매크로를 개발할 때 직원 이름을 매개변수로 입력받아 동작하는 매크로를 개발해 사용합니다. 다음 과정을 참고합니다.

01 VB 편집기 창에서 [삽입]-[모듈] 메뉴를 선택해 새로운 Module 개체를 삽입합니다.

02 Module 개체의 코드 창에서 [차트생성] 매크로를 개발합니다.

파일 : (Project) 차트 표시 폼 II (코드 I).txt

```
Sub 차트생성(선택직원 As String)                    ❶

' 1단계 : 변수를 선언합니다.                         ❷
    Dim 직원 As Range, c As Integer
    Dim 원본범위 As Range

' 2단계 : 변수의 초깃값을 설정합니다.
    Set 직원 = Range("C2", Range("C2").End(xlToRight))         ❸
    c = WorksheetFunction.Match(선택직원, 직원, 0             ❹

    Set 원본범위 = Range("B2").CurrentRegion.Columns(1)       ❺
    Set 원본범위 = Union(원본범위, 원본범위.Offset(, c))

' 3단계 : 차트를 생성하고, 원하는 설정을 적용합니다.
    ActiveSheet.Shapes.AddChart(Width:=300, Height:=200).Select     ❻

    With ActiveChart                    ❼

        .SetSourceData Source:=원본범위             ❽
        .ChartType = xlColumnClustered              ❾

        With WorksheetFunction              ❿
            ActiveChart.Axes(xlValue).MaximumScale = .Ceiling(.Max(Range("B2").CurrentRegion), 1000)
        End With

        .ChartStyle = 208                   ⓫
        .ChartGroups(1).GapWidth = 80               ⓬
        .SetElement Element:=msoElementDataLabelOutSideEnd          ⓭
        .Legend.Delete                  ⓮

        With .ChartTitle                ⓯

            .Text = "[" & 선택직원 & "] 판매실적"
            .Format.TextFrame2.TextRange.Characters.Font.Size = 14

        End With
```

```
    End With

End Sub
```

❶ [차트생성] 매크로를 Sub 프로시저로 선언합니다. [차트생성] 매크로는 [선택직원] 변수에 직원 이름을 전달받아 해당 직원 데이터로 차트를 생성합니다.

❷ 이번 매크로에서 사용할 다음 변수를 선언합니다.

변수명	형식	설명
직원	Range	직원 이름이 입력된 범위를 연결합니다.
c	Integer	선택한 직원 위치의 열 인덱스 번호를 저장합니다.
원본범위	Range	차트 원본 데이터 범위를 연결합니다.

❸ [직원] 개체변수에 [C2] 셀부터 2행의 오른쪽 마지막 데이터 입력 위치까지 범위를 연결합니다.

❹ [c] 변수에는 [선택직원] 변수에 저장된 값을 [직원] 변수가 연결된 범위에서 찾아 인덱스 값을 저장합니다. 이 값은 표에서 n번째 열에 참조할 데이터가 존재한다는 것을 알 수 있게 해줍니다.

❺ [원본범위] 변수에 [B2] 셀부터 연속된 전체 데이터 범위의 첫 번째 열 범위를 연결합니다. 이렇게 하면 차트의 X축에 표시될 항목 범위를 [원본범위] 변수에 연결할 수 있습니다. 바로 아래 줄에서 차트에 표시될 Y축 범위를 추가하기 위해 Union 메서드를 이용합니다. 추가될 범위는 인덱스 변수에 저장된 값만큼 [원본범위] 변수에 연결된 범위에서 오른쪽으로 이동합니다. [원본범위] 변수에 차트의 X축과 Y축 범위가 연결됩니다.

❻ 차트를 새로 생성합니다. 폼 개체에 생성된 차트를 표시할 것이므로 생성된 차트의 가로 너비와 세로 길이가 폼의 Image 컨트롤과 동일하도록 AddChart 메서드의 Width(가로)와 Height(세로) 매개변숫값을 300×200으로 설정해 차트를 생성합니다. 그런 다음 조작을 쉽게 할 수 있도록 Select 메서드를 이용해 차트를 선택합니다.

❼ 활성화된 차트를 대상으로 여러 설정 작업을 할 수 있도록 With 문을 사용합니다.

❽ 차트의 원본 범위를 [원본범위] 변수에 연결된 범위로 설정합니다.

❾ 차트 종류는 세로 막대형 차트로 설정합니다. 참고로 ChartType 속성은 Chart 개체의 차트 종류를 설정할 때 사용합니다. xlColumnClustered는 2차원 세로 막대형 차트의 [묶은 세로 막대형] 차트를 의미합니다.

❿ 차트의 Y축 최대값을 전체 범위에서 가장 큰 값을 1,000의 배수로 올린 값으로 설정합니다. 이번 코드는 간단하게 다음과 같이 입력해도 됩니다.

```
    ActiveChart.Axes(xlValue).MaximumScale = 9000
```

다만 원본 표의 값을 인식해 차트처럼 자동 계산하기 위해 범위 내 가장 큰 값(8,609)을 1,000의 배수로 올리면 9,000 값을 계산식으로 얻을 수 있습니다.

⓫ 차트 레이아웃을 화면과 같은 [차트 스타일 8]로 변경합니다.

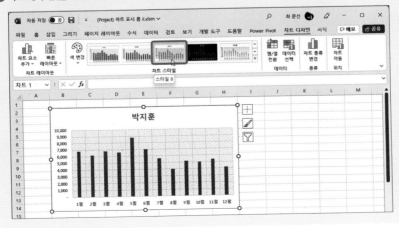

208과 같은 차트 스타일 번호는 차트에 스타일 적용 과정을 매크로 기록기로 기록해보면 쉽게 알아낼 수 있습니다. 이 코드는 엑셀 2013 버전부터 지원되며, 하위 버전(엑셀 2010 이하 버전)에서는 에러를 발생시킵니다. 그러므로 이번 줄의 코드는 엑셀 2010 이하 버전 사용자는 사용할 수 없습니다.

⑫ 막대그래프 사이의 간격 너비(GapWidth)를 219%에서 80%로 조정합니다. 막대그래프 사이의 간격이 좁아져 막대그래프가 더 두껍게 표시됩니다.

⑬ 데이터 레이블을 표시하며, 데이터 레이블의 위치를 바깥쪽 끝에(msoElementDataLabelOutSideEnd) 표시되도록 설정합니다.

⑭ Legend 개체는 차트의 범례이며, Delete 메서드를 사용해 범례를 삭제합니다.

⑮ 차트 제목을 "[xxx] 판매 실적"으로 변경합니다. xxx는 선택한 데이터의 직원 이름으로, [선택직원] 변숫값으로 확인할 수 있습니다. 그런 다음 차트 제목의 글꼴 사이즈를 14로 조정합니다.

03 [차트생성] 매크로가 제대로 동작되는지 확인합니다.

04 직접 실행 창에 다음 코드를 입력합니다.

```
차트생성 "박지훈"
```

05 Alt + F11 을 눌러 엑셀 창으로 전환해 차트를 확인합니다.

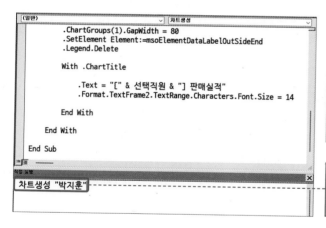

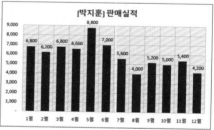

직접 실행 창이 표시되지 않는다면 Ctrl + G 단축키를 눌러 직접 실행 창을 표시하고 코드를 입력합니다.

06 생성된 차트는 확인이 끝났으면 선택하고 지웁니다.

07 생성된 차트를 그림 파일로 저장한 후 삭제하는 코드를 [차트생성] 매크로에 추가합니다.

08 Alt + F11 을 눌러 다시 VB 편집기 창으로 전환합니다.

09 Module1 개체의 코드 창에서 다음을 참고해 [차트생성] 매크로를 수정합니다.

파일 : (Project) 차트 표시 폼 II (코드 II).txt

```
Sub 차트생성(선택직원 As String)

' 1단계 : 변수를 선언합니다.
    Dim 직원 As Range, c As Integer
```

```
    Dim 원본범위 As Range
    Dim 경로 As String                    ────────────── ❶
    Dim 파일 As String

' 2단계 : 변수의 초깃값을 설정합니다.
    Set 직원 = Range("C2", Range("C2").End(xlToRight))
    c = WorksheetFunction.Match(선택직원, 직원, 0)

    경로 = ThisWorkbook.Path & "\"         ────────────── ❷
    파일 = "chart.gif"

    Set 원본범위 = Range("B2").CurrentRegion.Columns(1)
    Set 원본범위 = Union(원본범위, 원본범위.Offset(, c))

' 3단계 : 선택된 직원의 차트를 생성하고 차트 설정 작업을 진행합니다.
    ActiveSheet.Shapes.AddChart(Width:=300, Height:=200).Select

    With ActiveChart

        .SetSourceData Source:=원본범위
        .ChartType = xlColumnClustered

        With WorksheetFunction
            ActiveChart.Axes(xlValue).MaximumScale = .Ceiling(.Max(Range("B2").
            CurrentRegion), 1000)
        End With

        .ChartStyle = 208
        .ChartGroups(1).GapWidth = 80
        .SetElement Element:=msoElementDataLabelOutSideEnd

        .Legend.Delete

        With .ChartTitle

            .Text = "[" & 선택직원 & "] 판매실적"
            .Format.TextFrame2.TextRange.Characters.Font.Size = 14

        End With

' 4단계 : 차트를 그림 파일로 저장하고 생성된 차트를 삭제합니다.
        If Dir(경로 & 파일) <> "" Then Kill PathName:=경로 & 파일   ────────────── ❸

        .Export Filename:=경로 & 파일, FilterName:="GIF"   ────────────── ❹

        .Parent.Delete   ────────── ❺

    End With

End Sub
```

❶ 다음 변수를 추가합니다.

변수명	형식	설명
경로	String	차트 그림 파일을 저장할 경로를 저장합니다.
파일	String	차트 그림 파일 명을 저장합니다.

❷ [경로] 변수에 현재 파일(ThisWorkbook)의 경로에 경로 구분자("\")를 연결한 문자열을 저장하고, [파일] 변수에는 "chart.gif" 파일 명 (생성된 차트를 저장할 파일 이름)을 저장합니다.

❸ [경로]와 [파일] 변수를 연결한 파일(기존 차트 그림 파일)이 이미 존재하는지 Dir 함수로 확인한 후 Dir 함수의 반환값이 빈 문자("")가 아 니라면 기존 파일이 있다는 것을 의미하므로 Kill 함수를 사용해 파일을 삭제합니다.

❹ Chart 개체의 Export 메서드를 이용하면 차트를 다른 파일로 저장할 수 있습니다. 파일 이름(Filename 매개변수)은 [경로]와 [파일] 변 수를 연결한 문자열로 하고, 파일 형식(FilterName 매개변수)은 GIF로 설정합니다.

❺ 워크시트에 삽입된 차트는 필요하지 않으므로 삭제합니다. 차트를 삭제하려면 Chart 개체가 포함된 도형(Shape) 개체(ChartObject 개체)를 삭제해야 합니다. 차트를 생성할 때 ActiveSheet.Shapes.AddChart와 같은 명령을 사용했으므로 ActiveChart의 부모 개 체를 삭제해야 합니다. 그러므로 차트의 상위 개체를 반환하는 Parent 속성을 이용해 Delete 메서드로 삭제합니다.

10 매크로를 수정한 후 **04** 과정을 참고해 동일한 테스트를 진행합니다.

11 예제 파일이 있는 폴더에 **chart.gif** 파일이 생성됩니다.

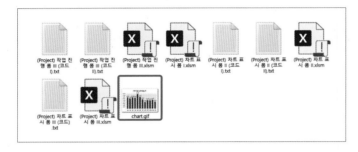

TIP 윈도우 탐색기로 예제 폴더 내 chart.gif 파일을 확인합니다.

17/15 차트 표시 폼 III – 폼 완성

예제 파일 PART 03 \ CHAPTER 17 \ (Project) 차트 표시 폼 III.xlsm

차트 생성 매크로와 폼 연동

생성된 차트 그림 파일이 폼에 표시되도록 개발합니다. 다음 과정을 참고합니다.

01 예제를 열고 먼저 폼에서 직원을 선택했을 때 동작을 개발합니다.

02 Alt + F11 을 눌러 VB 편집기 창을 엽니다.

03 프로젝트 탐색기 창에서 [frm차트] 폼 개체를 더블클릭해 선택합니다.

04 [cmb직원] 콤보 상자 컨트롤을 더블클릭합니다.

05 생성된 cmb직원_Change 이벤트에 다음 코드를 입력합니다.

파일 : (Project) 차트 표시 폼 III (코드).txt

```
Private Sub cmb직원_Change()            ❶

  If cmb직원.MatchFound = True Then            ❷

    차트생성 cmb직원.Value            ❸
    img차트.Picture = LoadPicture(Filename:=ThisWorkbook.Path & "\chart.gif")            ❹

  Else            ❺

    img차트.Picture = LoadPicture(" ")

  End If

End Sub
```

❶ cmb직원_Change 이벤트는 cmb직원 컨트롤의 값을 변경할 때 실행됩니다.

❷ cmb직원 컨트롤의 값이 cmb직원 컨트롤의 목록에 있는 값 중 하나인지 판단하기 위해 MatchFound 속성값을 확인합니다. 이 값이 True면 목록의 값 중 하나라는 것이므로, 차트를 그림 파일로 생성하고 생성된 파일을 불러오도록 합니다. 참고로 이런 코드가 필요한 이유는 ComboBox 컨트롤은 값을 목록에서 선택할 수도 있지만, 값을 직접 입력하는 것도 가능하기 때문입니다.

❸ [차트생성] 매크로를 호출해 실행합니다. [선택직원] 매개변수에 cmb직원 컨트롤의 값을 전달합니다. 좀 더 정확한 의미 전달을 위해 코드를 다음과 같이 수정할 수 있습니다.

```
차트생성 선택직원:=cmb직원.Value

또는

Call 차트생성(선택직원:=cmb직원.Value)
```

❹ img차트 컨트롤에 생성된 차트 그림 파일(chart.gif)을 LoadPicture 함수를 사용해 표시합니다.

❺ cmb직원 컨트롤의 값이 목록 내 값이 아니라면 img차트 컨트롤에 아무것도 표시하지 않기 위해 LoadPicture 함수에 빈 문자("")를 전달합니다.

06 차트가 제대로 표시되는지 확인하기 위해 F5 를 눌러 폼을 실행합니다.

07 ComboBox 컨트롤에서 목록 내 값을 한 명씩 선택해 차트가 제대로 표시되는지 확인합니다.

08 자신의 이름도 입력해 Image 컨트롤이 비어 있게 표시되는지 확인합니다.

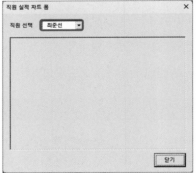

09 폼을 닫고, 폼을 닫을 때 생성된 chart.gif 파일을 삭제하는 기능을 추가합니다.

10 프로젝트 탐색기 창에서 [frm차트] 폼 개체를 선택하고 [코드 보기🖼]를 클릭합니다.

11 [개체 목록]에서는 [UserForm]을, [프로시저 목록]에서 [Terminate] 이벤트를 선택합니다.

12 생성된 UserForm_Terminate 이벤트에 다음 코드를 입력합니다.

```
Private Sub UserForm_Terminate()  ─────────── ❶

  Kill ThisWorkbook.Path & "\chart.gif"  ─────────── ❷

End Sub
```

13 폼을 실행하는 [폼실행] 매크로를 Module1 개체의 코드 창에 다음과 같이 개발합니다.

```
Sub 폼실행()

    frm차트.Show ————————❶

End Sub
```

14 개발된 [폼실행] 매크로를 엑셀 창에서 [단추] 컨트롤 등에 연결해 실행합니다.

마법사 폼 I – 폼 구성

예제 파일 PART 03 \ CHAPTER 17 \ (Project) 마법사 폼 I.xlsm

마법사 폼 이해

폼 개체에 너무 많은 컨트롤을 추가하는 것은 좋지 않으므로, 설정할 항목이 많다면 단계별로 처리해야 일을 구분해 폼 화면을 구성할 수 있습니다. 이렇게 단계별로 폼 설정을 처리할 수 있는 폼이 마법사 폼입니다. 마법사 폼은 MultiPage 컨트롤을 사용해 개발합니다. 예제의 다음 부분에 원하는 그림 파일을 삽입하는 폼을 개발합니다.

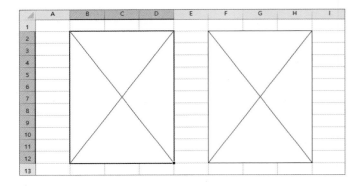

이 예제에서 개발할 마법사 폼은 다음과 같은 3단계로 구성됩니다. 삽입할 그림 파일을 선택하고, 삽입할 위치를 선택한 후 그림을 파일에 저장할지 여부를 판단해 동작하도록 구성합니다.

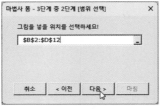
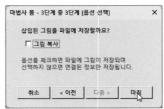

마법사 폼 레이아웃 구성

마법사 폼은 MultiPage 컨트롤을 사용해 개발합니다. 다음 과정을 참고합니다.

01 예제를 열고 Alt + F11 을 눌러 VB 편집기 창을 엽니다.

02 [삽입]-[사용자 정의 폼] 메뉴를 선택해 폼 개체를 삽입합니다.

03 삽입된 UserForm1 개체에 다음과 같은 컨트롤을 추가합니다.

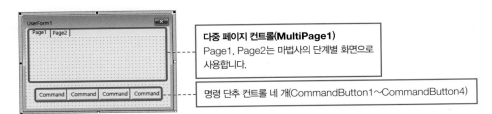

다중 페이지 컨트롤(MultiPage1)
Page1, Page2는 마법사의 단계별 화면으로 사용합니다.

명령 단추 컨트롤 네 개(CommandButton1~CommandButton4)

04 이 예제의 마법사 폼은 3단계로 구성되므로, MultiPage 컨트롤에 새 페이지를 추가합니다.

05 MultiPage 컨트롤 탭을 마우스 오른쪽 버튼으로 클릭하고 [새 페이지] 메뉴를 선택합니다.

06 삽입된 CommandButton 컨트롤의 속성을 속성 창에서 다음과 같이 변경합니다.

컨트롤	속성	(이름)	Caption
CommandButton1		btn취소	취소
CommandButton2		btn이전	< 이전
CommandButton3		btn다음	다음 >
CommandButton4		btn마침	마침

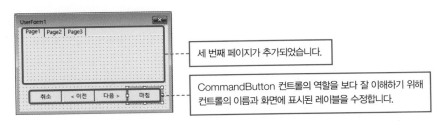

세 번째 페이지가 추가되었습니다.

CommandButton 컨트롤의 역할을 보다 잘 이해하기 위해 컨트롤의 이름과 화면에 표시된 레이블을 수정합니다.

마법사 폼 II
– 페이지별 컨트롤 구성

예제 파일 PART 03 \ CHAPTER 17 \ (Project) 마법사 폼 II.xlsm

마법사 단계별 페이지 구성

마법사 폼은 MultiPage 컨트롤의 개별 페이지에 마법사의 각 단계별 화면을 구성합니다. 각각의 페이지를 선택해 원하는 화면을 구성할 수 있습니다. 다음 과정을 참고합니다.

01 예제를 열고 [Alt]+[F11]을 눌러 VB 편집기 창을 엽니다.

02 프로젝트 탐색기 창에서 [UserForm1] 개체를 더블클릭해 선택합니다.

03 MultiPage1 컨트롤의 [Page1] 탭을 선택합니다.

04 삽입할 그림 파일을 선택할 수 있도록 다음 세 개의 컨트롤을 추가합니다.

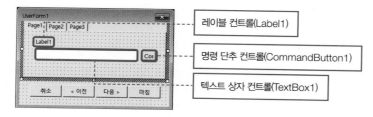

05 추가한 컨트롤을 각각 선택하고 속성 창의 다음 속성을 각각 수정합니다.

컨트롤 　　　　　　속성	(이름)	Caption
Label1		가져올 그림 파일을 선택하세요!
TextBox1	txt파일	
CommandButton1	btn선택	...

06 MultiPage1 컨트롤의 [Page2] 탭을 선택하고 다음 두 개 컨트롤을 추가합니다.

TIP 2단계에서는 선택한 그림 파일을 삽입할 셀(또는 범위)을 선택합니다.

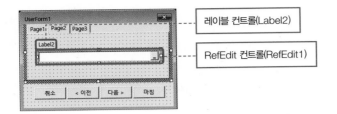

07 추가한 컨트롤을 각각 선택하고 속성 창의 다음 속성을 각각 수정합니다.

컨트롤 \ 속성	(이름)	Caption
Label2		그림을 넣을 위치를 선택하세요!
RefEdit1	ref범위	

08 MultiPage1 컨트롤 내의 [Page3] 탭을 선택하고 다음 세 개 컨트롤을 추가합니다.

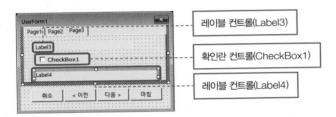

TIP 3단계에서는 그림을 파일 내부에 저장할지 선택하는 옵션을 추가합니다.

09 추가한 컨트롤을 각각 선택하고 속성 창의 다음 속성을 각각 수정합니다.

컨트롤 \ 속성	(이름)	Caption	ForeColor
Label3		삽입된 그림을 파일에 저장할까요?	
CheckBox1	chk그림	그림 복사	
Label4		옵션을 체크하면 파일에 그림이 저장됩니다. 선택하지 않으면 연결된 정보만 저장됩니다.	사용할 수 없는 텍스트 (&H80000011&)

마법사 폼 마무리

마법사 폼에는 보통 탭이 표시되지 않기 때문에 MultiPage 컨트롤의 탭을 숨길 수 있습니다. 이때 각 페이지별 전환은 어려우므로, 하단의 [〈이전], [다음〉] 버튼을 사용해 페이지를 전환합니다. 다음 과정을 참고합니다.

01 UserForm1 폼 개체에서 [MultiPage1] 컨트롤을 선택합니다.

TIP MultiPage1 컨트롤은 여러 장의 페이지 컨트롤이 하나로 구성되어 있어 선택하는 것이 쉽지 않습니다. 그러므로 속성 창 상단의 콤보 상자에서 MultiPage1 컨트롤을 선택합니다.

02 속성 창의 Style 속성을 **2-fmTabStyleNone**으로 변경합니다.

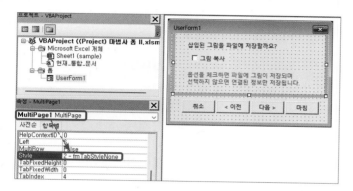

TIP MultiPage 컨트롤의 탭이 더 이상 표시되지 않습니다.

03 마법사 폼을 선택하고 속성 창의 (이름) 속성을 **frm마법사**로 수정합니다.

17/18 마법사 폼 III
– 단계별 컨트롤 기능 개발

예제 파일 PART 03 \ CHAPTER 17 \ (Project) 마법사 폼 III.xlsm

페이지 단계별 이동 기능 개발

마법사 폼은 MultiPage 컨트롤 하단에 삽입된 여러 CommandButton 컨트롤로 각 페이지를 이동하거나 과정을 취소하는 부분을 먼저 개발합니다. 다음 과정을 참고합니다.

01 예제를 열고 Alt + F11 을 눌러 VB 편집기 창을 엽니다.

02 프로젝트 탐색기 창에서 [frm마법사] 폼을 선택하고 [코드 보기 📰]를 클릭합니다.

03 코드 창의 [개체 목록]에서 [UserForm]을, [프로시저 목록]에서 [Initialize]를 선택합니다.

04 생성된 UserForm_Initialize 이벤트에 다음 코드를 입력합니다.

파일 : (Project) 마법사 폼 III (코드 I).txt

```
' 마법사 폼에서 사용할 전역변수를 선언합니다.
Private 폼이름 As String ————————————①

Private Sub UserForm_Initialize() ————————————②

' 1단계 : 변수의 초깃값을 저장합니다.
폼이름 = "마법사 폼" ————————————③

' 2단계 : MultiPage 컨트롤의 초기 설정 작업을 진행합니다.
With MultiPage1 ————————————④
    .Value = 0 ————————————⑤
    Me.Caption = 폼이름 & " - 3단계 중 1단계 [그림 선택]" ————————————⑥
End With

' 3단계 : 마법사 폼의 버튼 컨트롤 설정 작업을 진행합니다. ————————————⑦
btn이전.Enabled = False
btn마침.Enabled = False
```

```
   btn다음.Enabled = True

End Sub
```

❶ String 형식의 [폼이름] 변수를 선언합니다. 이 변수는 폼의 다른 이벤트에서 함께 사용할 수 있도록 Private 키워드로 선언합니다.
❷ UserForm_Initialize 이벤트는 폼을 실행할 때 자동으로 실행됩니다.
❸ [폼이름] 변수에 "마법사 폼" 문자열을 저장합니다.
❹ MultiPage1 컨트롤에는 여러 설정 작업을 하기 위해 With 문을 사용합니다.
❺ 폼을 실행할 때 항상 MultiPage1 컨트롤의 첫 번째 페이지가 표시되도록 Value 속성값을 0으로 설정합니다. 참고로 MultiPage 컨트롤의 Value 속성은 현재 화면상 표시된 탭 페이지를 의미하며, 인덱스 번호는 0부터 시작합니다.
❻ 폼의 제목 표시줄에는 [폼이름] 변수에 저장된 값과 단계를 설명하는 문자열("- 3단계 중 1단계 [그림 선택]")을 연결해 표시합니다.
❼ 마법사 폼이 실행되면 첫 번째 페이지(1단계 진행)가 표시되므로 [다음>] 버튼만 클릭할 수 있고, [<이전]과 [마침] 버튼은 클릭하지 못하도록 설정합니다.

05 MultiPage1 컨트롤 내 [Page3] 탭을 선택하고 다음 세 개 컨트롤을 추가합니다.

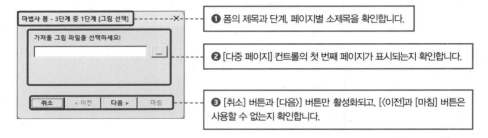

❶ 폼의 제목과 단계, 페이지별 소제목을 확인합니다.

❷ [다중 페이지] 컨트롤의 첫 번째 페이지가 표시되는지 확인합니다.

❸ [취소] 버튼과 [다음>] 버튼만 활성화되고, [<이전]과 [마침] 버튼은 사용할 수 없는지 확인합니다.

06 폼을 닫고 마법사 폼 하단의 [다음>] 버튼을 클릭했을 때의 동작을 개발합니다.

07 폼 개체 화면에서 [다음>] 버튼을 더블클릭합니다.

08 생성된 btn다음_Click 이벤트에서 다음 코드를 입력합니다.

파일 : (Project) 마법사 폼 III (코드 II).txt

```
Private Sub btn다음_Click()                          ❶

' 1단계 : 필요한 변수를 선언합니다.                    ❷
  Dim 이동여부 As Boolean
  Dim 선택범위 As Range

' 2단계 : MultiPage 컨트롤의 각 페이지별로 처리할 일을 설정합니다.
  Select Case MultiPage1.Value                    ❸

      Case 0                    ❹

          If Dir(txt파일.Value) <> "" Then 이동여부 = True          ❺
```

```
        Case 1 ──────────── ❻

            On Error Resume Next ──────────── ❼

                Set 선택범위 = Range(ref범위.Value) ──────────── ❽
                If Err.Number = 0 Then 이동여부 = True ──────────── ❾

            On Error GoTo 0 ──────────── ❿

    End Select

    ' 3단계 : 준비가 끝나면 다음 페이지로 이동합니다.
        If 이동여부 = True Then MultiPage1.Value = MultiPage1.Value + 1 ──────────── ⓫

    End Sub
```

❶ btn다음_Click 이벤트는 [다음] 버튼을 클릭할 때 실행됩니다.

❷ 이번 이벤트에서 사용할 다음과 같은 변수를 선언합니다.

변수명	형식	설명
이동여부	Boolean	다음 페이지로 이동할지 여부를 판단합니다.
선택범위	Range	사용자가 ref범위 컨트롤에서 선택한 범위를 연결합니다.

❸ 다음 단계로 이동하려면 각 페이지의 설정이 제대로 완료된 상태여야 합니다. 이런 부분을 검증하기 위해 MultiPage1 컨트롤의 값을 Select Case 문으로 구분해 확인합니다.

❹ MultiPage1 컨트롤의 값이 0이면 첫 번째 탭이므로 txt파일 컨트롤에 삽입할 그림이 선택되어 있어야 합니다. ❺ 줄의 코드를 이용해 확인합니다.

❺ txt파일 컨트롤의 값을 Dir 함수에 전달해 빈 문자("")가 아닌지 판단합니다. 빈 문자가 아니라면 정확한 경로의 파일을 선택한 것이므로, 이 경우에만 [이동여부] 변수값을 True로 설정하고 ⓫ 줄을 통해 다음 페이지(단계)로 이동합니다.

❻ MultiPage1 컨트롤의 값이 1이면 두 번째 탭입니다. 이 경우 그림 파일을 삽입할 범위 주소가 제대로 입력되어 있어야 합니다. ❼-❿ 줄의 코드를 이용해 확인합니다.

❼ On Error Resume Next 명령을 사용해 ❽ 줄의 코드에서 에러가 발생해도 무시하고, 다음 줄을 계속해서 실행하도록 설정합니다.

❽ Range 개체에 ref범위 컨트롤의 값을 전달해 해당 범위를 [선택범위] 변수에 연결합니다. 만약 ref범위 컨트롤의 값이 제대로 된 셀 주소가 아니라면 이 코드에서 에러가 발생합니다.

❾ ❽ 줄에서 에러가 발생하지 않은 경우에만 [이동여부] 변수값을 True로 설정합니다. 에러가 발생하면 ref범위 컨트롤에 주소가 아닌 잘못된 값이 입력된 경우라고 판단되므로, 다음 페이지로 이동할 수 없도록 합니다.

❿ ❼ 줄의 On Error Resume Next 문을 취소합니다.

⓫ [이동여부] 변수값이 True일 경우에만 MultiPage1 컨트롤의 Value 속성값을 1 증가시킵니다. 이렇게 하면 [다음] 버튼을 클릭할 때마다 MultiPage1 컨트롤의 페이지가 Page1➡Page2➡Page3으로 이동합니다. 다만 Page3에서는 더 이상 이동할 페이지가 없기 때문에 계속해서 클릭하면 에러가 발생합니다. 이 문제는 나중에 MultiPage 컨트롤의 이벤트를 활용해 [다음] 버튼을 더 클릭하지 못하도록 설정하는 방법으로 해결합니다.

09 이번에는 [<이전] 버튼을 클릭할 때 이전 페이지로 이동하는 코드를 개발합니다.

10 코드 창 상단의 [개체 목록]에서 [btn이전] 컨트롤을 선택합니다.

11 생성된 btn이전_Click 이벤트에 다음 코드를 입력합니다.

```
Private Sub btn이전_Click()  ─────────────── ❶

    MultiPage1.Value = MultiPage1.Value - 1  ─────────────── ❷

End Sub
```

❶ btn이전_Click 이벤트는 [〈이전〉] 버튼을 클릭할 때 실행됩니다.
❷ MultiPage1 컨트롤의 Value 속성값을 1 감소시킵니다. 이렇게 하면 [〈이전〉] 버튼을 클릭할 때마다 MultiPage1 컨트롤의 페이지가
   이전 페이지로 이동합니다. 이 동작 역시 Page1에서는 이전 페이지가 없기 때문에 에러가 발생합니다. 이 문제 역시 [다음〉] 버튼과 마
   찬가지로 MultiPage 이벤트를 활용해 [〈이전〉] 버튼을 클릭하지 못하도록 설정합니다.

12 [〈이전〉], [다음〉] 버튼을 클릭했을 때의 폼 제목이나 버튼 활성화 여부 등을 제어합니다.

13 코드 창의 [개체 목록]에서 [MultiPage1] 컨트롤을 선택합니다.

14 생성된 MultiPage1_Change 이벤트에 다음 코드를 입력합니다.

파일 : (Project) 마법사 폼 III (코드 III).txt

```
Private Sub MultiPage1_Change()  ─────────────── ❶

' 1단계 : 변수를 선언합니다.
    Dim 단계별제목 As String  ─────────────── ❷

' 2단계 : 페이지별 설정 작업을 진행합니다.
    Select Case MultiPage1.Value  ─────────────── ❸

        Case 0  ─────────────── ❹

            btn이전.Enabled = False
            btn다음.Enabled = True
            btn마침.Enabled = False

            단계별제목 = "그림 선택"

        Case 1  ─────────────── ❺

            btn이전.Enabled = True
            btn다음.Enabled = True
            btn마침.Enabled = False

            단계별제목 = "범위 선택"

            If TypeName(Selection) = "Range" Then  ─────────────── ❻

                ref범위.Value = Selection.Address
```

```
        End If

    Case 2 ──────────────── ❼

        btn이전.Enabled = True
        btn다음.Enabled = False
        btn마침.Enabled = True
          단계별제목 = "옵션 선택"

    End Select

' 3단계 : 각 페이지별 제목을 설정합니다.
    With MultiPage1

        Me.Caption = 폼이름 & " - " & _
                    .Pages.Count & "단계 중 " & .Value + 1 & "단계 " & _
                    "[" & 단계별제목 & "]" ──────────── ❽

    End With

End Sub
```

❶ MultiPage1_Change 이벤트는 다중 페이지 컨트롤의 페이지가 변경될 때 실행됩니다.

❷ String 형식의 [단계별제목] 변수를 선언합니다.

❸ MultiPage1 컨트롤의 페이지별로 원하는 설정 작업을 진행하기 위해 With 문을 사용합니다.

❹ MultiPage1 컨트롤의 Value 속성값이 0이면 첫 번째 페이지로, 마법사 1단계 화면을 의미합니다. 이 경우 다음 설정 작업을 진행합니다.
  - [〈이전], [마침] 버튼을 사용할 수 없도록 설정합니다.
  - [다음〉] 버튼은 사용할 수 있도록 설정합니다.
  - [단계별제목] 변수에 "그림 선택" 문자열을 저장합니다.

❺ MultiPage1 컨트롤의 Value 속성값이 1이면 두 번째 페이지로, 마법사 2단계 화면을 의미합니다. 이 경우 다음 설정 작업을 진행합니다.
  - [〈이전], [다음〉] 버튼을 사용할 수 있도록 설정합니다.
  - [마침] 버튼을 사용할 수 없습니다.
  - [단계별제목] 변수에 "범위 선택" 문자열을 저장합니다.

❻ 선택된 개체(Selection)가 Range 개체이면 ref범위 컨트롤의 값을 선택된 범위의 주소로 설정합니다.

❼ MultiPage1 컨트롤의 Value 속성 값이 2이면 세 번째 페이지로, 마법사 3단계 화면을 의미합니다. 이 경우 다음 설정 작업을 진행합니다.
  - [〈이전], [마침] 버튼을 사용할 수 있도록 설정합니다.
  - [다음〉] 버튼을 사용할 수 없도록 설정합니다.
  - [단계별제목] 변수에 "옵션 선택" 문자열을 저장합니다.

❽ 현재 폼의 제목 표시줄에 [폼이름] 전역변숫값과 [단계별제목] 변숫값을 연결한 문자열을 표시합니다. 이때 마법사의 각 단계를 [3단계 중 ×단계]와 같이 표시하기 위해 총 단계는 MultiPage1 컨트롤의 페이지수를 세고(.Pages.Count), 현재 단계는 현재 페이지의 값(.Value)에 1을 더해 계산합니다.

15 이번에는 [취소]를 클릭할 때 마법사 폼을 닫는 코드를 추가합니다.

16 코드 창의 [개체 목록]에서 [btn취소] 컨트롤을 선택합니다.

17 생성된 btn취소_Click 이벤트에 다음 코드를 입력합니다.

파일 : (Project) 마법사 폼 III (코드 IV).txt

```
Private Sub btn취소_Click()                          ❶

    Dim 메시지 As String              ❷

    메시지 = 폼이름 & "를 취소하시겠습니까?"            ❸

    If MsgBox(메시지, vbQuestion + vbYesNo, 폼이름) = vbYes Then            ❹

        Unload Me

    End If

End Sub
```

---

❶ btn취소_Click 이벤트는 [취소]를 클릭할 때 실행됩니다.
❷ String 형식의 [메시지] 변수를 선언합니다.
❸ [메시지] 변수에 메시지 창에 표시될 문자열을 저장합니다. 이때 전역변수로 선언된 [폼이름] 변수에 저장된 값을 사용합니다.
❹ MsgBox 함수를 사용해 [메시지] 변수의 내용을 화면에 표시하고, [예] 버튼을 클릭했을 경우에만 현재 폼을 닫습니다.

18 마법사 폼에서는 [닫기 ✕]를 클릭해 폼을 닫지 못하도록 합니다.

TIP 폼의 [취소] 버튼이나 [마침] 버튼을 클릭해 종료하지 않으면 어느 단계에서 사용자가 폼을 닫는지 확인할 수 없습니다.

19 코드 창의 [개체 목록]에서 [UserForm]을, [프로시저 목록]에서 [QueryClose]를 선택합니다.

20 생성된 UserForm_QueryClose 이벤트에 다음 코드를 입력합니다.

파일 : (Project) 마법사 폼 III (코드 V).txt

```
Private Sub UserForm_QueryClose(Cancel As Integer, CloseMode As Integer)            ❶

    Dim 메시지 As String          ❷

    If CloseMode <> vbFormCode Then            ❸

        메시지 = "종료하시려면 폼의 [취소] 또는 [마침] 버튼을 누르셔야 합니다."            ❹

        MsgBox 메시지, vbExclamation, 폼이름            ❺
        Cancel = True            ❻
```

```
    End If

End Sub
```

❶ UserForm_QueryClose 이벤트는 폼을 닫으려고 할 때 실행됩니다.

❷ String 형식의 [메시지] 변수를 선언합니다.

❸ [CloseMode] 매개변수에는 폼을 닫는 방법이 저장되며, vbFormCode 내장 상수와 다르면 Unload 명령을 이용해 폼을 닫지 않았다는 것을 의미합니다. 이것은 사용자가 수동으로 닫은 것이 아니라 [닫기]나 [Alt]+[F4]를 눌러 폼을 닫으려 했다는 것을 의미하므로, 이 경우에는 닫기 작업을 취소하도록 ❹-❻ 줄의 코드를 실행합니다. CloseMode 매개변수에는 사용자가 폼을 닫는 방법이 저장되며, 다음과 같은 네 개의 내장 상수를 사용합니다.

내장 상수	설명
vbFormControlMenu	닫기 명령([Alt]+[F4] 또는 [창 닫기] 버튼)을 이용해 폼을 닫습니다.
vbFormCodeUnload	명령을 이용해 폼을 닫습니다.
vbAppWindows	윈도우가 종료되어 엑셀을 종료합니다.
vbAppTaskManager	윈도우 작업 관리자에서 엑셀을 종료합니다.

❹ [메시지] 변수에 사용자에게 안내할 문자열을 저장해놓습니다.

❺ MsgBox 함수를 사용해 [메시지] 변수의 내용을 메시지 창으로 표시합니다. 이때 메시지 창의 제목에 전역변수인 [폼이름] 변숫값을 이용합니다.

❻ [Cancel] 매개변숫값을 True로 설정해 폼을 닫는 작업을 취소합니다.

21 지금까지 개발된 내용을 테스트하기 위해 [F5]를 눌러 폼을 실행합니다.

22 폼이 실행되면 [다음>] 버튼을 클릭해 2단계 페이지로 넘어가는지 확인합니다.

23 또한 [취소]를 클릭해 마법사 폼이 제대로 종료되는지 확인합니다.

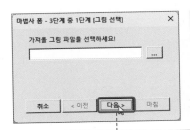

[취소] 버튼 외에 창 [닫기 ×]를 클릭해 폼이 종료되지 않는지 확인합니다.

1단계에서는 [취소], [다음>] 버튼을 클릭할 수 있지만, [다음>] 버튼을 클릭해도 그림 파일을 선택하지 않았다면 2단계로 이동하면 안 됩니다.

마법사 폼 IV − 폼 기능 개발

예제 파일 PART 03 \ CHAPTER 17 \ (Project) 마법사 폼 IV.xlsm

마법사 폼에서 실행할 기능 개발

마법사 폼이 모습을 갖췄습니다. 개별 페이지별로 필요한 기능을 개발하고, [마침] 버튼을 클릭했을 때 설정된 모든 컨트롤 값을 읽어 그림을 지정한 위치에 삽입한 후 마법사 폼 개발 작업을 마무리 짓겠습니다. 다음 과정을 참고합니다.

01 예제를 열고 Alt + F11 을 눌러 VB 편집기 창을 엽니다.

02 프로젝트 탐색기 창에서 [frm마법사] 폼 개체를 선택하고 [코드 보기📧]를 클릭합니다.

03 먼저 마법사 1단계에서 [⋯]을 클릭했을 때 그림 파일을 선택할 수 있도록 합니다.

04 코드 창 상단의 [개체 목록]에서 [btn선택] 컨트롤을 클릭합니다.

05 생성된 btn선택_Click 이벤트에 다음 코드를 입력합니다.

파일 : (Project) 마법사 폼 IV (코드 I).txt

```
Private Sub btn선택_Click()  ─────────── ❶

' 1단계 : 변수를 선언합니다.  ─────── ❷
    Dim 파일형식 As String
    Dim 선택파일 As Variant

' 2단계 : 열기 대화상자를 열고, 삽입할 그림 파일을 선택합니다.
    파일형식 = "그림 파일(*.jpg;*.png), *.jpg;*.png"  ─────────── ❸

    선택파일 = Application.GetOpenFilename(FileFilter:=파일형식, Title:="그림 선택")  ──── ❹

    If 선택파일 <> False Then  ─────── ❺

        txt파일.Value = 선택파일
```

```
      End If

End Sub
```

❶ btn선택_Click 이벤트는 [⋯]을 클릭할 때 실행됩니다.

❷ 이번 이벤트에서 사용할 다음과 같은 변수를 선언합니다.

변수명	형식	설명
파일형식	String	가져올 그림 형식을 지정할 문자열을 저장합니다.
선택파일	Variant	GetOpenFilename 메서드로 열리는 [열기] 대화상자에서 선택한 파일의 Fullname을 저장합니다.

❸ [파일형식] 변수에 가져올 그림 파일 형식을 jpg와 png 형식을 가져올 수 있도록 구성합니다. [열기] 대화상자에서 해당 확장자를 갖는 그림 파일만 나타나게 할 수 있습니다.

❹ GetOpenFilename 메서드를 이용해 [열기] 대화상자를 호출한 후 사용자가 선택한 파일의 이름(Fullname)을 [선택파일] 변수에 저장합니다. 만약 [취소]를 클릭하거나 파일을 선택하지 않고 닫으면 False 값이 저장됩니다.

❺ [선택파일] 변수에 저장된 값이 False가 아니라면 txt파일 컨트롤에 [선택파일] 변수에 저장된 값을 전달합니다.

06 마지막으로 [마침] 버튼을 클릭했을 때의 동작을 개발합니다.

07 코드 창의 [개체 목록]에서 [btn마침] 컨트롤을 선택합니다.

08 생성된 btn마침_Click 이벤트에 다음 코드를 입력합니다.

파일 : (Project) 마마법사 폼 IV (코드 II).txt

```
Private Sub btn마침_Click()                    ❶

' 1단계 : 필요한 변수를 선언합니다.              ❷
    Dim 삽입범위 As Range
    Dim 그림 As Picture

' 2단계 : 그림을 넣을 셀(또는 범위)이 병합된 셀인지에 따라 정확하게 범위를 설정합니다.
    Set 삽입범위 = Range(ref범위.Value)          ❸

    If 삽입범위.Count = 1 Then                    ❹

        If 삽입범위.MergeCells Then

            If 삽입범위.Address <> 삽입범위.MergeArea.Address Then

                Set 삽입범위 = 삽입범위.MergeArea              ❺

            End If

        End If
```

```
        End If

' 3단계 : 선택한 그림을 삽입하며, chk그림 컨트롤의 값에 따라 그림으로 복사해 넣습니다.
    Set 그림 = ActiveSheet.Pictures.Insert(txt파일.Value) ──────────── ❻

    If chk그림 = True Then ────────── ❼
        그림.Copy
        ActiveSheet.Pictures.Paste.Select
        그림.Delete

        Set 그림 = Selection

    End If

    With 그림 ──────────── ❽
        .ShapeRange.LockAspectRatio = msoFalse
        .Top = 삽입범위.Top
        .Left = 삽입범위.Left
        .Height = 삽입범위.Height
        .Width = 삽입범위.Width
    End With

' 4단계 : 폼을 닫습니다.
    Unload Me ────────── ❾

End Sub
```

❶ btn마침_Click 이벤트는 [마침] 버튼을 클릭할 때 실행됩니다.

❷ 이 이벤트에서 사용할 다음과 같은 변수를 선언합니다.

변수명	형식	설명	
삽입범위	Range	그림을 넣을 셀(또는 범위)을 연결합니다.	
그림	Picture	삽입된 그림 개체를 연결합니다.	

❸ [삽입범위] 변수에 ref범위 컨트롤에 입력된 데이터 범위를 연결합니다.

❹ 이번 줄을 포함한 아래 ❸ 줄의 If 문을 순서대로 읽어보면 [삽입범위] 변수에 연결된 셀 개수가 하나이고, 병합된 셀이면서 [삽입범위] 변수의 셀 주소와 [삽입범위] 변수의 셀이 포함된 병합된 셀 주소와 다른지 판단합니다. RefEdit 컨트롤을 이용해 병합된 셀을 선택하면 병합된 첫 번째 셀 주소만 기록되기 때문입니다. 예를 들어 [A1:A10] 범위가 병합되어 있고 이 셀을 RefEdit 컨트롤에서 선택하면 [A1] 셀 주소만 기록됩니다. 이 경우에는 선택된 그림이 병합된 셀 전체에 맞춰지지 않으므로, 조건을 판단해 [삽입범위] 변수에 연결된 셀 범위를 조정할 필요가 있습니다. 이 조건이 모두 만족하면 ❺ 줄의 코드를 실행합니다.

❺ [삽입범위] 변수의 셀이 포함된 병합된 셀 범위를 [삽입범위] 변수에 연결합니다.

❻ txt파일 컨트롤에 입력된 그림 파일을 현재 시트에 삽입하고, 삽입한 그림을 [그림] 변수에 연결합니다.

❼ chk그림 컨트롤이 체크되었다면 If 문 블록 안의 명령을 순서대로 실행합니다.

• [그림] 변수에 연결된 그림을 복사합니다.
• 현재 시트에 그림으로 붙여 넣고, 복사된 그림 파일을 선택합니다.
• [그림] 변수에 연결된 그림을 삭제합니다.
• [그림] 변수에 선택된 개체를 연결합니다.

이 과정이 정상적으로 수행되면 삽입된 그림이 그림으로 복사된 후 먼저 삽입된 그림은 삭제되고 새로 복사된 그림이 [그림] 변수에 연결됩니다.

❽ [그림] 변수에 연결된 그림을 지정된 범위에 맞추기 위해 With 문을 사용해 다음 명령을 순서대로 실행합니다.
- [그림] 변수에 연결된 그림의 [가로 세로 비율 고정] 옵션(LockAspectRatio)을 해제합니다. 이렇게 해야 그림이 지정된 범위와 맞게 크기가 조정됩니다.
- [그림] 개체의 상단(Top) 위치를 [삽입범위] 변수에 연결된 범위의 상단과 일치시킵니다.
- [그림] 개체의 왼쪽(Left) 위치를 [삽입범위] 변수에 연결된 범위의 왼쪽과 일치시킵니다.
- [그림] 개체의 세로(Height) 높이를 [삽입범위] 변수에 연결된 범위의 세로 높이와 일치시킵니다.
- [그림] 개체의 가로(Width) 너비를 [삽입범위] 변수에 연결된 범위의 가로 너비와 일치시킵니다.

❾ 폼을 닫습니다.

09 마법사 폼을 실행할 매크로를 Module 개체에 추가합니다.

10 VB 편집기 창의 [삽입]–[모듈] 메뉴를 선택합니다.

11 삽입된 Module1 개체의 코드 창에 다음 매크로를 입력합니다.

```
Sub 폼실행()

    frm마법사.Show

End Sub
```

12 개발된 [폼실행] 매크로를 단추에 연결하기 위해 Alt + F11 을 눌러 엑셀 창을 표시합니다.

13 리본 메뉴의 [개발 도구] 탭–[컨트롤] 그룹–[삽입🔳]–[양식 컨트롤]–[단추▭]를 클릭합니다.

14 [J2:K3] 범위에 맞춰 단추 컨트롤 삽입하고 [폼실행] 매크로를 연결합니다.

15 단추 컨트롤을 클릭해 마법사 폼을 실행합니다.

16 마법사 1단계 화면에서 다음 설명을 참고해 그림을 선택하고 [다음〉] 버튼을 클릭합니다.

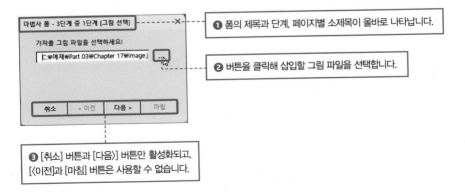

❶ 폼의 제목과 단계, 페이지별 소제목이 올바로 나타납니다.

❷ 버튼을 클릭해 삽입할 그림 파일을 선택합니다.

❸ [취소] 버튼과 [다음〉] 버튼만 활성화되고, [〈이전]과 [마침] 버튼은 사용할 수 없습니다.

17 2단계 화면에서 선택한 그림을 삽입할 셀(또는 범위)을 선택하고 [다음>] 버튼을 클릭합니다.

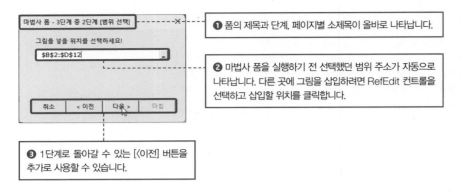

❶ 폼의 제목과 단계, 페이지별 소제목이 올바로 나타납니다.

❷ 마법사 폼을 실행하기 전 선택했던 범위 주소가 자동으로 나타납니다. 다른 곳에 그림을 삽입하려면 RefEdit 컨트롤을 선택하고 삽입할 위치를 클릭합니다.

❸ 1단계로 돌아갈 수 있는 [<이전] 버튼을 추가로 사용할 수 있습니다.

18 그림을 복사해 넣을지 여부를 선택한 후 [마침] 버튼을 클릭합니다.

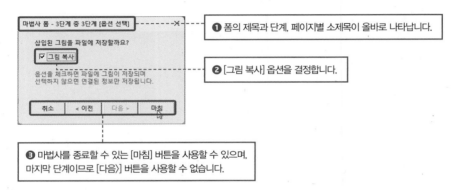

❶ 폼의 제목과 단계, 페이지별 소제목이 올바로 나타납니다.

❷ [그림 복사] 옵션을 결정합니다.

❸ 마법사를 종료할 수 있는 [마침] 버튼을 사용할 수 있으며, 마지막 단계이므로 [다음>] 버튼을 사용할 수 없습니다.

19 그러면 다음 화면과 같이 선택한 그림이 지정된 위치에 삽입됩니다.

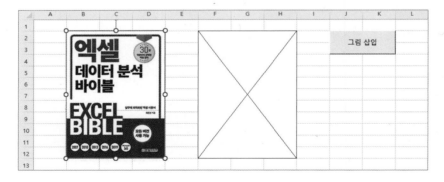

🔍 더 알아보기   **[그림 복사] 옵션의 체크 여부에 따른 차이**

[그림 복사] 옵션을 체크하면 삽입된 그림이 파일에 저장되므로 다른 PC에서 열어도 그대로 보입니다. 하지만 [그림 복사] 옵션을 체크하지 않으면 다른 PC에서 열거나 그림 파일의 위치가 변경되었을 때 다음 오른쪽 화면과 같이 그림이 깨져 보입니다.

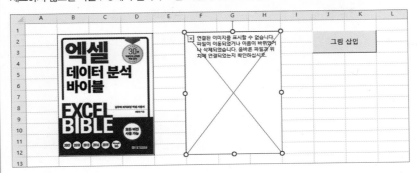

그러므로 그림을 삽입한 후 다른 PC에서 해당 그림을 볼 수 있게 하려면 마법사 폼 3단계 화면에서 [그림 복사] 옵션을 체크합니다.

기타 유용한
개발 방법

차트

엑셀 차트는 엑셀 2007 버전부터 큰 폭의 변화를 보여주었습니다. 단순히 화려해졌다는 시각적인 특성뿐 아니라 차트를 생성하는 방식에도 다양한 변화가 생겼습니다. VBA를 이용해 차트를 생성하려면 엑셀 2003 이하 버전과 엑셀 2007 이상 버전에서 차트 생성 방식의 차이가 크다는 점을 분명히 알고 있어야 합니다. 또한 엑셀 2016 버전부터 폭포, 트리맵, 다이어그램 차트 등의 새로운 차트가 추가로 제공되면서 VBA에서도 차트 생성에 필요한 명령이 새로 추가되었습니다.

차트를 원하는 위치에 원하는 크기로 생성하는 방법

예제 파일 PART 04 \ CHAPTER 18 \ (Shape) AddChart, AddChart2 메서드.xlsm

엑셀 2007 이후 버전에서 차트 생성 방법

엑셀의 차트는 엑셀 2007 이상 버전부터 달라졌기 때문에 매크로 역시 생성 방법을 잘 숙지해 작업해야 합니다. 또한 생성된 차트의 위치를 조정하려면 그림 개체처럼 삽입된 차트의 좌측, 상단을 맞춰주어야 하며, 가로/세로 크기를 조정합니다.

예제를 열면 아래 화면과 같은 표를 확인할 수 있습니다.

	담당	매출
	박지훈	16,251
	유준혁	18,441
	이서연	11,725
	김민준	7,814
	최서현	17,374
	박현우	22,818
	정시우	7,008
	이은서	7,383
	오서윤	13,400

차트를 [G3] 병합 셀 범위 위치에 생성하려면 다음과 같은 매크로를 사용합니다.

```
Sub 차트생성()

' 1단계 : 변수를 선언합니다.                    ❶
    Dim 차트생성위치 As Range
    Dim 차트 As Chart

' 2단계 : 기존 차트가 존재하면 삭제합니다.        ❷
    On Error Resume Next
        ActiveSheet.ChartObjects(1).Delete
    On Error GoTo 0
```

```
' 3단계 : 변수의 초깃값을 설정합니다.
  Set 차트생성위치 = Range("G3").MergeArea ─────────── ❸
  Set 차트 = ActiveSheet.Shapes.AddChart.Chart ─────────── ❹

' 4단계 :세로 막대형 차트를 생성합니다.
  With 차트 ─────── ❺

        .SetSourceData Source:=Range("B3").CurrentRegion ─────────── ❻
        .ChartType = xlColumnClustered ────────── ❼

' 5단계 : 차트의 위치와 크기를 조정하고, 차트 옵션을 변경합니다.
     With .Parent ─────────── ❽
        .Left = 차트생성위치.Left
        .Top = 차트생성위치.Top
        .Width = 차트생성위치.Width
        .Height = 차트생성위치.Height
     End With

     .HasLegend = False ─────────── ❾
     .HasTitle = True ─────────── ❿
     .ChartTitle.Caption = "영업사원 매출 실적 비교" ─────────── ⓫

  End With

End Sub
```

❶ 매크로에 필요한 Range 형식의 [차트생성위치] 개체변수와 Chart 형식의 [차트] 개체변수를 선언합니다.

❷ 현재 시트의 첫 번째 차트를 삭제합니다. 차트가 존재하지 않으면 에러가 발생하므로, On Error 문을 사용해 에러를 무시하도록 합니다.

❸ [차트생성위치] 변수에 [G3] 셀이 속한 병합된 전체 셀 범위(G3:M13)를 연결합니다.

❹ 현재 시트에 새 차트를 생성하고, Chart 개체를 [차트] 변수에 연결합니다.

❺ 생성된 차트에는 여러 설정 작업을 위해 With 문을 사용합니다.

❻ SetSourceData 메서드를 이용해 차트 원본 범위를 [B3] 셀부터 연속된 데이터 범위로 설정합니다.

❼ 생성된 차트 종류는 [묶은 세로 막대형] 차트로 설정합니다. 다음은 엑셀에서 제공하는 기본 차트 종류입니다.

차트 종류	내장 상수	값	설명
세로 막대형	xlColumnClustered	51	묶은 세로 막대형
	xlColumnStacked	52	누적 세로 막대형
	xlColumnStacked100	53	100% 기준 누적 세로 막대형
꺾은선형	xlLine	4	꺾은선형
	xlLineStacked	63	누적 꺾은선형
	xlLineStacked100	64	100% 기준 누적 꺾은선형
	xlLineMarkers	65	표식이 있는 꺾은선형
	xlLineMarkersStacked	66	표식이 있는 누적 꺾은선형
	xlLineMarkersStacked100	67	표식이 있는 100% 기준 누적 꺾은선형

차트 종류	내장 상수	값	설명
원형	xlPie	5	원형
	xlPieExploded	69	쪼개진 원형
	xl3DPieExploded	70	쪼개진 3차원 원형
	xlPieOfPie	68	원형 대 원형
	xlBarOfPie	71	원형 대 가로 막대형
가로 막대형	xlBarClustered	57	묶은 가로 막대형
	xlBarStacked	58	누적 가로 막대형
	xlBarStacked100	59	100% 기준 누적 가로 막대형
영역형	xlArea	1	영역형
	xlAreaStacked	76	누적 영역형
	xlAreaStacked100	77	100% 기준 누적 영역형
분산형	xlXYScatter	−4169	분산형
	xlXYScatterLines	74	직선 및 표식이 있는 분산형
	xlXYScatterLinesNoMarkers	75	직선이 있는 분산형
	xlXYScatterSmooth	72	곡선 및 표식이 있는 분산형
	xlXYScatterSmoothNoMarkers	73	곡선이 있는 분산형

❽ 차트의 위치와 크기를 조정하려면 Chart 개체의 부모 개체인 ChartObject 개체를 대상으로 작업해야 합니다. [차트] 변수에 연결된 Chart 개체의 Parent 속성을 사용해 ChartObject 개체에 With 문을 사용해 아래 작업을 처리합니다.

- 차트의 왼쪽 위치(Left 속성)를 [차트생성위치] 변수에 연결된 범위의 왼쪽과 동일하게 변경합니다.
- 차트의 상단 위치(Top 속성)를 [차트생성위치] 변수에 연결된 범위의 상단과 동일하게 변경합니다.
- 차트의 가로 너비(Width 속성)를 [차트생성위치] 변수에 연결된 범위의 가로와 동일하게 변경합니다.
- 차트의 세로 길이(Height 속성)를 [차트생성위치] 변수에 연결된 범위의 세로와 동일하게 변경합니다.

❾ 범례를 표시하지 않습니다.

❿ 차트 제목을 표시합니다. 계열이 둘 이상이면 차트 제목이 표시되지 않으므로, 이 작업 후 차트 제목을 변경해야 합니다.

⓫ 차트 제목은 영업사원 매출 실적 비교로 변경합니다.

TIP 이 매크로는 예제의 [차트] 단추에 연결되어 있습니다.

[차트] 단추를 클릭하여 매크로를 실행하면 지정된 위치에 차트가 생성됩니다.

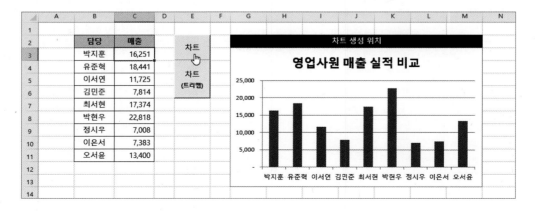

엑셀 2016 버전부터 추가된 차트 생성 방법

엑셀 2016 버전에 트리맵, 썬버스트, 폭포형 차트 등이 새로 추가되었는데, 이런 차트를 매크로로 생성하려면 AddChart2 메서드를 이용해야 합니다. AddChart2 메서드는 AddChart 메서드와는 달리 Shape 개체를 반환하므로 변수 선언 등에 주의가 필요합니다. 동일한 예제를 이용해 트리맵 차트를 생성하고 싶다면 다음과 같은 매크로를 사용합니다.

```
Sub 트리맵차트()

' 1단계 : 변수를 선언합니다.
   Dim 차트생성위치 As Range
   Dim 차트 As Shape                     ❶

' 2단계 : 기존 차트가 존재하면 삭제합니다.
   On Error Resume Next
      ActiveSheet.ChartObjects(1).Delete
   On Error GoTo 0

' 3단계 : 변수의 초깃값을 설정합니다.
   Set 차트생성위치 = Range("G3").MergeArea

' 4단계 : 트리맵 차트를 생성합니다.
   Range("B2").Select                   ❷

   Set 차트 = ActiveSheet.Shapes.AddChart2(Style:=-1, _
                            XlChartType:=xlTreemap, _
                            Left:=차트생성위치.Left, _
                            Top:=차트생성위치.Top, _
                            Width:=차트생성위치.Width, _
                            Height:=차트생성위치.Height)          ❸

' 5단계 : 차트의 위치와 크기를 조정하고, 차트 옵션을 변경합니다.
   With 차트.Chart                       ❹

      .HasLegend = False
      .HasTitle = True
      .ChartTitle.Caption = "영업사원 매출 실적 비교"

   End With

End Sub
```

❶ Shape 형식의 [차트] 변수를 선언합니다.
❷ [B2] 셀을 선택합니다. 이 코드는 차트로 생성할 표 범위 내 셀을 하나 선택하는 것으로, 바로 아래 줄에서 차트를 생성하면 자동으로 전체 범위로 확장됩니다. 그러므로 이번 코드는 다음과 동일합니다.

```
Range("B2").CurrentRegion.Select
```

❸ AddChart2 메서드를 이용해 차트를 생성합니다. Style 매개변수의 −1은 기본 스타일을 의미하며, XlChartType 매개변수에 원하는 차트 종류를 선택합니다. Left, Top, Width, Height 매개변수를 이용해 차트의 위치와 크기를 동시에 설정합니다.

엑셀 2016 버전부터 새로 추가된 차트의 내장 상수는 다음과 같습니다.

내장 상수	값	설명
xlTreemap	117	트리맵
xlHistogram	118	히스토그램
xlWaterfall	119	폭포
xlSunburst	120	선버스트
xlBoxwhisker	121	상자 수염 그림
xlPareto	122	파레토
xlFunnel	123	깔대기

TIP 참고로 XlChartType 매개변수에 AddChart에서 사용했던 내장 상수 역시 사용할 수 있습니다.

❹ 차트의 옵션을 변경하기 위해 [차트] 변수에 연결된 Shape 개체 내 Chart 개체를 With 문으로 설정합니다.

[차트 (트리맵)] 단추를 클릭하여 매크로를 실행하면 지정된 위치에 차트가 생성됩니다.

선택 항목에 맞춰 차트 원본 범위를 자동으로 변경

예제 파일 PART 04 \ CHAPTER 18 \ (Chart) SetSourceData 속성.xlsm

차트의 원본 범위를 수정해야 한다면 Chart 개체의 SetSourceData 속성에 원하는 범위를 전달합니다. 이때 연속되지 않은 떨어진 범위를 차트 범위로 설정해야 한다면 Union 함수를 사용해 X축 범위와 Y축 범위를 연결합니다. 예제를 열면 아래 화면과 같은 표와 차트를 확인할 수 있습니다.

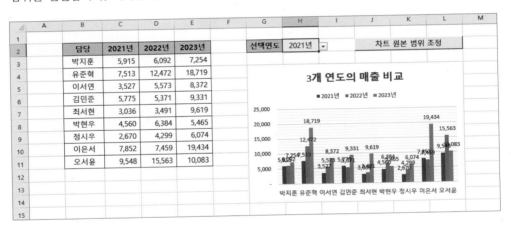

[H2] 셀의 연도를 변경했을 때 해당 연도의 데이터만 차트에 표시하려면 다음의 매크로를 사용합니다.

```
Sub 범위조정()

' 1단계 : 변수를 선언합니다. ――――――――――❶
    Dim X축 As Range
    Dim Y축 As Range
    Dim 선택연도 As Range
    Dim 원본범위 As Range

' 2단계 : 연도를 선택했는지 확인합니다.
    Set 선택연도 = Range("H2") ―――――――❷
    If Not IsEmpty(선택연도) Then ―――――――❸
```

```
' 3단계 : X축, Y축 범위를 설정합니다.
    Set X축 = Range("B2", Cells(Rows.Count, "B").End(xlUp))  ———————— ❹

        Set Y축 = Range("C2:E2")  ———————— ❺
        Set Y축 = Y축.Find(What:=선택연도).Resize(X축.Rows.Count)  ———————— ❻
        Set 원본범위 = Union(X축, Y축)  ———————— ❼

' 4단계 : 차트의 설정 및 원본 범위를 재설정합니다.
        With ActiveSheet.ChartObjects(1).Chart  ———————— ❽
            .HasLegend = False  ———————— ❾
            .HasTitle = True  ———————— ❿
            .ChartTitle.Caption = 선택연도 & "의 실적 비교"
            .SetSourceData Source:=원본범위  ———————— ⓫
        End With
    End If
End Sub
```

❶ 매크로 동작에 필요한 Range 형식의 [X축], [Y축], [선택연도], [원본범위] 개체변수를 선언합니다.

❷ [선택연도] 변수에 [H2] 셀을 연결하는데, [H2] 셀에는 사용자가 선택한 연도가 입력되어 있습니다.

❸ [선택연도] 변수에 연결된 [H2] 셀에 값이 입력된 경우에만 ❹ 줄 아래의 코드를 실행합니다.

❹ [X축] 변수에 [B2] 셀부터 B열의 마지막 데이터 입력 위치까지 범위를 연결합니다.

❺ [Y축] 변수에 [C2:E2] 범위를 연결합니다.

❻ [Y축] 변수에 연결된 범위에서 [선택연도] 변수에 연결된 값을 찾고, X축 범위의 셀 개수만큼 조정한 범위를 [Y축] 변수에 다시 연결합니다.

❼ [원본범위] 변수에 Union 함수를 사용해 [X축], [Y축] 변수의 범위를 합쳐 연결합니다.

❽ 현재 시트의 첫 번째 차트에는 여러 설정 작업을 처리하기 위해 With 문을 사용합니다.

❾ 범례는 표시하지 않습니다.

❿ 차트 제목을 표시하고 [선택연도] 변숫값과 "의 실적 비교" 문자열을 연결해 입력합니다.

⓫ 차트의 원본 범위를 [원본범위] 변수에 연결된 범위로 조정합니다.

[H2] 셀에서 원하는 연도를 선택하고 [차트 원본 범위 조정] 단추를 클릭해 [범위조정] 매크로를 실행하면 차트가 해당 연도의 값만 비교하도록 변경됩니다.

차트 데이터 레이블에 원하는 값을 표시하는 방법

예제 파일 PART 04 \ CHAPTER 18 \ (DataLabe) ShowRange 속성.xlsm

엑셀 2013 버전 이상 사용자를 위한 방법

데이터 레이블은 차트의 원본 데이터 범위 내 값만 표시할 수 있습니다. 원본 범위 이외의 다른 범위 내 셀 값을 데이터 레이블로 표시하고 싶다면 엑셀 2013 버전부터 새로 추가된 [셀 값] 옵션을 사용합니다. 다음 과정을 참고합니다.

예제를 열면 아래 화면과 같은 표와 차트를 확인할 수 있습니다.

분류	판매수량	매출
제본기	5,915	164,810,450
복사기	3,513	185,908,500
바코드스캐너	2,527	54,111,200
문서세단기	6,775	124,166,550
복사용지	4,036	48,909,900
출퇴근기록기	4,560	123,590,750
팩스	1,670	77,505,350
복합기	4,852	223,033,700

분산형 차트는 기본적으로 숫자 값 범위만 선택해 차트를 생성하므로, 예제의 원본 범위는 [C3:D10] 범위입니다. 그러므로 [B3:B10] 범위의 [분류]를 데이터 레이블에 표시하려면 [셀 값] 옵션을 이용하도록 매크로를 구성합니다. 다음 매크로를 참고합니다.

```
Sub 데이터레이블_셀값_2013( )              ──────── ❶

' 1단계 : 변수를 선언합니다.                ──────── ❷
    Dim 레이블범위 As Range
    Dim 셀주소 As String
```

```vba
' 2단계 : 변수에 초깃값을 저장합니다.
    Set 레이블범위 = Range("B3", Cells(Rows.Count, "B").End(xlUp))                    ❸
    셀주소 = ActiveSheet.Name & "!" & 레이블범위.Address                              ❹

' 3단계 : 데이터 레이블의 [셀 값] 옵션을 이용해 데이터 레이블을 지정된 위치의 값으로 변경합니다.
    With ActiveSheet.ChartObjects(1).Chart                                          ❺

        With .SeriesCollection(1)                                                   ❻

            .ApplyDataLabels                                                        ❼

            With .DataLabels                                                        ❽

                .ShowValue = False                                                 ❾
                .ShowRange = True                                                  ❿

                With .Format.TextFrame2.TextRange                                   ⓫

                    .InsertChartField ChartFieldType:=msoChartFieldRange, _
                                Formula:="=" & 셀주소                               ⓬

                End With

            End With

        End With

    End With

End Sub
```

❶ 이 매크로는 엑셀 2013 버전부터 정상 동작하며, 엑셀 2010 이하 버전에서는 에러가 발생합니다.

❷ Range 형식의 [레이블범위] 개체변수와 String 형식의 [셀주소] 변수를 선언합니다.

❸ [레이블범위] 변수에 [B3] 셀부터 B열의 마지막 데이터 입력위치까지의 범위를 연결합니다.

❹ [셀주소] 변수에 현재 시트의 이름과 [레이블범위] 변수에 연결된 범위의 주소를 "!" 구분 문자를 사용해 연결한 값을 저장합니다. 이렇게 하면 [셀주소] 변수에 **sample!$B$3:$B$11**과 같은 문자열이 저장됩니다.

❺ 현재 시트의 첫 번째 차트를 대상으로 여러 작업을 처리하기 위해 With 문을 사용합니다.

❻ 차트의 첫 번째 계열을 대상으로 여러 작업을 처리하기 위해 With 문을 중첩 사용합니다.

❼ ApplyDataLabels 메서드를 이용해 데이터 계열의 레이블을 화면에 표시합니다. 이 작업은 보통 차트에서 데이터 계열을 선택하고 데이터 레이블을 표시하는 작업과 동일합니다.

❽ 표시된 데이터 레이블의 옵션을 변경하기 위해 With 문을 중첩 사용합니다.

❾ ShowValue 속성값을 False로 지정해 기본 옵션으로 설정된 Y축의 값이 화면에 표시되지 않도록 합니다.

❿ ShowRange 속성값을 True로 설정해 [셀 값] 옵션을 사용합니다.

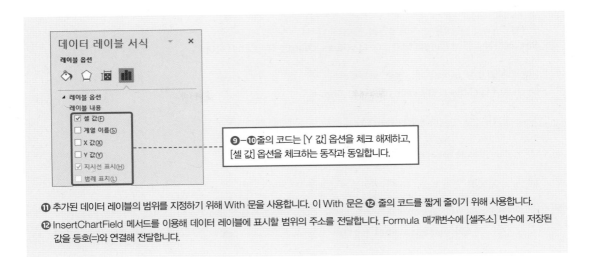

⑨–⑩줄의 코드는 [Y 값] 옵션을 체크 해제하고, [셀 값] 옵션을 체크하는 동작과 동일합니다.

⓫ 추가된 데이터 레이블의 범위를 지정하기 위해 With 문을 사용합니다. 이 With 문은 ⓬ 줄의 코드를 짧게 줄이기 위해 사용합니다.

⓬ InsertChartField 메서드를 이용해 데이터 레이블에 표시할 범위의 주소를 전달합니다. Formula 매개변수에 [셀주소] 변수에 저장된 값을 등호(=)와 연결해 전달합니다.

[데이터 레이블(2013 이상)] 단추를 클릭해 이 매크로를 실행하면 아래와 같은 결과를 확인할 수 있습니다.

	분류	판매수량	매출
	제본기	5,915	164,810,450
	복사기	3,513	185,908,500
	바코드스캐너	2,527	54,111,200
	문서세단기	6,775	124,166,550
	복사용지	4,036	48,909,900
	출퇴근기록기	4,560	123,590,750
	팩스	1,670	77,505,350
	복합기	4,852	223,033,700

분류별 실적

엑셀 2010 이하 버전에서 사용 방법

엑셀 2010 이하 버전에서는 [셀 값] 옵션이 따로 제공되지 않으므로, 원본 데이터 범위와 다른 셀 값을 데이터 레이블에 표시하려면 데이터 레이블의 값을 하나씩 수정해야 합니다. 이런 작업을 처리하는 매크로는 다음과 같습니다.

```
Sub 데이터레이블_셀값( )                    ❶

' 1단계 : 변수를 선언합니다.
  Dim 레이블범위 As Range
  Dim 요소 As Point                       ❷
  Dim i As Integer                        ❸
```

```
' 2단계 : [레이블범위] 변수에 B열의 데이터 범위를 연결합니다.
   Set 레이블범위 = Range("B3", Cells(Rows.Count, "B").End(xlUp))

' 3단계 : 차트의 데이터 레이블을 해제합니다.
   With ActiveSheet.ChartObjects(1).Chart

       With .SeriesCollection(1)

           .HasDataLabels = False ─────────── ❹

' 4단계 : 차트의 요소별로 데이터 레이블을 표시하고, B열의 값으로 하나씩 수정합니다.
           For Each 요소 In .Points ─────────── ❺

               요소.HasDataLabel = True ─────────── ❻

               With 요소.DataLabel ─────────── ❼

                   i = i + 1 ─────────── ❽
                   .Text = 레이블범위.Cells(i).Value ─────────── ❾
                   .Format.TextFrame2.TextRange.Font.Size = 8 ─────────── ❿
                   .Position = xlLabelPositionBelow ─────────── ⓫

               End With

           Next

       End With

   End With

End Sub
```

❶ 이 매크로는 엑셀 버전과 무관하게 동작합니다.

❷ Point 형식의 [요소] 개체변수를 선언합니다. Point 개체는 계열 내 하나하나의 값을 의미하며, 한국어 버전에서는 '요소'라고 합니다.

❸ Integer 형식의 [i] 변수를 선언합니다.

❹ 첫 번째 계열의 HasDataLabels 속성을 False로 변경해 데이터 레이블을 표시하지 않습니다.

❺ For 순환문을 사용해 첫 번째 계열의 Points 컬렉션을 순환하면서 [요소] 변수에 하나씩 연결합니다.

❻ [요소] 변수에 연결된 Point 개체의 HasDataLabel 속성을 True로 설정해 데이터 레이블을 표시합니다. 이렇게 하면 계열 전체에 데이터 레이블을 추가하지 않고, 요소마다 데이터 레이블을 하나씩 추가하게 됩니다.

❼ [요소] 변수에 연결된 Point 개체를 대상으로 여러 작업을 처리하기 위해 With 문을 사용합니다.

❽ [i] 변수를 1씩 증가시킵니다. 이렇게 하면 순환할 때마다 1, 2, 3, … 순서로 일련번호가 [i] 변수에 저장됩니다. 참고로 [i] 변수는 데이터 계열 내 몇 번째 요소인지를 확인하기 위한 용도입니다.

❾ Text 속성을 이용해 데이터 레이블에 [레이블범위] 변수에 연결된 범위 내 [i] 번째 셀 값을 넣습니다.

❿ 데이터 레이블에 입력된 문자열의 글꼴 사이즈를 8로 설정합니다.

⓫ 데이터 레이블의 위치를 표식 하단에 위치하도록 설정합니다.

[데이터 레이블] 단추를 클릭해 개발된 매크로를 실행하면 표식 하단에 데이터 레이블이 제대로 표시됩니다.

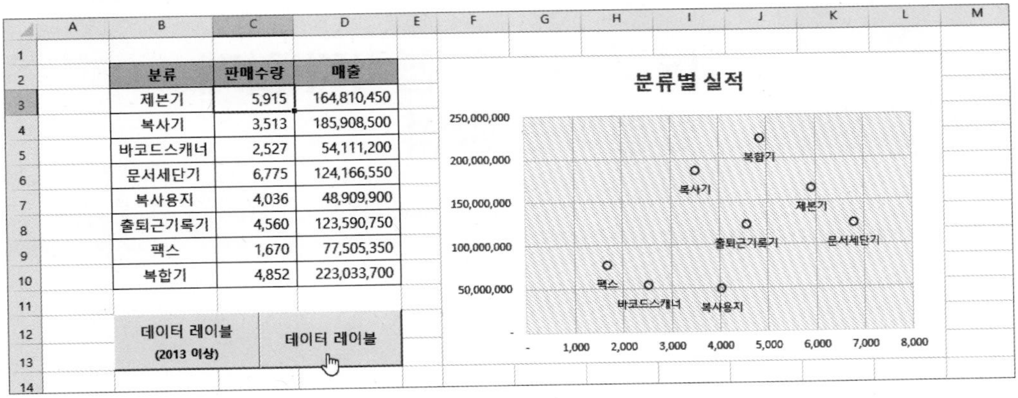

분류
판매수량
매출
제본기 5,915 164,810,450
복사기 3,513 185,908,500
바코드스캐너 2,527 54,111,200
문서세단기 6,775 124,166,550
복사용지 4,036 48,909,900
출퇴근기록기 4,560 123,590,750
팩스 1,670 77,505,350
복합기 4,852 223,033,700
데이터 레이블 (2013 이상)
데이터 레이블
분류별 실적
250,000,000
200,000,000
150,000,000
100,000,000
50,000,000
-
1,000
2,000
3,000
4,000
5,000
6,000
7,000
8,000
복합기
복사기
제본기
출퇴근기록기
문서세단기
팩스
바코드스캐너
복사용지

여러 차트를 겹치지 않게 정렬하는 방법

예제 파일 PART 04 \ CHAPTER 18 \ (Chart) 정렬.xlsm

차트를 많이 생성한 경우라면 차트를 보기 좋게 정렬하고 싶지만 이 작업은 엑셀에서 지원하지 않으므로 매크로를 사용해야 합니다. 다음 과정을 참고합니다.

예제를 열고 [chart] 시트를 선택하면 영업사원별 차트를 확인할 수 있습니다.

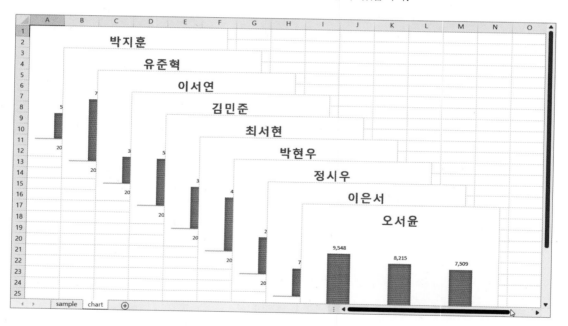

해당 차트를 M×N 행렬과 같이 순서대로 정렬하는 매크로는 다음과 같습니다.

```
Sub 차트정렬()

' 1단계 : 변수를 선언합니다.
    Dim 차트개체 As ChartObject ──────────── ❶
    Dim 기준셀 As Range ──────── ❷
```

```vba
    Dim 너비 As Integer, 길이 As Integer          ──────── ❸
    Dim 간격 As Integer, 개수 As Integer          ──────── ❹
    Dim i As Integer          ──────── ❺
    Dim 행 As Integer, 열 As Integer          ──────── ❻

' 2단계 : 변수의 초깃값을 설정합니다.
    Set 기준셀 = Range("B2")          ──────── ❼

    너비 = 240          ──────── ❽
    길이 = 160          ──────── ❾
    간격 = 10          ──────── ❿
    개수 = Application.InputBox(Prompt:="한 줄에 표시할 차트의 수를 입력하세요!", _
                        Title:="차트 정렬", _
                        Default:=3, _
                        Type:=1 )          ──────── ⓫

' 3단계 : 한 줄에 표시할 차트의 수가 올바로 지정됐는지 확인합니다.
    If 개수 <> False Then          ──────── ⓬

        If IsNumeric(개수) Then          ──────── ⓭

            If 개수 > 0 Then          ──────── ⓮

' 4단계 : 차트를 정렬합니다.
                For Each 차트개체 In ActiveSheet.ChartObjects          ──────── ⓯

                    i = i + 1          ──────── ⓰
                    행 = Int((i - 1) / 개수)          ──────── ⓱
                    열 = (i - 1) Mod 개수          ──────── ⓲

                    With 차트개체          ──────── ⓳

                        .Width = 너비          ──────── ⓴
                        .Height = 길이          ──────── ㉑

                        .Left = 너비 * 열 + 간격 * 열 + 기준셀.Left          ──────── ㉒
                        .Top = (길이 + 간격) * 행 + 기준셀.Top          ──────── ㉓

                    End With

                Next

            End If

        End If

    End If

End Sub
```

❶ ChartObject 형식의 [차트개체] 개체변수를 선언합니다.

❷ Range 형식의 [기준셀] 개체변수를 선언합니다.

❸ Integer 형식의 [너비], [길이] 변수를 선언합니다. 이 변수는 차트의 기본 가로×세로 값을 값을 저장할 용도입니다.

❹ Integer 형식의 [간격], [너비] 변수를 선언합니다. 이 변수는 차트 간의 간격이나 한 줄에 표시할 차트 개수의 값을 저장할 용도입니다.

❺ Integer 형식의 [i] 변수를 선언합니다. 이 변수는 차트의 인덱스 번호를 부여해 몇 번째 차트인지를 파악하기 위한 용도입니다.

❻ Integer 형식의 [행], [열] 변수를 선언합니다. 이 변수는 차트를 표시할 행, 열 좌표를 계산할 값을 저장할 용도입니다.

❼ [기준셀] 변수에 [B2] 셀을 연결합니다. 이 셀은 정렬될 차트의 왼쪽 상단 첫 번째 셀 위치로, A열과 1행은 차트 정렬 위치에서 비워두기 위해 설정합니다.

❽ [너비] 변수에는 240 값을 입력합니다. 이 값은 차트의 가로 너비를 의미합니다.

❾ [길이] 변수에는 160 값을 입력합니다. 이 값은 차트의 세로 길이를 의미합니다.

❿ [간격] 변수에는 10 값을 입력합니다. 이 값은 차트와 차트 사이의 간격을 의미합니다.

⓫ [개수] 변수에 Application 개체의 InputBox 메서드를 이용해 한 줄로 표시할 차트의 개수를 입력받아 저장합니다. 기본값(Defalut)은 3이며, 저장 형식(Type)은 숫자(1)로 설정합니다. Application 개체의 InputBox 메서드에 대한 자세한 설명은 **SECTION 10-02**를 참고합니다.

⓬ [개수] 변수에 저장된 값이 False가 아닌 경우에만 정렬합니다. Application 개체의 InputBox 메서드를 이용할 때 표시되는 입력 창에서 [취소]를 클릭하면 False 값이 반환되므로, [취소]를 클릭하지 않은 경우에만 정상 동작하도록 하는 판단 조건입니다.

⓭ [개수] 변수에 저장된 값이 숫자인지 확인합니다.

⓮ [개수] 변숫값이 0을 초과하는 경우(1, 2, 3, …)인지 확인합니다. ⓬-⓮ 줄은 다음과 같이 And 연산자를 사용해 한 줄로 조건을 구성할 수 있습니다.

```
If 개수 <> False And IsNumeric(개수) And 개수 > 0 Then
```

다만 이번 예제 코드와 같이 하나씩 나눠 처리하는 것이 속도 면에서는 더 유리합니다.

⓯ For 순환문을 사용해 현재 시트의 모든 차트를 하나씩 [차트개체] 변수에 연결합니다.

⓰ [i] 변수를 1씩 증가시킵니다. 이렇게 하면 순환할 때마다 1, 2, 3, …과 같은 인덱스 번호가 저장됩니다.

⓱ [행] 변수에 차트가 몇 번째 행 위치에 표시되어야 하는지 계산해 입력합니다. [i] 변수에서 1을 뺀 값을 [개수] 변수에 저장된 값으로 나누고 정숫값만 [행] 변수에 저장합니다. 예를 들어 [개수] 변숫값이 3인 경우에는 [행] 변수에는 0, 0, 0, 1, 1, 1, 2, 2, 2, …과 같은 값이 세 개씩 연속해 저장됩니다.

⓲ [열] 변수에 차트가 몇 번째 열 위치에 표시되어야 하는지 계산해 넣습니다. [i] 변수에서 1을 뺀 값을 [개수] 변수에 저장된 값으로 나누고, 남은 나머지 값만 [열] 변수에 저장합니다. 만약 [개수] 변숫값이 3이라면 [열] 변수에 0, 1, 2, 0, 1, 2, 0, 1, 2, …과 같은 값이 순차적으로 저장됩니다.

⓳ [차트개체] 변수에 연결된 차트를 원하는 위치에 표시하기 위해 With 문을 사용합니다.

⓴ 차트 개체의 가로 너비(Width)를 [너비] 변숫값으로 변경합니다.

㉑ 차트 개체의 세로 길이(Height)를 [길이] 변숫값으로 변경합니다.

㉒ 차트 개체의 왼쪽 위치를 다음 계산식으로 계산된 위치로 변경합니다. 이 계산을 첫 번째 차트에 적용하면 **240*0+10*0+기준셀.Left**가 되므로 [기준셀] 변수의 왼쪽 위치와 동일하며, 두 번째 차트의 경우는 **240*1+10*1+기준셀.Left**가 되어 [기준셀] 변수의 왼쪽 위치에서 250 포인트 떨어진 위치에, 세 번째 차트는 **240*2+10*2+기준셀.Left**가 되어 [기준셀] 변수의 왼쪽 위치에서 500 포인트 떨어진 위치에 표시됩니다.

㉓ 차트 개체의 상단 위치를 다음 계산식으로 계산된 위치로 변경합니다. 이 계산식이 적용된 처음 세 개의 차트는 **(160+10)*0+기준셀.Top**이 되어 [기준셀] 변수의 상단 위치와 동일하며, 다음 세 개(4~6번)의 차트는 **(160+10)*1+기준셀.Top**이 되어 [기준셀] 변수의 상단 위치에서 170 포인트 떨어진 위치에 표시됩니다. 다음 세 개(7~9번) 차트는 [기준셀] 개체변수의 상단 위치에서 240 포인트 떨어진 위치에 표시됩니다.

개발된 매크로를 실행하면 다음과 같은 입력 창이 표시됩니다. 이 창에 한 줄로 표시할 차트 개수를 입력하고 [확인]을 클릭합니다.

다음 화면은 대화상자에서 **3**을 입력한 결과 화면입니다.

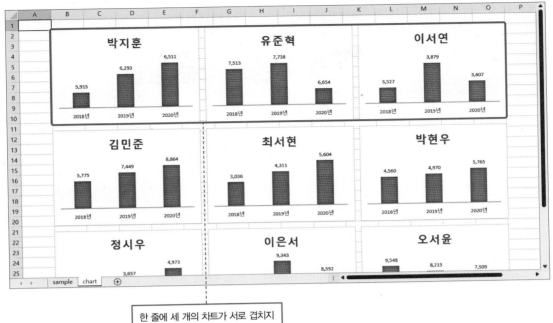

한 줄에 세 개의 차트가 서로 겹치지
않고 제대로 정렬됩니다.

차트 이벤트 적용 방법

예제 파일 PART 04 \ CHAPTER 18 \ (Chart) 이벤트.xlsm

차트 시트의 이벤트 이해

워크시트 내 삽입된 차트는 워크시트 이벤트에서 지원되지 않는 한 이벤트를 사용할 수 없습니다. 앞서 설명한 워크시트 이벤트에서는 차트 관련 이벤트를 지원하지 않으므로 차트 이벤트는 불가능하다고 생각할 수 있습니다. 하지만 엑셀에는 차트만 넣어 사용할 수 있는 차트시트가 따로 제공되므로, 차트시트로 차트를 이동시키면 차트 관련 이벤트를 사용할 수 있습니다.

차트 시트로 차트 이동

예제를 열면 아래 화면과 같은 표와 차트를 확인할 수 있습니다. 차트를 선택하고 리본 메뉴의 [차트]-[디자인] 탭-[위치] 그룹-[차트 이동📖]을 클릭합니다.

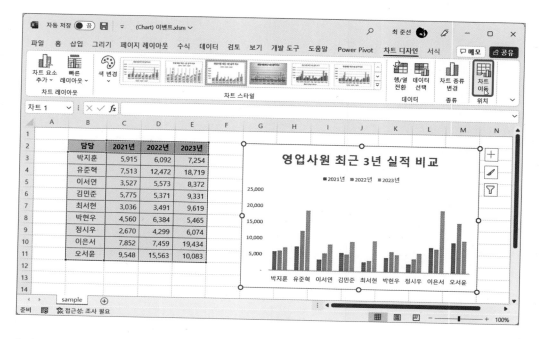

[차트 이동] 대화상자가 표시되면 [새 시트]를 선택하고 [확인]을 클릭합니다.

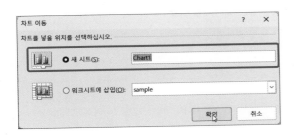

TIP 오른쪽 입력상자에서 차트시트의 이름을 수정할 수 있습니다.

차트가 차트시트로 이동되며, 이제 차트 이벤트를 활용할 수 있습니다.

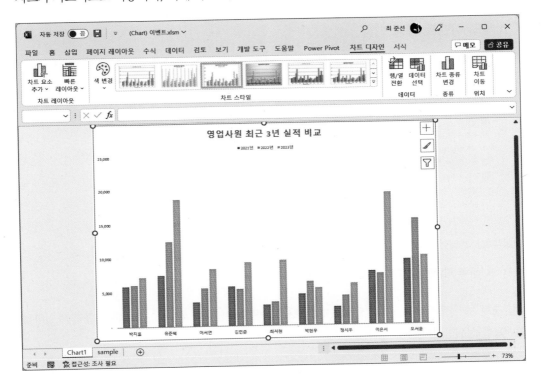

차트시트의 주요 이벤트

Chart 이벤트는 다음 표에서 확인할 수 있습니다.

이벤트	설명
Activate	차트가 선택되어 작업 대상이 될 때 발생합니다.
Deactivate	차트가 비활성화될 때 발생합니다.
BeforeDoubleClick	차트를 더블클릭할 때 발생합니다. 기본 동작이 실행되기 전에 먼저 실행됩니다.
BeforeRightClick	차트에서 마우스 오른쪽 버튼을 클릭할 때 발생합니다. 기본 동작인 단축 메뉴를 표시하기 전에 실행됩니다.
Calculate	차트에 새 데이터가 추가되거나 데이터가 변경될 때 발생합니다.
MouseDown	차트에서 마우스 버튼을 클릭할 때 발생합니다.

이벤트	설명	
MouseMove	차트에서 마우스 포인터 위치가 이동할 때 발생합니다.	
MouseUp	차트에서 마우스 버튼을 놓을 때 발생합니다. 차트에서 마우스를 클릭하면 MouseDown 이벤트가 발생하고 버튼에서 손이 떨어질 때 MouseUp 이벤트가 발생합니다.	
Resize	차트의 크기를 조정할 때 발생합니다.	
Select	차트 요소 중 하나를 선택할 때 발생합니다.	
SeriesChange	엑셀 2003 이하 버전과의 호환성 때문에 제공되며, 차트에서 데이터 막대의 크기를 변경해 데이터 값을 변경할 때 발생합니다.	

Chart 개체의 이벤트 생성 방법

[Chart1] 시트 탭에서 마우스 오른쪽 버튼을 클릭하고 [코드 보기]를 선택합니다.

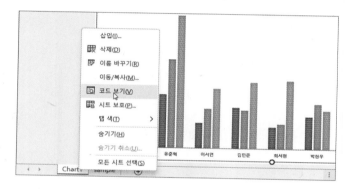

TIP [Alt]+[F11]을 누르고 프로젝트 탐색기 창에서 [Chart1] 개체를 더블클릭해도 됩니다.

코드 창의 [개체 보기]에서 [Chart]를 선택하고 프로시저 목록에서 아래 화살표▼ 버튼을 클릭해 원하는 Chart 이벤트를 선택합니다.

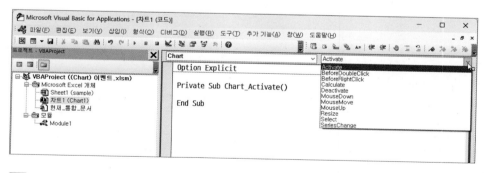

TIP Chart 개체의 기본 이벤트는 Activate 이벤트입니다.

Chart 이벤트의 ElementID 매개변수 이해

Worksheet 개체의 Change 이벤트는 사용자가 수정한 셀(또는 범위)을 Target 매개변수에 연결해 값을 고친 위치를 알 수 있도록 해줍니다. 이와 마찬가지로 Chart 개체의 이벤트에도 이와 유사한 매개변수가 존재합니다. 바로 ElementID 매개변수인데, 이 매개변수는 사용자가 선택한 차트 요소를 의미합니다. 차트 요소는 차트의 계열이나 축 등의 차트를 구성하는 하위 개체를 의미합니다.

다음은 BeforeDoubleClick 이벤트와 Select 이벤트가 삽입된 코드 창 화면으로 ElementID, Arg1, Arg2 매개변수가 전달되는 것을 확인할 수 있습니다.

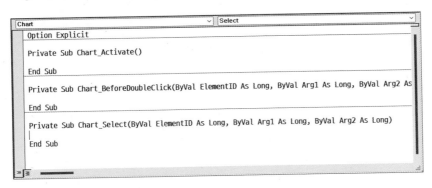

ElementID 매개변수는 사용자가 차트에서 선택한 요소를 의미하며, Arg1과 Arg2는 선택된 상세 요소를 의미하는 값이 저장됩니다. 다음은 ElementID 매개변수에서 반환하는 내장 상수 값입니다.

ElementID	값	Arg1	Arg2	설명
xlChartArea	2			차트 영역
xlChartTitle	4			차트 제목
xlPlotArea	19			그림 영역
xlLegend	24			범례
xlDataTable	7			데이터 표
xlSeries	3	SeriesIndex	PointIndex	계열
xlDataLabel	0	SeriesIndex	PointIndex	데이터 레이블
xlTrendline	8	SeriesIndex	TrendLineIndex	추세선
xlErrorBars	9	SeriesIndex		오차 막대
xlXErrorBars	10	SeriesIndex		가로 오차 막대
xlYErrorBars	11	SeriesIndex		세로 오차 막대
xlLegendEntry	12	SeriesIndex		범례 항목
xlLegendKey	13	SeriesIndex		범례
xlAxis	21	AxisIndex	AxisType	축
xlMajorGridlines	15	AxisIndex	AxisType	주 눈금선
xlMinorGridlines	16	AxisIndex	AxisType	보조 눈금선

ElementID	값	Arg1	Arg2	설명
xlAxisTitle	17	AxisIndex	AxisType	축 제목
xlDisplayUnitLabel	30	AxisIndex	AxisType	축 단위 레이블
xlUpBars	18	GroupIndex		양선
xlDownBars	20	GroupIndex		음선
xlSeriesLines	22	GroupIndex		계열선
xlHiLoLines	25	GroupIndex		최곳값/최젓값 연결선
xlDropLines	26	GroupIndex		하강선
xlRadarAxisLabels	27	GroupIndex		방사형 차트 축 레이블
xlShape	14	ShapeIndex		도형
xlPivotChartFieldButton	31	DropZoneType	PivotFieldIndex	피벗 차트 필드 버튼
xlPivotChartDropZone	32	DropZoneType		피벗 차트 영역
xlFloor	23			3차원 차트 밑면
xlWalls	5			3차원 차트 옆면
xlCorners	6			3차원 차트 모서리
xlNothing	28			

참고로 ElementID는 Chart 개체의 GetElementID 메서드를 이용해서도 알아낼 수 있습니다.

18 / 06 마우스 포인터가 위치한 꺾은선 그래프 강조하는 방법

예제 파일 PART 04 \ CHAPTER 18 \ (Chart) MouseMove 이벤트.xlsm

차트 이벤트를 이용하면 차트를 내가 원하는 방식으로 제어할 수 있습니다. 예를 들면 막대 차트를 생성한 후 특정 막대그래프를 선택하면 다른 막대그래프와는 다른 서식이 적용되도록 할 수 있고, 꺾은선형 차트에서는 마우스 포인터가 위치한 선 그래프만 굵게 강조할 수 있습니다. 두 번째 방법에 대한 세부 설명은 다음 과정을 참고합니다.

예제의 [sample] 시트에는 데이터가, [chart] 시트에는 꺾은선형 차트가 생성되어 있습니다.

	연도	담당	영업1부	영업2부	영업3부
		1월	35,818	8,246	4,396
		2월	35,167	12,910	6,121
		3월	34,087	6,211	4,421
		4월	26,120	8,820	3,919
		5월	28,290	5,740	6,176
	전년	6월	30,310	8,710	2,459
		7월	25,528	5,986	3,426
		8월	20,758	11,841	8,132
		9월	20,856	17,907	5,082
		10월	14,810	15,702	5,820
		11월	12,172	15,970	5,931
		12월	14,583	15,836	6,905
		1월	11,592	23,946	11,218
		2월	12,569	24,519	17,056
		3월	11,537	18,912	11,392
		4월	9,488	25,445	16,043
	금년	5월	10,773	23,696	15,967
		6월	11,707	24,903	19,637
		7월	15,029	28,168	23,315
		8월	13,167	34,701	21,762

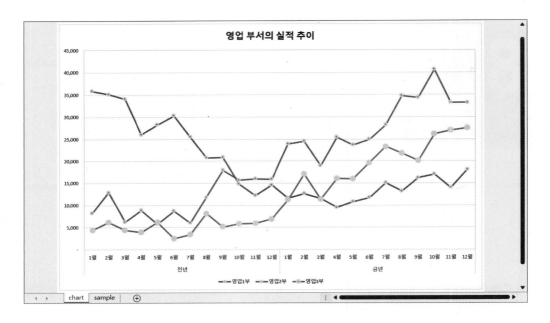

꺾은선형 차트에는 부서에 해당하는 세 개의 데이터 계열이 존재합니다. 마우스 포인터로 특정 데이터 계열에 접근했을 때 해당 계열의 선 그래프만 굵게 표시하는 이벤트를 개발하려면 Chart 개체의 MouseMove 이벤트를 이용합니다.

차트 개체의 코드 창에 다음과 같은 MouseMove 이벤트를 개발해 사용합니다.

파일 : (Chart) MouseMove 이벤트 (코드).txt

```
Private Sub Chart_MouseMove(ByVal Button As Long, ByVal Shift As Long, ByVal x As Long,
ByVal y As Long)  ─────────── ❶

' 1단계 : 변수를 선언합니다.
    Dim 계열 As Series, 선택계열 As Series  ─────────── ❷
    Dim 차트요소 As Long  ─────── ❸
    Dim 계열번호 As Long, 계열요소번호 As Long  ─────────── ❹

' 2단계 : 현재 차트 요소를 변수에 저장합니다.
    ActiveChart.GetChartElement x, y, 차트요소, 계열번호, 계열요소번호  ─────────── ❺

' 3단계 : 데이터 계열 위치에 있다면 해당 계열만 굵게 설정하고 데이터 레이블을 표시합니다.
    If 차트요소 = xlSeries Then  ─────── ❻

        Set 선택계열 = ActiveChart.SeriesCollection(계열번호)  ─────────── ❼

        For Each 계열 In ActiveChart.SeriesCollection  ─────────── ❽

            If 계열.Name <> 선택계열.Name Then  ─────── ❾

                계열.Format.Line.Weight = 2.5  ─────── ❿
                계열.HasDataLabels = False  ─────── ⓫
```

```
            Else ─────────── ⑫

                계열.Format.Line.Weight = 5 ─────────── ⑬
                계열.HasDataLabels = True ─────────── ⑭
                계열.DataLabels.Position = xlLabelPositionAbove ─────────── ⑮


            End If


        Next

    End If

End Sub
```

❶ Chart_MouseMove 이벤트는 차트 위에서 마우스 포인터를 움직일 때 자동으로 실행되며, 다음과 같은 네 개의 매개변수를 사용합니다.

- Button : 이벤트가 발생했을 때 클릭한 마우스 버튼입니다.
- Shift : 이 이벤트가 발생했을 때 눌러져 있는 ⎡Ctrl⎤, ⎡Shift⎤, ⎡Alt⎤ 의 상탯값입니다.
- x : 차트 개체에서 마우스 포인터의 X 좌푯값입니다.
- y : 차트 개체에서 마우스 포인터의 Y 좌푯값입니다.

❷ Series 형식의 [계열]과 [선택계열] 개체변수를 선언합니다.

❸ Long 형식의 [차트요소] 변수를 선언합니다.

❹ Long 형식의 [계열번호]와 [계열요소번호] 변수를 선언합니다.

❺ 현재 차트의 GetChartElement 메서드를 이용해 현재 마우스 포인터 좌표 위치 차트 요소를 변수에 저장합니다. GetChart Element 메서드는 다음과 같은 매개변수를 사용합니다.

```
    Chart.GetChartElement(x, y, ElementID, Arg1, Arg2)
```

GetChartElement 메서드는 x, y 두 개의 매개변수에 값을 받아 해당 좌표의 차트 요소를 ElementID, Arg1, Arg2 매개변수 위치의 변수에 값으로 저장해줍니다. 그러므로 ElementID 값은 [차트요소] 변수에, Arg1 값은 [계열번호] 변수에, Arg2 값은 [계열요소번호] 변수에 각각 저장됩니다.

❻ [차트요소] 변수에 저장된 값이 xlSeries 내장 상수 값과 동일한 경우(현재 마우스 포인터 위치의 차트 요소가 데이터 계열인 경우)에 ❼ –⑮ 줄의 코드를 실행합니다.

❼ [선택계열] 변수에 현재 차트의 데이터 계열 중 [계열번호] 변수에 저장된 번호에 해당하는 계열을 연결합니다. 현재 마우스 포인터 위치의 데이터 계열이 [선택계열] 변수에 연결됩니다.

❽ For 순환문을 사용해 현재 차트의 전체 데이터 계열을 순환하면서 하나씩 [계열] 변수에 연결합니다.

❾ [계열] 변수에 연결된 데이터 계열의 이름과 [선택계열] 변수에 연결된 데이터 계열의 이름이 다른 경우에는 ⑩–⑪ 줄의 코드를 사용해 기본 서식으로 초기화합니다.

⑩ [계열] 변수에 연결된 데이터 계열의 선 두께를 **2.5** 포인트(기본 두께)로 조정합니다.

⑪ [계열] 변수에 연결된 데이터 계열의 데이터 레이블을 표시하지 않도록 설정합니다.

⑫ ❾ 줄의 판단이 False(마우스 포인터가 위치한 데이터 계열)이면 ⑬–⑮ 줄의 코드를 사용해 계열을 강조해 표시합니다.

⑬ [계열] 변수에 연결된 데이터 계열의 선 두께를 **5** 포인트로 조정합니다.

⑭ [계열] 변수에 연결된 데이터 계열의 데이터 레이블을 표시합니다.

⑮ 표시된 데이터 레이블이 표식 위에 위치하도록 설정합니다.

TIP 차트 개체의 코드 창에 이벤트 프로시저를 삽입하는 방법은 **SECTION 18-05**를 참고합니다.

이벤트가 정상적으로 동작하면 차트의 데이터 계열에 마우스 포인터를 가져갔을 때 아래 화면과 같이 해당 데이터 계열이 굵게 표시되면서 데이터 레이블이 표시됩니다.

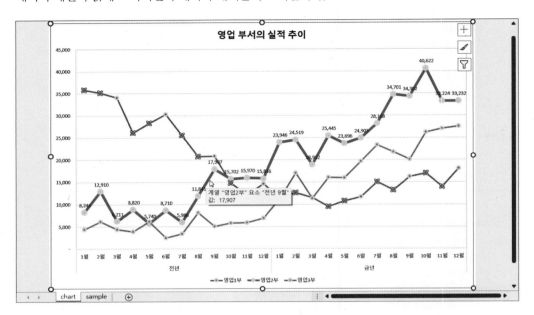

CHAPTER
19

피벗 테이블

엑셀은 스프레드시트 프로그램으로 분류되며, 스프레드시트(Spreadsheet)에서는 여러 가지 표를 쉽게 계산할 수 있습니다. 엑셀에서 이러한 특성을 가장 잘 발휘하는 기능은 피벗 테이블로, 이번 CHAPTER에서는 VBA를 이용해 피벗 테이블을 생성, 조작하는 매크로 작성 방법을 알아봅니다. 사용자가 직접 피벗 테이블을 조작해 원하는 결과 보고서를 얻을 수도 있지만 반복적인 작업은 매크로를 이용해 개선하거나 자동화할 수 있습니다.

피벗 테이블 보고서 만들기

예제 파일 PART 04 \ CHAPTER 19 \ (PivotCache) CreatePivotTable 메서드 I.xlsm

당연한 얘기지만 피벗 테이블 보고서를 매크로로 생성하려면 피벗 테이블의 동작 방법에 대한 이해도가 높아야 합니다. 또한 버전별로 피벗 테이블 보고서의 동작이 약간씩 상이하므로 그런 부분에 대해서도 잘 이해하고 있어야 합니다.

예제를 열면 입출고 내역이 기록된 표가 존재합니다.

	A	B	C	D	E	F	G	H	I	J	K
1											
2	분류	제품	구분	수량		피벗					
3	복합기	잉크젯복합기 AP-3200	이월	39							
4	복사용지	고급복사지A4 1000매	이월	17							
5	복합기	레이저복합기 L950	이월	13							
6	제본기	링제본기 ST-100	이월	53							
7	문서세단기	문서세단기 SCUT-1500B	이월	120							
8	제본기	와이어제본기 WC-5500	이월	15							
9	복합기	레이저복합기 L350	이월	6							
10	복합기	무한잉크젯복합기 AP-5500W	이월	29							
11	출퇴근기록기	RF OA-400	이월	31							
12	복사용지	복사지A4 1000매	이월	22							
206	문서세단기	오피스 Z-03	입고	50							
207	바코드스캐너	바코드 Z-350	출고	62							
208	복사용지	복사지A4 1000매	출고	4							
209	출퇴근기록기	지문인식 FPIN-2000F	입고	20							
210	복사용지	고급복사지A4 2500매	출고	4							
211	복사용지	복사지A4 2500매	출고	50							
212	복합기	레이저복합기 L350	입고	40							
213											

sample

위 표를 가지고 분류별 재고 현황을 [H2] 셀 위치에 집계하는 피벗 테이블 보고서를 생성하려면 다음과 같은 매크로를 사용합니다.

```
Sub 재고현황보고서()

' 1단계 : 변수를 선언합니다.
    Dim 피벗캐시 As PivotCache                    ─────── ❶
```

```vba
        Dim 피벗 As PivotTable            ────────── ❷
        Dim 원본범위 As Range            ────────── ❸
        Dim 생성위치 As Range            ────────── ❹
        Dim 피벗이름 As String           ────────── ❺

    ' 2단계 : 피벗 테이블 보고서를 생성하기 위한 준비 작업을 진행합니다.
        피벗이름 = "피벗보고서"           ────────── ❻

        On Error Resume Next            ────────── ❼
            ActiveSheet.PivotTables(피벗이름).TableRange2.Delete        ────────── ❽
        On Error GoTo 0                 ────────── ❾

        Set 원본범위 = Range("A2").CurrentRegion        ────────── ❿
        Set 생성위치 = Range("H2")       ────────── ⓫

    ' 3단계 : 피벗 테이블을 생성합니다.
        Set 피벗캐시 = ThisWorkbook.PivotCaches.Create(SourceType:=xlDatabase, _
                               SourceData:=원본범위)        ────────── ⓬

        Set 피벗 = 피벗캐시.CreatePivotTable(TableDestination:=생성위치, _
                               TableName:=피벗이름)        ────────── ⓭

    ' 4단계 : 피벗 테이블을 원하는 방식으로 구성합니다.
        With 피벗            ────────── ⓮

            .ManualUpdate = True        ────────── ⓯
            .HasAutoFormat = False      ────────── ⓰

            .AddFields RowFields:="분류", ColumnFields:="구분"        ────────── ⓱
            .AddDataField Field:=.PivotFields("수량"), _
                    Caption:="현황", _
                    Function:=xlSum        ────────── ⓲
            .PivotFields("현황").NumberFormat = "#,###"        ────────── ⓳

            .RowGrand = False        ────────── ⓴
            .PivotFields("구분").CalculatedItems.Add "재고", "=이월+입고-출고", True        ────────── ㉑

            .TableRange2.Columns(1).AutoFit        ────────── ㉒

    .ManualUpdate = False        ────────── ㉓

        End With

End Sub
```

❶ PivotCache 형식의 [피벗캐시] 개체변수를 선언합니다. 피벗 테이블은 원본 테이블에서 바로 생성되지 않고 별도의 Cache 영역에 데이터를 보관한 후 생성된 Cache를 기반으로 보고서가 생성되는 방식을 사용합니다.

❷ PivotTable 형식의 [피벗] 개체변수를 선언합니다.

❸ Range 형식의 [원본범위] 개체변수를 선언합니다.

❹ Range 형식의 [생성위치] 개체변수를 선언합니다.

❺ String 형식의 [피벗이름] 변수를 선언합니다.

❻ [피벗이름] 변수에 생성할 피벗 테이블 보고서의 이름을 저장합니다. 매크로로 생성하는 차트나 피벗 테이블의 관리를 용이하게 하려면 특정 이름을 부여해 관리하는 것이 편리합니다.

❼ On Error 문을 사용해 ❽ 줄에서 에러가 발생해도 디버그 창을 표시하지 않고 다음 줄로 이동시킵니다.

❽ 현재 시트의 [피벗이름] 변수에 저장된 이름을 갖는 피벗 테이블 보고서를 삭제합니다. 이 작업은 이전에 생성된 피벗 테이블을 삭제해, 새로 생성할 피벗 테이블 보고서가 오류 없이 생성되도록 하기 위함입니다. 피벗 테이블 보고서는 셀에 삽입되므로 PivotTable 개체를 바로 삭제하지 않고 TableRange2 속성을 사용해 피벗 테이블 보고서가 삽입된 전체 범위를 반환받아 삭제해야 합니다.

❾ ❼ 줄의 On Error 문의 설정은 ❽ 줄의 코드를 위한 것이므로 On Error 문의 설정을 취소합니다.

❿ [원본범위] 변수에 [A2] 셀부터 연속된 전체 데이터 범위(A2:G212)를 연결합니다.

⓫ [생성위치] 변수에 [H2] 셀을 연결합니다. 이 위치가 바로 피벗 테이블 보고서를 생성할 위치입니다.

⓬ 현재 파일에 피벗 캐시를 새로 생성하고 [피벗캐시] 변수에 연결합니다. Create 메서드를 사용할 때 SourceType과 SourceData 매개변수를 사용했는데, 피벗 테이블을 생성할 때 표시되는 다음 대화상자와 매칭해서 생각하면 이해하기가 쉽습니다.

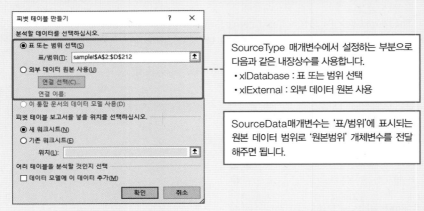

SourceType 매개변수에서 설정하는 부분으로 다음과 같은 내장상수를 사용합니다.
- xlDatabase : 표 또는 범위 선택
- xlExternal : 외부 데이터 원본 사용

SourceData매개변수는 '표/범위'에 표시되는 원본 데이터 범위로 '원본범위' 개체변수를 전달해주면 됩니다.

다만 위 화면은 엑셀 2021 버전까지 표시되며, Microsoft 365 버전의 경우는 [피벗 테이블 만들기] 대화상자가 아래와 같이 변경되었습니다. 참고로 Microsoft 365 버전이라도 추가 업데이트를 진행하지 않는다면 다음과 같은 대화상자가 표시될 수 있습니다.

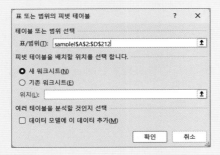

기존 [피벗 테이블 만들기] 대화상자의 [외부 데이터 원본 사용]은 리본 메뉴의 [삽입] 탭–[표] 그룹–[피벗 테이블🔽]을 클릭할 때 나타나는 하위 메뉴 중 [외부 데이터 원본에서]를 선택하면 나타납니다.

⑬ [피벗캐시] 변수에 연결된 피벗 캐시에서 CreatePivotTable 메서드를 활용해 피벗 테이블 보고서를 새로 생성하고 [피벗] 변수에 연결합니다. CreatePivotTable 메서드에서는 TableDestination과 TableName 매개변수를 사용합니다. TableDestination 매개변수에는 ⑫ 줄의 [피벗 테이블 만들기] 대화상자에서 피벗 테이블 보고서를 넣을 위치를 전달하면 되고, TableName 매개변수는 생성된 피벗 테이블 보고서의 이름을 설정해주면 됩니다.

⑭ [피벗] 변수에 연결된 피벗 테이블 보고서를 구성하기 위해 다양한 설정 작업이 필요하므로 With문을 사용합니다.

⑮ 피벗 테이블 보고서를 구성할 때 레이아웃이 자동으로 구성되지 않도록 수동 업데이트 옵션을 True로 설정합니다. 이번과 같이 데이터가 많지 않은 경우에는 이런 작업이 필요 없지만, 대량의 데이터를 다루는 경우에는 이 옵션을 켜고 피벗 테이블 구성이 끝난 후 업데이트하는 방식을 사용해야 피벗 테이블 구성 시간을 단축할 수 있습니다. 참고로 이 작업은 피벗 테이블 필드 작업 창의 하단의 [나중에 레이아웃 업데이트] 옵션을 체크하는 것과 동일합니다.

⑯ 피벗 테이블 보고서를 구성할 때 적용되는 열 자동 맞춤 옵션을 해제합니다. 이 옵션을 해제하지 않으면 피벗 테이블 보고서가 구성된 다음에 자동으로 열 너비가 조정되어 피벗 테이블이 깔끔하게 나타나지 않습니다. 이렇게 열 자동 맞춤을 해제하고 보고서 구성을 끝낸 후 ㉒ 줄의 코드를 사용해 원하는 열만 자동으로 맞춰 주는 것이 좋습니다.

⑰ AddFields 메서드를 이용해 피벗 테이블 보고서에 필드를 추가합니다. AddFields 메서드는 RowFields, ColumnFields, PageFields 매개변수를 사용해 각각 행 영역, 열 영역, 필터 영역에 필드를 추가할 수 있습니다. 한 번에 여러 개 필드를 추가하려면 Array 함수를 사용하면 됩니다.

```
.AddFields RowFields:=Array("분류", "제품")
```

AddFields 메서드를 이용하는 방법이 아닌 PivotField 개체를 이용해 필드를 삽입하려면 다음과 같은 코드로 수정하면 됩니다.

```
.PivotFields("분류").Orientation = xlRowField
.PivotFields("구분").Orientation = xlColumnField
```

PivotField개체의 Orientation 속성에서 사용할 수 있는 내장 상수는 다음과 같습니다.

내장 상수	값	설명
xlHidden	0	숨김
xlRowField	1	행
xlColumnField	2	열
xlPageField	3	필터
xlDataField	4	값

⑱ AddDataField 메서드를 사용해 값 영역에 필드를 추가합니다. Field 매개변수는 삽입할 필드를, Caption 매개변수는 삽입한 필드의 머리글을, Function 매개변수는 집계 방법을 설정합니다. AddDataField 메서드는 한 번에 하나의 필드만 추가할 수 있으며 Function 매개변수에 사용할 수 있는 내장 상수는 다음과 같습니다.

내장 상수	값	설명	내장 상수	값	설명
xlAverage	−4106	평균	xlProduct	−4149	곱하기
xlCount	−4112	개수	xlStDev	−4155	표본 표준편차
xlCountNums	−4113	숫자 값 개수	xlStDevP	−4156	모집단 표준편차
xlDistinctCount	11	고유 항목 개수	xlSum	−4157	합계
xlMax	−4136	최댓값	xlVar	−4164	표본 분산
xlMin	−4139	최솟값	xlVarP	−4165	모집단 분산

TIP xlDistinctCount 내장상수는 엑셀 2013 버전부터 추가된 것이며 '데이터 모델' 영역에 있는 데이터를 가지고 피벗 테이블 보고서를 만들 때만 사용할 수 있습니다.

⑲ 값 영역에 집계된 '현황' 필드에 천 단위 구분기호가 표시되도록 표시 형식을 변경합니다.

⑳ 재고를 계산하기 전 피벗의 마지막 열의 '총합계' 열을 삭제합니다.

㉛ '구분' 필드에 계산항목을 추가하며 계산식은 '=이월+입고-출고'로 적용합니다.

㉜ 피벗 테이블 보고서의 첫 번째 열(=행 영역)만 자동으로 열 너비를 맞춥니다.

㉝ 피벗 테이블 보고서가 모두 구성되었으므로, 피벗 테이블 보고서를 업데이트하기 위해 ManualUpdate 속성을 취소(False)합니다.

TIP 이 매크로는 예제의 [피벗] 버튼에 연결되어 있습니다.

🔍 **더 알아보기**   **예제 매크로 동작을 보다 잘 이해하려면**

피벗 테이블 보고서를 많이 사용해 본 경우가 아니라면 이번 코드의 동작을 제대로 이해하기 어려울 수 있습니다. 그런 경우에는
피벗 테이블에 대해 공부해야 하며 이번 매크로 코드에서 F8 을 눌러 한 줄씩 실행해보며 전체 흐름을 파악하는 것이 좋습니다.

개발된 매크로를 실행하면 [H2] 셀에 아래 화면과 같은 피벗 테이블 보고서가 나타납니다.

분류	제품	구분	수량		피벗		현황	열 레이블			
							행 레이블	이월	입고	출고	재고
복합기	잉크젯복합기 AP-3200	이월	39				문서세단기	420	260	182	498
복사용지	고급복사지A4 1000매	이월	17				바코드스캐너	338	190	131	397
복합기	레이저복합기 L950	이월	13				복사기	262	310	140	432
제본기	링제본기 ST-100	이월	53				복사용지	663	430	260	833
문서세단기	문서세단기 SCUT-1500B	이월	120				복합기	538	550	349	739
제본기	와이어제본기 WC-5500	이월	15				제본기	488	290	375	403
복합기	레이저복합기 L350	이월	6				출퇴근기록기	167	240	85	322
복합기	무한잉크젯복합기 AP-5500W	이월	29				팩스	113	100	89	124
출퇴근기록기	RF OA-400	이월	31				총합계	2,989	2,370	1,611	3,748
복사용지	복사지A4 1000매	이월	22								
복사기	컬러레이저복사기 XI-4400	이월	86								
복사기	컬러레이저복사기 XI-4400	이월	24								
복합기	무한레이저복합기 L800C	이월	35								
복사기	컬러레이저복사기 XI-2000	이월	39								

sample

여러 개의 분석 보고서를 피벗으로 생성하는 방법

예제 파일 PART 04 \ CHAPTER 19 \ (PivotCache) CreatePivotTable 메서드 II.xlsm

하나의 원본 테이블에서 여러 개의 피벗 테이블 보고서를 만들어야 하는 경우가 종종 있습니다. 이런 경우 피벗 테이블 보고서를 하나씩 만들 수도 있겠지만, 매크로를 이용해 자동 생성되도록 하면 편리합니다. 다음 과정을 참고합니다.

예제에는 직원 데이터가 존재합니다.

사번	이름	직위	성별	연령대	입사일	근속년수
1	박지훈	부장	남	40대	2010-05-13	10년 이상
2	유준혁	차장	남	40대	2014-10-16	6년~9년
3	이서연	과장	여	30대	2019-04-30	3년~5년
4	김민준	대리	남	30대	2020-03-30	3년~5년
5	최서현	주임	여	20대	2020-05-01	3년~5년
6	박현우	주임	남	30대	2021-10-16	3년 미만
7	정시우	사원	남	20대	2023-01-01	3년 미만
8	이은서	사원	여	20대	2023-03-04	3년 미만
9	오서윤	사원	여	20대	2022-11-14	3년 미만

피벗 보고서

이 표의 데이터를 이용해 별도의 시트에 아래 화면과 같은 네 개의 분석 보고서를 생성합니다.

직원 현황 (직위)

직위	인원수	비율	순위
부장	1	11.1%	3
차장	1	11.1%	3
과장	1	11.1%	3
대리	1	11.1%	3
주임	2	22.2%	2
사원	3	33.3%	1
총합계	9	100.0%	

직원 현황 (근속년수)

근속년수	인원수	비율	순위
10년 이상	1	11.1%	3
6년~9년	1	11.1%	3
3년~5년	3	33.3%	2
3년 미만	4	44.4%	1
총합계	9	100.0%	

직원 현황 (연령대)

연령대	인원수	비율	순위
20대	4	44.4%	1
30대	3	33.3%	2
40대	2	22.2%	3
총합계	9	100.0%	

직원 현황 (성별)

성별	인원수	비율	순위
남	5	55.6%	1
여	4	44.4%	2
총합계	9	100.0%	

피벗보고서　sample

매크로는 다음과 같습니다.

```
Sub 직원현황보고서()

' 1단계 : 변수를 선언합니다.
    Dim 피벗캐시 As PivotCache ────────── ❶
    Dim 피벗 As PivotTable ──────────── ❷
    Dim 원본범위 As Range ───────────── ❸
    Dim 생성위치 As Range ───────────── ❹
    Dim 이름 As String ──────────── ❺
    Dim 행머리글 As Variant ───────────── ❻
    Dim i As Integer, j As Integer ───────────── ❼
    Dim 행 As Integer, 열 As Integer ───────────── ❽

' 2단계 : 변수의 초깃값을 설정하고, 피벗 보고서를 생성할 준비를 합니다.
    이름 = "피벗보고서" ───────── ❾

    Set 원본범위 = Range("A2").CurrentRegion ───────────── ❿
    행머리글 = Array("직위", "근속년수", "연령대", "성별") ───────────── ⓫

    Set 피벗캐시 = ThisWorkbook.PivotCaches.Create(SourceType:=xlDatabase, _
                                SourceData:=원본범위, _
Version:=xlPivotTableVersion15) ───────────── ⓬

    On Error Resume Next ───────────── ⓭
        Application.DisplayAlerts = False ───────────── ⓮
            Worksheets(이름).Delete ───────────── ⓯
        Application.DisplayAlerts = True ───────────── ⓰
    On Error GoTo 0 ───────── ⓱

    Worksheets.Add.Name = 이름 ───────────── ⓲

' 3단계 : 피벗 테이블 보고서를 생성합니다.
    For i = 1 To 4 ───────── ⓳

        행 = Int((i - 1) / 2) * 10 ───────────── ⓴
        열 = ((i - 1) Mod 2) * 5 ───────────── ㉑

        Set 생성위치 = Range("A3").Offset(행, 열) ───────────── ㉒

        With 생성위치.Offset(-1) ───────── ㉓
            .Value = "직원 현황 (" & 행머리글(i - 1) & ")" ───────────── ㉔
            .Font.Size = 14 ───────── ㉕
            .Font.Bold = True ───────── ㉖
        End With
        Set 피벗 = 피벗캐시.CreatePivotTable(TableDestination:=생성위치, _
                                TableName:=이름 & i) ───────────── ㉗

' 4단계 : 피벗 테이블 보고서의 [행] 영역에 필드를 추가합니다.
    With 피벗 ───────── ㉘

            .HasAutoFormat = False ───────────── ㉙
```

```
                    .AddFields RowFields:=행머리글(i - 1) ─────────── ➌⓿

' 5단계 : 피벗 테이블 보고서의 [값] 영역에 계산할 필드를 삽입하고 원하는 방식으로 설정합니다.
            For j = 1 To 3 ─────────── ➌➊

                    .AddDataField Field:=.PivotFields("이름"), Function:=xlCount ─────────── ➌➋

            Next j

            .PivotFields("개수 : 이름").Caption = "인원수" ─────────── ➌➌

            With .PivotFields("개수 : 이름2") ─────────── ➌➍
                .Caption = "비율" ─────────── ➌➎
                .Calculation = xlPercentOfColumn ─────────── ➌➏
                .NumberFormat = "0.0%" ─────────── ➌➐
            End With

            With .PivotFields("개수 : 이름3") ─────────── ➌➑
                .Caption = "순위" ─────────── ➌➒
                .Calculation = xlRankDecending ─────────── ➍⓿
                .BaseField = 행머리글(i - 1) ─────────── ➍➊
            End With

            생성위치.Value = 행머리글(i - 1) ─────────── ➍➋

' 6단계 : 피벗 테이블 보고서의 [행] 영역의 필드를 정렬합니다.
            Select Case i ─────────── ➍➌

            Case 1 ─────────── ➍➍

                With .PivotFields("직위") ─────────── ➍➎

                    .PivotItems("부장").Position = 1
                    .PivotItems("차장").Position = 2
                    .PivotItems("과장").Position = 3
                    .PivotItems("대리").Position = 4
                    .PivotItems("주임").Position = 5
                    .PivotItems("사원").Position = 6

                End With

            Case 2 ─────────── ➍➏

                With .PivotFields("근속년수") ─────────── ➍➐

                    .PivotItems("10년 이상").Position = 1
                    .PivotItems("6년~9년").Position = 2
                    .PivotItems("3년~5년").Position = 3
                    .PivotItems("3년 미만").Position = 4
```

```
            End With

        End Select

'  7단계 : 피벗 테이블 보고서의 보고서 스타일을 설정합니다.
        .TableStyle2 = "PivotStyleMedium" & i + 1                    ㊽
        .TableRange2.HorizontalAlignment = xlCenter                    ㊾

    End With

  Next i

'  8단계 : 피벗 테이블 보고서의 열 너비와 행 길이를 넉넉하게 조절합니다.
  Columns("A:H").ColumnWidth = Columns("A:H").ColumnWidth * 1.2          (50)
  Cells.RowHeight = 20               (51)

End Sub
```

❶ PivotCache 형식의 [피벗캐시] 개체변수를 선언합니다.

❷ PivotTable 형식의 [피벗] 개체변수를 선언합니다.

❸ 피벗 테이블 보고서의 원본 데이터 범위를 연결할 Range 형식의 [원본범위] 개체변수를 선언합니다.

❹ 피벗 테이블 보고서 생성 위치를 연결할 Range 형식의 [생성위치] 개체변수를 선언합니다.

❺ 피벗 테이블 보고서 이름을 저장할 String 형식의 [이름] 변수를 선언합니다.

❻ [행] 영역에 추가할 필드명을 저장할 Variant 형식의 [행머리글] 변수를 선언합니다.

❼ 순환문에서 사용할 Integer 형식의 [i], [j] 변수를 선언합니다.

❽ 생성할 피벗 테이블 보고서 위치를 계산할 Integer 형식의 [행], [열] 변수를 선언합니다.

❾ [이름] 변수에 "피벗보고서" 문자열을 저장합니다.

❿ [원본범위] 변수에 [A2] 셀부터 연속된 데이터 범위를 연결합니다.

⓫ [행머리글] 변수에 Array 함수를 사용해 [직위], [근속년수], [연령대], [성별] 필드 명을 저장합니다. 이 필드는 모든 피벗 테이블의 [행] 영역에 삽입될 필드 명입니다.

⓬ 현재 파일에 피벗 캐시를 생성합니다. SourceData 매개변수에 [원본범위] 변수의 범위를 연결해 피벗 캐시를 생성하고 [피벗캐시] 변수에 연결합니다. 참고로 Version 매개변수에 xlPivotTableVersion15를 전달해 엑셀 2013 버전 형식으로 생성합니다. 이렇게 하는 이유는 피벗 테이블 보고서의 [값] 영역 레이블이 표시되지 않고 한 줄로 머리글이 나열되어야 하기 때문입니다. Version 매개변수에서 사용할 수 있는 내장 상수는 다음과 같습니다.

내장 상수	값	설명
xlPivotTableVersion10	1	엑셀 2002 버전의 피벗 테이블
xlPivotTableVersion11	2	엑셀 2003 버전의 피벗 테이블
xlPivotTableVersion12	3	엑셀 2007 버전의 피벗 테이블
xlPivotTableVersion14	4	엑셀 2010 버전의 피벗 테이블
xlPivotTableVersion15	5	엑셀 2013 이상 버전의 피벗 테이블
xlPivotTableVersionCurrent	-1	현재 버전의 피벗 테이블

엑셀 2010 버전 사용자는 이 내장 상수를 xlPivotTableVersion14로 변경해야 합니다. 이 매크로는 엑셀 2010 이상 버전에서 제공된 몇 가지 기능을 사용하므로 엑셀 2007 버전 사용자는 함께 제공된 **(PivotCache) CreatePivotTable 메서드 II (코드, 2007 버전).txt** 파일 내 코드를 사용합니다.

⓭ ⓯ 줄 코드에서 에러가 발생해도 매크로 실행을 중단하지 않도록 합니다.

⑭ DisplayAlerts 옵션을 False로 설정해 경고 메시지 창이 표시되지 않도록 합니다.

⑮ 피벗 테이블 보고서 시트가 존재하면 삭제하기 위해 [이름] 변수에 저장된 이름의 시트를 삭제합니다.

⑯ DisplayAlerts 옵션을 다시 True로 설정해 경고 메시지 창이 정상적으로 표시되도록 합니다.

⑰ ⑬ 줄에서 설정한 On Error 문을 취소합니다.

⑱ 빈 워크시트를 하나 추가하고, 추가된 워크시트 이름을 [이름] 변수값으로 지정합니다. 이 코드는 다음과 같은 두 줄의 코드를 한 줄로 입력해놓은 것입니다.

```
Worksheets.Add
ActiveSheet.Name = 이름
```

⑲ 피벗 테이블을 네 개 생성하기 위해 For 순환문을 사용해 [i] 변수를 1부터 4까지 순환하도록 합니다.

⑳ 피벗 테이블 보고서가 위치할 셀의 행 번호를 계산해 [행] 변수에 저장합니다. 계산식은 [i] 변숫값에서 1을 뺀 값을 2로 나눈 정숫값에 10을 곱합니다. 이렇게 하면 [i] 변수가 1과 2일 때는 0, 3과 4일 때는 10이 저장됩니다.

㉑ 피벗 테이블 보고서가 위치할 셀의 열 번호를 계산해 [열] 변수에 저장합니다. 계산식은 [i] 변숫값에서 1을 뺀 값을 2로 나눈 나머지 값에서 5를 곱합니다. 이렇게 하면 [i] 변수가 1과 3일 때는 0, 2와 4일 때는 5 값이 저장됩니다.

㉒ [A3] 셀에서 Offset 속성을 사용해 [행], [열] 변수에 저장된 값 위치로 이동한 후 해당 위치를 [생성위치] 변수에 연결합니다. 다음은 [i] 변숫값이 1부터 4일 때 [생성위치] 변수에 연결되는 셀 위치입니다.

i 변수	코드	셀 주소
1	Range("A3").Offset(0, 0)	A3
2	Range("A3").Offest(0, 5)	F3
3	Range("A3").Offset(10, 0)	A13
4	Range("A3").Offset(10, 5)	F13

㉓ 피벗 테이블의 제목을 입력하고 몇 가지 서식 설정 작업을 하기 위해 [생성위치] 변수에 연결된 셀의 바로 윗 셀을 대상으로 With 문을 사용합니다.

㉔ 셀 값을 "직원 현황 (xxx)"로 입력하는데, 괄호 안에 [행머리글] 변수에 저장된 값 중 [i-1] 번째 값을 표시합니다. 참고로 [행머리글] 변수에는 [행] 영역에 삽입될 필드 명이 저장되어 있습니다. ⑪ 줄을 참고합니다.

㉕ 셀의 글꼴 사이즈를 **14**로 설정합니다.

㉖ 셀의 글꼴 굵기 서식을 설정합니다.

㉗ [피벗캐시] 변수에 연결된 피벗 캐시에서 피벗 테이블 보고서를 생성합니다. TableDestination 매개변수에 [생성위치] 변수에 연결된 셀을 전달해 피벗 테이블 보고서의 생성 위치를 설정하고, TableName 매개변수에는 [이름] 변수에 저장된 문자열에 [i] 변숫값을 연결해 피벗 테이블 보고서의 이름을 설정합니다. 그러면 피벗 테이블 보고서가 생성될 때마다 '피벗보고서1', '피벗보고서2', …과 같은 이름으로 설정됩니다.

㉘ 생성된 피벗 테이블 보고서를 구성하기 위해 With 문을 사용합니다.

㉙ 원하는 설정 작업을 하기 위해 피벗 테이블 보고서의 자동 서식 옵션을 해제(False)합니다.

㉚ [행] 영역에 [행머리글] 변수의 [i] 변숫값에서 1을 뺀 값에 해당하는 필드를 삽입합니다.

㉛ [값] 영역에 [이름] 필드를 세 번 넣어 요약하기 위해 For 순환문을 사용해 [j] 변숫값을 1부터 3까지 1씩 증가시키면서 순환합니다.

㉜ [이름] 필드를 [값] 영역에 추가하며, 요약 방법은 모두 개수를 셉니다.

㉝ [개수 : 이름] 필드의 필드 명을 **인원수**로 변경합니다.

㉞ [개수 : 이름2] 필드의 설정을 변경하기 위해 With 문을 사용합니다.

㉟ 필드 명을 **비율**로 변경합니다.

㊱ 값 표시 형식을 이용해 열 합계 비율(xlPercentOfColumn)로 변경합니다. 이렇게 하면 개수가 전체 대비 비율로 표시됩니다.

㊲ 숫자 서식을 **0.0%**로 설정합니다.

㊳ [개수 : 이름3] 필드의 설정을 변경하기 위해 With 문을 사용합니다.

㊴ 필드 명을 **순위**로 변경합니다.

㊵ 값 표시 형식을 이용해 내림차순 순위(xlRankDecending)로 변경합니다. 이 설정은 엑셀 2010 버전부터 지원되므로, 엑셀 2007 이

하 하위 버전 사용자는 이 부분을 사용할 수 없습니다.

㊶ 순위를 표시할 때 기준 필드는 [행머리글] 변수의 [i] 변수에서 1을 뺀 위치의 값으로 설정합니다.

㊷ [생성위치] 변수에 연결된 셀 값을 [행머리글] 변수의 [i] 변수에서 1을 뺀 위치의 값으로 수정합니다. 이렇게 하면 피벗 테이블 보고서의 [행 레이블] 문자열이 [행] 영역에 삽입된 필드명으로 수정됩니다.

㊸ Select Case 문을 사용해 [i] 변숫값에 따른 작업을 진행합니다.

㊹ [i] 변수가 1일 때(첫 번째 피벗 테이블 보고서) 아래 작업을 진행합니다.

㊺ [직위] 필드를 대상으로 원하는 순서로 정렬합니다.

㊻ [i] 변수가 2일 때(두 번째 피벗 테이블 보고서) 아래 작업을 진행합니다.

㊼ [근속년수] 필드를 대상으로 원하는 순서로 정렬합니다.

㊽ 피벗 테이블의 스타일을 변경합니다.

㊾ 피벗 테이블 영역의 값을 모두 가운데로 정렬합니다.

㊿ 피벗 테이블 보고서가 위한 모든 열의 너비를 현재 너비보다 20% 증가시킵니다.

(51) 전체 행 높이를 **20** 포인트로 변경합니다.

이 매크로는 예제의 [피벗 보고서] 단추에 연결되어 있으므로 단추를 클릭해 결과를 확인합니다. 코드가 길어 잘 이해가 되지 않으면 코드 창에서 F8 을 눌러 한 줄씩 실행 과정을 눈으로 확인해보세요!

관계 설정해 피벗 테이블 생성하기

예제 파일 PART 04 \ CHAPTER 19 \ (ModelRelationships) Add 메서드.xlsm

엑셀 2013 이후 버전부터 여러 표를 관계로 연결해 피벗 테이블 보고서를 생성할 수 있습니다. 이 경우 일반적인 피벗 테이블 보고서를 만드는 과정이 상이하므로 주의해야 합니다. 다음 과정을 참고합니다.

예제를 열면 [직원] 시트에는 아래 화면과 같은 엑셀 표를 확인할 수 있습니다.

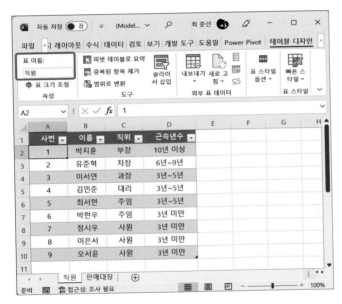

TIP 참고로 관계를 이용하기 위해서는 반드시 표가 엑셀 표로 등록되어 있어야 합니다. 표 범위를 선택하고 리본 메뉴의 [디자인] 탭─[표 속성] 그룹─[표 이름]을 보면 이 표의 이름은 워크시트 탭 이름과 동일한 '직원'인 것을 확인할 수 있습니다.

[판매대장] 시트에는 아래 화면과 같은 엑셀 표를 확인할 수 있습니다. 이 표의 이름도 워크시트 탭 이름과 동일한 '판매대장'입니다.

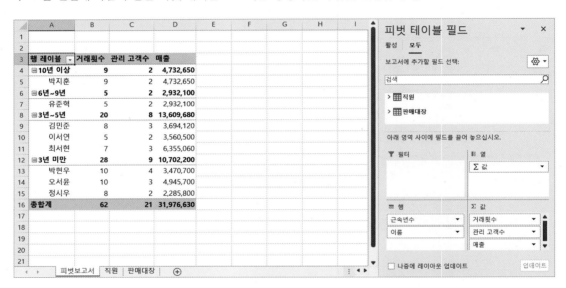

두 표를 연결해 다음과 같은 피벗 테이블 보고서를 생성하는 작업을 진행합니다.

관계로 연결된 표로 피벗 테이블 보고서를 생성하려면 먼저 표를 연결 테이블로 등록해야 합니다. 관계로 연결하기 위해서는 항상 두 개의 표를 사용하므로 별도의 매크로를 개발하고 이를 호출해 사용하는 것이 좋습니다. 다음 매크로는 인수로 전달된 이름의 표를 연결 테이블로 등록합니다.

```
Sub 연결만들기(테이블 As String, 주석 As String)  ─────── ❶

    On Error Resume Next  ─────── ❷

    With ThisWorkbook  ─────── ❸
```

```
            .Connections("연결_" & 테이블).Delete ──────────── ❹

            .Connections.Add2 Name:="연결_" & 테이블, _
                        Description:=주석, _
                        ConnectionString:="WORKSHEET;" & .FullName, _
                        CommandText:=.Name & "!" & 테이블, _
                        lCmdType:=xlConnectionTypeMODEL, _
                        CreateModelConnection:=True, _
                        ImportRelationships:=False ──────── ❺


        End With

End Sub
```

❶ [연결만들기] 매크로를 Sub 프로시저로 선언합니다. 이 매크로는 다음 두 개의 매개변수를 사용합니다.

매개변수	설명
테이블	String 형식의 변수로 연결할 표 이름을 저장합니다.
주석	String 형식의 변수로 표에 대한 설명 문장(주석)을 저장합니다.

❷ On Error 문을 사용해 ❹ 줄의 코드에서 에러가 발생해도 무시합니다.

❸ 현재 파일을 대상으로 연결 테이블을 생성하기 위해 With 문을 사용합니다.

❹ 기존 연결 중에서 "연결_"로 시작하고, [테이블] 매개변수에 전달되는 표 이름과 동일한 연결을 삭제합니다.

❺ Connections 컬렉션의 Add2 메서드를 사용해 연결 테이블을 등록합니다. Add2 메서드는 다음과 같은 매개변수를 사용해 설정합니다.

매개변수	설명
Name	연결 테이블 이름으로, "연결_" 문자열 뒤에 [테이블] 매개변수의 값을 붙여 사용합니다.
Description	연결 테이블의 주석으로 [주석] 매개변수의 값으로 설정합니다.
ConnectionString	연결 문자열로 "WORKSHEET;" 문자열과 현재 파일(ThisWorkbook)의 경로, 파일 명을 연결해 설정합니다.
CommandText	연결 테이블의 명령어로 현재 파일의 파일 명에 "!" 문자열을 연결하고 [테이블] 매개변숫값을 연결해 설정합니다.
lCmdType	연결 테이블 형식으로, 데이터 모델에 사용할 형식으로 설정합니다.
CreateModelConnection	생성된 연결 테이블을 데이터 모델에 추가할지 여부를 결정하는데, True로 설정해 데이터 모델에 추가합니다.
ImportReplationships	기존에 설정된 관계 정보를 가져올지 여부를 설정하는데, 새로 생성하는 것이므로 False로 설정을 해제합니다.

이제 표를 연결 테이블로 등록하고 관계를 설정한 후 피벗 테이블 보고서를 생성합니다. 다음 매크로를 이용합니다.

```
Sub 관계설정해피벗만들기()

    ' 1단계 : 변수를 선언합니다.
        Dim 직원 As ModelTable, 판매 As ModelTable ────────── ❶
        Dim 피벗캐시 As PivotCache ────────── ❷
        Dim 피벗 As PivotTable ────────── ❸

    ' 2단계 : 엑셀 표를 연결 테이블로 등록해 데이터 모델을 생성합니다.
        Call 연결만들기("직원", "메인") ────────── ❹
        Call 연결만들기("판매대장", "서브") ────────── ❺

    ' 3단계 : 피벗 테이블 보고서에서 사용할 표를 관계로 연결합니다.
        With ThisWorkbook ────────── ❻

            Set 직원 = .Model.ModelTables("직원") ────────── ❼
            Set 판매 = .Model.ModelTables("판매대장") ────────── ❽

            .Model.ModelRelationships.Add ForeignKeyColumn:=판매.ModelTableColumns("담당"), _
                                PrimaryKeyColumn:=직원.ModelTableColumns("이름")   '
                                                                    ────────── ❾

    ' 4단계 : 피벗 테이블 보고서를 생성합니다.
        Set 피벗캐시 = .PivotCaches.Create(SourceType:=xlExternal, _
                                SourceData:=.Connections("ThisWorkbookDataModel"), _
                                Version:=xlPivotTableVersion15) ────────── ❿

        End With

        On Error Resume Next ────────── ⓫

            Application.DisplayAlerts = False ────────── ⓬
                Worksheets("피벗보고서").Delete ────────── ⓭
            Application.DisplayAlerts = True ────────── ⓮

        On Error GoTo 0 ────────── ⓯

        Worksheets.Add.Name = "피벗보고서" ────────── ⓰

        Set 피벗 = 피벗캐시.CreatePivotTable(TableDestination:=Range("A3"), _
                                TableName:="피벗보고서") ────────── ⓱

    ' 5단계 : 피벗 테이블 보고서를 구성합니다.
        With 피벗.CubeFields("[직원].[근속년수]") ────────── ⓲

            .Orientation = xlRowField ────────── ⓳

        End With

        피벗.CubeFields("[직원].[이름]").Orientation = xlRowField ────────── ⓴

End Sub
```

❶ ModelTable 형식의 [직원], [판매] 개체변수를 선언합니다.

참고로 ModelTable 개체는 데이터 모델 영역 내에 등록된 테이블 개체입니다.

❷ PivotCache 형식의 [피벗캐시] 개체변수를 선언합니다.

❸ PivotTable 형식의 [피벗] 개체변수를 선언합니다.

❹ Call 문을 사용해 [연결만들기] 매크로를 호출해 실행합니다. [연결만들기] 매크로의 [테이블] 매개변수에는 '직원' 엑셀 표 이름을 전달하고 [주석] 매개변수에는 "메인" 문자열을 저장합니다. 이렇게 하면 '직원' 엑셀 표가 연결 테이블로 생성됩니다.

❺ Call 문을 사용해 [연결만들기] 매크로를 호출해 '판매대장' 엑셀 표를 연결 테이블로 등록합니다. 이렇게 해서 생성된 연결 테이블은 리본 메뉴의 [데이터]-[연결]-[쿼리 및 연결]을 선택해 확인할 수 있습니다.

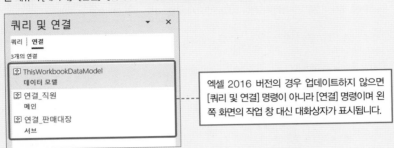

엑셀 2016 버전의 경우 업데이트하지 않으면 [쿼리 및 연결] 명령이 아니라 [연결] 명령이며 왼쪽 화면의 작업 창 대신 대화상자가 표시됩니다.

'쿼리 및 연결' 작업 창 목록에 '연결_직원'과 '연결_판매대장'이 등록되어 있으며, 등록된 모델은 'ThisWorkbookDataModel' 이름의 데이터 모델로 관리됩니다. 'ThisWorkbookDataModel' 이름은 엑셀에서 자동으로 부여하는 이름으로 사용자가 수정할 수 없습니다.

❻ 현재 파일의 데이터 모델에 등록된 테이블을 대상으로 관계를 연결하기 위해 With 문을 사용합니다.

❼ [직원] 변수에 현재 파일의 데이터 모델 영역에 있는 '직원' 엑셀 표를 연결합니다.

❽ [판매] 변수에 현재 파일의 데이터 모델 영역에 있는 '판매대장' 엑셀 표를 연결합니다.

❾ 현재 파일의 모델에 새로운 관계를 추가합니다. [판매] 변수에 연결된 '판매대장' 엑셀 표의 '담당' 필드와 [직원] 변수에 연결된 '직원' 엑셀 표의 '이름' 필드로 두 테이블을 관계로 연결합니다. 이렇게 하면 '직원' 엑셀 표와 '판매대장' 엑셀 표가 '1:다' 관계로 연결됩니다.

❿ 피벗 보고서를 만들기 위해 현재 파일에 새로운 피벗 캐시를 새로 생성한 후 [피벗캐시] 변수에 연결합니다. Create 메서드에는 다음 세 개의 매개변수가 설정되어 있으며 각각의 설명은 아래를 참고합니다.

매개변수	설명
SourceType	피벗 캐시의 형식을 외부 데이터 원본을 사용하도록 합니다.
SourceData	원본 데이터 형식을 현재 파일의 데이터 모델을 사용하도록 합니다. 모델은 ❹-❺ 줄의 코드에 의해 생성된 **ThisWorkbookDataModel** 데이터 모델입니다. 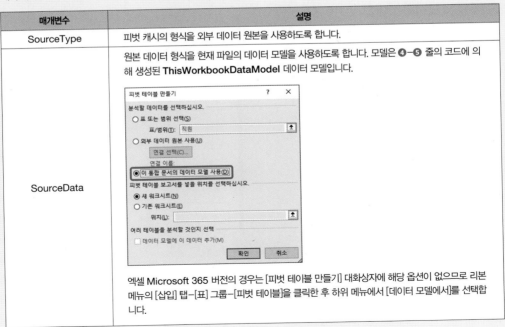 엑셀 Microsoft 365 버전의 경우는 [피벗 테이블 만들기] 대화상자에 해당 옵션이 없으므로 리본 메뉴의 [삽입] 탭-[표] 그룹-[피벗 테이블]을 클릭한 후 하위 메뉴에서 [데이터 모델에서]를 선택합니다.

매개변수	설명
SourceData	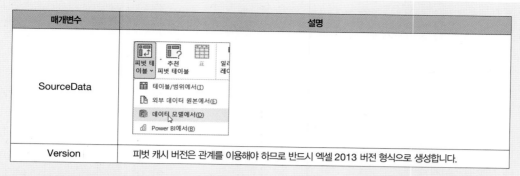
Version	피벗 캐시 버전은 관계를 이용해야 하므로 반드시 엑셀 2013 버전 형식으로 생성합니다.

⓫ ⓫-⓯ 줄의 코드는 '피벗보고서' 이름의 시트가 존재하면 삭제하는 역할을 수행하는 코드입니다. 이번 줄은 On Error 문을 사용해 에러가 발생해도 무시합니다.

⓬ Excel 옵션 중 경고 메시지 창 표시 옵션을 해제합니다.

⓭ '피벗보고서' 이름의 워크시트를 삭제합니다.

⓮ 경고 메시지 창 표시 옵션을 다시 설정합니다.

⓯ On Error Goto 0 명령을 통해 ⓫ 줄의 On Error 문 설정을 취소합니다.

⓰ 빈 워크시트를 하나 추가하고 이름을 '피벗보고서'로 명명합니다.

⓱ [피벗캐시] 변수에 연결된 PivotCache에서 새 피벗 테이블 보고서를 [A3] 셀 위치에 생성하고, 피벗 테이블 보고서 이름을 '피벗보고서'로 명명합니다.

⓲ 피벗 테이블 보고서를 구성합니다. 데이터 모델을 이용해 생성된 피벗 테이블 보고서는 PivotField 개체가 아니라 CubeField 개체로 필드를 제어합니다. With문은 코드 길이를 줄이기 위한 용도이며, 관계를 사용한 표의 필드를 특정할 때는 [[표 이름].[열 머리글]] 과 같은 형식으로 필드 명을 사용합니다.

⓳ [직원] 테이블의 [근속년수] 필드의 삽입 위치를 행(xlRowField) 영역으로 삽입합니다.

⓴ [직원] 테이블의 [이름] 필드를 행 영역에 삽입합니다.

개발된 매크로를 실행하면 다음과 같은 피벗 테이블 보고서를 확인할 수 있습니다.

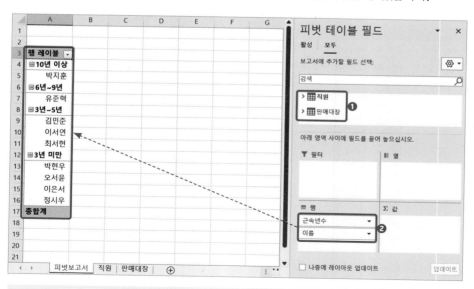

❶ [피벗 테이블 필드] 작업 창에 [직원]과 [판매대장] 두 개의 표가 표시됩니다.

❷ [행] 영역에 [근속년수]와 [이름] 필드가 삽입되어 있으며, 피벗 테이블 보고서의 행 머리글이 구성됩니다.

행 영역의 '근속년수' 필드의 항목을 큰 값 순으로 정렬해 표시하려면 [관계설정해피벗만들기] 매크로에 다음 코드를 추가합니다.

```
Sub 관계설정해피벗만들기()

    ...

    With 피벗.CubeFields("[직원].[근속년수]")

        .Orientation = xlRowField

        With .PivotFields("[직원].[근속년수].[근속년수]")   '  ──────────── ❶

            .PivotItems("[직원].[근속년수].&[6년~9년]").Position = 2   '  ──────── ❷
            .PivotItems("[직원].[근속년수].&[3년~5년]").Position = 3   '  ──────── ❸

        End With

    End With

    피벗.CubeFields("[직원].[이름]").Orientation = xlRowField

End Sub
```

❶ CubeField 개체에는 항목을 정렬하는 명령이 없으므로, PivotField 개체를 대상으로 정렬 작업을 진행하기 위해 With문을 사용합니다. CubeField 내 PivotField 개체의 필드 명을 지정할 때는 CubeField 개체의 필드 명([표 이름].[열 머리글])과 PivotField 개체의 필드 명([열 머리글])을 붙여 사용합니다.

❷ 개별 항목 중에 [6년~9년] 항목을 두 번째 순서로 조정합니다. 항목 이름은 CubeField 개체의 필드 명과 항목 명을 & 연산자로 연결해 사용합니다.

❸ 개별 항목 중에 [3년~5년] 항목을 세 번째 순서로 조정합니다.

수정된 매크로를 실행해, [행] 영역의 [근속년수] 필드가 제대로 표시되는지 확인합니다.

마지막으로 [값] 영역에 원하는 계산 값을 추가하기 위해 측정값을 사용합니다. 관계로 연결된 표를 피벗 테이블 보고서를 만든 경우에는 측정 값을 사용해 [값] 영역에 계산 결과를 표시할 수 있습니다. 측정값을 여러 개 만들려면 다음과 같이 측정값 필드를 생성하는 매크로를 먼저 개발하고 이 매크로를 호출해 사용하는 것이 편리합니다.

```
Sub 측정값만들기(피벗 As PivotTable, 필드 As String, 집계함수 As Long, 필드명 As String)   ─ ❶

    Dim 측정값 As CubeField   ──────────── ❷

    Set 측정값 = 피벗.CubeFields.GetMeasure(Attributehierarchy:=필드, _
                                          Function:=집계함수, _
```

```
                            Caption:=필드명)  ───────────────  ❸

      피벗.AddDataField Field:=측정값, Caption:=필드명  ──────────  ❹
      피벗.DataFields(측정값.Name).NumberFormat = "#,###"  ──────  ❺

  End Sub
```

❶ 값 영역에 추가할 측정값 필드를 만드는 [측정값만들기] 매크로를 Sub 프로시저로 선언합니다.

　 매개변수는 다음과 같은 세 개를 사용합니다.

매개변수	설명
피벗	PivotTable 개체 형식의 매개변수로 측정값 필드를 삽입할 피벗 테이블입니다.
필드	String 형식의 매개변수로 측정값 필드의 집계 대상 필드명입니다.
집계함수	Long 형식의 매개변수로 측정값 필드의 집계 함수를 가리키는 숫자 값입니다.
필드명	String 형식의 매개변수로 생성할 측정값 필드의 이름입니다.

❷ CubeField 형식의 [측정값] 개체변수를 선언합니다.

❸ [피벗] 매개변수에 연결된 피벗 테이블에 측정값 필드를 추가하고, [측정값] 변수에 연결합니다. GetMeasure 메서드의 세 개 매개변수에 [측정값만들기] 매크로의 세 개 매개변수([필드], [집계함수], [필드명])를 전달해 측정값 필드를 생성합니다.

❹ [피벗] 매개변수에 연결된 피벗 테이블의 값 영역에 [측정값] 변수에 연결된 필드를 추가합니다.

❺ 값 영역에 삽입된 측정값 필드의 표시 형식을 변경해 '천 단위 구분 기호'(,)를 표시합니다.

개발한 [측정값만들기] 매크로를 피벗 테이블 보고서를 생성하는 [관계설정해피벗만들기] 매크로에서 호출해 측정값 필드를 생성합니다. [관계설정해피벗만들기] 매크로에 다음 코드를 추가합니다.

```
  Sub 관계설정해피벗만들기()


      ...


      피벗.CubeFields("[직원].[이름]").Orientation = xlRowField

      Call 측정값만들기(피벗, "[판매대장].[고객]", xlCount, "거래횟수")  ───────  ❶
      Call 측정값만들기(피벗, "[판매대장].[고객]", xlDistinctCount, "관리 고객수")  ───  ❷
      Call 측정값만들기(피벗, "[판매대장].[판매]", xlSum, "매출")  ───────  ❸

      피벗.PivotFields("[직원].[근속년수].[근속년수]").Subtotals(1) = True  ───  ❹
      피벗.SubtotalLocation xlAtTop  ───────  ❺

  End Sub
```

❶ [측정값만들기] 매크로를 호출해 '거래횟수' 필드를 값 영역에 추가합니다. '거래횟수' 필드는 '판매대장' 엑셀 표의 '고객' 필드의 항목 건수를 세어 집계합니다.

❷ [측정값만들기] 매크로를 호출해 '관리 고객수' 필드를 값 영역에 추가합니다. '관리 고객수' 필드는 '판매대장' 엑셀 표의 '고객' 필드의 고유한 항목 건수를 세어 집계합니다. 이렇게 하면 중복된 값을 배제하고 고유한 항목 수만 셀 수 있습니다. xlDistinctCount 내장 상수는

중복값을 제외하고 집계할 때 사용하는데 일반 피벗 테이블에서는 사용할 수 없고 데이터 모델을 원본으로 생성하는 피벗 테이블이나, 파워 피벗에서만 사용할 수 있습니다.

❸ [측정값만들기] 매크로를 호출해 '매출' 필드를 값 영역에 추가합니다. '매출' 필드는 '판매대장' 엑셀 표의 '판매' 필드의 합계 값을 집계합니다.

❹ PivotField 개체를 이용해 [근속년수] 필드의 부분합을 추가합니다.

❺ 추가된 부분합의 위치를 상단에 위치하도록 합니다.

이제 개발된 매크로를 실행하면 앞에서 확인한 피벗 테이블 보고서를 확인할 수 있습니다.

19 / 04 피벗 테이블 새로 고침 자동화

예제 파일 PART 04 \ CHAPTER 19 \ (PivotCache) Refresh 메서드.xlsm

피벗 테이블 보고서는 원본 표의 값이 수정됐다고 해도 바로 수정되지 않습니다. 따라서 수정된 사항을 보고서에 반영하려면 피벗 테이블 보고서에서 [새로 고침]을 사용해야 합니다. 실제 엑셀 창에서는 이런 작업이 하나의 명령으로 처리되지만, 매크로에서는 이 명령을 좀 더 세분화해서 처리합니다. 생성한 피벗 테이블 보고서를 새로 고치는 다양한 방법에 대해 알아보겠습니다.

이벤트를 활용한 새로 고침

예제를 열고 [직원] 시트를 선택하면 화면과 같은 표와 피벗 테이블을 확인할 수 있습니다.

	A	B	C	D	E	F	G	H	I	J	K
1	사번	이름	직위	근속년수				직위	인원현황		
2	1	박지훈	부장	10년 이상				부장	1		
3	2	유준혁	차장	6년~9년				차장	1		
4	3	이서연	과장	3년~5년				과장	1		
5	4	김민준	대리	3년~5년				대리	1		
6	5	최서현	주임	3년~5년				주임	2		
7	6	박현우	주임	3년 미만				사원	3		
8	7	정시우	사원	3년 미만				총합계	9		
9	8	이은서	사원	3년 미만							
10	9	오서윤	사원	3년 미만							
11											
12											

피벗보고서 | 직원 | 판매대장 | ⊕

원본 표와 피벗 테이블 보고서가 하나의 워크시트에 존재할 때 원본 표의 수정 사항이 바로 피벗 테이블 보고서에 반영되어야 한다면 Worksheet 개체의 Change 이벤트에 다음과 같은 코드를 입력해 처리합니다.

```
Private Sub Worksheet_Change(ByVal Target As Range)  ─────────────────❶

    If Not Intersect(Target, Range("직원[직위]")) Is Nothing Then  ──────❷
```

```
            ActiveSheet.PivotTables(1).PivotCache.Refresh ————————— ❸

        End If

    End Sub
```

❶ 워크시트의 값을 고칠 때 자동으로 실행하는 Worksheet_Change 이벤트를 선언합니다.

❷ If Not Intersect(…) Is Nothing Then 코드를 사용해 값을 수정한 범위(Target 매개변수)가 '직원' 표의 [직위] 열인지 판단합니다.

❸ [직위] 열의 데이터가 수정됐다면, 현재 시트의 첫 번째 피벗 테이블의 캐시를 새로 고쳐 읽어 들입니다.

TIP 이 코드는 [직원] 시트 탭에서 마우스 오른쪽 버튼을 클릭하고 [코드 보기]를 선택한 후 코드 창에 넣어 사용합니다.

이벤트 개발 후 정상 동작하는지 확인하기 위해 [C6] 셀의 직위를 [주임]에서 [대리]로 변경하면 오른쪽 피벗 테이블에 [대리] 직위가 바로 표시되는 것을 확인해볼 수 있습니다.

관계로 연결된 피벗 테이블 새로 고침

[판매대장] 시트를 확인하면 다음과 같은 판매내역을 확인할 수 있습니다.

	A	B	C	D	E	F	G	H	I	J
1	거래ID	고객	담당	분류	제품	단가	수량	할인율	판매	
2	10248	S&C무역 ㈜	오서윤	복사기	컬러레이저복사기 XI-3200	1,176,000	3	15%	2,998,800	
3	10248	S&C무역 ㈜	오서윤	바코드스캐너	바코드 Z-350	48,300	3	0%	144,900	
4	10248	S&C무역 ㈜	오서윤	팩스	잉크젯팩시밀리 FX-1050	47,400	3	0%	142,200	
5	10249	드림씨푸드 ㈜	박현우	복사용지	프리미엄복사지A4 2500매	17,800	9	0%	160,200	
6	10249	드림씨푸드 ㈜	박현우	바코드스캐너	바코드 BCD-100 Plus	86,500	7	0%	605,500	
7	10250	자이언트무역 ㈜	정시우	복사용지	고급복사지A4 500매	3,500	2	0%	7,000	
8	10250	자이언트무역 ㈜	정시우	바코드스캐너	바코드 Z-350	46,300	7	0%	324,100	
9	10250	자이언트무역 ㈜	정시우	바코드스캐너	바코드 BCD-100 Plus	104,500	8	0%	836,000	
10	10251	진왕통상 ㈜	오서윤	복합기	잉크젯복합기 AP-3300	79,800	1	0%	79,800	
11	10251	진왕통상 ㈜	오서윤	복합기	잉크젯복합기 AP-3200	89,300	8	0%	714,400	
12	10251	진왕통상 ㈜	오서윤	복사용지	고급복사지A4 500매	4,100	7	0%	28,700	
13	10252	삼양트레이드 ㈜	김민준	복합기	잉크젯복합기 AP-3200	79,500	2	0%	159,000	
14	10252	삼양트레이드 ㈜	김민준	복합기	레이저복합기 L200	165,300	3	0%	495,900	
15	10252	삼양트레이드 ㈜	김민준	복사용지	고급복사지A4 500매	3,600	8	0%	28,800	
16	10253	자이언트무역 ㈜	정시우	제본기	링제본기 ST-100	127,800	4	0%	511,200	
17	10253	자이언트무역 ㈜	정시우	출퇴근기록기	RF OA-300	46,800	6	0%	280,800	
18	10253	자이언트무역 ㈜	정시우	문서세단기	오피스 Z-01	39,900	2	0%	79,800	

피벗보고서 | 직원 | 판매대장 | ⊕

[피벗보고서] 시트를 선택하면 [직원] 시트의 표와 [판매대장] 시트의 표를 관계로 연결해 만든 피벗 테이블 보고서를 확인할 수 있습니다.

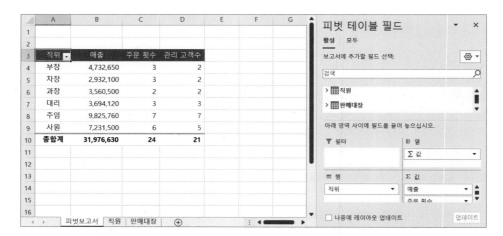

앞서와 같은 방법으로 피벗 테이블 보고서를 갱신하는 작업을 이벤트로 처리합니다. [피벗보고서] 시트 탭을 마우스 오른쪽 버튼으로 클릭한 후 [코드 보기] 메뉴를 선택하고 다음 이벤트를 코드 창에 입력합니다.

```
Private Sub Worksheet_Activate()  ——————————❶

    ActiveSheet.PivotTables(1).PivotCache.Refresh  ——————————❷

End Sub
```

❶ 워크시트가 화면에 표시될 때 자동으로 실행되는 Worksheet_Activate 이벤트를 선언합니다.
❷ 현재 시트의 첫 번째 피벗 테이블을 새로 고쳐 표시합니다.

[직원] 시트를 화면에 표시했다가 다시 [피벗보고서] 시트로 이동해도 앞에서 수정한 [대리] 직위가 피벗 테이블 보고서에 나타나지 않습니다. 관계로 연결된 여러 표를 원본으로 생성한 피벗 테이블 보고서에서는 PivotCache 개체를 새로 고치는 방법이 제대로 동작하지 않습니다.

Worksheet_Activate 이벤트를 다음과 같이 수정합니다.

```
Private Sub Worksheet_Activate()

    ActiveSheet.PivotTables(1).RefreshTable  ——————————❶

End Sub
```

❶ 현재 시트의 첫 번째 피벗 테이블 보고서에 연결된 원본 테이블의 데이터를 다시 읽어들입니다.

[직원] 시트로 이동했다가 다시 [피벗보고서] 시트로 돌아오면 [대리] 직위를 확인할 수 있습니다.

전체 피벗 테이블 한번에 새로 고침

피벗 테이블 보고서가 많은 파일을 사용할 때 원본 표의 데이터를 수정하면 파일 내 모든 피벗 테이블 보고서가 한번에 모두 갱신되도록 하는 것이 좋습니다. 다음과 같은 매크로를 개발해 사용합니다.

```
Sub 새로고침()

    ThisWorkbook.RefreshAll              ①

End Sub
```

① 현재 파일의 외부 데이터 범위 참조와 피벗 테이블 보고서를 새로 고칩니다.

앞서 추가한 이벤트를 모두 제거한 후 [직원] 표의 직위를 수정하고 위에서 개발한 [새로고침] 매크로를 실행합니다. 일반 피벗 테이블 보고서와 관계를 이용해 생성된 피벗 테이블 보고서 양쪽 모두 새로 고쳐지는 것을 확인할 수 있습니다.

값 영역의 숫자를
원본 표의 서식과 동기화하는 방법

예제 파일 PART 04 \ CHAPTER 19 \ (PivotField) NumberFormat 속성.xlsm

피벗 테이블 보고서를 사용할 때 불편한 점 중의 하나는 원본 표에 적용된 표시 형식이 피벗 테이블 보고서에 반영되지 않아 피벗 테이블 보고서를 구성한 후 원하는 표시 형식을 매번 변경해주어야 한다는 점입니다. 원본 표의 표시 형식을 확인해 피벗 테이블 보고서에 적용해주는 매크로를 개발해보겠습니다. 참고로 원본 표와 피벗 테이블의 표시 형식을 항상 일정하게 관리하려면 워크시트의 PivotTableUpdate 이벤트를 활용합니다. 자동으로 표시 형식을 동기화할 수 있습니다.

먼저 예제 파일에서 [sample]과 [피벗보고서] 시트를 확인합니다.

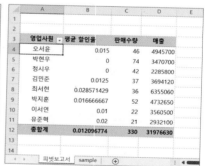

[피벗보고서] 시트에서 피벗 테이블 보고서의 [값] 영역에 삽입된 필드는 모두 표시 형식이 반영되어 있지 않은데, 피벗 테이블 보고서를 새로 고침할 때 자동으로 원본 표의 데이터 표시 형식을 그대로 적용하려면 다음과 같은 이벤트를 개발해 사용합니다.

파일 : (PivotField) NumberFormat 속성 (코드).txt

```
Private Sub Worksheet_PivotTableUpdate(ByVal Target As PivotTable) ──────────────❶

    Dim 피벗 As PivotTable ──────────❷
    Dim 필드 As PivotField ──────────❸
    Dim 열머리글 As Range ──────────❹
```

```
        Application.EnableEvents = False          ⑤

            Set 피벗 = Target          ⑥

            Set 열머리글 = Sheets("sample").Range("A1").CurrentRegion.Rows(1)          ⑦

            For Each 필드 In 피벗.DataFields          ⑧

                With 열머리글.Find(What:=필드.SourceName)          ⑨

                    필드.NumberFormat = .Offset(1).NumberFormat          ⑩

                End With

            Next

        Application.EnableEvents = True          ⑪

End Sub
```

❶ Worksheet_PivotTableUpdate 이벤트는 현재 워크시트의 피벗 테이블 보고서를 새로 고침할 때 자동으로 실행됩니다.

❷ PivotTable 형식의 [피벗] 개체변수를 선언합니다.

❸ PivotField 형식의 [필드] 변수를 선언합니다.

❹ Range 형식의 [열머리글] 변수를 선언합니다.

❺ 엑셀의 이벤트 감지 옵션을 해제합니다. 이 동작은 아래 ⑩ 줄에서 피벗 테이블 보고서를 수정할 때 다시 이 이벤트가 동작하지 않도록 하기 위함입니다.

❻ [피벗] 개체변수에 Target 매개변수에 저장된 PivotTable 개체를 연결합니다. Target 매개변수에는 새로 고쳐진 피벗 테이블 개체가 연결되어 있습니다.

❼ [열머리글] 변수에 [sample] 워크시트의 [A1] 셀에서 연속된 데이터 범위의 첫 번째 행 범위를 연결합니다.

❽ For Each… Next 순환문을 사용해 [피벗] 개체변수에 연결된 피벗 테이블의 [값] 영역 내 필드를 순환하면서 [필드] 개체변수에 하나씩 연결합니다. 이렇게 하면 수정된 피벗 테이블 보고서의 [값] 영역 내 필드를 모두 순환하면서 작업할 수 있습니다.

❾ [열머리글] 개체변수에 연결된 범위에서 [필드] 개체변수에 연결된 필드 명(SoruceName 속성)을 찾습니다.

❿ [필드] 개체변수에 연결된 필드의 표시 형식을 ❾ 줄에서 찾은 위치의 바로 아래 셀의 표시 형식과 동일하게 설정합니다.

⑪ 엑셀의 이벤트 감지 기능을 다시 켭니다.

TIP 이 이벤트를 [피벗보고서] 시트 탭을 마우스 오른쪽 버튼으로 클릭하고 [코드 보기]를 선택한 후 코드 창에 넣어 사용합니다.

이벤트가 제대로 동작하는지 확인하려면 피벗 테이블 보고서를 선택하고 리본 메뉴의 [피벗 테이블]–[분석] 탭–[데이터] 그룹–[새로 고침 🔁]을 클릭합니다. 다음과 같이 피벗 테이블 보고서의 표시 형식이 원본 표와 동기화된 결과를 확인할 수 있습니다.

	A	B	C	D	E	F	G
1							
2							
3	영업사원 ▾	평균 할인율	판매수량	매출			
4	오서윤	2%	46	4,945,700			
5	박현우	0%	74	3,470,700			
6	정시우	0%	42	2,285,800			
7	김민준	1%	37	3,694,120			
8	최서현	3%	36	6,355,060			
9	박지훈	2%	52	4,732,650			
10	이서연	1%	22	3,560,500			
11	유준혁	2%	21	2,932,100			
12	총합계	1%	330	31,976,630			
13							
14							

피벗보고서 / sample / ⊕

정확한 작동 방식을 확인하기 위해 [sample] 시트로 이동한 후 표시 형식을 변경합니다. [H2] 셀을 선택하고, 리본 메뉴의 [홈] 탭−[표시 형식] 그룹−[자릿수 늘림 ⬚]을 클릭해 소수점 1자리까지 표시하도록 변경합니다.

	A	B	C	D	E	F	G	H	I	J
1	거래ID	고객	담당	분류	제품	단가	수량	할인율	판매	
2	10248	S&C무역 ㈜	오서윤	복사기	컬러레이저복사기 XI-3200	1,176,000	3	15.0%	2,998,800	
3	10248	S&C무역 ㈜	오서윤	바코드스캐너	바코드 Z-350	48,300	3	0%	144,900	
4	10248	S&C무역 ㈜	오서윤	팩스	잉크젯팩시밀리 FX-1050	47,400	3	0%	142,200	
5	10249	드림씨푸드 ㈜	박현우	복사용지	프리미엄복사지A4 2500매	17,800	9	0%	160,200	
6	10249	드림씨푸드 ㈜	박현우	바코드스캐너	바코드 BCD-100 Plus	86,500	7	0%	605,500	
7	10250	자이언트무역 ㈜	정시우	복사용지	고급복사지A4 500매	3,500	2	0%	7,000	
8	10250	자이언트무역 ㈜	정시우	바코드스캐너	바코드 Z-350	46,300	7	0%	324,100	
9	10250	자이언트무역 ㈜	정시우	바코드스캐너	바코드 BCD-100 Plus	104,500	8	0%	836,000	
10	10251	진왕통상 ㈜	오서윤	복합기	잉크젯복합기 AP-3300	79,800	1	0%	79,800	

피벗보고서 / sample / ⊕

TIP 이벤트를 개발할 때 각 열의 첫 번째 데이터가 입력된 셀을 읽어 표시 형식을 동기화하므로 2행의 데이터 부분만 변경해도 제대로 동작해야 합니다.

[피벗보고서] 시트로 이동해 [새로 고침 ⬚]을 클릭합니다. 보고서를 새로 고치면 표시 형식이 자동으로 수정되는 것을 확인할 수 있습니다.

	A	B	C	D	E	F
1						
2						
3	영업사원 ▾	평균 할인율	판매수량	매출		
4	오서윤	1.5%	46	4,945,700		
5	박현우	0.0%	74	3,470,700		
6	정시우	0.0%	42	2,285,800		
7	김민준	1.3%	37	3,694,120		
8	최서현	2.9%	36	6,355,060		
9	박지훈	1.7%	52	4,732,650		
10	이서연	1.0%	22	3,560,500		
11	유준혁	2.0%	21	2,932,100		
12	총합계	1.2%	330	31,976,630		
13						
14						

피벗보고서 / sample / ⊕

자주 사용하는
엑셀 기능 조작 방법

엑셀에는 차트와 피벗 이외에도 필터, 정렬, 조건부 서식, 메모와 같은 다양한 기능이 제공됩니다. 이 책에서 엑셀의 모든 기능을 자세하게 설명할 수는 없으므로, 업무에서 가장 많이 활용하는 기능의 사용 방법 위주로 소개하겠습니다. 이번 CHAPTER에서 언급하지 않는 다른 기능은 앞서 소개한 매크로 기록기를 이용해 동작을 기록해보면서 해당 기능을 컨트롤하는 데 필요한 정보를 얻을 수 있습니다. 특히 도움말을 적극 활용하고, 수많은 예제 코드를 이용하면 원하는 기능을 조작하는 데 필요한 도움을 얻을 수 있습니다.

자동 필터를 매크로로 제어하는 방법

예제 파일 PART 04 \ CHAPTER 20 \ (AutoFilter) 선택 항목.xlsm

예제 이해

자동 필터는 엑셀에서 가장 사랑받는 기능 중 하나입니다. 자동 필터를 이용하려면 Range 개체의 Auto Filter 메서드를 이용합니다. AutoFilter 메서드를 이용하는 방법은 다음과 같습니다.

Range.AutoFilter (❶field, ❷criteria1, ❸operator, ❹criteria2, ❺visibledropdown)

Field부터 VisibleDropDown 매개변수에 대한 설명은 다음을 참고합니다.

❶ field	필터링할 필드의 열 인덱스 번호입니다. 표의 왼쪽부터 1입니다.
❷ criteria1	해당 열에서 선택할 항목입니다.
❸ operator	연산자를 다음과 같이 사용할 수 있습니다. 표 아래 참조
❹ criteria2	해당 열에서 선택할 두 번째 항목입니다.
❺ visibledropdown	아래 화살표 단추의 표시 여부를 결정합니다.

❸ operator 표:

내장 상수	값	설명
xlAnd	1	Criteria1과 Criteria2 조건을 모두 만족
xlOr	2	Criteria1과 Criteria2 중 하나만 만족
xlTop10Items	3	상위 10 조건, Criteria1에 항목수
xlBottom10Items	4	하위 10 조건, Criteria1에 항목수
xlTop10Percent	5	상위 10% 조건, Criteria1에 백분율
xlBottom10Percent	6	하위 10% 조건, Criteria1에 백분율
xlFilterValues	7	여러 항목을 동시 설정, Criteria1에 배열로 필터할 항목 전달
xlFilterCellColor	8	배경색 조건
xlFilterFontColor	9	글꼴색 조건
xlFilterIcon	10	조건부 서식의 아이콘 막대 조건
xlFilterDynamic	11	평균 초과, 미만 또는 날짜 조건

예제는 다음과 같습니다. 이 표에서 다양한 자동 필터 조건을 설정하는 코드를 작성합니다.

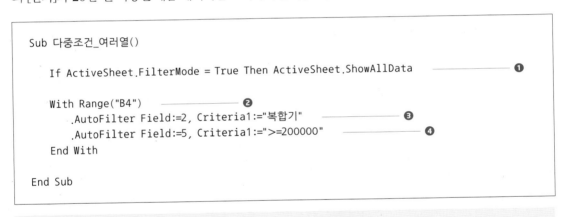

다른 열에 각각 원하는 조건 설정

자동 필터를 이용해 조건을 설정하는 방법은 간단합니다. 예제의 표에서 C열의 [분류]가 복합기이고, F열의 [단가]가 20만 원 이상인 제품 데이터만 표시하려면 다음 매크로를 사용합니다.

```
Sub 다중조건_여러열()

    If ActiveSheet.FilterMode = True Then ActiveSheet.ShowAllData ─────────────❶

    With Range("B4") ──────────❷
        .AutoFilter Field:=2, Criteria1:="복합기" ─────────────❸
        .AutoFilter Field:=5, Criteria1:=">=200000" ─────────────❹
    End With

End Sub
```

❶ 현재 시트에 자동 필터가 설정되어 있다면 필터를 해제하고 모든 데이터를 표시합니다. 자동 필터의 조건을 설정할 때 이렇게 기존 조건을 해제하지 않으면 조건이 중복 적용되어 원하는 데이터를 화면에 표시할 수 없습니다.

❷ [B4] 셀을 대상으로 자동 필터를 설정하기 위해 With 문을 사용합니다. 자동 필터는 Range 개체의 연속된 범위(CurrentRegion)를 대상으로 동작하므로, 이 코드는 다음과 동일한 효과가 있습니다.

```
With Range("B4").CurrentRegion
```

❸ 표의 두 번째 열인 '분류' 열의 '복합기' 항목에 해당하는 행을 화면에 표시합니다. 이런 조건 설정 방법은 [자동 필터 목록]에서 [텍스트 필터]-[같음]을 선택해 조건을 설정하는 것과 동일합니다.

❹ 표의 다섯 번째 열인 '단가' 열에서 20만 원 이상에 해당하는 행을 화면에 표시합니다. 이 조건은 [자동 필터 목록]에서 [숫자 필터]-[크거나 같음]을 선택해 조건을 설정하는 것과 동일합니다.

이 매크로는 예제의 Module1 개체의 코드 창에 있으며 실행하면 다음과 같은 결과를 얻을 수 있습니다.

	A	B	C	D	E	F	G
1							
2		선택	(모두)				
3							
4		품번	분류	품명	공급업체	단가	
5		1	복합기	레이저복합기 L350	SPC ㈜	220,000	
12		8	복합기	무한레이저복합기 L500C	열린교역 ㈜	324,000	
15							

하나의 열에 두 개의 항목을 선택

만약 하나의 열에 여러 조건을 설정하고 싶다면, 즉 [분류] 열에 문서세단기와 팩스 조건을 추가하려면 다음과 같은 매크로를 사용합니다.

```
Sub 다중조건_한개열()

    If ActiveSheet.FilterMode = True Then ActiveSheet.ShowAllData

    With Range("B4")
        .AutoFilter Field:=2, Criteria1:="문서세단기", Operator:=xlOr, _
                    Criteria2:="팩스"                    ─── ❶
    End With

End Sub
```

❶ 표의 두 번째 열인 '분류' 열에서 '문서세단기'와 '팩스' 항목을 선택합니다. 이 조건은 [자동 필터 목록]에서 [텍스트 필터]-[같음]을 선택한 다음 [또는] 조건을 이용해 원하는 항목을 하나씩 선택하는 것과 동일합니다.

이 매크로를 실행하면 다음과 같은 결과를 얻을 수 있습니다.

	A	B	C	D	E	F	G
1							
2		선택	(모두)				
3							
4		품번	분류	품명	공급업체	단가	
10		6	문서세단기	오피스 Z-01	상진통상 ㈜	42,000	
13		9	팩스	잉크젯팩시밀리 FX-2000+	유미무역 ㈜	85,000	
15							
16							

하나의 열에 세 개 이상의 항목을 선택

하나의 열에서 세 개 이상의 항목을 선택하는 것은 이전과 같은 방법으로는 불가능합니다. 세 개 이상의 항목을 선택한다면 [자동 필터 목록]에서 '(모두 선택)'의 체크를 해제하고 원하는 항목을 하나씩 선택하는 방법을 사용해야 합니다. 이렇게 하려면 다음과 같이 Criteria1 매개변수에 Array 함수로 인수를 전달한 후 Operator 매개변수에 xlFilterValues 내장상수를 전달해야 합니다. 다음 매크로를 참고합니다.

```
Sub 다중조건_한개열2()

    If ActiveSheet.FilterMode = True Then ActiveSheet.ShowAllData

    With Range("B4")
        .AutoFilter Field:=2, Criteria1:=Array("문서세단기", "팩스", "제본기"), _
                Operator:=xlFilterValues                        ❶
    End With

End Sub
```

❶ 표의 두 번째 열인 '분류' 열에서 "문서세단기", "팩스", "제본기" 항목만 표시합니다. Array 함수를 사용하면 여러 항목을 선택하도록 할 수 있는데, 이 경우 반드시 Operator 매개변숫값이 xlFilterValues로 설정되어야 합니다.

이 매크로를 실행하면 다음과 같은 결과를 얻을 수 있습니다.

	A	B	C	D	E	F	G
1							
2		선택	(모두)				
3							
4		품번	분류	품명	공급업체	단가	
6		2	제본기	링제본기 ST-100	경남교역 ㈜	142,000	
10		6	문서세단기	오피스 Z-01	상진통상 ㈜	42,000	
13		9	팩스	잉크젯팩시밀리 FX-2000+	유미무역 ㈜	85,000	
15							

와일드 카드 문자를 사용해 필터 설정

특정 패턴에 속한 항목만 화면에 표시하려면 와일드카드 문자(*, ?)를 사용해 필터 조건을 설정할 수 있습니다. 다음 매크로는 [공급업체] 열의 항목 중 산업이 포함된 업체의 제품 데이터만 화면에 표시합니다.

```
Sub 와일드카드()

    If ActiveSheet.FilterMode = True Then ActiveSheet.ShowAllData

Range("B4").AutoFilter Field:=4, Criteria1:="*산업*"             ❶

    End Sub
```

❶ 표의 네 번째 열인 '공급업체' 열에 '산업'이 포함된 회사 명을 갖는 행만 표시합니다. 이런 조건은 [자동 필터 목록]에서 검색 란에 키워드로 검색하는 것과 동일합니다.

이 매크로를 실행하면 다음과 같은 결과를 얻을 수 있습니다.

	A	B	C	D	E	F	G
1							
2		선택	(모두)				
3							
4		품번	분류	품명	공급업체	단가	
8		4	복사용지	복사지A4 5000매	리오산업 ㈜	25,800	
9		5	복합기	잉크챗복합기 AP-5500	미래산업 ㈜	133,500	
11		7	복사용지	프리미엄복사지A4 5000매	양일산업 ㈜	31,300	
15							
16							

[숫자 필터]의 [상위 10] 조건 설정

자동 필터를 이용하면 숫자 필드 중에서 상위(또는 하위) n개의 데이터만 화면에 표시할 수 있습니다. 예제의 [단가] 열에서 가격이 높은 상위 세 개 항목만 표시하는 매크로는 다음과 같습니다.

```
Sub 상위10()

    If ActiveSheet.FilterMode = True Then ActiveSheet.ShowAllData

    Range("B4").AutoFilter Field:=5, Criteria1:="3", Operator:=xlTop10Items ──────── ❶

End Sub
```

❶ 표의 다섯 번째 열인 '단가' 열에서 단가가 높은 상위 세 개 항목의 행만 표시합니다. Operator 매개변수에 전달된 xlTop10Items 는
[상위10] 조건을 의미하며, Criteria1 매개변수의 값은 상위 값 중 표시할 n개 항목을 의미합니다.

이 매크로를 실행하면 다음과 같은 결과를 얻을 수 있습니다.

	A	B	C	D	E	F	G
1							
2		선택	(모두)				
3							
4		품번	분류	품명	공급업체	단가	
5		1	복합기	레이저복합기 L350	SPC ㈜	220,000	
7		3	복합기	무한잉크챗복합기 AP-5500W	고려텍 ㈜	155,000	
12		8	복합기	무한레이저복합기 L500C	열린교역 ㈜	324,000	
15							

필터할 항목을 다른 셀에 입력된 것으로 설정

자동 필터로 표시할 항목을 별도의 셀에서 읽어 처리할 수도 있습니다. 예제의 표에서 [C2] 셀의 값과 동일한 [분류] 데이터만 화면에 표시하려면 Worksheet 개체의 Change 이벤트를 활용합니다.

```
Private Sub Worksheet_Change(ByVal Target As Range) ————————————— ❶

    If Target.Address = "$C$2" Then ————————————— ❷

        If ActiveSheet.FilterMode = True Then ActiveSheet.ShowAllData

        If Target.Value <> "(모두)" Then ————————————— ❸

            Range("B4").AutoFilter Field:=2, Criteria1:=Target.Value

        End If

    End If

End Sub
```

❶ Worksheet_Change 이벤트는 셀 값이 변경될 때 자동으로 실행됩니다. Target 매개변수는 변경된 셀(또는 범위)을 의미합니다.

❷ Target 매개변수의 셀 주소가 [C2] 셀인 경우에만 자동 필터 조건을 변경합니다.

❸ Target 매개변숫값이 "(모두)"가 아닌 경우에 자동 필터가 설정된 두 번째 열에서 Target 매개변숫값과 동일한 항목만 화면에 표시합니다.

TIP Worksheet_Change 이벤트는 예제의 [sample] 시트의 코드 창에 입력되어 있습니다

예제에서 [C2] 셀의 값을 변경하면 하단의 표 데이터가 해당 분류에 맞게 변경됩니다.

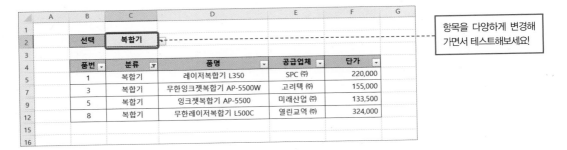

항목을 다양하게 변경해 가면서 테스트해보세요!

참고로 [C2] 셀의 값을 [(모두)]로 변경하면 전체 데이터가 화면에 표시됩니다.

자동 필터가 설정된 표에 복사/붙여넣기

예제 파일 PART 04 \ CHAPTER 20 \ (AutoFilter) 붙여넣기.xlsm

예제 이해

자동 필터를 자주 사용한다면 화면에 표시된 범위에 데이터를 복사해 붙여 넣을 수 없다는 것이 매우 불편할 수 있습니다. 이 예제를 통해 이런 불편함을 해소할 수 있는 간단한 솔루션을 제시합니다. 예제를 열면 다음과 같은 표를 확인할 수 있습니다.

품번	분류	품명	공급업체	단가
1	복합기	레이저복합기 L350	SPC ㈜	220,000
2	제본기	링제본기 ST-100	경남교역 ㈜	142,000
3	복합기	무한잉크젯복합기 AP-5500W	고려택 ㈜	155,000
4	복사용지	복사지A4 5000매	리오산업 ㈜	25,800
5	복합기	잉크젯복합기 AP-5500	미래산업 ㈜	133,500
6	문서세단기	오피스 Z-01	상진통상 ㈜	42,000
7	복사용지	프리미엄복사지A4 5000매	양일산업 ㈜	31,300
8	복합기	무한레이저복합기 L500C	열린교역 ㈜	324,000
9	팩스	잉크젯팩시밀리 FX-2000+	유미무역 ㈜	85,000
10	출퇴근기록기	도트 TIC-7A	정우상사 ㈜	3,800

하단의 표에서 단가를 수정하기 위해 필터로 원하는 품명만 화면에 표시하고, 최대 네 개까지 [D3:F6] 범위에 해당 제품 데이터를 복사한 후 [F3:F6] 범위에 수정된 단가를 하단의 필터된 표에 복사해 붙여 넣는 매크로를 개발합니다.

자동 필터에서 변경된 조건 감지

자동 필터로 원하는 제품을 선택했을 때 바로 상단 표에 해당 제품 데이터가 복사되는 것이 좋습니다. 하지만 자동 필터의 경우, 사용자가 필터 조건을 변경했는지 여부를 판단하기가 쉽지 않습니다. 따라서 예제의 [E8] 병합 셀에 다음 수식이 입력되어 있습니다.

- **[E8] 셀 : =SUBTOTAL(109, F11:F20)**

이 수식은 [F11:F20] 범위의 단가의 합계를 반환해줍니다. SUBTOTAL 함수는 화면에 표시된 데이터만 집계해주는 함수로 자동 필터의 필터 조건이 변경됨에 따라 자동으로 다시 계산됩니다. 이런 특성을 이용해 워크시트 함수의 재계산을 감지할 수 있는 Calculate 이벤트를 이용해 복사 작업을 처리합니다.

다음 이벤트의 코드를 [sample] 시트의 코드 창에 입력합니다.

파일 : (AutoFilter) 붙여넣기 (코드 I).txt

```
Private 이전합계 As Long                          ❶

 Private Sub Worksheet_Calculate()              ❷

 ' 1단계 : 변수를 선언하고 초깃값을 설정합니다.        ❸
    Dim 부분합셀 As Range
    Dim 표시범위 As Range
    Dim 영역 As Range, 셀 As Range
    Dim i As Integer

      Set 부분합셀 = Range("E8")                  ❹

 ' 2단계 : 자동 필터로 추출된 데이터를 상단 표에 옮겨놓습니다.
    If 부분합셀.Value <> 이전합계 Then              ❺

        Range("D3:F6").ClearContents             ❻

        Set 표시범위 = Range("B10").CurrentRegion  ❼
        Set 표시범위 = 표시범위.SpecialCells(xlCellTypeVisible)

        For Each 영역 In 표시범위.Areas             ❽

           For Each 셀 In 영역.Columns(3).Cells   ❾

           If 셀.Row > 10 Then                    ❿

               Range("D3").Offset(i).Value = 셀.Value      ⓫
               Range("E3:F3").Offset(i).Value = 셀.Offset(, 2).Value

               i = i + 1                          ⓬
```

```
                If i = 4 Then GoTo 순환종료      ─────────── ⑬

            End If

        Next 셀

      Next 영역

순환종료:          ─────── ⑭

      이전합계 = 부분합셀.Value      ─────── ⑮

    End If

End Sub
```

❶ Long 형식의 [이전합계] 변수를 전역변수로 선언합니다. 이 변수는 [E8] 셀의 Subtotal 함수로 집계된 결과를 저장해놓고 변경된 값으로 자동 필터 조건이 바뀌는지 확인하기 위함이므로, 반드시 이벤트 실행과 무관하게 값이 저장되어 있을 수 있도록 전역변수로 선언되어야 합니다.

❷ Worksheet_Calculate 이벤트는 워크시트 내 수식이 재계산될 경우 자동으로 실행됩니다.

❸ 이벤트에서 필요한 변수를 선언합니다. Range 개체 형식의 [부분합셀], [표시범위], [영역], [셀] 변수를 선언하고, Integer 형식의 [i] 변수를 선언합니다.

❹ [부분합셀] 변수에 [E8] 셀을 연결합니다. [E8] 셀은 Subtotal 함수가 사용된 수식이 입력되어 있습니다.

❺ [부분합셀] 변수에 연결된 셀 값과 [이전합계] 변숫값이 변경된 경우에만 상단 표에 추출된 데이터를 입력합니다.

❻ 상단 표에 입력된 기존 데이터를 지웁니다.

❼ [표시범위] 변수에 [B10] 셀부터 연속된 범위를 연결한 후 화면에 표시된 부분만 다시 연결합니다.

❽ [표시범위] 변수에 연결된 범위는 화면에 표시된 범위만 해당하므로, 서로 떨어진 영역이 여러 개 존재할 수 있습니다. 이 범위를 반환해주는 것이 Areas 속성으로 For 순환문을 사용해 [표시범위] 범위 내 떨어진 범위를 하나씩 [영역] 변수에 연결하면서 순환합니다.

❾ For 순환문을 중첩해 [영역] 변수에 연결된 범위의 세 번째 열 셀을 하나씩 [셀] 변수에 연결합니다. 이렇게 하면 [D10:D20] 범위 내 화면에 표시된 셀만 [셀] 변수에 연결됩니다.

❿ [셀] 변수에 연결된 셀 중 제목이 입력된 10행은 필요하지 않으므로, 11행부터 상단 표에 데이터를 입력합니다.

⓫ [D3] 셀의 [i] 변수에 저장된 n번째 셀에 [셀] 변숫값(품명)을 입력하고, [E3:F3] 범위의 [i] 변수에 저장된 n번째 범위에 [셀] 변수에 연결된 셀의 오른쪽 두 번째 셀 값(단가)을 입력합니다.

⓬ [i] 변숫값을 1씩 증가시킵니다. 그러면 [i] 변수에는 상단 표에 데이터가 입력된 인덱스 번호와 동일한 의미를 갖습니다.

⓭ [i] 변숫값이 4이면 [순화종료] 레이블 위치로 이동합니다. 상단의 표는 제품을 네 개만 수정할 수 있도록 되어 있기 때문에 네 개를 입력했으면 순환문을 종료하게 만듭니다.

⓮ 상단 표에 네 개의 데이터가 쓰였을 때 이동할 위치의 레이블 명입니다. 레이블 명은 반드시 콜론(:)으로 끝나야 합니다.

⓯ [이전합계] 변수의 현재 [부분합셀] 변수에 연결된 셀 값을 저장합니다.

LINK Worksheet_Calculate 이벤트 코드를 넣는 방법은 이 책의 **SECTION 15-02**를 참고합니다.

Worksheet_Calculate 이벤트는 자동 필터 조건이 변경됨에 따라 자동으로 동작해야 합니다. [C10] 셀의 아래 화살표 단추를 클릭해 **복합기** 항목만 선택하면 상단 표에 복합기 제품 데이터가 자동으로 입력되어야 합니다.

	품명	이전단가	수정단가
가격 조정	레이저복합기 L350	220,000	220,000
	무한잉크젯복합기 AP-5500W	155,000	155,000
수정단가 적용	잉크젯복합기 AP-5500	133,500	133,500
	무한레이저복합기 L500C	324,000	324,000

자동 필터 추적			832,500

품번	분류	품명	공급업체	단가
1	복합기	레이저복합기 L350	SPC (주)	220,000
3	복합기	무한잉크젯복합기 AP-5500W	고려텍 (주)	155,000
5	복합기	잉크젯복합기 AP-5500	미래산업 (주)	133,500
8	복합기	무한레이저복합기 L500C	열린교역 (주)	324,000

[C10] 셀의 분류를 더 많이 선택해 화면에 표시된 데이터가 네 개를 초과해도 상단 표에는 순서대로 네 개의 제품 데이터만 표시됩니다.

	품명	이전단가	수정단가
가격 조정	레이저복합기 L350	220,000	220,000
	링제본기 ST-100	142,000	142,000
수정단가 적용	무한잉크젯복합기 AP-5500W	155,000	155,000
	복사지A4 5000매	25,800	25,800

자동 필터 추적			1,073,600

품번	분류	품명	공급업체	단가
1	복합기	레이저복합기 L350	SPC (주)	220,000
2	제본기	링제본기 ST-100	경남교역 (주)	142,000
3	복합기	무한잉크젯복합기 AP-5500W	고려텍 (주)	155,000
4	복사용지	복사지A4 5000매	리오산업 (주)	25,800
5	복합기	잉크젯복합기 AP-5500	미래산업 (주)	133,500
6	문서세단기	오피스 Z-01	상진통상 (주)	42,000
7	복사용지	프리미엄복사지A4 5000매	양일산업 (주)	31,300
8	복합기	무한레이저복합기 L500C	열린교역 (주)	324,000

수정한 데이터 복사-붙여넣기

상단 표의 [F3:F6] 범위에 가격이 수정되면 하단 표에 수정된 단가를 입력하도록 합니다. 이런 작업은 수정이 모두 끝나고 한번에 처리하는 것이 좋으므로, 파일에 새로운 Module을 삽입하고 다음 매크로를 입력합니다.

```
Sub 자동필터영역으로붙여넣기()

' 1단계 : 변수를 선언합니다. ──────── ❶
    Dim 복사범위 As Range
    Dim 붙여넣을범위 As Range
    Dim 영역 As Range, 셀 As Range
```

```
    Dim i As Integer

' 2단계 : 변수의 초깃값을 설장합니다.
    Set 복사범위 = Range("F3", Range("F8").End(xlUp))                           ❷
    Set 붙여넣을범위 = Range("F11", Cells(Rows.Count, "F").End(xlUp))              ❸
    Set 붙여넣을범위 = 붙여넣을범위.SpecialCells(xlCellTypeVisible)

' 3단계 : 수정된 단가를 하단 표에 복사해 붙여 넣습니다.
    Application.EnableEvents = False                          ❹

        For Each 영역 In 붙여넣을범위.Areas                       ❺

            For Each 셀 In 영역.Cells                           ❻

                i = i + 1                          ❼
                복사범위.Cells(i).Copy Destination:=셀              ❽

                If i = 4 Then GoTo 순환종료                       ❾

            Next 셀

        Next 영역

순환종료:             ❿

        Application.EnableEvents = True                ⓫

End Sub
```

❶ 매크로 개발에 필요한 Range 형식의 [복사범위], [붙여넣을범위], [영역], [셀] 개체변수와 Integer 형식의 [i] 변수를 선언합니다.

❷ [복사범위] 변수에 [F3] 셀부터 [F8] 셀에서 Ctrl + ↑ 를 누른 위치까지 범위를 연결합니다.

❸ [붙여넣을범위] 변수에 [F11] 셀부터 F열의 마지막 데이터 위치까지 연결한 후 화면에 표시된 데이터 범위만 대상으로 하도록 범위를 조정합니다.

❹ 프로그램의 이벤트 감지를 해제합니다. 이 코드는 하단의 복사-붙여넣기로 [E8] 셀의 수식이 재계산되면 Worksheet_Calculate 이벤트가 동작하게 되므로 수정된 단가를 적용할 때는 이벤트가 동작되지 않도록 합니다.

❺ For 순환문을 사용해 [붙여넣을범위] 변수에 연결된 범위 중 떨어진 범위를 하나씩 [영역] 변수에 연결합니다.

❻ For 순환문을 중첩해 [영역] 변수에 연결된 범위 내 셀을 하나씩 [셀] 변수에 연결합니다. 이렇게 하면 자동 필터가 적용된 표의 [단가] 열의 셀이 하나씩 [셀] 변수에 연결됩니다.

❼ [i] 변숫값을 1부터 1씩 증가시킵니다.

❽ [복사범위] 변수에 연결된 범위 내 [i] 번째 셀을 복사해서 [셀] 변수 위치에 붙여 넣습니다.

❾ [i] 변숫값이 4이면 순환문을 종료합니다.

❿ 네 번째 단가까지 복사하면 이동할 위치입니다.

⓫ 프로그램의 이벤트 감지 동작을 활성화합니다.

예제의 [B4:C5] 범위 내에 위치한 [수정단가 적용] 단추는 이번에 삽입할 [자동필터영역으로붙여넣기] 매크로와 연결되어 있으므로, 매크로만 동일한 이름으로 생성했다면 바로 단추를 클릭해 실행할 수 있습니다.

개발된 매크로를 테스트하기 위해 하단 표의 분류를 **복합기**로 설정한 후 [F3:F6] 범위 내 단가를 수정하고 [수정단가 적용] 단추를 클릭합니다.

가격 조정	품명	이전단가	수정단가
	레이저복합기 L350	220,000	250,000
수정단가 적용	무한잉크젯복합기 AP-5500W	155,000	160,000
	잉크젯복합기 AP-5500	133,500	125,000
	무한레이저복합기 L500C	324,000	300,000

자동 필터 추적			835,000

품번	분류	품명	공급업체	단가
1	복합기	레이저복합기 L350	SPC ㈜	250,000
3	복합기	무한잉크젯복합기 AP-5500W	고려텍 ㈜	160,000
5	복합기	잉크젯복합기 AP-5500	미래산업 ㈜	125,000
8	복합기	무한레이저복합기 L500C	열린교역 ㈜	300,000

매크로가 제대로 동작한다면 [F3:F6] 범위 내 단가가 화면처럼 하단 표에 그대로 적용되어야 합니다.

셀 스타일 초기화 방법

예제 파일 PART 04 \ CHAPTER 20 \ (Style) Delete 메서드.xlsm

시트 복사 등의 방법을 사용해 업무를 하는 경우 파일이 느려지는 현상이 발생한다면 셀 스타일 때문일 수 있습니다.

사용 중인 파일에서 리본 메뉴의 [홈] 탭-[스타일] 그룹-[셀 스타일] 을 클릭했을 때 다음과 같이 유사한 이름의 스타일이 너무 많으면 시트 복사하는 과정에서 이전 시트의 스타일이 계속해서 복사되고 있는 것입니다.

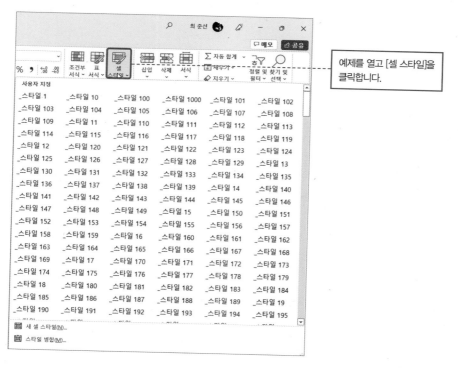

예제를 열고 [셀 스타일]을 클릭합니다.

이렇게 셀 스타일이 많아지면 파일의 용량이 커지고 '셀 서식이 너무 많습니다'라는 경고 메시지 창이 나타날 수 있습니다. 그러므로 사용하지 않는 셀 스타일은 삭제해 초기화하는 작업이 필요합니다.

다음 매크로는 엑셀의 기본 셀 스타일을 제외한 나머지 스타일을 제거해 셀 스타일을 초기화합니다.

```
Sub 셀스타일초기화()

' 1단계 : 변수를 선언합니다.
    Dim 스타일 As Style ————————————①
    Dim i As Long ————————————②

' 2단계 : 파일 내 셀 스타일을 모두 확인해 불필요한 셀 스타일을 삭제합니다.
    On Error Resume Next ————————————③

            For Each 스타일 In ThisWorkbook.Styles ————————————④

                If 스타일.BuiltIn = False Then ————————————⑤

                    스타일.Delete ————————————⑥

                    If Err.Number = 0 Then i = i + 1 ————————————⑦

                End If

            Next

        On Error GoTo 0 ————————————⑧

' 3단계 : 작업 결과를 화면에 표시합니다.
    MsgBox "총 " & i & "개의 스타일을 삭제했습니다." ————————————⑨

End Sub
```

① Style 형식의 [스타일] 개체변수를 선언합니다.

② Long 형식의 [i] 변수를 선언합니다.

③ On Error 문을 사용해 에러가 발생해도 다음 줄을 계속해서 실행하도록 설정합니다. 이 코드는 ⑥ 줄의 코드에 대응하기 위해 삽입된 명령입니다.

④ For 순환문을 사용해 현재 파일의 셀 스타일을 하나씩 [스타일] 변수에 연결합니다.

⑤ [스타일] 변수에 연결된 셀 스타일이 엑셀 파일에 기본 제공되는 셀 스타일인지 BuiltIn 속성으로 확인하고, 아니면 삭제합니다.

⑥ [스타일] 변수에 연결된 셀 스타일을 삭제합니다. 이 과정에서 삭제되지 않아 에러가 발생하는 경우가 있습니다.

⑦ 에러가 발생하지 않은 경우에만 [i] 변숫값을 1씩 증가시킵니다. 이렇게 하면 삭제된 셀 스타일 개수를 확인할 수 있습니다.

⑧ ③ 줄에서 설정한 On Error 문의 설정을 취소합니다.

⑨ MsgBox 함수를 사용해 삭제된 셀 스타일 개수를 화면에 메시지 창으로 표시합니다.

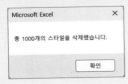

TIP 이 매크로는 예제 파일에 첨부되어 있습니다.

이 매크로는 사용자가 항상 수동으로 실행해야 하므로, 특정 파일에서 시트를 자주 복사한다면 이벤트를 이용해 시트를 복사할 때마다 자동으로 동작하도록 하는 것이 편리합니다. 이벤트를 사용하려면 현재_통합_문서 개체의 코드 창에 다음 코드를 입력합니다.

파일 : (Style) Delete 메서드 (코드).txt

```
' 0단계 : 전역변수를 선언합니다.
Private 이전시트수 As Integer                     ❶

Private Sub Workbook_SheetActivate(ByVal Sh As Object)    ❷

' 1단계 : 워크시트수가 변동되면 [셀스타일초기화] 매크로를 호출해 실행합니다.
    If 이전시트수 > 0 Then           ❸

        If 이전시트수 < Worksheets.Count Then        ❹

            Call 셀스타일초기화           ❺

        End If

End If

' 2단계 : 현재 워크시트수를 저장해놓습니다.
    이전시트수 = Worksheets.Count          ❻

End Sub
```

---

❶ Integer 형식의 [이전시트수] 변수는 Private 문을 이용해 전역변수로 선언합니다.

❷ Workbook_SheetActivate 이벤트는 현재 파일의 특정 시트가 활성화될 때마다 실행됩니다.

❸ [이전시트수] 변숫값은 항상 파일을 열 경우에는 0이므로, 이때는 실행되지 않도록 하기 위해 0보다 큰지 판단해 큰 경우에만 ❹-❺ 줄의 코드를 실행합니다.

❹ [이전시트수] 변숫값보다 현재 워크시트수가 더 많은지 판단해 많은 경우에는 워크시트가 추가된 것이므로, ❺ 줄의 코드를 실행합니다.

❺ [셀스타일초기화] 매크로를 호출해 실행합니다.

❻ [이전시트수] 변숫값을 현재 워크시트수로 대체합니다.

TIP 이 이벤트는 [셀스타일초기화] 매크로가 모듈에 저장되어 있어야 제대로 동작합니다.

SheetActivate 이벤트는 파일 내 워크시트가 활성화될 때마다 실행되며, 워크시트수에 변화가 있을 때만 동작하므로 새 워크시트를 생성하거나 복사할 때는 자동으로 [셀스타일초기화] 매크로가 동작합니다.

메모 사용이 많은 사용자를 위한 유용한 매크로

예제 파일 PART 04 \ CHAPTER 20 \ (Comment) Shape.xlsm

메모의 세부 설정이나 옵션 등을 세세하게 관리하기에는 불편한 점이 많습니다. 특히 전체 메모는 한번에 컨트롤할 수 없으므로 VBA를 이용해 전체 메모를 원하는 방법으로 한번에 조작할 수 있는 몇 가지 방법에 대해 알아보겠습니다.

메모 도형 크기 자동 조정하기

예제를 열면 다양한 메모가 삽입된 다음과 같은 표를 확인할 수 있습니다.

품번	분류	품명	공급업체	단가	재고량
1	복합기	레이저복합기 L350	SPC ㈜	220,000	39
2	제본기	링제본기 ST-100	경남교역 ㈜	142,000	17
3	복합기	무한잉크젯복합기 AP-5500W	고려텍 ㈜	155,000	13
4	복사용지	복사지A4 5000매	리오산업 ㈜	25,800	53
5	복합기	잉크젯복합기 AP-5500	미래산업 ㈜	133,500	-
6	문서세단기	오피스 Z-01	상진통상 ㈜	42,000	120
7	복사용지	프리미엄복사A4 5000매	양일산업 ㈜	31,300	15
8	복합기	무한레이저복합기 L500C	열린교역 ㈜	324,000	6
9	팩스	잉크젯팩시밀리 FX-2000+	유머무역 ㈜	85,000	29
10	출퇴근기록기	도트 TIC-7A	정우상사 ㈜	3,800	31

최준선:
가격 조정 필요

최준선:
단종

최준선:
품질

최준선:
아이클 ㈜과 업체 변경 논의 중
3월 중 업체 확정

삽입된 메모의 크기가 일정하지 않고 입력된 내용에 비해 너무 크므로 메모의 크기를 입력된 텍스트 길이에 맞춰 자동으로 조정하려면 다음과 같은 매크로를 사용합니다.

```
Sub 메모크기자동조정()

    Dim 메모 As Comment ──────────① 

    For Each 메모 In ActiveSheet.Comments ──────────②

        메모.Shape.TextFrame.AutoSize = True ──────────③

    Next

End Sub
```

❶ Comment 형식의 [메모] 개체변수를 선언합니다.
❷ For Each… Next 순환문을 사용해 현재 시트의 모든 메모를 하나씩 [메모] 개체변수에 연결합니다.
❸ [메모] 개체변수에 연결된 메모의 도형 서식에서 [자동 크기] 조정 옵션을 체크합니다.

TIP 이 매크로는 예제에 포함되어 있습니다.

개발된 매크로를 실행하면 메모의 크기가 입력된 텍스트 길이에 맞게 자동으로 크기가 조정되는 것을 확인할 수 있습니다.

	품번	분류	품명	공급업체	단가	재고량	
	1	복합기	레이저복합기 L350	SPC ㈜	220,000	39	
	2	제본기	링제본기 ST-100	경남교역 ㈜	142,000	17	최준선: 가격 조정 필요
	3	복합기	무한잉크젯복합기 AP-5500W	고려텍 ㈜	155,000	13	
	4	복사용지	복사지A4 5000매	리오산업 ㈜	25,800	53	
	5	복합기	잉크젯복합기 AP-5500	미래산업 ㈜	133,500	-	
	6	문서세단기	오피스 Z-01	상진통상 ㈜	42,000	120	
	7	복사용지	프리미엄복사지A4 5000매	양일산업 ㈜	31,300	15	최준선: 단종
	8	복합기	무한레이저복합기 L500C	열린교역 ㈜	324,000	6	
	9	팩스	잉크젯팩시밀리 FX-2000+	유미무역 ㈜	85,000	29	
	10	출퇴근기록기	도트 TIC-7A	정우상사 ㈜	3,800	31	최준선: 품절

최준선:
아이클 ㈜과 업체 변경 논의 중
3월중 업체 확정

메모 위치를 표 우측 열로 일괄 조정하기

메모가 여기저기 흩어져 있으면 메모를 파악하는 것이 불편하므로 여러 열에 나눠져 있는 메모를 맨 우측의 G열로 옮겨보겠습니다. 다음과 같은 코드를 개발해 사용합니다.

```
Sub 메모위치옮기기()

' 1단계 : 변수를 선언합니다.
    Dim 메모 As Comment            ─────────────①
    Dim 셀 As Range               ─────────────②
    Dim 메모내용 As String         ─────────────③

' 2단계 : 기존 메모 내용을 기록하고 메모를 삭제합니다.
    For Each 메모 In ActiveSheet.Comments     ──────────④

            Set 셀 = 메모.Parent        ─────────────⑤
            메모내용 = 메모.Text         ─────────────⑥

            메모.Delete              ─────────────⑦

' 3단계 : 새 위치에 메모를 추가합니다.
        With 셀.Offset(0, 6 - 셀.Column + 1)    ──────────⑧

                .AddComment Text:=메모내용           ──────────⑨
                .Comment.Shape.TextFrame.AutoSize = True   ──────────⑩

        End With

    Next

' 4단계 : 메모를 화면에 표시합니다.
    Application.DisplayCommentIndicator = xlCommentAndIndicator   ──────────⑪

End Sub
```

① Comment 형식의 [메모] 개체변수를 선언합니다.

② Range 형식의 [셀] 개체변수를 선언합니다.

③ String 형식의 [메모내용] 변수를 선언합니다. 이 변수에 메모의 내용을 기록해놓고 메모의 위치를 옮깁니다.

④ For Each… Next 순환문을 사용해 현재 시트의 모든 메모를 하나씩 [메모] 개체변수에 연결합니다.

⑤ [셀] 개체변수에 [메모] 개체변수에 연결된 메모의 부모 개체인 셀이 연결됩니다.

⑥ [메모내용] 변수에 [메모]에 기록된 문자열을 그대로 저장합니다.

⑦ [메모] 개체변수에 연결된 메모를 삭제합니다.

⑧ With 문을 사용해 [셀] 개체변수에 연결된 셀에서 오른쪽으로 **6 – 셀.Column+1** 계산식의 결과만큼 이동한 위치를 대상으로 작업합니다. **6 – 셀.Column+1** 계산식에서 6은 표의 열 개수를 의미하며, 1은 예제의 표가 B열부터 시작해 왼쪽에 한 개의 열이 비어 있다는 의미로 이해합니다. 예를 들어 현재 열 번호가 2(B열)이면 표의 마지막 열은 **6 – 2+1**(결과는 5)칸 이동합니다.

⑨ 해당 위치에 메모를 새로 삽입하며, 메모에는 [메모내용] 변수에 저장된 값을 입력합니다.

⑩ 추가된 메모의 도형 서식에서 도형의 크기를 자동으로 조정합니다.

⑪ 모든 메모를 화면에 표시하도록 설정합니다. 이 동작은 리본 메뉴의 [검토] 탭-[메모] 그룹-[메모 모두 표시]를 클릭한 것과 같습니다.

TIP 이 매크로는 예제에 포함되어 있습니다.

개발된 매크로를 실행하면 메모가 모두 표의 마지막 열(G)로 이동합니다.

	A	B	C	D	E	F	G	H	I	J
1										
2		품번	분류	품명	공급업체	단가	재고량			
3		1	복합기	레이저복합기 L350	SPC ㈜	220,000	39	최준선: 아이콜 ㈜과 업체 변경 논의 중		
4		2	제본기	링제본기 ST-100	경남교역 ㈜	142,000	17			
5		3	복합기	무한잉크젯복합기 AP-5500W	고려텍 ㈜	155,000	13	최준선: 가격 조정 필요		
6		4	복사용지	복사지A4 5000매	리오산업 ㈜	25,800	53			
7		5	복합기	잉크젯복합기 AP-5500	미래산업 ㈜	133,500	-	최준선: 단종		
8		6	문서세단기	오피스 Z-01	상진통상 ㈜	42,000	120			
9		7	복사용지	프리미엄복사지A4 5000매	양일산업 ㈜	31,300	15			
10		8	복합기	무한레이저복합기 L500C	열린교역 ㈜	324,000	6	최준선: 품절		
11		9	팩스	잉크젯팩시밀리 FX-2000+	유미무역 ㈜	85,000	29			
12		10	출퇴근기록기	도트 TIC-7A	정우상사 ㈜	3,800	31			

메모가 이동하면 메모의 글꼴이 자동으로 기본 글꼴인 [맑은 고딕]으로 변경되는데, 글꼴을 원하는 글꼴로 변경하는 방법은 다음의 서식 변경 작업에서 따로 설명합니다.

메모가 겹쳐서 표시되지 않도록 조정하기

메모를 조정하면 가까운 메모의 도형이 서로 겹쳐 한쪽의 메모가 제대로 표시되지 않는 문제가 있습니다. 따라서 메모의 크기에 맞게 다른 메모의 위치를 조정해주어야 합니다. 이런 작업을 자동으로 처리하려면 다음과 같이 매크로를 사용합니다.

```
Sub 메모위치조정()

' 1단계 : 필요한 변수를 선언합니다.
    Dim 메모 As Comment ─────────────❶
    Dim 셀 As Range ─────────────❷
    Dim 다음위치 As Single ─────────────❸

' 2단계 : 메모의 위치를 조정합니다.
    For Each 메모 In ActiveSheet.Comments ─────────────❹

        Set 셀 = 메모.Parent ─────────────❺

        With 메모.Shape ─────────────❻

            .Top = IIf(다음위치 = 0, 셀.Top, 다음위치) ─────────────❼
            .Left = .Left + 10 ─────────────❽

            다음위치 = .Top + .Height + 10 ─────────────❾

        End With

    Next

End Sub
```

① Comment 형식의 [메모] 개체변수를 선언합니다.

② Range 형식의 [셀] 개체변수를 선언합니다.

③ Single 형식의 [다음위치] 변수를 선언합니다. 이 변수는 메모의 다음 시작 위치 값을 저장하기 위한 목적으로 사용하는데, 메모의 크기는 단위를 포인트로 사용하며 Single 값을 사용하므로 동일한 형식을 사용합니다.

④ For Each… Next 순환문을 사용해 현재 시트의 모든 메모를 하나씩 [메모] 개체변수에 연결합니다.

⑤ [셀] 개체변수에는 [메모] 개체변수에 연결된 메모 개체의 부모 개체를 연결합니다. 메모 개체의 부모 개체는 메모가 속한 셀 개체이므로, 메모가 삽입된 셀이 [셀] 개체변수에 연결됩니다.

⑥ With 문을 사용해 [메모] 개체변수에 연결된 메모의 도형을 대상으로 작업합니다.

⑦ 메모의 상단 위치를 [다음위치] 변숫값에 따라 차등 조정합니다. [다음위치] 변숫값이 0이면 변수가 선언된 이후 아무 값도 저장되지 않은 상태이므로, 첫 번째 메모를 의미합니다. 이 경우에는 [셀] 개체변수에 연결된 셀의 상단 값으로 조정하며, [다음위치] 변숫값이 0이 아니면 [다음위치] 변수에 저장된 값으로 조정합니다.

⑧ 메모의 왼쪽 위치는 현재 위치에서 10포인트 오른쪽으로 이동합니다.

⑨ [다음위치] 변수에 현재 메모의 상단 위치에 메모의 세로 길이를 더하고, 10포인트를 추가로 더한 값을 저장합니다. 10포인트는 메모와 메모 사이의 간격을 의미하므로 결과를 보고 이 값을 더 작게(또는 크게) 조정합니다.

TIP 이 매크로는 예제에 포함되어 있습니다.

개발된 매크로를 실행하면 다음과 같이 메모가 겹쳐지지 않고 일정한 간격으로 표시되는 것을 확인할 수 있습니다.

	품번	분류	품명	공급업체	단가	재고량	
1	복합기	레이저복합기 L350	SPC ㈜	220,000	39	최준선: 아이클 ㈜과 업체 변경 논의 중 3월중 업체 확정
2	제본기	링제본기 ST-100	경남교역 ㈜	142,000	17	
3	복합기	무한잉크젯복합기 AP-5500W	고려택 ㈜	155,000	13	
4	복사용지	복사지A4 5000매	리오산업 ㈜	25,800	53	최준선: 가격 조정 필요
5	복합기	잉크젯복합기 AP-5500	미래산업 ㈜	133,500	-	
6	문서세단기	오피스 Z-01	상진통상 ㈜	42,000	120	최준선: 단종
7	복사용지	프리미엄복사지A4 5000매	양일산업 ㈜	31,300	15	
8	복합기	무한레이저복합기 L500C	열린교역 ㈜	324,000	6	최준선: 품절
9	팩스	잉크젯팩시밀리 FX-2000+	유미무역 ㈜	85,000	29	
10	출퇴근기록기	도트 TIC-7A	정우상사 ㈜	3,800	31	

참고로 메모의 내용이 추가되거나 설정이 변경되면 메모의 간격이 다시 겹쳐질 수 있으므로, 그때그때 다시 실행해줍니다.

메모 글꼴 변경하기

메모의 기본 글꼴은 [돋움]으로 엑셀 2007 버전부터 기본 글꼴로 사용 중인 [맑은 고딕]과 다릅니다. 메모의 글꼴을 원하는 글꼴로 한번에 변경하려면 다음 매크로를 사용합니다.

```
Sub 메모글꼴변경()

    Dim 메모 As Comment ————————① 
```

```
        For Each 메모 In ActiveSheet.Comments ————————— ❷

            With 메모.Shape.TextFrame.Characters.Font ——————— ❸

                .Name = "나눔고딕" ——————— ❹
                .Size = 11 ——————— ❺

            End With

        Next

    End Sub
```

❶ Comment 형식의 [메모] 개체변수를 선언합니다.

❷ For Each… Next 순환문을 사용해 현재 시트의 모든 메모를 하나씩 [메모] 개체변수에 연결합니다.

❸ With 문을 사용해 [메모] 개체변수에 연결된 메모의 도형 서식에서 문자의 글꼴 서식을 변경합니다.

❹ 메모의 글꼴을 [나눔고딕]으로 변경합니다. 참고로 [나눔고딕]은 네이버에서 배포하는 무료 글꼴로 설치해야 사용할 수 있습니다. 기본 설치된 글꼴 중 하나를 사용하려면 [나눔고딕] 대신 [굴림]이나 [돋움]으로 변경합니다.

❺ 메모의 글꼴 크기를 11로 변경합니다.

TIP 이 매크로는 예제에 포함되어 있습니다.

개발된 매크로를 실행하면 메모의 글꼴이 다음과 같이 변경됩니다.

품번	분류	품명	공급업체	단가	재고량	
1	복합기	레이저복합기 L350	SPC ㈜	220,000	39	최준선:
2	제본기	링제본기 ST-100	경남교역 ㈜	142,000	17	아이클 ㈜과 업체 변경 논의 중
3	복합기	무한잉크젯복합기 AP-5500W	고려텍 ㈜	155,000	13	3월중 업체 확정
4	복사용지	복사지A4 5000매	리오산업 ㈜	25,800	53	
5	복합기	잉크젯복합기 AP-5500	미래산업 ㈜	133,500	-	최준선:
6	문서세단기	오피스 Z-01	상진통상 ㈜	42,000	120	가격 조정 필요
7	복사용지	프리미엄복사지A4 5000매	양일산업 ㈜	31,300	15	최준선:
8	복합기	무한레이저복합기 L500C	열린교역 ㈜	324,000	6	단종
9	팩스	잉크젯팩시밀리 FX-2000+	유미무역 ㈜	85,000	29	최준선:
10	출퇴근기록기	도트 TIC-7A	정우상사 ㈜	3,800	31	품절

메모 사용자명 변경하기

메모를 삽입하면 사용자 명이 메모 상단에 나타납니다. 이 이름은 컴퓨터 사용자 명으로 한번에 다른 이름으로 수정하려면 매크로를 사용해야 합니다. 다음과 같은 매크로를 사용합니다.

```
Sub 메모사용자명변경()

    ' 1단계 : 필요한 변수를 선언합니다.
    Dim 메모 As Comment ——————— ❶
```

```
    Dim 메모내용 As String                    ❷

' 2단계 : 메모의 사용자명을 수정합니다.
  For Each 메모 In ActiveSheet.Comments        ❸

        메모내용 = 메모.Text                   ❹
        메모내용 = Replace(메모내용, "최준선", "홍길동")   ❺
        메모.Text Text:=메모내용               ❻

' 3단계 : 사용자명의 글꼴 굵기를 굵게 설정합니다.
      With 메모.Shape.TextFrame               ❼

            .Characters.Font.Bold = False      ❽
            .Characters(1, 4).Font.Bold = True  ❾

      End With

    Next

End Sub
```

❶ Comment 형식의 [메모] 개체변수를 선언합니다.

❷ String 형식의 [메모내용] 변수를 선언합니다.

❸ For Each… Next 순환문을 사용해 현재 시트의 모든 메모를 하나씩 [메모] 개체변수에 연결합니다.

❹ [메모내용] 변수에 [메모] 개체변수에 연결된 메모에 작성된 문자열을 저장합니다.

❺ [메모내용] 변수에 저장된 문자열에서 Replace 함수를 사용해 기존 이름("최준선")을 새 이름("홍길동")으로 변경합니다.

❻ [메모] 개체변수에 연결된 메모의 내용을 [메모내용] 변숫값으로 대체합니다.

❼ 이름 부분만 글꼴을 굵게 설정하기 위해 With 문을 사용해 [메모] 개체변수에 연결된 메모의 도형 서식을 대상으로 작업합니다.

❽ 메모의 모든 문자 글꼴 굵기를 가늘게 설정합니다.

❾ 메모의 앞 네 자리(이름과 콜론 부분) 글꼴 굵기를 굵게 설정합니다.

TIP 이 매크로는 예제에 포함되어 있습니다.

개발된 매크로를 실행하면 다음과 같이 사용자 명이 변경되며, 사용자 명 부분에만 글꼴 굵기가 굵게 설정된 것을 확인할 수 있습니다.

품번	분류	품명	공급업체	단가	재고량		
1	복합기	레이저복합기 L350	SPC ㈜	220,000	39	홍길동:	
2	제본기	링제본기 ST-100	경남교역 ㈜	142,000	17	아이클 ㈜과 업체 변경 논의 중	
3	복합기	무한잉크젯복합기 AP-5500W	고려텍 ㈜	155,000	13	3월중 업체 확정	
4	복사용지	복사지A4 5000매	리오산업 ㈜	25,800	53		
5	복합기	잉크젯복합기 AP-5500	미래산업 ㈜	133,500	-	홍길동:	
6	문서세단기	오피스 Z-01	상진통상 ㈜	42,000	120	가격 조정 필요	
7	복사용지	프리미엄복사지A4 5000매	양일산업 ㈜	31,300	15	홍길동:	
8	복합기	무한레이저복합기 L500C	열린교역 ㈜	324,000	6	단종	
9	팩스	잉크젯팩시밀리 FX-2000+	유미무역 ㈜	85,000	29	홍길동:	
10	출퇴근기록기	도트 TIC-7A	정우상사 ㈜	3,800	31	품절	

[목표값 찾기]를 이용해 계산 결과 수정하기

예제 파일 PART 04 \ CHAPTER 20 \ (GoalSeek) Goal.xlsm

엑셀에는 계산의 결괏값이 원하는 값과 다를 때 원하는 결괏값을 찾아주는 [목표값 찾기] 기능이 있습니다. [목표값 찾기]는 원하는 결과를 얻기 위해 계산에서 사용한 값 중 하나를 변경할 수 있는데, 한 번에 하나의 값만 지정할 수 있어 활용도가 약간 떨어집니다. 하지만 매크로를 이용하면 동시에 여러 개의 값을 변경할 수 있습니다. [목표값 찾기] 기능으로 원하는 결과를 얻을 수 있는 매크로 개발 방법에 대해 알아보겠습니다.

예제를 열면 다음과 같은 견적서 서식을 확인할 수 있습니다.

	F2		f_x	=SUM(L12:O12)				

번호	품명	수량	단가	할인	공급가액	세액
	총 액 (공급가액 + 세액)		**5,092,538**		목표값 찾기	
1	잉크젯복합기 AP-4900	2	94,500	0%	189,000	18,900
2	오피스 Z-05C	5	103,000	5%	489,250	48,925
3	바코드 Z-350	3	49,800	5%	141,930	14,193
4	흑백레이저복사기 TLE-9000	4	896,500	10%	3,227,400	322,740
5	문서세단기 SCUT-1500B	1	582,000	0%	582,000	58,200
	합 계				4,629,580	462,958

[F2:K3] 병합 셀에는 입력된 수식의 결과로 5,092,538이라는 계산 결괏값을 얻었는데, 이 값을 [K5:K9] 범위 내 할인율을 최대 10%까지 변경해 5,000,000이라는 결과를 얻고 싶다면 다음과 같은 매크로를 사용할 수 있습니다.

```
Sub 목표값찾기()

' 1단계 : 변수와 상수를 선언합니다.
    Dim 수식셀 As Range                    ──────── ❶
    Dim 할인율범위 As Range, 셀 As Range    ──────── ❷
```

```
        Dim 최대할인율 As Double ─────────── ❸

        Dim 현재할인율 As Variant ─────────── ❹
        Dim i As Integer ─────── ❺
        Dim 메시지 As String ───────── ❻

        Const 목표값 As Long = 5000000 ─────────── ❼

' 2단계 : 변수의 초깃값을 설정합니다.
        Set 수식셀 = Range("F2") ──────── ❽
        Set 할인율범위 = Range("K5") ─────────── ❾
        Set 할인율범위 = Range(할인율범위, 할인율범위.End(xlDown)) ─────────── ❿

           현재할인율 = 할인율범위.Value ─────────── ⓫

' 3단계 : 할인율을 1%에서 10%까지 조정하면서 목표한 값에 도달했는지 확인합니다.
        For i = 1 To 10 ─────────── ⓬

              최대할인율 = i / 100 ─────────── ⓭

              For Each 셀 In 할인율범위 ─────────── ⓮

                  If 셀.Value < 최대할인율 Then ─────────── ⓯

                      수식셀.GoalSeek Goal:=목표값, ChangingCell:=셀 ─────────── ⓰

                      If 셀.Value > 최대할인율 Then ─────────── ⓱

                          셀.Value = 최대할인율 ─────────── ⓲

                      End If

                  End If

              Next

              If 수식셀.Value = 목표값 Then Exit For ─────────── ⓳

        Next i

' 4단계 : 처리 결과를 화면에 표시합니다.
        If 수식셀.Value = 목표값 Then ─────────── ⓴

              메시지 = "목표한 값을 찾았습니다."

        Else ─────── ㉑

              메시지 = "목표한 값을 찾지 못했습니다."
              할인율범위.Value = 현재할인율

        End If
```

```
        MsgBox 메시지      ──────── ㉒

End Sub
```

❶ Range 형식의 [수식셀] 개체변수를 선언합니다.

❷ Range 형식의 [할인율범위]와 [셀] 개체변수를 선언합니다.

❸ Double 형식의 [최대할인율] 변수를 선언합니다.

❹ Variant 형식의 [현재할인율] 변수를 선언합니다.

❺ Integer 형식의 [i] 변수를 선언합니다.

❻ String 형식의 [메시지] 변수를 선언합니다.

❼ Long 형식의 [목표값] 상수를 선언하고 5,000,000 값을 저장합니다. 이 값이 [F2:K3] 병합 셀의 수식에서 얻고 싶은 값입니다.

❽ [수식셀] 개체변수에는 [F2] 셀을 연결합니다.

❾ [할인율범위] 개체변수에 [K5] 셀을 연결합니다.

❿ [할인율범위] 개체변수에 [K5] 셀부터 [K5] 셀에서 아래 방향으로 연속된 마지막 셀(K9)까지의 범위로 수정합니다. ❾-❿ 줄의 코드는 다음과 같이 한 줄로 수정할 수 있습니다.

```
    Set 할인율범위 = Range("K5", Range("K5").End(xlDown))
```

⓫ [현재할인율] 변수에 [할인율범위] 개체변수에 연결된 데이터 범위(K5:K9)의 값을 저장합니다. 이렇게 하면 [현재할인율] 변수는 5×1 행렬의 2차원 배열로 값을 저장합니다.

⓬ For… Next 순환문을 사용해 [i] 변숫값을 1부터 10까지 1씩 증가시키면서 순환합니다. 할인율은 최대 10%까지라고 했으므로 1%부터 10%까지 바꿔 [목표값 찾기] 기능을 실행합니다. 따라서 이와 같이 순환문을 사용하는 것이 편리합니다.

⓭ [최대할인율] 변수에 [i] 변숫값을 100으로 나눈 값을 저장합니다. 그러면 [최대할인율] 변수에 1%부터 10% 사이의 값이 순환할 때마다 변경됩니다.

⓮ For Each… Next 순환문을 사용해 [할인율범위] 개체변수에 연결된 데이터 범위 내 셀을 하나씩 [셀] 변수에 연결합니다.

⓯ [셀] 개체변수에 연결된 셀 값(기존 할인율)이 [최대할인율] 변숫값보다 작다면 ⓰-⓲ 줄의 코드를 실행합니다. 기존 할인율이 최대 할인율보다 작을 때 [목표값 찾기] 기능을 이용해 기존 할인율 값을 조정합니다.

⓰ [수식셀] 개체변수에 연결된 셀에서 [목표값 찾기] 작업을 진행합니다. [목표값 찾기] 명령인 GoalSeek 메서드는 Goal(찾는 값)과 ChangingCell(값을 바꿀 셀) 매개변수를 사용할 수 있으며 다음과 같이 [목표값 찾기] 대화상자의 각 부분과 동일합니다.

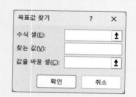

⓱ ⓰ 줄의 [목표값 찾기]가 실행되어 [셀] 개체변수에 연결된 셀의 값이 변경됩니다. 이 값이 [최대할인율] 변숫값보다 큰지 판단해 크면 ⓲ 줄의 코드를 실행합니다.

⓲ [셀] 개체변수에 연결된 셀 값을 [최대할인율] 값으로 변경합니다. [목표값 찾기]에 의해 변경된 할인율 값이 [최대할인율] 변숫값보다 크다면 원하는 값이 아니므로 [최대할인율] 변숫값으로 할인율을 조정합니다. 이렇게 하면 1%, 2%, 3%, …, 10%와 같이 할인율 값을 조정하면서 목표한 값에 도달할 수 있는지 확인합니다.

⓳ [수식셀] 개체변수에 연결된 셀 값이 [목표값] 변숫값과 동일하면 더 이상 순환하지 않고, For Each… Next 순환문을 종료합니다.

⓴ [수식셀] 개체변수에 연결된 셀 값이 [목표값] 변숫값과 동일하다면 [메시지] 변수에 해당 내용을 기록합니다.

㉑ ⓴ 줄의 판단이 False면 목표한 값을 찾지 못한 것이므로, [메시지] 변수에 해당 내용을 기록하고 [할인율범위] 개체변숫값을 [현재할인율] 변숫값으로 대체해 할인율 값을 원래 값으로 복구합니다.

㉒ MsgBox 함수를 사용해 [메시지] 변숫값을 메시지 창에 표시합니다.

TIP 이 매크로는 예제의 [목표값 찾기] 단추에 연결되어 있습니다.

계산된 매크로를 실행하기 위해 [L2:O3] 범위 내 [목표값 찾기] 단추를 클릭하면 다음과 같은 결과를 얻을 수 있습니다.

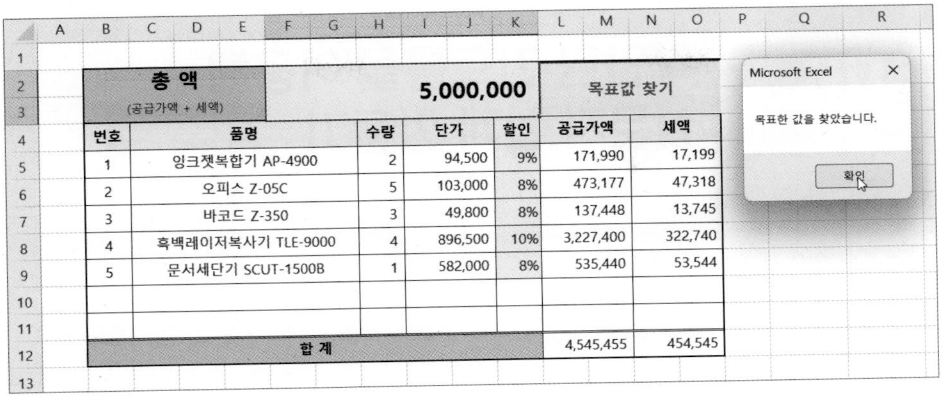

번호	품명	수량	단가	할인	공급가액	세액
	총 액 (공급가액 + 세액)			5,000,000	목표값 찾기	
1	잉크젯복합기 AP-4900	2	94,500	9%	171,990	17,199
2	오피스 Z-05C	5	103,000	8%	473,177	47,318
3	바코드 Z-350	3	49,800	8%	137,448	13,745
4	흑백레이저복사기 TLE-9000	4	896,500	10%	3,227,400	322,740
5	문서세단기 SCUT-1500B	1	582,000	8%	535,440	53,544
	합 계				4,545,455	454,545

Microsoft Excel ×

목표한 값을 찾았습니다.

확인

20/06 확인란 컨트롤을 이용해 설문지 쉽게 만들기

예제 파일 PART 04 \ CHAPTER 20 \ (Checkbox) Control.xlsm

엑셀 양식에 다양한 컨트롤을 추가해 사용하고 싶은 경우가 많습니다. 워크시트에 넣어 사용하는 컨트롤을 [양식 컨트롤]이라고 합니다. 리본 메뉴의 [개발 도구] 탭-[컨트롤] 그룹-[삽입⬛]을 클릭해 확인할 수 있습니다.

> [양식 컨트롤]은 엑셀의 내장 컨트롤로, 확인란 컨트롤은 많이 사용되는 컨트롤 종류이며 개체 명은 Checkbox입니다.

예제를 열면 다음과 같은 표를 확인할 수 있습니다. [D3:H12] 범위에 확인란 컨트롤을 넣고 사용자가 선택한 번호가 [C3:C12] 범위에 입력되도록 개발합니다.

	설문항목	선택	① 전혀 그렇지 않다	② 그렇지 않다	③ 그저 그렇다	④ 그렇다	⑤ 매우 그렇다	
	1. 설문 항목							
	2. 설문 항목							
	3. 설문 항목							
	4. 설문 항목							
	5. 설문 항목							
	6. 설문 항목							
	7. 설문 항목							
	8. 설문 항목							
	9. 설문 항목							
	10. 설문 항목							
						확인란 추가	설문지 초기화	

먼저 [D3:H12] 범위에 확인란을 추가하는 매크로를 개발합니다. 아래 매크로를 Module1 개체의 코드 창에 입력합니다.

파일 : (Checkbox) Control (코드 I).txt

```
Sub 확인란_추가()

' 1단계 : 변수를 선언합니다. ─────────── ❶
    Dim 입력범위 As Range, 셀 As Range
```

```
    Dim 확인란 As CheckBox
    Dim i As Integer

' 2단계 : 확인란 컨트롤을 삽입합니다.
    Set 입력범위 = Range("D3").Resize(10, 5) ──────────── ❷

    For Each 셀 In 입력범위 ──────────── ❸

        With 셀 ──────── ❹

            Set 확인란 = ActiveSheet.CheckBoxes.Add(Top:=.Top, _
                                        Left:=.Left + (.Width / 3), _
                                        Width:=.Width * (2 / 3), _
                                        Height:=.Height) ──────── ❺

        End With

' 3단계 : 확인란 컨트롤을 설정합니다.
        With 확인란 ──────── ❻

            .Name = "확인란_" & Format(셀.Row - 2, "00") & "_" & 셀.Column - 3 ──── ❼
            .LinkedCell = 셀.Address ──────── ❽
            .Caption = "  체크" ──────── ❾

        End With

    Next 셀

End Sub
```

❶ 매크로 동작에 필요한 Range 형식의 [입력범위], [셀] 개체변수와 CheckBox 형식의 [확인란] 개체변수, 그리고 Integer 형식의 [i] 변수를 선언합니다.

❷ [입력범위] 개체변수에 [D3] 셀부터 행 열 개와 열 다섯 개 범위를 연결합니다. [D3] 셀은 확인란 컨트롤이 삽입될 첫 번째 셀이며, 설문지 항목은 항목이 열 개, 그리고 다섯 개 정답 중 하나를 고르도록 되어 있으므로 10×5 행렬 범위는 확인란 컨트롤이 입력될 대상 범위가 됩니다.

❸ For 순환문을 사용해 [입력범위] 내 셀을 하나씩 [셀] 변수에 연결합니다.

❹ 확인란 컨트롤을 셀에 삽입하는 여러 작업을 처리하기 위해 [셀] 변수에 With 문을 사용합니다.

❺ 확인란 컨트롤을 삽입하고, 삽입된 컨트롤을 [확인란] 변수에 연결합니다. 이때 삽입된 확인란 컨트롤의 위치와 크기는 다음과 같이 설정합니다.

속성	설명
상단	확인란 컨트롤의 상단(Top) 위치를 [셀] 변수에 연결된 셀과 동일하게 조정합니다.
좌측	확인란 컨트롤의 좌측(Left) 위치를 [셀] 변수에 연결된 셀의 왼쪽에서, 셀 너비를 3으로 나눈 값만큼 이동하도록 합니다. 즉, 셀 너비를 3으로 나눈 위치의 두 번째 위치에 맞춥니다.
너비	확인란 컨트롤의 가로 너비(Width)를 [셀] 변수에 연결된 셀 가로 너비의 2/3 크기로 조정합니다.
길이	확인란 컨트롤의 세로 길이(Height)를 [셀] 변수에 연결된 셀과 동일하게 조정합니다.

❻ 삽입된 확인란 컨트롤의 여러 속성을 변경하기 위해 [확인란] 컨트롤에 With 문을 사용합니다.

❼ 확인란 컨트롤 이름을 다음과 같이 설정합니다.

확인란_설문항목번호_선택번호

이때 설문항목번호는 2자리로 맞추기 위해 Format 함수를 사용합니다.

❽ 확인란 컨트롤을 설정할 때 해당 값이 [셀] 변수에 연결된 셀이 되어야 합니다.

❾ 확인란 컨트롤에 표시할 값은 " 체크"로 합니다. 앞에 두 개의 공백 문자를 삽입한 것은 컨트롤 오른쪽에 약간의 여백을 주기 위해서이므로 필요 없다고 생각하면 "체크"와 같이 사용해도 상관없습니다.

개발된 매크로를 실행하면 [D3:H12] 범위에 확인란 컨트롤이 모두 추가됩니다. 첫 번째 확인란을 마우스 오른쪽 버튼으로 클릭하면 이름 상자에 **확인란_01_1**과 같은 이름이 붙여진 것을 확인할 수 있습니다.

	A	B	C	D	E	F	G	H	I
1									
2		설문항목	선택	① 전혀 그렇지 않다	② 그렇지 않다	③ 그저 그렇다	④ 그렇다	⑤ 매우 그렇다	
3		1. 설문 항목		☐ 체크	☐ 체크	☐ 체크	☐ 체크	☐ 체크	
4		2. 설문 항목		☐ 체크	☐ 체크	☐ 체크	☐ 체크	☐ 체크	
5		3. 설문 항목		☐ 체크	☐ 체크	☐ 체크	☐ 체크	☐ 체크	
6		4. 설문 항목		☐ 체크	☐ 체크	☐ 체크	☐ 체크	☐ 체크	
7		5. 설문 항목		☐ 체크	☐ 체크	☐ 체크	☐ 체크	☐ 체크	
8		6. 설문 항목		☐ 체크	☐ 체크	☐ 체크	☐ 체크	☐ 체크	
9		7. 설문 항목		☐ 체크	☐ 체크	☐ 체크	☐ 체크	☐ 체크	
10		8. 설문 항목		☐ 체크	☐ 체크	☐ 체크	☐ 체크	☐ 체크	
11		9. 설문 항목		☐ 체크	☐ 체크	☐ 체크	☐ 체크	☐ 체크	
12		10. 설문 항목		☐ 체크	☐ 체크	☐ 체크	☐ 체크	☐ 체크	
13									
14							확인란 추가	설문지 초기화	
15									
16									

확인란의 특성상 설문지의 모든 번호를 선택할 수 있고, 선택하면 셀에 True 값이 표시되어 깔끔하지 않게 보입니다.

	A	B	C	D	E	F	G	H	I
1									
2		설문항목	선택	① 전혀 그렇지 않다	② 그렇지 않다	③ 그저 그렇다	④ 그렇다	⑤ 매우 그렇다	
3		1. 설문 항목		☑ R베크	☑ R베크	☑ R베크	☐ 체크	☐ 체크	
4		2. 설문 항목		☐ 체크	☐ 체크	☐ 체크	☐ 체크	☐ 체크	
5		3. 설문 항목		☐ 체크	☐ 체크	☐ 체크	☐ 체크	☐ 체크	

확인된 문제는 뒤에서 해결하고 삽입된 모든 컨트롤을 제거하는 매크로를 개발합니다. Module1 개체의 코드 창에 다음 매크로를 추가합니다.

```
Sub 확인란_초기화()

    ActiveSheet.CheckBoxes.Delete ——————————— ❶
    Range("C3:H12").ClearContents ——————————— ❷

End Sub
```

❶ 현재 시트의 모든 확인란을 삭제합니다.
❷ [C3:H12] 범위의 값을 모두 지웁니다.

이 매크로는 엑셀 창의 [설문지 초기화] 단추에 연결되어 있으므로, 매크로 이름을 동일하게 입력했다면 [설문지 초기화] 단추를 클릭할 때 모든 확인란 컨트롤이 삭제되어야 합니다.

이제 확인란 컨트롤이 같은 설문 항목에서는 하나만 선택되도록 하고, 선택된 확인란의 점수를 C열에 입력합니다. Module1 개체의 코드 창에 다음의 매크로를 입력합니다.

파일 : (Checkbox) Control (코드 II).txt

```
Sub 다른항목체크해제()

' 1단계 : 변수를 선언합니다. ━━━━━━━━━━ ❶
  Dim chk As CheckBox
  Dim 확인란이름 As String

' 2단계 : 체크된 확인란의 점수를 C열에 입력합니다.
  Set chk = ActiveSheet.CheckBoxes(Application.Caller) ━━━━━━━ ❷
  확인란이름 = chk.Name ━━━━━━ ❸
  Cells(chk.TopLeftCell.Row, "C").Value = --Right(확인란이름, 1) ━━━━━ ❹

' 3단계 : 동일한 설문 항목은 하나만 선택되도록 다른 확인란의 체크를 해제합니다.
  For Each chk In ActiveSheet.CheckBoxes ━━━━━━ ❺

      If chk.Name <> 확인란이름 Then ━━━━━━━ ❻

          If Left(chk.Name, 6) = Left(확인란이름, 6) Then ━━━━━ ❼

              chk.Value = False

          End If

      End If

  Next chk

End Sub
```

---

❶ 매크로 동작에 필요한 CheckBox 형식의 [chk] 개체변수와 String 형식의 [확인란이름] 변수를 선언합니다.

❷ [chk] 변수에 [다른항목체크해제] 매크로를 호출한 확인란 컨트롤을 연결합니다.

❸ [확인란이름] 변수에 [chk] 변수에 연결된 확인란의 이름을 저장합니다.

❹ [chk] 변수에 연결된 확인란이 삽입된 셀과 동일한 행의 C열에 [확인란이름] 변수의 오른쪽 끝 한 자리 값을 숫자로 변환해 저장합니다. 참고로 예제에 삽입된 모든 확인란의 이름은 **확인란_설문항목번호_점수**로 구성되므로, 마지막 한 자리 값을 잘라내면 선택한 점수를 C열에 기록할 수 있습니다.

❺ For 순환문을 사용해 현재 시트의 모든 확인란 컨트롤을 순환하면서 하나씩 [chk] 변수에 연결합니다.

❻ [chk] 변수에 연결된 확인란의 이름이 [확인란이름] 변수와 다른 경우에만 다음 작업을 진행합니다. [확인란이름] 변수에는 이 매크로를 실행할 확인란 컨트롤의 이름이 저장되어 있으므로, 이 코드는 매크로를 실행한 확인란을 제외하고 다른 확인란을 대상으로 동작하는 조건이 됩니다.

❼ [chk] 변수에 연결된 확인란의 앞 여섯 자리 이름과 [확인란이름] 변수에 저장된 앞 여섯 자리 이름이 동일한 경우에 [chk] 변수에 연결된 확인란의 체크를 해제합니다. 확인란 컨트롤의 이름에서 앞 여섯 자리는 "확인란_00"으로 설문 항목 번호가 이 매크로를 호출한 확인란과 정확하게 동일한지 확인하는 것으로, 이렇게 하면 같은 행에 입력된 확인란의 체크를 모두 해제할 수 있습니다.

개발된 [다른항목체크해제] 매크로가 확인란 컨트롤에 모두 연결되도록 [확인란_추가] 매크로에 일부 코드를 추가합니다. 다음을 참고합니다.

```
Sub 확인란_추가()



        With 확인란

            .Name = "확인란_" & Format(셀.Row - 2, "00") & "_" & 셀.Column - 3
            .LinkedCell = 셀.Address
            .Caption = "  체크"
            .OnAction = ThisWorkbook.Name & "!다른항목체크해제"            ❶

        End With

    Next 셀

    입력범위.Font.Color = vbWhite            ❷

End Sub
```

❶ OnAction 속성은 확인란을 클릭했을 때 실행할 매크로를 연결하는 부분으로 **파일명!매크로이름**으로 원하는 매크로를 실행하도록 할 수 있습니다. '파일명' 부분은 ThisWorkbook.Name으로, '매크로이름'에는 좀 전에 개발해놓은 [다른항목체크해제] 매크로를 연결합니다.
❷ 확인란 컨트롤을 체크할 때 연결된 셀에 입력되는 True, False 값이 보이지 않도록 글꼴색을 흰색으로 변경합니다.

이제 원하는 방식으로 동작하는지 확인합니다. [설문지 초기화] 단추를 클릭한 후 [확인란 추가] 단추를 클릭해 모든 확인란을 다시 생성합니다. 그런 다음 설문 항목에 응답해보면 설문 항목당 하나의 점수만 선택할 수 있고, 선택된 점수는 모두 C열에 입력됩니다.

	A	B	C	D	E	F	G	H	I
1									
2		설문항목	선택	① 전혀 그렇지 않다	② 그렇지 않다	③ 그저 그렇다	④ 그렇다	⑤ 매우 그렇다	
3		1. 설문 항목	1	☑ 체크	☐ 체크	☐ 체크	☐ 체크	☐ 체크	
4		2. 설문 항목	2	☐ 체크	☑ 체크	☐ 체크	☐ 체크	☐ 체크	
5		3. 설문 항목	3	☐ 체크	☐ 체크	☑ 체크	☐ 체크	☐ 체크	
6		4. 설문 항목	4	☐ 체크	☐ 체크	☐ 체크	☑ 체크	☐ 체크	
7		5. 설문 항목	3	☐ 체크	☐ 체크	☑ 체크	☐ 체크	☐ 체크	
8		6. 설문 항목	5	☐ 체크	☐ 체크	☐ 체크	☐ 체크	☑ 체크	
9		7. 설문 항목	2	☐ 체크	☑ 체크	☐ 체크	☐ 체크	☐ 체크	
10		8. 설문 항목	3	☐ 체크	☐ 체크	☑ 체크	☐ 체크	☐ 체크	
11		9. 설문 항목	1	☑ 체크	☐ 체크	☐ 체크	☐ 체크	☐ 체크	
12		10. 설문 항목	2	☐ 체크	☑ 체크	☐ 체크	☐ 체크	☐ 체크	
13									
14							확인란 추가	설문지 초기화	
15									
16									

VB 편집기 조작

매크로 개발에 사용되는 VB 편집기 창도 VBA를 이용해 제어할 수 있습니
다. 예를 들어 이벤트나 매크로를 생성(또는 삭제)하는 별도의 매크로를 만들
수 있고, 특정 Module 개체의 코드를 자동으로 업데이트하는 매크로를 개발
할 수도 있습니다. VB 편집기 창을 의미하는 VBProject 개체를 조작해 원
하는 결과를 생성하는 매크로 개발 방법에 대해 알아보겠습니다.

이벤트 프로시저를 생성(또는 삭제)하는 매크로 개발 방법

예제 파일 PART 04 \ CHAPTER 21 \ (VBProject) Event.xlsm

VB 편집기를 VBA로 제어하기 위한 환경 설정 방법

매크로는 사용자의 의도와 달리 개발자의 의도를 강제할 수 있습니다. 예를 들어 이런 의도가 가장 나쁜 방식으로 구현된 형태는 매크로 바이러스입니다. 따라서 이와 같은 개발 방법은 기본적으로 허용되지 않으며, 사용하려면 보안을 해제하는 작업이 선행되어야 합니다. 방법은 다음과 같습니다.

개발자 옵션 변경

반드시 진행해야 하는 과정으로 아무 파일에서나 한 번만 진행하면 전체 파일에 적용됩니다. 다음 과정을 참고합니다.

01 리본 메뉴의 [개발 도구] 탭-[코드] 그룹-[매크로 보안⚠]을 클릭합니다.

02 [보안 센터] 대화상자에서 [매크로 설정]을 선택합니다.

03 [VBA 프로젝트 개체 모델에 안전하게 액세스할 수 있음] 옵션을 체크하고 [확인]을 클릭합니다.

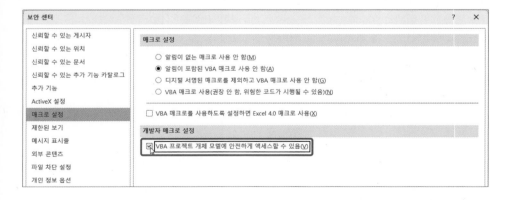

이 옵션이 체크되어 있지 않으면 VBA쪽 개체를 조작하는 매크로를 실행할 때 다음과 같은 에러 메시지 창이 나타납니다.

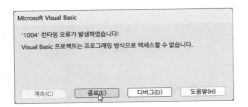

VB 편집기를 제어할 수 있는 라이브러리 참조 방법

VB 편집기 개체를 잘 모르는 경우에는 라이브러리를 참조하고 작업하는 것이 좋습니다. 참고로 이 작업은 VB 편집기 개체를 조작하려는 모든 파일에서 동일하게 적용되어야 합니다. 다음 과정을 참고합니다.

01 Alt + F11 을 눌러 VB 편집기 창을 엽니다.

02 VB 편집기 창의 [도구]-[참조] 메뉴를 선택합니다.

03 [참조] 대화상자에서 [Microsoft Visual Basic for Applications Extensibility 5.3] 라 이브러리를 체크하고 [확인]을 클릭합니다.

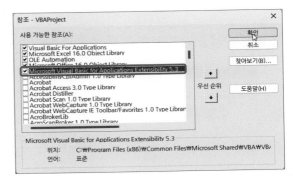

이벤트 생성하는 매크로 개발

매크로를 이용해 이벤트를 등록하려면 다음과 같은 방법으로 매크로를 개발해야 합니다.

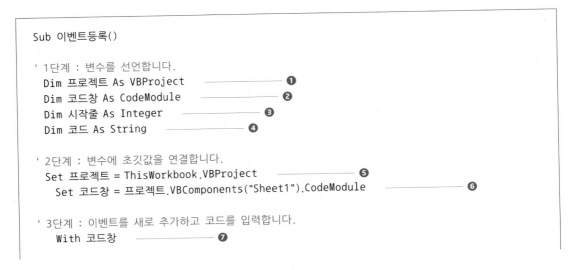

```
Sub 이벤트등록()

    ' 1단계 : 변수를 선언합니다.
    Dim 프로젝트 As VBProject              ❶
    Dim 코드창 As CodeModule              ❷
    Dim 시작줄 As Integer                 ❸
    Dim 코드 As String                    ❹

    ' 2단계 : 변수에 초깃값을 연결합니다.
    Set 프로젝트 = ThisWorkbook.VBProject       ❺
      Set 코드창 = 프로젝트.VBComponents("Sheet1").CodeModule        ❻

    ' 3단계 : 이벤트를 새로 추가하고 코드를 입력합니다.
        With 코드창                    ❼
```

```
        시작줄 = .CreateEventProc(EventName:="SelectionChange", _
                        ObjectName:="Worksheet")                    ⑧

        코드 = "Target.Interior.Color = RGB(255, 242, 204)"          ⑨

        .InsertLines Line:=시작줄 + 2, String:=vbTab & 코드 & vbCr      ⑩

    End With

End Sub
```

❶ VBProject 형식의 [프로젝트] 개체변수를 선언합니다.

❷ CodeModule 형식의 [코드창] 개체변수를 선언합니다.

❸ Integer 형식의 [시작줄] 변수를 선언합니다.

❹ String 형식의 [코드] 변수를 선언합니다.

❺ [프로젝트] 변수에 현재 파일의 VBProject 개체를 연결합니다.

❻ [코드창] 변수에는 [프로젝트] 변수에 연결된 VBProejct 개체의 구성 요소 중 "Sheet1" 이름을 사용하는 개체의 CodeModule 개체를 연결합니다. 여기서 "Sheet1"은 이벤트를 추가할 워크시트의 코드 이름으로 VB 편집기 창 내 프로젝트 탐색기 창에서 확인할 수 있습니다.

> 워크시트 이름은 VBA에서 부르는 이름(CodeName)과 사용자가 부여하는 워크시트 탭 이름(Name)으로 구분됩니다. 프로젝트 탐색기 창의 이름에서 괄호 안의 이름이 Name으로, 워크시트 탭에서 사용자가 부여할 수 있는 이름입니다.

❼ [코드창] 변수에 연결된 CodeModule 개체에는 이벤트 등록 작업을 하기 위해 With 문을 사용합니다.

❽ 코드 창에 새 이벤트를 추가하기 위해 CodeModule 개체의 CreateEventProc 메서드를 이용합니다. CreateEventProc 메서드의 이벤트 이름(EventName)은 SelectionChange로, 개체(ObjectName)는 Worksheet를 전달해 Worksheet_SelectionChange 이벤트를 생성합니다. CreateEventProc 메서드는 이렇게 생성된 이벤트의 코드 창 내 줄 번호를 반환해주므로, 반환된 줄 번호를 [시작줄] 변수에 저장합니다.

❾ [코드] 변수에 SelectionChange 이벤트에 추가할 코드를 저장합니다. 코드는 선택된 셀(또는 범위)의 배경색을 황금색으로 변경합니다.

❿ 코드를 입력할 위치는 [시작줄] 변수에 저장된 두 줄 아래로 vbTab 내장 상수를 이용해 4칸 들여쓰기를 한 후 [코드] 변수에 저장된 코드를 입력하고 Enter 를 누르는 동작(vbCr)을 진행합니다.

TIP 이 매크로는 예제의 [이벤트 등록] 단추에 연결되어 있습니다.

개발된 매크로를 동작해보기 위해 엑셀 창에서 빈 셀을 몇 개 클릭해봅니다. 아무 반응이 없다면 [이벤트 등록] 단추를 클릭합니다.

Module 파일을 이용한 매크로 자동 업데이트 방법

예제 파일 PART 04 \ CHAPTER 21 \ (VBProject) 자동 업데이트.xlsm, modMain.bas

VB 편집기 제어를 위한 환경 설정 방법

수정된 매크로 코드를 어떻게 전달하는 것이 좋을까요? 매크로는 엑셀 파일 안에 존재하므로, 파일을 교체하는 것보다 매크로 코드만 업데이트하는 것이 편리합니다. 이런 방법을 사용하려면 VBProject 개체에 접근할 수 있어야 하며, 이 경우 몇 가지 설정 작업이 필요합니다. **SECTION 21-01**의 설명을 참고합니다.

모듈 자동 업데이트

매크로를 자동 갱신하기 위해서는 코드를 비교한 후 수정하는 것보다 매크로 코드가 저장된 Module 개체를 새로 바꾸는 것이 편리합니다. Module 개체를 포함한 VBProject 개체 내 **Sheet**와 **현재_통합_문서**, 그리고 **Module** 등은 모두 파일로 내보내기가 가능합니다. 그러므로 내보내기한 Module 파일을 대체하는 방법을 사용하면 매크로를 자동으로 업데이트할 수 있습니다.

예제를 열면 아래 화면과 같이 현재 엑셀 버전을 확인할 수 있는 단추가 표시되어있습니다.

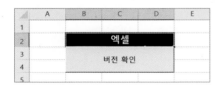

파일의 [버전 확인] 단추에 연결된 매크로 코드를 확인하려면 Alt + F11 을 눌러 VB 편집기 창을 열고 프로젝트 탐색기 창의 [모듈] 폴더 내 modMain 개체를 더블클릭합니다.

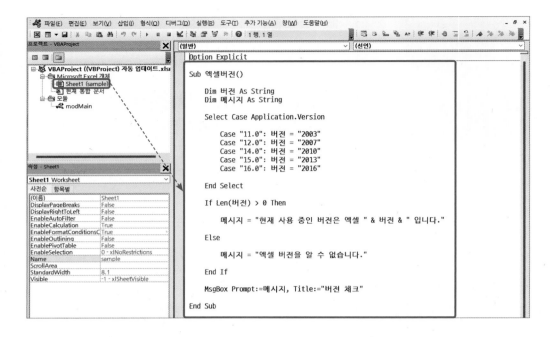

Select Case 문을 사용해 프로그램 버전별로 사용자가 인식할 수 있는 버전으로 변환한 후 메시지 창에 해당 버전을 표시해줍니다. 엑셀 2003 버전부터 엑셀 2016 버전까지 구분할 수 있습니다.

엑셀 2016, 엑셀 2019, Microsoft 365 버전을 사용하는 사용자가 [버전 확인] 단추를 클릭하면 화면과 같이 **엑셀 2016**이라는 메시지를 확인할 수 있습니다.

이는 엑셀 2016 이상 버전의 내부 버전이 모두 16.0으로 동일하기 때문입니다. 코드를 수정해야 하는데, 제공된 **modMain.bas** 파일을 메모장 등을 사용해 열면 다음과 같이 수정된 코드를 확인할 수 있습니다.

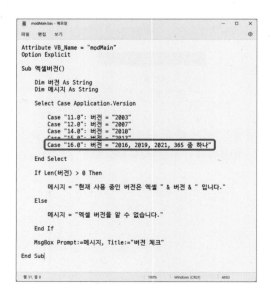

코드를 살펴보면 내부 버전이 "16.0"인 경우에 "2016, 2019, 365 중 하나"라는 문자열을 반환하도록 구성되어 있습니다. 이런 모듈(modMain.bas) 파일이 존재할 경우에 매크로를 자동으로 업데이트하려면 Workbook_Open 이벤트를 사용하는 것이 좋습니다. 아래 이벤트 코드를 예제 파일의 현재_통합_문서 개체의 코드 창에 입력합니다.

파일 : (VBProject) 자동 업데이트 (코드).txt

```
Private Sub Workbook_Open()                         ❶

' 1단계 : 변수를 선언합니다.
    Dim 프로젝트 As VBProject        ❷
    Dim 경로 As String              ❸
    Dim 모듈 As String              ❹
    Dim 모듈파일 As String          ❺
    Dim 메시지 As String            ❻

' 2단계 : 변수에 초깃값을 저장합니다.
    경로 = ThisWorkbook.Path & "\"           ❼
    모듈 = "modMain"             ❽
    모듈파일 = 경로 & 모듈 & ".bas"          ❾

' 3단계 : 업데이트할 파일이 존재하는지 확인합니다.
    If Dir(모듈파일) <> "" Then          ❿

        메시지 = "새로운 업데이트가 발견되었습니다." & vbCr & vbCr
        메시지 = 메시지 & "업데이트 할까요?"          ⓫

' 4단계 : 업데이트 여부를 묻고, 모듈을 업데이트합니다.
        If MsgBox(메시지, vbYesNo, "자동업데이트") = vbYes Then        ⓬

            Set 프로젝트 = ThisWorkbook.VBProject          ⓭

            With 프로젝트.VBComponents          ⓮

                .Remove 프로젝트.VBComponents(모듈)          ⓯
                .Import Filename:=모듈파일          ⓰

            End With

            Kill 모듈파일          ⓱

        End If

    End If

End Sub
```

---

❶ Workbook_Open 이벤트는 파일을 열 때 자동으로 실행됩니다. 이런 특징을 사용해 지정된 폴더에 업데이트할 Module 파일이 있는 경우 Module을 바꿔 매크로가 자동으로 업데이트되도록 합니다.

② VBProject 형식의 [프로젝트] 개체변수를 선언합니다.

③ String 형식의 [경로] 변수를 선언합니다.

④ String 형식의 [모듈] 변수를 선언합니다.

⑤ String 형식의 [모듈파일] 변수를 선언합니다.

⑥ String 형식의 [메시지] 변수를 선언합니다.

⑦ [경로] 변수에는 현재 파일의 경로에 경로 구분자(\)를 연결해 저장합니다. 이 경로는 업그레이드할 모듈 파일이 존재하는 경로이므로, 원하는 폴더가 있다면 변경합니다.

⑧ [모듈] 변수에 업그레이드할 모듈 개체 이름을 저장합니다.

⑨ [모듈파일] 변수에 [경로]와 [모듈] 변수, 그리고 ".bas" 문자열을 연결해 저장합니다. 이렇게 하면 업그레이드할 모듈 파일의 경로와 파일명이 모두 포함된 전체 문자열이 저장됩니다.

⑩ [모듈파일] 변수에 저장된 파일이 있는지 Dir 함수를 사용해 확인합니다. Dir 함수의 반환 값이 빈 문자("")가 아니면 파일이 존재하는 것이므로, 업그레이드를 진행합니다.

⑪ [메시지] 변수에 사용자에게 안내할 문자열을 저장합니다.

⑫ MsgBox 함수를 사용해 [메시지] 변수의 내용을 메시지 창으로 표시한 후 사용자가 [예] 버튼을 눌렀다면 ⑬-⑰ 줄의 코드를 실행합니다.

⑬ [프로젝트] 변수에 현재 파일의 VBProject 개체를 연결합니다.

⑭ [프로젝트] 변수에 연결된 VBProject 개체의 VBComponents 컬렉션을 With 문을 사용해 조작합니다.

⑮ VBComponents 컬렉션의 Remove 메서드를 사용해 modMain 이름을 갖는 모듈을 삭제합니다.

⑯ VBComponents 컬렉션의 Import 메서드를 사용해 [모듈파일] 변수의 파일을 가져옵니다.

⑰ Kill 함수를 사용해 [모듈파일] 변수에 저장된 파일을 삭제합니다.

개발된 이벤트가 제대로 동작하는지 확인하기 위해 파일을 저장하고 닫은 후 다시 엽니다. 그러면 다음과 같은 메시지 창이 표시됩니다. [예]를 클릭합니다.

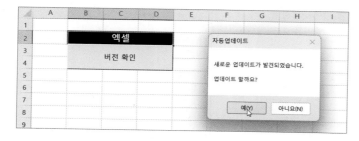

TIP 이 작업을 하면 modMain.bas 파일의 코드가 예제 파일의 modMain 모듈로 대체됩니다.

[버전 확인] 단추를 클릭하면 엑셀 2016, 엑셀 2019, Microsoft 365 버전 사용자는 수정된 메시지 내용을 확인할 수 있습니다.

개발된 VBA 코드 종류별 파일 백업 방법

예제 파일 PART 04 \ CHAPTER 21 \ (VBProject) 코드 백업.xlsm

VB 편집기 제어를 위한 환경 설정 방법

이 예제를 처리하기 위해서는 **SECTION 21-01**의 환경 설정에 대한 학습이 선행되어야 합니다.

백업 파일 생성

현재 파일에 개발된 모든 소스 코드를 백업 파일로 저장하려면 코드가 입력된 Module을 찾아 파일로 내보내는 코드를 개발합니다. 다음과 같은 매크로를 사용합니다.

파일 : (VBProject) 코드 백업 (코드).txt

```
Sub 코드백업()

' 1단계 : 변수를 선언합니다. ─────────── ❶
  Dim 프로젝트 As VBProject
  Dim 콤포넌트 As VBComponent
  Dim 경로 As String
  Dim 파일 As String, 확장자 As String

' 2단계 : 변수의 초깃값을 설정합니다.
  Set 프로젝트 = ThisWorkbook.VBProject ───────── ❷

  경로 = ThisWorkbook.Path & "\" ───────── ❸

' 3단계 : VBProject 내 개체를 순환하면서 코드가 입력된 모듈을 백업합니다.
  For Each 콤포넌트 In 프로젝트.VBComponents ───────── ❹

      If 콤포넌트.CodeModule.CountOfLines > _
         콤포넌트.CodeModule.CountOfDeclarationLines Then ───────── ❺

          Select Case 콤포넌트.Type ───────── ❻
```

```
                    Case vbext_ct_Document, vbext_ct_ClassModule ─────────── ❼
                        확장자 = ".cls"

                    Case vbext_ct_MSForm ─────────── ❽
                        확장자 = ".frm"

                    Case Else ─────────── ❾
                        확장자 = ".bas"

                End Select

                파일 = 콤포넌트.Name & 확장자 ─────────── ❿

                If Dir(경로 & 파일) <> "" Then Kill 경로 & 파일 ─────────── ⓫
                콤포넌트.Export 경로 & 파일

            End If

        Next

    End Sub
```

❶ 매크로 동작에 필요한 VBProject 형식의 [프로젝트] 개체변수와 VBComponent 형식의 [콤포넌트] 개체변수를 선언합니다. 또한 String 형식의 [경로], [파일], [확장자] 변수를 선언합니다.

❷ [프로젝트] 변수에 현재 파일의 VBProject 개체를 연결합니다.

❸ [경로] 변수에는 현재 파일의 경로에 경로 구분 문자(\)를 붙여 저장합니다. 이 경로가 백업 파일이 저장될 폴더로 다른 위치를 원하면 변경합니다.

❹ For 순환문을 사용해 [프로젝트] 변수에 연결된 VBProject 개체 내 구성원(VBComponents)을 순환하면서 하나씩 [콤포넌트] 변수에 연결합니다.

❺ [콤포넌트] 변수에 연결된 개체의 코드 창에 코드가 존재하는 경우에만 백업을 진행합니다. CountOfLines 속성은 코드 창의 코드가 입력된 줄수를 의미하며, CountOfDeclarationLines 속성은 코드 창의 옵션이 선언된 줄수를 의미합니다. 그러므로 CountOfLines 속성의 값이 CountOfDeclarationLines 속성의 값보다 크면 Option Explicit 부분을 제외한 코드가 입력된 부분이 있다는 의미입니다.

❻ Select Case 문을 사용해 [콤보넌트] 변수에 연결된 개체의 Type(형식)을 구분합니다. 파일을 내보내기할 때 Module과 Sheet는 서로 다른 확장자를 사용하며, 이 부분을 처리하기 위한 판단 작업입니다. 참고로 Type은 다음 다섯 가지 값 중 하나를 반환합니다.

내장 상수	값	설명
vbext_ct_StdModule	1	표준 모듈
vbext_ct_ClassModule	2	클래스 모듈
vbext_ct_MSForm	3	사용자 정의 폼
vbext_ct_ActiveXDesigner	11	ActiveX 디자이너
vbext_ct_Document	100	Microsoft Excel 개체

❼ 형식이 워크시트 또는 현재_통합_문서이거나 클래스 모듈이면 [확장자] 변수에 ".cls"를 저장합니다.

❽ 형식이 사용자 정의 폼이면 [확장자] 변수에 ".frm"을 저장합니다.

❾ 그 외에는 [확장자] 변수에 ".bas"를 저장합니다.

❿ [파일] 변수에 [콤보넌트] 변수에 연결된 개체의 이름과 [확장자] 변숫값을 연결해 저장합니다.

⓫ [콤포넌트] 변수에 연결된 개체를 [경로]와 [파일] 변숫값을 연결한 위치에 파일로 내보내기합니다.

이 매크로는 매크로를 백업할 다른 파일에서도 사용할 수 있습니다. 다른 파일에서 쓰지 않으려면 예제를 열고 [매크로 백업] 단추를 눌러 테스트합니다.

예제는 Module1 개체에만 코드가 입력되어 있으므로, 예제 폴더에는 다음과 같이 **Module1.bas** 파일 이 백업됩니다.

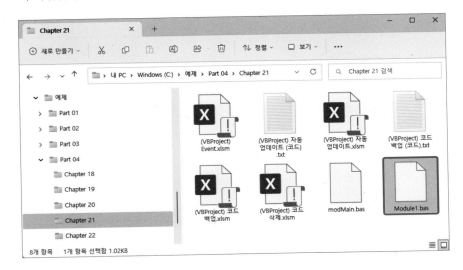

파일 내 VBA 코드를 모두 삭제하기

예제 파일 PART 04 \ CHAPTER 21 \ (VBProject) 코드 삭제.xlsm

VB 편집기 제어를 위한 환경 설정 방법

이 예제를 처리하기 위해서는 **SECTION 21-01**의 환경 설정에 대한 학습이 선행되어야 합니다.

매크로 개발

현재 파일에 포함된 모든 VBA 코드를 삭제하려면 다음과 같은 매크로를 사용합니다.

```
Sub 모든코드삭제()

' 1단계 : 변수를 선언합니다.
    Dim 프로젝트 As VBProject            ①
    Dim 콤포넌트 As VBComponent          ②
    Dim 코드창 As CodeModule             ③

' 2단계 : 변수의 초깃값을 설정합니다.
    Set 프로젝트 = ThisWorkbook.VBProject      ④

' 3단계 : VBProject 내 개체를 순환합니다.
For Each 콤포넌트 In 프로젝트.VBComponents      ⑤

' 3-1단계 : Microsoft 엑셀 개체 폴더 내 개체는 코드를 지웁니다.
    If 콤포넌트.Type = vbext_ct_Document Then      ⑥

        Set 코드창 = 콤포넌트.CodeModule      ⑦

        With 코드창            ⑧
            .DeleteLines StartLine:=1, Count:=.CountOfLines      ⑨
        End With
```

```
' 3-2단계 : 모듈, 폼, 클래스 모듈 개체는 개체를 삭제합니다.
        Else ─────────── ⑩

            프로젝트.VBComponents.Remove 콤포넌트 ──────────── ⑪


        End If

    Next

End Sub
```

① VBProject 형식의 [프로젝트] 개체변수를 선언합니다.

② VBComponent 형식의 [콤포넌트] 개체변수를 선언합니다.

③ CodeModule 형식의 [코드창] 개체변수를 선언합니다.

④ [프로젝트] 변수에 현재 파일의 VBProject 개체를 연결합니다.

⑤ For 순환문을 사용해 [프로젝트] 변수에 연결된 VBProject 내의 개별 구성 요소를 순환하면서 하나씩 [콤포넌트] 변수에 연결합니다. 이렇게 하면 VB 편집기의 프로젝트 탐색기 창의 개체들이 하나씩 [콤포넌트] 개체변수에 연결됩니다.

⑥ [콤포넌트] 변수에 연결된 VBComponent 개체 형식이 Microsoft Excel 개체인지 판단해 맞다면 ⑦-⑨ 줄의 코드를 사용해 코드 창 내의 VBA 코드를 삭제합니다.

⑦ [코드창] 변수에 [콤포넌트] 변수에 연결된 VBComponent 개체의 CodeModule 개체를 연결합니다.

⑧ [코드창] 변수에 연결된 CodeModule 개체를 대상으로 작업하기 위해 With 문을 사용합니다.

⑨ [코드창] 변수에 연결된 코드 창의 모든 코드를 삭제합니다. 코드를 삭제할 때 첫 번째 줄부터 사용된 총 줄수만큼 지우므로, 코드 창 전체의 코드를 지웁니다.

⑩ ⑥ 줄의 판단이 False면 [콤포넌트] 모델에 연결된 VBComponent 개체가 Module이나 UserForm 개체인 경우이므로, ⑪ 줄의 코드를 실행해 개체를 삭제합니다.

⑪ [콤포넌트] 변수에 연결된 VBComponent 개체를 삭제합니다. Microsoft Excel 개체 폴더 내 Sheet나 현재_통합_문서와 같은 개체는 엑셀에서 사용하는 개체이므로 삭제할 수 없지만, Module이나 UserForm 개체는 VBA를 사용하지 않으면 필요하지 않은 개체이므로 삭제합니다.

TIP 이 매크로는 예제의 [모든 코드 삭제] 단추에 연결되어 있습니다.

개발된 매크로가 제대로 동작하는지 확인해보겠습니다. 예제를 열면 사용자명이 메시지 창에 표시됩니다.

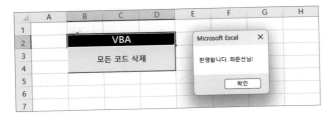

예제에 사용된 VBA 코드를 확인하기 위해 VB 편집기 창을 호출한 후 현재_통합_문서의 코드 창을 보면 Workbook_Open 이벤트에 코드가 입력되어 있는 것을 확인할 수 있습니다.

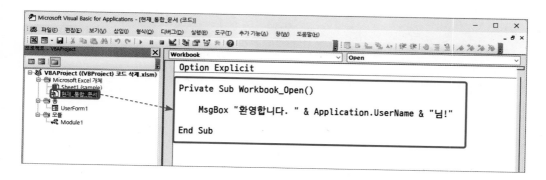

그 외에도 매크로 코드가 포함된 Module1 개체와 UserForm1 폼 개체를 확인할 수 있습니다. VB 편집기 창을 닫고 [모든 코드 삭제] 단추를 클릭합니다. 다시 VB 편집기를 열어 보면 현재_통합_문서 개체의 코드 창에서 코드가 지워지고, Module1 개체와 UserForm1 폼 개체가 모두 삭제된 것을 확인할 수 있습니다.

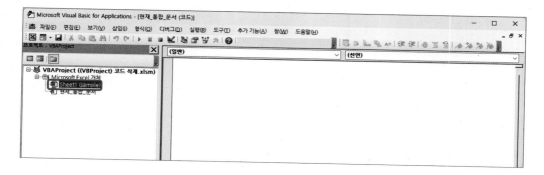

이 방법은 현재 파일뿐만 아니라 추가 기능 등에서 사용했을 때 열린 파일의 모든 매크로를 즉각적으로 제거합니다.

CHAPTER

22

ADO

ADO는 ActiveX Data Objects의 약어로 다양한 데이터 원본에 접근하기 위해 제작된 기술 인터페이스를 의미합니다. 엑셀 사용자가 VBA에서 ADO를 사용하면 엑셀 파일 바깥에 존재하는 다양한 종류의 데이터(데이터베이스, 다른 엑셀 파일, 텍스트 파일 등)를 엑셀에서 제어할 수 있습니다.

ADO에는 ADO만의 장점도 있습니다. ADO는 파일을 열지 않고 파일 안의 데이터를 가공할 수 있으며, SQL(Structured Query Language)을 지원해 VBA만 사용할 때보다 더욱 편리하게 데이터를 가공할 수 있도록 도와줍니다.

다른 엑셀 파일을 ADO를 이용해 연결하는 방법

예제 파일 PART 04 \ CHAPTER 22 \ (ADO) 데이터 연결.xlsm, dbSample.xlsx

Microsoft ActiveX Data Objects 6.1 Library 참조

매크로에서 ADO를 사용하려면 먼저 ADO 개체를 가지고 있는 외부 라이브러리를 참조해야 합니다. ADO 라이브러리는 ADO를 사용하려는 파일마다 참조해주어야 합니다. 다음 과정을 참고합니다.

01 ADO를 사용하려는 파일을 열고 Alt + F11 을 눌러 VB 편집기 창을 엽니다.

02 [도구]-[참조] 메뉴를 선택해 [참조] 대화상자를 호출합니다.

03 [Microsoft ActiveX Data Objects 6.1 Library]에 체크하고 [확인]을 클릭합니다.

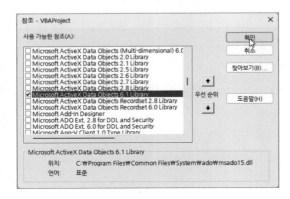

ODBC, OLEDB를 이용해 연결

ADO를 사용하려면 먼저 원하는 데이터 원본에 연결하는 방법을 알아야 합니다. ADO에서는 외부 데이터 원본에 연결할 때 ODBC나 OLEDB와 같은 연결 기술을 사용합니다. ODBC는 일부 엑셀 파일, SQL Server, Oracle, Access 등과 같은 규격화된 데이터베이스만 연결할 수 있으며, OLEDB는 데이터베이스뿐만 아니라 텍스트, 엑셀 파일 등 다양한 외부 데이터 원본과 연결할 수 있으므로 되도록이면 OLEDB를 이용해 데이터베이스에 연결하도록 구성하는 것이 좋습니다.

다음은 OLEDB를 이용해 엑셀과 액세스 등의 데이터 원본에 연결할 때 사용할 연결 문자열을 정리해놓은 것입니다.

프로그램	확장자	OLEDB 연결 문자열
엑셀	xls	"Provider=Microsoft.Jet.OLEDB.4.0;Data Source='경로\파일명.xls';Extended Properties=""Excel 8.0;HDR=Yes;IMEX=1 "";"
	xlsx, xlsm	"Provider=Microsoft.Ace.OLEDB.12.0;Data Source='경로\파일명.xlsx';Extended Properties=""Excel 12.0 Xml;HDR=YES"";"
액세스	mdb	"Provider=Microsoft.Jet.OLEDB.4.0;Data Source='경로\파일명.mdb';User Id=admin;Password=;"
	accdb	"Provider=Microsoft.Ace.OLEDB.12.0;Data Source='경로\파일명.accdb';User Id=admin;Password=;"

ADO를 사용해 외부 엑셀 파일 연결 테스트

ADO를 사용해 다른 엑셀 파일에 연결하는 매크로 코드의 예는 다음과 같습니다.

```
Sub 연결테스트()

' 1단계 : 변수를 선언합니다.
    Dim 연결 As ADODB.Connection ────────── ❶
    Dim OLEDB As String ─────── ❷
    Dim 경로 As String ───── ❸
    Dim DB As String ───── ❹

' 2단계 : 변수에 초깃값을 저장합니다.
    경로 = ThisWorkbook.Path & "\" ────── ❺
    DB = "dbSample.xlsx" ─────── ❻

    OLEDB = "Provider=Microsoft.ACE.OLEDB.12.0;" & _
            "Data Source='" & 경로 & DB & "';" & _
            "Extended Properties=""Excel 12.0 Xml;HDR=YES"";" ─────── ❼

' 3단계 : dbSample.xlsx 파일에 연결하고 연결 결과를 메시지 창에 표시합니다.
    Set 연결 = New ADODB.Connection ────── ❽
    연결.Open OLEDB ────── ❾

        If 연결.State = adStateOpen Then ─────── ❿

            MsgBox "연결됐습니다."

        Else ─────── ⓫

            MsgBox "연결되지 않았습니다."

        End If
```

```vba
    ' 4단계 : 연결을 끊습니다.
        연결.Close ───────────── ⑫

        Set 연결 = Nothing ───────── ⑬

    End Sub
```

❶ ADODB 개체의 Connection 형식인 [연결] 개체변수를 선언합니다. 만약 Microsoft ActiveX Data Objects 6.1 Libray를 참조하지 않으면 다음과 같은 에러 메시지가 발생합니다. 그러므로 앞의 내용을 참고해 반드시 라이브러리를 참조한 후 매크로를 실행합니다.

❷ String 형식의 [OLEDB] 변수를 선언합니다.

❸ String 형식의 [경로] 변수를 선언합니다.

❹ String 형식의 [DB] 변수를 선언합니다.

❺ [경로] 변수에 현재 파일의 경로에 경로 구분자(\)를 연결해 저장합니다.

❻ [DB] 변수에 연결할 엑셀 파일 이름(dbSample.xlsx)을 저장합니다.

❼ [OLEDB] 변수에 연결할 파일 형식(XLSX)에 맞는 데이터 연결 문자열을 저장합니다.

❽ New 키워드를 사용해 ADODB 개체의 Connection 형식인 개체를 생성하고 [연결] 개체변수에 연결합니다. 이번 줄은 ❶ 줄의 코드를 다음과 같이 수정하면 생략할 수 있습니다.

```vba
    Dim 연결 As New ADODB.Connection
```

❾ [연결] 변수 내 Connection 개체의 Open 메서드를 이용해 xlSample.xlsx 파일에 연결합니다.

❿ [연결] 변수 내 Connection 개체의 State 속성값을 확인하면 ❾ 줄의 연결 작업이 제대로 됐는지 확인합니다. State 속성값이 adStateOpen 값이면 제대로 연결된 것이므로 메시지 창을 이용해 연결되었음을 표시합니다.

⓫ ❿ 줄의 판단이 False라면 연결되지 않은 것이므로 해당 내용을 메시지 창을 이용해 표시합니다.

⓬ [연결] 변수 내 Connection 개체의 Close 메서드를 이용해 데이터 연결을 끊습니다.

⓭ [연결] 변수를 Nothing 상태로 초기화해 개체변수에서 할당된 메모리를 반환합니다. 변수를 초기화하는 작업은 매크로가 종료되면 자동으로 이뤄지긴 하지만, 코드 내에서 습관적으로 처리하여 보다 효율적으로 메모리를 관리할 수 있습니다.

TIP 이 매크로는 예제의 [dbSample.xlsx] 단추에 연결되어 있습니다.

개발된 매크로를 테스트하기 위해 [dbSample.xlsx] 단추를 클릭하면 다음과 같은 메시지 창을 확인할 수 있습니다.

Access 테이블(또는 쿼리)을 엑셀로 가져오는 방법

예제 파일 PART 04 \ CHAPTER 22 \ (ADO) 액세스 가져오기.xlsm, dbSample.accdb

ADO를 이용해 외부 데이터베이스에 연결하고, 연결된 데이터베이스의 테이블을 엑셀로 불러올 수 있습니다. 예제 중 **dbSample.accdb** 액세스 파일을 엽니다. 왼쪽 탐색 창에서 [직원명부] 테이블을 더블클릭해 열면 다음과 같은 데이터를 확인할 수 있습니다.

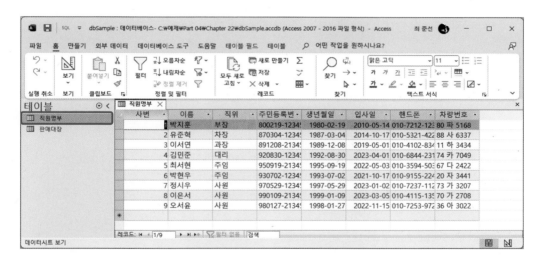

dbSample.accdb 데이터베이스의 직원명부 테이블 데이터를 엑셀 파일로 가져오려면 다음과 같은 매크로를 사용합니다.

```
Sub 액세스가져오기()

' 1단계 : 변수를 선언합니다.
    Dim 연결 As New ADODB.Connection ——————————————— ❶
    Dim 레코드셋 As New ADODB.Recordset ——————————————— ❷
    Dim OLEDB As String ——————————— ❸
    Dim 경로 As String ——————————— ❹
    Dim DB As String ——————— ❺
    Dim 메시지 As String ——————————— ❻
```

```
        Dim 반환위치 As Range ————————————— ❼

' 2단계 : 변수의 초깃값을 저장합니다.
    경로 = ThisWorkbook.Path & "\" ——————————— ❽
    DB = "dbSample.accdb" ——————— ❾

' 3단계 : 기존에 가져온 데이터가 있으면 삭제합니다.
    Set 반환위치 = Range("B2") ——————— ❿

    If Len(반환위치.Value) > 0 Then ——————————— ⓫

        반환위치.CurrentRegion.Delete Shift:=xlUp
        Set 반환위치 = Range("B2")

    End If

' 4단계 : 액세스 데이터베이스에 연결하고, 가져올 데이터를 갖고 있는 테이블을 레코드셋으로 엽니다.
    OLEDB = "Provider=Microsoft.Ace.OLEDB.12.0;" & _
            "Data Source='" & 경로 & DB & "';" & _
            "User Id=admin;Password=;" —————————— ⓬

    연결.Open OLEDB ——————————— ⓭
    레코드셋.Open Source:="직원명부", _
                ActiveConnection:=연결, _
                CursorType:=adOpenStatic, _
                LockType:=adLockReadOnly, _
                Options:=adCmdTable ——————————— ⓮

' 5단계 : 액세스 데이터베이스의 데이터를 엑셀로 가져오고 표 서식을 설정합니다.
    메시지 = "직원 테이블에 연결되었습니다." & vbCr
    메시지 = 메시지 & "총 " & 레코드셋.RecordCount & "건의 데이터가 있습니다." & vbCr & vbCr
    메시지 = 메시지 & "가져올까요?" ——————————— ⓯

    If MsgBox(메시지, vbYesNo) = vbYes Then ——————————— ⓰

        With ActiveSheet.QueryTables.Add(Connection:=레코드셋, _
                                Destination:=반환위치) ——————————— ⓱
            .Refresh ——————————— ⓲

            With .ResultRange ——————————— ⓳

                .BorderAround LineStyle:=xlContinuous ——————————— ⓴
                .HorizontalAlignment = xlCenter ——————————— ㉑

                With .Rows(1).Interior ——————————— ㉒
                    .ThemeColor = xlThemeColorDark1
                    .TintAndShade = -0.15
                End With

            End With
```

```
      End With

    End If

  ' 6단계 : 레코드셋을 닫고, 연결을 끊습니다.
    레코드셋.Close ————————— ㉓
    연결.Close ————————— ㉔

End Sub
```

❶ ADODB 개체의 Connection 개체를 New 키워드를 이용해 생성하고, 선언된 [연결] 개체변수에 연결합니다.

❷ ADODB 개체의 Recordset 개체를 새로 생성하고, 선언된 [레코드셋] 개체변수에 연결합니다.

❸ String 형식의 [OLEDB] 변수를 선언합니다.

❹ String 형식의 [경로] 변수를 선언합니다.

❺ String 형식의 [DB] 변수를 선언합니다.

❻ String 형식의 [메시지] 변수를 선언합니다.

❼ Range 형식의 [반환위치] 개체변수를 선언합니다.

❽ [경로] 변수에 현재 파일의 경로와 경로 구분 문자("\")를 연결해 저장합니다.

❾ DB 변수에 연결할 액세스 데이터베이스 파일명을 저장합니다.

❿ [반환위치] 변수에 [B2] 셀을 연결합니다. 이 위치에 액세스에서 가져온 데이터를 반환합니다.

⓫ [반환위치] 변수에 연결된 셀에 데이터가 입력되어 있는지 판단하고, 있으면 연속된 범위를 삭제한 후 [반환위치] 변수에 [B2] 셀을 재연결합니다. [B2] 셀을 재연결하는 이유는 연속된 범위를 삭제하면 기존의 [B2] 셀도 함께 삭제되기 때문입니다.

⓬ [OLEDB 변수에 액세스 데이터베이스 파일에 연결할 방법을 의미하는 연결 문자열을 저장합니다. 이 문자열은 **SECTION 22-01**에 잘 설명되어 있습니다.

⓭ [연결] 변수 내 Connection 개체의 Open 메서드를 이용해 액세스 데이터베이스에 연결합니다. 연결 방법은 OLEDB 변수에 저장된 방법을 사용합니다.

⓮ [레코드셋] 변수에 연결된 Recordset 개체의 Open 메서드를 이용해 "직원명부" 테이블을 엽니다. 다음 표는 Recordset 개체의 Open 메서드에서 사용하는 매개변수에 대한 설명입니다.

매개변수	설명		
Source	연결할 테이블이나 쿼리 이름으로 필수 요소입니다.		
ActiveConnection	연결할 때 사용할 Connection 개체입니다.		
CursorType	레코드셋을 여는 방법을 지정할 수 있으며, 다음 내장 상수를 사용할 수 있습니다.		
	내장 상수	**값**	**설명**
	adOpenForwardOnly	0	기본값으로 읽기만 가능한 상태로 열며, 다음 레코드로만 이동이 가능합니다.
	adOpenKeyset	1	읽기/쓰기가 가능한 상태로 열며, 다음 이전 레코드로 모두 이동이 가능합니다. 다만 열고 난 다음의 원본 테이블에 추가되거나 삭제된 사항은 알 수 없으며, 수정된 사항만 레코드셋에 반영됩니다.
	adOpenDynamic	2	adOpenKeyset 모드와 동일하며, 항상 동기화를 통해 원본 테이블의 모든 수정 사항이 레코드셋에 반영됩니다.
	adOpenStatic	3	adOpenKeyset 모드와 동일하지만, 열고 난 다음에는 원본 테이블의 변경 사항을 모두 알 수 없습니다.

매개변수	설명
LockType	여러 명이 동시에 접속해 동일한 레코드에 접근할 때 처리 방법을 지정할 수 있으며, 다음 내장 상수를 사용할 수 있습니다. **내장 상수 / 값 / 설명 표** <table><tr><th>내장 상수</th><th>값</th><th>설명</th></tr><tr><td>adLockReadOnly</td><td>1</td><td>읽기 전용으로 수정할 수 없습니다.</td></tr><tr><td>adLockPessimistic</td><td>2</td><td>편집 시작 순간부터 잠급니다.</td></tr><tr><td>adLockOptimistic</td><td>3</td><td>편집이 끝나고 저장하는 순간에 잠급니다.</td></tr><tr><td>adLockBatchOptimistic</td><td>4</td><td>여러 개의 레코드를 동시에 업데이트할 때 사용하며, 여러 개 레코드의 값을 실제로 업데이트할 때 잠급니다.</td></tr></table>
Options	[Source] 매개변수에 지정된 개체 형식으로 다음 두 개를 주로 사용합니다. <table><tr><th>내장 상수</th><th>값</th><th>설명</th></tr><tr><td>adCmdText</td><td>1</td><td>Source에 SQL 문 사용</td></tr><tr><td>adCmdTable</td><td>2</td><td>Source에 테이블이나 쿼리를 지정할 때 사용</td></tr></table>

⑮ [메시지] 변수에 연결 정보와 데이터 건수를 표시하고 데이터를 가져올지 여부를 묻는 문자열을 저장합니다.

⑯ MsgBox 함수를 사용하여 [메시지] 변수의 내용을 메시지 창에 표시하고 [예] 버튼을 클릭했는지 판단합니다. [예] 버튼을 클릭했다면 ⑭-⑯ 줄의 코드를 실행해 데이터를 가져옵니다. 메시지 창은 다음과 같이 표시됩니다.

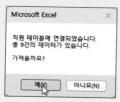

⑰ QueryTables 컬렉션의 Add 메서드를 이용해 현재 시트에 새 쿼리 테이블을 추가합니다. 이때 몇 가지 추가 설정을 위해 With 문을 사용합니다. Add 메서드의 매개변수에 대한 설명은 다음과 같습니다.

매개변수	설명
Connection	쿼리 테이블로 가져올 Recordset 개체를 전달합니다.
Destination	쿼리 테이블을 생성할 워크시트 내 위치(셀)를 전달합니다.

⑱ 추가된 쿼리 테이블을 새로 고쳐 연결된 Recordset 개체에서 데이터를 가져옵니다.

⑲ 추가된 쿼리 테이블 범위에 서식을 지정하기 위해 ResultRange 개체 범위를 With 문으로 설정합니다.

⑳ 전체 범위의 테두리에 실선을 설정합니다.

㉑ 전체 범위에 가운데 맞춤을 설정합니다.

㉒ 전체 범위 중 첫 번째 범위(머리글 범위)의 배경색을 [흰색, 배경 1, 15% 더 어둡게]로 설정합니다.

㉓ [레코드셋] 변수에 연결된 Recordset 개체를 닫습니다.

㉔ [연결] 변수에 연결된 Connection 개체를 닫습니다.

TIP 이 매크로는 예제의 [dbSample.accdb] 단추에 연결되어 있습니다.

TIP 이 매크로가 실행되려면 **SECTION 22-01**의 Microsoft ActiveX Data Objects 6.1 Library 참조가 선행되어야 합니다.

예제의 [dbSample.accdb] 단추를 클릭하면 다음과 같이 액세스 테이블을 엑셀 파일로 가져옵니다.

	A	B	C	D	E	F	G	H	I	J	K	L	M
1													
2		사번	이름	직위	주민등록번호	생년월일	입사일	핸드폰	차량번호		데이터 가져오기		
3		1	박지훈	부장	800219-1234567	1980-02-19	2010-05-14	010-7212-1234	80 파 5168		dbSample.accdb		
4		2	유준혁	차장	870304-1234567	1987-03-04	2014-10-17	010-5321-4225	88 사 6337				
5		3	이서연	과장	891208-2134567	1989-12-08	2019-05-01	010-4102-8345	11 하 3434				
6		4	김민준	대리	920830-1234567	1992-08-30	2023-04-01	010-6844-2313	74 카 7049				
7		5	최서현	주임	950919-2134567	1995-09-19	2022-05-03	010-3594-5034	67 다 2422				
8		6	박현우	주임	930702-1234567	1993-07-02	2021-10-17	010-9155-2242	20 자 3441				
9		7	정시우	사원	970529-1234567	1997-05-29	2023-01-02	010-7237-1123	73 가 3207				
10		8	이은서	사원	990109-2134567	1999-01-09	2023-03-05	010-4115-1352	70 가 2708				
11		9	오서윤	사원	980127-2134567	1998-01-27	2022-11-15	010-7253-9721	36 아 3022				
12													

다른 엑셀 파일을 열지 않고 데이터 가져오는 방법

예제 파일 PART 04 \ CHAPTER 22 \ (ADO) 엑셀 가져오기.xlsm, dbSample.xlsx

엑셀의 표 구분 방법

다른 엑셀 파일의 데이터를 현재 파일로 가져오는 방법은 앞서 여러 번 설명한 바 있습니다. ADO를 이용하는 방법은 파일을 열지 않고서도 데이터를 가져올 수 있다는 점이 다릅니다. 다만 엑셀은 테이블(또는 쿼리) 개체가 존재하지 않으므로, 시트 전체 또는 정의된 이름으로 표를 구분합니다. 그러므로 ADO를 이용해서 데이터를 가져오려면 시트 전체 또는 가져올 데이터 범위를 이름으로 정의해야 합니다.

데이터 확인 및 데이터 가져오기

예제 중 **dbSample.xlsx** 파일을 열어 가져올 원본 데이터를 확인합니다.

	A	B	C	D	E	F	G	H	I	J
1	사번	이름	직위	주민등록번호	생년월일	입사일	핸드폰	차량번호		
2	1	박지훈	부장	800219-1234567	1980-02-19	2010-05-14	010-7212-1234	80 파 5168		
3	2	유준혁	차장	870304-1234567	1987-03-04	2014-10-17	010-5321-4225	88 사 6337		
4	3	이서연	과장	891208-2134567	1989-12-08	2019-05-01	010-4102-8345	11 하 3434		
5	4	김민준	대리	920830-1234567	1992-08-30	2023-04-01	010-6844-2313	74 카 7049		
6	5	최서현	주임	950919-2134567	1995-09-19	2022-05-03	010-3594-5034	67 다 2422		
7	6	박현우	주임	930702-1234567	1993-07-02	2021-10-17	010-9155-2242	20 자 3441		
8	7	정시우	사원	970529-1234567	1997-05-29	2023-01-02	010-7237-1123	73 가 3207		
9	8	이은서	사원	990109-2134567	1999-01-09	2023-03-05	010-4115-1352	70 가 2708		
10	9	오서윤	사원	980127-2134567	1998-01-27	2022-11-15	010-7253-9721	36 아 3022		
11										
12										

sample +

TIP [sample] 시트에 직원 데이터를 기록한 표가 [A1:H10] 범위에 입력되어 있습니다.

ADO를 사용해 데이터를 다른 엑셀 파일에서 가져오려면 시트를 연결해 가져오는 것이 좋습니다. 그래야 추가된 데이터를 나중에도 쉽게 가져올 수 있기 때문입니다. 시트를 연결해 가져오려면 시트명(sample)을 정확하게 사용해야 하며, ADO에서는 시트 명을 테이블 이름으로 처리합니다.

dbSample.xlsx 파일을 닫고 **(ADO) 엑셀 가져오기.xlsm** 파일을 엽니다. 그러면 아래 그림과 같은 화면을 확인할 수 있습니다.

이 파일의 [B2] 셀 위치에 dbSample.xlsx 파일의 [sample] 시트 데이터를 가져오겠습니다. ADO를 이용해 처리하려면 다음과 같은 매크로를 사용합니다.

```
Sub 엑셀가져오기()

' 1단계 : 변수를 선언합니다.
    Dim 연결 As New ADODB.Connection
    Dim 레코드셋 As New ADODB.Recordset
    Dim OLEDB As String
    Dim 경로 As String
    Dim DB As String
    Dim 메시지 As String
    Dim 반환위치 As Range

' 2단계 : 변수의 초깃값을 저장합니다.
    경로 = ThisWorkbook.Path & "\"
    DB = "dbSample.xlsx"  ─────────── ❶

' 3단계 : 기존에 가져온 데이터가 있으면 삭제합니다.
    Set 반환위치 = Range("B2")

    If Len(반환위치.Value) > 0 Then
        반환위치.CurrentRegion.Delete Shift:=xlUp
        Set 반환위치 = Range("B2")

    End If

' 4단계 : 엑셀 파일에 연결하고, 가져올 데이터를 갖고 있는 워크시트를 레코드셋으로 엽니다.
    OLEDB = "Provider=Microsoft.Ace.OLEDB.12.0;" & _
        "Data Source='" & 경로 & DB & "';" & _
        "Extended Properties=""Excel 12.0 Xml;HDR=YES"";"  ─────────── ❷
```

```
        연결.Open OLEDB
        레코드셋.Open Source:="[sample$]", _
                    ActiveConnection:=연결, _
                    CursorType:=adOpenStatic, _
                    LockType:=adLockReadOnly, _
                    Options:=adCmdTable ──────────── ❸

' 5단계 : 연결된 엑셀 파일의 데이터를 가져옵니다.
    메시지 = "dbSample.xlsx 파일에 연결되었습니다." & vbCr
    메시지 = 메시지 & "총 " & 레코드셋.RecordCount & "건의 데이터가 있습니다." & vbCr & vbCr
    메시지 = 메시지 & "가져올까요?"

    If MsgBox(메시지, vbYesNo) = vbYes Then

        With ActiveSheet.QueryTables.Add(Connection:=레코드셋, _
                                        Destination:=반환위치)
            .Refresh

            With .ResultRange

                .BorderAround LineStyle:=xlContinuous
                .HorizontalAlignment = xlCenter

                With .Rows(1).Interior
                    .ThemeColor = xlThemeColorDark1
                    .TintAndShade = -0.15
                End With

            End With

        End With

    End If

' 6단계 : 레코드셋을 닫고, 연결을 끊습니다.
    레코드셋.Close
    연결.Close

End Sub
```

❶ DB 변수에 가져올 데이터를 갖고 있는 엑셀 파일 명을 저장합니다.

❷ OLEDB 변수에 엑셀 파일을 연결하기 위한 문자열을 저장합니다. **SECTION 22-01**에 정리된 연결 문자열을 참고해 사용합니다.

❸ [레코드셋] 개체변수에 연결된 Recordset 개체의 Open 메서드를 이용해 파일을 열 때 [sample] 시트의 표 데이터를 가져오기 위해 대괄호([ ]) 안에 시트 이름을 $ 문자로 연결해 전달합니다. $는 시트 이름에 반드시 입력되어야 하는 것이므로 주의합니다.

이와 같이 시트를 연결해 데이터를 가져오려면 가져올 데이터가 해당 시트의 [A1] 셀부터 연속되도록 입력되어야 합니다. 만약 시트 내 특정 범위의 데이터를 가져오려면 다음과 같이 데이터 범위 주소를 지정해 사용할 수 있습니다.

```
Source:="[sample$A1:H5]"
```

또는 가져올 표 범위를 이름으로 정의하고, 시트 명 대신 정의된 이름을 이용해 작업할 수 있습니다. 참고로 시트명 뒤에는 $ 문자가 반드시 포함되어야 하는데, 정의된 이름만 사용해야 합니다. 예를 들어 이번에 가져올 데이터 범위가 '표'라고 이름 정의되어 있다면 [Source] 매개변숫값을 다음과 같이 전달합니다.

```
Source:="[표]"
```

TIP 이 매크로는 예제의 [dbSample.xlsx] 단추에 연결되어 있습니다.

TIP 이 매크로에서 설명되지 않은 부분은 **SECTION 22-01, 22-02**의 매크로 코드 설명을 참고합니다.

개발된 매크로가 제대로 동작하는지 확인해보기 위해 [dbSample.xlsx] 단추를 클릭하면 다음과 같은 결과를 얻을 수 있습니다.

22/04 SQL을 사용해 원하는 조건의 데이터만 가져오기

예제 파일 PART 04 \ CHAPTER 22 \ (ADO) SELECT문.xlsm, dbSample.accdb

SQL이란?

ADO를 이용해 외부 데이터 원본을 가지고 올 때, 원하는 조건을 설정하거나 데이터를 변형하려면 데이터베이스에서 사용하는 SQL 언어를 사용할 수 있어야 합니다. SQL은 Structured Query Language의 약어로 우리말로 표현하면 구조화된 질의어라고 합니다. SQL은 데이터베이스에서 사용자가 필요한 데이터를 조회 또는 요약하거나 수정, 삭제할 때 사용할 수 있는 언어입니다. 초기에는 관계형 데이터베이스에서만 사용됐지만, 현재는 특정 데이터베이스 시스템에 국한되지 않고 엑셀을 포함한 다양한 데이터 원본에서 사용할 수 있습니다.

SELECT 문

SQL에는 데이터를 처리하는 다양한 문법이 있는데, SELECT 문은 SQL의 가장 기본적인 문법으로 데이터베이스에서 필요한 데이터를 조회 또는 요약할 때 사용합니다. SELECT 문의 기본 문법은 다음과 같습니다.

```
SELECT 필드 ———————————— ❶
FROM 테이블 ———————————— ❷
WHERE 조건식 ———————————— ❸
```

❶ SELECT 문에는 전체 테이블 열(필드) 중에서 조회하려는 필드를 입력하며, 여러 개의 필드를 조회하려면 쉼표(,) 구분 문자를 이용해 필드를 나열합니다. 예를 들어 사번, 이름, 입사일 필드를 조회하려면 다음과 같이 구성합니다.

```
SELECT 사번, 이름, 입사일
```

다만 필드명에 띄어쓰기가 되어 있다면(예를 들어 **부서 이름**) 대괄호로 묶어 사용합니다.

```
SELECT [부서 이름]
```

만약 전체 필드의 데이터를 모두 조회하려면 필드 대신 *를 사용합니다.

```
SELECT *
```

❷ FROM 절에는 조회할 테이블, 쿼리 이름을 입력합니다. 예를 들어 직원명부 테이블에서 데이터를 가져오려면 다음과 같이 구성합니다.

```
FROM [부서 이름]
```

❸ WHERE 절은 테이블에서 가져올 필터 조건을 설정할 수 있으며 필드와 비교 연산자, 값을 이용해 구성합니다. 예를 들어 직위 열의 대리 데이터만 추출하려면 다음과 같이 WHERE 절을 구성할 수 있습니다.

```
WHERE 직위='대리'
```

TIP 이 책에서 SQL에 대한 설명은 제한적이므로 SQL를 제대로 학습하려면 SQL 관련 서적을 참고합니다.

액세스에서 원하는 조건의 데이터 가져오기

예제 중에서 **dbSample.accdb** 액세스 파일을 엽니다. 탐색 창에서 **직원명부** 테이블을 더블클릭해 열면 다음과 같은 데이터를 확인할 수 있습니다.

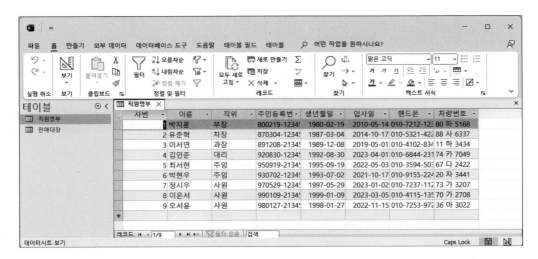

직원명부 테이블에서 직위가 사원인 직원의 사번, 이름, 입사일 데이터만 조회하려면 다음과 같은 SQL 문을 사용할 수 있습니다.

```
SELECT 사번, 이름, 입사일 ─────────❶
FROM 직원명부 ─────────❷
WHERE 직위 = '사원' ─────────❸
```

이 SQL 문에서 WHERE 절의 조건을 엑셀에 입력해 조건에 맞는 데이터만 가져오려고 한다면 **직위**를 선택할 수 있도록 구성하는 것이 좋습니다. 엑셀에서는 유효성 검사의 목록 기능을 이용해 손쉽게 작업할 수 있습니다. 엑셀 예제 파일을 열어 [B3] 셀 우측의 아래 화살표 단추를 클릭하면 직위를 선택할 수 있습니다.

[B3] 셀에서 원하는 직위를 선택하고 오른쪽의 [조회] 단추를 클릭했을 때 해당 직위의 데이터만 액세스의 직원명부 테이블에서 가져오도록 하려면 다음과 같이 매크로를 사용합니다.

```vba
Sub 데이터조회()

' 1단계 : 변수를 선언합니다.
    Dim 연결 As New ADODB.Connection
    Dim 레코드셋 As New ADODB.Recordset
    Dim OLEDB As String
    Dim 경로 As String
    Dim DB As String
    Dim SQL As String                 ──────── ❶
    Dim 직위 As String                ──────── ❷
    Dim 반환위치 As Range

' 2단계 : 변수의 초깃값을 저장합니다.
    경로 = ThisWorkbook.Path & "\"
    DB = "dbSample.accdb"

    직위 = Range("B3").Value          ──────── ❸

' 3단계 : 기존에 가져온 데이터가 있으면 삭제합니다.
    Set 반환위치 = Range("B5")

    If Len(반환위치.Value) > 0 Then

        반환위치.CurrentRegion.Delete Shift:=xlUp
        Set 반환위치 = Range("B5")
```

```
      End If

' 4단계 : 액세스 데이터베이스에 연결합니다.
  OLEDB = "Provider=Microsoft.Ace.OLEDB.12.0;" & _
          "Data Source='" & 경로 & DB & "';" & _
          "User Id=admin;Password=;"


    연결.Open OLEDB

' 5단계 : 직위를 선택했으면 해당 직위에 맞는 데이터를 레코드셋으로 열고 데이터를 가져옵니다.
    If Len(직위) > 0 Then ─────────── ❹

        SQL = SQL & "SELECT 사번, 이름, 입사일 "
        SQL = SQL & "FROM 직원명부 "
        SQL = SQL & "WHERE 직위 = '" & 직위 & "'" ─────────── ❺

        레코드셋.Open Source:=SQL, _
                    ActiveConnection:=연결, _
                    CursorType:=adOpenStatic ─────────── ❻

        If 레코드셋.RecordCount > 0 Then ─────────── ❼

            With ActiveSheet.QueryTables.Add(Connection:=레코드셋, _
                                Destination:=반환위치) ─────────── ❽
                .AdjustColumnWidth = False ─────────── ❾
                .Refresh BackgroundQuery:=True ─────────── ❿

                With .ResultRange

                    .BorderAround LineStyle:=xlContinuous
                    .HorizontalAlignment = xlCenter

                    With .Rows(1).Interior
                        .ThemeColor = xlThemeColorDark1
                        .TintAndShade = -0.15
                    End With

                End With

            End With

        Else ─────────── ⓫

            MsgBox "가져올 데이터가 없습니다."

        End If

        레코드셋.Close

    End If
```

```
' 6단계 : 데이터베이스 연결을 끊습니다.
    연결.Close

End Sub
```

❶ String 형식의 [SQL] 변수를 선언합니다.

❷ String 형식의 [직위] 변수를 선언합니다.

❸ [직위] 변수에 [B3] 셀의 값을 저장합니다. [B3] 셀에서 선택한 직위 조건만 필요하므로, String 형식으로 선언하고 값만 저장합니다.

❹ Len 함수를 사용해 [직위] 변수에 저장된 값이 있는 경우([B3] 셀에서 직위를 선택한 경우)에만 데이터베이스의 데이터를 조회하도록 구성합니다.

❺ [SQL] 변수에 데이터를 추출할 SQL 문을 저장합니다. 여기서 사용된 SQL 문은 앞에서 설명한 SQL 문과 동일하지만 SQL 변수에 넣기 위해 한 줄 뒤에 각각 공백 문자를 넣었다는 점과, [직위] 변수에 저장된 값을 사용해 조건을 지정한다는 점이 다릅니다. 코드는 다음과 같이 한 줄로 입력해도 됩니다.

```
SQL = "SELECT 사번, 이름, 입사일 FROM 직원명부 WHERE 직위 = '" & 직위 & "'"
```

❻ [레코드셋] 변수에 연결된 Recordset 개체의 Open 메서드를 이용해 데이터를 가져올 테이블에 연결합니다. 단, 테이블의 전체 데이터를 가져오는 것이 아니라 [Source] 매개변수에 [SQL] 변수에 저장된 SQL 문을 이용해 원하는 조건의 데이터만 Recordset 개체에 저장합니다.

❼ Recordset 개체의 데이터가 존재하는지 확인하기 위해 RecordCount 속성을 이용해 행수를 세고 데이터가 존재할 경우에만 데이터를 가져옵니다.

❽ 데이터를 엑셀로 반환하기 위해 쿼리 테이블을 추가합니다. [레코드셋] 변수에 연결된 Recordset 개체 내 데이터를 [반환위치] 변수에 반환합니다.

❾ 쿼리 테이블에 액세스 데이터가 반환될 때 열 너비가 자동으로 변경되지 않도록 추가된 쿼리 테이블의 열 너비 조정 옵션을 해제합니다.

❿ 쿼리 테이블의 데이터를 새로 고쳐 데이터를 가져옵니다. [BackgroundQuery] 매개변숫값을 True로 설정해 쿼리를 데이터베이스에 전송하고 바로 프로시저에게 제어권을 넘기도록 설정합니다.

⓫ 데이터가 존재하지 않을 때는 안내 메시지 창을 띄웁니다.

TIP 이 매크로는 예제의 [조회] 단추에 연결되어 있습니다.

LINK 이 매크로에서 설명되지 않은 부분은 **SECTION 22-01, 22-02**의 매크로를 참고합니다.

개발된 매크로가 정상 동작하는지 확인하기 위해 [B3] 셀에서 원하는 직위를 선택하고 [조회] 단추를 클릭하면 다음과 같은 결과를 얻을 수 있습니다.

22/05 외부 데이터를 가져올 때 엑셀 표에 반환하는 방법

예제 파일 PART 04 \ CHAPTER 22 \ (ADO) 엑셀 표.xlsm, dbSample.accdb

외부 데이터 원본을 엑셀 표로 가져오기

외부 데이터를 엑셀로 가져올 때 엑셀 표를 사용하면 쿼리 테이블을 사용하는 것보다 다음의 두 가지 측면에서 유리합니다.

첫째, 데이터를 가져온 다음 셀 서식을 변경할 필요가 없습니다.

외부 데이터를 쿼리 테이블로 가져오면 표 서식을 나중에 일일이 지정해야 합니다. 엑셀 표는 자체적인 표 스타일을 적용받으므로, 사용자가 따로 셀 서식을 설정할 필요가 없습니다.

둘째, 데이터를 가져오는 단계를 줄일 수 있습니다.

쿼리 테이블을 이용해 외부 데이터를 가져올 때는 연결→레코드셋→쿼리 테이블과 같은 단계를 거쳐야 하는데, 엑셀 표를 사용하면 OLEDB 연결을 이용해 쿼리 테이블에 외부 데이터를 바로 넣을 수 있습니다.

다만 레코드셋을 이용하지 않으면 외부 데이터의 데이터 형식이 제외된 값만 가져오므로 데이터 형식을 별도로 설정해줄 필요가 있습니다.

액세스에서 필요한 데이터를 엑셀 표로 가져오는 방법

예제 중에서 엑셀 파일을 열면 다음 화면과 같은 표를 확인할 수 있습니다. 이 표는 [B3] 셀에 적용된 유효성 검사의 목록에서 선택한 직위에 해당하는 데이터를 가져오도록 구성되어 있습니다.

액세스 데이터를 가져오는 작업 자체는 이전과 동일하지만, 이번에는 쿼리 테이블에 데이터를 가져온 후
엑셀 표로 변환합니다. 다음과 같은 매크로를 사용합니다.

```
Sub 엑셀표로가져오기()

' 1단계 : 변수를 선언합니다.
  Dim 엑셀표 As ListObject              ──────── ①
  Dim OLEDB As String                 ──────── ②
  Dim 경로 As String                   ──────── ③
  Dim DB As String                    ──────── ④
  Dim SQL As String                   ──────── ⑤
  Dim 직위 As String                   ──────── ⑥
  Dim 반환위치 As Range                ──────── ⑦

' 2단계 : 변수의 초깃값을 저장합니다.
  경로 = ThisWorkbook.Path & "\"        ──────── ⑧
  DB = "dbSample.accdb"               ──────── ⑨

  직위 = Range("B3").Value             ──────── ⑩

' 3단계 : 기존에 가져온 데이터를 갖고 있는 엑셀 표는 삭제합니다.
  On Error Resume Next                ──────── ⑪

      ActiveSheet.ListObjects("직원명부").Delete    ──────── ⑫
      Set 반환위치 = Range("B5")        ──────── ⑬

  On Error GoTo 0                     ──────── ⑭

' 4단계 : 직위가 선택되었다면 엑셀 표를 추가하고, 엑셀 표에 데이터를 가져옵니다.
  If Len(직위) > 0 Then                ──────── ⑮

     OLEDB = "OLEDB;Provider=Microsoft.Ace.OLEDB.12.0;" & _
             "Data Source='" & 경로 & DB & "';" & _
             "User Id=admin;Password=;"       ──────── ⑯

     Set 엑셀표 = ActiveSheet.ListObjects.Add(SourceType:=xlSrcExternal, _
                                           Source:=OLEDB, _
                                           Destination:=반환위치)    ──────── ⑰

     SQL = SQL & "SELECT 사번, 이름, 입사일 "
     SQL = SQL & "FROM 직원명부 "
     SQL = SQL & "WHERE 직위 = '" & 직위 & "'"     ──────── ⑱

     With 엑셀표                        ──────── ⑲

        With .QueryTable               ──────── ⑳

           .CommandType = xlCmdSql     ──────── ㉑
           .CommandText = SQL          ──────── ㉒
           .Refresh                    ──────── ㉓
```

```
              End With

'5단계 : 엑셀 표의 이름과 데이터 형식에 맞는 서식을 적용합니다.
              .Name = "직원명부"  ──────────── ㉔
              .ListColumns(3).Range.NumberFormat = "yyyy-mm-dd"  ──────────── ㉕

              With .Range  ──────────── ㉖
                  .Columns.ColumnWidth = "11.88"
                  .Rows.RowHeight = "19.5"
              End With

          End With

      End If

End Sub
```

❶ ListObject 형식의 [엑셀표] 개체변수를 선언합니다.

❷ String 형식의 [OLEDB] 변수를 선언합니다.

❸ String 형식의 [경로] 변수를 선언합니다.

❹ String 형식의 [DB] 변수를 선언합니다.

❺ String 형식의 [SQL] 변수를 선언합니다.

❻ String 형식의 [직위] 변수를 선언합니다.

❼ Range 형식의 [반환위치] 개체변수를 선언합니다.

❽ [경로] 변수에 현재 파일의 경로 뒤에 경로 구분 문자("\")를 연결해 저장합니다.

❾ [DB] 변수에 데이터를 가져올 액세스 데이터베이스 파일 명을 저장합니다.

❿ [직위] 개체변수에 [B3] 셀에서 선택한 값을 저장합니다.

⓫ ⓬ 줄에서 에러가 발생해도 코드 실행을 중단하지 않도록 On Error 문을 설정합니다.

⓬ 현재 시트의 엑셀 표 중 [직원] 이름을 갖는 표를 삭제합니다. 이 작업으로 이전에 가져온 데이터를 삭제할 수 있습니다.

⓭ [반환위치] 개체변수에 [B5] 셀을 연결합니다. 이 위치로 액세스 데이터를 가져옵니다.

⓮ ⓫ 줄의 On Error 문의 설정을 취소합니다.

⓯ [직위] 변수에 저장된 값이 있는 경우에만 데이터를 가져오는 작업을 ⓰-㉕ 줄의 코드를 실행해 처리합니다.

⓰ [OLEDB] 변수에 액세스 파일에 연결할 때 사용하는 OLEDB 연결 문자열을 저장합니다.

⓱ 현재 시트에 새 엑셀 표를 추가하고 [엑셀표] 개체변수에 연결합니다. 엑셀 표를 추가할 때 사용하는 ListObjects 컬렉션의 Add 메서드의 매개변수에 대한 설명은 다음 표를 참고합니다.

매개변수	설명
SourceType	데이터 원본 종류로 다음 두 개의 내장 상수를 주로 사용합니다. <table><tr><td>내장 상수</td><td>값</td><td>설명</td></tr><tr><td>xlSrcExternal</td><td>0</td><td>외부 데이터 원본</td></tr><tr><td>xlSrcRange</td><td>1</td><td>범위</td></tr></table>
Source	데이터 원본을 의미합니다. [SourceType] 매개변숫값이 xlSrcRange이면 Source는 워크시트 내 데이터 범위가 되며, xlSrcExternal이면 외부 데이터 연결 문자열을 사용합니다.
Destination	엑셀 표를 생성할 표 왼쪽 상단 첫 번째 셀 위치입니다.

⑱ [SQL] 변수에 액세스 데이터에서 가져올 데이터를 조회할 SQL 문을 저장합니다.

⑲ [엑셀표] 개체변수에 연결된 엑셀 표를 대상으로 작업하기 위해 With 문을 사용합니다.

⑳ 엑셀 표의 QueryTable 개체 설정을 위해 With 문을 사용합니다.

㉑ QueryTable 개체의 데이터를 가져오기 위한 명령 형식을 xlCmdSql 내장 상수로 설정해 SQL 문으로 데이터를 가져오도록 합니다. CommandType 에는 다음과 같은 내장 상수를 사용할 수 있습니다.

내장 상수	값	설명
xlCmdSql	2	SQL 문을 사용해 데이터를 가져옵니다.
xlCmdTable	3	테이블이나 쿼리 결과를 모두 가져옵니다.

㉒ QueryTable 개체의 명령어를 CommandText 속성에 [SQL] 변숫값을 전달해 처리합니다.

㉓ QueryTable 개체의 Refresh 메서드로 연결된 조건에 맞는 데이터를 엑셀로 가져옵니다.

㉔ 엑셀 표 이름을 **직원명부**로 설정합니다. 이 작업은 ⑫ 줄과 연관이 있으므로, 고치려면 두 줄의 이름을 모두 수정해야 합니다.

㉕ 엑셀 표의 세 번째 열은 **입사일**인데, 쿼리 테이블로 데이터를 가져오면 값만 가져오므로 이번과 같이 날짜 서식을 따로 지정하지 않으면 38642와 같은 날짜 일련번호 값이 셀에 표시됩니다. 그러므로 날짜 서식으로 변경해주는 작업을 진행합니다.

㉖ 엑셀 표 범위의 열과 행 높이를 각각 설정합니다.

TIP 이 매크로는 예제의 [조회] 단추에 연결되어 있습니다.

TIP 이 매크로에서 설명되지 않은 부분은 **SECTION 22-02, 22-04**의 매크로를 참고합니다.

개발된 매크로가 정상적으로 동작하는지 확인해보기 위해 [B3] 셀의 직위를 선택하고 [조회] 단추를 클릭하면 액세스 데이터를 엑셀 표로 가져오는 것을 확인할 수 있습니다.

외부 데이터를 원하는 구분 기호로 연결해 가져오는 방법

예제 파일 PART 04 \ CHAPTER 22 \ (ADO) 항목 연결.xlsm, dbSample.accdb

ADO를 이용해 데이터를 가져올 때는 필드 내 항목을 연결해 반환할 수 있습니다. 예제를 열면 다음과 같은 화면을 확인할 수 있습니다. [B3] 셀에 선택된 직위에 해당하는 직원 이름을 [B6:E7] 병합 셀에 쉼표(,) 구분 문자로 연결해 반환하는 매크로를 개발합니다.

	A	B	C	D	E	F	G
1							
2		직위			조회		
3			▼				
4							
5		조회된 직원은 다음과 같습니다.					
6							
7							
8							
9							

ADO를 이용해 연결된 데이터베이스에서 표 형태로 데이터를 반환받고 싶지 않다면 Recordset 개체를 이용해 데이터를 조작해야 합니다. 다음 매크로를 참고합니다.

```
Sub 항목연결()

' 1단계 : 변수를 선언합니다.
  Dim 연결 As New ADODB.Connection
  Dim 레코드셋 As New ADODB.Recordset
  Dim OLEDB As String
  Dim 경로 As String
  Dim DB As String
  Dim SQL As String
  Dim 직위 As String
  Dim 반환위치 As Range          ──────────── ❶
  Dim 직원명단 As String          ──────────── ❷

' 2단계 : 변수의 초깃값을 저장합니다.
  경로 = ThisWorkbook.Path & "\"
  DB = "dbSample.accdb"
```

```vba
' 3단계 : 기존에 반환 값이 있다면 지웁니다.
    Set 반환위치 = Range("B6").MergeArea ─────────── ❸

    반환위치.ClearContents ──────── ❹

' 4단계 : 직위가 선택되었다면 데이터베이스에 연결하고, 조건에 맞는 레코드셋을 생성합니다.
    직위 = Range("B3").Value

    If Len(직위) > 0 Then

        OLEDB = "Provider=Microsoft.Ace.OLEDB.12.0;" & _
                "Data Source='" & 경로 & DB & "';" & _
                "User Id=admin;Password=;"

        연결.Open OLEDB

        SQL = SQL & "SELECT 이름 "
        SQL = SQL & "FROM 직원명부 "
        SQL = SQL & "WHERE 직위 = '" & 직위 & "'"

        레코드셋.Open Source:=SQL, _
                    ActiveConnection:=연결, _
                    CursorType:=adOpenStatic

' 5단계 : 해당 직위의 직원이 존재하면 이름을 하나로 연결해 반환합니다.
        If 레코드셋.RecordCount > 0 Then

            Do Until 레코드셋.EOF ─────────── ❺

                직원명단 = 직원명단 & ", " & 레코드셋.Fields("이름") ─────────── ❻
                레코드셋.MoveNext ──────── ❼

            Loop

            반환위치.Value = Mid(직원명단, 3) ─────────── ❽

        Else

            MsgBox "가져올 데이터가 없습니다."

        End If

        레코드셋.Close

    End If

    연결.Close

End Sub
```

❶ Range 형식의 [반환위치] 개체변수를 선언합니다.

❷ String 형식의 [직원명단] 변수를 선언합니다.

❸ [반환위치] 변수에 [B6] 셀이 포함된 병합 셀 범위를 연결합니다.

❹ 반환할 위치에 이전 값이 존재할 수 있으므로, [반환위치] 변수에 연결된 셀 값을 지웁니다.

❺ Do… Loop 순환문을 사용해 연결된 Recordset 개체의 마지막까지 순환합니다.

❻ [직원명단] 변수에 ", "와 Recordset 개체의 필드 중 [이름] 필드의 값을 연결하고 [직원명단] 변수에 저장합니다. 다음과 같은 문자열이
  [직원명단] 변수에 저장됩니다.

> , 이름1, 이름2, 이름3

❼ Recordset 개체의 MoveNext 메서드를 이용해 다음 행으로 이동합니다.

❽ [반환위치] 변수에 연결된 병합 셀에 [직원명단] 변숫값에서 세 번째 위치부터 끝까지 반환합니다.

TIP 이 매크로는 예제의 [조회] 단추에 연결되어 있습니다.

TIP 이 매크로는 **SECTION 22-05**의 매크로와 유사하며, 설명되지 않은 코드는 앞의 매크로를 참고합니다.

개발된 매크로는 예제의 [조회] 단추에 연결되어 있습니다. 원하는 직위를 선택하고 [조회] 단추를 클릭하면 다음과 같은 결과를 확인할 수 있습니다.

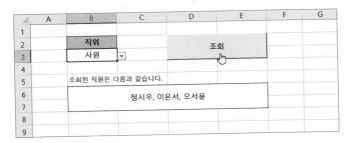

22 / 07 외부 데이터를 요약해 결과를 반환하는 방법

예제 파일 PART 04 \ CHAPTER 22 \ (ADO) GROUP BY.xlsm, dbSample.accdb

SELECT 문을 활용한 데이터 요약

SQL 언어의 SELECT 문을 사용해 데이터를 요약(집계)할 수 있습니다. 외부 데이터를 그대로 가져오지 않고 요약해 가져오면 가져올 데이터 개수를 줄일 수 있어 편리합니다. SELECT 문을 사용해 데이터를 요약하려면 다음과 같은 GROUP BY와 HAVING 절을 추가로 사용합니다.

```
SELECT 필드, 함수(필드) As 별명 ──────── ❶
FROM 테이블
WHERE 조건식 ──────── ❷
GROUP BY 필드 ──────── ❸
HAVING 조건식 ──────── ❹
```

❶ SELECT : 표시할 테이블 필드로, 다음 두 가지 방식으로 구성됩니다.

구분	설명
필드	GROUP BY 절을 사용할 경우 필드는 GROUP BY 절에서 사용한 필드만 사용할 수 있습니다.
함수(필드)	요약할 필드로 함수를 사용해 집계할 수 있습니다. 이렇게 집계된 필드의 머리글은 Expr1004와 같은 필드 명을 사용하므로 As를 사용해 원하는 이름으로 필드 명을 적용할 수 있습니다. 참고로 SELECT 문에서 사용할 수 있는 집계 함수는 다음과 같습니다.

함수	설명
SUM	합계
AVG	평균
COUNT	건수
MAX	최대
MIN	최소

❷ WHERE : 테이블에 적용할 필터 조건으로 집계할 데이터를 제한할 수 있습니다.

❸ GROUP BY : 집계할 기준 필드, 예를 들어 직위별로 집계를 하려면 [직위] 필드가 기준 필드이며 여러 개의 필드를 쉼표(,)로 구분해 사용할 수 있습니다.

❹ HAVING : 집계된 표에 적용할 필터 조건으로 집계된 데이터에서 표시할 데이터를 제한할 수 있습니다.

GROUP BY 절을 활용한 데이터 요약 사례

예제 중에서 **(ADO) GROUB BY.xlsm** 파일을 열면 아래 화면과 같은 표를 확인할 수 있습니다. [B3:F6] 병합 셀에 원하는 SQL 문을 입력하고 [실행] 단추를 클릭하면 [I2] 셀 위치에 SQL의 실행 결과가 반환되도록 구성되어 있습니다.

TIP [실행] 단추에 연결된 매크로는 이 책의 **SECTION 22-04**와 동일하며, SQL 문만 [B3:F6] 병합 셀에 읽어 오는 부분만 차이가 있으니 매크로에 대한 설명은 **SECTION 22-04**를 참고합니다.

GROUP BY 절에 사용된 필드는 고유한 항목으로 묶입니다. GROUP BY 절의 사용 방법에 대해 이해해 보기 위해 다음과 같은 SQL 문을 [B3:F6] 병합 셀에 입력하고 [실행] 단추를 클릭합니다.

```
SELECT 직위
FROM 직원명부
GROUP BY 직위
```

GROUP BY 절에 **직위** 필드를 입력했으면 SELECT 문에도 **직위** 필드를 입력해야 합니다. GROUP BY 절에서 직위 필드를 묶긴 했지만, 별도의 집계 작업은 하지 않았으므로 [I2:I8] 범위에 중복되지 않은 고유한 값만 반환됩니다.

TIP [B3:F6] 병합 셀에 SQL을 입력할 때 줄 바꿈은 Alt + Enter 를 눌러 구분합니다. 줄을 바꾸지 않고 'SELECT 직위 FROM 직원명부 GROUP BY 직위'와 같이 한 줄로 입력해도 됩니다.

직위별 데이터를 요약해 집계하려면 SELECT 문에 COUNT, SUM 등의 함수를 사용해 원하는 필드를 요약합니다. 요약된 필드명은 As 키워드를 사용해 원하는 필드 명을 설정할 수 있습니다.

```
SELECT 직위, COUNT(사번) As 직원수
FROM 직원명부
GROUP BY 직위
```

이와 같은 SQL 문을 [B3:F6] 병합 셀에 입력한 후 [실행] 단추를 클릭하면 [I2:J8] 범위에서 직위별 직원 수가 반환됩니다.

			SQL			실행		직위	직원수
								과장	1
	SELECT 직위, COUNT(사번) As 직원수							대리	1
	FROM 직원명부							부장	1
	GROUP BY 직위							사원	3
								주임	2
								차장	1

WHERE 절과 HAVING 절의 차이

GROUP BY 절과 함께 사용할 수 있는 HAVING 절에는 조건을 지정할 수 있습니다. SELECT 문의 WHERE 절은 테이블에 적용될 필터 조건으로 원본 데이터의 수를 제한하는 반면 HAVING 절은 GROUP BY 절로 요약된 데이터에 적용될 필터 조건으로 요약된 결과를 제한할 수 있습니다.

예를 들어 전체 직원 테이블에서 2020년 이후 입사한 직원의 직위별 직원 수를 SQL로 세려면 다음과 같은 구성이 됩니다.

```
SELECT 직위, COUNT(사번) As 직원수
FROM 직원명부
WHERE YEAR(입사일) >= 2020
GROUP BY 직위
```

위 SQL 코드는 2020년 이후 입사한 직원의 수를 직위별로 반환합니다. [B3:F6] 병합 셀에 SQL 문을 입력하고 [실행] 단추를 클릭하면 다음과 같은 결과를 확인할 수 있습니다.

			SQL			실행		직위	직원수
	SELECT 직위, COUNT(사번) As 직원수							대리	1
	FROM 직원명부							사원	3
	WHERE YEAR(입사일) >= 2020							주임	2
	GROUP BY 직위								

WHERE 절의 YEAR(입사일)은 입사일 필드에서 YEAR 함수에 의해 연도가 숫자로 반환되며, 이를 2020 보다 크거나 같은지 확인합니다.

함수 없이 날짜 조건을 사용하려면 다음과 같은 SQL 문을 사용해도 됩니다.

```
SELECT 직위, COUNT(사번) As 직원수
FROM 직원명부
WHERE 입사일 >= #2020-01-01#
GROUP BY 직위
```

날짜를 직접 입력할 경우에는 # 기호를 이용해 묶는다는 점만 다릅니다.

만약 요약된 데이터에서 직원수가 2명 이상인 경우의 결과만 돌려받으려면 SQL 문은 HAVING 절을 사용해 다음과 같이 구성합니다.

```
SELECT 직위, COUNT(사번) As 직원수
FROM 직원명부
GROUP BY 직위
HAVING COUNT(사번) > 1
```

[B3:F6] 병합 셀에 SQL 문을 입력하고 [실행] 단추를 클릭하면 다음과 같은 결과를 확인할 수 있습니다.

이와 같은 작업은 WHERE 절을 사용해 처리할 수 없으므로 HAVING 절을 사용합니다.

Access 테이블, 쿼리를 피벗 테이블 원본으로 사용

예제 파일 PART 04 \ CHAPTER 22 \ (ADO) 피벗 테이블.xlsm, dbSample.accdb

ADO로 연결된 데이터를 워크시트에 반환하지 않고, 피벗 테이블에 연결해 바로 데이터를 요약할 수 있습니다. ADO를 이용해 외부 데이터를 연결하는 방법은 이전과 동일하지만, 피벗 테이블을 만들려면 PivotCache 개체에 외부 데이터의 Recordset 개체를 연결한 후 피벗 테이블 보고서를 생성해야 합니다. **(ADO) 피벗 테이블.xlsm** 예제 파일을 열면 화면과 같은 구성을 확인할 수 있습니다.

	A	B	C	D	E	F	G	H
1								
2								
3						피벗 테이블		
4								
5						만들기		
6								
7								

[만들기] 단추를 클릭했을 때 **dbSample.accdb** 데이터베이스의 직원명부 테이블에 연결해 직위별 직원 수를 세는 피벗 테이블 보고서를 생성해야 한다면 다음과 같은 매크로를 사용합니다.

```
Sub 피벗만들기()

' 1단계 : 변수를 선언합니다.
   Dim 연결 As New ADODB.Connection
   Dim 레코드셋 As New ADODB.Recordset
   Dim OLEDB As String
   Dim 경로 As String
   Dim DB As String
   Dim 피벗캐시 As PivotCache         ──────────①
   Dim 피벗테이블 As PivotTable        ──────────②

' 2단계 : 변수의 초깃값을 저장합니다.
   경로 = ThisWorkbook.Path & "\"
   DB = "dbSample.accdb"

' 3단계 : 기존에 생성된 피벗 테이블 보고서는 삭제합니다.
```

```
On Error Resume Next ─────────── ❸
    ActiveSheet.PivotTables(1).TableRange2.Delete Shift:=xlUp ─────────── ❹


On Error GoTo 0 ─────────── ❺

' 4단계 : 데이터베이스에 연결하고 직원 테이블을 레코드셋으로 생성합니다.
OLEDB = "Provider=Microsoft.Ace.OLEDB.12.O;" & _
        "Data Source='" & 경로 & DB & "';" & _
        "User Id=admin;Password=;"


연결.Open OLEDB
레코드셋.Open Source:="직원명부", _
            ActiveConnection:=연결, _
            CursorType:=adOpenStatic, _
            LockType:=adLockReadOnly, _
            Options:=adCmdTable

' 5단계 : 데이터가 존재하면 피벗 테이블 보고서를 생성합니다.
    If 레코드셋.RecordCount > 0 Then

        Set 피벗캐시 = ThisWorkbook.PivotCaches.Create(SourceType:=xlExternal) ─────────── ❻
        Set 피벗캐시.Recordset = 레코드셋 ─────────── ❼
        Set 피벗테이블 = 피벗캐시.CreatePivotTable(TableDestination:=Range("B3")) ─────────── ❽


        With 피벗테이블 ─────────── ❾

            .AddFields RowFields:="직위" ─────────── ❿
            .AddDataField Field:=.PivotFields("사번"), _
                    Caption:="직원 수", _
                    Function:=xlCount ─────────── ⓫

        End With

    End If

' 6단계 : 레코드셋을 닫고, 데이터베이스와 연결을 끊습니다.
    레코드셋.Close
    연결.Close

End Sub
```

❶ PivotCache 형식의 [피벗캐시] 개체변수를 선언합니다.

❷ PivotTable 형식의 [피벗테이블] 개체변수를 선언합니다.

❸ ❹ 줄에서 에러가 발생해도 매크로를 중단하지 않도록 On Error 문을 설정합니다.

❹ 현재 시트의 첫 번째 피벗 테이블의 보고서 범위를 삭제합니다. 이 작업은 이전에 생성된 피벗 테이블 보고서를 삭제하는 역할을 합니다.

❺ ❸ 줄의 On Error 문 설정을 취소합니다.

❻ [피벗캐시] 변수에 현재 파일의 새로운 피벗 캐시를 생성해 연결합니다. 생성된 피벗 캐시는 Create 메서드의 SourceType 매개변수에 xlExternal 내장 상수를 사용해 외부 데이터를 사용하도록 설정합니다.

❼ PivotCache 개체의 Recordset 속성에 [레코드셋] 변수에 연결된 Recordset 개체를 전달해 피벗 캐시의 원본 데이터를 연결된 외부 데이터의 직원명부 테이블을 사용하도록 합니다.

❽ [피벗캐시] 변수에 연결된 PivotCache 개체의 CreatePivotTable 메서드를 이용해 새 피벗 테이블을 [B3] 셀 위치에 삽입한 후 [피벗 테이블] 변수에 연결합니다.

❾ [피벗테이블] 변수에 연결된 피벗 테이블 보고서를 구성하기 위해 With 문을 사용합니다.

❿ [행] 영역에 [직위] 필드를 삽입합니다.

⓫ [값] 영역에 [사번] 필드를 삽입합니다. 필드명은 "직원 수"로, 집계 방법은 개수를 세도록 변경합니다.

TIP 이 매크로는 예제의 [만들기] 단추에 연결되어 있습니다.

LINK 이 매크로에서 설명되지 않는 부분은 **SECTION 22-02, 22-04**의 매크로를 참고합니다.

개발된 매크로가 정상 동작하는지 확인하기 위해 [만들기] 단추를 클릭합니다. 그러면 [B3] 셀 위치에 피벗 테이블 보고서가 생성됩니다.

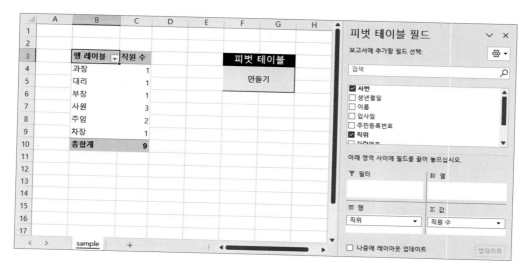

이런 작업은 SQL로도 가능하지만 피벗을 이용하면 더 다양한 분석 작업이 가능합니다. 피벗을 원하는 형태로 구성하는 방법은 이 책의 **SECTION 19-01**을 참고합니다.

파일을 열지 않고 데이터 수정하는 방법

예제 파일 PART 04 \ CHAPTER 22 \ (ADO) UPDATE문.xlsm, dbSample.xlsx

UPDATE 문 이해

ADO로 연결된 외부 데이터 원본은 열지 않고 바로 수정이 가능합니다. SQL의 UPDATE 문을 사용할 수도 있고, Recordset 개체를 이용해 원하는 필드의 데이터를 직접 수정할 수 있습니다. UPDATE 문은 엑셀의 [바꾸기] 기능에 조건이 추가되어 조건에 맞는 데이터를 한번에 수정할 수 있다고 생각하면 쉽습니다. UPDATE 문의 구문은 다음과 같습니다.

```
UPDATE 테이블 ──────────── ❶
SET 필드 = 수정 값 ────────── ❷
WHERE 조건식 ──────────── ❸
```

❶ UPDATE : 데이터를 수정할 테이블 이름을 입력합니다. SELECT 문에서 FROM 절의 역할과 동일합니다.

❷ SET : 데이터를 수정할 필드와 수정할 값을 입력합니다.

❸ WHERE : 테이블의 필터 조건을 설정하며, UPDATE 문에서 사용하면 고칠 데이터를 특정하는 필터 조건이 됩니다. 전체 데이터를 수정하려면 WHERE 절을 생략할 수 있습니다.

UPDATE 문을 사용해 다른 엑셀 파일 데이터 수정

UPDATE 문을 사용해 데이터를 수정하기 위해 예제 파일 중에서 **dbSample.xlsx** 파일을 열어 데이터를 확인합니다. 파일을 열면 다음과 같은 직원 데이터를 확인할 수 있습니다.

직원 중에서 사원을 주임으로 승진시키는데, 승진 대상자는 2022년 입사자로 제한합니다. 이런 경우를 UPDATE 문을 사용하는 SQL로 처리하려면 다음과 같이 구성할 수 있습니다.

```
UPDATE [sample$]
SET 직위 = "주임"
WHERE 직위 = "사원" AND 입사일 <= 2022-12-31
```

확인된 UPDATE 문을 사용해 데이터를 직접 수정합니다. dbSample.xlsx 파일은 닫고, **(ADO) UPDATE문.xlsm** 파일을 엽니다.

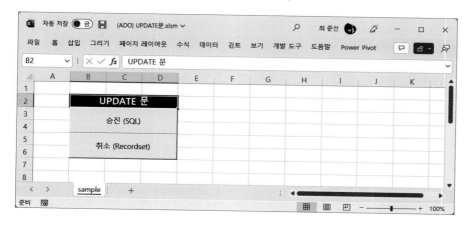

SQL 문을 이용해 dbSample.xlsx 파일의 직원을 승진시키는 매크로는 다음과 같습니다.

```
Sub 승진처리()

    ' 1단계 : 변수를 선언합니다.
        Dim 연결 As New ADODB.Connection
        Dim OLEDB As String
        Dim 경로 As String
        Dim DB As String
        Dim SQL As String

    ' 2단계 : 변수의 초깃값을 저장합니다.
        경로 = ThisWorkbook.Path & "\"
        DB = "dbSample.xlsx"  ─────────────── ❶

    ' 3단계 : 데이터를 수정할 엑셀 파일에 연결합니다.
        OLEDB = "Provider=Microsoft.Ace.OLEDB.12.0;" & _
                "Data Source=' " & 경로 & DB & " ' ;" & _
                "Extended Properties=""Excel 12.0 Xml;HDR=YES"";"  ─────── ❷


        연결.Open OLEDB

    ' 4단계 : 연결된 엑셀 파일에 사용할 UPDATE 문을 구성하고 실행합니다.
        SQL = SQL & "UPDATE [sample$] "
        SQL = SQL & "SET 직위 = [주임] "
        SQL = SQL & "WHERE 직위 = [사원] AND 입사일 <= #2022-12-31#"  ──── ❸


        연결.Execute CommandText:=SQL  ─────────── ❹

    ' 5단계 : 외부 데이터 연결을 끊습니다.
        연결.Close

End Sub
```

❶ DB 변수에 데이터를 수정할 엑셀 파일 명(dbSample.xlsx)을 저장합니다.

❷ OLEDB 변수에 xlsx 형식의 엑셀 파일에 연결할 수 있는 연결 문자열을 저장합니다.

❸ [SQL] 변수에 데이터를 수정할 UPDATE 문을 사용하는 SQL을 저장합니다.

❹ [연결] 개체변수에 연결한 Connection 개체의 Execute 메서드를 이용해 [SQL] 변수에 저장된 SQL 문을 실행합니다.

TIP 이 매크로는 예제의 [승진 (SQL)] 단추에 연결되어 있습니다.

LINK 이 매크로에서 설명되지 않은 부분은 **SECTION 22-01**의 매크로를 참고합니다.

개발된 매크로가 제대로 동작하는지 확인하기 위해 [승진 (SQL)] 단추를 클릭한 후 다시 **dbSample.xlsx** 파일을 엽니다. 10행의 직원이 주임으로 승진된 것을 확인할 수 있습니다. 오서윤 사원은 2022년 11월 15 일 입사자로 2022년 입사했으므로 이번 승진 대상입니다.

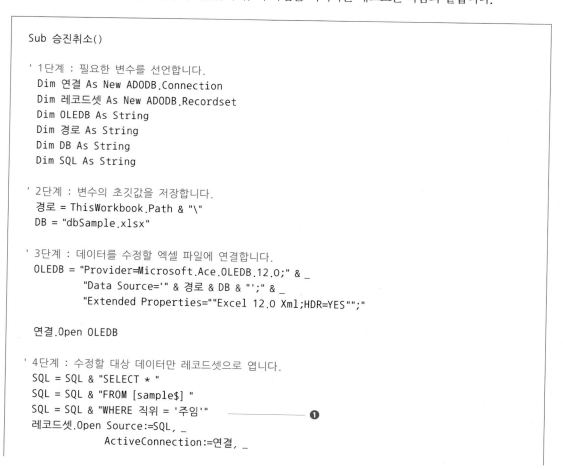

Recordset 개체를 이용해 외부 데이터 수정

SQL 문을 이용하지 않고도 외부 데이터의 데이터를 수정할 수 있습니다. Recordset 개체를 이용해 승진된 직원을 다시 사원 직위로 변경해보겠습니다. 이 작업을 처리하는 매크로는 다음과 같습니다.

```
Sub 승진취소()

' 1단계 : 필요한 변수를 선언합니다.
  Dim 연결 As New ADODB.Connection
  Dim 레코드셋 As New ADODB.Recordset
  Dim OLEDB As String
  Dim 경로 As String
  Dim DB As String
  Dim SQL As String

' 2단계 : 변수의 초깃값을 저장합니다.
  경로 = ThisWorkbook.Path & "\"
  DB = "dbSample.xlsx"

' 3단계 : 데이터를 수정할 엑셀 파일에 연결합니다.
  OLEDB = "Provider=Microsoft.Ace.OLEDB.12.0;" & _
          "Data Source='" & 경로 & DB & "';" & _
          "Extended Properties=""Excel 12.0 Xml;HDR=YES"";"

  연결.Open OLEDB

' 4단계 : 수정할 대상 데이터만 레코드셋으로 엽니다.
  SQL = SQL & "SELECT * "
  SQL = SQL & "FROM [sample$] "
  SQL = SQL & "WHERE 직위 = '주임'"                    ──────── ❶
  레코드셋.Open Source:=SQL, _
            ActiveConnection:=연결, _
```

```
                    CursorType:=adOpenKeyset, _
                    LockType:=adLockOptimistic ————————————❷

' 5단계 : 레코드셋에서 이름이 오서윤인 직원의 직위를 수정합니다.
    Do Until 레코드셋.EOF ——————————❸

        If 레코드셋.Fields("이름") = "오서윤" Then ————————❹

            레코드셋.Fields("직위") = "사원" ——————————❺
            레코드셋.Update ——————————❻

        End If

        레코드셋.MoveNext ——————————❼

    Loop

' 6단계 : 레코드셋을 닫고, 연결을 끊습니다.
    레코드셋.Close
    연결.Close

End Sub
```

❶ [SQL] 변수에 [sample] 시트의 데이터 중에서 [직위] 필드의 값이 주임인 데이터를 조회할 수 있는 SQL을 저장합니다.

❷ Recordset 개체의 Open 메서드를 이용해 [SQL] 변수에 저장된 SQL 문으로 조회된 데이터를 [레코드셋] 개체변수에 연결합니다. Recordset 개체를 열 때 CursorType 매개변수는 adOpenKeyset으로 설정해 데이터 읽기/쓰기가 가능하도록 합니다. 이렇게 하지 않으면 데이터를 수정할 수 없습니다. 그리고 LockType 매개변수는 adLockOptimistic으로 설정해 여러 개의 레코드를 동시에 수정할 수 있도록 합니다. CusorType과 LockType 매개변수에 대한 자세한 설명은 **SECTION 22-02**에 자세하게 설명되어 있습니다.

❸ Do… Loop 순환문을 사용해 [레코드셋] 개체변수에 연결된 Recordset 개체 내 데이터를 끝까지 순환하도록 구성합니다.

❹ [이름] 필드의 값이 오서윤인지 판단하고, 이 조건이 True인 경우에만 ❺-❻ 줄의 코드를 실행합니다. 이전에 적용했던 날짜 조건을 그대로 사용하면 기존 주임도 사원으로 강등되므로 정확하게 이름이나 사번 등을 이용해 데이터를 제한하고 작업하는 것이 좋습니다.

❺ [직위] 필드의 값을 사원으로 수정합니다.

❻ 수정된 사항을 적용하기 위해 Recordset 개체를 업데이트합니다.

❼ 다음 레코드로 이동합니다.

TIP 이 매크로는 예제의 [취소 (Recordset)] 단추에 연결되어 있습니다.

LINK 이 매크로에서 설명되지 않은 부분은 **SECTION 22-02, 22-04**의 매크로를 참고합니다.

개발된 매크로가 정상 동작하는지 확인하기 위해 [취소 (Recordset)] 단추를 클릭합니다. 그런 다음 이전과 동일하게 **dbSample.xlsx** 파일을 열어 제대로 수정됐는지 확인합니다.

레코드셋을 이용해 데이터를 수정하는 방법은 전체 레코드셋을 한 행씩 순환하면서 작업하기 때문에 처리할 데이터가 많다면 SQL을 사용하는 방법보다 효율이 떨어집니다. 빠른 처리 속도가 필요하다면 UPDATE 문을 사용하는 것이 좋습니다.

엑셀 파일을 열지 않고 새 데이터를 추가하는 방법

예제 파일 PART 04 \ CHAPTER 22 \ (ADO) INSERT문 I.xlsm, dbSample.xlsx

INSERT INTO 문

ADO로 연결된 외부 데이터에 새 데이터를 추가할 수 있습니다. SQL을 이용할 경우 INSERT INTO 문을 사용합니다. INSERT INTO 문으로 데이터를 한 건씩 추가하거나 여러 건의 데이터를 동시에 추가할 수 있습니다. INSERT INTO 문의 구문은 다음과 같습니다.

```
INSERT INTO 테이블 (필드1, 필드2, …)                ❶
SELECT 필드1, 필드2, …              ❷
FROM 테이블
WHERE 조건식
```

❶ INSERT INTO : 데이터를 추가할 테이블과 필드명을 입력합니다. FROM 절의 테이블과 동일한 구조를 갖고 있다면 괄호 안의 필드명은 생략할 수 있습니다.

❷ SELECT : FROM 절의 테이블에서 추가할 데이터를 갖는 필드명을 입력합니다. INSERT INTO 문에서 지정한 테이블과 FROM 절의 테이블이 동일한 구조이면 필드명 대신 와일드카드 문자(*)만 입력해 사용할 수 있습니다.

TIP FROM, WHERE 절을 구성하는 방법은 기존 SELECT 문과 동일합니다.

INSERT INTO 문을 사용하려면 데이터를 추가하려는 표와 데이터를 갖고 있는 표, 이렇게 두 개의 표가 필요합니다. 두 표의 구조(열 구성과 열 머리글 이름)가 동일하다면 다음과 같이 INSERT INTO 문을 구성할 수 있습니다.

```
INSERT INTO 표1
SELECT *
FROM 표2
WHERE 조건식
```

TIP WHERE 절의 조건식은 표2에서 표1까지 추가할 데이터를 추출하는 조건으로 생략할 수 있습니다.

하지만 표의 구조가 동일하지 않으면 다음과 같이 필드 명을 지정해주어야 합니다. 필드 명이 일치하지 않을 경우에는 As 키워드를 사용해 필드 명을 일치시켜줍니다.

```
INSERT INTO 표1 (필드1, 필드2, 필드3)
SELECT 필드 As 필드1, 필드2, 필드3
FROM 표2
WHERE 조건식
```

INSERT INTO 문 사용해 데이터 추가

INSERT INTO 문을 사용해보기 위해 예제 중 **(ADO) INSERT문 I.xlsm** 파일을 열면 다음과 같은 표를 확인할 수 있습니다.

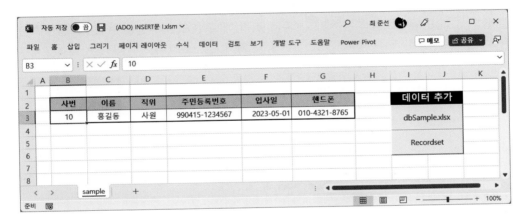

[B3:G3] 범위에 입력된 데이터를 dbSample.xlsx 파일의 [sample] 시트 표에 추가하는 작업을 INSERT INTO 문으로 처리합니다. 다음은 **dbSample.xlsx** 파일을 연 화면입니다.

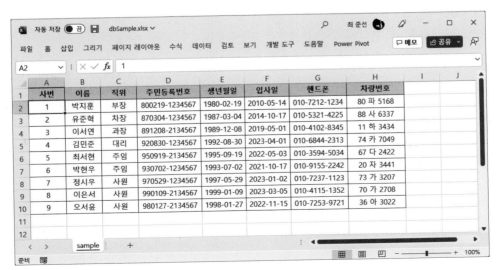

dbSample.xlsx 파일에는 [A:H] 열, 즉 여덟 개의 열이 있는 것을 확인할 수 있습니다. (ADO) INSERT 문 I.xlsm 파일에는 여섯 개의 열만 있는 것을 확인합니다. 이제 **dbSample.xlsx** 파일을 닫고, 현재 파일에 입력된 데이터를 추가하는 작업을 진행합니다. 다음과 같은 매크로를 사용합니다.

```
Sub 다른파일에추가()

    ' 1단계 : 변수를 선언합니다.
    Dim 연결 As New ADODB.Connection
    Dim OLEDB As String
    Dim 경로 As String
    Dim DB As String
    Dim SQL As String
    Dim 현재파일 As String                    ──────── ❶

    ' 2단계 : 변수의 초깃값을 저장합니다.
    경로 = ThisWorkbook.Path & "\"
    DB = "dbSample.xlsx"                      ──────── ❷


    현재파일 = ThisWorkbook.FullName          ──────── ❸

    ' 3단계 : 데이터를 추가할 엑셀 파일에 연결합니다.
    OLEDB = "Provider=Microsoft.Ace.OLEDB.12.0;" & _
            "Data Source='" & 경로 & DB & "';" & _
            "Extended Properties=""Excel 12.0 Xml;HDR=YES"";"

    연결.Open OLEDB

    ' 4단계 : 연결된 파일에 현재 파일의 데이터를 추가합니다.
    SQL = "INSERT INTO [sample$] (사번, 이름, 직위, 주민등록번호, 입사일, 핸드폰) "
    SQL = SQL & "SELECT * "
    SQL = SQL & "FROM [" & 현재파일 & "].[sample$B2:G3]"        ──────── ❹

    연결.Execute CommandText:=SQL            ──────── ❺

    ' 5단계 : 엑셀 파일과의 연결을 끊습니다.
    연결.Close

End Sub
```

❶ String 형식의 [현재파일] 변수를 선언합니다.

❷ [DB] 변수에 데이터를 추가할 파일 명을 저장합니다.

❸ [현재파일] 변수에 현재 파일의 경로와 파일 명이 모두 포함된 문자열을 저장합니다.

❹ [SQL] 변수에 INSERT INTO 문을 사용하는 SQL 문을 저장합니다. 이 SQL 문은 두 개의 파일에 대한 정보를 각각 삽입해야 하는데, INSERT INTO 문에는 연결된 외부 엑셀 파일의 시트 이름([sample$])과 데이터가 저장될 필드 명을 괄호 안에 입력합니다. FROM 절 뒤에는 현재 파일의 데이터 범위를 다음과 같은 형식으로 대괄호 안에 정확하게 입력합니다.

```
FROM [전체 경로 \ 파일명.xlsx].[워크시트명 $ 범위주소]
```

TIP 이 매크로는 예제의 [dbSample.xlsx] 단추에 연결되어 있습니다.

LINK 이 매크로에서 설명되지 않은 부분은 **SECTION 22-02**의 매크로를 참고합니다.

개발된 매크로가 정상 동작하는지 확인하기 위해 예제 파일의 [dbSample.xlsx] 단추를 클릭한 후 **dbSample.xlsx** 파일을 열면 11행에 데이터가 제대로 추가된 것을 확인할 수 있습니다.

	A	B	C	D	E	F	G	H	I	J
1	사번	이름	직위	주민등록번호	생년월일	입사일	핸드폰	차량번호		
2	1	박지훈	부장	800219-1234567	1980-02-19	2010-05-14	010-7212-1234	80 파 5168		
3	2	유준혁	차장	870304-1234567	1987-03-04	2014-10-17	010-5321-4225	88 사 6337		
4	3	이서연	과장	891208-2134567	1989-12-08	2019-05-01	010-4102-8345	11 하 3434		
5	4	김민준	대리	920830-1234567	1992-08-30	2023-04-01	010-6844-2313	74 카 7049		
6	5	최서현	주임	950919-2134567	1995-09-19	2022-05-03	010-3594-5034	67 다 2422		
7	6	박현우	주임	930702-1234567	1993-07-02	2021-10-17	010-9155-2242	20 자 3441		
8	7	정시우	사원	970529-1234567	1997-05-29	2023-01-02	010-7237-1123	73 가 3207		
9	8	이은서	사원	990109-2134567	1999-01-09	2023-03-05	010-4115-1352	70 가 2708		
10	9	오서윤	사원	980127-2134567	1998-01-27	2022-11-15	010-7253-9721	36 아 3022		
11	10	홍길동	사원	990415-1234567		2023-05-01	010-4321-8765			
12										
13										

TIP ADO를 이용해 데이터를 추가하면 값만 전달되므로 테두리 등의 표 서식은 dbSample.xlsx 파일을 열 때(Workbook_Open 이벤트) 적용하도록 만들어야 합니다.

Recordset 개체 이용해 데이터 추가하기

SQL을 사용하지 않고 Recordset 개체를 이용해 외부 파일에서 데이터를 추가할 수 있습니다. 다음과 같은 매크로를 사용합니다.

```
Sub 레코드셋을이용()

' 1단계 : 변수를 선언합니다.
  Dim 연결 As New ADODB.Connection
  Dim 레코드셋 As New ADODB.Recordset
  Dim OLEDB As String
  Dim 경로 As String
  Dim DB As String

' 2단계 : 변수의 초깃값을 저장합니다.
```

```
        경로 = ThisWorkbook.Path & "\"
        DB = "dbSample.xlsx"

 ' 3단계 : 데이터를 추가할 엑셀 파일에 연결합니다.
    OLEDB = "Provider=Microsoft.Ace.OLEDB.12.0;" & _
            "Data Source='" & 경로 & DB & "';" & _
            "Extended Properties=""Excel 12.0 Xml;HDR=YES"";"


     연결.Open OLEDB

 ' 4단계 : 데이터를 추가할 레코드셋을 열고 새 데이터를 추가합니다.
    레코드셋.Open Source:="[sample$]", _
                ActiveConnection:=연결, _
                CursorType:=adOpenKeyset, _
                LockType:=adLockOptimistic, _
                Options:=adCmdTable              ─────────────────  ❶


     With 레코드셋              ─────────  ❷


        .AddNew         ─────────  ❸


        .Fields("사번").Value = Range("B3").Value      ─────────  ❹
        .Fields("이름").Value = Range("C3").Value
        .Fields("직위").Value = Range("D3").Value
        .Fields("주민등록번호").Value = Range("E3").Value
        .Fields("입사일").Value = Range("F3").Value
        .Fields("핸드폰").Value = Range("G3").Value


        .Update        ─────────  ❺


     End With

 ' 5단계 : 레코드셋을 닫고, 엑셀 파일과의 연결을 끊습니다.
    레코드셋.Close
    연결.Close

End Sub
```

❶ [레코드셋] 변수에 연결된 Recordset 개체의 Open 메서드를 이용해 연결된 dbSample.xlsx 파일의 [sample] 시트의 표에 연결합니다.

❷ [레코드셋] 변수에 연결된 Recordset 개체에는 여러 작업을 진행하기 위해 With 문을 사용합니다.

❸ Recordset 개체의 AddNew 메서드를 이용해 새 레코드를 입력합니다.

❹ 순서대로 [이름], [직위], [주민등록번호], [입사일], [핸드폰] 필드에 각각 데이터가 입력된 [B3], [C3], [D3], [E3], [F3] 셀의 값을 입력합니다.

❺ Recordset 개체를 업데이트합니다.

TIP 이 매크로는 예제의 [Recordset] 단추에 연결되어 있습니다.

LINK 이 매크로에서 설명되지 않은 부분은 SECTION 22-02, 22-06의 매크로를 참고합니다.

개발된 매크로가 정상 동작하는지 확인하기 위해 예제 파일의 [Recordset] 단추를 클릭합니다. **dbSample.xlsx** 파일을 열면 12행에 데이터가 추가된 것을 확인할 수 있습니다.

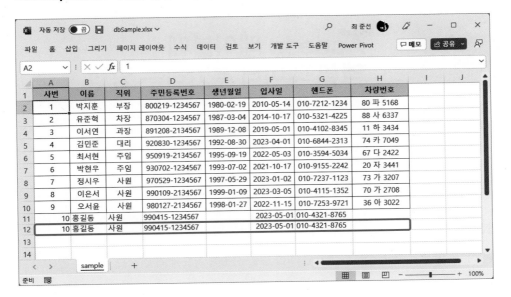

Access 테이블에 엑셀 데이터 추가하는 방법

예제 파일 PART 04 \ CHAPTER 22 \ (ADO) INSERT문 II.xlsm, dbSample.accdb

INSERT INTO 문 이해

INSERT INTO 문은 앞서 설명한 문법 외에 VALUES 절을 사용해 필드에 직접 값을 넣을 수 있습니다. 구문은 다음과 같습니다.

```
INSERT INTO 테이블 (필드1, 필드2, 필드3, …)
VALUES (값1, 값2, 값3, …)             ❶
```

❶ VALUES : INSERT INTO 문에서 지정한 테이블의 각 필드에 값을 하나씩 넣을 때 사용합니다.

INSERT INTO 문 사용해 액세스 테이블에 데이터 추가

외부 데이터에 INSERT INTO 문을 사용하는 방법은 동일하지만, 엑셀과 달리 액세스는 필드의 데이터 형식이 맞지 않으면 데이터가 추가되지 않습니다. 또한 VALUES 절에 데이터를 전달할 때 텍스트 형식은 작은따옴표(')로 값을 묶어야 하며, 날짜/시간 형식은 샵(#)기호로 값을 묶어 사용해야 합니다.

INSERT INTO 문을 사용해 액세스에 데이터를 추가합니다. 예제 중 **(ADO) INSERT문 II.xlsm** 파일을 열어 다음 표를 확인합니다.

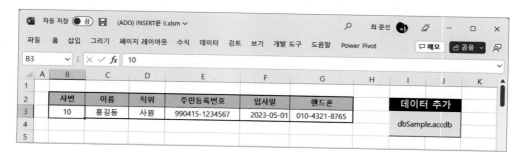

바로 **dbSample.accdb** 파일을 열고 [탐색] 창에서 [직원명부] 테이블을 더블클릭해 데이터를 확인합니다.

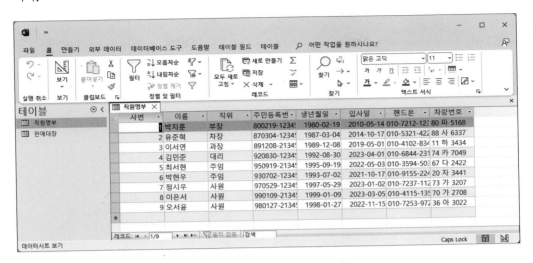

이전과 동일하게 액세스 테이블은 여덟 개의 필드를 갖고 있고, 엑셀 파일의 표는 여섯 개의 열로 구성되어 있습니다. 액세스는 닫고 엑셀의 데이터를 액세스로 추가하기 위해 다음과 같은 매크로를 사용합니다.

```
Sub 액세스에추가()

' 1단계 : 필요한 변수를 선언합니다.
  Dim 연결 As New ADODB.Connection
  Dim OLEDB As String
  Dim 경로 As String
  Dim DB As String
  Dim SQL As String
  Dim 추가범위 As Range              ❶
  Dim 새레코드 As String             ❷

' 2단계 : 변수의 초깃값을 저장합니다.
  경로 = ThisWorkbook.Path & "\"
  DB = "dbSample.accdb"             ❸

' 3단계 : 데이터베이스에 추가할 데이터를 하나의 문자열로 연결합니다.
  Set 추가범위 = Range("B3:G3")      ❹

  새레코드 = 문자열연결(추가범위)      ❺

' 4단계 : 데이터베이스 파일과 연결합니다.
  OLEDB = "Provider=Microsoft.Ace.OLEDB.12.0;" & _
          "Data Source='" & 경로 & DB & "';" & _
          "User Id=admin;Password=;"

  연결.Open OLEDB
```

```
' 5단계 : INSERT INTO문을 사용해 엑셀 데이터를 액세스 데이터베이스에 추가합니다.
    SQL = SQL & "INSERT INTO 직원명부(사번, 이름, 직위, 주민등록번호, 입사일, 핸드폰) "
    SQL = SQL & "VALUES (" & 새레코드 & ")"  ────────────── ❻

    연결.Execute CommandText:=SQL  ────────────── ❼

' 6단계 : 데이터베이스와의 연결을 끊습니다.
    연결.Close

End Sub
```

❶ Range 형식의 [추가범위] 개체변수를 선언합니다.

❷ String 형식의 [새레코드] 변수를 선언합니다.

❸ [DB] 변수에 데이터를 추가할 액세스 데이터베이스 파일 이름을 저장합니다.

❹ [추가범위] 변수에 [B3:G3] 범위를 연결합니다. 이 범위에 추가할 데이터가 존재해야 하며, VALUES 절을 이용할 것이기 때문에 머리글 범위는 필요하지 않습니다. 데이터 범위만 연결합니다.

❺ Function 프로시저로 새로 만들 [문자열연결] 함수에 [추가범위] 개체변수를 전달해 [추가범위] 개체변수에 연결된 데이터 범위 내 값을 모두 쉼표(,) 구분 문자로 연결하고 그 값을 [새레코드] 변수에 저장합니다.

❻ [SQL] 변수에 INSERT INTO 문을 사용하는 SQL 문을 저장합니다. 직원명부 테이블에서 값을 입력할 필드를 괄호 안에 나열한 후 VALUES 절 뒤에 괄호로 [새레코드] 변숫값을 전달합니다.

❼ [연결] 개체변수에 연결된 Connection 개체의 Execute 메서드를 사용해 [SQL] 변수에 저장된 SQL 문을 실행합니다.

TIP 이 매크로는 예제의 [dbSample.accdb] 단추에 연결되어 있습니다.

LINK 이 매크로에서 설명되지 않은 부분은 **SECTION 22-02**의 매크로를 참고합니다.

위 매크로에서 [B3:G3] 범위 내 데이터를 데이터 형식에 맞게 작은따옴표(')나 샵(#)을 자동으로 붙여 연결해주는 [문자열변경] 프로시저는 Function 프로시저로 다음과 같은 코드로 구성되어 있습니다.

```
Function 문자열연결(데이터범위 As Range) As String  ────────────── ❶

' 1단계 : 변수를 선언합니다.
    Dim 셀 As Range  ────────────── ❷
    Dim 임시 As String  ────────────── ❸

' 2단계 : 데이터 범위 내 셀 값을 데이터 형식에 맞게 하나씩 임시 변수에 연결해 저장합니다.
    For Each 셀 In 데이터범위  ────────────── ❹

        If Len(임시) > 0 Then 임시 = 임시 & ","  ────────────── ❺

        Select Case TypeName(셀.Value)  ────────────── ❻

            Case "String"  ────────────── ❼

                임시 = 임시 & "'" & 셀.Value & "'"

            Case "Date"  ────────────── ❽
```

```
                임시 = 임시 & "#" & 셀.Value & "#"

        Case Else  ─────────── ❾

            임시 = 임시 & 셀.Value

      End Select

    Next

  ' 3단계 : 임시 변수에 연결된 값을 함수에서 반환합니다.
    문자열연결 = 임시  ─────────── ❿

End Function
```

❶ [문자열연결] 함수를 Function 프로시저로 선언합니다. [문자열연결] 함수는 [데이터범위] 매개변수에 전달받은 데이터 범위 내 값을 쉼표로 연결한 후 연결한 값을 String 형식으로 반환합니다.

❷ Range 형식의 [셀] 개체변수를 선언합니다.

❸ String 형식의 [임시] 변수를 선언합니다.

❹ For Each… Next 순환문을 사용해 [데이터범위] 변수에 연결된 데이터 범위를 순환하면서 셀을 하나씩 [셀] 개체변수에 연결합니다.

❺ [임시] 변수에 저장된 값이 있으면 [임시] 변수에 쉼표(,) 문자를 연결해 저장합니다. 이 작업은 이전 값이 있을 때 다음 값을 연결하기 위해 구분 문자(,)를 사용하기 위함입니다.

❻ [셀] 개체변수에 연결된 셀 값의 데이터 형식을 TypeName 함수로 반환받고, 이 값을 Select Case 문으로 구분해 처리합니다.

❼ [셀] 개체변수에 연결된 셀 값이 텍스트(String)이면 [임시] 변수에 [셀] 개체변수에 연결된 셀 값을 연결할 때 작은따옴표(')를 앞뒤에 입력합니다.

❽ [셀] 개체변수에 연결된 셀 값이 날짜/시간(Date)이면 [임시] 변수에 [셀] 개체변수에 연결된 셀 값을 연결할 때 샵(#)을 앞뒤에 입력합니다.

❾ [셀] 개체변수에 연결된 셀 값이 텍스트나 날짜/시간이 아니면 논릿값이나 숫잣값이므로, [임시] 변수에 셀 값을 그대로 연결합니다.

❿ [문자열연결] 함수에 [임시] 변숫값을 반환합니다.

개발된 매크로가 정상 동작하는지 확인하기 위해 [dbSample.accdb] 단추를 클릭하고 액세스 데이터베이스 파일을 엽니다. **직원명부** 테이블을 더블클릭해 열면 맨 아래에 추가된 직원 데이터를 확인할 수 있습니다.

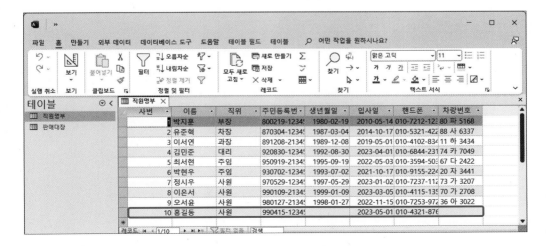

22/12 여러 시트 데이터를 Access 테이블에 통합

예제 파일 PART 04 \ CHAPTER 22 \ (ADO) INSERT문 III.xlsm, dbSample.accdb

예제 중에서 **(ADO) INSERT문 III.
xlsm** 파일을 열고 [sample] 시트를 살
펴보면 다음과 같이 데이터 통합 작업에
사용할 단추가 추가되어 있습니다.

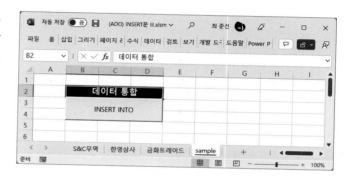

시트 탭에서 다른 업체 시트를 선택해보면 다음 화면과 같이 해당 업체와 거래한 내역이 입력되어 있습니
다. 데이터 개수는 업체별로 다릅니다.

TIP 다른 시트도 모두 선택해 데이터를 확인합니다.

시트별로 분산된 데이터를 액세스 데이터베이스 파일에 넣기 위해 예제 중 **dbSample.accdb** 파일을 열고 [탐색] 창에서 [판매대장] 테이블을 더블클릭합니다.

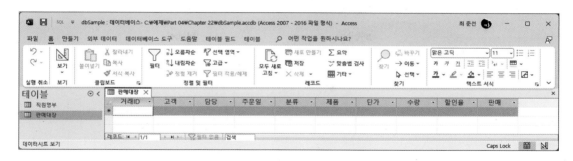

판매대장 테이블에는 데이터가 없지만, 테이블 구조는 엑셀 시트의 열 구조와 정확하게 일치합니다. 이제 엑셀에서 INSERT INTO 문을 사용해 액세스 판매대장 테이블에 데이터를 한번에 통합하는 작업을 매크로로 개발합니다.

dbSample.accdb 데이터베이스 파일은 닫고, 엑셀 파일에서 다음과 같은 매크로를 개발해 작업합니다.

```
Sub 데이터베이스로통합()

' 1단계 : 변수를 선언합니다.
    Dim 연결 As New ADODB.Connection
    Dim OLEDB As String
    Dim 경로 As String
    Dim DB As String
    Dim SQL As String
    Dim 시트 As Worksheet ————————————— ❶
    Dim 데이터범위 As Range, 레코드 As Range ————————— ❷

' 2단계 : 변수의 초깃값을 저장합니다.
    경로 = ThisWorkbook.Path & "\"
    DB = "dbSample.accdb" ———————————— ❸

' 3단계 : 데이터를 추가할 데이터베이스에 연결합니다.
    OLEDB = "Provider=Microsoft.Ace.OLEDB.12.0;" & _
        "Data Source='" & 경로 & DB & "';" & _
        "User Id=admin;Password=;"

    연결.Open OLEDB

' 4단계 : 워크시트를 순환하면서 현재 시트를 제외한 모든 데이터를 데이터베이스에 추가합니다.
    For Each 시트 In ThisWorkbook.Worksheets ——————— ❹

        If 시트.Name <> ActiveSheet.Name Then ————————— ❺

            Set 데이터범위 = 시트.Range("A1").CurrentRegion ————————— ❻
            Set 데이터범위 = 데이터범위.Offset(1).Resize(데이터범위.Rows.Count - 1) ————— ❼
```

```
                For Each 레코드 In 데이터범위.Rows  ————————  ❽

                SQL = "INSERT INTO [판매대장] "
                SQL = SQL & "VALUES (" & 문자열연결(레코드.Cells) & ")"  ————  ❾
                    연결.Execute CommandText:=SQL  ————————  ❿


                Next

            End If

        Next

    ' 5단계 : 데이터베이스와의 연결을 끊습니다.
        연결.Close


    End Sub
```

❶ Worksheet 형식의 [시트] 개체변수를 선언합니다.

❷ Range 형식의 [데이터범위]와 [레코드] 개체변수를 선언합니다.

❸ [DB] 변수에 데이터를 추가할 액세스 데이터베이스 파일 이름을 저장합니다.

❹ For Each… Next 순환문을 사용해 현재 파일의 모든 시트를 순환하면서 하나씩 [시트] 개체변수에 연결합니다.

❺ [시트] 개체변수의 이름이 현재 시트의 이름과 다른 경우에만 ❻—❿ 줄의 작업을 진행합니다. 이 매크로는 [sample] 시트의 [INSERT INTO] 단추를 클릭했을 때 실행할 예정이므로 [sample] 시트에서 통합 작업을 하지 말라는 조건과 같습니다.

❻ [데이터범위] 개체변수에 [시트] 개체변수에 연결된 워크시트의 [A1] 셀부터 연속된 데이터 범위를 연결합니다.

❼ [데이터범위] 개체변수에 연결된 데이터 범위에서 머리글을 제외한 데이터 범위만 [데이터범위] 개체변수에 다시 연결합니다.

❽ For Each… Next 순환문을 사용해 [데이터범위] 개체변수에 연결된 데이터 범위에서 행을 하나씩 [레코드] 개체변수에 연결합니다.

❾ [SQL] 변수에 INSERT INTO 문을 사용하는 SQL 문을 저장하는데, VALUES 절에 [문자열연결] 함수의 반환값을 연결해 사용합니다. [문자열연결] 함수에는 [레코드] 개체변수에 연결된 행 범위를 전달해 행 범위 내 값을 하나의 문자열로 연결합니다. [문자열연결] 함수는 SECTION 22-11에서 개발했습니다. 코드 설명은 SECTION 22-11을 참고합니다.

❿ [연결] 개체변수에 연결된 Connection 개체의 Execute 메서드를 사용해 [SQL] 변수에 저장된 SQL 문을 실행합니다.

TIP 이 매크로는 예제의 [INSERT INTO] 단추에 연결되어 있습니다.

TIP 예제 파일에는 [문자열연결] 함수 코드가 저장되어 있습니다.

LINK 이 매크로에서 설명되지 않은 부분은 SECTION 22-11의 매크로를 참고합니다.

개발된 매크로가 제대로 동작하는지 확인해보기 위해 엑셀 파일에서 [INSERT INTO] 단추를 클릭한 후 **dbSample.accdb** 파일을 엽니다. **판매대장** 테이블을 더블클릭해 열고 [고객] 필드의 아래 화살표를 클릭하면 엑셀 파일의 세 개 거래처 이름이 모두 표시되는 것을 확인할 수 있습니다.

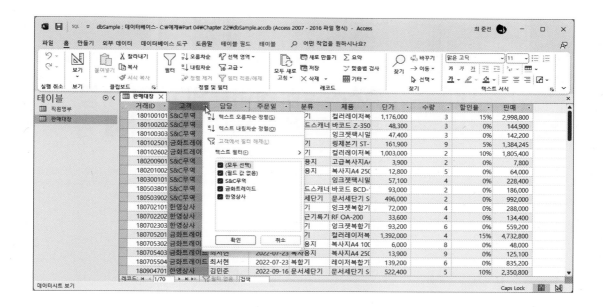

Access 테이블의 데이터 중 특정 조건의 데이터만 삭제

예제 파일 PART 04 \ CHAPTER 22 \ (ADO) DELETE문.xlsm, dbSample.accdb

DELETE 문 이해

DELETE 문은 SQL에서 데이터를 삭제할 때 사용하며, DELETE 문의 구문은 다음과 같습니다.

```
DELETE ──────────── ❶
FROM 테이블
WHERE 조건식
```

❶ DELETE : 레코드를 삭제하는 명령으로 DELETE 문 뒤에는 필드를 나열할 수 없습니다.

DELETE 문은 기본적으로 SELECT 문의 구성과 동일하며, DELETE 문 다음에 필드를 나열하지 않는다는 것 정도가 다릅니다. DELETE 문에서 필드를 나열하지 않는 이유는 DETETE 문이 레코드(행)를 삭제하는 명령이기 때문입니다. 특정 필드(열)만 지정해 삭제할 수 없습니다.

참고로 DELETE 문은 엑셀 파일에는 사용할 수 없고, 액세스와 같은 외부 데이터베이스 파일에만 사용할 수 있습니다.

DELETE 문으로 액세스의 데이터 삭제

먼저 삭제할 데이터의 확인을 위해 **dbSample.accdb** 파일을 열고, **판매대장** 테이블을 엽니다.

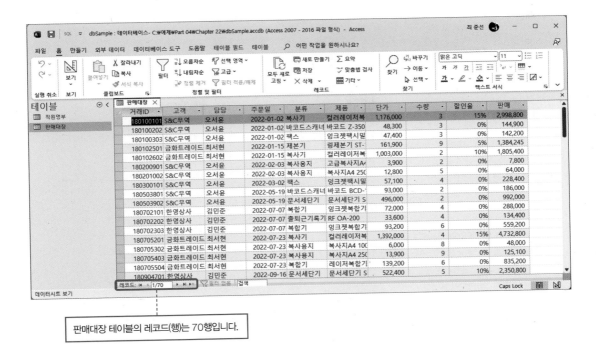

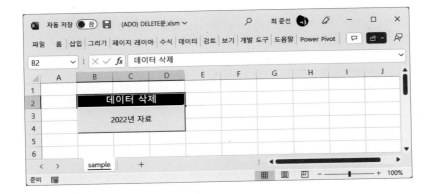

판매대장 테이블의 레코드(행)는 70행입니다.

TIP 이번 작업에 앞서 **SECTION 22-12** 예제를 진행해야 데이터를 확인할 수 있습니다.

이 데이터에서 2022년 데이터를 삭제해야 한다면 다음과 같은 매크로를 개발할 수 있습니다.

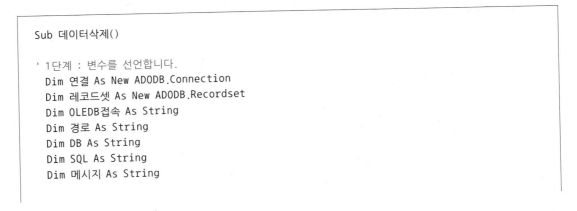

```
Sub 데이터삭제()

' 1단계 : 변수를 선언합니다.
    Dim 연결 As New ADODB.Connection
    Dim 레코드셋 As New ADODB.Recordset
    Dim OLEDB접속 As String
    Dim 경로 As String
    Dim DB As String
    Dim SQL As String
    Dim 메시지 As String
```

```vba
' 2단계 : 변수의 초깃값을 저장합니다.
   경로 = ThisWorkbook.Path & "\"
   DB = "dbSample.accdb"                           ❶

' 3단계 : 데이터를 삭제할 데이터베이스에 연결합니다.
   OLEDB접속 = "Provider=Microsoft.Ace.OLEDB.12.0;" & _
              "Data Source='" & 경로 & DB & "';" & _
              "User Id=admin;Password=;"

   연결.Open OLEDB접속

' 4단계 : 삭제할 조건에 맞는 데이터만 레코드셋으로 엽니다.
   SQL = SQL & "SELECT * "
   SQL = SQL & "FROM 판매대장 "
   SQL = SQL & "WHERE YEAR(주문일) = 2022"          ❷

   레코드셋.Open Source:=SQL, _
               ActiveConnection:=연결, _
               CursorType:=adOpenKeyset, _
               LockType:=adLockOptimistic          ❸

' 5단계 : 데이터가 존재하면 해당 데이터를 삭제합니다.
   If 레코드셋.EOF = False Then                      ❹

       메시지 = "데이터베이스에 " & 레코드셋.RecordCount & "건의 데이터를 확인했습니다."
       메시지 = 메시지 & vbCr & vbCr & "삭제하시겠습니까?"      ❺

       If MsgBox(메시지, vbYesNo) = vbYes Then        ❻

          SQL = Replace(SQL, "SELECT *", "DELETE")   ❼
          연결.Execute CommandText:=SQL              ❽

       End If

   Else ───────── ❾

       MsgBox "삭제할 데이터가 없습니다."

   End If

' 6단계 : 레코드셋을 닫고, 데이터베이스와의 연결을 끊습니다.
   레코드셋.Close
   연결.Close

End Sub
```

❶ [DB] 변수에 데이터를 삭제할 데이터베이스 파일 이름을 저장합니다.

❷ [SQL] 변수에는 지울 조건에 해당하는 레코드를 조회할 SELECT 문을 SQL 문으로 작성해 저장합니다. 이 작업은 삭제할 데이터가 데이터베이스에 얼마나 있는지 확인하는 구문을 처리하기 위한 것으로, [주문일] 필드의 연도(YEAR)가 2022년인 데이터를 조회하도록 구성합니다.

❸ [레코드셋] 개체변수에 연결된 Recordset 개체의 Open 메서드를 이용해 [SQL] 변수에 저장된 SQL 문으로 Recordset 개체를 새로 엽니다.

❹ [레코드셋] 개체변수에 연결된 Recordset 개체의 EOF 속성값을 확인해 False라면 데이터를 삭제합니다. Recordset 개체를 열자마자 EOF 속성값이 True라면 데이터가 존재하지 않는 것이므로, False인지 확인해 데이터가 있는 경우에만 데이터를 삭제합니다. 이번 줄은 레코드 행수를 반환하는 RecordCount 속성을 이용하는 다음과 같은 코드로 수정할 수 있습니다.

```
If 레코드셋.RecordCount > 0 Then
```

❺ [메시지] 변수에는 사용자에게 삭제할지 물을 내용을 저장합니다. 이때 Recordset 개체의 RecordCount 속성을 이용해 삭제할 데이터가 몇 건인지 나타나도록 합니다.

❻ MsgBox 함수를 사용해 [메시지] 변수의 내용을 화면에 표시하고 [예] 버튼을 클릭했는지 판단합니다. [예] 버튼을 클릭한 경우에만 데이터를 삭제합니다. 이번 줄이 실행되면 다음과 같은 메시지 창이 화면에 표시됩니다.

❼ [SQL] 변수의 문장 중에서 "SELECT *" 부분을 "DELETE"로 REPLACE 함수를 사용해 변경합니다. SELECT 문과 DELETE 문은 문법 구조가 동일하므로, 이렇게 하면 SELECT 문을 사용하는 SQL이 DELETE 문을 사용하는 삭제 쿼리로 변경됩니다.

❽ [연결] 개체변수에 연결된 Recordset 개체의 Execute 메서드를 사용해 [SQL] 변수에 저장된 SQL 문을 실행합니다.

❾ ❹ 줄의 결과가 False면 조건에 맞는 데이터가 존재하지 않는 것이므로, 해당 메시지를 화면에 표시하고 매크로를 종료합니다.

TIP 이 매크로는 예제의 [2022년 자료] 단추에 연결되어 있습니다.

LINK 이 매크로에서 설명되지 않은 부분은 SECTION 22-02, 22-06의 매크로를 참고합니다.

개발된 매크로가 정상 동작하는지 확인하기 위해 [2022년 자료] 단추를 클릭하고 **dbSample.accdb** 파일을 더블클릭해 엽니다.

판매대장 테이블을 확인하면 2022년 데이터가 삭제되어 총 레코드 행수가 50행인 것을 확인할 수 있습니다.

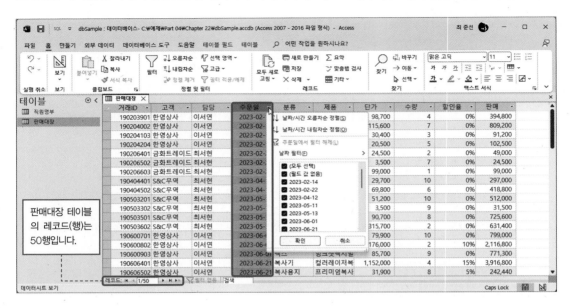

판매대장 테이블의 레코드(행)는 50행입니다.

CHAPTER

23

ChatGPT를 활용한
매크로 개발

최근 화제가 되고 있는 인공지능 서비스를 활용하면 여러 분야의 공부를 더욱 손쉽게 시작할 수 있습니다. 특히 대화형 인공지능인 ChatGPT를 활용하면 엑셀의 다양한 기능을 보다 손쉽게 학습하고 사용할 수 있으며 엑셀 매크로와 VBA를 더욱 쉽게 개발하고 공부할 수 있습니다.

ChatGPT를 매크로 공부에 어떻게 활용할까?

예제 파일 없음

인공지능(AI)을 이용한 대화형 서비스

2023년 공개된 오픈에이아이(OpenAI)사의 ChatGPT를 필두로 하는 대화형 인공지능 서비스가 화제입니다. 현재 마이크로소프트사에서도 빙챗(Bing Chat)이나 오피스 제품에 장착될 코파일럿(CoPilot), 그리고 구글의 바드(Google Bard)까지 다양한 서비스가 제공되거나 제공될 예정입니다.

이런 대화형 인공지능 서비스는 구글로 대표되는 검색 서비스를 대체할 수 있을 정도로 사용자 층을 빠르게 넓히고 있습니다. 사용자가 원하는 질문에 맞는 답변을 제공함으로써 여러 정보를 검색해야 하는 피로감을 상당 부분 감소시켜 많은 사용자들에게 환호를 받고 있습니다.

Microsoft 365의 코파일럿(Copilot)

대화형 인공지능 서비스는 오피스 제품에도 도입될 예정입니다. 가장 먼저 Microsoft 365 최신 버전에 코파일럿 기능이 도입될 예정입니다. 코파일럿(Copilot)은 부기장(부조종사)을 의미하는 단어로, 마이크로소프트사가 대화형 인공지능 서비스를 어떻게 인식하고 있는지를 잘 보여주는 이름입니다.

대형 비행기는 두 명의 조종사가 함께 운항하도록 되어 있습니다. 기장은 비행기를 조정하며 발생하는 여러 상황의 마지막 의사결정 권한과 책임이 있고, 부기장은 혼자서 비행기를 운항할 수는 없지만 기장을 서포트하면서 차후 기장 역할을 수행할 수 있도록 경험을 쌓아나가야 합니다. 그러므로 기장은 부기장을 감독하고 경험을 쌓을 수 있도록 도와줄 책임이 있습니다.

코파일럿은 아직 혼자서 업무를 수행하기는 어렵지만, 사용자(기장 역할)를 도와 업무를 매끄럽게 진행할 수 있도록 돕는 대화형 인공지능 서비스(부기장 역할)로 생각하면 됩니다. 물론 이 과정에서 코파일럿이 더 많은 경험을 쌓을 수 있으며, 궁극적으로는 더 많은 일들을 사용자 없이 수행할 수 있도록 발전할 것입니다.

오픈에이아이(OpenAI) 사의 ChatGPT 활용 방법

필자가 이 책을 집필한 시점에는 코파일럿 기능이 정식 서비스되고 있지 않으므로, 현재 이용할 수 있는 오픈에이아이(OpenAI)사의 ChatGPT를 이용하는 방법에 대해 설명합니다.

ChatGPT를 이용하려면 먼저 회원으로 가입해야 합니다. 현재 무료와 유료 서비스로 나뉘어 있으며, 가격 및 서비스 정책은 향후 달라질 수 있습니다. 따라서 이용하려는 시점에 홈페이지에서 정확한 정보를확인할 필요가 있습니다.

> OpneAi 사이트 : https://chat.openai.com/

사이트에서 회원 가입 후 ChatGPT 서비스를 실행하면 아래와 같은 화면을 확인할 수 있습니다.

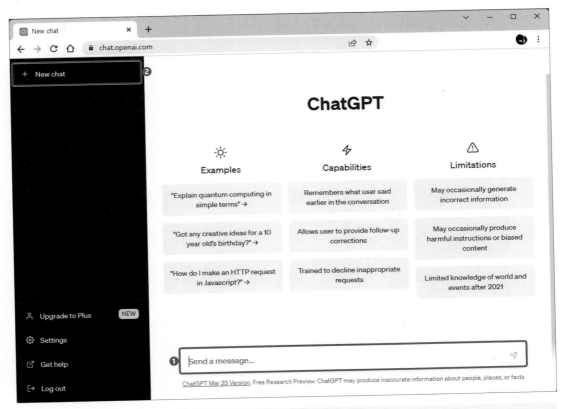

❶ ChatGPT는 대화형 인공지능 서비스이기 때문에 ❶에 채팅을 입력하듯 원하는 내용을 작성하면 인공지능이 답변해줍니다. 질문은 한글로 입력해도 문제는 없지만, 아직은 영어가 더 빠르고 답변 내용이 정확할 수 있습니다. 이때 번역기 앱을 추가로 사용해보는 것도 좋습니다.

❷ 새로운 주제로 채팅을 시작하고 싶다면 [New Chat]을 클릭합니다. 채팅 내역이 초기화되며 채팅을 처음부터 다시 시작할 수 있습니다. 기존 채팅 내용은 [New chat] 하단에 표시됩니다.

서비스 화면은 해당 서비스를 이용하는 시점에 따라 달라질 수 있습니다. 인터페이스는 매우 직관적이라 서비스를 이용하는 데 크게 어려운 부분은 없을 겁니다.

간단하게 다음과 같은 내용을 작성해보면 다음과 같은 결과를 얻을 수 있습니다.

 엑셀의 매크로를 공부하는 데 어떤 도움을 줄 수 있니?

❶ 질문한 사항에 대한 답변 내용이 출력됩니다.

❷ 답변이 부족하다면 [Regenerate response]를 클릭해 추가 답변을 요청할 수 있습니다.

❸ 현재 채팅 내용이 자동으로 보관됩니다. 삭제 아이콘🗑을 클릭해 이전에 진행했던 채팅 내역을 삭제할 수 있습니다.

ChatGPT의 답변을 얼마나 신뢰할 수 있나?

ChatGPT는 인공지능이 학습한 결과를 토대로 답변해주므로 내용면에선 상당 부분 신뢰할 수 있다고 생각합니다. 그러나 ChatGPT는 사람이 아니기 때문에 자신이 하는 답변의 의미를 정확하게 알지 못합니다. 또한 사용자의 질문에 대해 그럴듯한 답변을 제공해주도록 설계되어 있어 모든 답변이 정확하지 않을 수도 있다는 점은 알고 있어야 합니다.

다만 이런 단점은 지속적으로 보완될 것이므로, 이번 CHAPTER에서는 ChatGPT를 이용해 매크로 공부에 활용할 수 있는 방법에 대해 알아보겠습니다.

ChatGPT를 이용해 매크로 개발에 필요한 코드를 얻는 방법

예제 파일 PART 04 \ CHAPTER 23 \ ChatGPT – 매크로 개발.xlsm

ChatGPT를 이용하기 전 알아 두어야 할 사항

매크로를 사용하려는 초보 개발자는 코드를 작성하는 방법을 가장 어려워합니다. 이때 ChatGPT의 도움을 받을 수 있습니다. 원하는 개발 구성에 대해 ChatGPT에 문의하면 매크로 개발에 필요한(또는 원하는 결과를 반환해주는) 코드 샘플을 ChatGPT가 반환해줍니다.

아쉬운 부분은 ChatGPT에 엑셀 파일을 업로드해 인식시킬 수 없다는 점입니다. 물론 이 부분은 회사의 보안과도 밀접하게 연관된 부분입니다. 회사 차원에서는 이런 서비스를 이용하지 못하도록 할 수 있다는 점은 알고 있어야 합니다.

그렇기 때문에 코드 개발에 필요한 설명을 채팅으로 입력할 수 있어야 합니다. 이 부분이 ChatGPT와 같은 서비스를 이용할 때 첫 번째로 겪는 어려움입니다.

이런 부분은 사용자가 어느정도 경험이 있다면 쉽게 해결할 수 있지만, 만약 초보자라면 쉽지 않을 것입니다. 필자의 경우에 매크로 기록기를 켜고 실제 원하는 작업을 수행한 후 이렇게 얻어진 코드를 ChatGPT에 전달해 코드를 분석하는 방법을 권장합니다. 이 방법으로 기존 코드에서 좀 더 업그레이드된 코드를 요청하고 원하는 결과를 얻을 수 있을 것입니다.

TIP 매크로 기록기는 사용자의 동작을 VBA 코드로 기록해주는 단순한 역할 밖에 못합니다. 하지만 코드를 얻기 위해서는 사용자가 매크로로 개발할 업무를 직접 해볼 수밖에 없기 때문에 매크로가 어떤 순서로 개발되어야 하는지 감을 잡는 데 유용합니다. 이러한 개발 방법은 **SECTION 23-04**에서 더욱 자세히 알아보겠습니다.

ChatGPT로 매크로 개발하기

ChatGPT를 활용해 매크로를 개발하는 구체적인 사례를 확인해보겠습니다. 다음 예제 참고합니다.

01 예제를 열면 [점수] 시트가 있고, [인사부], [총무부], [영업부], … 등 부서별로 시트가 나뉘어 있는 것을 확인할 수 있습니다.

02 각 부서별 시트의 데이터 개수는 일정하지 않지만, 모두 [D5] 셀부터 숫자 데이터가 정리되어 있습니다.

TIP 이 예제는 **SECTION 07-07**에서 실습한 예저입니다. 이 예제를 실습하기 전 해당 부분을 먼저 참고해보는 것이 좋습니다.

03 ChatGPT 서비스를 이용해 원하는 실행 결과를 얻는 매크로 코드를 얻어보겠습니다.

04 ChatGPT에 접속하고 다음과 같은 내용을 입력해 채팅을 시작합니다.

 시트가 5개 존재하는 엑셀 파일을 갖고 있을 때, 첫 번째 시트의 B6:C9 범위 중 B6:B9 범위에는 부서 이름을, 그리고 C6:C9 범위에는 평균 점수를 넣고 싶다.

부서 이름은 두 번째 시트부터 마지막 시트의 이름을 넣으면 되고, 평균 점수는 두 번째 시트부터 모든 시트의 D5셀부터 입력된 점수의 평균을 구하면 된다.

이때 사용하면 좋을 매크로 코드를 작성해줘!

코드 창에 반환된 코드는 [Copy Code]를 클릭해 바로 복사할 수 있습니다.

이때 사용하면 쫗을 매크로 코드를 작성해 줘!

아래는 해당 요구사항을 만족하는 매크로 코드의 예시입니다.

```vba
Sub InsertDataToSheets()
    Dim wb As Workbook
    Dim ws As Worksheet
    Dim i As Integer
    Dim totalSheets As Integer
    Dim avgScore As Double
    Dim sumScore As Double
    Dim scoreCount As Integer

    Set wb = ThisWorkbook
    totalSheets = wb.Sheets.Count

    ' 첫 번째 시트에 부서 이름 입력
    Set ws = wb.Sheets(1)
    ws.Range("B6:B9").Value = wb.Sheets(2).Name
    ws.Range("C6:C9").ClearContents

    ' 두 번째부터 마지막 시트까지
    For i = 2 To totalSheets
        ' 평균 점수 계산
        sumScore = 0
        scoreCount = 0
        For Each cell In wb.Sheets(i).Range("D5:D" & wb.Sheets(i).Cells(Rows
            If IsNumeric(cell.Value) Then
                sumScore = sumScore + cell.Value
                scoreCount = scoreCount + 1
            End If
        Next cell
```

Regenerate response

Send a message...

TIP 질문은 본인의 데이터 상황을 잘 전달할 수 있도록 길게 작성해도 됩니다. 또는 대화하듯 조금씩 상황을 전달해 최종 결과를 돌려받을 수도 있습니다.

TIP 전체 답변 중 일부를 표시한 것으로 직접 실행한 것과 다른 결과가 반환될 수 있습니다.

아래 코드는 ChatGPT를 이용해 얻은 코드입니다.

파일 : ChatGPT – 매크로 개발 (코드).txt

```
Sub InsertDataToSheets()
    Dim wb As Workbook
    Dim ws As Worksheet
    Dim i As Integer
    Dim totalSheets As Integer
    Dim avgScore As Double
    Dim sumScore As Double
    Dim scoreCount As Integer

    Set wb = ThisWorkbook
    totalSheets = wb.Sheets.Count

    ' 첫 번째 시트에 부서 이름 입력
    Set ws = wb.Sheets(1)
    ws.Range("B6:B9").Value = wb.Sheets(2).Name
    ws.Range("C6:C9").ClearContents

    ' 두 번째부터 마지막 시트까지
    For i = 2 To totalSheets
        ' 평균 점수 계산
        sumScore = 0
        scoreCount = 0
        For Each cell In wb.Sheets(i).Range("D5:D" & wb.Sheets(i).Cells(Rows.Count,
4).End(xlUp).Row)
            If IsNumeric(cell.Value) Then
                sumScore = sumScore + cell.Value
                scoreCount = scoreCount + 1
            End If
        Next cell
        If scoreCount > 0 Then
            avgScore = sumScore / scoreCount
        Else
            avgScore = 0
        End If

        ' 부서 이름 및 평균 점수 입력
        ws.Cells(5 + i, 2).Value = wb.Sheets(i).Name
        ws.Cells(5 + i, 3).Value = avgScore
    Next i
End Sub
```

얻어진 코드는 개발자 입장에서 보면 비효율적인 부분도 있고 고치면 좋을 부분도 있지만, 이 단계에서는 동작 여부가 더 궁금할 것입니다. 바로 테스트를 진행하고 추가로 설명하겠습니다.

05 매크로를 VB 편집기 창에서 Module 개체를 추가한 후 코드를 붙여 넣습니다.

ChatGPT에서 알려주는 VBA 코드는 사용자가 원하는 결과를 돌려줄 수도 있고, 아닐 수도 있습니다. 되도록이면 매크로 실행 전에 원본 파일을 저장하고 복사본 파일에서 테스트하는 것을 추천합니다.

06 이 매크로를 [점수] 시트의 [E5:F6] 위치의 [점수 취합] 단추에 연결해 실행하면 다음과 같은 결과를 얻을 수 있습니다.

	A	B	C	D	E	F	G
1							
2			**부서별 평가표**				
3							
4							
5		부서	점수		점수 취합		
6		인사부					
7		인사부	78.2				
8		총무부	72.4				
9		영업부	67.4				
10	전산실		76.5				
11							
12							

〈 〉 점수 │ 인사부 │ 총무부 │ 영업부 │ 전산실 │ ＋

TIP 결과를 확인하고 [B6:C10] 범위를 선택한 후 Delete 를 눌러 데이터를 삭제합니다.

코드 수정하기

ChatGPT가 알려준 코드는 잘 나올 것 같지만 이상한 결과가 반환됩니다. 일단 [B6:B7] 범위에 '인사부'가 두 번 나오며, 점수는 7행부터 나옵니다. 이 부분을 알려준 코드에서 확인해보면 다음과 같은 부분을 확인할 수 있습니다.

```vba
Sub InsertDataToSheets()
    Dim wb As Workbook
    Dim ws As Worksheet
    Dim i As Integer
    Dim totalSheets As Integer
    Dim avgScore As Double
    Dim sumScore As Double
    Dim scoreCount As Integer

    Set wb = ThisWorkbook
    totalSheets = wb.Sheets.Count

    Set ws = wb.Sheets(1)
    ws.Range("B6:B9").Value = wb.Sheets(2).Name    ──────── ❶
    ws.Range("C6:C9").ClearContents    ──────── ❷

    For i = 2 To totalSheets
```

```
            sumScore = 0
            scoreCount = 0

            For Each cell In wb.Sheets(i).Range("D5:D" & wb.Sheets(i).Cells(Rows.Count,
4).End(xlUp).Row)
                If IsNumeric(cell.Value) Then
                    sumScore = sumScore + cell.Value
                    scoreCount = scoreCount + 1
                End If
            Next cell
            If scoreCount > 0 Then
                avgScore = sumScore / scoreCount
            Else
                avgScore = 0
            End If

            ws.Cells(5 + i, 2).Value = wb.Sheets(i).Name ─────────── ❸
            ws.Cells(5 + i, 3).Value = avgScore ───────── ❸
        Next i
End Sub
```

❶ [B6:B9] 범위에 두 번째 시트의 이름을 입력하면 [B6:B9] 범위에 모두 '인사부'가 입력됩니다. 이 줄의 코드는 필요하지 않으므로 삭제합니다.

❷ [C6:C9] 범위에 입력된 값이 있다면 지우는 동작을 합니다. 이 작업은 [B6:B9] 범위에도 동일하게 적용되어야 하므로 코드를 다음과 같이 수정하는 것이 좋습니다.

```
ws.Range("B6:C9").ClearContents
```

❸ Cells 속성 안에 행 번호를 5 + i로 계산합니다. 5는 5행이고 i 변수는 For… Next 순환문에 의해 2부터 시작하므로 5 + 2, 즉 7행부터 값이 입력됩니다. 그러므로 6행부터 값이 입력되도록 하려면 코드를 다음과 같이 수정해야 합니다.

```
ws.Cells(4 + i, 2).Value = wb.Sheets(i).Name
ws.Cells(4 + I, 3).Value = avgScore
```

위 내용을 참고해 코드를 수정하고, 실행해보면 제대로 된 결과를 얻을 수 있습니다.

이 사례에 대한 좀 더 효율적인 코드는 **SECTION 07-07**을 참고합니다. ChatGPT의 답변에 대해 사람의 조언이 필요하다면 저자가 운영하는 [엑셀..하루에하나씩] 카페의 [질문/답변]을 이용해보세요!

https://cafe.naver.com/excelmaster

ChatGPT를 이용해 매크로 에러 해결

예제 파일 없음

에러 발생 원인

매크로 실행 중 에러가 발생한다면, 크게 두 가지 상황 중 하나입니다.

첫째는 매크로 실행 환경이 달라진 경우입니다. 매크로 실행 환경이 변경된 경우라면 다음과 같은 상황이 있을 수 있습니다.

- 매크로 실행에 필요한 파일이 변경된 경우
- 참조할 데이터가 있는 시트가 달라진 경우
- 참조할 데이터 위치가 달라진 경우

위와 같은 경우는 대부분 매크로 경험이 없는 일반 사용자가 업무를 인수인계 받은 후, 많이 발생합니다.

둘째는 VBA 문법 오류입니다. VBA 문법 오류는 다음과 같은 상황에서 발생합니다.

- 구문 오류 : 오타 및 지원되지 않는 구성원의 사용 등의 문제로 발생합니다.
- 변수 사용 문제 : 선언되지 않은 변수를 사용했거나, 잘못된 변수 형식을 사용하고 있는 경우, 변수에 값을 저장하는 위치 문제 등 다양한 문제로 발생합니다.
- 라이브러리 누락 : 매크로 실행에 필요한 라이브러리가 제대로 참조되지 않는 경우에 발생합니다.
- 논리 오류 : 매크로가 실행될 때 If 문과 같은 다양한 판단문이 사용되는데 잘못된 논리를 구성한 경우에 발생합니다.

그 밖에도 잘못된 상황은 많이 발생할 수 있지만, 이런 문제가 발생할 때마다 어떻게 에러를 해결해야 하는지 잘 이해되지 않을 수 있습니다.

ChatGPT를 이용한 에러 해결

이때 ChatGPT를 이용해보면 다양한 에러 원인에 대한 조언을 확인할 수 있습니다. 예를 들어 다음과 같은 코드에서 에러가 발생한다고 가정합니다.

```
Sheets("Sheet2").Range("A1").Select
```

이 문제를 해결하기 위해 ChatGPT에게 다음과 같은 내용을 질문해봅니다.

 Sheet1 시트에서 Sheet2 시트의 A1셀을 선택하는 다음 매크로 코드가 에러가 나는데, 이유와 해결 방법을 설명해줘!

```
Sheets("Sheet2").Range("A1").Select
```

ChatGPT의 답변은 다음과 같습니다.

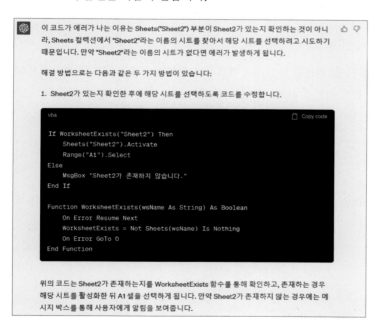

TIP ChatGPT의 답변 중 첫 번째 부분만 표시했습니다.

ChatGPT의 답변은 두 가지입니다. 첫 번째는 [Sheet2] 시트가 존재하는지 확인하고 이를 통해 해당 시트를 표시(Sheets("Sheet2").Activate)해 원하는 셀을 선택(Range("A1").Select)하도록 하고 있습니다. 이 답변 자체가 틀리다고 할 수 없지만, 질문의 코드에서 왜 에러가 발생하는지에 대한 정확한 설명이라고는 할 수 없습니다.

두 번째 답변은 다음과 같습니다.

이 부분도 보면 전체적으로 첫 번째 질문의 답변과 뉘앙스가 유사합니다. 주로 해당 시트(Sheet2)가 존재하는 부분을 확인하고 작업하도록 되어 있습니다.

질문의 답변이 그럴 듯하니 맞을 것 같지만, 질문한 코드에서 에러가 발생하는 이유는 화면에 표시되지 않은 다른 시트의 셀을 바로 선택할 수 없기 때문입니다. 즉, 아래 코드는 [Sheet1] 시트에서 실행하면 무조건 에러가 발생합니다.

```
Sheets("Sheet2").Range("A1").Select
```

위 코드가 에러가 발생하지 않도록 하려면 코드를 다음과 같이 수정해 [Sheet2] 시트가 화면에 표시되도록하고 셀을 선택해야 합니다.

```
Sheets("Sheet2").Activate
Range("A1").Select
```

질문에 사용한 코드가 에러가 발생하는 부분은 **SECTION 12-01**에서 언급하고 있으니 기억나지 않는다면 해당 내용을 참고합니다.

ChatGPT에 영어로 질문하기

이전 내용만 보면 ChatGPT가 잘못된 답변만 하는 것 같습니다. 아직 ChatGPT는 한글보다 영어를 더 잘이해하기 때문에 한글로 문의하면 결과가 이상하거나 부족할 수 있습니다. 그래서 영어로 질문하고 답변된내용을 번역한 결과도 함께 보여드리겠습니다.

다음은 동일한 질문을 확장 프로그램 '프롬프트 지니'를 이용해 영어로 번역해 얻은 결과입니다.

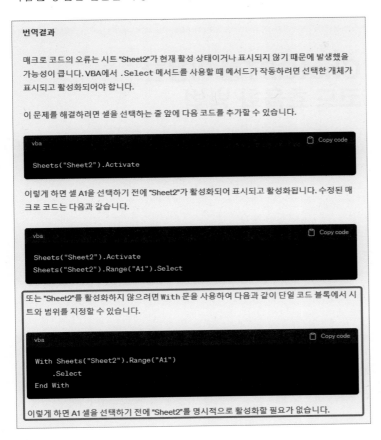

번역결과

매크로 코드의 오류는 시트 "Sheet2"가 현재 활성 상태이거나 표시되지 않기 때문에 발생했을 가능성이 큽니다. VBA에서 .Select 메서드를 사용할 때 메서드가 작동하려면 선택한 개체가 표시되고 활성화되어야 합니다.

이 문제를 해결하려면 셀을 선택하는 줄 앞에 다음 코드를 추가할 수 있습니다.

```vba
Sheets("Sheet2").Activate
```

이렇게 하면 셀 A1을 선택하기 전에 "Sheet2"가 활성화되어 표시되고 활성화됩니다. 수정된 매크로 코드는 다음과 같습니다.

```vba
Sheets("Sheet2").Activate
Sheets("Sheet2").Range("A1").Select
```

또는 "Sheet2"를 활성화하지 않으려면 With 문을 사용하여 다음과 같이 단일 코드 블록에서 시트와 범위를 지정할 수 있습니다.

```vba
With Sheets("Sheet2").Range("A1")
    .Select
End With
```

이렇게 하면 A1 셀을 선택하기 전에 "Sheet2"를 명시적으로 활성화할 필요가 없습니다.

전체적으로 답변이 좀 더 정확해졌습니다. 다만 마지막 부분은 틀린 답변으로 위와 같이 코드를 변경해도 동일한 에러가 발생하게 됩니다.

참고로 '프롬프트 지니'와 같은 크롬 확장 프로그램이나 구글 번역, 파파고 등을 통해 질문을 영어로 번역한 후 채팅하고, 동일한 방법으로 답변을 번역하면 조금은 번거로워도 정확한 답변을 얻을 수 있습니다. '프롬프트 지니'와 같은 크롬 확장 프로그램은 구글 웹 앱스토어 및 검색 서비스에서 키워드로 검색하면 설치 방법에 대해서 자세한 설명을 얻을 수 있습니다.

ChatGPT를 이용한 코드 효율화 방법

예제 파일 PART 04 \ CHAPTER 23 \ ChatGPT − 매크로 기록기 (코드 원본).txt

매크로를 작성한 후 또는 다른 사람이 만든 매크로를 업무에 사용하고 있다면 현재 사용하는 코드를 수정해보고 싶을 수 있습니다. 이런 경우에 ChatGPT를 이용하면 원본 코드로 다양한 패턴의 코드를 얻을 수 있습니다.

매크로 기록기로 얻은 코드를 개선

아래 코드는 **SECTION 02-02**에 존재하는 코드로 매크로 기록기를 이용해 얻은 코드입니다.

```
Sub 데이터입력()
'
' 데이터입력 매크로
'
'
    Range("C5").Select
    ActiveCell.FormulaR1C1 = "1"
    Range("C6").Select
    ActiveCell.FormulaR1C1 = "최준선"
    Range("C7").Select
    ActiveCell.FormulaR1C1 = "대리"
    Range("C5:C7").Select
    Selection.Copy
    Range("F6").Select
    Selection.PasteSpecial Paste:=xlPasteAll, Operation:=xlNone, SkipBlanks:= _
                    False, Transpose:=True
    Application.CutCopyMode = False
End Sub
```

TIP 위 코드가 기억나지 않는다면 **SECTION 02-02**를 먼저 학습하는 것을 권장합니다.

이 코드를 좀 더 효율적으로 변경하라고 ChatGPT에게 요청해보겠습니다.

질문은 다음과 같이 하였습니다.

 다음 코드를 효율적으로 수정해줘!

```
Sub 데이터입력()
'
' 데이터입력 매크로
'
'
    Range("C5").Select
    ActiveCell.FormulaR1C1 = "1"
    Range("C6").Select
    ActiveCell.FormulaR1C1 = "최준선"
    Range("C7").Select
    ActiveCell.FormulaR1C1 = "대리"
    Range("C5:C7").Select
    Selection.Copy
    Range("F6").Select
    Selection.PasteSpecial Paste:=xlPasteAll, Operation:=xlNone, SkipBlanks:= _
                            False, Transpose:=True
    Application.CutCopyMode = False
End Sub
```

ChatGPT의 답변으로 얻은 코드는 다음과 같습니다.

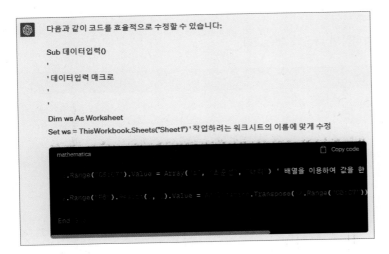

참고로 한글로 채팅한 부분에 나오지 않는 부분을 추가로 설명하기 위해, 영어로 질문한 후 답변받은 내용을 아래에 첨부합니다.

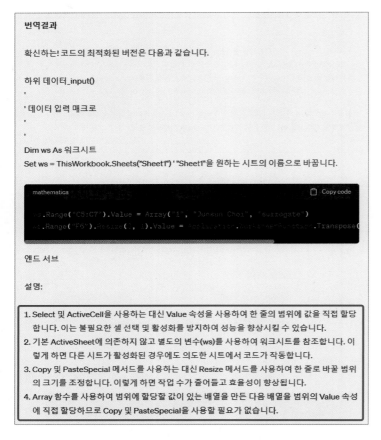

번역결과

확신하는! 코드의 최적화된 버전은 다음과 같습니다.

하위 데이터_input()

'
'데이터 입력 매크로
'
'

Dim ws As 워크시트
Set ws = ThisWorkbook.Sheets("Sheet1") '"Sheet1"을 원하는 시트의 이름으로 바꿉니다.

```mathematica
ws.Range("C5:C7").Value = Array("1", "Junsun Choi", "surrogate")
ws.Range("F6").Resize(3, 1).Value = Application.WorksheetFunction.Transpose(
```

엔드 서브

설명:

1. Select 및 ActiveCell을 사용하는 대신 Value 속성을 사용하여 한 줄의 범위에 값을 직접 할당합니다. 이는 불필요한 셀 선택 및 활성화를 방지하여 성능을 향상시킬 수 있습니다.
2. 기본 ActiveSheet에 의존하지 않고 별도의 변수(ws)를 사용하여 워크시트를 참조합니다. 이렇게 하면 다른 시트가 활성화된 경우에도 의도한 시트에서 코드가 작동합니다.
3. Copy 및 PasteSpecial 메서드를 사용하는 대신 Resize 메서드를 사용하여 한 줄로 바꿀 범위의 크기를 조정합니다. 이렇게 하면 작업 수가 줄어들고 효율성이 향상됩니다.
4. Array 함수를 사용하여 범위에 할당할 값이 있는 배열을 만든 다음 배열을 범위의 Value 속성에 직접 할당하므로 Copy 및 PasteSpecial을 사용할 필요가 없습니다.

TIP ChatGPT에 영어로 질문하면 좀 더 상세한 설명이 추가되는 것을 볼 수 있습니다.

ChatGPT가 답변한 코드를 제대로 정리하면 다음과 같습니다.

파일 : ChatGPT – 매크로 기록기 (코드 원본).txt

```
Sub 데이터입력()

    Dim ws As Worksheet
    Set ws = ThisWorkbook.Sheets("Sheet1")

    ws.Range("C5:C7").Value = Array("1", "최준선", "대리")
    ws.Range("F6").Resize(3, 1).Value = Application.Transpose(ws.Range("C5:C7"))

End Sub
```

TIP 주석 제거한 코드만 제공합니다.

위 매크로 코드를 분석해보면 ws 변수는 군이 사용할 필요는 없지만, 데이터 입력을 다음 코드에서 한 줄로 처리한 부분은 상당히 좋습니다.

```
ws.Range("C5:C7").Value = Array("1", "최준선", "대리")
```

또한 복사/붙여넣기 작업 대신 TRANSPOSE 함수를 사용해 직접 행/열 위치를 변환해 값을 넣는 방법도 효율적입니다.

```
ws.Range("F6").Resize(3, 1).Value = Application.Transpose(ws.Range("C5:C7"))
```

다만 Resize 속성을 이용해 기록할 범위를 3×1 행렬에 값을 넣으려 하는데 이 책의 **SECTION 02-02** 를 보면 값을 기록해야 할 위치는 Range("F6:H6") 범위이므로, 1×3 행렬로 넣어야 합니다. 그러므로 이 코드는 다음과 같이 수정할 필요가 있습니다.

```
ws.Range("F6").Resize(1, 3).Value = Application.Transpose(ws.Range("C5:C7"))
```

ChatGPT의 답변으로 얻은 코드를 약간 손보면 다음과 같은 코드가 됩니다.

```
Sub 데이터입력()

    Range("C5:C7").Value = Array("1", "최준선", "대리")
    Range("F6").Resize(1, 3).Value = Application.Transpose(ws.Range("C5:C7"))

End Sub
```

그러므로 코드를 어느 정도 분석할 수 있어야 한다는 전제는 갖되, 코드를 고치는 부분에서도 ChatGPT를 충분히 활용할 가치가 있습니다.

ChatGPT를 이용해
매크로를 업데이트하는 방법

예제 파일 없음

업무에 사용 중인 매크로를 좀 더 많은 상황에 활용해야 하는 경우에, 적절한 샘플 코드를 ChatGPT에게
요청한 후 해당 코드를 참고하면서 업무를 개선시킬 수 있습니다.

다음 코드는 **SECTION 06-04**에서 할인율을 차등 적용하기 위해 사용된 코드입니다.

```vba
Sub 할인율적용()

    If Range("H5").Value < 10 Then

        Range("K5").Value = 0

    ElseIf Range("H5").Value < 20 Then

        Range("K5").Value = 0.05

    ElseIf Range("H5").Value < 50 Then

        Range("K5").Value = 0.1

    Else

Range("K5").Value = 0.15

    End If

End Sub
```

TIP 위 코드가 기억나지 않는다면 해당 부분을 먼저 학습해보는 것을 권합니다.

위 코드의 할인율을 다음과 같이 변경해야 한다고 가정합니다.

조건	할인율
～20개	0%
21～50개	2.5%
51～100개	5%
101～200개	10%
201개 이상	20%

이런 수정을 ChatGPT에게 다음과 같이 문의해 해결해보겠습니다. 한 번에 모든 내용을 전달하려면 너무 길어지므로, 몇 차례에 걸쳐 질문을 해보겠습니다.

 다음 매크로를 이용해 업무를 하고 있다.

```vba
Sub 할인율적용()

    If Range("H5").Value < 10 Then

        Range("K5").Value = 0

    ElseIf Range("H5").Value < 20 Then

        Range("K5").Value = 0.05

    ElseIf Range("H5").Value < 50 Then

        Range("K5").Value = 0.1

    Else

Range("K5").Value = 0.15

    End If

End Sub
```

그러면 ChatGPT는 해당 코드를 분석해 다음과 같이 답변을 해줍니다.

 이 매크로는 엑셀 VBA(Virtual Basic for Applications)로 작성된 것으로 보입니다. 이 매크로는
특정 조건에 따라 Range("H5") 셀의 값에 따라 Range("K5") 셀에 할인율을 적용하는 기능을 수
행합니다.

- Range("H5").Value < 10 이면, Range("K5").Value에 0을 할당합니다.
- Range("H5").Value가 10보다 크고 20보다 작으면, Range("K5").Value에 0.05를 할당합니다.
- Range("H5").Value가 20보다 크고 50보다 작으면, Range("K5").Value에 0.1을 할당합니다.
- Range("H5").Value가 50 이상이면, Range("K5").Value에 0.15를 할당합니다.

즉, Range("H5") 셀의 값에 따라 Range("K5") 셀에 다양한 할인율을 적용하는 업무를 수행하는
것으로 보입니다. 이 매크로를 실행하면, Range("H5") 셀의 값에 따라 Range("K5") 셀에 할인율
이 자동으로 적용될 것입니다.

위 답변은 ChatGPT가 내가 사용하는 매크로 코드를 학습했다고 생각하면 됩니다. 이제 다음과 같은 변경
조건을 추가로 요청합니다.

 매크로의 처리 조건을 다음과 같이 수정해줘!

20개 이하는 0%, 21개부터 50개까지는 2.5%, 51개부터 100개는 5%, 101개부터 200개는 10%, 201개 이상은 20%

ChatGPT의 답변은 다음과 같습니다.

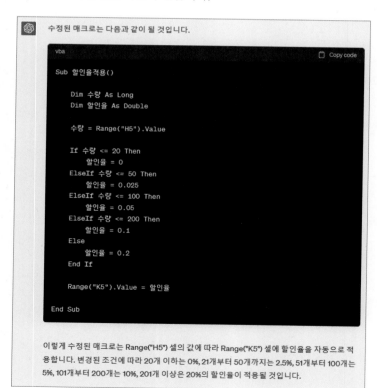 수정된 매크로는 다음과 같이 될 것입니다.

```vba
Sub 할인율적용()

    Dim 수량 As Long
    Dim 할인율 As Double

    수량 = Range("H5").Value

    If 수량 <= 20 Then
        할인율 = 0
    ElseIf 수량 <= 50 Then
        할인율 = 0.025
    ElseIf 수량 <= 100 Then
        할인율 = 0.05
    ElseIf 수량 <= 200 Then
        할인율 = 0.1
    Else
        할인율 = 0.2
    End If

    Range("K5").Value = 할인율

End Sub
```

이렇게 수정된 매크로는 Range("H5") 셀의 값에 따라 Range("K5") 셀에 할인율을 자동으로 적
용합니다. 변경된 조건에 따라 20개 이하는 0%, 21개부터 50개까지는 2.5%, 51개부터 100개는
5%, 101개부터 200개는 10%, 201개 이상은 20%의 할인율이 적용될 것입니다.

ChatGPT가 답변한 내용을 보면 원하는 조건에 맞게 매크로 코드를 제대로 수정해준 것을 확인할 수 있습니다. 코드를 수정한 부분에 추가적인 설명을 해보면 다음 부분을 참고할 수 있습니다.

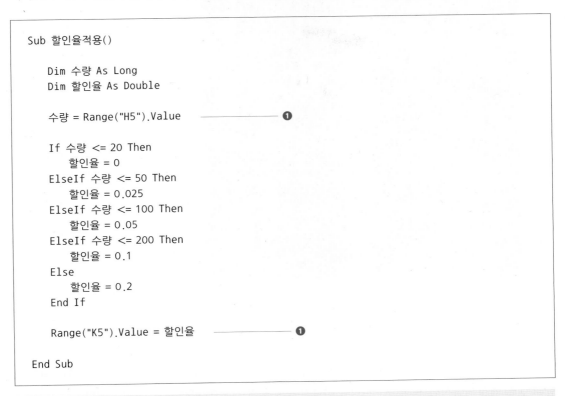

```
Sub 할인율적용()

    Dim 수량 As Long
    Dim 할인율 As Double

    수량 = Range("H5").Value ————————————— ❶

    If 수량 <= 20 Then
        할인율 = 0
    ElseIf 수량 <= 50 Then
        할인율 = 0.025
    ElseIf 수량 <= 100 Then
        할인율 = 0.05
    ElseIf 수량 <= 200 Then
        할인율 = 0.1
    Else
        할인율 = 0.2
    End If

    Range("K5").Value = 할인율 ————————————— ❶

End Sub
```

❶ 원래 사용하던 코드는 변수를 사용하지 않아 나중에 수정할 때 매우 불편했습니다. ChatGPT가 수정해준 코드는 변수에 값을 저장해놓고 사용하므로 전체 코드가 좀 더 효율적으로 바뀌었습니다.

마지막으로 ElseIf 절을 사용하는 If 문 대신 Select Case 문을 이용하도록 코드를 수정해보겠습니다. ChatGPT에게 다음과 같이 요청합니다.

 Elseif 대신 Select Case를 이용하는 코드로 수정해줘!

ChatGPT의 답변은 다음과 같습니다.

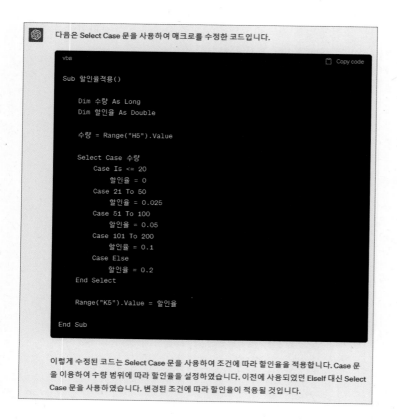

다음은 Select Case 문을 사용하여 매크로를 수정한 코드입니다.

```vba
Sub 할인율적용()

    Dim 수량 As Long
    Dim 할인율 As Double

    수량 = Range("H5").Value

    Select Case 수량
        Case Is <= 20
            할인율 = 0
        Case 21 To 50
            할인율 = 0.025
        Case 51 To 100
            할인율 = 0.05
        Case 101 To 200
            할인율 = 0.1
        Case Else
            할인율 = 0.2
    End Select

    Range("K5").Value = 할인율

End Sub
```

이렇게 수정된 코드는 Select Case 문을 사용하여 조건에 따라 할인율을 적용합니다. Case 문을 이용하여 수량 범위에 따라 할인율을 설정하였습니다. 이전에 사용되었던 ElseIf 대신 Select Case 문을 사용하였습니다. 변경된 조건에 따라 할인율이 적용될 것입니다.

이번에도 수정 요청한 부분을 제대로 인식해 답변해주고 있습니다. 이렇게 자신이 사용하는 코드를 ChatGPT에게 학습시킨 후 원하는 사항을 하나씩 전달해 필요한 결과를 얻을 수도 있습니다.

ChatGPT 활용 사례 - 엑셀 차트를 파워포인트에 넣기

예제 파일 PART 04 \ CHAPTER 23 \ ChatGPT — 파워포인트.xlsm, 보고서.pptx

VBA는 엑셀뿐만 아니라 다른 오피스 프로그램에서도 활용할 수 있습니다. 다만 차이점으로는 해당 프로그램을 구성하는 개체 모델이 다르다는 점입니다. 이런 점 때문에 엑셀 매크로 개발자가 다른 프로그램의 매크로를 만들 때 조금 힘들어하기도 합니다.

하지만 ChatGPT와 같은 서비스를 이용해 다른 오피스 프로그램에서도 실행 가능한 매크로 코드를 얻을 수 있습니다. 워드나 파워포인트 등을 이용할 때 단순 반복 작업이 있다면 ChatGPT를 이용해 매크로 코드를 얻고 이를 실행해 원하는 결과를 만들 수 있습니다.

엑셀에서 데이터를 분석하고 차트로 시각화한 후 생성된 차트를 파워포인트 문서에 넣는 작업이 대표적입니다. 이 작업에 대한 VBA 코드를 ChatGPT에게 요청해보겠습니다.

먼저 예제를 열면 [Sheet1] 시트에 아래 그림과 같은 표와 차트를 확인할 수 있습니다.

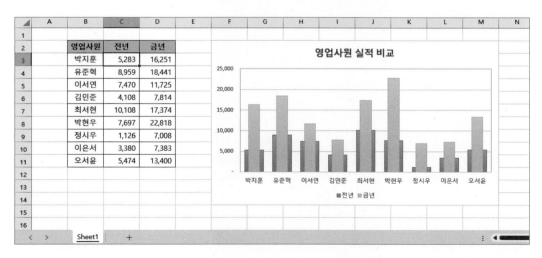

그리고 동일한 예제 폴더에 **보고서.pptx** 파일이 존재합니다. 열어보면 슬라이드만 세 개가 삽입되어 있고 아무 내용도 입력되어 있지 않습니다.

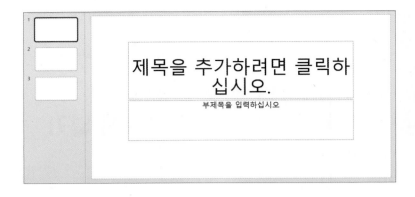

ChatGPT에서 엑셀 파일에 생성된 차트를 파워포인트 문서로 옮기는 매크로를 요청해보겠습니다. 다음 내용을 참고합니다.

 엑셀에서 작업 중인데 Sheet1에 생성된 차트를 동일한 폴더 내 보고서.pptx 파일의 3번째 슬라이드에 추가하고 싶다.

이때 사용할 수 있는 매크로 코드를 알려줘!

ChatGPT의 답변입니다.

아래는 엑셀 VBA 매크로 코드 예시입니다. 이 코드는 엑셀의 Sheet1에서 생성된 차트를 동일한 폴더 내의 "보고서.pptx" 파일의 3번째 슬라이드에 추가하는 기능을 수행합니다.

```vba
Sub AddChartToPowerPoint()
    Dim PowerPointApp As Object
    Dim PowerPointPres As Object
    Dim PowerPointSlide As Object
    Dim ChartObject As ChartObject
    Dim ChartRange As Range
    Dim PowerPointFilePath As String

    ' PowerPoint 파일 경로 설정
    PowerPointFilePath = ThisWorkbook.Path & "\보고서.pptx"

    ' PowerPoint 애플리케이션 생성
    On Error Resume Next
    Set PowerPointApp = GetObject(, "PowerPoint.Application")
    On Error GoTo 0

    If PowerPointApp Is Nothing Then
        Set PowerPointApp = CreateObject("PowerPoint.Application")
    End If

    ' PowerPoint 파일 열기
    Set PowerPointPres = PowerPointApp.Presentations.Open(PowerPointFilePath

    ' 3번째 슬라이드에 차트 추가
    Set PowerPointSlide = PowerPointPres.Slides(3)

    ' Sheet1에서 차트를 복사
    Set ChartObject = Sheet1.ChartObjects("Chart1")
    ChartObject.Chart.ChartArea.Copy

    ' PowerPoint 슬라이드에 차트 붙여넣기
    PowerPointSlide.Shapes.PasteSpecial(DataType:=ppPasteMetafilePicture).Se
```

ChatGPT가 반환한 매크로 코드 부분만 따로 정리하면 다음과 같습니다. 큰 틀에서는 코드가 제대로 나왔지만 몇 군데 수정해야 하는 포인트가 있습니다.

파일 : ChatGPT – 파워포인트 (코드 원본).txt

```vba
Sub AddChartToPowerPoint()
    Dim PowerPointApp As Object
    Dim PowerPointPres As Object
    Dim PowerPointSlide As Object
    Dim ChartObject As ChartObject
    Dim ChartRange As Range
    Dim PowerPointFilePath As String

    ' PowerPoint 파일 경로 설정
    PowerPointFilePath = ThisWorkbook.Path & "\보고서.pptx"

    ' PowerPoint 애플리케이션 생성
    On Error Resume Next
    Set PowerPointApp = GetObject(, "PowerPoint.Application")
    On Error GoTo 0

    If PowerPointApp Is Nothing Then
        Set PowerPointApp = CreateObject("PowerPoint.Application")
    End If

    ' PowerPoint 파일 열기
    Set PowerPointPres = PowerPointApp.Presentations.Open(PowerPointFilePath)

    ' 3번째 슬라이드에 차트 추가
    Set PowerPointSlide = PowerPointPres.Slides(3)

    ' Sheet1에서 차트를 복사
    Set ChartObject = Sheet1.ChartObjects("Chart1")        ────────── ❶
    ChartObject.Chart.ChartArea.Copy

    ' PowerPoint 슬라이드에 차트 붙여넣기
    PowerPointSlide.Shapes.PasteSpecial(DataType:=ppPasteMetafilePicture).Select

    ' 차트 위치 및 크기 조정
    Set ChartRange = ChartObject.TopLeftCell
    With PowerPointApp.ActiveWindow.Selection.ShapeRange
        .Left = ChartRange.Left * 72 ' Excel의 포인트를 PowerPoint의 포인트로 변환
        .Top = ChartRange.Top * 72 ' Excel의 포인트를 PowerPoint의 포인트로 변환
        .Width = ChartObject.Width * 72 ' Excel의 포인트를 PowerPoint의 포인트로 변환
        .Height = ChartObject.Height * 72 ' Excel의 포인트를 PowerPoint의 포인트로 변환
    End With

    ' 차트 복사한 것 삭제
    ChartObject.Delete        ────────── ❷

    ' PowerPoint 파일 저장 및 닫기
```

```
        PowerPointPres.Save
        PowerPointPres.Close

        ' 메모리 해제
        Set PowerPointSlide = Nothing
        Set PowerPointPres = Nothing
        Set PowerPointApp = Nothing
End Sub
```

❶ 복사할 차트를 ChatObject 개체변수에 연결하는 부분입니다. 이때 차트 이름을 제대로 변경하지 않으면 코드는 제대로 동작하지 않습니다. 엑셀에서 차트 이름을 확인하려면 다음 그림처럼 차트를 선택하고 [이름 상자]를 확인해야 합니다.

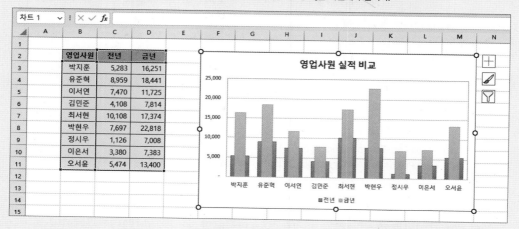

예제의 차트 이름은 '차트 1'이므로, 코드는 다음과 같이 수정되어야 합니다.

```
    Set ChartObject = Sheet1.ChartObjects("차트 1")
```

❷ 답변 받은 코드의 경우, 엑셀의 차트를 삭제하는 코드가 추가되어 있습니다. 이렇게 하면 매크로 실행 후 엑셀 차트는 삭제됩니다. 복사한 차트를 굳이 삭제하는 경우는 많지 않으므로 이 코드는 제거되어야 합니다.

ChatGPT에 어떻게 질문하는가에 따라 코드는 다르게 반환될 수 있으므로, 한글과 영어를 혼용해서 질문해보는 것을 권합니다.

답변받은 코드를 복사해 엑셀 파일의 Module 개체에 추가하고 위 설명에 맞게 수정한 후 실행합니다. 그러면 다음 그림과 같이 파워포인트의 세 번째 슬라이드에 엑셀 파일의 차트가 그대로 삽입되는 것을 확인할 수 있습니다.

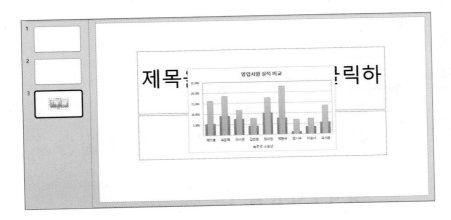

이렇게 엑셀 차트는 물론 표도 파워포인트의 슬라이드에 추가하는 것이 가능합니다. ChatGPT를 이용해 원하는 코드를 반환받아 작업해보세요!

ChatGPT활용 사례 – 발주서 시트를 PDF로 변환한 후 아웃룩으로 메일 발송

예제 파일 PART 04 \ CHAPTER 23 \ ChatGPT– 아웃룩.xlsm

실무에서 자주 발생하는 일 중 하나로 특정 엑셀 파일의 시트를 PDF 파일로 변환해 아웃룩으로 메일을 발송하는 작업이 있습니다. 이런 작업을 자동화하려면 매크로를 이용해야 합니다. 하지만 사용자가 매크로 코드 작성에 숙달되어 있지 않으면 작업이 힘듭니다. 따라서 이런 경우에도 ChatGPT를 이용해 코드 샘플을 요청하는 방식으로 매크로 개발을 할 수 있습니다.

예제를 열면 아래 그림과 같은 발주서를 확인할 수 있습니다.

<table>
<tr><td colspan="10" align="center">발 주 서</td></tr>
<tr><td></td><td></td><td></td><td></td><td></td><td>등록번호</td><td>123-45-12345</td><td></td><td></td><td></td></tr>
<tr><td>발주일</td><td colspan="3">2023-05-01</td><td rowspan="4">발
주
자</td><td>상호</td><td>(주)엑셀마스터</td><td></td><td></td><td></td></tr>
<tr><td></td><td></td><td></td><td></td><td>대표자</td><td>최준선</td><td></td><td></td><td></td></tr>
<tr><td colspan="3">주식회사 S&C무역</td><td>귀하</td><td>주소</td><td></td><td></td><td></td><td></td></tr>
<tr><td></td><td></td><td></td><td></td><td>연락처</td><td>010-5678-1234</td><td></td><td></td><td></td></tr>
<tr><td colspan="10" align="center">아래 내용을 발주합니다.</td></tr>
<tr><td>No</td><td colspan="3">품명</td><td>규격</td><td>수량</td><td>단가</td><td>공급가액</td><td>세액</td><td></td></tr>
<tr><td>1</td><td colspan="3">컬러레이저복사기 XI-3200</td><td></td><td>3</td><td>1,176,000</td><td>3,528,000</td><td>352,800</td><td></td></tr>
<tr><td>2</td><td colspan="3">바코드 Z-350</td><td></td><td>3</td><td>48,300</td><td>144,900</td><td>14,490</td><td></td></tr>
<tr><td>3</td><td colspan="3">잉크젯팩시밀리 FX-1050</td><td></td><td>3</td><td>47,400</td><td>142,200</td><td>14,220</td><td></td></tr>
<tr><td>4</td><td colspan="3">고급복사지A4 500매</td><td></td><td>2</td><td>3,900</td><td>7,800</td><td>780</td><td></td></tr>
<tr><td>5</td><td colspan="3">복사지A4 2500매</td><td></td><td>5</td><td>12,800</td><td>64,000</td><td>6,400</td><td></td></tr>
<tr><td colspan="6" align="center">합계금액(VAT 포함)</td><td></td><td>6,610,010</td><td></td><td></td></tr>
<tr><td colspan="2">요청사항</td><td></td><td></td><td></td><td></td><td></td><td></td><td></td><td></td></tr>
</table>

발주서

이런 발주서 시트를 별도의 PDF 파일로 저장한 후 특정 사람에게 메일로 발송하는 작업을 한다고 가정합니다.

ChatGPT 서비스에 접속해 다음과 같이 요청합니다.

 엑셀 파일의 '발주서' 시트를 PDF 파일로 저장하고, 아웃룩을 이용해 excelmaster@naver.com에게 저장된 PDF 파일을 첨부해 이메일 발송해주는 매크로 코드를 알려줘!

TIP 메일 주소는 본인이 확인 가능한 이메일 주소로 수정하세요!

그러면 다음과 같은 답변을 얻을 수 있습니다.

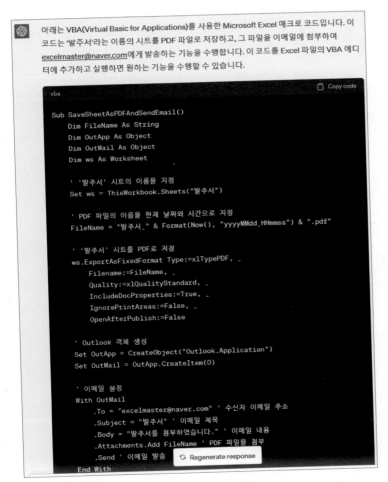

아래는 VBA(Virtual Basic for Applications)를 사용한 Microsoft Excel 매크로 코드입니다. 이 코드는 '발주서'라는 이름의 시트를 PDF 파일로 저장하고, 그 파일을 이메일에 첨부하여 excelmaster@naver.com에게 발송하는 기능을 수행합니다. 이 코드를 Excel 파일의 VBA 에디터에 추가하고 실행하면 원하는 기능을 수행할 수 있습니다.

```vba
Sub SaveSheetAsPDFAndSendEmail()
    Dim FileName As String
    Dim OutApp As Object
    Dim OutMail As Object
    Dim ws As Worksheet

    ' '발주서' 시트의 이름을 지정
    Set ws = ThisWorkbook.Sheets("발주서")

    ' PDF 파일의 이름을 현재 날짜와 시간으로 지정
    FileName = "발주서_" & Format(Now(), "yyyyMMdd_HHmmss") & ".pdf"

    ' '발주서' 시트를 PDF로 저장
    ws.ExportAsFixedFormat Type:=xlTypePDF, _
        Filename:=FileName, _
        Quality:=xlQualityStandard, _
        IncludeDocProperties:=True, _
        IgnorePrintAreas:=False, _
        OpenAfterPublish:=False

    ' Outlook 객체 생성
    Set OutApp = CreateObject("Outlook.Application")
    Set OutMail = OutApp.CreateItem(0)

    ' 이메일 설정
    With OutMail
        .To = "excelmaster@naver.com" ' 수신자 이메일 주소
        .Subject = "발주서" ' 이메일 제목
        .Body = "발주서를 첨부하였습니다." ' 이메일 내용
        .Attachments.Add FileName ' PDF 파일을 첨부
        .Send ' 이메일 발송
    End With
```

TIP 전체 답변 중 일부를 표시한 것으로 질문하는 시점과 상황에 따라 다른 결과가 반환될 수 있습니다.

ChatGPT가 답변해준 매크로 코드는 다음과 같습니다.

파일 : ChatGPT – 아웃룩 (코드 원본).txt

```
Sub SaveSheetAsPDFAndSendEmail()
    Dim FileName As String
    Dim OutApp As Object
    Dim OutMail As Object
    Dim ws As Worksheet

    ' '발주서' 시트의 이름을 지정
    Set ws = ThisWorkbook.Sheets("발주서")

    ' PDF 파일의 이름을 현재 날짜와 시간으로 지정
    FileName = "발주서_" & Format(Now(), "yyyyMMdd_HHmmss") & ".pdf"

    ' '발주서' 시트를 PDF로 저장
    ws.ExportAsFixedFormat Type:=xlTypePDF, _
        Filename:=FileName, _
        Quality:=xlQualityStandard, _
        IncludeDocProperties:=True, _
        IgnorePrintAreas:=False, _
        OpenAfterPublish:=False

    ' Outlook 객체 생성
    Set OutApp = CreateObject("Outlook.Application")
    Set OutMail = OutApp.CreateItem(0)

    ' 이메일 설정
    With OutMail
        .To = "excelmaster@naver.com" ' 수신자 이메일 주소
        .Subject = "발주서" ' 이메일 제목
        .Body = "발주서를 첨부하였습니다." ' 이메일 내용
        .Attachments.Add FileName ' PDF 파일을 첨부
        .Send ' 이메일 발송
    End With

    ' Outlook 객체 해제
    Set OutMail = Nothing
    Set OutApp = Nothing

    ' PDF 파일 삭제
    Kill FileName

    MsgBox "이메일이 성공적으로 발송되었습니다.", vbInformation

End Sub
```

코드는 전체적으로 문제가 없지만, PDF 파일을 저장하는 폴더가 제대로 설정되어 있지 않아 [문서] 폴더

에 파일이 저장됩니다. 저장 자체는 문제없지만, 나중에 메일을 첨부할 때 정확한 경로를 알려주지 않으면 에러가 발생할 수 있습니다.

그러므로 PDF 파일을 저장할 폴더, 즉 경로를 제대로 설정할 필요가 있습니다. 이 부분은 아래 코드에 설명을 같이 추가해놓았으니 참고해 수정해보세요! 앞서 설명한 방법 대신 ChatGPT와 지속적인 문답을 통해 현재 파일 위치에 PDF 파일을 저장해달라고 요청하면 수정된 코드를 얻을 수도 있습니다.

코드 수정하는 부분만 표시해놓고 나머지 코드 부분은 생략했으니 참고하세요!

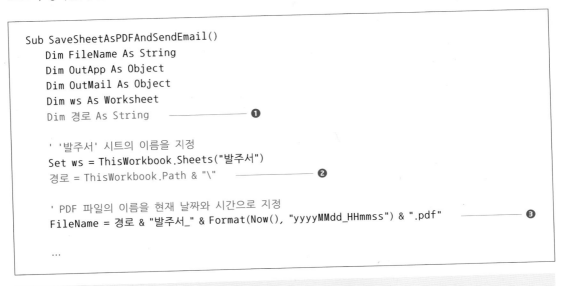

```
Sub SaveSheetAsPDFAndSendEmail()
    Dim FileName As String
    Dim OutApp As Object
    Dim OutMail As Object
    Dim ws As Worksheet
    Dim 경로 As String                          ①

    ' '발주서' 시트의 이름을 지정
    Set ws = ThisWorkbook.Sheets("발주서")
    경로 = ThisWorkbook.Path & "\"              ②

    ' PDF 파일의 이름을 현재 날짜와 시간으로 지정
    FileName = 경로 & "발주서_" & Format(Now(), "yyyyMMdd_HHmmss") & ".pdf"    ③

    …
```

① PDF 파일을 저장할 String 형식의 **경로** 변수를 하나 선언합니다.
② **경로** 변수에 현재 파일의 경로를 저장합니다.
③ **Filename** 변수 앞에 **경로** 변수의 값을 연결해 **Filename** 변수에 "C:\예제\Chapter23\발주서.pdf"와 같은 값이 저장되도록 합니다.

TIP 이 코드를 테스트하려면 아웃룩에 이메일 계정이 등록되어 있어야 합니다.

이제 해당 코드를 테스트해보려면 엑셀 예제 파일에 새로운 Module 개체를 추가한 다음 코드를 복사/붙여넣기하여 실행합니다.

실행하면 다음과 같은 메시지 창이 나타납니다.

지정된 이메일 주소로 메일 발송이 제대로 되었는지 확인해봅니다.

메일의 첨부 파일을 다운로드해 데이터를 확인해보면 제대로 된 결과가 반환된 것 역시 확인할 수 있습니다.

23 / 08 ChatGPT활용 사례 – 웹 데이터 크롤링

예제 파일 PART 04 \ CHAPTER 23 \ ChatGPT-크롤링.xlsm

엑셀을 이용해 웹 데이터를 크롤링하는 방법은 여러 가지가 있습니다. 간단하게 ChatGPT를 이용해 웹 크롤링하는 방법에 대해 문의해보면 여러 정보를 제공해줍니다.

순서대로 질문한 내용과 답변 내용을 참고해 알아보겠습니다.

 엑셀에서 웹 데이터를 크롤링할 수 있는 방법이 있니?

답변은 다음과 같습니다.

 네, 엑셀에서 웹 데이터를 크롤링할 수 있는 몇 가지 방법이 있습니다. 아래는 몇 가지 예시입니다.

1. 웹 쿼리(Web Query) 사용: 엑셀은 웹 페이지의 데이터를 가져오는 기능을 제공합니다. "데이터" 탭에서 "웹" 옵션을 선택하고 웹 페이지의 URL을 입력하면 해당 웹 페이지의 데이터를 가져올 수 있습니다. 웹 쿼리를 사용하여 웹 페이지의 데이터를 가져오고 필요한 데이터를 추출할 수 있습니다.

2. 웹 데이터를 CSV 파일로 저장 후 엑셀에서 가져오기: 웹에서 데이터를 CSV 파일로 다운로드한 후, 엑셀에서 "데이터" 탭에서 "외부 데이터 가져오기" 옵션을 선택하고 CSV 파일을 선택하여 데이터를 가져올 수 있습니다.

3. VBA(Visual Basic for Applications)를 사용한 웹 크롤링: 엑셀의 VBA를 사용하여 웹 페이지를 크롤링할 수 있습니다. VBA를 사용하면 웹 페이지의 HTML을 파싱하고 원하는 데이터를 추출하는 맞춤형 솔루션을 만들 수 있습니다.

4. 웹 크롤링 도구 활용: 웹 크롤링을 위한 특정 도구나 라이브러리를 활용하여 웹 데이터를 가져와 엑셀에 저장한 후, 엑셀에서 데이터를 가공하거나 분석할 수 있습니다. 예를 들면, Python의 BeautifulSoup, Requests, Pandas 라이브러리 등을 사용하여 웹 데이터를 크롤링한 후, 엑셀에 저장하고 데이터를 가공할 수 있습니다.

위와 같이 엑셀에서 웹 데이터를 크롤링할 수 있는 여러 가지 방법이 있습니다. 선택한 방법에 따라 웹 데이터를 엑셀로 가져와서 분석하거나 가공할 수 있습니다. 크롤링을 할 때에는 웹 사이트의 이용 약관 및 로봇 배제 프로토콜(Robots.txt)을 준수하는 것이 중요하며, 합법적인 크롤링 방법을 사용해야 합니다.

이 중에서 매크로를 활용하는 방법에 대해 좀 더 질문해보겠습니다.

 VBA를 활용하는 방법에 대해 관심이 있는데, 매크로 코드 샘플 좀 알려줘!

답변은 다음과 같습니다.

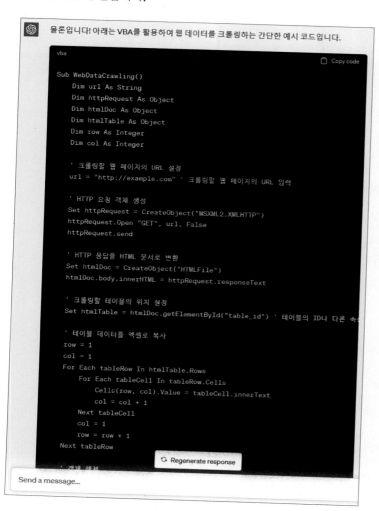

이 코드는 전형적인 샘플 코드로 구체적인 결과를 얻기는 어렵습니다. 좀 더 구체적인 사이트 이름과 원하는 정보를 명시해보겠습니다.

 네이버(https://www.naver.com) 사이트에서 환율 데이터 가져오는 구체적인 코드를 작성해줄 수 있을까?

답변은 다음과 같습니다.

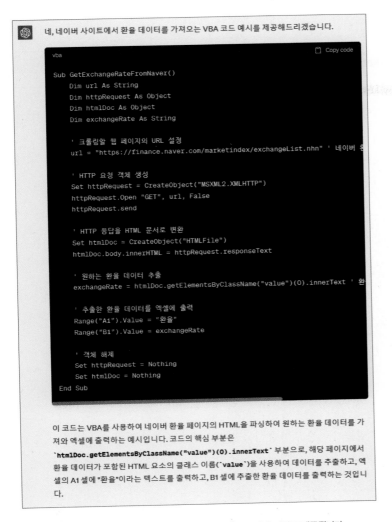

네, 네이버 사이트에서 환율 데이터를 가져오는 VBA 코드 예시를 제공해드리겠습니다.

```vba
Sub GetExchangeRateFromNaver()
    Dim url As String
    Dim httpRequest As Object
    Dim htmlDoc As Object
    Dim exchangeRate As String

    ' 크롤링할 웹 페이지의 URL 설정
    url = "https://finance.naver.com/marketindex/exchangeList.nhn" ' 네이버 환

    ' HTTP 요청 객체 생성
    Set httpRequest = CreateObject("MSXML2.XMLHTTP")
    httpRequest.Open "GET", url, False
    httpRequest.send

    ' HTTP 응답을 HTML 문서로 변환
    Set htmlDoc = CreateObject("HTMLFile")
    htmlDoc.body.innerHTML = httpRequest.responseText

    ' 원하는 환율 데이터 추출
    exchangeRate = htmlDoc.getElementsByClassName("value")(0).innerText ' 환

    ' 추출한 환율 데이터를 엑셀에 출력
    Range("A1").Value = "환율"
    Range("B1").Value = exchangeRate

    ' 객체 해제
    Set httpRequest = Nothing
    Set htmlDoc = Nothing
End Sub
```

이 코드는 VBA를 사용하여 네이버 환율 페이지의 HTML을 파싱하여 원하는 환율 데이터를 가져와 엑셀에 출력하는 예시입니다. 코드의 핵심 부분은 `htmlDoc.getElementsByClassName("value")(0).innerText` 부분으로, 해당 페이지에서 환율 데이터가 포함된 HTML 요소의 클래스 이름(`value`)을 사용하여 데이터를 추출하고, 엑셀의 A1 셀에 "환율"이라는 텍스트를 출력하고, B1 셀에 추출한 환율 데이터를 출력하는 것입니다.

TIP 화면의 코드는 **ChatGPT-웹 크롤링 (원본 코드).txt** 예제 파일로 제공됩니다.

이 코드는 빈 엑셀 파일에 Module 개체를 추가한 후 코드를 복사/붙여넣기하여 실행하면 에러가 발생합니다.

[디버그]를 클릭하면 다음 위치에서 에러가 발생하는 것을 확인할 수 있습니다.

```
    ' 원하는 환율 데이터 추출
    exchangeRate = htmlDoc.getElementsByClassName("value")(0).innerText ' 환율 데이터 추출 (첫 번째 데이터)
```

알려준 코드에서 데이터를 읽어오는 웹 사이트 주소는 다음과 같습니다.

https://finance.naver.com/marketindex/exchangeList.nhn

크롬 웹 브라우저를 이용해 직접 해당 주소에 접속합니다. 가져올 데이터 위치에서 마우스 오른쪽 버튼을 클릭한 후 [검사]를 선택합니다.

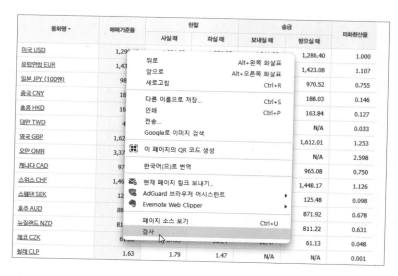

그럼 다음과 같은 소스 창이 열리면서 밑줄이 쳐진 위치의 다음과 같은 코드를 확인할 수 있습니다.

```
<td class="sale">1,299.10</td>
```

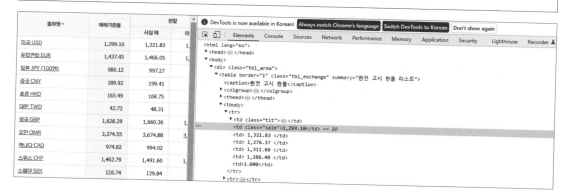

에러가 발생한 코드에서 getElementsByClassName("value") 부분의 "value"를 위 소스 창에서 확인한 "sale"로 변경합니다.

```
exchangeRate = htmlDoc.getElementsByClassName("sale")(0).innerText
```

그런 다음 코드 창에서 F5를 누르면, 매크로가 마저 실행되면서 다음과 같은 결과를 반환해주는 것을 확인할 수 있습니다.

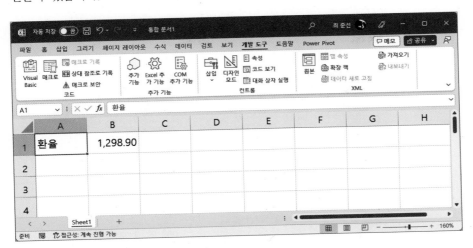

물론 제대로 된 크롤링 작업을 하려면 Html이나 여러 태그를 읽는 방법 등 다양한 공부가 필요합니다. 하지만 이렇게 전혀 알지 못하는 분야도 ChatGPT와 간단한 채팅을 통해 소스 코드를 얻고 원하는 결과물을 만들 수도 있습니다. 시대는 자꾸 변화하므로 적응하는 사람만이 좀 더 많은 것을 얻을 수 있습니다.

INDEX

INDEX

엑셀 바이블 시리즈로
나도 엑셀 잘하면 소원이 없겠네!

엑셀 바이블 시리즈는 수많은 독자가 검증한 실무 예제와
엑셀 실력 향상에 꼭 필요한 내용이 알차게 수록되어 있습니다. 사랑받는 한빛미디어의
엑셀 바이블 시리즈와 함께 마음껏 실력을 쌓아보세요.

실무자에게
꼭 필요한 엑셀
함수&수식
백과사전으로
마스터하라!

데이터 분석에
최적화된 엑셀 함수와
기능으로
업무를 효율적으로
개선하라!

엑셀 함수&수식 바이블

최준선 지음 | 928쪽 | 38,000원

❶ 업무에 자주 쓰는 200여 개의 함수식을 실무에 최적화된 예
　제로 배운다.
❷ 엑셀의 강력한 함수, 수식 기능을 다양한 상황에 응용하여
　업무를 더 효율적으로 개선하는 자동화 방법을 익힌다.

실무에서 가장 자주 쓰는 200여 개의 엑셀 함수와 수식을 선
별해 업무에 바로 적용할 수 있는 실무 예제로 구성했다. 실무
실습으로 사용 방법을 설명하는 것은 물론, 수식의 구성 원리와
배열 수식까지 꼼꼼하게 정리하여 효율적으로 업무를 개선할
수 있도록 도와준다.

엑셀 데이터 분석 바이블

최준선 지음 | 712쪽 | 38,000원

❶ 엑셀 데이터 분석에 필수적인 함수와 기능을 업무 최적화
　예제로 학습한다.
❷ 다양한 사례에서 선별한 수준 높은 예제로 데이터 요약, 시
　각화, 대시보드 보고서 작성 등 업무 능력을 더욱 향상한다.

데이터를 가공하고 분석하는 업무에 최적화된 엑셀 함수와 기
능을 다양한 데이터 분석 사례에 적용하고 데이터 정규화, 분
석, 시각화, 미래 예측 등 여러 분야에 활용할 수 있도록 구성했
다. 기본적인 데이터 분석 이론부터 피벗 테이블, 파워 쿼리/피
벗 등 고급 기능도 더욱 심도 있게 학습할 수 있다.